李瑞环同志接见人民日报国内记者合影 1990.4.28

人民日报2001年国内记者工作会议

# 灿烂的星河

邵华泽 题

## 人民日报记者部新闻实践与思考

### 上 册

赵兴林 主编

人民日报出版社

# 序言一

# 不负时代的要求和人民的期望

张研农

一部三本共逾百万字的人民日报记者部史料集摆在面前，让人对人民日报的历史增添了一份新的认识，对人民日报记者的使命加深了一层新的感悟。细细读来，如同徜徉在新闻与时代交织的画卷里。书中有对国家领导人关心和指导人民日报工作的深情回忆，有对人民日报社史和老同志新闻实践的回顾，有采访报道重大事件的幕后故事，还有老中青三代记者探索深度报道、总结采访得失的业务研讨……不仅对研究中国新闻史具有重要的史料价值，而且是一部生动的新闻业务参考书。

都说记者是传播新闻、见证历史的人，人民日报的记者不仅记录着时代的风云，而且创造着人民日报的历史。60多年前，人民日报在河北省平山县里庄的农家小院诞生。此后，它的历史与中国社会的进程紧密相连，也造就了一大批有影响力的名记者。范长江、邓拓、安岗、李庄、金凤、柏生、田流、商恺……时至今日，他们的名字依然为人们所称道，他们的作品依然有打动人的力量。这本史料集中，既有当事人的叙述，也有后人回忆他们的文章。尤为可贵的是，一大批老同志不仅留下了优秀的新闻作品，而且把他们新闻生涯中的所思所悟、经验得失记录下来，对于后来者是一份不可多得的宝贵财富。因为这些生动鲜活的资料，人民日报社的历史乃至他们所经历的那个时代的足迹也清晰可触。

人民日报驻地方记者是人民日报的"重要方面军"，是一支有战斗力的队伍，是一支对人民日报有饱满热情、对人民群众有深厚感情、对新闻事业有澎湃激情的队伍。一句话，是一支可敬可爱的队伍。随着事业的发展，目前人民日报社驻各地记者站已改为分社，队伍壮大了，舞台更宽了，任务更重了。人民日报的地位和报格，要靠记者的素质和人格来实现。这本书，也让我们看到了人民日报记者深入现场、不怕吃苦的形象，尊重事实、坚持真理的形象，清正廉洁、弘扬正气的形象，与时俱进、不甘平庸的形象，最重要的是对党负责对人民负责的形象。

人民日报的记者是人民的记者。我们所处的时代是个变革的时代，新闻业的发展日新月异。技术的进步改变了传播的方式，坐在办公室里轻触鼠标就能知晓世界风云。也许有人会说，前辈们的那份激情、那份责任、那份理想，是否还要坚守？书中年轻记者的笔端已经有了肯定的答案。"越是大报记者越要有大报记者的风范，这种风范就体现在经常深入人民之中，深入火热的生活之中。"汗水永远是写作的墨汁，现代通讯手段绝对代替不了亲自采访，感情和现场感是在办公室和书斋里编不出来的。即便身处资讯发达的时代，仍要常怀忧思之心，仍当深入第一现场，贴近实际、贴近生活、贴近群众。

着力提高舆论引导能力和国际国内传播能力，构建舆论引导新格局和现代传播体系，建设让党放心让人民满意的国际一流媒体，是人民日报新的时代课题。面对社会的变革和媒体的变局，我们更应秉承优良传统、不断开拓创新，不负时代的要求，不负人民的期望。

感谢为人民日报的发展而辛勤耕耘的同志们，感谢为这本史料集的出版而悉心编撰的同志们。

**作者系人民日报社社长**

序言二

# 仰望灿烂星河

米 博 华

赵兴林同志嘱我为本书写一点文字，我犹豫再三。因为本书文稿的作者都在人民日报记者岗位上工作过，我没有。但作为报人，作为联系原记者部和分社工作的编委成员，自然会把自己看成是记者队伍里的一员。每念及此，感到与有荣焉。

阅读书稿，不禁心潮澎湃，悲欣交集。60年一甲子，岁月的烟云和曾经的沧桑都化做往事渐渐淡去，但这些记录历史的文字又把许多人和事联系起来。低头深思，仰望苍穹，我仿佛看见一片逶迤壮丽的星河。

我心里生出一种崇敬。老一辈人民日报记者从战火硝烟中走来，怀着建设新中国的美好理想成长。他们是一个特殊的群体，有的来自延安，有的来自西柏坡，有的来自解放战争的各个战场。长城内外，黄河之滨，汇聚了一批中华民族的优秀子孙。这些以笔作为武器的战士奔向平山县里庄，在极其艰苦的环境下创建了人民日报。端详一张张年轻、俊美的面孔，捧读一篇篇质朴、真诚的报道，人们可以体悟到他们内心的自豪和幸福。他们经历过开国大典，欢天喜地；也经历过共和国严重的挫折，命运多寒。自豪来自胜利，幸福源于理想。解放全中国、建设新中国，是他们一辈子都守护的信念，更是一辈子珍藏的荣誉。100年仅是历史长河的一瞬，然而对于中华民族来说，20世纪的巨变是任何一个世纪都不能比拟的。人民日报的老一辈记者为这段风雷激荡的时代留下了珍贵的历史记录，我们也从他们欢欣与痛苦交织、奋斗与坎坷相伴的记者生涯中，看到了那一代的执着和纯粹。他们的品格、业绩和作风，至今仍光鲜无比，引为我们学习的榜样，成为我们继续奋斗的激情和力量。

作为承前启后的一代，我心里还有一种别样的感慨。伴随着新中国成长的一代，经历了文革动乱，迎来改革开放新时期。他们中，大多插过队、当过兵、做过工人，是从基层一步一步走过来的，因而对国情和民情，有着更深刻的了解。从这一茬儿的人民日报记者的文稿和报道中，我们可以看到三种底色：困惑和迷茫中的思索，大地重光后的喜悦，艰难起飞过程中的奋斗。30多年了，伴随着解放思想的大讨论，拨乱反正的大转折，改革开放的大事变，全面振兴的大发展，他们从热血的青年渐渐变成老记者、老同志。回望过来的路，心中涌动无限的感动，因为他们亲眼见证了中国人从"站起来"到"强起来"的历程，亲身经历了社会主义在中国的全面崛起，亲手参与了国家的现代化建设。自然，人民日报事业能够发展成今天这样的规模，能够具有这样大的影响力，渗透着他们的心血和汗水，因而也更深地体会到，这一代人能够目睹民族复兴的光明前景，是幸运的；能够在人民日报记者岗位上工作，是幸福的。那个激情燃烧的青春岁月，值得在回味中长久地享受。

报社多了许多年轻的面孔，代际交替往往就是这样不知不觉。和年轻记者接触，感到他们比我们想象的更成熟。虽然他们和前辈人成长的环境不同，但爱国爱党爱家没有任何代际鸿沟。抗击"非典"，"5·12"汶川大地震，举办北京奥运会，庆祝新中国成立60周年，以及应对"3·14"事件、"7·5"事件等，大都是年轻记者站在前面，成为主力军。描述一下人民日报年轻记者和报人的群体形象，也许可以说这样三句话：自信自豪的大国国民心态，多元多样的大时代青年知识分子的眼识，朴实严谨的大报记者风格。当然和过去的年轻人一样，他们在成长过程中，难免有经历单一、经验缺乏的不足。假以时日，这些都是可以弥补的。经验告诉我们，一个人的成长和成功离不开舞台和机遇，而人民日报正提供了最大舞台和最佳机遇。我们应该倍加珍惜。人民日报老同志的成长历程，说明，人生价值只有附丽于国家富强、人民幸福的伟大事业，才能得到充分展现。抱着这种感恩、崇敬和谦逊的态度努力奋斗，年轻一代的成才和成功，庶几可期。

人过半百，可以言天地壮阔，可以语人间沧桑。自问，一个人一生能够做多少事？很有限。无非是培上几锹土，添上几块砖。个人的作用远没有自己想象的那么大，但一代代人合起来的力量，众人共同奉献的光热，可以移山填海，化铁为水。60年的人民日报，为共和国的建立、发展、振兴留下完整的历史记录，做出重要贡献。这样伟大的事，其谁能之？

在浩茫的广宇中，我们只是恒河沙数般的小星，做应该做也可以做的一些事。然而，我们以对祖国对人民的无限忠诚献出光热，同样可以汇聚了一条灿烂的星河。任何人都不能不崇敬和仰视。

以上是阅读这部书稿时所感所悟。愿与前辈和年轻的记者们共勉。

**作者系人民日报副总编辑**

# 目　录

## 第一辑　时代的足迹

**肩负时代的使命**
　　——人民日报记者部60年回顾 ……………… 赵兴林 整理 / 3

**从《人民日报》的报名说起** ……………………… 李　庄 / 27

**新闻工作忆往**
　　——从范长江同志对我的言传身教说起 ……… 李　庄 / 31

**入城之前** ……………………………………………… 安　岗 / 42

**学习的榜样**
　　——记周恩来、刘少奇、陈毅同志一些新闻活动 … 安　岗 / 52

**发扬战斗的风格**
　　——回忆毛泽东同志对晋绥日报编辑人员的谈话 … 纪希晨 / 73

**邓拓同志和人民日报** ………………………………… 纪希晨 / 84

**华北记者团的前前后后** ……………………………… 萧　航 / 95

**《人民日报》北平版** ………………………………… 刘时平 / 110

**记者心目中的总编辑**
　　——追忆范长江、邓拓 ……………………… 刘时平 / 114

**1949——我终生难忘的一年** ………………………… 金　凤 / 118

**难忘周总理对记者的关怀** …………………………… 金　凤 / 135

| 我拍摄第一面五星红旗 | 高 粮 / 144 |
| 左叶事件影响所及 | 高 粮 / 147 |
| 党报同亿万农民心连心 | |
| ——农村最初实行"家庭联产承包责任制" | |
| 的采访杂记 | 许仲英 / 150 |
| 在地方记者岗位上锻炼成长 | 吕建中 / 158 |
| 春水冷暖鸭先知 | |
| ——回忆天津记者站的复建 | 萧 荻 / 167 |
| 道是无情却有情 | |
| ——谈批评性报道的社会效果和甘苦 | 王艾生 / 173 |
| 《工人上书为知识分子说公道话》写作经过 | 张振国 / 181 |
| "我是人民日报驻江苏记者" | 朱维群 / 189 |
| 长江前辈给我的两点启示 | 艾 丰 / 192 |
| 彩笔干气象 新闻或永恒 | 朱习华 / 198 |
| 采访《林彪"联合舰队"叛逃始末》追记 | 石德连 / 206 |
| 集中精力搞报道 | |
| ——忆在上海当记者的难忘岁月 | 萧关根 / 214 |
| 从通讯员到高级记者 | 段存章 / 225 |
| 我在宁夏50年 | |
| ——一个记者的所见所闻 | 黄翊明 / 241 |
| 改革开放在广东 | 梁兆明 / 249 |
| 胡杨不相信眼泪 | |
| ——从《胡杨泪》到《胡杨泪尽》 | 孟晓云 / 260 |
| 爱岗敬业 笔耕不辍 | 吴兴华 / 278 |
| 沃土耕耘杂思 | 赵相如 / 283 |
| 四川连环新闻官司始末记 | 罗茂城 / 291 |
| 笔蘸泪水写秀明 | |

——采写通讯《用生命播洒阳光》的体会 ………… 孟西安 / 300

**我这样当站长** ………………………………… 李 杰 / 311

**我的缺憾与你的圆满**
——寄语即将走上新闻工作的同仁 ………… 傲 腾 / 321

**一业为主 多种经营**
——我在北京做驻站记者20年回眸 ………… 赵兴林 / 335

**数学家董泽清的早逝**
——回忆《春蚕到死丝未尽》一文的产生 ……… 武培真 / 346

**反腐败斗争中的"沈阳现象"**
——根除反腐后遗症 ……………………… 郑有义 / 352

**记者是战士** ……………………………………… 董 伟 / 358

**回首西藏** ………………………………………… 刘 伟 / 361

**一人沉浮 千夫评说**
——步鑫生被免职后的种种议论 …………… 高海浩 / 371

**记录历史**
——北京全面抗击"非典"采写记事 … 阎晓明 王建新 赖仁琼 / 376

**激情融冰雪 忠诚写文章**
——记奋战在低温雨雪冰冻报道一线的人民日报记者 … 朱 虹 / 383

**牢记责任 不辱使命**
——记者部抗震救灾报道的回顾与思考 ……… 贺广华 / 389

**"此刻,我们就是战士!"**
——记奋战在抗震救灾一线的人民日报记者 …… 汪晓东 / 401

**半路出家当记者**
——我的新闻生涯 ………………………… 赖仁琼 / 409

**《大关村苦干12年挖掉穷根》一稿社会效果** …… 胡跃平 / 417

**《小巷走出的大国总理》采写记** ………………… 陈 杰 / 421

**我在大连报道"5·7"空难** ……………………… 王 科 / 424

人民日报记者的声誉必须维护 …………………… 汪　波 / 431

头条要成为常青树 …………………………… 鲍洪俊 / 434

做记者不仅难而且险
　　——我的一次死里逃生的经历 …………… 杜峻晓 / 440

千里青藏线通车探秘回眸 ………………………… 郅振璞 / 448

"危难时刻，我们挺身而出"
　　——记"抗震救灾重建家园工人先锋号"四川记者站 郑德刚 / 459

雪域高原的一场舆论遭遇战
　　——西藏拉萨"3·14"事件报道回顾 …………… 徐锦庚 / 463

拉萨"3·14"事件后加强西藏报道的几点建议 … 张　帆 / 476

面对敏感的舆情　保持大报的清醒
　　——洛阳烈士陵园"被毁事件"采访始末 ……… 曲昌荣 / 482

# 第一辑

## 时代的足迹

# 肩负时代的使命

## ——人民日报记者部60年回顾

赵兴林　整理

1948年6月15日，共和国历史将铭记这一天。这一天晋冀鲁豫人民日报和晋察冀日报合并建立人民日报，成为中共中央华北局机关报，社址在河北省平山县里庄。1949年8月1日，已进驻北平的人民日报改为中共中央机关报。伴随着隆隆炮声和胜利的号角，人民日报诞生之日以安岗、李庄为代表的能征善战的人民日报记者队伍开始生成。

风雨60年，弹指一挥间。作为人民日报一支特别能战斗的记者队伍，她的成长发展经历由小到大，由弱到强；记者外出采访由步行、骑自行车到乘坐汽车、火车、飞机等现代交通工具；装备从使用笔和纸到电脑传输等。人民日报记者队伍的成长发展与时俱进。纵观这支记者队伍，始终战斗在一线，历经60年风风雨雨，经受住血与火、生与死的考验。他们的作品，既是历史的见证、时代的记录，反映的又是党的呼唤和人民的心声。无论在革命战争年代，还是社会主义建设时期，记者部在报社编委会领导下，为贯彻执行党中央的路线方针，从一个侧面，记录了半个多世纪的中国历史，重现了解放战争年代重大事件，描绘了建设时期的风流人物，同时也记录了我国新闻事业的发展过程，汇成了人民日报新闻事业的珍贵资料。从这个意义上讲，记者的作品汇集成一部"见证历史，书写春秋"的巨著。

人民日报作为党中央机关报，其前身晋冀鲁豫《人民日报》、《晋察冀日报》均诞生于抗日战争的烽火年代，战斗在一线的记者多为抗日战争初期参加革命的热血青年。他们中有的在敌人后方办报，有的在战火纷飞中做采访记者，有的经历了战争的锻炼才做了记者。共同特点是：经历了抗日战争、解放战争，经受了战争的洗礼与生死考验。全国解放进入和平建设时期，则更多的是我们党培养出来的新闻记者，他们积极投身土地改革和抗美援朝，奔赴建设工地；他们以人民的欢乐为欢乐，以人民的忧患为忧患。他们深入农村、工矿、海岛渔村、边防哨所、森林草原、戈壁荒漠、机关学校、部队营房，乃至各级党政机关、群众团体；采访对象从党和国家领导人直到普通百姓。无论是战争年代，还是社会主义建设时期，他们都以饱满的政治热情和对党对人民认真负责的精神，倾心于党和人民的事业，努力做到党和人民的忠实代言人，用自己的良知谱写新篇章，陆续涌现出安岗、李庄、田流、商恺、纪希晨、林里、王金凤、陈柏生等一批名记者。

忆往昔，峥嵘岁月稠。如今，记者部一批批老同志相继离休退休。李庄、田流、商恺、林里、华山、刘时平等十多位老同志已经辞世，现在的同志对他们深表敬意和怀念。今天，整理记者部史料集，就是通过回忆过去，展望未来，激励后人，开拓进取。

历史是一面镜子。记者部伴随着人民日报的成长发展，经历由小到大、由弱到强的成长历程。此次整理记者部史料集，采访了健在的记者部和其他有关部门的一些老同志，查阅了大量有关资料，记者部发展史大体上可归纳为三个阶段。一是从1948年6月15日人民日报诞生到1958年。其间为迎接全国解放和社会主义建设高潮的到来，报社领导提出"要以思想作风、工作作风、工作方法的大转变，实现人民日报战略上的大转变"。驻地记者意气风发，干劲倍增；名记者荟萃，力作迭出。这个时期的记者部经历由小到大的发展阶段。二是1958年人民日报驻各地记者站与新华社分社合并，各省、市的两家记者合并在一处办公,挂两块牌子:如新华通讯社某省分社、人民日报驻某省记者站,实际情况是以新华社分社为主。这种情况持续到1983年,这期间记者部开始由大到小。三是改革开放以来,各行各业都有"党政分开"之举,1983年在各省、市重建记者站提上日程,人民日报编委会几经讨论并给中央书记处写报告,人民日报记者站与新华社分社终于达成分开协议。至此,人民日报记者部领导的各地记者站又进入逐步发展时期。

下面就这三个阶段的情况分述如后。

**第一阶段**:1948年6月15日人民日报创刊—1958年4月,人民日报编辑记者荟萃全国新闻界的部分精华。时任报社领导的范长江、邓拓强调人民日报有必要也有可能培养一批新中国名记者,为新中国的新闻事业作出贡献。

首先回顾一下人民日报创刊初期到1949年8月1日改为中共中央机关报,特别是1949年3月人民日报由河北平山迁至北平,记者队伍主要由进城的业务骨干组成。进北平之前,党给予新闻记者相当充分的思想武装。其中包括时事政策教育,城市政策、纪律教育,特别是深入学习毛泽东《对晋绥日报编辑人员的谈话》从立场到观点、方法,给予记者极其重要的思想武装;刘少奇《对华北记者团的讲话》,全面总结了党的新闻工作经验,提出党的新闻工作者必备条件。中央领导同志的讲话精神,奠定了新时期怎样当人民日报记者的思想理论基础。进入北平之后,人民日报记者、编辑队伍先后出现两次会师,奠定了以后30年的人事和组织基础。

人民日报诞生初期,因当时战争情况发展变化快,政治斗争、军事斗争尖锐复杂,为适应现实斗争需要,人民日报抽出以萧航、田流、林里等21位记者和新华社有关同志组成华北记者团,于1948年9、10月到党中央所在地西柏坡学习,实际上是一个记者训练班。刘少奇、彭真等领导同志来训练班讲演,刘少奇同志的讲话精神是:"牢固树立全心全意为人民服务的党性立场,认真学习马克思主义,熟悉党的路线和政策,密切联系群众。"少奇同志讲话中强调的这些精神,就是要求记者努力做到:"群众需要,群众的要求和意见,就是记者应该报道的内容;读者是记者的主人,读者说好,你们的工作就是做好了。"这些极其重要的思想,指导着以后几十年的行动;同时也为记者编辑准备今后办全国性的报纸奠定了思想理论基础。

随着辽沈战役大捷、淮海战役大捷,紧接着就是平津战役开始,战局和政局发生着急剧变化。1948年12月,人民日报接到通知,要报社抽掉一部分同志随军北上,准备北平一解放就进城办报。1949年1月31日,人民日报进城先遣队乘卡车从青龙桥奔向西直门,是日傍晚,先遣队在范长江、袁勃带领下,进驻北平华北日报社,李庄率队陆续接管了中央社北平分社以及属于国民党军方的"军闻社"等单位的电务部门。2月6日,北平地下党员和进步青年来到报社与人民日报的同志见面,他们中一些人参加了人民日报北平版的工作;其中成为北平版记者的有李清泉、李孟北、刘时平、王纪刚、陈泓、王兢(后改名王敬)、郭奕、陈骥、张辛民等。

人民日报北平版编辑部工作人员总数六七十人,采访部(记者部)就有二十人,记者年龄大都二十出头到三十岁左右。当时记者阵容不大,但很精干,活跃在一线采访的大都是"四八"式的,如金凤、柏生等新参加党报工作的年轻记者;而"三八"式的老同志李庄、韦明等都已成为一线记者的指挥者。采访部就设在一间面积不大的平房,正中是用四张长桌拼成的一个大案桌,两三个人挤坐在一条长板凳上,大家围着案桌,秉笔疾书。因当时国民党的散兵游勇还不少,有时放冷枪,记者出去常常是结伴而行。因情况特殊,男记者一般都配有实弹的枪支,女记者也有一支小手枪壮胆。尽管当时工作条件比较艰苦，但革命精神旺盛。当时实行供给制，记者大都身着黄色土布军装、佩带军管会的胸章和臂章；大家一起过着"供给制"的俭朴生活，吃的是小米饭，穿的是粗布衣，却到处洋溢着亲密的革命情谊和团结的战斗气氛。

令记者们难以忘怀的是参与1949年2月2日人民日报北平版创刊号的出版，而创刊号社论——《为建设人民民主的新北平而奋斗——代发刊词》，明确提出了建设新北平的繁重而光荣的任务。社论首次向北平市人民宣告"发展生产，繁荣经济，公私兼顾，劳资两利"的经济政策；明确提出要发展新文化，培养大批适合于革命需要的干部队伍。北平版不仅是北平开天辟地第一张人民的日报，既表达了人民的意愿和希望，也为记者采访报道开拓了广阔领域。资料显示：那时记者采访内容除去主要会议和政治性的新闻报道内容外，还增强了有关人民生活的报道：诸如金元券兑换办法，解决市民生活必需品的供应问题，以及重要日用商品的批发价，等等。从政治意义上看，人民日报北平版的出版预示着新中国即将诞生，同时也标志着记者工作进入新的时代，新的生活。

1949年3月，人民日报由河北平山迁到北平，人民日报北平版随即终刊。但这时的人民日报仍然是中共中央华北局机关报，同年8月1日改为中共中央机关报。人民日报原本是一张地方报，长期在华北农村根据地出版；而今从农村到北平，从战争到和平，从地方报到中央机关报，都是极大的转变。为适应新形势的需要，党中央和北平市委考虑到人民日报的实际情况，陆续为报社输送了原在平津等城市工作、学习的新闻工作者和青年学生（他们大都是共产党员或同党有联系的先进分子）。其中王金凤同志是1948年12月在良乡就分配到人民日报兼新华社华北分社记者，后调入新华社华北分社当记者，一同当记者的还有陈迹、陈柏生等，这是第一次会师。1952年至1953年，全国撤消大行政区，原各大区党报有的停刊，有的转为省报。中央决定利用这个机会，给人民日报补充了纪希晨、季音、林钢、吕建中等同志，他们中的一些人成为人民日报驻站记者，这是第二次会师。各路人马胜利会师，给人民日报注入新的生机和活力。

1953年，地方记者部成立，在全国许多省、市先后成立记者站。安岗驻鞍钢，季音驻上海，纪希晨驻四川，陈勇进驻云南，钟林驻广西，顾雷驻甘肃，刘凡驻浙江，王金凤驻河北等。记者部主任是李庄，副主任是田流、汪琦。这时的人民日报记者部人才济济，真正是来自五湖四海；土气一些的，洋味一些的，解放区的，地下党的都有。虽然经历不同，大家满怀革命热情，为了共同的革命目标，互相学习，互相尊重，革命精神异常高涨。再加上当时报社有一种好风气，即原城市干部学习新进城干部的党建知识、政策观念和作风、气度——质朴、谨严；新进城干部学习原城市干部的办报经验——敏锐、快捷的采访作风。大家互相学习，取长补短，尽管当时大事很多，各报竞争相当激烈，记者们工作积极主动，敢争敢抢，有时一人一天写两三篇稿件，对办好报纸发挥了积极作用。

记者奋发进取、勤奋工作，但报社编委会时刻不放松抓记者队伍建设；从编委会到各部不但对记者要求严格，而且从思想到业务指导具体。报社领导范长江、邓拓同志总是在百忙中抽时间同记者座谈，从报道思想、确定题目到具体处理某些重要稿件，总是满腔热忱，不辞辛劳。为提高记者素质，加强报纸同人民群众的联系，范长江同志亲自主持学习和辅导工作，指挥记者深入到京郊长辛店铁路工厂、丰台机车车辆修理厂及石景山发电厂、钢铁厂进行采访活动，亲自修改记者来稿。同时，长江同志明确提出要求记者加强文学、艺术、美术、音乐、哲学、历史、政治经济学、自然辩证法等方面的学习。邓拓同志则明确提出培养名记者的奋斗目标，要求编辑、记者深入一线采访，大胆地把记者"撒出去"，深入了解党的政策在各地的执行情况和群众的呼声与要求，使报纸真正起到党的耳目喉舌作用。由于一些重大题材报社领导亲自指挥采访，直接处理一些记者的重要稿件，注意从记者来稿情况中发现值得注意的稿件。对一些有重要价值的稿件，社领导还要把原稿调来细看，支持记者采写重要的批评报道；对于一些老记者采写的重大题材稿件，从不吝惜版面。如田流同志采写的《金星奖章获得者》，人民日报刊登整整两个版。

为提高记者队伍的整体政治素质，社领导范长江、邓拓要求记者坚持读书，用马克思主义理论、新闻观武装自己；反复强调学习要从实际出发，循序渐进，先打基础，后求专深的道理。在业务方面，范长江同志对青年记者充分信任和放手使用。解放初期，在一线采访的大都是"四八"式年轻记者，长江同志对他们要求非常严格，记者所写稿件涉及党的政策方针，要求严格推敲，一丝不苟；对文字乃至如何抄写也有严格要求。长江同志要求记者见报的消息和通讯，都要署上自己的名字。他认为，记者写东西署名，一是对报道的事实负责任；二是可以进一步联系群众，又能受到群众的监督；三是可以扬名。令记者记忆尤深的是，长江同志明确提出："要培养无产阶级的名记者。"邓拓同志则以苏东坡少年时酷爱读书为鉴，给自己门上贴一副对联："发愤识遍天下字，立志读尽人间书。"要求大家以苏东坡为榜样，勤奋读书，刻苦努力，持之以恒，不能间断。

人民日报重视营造良好氛围，从事新闻记者生涯的年青人，在报社老同志的带领和帮助下，像蜜蜂一样忙忙碌碌地采花酿蜜，成长进步很快。后来成为人民日报名记者的金凤、柏生，都是在解放战争时期离开清华大学到解放区参加革命的大学生，先后被分配到人民日报做记者。所幸的是她们首次采访都是由名记者李庄带领，王金凤采访对象是位参加过"二七"大罢工的老工人、老共产党员杨宝嵩。第一次参加采访，在李庄同志的指导下，金凤同志采写的通讯《咱们炼出了矽铁》、《第一次给自个儿干活》，发表于1949年2月7日人民日报北平版。金凤同志至今清楚地记得，1949年5月底，在中南海

2006年8月25日,副总编辑米博华(中)亲切问候记者部老同志金凤(左)、柏生(右)。

怀仁堂,当时任团中央第一书记的冯文彬将她带到毛主席面前介绍说:"主席,她是人民日报记者。"主席微笑着握住金凤的手说:"哦,人民日报记者,人民的记者。"从此"人民的记者"金凤同志牢记心间,在人民日报记者岗位上奋斗了40年。柏生同志于1949年6月15日跟随李庄同志参加新政治协商会议采访,见到了毛泽东主席、周恩来副主席、朱德总司令等中央领导同志。光阴荏苒,时至今日,柏生谈起那次采访毛泽东主席的情景记忆犹新,当她轻声回答毛主席"我是人民日报记者",毛主席笑着点点头说:"哦,人民的记者。"柏生同志幸福地完成了这一幕感人至深的特写镜头的采访,终生难忘。

培养造就名记者,报社领导千方百计为记者成长创造条件。早在1951年4月,范长江同志就提出一个设想:人民日报不仅要在全国各省市设立记者站,形成记者网;还要在各省市建立发行站,形成发行网。为此,长江同志采取有效措施,加强第一线采访力量,明确要求记者、编辑下大力气写出好评论、好新闻、好通讯；要求人民日报男记者要像萧乾和徐盈，女记者要像杨刚和子冈，使读者看了他（她）的名字就想看他（她）的文章，鼓励记者早日成名成家。邓拓同志强调人民日报编辑部想尽一切办法，把千万根线索伸展到群众中去，在全国各省市和自治区建立记者站，抽调业务能力较强的同志到记者站工作。于是，人民日报把一些已成为业务骨干的记者、编辑组组长统统派到各地当特派记者；由范长江和李庄一起指导记者工作，按照编委会议定的方针，制订出管理记者工作的一套比较科学的制度；直接指挥记者的采访活动，认真处理记者的稿件；帮助记者制订报道计划，不断总结经验加以推广。正是得到范长江、邓拓同志的亲切关怀和培养，人民日报版面上力作迭出，涌现出田流、陆灏、林里、季音、纪希晨、金凤、柏生等一批名记者。

范长江、邓拓同志认真抓记者、编辑队伍建设的同时，除刊登记者、编辑文章外，还发表一些国内外知名学者、专家、作家、各界名流的文章和群众来信、来稿，提高报道的深度和代表性。聘请著名作家巴金、胡风、冰心、徐迟、魏巍和著名经济学家薛暮桥等为本报特约记者，他们为人民日报撰写出许多出色文章，流传至今。如胡风同志参加新中国开国大典后在人民日报发表的长诗《时间开始了》、巴金从抗美援朝前线发回的《我会见了彭德怀司令员》和《英雄儿女》、魏巍写的《谁是最可爱的人》、冰心的《寄小读者》等等，社会反响大，成为传世佳作。

**第二阶段：1958年4月—1978年，人民日报驻各省市记者站与新华通讯社驻省市分社合并。**

解放初期，人民日报在各省市均设有自己的记者站，每个记者站都有一二名专职记者，纪希晨、陈勇进、季音等同志都当过驻站记者。1957年吴冷西同志任新华通讯社社长兼人民日报总编辑，为了统一领导、方便工作，提出人民日报记者站同新华分社合并的意见。1958年4月起，人民日报驻各地记者站与新华分社正式合并。两家合并后，各省市同一处办公地点挂"人民日报驻××省记者站"、"新华通讯社××分社"两块牌子，实际情况是以新华分社为主。两块牌子之下，由新华分社主管一切，其中包括人事调动、财务开支、产权归属、办公用品等，均由新华社安排。人民日报有时可向新华分社约一些专稿，即新华社不向全国新闻单位发"通稿"的人民日报专用稿。实践证明，人民日报没有了自己的驻地记者，作为党中央机关报就缺少了自己的耳目，短了自己的腿。新华社来什么稿，报纸就发什么稿，客观上成为新华社的"组装车间"。作为中国第一大报，由于各地没有自己的记者，报纸因而就难有特色，也就没有自己联系各省省委、政府及群众的纽带。

在这里还要提及一下记者部的"反右"。"反右"斗争，记者部一些同志受到伤害，给个人和集体带来重大损失。对人民日报来说，报纸成为新华社的"组装车间"的境况急需改变。经多方呼吁，几经周折，1964年老记者李千峰调回人民日报，由他牵头，人民日报开始又有了自己的记者部。记者有郭小川、古维进、顾雷、宋琤、金凤等。"少而精"的记者出手不凡，著名诗人郭小川先后写出了《黄金季节的白银世界》、《南京路上好八连》、《旱天不旱地》、《小将在挑战》等著名诗篇；安岗同志为记者部助阵，带头采写了概括一个省工作的"后来居上"的政论性通讯；金凤和汪琦同志合作报道宁夏工作的政论性通讯等力作，社会反响大。同时，报社还积极从各省选调一些记者，壮大记者队伍。

孰料1966年史无前例的"文化大革命"爆发了，"四人帮"篡夺了人民日报领导权，先是将记者部并入"文化大革命报道部"，继而一些记者、编辑受到冲击和迫害，人民日报成为重灾户。但《人民日报》每天都要出版，需要记者提供稿件。1967年春，金凤同志到北京郊区怀柔县采访，主管农业生产的一位副县长对金凤说，春耕生产即将开始，如今全县机构瘫痪，"造反派"只忙着夺权，无心管生产。农业生产垮了，大家都要挨饿。听了这些介绍，金凤很快写了一个"解放一批干部，成立'抓革命促生产火线指挥部'"的内部情况。周总理看到后，即送毛主席，主席批给人民日报，发一版头条。而后各地纷纷成立"'抓革命、促生产'火线指挥部"以解决当时工农业生产领导问题。但这篇有重大影响的报道却被江青批为"用生产压革命"，金凤同志因此受牵连在1968年—1973年坐牢5年。同样在逆境中，纪希晨同志采写的《一份没有填写的入党志愿书》、《新的脚印》两篇文章，在《人民日报》发表后，社会反响强烈。

1974年8月报社虽然又恢复记者部，记者有陈柏生、石德连、李彦、萧关根等20余人。尽管记者们辛勤工作，然而少数记者在当时的情势下采写的严重错误性报道，对党对人民，对人民日报及记者本人带来的负面影响，直到粉碎"四人

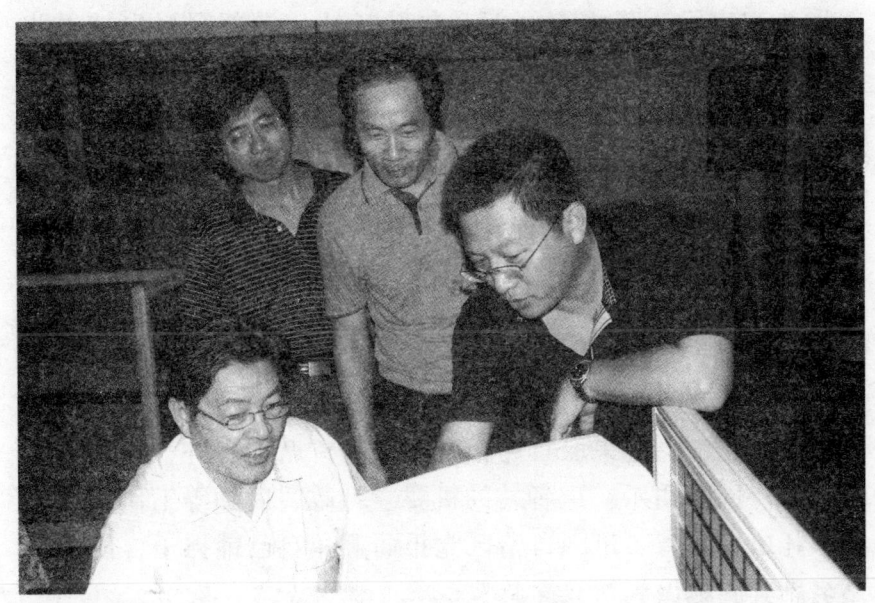

2006年6月27日，人民日报副总编辑江绍高(左)饶有兴致地察看人民网江西视窗运行状况，右一为江西记者站站长刘建林。

帮"后，这种状况才得以根本扭转。

改革开放以后，各行各业都有"党政分开"之举。人民日报隶属党中央，新华社隶属国务院。驻地记者站与新华分社合并，似属党政不分；在实际工作中，也有诸多不便。特别是人民日报在全国各地没有独立的记者站，对及时报道各地发生的重大新闻也不利。因此，人民日报社的同志开始议论重建地方记者站，同新华社各分社分开之事。1983年春，此事开始提上日程。当时人民日报社记者部已有20多名记者，记者队伍正在逐步扩大，只是流动采访，无站可驻。为解决记者站与新华分社分家之事，记者部领导曾向胡绩伟社长、秦川总编辑建议，考虑重建记者站，早日同新华分社分开。但新华社却没有考虑分开之事，真是合并容易，分开难啊！

1985年末，钱李仁同志任人民日报社社长后，新一届记者部领导林钢、丛林中、马鹤青积极向钱社长陈述人民日报驻省市记者站同所在地新华社分社分开的必要性。面对发展了的新形势和实际工作需要，钱李仁社长让记者部写报告细说此事。三次报告写成后，1986年新年伊始，钱李仁社长就联系约见新华社社长穆青同志。穆青同志十分通情达理，爽快地同意两家联合向中央写报告，解决地方记者站与分社分开的问题。3月中旬，中央书记处会议同意人民日报单独设立记者站，同时明确了人民日报地方记者列席地方党委的有关会议等一系列问题。这些都记录在《书记处会议纪要（第十二届141、142号）》文件上。这样，这个久拖未决的问题终于获得解决，报社上下深受鼓舞。接着，报社编委会考虑地方记者站的建制问题，决定采取首席记者制，除首席记者外，再配一二名记者。同时明示：记者站的机要、行政、后勤等工作，尽可能依托所在的省、市、自治区党报而避免自己铺摊子，使记者站名副其实地做到精兵简政。

报社领导强有力支持，记者部全体同志积极努力，1986年6月，人民日报驻各省市记者站开始分批挂牌成立。首批记者站成立挂牌时，所在省（市、区）委书记或副书记出席挂牌仪式并讲话，报社领导专程前往参加，《人民日报》均发了新闻。作为全国第一个特区的深圳记者站挂牌时，香港新闻界多位负责人前来祝贺，人民日报总编辑谭文瑞同志出席并主持座谈会。作为报社一把手的钱李仁社长，先后参加了甘肃、新疆、西藏、云南、福建、山东、山西、河北、天津记者站的挂牌仪式。到党的十三大以后，全国已建立29个地方记者站。

第三阶段：1977年至今，记者部队伍开始逐步发展壮大。壮大记者队伍先从报社一些部门抽调一批编辑充实记者部，而后一批老记者从外单位、外地调回记者部；从其他新闻单位调来一些同志，一批批新闻研究生和大学生陆续分配到记者部。真可谓人才济济，名记者荟萃，记者部建设发展进入鼎盛时期。为适应改革开放的新形势，记者部工作重点抓队伍建设，抓马克思主义新闻观教育，要求新闻稿件"贴近实际、贴近生活、贴近群众"，提高舆论引导水平。

党的十一届三中全会胜利召开，承担"拨乱反正"和改革开放舆论宣传重担的人民日报，恢复记者部、壮大记者队伍的工作纳入议事日程。时任副总编辑的安岗提出记者部要制订重振旗鼓的规划，记者部上下深受鼓舞。要知道，记者部如果从1949年的采访科算起，将近有40年历史。这40年，记者部经历由小到大，由大到小，又由小到大，几起几落。然而，记者部作为人民日报一支特别能战斗的队伍，涌现出一大批颇有才华的记者，他们写了不少有影响的作品，至今光芒四射。令人痛惜的是，这支队伍在后来的历次政治运动中被削弱了，被冲散了，有的散落到外单位或外省市去了，有的违心地改行了；更为不幸的是那些被错划为右派的记者，下放到基层长期劳动改造。致使当年一度繁荣兴旺的记者部，呈现出一种七零八落的萧条局面；到"文化大革命"结束时，留在记者部的记者仅

20人左右。

面对现实，记者部重振旗鼓的第一步，部领导在清查工作的基础上，对现有记者进行了适当调整，该调走的调走，该留的留下来，尽快使队伍稳定下来，投入正常的采访活动。记者部重振旗鼓的第二步，是将流散在报社内外的五六十年代的老记者，包括那些被错划为右派含冤20余年的老记者，尽可能地收调回来。著名记者田流、商恺、林里、陈勇进等先后从外单位、外地调回记者部，1977年报社编委会任命田流同志为记者部主任，商恺、纪希晨同志为副主任。记者部新领导班子的组成，对一批老记者的归来产生了很大的吸引力，分散在报社各专业部的顾雷、肖航、张潮、刘衡、金凤等陆续回到记者部；流散到外地的陈勇进、刘时平、高粮、林钢、吕建中等也先后回到记者部。同时，还从报社外边调进黄钢、华山、王天铎等人。

老记者们归来以后，纷纷深入实际，采写出一批既有广度又有深度、指导性强、富有文彩的新闻报道。如林里的《经济特区风云录》系列报道，肖航的关于黄河的重点调查，田流同志的福建之行的报道，陈勇进在天山南北的采访，王金凤、陈柏生写的一系列人物通讯，纪希晨采写的"历史的审判"，以及黄钢的报告文学《亚洲大陆的新崛起》等，都在社会上产生了很好的影响。此外，一些老同志的作品集纷纷登场，如田流的《田流散文特写集》、商恺的《大地笔踪》、纪希晨的《史无前例的年代》、金凤的《时代的眼睛》、柏生的《笔墨春秋三十年》、刘衡的《我的采写故事》等为世人留下宝贵财富。

恢复后的记者部在一片兴旺的大好形势下，报社分管记者部工作的副总编辑安岗站得高看得远，认为老记者的作用固然不可低估，但是仅靠这些老记者还不够；有必要恢复新中国建立初期人民日报在各地设立"特约记者"的好传统，把新闻界、学术界和经济界有一定知名度的人士，聘请为人民日报特约记者，把他们团结到记者部的周围来。在安岗同志的支持下，记者部从北京和其他一些地区聘请了一批特约记者，如浙江的于冠西、四川的马识途、中国人民大学的蓝鸿文、经济界的高尚全、马玫丽等社会名流。特约记者的任务是：采写重大题材的通讯；注意当地群众对于重大问题及对改进报纸宣传的意见和要求，及时反馈报社；并接受人民日报的特殊委托。任务明确，人员干练。特约记者果然出手不凡，他们采写的一批有深度广度且富有文彩的文章，不仅为人民日报增添了光彩，也使稿源有了可靠保证。一批老记者重返记者部，从全国一些地区聘请知名人士为人民日报特约记者，的确为记者部壮了声威，更为人民日报的新闻报道扩大了影响。但是，这些同志大都已近花甲之年，新陈代谢是不可抗拒的自然规律。为使记者部长期兴旺发展，记者部重振旗鼓的第三步是自己培养新闻研究生。

人民日报培养研究生，具有得天独厚的优势。必须看到，新闻学是一门探索新闻事业规律的科学，只有认真学习它，研究它，才能进一步认识和掌握它的规律，才能提高新闻队伍的整体素质，才能把新闻改革推向前进，走出一条具有中国特色的社会主义新闻事业的道路来。培育新人，时不我待。在中国社会科学院党组领导下，在人民日报编委会的大力支持下，长期任人民日报副总编辑、分管记者部的安岗同志在中国社会科学院创办新闻研究所并兼任所长，还创办了新闻系。新闻系从一开始，就设置了新闻业务专业，实行定向招生和定向培养的原则。人民日报总编辑胡绩伟、副总编辑安岗带头授课，报社编委成员及一批资深记者编辑陆续登台授课，在马克思主义指导下探讨和总结新闻工作经验，指导学习，答辩论文，评定学位。

新闻研究所的成立，不仅对新闻理论、新闻史、新闻业务等进行多方面的研究，而且还有系统的理论讲授和典型的经验介绍，极具学术性和实用性较强的特点。第一年—1978年，就为人民日报定向招收了40名新闻业务硕士研究生。第二年—1979年，招收了17名，此后延续到2001年。随着全国新闻研究机构的不断建立和发展，共同交流新闻工作经验，研究新闻事业的规律，探索新闻改革的途径，促进各类新闻学术活动的蓬勃开展，迎来新闻研究的春天。据不完全统计，自1980年—1984年，短短5年新闻研究所出版的新闻学论著、编著、译著，以及各种论文集和新闻业务方面的书籍达300余部。

老一辈新闻工作者从理论上总结他们的宝贵经验，著书立说为后人留下宝贵财富。在中国社会科学院研究生院新闻系学习的一代新人，肩负承前启后，继往开来的历史使命；活跃在新闻业务和研究部门，许多新人崭露头角，熠熠发光。新闻学苑迎来一个硕果累累的丰收局面。如王晨所著《新闻写作漫谈》，张宗厚、陈祖声合著《简明新闻学》，艾丰《新闻采访方法论》，王武录《人物通讯写作谈》等等，不仅成为社会热门读物，而且促进了我国新闻事业的发展。1981年，中国社会科学院新闻系毕业生艾丰、孟晓云等十多名研究生被分配到人民日报记者部，为记者部增添了新的生机和活力。之后，他们中不少人成为业务骨干，有些同志陆续走向领导岗位，担负起主持办报的重担。此外，报社内外一批中青年记者陆续充实到记者部，弥补了人才结构中青黄不接的缺陷。

随着记者部人员的增多，担子重了，事情多了，问题相应也多了，各种矛盾接踵而来。记者部领导注意改进工作方法，从政治上、业务上、生活上关心每位记者，及时发现问题，及时解决，把问题消减在萌芽状态。具体工作如下：

一是政治上关心。比如，有的记者多年背着"家庭出身不好"的沉重包袱，即使有强烈要求入党的迫切愿望，也被拒之门外。重振旗鼓的记者部党支部，从政治上给予这些同志热情关怀，鼓励他们积极靠近党组织，指派党员耐心帮助他们，对符合共产党员条件者，大胆吸收他们入党。正因为从思想上清除了"左"的影响，真正做到从政治上关心知识分子，同时也为记者部在党建工作上打开了一个突破口，陆续吸收了丛林中、黄际昌等一些优秀记者加入党组织。

二是思想上拨乱反正。鉴于十年动乱，人民日报成为深受其害的"重灾区"。恢复后的记者部领导越来越清楚地认识到"四人帮"对新闻工作、新闻记者的毒害不可低估。如何拨乱反正，正本清源，这是个对党、对人民群众至关重要的问题。通过深入学习，记者部领导越来越深刻认识到，不少同志在"四人帮"毒害下，对党报的根本原则，对党报的性质和任务缺乏正确的理解，我党新闻战线的好传统渐渐被遗忘了，甚至在思想上、作风上严重地背离了马克思主义的基本理论。作为党的新闻战线的老同志，记者部主任田流等领导同志，采取积极措施强化记者的思想修养和业务训练。鲜明地提出做事先做人，即"文如其人"的思想修养和业务训练；明确提出克服帮八股、公式化，改革文风的建议；严格要求每位记者首先是个好的新闻工作者，要求"党报记者应当首先是个好党员"。要求全体记者严格按党报记者标准约束自己，做到兵在外而令必行。同时，记者部党支部认真抓好"实践是检验真理的唯一标准"的学习讨论，为思想上拨乱反正奠定了理论基础。党支部认真组织学习马克思主义新闻理论，学习邓小平理论；要求记者积极投身于改革开放大潮，写出无愧于时代的报道。

三是加强业务指导。在业务指导方面，记者部领导视记者情况实行具体帮助。比如，对具有较高的思想水平和采写能力的记者，放手让他们自己去谋篇布局，发扬他们各自的风格，一般不硬性规定写稿数量。对于中青年记者，则采取"一把钥匙开一把锁"的原则，进行个别指导或由部值班领导会同值班编辑，对记者来稿进行"会诊"，先挑出毛病再提出具体修改意见，直到来稿符合版面要求为止。

记者部下功夫抓记者整体素质教育的同时，要求记者严格自律，要求记者时刻牢记记者站是人民日报在各地的派出机构；驻地记者的工作和行为代表着人民日报，其自身形象和作为不仅直接影响记者站的健康发展，而且关乎人民日报在当地

竞聘记者站站长的同志在考场。监考官为人民日报社社长许中田(后左站立者)、副总编梁衡(前排左)。

的形象。时时处处注重自身形象建设，积极配合地方中心工作搞报道，抓好报纸发行工作。工作重点明确，与驻地建立良好的关系，记者站建设步伐明显加快。自1986年开始，人民日报先后在全国（除台湾外、香港澳门尚未回归）31个省市、自治区和大连、青岛、宁波、厦门、汕头、深圳、珠海等计划单列市，共建立38个记者站。今天的记者站可谓兵强马壮，装备精良，无论是记者素质，还是报道质量、稿件数量明显提高，成为报社一支特别能战斗的队伍。

需要特别指出的是，报社编委会高度重视记者站队伍建设，十分关心众多驻地记者的进步和成长，采取积极措施，鼓励记者成才，激励记者成名。报社陆续选拔了一批年轻同志和大学生充实到记者站工作，记者站站长实行竞聘上岗；这些措施对加强驻地记者队伍建设，壮大一线采访力量产生了积极作用。为贯彻报社编委会鼓励记者成才、成名的发展策略，记者部积极创造条件，让记者深入基层，深入群众，到广阔的天地里纵横驰骋，开阔视野，拓展胸怀，锻炼独立采访的能力。通过有计划地安排记者参加重大题材和系列题材的采访，锻炼他们在复杂的情况下观察问题、思考问题、分析问题、判断问题的能力。在采访和写作方面，激励记者勇敢突破，大胆创新；对于确属优秀且具有特色的作品，积极向报社领导推荐，建议版面显著安排，以扩大影响。

进入21世纪，科技进步日新月异，综合国力不断提升，伴随着电脑技术、数字化与网络传播的发展，媒体竞争更加激烈。特别是新兴媒体不断涌现，对报纸等传统平面媒体带来冲击，发展面临着严峻挑战。作为党中央机关报记者，为更好地落实党中央提出的全面、协调、可持续发展的基本要求，坚持以人为本，要求记者用创新思维在新闻理念、操作方式、报道内容、表现形式、选择标准等方面进行认真思考，大胆创新。为此，记者部采取积极措施提高记者整体素质和业务水平，开创"培养记者成才，鼓励记者成名"的发展策略。记者部领导带头学习贯彻江泽民同志提出建设一支"政治强、业务精、纪律严、作风正"新闻队伍的指示精神，从制度建设和机制保障上打造一支忠于党、忠于人民的新闻劲旅。顺应报社采编分开的新机制，记者部认真贯彻落实编委会提出的"抓学习，长本领；抓工作，带队伍；抓创新，创品牌；抓管理，作表率；抓协调，促和谐"的发展思路。积极引导驻地记者不断提高思想政治水平、增强业务本领，力求做到报道内容入耳、入脑、入心，为报纸宣传出彩。

驻地记者时刻牢记把党的主张和人民群众的心声有机地统一起来，把满足人民群众的精神需求作为第一目标和办好报纸的第一需要。作为报纸脊梁的一版头条，驻地记者更加精心策划，精心写作，以高度的责任感和强烈的政治意识，积极参加由中宣部组织的"三个代表"在基层、经典中国、保持共产党员先进性教育、落实科学发展观、建设社会主义新农村、建设和谐社会等大型主题宣传活动。其间，一线记者承担了报道三峡水利枢纽、青藏铁路等重大工程建设，西藏自治区成立40

周年、新疆维吾尔自治区成立50周年的重大纪念活动,广西南丹矿难、抗击"非典"、禽流感、包头空难、淮河洪灾、抗击台风"龙王"、哈尔滨水污染以及2008年南方地区雨雪冰冻和四川特大地震等严重突发事件的采访报道。驻地记者独自或合作承担了任长霞、牛玉儒、许振超、李素芝、祁爱群、吴天祥、马祖光、周国知、吴仁宝、洪战辉、郭秀明等系列战役性报道和大型主题宣传活动战役报道。他们从天涯海角,从白山黑水,从东海之滨,从天南海北,从雪域高原,从中原大地,带着征尘和汗水,带着喜悦与自豪,带着累累硕果,乘胜前进。记者部作为报社新闻报道"半壁江山"的地位进一步巩固,驻地记者的新闻生产力进一步释放,报道数量和质量进一步提高。

据统计,21世纪前5年,记者部向一版提供头条636个(828篇),约占同期本报头条的65%,累计发内参5567篇。近3年,报道工作由数量增长向质量优化转型,记者部提供言论121篇、照片400余幅;其中百余篇受到中央领导同志批示。作为党和人民的喉舌,驻地记者十分关注国计民生、带有前瞻性的动态信息,以"内参"形式及时报道,其中2004、2005两年,中央领导同志在驻地记者采写的内参上批示230条次。"十五"期间,记者部有9位同志获"中国新闻奖"7篇(组);记者部获报社好新闻奖615篇次,占总数的14.5%;2005年,记者部获报社"7个最佳"53个,占总数的24.4%。

驻地记者新闻报道连年创佳绩,加强党的领导是关键。近几年,记者部党委把造就一支善于打硬仗、能打胜仗、作风过硬、纪律严明、不辱使命的新闻采访队伍作为重中之重。通过科学的用人机制和合理的人员配置,不断优化队伍建设,提高整体战斗力。抓队伍建设,记者部党委联系实际结合学习贯彻党的十六大、十七大精神,保持共产党员先进性教育等项活动,建立和改选32个记者站党支部,发展了15名党员。与此同时,记者部党委大力倡导业务研讨之风,先后开展"绝活大家谈"、"头条大家抓"专题业务研讨会,并将优秀新闻作品和业务研讨文章结集出版《采访与思考》、《感悟与探讨》书籍等。为增强《记者工作》的指导性,其内容由创刊初期的"报社领导讲话,业务分析,记者每月见报稿统计",增加了"采编信息,党的建设,人事信息,文件与通知,基层回声"等内容。正因为《记者工作》从形式到内容发生了质的变化,成为记者部与驻地记者之间联系的桥梁,成为记者的良师益友。

提高记者队伍整体素质,各记者站制订出人才培训计划,并把这项工作落到实处;从而在思想上形成共识,工作中形成合力;促进记者部整体向学习型、创新型、和谐型方向发展。记者们用自己的心灵感受把握时代脉搏,用自己笔记录着时代潮流,用自己的信念和智慧推动着时代的发展。随着记者队伍整体素质的提升,不仅新闻报道连年出彩,而且报纸发行、基本建设、办公条件也得到很大改善。作为人民日报在各地发行工作的"第一责任人"的各地记者站,认真贯彻编委会提出的"举全社之力抓发行,用全年时间抓发行"的方针,与各地相关部门一起,探索施行了集体与代收代订、整体划拨、私订公助、企业赠阅等有效办法,确保本人民日报发行逐年稳中有升。

与此同时,天津、河南、江西、广西、贵州等记者站,新建办公楼拔地而起。截至2005年底,各记者站使用房产面积达40000多平方米。需要说明的是,"十五"期间,报社仅投入1286万元,记者站通过购房购地、自建联产等方式,获得房产19000平方米,上交报社基建收入1600万元。各记者站在改善办公条件和站务公开的同时,进一步规范和细化了记者站管理的规章制度,其中包括经费核算标准及管理办法,驻站记者租住住房及相关问题的暂行规定,以及社聘人员考核办法等系列规定。由于记者站实施规范和细化管理,不仅增强了透明度,而且促使其更具可操作性和高效率。

2008年是极其不平凡的一年。在报社编委会统一领导下,驻地记者积极参加抗击低温雨雪冰冻灾害、维护西藏社会稳

2006年"两会"期间,在政协召开的中外记者新闻发布会上,记者赵婀娜代表人民日报提问。

定、全面报道北京奥运会、抗震救灾报道等,记者部成为报社一支强有力的主力军。其中四川汶川抗震救灾宣传报道,受编委会委托,记者部主任龚达发担任前线总指挥,直飞成都,策划组织20多名从北京、上海、山西、重庆、贵州、湖南等地集结至四川的记者分兵奔赴各重灾区。他们克服重重困难,及时发回大量动人心魂、感人肺腑的报道和图片。正是前线记者的高度责任感、旺盛的斗志和坚强的毅力,投身于抗震救灾报道工作中,体现了人民日报记者的光荣传统,体现了对灾区人民的深厚感情,体现了特别能吃苦、特别能战斗的优良作风。一篇篇感人肺腑的稿件、一张张震撼心灵的图片,既展示了中国人民在大灾大难面前威武不屈的精神风貌,又歌颂了中华民族一方有难八方支援的传统美德。通过人民日报,以最快的速度把灾情客观、真实地告诉了祖国、告诉了人民、告诉了世界;为党中央、国务院和灾区人民的抗震救灾架起了信息桥梁,为抗震救灾工作提供了强大的精神动力、舆论支持和思想保障。唱响了"万众一心、众志成城、迎难而上、百折不挠"

的主旋律，得到了党和人民的高度赞誉，鼓舞了全国人民斗志。

6月20日，在《人民日报》纪念创刊60周年之际，胡锦涛总书记来报社视察工作，充分肯定了人民日报和全国新闻战线的成绩和贡献；肯定了一线记者在这次抗震救灾斗争中做了大量报道，对抗震救灾提供了强有力的舆论支持。之前，中央领导同志李长春、刘云山、李源潮、徐才厚先后对本报抗震救灾有关宣传报道作出重要批示，给予充分肯定。

历史是人民创造的，记者的文章则是记录历史的见证。回顾60年历史，尽管道路崎岖漫长，战斗在第一线的记者经受住了血与火的考验，始终与人民群众同呼吸共命运，始终与人民日报共生共荣，为办好人民日报尽职尽责。他们不愧为党和人民的优秀儿女，不愧为人民的记者。祖国不会忘记他们，党和政府时刻关怀着他们，人民群众与他们心连心。

在迎接《人民日报》创刊60周年之际，我们自豪地告诉大家，人民日报记者战绩辉煌，英雄模范人物辈出。其中：

卢小飞、吕岩松、王慧敏分别当选党的十五大、十六大、十七大代表；

王艾生　1984年获"全国优秀新闻工作者"称号；

吴兴华　1995年获全国"五一"劳动奖章；

杨振武　2004年获"第六届全国百佳新闻工作者"称号；

章世鸿　2005年获"全国老干部先进个人"称号；

王慧敏　2005年获"全国先进工作者"、"全国民族团结进步模范个人"称号；

龚达发　2007年获"第八届范长江新闻奖"；

王金凤、萧荻等40多位记者分别荣获全国好新闻奖项；

田流、纪希晨、王金凤、陈柏生等22位高级记者享受国务院特殊津贴。

总结过去，开拓未来。在《人民日报》创刊60周年之际，胡锦涛总书记来到人民日报社，亲切看望人民日报工作人员，并发表重要讲话。这是对人民日报的极大关怀，也是对全国宣传工作者的巨大鼓舞。记者部领导班子，认真学习贯彻编委会提出的"部门领导班子带队伍是职责是境界，要费心思下功夫，以高尚的人格力量带领团队前进"的指示精神，谨记在心。记者部将继续保持团结一心，发扬成绩，克服不足，勇于创新的精神，力争各项工作再上新台阶，让党放心，让人民满意。

2008年6月

# 从《人民日报》的报名说起

李 庄

我在人民日报工作40年，就从40年前《人民日报》创刊写起。

1946年3、4月间，国内形势已经明朗，全面内战是打定了。

蒋介石是个怪物，日本投降后，他本性不改，继续反共反人民，一心独吞胜利果实。毛泽东、周恩来在重

1949年初来到北平的李庄。

庆同他谈判一个多月，刘伯承、邓小平指挥的晋冀鲁豫解放军在上党、平汉两战役打掉他十几个师，都未能使他清醒，使他戒惧。敌人加紧磨刀，我们被迫修盾，正义完全在我们一边。

全党、全军、各解放区都在积极准备应变。成立晋冀鲁豫中央局，组建晋冀鲁豫军区，就是多种准备中的一项重要准备。蒋介石侵夺华北，进窥东北，必须打通平汉路。黄河以北，平汉路东，我们在抗日战争期间建立了冀南、冀鲁豫两个

---

李庄(1918年—2006年)，河北徐水人。抗战初期在太行山参加革命，1940年7月加入中国共产党，是党中央机关报《人民日报》的创始人之一。1949年8月1日，党中央决定将华北《人民日报》改组为中央机关报，李庄历任人民日报记者部主任、总编室主任、副总编辑、总编辑。

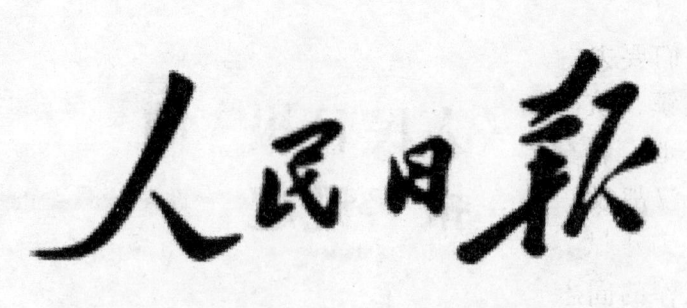

经过制版的毛泽东手书"人民日报"报头。这个报头一直沿用到今天。

抗日根据地；平汉路西，我们建立了太行、太岳两个抗日根据地。4个根据地有2000多万人口，近30万大军，现在由中央局（书记邓小平）、大军区（司令员刘伯承）统一领导和指挥，形成一个宽正面、大纵深的坚强基地，敌人兵力虽多，也是万难逾越的。

中央局成立后，即筹划创建机关报，由宣传部副部长张磐石任社长兼总编辑。张是第二次国内革命战争时期的共产党员、日本留学生，当时虽然刚40岁出头，但在我们这些20多岁的青年人眼中，无论阅历、水平、年资，都是前辈、长者，是很适当的人选。

办报，得有一个精干的班子。从太行区抽调一批人，现在记得的，有王友唐、安岗、左漠野、李庄、杜波、吴象、林韦、柯岗、郭渭、袁勃、袁毓明等20多人，安岗、袁勃为副总编辑；从太岳区抽调古维进、刘希龄等人；从冀南区抽调张更生、林里等人；从冀鲁豫区抽调刘子毅等人。编辑部、印刷部门、后勤部门合计不过一百几十人。

从太行区抽调的人，原来多在新华日报（太行版）工作，我是其中一个。我们作为先遣队，从涉县到邯郸，真正"下山"了。"下山"——从山区到平原，从乡村到城市，这就是说我们胜利了。十年盼望，一朝实现，真是人人兴奋，两脚生风。

我们要去的邯郸，是赵国古都，平汉路、滏阳河交汇的军事重镇，抗战期间日军的大屯兵场、"扫荡"我根据地的重要基地，晋冀鲁豫边区的首府。几个月前，刘、邓在这里指挥平汉战役，歼敌两个军，争取一个军起义。但谁都看到，那是牛刀小试，大战还在后面。于是有人给在邯郸一带平汉前线工作的同志起了一个雅号："堵水干部"。挺身而出，矗立前线，把蒋介石泼向华北、东北的祸水堵住，多光荣！我们有幸，成为第一线的"堵水干部"，怀着奔赴战场的豪情，进入邯郸。

办报纸，得起个好的报名。中央局要报社的同志试拟一个。在磐石同志主持下，大家各抒己见，议论风生。有人主张叫"滏阳日报"，理由是此水虽不很大，但在春秋战国已很有名，报社就在它的附近。有人说这个名字地域性太强，范围太窄，又不响亮，不如叫"晋冀鲁豫日报"，老老实实，正面亮出中央局机关报的身份。有人不同意，说6个字太长，念起来也绕口。多数人主张叫"人民日报"，不管是否已有兄弟报纸用了"人民"、"大众"、"群众"这些名字，反正我们就用"人民"二字，"为人民服务"嘛！我个人是坚决主张此议的，并补充说，"人民"涵义好，4个字音韵也好："人""民"是平声，"日""报"是仄声，多响亮！最后一致建议用这个名字，磐石报告中央局，很快被批准了。

转眼就要出报。这时毛泽东同志的威信处于巅峰，磐石等同志很想请毛泽东题写报名。但一在延安，一在邯郸，云天阻隔，缓不济急。于是想到集字，集毛泽东手写的人民日报四字。罗林、杜展潮受领了这个任务。他二位同多数人一起从《新华日报》调来。杜是华侨，抗日战争开始即从南洋回国参加革命的好同志，不幸于十年前作古。他们找到毛泽东几个题词，凑足"人民日报"四字。最初想用投影法描摹，但在邯郸难找薄纸，未成。后来像小学生学字那样，先画格子然后放大，总算描成《人民日报》第一个报头。应该说，这是一次艰难的、不能被认为成功的尝试。第一，当时征集的毛泽东的字，未必就是真迹；第二，罗、杜二位虽然尽了全力，但非行家，描摹功夫不高；第三，当时邯郸不能制锌版，只好木刻，难保不再失真。现在读者看了第一个报头，如果不加提醒，很可能不会认为那是描摹的毛泽东的手迹。

这个报头从1946年5月15日用到6月30日。6月下旬，中央局副书记薄一波从延安开会回来，带回毛泽东为《人民日报》写的报头，一纸四个。毛泽东从中圈定他属意的两个，要中央局从两个中选用一个。从7月1日起，《人民日报》换了毛泽东写的报头，是刻字工人精心木刻的。

1948年6月，晋冀鲁豫解放区同晋察冀解放区合并为华北解放区，《人民日报》同《晋察冀日报》合并，成为华北局机关报。毛泽东第二次为《人民日报》写了报头，从1948年6月15日刊用。1949年8月，《人民日报》成为中央中央机关报，继续用这个报头，直至今天。这是三个报头中最好的一个。

在1946年5月15日《人民日报》创刊号上，刘伯承为报纸题词"力争和平民主团结反对内战独裁分裂乃人民呼声"，邓小平为报纸题词"为人民服务"，其他负责同志也相继题词。编辑部同志们认为这些题词就是中央局提出的报纸的宣传方针，大家是坚决贯彻执行了的。

2004年9月

# 新闻工作忆往

——从范长江同志对我的言传身教说起

李 庄

我认识范长江同志可以说相当早。30年代中期,范的名作《中国的西北角》在《大公报》连载,我每篇必看。稍后他又连续发表《塞上行》,这些文章引起我更浓厚的兴趣。这就算认识了。

当时我在一个农业职业学校读书,对本科毫无兴趣,如饥似渴地阅读中外文学名著,幻想将来当个作家。看了长江这些文章,又想学他的样子,当个新闻工作者。虽然以后几十年对党和人民的贡献不能望长江的项背,但以长江为榜样,搞新闻工作是铁了心的。从这个意义说,我很早就以长江为师,虽然他当时还只20多岁,我仅比他小9岁。

直接在长江领导下工作,接受他的言传身教,是在北平解放前夕,1948年底,当时他任新华社总编辑,我在华北人民日报—新华社华北总分社工作。也有了10年新闻工龄。当时华北还是"报社合一",两个单位的工作人员在一个锅里吃饭,对外挂两个牌子。不管从哪个方面说,长江同志都是我的上级。

为迎接北平解放,华北的"报、社"组织了一个先遣队,袁勃同志为首,全队包括编辑、记者、电务、行政各个工种,共20余人,准备北平解放后组建领导的报纸、通讯社。范长江同志带领李千峰、韦明等两三人,领导北平军事管制委员会

1949年2月3日，人民解放军北平入城式。

高粮 摄

属下文教接管委员会"新闻口"。他依托华北这20多人，接管了北平原有新闻单位，组建了新华总社、华北人民日报来北平前的党报和通讯社。

我们在良乡等待进北平，近一个月时间。良乡是接管人员的前进基地，中共北平市委、北平市军事管制委员会都暂驻这里。良乡当时尚未并入房山，是河北省一个县，城垣不大，一下住进这么多人，显得相当拥挤。

北平城已被我军重重包围。东北野战军乘胜入关，华北野战军摩拳擦掌。一个战役我军在兵力上也超过敌人，这种战例不多。但敌人还有几十万，有的还想作困兽之斗。北平解放笃定了，问题是"打进去"还是"开进去"。"打进去"稳操胜券，也干脆利落，但人民的生命财产和北平的文化积累必受严重损失。党中央从全局考虑，认为要作两手准备，在保证"打进去"的前提下力争"开进去"。于是进行谈判，而同打比较，远没有那么干脆利落，要耐着性子等待。我们这个小分队绝大多数是20岁左右的青年人，十几天后坐不住了，牢骚话多起来了："不能进北平，不如回平山，省得人家在家里忙工作，我们在这里吃闲饭……"长江对这种情绪不批评、不指责，而是领导大家报道北平郊区的恢复工作，研究各种情况下的办报方案，请熟悉北平的同志介绍北平各种情况……这些工作很灵，多数人都是我这种很不了解北平的"土包子"，对北平的风土人情、名胜文物毫无所知。参加这种没有名称的短期讲座，学到许多活知识。

对我个人来说，这是一个向长江讨教的好机会。话常从《中国的西北角》说起。我说你当时不过是个20多岁的青年人，哪来那么多历史、地理知识？你那大处着眼的功力是从哪里学的？他很谦逊，本不愿谈，见我诚恳，只得说说，话开了头也就多了。我归纳起来，有这么几条：（一）当记者，要以从容对匆忙。记者的职业特点是马不停蹄，居无定所，成天匆匆忙忙。适应这个特点，我们要反其道而行之，力求从容、镇定。这点说说容易，遇事常常忘记。在说这话之前，我已有10年新闻工龄，其中3年当记者，对此有些初步体会。长江用他的经验"点破"了我，一时似有豁然贯通的感觉。但接受别人经验需要有个过程，一时似乎懂了，其实没有真懂。一年半后，朝鲜战争爆发，我奉命同英、法两国记者组成一个国际记者团到朝鲜战地采访。英、法同朝鲜没有多少历史关系；我国不同，一千多年各种交往不断。朝鲜民主主义人民共和国和中华人民共和国相继建立后，进入国际主义时代，在中国人民志愿军参战之前，我国坚持国际主义，坚决支持朝鲜人民的解放斗争，旅居朝鲜的华侨更是积极参加人民解放战争。历史走向的变化，人民力量的发展，这都是极好的题目。可惜我因为历史知识准备不足，接受任务后又未认真"抱佛脚"，以致对中朝历史关系的变化，只能采取"不能不写不能多写"的办法，大大降低了文章的质量。（二）重视旧县志。长江说，从某种意义讲，旧县志可以被看作一个县的百科全书，特别是人文、历史，更为编著者所注意。因此，他每到一地都注意收集县志，"不重其观点，而重其事实"，"它的材料，我的分析"，往往能有重要发现。《中国的西北角》不少地方谈到魏蜀战争，很得助于旧县志。我对此并非毫无所知，可惜未能坚持。1939年，我作为"民族革命通讯社"记者在晋东南采访，每到一县，必收集县志，得10多部，在第二次反敌围攻中全部丧失，以后再未干这件好事，可见知而不做等于不知。长江这些经验之谈，我认为对我是无言的批评、有益的启迪。（三）勤问多记。这本是记者的基本功，重要之点是坚信人皆为尧舜，我们虚心请教，每问必明究竟，决不浅尝辄止。以上经验并不"新奇"，我也不是完全不懂，为什么常常做不好呢？这是我经常思考的一个问题。

这期间发生的一些事情可以看出长江同志心怀坦荡。由于一时不能进城，长江派我去长辛店采访。长辛店铁路工人聚集，机车车辆修配厂是"二七"运动北方基地之一。长江要我到长辛店报道铁路工人恢复生产的业绩，也是要我接触、学习从来不了解的产业工人，对今后工作大有好处。我孤身一人，只能依托军管会长辛店工作组，既可及时了解工作情况，又能解决安全、生活问题。这里附带说一句，当时社会秩序还是不太好的。过了几天，长江派总务部门一位同志到长辛店办事，嘱他遇有问题找我帮助解决。这位同志缺乏城市生活经验，不知道应该到工作组找我，在街上转了几圈没有遇到，回到良乡，凭着个人的主观判断，向长江报告我已经进北平城了。当时军管会特别强调加强组织纪律性，李某人擅自进入尚为敌占的北平城，当然是违反纪律的大事。长江召开全体人员会议，对我缺席批评，检讨自己管理不力；并向军管会报告此事，进行自我批评。过了两天，我回良乡汇报工作，长江见了面就批评，说的道理都对，可惜所据报告不实。我等他说完，就简要报告事实真相，最后说此事好办，只要问一问我是否离开过工作组就清楚了。长江大吃一惊，立即向我道歉，又召开全体人员会议，进行自我检讨，并对那位反映不实情况的同志进行批评。当时的党内外生活风气令人神往：光明磊落，在什么范围错的在什么范围澄清，不护短，不遮丑，以诚相见，推己及人。经过此事，长江的威信在我们这些初次相处的同志中不是降低了，而是大大提高了。

当时平津前线司令部驻在玉田县一小村。为协调新华社北平分社和平津前线总分社关于解放北平的报道分工，长江带领我和李千峰去玉田开会。我们乘一辆崭新的美制小吉普前往。这部小车行驶不到5000公里，美国给了蒋军王牌新一军，在辽西被我缴获，开到平津前线，恰好不到5000公里。沿途不时遇到敌机，敌机多是单机飞行，不遑炸射，只是侦察。平津前线总分社社长是杨赓，老熟人。双方商定：立足于打，攻城战斗由总分社报道，其余都由北平分社负责。如果北平和平解放，一切报道由北平分社统管。事后回想长江所以带着我们两人赴会，显然他对进城后的工作已有安排：由李庄接管中央社北平总分社并组建新华社北平分社，李千峰负责人民日报北平版的采访工作，但是当时他只字未提。

《中国的西北角》和长江在1935年写的其他旅行通讯，其流传之广、作用之大令人吃惊。在新华社平津前线总分社开会时，东北野战军政治部主任谭政、宣传部长肖向荣交口称赞这些文章，说在国民党大举进攻、"围剿"的艰难情况下，把红军的动向、主张有时曲折地有时直白地告诉人民，太难了，可是长江同志做到了。"不但有深远的眼光，还有非凡的勇气。"长江总是谦逊地笑笑，说："那是10多年前的事，用现在的标准看，只能说惭愧、惭愧。"

北平解放之际，长江正在"不惑"壮年，肩挑接管、组建两副重担，浑身有使不完的精力。当时华北人民日报仍在平山，要新创人民日报北平版，作为中共北平市委机关报。这个报纸当时要多大规模，很费斟酌。北平解放当天夜里，即1949年1月31日夜，在彭真同志处，一方为彭真和市委宣传部长赵毅敏,一方为范长江、李庄,4个人持两种意见。彭、赵主张先出对开两版,以后逐渐扩大。当时北平是我方解放的最大城市,城内还是"乱糟糟"的。国民党建制部队虽已出城改编,城内还有散兵游勇几万人,潜伏特务甚多。我方各机关陆续进城,门牌号数都不熟悉。彭真考虑这些情况,为慎重计,主张人民日报北平版先出对开两版,"俟条件成熟逐步增加"。很有道理。长江坚决主张至少出对开四版,说拼命也要完成这个任务,一天24小时,我只睡6个小时,18小时都放在报纸上。4个人中我最年轻,当时说话也少顾忌。我说,长江同志每天睡6小时,我比他年轻,可以睡4小时。国民党是战败者,它的党报没有人看,还出对开四版,我们是胜利者,党报受人欢迎,还只出两版,我咽不下这口气。如果报纸缺了稿子,拿我是问。彭真同志从善如流,赵毅敏听听也有道理,看我两人这样坚决,最后决定出4版。但说,报纸看起来事情不大,发出去影响不小,要特别谨慎,尤其在开创时候,人家从党报看共产党。大事一定要请示,小事你们自己作主。犯点小错误也难免,随时总结经验改正就好。

人民日报北平版在王府井大街原国民党华北日报社址出版,新华社北平分社在石碑胡同原国民党中央社北平总分社旧址挂牌。国民党的机关、团体历来不提供职工宿舍,我各系统例如新闻系统的入城人员,包括长江在内,当时都在办公室打地铺。就这样因陋就简,一个人当几个人用,使两个重要新闻单位运转起来。3月15日,华北人民日报从平山移至北平出版,人民日报北平版同日终刊,同时在钱粮胡同出版北平市委机关报北平解放报。长江结束了在北平的接管、办报工作,前往上海担负更艰巨的接管众多新闻单位、组建《解放日报》的任务,我们暂时分手了。

在等待进城的日子里,虽然筹划接管、办报等工作也很紧张,毕竟不像在人少事多的情况下采访、编报这样火烧眉毛。我有机会向长江从容请教,畅谈新工作"大处着眼"等问题。

长江写《中国的西北角》和其后有时直接有时曲折地介绍红军的通讯，紧紧抓住西北民族问题复杂、人民生活困苦，必须妥善解决；红军艰苦斗争、暂时处于困境、不久必成大事等重大问题，条分缕析，以理服人。这样"大处着眼"，我衷心敬佩，用心学习。以后看，除了朝鲜战争初期和抗美援朝期间，我当随军记者稍许摸到一些边边之外，当内勤期间，组织稿件、指挥采访，都距此较远或甚远。十多年间，特别是"大跃进"期间，我们不是向现实采访，就事实写作，而是根据宣传计划进行宣传。如果宣传计划是按照"从群众中来，到群众中去"的原则制定的，当然是正确的指导方针、宣传重点。可惜有的宣传计划不是这样。当时有一种我长期不理解的说法："同实际保持一定的距离，就是最大的联系实际。""大跃进"时按照以这种精神制订的宣传计划进行报道，自然会出现许多偏差和笑话。"文革"时期许多宣传更是黑白颠倒，党的新闻工作走上绝路了。

　　1950年下半年，长江在上海完成新闻接管和创办党报的任务以后，被调回北京，担任人民日报社社长，我又得到亲聆教益的机会。先他到人民日报的邓拓担任总编辑。他们二位配合默契，各展所长。长江到报社不久就同中央许多领导机关建立了密切的联系，商定报社各部门的负责干部列席旁听这些机关的工作会议，照他的说法是"耳目灵通"、"目光四射"。我们在根据地习惯于"一切听候组织安排"，长江的哲学是"凡事要积极争取"，两种不同的作风形成两种不同的结果。领导同志工作忙，有些开创性的事情一时没有顾到是常事，你说明理由提出建议往往不难办成。报社不少人对这类事情的评价是"（长江）想得到，甩得开"，对增强报纸同实际的联系、增强报纸的指导性起了巨大作用。

　　这时人民日报闹稿荒，是从未有过的现象。过去人民日报的通讯员最多有7000多人，编辑经常发愁稿件用不出。报社进城后，报道偏重城市，城市通讯工作还未开展，农村通讯员一时不知道写什么好，记者又少，于是发生稿荒。这时候正好放映苏联影片《大转变》，它是描写斯大林格勒战役的。此役艰苦卓绝，终于从防御转为进攻，扭转全局。影片当时在我国也发生轰动效应。长江抓住这个时机，提出报社工作也来个"大转变"，把能派出的人都派出采访，抓稿子。记者不必说了，编辑，有的组长（当时的组以后改称部，组长就是以后的部主任）凡能出去的都出去。长江提出一个响亮口号："决胜于社门之外。"稿子多了一通百通。不少人对这个决策信疑参半，我当时负责报社日常编辑工作，也委婉地提出："编辑工作也很重要，这毕竟是报纸的最后一关呀！"长江坚持不动摇，说："巧妇难为无米之炊。我和老邓都当编辑，怕什么！"几个月后，稿子源源而来，报社工作由被动转为主动。大家都称赞长江的眼光和魄力。因为"大转变"是他提出并坚持的。

这个决策还起了连锁的有重大意义的作用：督促从根据地来的记者写新闻。记者不写或少写新闻，是山区农村交通、通讯不便，人们的时间观念普遍淡薄，除了战争、生产、教育三件大事以外的事情一般不报道等习惯造成的。我们长期没有树立时间是新闻的首要（或极为重要）条件的观念。人们最关心的是战报。但什么战报发，什么战报不发，是单独发或者综合发，及时发或者看看再发，都由军事指挥机关掌握和操作，报社记者概不与闻。我们注意的重点是"地方工作"，而后者是不受时间限制的。

人民日报就出过这样的笑话：一位很有成就的记者，终生没有写过一篇新闻，他的工作就是写通讯。这是大家不以为异的事实。还有一位记者，大家说他"一篇通讯写两年，压了一年才发表"，也是基于事实的笑谈。原来他头年秋季外出采访，翌年春季写出通讯稿，大家戏称时间跨两年。由于通讯稿没有严格时间性，迟至年底才发表，戏称又是一年。这些基于事实的笑话，说明我们这些从小在根据地长大的新闻工作者多么缺乏时间观念。"大转变"时期派出大批人员，主要到全国各大城市采访，强调写通讯，但主要写新闻。经此一逼一压，对于扭转某些不适应当代新闻工作的观念和作法，起了"创新"的作用。

长江担任人民日报社社长以后，虽然彼此都很忙，我向他请教如何做好新闻工作的机会还是相当多。我们都很关注新闻记者独立思考的问题。我认为这是《中国的西北角》及其以后不少文章的灵魂，也是最难解决的一个问题。还在进北平以前，中共中央驻在平山县西柏坡时候，华北人民日报和新华社华北总分社集中了一批记者，准备报道新区土地改革，想请中央负责同志讲讲土地改革以及有关问题。中央批准这个要求，主动提出适当扩大讲话范围，要在西柏坡的中央同志尽可能讲讲各人分管的工作，实际成为一个短期培训班，长江同志负责组织这项工作，许多领导同志讲了话。当时全国形势好，党的路线正确，党领导的人民解放事业如日中天。以后半个世纪的事实一再证明，这是新闻工作最好的客观环境。给大家启发最大的是刘少奇同志的讲话，他这篇《对华北记者团的讲话》以后收入《刘少奇选集》，在当前仍有重要的指导意义。长江在1948年对我说，抗战以前，进步的新闻记者最苦恼的是不能说真话。《大公报》有时候号称敢讲话，其实是对国民党"小骂大帮忙"。新中国不同，少奇同志号召我们"真实地反映情况，独立地去作判断"，新闻记者的工作条件是根本不同了，这正是有作为的同志大展身手的时候。当时我完全同意长江同志的话，40年代整风，我认为最大的收获是懂得了应该以党的思想为思想，也就是以中央的思想为思想。当时绝对没有想到还会发生"大跃进"，更不要说"文革"了。许多人遭受磨难，正是因为"独立地去作判断"。

可能由于长江是记者出身，他特别熟悉、关心记者工作和记者稿件的处理。我听他的秘书兆烽同志说，我在朝鲜战争期间写的通讯，绝大多数是长江亲自处理的。有一次他在马桶上看拙作《复仇的火焰》，时间已是凌晨。看着看着，他让兆烽马上问问报纸开印没有，兆烽问了工厂，说快开印了。长江让工厂停一停,说一版要换稿。他亲自在通讯开头加了"中国人民志愿军某部"几字,让把这篇通讯从一版登起。记者外出,长江只要有时间,必亲自谈话,仔细交代任务,指出采访中应该注意之点。也是在记者工作中,他有时要求过急,对某些拖沓作风批评很重,而且不大注意场合,引起一些同志的反感。

我在长江领导下前后工作两年多,他交代的任务多数完成了,只有一件未完成,至今引以为憾。在良乡时候,他要我采写一篇《今日卢沟桥》。当时我听了非常佩服他的"新闻鼻"。中国伟大的抗日战争从这里开始,"卢沟桥一声炮响","中国从此扬眉吐气"……成为许多文章的开篇语。十几年过去了,卢沟桥这时怎么样?那里的人民怎样生活?在八年抗战、四年解放战争中有些什么表现?必定为读者所关心,是一个好题目。我两次往访卢沟桥、宛平城,这里很平静,人们各安其事,似乎乏善可陈。我感到难以落笔,以后因为事忙,也就没有再去,一个好题目流产了。

1949年延安的秧歌队扭到了北京城。

高粮摄

长江同志在"文革"期间非正常辞世,我是在"五七"干校辗转听说的。只闻噩耗,不知详情,怔了许久,欲哭无泪,当时思想实在有些麻木。"文革"初起,人民日报的造反派把长江"揪"回来斗了一次。当时我还是副总编辑,被认为曾受长江欣赏,所以被"勒令"到会受教育,我站在旁边洗耳恭听。长江也站着,幸好没有坐"喷气式",他不屈不挠从容应对。人离开报社已近20年,这些20岁上下的"积极分子"知道什么呢?乱哄哄闹了近两小时,无结果而散。我赶上前同长江握握手,无语而别,谁知竟成为永诀。

　　从长江的思想、意志、体魄等方面来说,他都是盛年非正常辞世。在敌人统治下为人民利益斗争生龙活虎,在人民当家作主的时代却含冤而逝,这是一个时代悲剧,是一种奇特的人们希望永远不再发生的现象。

　　千万不能忘记"文革",让我们的子子孙孙永远牢记"文革"的经验教训。

2005年1月

# 入城之前

安 岗

我在人民日报度过了近40个春秋。从1946年创办晋冀鲁豫人民日报，1948年6月15日办华北人民日报，到1949年进北平后的中共中央机关报人民日报。我对人民日报有特殊的感情，我把自己一生中最好的时光，最旺盛的精力，都献给了人民日报。在这里我和同志们一起度过了艰苦的难忘的岁月，一起为解放全中

1948年夏在河北省平山县。左起：王定坤、杜波（前）、张磐石、袁勃、安岗。

安岗，1918年生，天津人。早年参加革命，1937年11月加入中国共产党。是晋冀鲁豫人民日报的创建者之一，先后担任晋冀鲁豫人民日报、华北人民日报(兼采访部主任)、中共中央机关报副总编辑。曾任中国人民大学新闻系主任，中国社会科学院新闻研究所所长，后任《经济日报》总编辑。

国、为建设社会主义祖国而战斗，留下了许许多多不可磨灭的回忆。

## 晋冀鲁豫人民日报的诞生

晋冀鲁豫人民日报的诞生，反映了一个大的解放区的形成。这个大的解放区就是由太行、太岳、冀南和冀鲁豫四个抗日根据地组成的晋冀鲁豫解放区。

1945年夏，日本帝国主义者投降时，我正在太行新华日报工作，同时也负责新华社太行分社的工作。日本投降后，从延安总部发出了一个又一个通令，要求人民军队包围敌人，解放大片被敌人占领的国土。当时，党派我到平汉铁路前线参加平汉战役。平汉战役是刘伯承、邓小平和薄一波等同志直接指挥的，任务是解放平汉铁路线，接受日本投降。我们记者组由三人组成。我和张连德同志（管电台的）和一个马夫三个人带了一部电台（所谓电台，就是一匹马驮着一个马达）。这个记者队伍后来就成了新华社晋冀鲁豫前线总分社。

当时，我们参加了粉碎下山来摘桃子的国民党部队马法五的战役，参加了欢迎高树勋将军的起义，并对这些事件及时作了报道。在紧张的战斗中，我经常听几位首长讲，打完了仗，形成了我们自己的大片的解放区，就要办报。要办报的思想，就是在战争的节节胜利中形成的。一次会上，刘伯承同志曾讲：我们现在除了打仗还得打笔墨官司。当时刘伯承同志每天都要叫我去写消息，写好送他和邓小平同志亲自审阅。领导同志期望平汉线地区的声音能够被全国、全世界听到。刘伯承同志多次强调我们应该有自己的报纸、自己的电台。张际春同志曾经几次和我讨论了以后出版报纸的问题。

随着胜利形势的发展，晋冀鲁豫人民日报在1946年5月15日创刊。张磐石同志任总编辑，我副之。

当时报纸上宣传最多的，一是打仗和生产，二是土改。在土地改革运动中，晋冀鲁豫边区和别的地方一样，发生了左倾错误。这些"左"的错误在当时的人民日报上都有反映，比如贫雇农路线，以及由此而来的政策上的片面性，对干部采取否定一切的态度即所谓"搬石头"等等。当党中央提出了纠正这些左倾错误的时候，人民日报在宣传上对于纠"左"是比较及时，比较果断，态度是比较鲜明的。当时人民日报曾发表了一篇很有影响的评论《向区村干部致敬》。这篇评论反映了当时以薄一波同志为书记的晋冀鲁豫中央局有偏必纠的正确方针。评论阐明，我们的基础在基层，我们的一切工作最后都要依靠基层的区村干部完成。没有民工、没有后勤、没有后方的生产，我们能打胜仗吗？提出向区村干部致敬就形成这样一种舆论：区村干部大多数是好的，值得尊敬的。他们的缺点、错误，有些是领导要负责任的，有些需要进行正面教育帮助他们改正，一棍子打死的办法不是正确对待干部的办法。这篇评论引起了强烈的反响，减轻了"左"的错误所造成的损失。全国解放以后，我在很多地方碰到了一些当时晋冀鲁豫的区村干部，他们都还记得这篇评论，说这篇评论在当时起了扭转形势的作用。"文革"以后，有一次见到一波同志，我向他提到这篇评论，他说，到平山西柏坡后，康生曾经气势汹汹地质问他：你们是怎么搞的，全国都在整顿作风，整顿干部队伍，你们却采取了包庇的办法，去向区村干部致敬？一波同志说，我回答他，整顿作风是对的，但是把干部当作石头石板去整掉，从我们地区情况看，对保证战争的胜利、生产的发展是不利的。我们不认为那样做是中央的政策。我们发表这篇评论是为了阐明毛主席一贯的基本思想。

当时人民日报的编辑、记者，特别是领导干部，大多是城市里来的，有些是地主、资本家家庭出身。有的虽出身较好，但感情上和农民也有一定距离。在这种情况下，报纸要在土地改革运动中很好地为农民说话，反映农民的意见和要求，就需要提高报社干部的素质。除了参加整风运动，提高阶级觉悟外，以张磐石同志为首的报社领导决定，编辑部的同志们分别下到一个村子参加土地改革运动。在我们的驻地武安县九区成立了一个土改工作团，张磐石任团长，我担任副团长。从我自己的感受来说，觉得这一段的实践是一个锻炼干部的好办法，使我们这些办报人的思想境界提高了一步，和农民、和农村基层干部的距离缩短了，对实际工作，对办报的责任感都有了新的理解。1956年，我又回到武安县，见到了当时我参加土改的村的干部时，他对我说：你们没有捆人，没有打人，没定罪名，你们的做法比别的地方好，这是肯定的。可是你们当时调查研究不够，对村干部没有区别对待，没有通过干部来解决工作上的问题。这样，你们走了之后，干部和群众对立的问题还是解决不了，有的干部以后甚至报复群众。听了这话，我吃了一惊，感到要把一个村的工作做好，把一个村的干群关系调整好，把农民真正发动起来，真是一件不简单的事。不管你是总编辑或是副总编辑，不管你的头衔有多大，党龄有多长，如果不认真学习政策，不虚心向农民和干部请教，工作就会发生偏差。

晋冀鲁豫人民日报的干部来自五湖四海。大家在一起工作，没有任何隔阂，每天工作的时间很长，但是精神都很愉快。不但办报，而且自力更生地建设自己的生活。报社开始在邯郸，以后搬到武安，在邯郸设立了一个办事处，由我们的"老板"王友唐同志负责，用经商（包括和蒋管区做生意）的办法解决报社所需要的资金、纸张、油墨和机器。报纸初创时经济上是很困难的，由于王友唐同志的善于经营，帮助报社克服了很多困难，而且使同志们的生活也有所改善。而王友唐同志自己却廉洁奉公，严格要求自己，因此深受同志们的尊敬。这位"大老板"在对敌斗争中是英勇机智的，抗日战争中有一次他在战斗中身负重伤，用自己的血涂在脸上装死骗过了敌人。在内部的斗争中，他也从不放弃原则。进城后的三反运动中，他被当做人民日报的第一只"大老虎"，关起来审查了很长时间。最后证明他是一位清白廉洁、善于经营的好经理，为人民日报提供物质基础和财源是有功的。在受审查的过程中，他镇静自若，从不为了一时的"轻松"而乱说什么。可惜，在三反运动结束不久就把他调走了。

进城不久，张磐石同志便离开了人民日报。他在人民日报的时候，工作上要求比较严，有时甚至发点脾气。他没有上夜班，没有写很多文章，也没有下去采访过，而且，脾气不好。可是，同志们对他却都有敬仰之感。当时，报社的同志都亲切地叫他"老磐石"。他善于掌握方向团结同志，他领导的是知识分子，对这些同志，他不在小的地方找他们的麻烦，而是掌握好大的方向，使他们能够在工作中发挥作用。他离开报社已多年，至今许多同志仍然怀念他。

## 华北局的机关报人民日报

随着解放战争的胜利，1948年春，出现了有一亿人口的华北解放区。这个解放区包括晋冀鲁豫解放区和晋察冀解放区，成立了中共中央华北局和华北人民政府。晋冀鲁豫人民日报和晋察冀解放区的晋察冀日报合起来，组成了华北局的机关报人民日报。

1948年5月间，晋冀鲁豫中央局和党中央通知我们到河北平山去，到那里和晋察冀日报的同志一起组建华北人民日报，大家听了都非常兴奋。当时心情是矛盾的：一方面感到我们越走越接近北平、天津这些大城市，接近了大城市，就是接近了胜利。当时大家议论的话题就是到了北平怎么样办报，怎么样把报办得适合大城市人民来看，如何把党的声音为新的读者就是城市的读者、新解放区的读者所接受。大家都感觉到胜利来得比我们想象的快得多，我们的思想有点跟不上形势的发展。另一方面，很快就要离开在这里生活和战斗多年的农村，感情上有些依依不舍。在武安河西村把晋冀鲁豫人民日报最后

第一辑 时代的足迹

1948年我军解放张家口后就地集结,准备乘胜进军绥远。

高粮摄

一期出版后,我特地看望了河西村的老乡们,向他们告别,感谢他们在困难条件下,为报纸出版出了力。

我是最后离开武安河西村坐上大卡车向平山进发的。在平山我们住的村子是里庄。在这里认识了晋察冀日报的同志,这些同志中间当时有王亢之同志,有李千峰同志、周明同志、杨永直同志,还有画家蔡若虹同志等等。王亢之同志对编辑和行政工作都很有办法,他工作很辛苦,对于很多问题都有很好的见解。两个根据地刚刚合到一起,同志之间难免会有一些山头的隔阂,由于有像亢之、千峰这些同志的努力,很快就消除了隔阂,形成一个新队伍。在这以前,我们的脑子里装的基本上都是土地改革之类的问题,这时候意识到光停留在这方面是不能进城办报的。所以,在平山办华北人民日报对于我们以后进北平办人民日报是一次很好的演习。由于战争发展得快,这个演习的时间太短了。当时,战争情况变化得非常快,政治斗争、军事斗争那样尖锐,中央不可能有很多的时间考虑报纸的

· 47 ·

事情，就是在这种情况下，为了提高报纸工作人员的素质，还特地从人民日报抽出一批同志组织了一个华北记者团，到党中央所在地去学习，实际上是一个记者训练班。到训练班讲演的人很多，有不少领导同志，如刘少奇、彭真同志等。当时，我们都认为这是为了准备办全国性的报纸而作的一种新闻理论、新闻思想、新闻作风的准备。其中，刘少奇同志的讲话，可以说时间过得越久影响越大。少奇同志提出记者要了解政策在群众中的反映和执行情况。少奇同志要求我们独立地去考察一个政策制定实行的时候，究竟是对发展生产有利还是没利，效果好还是不好，群众拥护还是不拥护。这些话解放了我们的思想，提高了我们的认识，对我们是一个深刻的教育。我认为，直到现在我们还没有很好地做到这一点。少奇同志要求我们按照事物本来的面目去进行报道，他没有抽象地去谈新闻的真实性问题，而是用辩证唯物主义的观点，让记者观察生活，观察社会，观察党的政策在下面的执行情况，他要求我们表现人民群众，而且要求要表现得精彩，他担心我们在舆论阵地上负不起历史交给我们的责任，担心由于我们的不成熟而发生这样那样的失误，而急切地希望我们能够有一个成熟了的马克思主义的思想。少奇同志的讲话对我来说是终生难忘的。

为了研究怎样办好报纸，我曾被召到当时中央所在地西柏坡去了一次。在西柏坡我第一个见到的就是少奇同志。一见面他就问我，你是哪个山头的？我说，我是太行山阳泉煤矿干游击队的。少奇同志说，你怎么办起报来了呢？我说，就我的文化来说，也不过是个中学生，但是，从1938年我就接受朱总司令的任务，在太行山办起了胜利报，一直办到现在的人民日报。少奇同志听后笑了起来，他说，这很好。新闻工作者光有文化不行，还要在各种斗争的考验中去锻炼成长。你们的任务更大了，你们现在要准备办全国的报纸，要作很好的准备。当时我在西柏坡大饭堂吃饭的时候，见到刘少奇同志和恩来同志及其他各位领导同志。他们在饭桌上谈论进了北平全国解放后我们要采取什么样的政策，来把中国的事情办好。恩来同志谈论国家资本主义，谈论列宁和俄国的情景，我听得特别清楚。从饭桌的谈话中间使我感觉到当时的党中央有很浓厚的理论空气，他们谈论的是解放大城市以后，我们的政策的理论根据，这一点对于我来说是一个刺激，我当时就想到我们的思想还是停留在实际工作和具体问题上，没有在政策上、理论上、观念上研究些新的问题，以适应北平解放的新形势。少奇同志提醒我们要早做准备，准备什么，我从这里找到点答案。

回到平山后，我们已经不能像在晋冀鲁豫那样，去研究一个村的三查三整问题，一个基层的生产问题，我们开始研究如何对待资本家和工商业的政策问题，市场问题，大城市的各种经济问题。

华北人民日报办的时间不长，最难忘的是党中央在我们身边，我们是在党中央身边办报的。有一天晚上，各个版已付印，我就休息了。当时因形势很紧张，在我睡觉的房间安了一部电话，刚睡下，电话就响起来了，是乔木同志打来的。乔木同志让我拿笔和纸，说他要给我传一条消息，并且说这条消息明天见报。我说报纸已付印，很快就印出来了。他说你把它先停下来，将这条消息换上去。消息的内容是：告诉傅作义，他要偷袭石家庄，我们知道了，也知道他要用骑兵来突然袭击。我们已经做了准备。还指出北平防守空虚，问他们还要不要北平？乔木同志说，这条新闻是毛主席写的，要印成传单，发到保定和各个敌占区，让傅作义能看到，同时也在报上登出来。当时我问这条消息放到什么位置上。他说放到头条位置不好，这个消息还得让他们看得见，所以当时就决定把这条消息放到版面的中间，连标题的字号都作了研究。乔木告诉我报纸晚出一点不要紧，但是一定要让敌人能看到。我们完成了这一任务。傅作义部很快就停止了前进。毛主席在解放北平的前夕，用这条新闻,退了偷袭之敌人。

华北人民日报时期,也曾经犯过错误,受过批评。当时的华北局政策研究室主任李哲人同志,送来一个约8000字左右的华北地区自然灾害综合材料。我当时认为,我们绝不能因为胜利而放松同自然灾害的斗争,而当时的条件不可能经常报道灾情,发一个综合情况,使人们对于灾害有一个总的了解还是必要的,就同意发了这篇文章。这篇文章发表之后不久,就受到了一位主管报纸的同志的批评,说这篇报道把灾害综合起来不加分析,不把重点放到如何与灾害作斗争方面,客观地报道灾害的情况,就是客观主义的错误。在当时,这个批评是很严厉的,客观主义与资产阶级的帽子是连在一起的。但是,当时我并不完全认为这个批评是对的,我认为结论可以让读者自己去做,报纸应着重告诉读者事实。但是,在接近全国胜利的前夕,中央强调加强组织性和纪律性,所以尽管在思想上我还不大理解,我也承担了错误的责任,写了检查。有一天一波同志来到了报社,在磐石同志的办公室,我对一波同志说,这个材料是我发的,我对这个错误负责任,磐石同志没有看过。一波同志说,我知道这材料是华北局政策研究室的同志们搞的,是他们送给你们发表的,你们可以接受教训,但是这个事情我要负责任的,你们不要紧张了。出一点像这样的问题从办报来说是难免的,何况这又不是你们要发的,华北局和我要为你们分担责任。尽管我对这个批评还有不同意见,但是这时我感到内心是服气的,我觉得领导能有这样的态度,我们这个报纸是能大胆地办下去的。

1948年12月初,从华北人民日报派出了第一批解放北平接管报纸的队伍,我们的这支先头部队的负责人是袁勃同志。袁勃同志有强烈的爱和憎,他把新闻工作的责任感,把对人民对革命事业的感情倾注在编辑工作中。我曾说过这样一句话,梁启超的文章,笔尖是带感情的,而袁勃是编报带感情。

北平解放后,我们把在平山的最后一期人民日报出版后,就把编辑部的用品、资料都装在一部十轮大卡车上,我和编辑部的几个同志一块坐在大卡车上面,当夜10时左右开进了北平城。

看到了北平城,我有一种游子归来的感觉。这个游子就是游击战士。北平,是我党从事过抗日活动的地方。我离开这里,开始是当了持枪的游击战士,以后又当了拿笔的新闻战士,现在怀着一个战士所有的胜利的自豪感,回到了北平城的怀抱。到了北平,我们立刻投入紧张的报纸出版工作中。

1988年6月

# 学习的榜样

——记周恩来、刘少奇、陈毅同志一些新闻活动

安 岗

按：我这里向读者提供三个回忆材料，一是恩来同志领导人民日报工作的片断；一是少奇同志对党风和党的建设的报道和评论的指导；一是陈毅同志在1965年，正值林彪、江青开始猖獗活动的时候，向亚非记者训练班的学员讲话，坚持用马克思主义的立场、观点、方法，阐述了毛泽东思想和党的新闻指导思想。

安岗近影

## 周恩来同志和人民日报

周恩来同志毕生关怀党的新闻事业，经常给报社、通讯社和广播电台作指示。我们党的新闻事业的发展，我们新闻工作者的成长，包含着恩来同志多少心血啊！

然而，恩来同志非常谦虚，从来不让报纸宣传他个人。记得1950年有一天报上用他的名字做大字标题，在

一次国务院的会议上,他就批评说,我是党中央、毛主席领导下的一名工作人员,怎么能把我提到这么高的位置?你们这是一个错误,要写个书面检查,接受教训。有时标题字号稍为大一些,他就批评说,不要这么大,要把我放在小标题上。恩来同志这种不让过份宣传个人的思想,这种谦逊的美德,使我们懂得了报纸工作人员必须坚守一条原则,任何时候都不要搞个人崇拜,不要突出个人,宣传领袖人物时不要过份突出,我们要宣传的是党,是社会主义制度的优越性,是奋斗在各条战线的人民群众。

恩来同志十分关心报纸的宣传,在讨论报纸工作时,他总是耐心地听取大家的意见,用商量的口气跟大家交换意见,然后作出决定。他讲话有个特点,就是耐心地给对方做思想工作,往往一谈就是一两个小时,直到对方真的想通了。总理说,我们帮助一个人打通思想,不光是一个人的问题,而是解决一部分群众有代表性的问题。我们党的群众路线,不是说说而已,要实际地去做。他强调说,做报纸工作的,不要光是"纸上谈兵",要到实际斗争中去学习锻炼。

恩来同志对报纸工作人员经常进行社会主义教育。记得在一次会上,恩来同志对当时有一家报纸搞的"世界第一"专栏提出批评。他说,新中国建立没有几天,才开始建设,主席刚刚说过,万里长征才走完第一步。我们还要建设社会主义,目标是共产主义。宣传那么多的世界第一,难道就不前进了?我们事业是正义的,我们要走的道路是漫长的,不要给人以轻易乐观的印象。当时,他还告诫人民日报不要搞"世界第一"。抗美援朝期间,为了激发人民保家卫国的热情,人民日报在报眼上设了个"我们伟大的祖国"专栏,内容大多数是好的,但也有自然主义的东西。有一次,总理在讲了历史上工人无祖国和现在有祖国的根本变化后说,我们伟大的祖国所以伟大,是因为有党中央、毛主席的领导,走社会主义道路,目标是共产主义,有解放了的、当家作主的亿万劳动人民。他说:"不要登一些勉强凑起来的东西，要多登鼓舞人民前进的新事物。"

对于社会主义新生事物，总理总是真诚地爱护，热情地支持的。记得报纸上第一次发表山西省组织互助组的新闻的当天，总理在国务院会议上撇开别的议题，专讲农村在土改后实行互助合作的重大意义，指明它的半社会主义和社会主义性质。当时我们听了感到很不安，因为我们没有把这个消息放在第一版的头条位置上，也没有配评论。

人民日报成为党中央的机关报，是同总理的亲切关怀、具体指导分不开的。1945年抗日战争刚刚结束，由于蒋介石推行内战政策，第三次国内革命战争开始了。在平汉线上，刘邓大军歼灭了国民党的进攻部队，高树勋将军起义，马法五被我俘获。美国企图用谈判拖延时间，帮助国民党准备大打。在一段缓冲的时间内，总理同马歇尔、张治中到河南新乡等地视察。刘伯承同志奉命到了新乡，参加三人小组谈判。当时我作为新华社的特派记者随行。在新乡，总理见到记者时说："仗要大打，打完办全国大报。"不到两个月，晋冀鲁豫根据地连成一片，成立了中国共产党晋冀鲁豫区中央局。刘伯承同志、邓小平同志在南下前指示立即筹办出版日报。我们那时目光短浅，觉得用《晋冀鲁豫日报》的名字已经气魄够大的了。后来请示中央，据当时第二野战军政治部主任张际春同志说："周副主席说现在不要用地名起报的名字了。"其实，党中央早已为全国的胜利作了周密的安排。人民日报四个大字就是毛主席写的。总理很欣赏"人民"这两个大字。1949年7月，第一届全国文艺工作者代表大会闭幕，报社派记者陈柏生同志去采写闭幕消息。她找到总理，总理亲切地对她说，你们是人民的记者，人民的喉舌，要对人民负责任。譬如出席代表的名字，排列次序一定不要弄错，那个程砚秋的"艳"字，要用砚台的"砚"字，不要再写成鲜艳的"艳"字了。改的不仅是一个字，而是反映了社会的革命变化，旧社会的戏子成了新社会受尊敬的人民演员。那次，总理还为柏生同志亲笔写下一句话："为建立人民宣传工作而努力。"这是对人民日报全体同志，也是对全国新闻工作者的鼓励。总理说："你们要像毛主席说的，努力为人民服务，向人民学习。人民需要你们哩！"

在十年内乱期间，总理为维护党报的党性原则和办报路线，用各种形式，同"四人帮"进行了艰苦曲折的斗争。

文风问题是个路线问题。这是总理为了抵制林彪、"四人帮"利用舆论阵地进行反革命破坏活动而提出来的一句针锋相对的话。"四人帮"为了篡党夺权控制舆论，搞了一套"帮八股"。总理对此深恶痛绝，坚决反对他们那一套，曾经多次尖锐地提出报纸要改革文风，实质上就是要回击"四人帮"篡夺党报大权的阴谋。

1972年8月，"四人帮"采用各种卑鄙手段，妄图排斥总理对人民日报的领导，总理识破了他们的阴谋，指示："人民日报、新华社批林整风，可以从整顿文风入手。""整顿文风"，这四个大字，完全是针对"四人帮"控制舆论、搞"帮八股"罪行的。总理在1972年前后，通过整顿文风这个题目反对"四人帮"在新闻战线上的反革命行径，作过许多重要指示：

第一条是要整掉"形式主义，夸夸其谈，空洞抽象，讲极端的话"，办法是对林彪一伙搞的一套反动东西要批透，总理说，不批透，林彪那一套反革命的东西又会冒出来。

第二条是要整掉八股习气。这不是指一般的党八股，而是指"四人帮"搞的"帮八股"。总理说，文章写法不要"八股"。并且还针对梁效打棍子、戴帽子的文章具体指出："文章不一定每段结尾都有结论性的话。"这里说的"结论性的话"，就是指"四人帮"一无真理，二无群众，靠装腔作势，借以吓人的帽子和棍子。

第三条是反对报纸脱离人民群众。总理经常谈办报要为群众着想，为读者着想。他认为生产经济活动是社会主义制度下人民从事的最主要的也是根本的活动。他对"四人帮"及其在报纸的代理人扼杀报纸的经济宣传，污蔑宣传生产是"唯生产力论"，宣传经济是"冲击政治"是不满的。当时在极度困难条件下，总理还是关心生产，要求报纸多登一点生产的经济的活动的材料。除此以外，他在报纸的形式方面也要求时时考虑群众的要求。1970年9月17日，总理指出："最近写的太长，我欣赏过去那些短的。"1972年3月17日在一篇国际评论上批示，写道："建议人民日报把这篇文章压缩到三页到三页半，长了就使主题不集中，不易吸引人看。"在编排形式方面，他常说，豆腐块的排版好，不要花里胡哨，让人找不见。1972年5月29日，总理指示，消息不要与照片分开，报上字体太多，排字不能太乱（指有从右到左竖排，又有从左到右横排）。

  第四条是要注意调查研究，注意政策。1971年12月，总理在同外宾谈话时说，新华社、人民日报的宣传有很大影响，如有错误，造成不良影响。1973年6月19日，总理在一次指示中，批评报纸只有公式化的报道，没有味道。

  恩来同志是我党新闻事业的创建人之一。他的一生同新闻事业密切相连。我们要系统整理这方面的材料，首先要把各方面的材料集中起来，希望大家都来整理自己所知道的或所保存的材料，编辑出版。让恩来同志的新闻思想和新闻活动，成为我们党的新闻史上的光辉记录。

## 刘少奇同志对党的建设宣传的指导

  党报，是党的机关报，党报的一个重要任务就是要通过报纸向全党全国人民宣传中国共产党建党的理论，路线和政策。党的作用的宣传是我们党报整个宣传的重要组成部分。党报正确体现党的领导作用，表现的方法应该是多种多样的。党的生活栏是中央和省市报纸从50年代以来就开辟的专栏，起过很好的作用。但是，我们不能把党的建设的宣传只看作是党的生活栏的任务。那样就降低了党的建设宣传的作用，成为只是党的基层的组织活动，成为表扬好人好事，揭发一些组织生活中的缺点、错误倾向的园地。这是远远不够的。党的建设的宣传教育，应该贯穿在党报的整个工作中。一版应该有它的位置，头条应该有它的位置，从第一版到最后一个版，都要考虑宣传党的问题。党是为人民的根本的和现实的利益服务的。党的工作就是为人民服务的工作。除了人民的利益，共产党没有也不应有自己的私利。我们从事党的建设的宣传，是要党的各级干部和广大党员更好地为人民服务。

刘少奇同志一生的革命活动中，以很大的精力从事党的建设的工作。他在领导党报的工作中也是以党的思想建设和组织建设作为一个主要方面，这样，他就提供了一个运用党报宣传按照马克思主义原则建设党的好经验。无论我们研究党报的历史，还是做好今天的宣传工作，党的建设的宣传和教育，始终要摆在一个极其重要的位置。端正党风问题，是我党领导全国人民向新长征前进必须严肃认真解决的大问题，是党和民族生死存亡攸关的大事。我们从少奇同志关于党的建设的理论和实践活动中，可以学习一些今天极其有用的马克思主义的新闻教导。它将对我们党报加强党的建设的宣传，改善党群关系，提高报纸的党性，大有裨益。

从1950年元旦起到1966年7月5日止，少奇同志始终关心着党中央的机关报人民日报。他为人民日报审阅的社论，主要是有关党的建设的；少奇同志批发了不少适合于人民日报公开发表的文章、工作经验和消息，包括《人民信箱》、情况简报，批复了不少人民日报向中央的请示报告，包括整顿人民日报的请示报告。此外，还为人民日报题词两次。

少奇同志提出党报必须重视党的建设的宣传。1952年在纪念党成立31周年时，正值全国规模的三反五反斗争取得伟大的胜利。安子文同志在人民日报上发表了题为《在三反五反胜利的基础上加强整党建党工作》的文章。文章指出："要充分利用三反五反的成果，整理党的组织，扩大党的队伍。"并指出："这一工作不但将巩固三反五反斗争的胜利，也是争取更大胜利的保证。"

少奇同志审阅这篇文章时，提出了执政党的整党任务，强调要反对资产阶级思想对党的腐蚀和危害，提高党员的标准，加强党的战斗力。少奇同志向全党敲起了警钟，无产阶级政党在自己的报刊宣传上必须为坚持马克思主义的建党原则，为党的纯洁性和战斗性而进行公开的教育和宣传。党报必须关心党的建设，少奇同志加了一句话，这是为了"率领全国人民为国家的工业化和社会主义的前途而斗争"。

党报必须宣传共产主义思想，反对形形色色非共产主义思想，特别是资产阶级思想的腐蚀。资产阶级思想在我们党内有各种不同的表现，少奇同志特别指出有一种人，他们口头上拥护共产主义，实际向往和追求的却是滋长着的资本主义。少奇同志认为，在执政党条件下，这种资产阶级思想在各个领域内都有可能发生。不管它出现的是多还是少，都要警惕地重视，不能漠不关心。

少奇同志对于在三反五反中揭发出来的资产阶级思想作风以及其他的错误表现，采取从实际出发的具体情况具体分析的方法。他在修改评论中指出，经过三反五反，"有些已被彻底地揭发了，清算了，有些也已受到了批判。广大党员在这一斗争中，都根据党员标准检查了自己的思想作风，划清了工人阶级和资产阶级的界限，明确与坚定地认识了今后斗争的方向，提高了自己的思想水平与觉悟程度"。从这里可以看出，对待党内的思想斗争要充分肯定已经取得的成果，不要无限上纲，不要把斗争看成万灵神丹加以滥用。

少奇同志在党纲党章中规定的八项条件的第四条"一切共产党员的斗争和工作必须在党的统一领导下进行"的后面，加上"切实执行党的决议，严格遵守党的纪律"这两句话，今天对我们全党仍是头等重要的大事。

1953年1月7日，安子文同志在中共中央直属机关干部学习会上，作了题为《为消除党组织内的消极的和不健康的现象而斗争》的报告。报告发表在人民日报上。在这个报告里，安子文同志提出在我们党组织的生活中存在着消极的和不健康的现象：一、批评与自我批评，特别是自下而上的批评，还没有充分展开，压制批评的现象还相当普遍、严重。二、无组织无纪律的现象仍然很严重，特别是不反映工作中的缺点、"报喜不报忧"的现象十分严重。三、在我们挑选干部和了解干部的工作中存在着严重的弱点，存在着"资格论"和"任人唯亲"的偏向。用官僚主义和形式主义的办法，只从表面现象来看干部，对干部缺乏深刻考察的现象极为普遍。四、在很多党和政府的领导机关中还存在着相当严重的官僚主义和形式主义的作风。在党和政府的下层组织中普遍存在的强迫命令、脱离群众的现象还远未得到克服。少奇同志在第三种现象部分加上："有些领导者信任那些没有经过认真的思想改造和政治考察

刘少奇同志和少数民族代表交谈。

的旧人员，……因而使工作做不好，错误的思想和作风也发展起来，甚至使一些坏分子占据了某些部门的领导职务，造成工作上的严重损失。"

少奇同志十分关心在党报上开展批评和自我批评。解放初期，有些部门对党报上公开发表对政府工作的批评和建议不够重视，并且不断发生压制批评的事件。1950年7月起，人民日报在少奇同志的支持下，开辟了《人民信箱》专栏，发表了不少批评建议。7月18日，《人民信箱》发表了华北军区直属队生产管理委员会领导的利民公司的副经理王宝德，揭发华北军区直属队生产管理委员会主任压制批评的来信。此前的5月29日，王宝德批评政务院通令结束机关部队的商业后所产生的不良情况，并提出了改进工作的意见。这封信经人民日报转政务院，政务院转送财委会，财委会印发有关单位研究。军区直属队生产管理委员会主任认为批评是有内容的，但对政务院提出批评和建议是不允许的。他认为一个共产党员不应该在党报上批评自己党所领导的政府，这是违反组织性纪律性的行动。因而王宝德在公司的会上受到了批评。王宝德同志又写信给报社表示自己的不同意见。人民日报即将王宝德的申诉信送给少奇同志审阅。少奇同志批示发表，支持了自下而上的批评。

当时，中华全国总工会文教部部长刘子久同志来信，反映东北军工总工会所办的《军工报》第九十期，因为登了几篇批评严重浪费现象的稿件，被军工局命令将报纸收回，理由是稿件夸大浪费数字。实际上这次批评既符合事实并且在群众中反应很好。报社将刘子久同志的信也送少奇同志审阅。少奇同志认为：当时这类事件许多地方都发生，需要公开发表。并批示：同意即刻发表。人民日报发表此文时，加了一个按语：东北《军工报》没有犯什么严重错误。如该报记载并无错误，固然不应收回，如果该报的批评确有不合事实不合原则的地方，也应当提出更正和反批评，而不应收回。……军工局采取这种不正常的专断的行动,是不能允许的。

1950年4月19日,中共中央发布了《关于在报纸刊物上展开批评与自我批评的决定》后,在1952年的反贪污浪费斗争和1953年的反官僚主义命令主义斗争中,报纸上的批评和自我批评显著加强,但还很不充分。1954年4月20日,人民日报发表了题为《党委应该积极领导报纸正确展开批评和自我批评》的社论。少奇同志在审阅这篇社论时,加上了以下一段:

"对于典型的坏人坏事,不只是应该进行批评,而且要进行无情的斗争,给以严重的打击,以便在我们的国家中消灭这种坏人坏事。但这种坏人坏事并不是在任何地方任何时候都有的,而是有很大的特殊性,我们也必须采取这种特殊的态度和手段来对待它。至于我们工作中一般性质的缺点和错误,则是在任何地方、任何部门、任何时候都有的,对于这些普遍性质的缺点和错误,我们就应该采取同志式的批评和自我批评,以便大家团结起来,消除这些缺点和错误,不使这些一般的缺点和错误发展成为严重的错误,而这是在任何地方、任何部门、任何时候都需要的。报纸的任务不只是对于前一种坏人坏事应该进行批评和斗争,而更重要更经常的是对于后一种一般性质的工作中的缺点和错误进行批评和自我批评。"

谈到在报纸上进行批评和自我批评时,社论提出一个带根本性的问题,这就是批评的真实性问题。社论说:"但是当报纸要把这些批评登载出来,就必须事先进行深入的调查核对,只有调查完确实了,并且用的词句完全正确了以后,才能刊登出来。"

在这里,值得注意的是少奇同志加上的11个字,就是"并且用的词句完全正确了"。要词句完全正确,这是极严肃的任务。完全真实,完全正确,这应当是我们新闻工作者的一个座右铭。

少奇同志指导报纸关于党的建设的宣传,很注意抓带有本质意义的现象，把它提到原则的高度，作马克思主义的分析。1956年7月12日人民日报发表一篇题为《是领导人呢？还是传声筒呢？》的党员来信。同月16日发表了一篇社论，题目是《从一封党员来信说起》。社论是在少奇同志授意和审阅修改后而定稿的。

社论提到："7月12日，本报发表了一封《是领导人呢？还是传声筒呢？》的党员来信，揭发了浙江省税务局几个领导人的官僚主义作风。他们把许多自己职责范围以内的事都推给下级干部去做，自己不动手。他们要下级代写汇报稿、报告稿、讲课稿。他们只把这些由别人起草的稿件照本宣读一番，就算完成任务。这种自己不动脑筋，一切依靠别人的现象，必须引起我们全党的严重注意，因为它反映官僚主义的习气正在我们的国家机关中滋长着。"少奇同志在"他们只把这些由别人起草的稿照本宣读一番"后面，加了"不管听报告的是否感到兴趣"一句。

社论提到："领导上放手让干部代替自己做一些工作，这是培养和锻炼干部的好办法。""我们从来都主张在实际工作中培养干部，这是对的。问题是：在实际工作中培养干部并不等于领导上可以放弃自己的责任。培养干部在某种意义上说来，应当在他力所胜任的基础上，采取循序渐进的办法逐步提高。像浙江税务局那样，让新党员写党课的教材，这究竟是培养干部呢，还是贻误工作呢？就算根据培养干部的原则，可以允许让下面同志帮助起草一些稿子，但是这也决不是说，可以允许领导人事前只是出题作文，并不指示内容要点，事后也毫无修改、补充，只是照本宣科。"之后，少奇同志加上一段话："为了写成某些复杂问题的文件，可以先让别人起稿，然后由有关的人员讨论修改，再行定稿。负责人写的文件，也可以交给有关的人员讨论，并请他们提出意见，进行修改，但负责人对于一些重要和复杂的问题，完全不动脑筋，只作传声筒，是要不得的。"从这段补充的文字中，可以看出少奇同志分析问题的艺术,给我们树立了一个榜样。

少奇同志补充了上面一段话,然后接下去提出一个历史故事,作为借鉴。有了前面的马克思主义的分析,再引历史故事,就深刻多了。这段社论的文字是:"从前东汉桓帝时汝南太守宗资和南阳太守成瑨把一切政事都交给他们的'功曹'范滂(孟博)和岑晊(公孝),当时人嘲笑他们说:'汝南太守范孟博,南阳宗资主画诺。南阳太守岑公孝,弘农成瑨但坐啸。'我们今天的某些万事不躬亲的官僚主义分子,跟只管画诺和坐啸的宗资、成瑨之流还有什么分别呢?这究竟是上级培养下级,还是下级培养上级呢?'领导人应当少做些具体事情,以便经常保持冷静的头脑,从更大更远的地方考虑一些问题。'这话自然是不错的。可是,有些人却在'保持冷静头脑'的借口下,根本不动脑筋去考虑工作。不但远的、大的问题没考虑,就是近的、小的问题也没考虑。冷静的头脑和实际的工作结合不起来,对实际工作不发生作用,这样的冷静的头脑有什么用处呢?"

反对不良倾向,是党报要经常注意的问题。

1950年7月15日发表的《克服工业生产中的严重浪费》,是经少奇同志修改和补充的。社论指出:"我们财政经济工作中还存在许多浪费现象。""工业生产中的浪费和其他各种浪费一样,其性质都是削弱国家工业化的资金,客观上是迟滞国家工业化的速度,"少奇同志加强语气,补充这样一句话:"是国家工业化道路上一个很大的敌人。"

社论在提到"实行经济核算,需要解决什么问题呢?最重要的是解决两个问题:一是定额管理,一是生产责任制"后,少奇同志加上:"定出生产的定额管理和负责制的各种制度之后,就必须坚决地付之实施,加以贯彻,而要加以贯彻,就必须定出严格的奖惩制度,应使从最负责的工厂厂长和工程师起到每一个普通工人在工作中的好坏,能够受到应有的奖励和处罚,如此,才能使是非善恶分明,定额管理与负责制才能贯彻。如果没有必要的奖励与处分，任何制度都是不能贯彻的。"

少奇同志在贯彻生产定额管理和负责制的各种制度上，特别强调要有严格的奖励和处罚制度，以做到是非分明。这在今天改进企业管理、认真实行经济核算制度、克服浪费现象仍然有着十分现实的重要的意义。

党报要在全党生活中发挥重要影响，那就要模范地学习和执行党的路线、政策。要用党的标准和党的工作水平和方法严格要求自己。在这里一定要防止只教训人、只批评人而不受教育、不对错误进行自我批评的错误倾向。

少奇同志极其关心《人民日报》的成长。他希望报纸能够在政治上成熟起来，能够保持冷静的头脑，对事物做出正确的分析和判断。1961年春他在湖南调查期间，对如何办好《人民日报》作了多次重要指示，对《人民日报》改进工作和工作人员改造思想起了重要作用。他指示《人民日报》应认真总结三年来（大跃进时期）的办报经验。他指出：三年来报纸在宣传生产建设成就方面的浮夸风、在推广先进经验上的瞎指挥风、在改革宣传和理论宣传上的片面性等等，对实际工作造成很大恶果。少奇同志指出：报纸对若干高指标的宣传，使党陷于被动，报纸对大办万猪场的宣传，是祸国殃民。

少奇同志曾多次提出：你们报纸天天报道的那样多消息，什么生产队的生产搞得怎么好，肥料积得怎样多，稻田整得怎么好，究竟是真的还是假的？报纸天天大字标题宣传了很多东西，强调要指导实际，究竟指导得正确还是不正确？究竟是办了好事还是办了坏事？少奇同志认为，几年来报纸在敌我界限方面分得比较清楚，有敌我观念，但在是非界限方面就分不很清楚。是非界限不明，什么是正确的，应该宣传，什么是不正确的，不应该宣传，报纸还搞不清楚。

少奇同志特别强调人民日报的工作人员要作调查研究工作。他说，报纸产生这些缺点和错误的主要原因，就是没有作调查研究，就是脱离实际。他说，你们还喜欢搞一些形式主义的东西，还满足于写一些耸人听闻的报道，还没有完全摆脱资产阶级新闻观点的影响。他说：调查研究是一个专门学问，我看你们在这方面学问不深。要了解真实情况并不容易。你们说从实际出发，但你们了解的实际就不真实，从什么地方出发呢？要拿这些不真实、不正确的东西去指导实际，怎么不出毛病呢？他说：报纸工作人员是调查研究专业工作人员，你们对调查研究还很不行，还是初小学生，高小学生也说不上。记者和编辑要认真作好调查研究工作，要从初小到高小，从初中到大学，决心作一个实事求是的、马克思主义的新闻工作者，要努力学习一辈子。他说，要了解实际的真相并不容易，这就是人的主观世界要反映客观世界，这是不容易的。要了解客观世界，要经过一段曲折的过程，有时需要很长时间，短了不行。现在就要派些同志到自己写过报道的地方去作深入的调查研究，再去发现真相，才知道以前的报道切不切合实际，才知道什么地方虚夸了。不经过亲身的体验，就不能真正懂得调查研究对报纸工作的重要意义。

　　少奇同志特别提到报纸和党委的关系问题。他说，这几年来你们比较注意服从党委领导，强调依靠省委办报，但又完全依靠地方党委，自己不作调查研究工作，也不敢反映问题，提出意见。听话，也不是，不听话，也不是，是难办。作一个共产党员的新闻记者是难办。你们就要从这中间想出办法，要把坚持纪律性和坚持原则性结合起来。既要服从党委领导，坚持纪律性，也要敢于向党委反映问题，提出意见，坚持原则性。不服从党委领导，要犯错误，服从党委领导，有时也要犯错误，这是不容易。要作共产党的新闻记者，不要想得那么容易，哪有那么容易的事！在党的建设的宣传中，党的宣传员和辅导员的作用是很重要的。要有成千上万的党员通过报纸向群众宣讲党的理论、路线、政策。少奇同志在这方面是一个模范。少奇同志对民族资产阶级中工商界人士进行社会主义改造的宣传教育，是一个典型的例子。报纸发表的《工商业者应当下决心"顾一头"、"一边倒"》的社论中,指出在社会主义改造过程中,每一个工商业者不可避免地要面对着个人利益同国家利益和人民利益的关系问题。希望工商业者认清这个道理,下决心"顾一头"、"一边倒",一心一意地为社会主义服务。这样经过长期的实践,就会对国家和人民做出更多的贡献,在这一句后面,少奇同志加上以下一段:

"工商业者要改造资产阶级的世界观,建立无产阶级的世界观,首先必须认真地学习马克思的历史唯物论,从理论上认识人类社会发展的客观规律,认识资本主义社会必然灭亡,共产主义社会必然胜利,是不以人的意志为转移的客观历史发展规律,从而增强自己的信心,主动地做一个促进人类历史进步的进步人士和革命者,那他就可能得到个人的成功,感情上也会觉得愉快。如果他不认识这种客观规律,对社会历史发展中的重大事变没有预见,没有预先的思想准备,事到临头,他就只能被动地不很愉快地跟随大伙前进,甚而至于要做出违反人类历史发展规律的事情来。"

他并且着重加了下面这句话:"马克思的历史唯物论早已说明,无产阶级是当代历史舞台上唯一的领导阶级。"并由此说明中国共产党是无产阶级的先锋队,是全国人民的领导核心。

少奇同志在这里所作的马克思主义阐述,对于全国工商业者认清社会发展历史规律,自觉地进行世界观的改造,有着深刻的教育意义。我们报纸的理论宣传中要像少奇同志那样,有针对性地宣传共产党的世界观,理论密切结合实际,宣传才有说服力。

## 陈毅同志的一次讲话

报纸宣传的一项重要任务,就是要正确地、科学地宣传马列主义、毛泽东思想。我们的报纸在宣传马列主义、毛泽东思想上有过失误,犯过片面性。特别是在林彪、"四人帮"及其爪牙控制舆论的十年期间，他们肆意歪曲和曲解毛泽东思想，为他们篡党夺权之用，损失是惨重的，代价是巨大的。这一段历史虽然已经过去了，但是，我们要永远记取这个教训。

　　无产阶级老一辈革命家都有一个共同特点，就是敢于坚持真理，正确地宣传毛泽东思想，不搞对毛泽东同志的个人迷信，也不把毛泽东思想作为神秘的教条，作为打人的棍子。陈毅同志曾作过关于阐释毛泽东思想的精彩的讲话，那是在1965年7月。当时我受亚非记协委托，主办亚非记者进修班，参加第一期训练班的有几个国家的二十几位新闻从业人员。结业前夕，陈总应朋友们的要求，同大家见面和谈话。这个谈话，在十年动乱中曾被无耻之徒一再追查，特别是他们批斗陈总时，曾一再散布要找到这篇"反毛泽东思想的大毒草"。他们的根据是："陈毅好大胆，竟敢说毛泽东思想不是一个人的思想，还说毛泽东思想并不完善，还要发展。"当时，新闻界同志们小心地珍藏着陈总的讲话记录，没有人把它献出来"立功"。因此，在这些无耻之徒诬蔑陈总的多少条所谓的罪状中没有这一条。现在应该让它公布于世了。

　　在介绍陈总谈话前，先说一个小的插曲。我们对会场座位的摆法是事先考虑过的，开始以为进修班学员是听讲话，就按照课堂的形式，讲话人坐在前面，听讲的人坐在后面。后来觉得这种摆法很可能挨陈总的批评，又改成会谈形式的，听讲人坐在两边，讲话人坐在当中。刚刚摆好，陈总就来了，他自己挽起袖子搬开椅子，一面搬，一面指挥说："不要搞官气，同新闻界朋友们在一起要自然点，要有民主气氛，能够彼此亲切、无拘束地谈话。你们把我摆到那么高高在上干什么？"我们跟着他搬椅子，摆一个圆形的。我们让他坐到正中，算作主位，他说："什么主位客位的，你们就是爱搞外交的一套。"

　　外国学员到了会场，坐下来，都有说不出的亲近感觉。有人说："陈毅是元帅，又是副总理，可是对我们青年人，却是像一位兄长哩。"

陈总开始讲话就自报,说他自己是一个"不成材"的新闻记者,早年在北京一家报馆干了一年,就干不下去了,但无论如何,他是大家中的一个同行。大家要听他讲,他要大家提问题。他回答了大家关心的关于新闻工作的阶级性、报道如何公正、新闻自由、新闻工作者的立场和使命、中国新闻事业和思想政治建设等问题。陈总讲话最精彩的部分是对毛泽东思想的阐述。当时在学员中,对毛泽东思想的形成,有各种各样的说法。陈总的讲话,有针对性地解答问题,宣传了毛泽东思想,讲话一气呵成。下面是我们当时记录下来的这段谈话:

"我们的思想是以毛泽东同志的思想为代表的。毛泽东思想是毛主席的思想,但又不是毛主席的思想。毛泽东思想代表了中国人民的思想,而且是马列主义和中国实际相结合的产物,是中国人民长期革命斗争的总结。毛泽东思想的胜利,也是中国人民的胜利。把毛泽东思想看成是个人的思想是庸俗的。

"毛泽东思想的形成,代表中国人民从失败到成功的艰苦历程,不是一帆风顺的。有人说中国人民没有思想,这对中国人民太不礼貌了。中国人民难道没有自己的思想?

"毛泽东思想是中国革命成功与失败的经验总结,它经过了革命斗争的考验。一次又一次的历史事实教育了我们,使我们除了相信毛泽东思想外,再也不能相信别的什么思想。

"我们过去相信过黑格尔和康德,相信过孟德斯鸠和摩尔根,相信过孙中山的三民主义,相信过林肯的民治、民有、民享。中国人中间还有一些相信过蒋介石、希特勒和墨索里尼。德国的哲学家康德,俄国的无政府主义者克鲁泡特金,在中国都占有过不小的势力。有个时期,机械搬用马列主义的教条主义甚至占了优势。相信了这个,相信了那个,可是一个也行不通;相信日本,相信俄国,也还是行不通,自然就不相信了。找来找去找到了马列主义。有了马列主义,机械地搬用教条,也是行不通的。还要中国人民自己动脑筋,运用马列主义的原则和中国革命的实际相结合，这就产生了毛泽东思想。有了毛泽东思想，解决了中国革命的主要问题，但也不能解决一切问题。中国人民对毛泽东思想的信任，决不是出于盲从，也不是出于民族感情，而是中国人民在革命斗争中选择各国学派的结果。

"毛泽东思想在发展，马列主义在发展，一个在发展中的学说，总不会达到尽善尽美的地步。中国革命、世界革命在发展，毛泽东思想也在发展。我们经常对中国的民主人士讲，不要以为相信毛泽东思想就能解决一切问题，以为就可以不动脑筋了。

"我们不要怕犯错误，犯了错误可以从中吸取经验教训。毛主席经常对我们说，我们会犯错误，但是犯了错误也不要怕。错误的可以纠正，成功的经验要继续发扬。

"我认为，亚、非、拉美国家，特别是社会主义国家，只注意搞工业建设，而不注意搞思想建设，这是很危险的。工业建设容易被帝国主义毁灭，而思想建设是不能摧毁的。

"有人批评我们迷信毛泽东思想，我们不能同意。如果我们不要毛泽东思想，不坚持马列主义，来了法国的所谓思想自由，你想你的，我想我的，这样中国就会倒退到旧年代里去。你开个铺子赚钱，我到郊区买块地剥削农民，我今天上台把钱存到外国银行，你跑到这个国家使馆，他跑到那个国家使馆。这样很自由，可是脱离了毛泽东思想的控制，中国也就会从此完蛋了，什么也没有了，又变成了蒋介石的半殖民地的中国。因此，中国人民自己完全可以判断，有没有毛泽东思想意味着什么。

"我们在进行物质建设的同时，还要注意思想建设。每个国家思想情况不同，但是总有一个思想占上风。最后总要选择一个最好的政党，最好的思想，国家才能够统一，革命才能够成功。

"毛泽东思想体现了中国革命的规律，也体现了世界革命的规律。1921年至1931年间，毛泽东思想在中国并没有占领导地位，他个人没有办法。很多人，很多干部不相信，他只有等待。历史的发展证明他的思想是正确的。但是领袖终究是个人，力量是有限的，主要靠集体、靠党、靠大家。

"今天中国在各个方面进行着伟大的试验，有的很成功，有的不成功，有的失败，总的说是成功的。中国共产党坚持通过思想政治建设带动工农业的发展。中国人民对工农业建设成就很满意，但是对毛泽东思想更热爱，这是基于事实考验的结果，而不是基于个人崇拜。毛泽东思想还要继续接受考验，继续丰富，继续提高。

"外国朋友有兴趣研究毛泽东思想，我们欢迎，但是将毛泽东思想生搬硬套，会犯错误，就像我们过去生搬硬套马列主义原理一样。据我们的经验，要取得革命的成功，一定要坚持贯彻实事求是的思想，指导自己的工作。"

可惜当时没有录音，讲话有很多生动精彩的比喻和谈吐，没有来得及记录。

新闻界同志们今天正在学习《关于建国以来党的若干历史问题的决议》。《决议》对什么是毛泽东思想，作了这样的科学概括："以毛泽东同志为主要代表的中国共产党人，根据马克思列宁主义的基本原理，把中国长期革命实践中的一系列独创性经验作了理论概括，形成了适合中国情况的科学的指导思想，这就是马克思列宁主义普遍原理和中国革命具体实践相结合的产物——毛泽东思想。毛泽东思想是马克思列宁主义在中国的运用和发展，是被实践证明了的关于中国革命的正确的理论原则和经验总结，是中国共产党集体智慧的结晶。我党许多卓越领导人对它的形成和发展都作出了重要贡献，毛泽东同志的科学著作是它的集中概括。"对照《决议》，陈总的话不是很像刚刚讲出来的吗？马克思主义者的话就是这样有分量，这样经得住时间的考验。16年前，正是"文化大革命"的前夕，政治形势是很复杂的。陈总以大无畏的无产阶级革命家的气魄正确地宣传毛泽东思想，对政治风险，毫无顾及。今天，一个伟大的新的历史时期来到了,我们有了《决议》这一精神武器,抚今追昔,更应当以陈毅同志为榜样,作好毛泽东思想的宣传员,宣传好党的六中全会的《决议》。

陈毅同志在同一次谈话里还认为报纸应代表大多数人的意见。他说,人们都要求报纸公正,但报纸不可能对所有的人都公正。报纸只有代表大多数人的意见,反映客观事实,才能在人民中间产生影响。任何地方任何报纸都如此。因为社会上有不同的集团,不同的阶级和不同的党派。他们都要办自己的报纸、杂志和电台。因此也就不可能有对所有的人都公正的报纸。美国的大报代表摩根、洛克菲勒等大垄断集团的利益。因为本钱是他们出的,这些报纸绝对不会代表二千万黑人讲话。这些报纸与人民没有关系,不能代表人民讲话。

中国的人民日报也不是代表全体中国人的,能代表百分之九十五就了不起了。有些人,我们代表不了,我们也不能代表他们。我们的人民日报能做到代表全国大多数人就了不起,这就和美国报纸不同,我们是代表大多数人的。我们的报纸大量报道社会主义建设,工农业生产,人民的反帝斗争。但是颂扬资本主义、颂扬封建主义的东西不报道,我们不当这些人的义务宣传员。要报道就得加以批判。国际上一些反动头子的一些演说,我们也有时登报,目的是要大家认识这个人,从而帮助自己的人民擦亮眼睛。所以说,我们的新闻工作者是为大多数人服务的。

世界上的新闻工作,不是为多数人服务,就是为少数人服务。有些记者说,我走中间道路,不偏不倚,各人可以有各人的看法。我认为,从现象上看,这种情况可能会有,但从斗争的逻辑来看,最后总是要走向一边的,不是站在大多数人一边,就是站到少数人一边,这是客观规律。

陈毅同志说,值得注意的是,90多岁的英国著名的哲学家罗素的言论。他讲,"美国资本主义控制了世界60%的资源,而美国人口只有世界人口的6%。所以世界大多数人民要起来反对美国的统治和剥削。"这些话说的甚至比有些共产党人都正确。可是在前几年，他还讲中立，反对一切战争，说中国人何必和侵略他们的人打仗？罗素不是共产党人，是个典型的绅士，是个和平主义者，但现在他却不抽象地反对战争了，因为受到了事实的教育。

陈总最后说，进步的新闻工作者，愿意了解毛泽东思想，我们欢迎。但最重要的是根据自己国家的条件为多数人服务。可以使用各种语言，各种技巧，去进行报道和评论。我们有着共同点，主要的是作为新闻工作者要和全世界人民的大多数，被压迫的民族，被剥削的人民站在一起，用自己的笔作为武器，坚持客观真实的立场，为争取世界和平，为伸张正义，作出贡献。

1982年12月

# 发扬战斗的风格

——回忆毛泽东同志对晋绥日报编辑人员的谈话

纪希晨

1983年12月26日是毛泽东同志90周年诞辰。我们以深切怀念的心情,想到30年前被接见的情景。我们仿佛

1982年11月4日,记者纪希晨访问叶剑英元帅。

看到毛主席慈祥的笑容,听到谆谆教导的声音,沉浸在幸福的回忆里。

纪希晨,高级记者,河南伊川人,1922年生,1937年加入中国共产党,1938年到延安。1945年开始从事新闻工作,1948年4月2日,聆听、记录、整理毛泽东主席《对晋绥日报编辑人员的谈话》。1953年起,先后任人民日报西南记者站站长、四川记者站站长、新华社四川分社社长、人民日报记者部副主任。

1948年4月1日，在毛主席在晋绥干部会议上发表长篇讲话的当天黄昏，中共中央晋绥分局宣传部长张子意给晋绥日报编辑部打电话，传来一个振奋人心的喜讯：

"毛主席欢迎同志们去。毛主席准备明天接见你们！"

晋绥日报编辑部住在西距黄河30多里的兴县高家村。喜讯使这个山脚下用石头砌成的一排排窑洞的普通村庄顿时沸腾起来。编辑部的院落里，呈现一片狂欢景象。大家情不自禁地相互搂抱着，跳呀，蹦呀，把帽子向空中掷去。当渴望多年的心愿一旦实现的时候，同志们怎能不欢腾跳跃呢！

1948年春，是伟大的"历史转折点"的时期。当时，在毛泽东同志亲自指挥下，中国人民解放军，从北到南从西到东，在各个战场上，由防御转入进攻。为迎接即将到来的全国胜利，一直在陕北指挥全国解放战争的毛泽东同志，于1948年3月23日午后，从陕西吴堡县到现在的岔上公社川口大队，同周恩来、陆定一、胡乔木等同志一同乘着一条木船，东渡黄河，到了山西临县现在的索达公社高家塔大队。

渡河后，毛泽东同志和周恩来同志一同骑马沿着黄河东岸南下，经过碛口，在寨则山村休息一夜。次日天明，又骑马沿着崎岖山路，溯湫水河上行，到达临县的双塔村。当时，叶剑英同志率领中央后委机关驻在双塔一带。3月24日毛泽东同志到达后就住在叶剑英同志平时住的窑洞里。3月25日，毛泽东和周恩来同志改乘汽车，取道白文、康宁；于3月26日到达中共中央晋绥分局和晋绥军区司令部的所在地——兴县城西十五里的蔡家崖村。

3月30日下午，当时的中宣部长陆定一同志由晋绥分局宣传部长、副书记张子意等同志陪同，骑马来到高家村晋绥日报编辑部，座谈了三个小时。他们听了周文、常芝青同志关于土改中"左"的错误的检查汇报，陆定一同志并且讲了话。在座谈会结束时，编辑部同志向定一同志提出要求：大家希望见到伟大领袖毛主席。陆定一同志答允转达大家的意见。我们知道主席很忙。他答应挤时间见编辑部的同志们,这是多么令人高兴的事呀!

"别跳啦,快讨论讨论,准备向毛主席请示哪些问题吧!"有同志提议说。

可是,究竟应该请示哪些问题呢?

夜深了,大家仍围在麻油灯下,进行着热烈的讨论。有的说,要多请示党报工作方面的问题,有的说,要请示党的路线、政策方面的问题……最后,归纳了六个问题,由一个毛笔字写得工整的同志抄写,准备当面呈交毛泽东同志。

1948年4月2日,是对我们最有历史意义的一天。为着迎接这天,头天夜里,许多人兴奋得通宵不眠。等到鸡刚叫,星星刚退,大家就急忙从炕上起来,有漱洗的、缝补衣服的,也有拿剪子剪胡子的或试穿新鞋的。然后,相互观察一番,聚集在院子里。8点多钟,我们一行近20人,从报社驻地高家村出发,迎着荡漾的春光,沿着绿茸茸的蔚汾河谷,一口气跑了十多里,来到蔡家崖村晋绥军区司令部。这是一座宽敞的石窑大院,院子西侧有一间接待室,房子不大,面积只有二三十平方米。沿墙摆着木凳,靠玻璃窗放一把缴获的单人沙发。大概是警卫人员的休息室,临时改成接待室的。

幸福的时刻就要到来了。大家在接待室里,喜悦而兴奋地谈论着,急切而紧张地期待着。

大约十点钟,毛泽东同志来了!

毛主席,满面红光,精力充沛。他头戴着灰毡帽,围着陕北白羊毛围巾,穿一身褪色的灰棉制服,脚穿一双陕北农民做的灰布棉鞋,迈着稳健的步伐,走过石窑大院,快步向接待室走来了。我们全体起立,屏住呼吸,目迎着敬爱的伟大的领袖毛主席。他示意要大家坐下,可是激情使我们忘记了一切,大家仍然站着,目不转睛地注视着毛泽东同志的每一个动作,每一个表情。

毛泽东志满脸带着和悦的微笑,伸出有力的手臂,走到大家跟前，和每个同志亲切握手。握手时，毛主席慈爱地端详着每个同志，问着每个同志的姓名。

当晋绥日报总编辑常芝青被介绍给毛泽东同志时，毛主席风趣地说："你是哪个大学毕业的，很有学问呀！"

听了一个姓阮的同志的姓名，毛泽东同志风趣地说："嗯，是梁山泊上的阮氏兄弟吗？"

听了一个姓张的同志，毛泽东同志就问，是弓长张吧，还是立早章？

听了又一个同志名叫水江时，毛泽东同志侧着头笑着说："那你可不缺水呵！"

全场腾起一片欢笑声。

毛泽东同志亲切而幽默地问话，使我们感到分外温暖和幸福。大家紧张、局促的心情，平静了下来。一个像列宁一样，改变了历史，创造人民新时代的伟人，就在我们中间。我们的心和毛泽东同志贴得更近更紧了。我们沿墙坐在长条板凳上。贺龙、陆定一、张子意、周文等同志，面朝毛泽东同志，坐在小屋中间。我恰好临窗坐在紧靠毛泽东同志的左边，那么贴近，仿佛是梦，做梦也没有想到同伟大领袖那么贴近地坐在一起。我凝神地望着毛泽东同志的面容，端详着主席的一举一动，一字一句地记录着主席谆谆善诱的讲话……

毛泽东同志安详地坐在靠窗的单人沙发上，点燃一支香烟，慢慢地审视着我们的请示：关于贯彻党的群众路线、全党办报方针、宣传党的路线和政策、依靠贫农与团结中农、开展批评与自我批评等六个问题。

主席看了关于贯彻党的群众路线的问题，和蔼地环视大家说："呵！这么大的问题，要谈就得一整天！"

看到关于贯彻全党办报方针问题，主席笑了笑，谦虚而风趣地说："办报，你们是先生，我是学生。先生不了解学生，对学生不会出题嘛！"

看到宣传党的路线、政策，依靠贫农与团结中农的问题

1982年7月14日,记者纪希晨(右)访问徐向前元帅。

时,主席点点头,说:"这个问题,我还懂一点!"

我们提的最后一个问题,是关于团结民族资产阶级和开明士绅的问题。

毛泽东同志看到这里,问在座的中共中央晋绥分局负责人、晋绥军区司令员贺龙同志:"关于这个问题,我为党中央起草了一个党内指示,他们没有看到吗?"

贺龙同志回答说:"中央指示收到了,还没有来得及向下传达。"

谈到错定阶级成份的问题,主席还问:"1933年《怎样分析农村阶级》的小册子是否发晚了?"

有的同志回答:如果发早点,可能好一些。

这时,毛主席缓缓地站起身来。毛主席两手伸向前方,微微向上举起,眼睛亲切地注视着大家,用宏亮而浑厚的声音,教导我们说:"我们的政策,不光要使领导者知道,干部知道,还要使广大群众知道。"

毛泽东同志谈了在宜川一举歼敌3万多人的西北大捷例子。在西北战场上，这是第一个大胜仗。他谈到战士明白了为什么打仗，怎样打法，个个摩拳擦掌，士气很高，一出马就打了胜仗的时候，挥动右手，向前作了一个强有力的手势。这显示着，蒋家王朝覆灭的时刻，就要到来了。

毛泽东同志对我们请教的关于贯彻党的群众路线的问题，作了特别详细的阐述。他说："要解决这个问题，根本上当然要从思想上进行群众路线的教育，同时也要教给同志们许多具本办法。办法之一，就是要充分地利用报纸。"

毛泽东同志在谈话中以黄河上撑船的老艄公作比喻，非常形象地说明报纸必须掌握正确的政治方向的问题。主席说，你们注意了吗？黄河上掌舵的老艄公，在急流险滩、惊涛骇浪中，眼睛总是注视着对岸，遥望远方，端正航向，把舵掌稳当。如果老艄公只看脚下的浪花，就会手忙脚乱，把船弄翻了。主席以这个例子，教育党的干部，无论任何时候，都要坚持党的路线和政策，不要在政治上迷失方向。

毛泽东同志喜欢用历史上和现实生活的事例，以鲜明生动的形象，简明通俗的语言，十分扼要地阐述深湛浩瀚的思想。

"群众心齐了，一切事情就好办了。马克思列宁主义的基本原则，就是要使群众认识自己的利益，并且团结起来，为自己的利益而奋斗。"

毛主席在屋子里踱了几步，转过身，立定了。停了停，笑着问大家："你们看过《三打祝家庄》的戏吧？头两次打败了。后来研究了为什么失败，大家心一齐，采用里应外合的方法，结果第三次打胜了。"

毛主席讲话，语调缓慢，声音洪亮，以卓越的智慧吸引着大家，不断将我们从一个思想境界，带入另一个更高的思想境界。

毛泽东同志教导我们说："善于把党的政策变为群众的行

动,善于使我们的每一个运动,每一个斗争,不但领导干部懂得,而且广大的群众都能懂得,都能掌握,这是一项马克思列宁主义的领导艺术。我们的工作犯不犯错误,其界限也在这里。"

毛主席坐在沙发上,高大魁梧的身躯,微微向后仰靠,一片阳光照在毛主席的身上。毛主席一边用手指搓着尚未点燃的香烟,一边关切地问报社有多少通讯员,每天收到多少信件。

毛主席听了汇报,高兴地点点头说:"嗯,有这么多人向你们做工作报告呀!"

晋绥日报编辑部当时只有三四十人,有一部分同志还经常轮流在外参加土地改革和整党工作。但由于实行全党办报方针,边区机关、地委、县委、区委和行政村,大都建立有通讯小组。许多地委、县委负责同志,亲自动手,给报纸写稿。这些有丰富斗争经验的干部和工农通讯员,通过来信来稿,不断把群众中的新问题、新情况、新经验、新事物反映到编辑部,真正做到依靠广大群众办报,使报纸充满群众的声音,受到了群众的欢迎。

毛泽东同志在谈话中,还教导我们:"报纸工作人员为了教育群众,首先要向群众学习。"他以1933年制定的《怎样分析农村阶级》的小册子,和山西崞县两个区的农民180多人,开了5天会,解决了分配土地中的许多问题作例子,指出,假若你们的编辑部讨论那些问题,恐怕两个星期也解决不了。原因很简单,那些问题你们不懂得。

毛泽东同志鼓励大家投身到火热的实际斗争中去,锻炼提高自己。主席说,在没有出去参加群众工作的时候,要经常向下边反映上来的材料学习,并且下功夫研究这些材料,慢慢地使自己的实际知识丰富起来,使自己成为有经验的人。主席说,马克思没有当过工人,可是研究了资本主义对工人的剥削,我自己没有亲自给农民分过地,可是我经常调查研究,指导了土地革命。

《晋绥日报》在1947年6月以后的几个月里，曾经配合晋绥解放区轰轰烈烈的土地改革运动和整党运动，在中共中央晋绥分局的领导下，以公开进行自我批评的方法，揭露了自己工作中的缺点和错误，坚决地进行了反右倾的斗争。毛泽东同志在这次会见时，满腔热情地鼓励我们，表扬报纸的内容丰富、尖锐、泼辣、有朝气，反映了伟大的群众斗争，为群众讲了话。他说："我很愿意看你们的报纸。"

　　毛泽东同志对报纸的关心，我们以前就听说过。在战火纷飞的日子里，在陕北行军途中，在指挥百万雄兵，横扫敌军的时刻，主席是多么忙啊！可是，就是在这个时候，他仍然密切地注视着《晋绥日报》的宣传动向，甚至连某篇新闻通讯，某个编者按语，也都记得很清楚。

　　毛泽东同志赞赏用编者按的形式，对于报纸发表的材料加以批注。他说，有些批注虽然有缺点，但是那种负责精神是好的。比如《晋绥日报》这个编者按语的主要缺点是把弦拉得太紧了。他说："拉得太紧，弓弦就会断。古人说：'文武之道，一张一弛。'现在'弛'一下，同志们会清醒起来。"

　　说到这里，毛泽东同志一面微笑着在屋子里慢慢地踱着脚步，一面举起两只手臂，比做拉弓的姿态，在胸前一拉一合，大家都高兴地笑了起来。

　　为纠正土地改革宣传中的"左"的倾向，毛泽东同志于1948年2月11日，为党中央起草了《纠正土地改革宣传中的"左"倾错误》的党内指示。根据这个指示，晋绥日报编辑部认真而系统地检查了1947年5月至12月报纸宣传中的左倾错误，并在实际工作中纠正了"左"的倾向。

　　毛泽东同志听了我们总结经验、检查工作的汇报说："过去的工作有成绩，但也有缺点，主要是'左'的偏向。现在作一次全面总结，发扬成绩，纠正缺点，就会做出更大的成绩。同志们过去是马克思，现在还是马克思，不过要把头发理一下，指甲修一下，就更好了。"

谈到总结经验，毛泽东同志指出，要善于透过现象，抓住实质，选择能说明问题的典型材料。他说，任弼时同志只研究了蔡家崖一个村子的材料，就解决了问题（指任弼时同志写的《土地改革中的几个问题》一文）。又说，天下乌鸦一般黑，性质相同的，只要研究一个典型材料，能说明问题就够了。你硬要分别大乌鸦、小乌鸦、肥乌鸦、瘦乌鸦、中国乌鸦、外国乌鸦，把一堆材料都搞上，被材料埋住，还是总结不出经验。这种经验主义的总结方法，是很笨的。

毛泽东同志每讲完一段话，就稍停顿一会儿，注视着周围听众，似乎在问：你们都明白了吗？

从不明白到明白，从没有经验到有经验，要有一个过程。从1947年6月以后的反右倾斗争，到1948年1月开始的反"左"斗争，虽然只有几个月的时间，但斗争却使大家很快知道了反左是怎么回事。我们的编辑、记者在革命的大风雨中，既受到了一次无产阶级立场和作风的锻炼，又受到了一次党的路线和政策的深刻教育，经历了严重的考验。

宣传中产生错误，是因为没有经验，是因为我们没有认真学习马克思主义、列宁主义、毛泽东思想，没有牢记党的总路线和总政策。而只记住党的具体的个别的工作路线和政策，就成了一个盲目的不清醒的革命者，必然给宣传报道带来片面性，对实际工作产生不良影响。

毛泽东同志为了引起大家对于党在新民主主义革命时期和土地改革的总路线和总政策的重视，在接见我们以后，还亲自将党的总路线和总政策，为《晋绥日报》写了两幅题词：

党在新民主主义时期的总路线和总政策是："无产阶级领导的，人民大众的，反对帝国主义、官僚资本主义、封建主义的革命。"

党的土地改革的总路线和总政策是："依靠贫农，团结中农，有步骤地、有分别地消灭封建剥削制度，发展农业生产。"

毛泽东同志的题词，由苏光同志用木刻制版，于1948年5

月1日、5日在《晋绥日报》上刊出，为全党工作指明了前进的方向。

毛泽东同志在谈话中指出，报刊纠正"左"的偏向以后的这一时期，有点泄气的样子，不够明确，不够泼辣，材料也少，空气稀薄，使人不想看。应当挤些水分，把空气凝成固体，报纸就会办得更好了。毛主席教导我们："应当保持你们报纸的过去的优点，要尖锐、泼辣、鲜明，要认真地办。我们必须坚持真理，而真理必须旗帜鲜明。""用钝刀子割肉，是半天也割不出血来的。"

毛泽东同志精神焕发，谈笑风生，兴致勃勃，一气谈了两个多钟头，毫无一点倦容。遗憾的是我们没有带照相机，没有留下这次亲切的接见。

时间到了12点多，催吃午饭了，毛泽东同志才结束了这次有着重大历史意义的谈话。

直到这时，我们才知道，毛主席为和我们谈话，还没有吃早饭呢！我们正为此感到不安，忽然听到说："主席留你们吃饭，你们不要走了！"

毛泽东同志和周恩来、贺龙、陆定一、胡乔木等同志走进食堂。桌上摆的是大米饭和黄河鲤鱼。这在一向吃黑豆、炒面、山药蛋的晋西北来说，真是一顿美餐啊！

中央同志围坐一桌，一边吃，一边亲热地谈着话，发出一阵阵笑声，这是伟大胜利的前夕的笑声。

1947年晋绥边区实行土地改革的时候，晋绥日报编辑部的同志除留少数在家里搞业务工作外，不少同志到农村进行锻炼。到1948年春，仍有一些同志还在农村。所以，参加这次会见的只是晋绥日报社的部分同志。他们是：总编辑常芝青；要闻版阮迪民、黄照；地方新闻张友；国际新闻杨效农、田允中；副刊李蔚然、胡正；通讯科陈蝉鸣、鲁石、胡也；记者纪希晨、王雷行、江涛；新华社晋绥总分社高丽生、甘惜分；美术苏光；出版发行水江、宁萍、董泯敌。

毛泽东同志的这次谈话，深刻地、全面地、科学地阐述了无产阶级新闻工作的理论、路线、方针、任务和战斗风格，为无产阶级新闻工作者制定了完整的战斗纲领。全国解放以后，根据我们的记录稿，经毛泽东同志亲自审定，编入《毛泽东选集》第四卷，题目为《对晋绥日报编辑人员的谈话》，它像光辉灿烂的灯塔，永远照耀无产阶级新闻工作者前进的道路！

1983年12月

# 邓拓同志和人民日报

纪希晨

(一)

我们国家进入了她的30周年。这30年里,我国的社会主义建设事业,经历了稳步前进,也经历了严峻的曲折和反复。这些年来,作为人民日报工作人员,记忆最深的,是与他们共同工作了8年的邓拓同志。

那是1949年秋天的一个下午,一个身体瘦弱、彬彬有礼的中年人,由两个青年人架着走下汽车,来到煤渣胡同人民日报的住地。认识他的人说,他就是邓拓同志,党中央派到人民日报的总编辑。

这时,我们的国家正处在历史的大转变中。百万大军向中南、西南、西北英勇进军;清匪反霸、土地改革群众运动,席卷全国;新解放的城市和工矿,刚刚恢复生机。如何根据党中央的指示,迅速反映国内的政治形势,反映伟大的群众斗争,指导恢复建设工作,是人民日报面临的新任务、新课题。作为党中央的机关报《人民日报》,当时发行只有几万份,每天收到读者来信只有42封。人民日报同志深感力量单薄,与报纸所应当承担的责任相比,担子是何等艰巨!

千头万绪,从何抓起?在长期革命斗争中有着丰富办报经验的邓拓同志,深深懂得,要办好中央党报,首先要解决的是办报方针问题。他在1950年4月间的一个发言中指出:

"要办好报纸,必须联系实际,联系群众,开展批评和自我批评,这应该是人民报纸的方针。对于党报来说,更是唯一的方针。过去经验证明,能照着这个方向做得好的,报纸就办得生气勃勃;做得不好,或是离开这个方针,报纸就办得奄奄一息,没有生机。"

进城之初的邓拓与夫人丁一岚。

《人民日报》的前身,是《晋冀鲁豫人民日报》和《晋察冀日报》合并而成的。邓拓同志担任晋察冀日报总编辑时,一手拿枪,一手握笔,在炮火中写文章。在同敌人的残酷斗争中,突破敌人的奔袭、敌人的封锁和敌人的"铁壁合围",带领大家坚持"八头骡子办报"。他以高昂的气概告诉他的战友们:"只要我还活着,就要坚持出报。"《晋察冀日报》除出刊日报外,还印党刊、出书籍,发行地下《实话报》,紧密结合实际,反映、指导和推动斗争,成为当时当地党和人民的有力武器,为无产阶级新闻事业写下了光辉的一页。现在,他又发扬战争年代的光荣传统,在党中央领导下,把全部心血倾注于中央党报的建设。

从农村进入城市,报纸同读者的接触更广泛了,遇到的问题更多了。如何使编辑部的工作,适应于新的形势?老邓和同志们经过不断探索，将原来编辑部按编辑、采访、通联业务分工的组织形式，改变为按照社会生活和党与国家的实际工作，进行业务分工。党的生活、工业、农业、文艺、国际、理论等部门的建立，进一步加强了与中央有关部门的联系，密切了报纸与实际的联系，提高了报纸宣传的计划性。他不但深入文艺组蹲点，还亲自兼任理论组的组长，领导大家认真读书，组织作者出题目，写文章，广泛地团结作家、艺术家、科学家、学者，引导编辑、记者努力把报纸办得生动活泼，引人入胜。

"运筹于帷幄之中，决战于千里之外。"老邓常用这两句话，鼓励大家到第一线上去。他说："编辑部工作的重点应在报社之外，不应在报社之内。我们要想出一切办法，把千万根线索伸展到群众中去！"

对于邓拓同志的这个指导思想，有些同志并不理解，说编辑部人手太少，怎么派这样多人到下面去呀！有的同志主张集中力量在内部把"关"。老邓分析了内外形势，说服大家，要大胆放手地把大批编采人员"撒出去！"他说："不把报社的主要力量撒出去，就不能了解党的政策在各地执行的情况，人民日报就不可能起到党的耳目喉舌作用，就不能改变现在的被动局面。"

接着，一大批从解放区来的能力较强的同志，从报社内部"把关"的位置上抽出来，派到各省、区当记者，到了第一线。与此同时，还在各省市选拔相当水平的同志担任特约记者。随着各地通讯网的建立，到1951年，报纸通讯员队伍由二百多人增强至万人以上。大量的读者来信，也使报纸增强了群众的声音。

为使人民日报的工作，尽快适应党中央的要求，老邓响亮地提出："我们要拼命！我敢预言，我们拼命的结果，将会使我们的事业大踏步前进。"

那时，大家都有一股拼命精神。全报社包括工厂工人在内366人中，编辑记者和资料人员只有112个人，里里外外，一个人要顶几个人用。而我们敬爱的邓拓同志又是怎样工作和生活呢？

他住在煤渣胡同后院狭窄的夹道里，三间平房几乎见不到阳光。后来，腾出房子，几次请老邓搬家，他还是不搬。他说，叫别的同志住吧！这比农村打游击好多了。我经常上夜班，没阳光不要紧！

邓拓同志的父母，远道从福建来到北京。他的老领导、老战友聂荣臻同志前来探望，看见邓拓同志一家六七口人住得如此简陋，关切地说："你怎么住这样的房子呀？"老邓说："这里安静，我坐夜班，对睡觉有好处。"

在这样没有阳光的屋子里，老邓日日夜夜，"笔走龙蛇"，撰写文章，修改稿件，签发报纸的大样。繁重的工作使他的病更重了；他的腰间就是用钢骨架，支撑着腰工作。即使这时，他仍在床上坚持工作，每天送到他身边的清样、稿件，几乎盖满他的床被。夜餐送到床边，往往要热三四次。他的爱人丁一岚同志，看到他那样瘦弱，还在忘我地工作，心疼地说："老邓，你要休息呀，老是这样干，怎么得了!?"老邓说："我的任务在身嘛！"

1952年春天的一个深夜，党中央办公厅打电话给老邓说：关于朝鲜战争的问题，要《人民日报》明天见报一篇社论。邓拓同志立即动笔。黎明前，毛主席亲手批回了这篇社论，只是用铅笔添了几个字，批示写着："照发，很好。"

## （二）

"社论是表明报纸观点的旗帜。报纸必须有了社论，才是有完全的政治价值。我们报纸的社论，是全党办报的重要结晶。"邓拓同志这样告诉大家。

撰写社论是当时报纸的薄弱环节。1949年一年，人民日报才有自己的8篇社论。有天，老邓把整风问题的社论交给一个编辑，这位同志说："我是个普通编辑，怎么能写社论呢？""你为啥不能写社论？"老邓笑着说，"不要把写社论看得那样严重，人都是逼出来的，要写。"

"要我写社论，你要谈谈怎么写才行？"

老邓马上把党中央关于当前整风的重要精神、整风中应注意的哪些问题，告诉了这位同志。社论写出后，老邓看了鼓励说，不错嘛！马上作了修改，送交中央审查。胡乔木同志也认为那篇整风的社论写得不错。老邓随即把那位同志写社论的消息广为传播，并鼓励大家说：报纸的社论和评论，是每个编辑、记者同志都应当掌握的战斗的文体，动员大家都要动手写评论。从此以后，报纸的社论、评论逐渐增加，到1954年，几乎每天都有本报的社论或评论了。

邓拓同志鼓励编辑、记者要广泛地社会交往。到了上海，他问记者，你们同鸳鸯蝴蝶派的人来往吗？指出记者应该多交朋友。有了各方面的知心朋友，就可能及时听到群众呼声，摸到群众的脉搏，并把他们的要求反映到报纸上。

老邓十分关心大家的理论与业务学习。他说，没有业务的基本功，就不能完成党的使命。正如文章的关键是内容一样，提高报纸质量，最根本的在于提高报纸人员的水平，在写作上做到"精耕细作"。

1950年5月间，吕叔湘先生对报纸上发表的一些文件、文章的文法和语文修辞提出了批评。老邓马上写了一篇评论对吕叔湘先生的批评表示欢迎，请他专门向编辑部人员讲语法修辞。为了便于吕叔湘先生研究稿件中的毛病，特地把没有发表的稿件送上，供他撰写语法修辞文章时参考。吕叔湘先生有关语法修辞的文章，对改进文风起了很好的作用。

邓拓同志身为人民日报的总编辑、社长，但他没有当过一天新闻官，永远以普通编辑、记者身份，满腔热情战斗在新闻第一线上。他忠实地宣传党的路线、方针、政策。值夜班，他常常从黄昏到天明。从版面的安排到新闻、评论的标题和内容,都一一仔细地推敲琢磨。有时遇到国外重大问题需要发言,他就从办公室直接来到校对科,一边写、一边发排、一边校对、一边修改,然后送审。他的一丝不苟的工作精神,既是指挥员又是战斗员的模范行动,深深激励着大家。

1957年底,他到宝成铁路采访。在西安一下飞机,就问陕西记者站的同志,手头是否有稿件要他看。一位青年记者,把一篇7000字的通讯交给了他。尽管这天直至深夜,他都在参加会议,了解情况,可是到第二天早晨记者再见他时,通讯、新闻已经编好了。后来,他坐着轨道车,穿过秦岭、嘉陵江的悬岩绝壁,到达成都,不顾劳累,当夜通宵不眠,赶写出通讯《英雄的路》。随即他又以抱病之身,访问许多城镇、农村和古迹。连续写了25首"川游绝句",给四川记者站题诗:"毛锥动、彩云生,巴山蜀水若有情,展望高潮奔日夜,文章常助百家鸣。"勉励记者积极投身建设新生活的斗争。

## (三)

1951年,一位省委书记来到邓拓同志家里。他的这位老战友谈到当前工作问题时说,这个时期,报纸对他们省的工作,连续发表三次重大批评,对高级干部的压力太大了。老邓很理解他的意见,回答说:"这都是事实呀。我们不能违背党的原则!"

1950年4月19日,党中央发布了《关于在报纸刊物上开展批评的决定》。邓拓同志带领编辑部人员,坚决贯彻党中央的指示,积极反映群众的呼声和要求,吸引人民在报纸刊物上公开批评我们工作中的缺点错误,对党的各项工作和历次政治运动都给以有力的配合和推动,起了重要的指导作用。整党、土地改革和三反五反运动中,报纸通过对于刘青山、张子善贪污蜕化,黄逸峰压制批评,王振海违法乱纪等重大案件的揭发和批评,以及先后发表2000多篇自下而上的读者批评信件,发扬了党内党外的民主,加强了人民群众对干部的监督,密切了党和政府与人民群众的关系。

在开展批评中,邓拓同志一再强调,写批评报道,必须进行周密的调查研究,必须在党委领导和监督之下进行,做到批评完全正确。他说,在报纸上进行批评与自我批评,要十分慎重,必须以严肃的态度来进行。如果批评得不适当,就会引起相反的作用。但是对问题和情况,经过深刻的多方面的研究,了解清楚了,就要坚决进行批评,"这种批评是任何力量无法抵抗的。"

对于一些重大问题的批评,老邓都请示中央,亲自部署记者采访,亲自处理稿件,核查批评的事实是否真实、准确。即使这样,发表的批评稿件,也难免发生这样或那样的缺点和错误。有的虽有事实,但被夸大了,或者分析不正确,这就增加了抗拒批评者的藉口。老邓及时引导大家,严肃地区别对待各方面的意见,总结经验教训,纠正开展批评中的消极态度和急躁情绪,主动承担责任,对记者、通讯员采取坚决保护的革命态度。

有个时期,《人民日报》批评稿件少了,党中央对此进行了批评。邓拓同志在检查了没有在报纸上"进行经常的、严肃的、深刻的、热烈和勇敢的批评"的缺点之后,指出要提高报纸的党性、战斗性和思想性,就要按照党的路线、政策和党的原则开展批评。在党中央的领导下,1956年,报纸相继发表了批评有的省、市党代会不民主,一些领导干部的特权思想,有些省、市生产数字有虚夸现象等稿件。这些切中时弊的批评,触及了党和国家实际工作中的问题,推动改进了领导作风。这些本是正确的批评,后来受到责难。有的省委由于听不进正确的批评,掩饰缺点错误,压制民主,对群众疾苦漠不关心,给实际工作造成了极为严重的后果!后来毛泽东同志曾以历史上"霸王别姬"的事,说明一个共产党员,特别是党的高级领导干部,如不认真地接受群众的批评监督,不认真地改造自己，天天以改造别人自居，势必走向邪路上去。

党中央积极支持报纸正确批评。但中央对报纸的支持，有时也表现为对报纸的批评。《人民日报》经常受到党中央和广大群众的批评，有的是很尖锐的批评。邓拓同志说：党中央和广大群众，正是为了支持我们，所以才批评我们。他经常教育勉励编辑、记者，要正确地对待批评，从批评中汲取营养，提高觉悟，改进作风。只有能够正确地对待批评，才会有长足的进步。

报纸遇到批评的时候，特别是受到党中央批评的时候，老邓总是严于责己，宽以待人，主动承担责任，不使别的同志感到压力。1956年孙中山先生90诞辰，报纸刊登了邵力子先生纪念中山先生的文章，标题字小了些，版面处理也不显著。当天，在全国政协会上，周总理问：邓拓同志来了没有？邵先生的文章放得那么低？你们对民主人士的文章，就是不重视。邓拓同志说："疏忽了，以后一定改正。"

1957年，邓拓同志在全国最高国务会议上，听了毛泽东同志关于《正确处理人民内部矛盾的问题》的讲话以后，回到编辑部立即作了传达，并且制订了宣传计划，赶写出两篇文章，送交中央审查。面对复杂的政治斗争，邓拓同志深深懂得，作为党中央的机关报，既需要闻风而动，更要冷静的思考和观察。他说："我们是中央党报，一切都要听中央的安排和指示，不要街上锣鼓一响就出来。"当有的报纸率先开展鸣放的时候，在最初几天内，他确是按兵未动，等待指令。不料这种政治家的慎重态度，却意外地受到严厉的批评。在编辑部人员的会议上，邓拓同志原原本本传达了对他的批评。他说："我清清楚楚记得，讲话时不是那样说的，可能我领会有错误。"会上他传达毛主席对他的批评：你们编辑部同志为什么对邓拓不敢批评？可是，在场的所有同志，不但没有一个人对他提出批评，而且内心对他寄予深切的同情。大家都认为邓拓同志表现的革命胸怀是多么崇高啊，谁都愿为他受的批评承担一份责任。正像他临终时给彭真同志的信里说的，只要对党和革命事业有利，我个人无论经受任何痛苦和牺牲，我都心甘情愿。过去是这样，现在是这样，永远是这样。历史证明，正是由于邓拓同志的高度纪律性和坚定性，在风云变幻中明察秋毫，才使人民日报的同志避免了许多政治性的错误，保持了正确的政治方向。

## （四）

邓拓同志在人民日报时常说：我们的作风必须是党的作风。他要求大家充分认识自己肩负的重大责任，按照中央党报的性质和任务，加强党性的锻炼。他自己更勤奋读书，带头实践，密切联系群众。

读书是为了实践，党中央当时号召大家读书；我们许多同志对读书往往觉得是一件苦事，读不进去。老邓针对这种情况说："读书要养成习惯。要读书，就应该拿起书来，一字一句地读下去。要有发愤之心，否则，将是一事无成。"老邓学习孜孜不倦。平日工作累了就读书，读这本书累了换那本。往往是一边吃饭，一边读书，连洗脚时也看书。他通晓马、恩、列、斯和毛泽东同志的著作，并且系统地作了摘录。他认为：古今一切有成就的人，都很严肃地对待自己的生命，不要虚度年华。他自己深夜读书，也动员大家把夜间充分地用于学习，不要浪费。他用汉代文学家刘向"说苑"中的故事劝大家。晋平公问师旷曰：吾七十，欲学年暮矣。师旷曰：何不秉烛乎。正因老邓经常秉烛工作、读书，所以才能写出那样多的好文章。

历史越反复、曲折，老邓的品节与他的文章，越能焕发光彩。老邓主持人民日报工作期间，在党中央正确路线指导下，对指导土地改革、镇压反革命、抗美援朝、三反五反、农业合作化、工商业改造以及知识分子的思想改造，起了重大作用，成为党中央的得力助手。在那8年中，邓拓同志亲自撰写或修改的社论、评论，经毛主席审阅的有 46 篇，经周总理审阅的社论、评论有 153 篇，其中不少受到党中央的称赞。老邓真不愧是个光芒四射的政治家！

老邓在工作中，继承了我国伟大文学家鲁迅的战斗传统，坚决反对主观主义、形而上学的各种歪风邪气，挥笔控诉那些说大话、说空话的人。《热烈的废话》、《伟大的空话》、《废弃庸人政治》等杂文，尖锐地批评了那些不着边际的空谈家，鞭挞那些乞求表面形式、贪大喜功、脱离实际、脱离群众的不良倾向。他和江青的几次接触，便认出江青是个"有蛇蝎心肠的人"。对江青、张春桥之流的认识，真是入木三分呵！邓拓同志这时真可谓：带长铗之陆离兮，冠切云之崔嵬。

邓拓同志是个通晓中国历史的人。他为了研究中国资本主义的萌芽问题，不仅翻遍了全国 2000 多个县的县志，而且还深入到门头沟调查五六次，带病下到煤井深处，爬过深坑窄巷，访问工人。仅在门头沟矿区就找到 100 多处明朝万历年间的煤窑遗址，收集到大量的文书、契约，掌握丰富的第一手材料，有力地证明了明代万历年间已有了资本主义的萌芽。

老邓在工作之余，还广泛地进行社会调查。他为了认真了解党的政策执行情况，什么地方他都去调查。北京的王麻子剪刀铺、宣武门前牛肉馆、六必居酱园、琉璃厂的书店等，都是他常访问的地方。一大深夜，他还独自一人步行到崇文门外去看夜市。毛主席提到"葡萄常"，他就去"葡萄常"调查，并很快地写出通讯。他去山东，去新疆，去湖北、四川等地，就是看到一块瓦片，看一幅图，看一出戏，他也能很快写一篇动人的文章。

邓拓同志博学多才，不仅是知识渊博的学者，又是才华洋溢的诗人。他写的五百多首诗词，寓意深沉，用优美的笔触，浓郁的感情，抒发着对祖国和人民的热爱。更为可贵的是，他从报纸宣传出发，为活跃版面，创造"诗情画意"和"一诗一画"，随画题诗，歌颂山川雄伟灿烂、人民机智勇敢。请看给一幅"水乡"画的题诗吧："万顷绿波自作田，荷风初起鳑鱼鲜。脱来撒网湖中去，摇掉星华落满天。"寥寥几笔，就那么动人地将读者引入美丽的境界。

邓拓同志为人刚直不阿，作风正派，光明磊落，平等待人，善于发扬民主、团结同志。来自五湖四海的人民日报干部，大家都紧密地团结在他的周围，自觉地听从他的领导，从内心里尊敬他热爱他。邓拓同志不幸于1966年5月18日含冤逝世。他的逝世，使我们失去了一位老领导、老战友、老同志，是我们党的事业，特别是我国新闻宣传事业的重大损失。我们要学习邓拓同志高尚的品质，优良的作风，努力把报纸办好！

邓拓同志不朽！

1978 年 10 月

# 华北记者团的前前后后

萧　航

《华北记者团的前前后后》是一篇帮助我们深刻了解刘少奇同志1948年10月2日《对华北记者团的谈话》背景的重要史料。它不仅记述了记者团组团的目的和经过，更重要的是，通过记者团成员的日记真实地记录了当时党中央、华北局以及新华总社、华北人民日报负责人对华北记者团所作的谈话的情况和精神。

这里需要说明：这些谈话未经有关负责人看过，是在当时历史条件下讲的，仅供参考。其中少奇同志的谈话应以《刘少奇选集》上卷所载的原文为准。

《刘少奇选集》收录了《对华北记者团的谈话》一文。为了给这篇文章作题解和注释，中央文献研究室办公室发了一封油印信。当年参加华北记者团工作的同志大概都有一份，我也收到一份。这封信提出了6个问题，要求解答。开头就问："华北记者团这个名称的来历"。这确实是个问题。一批华北解放区的记者，既不是到什么地方采访，又不是出国访问，而是去中央学习，为什么"组团"？我一时想不起究竟为什么要用

---

萧航(1920年—1986年)山东蒙阴县人,1938年参加革命,1939年9月入党。1946年10月,调晋冀鲁豫人民日报当编辑,1948年10月参加刘少奇亲自召开的华北记者团座谈会。进城后,曾任人民日报编委常委、《新闻战线》主编、农村部主任、国内部主任。

灿烂的星河——人民日报记者部新闻实践与思考

这个名称,因为手头没有文字材料,记忆又模糊。最近翻检旧时笔记,忽然发现原以为久已丢失的华北记者团时期的日记数册。重温这段历史,觉得党在当年培养年轻的新闻工作者的苦心是很感人的。那时候,党的好多位负责同志和新闻界的好多位负责同志,曾经对华北记者团作过内容广泛的谈话。这些谈话,对党的新闻工作经验用了理

刘少奇对华北记者团讲话当日——1948年10月2日的人民日报1版。

论性的总结,至今仍然是新闻工作者的很好的教材。因此,有必要把这些日记整理出来,作为一份史料,提供给新闻界的同志们参考。

现在已经知道,1948年间,在华北记者团之前,曾经有过3个记者团。第一个是新华社晋冀鲁豫总分社于1948年6月间组织的北上记者团;第二个是华北总分社为完成彭真同志交给的调查研究任务而组织的记者团;第三个是专为采访在石家庄召开的华北临时人民代表大会而组成的记者团。华北记者团是全国解放前的最后一个记者团。

1949年2月,中共七届二中全会举行期间的刘少奇。

在1948年如此频繁地运用记者团这一形式,大致有三个原因。第一,中共中央发布了"五·二五"指示,即《毛泽东选集》第四卷中的《1948年的土地改革工作和整党工作》一文,这个指示,规定了解放区在1948年的中心工作。指示强调各级党委要进行调查研究,掌握具体情况,正确地执行政策,并且要求各级党委充分利用通讯社和报纸,交流经验,指导工作。这样,通讯社和报纸除了原来的报道任务,还要担负调查地方工作情况的任务,为党委决定政策和贯彻执行政策提供参考资料。而且在一定时间之内,对记者来说,调查研究任务超过了报道任务,需要集中人力和时间,才能完成。这是组织记者团的重要原因。

第二,在华北,不仅有了像邯郸、邢台这样的中等城市,而且有了像石家庄这样的大城市。当年的新闻工作者多半是在战争和农村的环境中成长起来的,对于政治、经济、文化情况远较农村复杂的城市,相当陌生。如何从事城市采访,没有经验，需要采用记者团的形式，集思广益，进行集体采访。

第三，新老记者结合，取长补短。所谓"新"，不是新干部，他们都是"三八式"；所谓"老"，也是相对而言，他们从事新闻工作，不过10年左右。那时候，新闻工作者多半是书生，不懂群众工作，特别是1947年以来，土地改革宣传发生了"左"的偏向，党对新闻队伍在这方面存在的问题注意了起来，除了组织记者、编辑参加土地改革工作，取得直接经验以外，决定调一批相当于县委书记、副书记一级的地方干部，担任记者和编辑，充实报社和通讯社，加强对实际工作的报道。这批同志的地方工作经验是丰富的，但是，作为记者，他们是新的，需要老记者在业务方面的帮助。老记者则需要向他们学习地方工作经验。于是产生了新老结合、互相学习的记者团形式。

为了把华北记者团的前前后后说清楚，我想从第一个记者团写起，叙述的详略，视各次记者团的情况而定。叙述采用了原来的日记形式。

> 正如萧航同志所言，华北记者团之前，曾有三个记者团，萧航日记从1948年5月30日开始，对前三个记者团的活动有较详细记载，但部分日记遗失。此次收集整理的侧重华北记者团的活动日记，故前三个记者团的有关小记内容从略。
>
> ——编者

## 九月二十四日

上午，到西柏坡，齐燕铭同志给我们讲城市问题。他说，城市问题很多，采访应当注意的问题多谈一点。他提出了一个问题：过去我们已经有些城市，为什么在石家庄解放以后，把城市问题提到了更重要的地位呢？他回答说，因为在这以前，城市工作搞得不好，保护工商业问题，城市地主问题，房租问题，等等，都没有处理得好，很多城市遭到破坏。全国土地会议的时候，发现了这个问题，中央发了指示。解放石家庄，进城是有计划的。此后进入开封等等城市，都搞得比较好。

城市建设有几个什么重要问题？采访城市应当注意什么？齐燕铭同志告诉我们：今后入城的机会很多，全部政策的第一个要点就是不要搞乱。过去所以乱，是因为抓一把，为公的，为私的，都有。当然，即使为私的，也没有什么大的贪污，只是搞点生活用品，但是影响很大。部队一抓，群众就抓。我们有的战士，让群众去抢东西，他们以为在城市里工人可以分厂，市民可以分房，学生可以有其校。群众知道八路军帮助穷人，抢东西也不会阻拦。我们阻拦，群众也不怕。再就是农民进城抓地主。还有，各地区无组织地进城抢购物资。石家庄刚解放的时候，采购人员拥进去一万多人，仅仅太行区就有两千人。这样一来，城市就给搞乱了。根据这些经验，确定进城以前要有思想准备，从干部到战士，都要认识：解放了的城市属谁。不论是我们长期占领的，还是可能退出的，都要保护，不能破坏。因为即使可能退出的，不久也会重新解放，仍然属于人民。当然，这样的城市，军需物资要很快拉出来；但是工厂、机器、建筑物，尽量保护起来。再就是组织准备。山东潍坊由主攻部队的政委和地方党委组成了城市管理机关。洛阳更进了一步，事先组成了市政府；同时利用旧机构，旧人员，让他们暂时不动，照常办公，保护城市有功者赏，破坏者罚。我们要彻底粉碎的是蒋介石的反动统治，至于旧人员，可以利用。

齐燕铭同志提醒我们注意对城市贫民的政策。进城以后，首先碰到的就是贫民生活问题。围城期间，敌人大肆破坏，把城市弄成了一个烂摊子，贫民生活特别困难。城市解放，这个担子落在了我们身上。洛阳、潍县是以工代赈，生产自救，这是好办法。切忌开空头支票，山西临汾吃了这个亏，进城先登记失业人口，然而工厂复工不能那么快，没有多少职业可找，这样我们就把一个没法担负的责任揽到了自己身上，群众不免抱怨。甚至"改善工人生活"的口号，进城之初也是空头支票，因为这是不能马上办到的；最好的办法是组织群众生产，搞工业、手工业、商业，都可以。总之，让大家有饭吃，先把情绪稳定下来。齐燕铭同志谈了工商业政策，要我们区别没收和保护的界限；注意克服公营工业管理中的农业社会主义思想；区别小生产的农业和大生产的企业；对私人企业，既要帮助，又要节制。齐燕铭同志最后说，现在我们感到对城市懂得的太少了，要好好学习。

## 九月二十八日

今天下午，溪映同志给记者团谈军事报道。他谈了北线战局，讲了我军华北二、三兵团的情况，又讲了新华社军分社的工作。

夜里讨论这些天来的报告。

9月27日廖鲁言同志在解答问题的时候，曾经说我们有些问题提得不通。有的同志就此谈了感想。提问题，应当是经过对客观事物的分析，找出矛盾，然后提出来，不应当脑子一热，灵机一动，率尔提出。过去我们提问题，常常采取轻率态度，忽然想到，不经深思，自己没有先下功夫研究一番，贸然提给别人。不知道如同乔木同志所说的，不学无以问。如果在日常工作中，关心政策和业务问题，日积月累，自然有问题可提，也会提到点子上。

这次我们着重讨论了采访党委和采访群众的关系。大家觉得，两者不可偏废，目前又以采访党委为关键。我们所报道的实际工作经验，是党委领导和群众运动相结合的产物，要看到这两个方面。历史上有过两个极端，整风以前，采访活动一般停留在县以上的领导机关，不能深入群众；整风以后，又光找群众谈，忽略了对党委的采访，这种现象在1947年整党以后更严重些。现在要从领导和群众相结合的意义上来处理这个问题。要采访领导机关如何了解和分析群众情况，如何集中群众意见，决定政策、措施如何坚持下去；又要到群众中了解政策贯彻执行的情况和问题，这样才可以发现有益的经验教训。

我们还谈到，在采访活动中，记者听取不同意见，并不是为了表现记者的涵养功夫，不是为了同采访对象保持一团和气，而是为了全面地认识问题，解决问题。

## 九月三十日

李千峰同志说，昨天袁勃同志要记者团的同志考虑一下整个新闻工作的路线问题。

上午，个人学习，读薛暮桥同志的报告。

下午，大家来长江同志处，听他谈采访方法。结果他并没有谈，倒是问了我们许多问题。他问我们在总社的这段时间里，已经解决了什么问题，还有什么问题没有解决。大家没有准备，谈得很乱，不过大致也谈出了我们已经解决和没有解决的问题。我们已经初步认识的问题：一、新民主主义如何向社会主义发展。二、合作社的两条道路。三、农业和工商业的区别和联系。四、典型是从调查研究大量材料中发现的，不是任意选择的。五、全貌和全面是两个概念。六、记者至少要具备三个条件：接近群众的热诚；分析问题的能力；表达事物的能力。七、正确地处理记者同党委的关系和在报纸上正确地开展批评和自我批评，这两者之间有密切的关系。八、文章的结构是客观事物的发展规律在文字上的反映，不是作者凭空想出来的文字曲折。

我们谈了仍然不得解决的问题，特别是如何运用唯物辩证法观察问题，听得很多，启发很大，但是又很模糊，不得其门。所以虽然知道研究工作的重要性，也不知道怎么去做。

## 十月一日

上午9时，大家去见乔木同志。他问我们这段时间的学习组织得好不好。他说，这段学习，可以看作是一次经验总结。经验一旦总结起来，就可以当作今后工作的方法。他说，他对记者团的谈话，着重说了记者对党委要采取合作的态度和尊重的态度。而另一方面，记者经过调查，确实证明当地工作有错误，要采取批评的态度。他问袁勃同志，他提的在报社办记者轮训班的建议，是不是可行。袁勃同志说，可以做到。他指示，办轮训班，要定期请人作报告，要记者有计划地读书。他说，总社的新闻训练班，将来要改变一下做法，每个总分社抽两个人来，采取会议讨论的形式，每期一个月，一年办四期，每季一期。他征询大家的意见，这样做，需要解决一些什么问题。

上午10时至下午1时，听彭真同志谈话。他讲的是布尔什维克记者的任务和应当具备的条件。谈话一开始，他问我们：你们觉得，做一个布尔什维克记者，主要的困难是什么？他说，布尔什维克记者的基本任务，在于从复杂的现象中，抓住事物的本质，给人们指出一条正确的道路，告诉人们往哪里走。他分析了各种各样的道路，有地主富农的道路，有农民的道路，有流氓无产者的道路，等等。道路是如此之多，记者要给人们指出无产阶级的道路。在各种各样的意见当中，记者要判断和区别哪些是地主富农的意见，哪些是中农的意见，哪些是贫雇农的意见，哪些是流氓无产者的意见，哪些是无产阶级的意见。

彭真同志说，记者要完成这样的任务，头一条就要学习，学习毛泽东思想——这是在中国环境中发展了的马克思主义，要掌握这个武器。要学习中央指示，学习党的方针政策。学习这些东西，不能似懂非懂，而要精通。对记者就要提出精通的要求。这头一条，是武器，是方向，可以用它透过事物的现象，抓住本质。但是仅仅有这一条还不行，所以第二条是了解情况。要用理论、政策来分析实际情况，发现问题，提出问题，解决问题。现在有一部分稿子，看起来很热闹，却没有提出问题，解决问题。你为什么写文章？是为了提出问题，解决问题。问题要提得恰当，解决得恰当。问题不是凭空臆想的，而是现实运动中存在着的。

谈到写文章的目的，彭真同志联系新闻工作的一个重要问题——批评和自我批评，对我们说，批评的目的是什么？《联共党史》结束语第五条讲，是为了改正错误。报纸的批评，一定要达到这个目的，而不能相反。有些批评是有毛病的，消极的，这种批评不能不引起反感。记者在批评的时候，首先要肯定人家的正确部分。我们的同志常常是，在表扬的时候，恨不得把人捧到天上；在批评的时候，又把人整得抬不起头来。说好，没有一点坏处；说坏，没有一点好处。这是形而上学的方法，资产阶级的方法，不是无产阶级的唯物辩证法。只有缺点而无优点的县是不存在的。批评和自我批评，一定要有分寸。对任何地方，都要有鼓励，有批评。

彭真同志说，表达形式，文字，你们在行。我看有三个要点：一、实；二、意；三、言。文章写得不好，或者是言不称意，意思表达得不恰当，不动人；或者是意不称实，意思不合乎客观实际。所以第一位的问题是把实际情况弄清楚，这是根本的。观察客观事物，首先得到的是感性认识，也就是事物的现象。对记者来说，现象不能称之为"意"，要提高到理性认识，也就是透过观象，掌握本质。你们头一件事就要抓这一点，发现事物运动的规律，然后用文字表达出来。用哲学语言来说，第一是客观实际；第二是经过分析，变成主观的东西，变成思想；第三，表达出来。有的同志，只注重文字，华而不实，那样的文章看了和不看一样，得不到什么知识。重复说一遍，"意"是反映"实"的，"言"是表达"意"的，根本问题是"实"。

彭真同志把自己的谈话概括了一下,说道:一个是立场,无产阶级的立场;一个是目的,写文章的目的;一个是根据,客观的全面的材料;一个是形式和内容的关系。

彭真同志继续说,你们是布尔什维克记者,任务是指导人民进行革命,每篇文章都是为了这个目的;写文章决不能"自然流露","灵机一动,信手拈来",一定要用苦功。

彭真同志勉励我们努力做一个布尔什维克记者。他说,有各种各样的记者,有资产阶级记者,有无产阶级记者,有杜鲁门的记者,有邱吉尔的记者,有蒋介石的记者。我们要成为一个布尔什维克记者,就要彻头彻尾地布尔什维克化。单单是决心革命,不等于已经布尔什维克化。要成为布尔什维克记者,首先要解决个人和党的关系问题,这是基本问题;个人主义是一切毛病的根源,名誉地位观念,宗派主义,山头主义,都是从这里产生出来的。我们要肃清地主资产阶级思想、小资产阶级思想,要肃清个人主义;第二要解决思想方法问题,要研究马克思主义哲学,也就是要实事求是。我们在参加革命以前,在资产阶级学校学到的东西,可以说都是唯心主义和形而上学的东西,这些东西不知不觉地支配着我们的思想。如果解决了立场和方法问题,事情就好办了。这要依靠自觉,如果自觉地克服个人主义和唯心主义、形而上学,布尔什维克化的过程就会缩短,否则,要从一个具有浓厚非无产阶级思想的党员达到布尔什维克化,真比猴子变人还要困难。一个是个人和党的关系问题,一个是实事求是的思想方法问题,解决了这两个问题,做一个布尔什维克记者,就有了基础。

彭真同志还谈了新民主主义经济问题。

下午三时到夜间,长江同志对我们谈记者工作。

长江同志强调集体采访。他问:哪种采访方法好?个人采访,还是集体采访?他的看法是:就解放区的具体情形来说,就华北记者团的具体情形来说,应当强调集体采访。为什么?

个人采访不怎么好。对一个经验多、成熟的记者来说，是好的。问题在于我们有经验的记者、成熟的记者不多，而需要采访的东西很多，不成熟的或半成熟的记者都要参加采访。这只有用集体采访的方法把这些记者组织起来，把经验不够的记者培养起来，才能完成采访任务。

长江同志说，"问"，这是艺术。大家可以把几年来的经验总结一下，看有几种问法。问得好不好，同得到材料的多少，关系很大。最不好的问法是无准备地、笼统地、空洞地问。"问"是采访工作中最重要的事情，这是一门科学。要问到要害，要问得是时候，要问得分寸适当。这决定于事先的准备工作，要多方面地准备，多方面地考虑。至于发问的方式，有正面、侧面和反面。在我们这里，采访对象都是自己人，不必诈人。但是为了对方便于答复，需要用适当的方式。当然，我们最后都要正面提出问题。不过当作一个过程来看，开头和中间，是需要考虑提问的方式的，从侧面入手，容易得到材料。要善于连续地发问，但这不是重复，而是步步深入。

长江同志说，在采访活动中，记录是个问题。只顾记录，就不能考虑问题，不能发问了。记一大堆材料，很多是无用的。如果不记，又容易忘掉，甚至记得不具体也不行，非记不可。要一面记录，一面能够思考，保持访问的主动性，最好的办法是记要点，记清主要的事实、人名、地名、时间、口号、术语，这些东西是不能改动的。一般的东西可以简单地记一下，回去整理。

长江同志告诉我们，整理材料和初步的研究工作，对记者来说，是个大问题。材料要亲自整理，不要把它看成技术工作，在整理材料的过程中可以发现问题。初步的研究工作，就是对材料加以分类，比较，分析，综合。

长江同志对新闻写作提出了两项要求：第一是逻辑严密，第二是大众化。他说，文章的逻辑是客观事物本身的规律在文字上的反映，要首先弄清楚客观事物的规律，否则不要动笔。

新闻要把结论放在前面，把最中心最突出的东西提在前面，这在新闻写作中，是逻辑的最高形式。结论写在前面，而后面的叙述还是要合乎逻辑的。所谓大众化，就是尽量多用群众语言。在新闻写作中，这还是需要大大努力的一个方面。

长江同志主张记者外出要带必要的参考书和参考材料，包括有关的文件、社论。他说他外出采访，总要带书，在当地还要收集一些书籍和书面材料。记者在采访活动中一有空，要利用时间学习钻研这些东西。

长江同志勉励我们，写东西不要为个人得失之心所支配，而要为解决实际问题之心所支配。稿子不登，要研究它的毛病在哪里；发表之后，还要看看是不是有毛病，要有这个态度。这一点，对记者特别重要。我们接触的东西太多，而懂得的事情太少，要从思想深处解决这个学习态度问题。

长江同志说，记者是很辛苦的工作，终年劳碌，到处奔波。这个工作要求我们多看，多问，多跑腿，多抄录，多想，不辞辛苦，把工作做好。

长江同志在谈话终了的时候，提出了他对新闻定义的看法。他说，我们不是从定义出发，而是从客观事物出发。但是给认识清楚了的事物下定义，也是需要的。他说，新闻的第一个要素是事实，陆定一同志在《解放日报》上发表的文章已经把这个问题解决了。第二，是新发生的事实。这一点，定一同志也谈到了。我补充一下：新发现的事实。有的事实不是新发生的，但是还没有被认识，一旦被认识，就可以成为新闻。当然，新发生、新发现的事实，不一定都是新闻，必须是同人民有关的事实。这个提法对不对，大家可以研究。这几点还不完备，还要看问题是如何解决的，要加上这一条。根据同人民有关的新发生、新发现的事实所作的为人民服务的报道，就叫新闻。

最后，长江同志说，把报纸工作做成一般的行政工作，是失败的。要讲究思想水平、思想能力。记者应当是一个坚强的思想战斗员。

## 十月二日

上午，到西柏坡，听刘少奇同志讲话，廖承志、范长江同志在座。

少奇同志论述了新闻工作的重要性。他说，党通过报纸了解群众情绪、呼声和要求，向群众学习，又通过报纸指导群众。人民群众也依靠报纸把自己的要求、困难甚至错误反映给党中央、毛主席。这个工作做得好，可以引导人民前进，引导人民团结，引导人民走向真理；做得不好，散布落后的错误的东西，就会导致人民分裂，导致人民摩擦。所以说，新闻事业、新闻工作，是影响最大的工作，不是平常的一件事。党很重视这项工作。

少奇同志说，党和群众必须保持密切的联系，在任何时候、任何地方，都要同群众保持密切的联系，而且要不断地巩固和扩大这种联系。要说已经同群众的联系很密切了，工作做得很好了，这比一百万美国军队还可怕，因为不要再要求不断巩固和扩大同群众的联系。甚至再有一个人说，老百姓算什么，采取一点官僚主义算什么，这比一百万美国军队更可怕。党要经过千百条线索同群众密切地联系起来，并且不断地巩固和扩大这种联系。新华社、报纸是千百条线索中的最重要的一条。

少奇同志要求记者采取对人民负责的态度，谨慎的态度，从事新闻工作。

少奇同志再三强调新闻的真实性，他说不全面的东西，不是真实的，表面的东西，也不是真实的。要全面、深刻地反映实际情况，必须做艰苦的工作。

少奇同志鼓励记者独立地学习和相互学习。他还说，看国民党的报纸，看外国通讯社的报道，也是学习，人家有许多东西不比你们写的差，甚至还好些。当然，要批判地学习。

少奇同志把马克思主义记者所应当具备的条件，概括为四条：一、为人民服务的态度；二、马列主义的理论修养；三、政策和路线的知识；四、做独立的艰苦的工作。他特别强调记者的马列主义修养。他说，没有马列主义的理论修养就会盲目地鼓吹，盲目地批判。他希望大家努力学习，逐步具备马克思主义记者的条件。

下午，在陈家峪听李克农同志讲保卫工作和新闻工作的关系。他说，不久前，少奇同志责备我们没有很好地利用报纸来加强保卫工作同群众的联系，把保卫工作孤立起来了。这是因为保卫部门认识不够。其实，新闻工作和保卫工作，都是搞调查研究，我们是亲戚。过去联系不密切，是因为我们宣传不够。今天把保卫工作报告一番，宣传一番，统一对保卫工作的认识，加强我们之间的联系。

克农同志介绍了国民党的特务工作状况，又介绍了我们的保卫工作。他说，随着解放战争的发展，现在出现了一个新的情况：我们的工作从秘密走向公开，国民党却从公开走到秘密。

克农同志要求保卫机关和宣传机关在报道对付反革命活动的时候，都要慎重再慎重。他说，群众脑子热了，你要冷静；群众有了麻痹情绪，你要敲警钟。

克农同志对华北记者团提出五点要求：一、加强同保卫部门的联系。我们不仅要依靠新闻工作把保卫工作同群众联系起来，而且要依靠报纸提高保卫工作的水平。二、宣传司法政策、保卫政策。对首恶必办（又"首"又恶者必办）、胁从不问、立功受奖的政策，要多收集材料，多宣传。要区别特务和俘虏，两者不同。三、多多反映保卫工作的情况，特别是新解放区城市的社会情况，当然不要弄得特务如麻。四、帮助保卫部门收集资料。国民党社会局出版的东西，多半是系统的资料。缴获的敌人的资料，敌人的档案材料，都要收集起来。记者要有新闻观点、政策观点，还要有资料观点。五、注意保密。新闻和保密有时是矛盾的，但是可以处理得好。军事报道、经济报道都有可以公开的东西，又都有需要保密的东西，你们要注意灵活处理。

晚饭，总社招待我们，廖承志、范长江、石西民同志和我们一道会餐。

夜里，总社组织晚会欢送我们，廖承志、范长江同志讲话。

廖承志同志谈了新闻工作者的"三苦闷"：形势发展很快，思想跟不上，产生了第一个苦闷。是不是能够跟得上？怎样才能够跟得上？是第二个苦闷。什么时候跟得上？是第三个苦闷。长江同志勖勉我们切忌自以为是。他说，我们的中心问题是学习和掌握马列主义。学习的敌人是自以为是。

定明日回里庄。在总社学习三周，收获甚丰，即将离去，颇有依依之感。

## 十月三日

早饭后出发。滹沱河水深不能过，沿北岸走了一天，找不到浅水渡口，夜宿平山三纪村。

## 十月四日

午前抵里庄。奉命整理少奇同志报告。

1983 年 5 月

# 《人民日报》北平版

刘时平

"这本是我馆唯一现存完整的一本,'北平版'创刊号。另一本残缺不全。"

为了写人民日报(北平版)的报史,我到报社图书馆查阅当年的合订本,结果在报架上和索引中翻来复去只查到石家庄出版的华北人民日报和北平解放后于1949年3月15日起正式迁移北平市出版的人民日报。经向图书管理员询问,方知"北平版"合订本藏在书库,原因是现存的合订本,只有一本是完整的,另一本残缺不全。由于这份资料的珍贵,限制在"馆内阅览"。

1998年的刘时平

当我借到这份珍藏了38年之久的合订本,静坐在阅览室从头到尾翻阅时,从报头空隙里发现有李原同志的名字,我恍

---

刘时平(1915年—1999年),内蒙古临河人,高级记者,曾任北平《益世报》记者。北平解放前夕,中共地下党员刘时平,通过关系将傅作义欲将偷袭石家庄的情报及时报告上级党组织。北平解放后,进入刚刚创刊的人民日报北平版当记者,1957年蒙冤被错划成右派,1979年回到人民日报,任驻北京首席记者。

然大悟，原来就是这本唯一完整的合订本，还是当年的一位编辑同志保存下来，交给报社珍藏起来的。老同志可能还记得刚进北平城时李原同志是负责安排版面的编辑，现在他已是天津南开大学的党委书记，在我和他几十年的接触里，从没听他谈及此事。这次触景生情，给我的感觉，像这样对研究报业史有参考价值的史料，在目前影印现代化的条件下，如果能多缩印几本，对于今后治史者，不是更有贡献？可惜的是，同样可供参考且有价值的报刊，据说在我们的报库里，还被多年的尘土覆盖掩埋着，尚未着手整理。也许这是多余的话，但关心人民日报报业史的同志，对此莫不感到遗憾！

书归正传。人民日报（北平版）创刊号是在北平解放后的1949年2月2日出版，到3月14日为止，共出41期。3月15日即改出北平解放报，为时只有1个月零11天。从3月14日的报眼中人民日报与北平解放报的共同启事，可知其梗概。

启事的原文说："人民日报将于3月15日正式移平出版，人民日报北平版亦自同日起，改出北平解放报。"另外在人民日报北平版于3月12日的重要启事中说明"本报自3月15日起，将在中共中央华北局机关报人民日报迁来北平出版。……北平解放报仍为中国共产党北平市委会之机关报"。

从此可以看出当时的人民日报还是华北局的机关报，而不是党中央的机关报。本文仅限探讨叫"北平版"的报史，对人民日报从华北局机关报何时改为党中央机关报这段史料，留待后人去写。

"北平版"只有4块版面，对开一张，用的是国产白报纸，但因时隔数10年，有的边头角脑已变色发黄，且有破损，暂用胶纸补贴。版面安排，一版主要是国内要闻，间或也有重大的国际要闻。在要闻版中，给人印象较深的是：多数时间较强的本市带有全国性的新闻，为本报记者所写。仅从本人见报的新闻与通讯，作一次简单的统计，在发行1个月零11天里，新闻见报14条，而一版头条就占5条，通讯只有两则。按照时间顺序，在一版发表的新闻有："军管会接管邮政电信两局，全解放区即将通邮通汇"、"全国学生代表大会第二日，冯文彬同志到会演讲，大会筹委会报告学运当前任务草案"、"随着解放战争胜利文化大军胜利会师，全国文艺界昨空前盛会，一致要求学习毛主席思想为工农兵服务"、"全国学生代表大会第五日，选出全国学联执委，通过学运当前任务与全国学联章程"、"胜利纪念解放后第一个'三八'，全市妇女欢度佳节，二万多人大集会太和殿前齐欢腾"。通讯有："全国民主人士的大聚会"、"西北解放区学生代表团访问记"。其他新闻大都在二版，有的也登在一版，如："欢迎颜惠庆、邵力子等，军管会昨开晚会"。

二版的内容，大多数是本市和华北各地的新闻，也是本报记者写的占绝对优势。这一版是综合版，既有政法、经济，也有科教、社会等当天发生的最新消息，记者中如杜展潮、曾文经、袁柯夫、李炳泉、李孟北、王纪刚、张辛民、郭奕、王敬、陈泓、王刚、陈骥等写的新闻较多，有的几乎每天都有一篇或两篇。

三版是国际新闻，下面约有 1/3 的广告。

最引人注目的是四版的"人民副刊"，下面还有电影戏剧广告。

副刊中仅"人民画刊"，在一个多月里就出了 10 期，约占 1/4。从画刊中可以看到当时配合报道中心，密切联系实际、联系群众的概况。正因新闻多，副刊着重图文并茂，受到广大读者的欢迎，报纸的发行数不断增长，只要看看这 10 期画刊的标题，就可看出当时北平解放初期我党领导人民群众的一切政治活动：

"人民画刊"第一号是在 2 月 5 日的副刊栏中首次与读者见面。大标题是蔡若虹同志编写的，文曰："揭开了北平历史上新的一页"。小标题是："庆祝北平解放专号"。第二号是："解放天津，活捉陈长捷"。三号："二七纪念大会专号"。四号："北平解放，万象更新"。五号："庆祝北平解放大会专号"。六号："从一个连看人民解放军"。七号："文化与群众结合，艺术活跃在街头"。八号："民主人士大聚会"。九号："北平欢迎各方民主人士大会专号"。十号："全国学生第十届代表大会揭幕"。

  我想凡是北平解放初期在人民日报工作过的同志，只要浏览一下新闻与画刊的标题，就可以勾起你对这张既新鲜又活跃的报纸的回忆，想起当时北平解放后人民是如何流着热泪迎接共产党与解放军，他们又是如何热爱人民自己报纸的心情。下面摘引一段"本报创刊以来，备受各界人民欢迎"的新闻，暂作本文的尾声："本报二日创刊以来，受到平市工人、学生、一切劳动者及各界人民热烈欢迎。报纸还没出版，王府井大街人民日报社址周围，从上午五时至下午六时就一直成群结队你推我拥，挤满了报贩报童与等候看报的读者……创刊号印刷五万份，立即抢购一空。五日增加到六万份，六日又增加到六万五千份。"

1987 年 4 月

# 记者心目中的总编辑

## ——追忆范长江、邓拓

刘时平

"编辑是厨师，记者是采买。"

这两句话出自何处，说法不一。我只记得北平解放之后，范长江同志任人民日报北平版总编辑时，曾对编采人员强调过这两句话。抚今思昔，时间虽然已过去三四十年，但我每从当年采访本中看到这两句话，就不由自主地想起了在我心目中难忘的两位已故的总编辑：范长江与邓拓。

范长江，这位驰名中外的名记者，新闻界都比较熟悉。这里我只从两件小事说起。北平1949年1月31日宣告解放，2月3日举行入城式。人民日报北平版是在入城式的前一天——2月2日出版，直到3月15日，人民日报从石家庄迁北平后，"北平版"即改出《北平解放报》。就在这一个多月里，范长江作为报社的总编辑，除值夜班、看大样、写社论外，还亲自抓记者工作。他对记者要求较严。从我的切身体会说，就在一个多月里，由于他指挥灵活，处理稿件及时，见报新闻达14条，其中有五条一版头条，另外还有两篇通讯。当时工作虽没有定额，但记者的主动性和积极性与总编辑亲自抓是分不开的。他对记者在写稿中的粗枝大叶或重量轻质的作风，从不轻易放过。在北京解放后第一次"三八"妇女节，两万多名各界妇女在故宫的太和殿举行盛大庆祝会。记者写的新闻放在一版头条，其中描写群众场面的有一句是："最整齐的是一律穿着黑色

毛泽东和范长江在1949年政协会议上。

制服的女警察。"见报后,读者来信提出意见,认为从外表形式上看,这队女警察服装整齐,但她们是从旧社会解放过来的,当时还没有民主改革,其中绝大多数是好的,或比较好的,但也有个别的警察对人民干过这样或那样程度不同的坏事。如果跟这句话前面描写参加大会的女职工、女学生、女教员、工人家属、城内和近郊的劳动妇女、女自由职业者以及各阶层的家庭妇女相比,她们在政治上是有错的。长江同志根据读者的反映,抓住这个典型,对我进行了严肃的批评。并谈了他做记者的四条守则:一、消息绝对真实;二、思想正确;三、要有群众观点;四、开展自我批评。特别是自我批评这点,使人心悦诚服。因为就在批评记者之际,他也作了自我批评,认为在编辑与审稿过程中,没有像读者那样认真推敲,差错应发现在见报之前,见报后再作检查,效果就不太好了。

根据他多年从事记者工作的经验与体会,他对记者提出一条带有定义性的意见:"新闻,就是广大群众欲知、应知而未知的重要事实。"关于欲知和应知，他是从群众想知与领导要群众应知的两个角度阐述的；对"未知"的内涵，他强调记者还要考虑其未知的方面和程度，至于重要与否那要靠记者的水平、敏感和对群众的熟知等条件去判断。当他在参加解放京、沪报道时，出发前，他曾对记者指出，要像采买一样摸清市场行情与局势的变化，同时要熟悉背景材料如所谓"冒险家的乐园"或"十里洋场"的特点，更不能忽略我党从建党到工人起义以及护厂护校迎接解放的革命光荣传统。他特别强调时效，强调记者必须抓紧时间。他自己就身体力行为记者作出榜样。令人难忘的1949年4月23日解放南京之夜，当我们随军跑步突击冲进蒋介石的总统府时，突然听到长江同志在电讯中时断时续的呼号，催促记者抓紧时间，及时发出解放南京的新闻报道。当时随军采访的记者无不深受感动。

另外一位已故的总编辑邓拓同志，从北平解放后，到1958年，除我曾一度下放离开人民日报外，先后接触将近10年。我在人民日报一直是做记者，我只能从记者角度回忆这位受人崇敬使人永远难忘的总编辑。也从两件不大不小的事说起。一是他处理记者稿件的认真态度。1957年4月中旬，苏联最高苏维埃主席团主席伏罗希洛夫访问中国。专机到达北京，毛主席亲自到机场迎接，两位领袖相互拥抱的热烈场面感人至深，一时广为传诵。人民日报的记者集体采访了这一轰动全国的新闻。当天晚上交稿时，邓拓同志把执笔的记者叫到他的办公桌旁，他在微弱的灯光下，背靠坐椅，一声不吭，默默把原稿看一遍，然后从他那特制的笔筒里拿出一枝细杆羊毫毛笔，在砚台的墨汁里蘸来蘸去，运思着如何落笔改稿。一字一句，哪怕是对一个标点符号，他也不放过。他就像旧日私塾里的老先生改作文那样摇晃着脑袋，嘴角还发出轻微的诵读声，好像是读一读文字是否上口。然后，按照他的习惯，改一段，交人到工厂发排一段。改完了，清样不久就送来了，他把清样一段段地从导语到结尾拼为成品，又沉思片刻，琢磨标题。俄顷，在原稿上标了 7 个龙飞凤舞的大字："八亿人民的拥抱"（当时中苏两国共约 8 亿人口）。他的标题显示了他的才华，至今人们仍传为佳话。

邓拓同志的品德，尤使跟他相处过的记者难忘。党报记者不只是党的喉舌，而且是党的耳目。1953 年 2 月党中央发动"新三反"，即反官僚主义、反命令主义、反违法乱纪。我当时是驻上海市记者，曾在人民日报内部《每日情况简报》第 467 期和 475 期反映过，上海市对"以黄逸峰事件为中心"的反官僚主义运动没展开，而且对解放日报的批评不予支持，并指出市委的同志自认为在中央提出这一口号前自己即已开始了反官僚主义，与中央"不谋而合"，且有整上整下不整自己的指导思想。这两期简报引起上海市委与华东局的不满，他们向中央宣传部反映了这一情况，中宣部的领导同志当即召集华东局与上海市委宣传部的负责同志，到中南海与报社记者对证。邓拓同志亲自带领执笔的两位记者参加。出席的领导同志当场对记者备加指责。当时我认为反映的情况是根据上海市自己的统计材料，如读者来信积压 11 万多件，直到"新三反"时一直没有交代，市委常委会上有个别同志对"新三反"有不同看法等，所写情况与事实并无出入，所以想作解释。

邓拓同志看到记者想作解释，当即制止。他神情严肃地说，记者去上海采访是他派的，情况也是他编发的，如果有缺点或错误的话，他愿承担全部责任。他当场受到严厉的批评。在回途的车上，他一言不发，对上级批评既不发怨言，对记者也没任何批评。从他那无声的面孔，似乎可以感到他复杂的内心活动。对他这种勇于承担责任保护记者的高尚品德，我至今仍难以忘怀。

1988 年 6 月

# 1949——我终生难忘的一年

金 凤

毛主席、朱总司令和记者金凤在一起。

1949年,新中国成立的一年,也是我踏上记者岗位的第一年。50年过去了,1949年依旧深深刻印在我脑际,有多少难忘的人和事在我心底翻滚,使我情不自禁,写下记忆深处那些鲜明的印象和镜头……

------

金凤,高级记者,江苏宜兴人,1928年生。1947年加入中国共产党,1948年去解放区,分配到人民日报当记者。她是新中国培养的第一代记者,是新闻界第一批授予高级职称和第一批享受政府津贴有突出贡献的专家。

当时平津战役已经打响,由彭真任书记的北平市委和由叶剑英任主任的北平市军管会在良乡正式成立,接管北平急需大批干部。我们这批从北平、天津奔赴解放区的大学生就成为合适的人选。经市委组织部分配,决定我去人民日报兼新华社华北总分社当记者。我和北大的陈迹、陈骥,燕京的陈泓一起,向负责北平新闻工作的范长江同志报到,他对我们这几个"新兵"表示热烈欢迎。

我的记者生涯从此开始了,那时我20岁,是人民日报最年轻的记者。

## 解放军入城式

北平解放前夕,成立了新华社北平分社,李庄同志是主任,韦明同志是副主任,我和陈迹都调到新华社北平分社当记者。

1949年1月31日,李庄率领我们到北平石碑胡同接收了国民党的中央社北平分社,成为新华社北平分社的社址。

2月3日,中国人民解放军举行威武雄壮的入城式,我被分社派去参加这一有重大历史意义事件的采访报道。

一清早,我赶到前门箭楼下,这里已聚满了许多欢迎群众,有工人、学生、店员、市民,还有穿着长袍马褂和旗袍、大衣的民主人士。大中学校学生组成一队队的秧歌队,欢快地扭着秧歌,锣鼓震天,红旗飞舞,他们尽情地欢庆解放。有的学生在背上贴着"我们解放了"几个大字,格外引人注目。我走到各界群众中收集他们的反映。有的说,天亮了,我们解放了,有了活路了!有的痛斥国民党统治的黑暗腐败,欢迎共产党、解放军"救民于水火之中"……大家的情绪非常热烈。

上午9时,箭楼城门上出现了聂荣臻、彭真、叶剑英等中共领导人的身影,箭楼下的群众立刻热情地欢呼起来。

入城式开始了,一队队步兵、炮兵、骑兵、装甲兵排着整齐的行列,穿着整洁的军装,坐着大卡车、坦克,骑着战马,在雄壮的军乐声中,从前门外列队进入前门。两旁夹道欢迎的群众,欢呼声如排山倒海般汹涌。人们想不到一向被称为"土八路"的共产党部队穿着如此整齐,装备如此先进,简直把大家看呆了。队伍从前门到天安门,转入王府井、东四、西四一直出西直门。我采访的区域是前门、天安门到王府井。随着部队,我一路从前门走到王府井,采访了许多群众。再从王府井穿过天安门回到石碑胡同,顾不上休息和吃饭,立即伏案写稿。李庄是到箭楼上采访的,他赶回分社,综合大家的稿件内容及时写成解放军入城式的新闻,发给总社。我们还分头写了几条花絮,报道入城式中最生动感人的镜头。

## 朱总司令和青年一起劳动

1949年5月4日,北京市学联组织大中学校的学生,在天安门广场义务劳动。

当时的天安门广场,杂草丛生,一片荒芜。

上午八时,我骑车赶到天安门广场,只见广场上红旗招展,同学们已经热火朝天地干起来了。许多学生在挥舞铁锹,有的在捡拾地上的碎石,有的在拔草。我放下自行车,和同学们一起干起来,一边和他们随意交谈,才知道学联原来规定只来八百人,结果来了两千多人。许多学校埋怨分配的名额太少,大家都抢着要来。

忽然,我们看到一辆小汽车,从西边开过来,在天安门广场边上停住了。车门开处,穿着一身灰布军装的朱总司令健步向我们走来了。广场上的几千名学生,扔下手中的铁锹、扫帚、簸箕,齐声欢呼起来。

北京市学联的同志赶忙迎上去,我也赶快跟了过去。朱总司令满面笑容,高高兴兴地说:"听说你们在这里义务劳动,我来看看你们。"

市学联的同志恭恭敬敬地说:"请总司令给我们指示。"

"啥子指示嘛,"朱总司令笑着用他那浓重的四川口音说,"我是来和你们一起劳动的。"

说着,他脱去军装上衣,只穿一件白布衬衫,抢过铁锹便和同学们一起干起来。广场上一片欢腾,同学们干得更欢了。

干了半小时,同学们请朱总司令休息。朱总司令笑着说:"不累,不累,我种过庄稼,开过荒。你们怕是累了吧?"

同学们齐声喊:"不累,不累。"

又干了一个多钟头,这时已经10点多了。广场外开来一辆吉普车,车上下来一个军人,向朱总司令立正,敬礼,报告,大约是有事请总司令回去。

朱总司令放下铁锹,拍拍身上的土,穿上军装上衣,笑着大声对同学们说:"同学们好,我有事要先走了,不能和你们一起干到底了。希望你们努力学习,锻炼身体,成为建设新中国的有用人才!"

朱总司令上车走了,同学们依依不舍地看着那辆黑色轿车往中南海方向驶去。大家又七嘴八舌地说开了:"真了不起,朱总司令和我们一起劳动啦!""我们真幸福啊,和总司令一起劳动了!"

大家干得更起劲了。一个上午,广场上的杂草清除了,碎石、垃圾不见了。天安门广场收拾得清清爽爽,干干净净,仿佛一个满面胡须的老人一下子变成神清气爽的年轻人。这是两千多学生的劳动成果,其中也包括了朱总司令的一份劳动。

5月中旬,在全国青年代表大会上,我又一次见到朱总司令,他代表党中央向大会致贺词。那天,发生一个意外插曲,让大家吓了一跳。

朱总司令讲话时,不知是哪家新闻单位的摄影记者上台为他照相。可能当时的摄影器材质量不好,只听得闪光灯"啪"的一下爆炸了! 这还了得,马上,便上来两个军人,把那位记者带走了。朱总司令没有显出丝毫惊慌和生气，他照样那么慈祥，平和地把话讲完。

## 在双清别墅和怀仁堂两次见到毛主席

我第一次见到毛主席，是在1949年5月中旬一个鲜花盛开的日子。那天我采访全国青年代表大会，和代表们一起乘坐大卡车，到香山双清别墅受到毛主席和朱总司令的接见。

在雄壮的军乐声中，毛主席和朱总司令出现在我们面前。"毛主席万岁"，"朱总司令万岁"，几百名青年代表喊出全国青年的心声。十几个可爱的孩子跑上去，把鲜花献给毛主席和朱总司令。

毛主席和朱总司令站在一个用木板搭起的台上，台下几百名青年代表排成几路纵队，接受主席和总司令的检阅。四名代表共擎一面一丈多长的锦旗献给毛主席和朱总司令，锦旗上写着："我们向你们学习，在你们旗帜下前进。"

毛主席和朱总司令并肩站着，笑容满面接受了青年的献旗。

台下的代表们高举着几十面红旗，放声歌唱"在毛泽东的旗帜下，我们胜利向前进！"那雄壮的歌声和"毛主席万岁"的欢呼声似乎要冲破蓝天。毛主席频频挥手，用一口湖南话响亮地喊："青年同志们万岁！"

摄影记者抢拍下这些珍贵的镜头。荣高棠同志拿着相机也在拍照，后来还洗了一张送给我，是毛主席和青年代表在一起的镜头，其中也有我的身影。这张宝贵的有历史意义的照片历经"文革"灾难，竟然丢失了，实在遗憾。

5月下旬，中央团校第一期学员毕业的这一天，团中央第一书记冯文彬的秘书打电话给我，叫我赶快到团中央，说"有重大的喜事"。我急急忙忙赶去，随中央团校的学员到了中南海怀仁堂，才知道是毛主席要接见毕业生，此时是下午3点钟。毛主席的秘书出来通知大家，毛主席因为等一个战报（当时解放军正向上海挺进），一直到上午10时才睡，接见的时间可能要推迟些。大家就在怀仁堂静静地等着。

大约5点钟左右，毛主席迈着稳健的步伐走过来了。他身穿一身灰布制服，脚上是一双圆口黑布鞋，脸色有些苍白，可能是睡眠不足的缘故。冯文彬同志忙迎上前去，我当时有点"初生牛犊不怕虎"的闯劲，不顾警卫规定，紧紧跟在冯文彬身后。冯文彬和毛主席握手后，一回头见到我，把我推到主席面前说："主席，这是人民日报记者。"我惊喜中慌忙伸出双手，握住主席温暖的大手。毛主席笑着说："人民日报记者，人民的记者，今天可不要发消息哟。"我一听慌了，回头求助于冯文彬同志。文彬同志笑着说："主席，发消息是记者的职责，不然她回去不好向领导交账呀。"毛主席边走边说："好吧，我不审稿，文彬你看着办吧。"我连忙说："谢谢主席。"

毛主席进了怀仁堂，中央团校的学员一下子围了上来，都想和毛主席握手，都想在和主席靠得最近的地方照相，把毛主席挤来挤去。冯文彬急了，大声喊："规矩些，排队站好。"摄影记者过来照相，有人又悄悄挤到毛主席身边。毛主席笑着，他理解年轻人的心情，一点也不见怪。他的警卫人员也比较通情达理，没有采取措施严禁群众靠近领袖。

照完相，大家准备排队离去。只见毛主席和冯文彬说了几句话。冯文彬连忙高声对大家说："告诉大家一个好消息。主席说，他今天因有事让大家等了两小时，心里过意不去。现在，他愿意和大家讲讲话。"大家一听真是喜出望外，赶忙找座位坐下。我一看，前几排人都坐满了。没有扩音器，我怕听不清毛主席讲话，冒冒失失，上了主席台，站在幕布旁。这是我第一次听毛主席的讲话。他老人家讲得很风趣，他说："你们都是共产党员，你们有没有想过，我们建立共产党，为的是有一天全世界都消灭了阶级，政治消亡，我们这个共产党也要消灭。我们现在搞阶级斗争和无产阶级专政，为的是消灭阶级和阶级专政。我们建立党，为的是取消党……"

我们这些二十几岁的青年共产党员听了毛主席这番话，个个感到意外。我们虽也学过历史唯物主义和社会发展史，但却从来没有联系我们共产党的产生、发展以至将来不再存在的历史过程认真想过。中国共产党当时28岁，正是青年时代，面临着建设新中国和将来建立社会主义和共产主义的宏伟任务。我们时时想着要巩固党和发展党，怎么会想到它有一天会不再存在呢？毛主席从这里开始，讲了党的性质、目标和当前建立人民民主专政的任务，内容大致和1949年7月1日发表的他写的《论人民民主专政》的内容差不多。

毛主席的报告真精彩，我全神贯注地听着、写着。可惜一用力，铅笔芯断了，我急得想哭，这支笔是临时借来的，这时又无法向别人再借，只好收起笔记本，站在台侧静听，拼命记在脑子里。

报告作完，毛主席从容离去。我们带着陶醉的幸福心情离开怀仁堂，离开中南海。我当然还得赶回报社，把这个重要的接见活动，向全国人民作出报道。

## 刘少奇顶住大国主义、大党主义的压力

1949年11月，新中国成立仅一个月，亚洲澳洲工会代表会议在北京举行，世界工联主席赛扬和几位副主席都来了。刘少奇同志是会议的执行主席。

赛扬是法共中央委员，架子很大，脾气也不小。他虽然是共产党员，却有白种人看不起有色人种包括中国人的种族主义思想。苏联出席会议的一位副主席和苏联工会代表也很高傲。他们摆出大国、大党主义的架子，盛气凌人，要想控制整个会议。当时，会议代表来自亚洲和澳洲的31个国家，并非都是共产党员。他们有的是工团主义者，有的是和平主义者，有的倾向共产党，有的倾向社会民主党。31个国家的国情不同，

有的如中国、朝鲜、苏联是共产党执政的国家，有的如日本、澳大利亚是资本主义国家，更多的亚洲国家如印度、缅甸、泰国、菲律宾则是刚从殖民统治下取得独立，各国工人运动的要求自然也不一样。而莫斯科却要发号施令，想把会议方向完全纳入苏联外交政策的轨道。这就在大会的议程特别是通过那些决议时发生尖锐的冲突和争吵。赛扬是跟着苏联走的，他看到会议不大符合他和苏联的要求，竟然大发脾气，甚至想甩手不干，声称他马上要回欧洲！苏联代表也摆出一副不合作的样子。

刘少奇同志作为会议执行主席，在这种情况下，以非凡的政治智慧和高度灵活的政治策略坚决顶住了大国、大党主义的压力。他不慌不忙，几句话就平息了赛扬的怒火，也使苏联代表安静下来。然后，少奇同志和所有到会的，包括不同政治倾向但要求进步和维护工人阶级权利的各国代表充分协商，终于顺利通过了大家满意的议程和决议，使会议取得圆满成功。

傲慢的赛扬和傲慢的苏联代表低头了。他们终于认识和承认了伟大的中国共产党和中国工人阶级的光荣地位，承认和认识了伟大的无产阶级政治家刘少奇的杰出才能。在告别宴会上，我亲眼看到傲慢的赛扬举着酒杯走到少奇同志面前，翘起大拇指说："伟大，中国共产党！伟大，中国工人运动久经考验的领袖！请你一定干杯，亲爱的刘少奇同志。"

少奇同志仍然非常冷静、沉稳。他并不因为赛扬的那些赞美而面露喜色。他微微一笑，举起酒杯，友好地和赛扬以及其他代表团团长一起干杯。我在一旁观察，心里十分痛快，对少奇同志佩服极了。心想，这才是真正的大国领袖风度哩。在少奇同志一生中，这恐怕是微不足道的一件小事，却给我留下了难忘的印象。

## 刘伯承谈解放战争中的二野

1949年秋天，当人民日报布置我去访问即将参加全国人民政治协商会议的代表刘伯承同志时，我一方面非常高兴，同时又十分惶恐。我丝毫不懂军事，却要访问一位举世闻名的军事家。我只好临时抱佛脚，赶着学习毛主席写的《中国革命战争的战略问题》、《论持久战》、《抗日游击战争的战略问题》等几篇军事著作，其实是囫囵吞枣，似懂非懂。在约定采访的那一天，我怀着不安的心情，来到中南海刘伯承同志的住处。

这是一排三间老式、朴素的平房。东面一间住着刘伯承同志，西面一间住着粟裕同志，当中一间放着一张方桌和几把椅子，大概是他们吃饭的地方。

我掀开东面房间白布门帘，走了进去。

刘伯承同志看了介绍信，笑着说："你是人民日报记者？很年轻嘛，你是要访问我？你可知道，我是不喜欢记者访问的。"听了这几句话，我心里更加紧张起来。刘伯承同志说："我给你讲一件往事吧！那是1941年，抗日战争最艰苦的时期，日军向我太行山区八路军总部展开铁壁合围的扫荡，企图消灭我军主力。我在前线指挥所正忙着指挥反扫荡斗争。一位记者硬逼我谈了20分钟的话，事后他却洋洋洒洒地写了一大篇，把我吹得神乎其神，什么常胜将军，什么杰出统帅，什么战争之神，简直乱弹琴。文章送到我手里，我把它扔到废纸篓里去了。你看，我对记者是不是不大客气？"我大着胆说："我猜想，那位记者可能有点'客里空'作风，写的不大合乎实际，您才把稿子扔进废纸篓的吧？"刘伯承同志笑了起来："原来，你也知道'客里空'？"我说："我看过苏联剧本《前线》，也知道解放区新闻界开展过反对'客里空'活动。"我一下子找到了接近刘伯承同志的共同语言。他从办公桌上一大堆书中抽出一本俄文书给我看："你看，这就是《前线》这个剧本，我很喜欢它，常带在身边。你知道，书中描写了一位戈尔洛夫将军，思想保守又骄傲，值得我辈军人警惕。也写了你的一个同行'客里空'记者，信口开河，弄虚作假，你可要注意啊！"我连连点头说："谢谢您，刘伯承同志，我刚开始工作，一定警惕，不当'客里空'这样的记者。我希望，写的稿子不至于被您扔到字纸篓里去。"气氛已经缓和，刘伯承同志问："你要我说什么？"我按照报社的布置，老老实实地说："请您谈谈毛泽东的军事战略思想。"

"要谈毛泽东的军事战略思想？"刘伯承同志哈哈大笑起来："你这个娃娃，提这样大的问题，你知道什么是军事战略思想？哈哈，你呀，就像小孩子戴顶大帽子，喏喏，快盖到肩上了。"他边笑边打手势，好像一顶大帽子正盖在我的头上，连头带脑盖下去，一直盖到肩膀上……

我明白了我这样幼稚的外行，提这样大的问题的确很不相称，很可笑，我跟着也大笑起来。

"好热闹啊，你们在笑什么？"一声洪亮的声音在门外响起。随着声音，走进赫赫有名的邓小平和贺龙同志。我连忙站起，真高兴在这里又看到我久已景仰的两位前辈。贺老总学着刘伯承、邓小平的四川口音，大声问："你们笑的啥子嘛？"

刘伯承同志笑着说："这个年轻记者要我谈谈毛泽东的军事战略思想。你们看，像不像一个小娃娃要戴顶大帽子，那帽子一直盖到肩上了？"

"哈哈，哈哈"，贺老总的大笑声震全屋，他那捏着烟斗的手不住在我面前晃动："小娃娃戴大帽子，哈哈，帽子盖到肩上了。"小平同志也爽朗地笑了起来。

在三位前辈的朗朗笑声中，我十分窘迫，又感到无比亲切。我红着脸小声说："刘伯承同志，您愿意谈什么，我就记什么。"

刘伯承同邓小平商量："你看，我谈些什么好呢。"小平同志痛快地说："你定好了，谈什么都行。"刘伯承说："那就谈谈我们二野在解放战争时期的经历吧，你看怎么样？"

小平同志连连点头说："好，好。"小平和贺龙同志走后，刘伯承从墙上取下中国地图，铺在大写字台上开始谈起来。

"在解放战争各野战军协同互助获得胜利之中，第二野战军不过是其中战斗单位之一而已。因为二野的作战基地——晋冀鲁豫、中原、华东这些地区都处于四战之地,二野也就成为四战之军。"刘伯承同志以他特有的严谨,一开始就精辟地概括了第二野战军在解放战争中的作战特色。他熟练地用手指在地图上指划,讲起解放战争时期的政治形势和军事形势,讲起二野在解放战争期间走过的战斗历程。他谈话的声音不高,语调平静,言词简洁,逻辑严密,记忆力十分惊人。几十次战役,成百个地名在他口中徐徐吐出,如珠落玉盘,不断滚动。尽管我丝毫不懂军事,但随着他的叙述,在我面前清晰地展开了决定中国命运的解放战争那一幅幅壮丽雄伟的画卷。我的眼睛忙着看地图,耳朵忙着听谈话,笔尖忙着在本子上沙沙地写着。我忘了时间,忘了身外的世界,自己也仿佛置身在刘伯承指挥的第二野战军的战斗行列……

"首长,该吃饭了。"一位年轻战士站在刘伯承面前这样喊。这才把我从战场拉回到和平的空间。一看手表,12点了,不知不觉,谈了3个多小时了。我看了看笔记,解放战争还只谈了一半,我为难地说:"还没有谈完,刘伯承同志,您看什么时候再谈?"

刘伯承爽快地笑笑:"这样吧,下午接着谈,现在吃饭去。"他让警卫员再打一份饭来,吃完饭已将近一点钟,我请伯承同志休息一下,他摆摆手:"不用了,我们接着谈。"

大地图摊开在桌上,刘伯承马上接着谈。他那时视力已很不好,要用两副眼镜。他自己看地图时用一副眼镜,当他把地图摊到我面前,他用手指着地图讲解时,又戴起另一副眼镜。就这样,他忙着一面讲,一面把地图推来推去,同时交替使用两副眼镜,我真是感动极了。

不知不觉,4个多钟头过去了。我一看表,已经下午5点多钟。算来,这一天刘伯承同志和我谈了整整8个小时。我怀着十分感激的心情起身告辞:"谢谢您,刘伯承同志,感谢您花这么多时间接受我的访问。记录整理出来马上送您审阅。"刘伯承摆摆手："先不忙给我，我是代表二野谈的。你先请出席政协的二野代表们看看，听听他们的意见，补充修改后再送给我。"我点头答应，心想刘伯承同志真是谦虚啊！

回到报社，我连夜把访问记写了出来。第二天和二野代表团联系，在北京饭店开了座谈会，把访问记念给他们听了，他们补充了些意见。我修改了一遍，才给刘伯承同志送去。

两天后，我收到刘伯承的审稿。打开信封，赫然映入眼帘的，是原稿上刘伯承用毛笔修改的苍劲有力的笔迹。可敬的刘伯承同志百忙中把文稿修改润色一番，文字简练了，结构严谨了，题目也是刘伯承同志起的，叫"四战之地，四战之军"。我激动地把文稿抄了一遍，把抄稿送排字房发排，把原稿留在身边。

文章发表后收到不少读者来信，以为作者是一位老练的军事记者，没想到我是一名刚过20岁的青年记者。其实，全靠刘伯承同志的谈话，我不过是忠实的记录者而已。何况文稿还经过他亲笔修改呢！十分可惜的是，刘伯承同志亲笔修改的原稿在"文革"中丢失了，夫复何言！

## 不拘一格的廖承志

1949年，我分工采访青年团、青年和学生工作，常去团中央。那时，团中央人才济济，冯文彬是团中央第一书记，蒋南翔是书记，廖承志也是书记处书记，肖华、李昌、韩天石等是常委，荣高棠是秘书长，宣传部长是杨述。

去团中央的次数多了，和廖承志同志也熟悉了，大家都称他为"廖公"，我也这样称呼他。他生性诙谐，出言幽默，只要他一到场，会议便开得生动活泼，我们都喜欢听他讲话。

一天，冯文彬的秘书郁文通知我去旁听团中央常委会，我匆匆忙忙跑去了。

一看，团中央常委都到了，廖公也在座。他向我眨了眨眼睛，示意我坐下，我便在他对面一张空椅上坐了下来。因为我刚刚骑自行车赶来，浑身还冒着热气，头发有些散乱，我也顾不得梳理，甚至顾不得卸下身上背着的军用挎包。挎包还背在身上，我从包中取出笔记本，就全神贯注地记录会议的发言。那时，党内民主生活很正常，常委们坦率地交换意见，真正是知无不言，言无不尽。廖公也发言了，他讲话简明扼要，从不拖泥带水。讲完话，他便靠在椅背，静听他人发言。我仔细记下常委们的讲话，一面思考，应当根据这些发言提炼什么报道思想或报道线索。坐在我对面的廖公看着我身背挎包、一面记录、一面思考的紧张模样，大概觉得有趣、可笑。只见他抽出钢笔，在笔记本上飞快地写着，我还以为他是记他人发言或是写他自己的发言要点。

　　会议开了两个小时，休息一下，常委们纷纷离坐，有的抽烟，有的聊天。我也合上笔记本老老实实坐着。廖公笑着走过来，递给我一张纸。只见纸上他用钢笔画了我身背挎包、一手拿钢笔一手捧笔记本的可笑模样，上面还题了"王金凤小姑娘肖像"。我看到画像，满脸通红。冯文彬、荣高棠这时也走过来了，看了速写画都大笑起来。荣高棠笑着说："廖公，你不要光给年轻同志出洋相，你自己也该画一张。"廖公慨然应允，马上当场画了他的一张速画像，并题了"姓廖的老头子自画像"几个字送给我。画像上的廖公挺着开始发胖的肚子，两手捧腹，端然正坐，脸上是一副俨然的神气。参加会议的同志看了，都大笑起来，说廖公真是多才多艺，画得传神。廖公郑重地对我说："金凤同志，我决不是出你的洋相，我是描绘了你青春奋发精神的一刹那。青春，青春，那是多么美妙的时期。我看你笑嘻嘻的，无忧无虑，高高兴兴地工作、学习。和我这个老头子比起来，我真羡慕你的青春。我的青春已是一去不复返的了。"

　　这时，一向乐观开朗的廖公发出一声轻轻的叹息。他的话不像是开玩笑。我想，他是用他独特的方式，勉励我不要虚度青春大好年华，应当更加奋发地工作。我珍重地将这两张画像夹进我的笔记本中。

接着，我听到他又在说自己的"笑话"了："诸位，我奉劝你们千万不要说一句假话，尤其是对我们的周副主席（即周恩来同志，当时还未举行开国大典，周恩来还未当总理，党内都称他周副主席或周公），说了假话就要受到惩罚。就在昨天，不，应该说是今天凌晨3点，我忙完公事，实在困得不行，赶忙躺下。正睡得迷糊，电话铃响了。我心想，半夜三更，还来电话，不是成心不让我睡吗？我一肚子火，拿起电话，只听见对方说：'廖承志同志在吗？'我睡意未消，糊里糊涂应了一句：'廖承志不在。'不料电话中忽然传来周副主席的声音：'你不是小廖吗？'我一惊，连忙答应说是。周副主席严厉批评了我：'明明在，怎么你说自己不在呢？这会耽误大事的呀。半夜找你，必有紧急的事，再怎么累，也不能说不在。'周副主席在电话中足足训了我五分钟，才交代了要我办的事。我现在把这件事说给大家听，诸公应引以为戒呀！在任何情况下，甚至在睡梦中也千万不要说一句假话，这是要受到惩罚的呀！"

大家听了起先哈哈大笑，转而又严肃起来。廖公正以他的坦荡和幽默方式，在向大家揭示一个极其普通的做人原则啊！

不说一句假话，当时我认为，这有什么困难，事无不可对党言。以后经过多次政治运动，才知道事情并非那么简单。有的同志说，自"反右"运动后他在党内便不说真心话了。

过了几天，我在一个奇特场合，又看到了不拘一格的廖公。

1949年的人民日报社社址在王府井大街。报社旁有个小胡同。早上这里有卖豆浆、烧饼、油条的，晚上有卖馄饨兼卖烧饼夹酱猪肉的。一天晚上，大约11点多钟，我赶完稿子，走出报社，感到肚子有些饿了，便向馄饨摊走去。

一位中年汉子正忙着招呼顾客，两三张长板凳上已挤坐着好几个人，多半是和我一样辛辛苦苦做完中、夜班的工人和普通干部。正好有一人吃完站起，板凳上有个空位。我走上前正要坐下，低头一看，吃了一惊，在我旁边坐着的顾客不是廖公吗？

他一抬头也看到了我，看到我那吃惊的脸，他不动声色地笑着招呼我："喂,你也来吃宵夜啦,快来,坐下。"他拍拍板凳,招呼我坐下来。

这时,一碗热气腾腾的馄饨已送到他面前,他有滋有味地吃着,低声对我说："刚下班,赶稿子了吧?"我点点头,也低声对他说："您怎么也上这里吃馄饨,不合适吧。"他调皮地眨眨眼睛,仍低声说："我喜欢街头小吃。到这种地方坐坐,使我回想起青年时代,在东京,在汉堡,我有多少次在街头吃小吃,更不用说长征时了。爬雪山过草地时,哪里吃得到这样的馄饨?同志们只好精神会餐了。"他说着,又招呼摊主："馄饨味道不错,请再给我来一碗。"

我的一碗馄饨煮好了,我一面吃馄饨,一面听廖公兴致勃勃地和老板聊天,问他一天收入多少,面粉、猪肉多少钱一斤?生活过得如何?老板一边下馄饨,一边笑嘻嘻地回答廖公的提问。我心想,原来廖公在这里做社会调查呢!

又一碗香气扑鼻的馄饨端到廖公面前,他有滋有味地吃着。我低声问："您一个人来的吗?"廖公又调皮地用嘴向后边一努,低声说："有人跟着我,让他来吃,死活不同意,还批评我一顿。唉,下次小组会上,少不了又要检讨了。"

我回头一看,胡同口站着一位穿军装的小伙子,想必是他的警卫员,一脸不耐烦。我和廖公不多谈了,让他早点吃完,让这位军人早点放心。

廖公吃完了,连我的馄饨一起付了账,又客气地对老板说："多谢你的好手艺,祝你生意更兴隆,财源通四海。"

廖公走了。不一会,街头响起汽车的马达声。那位老板恍然大悟,对我说："同志,刚才那位是位首长吧!"我笑着回答:"是一位一心一意为老百姓办事的共产党员。"

### 参加开国大典的报道

最难忘记的是1949年10月1日的开国大典。中华人民共和国要在这个庄严的典礼上宣布成立，怎不令人激动万分？

开国大典下午3点钟开始。我不到中午12点，便赶到天安门广场，采访参加游行的群众。两点钟一过，我赶到天安门，抢占了金水桥东侧一个有利位置，那里向上可以看到天安门城楼上的领导同志，向下可以清楚看清阅兵和游行队伍列队通过天安门的情景。

两点半钟过后，我看到，天安门城楼上陆续出现毛泽东、刘少奇、周恩来、朱德、陈云、彭真等中央领导同志和宋庆龄、张澜、李济深、沈钧儒、黄炎培等著名民主人士的身影。天安门广场和东长安街红旗如海，歌声似潮，30万游行群众集合待命。

3时整，天安门广场响起28声礼炮，毛主席以宏亮的声音宣布：中华人民共和国中央人民政府今天成立了。他手按电钮，天安门广场上，新中国第一面国旗——五星红旗在十月的晴空中徐徐升起！我目睹着这鲜艳的五星红旗在湛蓝的天空中迎风飘扬，心潮澎湃，感奋不已。这是中国人民一百多年前仆后继、流血牺牲、艰难奋斗的成果呀！我相信，有幸参加开国大典的每一个同志都不会忘记这一刻。

朱总司令乘车绕场一周，检阅队伍。

雄壮的军乐声中，盛大的阅兵式开始了。中国人民解放军步兵、骑兵、炮兵、装甲兵的健儿们迈着整齐的步伐，列队走过天安门门前，接受中央领导的检阅。人民空军的飞机编成整齐的队形，飞过天安门上空。人们看到中国人民有了自己的空军，无不欢呼雀跃。帝国主义随意欺凌中国人民的日子终于一去不复返了。

阅兵结束，天色已近黄昏。30万群众的提灯游行开始了。北京市的工人、农民、学生、机关干部和街道居民，手提红灯笼，欢天喜地地欢庆共和国的诞生。暮色中，一队队一行行的红灯笼宛如一条条火龙在天安门前盘旋飞舞，景色十分壮观。人们高喊着："中华人民共和国万岁！""中国共产党万岁！"

"毛主席万岁！"毛主席在城楼上也高呼："工人同志万岁，农民同志万岁，学生同志万岁！"领袖和群众互喊"万岁"，这种情感交融的情景真正令人感动！

晚十时，游行才结束。开国大典进行了整整7个小时，毛主席等领导同志在天安门城楼上几乎也站了六七个小时。我作为一名记者，从早到晚采访了十几个小时。回到报社，顾不上休息，立即动手写开国大典的特写。

1949年，是我刚当记者的第一年。这一年我发表了100多条新闻和30多篇人物专访、通讯、特写、速写和评论等。工作刚刚起步，可以说，我是名副其实的新中国培养的第一代记者。

2000年5月

# 难忘周总理对记者的关怀

金 凤

周总理与群众共欢乐。

今年是敬爱的周恩来总理诞辰100周年。作为人民日报记者,我有幸就近观察和接近过周总理,最难忘的是周总理关心人、爱护人、吸引人的人格魅力和高尚情操。

周总理青年时期担任过《天津学生联合会报》主编,1920年赴欧洲学习时又当过天津《益世报》通讯员,写了不少出色的通讯。以后又多次领导过党的报刊工作,和新闻界有广泛的交往。人民日报许多社论和文章都有周总理亲笔修改的笔迹。

新闻界不少前辈对总理有亲身的感受。我只谈谈我知道和亲身经历的一些事。

我知道周恩来同志1938年在武汉亲自介绍中国著名记者范长江入党。1940年12月10日范长江和沈钧儒爱女沈谱在重庆结婚，周恩来参加了他们的婚礼，并送了新婚礼物。范长江结婚一星期即去桂林工作。不久，皖南事变发生，长江处境危险。周恩来紧急通知中共驻桂林办事处主任李克农，让他通知范长江马上离开桂林，并通过李济深代买了长江去香港的机票，保护了范长江的安全。

著名女记者杨刚，40年代在重庆时即在周恩来同志直接领导下工作，周恩来同志很赏识杨刚的才能品德。后来她被派去美国留学和开展国际统一战线工作，干得也很出色。1948年杨刚回到中国，进入解放区。在西柏坡，周恩来同志带杨刚去见毛主席，向毛主席介绍杨刚是"党内少有的女干部"。1949年，周恩来同志推荐杨刚作为新闻界代表出度新政治协商会议。随后，杨刚又担任周总理的主要秘书，协助总理做了许多工作。她才思敏捷，写文章倚马可待。往往总理主持的会议刚结束，她的新闻稿已经写好了。1957年10月，杨刚不幸逝世，周总理非常惋惜，还特地找当时任人民日报国际组副组长的高集详细了解杨刚逝世情况。

总理不仅仅对这些名记者关怀备至，就是对一名普通的青年记者，他也是十分关心爱护的。

我第一次见到周恩来是1949年3月，新中国成立前夕。一批著名的自然科学家准备成立全国自然科学工作者协会，召开筹备会。

会场记得是在骑河楼清华同学会，我骑着自行车赶去了。这是一座不大的楼房，到会的著名科学家有吴有训、周培源、竺可桢、严济慈、茅以升、钱三强等。大约有100多位，小小的会议室都坐满了。

我好不容易在后面找个座位坐下，忽然眼前一亮，周恩来

1987年,和邓颖超大姐在一起,左三为金凤。

同志来了。

我在国民党统治区早就知道周恩来的名字,在《西行漫记》中看到过他蓄着大胡子的照片,在国民党报纸上经常看到他发表的谈话。说起来,我1947年在上海交大入党,是周恩来同志领导的中共南方局系统的一名地下党员,知道国民党统治区工作的总负责人是周恩来同志,对周恩来自有一种无比崇敬而又倍感亲切的感情。北平刚刚解放,他的工作何等繁重,我没有想到,他竟会来参加科学家们的一次筹备会。心想,我还真来对了,否则,漏了一条重要消息。

一向冷静持重的科学家热烈鼓掌欢迎周恩来同志,对于他的光临可能也感到意外。周恩来同志站在小小的讲台上,亲切地微笑着,漆黑浓眉下那双炯炯有神的眼睛环视了台下100多位著名学者,谈笑风生地开始作报告。他谈了科学家们关心的几个问题:政治和科学的关系,知识分子的思想改造等。

他说,自然科学是否能超脱政治?也能,也不能,他说得很巧妙。他说,将来到了共产主义社会,没有阶级和政党,自然科学可以超脱政治发展。可是,今天世界上还有阶级,有政治斗争，自然科学就不可能脱离政治。尽管不少科学家主观上想脱离政治，实际上要受政治的支配，这是历史和今天的现实。他说到今天世界上存在两种政治，为最大多数人民服务的政治和为少数剥削阶级服务的政治。自然科学家要区分这两种政治而决定自己的态度和立场。他讲得入情入理，娓娓动听，一点没有说教的味道。我看到许多科学家都在凝神细听。

谈到知识分子的思想改造，他从自己的出身和经历谈起。他说，他出身于一个没落的官僚家庭，上的是资产阶级学校，后来到日本、欧洲学习，接受了社会主义学说。他谈到他从一个激进的爱国民主主义者转变为马克思主义者的经历，谈到他参加中国革命几十年的艰难过程中，也犯过错误，遭受过挫折和失败。

听到这里，我大吃一惊。当时我 20 岁，入党才两年，朦朦胧胧地大略知道一点党的历史，可是，从来没有想到有崇高威望的周恩来会犯错误，更想不到他竟会当着这许多党外科学家的面公开谈自己的错误。我以为，我们党的领导同志如果有错误的话，只能在党内一定范围内谈。怎么可以对党外知识分子讲呢？尤其是刚刚解放，不少高级知识分子对共产党还有许多误解，心存观望哩。

然而，我想错了。周恩来同志正是因为知道这些有声望的专家、学者对共产党不了解，才以他的坦荡胸怀赢得他们的心。我看到，这些著名科学家听到周恩来这样光明磊落地坦然谈自己的家庭出身、思想转变以及革命征程中犯过错误，他们脸上先是露出迷惑不解和惊讶的神情，很快，就由惊讶而变为敬仰，听得入了神。

在我们面前，不觉得是一位即将赢得全国政权的中共领袖，只感到他是和大家一样从旧社会、旧家庭、旧学校走出来而又经过长期艰苦革命锤炼的知识分子的朋友，在向我们作推心置腹的谈话。他没有一点炫耀之辞，没有故作惊人之谈，而谈论内容却异常深刻，饱含人生哲理，完完全全谈进我们心里，如淙淙泉水，清澈见底，滋润了我们的心田，提高了我们的精神境界。他谈到自己过去也犯过错误，十分诚恳地说，犯了错误就要承认，而且要当众承认，才会在大家的监督帮助下改正错误，悄悄地改是改不了的。胜利了，一定要谦虚，不要使人"望而生畏"，要使人"望而生爱"。老实的态度最重要，骄傲是不老实的一种表现，骄傲就会孤立，共产党最怕的是脱离群众。他说得多么好啊，我看到，不少科学家一边听一边频频点头。

他一口气站着讲了6个小时，没有露出丝毫倦容。报告结束，全体科学家站立起来，全场响起持久的热烈的掌声。他的报告把这些科学家征服了。我这才发现，室中闷热，自己的内衣已湿透，窗外已是万家灯火。我赶回报社，写了一条独家新闻。

最难忘记的是我直接接触周总理的第一次。那是1950年初，苏联第一个专家代表团来到北京，周总理和宋庆龄副主席要在北京饭店举行宴会迎接他们。

宴会晚7时开始，6时刚过我便赶到北京饭店，找到总理秘书，向他索要参加宴会的名单和讲话稿。这种消息是要当场写好并送审的。

秘书正在为难。他告诉我，宋庆龄副主席将在宴会上致欢迎词。只是，按照她的习惯，送来这一篇用英文写的讲话稿。他担心，她很可能用英文致欢迎词，这可不符合新中国的国情。

幸好，周总理提前半小时来了，秘书急忙向他报告。他微微一笑，不动声色地让秘书赶紧找人把那份英文稿翻译出来。

秘书连忙找外交部几位同志分段翻译出来，交给总理。总理懂英文，改了几个词。

仪表端庄典雅的宋庆龄来到了。周总理恭敬而亲切地陪宋庆龄走进一个小客厅。

7时正，周总理和宋庆龄笑容满面地步入宴会厅。我也跟了进去，找了位置坐下。只见灯光下一片耀眼的熟客，来的都是苏联第一流专家。

周总理站起来讲话了。他说，今天本来由中央人民政府副主席宋庆龄致欢迎辞。宋副主席是南方人，普通话说得不大好，由他代表宋副主席宣读欢迎词。我看到，风度高雅的宋庆龄微笑着频频点首，苏联专家听了更是热烈鼓掌。杰出的周总理以他无与伦比的外交才能，巧妙地解决了这个小小难题，而不露一丝痕迹，使各方面都满意。总理的工作何等周到。难怪夏衍说，什么叫周到？周总理一到，工作就周到了。

我记下周总理代表宋庆龄讲欢迎词和苏联专家的答辞。盛大的宴会开始了，宾主起立，相互敬酒，干杯。我抓紧时间，把新闻写了出来。

宴会结束，大厅中举行跳舞晚会。我第一次看到，周总理和苏联专家夫人跳舞的舞姿是那样潇洒优美。但时间已到晚上10时，报社总编室截稿时间是夜12时，我必须赶紧送审，赶紧把稿子送到报社。

我找到总理秘书，请他把新闻稿送请总理审阅。新闻不长，不到1000字，我以为很快会通过。

我坐在大厅角落里等着，只见周总理向我走来，他伸出手，温和地说："你是人民日报记者吧，我们一起走。"我慌忙站起，伸手紧紧握住总理伸过来的温暖的手，随即跟着总理走出大厅，来到北京饭店门口。外面正下大雨，总理的卫士长将一件军用雨衣披在总理身上。总理一回头见我，随手将雨衣披在我身上，我很惶恐，赶紧将雨衣又披在总理身上，随总理快步走进他的汽车，坐在他身边。他向我解释："这个消息是否发表，还得回去请示主席。你和我一起到中南海，在我办公室等着。"

在车中，总理和蔼地问我的姓名，什么时候入党和参加新闻工作，哪个学校学生，我一一回答了。总理听了点点头，勉励我说："你是新中国第一代女记者，要努力工作，努力学习啊。"

他问我认识不认识彭子冈、浦熙修，我说，在采访中常见到她们。

总理说："她们都是很能干的记者。还有一位杨刚同志，她是大公报名记者，文章很好。记者工作很重要，女同志当记者，国内有杨刚、子冈、浦熙修这些女记者，她们工作都很出色。你要好好向她们学习。凡事起步固然不容易，坚持到底，才是最难最难的啊！"

我不住点头，牢牢记下周总理对我的谆谆教诲。车外是寒冷的雨夜，车内我感到春天般的温暖。

到了中南海，来到一座平房，我在总理秘书室等着。忽然，听到滴答声音，原来，房顶漏雨了。秘书赶紧找了一个旧脸盆接雨水。一会儿，他又找了一个脸盆，直奔总理办公室去了。他一面走，一面嘀咕："我早说这房子该修，总理总不让。"

如果不是亲眼看到，谁能相信，新中国的总理，办公室竟会漏雨。

外面的雨愈下愈大，一看表，已是晚上11时了。总理披着雨衣推门进来，告诉我，消息暂时不发表。我虽有些失望，还是无条件服从。

周总理又对秘书同志说："你安排一下，让金凤同志坐我的车回报社。外面雨很大。"说着，他将身上的雨衣脱下来递给我。

这时，我感到一股暖流，从总理的手传递到我身上，我一手接过雨衣，一手紧紧握住总理的手，连谢谢也忘记说了。

周总理又温和地说："金凤同志，辛苦你了。"

我这才连忙说："谢谢总理，您辛苦了。"

我披着总理的雨衣，走进疾风骤雨。回头望去，总理办公室的灯光是如此地明亮，那灯光将亮到深夜几点钟呢？汽车开过来了，我坐车回到报社，心情久久不能平静。总理啊总理，您对一名青年记者的关怀，正如您对千万普通群众的关怀一样，如此纯朴自然，直正温暖了千万人民的心啊。

在以后的采访中，在一些全国性会议上，我多次见到周总理，他总是向我笑笑点点头，主动伸出手来和我握手。他的记忆力真是惊人。

史无前例的"文革"风暴席卷全国，周总理的处境十分困难。但他还是在万分困难的逆境中尽最大力量保护老干部和一些知识分子。横遭迫害的我，也多亏了他的关怀和保护。

1968年5月，陈伯达下手令将我关到北京卫戍区。后来才知道，因为我写了内部情况，触犯了江青和吴法宪。在"中央文革"碰头会上，吴法宪胡说我是什么"中统"，江青立刻开腔，要把我抓起来。在我就要戴上手铐脚镣，被关进秦城监狱时，是敬爱的周总理保护了我，说"先审查审查吧"。这样，我才没有被关进正式监狱，而是以"监护审查"身份，和一批老干部（有吴冷西、刘白羽、帅孟奇、钱瑛、杨之华等同志）关在安定门的一所楼房里。

1973年5月，还是在敬爱的周总理的过问下，我才回到人民日报社。

1976年1月9日清晨，收音机突然传出令人心碎的哀乐。我听到周总理的名字，一时惊呆了，眼泪忍不住夺眶而出。

晚上，我和老伴赵宝桐一起赶到天安门广场。"四人帮"下令，把天安门广场周围的路灯全灭了。他们不许人民群众哀悼敬爱的周总理。但是，寒风呼啸的黑夜，一队看不见头尾的长长人流，冒着零下十几度的严寒，向广场中人民英雄纪念碑走去。我也汇入了这悲痛的人流。

黑暗中，我回首看着远处巍峨的天安门，似乎看到1949年10月1日开国大典时（我参加了开国大典采访）周总理站在毛主席身边，容光焕发，正微笑着向我们招手……

我似乎又和100多位科学家一起，在清华同学会那间不大的会议室听周总理沁人心脾的报告……

我似乎又听到周总理在对我说：

"凡事起步固然不容易，坚持到底，才是最难最难的啊！"

我似乎又在中南海接过总理给我的雨衣……

总理啊总理，你在哪里？你在我们心里，在中国人民和世界上千百万朋友的心里。你没有离开我们，你永远不会离开我们。

4月4日清明节，我又和小女儿一起到天安门广场。这天，据说有200万人次来到天安门，哀悼敬爱的周总理，愤怒声讨万恶的"四人帮"。百万群众完全出自内心，自发地从四面八方，赶到天安门广场。这是悲痛的海洋，更是愤怒的海洋。我料想"四人帮"的日子不会长了。

金秋10月，"四人帮"果然覆灭。我想，总理在天之灵，也会欣慰地微笑的。

1998年1月

# 我拍摄第一面五星红旗

高 粮

1949年10月1日开国大典,天安门前升起第一面五星红旗。

高粮摄

我怀着无比激动和自豪的心情,拍摄了在世界的东方、古老的北京天安门前出现的第一面五星红旗。这一天是1949年

---

高粮(1922年—2006年),高级记者,河北易县人。1937年9月参加八路军,同年12月加入共产党。1955年调人民日报任摄影组组长,负责中央领导人新闻照片的拍摄工作。1958年蒙冤被错划成"右派",1978年回到人民日报做记者。

10月1日,伟大的中华人民共和国开国盛典的早晨。这是中国无产阶级革命事业的一个新的里程碑,一个新的纪元,这是中国革命史上一页无比光辉灿烂的新篇章。

全国解放了,我们朝思暮想的愿望就要实现了:成立红色政权,让我们的伟大领袖毛主席当国家主席。这样的一天,激动得我热泪盈眶。

那天,天刚破晓我就穿起新军装,背上照相机,挂上记者证,步入天安门广场。首先映入眼帘的是一面大红底上镶着五颗金星的新国旗,我以肃穆的军人姿态立正敬礼,并迅速打开镜头,拍摄下这面在东方即将升起的庄严红旗。

红旗,多么鲜艳美丽的红旗呵!在土地革命时期,老一辈革命家举着沾满烈士鲜血的红旗,打土豪,分田地,闹革命。在抗日战争时期,我们接过红旗,攻城夺堡,收复失地,消灭东洋强盗。在解放战争时期,我们跟上红旗,所向披靡,消灭蒋家王朝800万军队,解放了祖国大陆全部土地。此时,这面红旗就将永远矗立在祖国960万平方公里的土地上。她证明烈士们的鲜血没有白流,她象征着中国人民的伟大胜利。

那一天,我始终在无限激动中,连续拍摄了伟大领袖毛主席庄严宣布中华人民共和国成立,毛主席、周总理、朱总司令等党和国家领导人检阅我们战无不胜的人民解放军,以及首都各族各界30万人民载歌载舞的游行场面。

抚今追昔,我不禁思绪万千。那迎风招展的红旗,那壮观的场面,那整齐的钢铁队伍,那震天动地的欢呼景象,使我忆起许多在自己身边倒下去的革命先烈,他们的音容笑貌,他们为幸福的今天奠定了基石,他们多么渴望能看到今天这个场面呵!倏忽间,我似乎看到我的老连长,那位从江西瑞金出发,转战二万五千里的杨才鑫同志手按洞穿的胸,高举着红旗站在狼牙山上;仿佛看到老摄影记者孟振江同志,仍在摇着红旗,手托相机站在石家庄的西市沟上;而摄影员高明同志,倒伏在向塞外进军的路上时,好像还在高呼:"前进吧,同志们!这一天总会到来的……"

　　这一天，不只是我激动万分，我的战友陈正青、齐观山、郑景康等同志也无一不是这样，他们的照相机取景框上同样洒满了泪水。当拍摄那动人的景象时，老郑甚至激动得忘记取下镜头盖子。那是一个多么令人难忘的幸福时刻呀！

　　我正沉浸在幸福和回忆中，礼炮响了，毛主席以他巨人之手升起祖国第一面五星红旗。随后，全场发出了震撼世界的声音："中国人民从此站起来了！"

　　五星红旗在我们伟大祖国的上空已经飘扬半个多世纪了。作为一个新闻战线上的战士，我决心向祖国、向党、向革命的先驱者立誓，要紧握摄影武器，为捍卫五星红旗，为实现祖国的四个现代化，跟着党中央继续长征，生命不息，战斗不止。

2006 年 7 月

# 左叶事件影响所及

高 粮

1957年反右斗争前夕，正值我们党提倡大鸣大放大辩论的时候，发生过一件轰动全国的事件——即所谓的"左叶事件"。

1957年4月17日，苏联最高苏维埃主席团主席伏罗希洛夫，由我国人大常委会委员长刘少奇等陪同参观农业展览会。由当时任农业部部长助理的左叶同志担任向导并负责维持秩序。那天去的人多，放进去的记者也多，因此在采访、摄影、拍新闻电影片中发生了拥挤现象。左叶由于重任在身，感到紧张，有点急躁。恰在这时，新影摄影师韩德福拉了他一把，要他闪开点以便拍照，双方发生了争吵。在这种外事场合，尤其是最高国宾面前发生争吵，显然会给党和国家造成不良影响。

事后，中国青年报在场参加摄影采访的记者洪克写了一篇题为《部长助理与摄影师》的小品文，人民日报和其他报刊也登了一些诗、漫画和杂文。这些报道现在看来，是不够全面和公正的。

单凭事件本身，并没有值得大作文章的价值。而以此事为起因，使许多无辜的人挨整，却令人感到遗憾、费解。

1957年5月7日，《中国青年报》发表洪克写的小品文《部长助理与摄影师》后，引起了人们的重视，也出现了农业部左叶同志等和中国青年报洪克同志等在说明事件事实上的分歧。为此，中宣部报刊处与中国记协在沙滩于7月13日召开了对证、核实座谈会，到会人员除以上两家的以外，还邀请了部分参加当日在农展馆采访的记者。会上左叶宣读了他的书面检讨。本来事情就可以结束了，没想到竟然引起了一场轩然大波，许多记者被打成右派，沉冤莫白。

当时，党中央提出了要开展整风，号召大家畅所欲言，大鸣大放，而所谓的"左叶事件"又恰巧发生在此时。一些从事新闻工作的同志，在整风鸣放会上，本着搞好党的宣传工作，更好地完成本职业务，把党的新闻事业推向前进，大家谈到自己的体会和工作中遇到的困难，这是很自然的。何况我们国家在初建时期，对外国来访的国家元首如何做到既按我们的规定，又要尊重国际惯例，尚缺乏完整的经验。像对当时来访的印度尼西亚总统苏加诺，此人随身带百名记者，他到友好国家访问，一下飞机就要有大批摄影记者抢镜头，因为他喜欢热闹。为迎接他的到来，外交部新闻司曾组织各新闻单位的文字记者和有关工作人员数百人，都拿上照相机齐集南苑机场，致使许多真正采访的摄影记者倒抢不上镜头，这责任应由谁负？当时在层层召开的座谈会上，大家发表了各种意见，其中也难免有个别人从中借题发挥，乘机发泄不满情绪，但那仅是个别的。

谁知，几天之后，风云突变。"左叶事件"被说成"右派分子向党的新闻事业发动进攻"。邓拓接到通知后，带上袁水拍等到中宣部和中国记协召开的座谈会上去作检讨。这一下，目睹左叶与韩德福吵嘴的人，不敢出来证实了，写文章的人不敢据理力争了。把"左叶事件"说成了"失实"甚至是"右派分子捏造的"。因此，各地召开的新闻工作者鸣放座谈会的性质一下子改变了，马上拔高升级，什么"新闻界组织不纯，思想不纯"呀，什么"有些人有资产阶级新闻观点、有偏激情绪"呀！什么记者要搞特殊化，又想当"无冕之王"，是"别有用心"呀！大帽子铺天盖地而来。一些新闻工作者就因为提了点意见，说了点心里话，就检讨个没完没了，直至无限上纲到"反党、反社会主义"。中国青年报的文艺部主任吴一铿，就因为编发了《部长助理与摄影师》一文,后来被打成"右派分子",含冤而死。某报一记者,因在事后对证会上证实过事件经过,而被说成是:"为社会上右派向党的新闻事业进攻充当了炮弹"。至于下边各省市、各地区新闻界参加过座谈会,提过意见,鸣过不平的编辑、记者大都受牵连遭批判。许多人被划为"右派"。当然,现在这些同志都平反了。但到底是"右派利用左叶事件向党的新闻事业进攻",还是有些人利用左叶事件向新闻界一批单纯幼稚、缺乏经验的同志开刀?现在回过头来看看,这实际上是向知识分子开了闭塞言路的第一刀。这就是所谓反右派开始的新动向。

通过所谓"向党的新闻事业进攻",大整了一批敢于提意见、敢于发表自己见解的新闻工作者,从此助长了阿谀逢迎、报喜不报忧、虚夸造假、瞪着眼说瞎话的歪风,而富有正义感、关心革命事业、能看出些问题的人,则人人自危,对不正之风敢怒而不敢言了。

报纸版面上批评稿大大减少了,有讽刺幽默感又有教育意义和战斗性的小品文绝迹了,讽刺漫画被排斥在版面之外了,这种状况一直持续到"文化大革命"后。粉碎了"四人帮",又经过拨乱反正,才开始有了转机。

30年过去了,弹指一挥间。那些因"左叶事件"而受过批判、戴上"右派"帽子的人,是多么地不容易熬过那漫长的岁月!党的新闻事业,经过这些曲折,遭受了多么大的损失!实践是检验真理的唯一标准,真理终归再现。历史的教训,值得深深记取!

1988年6月

# 党报同亿万农民心连心

## ——农村最初实行"家庭联产承包责任制"的采访杂记

许仲英

1970年下放"五七"干校的时候，我就常想：中国革命的胜利，是靠正确解决了农民问题才取得的。中国社会主义建设要取得胜利，也需要正确地解决八亿农民的问题。这个问题远没有解决，很值得研究一下。

1978年记者部的"清查"工作结束后，我就带着这个问题，去了安徽省淮北地区。

淮北地区是我国屈指可数的大平原之一。有23个县市，3300百多万亩耕地，1600多万农业人口，土地和人口差不多都占安徽省的一半。1978年出现旱情，生产条件仍比华北地区好。在平常年份，淮北有无霜期200多天，年降雨量八百来毫米，可以说是我国南方的北方、北方的南方。但是，淮北的农民生活，却比华北地区还贫苦。多数生产队人均收入在50元以下，还有不少30元以下的。新中国建立初期到1956年，淮北的农业生产是上升的，以后就缓慢起来，有的地方还降到1956年以下的水平。这主要是"左"的指导思想和极左路线

---

许仲英，高级记者，1928年生，河北曲阳人。1938年参加革命，1940年加入中国共产党。1954年—1964年在北京市委宣传部、崇文区委宣传部工作，1964年9月—1985年任人民日报记者，1986年任人民日报社机关党委书记。

的干扰破坏，集中表现在两个方面：

一是不尊重群众的自主权，不从实际出发，不因地制宜，不按自然规律搞生产，在"学大寨"运动中强迫命令，瞎指挥和"一刀切"的现象非常严重；二是不按社会主义经济发展的客观规律办事。生产上"大呼隆"，分配办法违反了社会主义多劳多得、按劳分配的原则。这两方面的问题，在1976年达到了极点，对农业生产力的破坏很严重。

"四人帮"倒台以后，特别是中央派万里同志去安徽主持省委工作以后，在农村旗帜鲜明地批判极左路线，落实六条农村经济政策，初步调动了农民生产积极性，农业生产又出现了复苏的现象。1978年秋天，我根据这些方面的问题和我的认识，连续写了四篇通讯，人民日报都及时登了出来，安徽的同志们认为，人民日报及时报道安徽省的问题和实际工作情况，是对安徽省清除"左"的影响，落实农村政策的很大支持。这年秋后，安徽省农村的许多地方，在认真落实了党的一系列经济政策基础上，率先实行起联系产量的生产责任制，对此，人民日报也及时地做了报道。1979年初，党的十一届三中全会通过了关于农村问题的"一号"文件，强调要尊重生产队自主权，并确定了一系列农村政策，还肯定了包产到组的联产责任制。我感到党中央抓住了农村问题的"龙骨"，对于解决农民问题有了信心，充满了希望。

三中全会以后，我国农民的思想开始解放，农村的事情也开始活些了，小段包工，定额管理，包产到组，包产到户等许多形式的生产责任制在农村都出现了。但是，人们对于各种形式生产责任制的利弊，却议论纷纷，莫衷一是。我决定从广大农民的实践中，去加深自己对这些问题的认识，并进行报道。

1979年春天，我去了江苏，那里正在争论"三三见九（一年种早、中、晚三季稻）"，还是"二五一十（一年一稻一麦）"哪个好的问题。我想单纯就种植制度本身的问题进行争论，意义不大，主要问题还是如何从实际出发，尊重农民的自主权。

接着我去了浙江。

在浙江温州地区，听说永嘉县在"文革"时期实行过"包产到户"，但在"反资本主义复辟"中纠正过来了。我去永嘉县了解的实际情况是，"文革"那几年，只抓"革命"，不抓生产，领导生产的机构瘫痪了，农民们自发地把生产队的生产包到户了。因为那里才搞过"反资本主义复辟"，人们回避这方面的问题，我便离开那里，到了黄岩县。

黄岩县是浙江省的一个粮食高产县，我估计群众可能对联产责任制的问题不太感兴趣，我参观了一个工厂，刚刚回到招待所，同我一起的新华分社的虞云达同志说，报道组的两位同志来了，说有个问题要问我。他们问的是："我们这儿能不能搞包产到组？中央的精神是什么？"我不加思索地回答说："一号"文件上说三个"可以"，最后一个是"也可以"，就是指也可以包产到组。"一号"文件就是中央精神。他们说，我们县有个大队，50年代就搞过包产到组，1959年大队支书受了批判，1962年才平反。现在这个大队还想搞包产到组。我问：过去搞包产到组，效果怎么样？他们说，很好。并说，具体情况大队支书和你说吧！那位大队支书就在隔壁等着见我。

这个大队支书50来岁，瘦黑、结实，两眼炯炯有神。他和我讲了1957年包产到组时生产的情形以后说，我们大队的农民见到"一号"文件后，合计着还要搞包产到组，就是不知道党中央准不准？报道组的同志插话说，大伙就是怕再来个批判斗争。大队支书说，我倒是不怕，只要增产了，再批判、斗争我一回也不要紧。我说，现在不是过去了，中央讲了实践是检验真理的标准，只要能增产，群众又愿意干，是不会有人批判你的。那个大队支书说，希望你们秋后一定到我们大队来一趟，看看会不会增产。

在从黄岩去宁波的路上，小虞向我讲了不久前出在海盐县的一个故事。海盐也是浙江的粮食高产县，县里有个"学大寨"先进队，粮食产量高，他们公开讲都是按"大寨"的一套作的，实际上暗中搞了包产到组。队里的人们约定，谁也不能说。他们见"一号"文件说也可以搞包产到组以后，便向人们说他们早就实行了。上级知道这件事后，把队干部批评了一顿，叫纠正过来。现在他们还是照样干，就是不再说了。到了宁波，同地委接待我们的同志说起联产责任制的事，他说，省里不让搞，可是下边有些队搞了，纠正吧农民不满，不纠正吧又怕省里批评，我们只好少去下边，对上边说不了解情况，睁一只眼闭一只眼。地委的同志反复嘱咐我，他说的这事不要给他们登报，也不要写"内参"，更不要说出他的名字。

到了杭州以后，记者站的同志问我要不要就包产到组的问题，同省委领导同志交换一下意见。这时报社打来电话叫我回去，我没有同省委的同志谈就回北京了。

回到北京没多久，就有人告诉我，某新闻单位有的人说，我同安徽的某某穿一条裤子，鼓吹"四级核算"。还有人说，浙江省委对你有意见，省委常委会对黄岩出现包产到组的事，讨论得挺热闹，省委某同志说："我们反对搞包产到组，是对这个问题有深刻的认识。三年困难时期，我亲自到安徽纠正过责任田的做法，很清楚，搞联产责任制，就会分田单干，必然滑向资本主义，我们省里就不准搞联产责任制，哪里搞了，哪里就必须纠正过来。人民日报的老许在黄岩说可以搞，结果那里搞起来了。我们叫黄岩纠正不好，不叫纠正也不好……"还说，浙江省委把这件事已经反映到中央去了……

作为一个共产党员、人民日报的一个记者，我对自己说的话，做的事，写的文章应当负责。我想，对这件事不能马马虎虎，如果我说的是真理，我就要坚持，如果有错误，就应当纠正。我问报社领导知道不知道这回事，报社领导说知道。不过我们报社在这个问题上是支持农民的，社会上、党内，还有一些地方的负责同志，对这个问题存在不同看法，有人说好，也有人反对。我说，这是个原则问题，我还要到群众实践中去进一步调查研究，弄清这个问题上的真理和谬误。

我又到安徽去了。安徽省委表示支持我调查研究联产责任制的问题，并说省里也想总结一下这方面的经验。省委的刘家瑞同志主动提出同我一起下去调查研究，刚从山西调安徽工作的吴象同志，也要一同和我下去，并约定下去一个月，各写一篇文章。我要写的是联产责任制问题，这是我这回到安徽来的具体目的。

我听说滁县地区是率先实行联产计酬责任制的，而且这个地区的凤阳县，实行了"大包干"，效果更好，就决定去凤阳。

我们从合肥到凤阳的途中曾路过定远县的张桥镇，那天，正逢农民赶集，集市不大，摆的农副产品不少，我们到集上看了，1斤花生五角钱，1斤绿豆4角钱，1斤小鸡7角钱，1个鸡蛋7分钱……价格都比合肥市的公价低，芝麻香油的价钱特别低，1元多1斤，比张桥粮店的收购牌价还低。我问卖油的人为什么不卖给粮店？他们说粮店已无处盛了，谁卖油，谁得自己带一个油缸去。

集市贸易主要在农民之间进行，似乎卖的人多，买的人少，不管是卖的人，还是买的人，都是一副副欣喜的面容。

刘家瑞同志告诉我，去年大旱时，全省这里旱情最重，公路上有好多渴死的麻雀，有好长一段时间人畜无水吃，国家用汽车给这一带的群众送了好几个月的水……这里去年秋天地里缺墒，生产队没有力量抗旱种麦，这时省里定了个政策：把生产队的地借给农民，谁种，谁收。结果大部分麦田种下去了。要说搞生产责任制，应当说最早是从这里开始的。

我们到凤阳，去县委一问，县里的负责人都下乡去了。听说我是人民日报的记者，县机关的许多同志都来了，大家争先恐后地向我们介绍凤阳"大包干"的情况。他们说，经过这一年的"大包干"，凤阳人不再"背着花鼓走四方了"。他们还说，今年连定远、嘉山（同凤阳地理相连）外流的人也没有多少了。这都是三中全会的政策好，"大包干"好！

当晚在灯下，我翻阅《凤阳新志》，上面记载着，历史上群众外出流浪、卖唱行乞的事实。我想，为什么新中国建立以后这么多年，这一带农民外流的问题不曾解决呢？我们同县里约定，明天去访问一个外号叫"讨饭村"的生产队前王村，到了那里调查研究一番。我们访问了前王村的每一户人家。这是一个好似被人遗弃了多年、近来又重新有人住的村子。那些新建和新修过的土屋之间，错落着残垣断壁，露着白茬的木床，上边放着单薄的被褥，生产队会计严立士找来一些农民同我们座谈。严立士在会上说，联产责任制有四大好处：一是自己干的活，自己看得见，摸得着。干的多，得的多，"多劳多得"。二是有了生产自主权，怎么干效果好，就怎么干。我们能当家作主。三是每件事干好干坏都同自己的利益直接联系，谁能不往好的干。四是过去人们看着牲口糟踏队里的庄稼，也不管，现在不是了。

县里的同志指着我说，他是人民日报社的记者，从北京来的。我们在前王村呆了多半天。

在凤阳得到的印象是，这个县实行"大包干"才一年，生产就上升了一大截，粮食产量比历史最高产量增长了20%，凤阳的农民扔掉了讨饭棍，"大包干"这个新事物，使凤阳农村的社会主义事业出现了历史性的转折。

离开凤阳，我们经蚌埠到了五河、固镇、萧县、宿县、灵璧、怀远、蒙城、涡阳、利辛、亳县、太和、阜阳、阜南、颖上、霍邱等县，继续进行调查研究。我们看到，凡是搞了联产责任制，实现了多劳多得、按劳分配的地方，生产都上去了，其中五河增产六成，固镇、蒙城增长五成，灵璧、怀远、阜南、涡阳、利辛、阜阳增产三四成。

我们还看到，实行了联产责任制的地方，原先不正派的基层干部，再像已往那样多吃多占或浪费集体的财物，就不容易了。农民们还能用经济手段，改造那些钻"大呼隆"、"大概工"、"大锅饭"的空子，耍滑头不认真劳动的"二流子"了。

一个多月耳闻目睹的活生生的事实，给我上了深刻的一课，使我从实际生活中进一步认识到，农村集体经济的基本核算单位，生产组织的大小，用什么样的管理方式和计酬方法，都必须以能否适应和促进生产力的发展为前提，否则就会挫伤农民发展农业生产的积极性，妨碍甚至破坏农村生产力的发展，这是不以人们的主观意志为转移的客观经济规律。我们在20多个县里，看到农民那么喜欢联系产量的生产责任制，这不是偶然的。这种生产责任制适应当前生产力的水平，有效地贯彻按劳分配的社会主义原则，能促进生产力的进一步发展。农民们把它看做是社会主义优越性的实际体现，是农民利益所在。在我国农村实行联产承包责任制是符合我国社会主义农业生产发展的客观规律的。

广大农民如此喜欢联系产量生产责任制，可是那时候，从地方到中央，从党外到党内，对联产承包责任制的是非，还是众说纷纭。有些同志还搜寻着这个新事物在发展进程中出现的某些问题和缺点，给以非议、责难和否定。更甚者，有的利用手中的权力，对农民实行联产责任制的行动和要求横加阻挠和压制。

面对这种情况，我认为报纸应当宣传为亿万农民所喜欢的联产责任制，应当引导人们端正对这个问题的认识，应当从舆论上支持农村出现的这场伟大的改革运动。我还觉得，安徽农村率先兴起的家庭联产承包责任制，势必会影响全国。基于这样的认识，我们写了安徽农村见闻——"农民为什么如此喜欢生产责任制"的长篇通讯，送回报社及时刊登在1979年11月14日第二版上。这时，在全国各地，人们正为联产责任制的是与非进行着激烈的争论，这篇通讯反映了广大农民群众的意愿，阐述了联产责任制的实质，回答了一些争论的问题。见报的第二天，新华社就全文向全国广播。编辑部和记者接到了几百封群众来信，赞扬中央党报及时表明态度，支持亿万农民喜欢的家庭联产承包责任制。1979年12月18日，《人民日报》第一版《读者来信》专栏中，刊登张世居、王文香、文福印、魏正德等农民来信，说："上月《人民日报》发表的安徽农村见闻《农民为什么如此喜欢生产责任制》一文，我们读后拍手叫好，这篇文章说出了我们农民心中想说的话，读后感慨万千，党报发表这样的文章，说明和我们想到一块去了……"1979年，是最初兴起农村这场伟大改革运动的关键时刻，人民日报同中国八亿农民的心，是紧紧地连在一起的。

（附注：1984年记者去浙江时，浙江省委书记向记者说明，1979年记者在黄岩说的话是对的，是符合中央精神的。当时省委受"左"的指导思想的影响，对待群众要求实行联产承包责任制的态度是不对的；1981年以后改变了态度，在全省范围内逐步推行了"家庭联产承包责任制"。对于前一个时期的问题，省委有关负责人，代表省委在党代会上做了自我批评。）

1988年6月

# 在地方记者岗位上锻炼成长

吕建中

从 1949 年至 1957 年，我一直在地方记者岗位上。1952 年起，我由长江日报调到人民日报。这期间，是人民日报地方记者工作从建立、兴盛到走向衰落以至中断的时期，也是我的记者生涯中一个值得怀念的时期。回顾一下这个时期的工作，对我们报社今后的记者工作有值得借鉴的东西。

（一）

50 年代前期，是新中国建立以后党风最好的时期。密切联系群众和开展批评自我批评，是我们党的优良传统，也很好地体现在这一时期人民日报的地方记者工作上。

当时，全国都在学习苏联，报纸也在向苏联真理报学习。邓拓同志 1954 年访苏联归来，把人民日报学习真理报的工作精神和工作作风推向一个高潮。今天看来，照搬苏联的一些东西，并不都符合我国国情，而当时真理报强调开展报纸群众工作和加强批评报道，跟我们党的优良传统相一致，无疑是正确的。苏联真理报把地方记者的地位和要求提得很高，称做"地

---

吕建中（1923 年—1995 年），高级记者，山东海阳人。1942 年参加革命，1948 年 11 月—1949 年 4 月，在中原报、新华社中原总分社任记者，1949 年 7 月加入中国共产党。1953 年调入人民日报，1958 年蒙冤被错划右派，1978 年重新回到人民日报记者部工作。

方特派记者"，人民日报从 1953 年开始，根据党中央的决议精神，选派较强的同志在各省、市建立记者站，在报社内成立地方记者（组）部，也始终把做好报纸群众工作和加强批评报道作为地方记者的主要任务。在 1954 年的第二次记者会议上，编委会根据第二次全国宣传工作会议的决议精神，制定了"进一步加强和改进地方记者工作的方案"。

《方案》第一条规定："人民日报驻各地记者在编委会领导下，代表人民日报联系驻地党的组织，组织当地作者积极分子，密切和当地人民群众的联系。地方记者在深刻了解当地党组织的生活和当地全部生活的基础上，通过文章、通讯、新闻、内部材料等各种形式，向报纸反映和提出当地的重要问题、工作经验和群众要求，积极主动地宣传党的政策，反映党的政策在当地实际执行的情况，反映群众生活，实现编委会提出的不同时期的宣传方针。"

为了有效地实现上述方针任务，《方案》第二条提出要"改进编委会对于地方记者工作的领导"。其中包括由一名编委具体领导地方记者工作，或专任地方记者部主任。编委会每月 23 日以前将下月宣传要点通知地方记者，地方记者也于每月底将下月报道计划报到地方记者部。"编委会定期对一定记者所写稿件提出批评和表扬，地方记者部和各专业部也定期根据记者的稿件撰写记者工作述评，以提高记者的思想和业务水平。"

《方案》对各专业部和地方记者的关系、地方记者和当地党委的关系等也都做了明确规定，同时还制定了"关于人民日报地方记者在报纸上开展批评和自我批评的意见"、"人民日报地方记者关于改进新闻报道的意见"等等。

（二）

从以上可以看出，当时人民日报编委会是把地方记者工作摆在十分重要的位置上。编委会以及各部对地方记者抓得紧，要求严，从思想到业务指导具体，除每年举行一次全体地方记者会议外，地方记者部还不断同有关专业部联合召开小型记者会。每次会议，编委会有关成员都参加指导，尤其是邓拓同志，总是在百忙中抽时间同记者座谈，从报道思想、确定题目到具体处理某些重要稿件，他都是那样满腔热情，不辞辛劳。

我在长江日报做地方记者期间，在开展报纸群众工作和批评报道方面有较深的感受，调到人民日报后，对上述地方记者的方针任务，思想上是接茬的，也在贯彻执行中得到锻炼提高。这期间的实践，使我深感做为党报的地方记者是身负重任的。我也体会到，开展报纸群众工作是胜利完成报道任务的基础；采访报道的过程，也是开展报纸群众工作的过程。

这里举几个例子。

自1948年随军南下至河南直到任人民日报驻河南地方记者，我经历了剿匪、反霸、土地改革以至农业初级合作化，大部分时间生活在群众之中，深感翻身农民对党的感情是那样深，对干部是那样亲热。可是，后来一个时期，我发现农民对干部的态度变得冷淡起来，这引起了我的深思。我和省、地、县的农村干部座谈，他们提出工作中遇到的一些困难和问题，其中最触动我的心灵的，是不少干部苦恼地说：现在农民不肯对自己说真心话了！于是，我带着这个问题，深入到农民中去找答案。

我来到豫北武陟县梁宿店村。这里是地委和县委直接掌握的一个重点村，村里有个长驻工作组，什么工作都在这里先走一步，再向面上推广。这里的干部怀着某种荣誉心和责任感，带头搞互助合作，全村80%以上农户参加了不同形式的互助合作组织。傅光莹的农业生产合作社是上面树立的一面旗帜，"组织形式高"，得到的经济扶持多，庄稼长得比别人强，全村农民追随着它，细心观察着它。村长傅光田的互助组集资搞副业取得一些成绩，小麦实行合理密植试验，推动全村40%左右的麦田实行了密植……这些，我进村后，干部向我做了介绍，一些天真的青年人也向我夸耀他们所在的傅光莹农业生产合作社，是"带头走社会（主义）的"，是"应该登报的"。可是，如果我当时满足于这些表面现象并把它介绍给读者，那就掩盖了农民最关心的一个实质性问题：在已露头的左倾思想影响下，出现了盲目冒进、强迫命令和平均主义。

我继续深入到农民群众中去探索。有一天，我在一户社员家吃饭时，谈到他们社里的小麦长得不错。女主人却流露出一种苦笑的神情说："麦是长得不错，只怕吃不到自己嘴里。你下回再来，也难吃上白面馍。"我问这是为什么？她说初级农业社里强要把户里的牲口、农具都作价归公，收了麦还不够填窟窿（还债务）的呢！第二天晚饭后，我又和一个退伍军人闲聊。他说，他是第一批加入傅光莹农业社的社员，现在却不愿意农业社在自己入了社的地里挖土脱坯。我问：既然农业社是土地统一经营，挖土脱坯是为集体，为什么不愿意？他说社员们背地议论，农业社怕干不长，秋后会散伙。再一深谈，原来农民对参加农业合作社思想上是亦喜亦忧，喜的是解决生产上的某些困难，能实行农业新技术；忧的是土改分到手的土地"刚暖热了心窝"，就要强迫"归公"了。他们听说傅光莹农业社要实行"大仓库"共同消费制度,又看到村长傅光田的互助组为了"提高形式"，"快走社会（主义）"，强行扩大公共财产，并要手里梢有积蓄的农户无偿出资搞副业，要中农把牲口卖给互助组；社员眼看着长势很好的小麦，因为使用化肥不当，造成倒伏、萎黄现象，驻村干部既不懂农业科学技术，又只顾搞自己部门的一套业务，"好向上汇报成绩"。了解了这些情况，我才明白：为什么农民们口说"早入社会（主义）早光荣"，背地里却深深忧虑"天下农民是一家，土地财产一拉平"。……

经过和农民直接接触、谈心，我看到了梁宿店村"热烈气氛"后面的发人深思的矛盾，感受到了广大农民表面平静，内心却忧虑重重。

紧接着，我开了个农民小型座谈会，向他们讲了党中央指示各级党委要把春耕生产当做中心任务来抓，并提出纠正互助合作中盲目冒进倾向的政策精神，我要求他们通过自己的报纸人民日报发言，说说自己要说的话。他们感到欣喜、宽慰和荣幸，说："我们想做的，干部偏不做，我们想说的，干部偏不听。……干部成天住在村里，看不见我们的心。"我从这一系列的群众工作中，找到了农民为什么不肯向干部说真心话的答案，写了《让农民对我们说真心话》那篇受到报社和当地党委表扬的通讯。

编委会根据"中共中央关于报纸工作的决议"精神制定的"人民日报地方记者改进新闻报道的意见"，其中提出：地方记者"应当准确地、多方面地、及时地报道人民的实际生活，报道党和人民政府的政策实施情况和各项具体成就，使新闻报道充分发挥以事实进行政治鼓动的作用"。同时提出："新闻报道应是对全国人民有共同兴趣的典型事实……新闻是指消息（一般400字左右）、简讯（100字左右）、短小的消息性速写（1000字以内）等三种体裁。"

当时，编委会和地方记者部曾要我在河南做一个月的实验，看看是否实际可行。实验结果，我在开展群众工作的基础上，完成（见报的）1000—2000字左右的通讯3篇（其中组织通讯员写的1篇，自写2篇）、新闻13条、内部情况一件。这13条新闻中，约一半是根据当地报刊、文件上的材料就地采访证实后编写的，一半是亲自到下面采写的。例如：我从省直机关了解到，全省正在突击开展群众性的小麦抗霜冻自然灾害活动。我想，全国小麦主要产区的河南上年曾因遭受霜冻造成不同程度减产，现在群众敢于起来向天灾做斗争，在当时的条件是难能可贵的，也是不应放过的重要新闻。我立即乘火车赶到我在豫北的一个基点——安阳郭王度村。当晚，村党支部根据气象预报,做出"作战"部署,全村家家户户准备停当,先按风向在方方麦田边设置好柴草、药物,然后身备火柴,和衣而卧。等气温降到接近0℃度,村里锣声一响,立即有组织地出动,霎时间田野烟火弥漫,人声欢腾,一场霜灾被征服了。我当时的激动心情,驱除了我彻夜未眠的疲劳。当天用电报发回一条几百字的独家新闻,见报后,中央人民广播电台也据此做了广播,当地报纸和新华总社要求自己的记者要加强新闻敏感,不要再放过这类新闻。

这期间,也存在着不结合报纸群众工作进行深入采访,不按报纸的要求写新闻,而热衷于以主要以至全部精力写长篇通讯、特写的倾向。有的往往"完全根据领导机关的材料及个别人谈的印象写稿","为了写得生动感人、追求形式美,不惜添油加醋捏造事实。"对此,地方记者部和各专业部不断根据读者来信和记者的典型稿件,在编辑部内部刊物上发表"记者工作述评"开展讨论。我从这当中不断得到教益,如有一回我凭一次听汇报的材料,写了一篇《郭王度的新生活秩序》。地方记者部就以此为例写"记者工作述评",指出:"从题目看,这本是个好主题。但由于记者没有深入采访,以致文章内容空泛,也未明确表现主题。"又如一次我未经亲自采访证实,就在一篇通讯中,轻率地引用了豫北纱厂女工许杏娣创看1400个纱锭的全国最高纪录的例子。后来,中南有关部门去总结推广她的经验,发现竟是个假典型。

## (三)

在报纸上开展批评的工作能否顺利进行,与党风的好坏密切相关。

当时,编委会"关于地方记者在报纸上开展批评和自我批评的意见"中明确规定:"地方记者要关心群众的生活和利益,倾听群众的呼声和要求,用负责态度对待来自群众的自下而上的批评，向官僚主义作斗争，提高群众的主人翁责任感。"同时规定批评的对象、内容以及审稿制度是："不接受监督、违背集体领导原则、压抑批评、打击报复等单位和个人"；"凡涉及全面的、重要的稿件，送党委征询意见。"《意见》中并提出，这项工作的开展"应做为检查记者工作的一个经常的重要项目"。

当时，驻省、市记者碰到过来自地方党委领导对在报纸上开展批评的阻力，但多数地方党委对这项工作是支持的。我在《长江日报》任驻河南记者期间，就深深感到，中南局和河南各级党委支持在报纸上开展批评，使报纸在群众中享有很高的威信，记者在这方面的工作也比较容易开展。调到人民日报后，我在河南也就没有顾虑地进行这项工作。前者例如我到南阳地区采访土地改革时，发现这里出现忽视思想发动、走过场的现象。有些农民"怕变天"，白天分了地主的东西，晚上又悄悄给地主送回去，这必然会影响新区工作的巩固，我便采写了《和平土改的教训》。我当时曾经有顾虑：第一次到南阳地区采写的第一篇稿就是批评性稿件，当地党委对此会是什么态度？可是，我得到了当时的地委第一书记赵紫阳同志的恳切支持。他告诉我地委已经发现这一倾向，并正采取纠正措施。他要我尽快发回这个报道，免得广大新区的土改走类似的弯路。后者例如上述《让农民对我们说真心话》在《人民日报》刊登后，河南省委在省委扩大会议上推荐这篇稿子，省委领导同志并加写按语，要《河南日报》在头版显要位置转载。按语原文是这样：

中共河南省委批示：吕建中同志这篇文章，正反映了我省农民的真实思想和突出要求，打中了我们农村工作的要害。广大农民是迫切要求发展生产与根据其切身体验和需要逐步组织起来的，但我们农村中却存在着分散主义，干涉过多，使群众不能安心生产。另外在互助合作运动中，不根据自愿互利与小农经济现状出发，即盲目冒进，贪多贪大，随意扩大公共财产，变相侵犯农民私有财产权，硬要"拖着农民跑步"的现象，必须有步骤地坚决扭转。这不仅影响生产，影响互助合作的正常发展，而且影响党和农民的关系与生产秩序的稳定问题。此问题已经引起新乡地委注意，并正在纠正，这是很好的。但这些问题在我省是带有普遍性的问题，各个地区都有不同程度的存在，特别是霜灾之后，暴露更为明显。望各级领导深切注意，在生产救灾实际工作中，结合当地具体情况，有步骤解决之。

这些事例说明，当时优良的党风，给在报纸上开展批评与自我批评以有力的支持，对密切党和报纸与农民群众的关系产生的巨大作用。

## （四）

最后，我怀着遗憾而又充满信心的心情，写几句并非全是离题的话。

1955年7月，召开了第三次记者会议。会上，要求记者认真学习揭露胡风反革命集团的材料，作为进行工作的指导思想。1956年11月，编委会讨论通过了地方记者部提出的《改进记者工作的几个问题》的报告，接着就进入了不平常的1957年。这年夏天，各地记者要求报社召开全体记者会议，解决日益感到迫切而困惑的问题，但是这次会议直到1958年春反右派斗争基本结束时才召开。会上，不是讨论新闻报道工作，而是掀起记者部反右派斗争的又一个高潮。地方记者先后有9人被错划为右派，几乎占全报社"右派分子"总数的1/3。我和季音、习平、高粮等同志都是1958年春天突然被戴上右派帽子的。我当时真是百思不解，就连半年前由编委、地方记者部主任岗位调赴苏联工作的李庄同志，知道后也表示"深为惊讶"！

接着，人民日报的地方记者干脆被取消了。

1959年，一向关心地方记者工作的邓拓同志，怀着"文章满纸书生累"的心情离开人民日报，再也没有回来！

在十年动乱、劫后余生之后，迎着党的十一届三中全会的光辉，我重新回到了人民日报的记者岗位。我感到高兴的是，人民日报现在又建立起了一支朝气奋发的记者队伍。我相信，这支队伍在日益深化改革的新时期，必将发扬我们党和党报的优良传统，迈着新的步伐前进。

1988年6月

# 春水冷暖鸭先知

## ——回忆天津记者站的复建

萧 荻

80年代初,人民日报开始恢复和筹建各地记者站,在外省市建站,改变由新华社发稿的一统天下,大概距首都最近的天津市是第一个。我有幸适逢其会,也体会到复站初期的一些甘苦。

### 适逢其会

我是1979年初才落实政策到天津日报工作的。此前,由于1957年在天津青年报任副总编辑

1984年1月10日,帅孟奇大姐接受记者萧荻(左)采访。

---

萧荻,高级记者,天津人,1930年出生,中共党员。1948年参加工作,1951年在天津青年报工作,1979年在天津日报工作,1981年调任人民日报驻天津首席记者。

时被错划右派，从1958年到1979年修理地球15年，在铸造厂抡大锤7年。回到天津日报后，先后在总编室和政教部工作。1980年夏天，忽然通知我到天津宾馆会见一位人民日报老记者，原来是陈勇进同志他老人家身负建站和选人的重任到天津来了。陈老和天津日报总编辑石坚同志商量好，从天津日报部主任中遴选6人，然后由这6人每人写一篇稿，再综合有关情况选其1人。最后这彩球怎么抛到我头上呢？我想是老天爷帮了我一把，一看这个人无辜倒霉了22年，该给他一点好运气了。确实是这样，从那以后到离休我经历了一生中最好的十几年，连过去眼见我被打入冷宫的老同事都对我称羡不止。到人民日报工作这份幸运，并非人皆有之。当然，说到底，是党的一系列拨乱反正的正确政策使然。最后定局时，当时的社长胡绩伟和副秘书长余焕春，还亲自到天津的一招和我谈了一次，而后带我跑了几个基层单位。从头到尾，陈勇进同志对我亲切点拨，玉成其事。

由钱李仁社长到天津主持正式开会建站是1987年12月12日，当时的天津市委书记李瑞环到会热情讲话祝贺，颇有一番盛况。但，此前早就运转起来了。

建站初期，无房、无车，条件相当艰苦，后来报社车队给配了一辆爱趴窝的老丰田，冬天早晨要用火烤一下才能发动，走到半路上不行了，我要下来帮司机李京推一把。如上种种，是今天具有广屋、大厦、新车的记者站所想象不到的。那时发要闻稿一是打电报，二是用电话传，三是托火车司机将稿子带到北京站，一些稿硬是做到了今天事明天见报。

## 要尖，要尖

当时面对的兄弟单位在抢新闻上堪称人多势众。长时期是一个人单打独斗的记者站，如何以一当十去占领制高点？对此，应该感谢陈勇进同志，他虽在天津时间不长，但给了我极好的传、帮、带。陈老平易练达,既有很大的亲和力,又有独到的观察力。他说:人民日报记者,对多大的官也不低他一头,对多么平凡的百姓也不高人一头。他很注意和地方党委建立良好关系,他以新四军老干部的风度和谈吐,在天津和当时的市委书记陈伟达等领导人,一见如故,无所不谈。同时又广交基层朋友。在大邱庄、港口等地,他和基层干部、工人、农民很快就打成一片。过去20多年我在泥里水里摸爬滚打,知道一点人情冷暖。我乐于学习他的为人处世,很快在上上下下交了不少朋友。建站后市委一些领导人常常到记者站和我们聊天。寒冬大风天,李瑞环在大港油田井架旁记者群里,单独把我叫到他车里取暖、聊天。而基层许多人反映我们一点也没架子,愿和我们推心置腹。这些,对于广泛掌握信息大有裨益。

再一点,就是充分依靠大后方。老陈在天津就经常和当时的总编室主任陆超祺以及值班副总编丁济沧等电话沟通,掌握全局。我没有他那么大面子,但每逢回北京参加记者部的会我便如饥似渴,对当时老主任田流、商恺、纪希晨以及诸位老前辈的精彩讲话听得点滴不漏。至今我仍能记起,田流曰:"我是一不上班、二不当官,记者的办公室就是广阔天地……"高集、王天铎、刘宾雁、金凤……谈笑风生,讲出各种渠道来的大量信息,使我感到是一种高级的精神享受。

眼观六路、耳听八方,做记者,当如是啊!这一切给了我充分的营养,使我迅速进入目光四射、马不停蹄的记者生涯。老陈对采访和写作耳提面命,常提到的就是捕捉要敏感、出手要尖锐,简称之:"要尖,要尖!"正是依靠这些传帮带,在发稿质量上,不仅努力寻求既立足全国、又有地方特色的视角,而且在数量上也逐步取得了较大的覆盖面。最多的一个年份,我发了8个头版头条。1988年我曾当选为"全国优秀新闻工作者",并参加全国记协组织的广西游,新华总社有几位同志初见面时说,要查李瑞环的新闻资料,你写的是最多的。分社社长张钦沛说,你写的稿子没有八股腔,也能从跨行业里找新闻。这些反映并不等于我有什么过人之处，但确是折射出人民日报无可替代的独特优势，也说明上级决定恢复记者站的必要性。

举凡天津市发生的并有全国传播意义的大事，本着立足本地放眼全局的精神，更记住陈老所说的"要尖"，我便竭尽所能地去找最重要的人、抓最重要的事、取最重要的话，尽快采写和发稿，并力求写得既有全局观点又有地方特色。在这方面，诸如1983年9月13日报道引滦入津的通讯《伟大的工程》，1987年11月24日报道天津市领导和市民交心座谈的头条新闻《天津广泛开展协商对话》，1997年1月11日报道天津市努力保护历史名城的通讯《城市，请留住历史》，都获得比较强烈的反响。这些稿子反映了天津市委和人民的创造性，在写作上突出最新鲜的事实和一切为了人民群众的精神。

## 平中觅奇

当然，对记者来说，物质是第一性的，新闻是第二性的。无论在哪个地方，具有轰动效应的事件和新闻，并非天天发生。那么，在日常生活的涓涓溪流中，如何也能挖掘出"看似平凡却奇崛"的东西，抓到激动人心的独家新闻，我觉得这更是驻地记者的基本功。在这方面，我的体会就是：人民日报的记者，必须充分发挥人文精神。

1982年5月2日我在《人民日报》头版发了一篇消息"胡耀邦同天津市劳动模范和先进人物欢聚"。事后天津日报总编辑石坚同志多次在一些会上提道："耀邦同志讲话里有一点十分重要的东西，当时在座的几十位记者包括我，写稿时都忽略了。但萧荻却抓住了，这就是新闻敏感。"他指的是我在稿中有这么一段是别人没写到的："当全国劳动模范张士珍谈到外地一位卖过菜的全国劳模（指李素文），在'四人帮'横行时犯过错误，现在有了进步时，胡耀邦说：'工人阶级就是要改造社会、改造人，对犯过错误的要帮助，有了进步要欢迎！"别人忽略未写，我却情有独钟，这一方面是由于我22年的切身之痛，再就是我脑子里有一根弦：人民日报要抓最新的政策精神。

耀邦同志这一宣示告诉我们，再也不能像过去那样，动不动叫人永世不能翻身了。要宣传这种实事求是、宽容大度的精神，纠正和澄清既往的迷误，包括人民日报自己当年留下的疙瘩。1985年我在采访天津引滦工程时得知水利局长马树魁很有风格，一再让贤，把正职让给年轻同志，在工作中鞠躬尽瘁。但几个方面的同志向我反映，1980年人民日报有一篇火力很大的通讯，阴差阳错误把马树魁纳入负面人物，这是多年来压在他心底的一块石头。我经调查证实后，写了一篇通讯"有所争有所不争"，不复纠缠过去那些纠缠不清的矛盾，只谈今日老马的高尚风格，并附函向报社说明原委。总编辑李庄同志见稿后亲自找1980年写那篇稿的老同志征求意见，那位老同志豁达大度，立即点头同意。1985年2月26日在《人民日报》头版见报后，也算还老马一个清白，在天津水利局引起轰动，反映是人心大快！并感谢人民日报实事求是，搬掉压在一个人或一群人心上的石头，恢复和尊重一个人的尊严，这不就是人民日报最具有凝聚力的亮点吗？

独家新闻一向为记者所孜孜以求。我认为在众多记者一窝蜂扑向同一事件时，挖掘这一事件的人文内涵，往往可以独辟蹊径，胜人一筹。1981年10月29日《人民日报》头条发了我写的消息"黄河水奔流千里到达天津"，当年被评为全国好新闻。原因就是在稿中写了水更写了人，写了事态更写了心态，用较多笔墨写了冀鲁豫三省水过家门而不引、千方百计送天津的博大胸襟，从而摆脱了写动态稿见物不见人的窠臼。大邱庄当年曾被热炒，但后来我从许多渠道以及直接接触中感知禹作敏过于骄横。有两年我只做调研，冷静观之。后来正当一个分社社长和一位日报老总各写了一个整版，说禹作敏怎么圆了百年农民梦，等等。刚见报几天，恰好禹被刑事拘留后判刑。但在禹出事后大邱庄长期被媒体冷落。当时我认为禹犯法不等于大邱庄老百姓也进入冷宫，更不等于那里的改革终止，对其现状国内外还是非常关心的。在上海章世鸿同志过津时，我俩专门去采访了一次，见到那里还是不错的，更认为改革应继续，群众应鼓励，乃率先发稿"大邱庄生产秩序正常"。稿到报社后总编辑范敬宜亲自定题并请示了中宣部，于翌日在头版见报。这一消息立即被海内外媒体转载，大邱庄也很快又火热起来。别人热炒你岿然不动，别人束手你敢于打破僵局，这都是一种独立风范。见事是静若处之，还是动如脱兔？其出发点和归宿点就是在于要实事求是，要以人为本，也可以说是人文精神和新闻规律的融合。人文关怀是上上下下都喜见乐闻的社会动向，写好了是新闻中的精品。

说到底，在我当天津站首席记者的任期内，没什么惊天动地之作，如果我仍有机会写稿，我一定要寻求这种富有人文精神的珍品。新闻虽是"露珠"，但其中的人文精神融入历史的长河生生不息。

2005 年 4 月

# 道是无情却有情

## ——谈批评性报道的社会效果和甘苦

王艾生

从1981年10月至1984年10月，3年时间里，我在《人民日报》见报的揭露和批评性报道40余篇，占总的见报稿1/3。这些揭露和批评性报道，反映了山西省社会风气、党风以及经济、科技、文化领域中存在的一些问题，其中有的报道引起省委、省政府重视，在群众中引起一定反响。这里，我谈谈批评性报道的社会效果和甘苦。

1987年1月记者王艾生(右一)参加中国记协组织的赴西沙群岛采访团，在舰艇上采访守岛官兵。

王艾生，高级记者，山西省平定县人，1932年生，中共党员。1949年1月参加工作，先后任山西青年报记者、中国青年报经济部负责人；1981年8月调人民日报驻山西首席记者、记者站站长。

## 一　选题从何来

　　生活浩瀚，人海茫茫，诸事繁杂。搞揭露和批评报道从哪儿下手呢？也就是说，选题从哪儿来？带着"框框"下去找材料行不通，单靠领导机关的情况也远不够。最主要的是从实际生活中出题目。记者经常处在社会主义物质文明和精神文明建设的最前哨，时刻感受到祖国建设脉搏的跳动，那儿有激动人心的好人好事，也有使人痛心的落后腐败现象。在采写表扬报道的同时，能对那些危害党和人民利益的坏现象视而不见吗？1981年11月，我在山西省潞安矿务局采访煤矿挖潜、革新、改造，拟写一篇改造小煤窑的报道。当时发现，长治市干部利用职权违法盖私房相当严重，成为一股歪风。全市有近500名干部利用职权，贪占国家集体资财营建私房，私房的规格越盖越高。在群众中造成极坏影响，有的人指着干部的私房骂街说："这还像共产党员干的事吗？"许多敢于坚持原则的干部也纷纷向记者反映情况。于是，我暂时放下煤矿的采访，冲破阻力，集中力量调查干部盖私房问题。在省纪委同志的配合下，先后两次，近一个月时间，基本查清了长治市副市长刘巳未等6名领导干部盖私房贪占国家集体资财的实情，长治市委作了处理。我写出《长治市严肃处理违反规定盖私房的干部》的新闻，刊登在1981年11月11日三版头条，并加了编后。这个选题是实际生活中"碰"上的。

　　1981年冬，我从外地采访返回太原市，耳闻目睹一些怪现象：国营商店没有紧俏商品，而蹲在国营商店门口的出售者，却以高出市价一倍或几倍的价钱出售。于是，我走街串巷，调查了解，又请市工商局、商业局同志座谈，写成《制止街头投机者》的记者来信，不几天见报了。这个选题也是留心生活中的一些异常变化，进行调查、分析抓到的。

　　1983年初，山西省直机关合并、精简机构，不少单位乘机私分公物，有的干部甚至把并掉机构的办公用品、桌凳拿回家去，据为己有。此风一直刮到学校，有的中学校砍伐校园的大树分给教师做家具……我采写了《山西省直机关私分公物必须制止》一文，点了省外贸局、省煤管局的名。同时，我又把自己了解的情况，写了一个较详细的材料向省委副书记李修仁报告。此文4月15日见报后，引起很大反响。李修仁第二天召开外贸局党组会议，要他们作检查，同时召开省直有关厅、局负责人会议，查处此事。4月27日，山西省委发出紧急通知，要求各级党委和纪委采取果断措施，坚决纠正机构改革中的不正之风。到6月15日，已有27个厅局机关和所属的51个单位，退回私分公物折款43万8000余元，收到较好的效果。这个选题，也是在实际生活中发掘的。

只要记者留心，批评报道的选题，不难找到。批评报道见报后，干部、群从还会找记者反映许多新的情况，新的问题。记者也就有了新的选题。

## 二　真实即生命

批评报道和其他新闻报道一样，不装，不骗，不扯谎。一是一，二是二，不夸大，不缩小。只有这样，揭露和批评报道才能起到推动工作，促进新生事物成长，加速腐败落后现象消除的功效。怎样才能做到批评报道完全真实呢？材料要反复核实。

1983年4月，我写了《这里知识分子入党还是难》一文，文内报道科学工作者张沁文入党受阻的事实，涉及省农委、省科委、省直党委、省农委机关党支部等20多位同志，我进行5次调查，找了有关张沁文入党的几届党支部委员，尤其找了不同意他入党的同志访问，查看了党支委会议记录。成稿后，又分别送有关的同志审阅，根据他们提的意见，修改后，又送给他们看第三稿。这样反复折腾几次，文章中不妥之处删去

1990年8月,人民日报总编辑邵华泽(左)来山西记者站考察工作与记者王艾生(右)在一起。

了,用语尖刻之处删去了。虽然不那么"淋漓尽致",不那么"痛快"了,但事实桩桩件件都站得牢。见报当天,省农委党组召开紧急会议,邀请记者列席,并在会上念了报道及编后,讨论了如何正确对待知识分子问题。不几天,张沁文入党被批准,有人想节外生枝阻挠,也不起作用了。征求被批评者的意见,倾听不同意批评的意见,稿件经过多次磨砺,事实更加牢靠、扎实。记者抓到一个批评选题时,总想早点弄出去,公诸于世,这种责任心是可嘉的。这时,认为他是鸡蛋里挑骨头,故意出难题。其实,这正是记者进一步准备事实的最好时机。

1983年5月,我同山西日报记者共同采写《这里领导干部多占住房为何迟迟不能纠正?》稿子还没刊发出,被批评者的告状信就寄到人民日报,说"不符合事实",报社将信转给我,我又再次去省邮电工业公司找被批评者核对,逐字逐句同被批评者落实,确认无错。稿子见报后,促进这一事件很快得到解决。

批评报道要完全正确,采访写作要慎之又慎,不仅事实不能错,表达的用语也必须准确。1984年1月25日,我和刘振宗合写的《山西煤炭厅借协作之名敲诈勒索用户》报道中说:"煤炭厅厅长、党委书记任职仅3年,将自己子女、亲属15人,安插在厅所属系统。"被批评者来信反映报道不实。我们再次核对事实,才发现要是把"亲属"改为"亲友"就妥当了。凡是重要的批评稿件,在见报前,都拿给批评者看,让他们提意见。尽量让他们在见报前把话说完。他们正确的意见,应当采纳;不正确的意见,予以解释;无理纠缠,不予理睬。这样,批评就更主动,更有效果。批评是为了纠正缺点,改进工作,而不是为了"出气",图一时痛快。

### 三 把握批评的时机

欲使批评报道取得预期的效果,把握时机相当重要。我写的批评报道,大都得到山西省委的支持,有的还是省委建议抓的。我所批评的,也正是省委要抓的工作中的问题,有的是正在抓的,有的是想抓尚未找到突破口的,有的是过去抓过现在又有新问题必须再抓的。1983年初国家确定山西有八项重点工程建设,我在潞城、孝义、介休等地采访发现在征地中农民敲国家竹杠严重,潞安矿务局某矿扩建征地,一亩地价近两万元。而且附加好多苛刻的条件。国家要拿出好多资金用于"补偿"。我又到省煤管局基建局采访,6月11日我写成一篇《山西基建征地中敲国家竹杠的现象严重》内参。赵总理批示山西省委认真解决这个问题,6月23日,由省委副书记王克文主持,省委、省政府连夜召开电话会议,贯彻赵总理批示,号召全省人民积极支援国家重点建设。6月28日《人民日报》登出我写的来信《绝不允许敲国家的竹杠》,点了几个地方的名。7月2日,山西省委和省政府发出紧急通知,要求全省人民顾全大局,更好地支援国家重点建设。到10月份,山西国家重点工程的征地问题得到妥善解决,敲竹杠歪风基本煞住。这一

1989年5月,记者王艾生(左一)在山西襄汾县采访拥军模范郑安生(右一)。

报道之所以收到较好的效果,主要原因是把握好批评的时机,提出带有普遍意义的问题。

山西临汾地区长期以来不正之风严重,干部违反规定盖私房,地委主要领导人违法乱纪,利用职权干坏事。这些问题许多人都知道,但都不愿说,不想管。我写一份内参《临汾地区不正之风纪略》,点破了地委领导层不纯这个关键。中央领导同志批示中纪委派人"严查严办"。1983年11月11日登出我写的来信《临汾地区查处干部违法建私房的阻力何在?》,公开揭出临汾的问题。不久,中纪委派工作组进驻临汾,捕了好几个坏人,办了几件大案,民心大振。把握批评的时机,要求记者在采写批评报道时,了解全局的情势,把手中的具体事件,置于党的整体工作下来观察,衡量。反复掂量它在全国的意义,使自己采写的批评报道打得准,作用大。

## 四 在阻力面前

批评报道的阻力,有来自有关上级有意或无意包庇的,有来自下面托人说情的，也有来自各种意想不到的压力（造谣中伤，打击暗算，威胁恐吓……）还有来自被批评者无理纠缠的。但是，党中央提倡在报纸上正确开展批评，人民群众欢迎报纸揭露、批评坏人坏事。在阻力面前，记者要冷静，要分析，首先反躬自问："事实、观点对不对？"若对，就要顶住。要有鲁迅说的那种"韧"的斗争精神。不怕压力，不怕非议。

1984年1月，我同刘振宗采写《揭发者为何成了被告》，召来山西省和临汾地区"打击经济领域犯罪办公室"等单位的反对。有的认为我们"替坏人说话"，甚至说我们"矛头指向哪里"。但我们很坦然，因为事实无误。我们给省委书记李立功同志送上稿件清样，立功同志召开省委常委会，听取临汾地区"打办"、省调查组和记者的汇报，最后确定：这个案子由政法机关依法办理，稿件刊登与否由人民日报自己决定。稿子见报后，加快了这一冤案的平反，伸张了正义，打击了歪风。我采写《临汾地区查处干部违法建私房阻力何在》一文，在地委常委会上念了稿件清样，他们说：事实完全对，但不同意发表。省里几个担负重要工作的领导同志，也来阻止稿件见报。我把这些意见如实报告报社，并表明记者的态度：事实无错，争取见报。文章登出后，效果很好。这就是说，有阻力要主动去排除，变阻力为主动。

## 五 炽热的心肠

揭露也好，批评也好，记者炽热的心肠是促使腐朽、落后的事物死亡，促使新事物成长。记者为新的思想，新的观念，新的人物，新的世界呐喊，推动社会前进。记者揭露问题要果敢，明快，不拖泥带水，似是而非。同时要与人为善，不挖苦，不讽刺，要宽厚待人。尽量使被批评者能够接受批评。

1983年10月，我写了一篇《盲目收购老鼠皮造成恶果》的报道，原稿抓住腐烂的老鼠皮大做文章，挖苦一番，小样排出后送审，被批评者说，我们知道错了，要改，这类话可不可以少说点，实在受不了。我将挖苦的话删了。见报后，运城地区外贸局与省外贸土畜产公司都服气。1983年3月，我写《红鱼姑娘的苦恼》，原稿中用较多笔墨描述干部到焦红鱼家索取金鱼的"丑态"。送审稿中，太原市北郊区委提出意见，我采纳了他们的正确意见，见报后，文字虽枯燥了，但收到很好的效果。据北郊区委调查，截止4月6日，干部们从焦红鱼家共白拿走金鱼3100百多条，价值1000多元，新城公社的一位副书记白拿金鱼价值110元。这些"白拿"都及时做了退赔。太原市北郊区委、区政府从处理白拿金鱼事件中吸取经验教训，作出保护"两户"正当利益的决定。

记者勇于向错误落后的现象斗争，对自己更要严格要求，绝不搞不正之风。记者还要勇于自我批评，自己错了，勇于改正。杜甫诗曰："新松恨不高千尺，恶竹应须斩万竿。"记者凭炽热的心肠，对"新松"，对党和人民的伟大事业，对祖国的建设繁荣要有高度的责任心。对"恶竹"，对腐朽落后的事物，要有疾恶如仇的情怀，才能为自己的批评报道增添异彩。我是做得很不好的，有毅力和同行们携手奋进。

1985年2月

# 《工人上书为知识分子说公道话》写作经过

张振国

1983年,记者张振国(右)在安徽农村采访。

《工人上书为知识分子说公道话》被评为1983年全国好新闻。《新闻刊大》的编辑约我谈谈采写此稿的体会。一时叫谈体会,实在谈不出多少道道。现在只能把采写的经过和一些感受粗浅地说说,供大家参考。先说说经过:1985年5月初,我把《工人上书为知识分子说公道话》一稿寄到人民日报记者部。值班编辑立即打电话给我,说:

--------

张振国,高级记者,安徽南陵县人,1929年生,中共党员。20岁在《皖南日报》开始记者生涯,并任中共马鞍山市委常委兼秘书长。长期担任人民日报驻安徽首席记者、记者站站长。

"这篇新闻很重要,我们马上发!"5月10日,《人民日报》就以三版头条显著位置刊登出来,并配了一篇题为《人心是杆秤》的短论。中央人民广播电台当天向全国转播,《马鞍山报》以一版头条位置全文转载。人民日报编委、三版主编保育钧(后任人民日报副总编,现为全国民营企业协会主席)当即告诉我:"现在社会上流传着'老九上了天,老大靠了边',这条新闻来得正是火候,对深入宣传落实知识分子政策起了很好的作用!"接着,我又得到不少工人、知识分子和同行们传来的信息,说这个问题抓得准,抓得巧,很有针对性,很有说服力,希望能继续深入抓下去。

做新闻工作是一件很艰苦的事,东奔西跑不歇,发愁着急常有。如果说有快慰的时候,那就莫过于稿件见报后受到人们关注和好评的时刻。因此,我在编者、读者和地方党委的配合、鼓励和支持下,从1983年5月到1984年7月,抓住这个报道线索,本着"老大老九,情同双手;党委支持,改革有望,重视知识,四化必成"这个报道原则,先后发了五篇新闻和通讯,人民日报都配言论在显著位置刊登。

艰苦中往往包含着快慰,快慰中往往包含着新的艰辛。1984年5月31日,受压的工程师金铭新当上厂长之后,又光荣入党;6月底,全厂又以半年时间实现了全年利润计划,马鞍山传动机械厂(原为马鞍山减速机厂,现改此名)出现了前所未有的好形势。欣喜之后,我又采写了5篇中的最后一篇新闻——《工人上书鸣不平,市委书记来过问,"蹲在门外"的厂长金铭新光荣入党》,《人民日报》于7月1日在三版重要位置登出。此后,我准备继续做点工作,使原来嫉贤妒能的个别人能在事实面前转变态度,好组织正面报道,使矛盾得到转化,使他们能在新的形势下达到新的团结。因为干"四化"总是多一个人好,能拉的我们干新闻工作的绝对不应该推。谁知好心未能得到好报,我一直控制着笔墨,从未在报上直接点过其名的,而实质是主要嫉贤妒能者却利用局机关于8月1日召开的转业军人茶话会，在会上，仍以其"支左"时的架势，对我进行了谩骂，对新上任的主要领导同志进行了攻击，对人民日报运用这个典型宣传落实知识分子政策极为不满，当局里一位 1954 年毕业的大学生、新上任不久的副局长站起来抵制他的发言时，他却勃然大怒，拍桌子打板凳。

中央领导同志说过，要把 1983 年作为落实知识分子政策年，今年又追加了半年。改革是一场革命，落实知识分子政策是改革的重要组成部分，当然也是一场革命。我们本着"认识有先后"的原则，笔下一直对他留情，而他对知识分子和支持知识分子的人一点也不留情。下文如何做，我还在想，但我相信改革是任何人都阻挡不了的。"左"的流毒是一定要清除的，党的知识分子政策是一定要彻底落实的，记者写稿为工人、知识分子说点公道话是应尽的责任，完全真实的，而且是留了余地的报道，他是骂不倒的。谩骂只能说明他偏见太深，继续深入宣传知识分子政策仍然十分必要。这就是采写此稿的简要经过。

至于感受，或者叫体会，想讲三点：

一、该快则快，该等则等，不要把一个可以较为完整地奉献给读者的典型切碎了写。

1983 年 2 月下旬，我在马鞍山市委偶尔得知有一封署名"工人"的来信。信中说了三层意思：一是说明工程师金铭新被任命为副厂长后，原来生产很不景气的工厂很快变为全省定点生产传动机械设备的工厂，产品质量不断提高，用户纷纷争购，形势十分喜人；二是说明不懂行的党支部书记看到金铭新工作出色，威信提高，就嫉妒起来，硬是让他坐了冷板凳，结果生产急剧下降，工人十分痛心；三是渴望市委抓紧调查，扶持正气，保护知识分子。

信写得很实在。经过调查，情况完全属实。如把这个事当作平常的批评稿件来写，也是可以的。但考虑到当时这类批评稿件报上登得很多，批评之后，有个好的结局的报道较少。要是单纯为了抢时间、凑篇数，顾头不顾尾，捅了出去，那就感到很可惜。

真实是新闻的生命。记者不能捏造一个完满的处理结果，记者可以起到组织、推动的作用。这封信只揭发了矛盾，而读者所关注的又主要是矛盾的公正处理。所以我就暂时把它储存在脑袋里，密切关注着它的处理结果。同时，主动向市委主要负责同志提了一些处理建议，希望矛盾能够早点解决。原市委主要负责同志对妥善处理此事十分关心。多次找有关部门和单位的负责人谈话，对原机械局党委书记支持厂党支部书记排斥知识分子的做法，进行了严肃批评。

认识问题，应当允许有先有后，错了，改了就好。可这位书记老是采取软顶、硬拖的办法，一直拖了50多天未作处理。市委和市经委党组眼看不能再拖下去了，就下了决心，责成市机械局党委作出三条处理决定：1.任命受压的工程师、副厂长金铭新为厂长；2.任命副厂长、工程师叶挺轩为厂党支部书记；3.免除嫉贤妒能的党支部书记的职务，另作安排。

人们最关心的处理结果已经有了，公开报道的条件已经成熟。但这个决定于4月22日正式打印成文，一直拖到5月初尚未公布。这时我考虑到主要矛盾已经解决，是该快则快的时候了，我赶写了这条新闻，《人民日报》及时刊登出来。事后，不少同志说："这个典型很完整，不仅主题好，事件的发展及其处理结果也很符合事物运动的规律，确是难得的新闻题材。"

二、多思考，细琢磨，不要把一个难得的题材当作一般的题材处理掉。

当下笔写这条新闻时，我先拟了几个主题，推敲来，推敲去，感到突出"知识分子受压"太一般，突出党委"处理果断"也不理想，考虑再三，觉得突出"工人支持知识分子"这个主题比较贴切、适时、明快。主题确定之后，就放开思想，围绕主题，前前后后，想了一番：为什么社会上传出"老九上了天，老大靠了边"？这话难道真是出自工人之口吗？不出自工人之口，又出自何人？我根据"工人"写的这封信，又把自己30多年来在工矿企业采访所遇到的工人、知识分子之间的一些往事"翻腾"出来，寻来找去，只找到很多"同志情、手足亲"的事情，怎么也难找到一起工人反对有真才实学的知识分子的事件。恰恰相反，不学无术的企业领导者，无端排斥知识分子的事却"翻腾"出多起。

这又是什么缘故呢？分析来，分析去，觉得有两句顺口溜可以回答这个问题："本事不大权在手，生怕乌纱落人头。"故此我得出结论："老大靠边，老九上天"，绝非"老大"所说。在我采访上书的6位工人时，他们的言谈更有说服力地证明了这一点。他们告诉我，领导不懂行，工厂搞不好，国家无收，企业无望，个人工资难保，"四化"从何而来?! 他们还说：我们支持知识分子，绝不是支持老金一个知识分子，而是支持所有全心全意干"四化"的知识分子。不是知识分子出身的领导干部，他们如能学习科学知识，领导知识分子和工人把生产搞上去，我们工人也绝不会反对他们的。工人的话多么通情达理，多么正直公道啊！采访他们的过程，确是一个受教育的过程，突出"工人支持知识分子"的主题就这样确定了。

俗话说："瓜熟蒂落"。稿件只花了两小时就写成了。但在最后确定主标题时，却花了半天工夫。先是标了个"工人写信为知识分子鸣不平"，后又标了个"工人投书马鞍山市委为工程师说公道话"。两个主标虽都突出了主题，但总感到前者立意不够准确，后者字数太多。抠了多遍，最后才把"投书"改为"上书"，既是"上书"，自然是写给上级的，所以就浓缩成《工人上书为知识分子说公道话》。发表时，编辑改动了肩标和副标，主标题一字未动。这就是说，不论是采访、写作、标题，都要多思考，细琢磨，万万不能马马虎虎，尤其不能把一个难得的题材当作一般的题材处理掉。

### 三、放开想，连续写，不写"打一枪就跑"的新闻。

这篇新闻登出之后，说好话的不少，持不同看法的也确有人在。这些不同看法，归纳起来，大体有四点：1.怀疑这封署名"工人"的信是否出自工人手笔；2.不相信重用这位工程师就真能把生产搞好；3.知识分子上台之后，是否能像工人支持知识分子那样去关心、支持工人；4.厂长职务上级可以任命，入党不经支部大会讨论、党员举手通过，总进不了党的大门。尽管意见很多，但对稿件的事实至今也挑不出毛病。

为了弄清这些意见，以便有可能、有针对性地连续报道，我采取了"反刍法"，把原来在采访中所获得的材料反过头来细细咀嚼。结果发现老金不光懂技术、会管理，还很关心他人。一位工人因工作劳累，生病住院7天，他利用下班后的时间去探望过6次；另几位清沙工人冬天清铸铁件上的沙子，穿棉袄不方便，脱下又很冷，他就主动提出为清沙工人每人做了一件棉背心。像这样感人的事很多，我也很受感动，于是就写了一篇《公道自在人心》的通讯，通讯中还引用上书执笔人张来福的一段话："没有这个事，要我胡诌，我是胡诌不出来的。报上登的那个信，都是我们对照事实写出来的。他不信，说明他对知识分子有偏见，对我们工人也有错觉!"《人民日报》于1983年6月16日在五版登出，并配发了《破除偏见也要靠实践》的言论。这是第一篇连续报道，也算是回答第一种偏见。

金铭新由副厂长提为厂长，时间只有5个月，厂里的面貌就发生了十分可喜的变化：厂长和党支部书记之间有了讲科学、讲管理的共同语言，干部和工人有了讲团结、讲效益的共同目标，厂内和厂外有了求新、要好的共同要求。对此，我又采写了《公道战胜偏见，知识变成财富——马鞍山减速机厂企业素质提高利润成倍增长》的新闻，《人民日报》于1983年10月17日以三版头条位置登出，编者以《主人翁的胸怀》为题发表了短论，指出："那种老大靠了边，老九上了天之类的说法，不但不符合事实，而且是离间兄弟情谊的，主人翁应当抵制和驳斥这种怪话。"复旦大学新闻系采访写作教研室在1984年《新闻战线》第1期上发表了《经验性新闻》一文，对这篇连续报道所写的该厂"企业素质提高的三个方面的表现"，认为"具有可靠性和可信性"，"读来令人信服"。这是第二篇连续报道，也算是回答第二个疑问。

我们提倡"打一枪，回头看看"，也提倡"打一枪，侧耳听听"，看看当地反响，有助于我们检验报道的实际效果；听听别处的回声，也有助于我们扩大视野，深化主题。当我在安徽百善煤矿得知工程师当矿长后首先想到井下工人，就是他从《工人上书为知识分子说公道话》得到启发的。这正好也是我需要回答的另一个问题，所以我又写了一篇《手足情，同志心》的新闻，《人民日报》于1983年11月11日在三版配合《长相知，不相疑》的言论发表了。

报纸表扬的人物，并不是个个都能善始善终，也不一定都要有个"善终"的报道。但你报道的人物确是一直按照党的方针、政策扎实前进，那当然可以连续报道。老金这个人，也有自己的弱点，可他能经得起挫折，也能经得起表扬。他对"四化"大业充满信心，对要求加入我党始终忠贞不二。工夫不负有心人。今年5月31日，厂党支部大会全体党员一致同意他入党。对此，我理所当然地又写了一篇新闻，报道"蹲在门外"的金厂长跨进了党的大门。《人民日报》于7月1日登出，这一篇当天未配言论。7月24日，《人民日报》在四版补发了一篇《登报之后》的署名言论。文中写道："多年来，他在厂里尽心竭力，多有贡献。可是却备受排斥刁难，长期'蹲在门外'。工人眼见不平，上书市委，才解决了问题。老金未入党前，人民日报曾报道过，他当时却被'将'了一军：'人民日报说金铭新好，那就让人民日报介绍他入党好了！'"这是马鞍山市原机械局个别领导同志的奇谈怪论。一个人入党，由谁培养，由谁介绍，这是不言而喻的事情。老金现在入党了，这是马鞍山市各级党组织和该厂党员培养、帮助的结果，我只不过为其说了几句应该说的话而已。

放开一想，就连续写出了四篇报道，连同第一篇报道，共计五篇报道，而且五篇报道都有可评之点，编辑部都配了言论，这就使报道深化了一步。有经验的编辑对我说："如果你的报道老上不了头条，老配不上言论，作为报纸的专业记者，就是一种失败！"这句话是有道理的，我从事新闻工作几十年，吃这种"败仗"的次数太多了，所以我一直把这句话记在心里。

所谓体会，就是这些。这篇报道，以及后来的连续报道，视野还不广，深化主题也不够，如何从理论上加以认识，我未细抠，因水平有限，渴望同行们批评指正。

最后，还想讲几句：干什么事都应当实事求是，我们支持知识分子，也应同工人一样，绝不是支持一个老金，而是支持一切全心全意干"四化"的知识分子，当然也包括一切支持知识分子平平安安干"四化"的各级领导干部。如果排斥过老金的一些同志现在还能转变过来，跟上时代的步伐，我也应当回过头来采访他们，为他们的转变加以报道！至于记者挨骂，我不以为然，大凡当记者的，都应当是一支蜡烛，只要对党的事业有利，只要能在困难中给人以帮助，哪怕是微弱的光亮，毁掉了自己，也很光荣，也算尽到了记者的天职。

1984 年秋

## "我是人民日报驻江苏记者"

朱维群

从中国社科院研究生院新闻系毕业后,我在人民日报记者部迈出记者生涯的第一步,从1982年底到1986年初,当了3年多驻江苏省记者。20多年过去了,当年奔波于城乡采访、写作的场景历历在目,更时时想念记者部老领导和同事们。

80年代初,人民日报向各省派驻常设记者的工作刚刚起步,各记者站少则一人,多则二三人,既没有汽车,也没有属于自己的办公场所,通常都是借用省报一间办公室,装一部普通电话,发急稿要到附近邮电局去打电报,发普通稿则使用挂号信。那个时候,报刊广告事业刚刚起步,企业也没有"公关"概念,所以不存在"有偿新闻"问题,记者当然"享受"不到"车马费"、"劳务费"以及形形色色的礼品、招待,更没有"封口费"一说。最值得自豪的是拥有一张人民日报的记者证。说一句"我是人民日报驻江苏记者",亮一下记者证,足以换来信任的目光。毕竟那个时候记者不像今天这般车载斗量,假记者大多尚未出世。

对于我们来说,最值得庆幸的是赶上了改革开放的头班

---

朱维群,江苏人,中共党员。1970年大学毕业参加工作,1978—1982年考入中国社科院研究生院新闻业务专业学习,1982年分配到人民日报,先后在记者部、国际部任记者、编辑,总编室一版主编。1991年调中共中央办公厅工作,后任中共中央统战部副部长、常务副部长,十六届中共中央纪委委员,十七届中央委员。

车。政治、经济、科技、文化、教育……社会生活方方面面新事物那样多，新旧思想的碰撞那样频繁激烈，每天都有新的报道题材冒出来，就看你能不能抓得住，能不能写出来并吸引住对稿件握有生杀大权的各级编辑大人的目光。第一批驻省记者大多经历过十年文革的磨难，多多少少在社会最基层修炼过，对昔日左的一套下形成的社会痼疾有较深刻的体会和认识，加上相互暗中较劲，写稿争版面的积极性非常之高，一时气势如虹，不仅见报率高，思想清新，文风犀利，更有不少稿件以极大勇气抓住了社会生活中鲜活的重大题目，在当时起到了为改革开放摇旗呐喊、鸣锣开道的作用，在人民日报版面上掀起一阵又一阵"旋风"。我认为，那至少是人民日报记者部最光彩的时期之一。

我比较愚钝，在师兄师弟中是不太起眼的一个，有影响的稿件很少，获奖作品及荣誉称号几乎没有。有一次因为一篇稿子写得臭且长，部领导几乎要拿出来作典型剖析。几年干下来，分量重一点的报道大体集中在江苏的经济行政体制改革、科技成果商品化、国家大型项目建设、城市建设和建筑业改革、农村产业结构调整、沿海滩涂资源开发、高校教学和科研体制改革、落实知识分子政策等方面。有一些报道与我后来从事的统一战线工作有联系，比如对民国时期南京的建设、抗战时期南京保卫战和"南京大屠杀"，以及江苏的统战、宗教工作作了一些研究。这些报道或许可以算是改革开放初期的在江苏留下的几步脚印吧。

这3年多驻省记者生涯给我留下了一些终身受益的东西。作为人民日报驻省记者，可以从一个比较高比较宽阔的视角观察、认识一个省的政治、经济、社会生活各方面，了解省委、省政府对当前工作的掌控和对未来的设想，研究自己认为是最重要的领域的问题。中国一共30几个省市自治区，了解了一个省，也就在相当程度上了解了中国。人民日报给了我这一个难得的机会，有这一段经历，在后来的工作岗位上对遇到的很多重大问题，不感到陌生或心中无数。人民日报需要把国家社会生活各方面最近发生的最重要的事情告诉读者并表明自己的态度，这就需要记者善于以最快的速度从纷繁复杂的社会信息中把最重大、最新鲜、最实质的事情挑出来，这也是我后来作为中央机关工作人员应具备的基本素质。人民日报的文风素来以准确、简练、鲜明、朴实见长，特别是标题要以最少的字数包纳最大的信息量，我至今还习惯于用当夜班版面编辑的眼光来审读那些文字冗长而重复的文件，凡是我有权修改的，经常痛加删节。当然，当记者毕竟不同于在党和国家一般机关任职，其中区别之一是较少参与决策和实际执行。所以，我一直认为人民日报记者最好能有一些在党政高层机关工作的经历。

如果允许我自主再挑选一次职业，我还会选择当人民日报记者。

2008 年 12 月

# 长江前辈给我的两点启示

艾 丰

作为我国新闻工作者的老前辈,范长江同志以其新闻实践和新闻理论,给了我们许多教育。我从他身上学到了许多东西,其中有两点启示,对我的影响是最深刻的。

究竟应该怎样给新闻工作者定位?社会上最流行的说法是把记者称为"笔杆子",大记者、好记者被称为"大笔杆子"。说穿了,在这样的概念下面,记者只是一个文字工作者,他的任务就是写文章、写报道。好记者不过是"笔头硬"而已。我始终对这个看法有所保留。总觉得这样的说法降低了记者的作用,也降低了对记者素养的要求。

在范长江的新闻实践和理论中,有两个突出的特点。

第一个特点,他非常强调记者要研究问题。他把自己的志愿归结为"用毕生的精力研究一两个社会问题"。在他的心目中,记者不仅应该是报道者、信息的传播者,还应该是社会的解释者、问题的研究者。报道者和解释者的统一,传播者和研究者的统一,才是一个好的记者。

他的这个观点,给了我很深刻的启示和教育,对我的帮助很大。我在自己的新闻工作中,一直努力实践着这样的理念。在各种新闻体裁中,我使用得最多的,最中意的,是"新闻述

---

艾丰,高级记者,河北玉田人,1938年生,中共党员。1961年毕业于中国人民大学新闻系,后又获硕士学位,1981年分配到人民日报记者部,1986任人民日报编委、经济部主任;1996年调任经济日报总编辑。

第一辑 时代的足迹

1949年1月31日,负责接收原《华北日报》、创办《人民日报北平版》的范长江同志。

评"这种体裁。我把1985年以后的新闻作品结集出版的时候,取名就叫《经济述评自析集》。为什么会是这样呢?就是因为述评这种体裁,既可以促使我深入地研究问题,又可以便于我清楚地表达自己的研究成果。

1982年春天,我写了一篇述评《水,让我们重新认识你》,与其说是采访后写成的报道,不如说是一篇关于水的研究成果。当时,北京的缺水问题已经显露端倪,但大多数人对此不仅没有足够的认识,甚至可以说完全没有知觉。我在收集各种资料的同时,反复思考,为什么人们对水这样不珍惜呢?最关键的还是水的正确观念没有树立起来。所以,我就用了这个呼唤性的标题。对水这种资源,我概括出3个重要的特点,并用3个小标题表达出来。第一个小标题《无限循环掩盖着有限的数量》。这说的是水作为一种资源在数量上的特点。人们为什么不珍惜水呢?因为人们往往认为水是无限的,取之不尽,用之不竭。其实,水资源是有限的,地球上的水的数量是有限的,而淡水的数量只占很小的比例,至于一个地方的淡水的数量,那更是有限的。那么为什么人们会认为水是无限的呢?就是因为水的循环是无限的。今年下了雨，积存了水，用完了，明年又会下雨，又来了水。这种无限的循环使人们发生了错觉。其实，水，特别是淡水，是有限的数量做无限的循环。例如北京，大体上是40多亿吨的水在做无限的循环。如果我们每年使用的水超过这个数量，那么缺水的问题就必然突出出来了。第二个小标题《低廉的价格掩盖着不可替代的作用》。这说的是水资源在质量上的特点。为什么人们不珍惜水？因为它太便宜了。水资源的宝贵，并不反映在价格上，而反映在它的不可替代性上。人类使用过各种燃料，人类曾经在没有石油的情况下生活过，人类将来也可能在没有石油的情况下生活——用原子能，但人类从来没有，将来也不会在没有水的情况下生活。对一个地方发展的最后制约，就在水资源上。第三个小标题《各自取用掩盖着水资源是一个整体》。这说的是水资源在使用上的特点。水和煤不一样，你买的煤，你不烧，它永远存在。水则不同，水龙头在自己手中，但水资源是连成一气的。有人把水浪费光了，你同样没有水用。我们必须按照水资源这个特点来管理水。这篇述评由于观点比较新颖和深刻，不仅一般的读者感兴趣，就是水专家，也同样感兴趣，对决策者，也有启示。

  1982年8月，我写了一篇关于落实知识分子政策的述评式报道《现代化觉悟》。它的写作过程，也是先研究了问题之后，再发现典型写成的。当时我看到两个内部参考，一份说，粉碎"四人帮"之后，出乎意料地出现了大量知识分子外流的情况。一份说，中科院的中年知识分子死亡率比老年知识分子还高，出现了"白发人"给"黑发人"送葬的局面。我研究的结果，认为这是知识分子政策不落实的反映。于是，我找到了知识分子政策落实得比较好的湖北襄樊去进一步研究这个问题。开始，我想从理论上解决问题，总想向当地干部问出一些道理来，总想知道他们弄清了哪些道理他们就重视知识分子了。但我很失望，没有人能给我讲出完整的理论来。后来我反复思考研究，终于发现这首先是观念问题，是现代化觉悟问题——是真搞现代化，还是假搞现代化的问题？我把这个"简单逻辑"写到述评中去了，真搞现代化，必然要发展工业，发展工业必然需要科学技术，要科学技术必然需要知识分子，需要知识分子必然重视知识分子。这没有什么高深的理论。这篇述评产生了巨大的社会反响，当地收到几千封来信，我也收到上百封来信。许多知识分子是怀着极其激动的心情写信的，有的说"你的报道，我读了一遍又一遍，每遍都是眼泪盈眶"。

1986年我担任人民日报经济部主任之后，我沿着这条路子继续走下去，侧重研究经济问题。这些年来，我进一步尝到研究问题的甜头。我利用新闻工作岗位所具有的"综合、超脱、前沿"的优势，研究问题往往能够得出一些独特的成果。其中一些已经成为中央做出重要决策时的参考。例如1993年我最早提出把"增加农民收入"作为农村工作的中心目标；1995年、1996年，我在两篇文章里全面论述了"农业产业化"问题，后来这个提法写进了中央文件；1998年我提出加快城市化和加强小城镇建设问题，也被吸收到中央决策中去了。从90年代初，我一直倡导名牌战略，现在这个重要的战略，也被人们越来越重视并已经成为国家决策了……

由于有了这样的一些经济问题的研究成果，我现在更多地被人们称为"著名经济学家"，而不只是"著名记者"了。更由于有了对经济问题的深入的研究，在离开新闻工作第一线的岗位之后，仍然可以利用这些研究获得的知识，继续活跃在社会上。

范长江新闻实践和理论的第二个特点，是他非常强调记者的参与作用。在他的眼里，记者不仅要写，而且要活动，要成为社会活动家。他的传世之作《中国的西北角》，之所以能够打响，为社会各界所关注，并流传到今，仍然让人爱读，重要原因是它的参与性。因为当时中国的西北角是红军活动的地方，范长江基本按着红军长征的路线去采访，所以才能引起轰动。在范长江的心目中，记者不仅是文字报道者，还是社会活动家，不仅是客观记录者，还是积极参与者。文字报道和社会活动的统一，客观记录和积极参与的统一，才有可能成为好记者。

1992年我参与发起和组织的"中国质量万里行"活动，就是一次在这方面的成功实践。1991年，国务院发起了中国第一个"质量品种效益年"活动。在这一年将要结束的时候，我们想，国务院的这个活动很重要，标志着中国经济的一个转折点——由重视数量到重视质量。我们新闻工作者应该更积极地参与到这个活动中去。为此，我们搞了一个活动方案，首都新闻界联合起来，搞一次大型的综合活动，既报道这一年取得的成果，也总结还存在的问题，为中央决策提供参考。在中央领导同志和政府有关部门的支持下，这个活动一炮打响，群众说"大快人心事，质量万里行"，并希望"万里行，天天行"。这个活动，极大地提高了全民族的质量意识，促进了相关法制的建设，加强了企业的质量管理工作。过去难以解决的质量问题，在这个活动中获得了解决，或者为解决创造了条件。老一代经济工作领导者张劲夫同志说，过去我们一直重视质量，但苦于找不到解决质量问题的好方法。质量万里行活动是一种解决质量问题的好方法。中宣部主管新闻的常务副部长徐惟诚同志说，在新时期，新闻工作要以经济建设为中心，万里行是一种新闻工作以经济建设为中心的好方式。作为"中国质量万里行"组委会主任，我受到了社会的称赞。但我知道，这个荣誉，有"贪天之功，贪地之功，贪人之功"的成分，而在思路上，也受到了范长江同志新闻工作实践和理论的启示。

把范长江同志新闻工作实践和理论综合起来加以考虑，它体现的是记者、新闻工作者的一种核心价值观，那就是记者的社会责任感。许多人常常问我，做好记者最重要的素质是什么？我会毫不犹豫地回答说："社会责任感。"我也常常这样解释这个问题：记者是一种"可以不负责，又必须负责"的职业。记者对任何实际工作都不负直接的责任，即使我做经济日报总编辑的时候，任何经济工作出了问题，都不会有人找我问责任；但正因为这样，记者必须时时处处感到自己的责任，才有动力和兴趣去研究问题，去实际参与，去写好报道。

今年是范长江同志诞生95周年。现在的社会大背景，与他活跃的年代已经大不相同了，但一些新闻工作的基本准则仍然是有效的。我们纪念他，学习他，最重要的是进一步树立记者的社会责任感，在这个总要求下，与时俱进地改进我们的工作，为祖国的现代化大业不断做出我们的贡献。

1991年

# 彩笔干气象　新闻或永恒

朱习华

有人说，新闻作品，一天的生命，不可能永恒；然而，记者的笔如果触及重大题材、历史风云，情况便又是一样。

一

1979年秋天，正在中国社科院研究生院读研的我和艾丰，被人民日报国内政治部抽调，派到河南参加省委揭批查报道工作。任务甫一结束，我们便

朱习华（中）在中国民航杂志社调研。

---

朱习华，高级记者，中共党员，祖籍安徽。1964年毕业于北京广播学院新闻系并留校任教。1978年9月考入中国社会科学院研究生院新闻系，1981年9月分配到人民日报记者部工作。1987年7月调任中国电子报社总编辑。1994年9月调任中共中央国家机关工作委员会紫光阁杂志社社长兼总编辑。1999年3月调任中国民航报社社长兼总编辑。

商定到当地农村走一走。这一年的3月,《人民日报》头版头条发表了张浩来信《"三级所有队为基础"应该稳定》,并加了编者按予以肯定,对方兴未艾的农村联产承包责任制推广产生了严重干扰。农村基层情况怎么样,是否如张浩所说的乱了套,我们想下去看看。

我们从洛阳出发,历时近一个月,行程近6000里,访问了伏牛山区的偃师、新安、宜阳、灵宝、卢氏、栾川、西峡、淅川、内乡、南阳等县,调查了40多个社队。沿途所见所闻、大量活生生的事实证明,张浩所言纯系乱弹。我们决定写一篇访问记,用事实驳斥张浩来信,题目叫《从洛阳到南阳》。

这次采访,是我新闻职业生涯中最为艰苦的一次。伏牛山区,山高路险,荒凉偏僻,过去很少有记者光顾。艾丰和我乘坐吉普车,白天在崎岖不平的山路上颠簸蹀行采访,晚上在县城招待所或公社大队农舍里查资料整素材,一路上辛苦自不必说;途经灵宝,艾丰又得了一种蹊跷的病,几乎24小时打嗝不止。记得有一天夜晚,持续地打嗝,折磨得他实在难以忍受,便要我乘着月光,到院子里找一把大扫帚,用扫帚把顶住他的腹部,希望借此能助他止住打嗝。这个办法自然难以奏效,他的病发作起来,竟能把我和扫帚连续顶三四个来回。老艾患病的那几天,我们急得不行,四处求医问药,幸好在当地找到一位老中医,用一种偏方治好了病,一行人才继续上路。

此行之难,还不在路途艰险,而是我们想"拨乱反正",做一篇与张浩唱对台戏的文章。"乱"来自何处?既在下面,也在"上"面。党的十一届三中全会以后,中国农村经营体制开始发生巨变,当时从上到下,有赞成的,有反对的,争论很激烈。1979年2月,甘肃省档案局干部张浩回故乡洛阳探亲,发现村里正分田到户。他因家里劳力少,牲口也分得少,便向党中央写信,诉说自己对家庭联产承包责任制的不满,希望将农村生产体制改回到人民公社制度,这封信被发表在国家农委供领导同志参阅的内部刊物上。

改革大潮滚滚而来，出现个把像张浩那样说三道四的意见并不奇怪，如果没有来自上面的支持，其影响是有限的。那一年的3月，中央召开九省市农口负责人会议。会上，安徽省农委一位副主任大胆陈辞：无论是包产到户还是包产到组，都是社会主义集体经济所有制的一种形式。此语一出惊四方，农委工作人员随即打电话询问安徽省委书记万里，这个讲话省委是否知道，万里表示完全知情。农委工作人员立即向主管农业的副总理汇报，这位副总理闻讯，随即作出指示，将张浩来信转交人民日报刊发，并要求人民日报站出来讲话，这就是所谓的"张浩事件"。3月15日报纸一登，电台一广播，全国正在热火朝天搞包产到户的广大农村一时陷入混乱，人们怀疑中央政策可能有变，就像那个乍暖还寒的春天。

　　这些内部情况，当时我们并不全然知晓。但是凭着记者的敏感和直觉，我们感到此事来头不小，也知道这不谐之音来自上头。但是不管怎样，这封来信大方向肯定有问题。作为一名对党对人民负责的新闻记者，不能因为这意见是上头来的便惟命是听，而应该坚持真理，尊重民意，顺应历史，支持改革。带着这个信念，我们在山里转了20多天，收获颇丰，掌握了很多生动的观点和事例。我们将手头的素材整了三段，起了三个标题："搞了30年（农业），现在摸到门了"一段，肯定三中全会确定的政策是推动我国农业发展的强大动力；"顺乎天理，得乎民心"一段，用事实说明还农民按自然规律办事的权力很得人心；"山区农民富起来并不难"一段，宣称新农业政策为农民铺就了勤劳致富的康庄大道。文章1979年12月5日发表在《人民日报》二版，产生了积极的影响。

　　张浩事件之后，联产承包责任制在风雨中推行了3年多，直到1982年才在中央文件上正式明确："包产到户、包产到组都是社会主义的集体经济的生产责任制。"事隔30年，《从洛阳到南阳》这篇2000来字的通讯已化为云烟；尽管如此，今天回想起来，依然觉得那趟豫西山区之行不算白费。

## 二

深入一步，高人一筹，是我在人民日报做记者时自励的话。这个标杆不敢说达到，却是促使我奋发的动力。

1984年春节过后，人民日报群工部在读者来信版搞了一个"文革遗风"的讨论，内容涉及河南省经贸厅整"黑材料"打击向上级部门反映问题的人。这个讨论影响很大，以至把中纪委工作组引进了经贸厅。当时我担任人民日报驻省记者，自然关注此事，并和工作组建立了密切关系。经过几个月的内查外调，经贸厅的问题基本查清，涉及到的几个案件也水落石出。这时我掌握这个厅在进出口业务方面给国家造成的损失达2000多万元。那一年春天，许多全国性报纸都在揭露外贸系统官僚主义问题，即使200多万元的损失，也能称得上大案，起个诸如"出口不要钱 进口不领货"的标题，便能轰动一时；何况这时我拥有超过他们十倍的"炮弹"，抛出后所产生的轰动效应绝对会比他们大！

但这时我转念一想，新闻报道能单纯追求轰动效应吗！再说新闻贵新，围绕同一题材，你报一个，我报一个，尽管单位、细节、数字有别，依然是同义反复，对实际工作毫无补益。应该另辟蹊径！如此一想，眼前豁然开朗：几个月来，工作组把查案、整党和外贸业务结合在一起抓已初见效果。我应该按捺住浮躁心情，转换角度写一篇解决问题的报道。我向工作组长谈了我的想法，他表示赞同。随后的日子，他们抓工作促成效，我跟他们一起条分缕析，反复切磋，总结出四条经验："工作组从查经济问题入手，广泛发动群众，彻底揭露矛盾，紧紧抓住群众意见最多、对国家损害最大的业务问题及其有关的人和事，进行清查；从财政、商检、银行等单位抽调干部参与调查工作，提高办案质量；请省委组织部共同参加工作，以便对该厅在机构改革中组建的新班子进行考核，及时罢免那些不称职的或问题严重的干部，同时将在查案和整党的过程中发现的优秀专业干部，提拔到关键岗位上来；工作组积极发挥指导、协助、督促、检查的作用，一方面依靠经贸厅及其下属单位广大干部和群众自己解决自己的问题，一方面鼓励、支持厅党组由被动变主动，进行自查，边整边改，把业务工作搞上去。"

这四条既是他们的基本做法，又对外贸系统解决类似问题有普遍指导意义。第一条——对这个问题成堆的单位，工作组首先抓什么？抓"群众意见最多、对国家损害最大的业务问题"，既要查事，也要查人，查清楚了，才好定性和处理。第二条——外贸系统党员、干部违法违纪，常同进出口业务裹在一起，不是"内行"，还真查不了。为此，必须搬"真佛"下世，方能收伏。第三条——工作组进驻后发现，一些犯错误的干部有消极对抗情绪，甚至认为"我是省委组织部任命的干部，你没权撤我"。鉴于此，工作组把省委组织部当初给这个厅配班子的人请来一道工作，明确宣布在查案中决定干部升黜去留，使被查的干部不敢心存侥幸。第四条——工作组不包办代替，把工作重心放在发现、培养厅内健康力量，政治业务一起抓，边整边改促成效。

有这四条带有方向性、政策性的经验垫底，再讲点问题严重的事实、数字以及整改中出现的新气象之类，这篇新闻便大功告成；1984年4月5日稿件在《人民日报》头版头条发表时，中纪委加了按语，肯定此稿所揭露的问题"在经贸系统具有一定的普遍性"；工作组从查经济案入手促边整边改的做法"是可行的"。此文被收入中共中央整党指导委员会编辑的《第一期整党重要文件与资料》一书。

### 三

退居林下看明史，发现古代有一种叫做"给事中"的小官，可以"风闻奏事，直达上听"，不禁会心一笑：哈哈，原来记者练的活儿，有一部分就是古代"给事中"的差事。

这样的差事我也干过。1984年夏收季节，我到郑州市下辖的新郑县"微服私访"，调查一个正在位子上的大队党支部书记为非歹奸淫妇女的劣迹。我把车停在村外，悄悄走进苦主家。进了堂屋，只见满屋都是一麻袋一麻袋粮食，无处下脚，只好坐在麻袋上说事。正事说完说闲事，我问他们这些粮食为何不堆放到仓房里，主人说这几年大包干，粮食年年丰收，新粮压陈粮，仓房全是满的，装不下的只好放在这儿。我问粮食多为何不卖？主人说不是不卖，而是粮站不收，卖不掉。辞别主人回郑州的路上，细雨蒙蒙，道路泥泞。隔窗望去，只见粮食收购站门前，农民冒雨拉着装满粮食的架子车排队，长达一两百米。我问陪我的朋友这么多人排队何时能卖完，朋友说卖不完也得排，有时候要等几天几夜，人不离车。他说："当农民难哪，粮食换不成钱，就买不了化肥种子，买不了砖瓦木材，秋粮种不了，房子盖不成！"那位朋友是当地人，见我兴致高，就对我说："朱记者，不瞒你说，农民这几年最头疼的事就是卖粮难！刚开始承包的时候，农民爱粮食，现在农民恨粮食！前几天有个青年农民跑了好几个粮站都卖不掉粮，火了，把一车粮食卸在粮站门前，浇上汽油点火烧了，还恨恨地说，明年我要是再种粮食我就是龟孙！"听到这里我心头一惊，突然意识到这是大事，不能不管。

回到郑州以后，我迅速找省粮食厅了解全省粮食生产和收购情况，又找到刚闭幕的全国粮食工作会议文件钻研学习，还找到一些发达国家粮食产业转化的资料。在多方调研的基础上，我对粮食问题有了较为全面的认识：我国是个有十亿多人口的大国，粮食问题是关系国家稳定发展的大事。党的三中全会以后，新农业政策调动了农民生产积极性，加上这几年风调雨顺，粮食年年丰收。但是，我国粮食生产手段基本上还是人力加畜力，机械化程度很低，粮食商品率也很低。过去粮食少，国家对粮食实行统购统销，按人头定量供应，建立了一整套从生产收购仓储到销售的"管"的办法。现在搞了几年大包干，粮食多了，新的粮食管理办法和措施未及时跟上，因而造成了所谓的"卖粮难"。我国现阶段粮食多不多呢？从国民经济发展和人民生活需要看，目前所谓的粮食多是假象，实际并不多。我查查资料，当时西方主要发达国家年人均占有和消费粮食2000多斤，我们才700多斤，只抵人家1/3。我国食品工业比较落后，饲料工业刚刚起步，粮食转化为肉蛋奶的水平很低，老百姓食物结构单一，主要是直接吃粮食，还不懂什么叫转化；再说我国几乎每年都有程度不同的自然灾害，国家粮食储备并不多，像中国这样的人口大国，如果粮食方面出了问题，那就是天大的事。当前必须尽一切力量解决农民卖粮难问题！如果此时因政策措施失当而挫伤农民种粮积极性，必将铸成大错！

我感到此事重大，便去向省委书记刘杰汇报。刘杰听我讲完立即表示，你发现的问题很重要很及时！必须采取有力措施，从行政、政策、财政、仓储等方面一起抓，尽快解决农民卖粮难问题，并嘱我代他在稿子里加两句话：一句话是："向农民说明，完成征购任务后，农民向国家交售小麦，各粮库仍按超购价收购，不封顶，不拒收。"另一句话是："从现在起，河南省对出省粮食（无论原粮或面粉）的各种限制一律取消，并欢迎外省前来委托代购或直接收购粮食。"

根据我对国家粮食工作会议和刘杰同志讲话精神的理解，我把这篇述评题目定为《国家敞开口收购小麦，请农民放心》，稿件发表在1984年7月10日《人民日报》二版头条，有力地指导了当年的夏粮收购工作。

## 四

本文说的虽是20多年前发生的事，至今却依然历历在目。

前几天记者部的同志约我为记者部史料集写文章，我心情十分激动。由于工作需要，我调离人民日报已多年，但我对人民日报、对记者部始终怀有深深的眷恋之情。我深知，是人民日报培养锻炼了我，是记者部为我的成长发展铸就了平台。可以说，我终生难忘并引以自豪的是，党的十一届三中全会以后，我在人民日报记者部这个平台上工作过几年。

尤其令人难忘的是，当时部领导对记者们提出，要"抓新闻，抓典型，抓问题"，简称"三抓"。"三抓"标准是什么？他们说："可采可不采的，不采；可写可不写的，不写；可编可不编的，不编；可上可不上的，不上。"这四句类似高僧"偈语"的指示并不费解，就是要求我们把采写的标准提高些，努力为人民日报提供有新意、有深度、有影响、有文采的稿件；换句话说，就是抓重大题材，写重头新闻，不搞那些可搞可不搞的"鸡零狗碎"的东西。

"三抓"促力作，当年的人民日报记者部，高手云集，佳作纷呈，一时蔚为壮观；而像我这样刚毕业的研究生，其作品不过是"苔花如米小，亦学牡丹开"，还数不上个儿。近日读杜甫《八兴》"彩笔夕曾干气象"句，不禁浮想联翩，发现其诗意竟与"三抓"有异曲同工之妙。人说新闻是易碎品，这话既对也不对：写大路货可能易碎；按"三抓"的标准整，那就能"干气象"，不易碎，或许还能永恒！

2009 年 3 月

# 采访《林彪"联合舰队"叛逃始末》追记

石德连

1971年9月13日凌晨,我们国家发生了一起震撼世界的重大历史事件:身为"副统帅"、"毛泽东同志的亲密战友和接班人"的林彪,带着老婆、儿子和亲信,在山海关机场,登上256号三叉戟飞机,叛国逃亡,摔死在蒙古温都尔汗。也是这天凌晨,林彪的"联合舰队"骨干,在首都沙河机场,劫持3685号直升飞机,尾随"北上"。一个反党集团,两批叛逃,人称"九·一三事件"。

事件发生之后,我有幸参加了"联合舰队"叛逃始末的采访。当我到空军采访时,清查工作正在紧张进行,有些重大问题尚未最后结论,空军党委除给了几份中共中央文件外,不能提供其他详细资料,使采访陷入困境。面对这种情况,是暂停,还是继续采访?身为党报的记者,不能退却,坚决把这一重大事件调查个清清楚楚,对全党全国人民有一个交待。基于这一指导思想,记者以中央文件为指导,从"联合舰队"的形成入手,一步一步深入调查,弄清事实真相。

早在1967年,林彪就把儿子林立果安插到空军,在吴法宪的"栽培"下,短短两年时间,便爬上了空军党委办公室副

---

石德连,1936年生,河北饶阳人,中共党员。1951年5月参加工作,1959年从事新闻工作,1965年调人民日报记者部做记者,1987年8月任人民日报经理部第一副主任。

主任兼空军司令部作战部副部长，吴法宪还授予他"指挥一切，调动一切"的特权。林立果利用林彪、吴法宪当时之威，上窜下跳，网罗党羽，在空军形成以广州、杭州、上海等地为立足点的"联合舰队"，其目的是配合林彪反党集团篡党夺权。

林彪在庐山会议发难之后，中共中央改组了林彪严密控制的北京军区，派人参加军委办事组，打破林彪在军内的一统天下；在整风汇报会上散发了黄永胜、吴法宪、李作鹏、邱会作和叶群所谓关于庐山会议的检讨及毛泽东批语；1971年7月1日，"两报一刊"（人民日报、解放军报、红旗杂志）发表文章，告诫全党"警惕现在身边的赫鲁晓夫那样的人物"；8月14日，毛泽东乘专列南巡武汉、长沙、南昌、杭州、上海等地。一路上，毛泽东在接见党政军负责人的谈话中，公开点名批评了林彪，至此已公开向林彪摊牌了。

在强大的政治、组织攻势下林彪集团处境日艰，地位日下，实力大减，终日如坐针毡。林彪、叶群、林立果及"联合舰队"成员，几经谋划，决定趁毛泽东南巡采取武装行动，谋害毛泽东。

从后来"联合舰队"成员的交待和专案组调查的材料看：首先林立果和他的死党周宇驰、于新野等人，制定了《571工程纪要》，所谓"571工程"，即取"武装起义"的谐音。1971年9月7日，林立果向他的"联合舰队"下达了"事不宜迟，赶快下手"的紧急命令。9月8日，林彪又下达了"盼照立果、宇驰传达的命令办"的"手令"。9月9日，即毛泽东到上海前夕，"联合舰队"约定暗语：如果B-52（指毛泽东）到达上海，就说"王维国住院了"；如果B-52离开上海，就说"王维国出院了"。

当晚，毛泽东的专列抵达上海，停靠在虹桥机场附近的吴家花园。"王维国住院了"的消息迅速传到北京，林立果等人打算在毛泽东逗留上海期间，伺机谋害。

"联合舰队"谋害毛泽东的方案有四种之多：一是炸机场

附近油库或放火，趁混乱之机杀害或绑架毛泽东；二是如果第一方案未能实施，在毛泽东的专列经过硕放桥时炸桥；三是如果炸桥不成，用火焰喷射器攻击专列；四是用改装的伊尔10飞机炸毁专列。阴谋得逞，林彪按党章规定以合法的形式接班。

此时，住在北戴河的林彪、叶群更是急不可待。叶群在电话里对林立果说："托你办的事，应该抓紧，形势逼人，不搞不行。告诉你们舰队几个人，这是首长（指林彪）指示。"

可是晚了，太晚了，毛泽东突然提前离开了上海。动用伊尔10飞机吧，事先选定的飞行员、空军作战部部长鲁珉，因故双眼红肿，未能到位。毛泽东又躲过了最后一劫，平安抵达北京。林立果得到这一消息后，当天乘坐林彪的专机256号三叉戟飞机迅速飞往山海关机场，赶往林彪驻地，谋划第二方案。正在人民大会堂福建厅主持修改《政府工作报告》的周恩来，得到中央办公厅关于三叉戟飞抵山海关机场和林彪的女儿林立衡的紧急报告，觉得势头不对，立即把吴法宪找来询问："空军一架三叉戟飞到山海关是怎么回事？立即飞回来。"

吴法宪支吾地应付："那架飞机执行夜航任务，现在出了故障。"

晚上11时半，周恩来又接到叶群的电话："总理啊，有件事向你报告，林彪同志想动一下。"

"空中动，还是地面动？"周恩来冷静地问。

"想坐飞机，空中动。"叶群回答。

周恩来又追问："调飞机了吗？"

"没有，没有，林彪同志让先报告总理再调。"叶群有些紧张。

叶群的这个电话，使双方明白了端倪。周恩来从电话中进一步证实了中央办公厅及林立衡报告的真实性。叶群则从周恩来的口气中，感到党中央已经察觉了他们乘机"南逃广州"的的阴谋，特别是从吴法宪处得知，周恩来追查专机动向的消息,感到末日来临,决定叛逃。

13日零时22分,林彪等人乘坐的轿车停在山海关机场三叉戟旁,他们没等客舱的客梯打开,便仓皇地从驾驶舱吊梯爬了上去,没等加油车给飞机加满油,也没等机组人员到齐,飞机就急促起动、滑行,于零时32分升空了。

"联合舰队"原计划9月13日动用3架飞机,从北京飞往广州,配合林彪另立中央,由于林立果电告:"'南逃'计划失败,决定'北上',要设法跟上。"周宇驰心领神会。

周宇驰和林立果一起,曾在沙河机场偷偷摸摸学习驾驶直升飞机,教练是飞行大队副大队长陈士印。因此,他把陈士印叫到西郊机场秘密点,要陈士印和他们一起劫持直升飞机,执行"紧急任务"。

记者采访中发现,驾驶叛逃直升机的不是陈士印,而是某部中队长陈修文。有的说:"他是被叛徒杀害的爱国英雄。"也有的议论:"为什么没有领导指令他就起飞?""为什么机场呼叫他不回答?""为什么返航到机场他不降落?"等等。一连串疑问萦绕在记者脑海里。不怕,通过对陈修文的战友、总调度室和值班员及林彪死党的逐一调查,终究会使真相大白于天下。

那是9月13日凌晨两点40分,陈修文正在飞行员宿舍熟睡,追随周宇驰的陈士印来到陈修文床前说:"马上起床,执行紧急任务。"深夜执行任务的事过去也有过,陈修文穿好衣服,走出宿舍,早就在汽车上等候的周宇驰拿出林彪"手令",在陈修文面前一晃,说:"任务紧急,要保密,对谁也不要讲。"

陈修文来到停机坪,认真进行飞行前的准备。不一会儿,周宇驰又用"手令"调来加油车加油。

此刻,警卫战士王学文本能地拨通机场调度室的电话:"上级来人接3685号飞机,说是有紧急任务……"尚未报告完,就被周宇驰一伙按下了电话,十分严肃地指责:"紧急任务，不能报告！"王学文被关进了一间小屋里。

机场调度室不知此事，立即报告北京空军司令部，回答是"没有弄清之前不准起飞！"调度室的值班人员又给警卫战士打电话，无人接听，大家都紧张起来，有的干脆向停机坪跑去，只见飞机拔地而起，只能望机兴叹。

原来，调度室在请示报告的过程中，陈修文已跨进驾驶舱，坐在左边正驾驶的位置；很久没有驾驶过这种型号飞机的陈士印，坐在右边副驾驶的位置；周宇驰也爬进驾驶舱，紧坐在陈修文的后边；其他死党钻进与驾驶舱隔开的后舱。

陈修文按照正常要求，打开电台，刚要和调度室联络，周宇驰制止说："要保密，不能联络。"

陈修文打开夜航灯，周宇驰连忙关闭。

陈修文开车加温。按规定，必须等润滑油的温度上升到40度，才能接通飞机的旋翼。可是油温刚升到30度，陈士印就在周宇驰的指使下，急不可待地扳动开关，接通了旋翼。于是，3时15分，3685直升机飞向灰蒙蒙的夜空，按照周宇驰交待的320度飞行。

夜色茫茫，云雾沉浮，银色的河，闪烁灯光的村镇，在飞机身下掠过。突然，传来机场的呼唤："3685，3685，你听到了没有，请回答。"陈修文刚要回答，周宇驰慌忙把机内通话器关闭了，并阻止说："任务机密，不要回答。"

机场调度室仍在呼唤："3685，3685，忠于毛主席，忠于林副主席，立即返航。"

一位值班参谋提醒说："呼号不对。只有忠于毛主席。"负责呼叫的参谋长一怔："什么？"

也难怪，在个人崇拜盛行的年月里，到处都喊"两忠于"，哪喊过只忠于毛主席，今夜却不同了。林彪叛逃不久，党中央派李德生同志进驻空军司令部，他决定呼叫"忠于毛主席，立即返航"。机场调度室值勤人员虽然不解，也只能按命令呼唤："3685，忠于毛主席，立即返航。"可是，在敌人的严密监控下,陈修文一句也听不到。

临近张家口机场上空,灯光已经荧荧在望。按过去的情况,飞行这条航线的直升机必须在这里降落。此刻,周宇驰拿出一张早已准备好的航线图,以命令的口吻说:"飞乌兰巴托!"

"飞乌兰巴托",这出乎意料的"命令",强烈地震撼了陈修文,怎么办?

说时迟那时快,陈修文敏捷地按动机外通话按钮,高声回答匪徒:"飞到乌兰巴托油量不够,要下去加油。"这句话,是回答周宇驰,更是向地面报告,张家口机场调度室值班员清晰地听到了空中发来的重要讯情。

周宇驰听到这句话,顿时凶相毕露,拔出手枪,威胁道:"你要降落,我就打死你!"

叛徒的伪装剥落了,狰狞的面目暴露了。他们不是去执行什么"紧急任务",而是要劫机叛国。

"飞乌兰巴托"这怎么可能呢?久经培养、考验的陈修文,早在1961年党的生日那天,就庄严向党宣誓:"为了党的事业,不惜牺牲一切,直到牺牲个人的生命,在任何危急情况下,永不动摇,永不叛党。"

尽管匪徒的枪口对着他,随时都有生命危险,但忠诚的战士陈修文毫无惧色。他不顾危险,将组合罗盘上的预定航向指针倒拨了180度,飞机向南飞了。周宇驰虽然学过驾驶另一种型号的直升飞机,并不懂得组合罗盘的功能,但是他感觉出飞机在拐弯,便恶狠狠地问陈修文:"怎么拐弯啦?"陈修文冷静地回答:"上空有歼击机拦截,作机动飞行。"

真的,党中央的确采取了果敢措施,空军奉命派出歼击机执行拦截任务。由于黑夜搜索,直升飞机又没有打开夜航灯,歼击机虽然在直升机上空掠过,没有发现直升飞机的踪影。

时间一分一秒过去了,陈修文驾驶着直升飞机急速向机场方向飞行。当飞越八达岭上空时,前方一眼望不尽的灯光,是北京的灯光，我们首都的灯光。有多少个夜晚，他和战友们以它们为地标，胜利返航啊！今夜却不然，首都的灯光好似无数把利剑直刺匪徒们的心脏。周宇驰狂叫："怎么又回来了？你骗了我们，我要枪毙你！"

陈修文却镇静欣喜，不理睬他的狂叫，从容地下滑飞行，直奔机场。

沙河机场上，我军指战员早已严阵以待，准备捉拿叛徒。飞机徐徐下降，跑道灯打开了。周宇驰眼看飞机降落，要被活捉，歇斯底里地吼叫："拉起来！拉起来！飞往山区。"贪生怕死的陈士印按叛徒的旨意，猛一蹬舵，强行操纵，飞机从百十米高处拉起来，向东北方的山区飞去。

机场是祖国的机场，山区也是祖国的山区，飞到那里也逃不出人民的手掌。3685直升机飞过群山，来到怀柔沙峪公社上空。这里群山环抱，村落棋布，是陈修文和战友们进行战备训练的地方，叛匪们插翅难飞。

飞机在河滩上空缓缓下降，100米、80米、60米……飞机每下降一米，叛徒们就多一分紧张，多一分恐惧。当飞机下降到二三十米时，陈修文将座椅旁的防火开关猛地拉起，切断了油路。事后经专家们分析："用这种切断油路的方法关车，可防止飞机着陆起火，而且在没有地面设备的情况下，飞机不能再起飞。"

关车的一瞬间，赤手空拳的陈修文，以大无畏的英雄气概，一转身，向周宇驰猛扑过去，周宇驰，惊叫一声，连开数枪；一颗颗子弹穿过陈修文的胸膛、头部，从机舱左侧飞出去。陈修文在摇摇晃晃下降的飞机上倒下了，鲜血染红了驾驶舱。

东方破晓，一轮红日从东方冉冉升起，金色的阳光洒满层层山峦和沸腾的山村。正准备下田劳作的村民们，突然听到枪声，看到飞机掉到沙滩上，有的拿铁铲，有的拿棍棒，向飞机跑来。他们见到空军战士光荣牺牲了，个个义愤填膺，立即封锁路口，抢占山头，叛徒们跑到哪里，村民们就包围到哪里，让他们走投无路。顿时在玉米地的梨树下，传出两声枪弹声，两个叛徒自杀了，一个被活捉了。至此，林彪一伙摔死在温都尔汗不到五个小时，他的"联合舰队"也覆灭了。

3685直升飞机回到人民的手中，党和国家的机密保全了，还缴获了大量的罪证材料，被撕扯成碎片的林彪"手令"，军民们在河滩、山坡、田野里一片片捡了回来，拼凑出"盼照立果、宇驰传达的命令办"的全文。又如，"联合舰队"的反动纲领《571工程纪要》等，也从周宇驰处收缴到了。这些都是审判林彪反党集团的铁证。

为此，记者以满腔热忱撰写了陈修文与叛徒英勇搏斗事迹的通讯：《血洒上空 一心向党》。稿子送审时"四人帮"之一的张春桥却以"要考虑时机"为由，不同意发表。老帅叶剑英却针锋相对地批示"此事早晚要办"并送周总理圈阅了。那时"四人帮"控制着宣传阵地，他们以种种借口拖延时日，直到粉碎"四人帮"后的1978年12月8日，陈修文的英雄事迹才和读者见面，还了革命烈士的清白。

2007年3月

# 集中精力搞报道

## ——忆在上海当记者的难忘岁月

萧关根

1991年，人民日报总编辑邵华泽(左)到上海记者站考察工作时与记者萧关根(右)在一起。

在人民日报工作的31年中，至少有21年是在上海当记者，这是我一生中难以忘怀的岁月。

1965年3月31日29岁生日那天，我到人民日报国际部报到，分在资料组工作。一年后"文革"开始了，不久我被调到

---

萧关根，高级记者，上海人，1936年生，中共党员。1965年大学毕业分配到人民日报工作，1978年8月派驻上海记者站，1992年任人民日报驻上海记者站站长。

"文革报道小组"；1974年12月记者部恢复时又到了记者部。从此，每年都有较长时间在上海采访。1976年1月周总理去世，4月"天安门事件"，9月9日毛主席去世，10月6日粉碎"四人帮"这一连串重大事件发生时，我都在上海。1978年春节后，我被借调到新华社上海分社工作。8月下旬，我回报社工作并参加记者部的业务研讨会。一天下午，记者部副主任商恺同志在会上宣布：刚才大余说，萧关根可以当记者了。会后商恺对我说，你到上海去与章世鸿同志一起采访。回到上海后的第一次采访是参加市教育工作会议，市领导彭冲同志在讲话中对中小学生中近视眼越来越多的情况表示忧虑，要求学校和有关部门加强防治工作。我感到这个问题很重要，就写了《记者来信》并很快在《人民日报》三版登出来了。这是我在人民日报上的第一篇署名的报道，很受鼓舞，下定决心更努力的工作，以证明我是能够做一名合格的人民日报记者的；同时，心里一直盼着人民日报自己的记者站能早点成立。1986年11月30日，上海记者站重建挂牌。人民日报副总编陆超祺主持挂牌仪式，上海市领导江泽民、朱镕基、吴邦国、黄菊前来祝贺，章世鸿是首席记者，成员有萧关根、吕网大、郭伟成。记者站的铜牌上写的是"人民日报驻上海记者站"。我清楚地记得，这个"驻"是记者部领导特意加上去的，以区别于过去的"人民日报上海记者站"。上海记者站的4个人属于老中青三代，都是报社编辑部直接派来的，我和小吕、小郭还都"出身"于国际部。这样的人员组成令当时其他记者站都很羡慕。

## 主攻一版头条

少写"小鼻子小眼"的东西，多提供要闻，主攻一版头条。这是记者部领导在每次记者会议上反复强调的。上海是出新闻的地方。如果一个月内，人民日报上没有有关上海的一版头条，我们记者站的同志日子就不好过，压力很大，好像对不起上海人民。还算好，记者部实行岗位责任制记分办法后，首次公布的1988年1月11日的见报稿统计没有使我们难堪：上海章、萧、吕三人共见报202篇，其中一版头条15篇，海外版头条1篇，做到了每月都有一版头条。

  为了写出一版头条，我们要及时领会中央精神，吃透上海的境况，了解编辑部的要求。1988年3月7日—12日，报社召开沿海省市记者会议，我在会上谈了上海如何发挥科技优势的问题。回到上海，我访问了主管科技工作的刘振元副市长，他对记者说，上海的科技优势正面临十分严峻的挑战，市政府和有关部门经过讨论和协商，已经和正在采取措施。1988年4月12日《人民日报》一版头条刊登了这条消息。怎样加速科技与生产的结合？上海很快就有了行动。6月28日，我在一版头条作了报道：《上海市依靠科技优势实施沿海发展战略的第一战役——14个重点工业项目攻关拉开序幕》，首批17个攻关合同今天正式签字。这次科技攻关是上海市委书记江泽民、市长朱镕基倡导的。攻关采取市场导向、经济手段与行政干预相结合的办法，引入竞争机制。通过攻关在三五年内形成几个国内领先的新兴产业，建立一批具有国际影响的大集团，生产出一些在国际市场上有影响力的名牌产品。攻关进行得怎样？我一直关注着这件事并及时作了报道：1989年11月4日二版头条《依靠科技与生产相结合优势战胜困难，上海工业项目会战进展顺利》；1990年1月19日二版头条《上海科技生产结合成绩可嘉 千余项科研成果84%得到应用》；1992年5月6日一版头条《上海重点工业攻关进展顺利》；三年完成371项课题，1/4达到国际先进或国内领先；1993年7月31日一版头条《组织14项重点工业攻关项目会战形成支柱产业，上海攻关项目第一战役目标全部实现》为这次攻关作了收关报道。这次战役性报道从刘振元副市长提出问题，到攻关目标全部实现历时6年，共发表6篇报道，其中一版头条4篇，二版头条2篇。

  进入上世纪90年代，随着浦东开发开放，上海的地位更重要了，重大新闻资源更丰富了，好在上海记者站充实了新生力量，刘士安从总编室来到上海。1990年3月人民日报开辟了《重点工程巡礼》专栏，3月18日的开篇是我和章世鸿写的《一次历史性的重大突破——宝钢建设十二年历程》。报道以大量事实澄清了国内外对宝钢的种种议论。宝钢人高兴地说："人民日报为我们平反了。"接着，我和刘士安采写的《石化建设的新篇章——写在上海30万吨乙烯工程竣工之际》，我与通讯员采写的《桑塔纳奔驰在成功之路》也先后登载这个专栏里。这三个企业正是4月份李鹏总理要视察的重点工程。有了三篇报道，对于拿下李鹏视察的报道有了信心。当时还听说，李鹏这次来上海还将代表中央宣布对浦东的新政策，不过是在小范围内宣布，对这个重大消息能否报道心里还没有把握。4月16日、17日、18日，李鹏分别参加了上海30万吨乙烯工程建成投产、宝钢一期工程冷轧连铸建成投产、热轧试车和上海大众汽车有限公司全面建成庆祝大会，并发表重要讲话。4月18日，李鹏在上海大众的庆祝会上高兴地说："上海大众汽车厂的建成投产又一次证明，我们同世界各国在平等互利基础上的合作是真诚的，中国的对外开放是坚定不移的。"在热烈的掌声过后，李鹏接着宣布："中共中央、国务院同意上海市加快浦东地区的开发，在浦东实行经济技术开发区和某些经济特区的政策。"听到这里我心中一亮，对身边的市委宣传部副部长龚心瀚说："这条新闻我们也可以发了吧。"他随手把讲话稿递给了我。散会后，我很快写成了李鹏视察上海三大工程和李鹏宣布开发开放浦东两条新闻并当场通过了审查。接着我直奔虹桥机场坐飞机送稿到报社，下午7时到北京时天色已暗，赶到报社总编室一看是副总编辑保育钧值夜班，心想希望有了。大保一看两篇报道后，就说："用我们的，不过你一定要坐在旁边直到见报。"我当然不敢怠慢。直等到19日凌晨2时版面定了才回招待所睡觉。早上起来，有人见了我就喊："萧关，祝贺你，双头条。"我不懂"双头条"是什么意思，到阅报栏一看：《人民日报》一版头条位置是竖题《上海三项重点工程建成投产，李鹏视察上海参加庆祝活动》，二条横题是《中共中央国务院同意，开发浦东，开放浦东》。《人民日报海外版》在同样的位置刊登两条消息，只是换了个位置。

1990年4月下旬，人民日报召开全国记者会议，李瑞环同志在讲话中肯定人民日报的记者队伍是好的，对大家鼓舞很大。"五一"后我留在记者部值班。章世鸿回上海后很快就写了长篇通讯《太平洋西岸的新曙光》，我正好编了这篇稿子。9月9日，我赶回上海参加了上海市政府的新闻发布会，国务院有关部门和上海市政府向中外记者宣布了开发、开放浦东的九项具体政策规定。副市长黄菊宣布，浦东新区已成立的《外高桥保税区开发公司》、《陆家嘴金融贸易区开发公司》和《金桥出口加工区开发公司》明天将正式挂牌开业，朱镕基市长回答了记者的提问。这条新闻理所当然成了第二天《人民日报》的一版头条。

开发开放浦东，是党中央的深化改革、扩大开放作出的又一个重大部署；对于上海和全国都是一件具有重要战略意义的事情。浦东开发开放是我们报道的重点，一版头条的重要新闻资源。1990年4月19日到2000年1月26日，上海记者站采写的关于浦东新区的报道见报情况是：《人民日报》（含海外版）一版头条10篇，《市场报》一版头条2篇，其他各版头条6篇。其中有4篇报道获浦东开发开放好新闻一、二等奖；《李鹏宣布开发开放浦东》被收入《共和国档案，影响中国前进的100篇文章》一书。

1992年是记者站人员最齐全的一年，章世鸿宝刀不老，带领萧关根、刘士安采写了《新的活力正在涌现——上海市国营企业深化改革初探》，此文不但登在4月12日一版头条，还配发了评论员文章《深化企业内部三项制度改革》。这一年，上海记者站共发表了276篇报道，一版头条18篇，其他各版头条9篇。1993年3月17日，上海市委副书记陈至立在听取记者站负责人情况汇报时说:"你们去年发了这么多关于上海的报道,平均每个工作日有一篇报道(上海去年实行每周5天半工作制),我听了很受感动。上海记者站工作一直很勤奋,我们是把你们当作自己人看待的。"

党的十四大确立了社会主义市场经济的改革目标,为全国各族人民描绘了改革开放新格局的宏伟蓝图。"以上海浦东开发开放为龙头,进一步开放长江沿岸城市"这一战略决策,把上海推到改革开放的前沿阵地。上海,成为世人瞩目的地方。一年多来,上海人民干得怎么样?邵华泽社长把这个问题交给上海记者站来回答。我们四个人进行了认真的准备,分头采写。从1993年11月10日到20日先后发表了五篇关于《上海建立社会主义市场经济运行机制探索》的报道。开篇《世纪之交的历史重任——上海建立社会主义市场经济体制的探索之一》在一版头条见报当天,上海市委书记吴邦国同志建议,将"体制"改为"运行机制"。半年前,刘士安与我合写的《怎样认识"龙头"——浦东?》1993年4月12日一版头条见报当天,市长黄菊在市政府常务会议上表扬了这篇报道。1993年记者部开始对全年报道实行记分制,得分最高的记者进行分类奖励。上海站有两人得了三个奖项:萧关根是高级记者中得分第一,郭伟成是主任记者中得分第一,又是全体记者中得分第一。

1994年是上海实现"三年大变样"的一年,报社领导更加重视上海的报道。春节刚过,总编办公会议决定报道上海市锦江(集团)公司两个文明建设一起抓的经验,在周瑞金副总编的指导下,郭伟成、萧关根合写了三篇报道:《两个成果一起拿》(4月4日一头)、《人人都是投资环境》(4月10日二头)、《创立中国自己的管理方式》(4月16日二头)。范敬宜总编有个心愿,要写上海人的变化,他说在《经济日报》时就想写,结果没有如愿。章世鸿接受了这个任务,他和刘士安一起写了新上海人的这篇报道,范总很高兴。吕网大参加的关于上海内环线通车、地铁一号线全线贯通的报道，简明扼要、图文并茂，上海市领导十分满意。上海某报总编辑在内部业务会议上说，我们的通讯一万多字，我看了还不清楚。《人民日报》一版的通讯《上海第一环》1500字就讲得清清楚楚。这一年，上海记者站共见报225篇，其中《人民日报》一版头条18篇，一版通讯和一版报眼11篇，其他各版头条18篇，《市场报》14篇。1995年元旦《人民日报华东分社》成立，上海记者站与分社上海新闻部实行"两块牌子一个班子"编制，萧关根是站长兼上海新闻部主任，吕网大任主编。在新的体制下，我们努力做到每个季度都有报道重点。我和吕网大在参加了编委会召开的十省市记者站关于现代企业制度试点专题座谈时商定的两篇重点报道，后来都刊登在一版头条。在参加了上海市委学习贯彻十四届五中全会精神的会议后，我分别向总社和分社领导写了书面报告。袁志发副总编和范敬宜总编认为报告很及时并要我写成公开报道。1995年11月21日《人民日报》一版报眼报道了上海确定"九五"期间工作目标的新闻，这在全国各省市中是最早的。

## 为科教改革呐喊

天津记者站萧荻的一版头条比较多，大家向他请教有什么诀窍，他随口说出两个字："瞎碰。"章世鸿有句名言："一不小心就弄个头条。"两位说的"意外"我也碰到过。我的第一篇一版头条《上海炼油厂"内行当领导，生产步步高"》（1980年1月21日）原来是给科教部的专稿。另外几篇头条：《上海技术市场带来巨大经济效益》（1985年3月3日）、《上海石化总厂用国内科研成果促技术进步》（1986年10月11日）、《上海技术市场创一条龙服务（1987年3月22日）、《钱坤喜发明电动全人工心脏》（1987年11月26日）、《华东化工学院科研面向市场》（1992年11月9日）都是给科教部的专稿。一连串的"意外"发生在我身上,是有原因的。改革开放以后,科技教育的地位空前提高。小平同志亲自主持推翻了教育战线"两个基本估计",提出了"科学技术是第一生产力"、"知识分子是工人阶级一部分"的科学论断。各级领导越来越重视科技教育在社会发展中的作用;知识分子积极性空前高涨;科教报道分量自然是更重了。从个人来说,我对科教领域可以说是"情有独钟",在采访中总感到这个领域有抓不光的"活鱼",写的报道比较"适销对路"。1990年以前的169篇报道中,只有两篇是与科教"不搭界"的报道。在我所有的报道中,科教报道占71%。在这么多的报道中产生几篇一版头条,应在情理之中的。还有一个重要原因是,科教部的领导对我的关照。是他们把我的稿子推荐上了一版头条。在报社原五号楼,科教部与记者部是"邻居",每次回报社开会或办事,凌建华同志见了面就拉着我坐在他身边,两手拍着我的膝盖"促膝谈心";王惠平同志常常把我叫到办公室商量报道题目,一旦定了题目就说"你可以大胆写,我来把关";保育钧同志、罗荣兴同志经常给我出题目下任务,配合很"默契"。他们常常把我写的报道放在很突出的位置,还配"叶伴"言论。

有了科教部的领导作"知音",我写报道是胆子比较大,敢于碰敏感的有争议的问题。1979年12月6日《人民日报》三版发表的《上海四位大学负责人呼吁:给高等学校一点自主权》,在教育界引起了强烈反响。这篇报道是我与王惠平同志一起策划的。当时,报上都在宣传简政放权,呼吁在工厂、农村给厂长、生产队长组织生产的自主权。我就想:大学是否也应该有办学的自主权?我把这个想法告诉了王惠平。他一听就说,这个题目很有意思,你在上海找一些重点大学的校长或党委书记来谈这个问题,写出稿子交给我来处理。回到上海,我先后采访了复旦大学校长苏步青、同济大学校长李国豪、上海师范大学校长刘佛年和交通大学党委书记邓旭初。四位负责人都很愿意谈这个问题,有些意见很尖锐。10月20日,我将稿子寄给王惠平。12月6日，《人民日报》三版以整版篇幅登了四位负责人《给高等学校一点自主权》的呼吁：苏步青《应该相信校长能管好大学》、李国豪《制度、政策要有利于出人才》、刘佛年《教育部门不要只用行政手段管学校》、邓旭初《该统的没有统，不该统的统得太死》。见报当天，四位负责人在北京参加教育部的会议，北京大学校长周培源、武汉大学校长刘道玉等一些重点大学负责人都表示支持上海四位负责人的主张。而教育部负责人很生气地说，我还没有什么权呢，并一再批评这篇报道。在以后的几年，我一有机会就报道扩大主权的呼吁：《权力要下放，责任要加强——邓旭初就高校改革答记者问》（1983年4月21日）、《改革——义无反顾，放权——要求兑现——邓旭初就改革如何深入答记者问》（1984年6月24日）、《何东昌在高校管理改革研讨会上强调——高校管理权限要逐级下放》（1984年7月4日）、《上海交通大学校长翁史烈要求：给高校改革扩生制度以自主权》（1986年8月22日）。

  上海交通大学是我国高校管理体制改革的先行者，早就引起了科教部领导的重视。1984年春节刚过，保育钧同志派蒋涵箴同志到上海，我配合她一起报道了上海交大的改革经验。原先我们拟了6个题目，后来写了5个，第6个题目应新华社上海分社的要求让给他们的记者写了。报道见报后引起了较大反响。在随后举行的高校管理改革座谈会上，教育部领导也同意要给大学放权。华东化工学院是上海又一个改革典型，1988年10月中旬，国家教委主任李铁映同志在上海听取该校校长关于全面改革思路的汇报后，要教委办公室的负责人找到我和《中国教育报》记者，希望我们两家一起报道华东化工学院的改革，题目是《困惑、思考、选择》。我当场说，《人民日报》已在1986年11月登过我写的三篇报道。后来，科教部派毕全忠、周庆与我一起在北京、上海、广东采访后写了一篇关于全国高校改革的报道。高等学校的政治理论课要不要改革？能不能改革？是有争议的。1990年6月16日《人民日报海外版》和6月19日《人民日报》科教版先后刊登了我和通讯员写的《以国情教育为先导——华东化工学院政治理论课改革》。国家教委的一位负责人6月20日打电话给科教部负责人批评这篇报道，详细内容没有人正式和我讲过。1989年北京政治风波过后，教育部主管部门有人提出：为什么重点大学卷入了这场风波？我和《光明日报》记者张贻复一起在上海采访了一些大学负责人，写了《为什么部分重点大学成为政治漩涡的中心？》发到科教部，结果是报社领导不敢公开发表，改为《内部情况》，但同样给予好稿奖。我参与写作的科教方面的报道除了《活水带来生机》获1984年全国好新闻二等奖外，还有四篇获得全国或上海市的好新闻奖。另外，《给高等学校一点自主权》、《高校食堂实行办企业化大有好处》、《如何调整和进一步办好大学分校》三篇被收入大学文献丛书《中国改革开放二十年<科教文卫体制改革>》。

上海记者站的同志所以能集中精力搞报道，因为我们牢记自己的主要责任是为报纸提供报道，不让经营、拉广告等事情分散精力。还因为我们记者站是一个团结友爱的集体，连续两年受到报社表扬，1993年编委会还特地总结了上海记者站的事迹，这个集体能保证大家集中精力写报道。

## 为记者站生存呼号

在《上海记者站1995年工作总结》中我提出了一个"令人忧虑的情况"：这一年人民日报对上海的报道中，一版头条比上一年少了一半（9：18）。原因是记者站为总社提供重要新闻的功能削弱了。这一年我们在努力工作的同时几乎向所有的报社主要领导呼吁过：不要取消上海记者站，要加强记者站建设。1995年7月15日我给郑梦熊副总编写了一封信，希望编委会在讨论如何加强记者站建设时不要忘了上海记者站。张云声副总编在信上批示："上海记者站如何工作，仍是一个没有解决的问题。"邵社长批示："认真研究这个意见，提出对策，请梦熊同志考虑一下，并告诉萧关根同志，我们会重视这个问题。"1996年1月28日起，在北京重庆饭店召开人民日报记者站站长会议，主要是学习讨论如何加强记者站建设的问题。分三个问题进行小组讨论。我在小组会上就三个问题都发了言，谈到了上海记者站如何建设的问题。小组会结束时，同组的广东记者站梁兆明扶着我的肩膀说："关根啊，你讲得好，下面就要轮到我们了。"因为不久华南分社成立了，广东记者站将面临上海记者站相同的命运。可惜！没有机会讲了，因为几个月后我就退休了。1959年，新华社以"两块牌子，一套班子"名义吃掉了所有的人民日报地方记者站；这一次，人民日报自己用"两块牌子，一套班子"的名义吃掉两个地方记者站。可喜的是，在我写这篇回忆文章时人民日报上海分社已诞生，崔文玉是社长，原上海记者站的刘士安、吕网大是骨干，还有一批新生力量。

但愿上海记者站能"浴火重生"。

2008年6月

# 从通讯员到高级记者

段存章

我是党报一手从通讯员培养成长起来的高级记者。

从1954年当农民写稿算起,至今已与"方格田"打交道40来个年头。前前后后大约写了2000多篇作品,包括消息、通讯、特写、速写、记者来信、散文、杂文、社论、调查报告、报告文学。同时,还出版了《大寨人故事》、《农业学大寨》、《社会主义实干家》、《大山情》、《记者酸甜苦

记者段存章采访左权将军的女儿左太北。

段存章,山西省左权县人,1938年生,1956年加入中国共产党,勤奋笔耕40多个春秋,1975年调进人民日报。难忘"党培养、自努力、众人帮",从农民通讯员成长为人民日报高级记者。

辣》、《怎样写消息》、《孩子喜欢什么样的父母》、《我欠妈妈的泪》等著作。

我上学读书少,串的行业不少。当过农民、民办教师、售货员、会计、县委机关干部、山西电台记者。开始写稿,没想到当记者,更没想到当人民日报记者。当了记者,又没想到酸甜苦辣这么多。干记者这一行,有苦,也有乐;有喜,也有愁;有热,也有冷;有高,也有低;有失败,也有成功。

"党培养,自努力,众人帮",这是我走过的曲曲弯弯人生小路的思索。

## 一  进京学了个"写稿难"

1974年夏天,我有幸参加了人民日报举办的通讯员学习班。在结业座谈会上,一位老编辑语重心长地说:"你们这次学习收获不小,知道写稿难就不简单了!"当时,我很不服气,心里暗暗想:你这明明是吓唬我们,写稿难还用学习吗?当初学写稿确实难,如今已写了十五六年新闻报道,顺手多了,谈何难呢!

不久,我被选调到人民日报当记者,开始不适应,刻苦学习,逐步长进,没想到越写越觉得写稿确实有个难字了。当然写一般稿并不难,写个好稿不容易。难就难在突破自己,难在超过自己。

一次,从粤北山区采访归来,我那个心爱的通讯遇到了难产。一连几天,痛苦难忍,折腾来折腾去,差点要"剖腹产"了。

正在这时,我坐在书桌前,抬头向窗外望去,只见楼前的建筑工地上正在打根基,刚从地面上新垒起的一段砖墙,几个小伙子七手八脚将它拆除。

"好好的墙,为何推倒?"我纳闷地走下楼,到工地问个明白。

工长对我说："这段新垒的墙，经质量检查员验收，不合格，我们决定拆掉它，重垒！"

"修补修补，不行吗？"我觉得他们付出的劳动怪可惜的。

"不行，不行，那可不行，"工长十分坚定地摇着头说，"万丈高楼平地起，重在打根基，一点儿也马虎不得呀！"

工长的话触动了我的心。我想：垒匠们敢于把自己垒的不合格的墙拆掉重垒，我这写匠为什么不能把自己写的质量不高的稿件撕掉重写呢？

回到屋里，我从桌上拣起改得乱七八糟的20几页稿纸，回头对正在床上看书的爱人说："我要把它撕掉！"

"不要撕，不要撕，"爱人一把拦住我说，"还是争取改改吧！"

"实在改不下去了！"我苦恼地说。

"再新写一份，留着这份参考也好呀！"爱人劝我。

"我脑里已形成一个框框，跳不出来，留着它，很难突破，不如来个彻底否定！"说罢，我狠狠心，把稿子撕成了一团碎纸片，纷纷扬扬扔进垃圾簸箕里。

甩掉一个旧包袱，又挑起一个新担子。我重新翻笔记，查资料，细琢磨，提炼新主题。脑筋这个东西也怪，有时"山穷水尽疑无路"，突然来了个"柳暗花明又一村"。

一天一夜后，我寻找到一个新的主题：立足山区，跳出山区——粤北发展商品经济纪实。

建筑工拆次墙盖起一栋优质新大楼，我撕旧稿后挖空心思加工出这篇新作。望楼思稿，一拆一撕，一失一得，隔行不隔理，贵在敢于否定自己。

学会自己否定自己是攻克"写稿难"的重要手段。"难"是个客观存在。如何克服"难"，关键在主观努力——

第一点，要知难而进，不要知难而退。一个热爱写作事业的人，往往在奋斗十几年后，写东西比较顺手了。但再往上提高一步，又感到难度很大。这时，一种人的态度是击鼓再战，展开新的冲杀；另一种人的态度是打退堂鼓，鸣金收兵。两种态度，两样结果。前者突破了自己，攻上一个新的高地；后者不进则退，半途而废。因此，我很喜欢"明知山有虎，偏向虎山行"这句名言。

第二点，常有"过不去"，谨防"过得去"。有时我也想："吃新闻这碗饭，写的稿子见了报，过得去了！"这种思想一露头，"懒"字就向你招手：来吧，"终点站到了！"这时写起稿子来，轻车熟路，图快不图好，制作的产品"五老"：老品种、老题目、老框式、老语言、老味道。要治一治这种毛病，良方良药有一种：自己要给自己"过不去"。敢于把自己不合格的稿子"卡住"，施加点压力，这压力又会变成动力。这种自觉的动力会促使自己超过自己。

第三点，标尺要高，功夫要实。一个跳高运动员新的追求是面前跳杆的标尺不断升高，但每达一个新高度，全凭一举一动练出的实功夫。记者也是如此，写作的标尺要高，写作的技巧要多练。我给自己规定了一条不成文的制度："日日散步，天天写文。"就是早晨坚持散步一小时，深夜里写一篇短文。尽管这项制度执行得不好，时断时续，但总算坚持下来了。回转头来看，这对"自己超过自己"确是起了不少作用的。我常想，凡是不断自己超过自己的人，大概也是有希望超过别人的人。

超过别人难。

超过自己更难。

## 二　脚印留在边远山区

我从茅草土屋到高楼大厦，条件好了，地位变了，忘不了居住在山里的父老兄弟，忘不了穷乡僻壤未解决温饱的农家，忘不了山乡百姓中蕴藏的新闻富矿。近十多年，我立志到祖国的边远偏僻山区采访，脚印留在群众中。

1979年秋天,我从济南坐长途汽车到了聊城。聊城是山东有名的穷地方,莘县又是最穷的大县。与我一块采访的通讯员小殷说:"解放30年了,我们这里还没上过人民日报哩!"这是呼声,也是对我们的批评。当我到社、队走了一圈后更觉得非写不可了。这个县在抗日战争、解放战争时期是老根据地,对革命贡献不少。解放后,由于受"左"的影响和破坏,片面追求粮食产量,砍了林,砍了棉,砍了花生,越砍越穷。党的十一届三中全会头一年,农民种地的自主权回来了,多种经营开始发展了,农民脸上有了笑容,多年听不到的笛子声又吹起来了。当时,对农村改革存有不同看法,是糟得很,还是好得很?事实最有说服力,我采写了通讯《农家又闻笛子声》。

1981年春节前夕,我冒雪翻过巍巍的秦岭山脉,到了陕西商洛地区商南县采访。这里与湖北、河南接壤。一天下午,我刚登门访问了陕西一户富裕农家,跨过一条小河,就走进半山坡上河南一户贫困农家。几间茅草房,院里堆着杂乱的柴草。走进屋内,炕上铺着半片破席,5口人盖着两条漏棉套的被子。满头蓬发的女主人正煮中午饭,我揭开锅盖,吃了一惊,这哪里是饭哪,黑糊糊的野菜汤,泡着白薯和玉米皮。门口坐着一位双目失明的七旬老人;她哭诉着说:"俺儿在队上修'大寨田'牺牲了,留下我这苦命的老婆子、媳妇、三个娃娃。没有钱,大孙子退了学。借的集体5元钱,还不起,这苦日子难熬啊!"这家穷困户触动了我的心,引起我对童年苦难生活的回忆。解放30多年了,我们的一些父老兄弟们过着不比土改前好多少的生活,实在对不起他们了。回到北京,我给当地党委写了信,建议他们设法帮助这家困难户。但这个困难户牢牢记在我的心上,促使我坚定不移地宣传"大包干",宣传帮富扶贫的政策。

1987年夏天,我们记者组到广西少数民族地区采访,专程到了一些"老、少、边、山、穷"县。如果只满足于"三线"(航线、铁路线、公路线)采访,那与住在都市里采访没有多大差别。我们几个人商量，尽量多到"三不通"（路不通、水不通、电不通）的山乡走走。百色地委黄书记介绍情况时说："田林县有个平洋寨，山顶上住着二十多户瑶族农民，近几年种八角富了，可惜那里不通车，你们去不成。"我们说，爬爬山，锻炼锻炼。"五一"节那天，小车开到山脚下的利周乡，我们徒步向高高的大山进军，十多里山路，从山脚到山顶一眼就望见了，但走起七扭八拐的弯路来，足足花了三个小时。小路又陡又窄，上边过来一匹驮东西的马，或走来一个挑担的瑶民，下边的行人就得闪到路边灌木丛中，不然无法通行。当我们终于登上山顶时，眼界大开，蝉鸣鸟叫，绿树荫荫，鸡鸭成群，炊烟缕缕。我们兴致勃勃访农家，看学校，观瑶舞，与村民共饮美酒，畅谈党的好政策带来的大变化，采访的丰收驱赶了爬山的困倦。难忘的平洋寨之行，成为我们改进采访作风的一个新起点。

我到边远地区采访时间最长的一次，要数 1985 年从夏到秋的新疆之行，来去三个月，行程上万里。"新疆是个好地方"这句话，只有到了新疆才有更深切的体会。新疆面积之大，路途之遥，山路崎岖，坐车危险，提心吊胆。一天，我从中苏边境的博乐州到奎屯市的路上，天下着小雨，路打滑，吉普车在戈壁滩上翻了个四轮朝天，我们同行的三人是从车窗爬出来的，庆幸，没有一人受伤。小车被后边来的卡车拉起来仍能开，慢慢地，到奎屯市已午夜一时。没想到翻车这件坏事，却使我能在边远的奎屯市停留了三天，访问了市一、二中学，看到他们新盖的栋栋教学大楼，倾听了长期工作在边疆的一批中学教师谈话。在教师节到来之前，我采写的《乐在天涯育英才》通讯在《人民日报》上发表，介绍了他们的先进事迹，这又是苦中一乐。

新疆是出新闻的宝地。我边走，边采，边写，先后见报的消息、通讯 34 篇。如：《西山阳关多亲人》、《乐在天涯育英才》、《石河子，你为何这般美》、《金山上的来客》、《团结富，富团结》、《江苏建筑队在新疆》、《巩乃斯草原兴起加工热》、《可敬的后勤兵》、《天山深处兵营乐》、《用红花绿叶装点戈壁》、《火焰山下葡萄醉》、《初醒的赛里木湖》、《毡房里飞出的笑声》、《戈壁滩上小书屋》。

## 三 主攻头版头条

报纸宣传的指导性是第一位的，我作为党中央机关报的记者，义不容辞的责任就是努力采写重要新闻，拿出优质稿件，占领头版头条。

例一：1985年5月10日《人民日报》头版头条刊登我与别人合作采写的消息《贵州省委顺利实现新老交替》，反映老同志主动荐贤让位，年轻干部及早挑重担；并配发评论员文章《贵在高度的责任感和信任感》。

消息一开头就点出实质："今年4月，中共中央批准了贵州省委调整领导班子方案。原省委第一书记池必卿同志主动退出第一线，满腔热情地支持年轻干部上台挑重担。"接着，介绍了他们的四条经验：一是早给优秀年轻干部压担子，让他们早日得到全面锻炼。1983年8月贵州省党代会选出新省委后，池必卿同志就对新进领导班子的年轻同志说："工作你们大胆做，出了问题我负责。"二是清理历史遗留问题，为年轻干部上任铺路。去年7月，池必卿同志主持召开了五届省委全会第三次会议，审查通过了党委整党对照检查，又讨论通过了为25年前一位省委书记处书记的平反昭雪的决定。同时，还将新中国建立以来贵州省发生的几起重大悬案全部了结。池必卿说："今后省委新班子可以轻装前进了。"三是走群众路线，民主推荐人选。他们对进新班子的人选，在常委中反复酝酿，并在三级干部会议上征求意见。酝酿成熟后，报经中央批准，先确定了接替省委第一书记的人选；然后由接替的同志主持推荐其他常委人选。四是自己带头退。池必卿同志给中央领导同志写信说："我认为我自己退下来的条件成熟了。"在此同时，省委常委和党员副省长中超过60岁的同志以及省顾委、省人大、省政协领导班子中超过70岁的党员干部都主动要求退下来，热情支持符合干部四化标准的中青年干部进领导班子。他们还一致表示，在年轻同志未正式进入领导班子之前，要以党性保证做好工作，站好最后一班岗。

评论员文章开头说："贵州省调整领导班子的消息，令人高兴。他们的经验中最可贵之处，是老同志对培养、选拔年轻干部有高度的责任感和紧迫感。同时，充分信任年轻干部，大胆放手让他们早挑重担。"结尾指出："当前，各地正在按照党中央提出的革命化、年轻化、知识化、专业化的要求，进一步调整领导班子。我们期望更多的老同志有这种高度的责任感、紧迫感和对年轻干部的信任感。"

举此例说明，主攻头版头条新闻，要注意抓党中央最新强调的问题，这为第一条。

例二：1981年11月12日《人民日报》头版头条刊登我写的一条消息，主题为"黑龙江受益单位集资建设小城镇"，肩题为"自修门前路，自栽门前树，自通门前水，自搞门前卫生"，副题为"群策群力，分担困难，较快地改变了一些城镇的面貌"。

全文800来字，用具体的事实介绍了黑龙江省加速建设小城镇的一条重要经验叫做"四自一联"，即自修门前路，自栽门前树，自通门前水，自搞门前卫生，受益单位联合起来集资搞小城镇建设，群众较快得到了自己看得见的利益。齐齐哈尔市有110万人口，周围10公里到100公里以外，兴建起富拉尔基等七个卫星城镇，建设这些小城镇在财力十分紧张的情况下，主要依靠"四自一联"来解决资金不足的问题。富拉尔基沿江公社立新居民委员会有68户居民，过去下雨就被淹；而今区政府组织群众自己动手修了一条70米长的排水沟，没花国家一分钱就解决了问题，群众受益。

记者到哈尔滨、佳木斯、牡丹江等城市调查,串街走巷,登门访问,亲眼看到群众靠"四自一联"修通的一条条门前路,栽活的一排排门前树,架通的一条条自来水管道,清扫的一条条整洁街道。深深感到小城镇建设群策群力,分担困难,是一个良策妙计。海伦县发动各单位和居民自己动手整修庭院,粉刷门面,建花坛,植花树,修栅栏,铺人行路,使全镇道路平坦,街巷整洁,庭院优美,环境清新,绿树成荫。举此例说明,主攻头版头条新闻,要注意抓群众最关心的生活问题,这为第二条。

例三:1986年8月17日《人民日报》头版头条刊登我采写的《本溪市领导干部带头学法用法》的消息,反映该市领导干部树立"在法律范围内行使权力"观念,带头学法守法,使基层单位许多老大难问题逐步得到解决。消息发表后,引起党中央、辽宁省委对本溪以法治市的高度重视,并在该市召开现场会推广。这条消息采访前进行了充分的准备。先请司法部负责同志介绍全国普法教育的情况以及本溪市依法治市的经验。同时,翻阅了《辽宁日报》登载本溪市有关普法的报道。接着,记者赶到本溪做了一周时间的调查。在掌握大量材料的基础上,经过分析研究,立意在写作上求新,试用通讯式笔法写新闻。开头从一件事实写起,本溪市副市长田作武审视着废旧物品收购公司的一份请示报告:报告要求以港商赠送为名给市侨办购进两台"皇冠"小轿车,他想:"这合法吗?""这种逃避关税的事,是法律不允许的。学法就得守法,我们必须在法律范围内行使自己的职权。"

消息接着写道,从"拍脑袋办事"到"拿法来查看",这是本溪市领导干部带头学法用法的新风气。正如原市委书记徐步云所说,前几年我市就提出三年普及法制教育。现在,许多干部的法学考试已基本合格,但做起来,有人又不依法办事。原因是还没有从根本上把法律意识培养起来。因此,我们在学法的同时抓用法;通过用法,增强法制观念。他还说,现在稀里糊涂犯法的干部不少，比如本溪县兰合峪乡一位党委书记，工作干得很好，老百姓拥护；但在建酒厂时，因不懂法律，他批准上山砍木材，触犯刑法。处分他时，群众来说情："能不能以功补过？"我们说不行，司法部门按刑法规定对其量刑。服刑期满后，我们拟让他返乡复职。

消息中还分段介绍了市计划委员会、市经委、市劳动局、市法院等部门和单位结合本职工作依法办事的生动情节。通篇用事实说话，没有作者的空洞议论，使读者读起来易懂可信。如果不做深入的采访，靠抄抄现成材料，肯定不会写出这类报道。举此例说明，主攻头版头条新闻，要注意抓实际工作中带倾向性的问题，这为第三条。

例四：1982年2月14日《人民日报》头版头条刊登我与别人合作采写的消息《用"三味良药"治领导班子"肿"、"软"、"拖"病，吉林四平市机关工作效率显著提高》。全文如下：

本报讯　三中全会以来，吉林省四平市采取三项措施，治理各级领导班子的"肿"、"软"、"拖"病，提高了机关工作效率，克服了"上边热，下边急，中间拖"的状况。

四平市的三条措施是：

撤、并、改，治机构的"肿"病。为了减少领导层次，撤销了三个区级领导机构，市设有城区办公室，两个公司（工业公司、服务公司），市政府直接领导11个街道办事处，调整了185名行政人员充实到街道工业，加强了基层领导。市委和市政府还对郊区人民公社机构实行改革，成立了蔬菜产销联营公司，把农商结合在一起，由市委农工部副部长兼经理，改变过去抓蔬菜各自为政的现象。

退下来，提上来，治班子的"软"病。去年四月，市局两级成立了老干部调查研究室，把那些离休不够条件，退休没到年龄，坚持正常工作有困难，但工作经验丰富的领导干部，安排到调研室当研究员。他们的主要任务是围绕本市国民经济调整和群众生活中的重大问题作调查，写出了有分析，有价值的调查报告,受到广大干部和群众的好评。市委、市政府挑选了1168名干部充实到各级领导岗位,其中中青年干部占61.6%,大专毕业生占52.1%,全市392个企事业单位的干部平均不到4个人。市委常委9名,都能坚持上班。

订章规,明职责,治办事拖拉的"拖"病。全市各级机关干部普遍建立岗位责任制。市长、副市长也订了岗位责任制,并定期同机关干部在一起参加评比。原电机厂转为织布厂,许多手续拖两个月办不到,经过经委负责同志协同7个部门的领导到现场开会,一个上午就把问题解决了。

四平是个拥有30万人口的工业城市。该市整顿机关还明确提出:为生产服务,为基层服务,为群众服务的方针。市财政局、税务局、银行三家拧成一股绳,互相配合支援工业生产,成为全市学习的榜样。基层的同志反映:"如今机关处理问题痛快了,不拖了。""不胡打官司、乱告状了。"

现在去四平,时常可以听到这样三句话:解放时打得出了名(四战四平),"文革"时乱得出了名(曾烧毁火车),三中全会以来干得出了名。

这条消息采写是带着改革和开放中遇到的一个普遍问题——即党政机关机构臃肿,人浮于事,办事效率低。由于针对性强,新闻提出的解决办法,不仅当时有指导意义,而且时间过去了十多年,现在读来仍有现实的指导性。这条不到千字的新闻,花费了半个月的时间作调查,召开的座谈会有几十个,采访的对象有上百名。功夫不负苦心人,此篇稿子在显著位置得以发表。

举此例说明,主攻头版头条新闻,要注意抓改革、开放中的难点、热点问题,这为第四条。

## 四　努力多写精品

从通讯员到记者,从记者到主任记者,从主任记者到高级记者，我艰难地登上一个又一个的新台阶。职称的变化不断地给自己增加了新的压力，提出了新的要求，我写作的追求是：努力多写精品。

随着热烈的掌声，我第一次走上人民大会堂的领奖台。中华全国新闻工作者协会首次举办"现场短新闻"领奖会，我与青年记者徐运平合写的《通气日、解气日、和气日——北科大星期五校长接待日旁听记》荣获三等奖。

"祝贺、祝贺"，在主席台上就座的人民日报总编辑邵华泽同志握着我的手说。

我接过红色烫金的获奖证书，沉甸甸的，它引起我对探索"现场短新闻"的片断回忆。

1989年第四季度，邵总对人民日报记者提出新的要求："扩大报道面，多想些点子，尽快反映大专院校的新变化。"我驱车赶到燕山脚下的北京农业大学，通过谈话，看书面材料，得到的东西蛮丰富，顺手写篇报道也是可以的，但我并不满足，想找条"鲜鱼"尝尝。"近日，你们学校有什么活动吗？"我问。"星期天，学生会举办爱我中华，振奋民族精神演讲比赛会，已准备好了！"校宣传部的同志告诉我。我高兴地说："好，我也来参加！"12月17日晚7时，我走进灯光明亮的教学楼，一间有200多个座位的大教室，坐满了同学，后赶来的，挤站在走道上和门口。会上发言有十几位同学，争先恐后，十分活跃。演讲比赛9时左右结束时，主持会的还接我上台给同学们发奖。会后，又开了一个座谈会，赶回报社已是午夜12时。第二天赶写了新闻特写《夜访北农大》，第三天就见了报。

社长高狄表扬《夜访北农大》可贵在这个"夜"。我星期天夜间外出采访是少有的，不知从哪儿来的那股劲头。事后想，当记者坐在办公室等题目等不来，靠抄材料写报道也写不出好新闻，只有走出去，沉下去，到现场，写现场，才有出路。

我继续沿着这条路在探索。1990年1月，我到北京科技

第一辑 时代的足迹

大学采访,第一个印象,首都平息暴乱半年以来,科大的校风发生明显变化,守纪律、爱读书、求进步的同学多起来;第二个印象,该校民主搞得不错,星期五校长接待日已坚持多年。我一边听座谈,一边琢磨:根据学校现有的材料写报道也可以,但"抄来的不如采来的"生动。于是,决定现场采访星期五校长接待日。"我们反对大民主,但不是不要民主。专政要加强,民主要扩大",这是我为什么要抓这篇报道的指导思想。

1月8日,小寒。这天下午4时,我与小徐来到北科大。当我俩走进办公楼二楼会客厅,想不到的现场新闻出现在眼前。

会客厅门外八九级博士生关小军、王芳友早就等在这里。校长王润今晨8时出去,顶着寒风刚刚从河北省燕郊镇校办工厂赶回来,便径直走进了接待室。

没等王校长坐定,两位年轻的博士生便开口了:王校长,我们有两个希望。一是希望学校为我们开办第二外语课;二是我们晚上学得很晚,肚子饿了,没有地方吃饭。王校长看了看坐在旁边的校办主任张沛英和总务处邓燕军后回答说:学校已决定下学期一开学就开办第二外语课;关于夜餐问题,请总务处明

记者段存章(后右三)在北京密云深山区采访。

天就与食堂联系,想办法解决。

到现场,亲耳听,亲眼看,感受到活生生的人和事。有的学生刚进门,噘着嘴,绷着脸,谈着谈着,脸上出现笑容。一个个的"画面",我们提炼出一个新鲜别致的主题:"通气日,解气日,和气日。"九个字,三个气,一通、二解、三和,这就具体说明"稳定是压倒一切的"。如果平时多开一些民主渠道,通通气,解解气,和和气,就能避免或减少"总爆发"。

写现场,要写细写活。我们注意仔细观察,并见诸笔端,比如"王校长在校领导接待记录单上仔细记录后回答"。"咚咚咚",随着敲门声,这时又进来了八位男同学,我对小徐说:注意,一定写上这敲门声。我给特写长了一个尾巴,小徐觉得不理想,换上他写的:"已入隆冬的北科大校园里,一股暖流正在缓缓地流入学生的心田……"

现场短新闻,时效性要靠抢。我与小徐在返程的车上讨论文章的写作,包括头怎么开,分几个段,每段用什么材料说明什么观点,都很具体明确,这个"腹稿"已到临产时刻,跳下车,小徐突击一个小时拿出初稿。接着,我改,他抄,赶出成品已是夜里11时。我说,明天见报来不及了吧!小徐说:"快送,争取!"说罢,他上气不接下气跑向总编室。第二天国内版、海外版同时见了报。

"领奖台应该是新闻改革的起步台。"我想。

## 五 攀登新的高峰

1994年11月,中共中央宣传部组织首都六七家新闻单位派记者赴四川攀钢采访。这是一次重要任务,对我来说也是一次参与竞争的新机遇。

临行前,我做了充分的采访准备。由于初次到攀钢,连它的地址在哪里都不清楚。首先查全国地图,在四川与云南交界的地方有个叫渡口,就是攀钢所在的攀枝花市,它离北京遥远得很。接着，从报社资料组、攀钢驻京办事处找来大量资料和书报，我关起门来看了三天三夜，对攀钢的情况有了一个全面了解。

乘飞机到成都，又坐16个小时火车赶到攀钢。当天下午就开始到钢花飞舞的车间采访，同工人、干部交谈。一连几天高度紧张的采访，累得我深夜里心脏病发作，住进攀钢职工医院。第二天，在病床上一边输液，一边与采访对象交谈。第三天，带病出院又到学校、幼儿园、工人宿舍、文化中心采访。本来返回报社写稿也可，但考虑在攀钢趁热打铁写有激情，我与四川记者站梁小琴同志商量出提纲，分工合作，苦战三天，拿出一个万把字的初稿。

回京后，在人民日报副总编张云声和记者部主任丛林中的指导和帮助下，对原稿进行了再次大的修改。突出主题，压缩文字，精用材料，又是折腾了几天几夜。通讯的大题目初稿为"攀钢人的爱"；二稿为"高举爱国主义大旗的攀钢人"；最后稿定为"为中国争气的攀钢人"。文内的小标题也是改了又改，搅尽脑汁，追求不落俗套。

通讯见报后，攀钢（集团）公司总经理来信说："说出了攀钢人的心声，展示了攀钢人的风采。"冶金部办公厅给人民日报来函称："热情宣传了攀钢人艰苦奋斗、勇攀高峰的精神，给几万名攀钢职工及曾参加过攀钢建设的老同志以较大的鼓舞。"人民日报总编辑范敬宜批示："此稿写得确实很好。虽然是几家报纸集体采访，但本报稿件角度不同，高出一筹。"

这篇通讯被人民日报评为好新闻。《编采业务》写的评介："攀钢发奋图强艰苦奋斗的创业史，是一部爱国主义极好的活教材。这篇通讯正是最集中、最充分地宣传报道了攀钢人爱国主义的博大胸怀!

"细读此文，特点有四：主题突出，内容集中，选材精练，语言生动。首先写出毛泽东、邓小平、江泽民三代中央领导人关心攀钢建设，统帅数十万工人、干部、科技人员会战三十个春秋，'为了钢，为了钢'，反映出我国誓打钢铁翻身仗的大战略、大背景、大气势的伟大爱国之举。全文内容紧紧围绕爱钢、爱厂、爱国，精选'让事业留住人，让人牵挂事业'之材，'下山出海，争来的世界一席之地'，此类来自攀钢人的肺腑语言，有理想，有追求，有气魄，读来味浓，意寓深远。

"作者满怀对英雄攀钢人的爱，深入采访，精心构思，反复推敲，对文章的开头、结尾，包括小标题都做了别具一格的写法，整篇没有空话套话，而用大量言之有物，言之有情，言之有意的事实高度赞颂了为中国争气的攀钢人，给亿万读者上了一堂生动的爱国主义课！"

1996年2月

# 我在宁夏 50 年
## —— 一个记者的所见所闻

黄翊明

2008 年 9 月 13 日，宁夏回汉各族群众和中央领导同志一起，在自治区首府银川市隆重庆祝宁夏回族自治区成立 50 周年。正巧，今年也是我到宁夏"支边"的 50 周年。半个世纪在宁夏虽然显得有些漫长，可一些往事却令人难忘，仍然历历在目。

我今年已 75 周岁。这 75 年中，在宁夏度过了 2/3。前 25 年由江南调到北京工作；之后的 25 年，由人民日报调到宁夏日报（1958—1983 年）；近 25 年（1983 年—2008 年），在人民日报驻宁夏记者站工作，直到退休。今天仍然生活在宁夏这片热土上。特别是与回族同胞相处的一些日日夜夜，令人难以忘怀。下面讲几个亲历的故事，以表述我这个对宁夏经济社会发展见证人的心情。

在回族农民家吃午饭。上世纪 50 年代，一天去贺兰县黄河边一农家采访，当时大家的生活条件都不太好，干部下乡是吃"派饭"，我去的这一家应当说是经过当地干部挑选、条件比较好的一家。记得吃午饭时，按当地习惯，炕上摆一小炕

---

黄翊明，湖南人，1933 年生，中共党员。1949 年 9 月参加工作，1952 年调入人民日报，1954—1956 年在中国人民大学新闻系学习，1958 年支边到宁夏日报工作。1983 年调人民日报筹建宁夏记者站，任首席记者、记者站站长。

桌，主人让我坐"上席"，我盘腿而坐。主人端上米饭和一碟自己腌的咸菜，抱着歉意对我说："就这个条件，同志，你就将就着吃点吧。"饭后，主人为了"补偿"这餐饭的不足，硬是到远处瓜地摘来一个十几斤的大西瓜，切开大家吃，这件事给我留下深刻印象。2007年经多方打听，得知这一回族之家，如今早晨做过"礼拜"之后，喝"盖碗糖茶"、吃着"馓子""油香"，中午吃"羊肉臊子面"、"粉汤羊肉"或"羊肉水饺"、"羊肉包子"，甚至吃"手抓羊肉"也屡见不鲜了。

又是一次回族之乡行。上世纪70年代，我到回族占90%以上的泾源县采访，当时的县城只有一条街，全县人口不到10万人。由于县城小，外面来人少，外出的人也不多，可不少北京插队知识青年落户到此。一天一位女知青上街穿了"连衣裙"，于是她身后居然跟了一群人看热闹，气得这位女知青以后再不敢穿"连衣裙"了。而今，这个当年宁夏最落后的穷县，一条条柏油马路直通各地，还建起了黄牛肉牛饲养基地，盖起了屠宰场，产品远销国内外。再瞧当地人的衣着，身着五颜六色时装的年轻人随处可见。

妇女的好奇心。还有一次下乡，在一家回族人家吃午饭，当男主人连续端上几大碗"烤土豆"（类似北京郊区农民吃的贴玉米饼子）和一碟盐上桌时，连声说："同志，你请，请。"这时我有些纳闷：今天这顿饭，烤土豆到底是饭还是菜呢？也只好随着主人应声道："好好好，请请。"并学着男主人手抓一只土豆，沾点盐、不剥皮就吃起来。这时，只见灶房的妇女打开一条门缝，继续给他的男人端土豆。因为那年月的妇女是不让见外来生人的，可她又想知道今天来的客人到底啥模样？来干什么的？按风俗，只能趁端土豆的机会，开开门缝，偷偷看一下生人。可如今，她们中有不少人远走新疆摘棉花，增加收入；而有些女孩子还学会了阿拉伯语，远到温州等地当翻译。妇女们真正顶起了"半边天"。

从以上衣食住行几件小事，说明改革开放给宁夏经济社会带来了巨大变化。

## 我为南部山区移民"担惊受怕"

上世纪80年代开始，宁夏回族自治区政府为了让南部山区八县贫困农民早点脱贫致富，采取了一系列措施：如引黄河水到南部山区，开发了几级提水的"扬黄灌溉"工程；在山区五年免征农业税，农民得到了休养生息；从山区向川区移民，等等。

百闻不如一见，一天我随自治区党委书记李学智同志下乡，大约下午两三点钟，我们一行到了同心县一回族农民家，见一男子在窑洞外晒太阳。按一般和人交往的习惯，我关切地问他吃过午饭了吗？没想到，他却没好气地回答："什么早饭午饭，饿极了就对付一顿呗。"我一听这话不对劲，只好硬着头皮进了他家窑洞，只见炕上芦苇编的席子已经烧焦了，一条棉被也不成型；地上有一口小缸，大约有十几斤面粉。更让人不解的是，屋角边丢了几颗大白菜帮子。我好奇地问："你这大白菜帮子留着干什么用？"男主人又是没好气地说："来了客人把它拿水泡泡，可是一道菜呗。"

看到听到这些，我的心情十分沉重。陪同我们的县委书记说，这户还不是全县最穷的，山里有的人一家的家当还装不满一小拉拉车。此次所见所闻，让我思绪万千，回单位马上向中央如实写了一份"内参"。有同行听说此事，半开玩笑地说："你的胆子真不小，要是在1957年，你不被打成右派才怪呢？"后来，听说中央不仅给这里拨了款，自治区党委和政府还采取有效措施，从南部山区八县开始向川区移民。头一年国家给移民盖房补贴，发给农具、种子和口粮，许多移民当年就解决了温饱。如今，这些移民中有的买拖拉机耕地，买汽车跑运输；还有的做起了进出口贸易。留在山区的农牧民，实施宜林宜牧、退耕还林还牧，六畜兴旺，林茂粮丰。

## "塞上江南"宁夏银川

1958年9月，我调宁夏"支边"的时候，虽然京包兰铁路这年"八一"已通车，可正儿八经的客车，还是由货车带上两三节客车车厢组成的。我从兰州乘坐火车到银川，虽然时隔50年，可当时的情景仍记忆犹新。火车途经中卫县时，那天适逢中秋节，可车窗外突然下起了鹅毛大雪，这使我这个南方人惊呆了，像是给头上泼了盆冷水；火车到达银川站时，"车站"是一片帐篷的"海洋"，没有楼房，唯一高层建筑是至今尤在的水塔。我在等汽车进银川市区时，好奇地用手摇电话打给我要去的单位，问进城在什么地方下车，回答是在"东花园"，我一听很高兴，单位不是建在花园旁边吗？可等我到达东花园时，只见一排白杨树上有几只乌鸦，树旁有一座断壁残垣的房子，里面约有十几盆花，这就是"东花园"了。

当时的银川市，有人形容它是："一个公园两只猴，一个警察看两头，马路坏了洒点油……"如今银川的巨变，确实让人眼花缭乱。这个"地震带"上的首府，当年不准盖5层以上楼的"禁令"早已不复存在，随处可见的10层、20层楼房鳞次栉比，红砖绿瓦，熠熠生辉。城中面向东方的绿色圆顶"清真寺"，格外引人注目。"人在岸上走，船在城边游"的"塞上江南"城市已经形成；城边湿地、水路可直通几十公里外的国家"4A级"景区沙湖。这个被评为全国"宜居城市"之一的银川，不少离退休的"老宁夏人"还不远千里从江南，迁回银川欢度晚年。当年晚上沿街提着矿石灯食盒叫卖茶叶蛋、羊蹄子的小贩的叫喊声不见了，取而代之的是回族油香、馓子和香味扑鼻、南北风味各异的一处处大排档的清真美食和一条条小吃街。当年两部汽车跑火车站的现象早已成为历史。

今天的银川，几十路大中小型公共汽车穿梭大街小巷，私家小汽车也一辆接一辆鱼贯而行。为了行人安全，繁华地段还修了地道、立交桥；旧火车站已改成了车辆调度站，而新建火车站形同北京火车站。不仅如此，当年银川是一座慈禧太后时代发电机发电的城市，路灯像一支支蜡烛在燃烧；如今的银川市，街道灯火通明，节能灯、白炽灯五花八门，五颜六色，酷似点点繁星撒落夜空。

银川市陆路交通通全国，多个航班飞机飞向国内外。当年，这个仅有十万人口的小城市，如今人口逾百万，通往陕甘青等省区的交通枢纽之地，成了南来北往的进出"旱码头"。不仅如此，银川往北几十公里的惠农县，经过和周边区县协商达成共识，成了宁陕甘蒙四省（区）共同打造的"西部内陆黄金口岸"。口岸采取海铁联运、经过天津海关"一次报检、一次报关、一次验收"的物流运作模式，为宁夏、内蒙古、甘肃、青海、陕西等内陆省（区）服务，通过天津港发往全国乃至世界，提供了便捷通道。

## 革命老区焕发青春活力

说宁夏，不能不说当年的革命老区的辉煌历史。在南部山区，有一处地名叫"六盘山"，1935年10月上旬，伟大领袖毛泽东率领红一方面军越过六盘山，胜利到达目的地陕北。党的"九大"召开的那年秋天，记者请一位健在的老红军到"六盘山"顶，给我们介绍红军长征过"六盘山"的情景。他详细介绍了红军兵分几路，如何冒着头顶有国民党飞机轰炸、扫射，地下有胡宗南部队围追堵截的险恶场面。这位老红军的讲话录音，当时还在中央人民广播电台播出。

站在六盘山远眺，大功率的电视转播台高耸入云。1985年纪念中国工农红军长征胜利50周年，一座顶部是茶色琉璃瓦的"长征纪念亭"耸立山顶，由胡耀邦同志题写的"长征纪念亭"五个大字镶嵌在纪念亭上。纪念亭内一块汉白玉碑的正面，镌刻着毛泽东同志气壮山河的名篇《清平乐·六盘山》。记者听到这样的介绍：一说毛泽东同志 1935 年率领红军过六盘山时，在山顶上感慨万千，诗兴大发，一挥而就写下《清平乐·六盘山》；另一说是毛主席坐在山顶一块大石头上冥思苦索，打下腹稿，后来到达陕北，才写下这首词。记者还听说在紧靠固原县的西吉县单家集，1935 年 10 月，红军在这里建立了一个以回族为主的"苏维埃"政府。

1979 年，我采访了三位老人，他们都是当时"苏维埃"政府的成员，最年轻的已经 70 岁了。他们给我讲了许多相关红军的故事，其中有一位回族同志，是苏维埃政府"筹粮委员"，他为红色政权立下汗马功劳，红军走后，他仍留在当地。全国解放后，土地改革时，因他家经济条件发生了变化，需要征收部分土地，他想不通，于是状告到中央，中央有关部门给他复了信，肯定了他的历史功绩，同时要求他按政策办事；同时中央有关部门给当地政府"打招呼"，让给这位为革命做过贡献的回族同志适当照顾。

西吉县有一个地方叫"将台堡"，红一、二、四方面军当年分别在甘肃省会宁和今天宁夏的"将台堡"（当年属甘肃管）胜利会师。听介绍，邓小平同志在"将台堡"向红军官兵传达过"瓦窑堡会议"精神。如今的西吉县，已经成了闻名全国的"土豆之乡"，经过深加工的土豆精淀粉，是医药化工等产品的原料，远销上海等市场。如今，这片"十年九旱靠天吃饭"的土地，深化改革，荒山变绿了，穷人变富了，回汉民族更加和睦团结了。一向不起眼的土豆要作大文章，自治区政府投资数亿元，使宁夏种植的 400 万亩马铃薯成为全国重要的传统产业转型基地。种植基地建成后，仅向外省提供籽种一项，可为宁夏年增收 14.5 亿元，全区农民人均增收 500 元以上。

## 让全国了解宁夏　让宁夏走向世界

宁夏是全国回族人口最多、居住最集中的省（区），也是回族风情最浓，最具特色的民族地区，是观赏"北国风光"的地区之一。其中中卫县用草给包兰铁路固沙的成功经验，成为游人观赏和学习治沙经验的地方；而中卫的沙漠景点"沙坡头"，有沙、有水、有电站、有骆驼，这里可尽情体验滑沙的奇特和坐"羊皮筏子"的惊险与刺激。银川西部贺兰山麓的"西夏王国"遗址及贺兰山中的"小口子"、"苏峪口"、"滚钟口"、"双塔寺"等国家级景点，风光各异，美不胜收。

要了解民俗民情，到银川南部回族聚居地"纳家户"，犹如进入"伊斯兰境界"；再往南行有黄沙古渡、民族村、地形地貌独特的"火石寨"和具有佛教文化特色的"须弥山"，以及固原地区全国重点文物"战国秦长城"遗址等。宁夏真不愧是古人所云"大漠孤烟直，长河落日圆"的奇特地方和名不虚传的"塞上江南"。回族纯朴民俗民风，其独特文化在56个民族中享有盛誉。

## "跨越式"发展的宁夏

我在宁夏工作和生活50年，感受最深的是宁夏跨越式发展。特别是1978年改革开放以来，宁夏已经取得了一些惊人的业绩。

农业。上世纪五六十年代，宁夏靠地多人少而"广种薄收"，粮食亩产在三四百斤徘徊。国家对宁夏的要求是：只要自给自足，不求上缴国家。那年月，农民种水稻，人们上午向田里灌上水，用牛拉一根大木棍在田里转上几个来回，再砍点柳树枝塞在泥里，把水稻种子一撒，就算种上水稻了。这种耕作方式，今天看来真是贻笑大方。后来国家派农业技术人员到田间地头，手把手教农民耕田、选种、育苗、插秧，特别是改"撒播"为插秧，水稻产量年年提升，水稻和小麦亩产达到过千斤。

工业。工业的动力靠电。今天，宁夏引黄河水发电和火力发电，不但早已达到全区村村通电，而且宁夏的电已经并入国家电网，源源不断地输往各地。2008年10月18日，浙江省全国500强之一的民营企业盾安集团在吴忠太阳山投资62亿元，开始建设年产30万吨金属镁、镁合金，生产40万吨硅铁合金、200万吨煤炭，综合利用粉煤灰生产砖块。而今宁夏灵武、吴忠一带兴起的"一号工程"工业基地，以煤为原料，生产多种工业原料和重化工产品。这个"一号工程"为宁夏经济插上腾飞的翅膀。据灵武市有关部门统计，2007年该市工业生产总值达112亿元，比第"十五"初期增长4.4倍。

此外，宁夏山川的大棚蔬菜种植、药材种植、花草种植和湖泊养鱼，饲养骆驼、鹿、鸵鸟、狐狸等蓬勃兴起。随着农牧民收入年年上升，座座"别墅式"的"小洋楼"拔地而起。人们兴高采烈，满怀信心奔"小康"。

2008年10月

# 改革开放在广东

梁兆明

广东地处亚热带，毗邻港澳，面临浩瀚南海，大小岛屿星罗棋布，华侨众多，自然环境和人文地理环境得天独厚，都是发展商品经济的良好条件。然而，在党的十一届三中全会前的29年间，由于"左"的思想影响和外来的封锁，同时又出于战备考虑，国家的重点建设基本上不在广东布局，再加上"文革"十年，全省经济增长一直低于全国水平，大多数人民群众比较贫困。

1987年5月，记者梁兆明赴大瑶山隧道建设工地采访。

梁兆明，中共党员，广东顺德人，1937年生。1956年参加工作，先后在羊城晚报、广州日报做记者。1974—1978年，借调人民日报工作，1983年8月—1992年，任人民日报驻广东首席记者、记者站站长。

党的十一届三中全会关于"解放思想，开动机器，发扬民主，实事求是，团结一致向前看"的方针和"把党的工作重点转到经济建设上来"的重大决策，如春风越过五岭，吹遍南粤大地。广大干部、群众欢欣鼓舞，看到了广东经济发展的广阔前景，心情舒畅，充满希望。1979年4月，中央召开工作会议期间，批准了当时以习仲勋、杨尚昆为首的中共广东省委提出的关于在改革经济体制方面让广东先走一步的要求，同意广东搞一个新体制。尔后又派出以谷牧同志为首的强有力工作组到广东帮助省委起草了一个文件上报中央。

这个文件，中央很快正式批转了。这就是1979年7月下发的具有重要历史意义的中共中央、国务院关于批准广东、福建两省实行特殊政策、灵活措施的文件，同时决定办"出口特区"。中央的英明决策对加速广东、福建两省乃至全国的四个现代化建设，有重要的意义。广东由此奠定了在改革开放中先走一步的格局。正是这个时候，报社派我到广东做驻省记者。这个差事，有的同志戏称为祖国南大门的"守门将军"。而我始终是把自己摆在"侦察兵"位置，活跃在广东这个全国改革开放实验区前哨阵地，努力发挥好党中央的耳目喉舌作用。驻广东15年，从珠江三角洲到粤北五岭，从潮汕平原到粤西山区、海角天涯（海南岛在1987年建省脱离广东辖区），几乎走遍了各个市（地）、县（区）。以改革开发的思维，先走一步的眼光盯紧"两头"。一头是抓大事，攻头条，及时报道广东在勇敢探索前进中取得的巨大成就和成功经验，鼓舞全国人民；另一头是抓日常的动态新闻，凡是为全国人民关心的，都力求不漏报。对一些不便公开发表的就写内参，让中央了解广东在探索前进中遇到的新情况新问题。

## 突破农村人民公社体制转换

广东改革从农村起步。人民公社体制的转换，率先在

1984年基本完成，广大农村从公社三级所有队为基础转到家庭联户承包责任制，接着相应进行一系列配套改革，在减少农副产品统购统销品种的同时，逐步放开价格等方面进行勇敢探索，促使广大农民运用在体制转换后得到的经营自主权，因地制宜调整农作物种植布局，促使全省农业在基本没有新的投入下仍能得到迅速恢复和发展。

实践证明，此举是广东农村改革有突破性意义的大事。其间，我运用在基层获得的大量鲜活且有感染力的典型事例，写了10多篇稿子，从不同角度报道这件大事，着力反映广东农村改革开局良好。

随着农村改革的不断深化，全省农村从自给半自给的自然经济状态进入商品生产为主要特征的商品经济状态，激活了广大农民致富的强烈愿望，吹响了向山区、海域进军号角，调动千军万马大举开垦荒坡、荒地、沿海滩涂、山塘水库和造林绿化，气势磅礴的开发性农业生产浪潮。截至1990年，开发沿海滩涂134万多亩，开垦荒坡荒地种植水果800多万亩，养殖业、畜牧业也得到长足发展，全省农业生产在1984年的良好基础上又上了一个新台阶。省委在1985年作出的"10年绿化广东大地"的决定，头4年就基本上实现绿化荒山的目标，荣获国务院授予"造林绿化第一省"称号。

南粤大地山河的巨变世界为之惊叹。我作为驻省记者，一直在第一线感受这气吞山河的壮举，就地取材写了大批稿子见报，其中《广东开发性农业生产热潮正在兴起》、《广东造林绿化气势磅礴》等4篇刊登在《人民日报》头版头条。

## 迈开城市改革步伐

农村改革开放和农业生产的发展，对城市经济体制改革提出了迫切要求，同时也为城市改革提供了重要条件和经验。1984年中央作出关于经济体制改革的决定之后，广东改革的重点开始转向城市。

广东城市经济体制改革围绕增强企业活力展开。根据所有权与经营权分开的原则,能源、交通、基础设施建设行业从本身实际出发,进行多种形式的企业承包经营责任制的改革试验,创造出诸如核实上缴利润基数承包,超出分成,投入产出包干,全行业包干,公开招标个人承包等许多有特色的承包经营责任制。这一系列大胆的改革试验,我将其简称为"请老包",所取得的成就和经验,在《广东改革8年进入黄金时代》和《广东商业黄金时代持续9年》两篇文章中作了比较深入的报道,都分别上了一版到二版的显著位置。《广东"三来一补"企业近万家》一文在1987年9月22日上了一版头条,被誉为"广东改革花丛中一朵奇葩"。

"三来一补"(来料加工、来样加工、来件装配、补偿贸易)是首先在珠江三角洲地区兴起的外向型企业,其经验很快扩散到其他一些地区。广东大量引进"三来一补",创办"三资"(外资、独资、中外合资)企业的同时,注意吸收其科学的管理方法,并"移植"到国营企业中来,推动企业内部机制的转换,成了"请老包"之外的又一亮丽的风景。广东经济体制改革的又一成功经验是:既允许"大鱼吃小鱼",也允许"小鱼吃大鱼"。对这一成功经验,我采写的《广东企业兼并出优势》一文在1988年8月16日上了《人民日报》一版头条后引起了很大反响。因为"大鱼吃小鱼"或者"小鱼吃大鱼",也曾经被视为"资本主义"产物,而广东又在全国率先打破这个禁忌,并且放手允许。

值得一书的是,改革开放是一项前无古人的伟大事业,没有任何现成经验可借鉴,全靠解放思想,开动机器,实事求是,团结一致探索前进,风吹雨打不动摇的大无畏精神,不断取得举世瞩目的成就。广东省委将其经验概括为"放得开,搞得活,上得快"。三者相辅相成,相得益彰。

放得开的重要一面是对下放权。农村的改革开放使农民有了经营权，农民可以自己调整作物布局，结合当地实际安排生产，支配自己的收益，从而调动了积极性，发展了生产。农村的这条经验落实到城市企业，使企业有经营自主权，让企业有充分活力。

搞得活突出表现在搞活流通。包括放开价格，取消统购统销，打破独家经营的一统天下并运用市场机制，推动个体经济、第三产业的迅猛发展，并且逐步从搞活商品流通市场发展到开拓资金市场、技术市场、信息市场、劳力流动市场，形成一个社会主义市场体系。

放得开搞得活的结果是上得快。广东在贯彻特殊政策、灵活措施中，提出"对外更加开放，对内更加搞活，对下更加放权"。这三个"更加"促使人们解放思想，更新观念，清除"左"的僵化模式的束缚。通过对下更加放权，放手让大家去闯，冲破了一些条条框框，扫除了一些旧观念，调动起广大群众的积极性，形成了一种放手发展的态势。

"放得开，搞得活，上得快"，广东整体经济实力明显提升。到1987年，改革开放在广东走了8个年头，国民收入和财政收入的增长速度，都高于全国平均水平，从而结束了过去29年经济发展速度低于全国平均水平的落后状况。改革开放的巨大力量把南粤大地这个封闭式、半封闭式的社会，逐步转变为开放型的社会，使华侨众多、毗邻港澳的优势得到充分发挥。特别是深圳、珠海、汕头三个经济特区及广州、湛江两个开放城市和珠江三角洲、海南岛两个开放地区相继出现，形成了多层次、多形式、多功能的沿海开放地带，织就一个适应扩大对外贸易和技术交流网络。利用外资、引进先进设备和技术以及外贸出口总值都位居全国首位。外地人踏进南粤大地，第一个共同感觉是市场繁荣，商品丰富。以前人们曾经埋怨农副产品匮乏，有"证"（全省发放购物票证达40多种）买不到东西。现在人民眉飞色舞地说："如今什么证都不需要了，想买什么有什么，也买得起。"放眼南粤大地，政治上安定团结，经济发展方兴未艾，已经进入了新中国建立以来经济发展生机最旺盛，经济实力增长最快，人民得到实惠最多的时期。社会主义的优越性，随着社会主义生产力的发展充分显示出来了，使过去一些盲目羡慕资本主义的人，由衷地感到"比来比去，还是社会主义好"。

面对欣欣向荣的广东，我采写的《广东改革8年刮目相看》一文于1987年8月14日在一版头条见报，广大读者认为文章很有说服力，是鼓舞人心的"独家新闻"。广东的主要报纸和港澳一些报刊都全文转载或摘登。广东更加闻名四海，外商纷至沓来。

## 中央寄予厚望

中央对广东在改革开放中先走一步寄予厚望。1987年11月又决定广东为全面改革实验区，要求广东继续担当探索建设有中国特色的社会主义的"侦察兵"，在改革开放中继续先走一步。接着，国务院又同意广东把珠江三角洲经济开发区的范围，从原来的"小三角"扩大到包括28个县市的"大三角"。广大干部和群众欢欣鼓舞，纷纷表示决不辜负中央对广东的殷切期望。作为驻广东记者，我不失时机围绕这两件大事作文章，在一个月时间里上了两个一版头条，让全国人民及时知道广东进入一个全面加快改革的关键时期。既然改革开放是一场深刻的变革，先走一步的广东在探索前进中不可能没有阻力和困难。1988年底，全国治理整顿期间，中央有关部门在金融、外汇、计划、流通等各个方面加强了宏观调控，对广东的特殊政策、灵活措施有所收缩，给广东的改革开放和经济建没带来了很大困难。

面对新形势，经过冷静观察分析，1988年10月9日我采写的《广东开始全面清理基建投资项目》一文上了一版头条。过了一个月，我从珠江口走到雷州半岛，一路上听到人们议论的话题是治理整顿，不少人还是误以为治理整顿是"中央收回

1991年8月,记者梁兆明在粤北山区乐昌县采访。

政策"、"经济建设急刹车"。原来红红火火的建设工地偃旗息鼓了,留下残垣断壁无人问,满目荒凉。只是路经江门市境还见"热气腾腾",人们的劲往做好善后工作处使,加紧清理现场,往来奔驰的汽车把上了工地的基建物资和设备运回仓库。我于是顺道走访了市委书记黎子流。他说,一些基建项目压缩下来,上了马又下马,必然有损失,如果处理不好,损失更大。所以,市委、市政府特别强调做好善后工作,力求把损失降到最低限度。

黎子流同志的一席话,正是广东所面对的必须要解决好的大问题。我抓住这个典型,以《江门市压缩基建重视善后工作》为题,着重报道江门市做好善后工作的四条措施:一是切实做好思想工作,把服从大局的认识变为压缩基建规模的实际行动。二是坚持实事求是。已经基本落成要列入压缩范围的建筑物,抓紧扫尾工程的完成,竣工后改作他用;属压缩之列,但地基桩已基本完成的工程允许继续施工,全部地基桩打好后即平整场地;对半途下马的项目,建筑物或场地,都能派上用场。三是下马后,抓紧清还贷款,处理好各种合同、协议和四面八方的关系，并安置好承包工程的建筑队的出路。四是实行"自扫门前雪"，领导负责到底。本着对国家资财高度负责态度，项目一下马即由有关单位清理工地现场；如果因为单单收摊不负责任而造成不必要损失，追究领导责任。

这篇不到700字的报道于1988年11月12日刊登在《人民日报》头版头条后，受到省委的高度重视。过了几天，在省委召开的全省经济工作会议上，这篇报道被列为会议文件。同时，为了在新的形势下求得新的发展，省委又提出"压基建，调结构，保生产，抓革命，求效益，上水平"的"十八字"经济工作方针，坚持实事求是，不搞一刀切，较好地处理了治理整顿和改革开放，治理整顿和稳定经济，治理整顿和生产发展的关系。使广东经济保持了稳定的发展的势头，没有因为治理整顿而停步。

## 率先闯过物价改革关

广东在改革开放中先走一步，一路上都冲着长期束缚生产力发展的旧体制、旧框框、旧观念而来，也就难免有阻力。而改革开放，特别是经济体制改革，犹如逆水行舟，不进则退。

体制改革中困难最大，也最具关键性的是转换国家的宏观调节机制和转换企业经营机制。尤其是价格改革，既关键又风险大。因此，我的报道方向不是引导广东遇到困难和阻力就退缩或绕道走，而是勇敢探索前进，奋力攻坚闯关。1987年7月，我以《广东要在全国率先闯过物价改革关》为题，报道省委的这个重大部署。

这又是一篇"独家新闻"，上了《人民日报》一版头条后，引起了很大反响。

不少人议论说：广东这三四年来的物价改革只是"牛刀小试"，已经牵动全国不少地方一些农副产品价格上涨，有的地方取消了购物票证又重新恢复了，很多人归咎这是广东物价改革惹的"祸"。个别人埋怨说,省委的最新部署,关系非常重大,还在探索前进中,人民日报怎么就"捅"了出来,是不是有什么背景?这似是对我的警示。而我从广东的实践看到,价值规律就是商品经济发展的客观规律。要发展商品经济,首先要承认价值规律,就要运用价值规律,积极创造条件,放开各种商品价格,运用价值规律来发展商品生产。只有以物价改革的强势手段,才能把长期严重扭曲了的物价端正过来。我在1987年12月29日以《广州买猪肉为什么不用凭票?》为题采写了一篇通讯,报社编辑部还配发了"编者的话":眼下一大批城市纷纷实行猪肉凭票凭本供应,广州却依然敞开猪肉市场,任人"挑肥拣瘦"。这事很特别。其中奥妙,您一定会很感兴趣。

读完报道就会知道,今天广州猪肉市场包括副食品市场的繁荣与稳定,是购销大胆放开的结果;而市场的放开,又是以承受"分娩的阵痛"为代价的。譬如鱼价、菜价、肉价的上涨,市场虽有波动,但广州人的日子显得好过了。当初,不过这一关,今天恐怕也只好发肉票。有意思的还有,从鱼到菜到肉,随着市场一步步地放开,广州市民每次的思想波动日益趋小。这说明人们对改革的心理承受能力,也是可以"锻炼"的。

中国很大,各地情况很不一样。广州的做法自然是照搬不得的。不过,广州走过的道路和成功的经验,却有许多引人深思之处。

这又是一篇"独家新闻",上了二版头条后,在全国引起良好反响。1988年年中,广东更加大胆地在全国率先实行粮食价格放开。这必然又引起人们新的一轮震动,而这新的一轮震动大大调动了广大农民的种粮积极性,促进粮食生产的丰收。商品粮越来越多,粮价也亦步亦趋地下降,一两年间就回复到正常的合理的水平,标志着广东"有惊无险"地在全国率先闯过物价改革关。

## 坚持两手抓，两手都要硬

广东在全国率先踏上社会主义商品经济大道。然而，商品经济亦有其消极因素。正是其消极因素诱发的"金钱至上"、"一切向钱看"的腐朽意识的冲击，滋生了许多社会丑恶现象。

面对新情况新问题，广东以强有力手段推进精神文明建设，力求使之与物质文明建设同步发展。

特别是党的十一届三中全会之后，全党工作重点转到以经济建设为中心的轨道上来，广东的精神文明建设也紧紧围绕这一中心任务来进行，成果日益显著。1986年9月17日，我以《广东精神文明建设形势喜人》为题，报道改革开放不仅给广东经济建设带来日趋繁荣的局面，对精神文明建设也是一个巨大的促进；体现在改革开放后，人们对社会主义、对祖国更加热爱；改革开放带来了有利于观念更新的社会环境；改革给人们带来机遇，也带来压力，促使越来越多的人学科学、学文化，自觉提高文化素质；改革开放改变着人们的思想观念，也改变着人们的生活方式，使之与现代化生产方式相适应；改革开放改变了人们过去把智力投资单纯作为一种福利事业的老观念。

这篇报道又上了头版头条，反应良好。1996年9月13日，我又以《广东探索精神文明建设新路》为题，报道广东改革开放以来在精神文明建设方面的经验是"着眼兴利除弊，立足打持久战"。既正视"窗户打开，新鲜空气进来了，会有一些苍蝇蚊子飞进来"；又重视用强有力手段"打苍蝇蚊子"，即对外实行"有所引进，有所抵制，排污不对外"的方针；努力做到支持有益的，允许无害的；取缔违法的，打击犯罪的。正是广东坚持每半年开展一次扫除"黄、赌、毒"行动，认真清除社会上各种污泥浊水的蔓延。

这个报道也上了一版头条，引起了良好反响。广东改革开放顺利发展"双文明"建设成绩显著。

1998年3月，我退休了。退休之时，粗略盘点了一下驻广东15年的报道，总数超过1000篇（包括海外版、市场报），其中在各版头条见报的约有300多篇，有50多篇是《人民日报》头版头条。其中有消息、通讯、特写、评论，比较充分报道了广东先走一步取得的成就、经验和问题。当然，成绩的取得是报社大力支持的结果。

人民日报社对广东的舆论支持，中共广东省委是满意的。正如省委主要领导所说：广东是我国改革开放试验区，一路走来，顺利时，人民日报一篇又一篇报道广东取得的成就和经验，鼓舞全国人民；遇到阻力和困难时，人民日报也是一篇又一篇，不是引导广东退缩或绕道走，而是激励勇敢探索前进，奋力攻坚闯关。人民日报对广东的改革开放作出了很大贡献。

2007年3月

# 胡杨不相信眼泪

## ——从《胡杨泪》到《胡杨泪尽》

孟晓云

> 他的存在和消失
> 都是大时代一段灼人的记忆
> ——摘自《胡杨泪尽》题记

18年过去了，我却永远不能忘怀那一段生活。

1983年深秋，我在新疆采访时结识了钱宗仁，1984年4月，《文汇月刊》发表了我的报告文学《胡杨泪》，从此，钱宗仁的命运便伴随着我。1985年深秋，我在一片哀乐声中送走了他。

想起这一切，我脑海中便浮现出那倔犟而会流泪的胡杨。想起胡杨，我心中便涌起一阵酸楚苦涩凄凉和悲壮。

哦，那一段灼人的记忆！

### （一）

一次偶然的机会，新华社新疆分社记者蓝学毅，向我讲述

---

孟晓云，高级记者，中共党员，祖籍湖北，生于山西，长于北京。先后毕业于中国人民大学新闻系和中国社科院研究生院，获文学硕士。1981年分配到人民日报工作，后任驻天津记者、机动记者。

第一辑 时代的足迹

上世纪80年代，记者孟晓云在中南海怀仁堂采访习仲勋。

了他与钱宗仁接触的一些感受。有一年春节，他在阿克苏见到钱宗仁，钱向他讲述自己20年求学之路所经历的艰辛，所受的侮辱和损害。当时，屋外欢声笑语，屋内声泪俱下，两相对照，令人格外凄楚。蓝学毅的讲诉给我留下了极深的印象。人生有许多偶然，是偶然性给了我采访钱宗仁的机会，而对于钱宗仁来说，一次次的偶然却铸成了他一生悲苦的命运。难道这偶然中不是深含着某种必然吗？于是，我决定长途跋涉，先乘坐苏式安-2小飞机飞越天山，到了南疆阿克苏，然后再向塔克拉玛干挺进。一路上胡思乱想，不明白湖南人钱宗仁如何流落到这大沙漠的边缘。

阿克苏通往塔克拉玛干大沙漠那条公路太坎坷，就像钱宗仁的命运。吉普车上下起伏，险些颠散了我的骨架。我没有畏缩，一门心思热切地要到阿拉尔小镇，去寻觅悲剧的主人公——钱宗仁。

一脸风尘的我终于到了。阿拉尔说是小镇，除了几座土屋之外，放眼望去，满目荒凉。就在阿拉尔水管处空荡荡的招待所里，我与钱宗仁面对面，倾心交谈，送走漫长的白昼，又迎来漫长的夜晚。他的全部经历都装在他的脑海里。那里面充满着才华和智慧，充满着永不停息的希望和憧憬；也充满着人生的酸甜苦辣和不尽的坎坷与挫折。

钱宗仁的故事，简要地说就是：两次以优异的成绩考上哈尔滨工业大学和西北大学，却被人为地摒弃于门外。一次是因为所谓的"佃富农"成分（实为贫农），不准上大学；一次是考研究生因坎坷遭遇而超过了"两岁"。时间是1964年到1982年，正是钱宗仁19岁到37岁最好的青春年华。这期间，他无奈远走他乡，当过林场小工、保管员、木匠、筑路工、逃亡者；又因试图"翻案"（要求改变成分）而被遣送原籍并坐牢。但他却始终没有熄灭心中希望的火种，在各种最严酷的状况下，他仍然奋斗不息，用业余时间学完8门大学课程，写了40多本笔记，做了20册练习题，并且还研究发明了"汉字笔顺号码排字法"。他一直抱着"寻觅英雄用武地"的希望，坚信"好花无处不芬芳"，这是他自励的诗。可惜，这一切，都因为"成分"和"两岁"的问题而化为乌有。

钱宗仁的人生路上，遇到两股力量：一股是极左的、僵化的、守旧的、冷淡的人和体制，他（它）们千方百计地阻挠他，陷害他，或者推脱踢挡，置之不理；一股则是热情地向他伸出援手，帮助他，鼓励他，推荐他，为他呼号奔走，甚至为他的遭遇而愤愤不平。这两股力量，交错编织着他的人生，而后者因了时代的关系，终于未能占上风，造成了钱宗仁的悲剧，成为一个时代的无奈。

在钱宗仁忽而缓缓的忽而激越的叙述中，我的心不由得激荡起伏，不能自己。他的不幸深深地震撼了我！我想起陈毅的诗：应知天地广，何处无风云；应知山水远，到处有不平。人生，这就是人生，这里有辛酸，有苦难，也有人的创造和热力；有污浊，有阴暗，更多的却是人的光彩。这里有痛苦，更多的是克制，忍耐，以及奋斗中所获得的创造的欢乐。原来，生活本身比文学更悲壮！

就在这一刻，"胡杨泪"三个大字在我脑海中一跃而出。不知怎的，我一下子把钱宗仁和那古老、稀有、坚韧的胡杨联系在一起了。我是在一本《新疆风情录》里读到那有关会"流泪"的胡杨树的传说的。相传胡杨的历史古老，在新疆库车千佛洞和甘肃敦煌铁匠沟的第三纪层中，都曾发现过它的化石，距今约有6500万年。它耐干旱，耐盐碱，抗风沙，生活环境越干旱，体内贮存水分越多。如果有什么东西划破了树皮，体内的水分便会从伤口处渗出，看上去像伤心地流泪。千百年来，自生自灭的胡杨，总是默默地为人们提供各种财富，质地坚硬，是优良的建筑材料，嫩枝树叶是牛羊的饲料，就是流出的泪，用途也很广，可以食用，也可以制肥皂。古老的胡杨呵，让人想起了中国无数的优秀知识分子。

有人说，没有到过南疆的喀什、和田，就等于没有去过新疆。我想说，没有来到塔里木河畔，没有在塔克拉玛干沙漠边缘找到胡杨，没有看见胡杨的眼泪，你会落得终生遗憾。

钱宗仁的命运纠缠着我，追赶着我，我要为他写点什么，我的欲望是那么强烈，不写出来，心灵永远负载着重荷。从新疆回到北京，我昼夜伏案，一口气写出了《胡杨泪》。我只不过原原本本向读者讲述了钱宗仁向我讲述的一切，没有想到，《胡杨泪》竟在社会上不胫而走，拨动了成千上万人的心弦。

## （二）

《胡杨泪》使我认识了不少出色的人。

第一位是宣惠良。在我的印象中，他既是一个很有正义感的人，又是一个很有同情心的人。宣惠良时任阿克苏地区宣传部长，他与钱宗仁素昧平生，仅凭着一颗惜才的心，在困难重重的境况中，为他四处奔走呼号，虽经种种曲折而不气馁，这在常人是很难做到的。

我很难忘却宣惠良19年前在阿克苏，对我讲过的一番话。他说："通过为钱宗仁办档案一事，深感办事太难，到处碰壁。我想办法成全钱宗仁，想办法一帮到底，打官腔是不解决问题的，要一个环节一个环节地办，要踏许多门槛。难就难在衙门作风，公文旅行，互相踢皮球，误大事，丧时机。如果钱宗仁的档案早些调走，就可望成功。但是，有些掌握'生杀'大权的部门，靠关系办事，他们绝不会为与他们无关又不会给他们带来好处的人出力的。"

宣传部长没有多大实权，在宣惠良也万般无奈的情况下，他奋笔疾书为钱宗仁写了一份呼吁书《理解他，并且伸出热情之手》。他在"呼吁书"中历数了钱宗仁坎坷的经历、过人的才气，虽被遗弃而仍奋斗不息的刚强，认为他"是我们这个时代所需要的一个有作为的人才"。"呼吁书"中又列举了与钱宗仁有过接触的学者、专家、教授对钱的赞赏和评价，一致认为"确实水平不错"，"很有能力"，"实属罕见"，"拒之门外，实是埋没浪费人才"，借以增大对钱宗仁的推举力量。"呼吁书"最后说："在人生的道路上，钱宗仁所受的屈辱不可谓不深，他所经历的磨难，不可谓不重。如果是一个意志薄弱者，他则无力在这坎坷的途程中跋涉，并可断定他早已不存于人世。但钱宗仁相信，苦难的路是有尽头的，明丽的春天在冬日之后，希望之神把他伤残的生命呼唤。现在，一条新的路已开始在他脚下延伸，但是，坦途尚未来到，他每跨一步仍然充满艰辛。不过他终于看到了地平线上新的景色，他从来没有像现在这样振奋。让我们理解他吧！让我们思索：能不能为这样困苦和有才智的人做些什么？"言词之中，饱含着对世间苦难的深切关注，表现出一个共产党人的良知。

可惜，这些材料因种种原因，没有写到《胡杨泪》里面。尽管如此，《胡杨泪》发表之后，在我和宣惠良的通信中，仍然读到这样的话:"这里,对此文(指《胡杨泪》)有些议论,称赞者居多,当然也有非议,主要是写我的那些段落引出一些流言。""总的来说对我过奖,真伯乐是刘书琴、杨维奇、张广厚等教授,他们是识才、爱才、举才的专家,我既无识才的学识,也无纳才的权柄,只能摇旗呐喊而已。说什么中国要是多一些这样的干部就好了,是言过其实。像我这样无权无势无后台背景的芝麻官,均于事无大补。我不过是一个有点鲁莽的现代唐·吉诃德罢了。我也可能偶尔将几个人推举上去,而我却因此沉入更深的水底。"我一直认为宣惠良是一个值得大书特书的人,他的信不禁使我有些感伤,也有些不安。正如李锐同志在《请读〈胡杨泪〉》一文末尾的"附记"中所写的:"难道举才的伯乐也要遭到非难吗?但愿我这担心是多余的。"

再后来,他调离新疆去了深圳。有人议论他不安心边疆工作,这是不公平的。宣惠良是江苏人,据我所知,1976年他在部队乏人支援边疆的情况下,挺身而出,申请转业,举家西迁,从南京来到新疆。谁知9年后,他一反初衷,竟又踏上南下之途。我猜想,他或许也有某种苦衷。不过,用另一种眼光来看,像宣惠良这样的人才流动一下,也许是个好事!

他在给我的信中这样写道:"新疆是一片美丽而神奇的土地,9年之中,我增长了见识,受到了锻炼,识见了许多忠勇正直之士。当次临行之际,感慨无限,心是痛楚的。当年我告别生活25年的部队时,流了泪;这次我同生活了9年的新疆告别,流出的泪更多。"男儿有泪不轻弹,我深信他不会"沉入水底",他会成功的。

我要说的第二位是时任中共中央组织部副部长的李锐。1984年第4期的上海《文汇月刊》首发《胡杨泪》,因为文中抨击了人事部门乃至人事制度存在的某些弊端,我正等待着各界的反映,9月4日的《人民日报》突然发表了李锐的文章:《请读〈胡杨泪〉》,使我大吃一惊。

李锐的文章有一个副标题,叫作"有关落实知识分子政策和组织人事制度改革问题"，全文4段。第一段"李荒同志来信"，说明是李荒推荐请他看一看《胡杨泪》的。李荒同志原任辽宁省委书记，三年前退居二线。他在信中说："从文中可以看出：'左'的思想如何埋没和摧毁人才，我们现行的人事制度的某些方面又如何压制人才。""建议你设法将《胡杨泪》这篇文章让全党县以上干部，都认真看看，并仔细想想自己的工作。这样做，不仅有利于人事制度改革，可能还会促进组织工作的新发展。"第二段"《胡杨泪》其人其事"。李锐同志用较长的篇幅，按时间顺序重新为钱宗仁编写了一份20年间坎坷的简历，着重突出了钱宗仁的才华、奋斗不息的精神和种种不公的遭遇。既涵盖了《胡杨泪》的精华，又使人一目了然。第三段"读后感想"。主要有四点：第一，钱宗仁的厄运已经终结了，那种随意定人"成份"，随意把人列为专政对象，随意剥夺他人公民权利的现象，相信今后可不再出现。但是，要消除埋没人才、摧残人才、压制人才的现象，要做到人尽其才，才尽其用，要按照中央的精神，全面地、彻底地落实知识分子政策，还有许多工作要做，还要走一段相当的路程。第二，指出知识和人才在当今的重要性，呼吁"人才就是资源"，"人才的开发和充分运用，将决定我们经济发展和国家强大的速度和程度。"提出"我们当今迫切之事，就是上上下下应该切实树立一种观念，培养一种感情，形成一种习惯，就是要懂才，要求才若渴，爱才如命。"第三，请各级组织部门、人事部门的同志一读《胡杨泪》，普遍检查一下，你那里有没有《胡杨泪》之类的事，知识分子政策落到实处没有？要从思想认识上解决种种"左"的遗留问题。第四，对于那些不合理的、不适应今天经济发展形势的人事制度，必须坚决予以改革。有了好的制度，还必须"执行者事事出以公心，还要有满腔热情，这方面，大家应当向阿克苏地委的宣惠良同志学习"。第四段是简短的"附记"。

《胡杨泪》能得到读者承认和在全国流传，是和李荒、李锐等老前辈的推荐分不开的。这之后,《人民日报》转载了,各省报转载了,有的地区作为文件印发给县团级干部,有的城市印了单行本,一时间我和钱宗仁都成了风云人物,收到了成百上千封读者来信。

因为《胡杨泪》,我和李锐同志见过两次面,我们的话题自然离不开钱宗仁的命运。李锐同志思想敏锐,平易近人,细致入微。他从我的采访一直问到钱宗仁的方方面面;后来,他又从调动工作,到去医院看望,料理后事,安排遗孀乃至为钱宗仁出纪念专集,种种细事,一一过问。一个身居要职的领导人,始终关心着一个小人物的命运,这不能不让人深深地感动。

第二次见面,是在一年之后的北京东郊火葬场,我们共同吊唁钱宗仁的亡灵。李锐同志对我说:"我已经给湖南出版社写过信,要紧的是出本集子,将钱宗仁生前写的诗文书信整理出来,留给后人。让大家记住有过这么一个人曾奋斗过,他的奋斗能公诸于世,党的政策在他身上得到落实。"

后来,我从陈四溢访问李锐的文章《泪尽胡杨》中,读到了这样一段话,李锐对访者说:"得知他(指钱宗仁)住院,我正在参加党的代表会议。他不想让我知道,是别人写信传递的消息。听说事先并无明显的症状,或许是他不愿叫人分担痛苦,有病从来不说,但那天突然摔倒了。我找过李冰——她是肿瘤医院的党委书记,癌症攻关的负责人,也是一位专家——请她关心一下钱宗仁的治疗。她很重视,专门派人去会诊,终于无补于事。党代会开过,我赶去看他,他还说吃中药或许能治,希望能再活半年,把想做该做的事,再努力做一些。他曾说,耽误了20年,这几年挽回了5年,还差15年。谁想天不假年,两天之后,他就撒手而去了。"话语之间,流露出深深的惋惜!

言犹未尽,1985年10月10日《人民日报》又发表了李锐同志的诗《哭钱宗仁》:九月下旬,忽闻钱宗仁同志住院,诊断为晚期肝癌扩散。29日到医院看望,已入急救室,见我时神志清楚,犹言:"我病如用中药或仍可治。"隔夜得电话:

人已昏迷。10月1日凌晨得知,晨两点逝世,时年41岁。钱宗仁今春来京进修,几度相商,决心弃数学专业,改行到人民日报边学习边工作。10月3日,收到《群言》第六期,上刊钱文:《愿伯乐常有,千里马常有》,文中《水调歌头》词早示我。读毕潸然,成诗二章,难表哀思。

　　劳骨伤筋尤苦志,飞沙走石立胡杨。
　　铮铮铁打自成器,疾疾风摧弓挽强。
　　热血男儿多智勇,痴心逆子尽忠良。
　　既然造化有深意,忍夺斯人咒上苍。

　　灯火家家望月圆,高楼此夜不成眠。
　　方兴国运山花烈,未展君才蜡泪干。
　　决意改行从笔政,何期开卷读遗篇。
　　伤心事问几时了?最怕衰年哭壮年!

　　一颗曾经发出过耀眼光焰的流星就这样陨落了!
　　我是从李锐同志的文章中,得知李荒同志建议李锐同志读《胡杨泪》的。我为钱宗仁庆幸,现在,终于有人用温存的大手去抚慰钱宗仁那颗苦难的心了。为此,我给李荒同志写了一封信。6天后,我收到了李荒同志的回信:

**晓云同志:**
　　寄来热情洋溢的信,十分高兴。
　　祝贺你写了一篇好文章,经李锐同志如椽大笔的推荐,已经成为在全国发生一定影响的文章。
　　……
　　我是一个退役的新闻工作者,曾经和你是同行。现在人老了,已经离休。不过,人老了之后,易于唠叨,好发议论。在这点上,我常受家中亲人的批评,却总改不了。现在,因为受了你写的《胡杨泪》的感动,兴起激情,又要发点议论,请你现过戈壁；更重要的一方面是让人们知所效法，如钱宗仁因具顽强不屈、奋斗不已的精神，即令是戈壁，也能生长出胡杨。"

李锐同志再一次痛心疾首地为中年知识分子呼吁：

"钱宗仁之死，又是一次教训：对受过磨难的知识分子，还得关心他们的健康，不要再事后惊叹他们的倔强而已。"

"我们经历了多么痛苦的年代，人们经受的创伤够多了，不知浪费、埋没和摧残了多少人才，今后再也不能做扼杀人才的蠢事了。"

钱宗仁拥有成千上万的同情者，他生命的最后岁月，最大的快乐莫过于整理来自全国各地的来信了。信来自祖国四面八方，有各部门、各单位的党政领导干部，有教授、工程师、技术人员、作家、编辑、记者、文艺工作者，有经理、厂长以及个体劳动者、工人、农民、解放军指战员、大中小学的教师和学生，有待业青年、临时工、失足青年、劳教人员等等。

钱宗仁去世后，我才有机会在读《胡杨泪尽》时看到这些信的片断及钱宗仁对它们的评论。

钱宗仁在1984年10月20日致李锐同志的信中，记述了《胡杨泪》在社会上引起的反响。他说，100%的来信都说自己是流着泪读完的，"不知是伤心，还是激动；不知是同情，还是受到感染……"许多家庭和个人争相保存载有《胡杨泪》的报道，用以作为教育子弟认识人生，努力发奋的材料。许多信中都可以见到类似的话："这是我读过的上百篇关于知识分子经历的报道中最感人的一篇"（暨南大学杨贻书），"我看书是从不流泪的，今天，这是21年来的例外"（河北沧州农校部焕敬）。河南省林业厅厅长张企曾开会途中在车厢里看了《胡杨泪》，全车厢震动，报纸抢购一空，只好组织读报，全车厢请他作代表给我写信；南京建材机械厂陈哲昌出差回来，尚未放好行李，妻子就递给他人民日报，他读着，其他什么也顾不上了；一个工人叙述他去买肉时，顺便在办公室拿了张报纸包肉，回家路上一边走一边看报上的《胡杨泪》，不知什么时候把肉掉了……

人们为钱宗仁的命运和奋斗感叹鼓舞。

"你坎坷的历程，百折不挠的精神，使每一个正直的中国人内心激动，使每一个有志于献身祖国、振兴中华的志士仁人从内心感到悲愤……从你身上，我看到炎黄子孙由古到今的道德、智慧和创造力，生的信念，活的欲望，艰苦卓绝的吃苦精神。"（河南孟津80741部队冯长福）

"塔克拉玛干大沙漠的胡杨树的一切品质都在你身上得到体现，人生道路的种种艰难险阻，坎坷崎岖不但没有使你萎靡，而是以更高的姿态出现在人民面前……你对生活，对社会的信任是使人挺立的源泉，而现实生活中许多人正是缺乏这一点……"（浙江江山汗头农技站占才水）

《胡杨泪》最大的反响还是在那些千千万万与钱宗仁息息相通的自学青年之中。

湖南铁合金厂工人丁超感慨万端："……一个人在世界上追求、奋斗一辈子，也许什么也没有建树，但这样的人同样是伟大的。因为他的追求、奋斗本身就是一种伟大的行动……虽然您一生最美好的年华被历史无情吞没了，但我相信，不管您将来怎样，您表现出来的高尚的求知精神和百折不挠的进取意志将深深地激励起新的一代自强不息的斗志。"

抚顺高湾农场的张福昆钦羡钱宗仁的奋斗精神，认为是"每个中青年知识分子都应该学习的"。他还在信中写道："我想你走过来这20年的坎坷曲折，一定伴随着一种革命的乐观主义精神，才使你没有在这漫长的岁月中失去信心和迷失方向，这些更是值得我们要学习的。"

大连工人大学的王礼德读了《胡杨泪》产生了强烈的共鸣，他在信中说："我们之间的共鸣点在于，能够为中国千千万万诸如这种不甘沦落的人中之一并能为社会所理解和相容……能做一个正直善良的人，做一个对国家民族有所贡献的人，这便是我们于人生的最大要求。"

一位大学落榜又到云南昆明入伍的战士钟建这样写道："我看了《胡杨泪》，一宿未眠，我在想，我还埋怨什么？我若有这精神的一半，我就肯定考上了大学！"江西的自学青年陈思也信心倍增："我不应该沉沦！虽然我已经在艰难的自学沙滩上跋涉了六个冬春，似乎没有看到边际；但是，我现在相信，只要我坚持下去，前面一定会出现绿洲的。"

这些信是钱宗仁的欣慰和幸福，当然也是我的欣慰和幸福。对于一个记者和作家来说，最高的奖赏莫过于读者的感动了。

读者的来信有理由使我们自信和乐观，或许他们比作者看得更为透彻。

我想引用其中的几段：

"这篇文章，确乎把你写成一个'失败者'，但他是从整体来说的。几代人的宝贵青春，毕竟被那无情的上帝夺去了，这是不可补救的悲剧。……看到过去，才有对比，正如有了反作用力一样，今天，我们共同回味过去，流下'胡杨泪'，明天，才知道欢笑和歌唱。"（湘乡曾执中）

"这是一种'角力'，写出了社会上压抑摧残人才之'力'与培植、扶持人才之'力'角逐搏斗，……当我看到这种搏斗而不去关心其胜负时，就似乎欠了一笔良心债。"（新华社新疆分社蓝学毅）

"能让人们看到这些事情，激发大家去思考为什么，说明我们的国家很有希望……千万棵胡杨倔强地生长，沙漠就会变成绿洲。"（大连王礼德）

"您是强者，这说明了有志者事竟成这一千古名言，也说明了我们的党确实是代表人民、关心人民的。"（湖南科技出版社胡海清）

"应该感谢党的十一届三中全会，使我们才都有光明的今天……即使是经历了磨难，付出了代价，但激励我们的，应该是为国家贡献更大的力量。"（广西《红豆》编辑部刘洁）

钱宗仁极为普通。他不过是成百上千想要成才、尚未成才的青年中的一个。为什么在生前死后，有这么多相识的、素不相识的人帮助他，关注他？因为他奋斗过，也因为党的政策最终在他身上得到落实。

钱宗仁给我的信有句话说得非常好："我的境况不是比以往好多了吗？我们的社会制度，我们的时代从根本上决定我们都应该是乐观的，正是这一点成为我们所理想的一切的原动力。"

7个大字跃入脑海：胡杨不相信眼泪。

## （四）

我保留了几封钱宗仁给我的来信，他在信中是那样冷静地总结着自己。他在分析人生价值意义时这样写道：

"我不大懂得一开始就有那种十分幸福感的牺牲精神，倒是经历过那种所谓'到了人生十字路口'时的复杂心情。这时大概有两种情形：一种是在某一方面必须作出牺牲才能获取另一方面的幸福那种二居其一的不相容情形，这种取舍还是容易确定的，并且由于牺牲的痛苦不久即可得到幸福来弥补，因而也就没有太多的遗憾。另一种情形是客观条件迫使他必须作出一方面或几方面的同时牺牲，并且在其他方面都不会立刻给你什么补偿，要不他就必须放弃'让人生有价值意义'这个总的目的和信念。这种抉择是困难的，痛苦也将持续很长时间。惟一但可贵的是他记住了做人的价值和意义，他可以从这种价值和意义中再生出巨大的力量，在所剩留的那些方面（可能不会很宽了）倾注和集中所有的追求力，去发掘，创造，发展，开拓，成功，胜利，不断产生新的欢乐，新的幸福，作为对失去的东西的补偿。最后他会觉得人生更有价值和意义，也就会更加振作精神，勇往直前。这或许又要作出新的牺牲，然后他再寻求新的欢乐与幸福。这样循环往复以致构成他的一生……"

1996年,记者孟晓云(右)在美国纽约老华侨家采访。

莫非他已预感到他不久于人世了么？

从李锐同志在人民日报发表《请读〈胡杨泪〉》一文到钱宗仁去世，这中间仅相隔一年零一个月的时间。钱宗仁一生都在奔走之中，为了改变自己的命运而奔走。谁知一切刚刚有了转机，他却被癌症夺去了生命。命运之神对于钱宗仁是不是太残酷了？！

钱宗仁生命的最后一程是在人民日报度过的。从在北京工业学院数学系进修转到人民日报当记者，钱宗仁内心里有一种急于报效祖国、报效社会的冲动。他在给李锐同志的信中，展露出这一心愿：当时，美国有两所大学愿意资助他去进修，他本可以走治学成家的道路。但他觉得，他原先自修的学科是纯理论的、没有应用前景的数学分支，而且他已经错过了研究数学的最佳年龄。他急于"金戈临战，阵上答知恩"，做一些于国于民更为急迫的事情。李锐充分理解他的心情，帮助他转到人民日报当了记者。于是，我们两个——作者和他作品的主人公，传奇般在同一个单位同一个部门成为同事了！

忙碌的记者生涯，经常是匆匆地相逢，又匆匆地分手。

1985年的秋天，我突然发现钱宗仁常用手捂着腹部。他告诉我胃感到不适，我劝他去看病，他却迟迟不去。我想，他可能怕自己真的有病而使留在人民日报工作的梦破灭。他临来人民日报之前，曾致信原人民日报总编辑李庄同志表示过决心："我是下了决心，不图安闲与顺利，立下准备吃苦的志愿来这里走这条荆棘丛生的道路的，这决定我必须永远不畏困难，为人民的事业勇往直前，奋斗终生。"

但是，他终于支撑不住了。报社医生的脸色告诉我们，一切都为时已晚。他到协和医院做病理诊断，10天以后看结果，然而他连10天都熬不住了。他喘息着上楼，脸色灰白。我送他回宿舍，每下几步台阶，他都要坐下来大喘。他每天夜里都痛得大声喊叫，他已有几天吃不下东西了，我心里真有说不出的凄凉。

钱宗仁马上住进了医院。我拿起电话，将这一不幸的消息告诉了李锐同志的夫人；我发电报给他远在新疆的妻；我不断到医院去探望；我送他走完生命最后的里程。

秋风起兮，我踏着片片的落叶，赶到病房。钱宗仁被裹在白色的被子里，面容枯槁，高大的身躯竟缩小了许多。床头柜上放着一把黄色的香蕉，那是他最爱吃的，平日舍不得吃，现在却是一根都咽不下去了。

我默默地注视着他，不知该讲些什么来安慰他。心里在默想，这或许就是我们的诀别，一幕人生的话剧就要收场了，胡杨泪真的要流尽了。

他的声音微弱，却充满了自信。他总是那么自信。他有过许多的抱负，考研究生，到大学当教师，到北京进修数学，到党报当记者；他的兴趣那么广泛，他涉猎数学、社会学，又开始研究新闻学，人才学，想写论文，出书……此刻，他在对我说：我还有三个月或半年的时间，我希望你能帮助我写点东西。

我不忍告诉他，一切都来不及了。他是肝癌晚期，癌细胞已全面扩散，生命对于他每一分每一秒都十分可贵。据医生分析，他的肝至少有五年以上的病史。其实，钱宗仁自己也并非没有知觉，他胃痛七八年了，并没有介意。他的全部精力都消耗在成才之路的艰难跋涉之中了。

1985年10月1日，一个举国欢庆的日子。正是在这天的凌晨，年仅41岁的钱宗仁停止了呼吸，告别了使他备受折磨而又充满希望、让他难以割舍的人生。

两个月前，8月1日，在他致当时人民日报总编辑李庄同志的信中写道：

"我是深负时代压力和群众的期望来的，也是自己的意志所驱使来的，我没有任何惋惜和顾虑的'资本'，我必须舍弃一切个人利益，努力工作，任何时候都会想到争取时间，争取为党多作贡献。

"惟一的心愿就是报效祖国、报效党，报效人民，报效支持和引导我的人民日报。"

那时，他已重病在身，他不可能不知觉，而是想赶紧生活，抓住命运之神的手，紧紧不放；那时，距死还有两个月，这是一个垂死的人发自内心的呐喊。

我耳旁不时地响起《胡杨泪尽》序中的话：

"钱宗仁有点像一颗掠过天际的陨星，当人们刚刚看到它夺目的光焰，就戛然消失了。""钱宗仁虽然离开了他如此眷恋的十亿神州，然而胡杨泪的泪水仍会常滴在人们的心头。"

我为胡杨流泪而哭泣。

我为胡杨泪尽而哭泣。

但是，我更要说，胡杨不相信眼泪。

2002年9月

# 爱岗敬业　笔耕不辍

吴兴华

我们党的宗旨，我们新闻工作者的宗旨，就是全心全意为人民服务，为人民谋利益；要全身心地投入工作，宣传党的方针、路线、政策，讴歌为祖国现代化无私奉献的英雄人物，鞭挞社会的丑恶现象，批评违反党的路线、方针、政策的错误行为；保证党的方针、路线、政策得到贯彻执行，推进建设有中国特色社会主义伟大事业。

## 牢记宗旨　自觉工作

随着时间的推移，离退休的年龄已经很近了，但我还是像过去一样跑农村，跑工厂，没日没夜地采写报道。有的人问我："老吴，还这样干图什么呀！"我说："我不图个人什么，图党的事业兴旺发达，图伟大的祖国繁荣强盛。"毛主席说：我们的共产党和共产党所领导的八路军、新四军是革命的队伍，我们这个队伍是为着解放人民的，是全心全意为人民服务的。这些话，我们在"文革"中背得滚瓜烂熟。"文革"是错误的，但毛主席这一教导永远放射灿烂的光芒，具有永恒的生命力。我们是党领导的新闻队伍，是党领导的新闻工作者，为

---

吴兴华,高级记者,湖南湘潭人,中共党员。1970年大学毕业参加工作,1978年考入中国社科院研究生院新闻系,获文学（新闻学）硕士,1981年分配到人民日报,任驻湖南首席记者、记者站站长。

人民服务永远是我们人生的信条和座右铭。这不是讲大话，讲空话，讲漂亮话。我觉得有了这样的人生观，努力工作就没有年龄大小之分，就会千方百计努力作好党的宣传工作。

每当报社布置突击采访任务，我都克服困难，坚决完成。去年4月，北京大学一个原来痴迷"法轮功"的博士生幡然悔悟，《人民日报》发表了他的长篇的认清"法轮功"反动本质的文章，在社会引起强烈反响。他的文章发表的当天下午5时，我接到编辑组电话，要我采写一片反应稿，必须当晚发回，第二天见报。这个时候，离下班只有半个小时了，我感到自己辛苦一点不要紧，担心采访对象难找到。想到这是与"法轮功"组织进行的一场严肃政治斗争，我二话没有讲，答应保证完成任务。我立即与长沙市委610办公室联系。长沙市委很支持，立即联系、安排采访对象，我立即踏上采访的征途。从市委到区、街道办事处、居委会直到醒悟的原"法轮功"练习者，这中间环节多，有的"法轮功"练习者怕自己的名字见报后，亲友瞧不起，不太愿意讲，各级党委的负责同志还要做工作，帮助他们打消顾虑。直到晚上9时半，我才进入对醒悟过来的原"法轮功"练习者的采访，10时半才回到记者站，到晚上11时半，终于把稿子发回了报社，第二天见了报。晚上12时，我才回到家里吃晚饭。

今年7月1日，江总书记发表"七一"重要讲话后，报社开辟《三个代表与我》的专栏进行宣传，报社总编室和我们记者部编辑组安排我组写两个我曾报道过的优秀共产党员学习"七一"重要讲话的体会文章，确定采访对象是湘西土家族苗族自治州的保靖县梅花乡他沙村党支部书记彭图松，彭的住地离长沙1300多里路，其中700多里路是崎岖险峻的山路。经与保靖县委宣传部联系，驱车10个小时赶到保靖县，连夜采访、写稿，并由本人和当地党委有关负责人反复审稿，完成了采写任务。第二天清晨又驱车回到长沙，投入另外的报道。

说实话，我每天忙忙碌碌，从未想到这是保持对工作的热情，我只觉得做好宣传工作是一个共产党员和党的新闻工作者的应尽之责。否则，我就会觉得有愧于共产党员和人民日报记者的称号。

## 坚持学习　激发热情

我觉得，作为一个记者要保持对生活、工作的热情，必须认真学习马列主义、毛泽东思想和邓小平理论，学习江泽民总书记"三个代表"的重要思想，学习新的科学知识。

邓小平同志是我国改革开放的领路人，是我国改革开放的总设计师，他创立的邓小平理论是党的第二代领导集体智慧的结晶。尽管小平同志逝世了，但他创立的邓小平理论是对马列主义、毛泽东思想的继承、发展和创造，永远是指引我们夺取改革开放新胜利的指航灯，是鼓舞和指导我们做好报道工作的指针。作为党报记者，保持对共产主义事业的坚强信念和必胜信心，保持对改革、开放的热情；要必须保持清醒的头脑，一定要坚持认真学习邓小平理论。基于这种认识，近年来，我坚持学习关于建设有中国特色社会主义的理论，特别是关于社会主义市场经济的理论，激起我对改革和开放的热情和信心，激发报道改革开放的热情。

江泽民总书记提出的"三个代表"的重要思想，是对马列主义的继承、发展和创新，是立党之本、执政之基、力量之源，是我们做好一切工作的指针，也是我们做好新闻工作的指针。认真学习江总书记的"三个代表"的重要思想，学习党中央、国务院的重要文件和会议文件精神，使自己保持敏锐的思想，增强自己的新闻敏感，及时捕捉报道对象。过去，我们知道长沙市对市民进行道德教育，但把这个看作一般性常规教育活动。党内文件下达后，我立即进行了认真学习，对长沙市开展的市民道德教育的认识就不同了，感到这是落实总书记以德治国方针，建设有中国特色社会主义的重要举措。当中央关于公民道德建设实施纲要在报纸上公布后的几天，我立即报道了长沙市对公民进行道德教育，起到了较好的宣传作用。

## 密切联系　保持热情

记者是党和人民的喉舌。要宣传好党的方针、路线、政策，使自己的报道反映人民的利益、心声和要求，就要密切联系群众，深入群众采访，了解群众的疾苦，倾听群众的呼声。群众的要求和呼声激发和唤起我们对党、人民和社会的责任，鼓舞我们忘我地工作，为人民的利益奋斗，就会有真正的新闻题材和鲜活的新闻素材。

江总书记要求新闻工作者"深入，深入，再深入"，这是我们新闻工作者保持工作热情，做好本职工作的一个根本保证。我的体会是，记者联系群众，首先就要多到基层去采访，到基层干部和群众中去采访，群众和基层干部就会源源不绝地给我们提供大量的报道题目。这些题目和党要求宣传的内容是一致的。毛主席曾经说过，跑衙门是跑不出名记者来的。

去年，湖南省委宣传部和纪检委组织我们采访以工代赈干部龙清秀。我们驱车4000多里，到7个县深入群众中采访，看到人民群众对全心全意为人民服务的干部由衷热爱、称道、敬仰，使我们看到党在人民群众中的崇高威望；进一步认识到干部的作风对党的工作、对建设有中国特色社会主义多么重要。深入到群众中采访，激起了我对模范党员干部龙清秀的热爱和敬佩，觉得非报道出来不可。经过认真构思和精心写作，龙清秀的优秀事迹的报道见诸本报。

记者要联系群众，就要做好接待群众来信来访工作。群众非常信任我们记者，特别是人民日报记者。现在群众找记者的多，我认为这是好事，说明群众信任我们记者，我们要不辜负群众的信任，做好接待群众来信来访工作。实践证明，上访群众多数是实事求是的，只是他们限于条件，事情了解得不那么全面、准确；但我们要根据宣传报道的要求，将一部分来信来访转到党和政府有关部门处理，选择一部分来信来访线索进行采访，就可以写出许多鲜活、受群众欢迎又能宣传党的方针、政策的报道。邵东县的干部、群众多次到记者站反映：该县县城美容美发、桑拿、按摩店有 200 多家，其中有多家挂羊头、卖狗肉，从事色情服务，毒化社会风气，污染人们的心灵。今年 11 月 16 日，我到邵阳抓发行工作，便利用这个机会到邵东县核实群众反映的情况，先白天看，一个县城美容美发、桑拿、按摩店多如牛毛。晚上，我找熟人一道暗访美容美发、桑拿、按摩店，抓到了从事色情服务的蛛丝马迹。有关报道于 11 月 25 日在《地方新闻》栏目刊登后，县委、县政府组织突击清查，抓获了部分卖淫嫖娼人员，并对全县美容美发、桑拿、按摩业进行整顿。

前年 9 月，一个县某镇的干部在收取统筹提留、落实计划生育措施中，严重违反党的方针政策，殴打农民 90 多人，甚至搬抬农民的粮食和财物，在当地造成严重后果和很坏的社会影响。我得到这一线索后，深入这个镇调查，逐户走访被打农民，并将采访得到的情况写成内参。省委书记杨正午同志非常重视，责成有关部门派出调查组查处，依法处分 6 名干部，党纪、政纪处分 10 多名干部，赔偿了农民的医药费和损失的财物，维护了党和政府的形象，消除了不良政治影响。

2001 年 12 月

# 沃土耕耘杂思

赵相如

## 一

上世纪八十年代初,党中央决定在各省、市、自治区重新恢复人民日报记者站。1981年9月,我在中国社会科学院新闻系研究生毕业,进入人民日报社工作,并被决定去江西省建站、任驻站记者。

去江西省我并不心忧,因为我在1961年10月去江西,1978年9月离江西赴京,其间读大学、工作,在江西生活了17年,对那儿基本情况、风土人情有所了解。更因为在我动身离京赴赣前,记者部主任田流、商恺两位老前辈对我作了恳切的谈话,语重心长地鼓励,使我激情充沛。加上多年的老记者高新庆,已经先行一步去南昌受命组建记者站,并已与省委领导有了接触,而且进行了采访活动,稿件已开始见报。这使我有了"天时地利人和"之感,因而信心更足了。

我坐火车硬卧到南昌,又乘公交车赶到高新庆下榻的滨江招待所。我们两人同处一室,同时面对当时联产承包责任制铺开后社会上出现的种种喜怒哀乐,进行了紧张而有序的采访工

---

赵相如,高级记者,上海人,中共党员。1956年参加工作,1981年毕业于中国社会科学院研究生院新闻系。先后任人民日报驻江西首席记者、浙江记者站站长。

1989年12月下旬,国务委员李铁映(右二)由江西省委书记吴官正(右三)陪同,视察江西新建县血吸虫疫区,详细询问患者病情及治疗情况。记者赵相如(图中戴帽者)随行采访。

作。高新庆同志的采写经验十分丰富,掌握文字的认真、仔细推敲的劲头,给我留下深刻的印象。我跟他朝夕相处中间学到了不少,比如,他多次告诉我,作为党中央机关报的记者,要善于从政治的高度来采撷新闻素材,要密切关注党中央、国务院的方针政策与江西贯彻的实际状况,然后从中抓取"活鱼",迅速予以报道,这样才能起到人民日报记者的作用。他不经意间谈到这些抓重大新闻的经验、技巧,确实使我受益匪浅。通过新闻记者这个共同的职业,在工作中两人相互加深了解、相互敞开思想,比如他鼓励我努力发展,当征求我对他的看法时,我也会直抒胸臆,我们有合作、有单独撰写的新闻不时在报纸上发表,双方都感到一种默契、一种愉快,从而留下了美好的记忆。

　　1982年秋,高新庆同志调回北京,这就意味着江西记者站在以后的年份里,就得由我一个人去打拼和支撑了。

## 二

"女怕选错郎，男怕入错行"。对于记者这一行，我是始终热爱的。出生在上海的我，初中毕业后便开始有兴趣地通读各类报纸与刊物，并尝试着给报纸投稿。因为家贫，无钱念高中升大学，便去读了不要花钱并有饭吃的中专学校，1956年中专毕业即参加工作，开始在报纸上发表"豆腐干"式的文字。1959年到1961年，被组织选拔进了一家地市级党报当了一名记者，没有学过新闻专业却又当起了记者，和正规的新闻系本科毕业生一起共事，就逼得自己必须自学一些新闻理论、揣摩一些新闻作品的写作技巧，无师自通地领悟和实践。有机会成了新闻研究生，正式系统地学习了新闻专业后，自然收获就更多了。到了有江西省这么一个天地里去让自己施展，于是我便全身心地扑进其中去实践学到的新闻理论了。

在1982年秋到1992年10月，这8年的长驻江西省的岁月里，我跑遍了江西省几乎所有的县、市，并走访了不少农村和学校，尽管江西省不算新闻的"富矿"，但因为接触面广，加上较为勤奋刻苦，所以每年在本报见报稿件总有70多篇，头版头条2至3篇，比起别的驻省记者似乎不算太弱。我常为自己能采访到的新闻很快见报而兴奋不已。我也常为自己能在人民日报这块沃土里耕耘而自豪，再苦再累一无所憾。

新闻的生命很短暂。报纸上的文字，我认为无论是信息还是被有些人称之为的"精品"，也就是两三天的生命，但是作为史料，它们又有其生命力。任何记者作为个人，都将在最后化成灰烬之时，同时也将熔铸入这些史料之中（史料当然只对研究历史的人有价值），过于沉缅在自己发表过哪些新闻作品、起过多少多少作用的兴奋之中，在我看来是期望值高于生活实际，但只要是发表的新闻已经为社会提供了信息、传播了某种思想，就达到了传播目的。所以，我并不想在这儿去引述和剖析发表过的那些作品，那将是感兴趣的后人去做的事，即使湮没无闻我也并不为憾。

但是，有一点我却十分引以为荣的：在1988年5月8日，一个以鲜红仿宋字体"中华人民共和国国务院"落款的大信封寄到我处，信封上写："人民日报社 赵相如同志（收）方毅同志处"，打开信封，内有一方信笺上写："赵相如同志：送上方毅同志为你写的横幅：雄关。请查收。方毅同志处，5.7"。当时任中央政治局委员、国务院副总理的方毅同志，送我他亲笔书写的"雄关"横幅。我看着这笔力遒劲的两个字，咂摸着方毅副总理题的字的含义，深深感动不已。方毅同志来江西省视察工作时，我作为记者跟随采访。方毅同志返京时应我的请求答应给我题词。现在他果然寄来了题词。我理解，他是把人民日报记者这个职位当作"雄关"看待的，这含义深长的督促和提醒时时勉励自己。人，可以不当记者，但把自己当成一道"雄关"，这个警世的名言我应作为传家宝传之子孙后代。

## 三

在江西驻站12年，感触自然不少。刚开始那几年，没有电脑，没有采访车辆，没有住房，通讯也不便。写好稿子，要连夜跑电信局，写在电报纸上，请电信局拍发电报去编辑部。下去采访，买票坐公共汽车，妻子、孩子分居多处，因为南昌没有住房。

后来报社逐步想办法给予改善。我忘不了，行政部门派人来南昌，选记者办公和居住房，廉价买下了三套两室一厅房子，有了办公房和住房，真是高兴异常！我还忘不了，为了添置采访用的车辆，报社要我们向省委省府求一些"支援"，吴官正同志很诚恳地听完我的汇报和要求后，指示省财政厅给我们拨款买车。

那个时代，我们对自己工作条件和生活的要求并不高，看重的是内心理念的逐步实现，看重的是工作成果的显现，自己所创造的条件的改善，哪怕是那么一点点，也是很兴奋的，因为我们白手起家。后来报社要求我们尽量要点地皮，可以盖个记者站。于是，我找了当时的南昌市长蒋仲平、城建委主任殷庭佳，请他们予以支持。经过研究，很爽快地同意了，在我离开江西前，办好了购地的一切手续。总觉得自己是人民日报一员，人民日报为自己搭建了一个很好的"平台"，让自己可以有所表现，反过来人民日报社要求自己做的事，自己也是应该不讲价钱地去努力完成的。

## 四

1992年10月，编委会任命我为浙江记者站站长，其时我已54周岁，因为两个孩子大学毕业均在杭州工作，我希望和孩子们能生活在一起养老，所以向组织上提出了调动要求。当时分管记者部的副总编唐纪宇和郑梦熊同志都找我谈话，要我到杭州先把记者站建起来。此时，社长发来建站法人代表的任命书："人民日报社法人代表邵华泽同志委托人民日报驻浙江记者站首席记者赵相如同志为我社拟建的人民日报浙江新闻中心工程的法人代表。"

到了杭州后，经过几个月"折腾"，虽说建站用地的"红线图"到手，不料才两亩土地上住着22户人家，要让这些老杭州搬离市中心的西湖边，住到近郊去，这样的工作只要有点社会生活经验的人都可以想象得到，有多少困难和艰险的！在有关部门的帮助下，经过一年多的努力，这22户人家总算搬走了。

在报社没有建设资金情况下，6000平方米8层的记者站楼房建起来了，人民日报得到了3000平方米的产权房，记者站办公用800平米，其余可以出租。1996年6月，时任社长邵

灿烂的星河——人民日报记者部新闻实践与思考

1996年6月，人民日报社社长邵华泽(右二)参加浙江记者站办公楼落成典礼，会见浙江省委副书记、省长万学远(左三)，左一为驻浙江记者站站长赵相如。

华泽、浙江省委常委宣传部长、杭州市委主要领导等来记者站参加庆贺并剪彩。至此，花了近4年时间，总算完成了领导交办的建站任务。

在繁重、琐碎的基建任务压肩的情况下，本来按例可以免去或多或少的新闻采写的任务的，不过，我又想到，当记者如果不写稿，在浙江人看来这算什么新来的记者站站长，在记者部有些同志看来你跑浙江去干了什么？于是，只好利用一切节假日及夜晚时间，进行采写。所以在1993年到1996年的几年中，每年仍有60篇左右的稿子见诸报端。时间挤一下，总是有的；身体累一点，好在能顶得住。在写的不少稿子中，有一件事让我感触尤深：1995年春天，我觉得浙江民营企业虽发达，但农村仍不忽视粮食生产，这应报道一下，写了一篇《浙江确保早稻种植面积》新闻，在3月24日上了头版头条。

巧的是，其时浙江省副省长给当时的朱镕基副总理去了信，希望他能关注浙江种粮大户的规模效应。朱镕基副总理于3月24日在副省长信上用毛笔小楷作了批示："请周瑞金同志阅。我们提倡由联产承包的适度规模经营，既提高农业经济效益，又把土地充分利用起来，浙江有不少这样例子，希望人民日报采访报道一下（不要提我的名字）。朱镕基 3月24日。"周瑞金副总编在3月30日给总编范敬宜写了一函："敬宜同志：日前，镕基同志批示，要我们对浙江种粮大户作些报道。能否请记者部与浙江记者站联系落实，发表时可加编者按，把镕基同志批示精神体现出来。以上意见当否，请审酌。周瑞金 3月30日。"范敬宜总编在3月31日批示："请梦熊同志落实。"副总编郑梦熊在4月2日批示："告记者部并告浙江站。"这几份批示，特别是朱镕基同志的批示到我手上时，我立即深入农村采写了种粮大户的通讯，很快在报纸显著版面上见报。稿子发表我完成任务，更有意思的是，我把朱镕基同志那份亲笔批示保存了下来，因为那份批示让我感到：真正的政治家所关注的民生是什么，那就是决非天马行空的虚妄之论，而是多数民众最为切肤之痛的实际生活！

## 五

再大的记者、再出名的记者，到了年龄也是要退休的。退休以后干什么呢？

我很赞成若干年前有人提出的"记者要学者化"这一观点。如果记者有采访权时，就满足于写点"本报讯"和一些通讯，那么退休后没有采访证了，还有不少年月如何打发呢？倘若只要能活下去便行，那么退休后靠自己的"学者化"使自己再干点什么，岂非活着更有点意思？

以前我的采访是"下去一把抓，回来再分家"，下去花时间采访后，回到办公室把采访的材料分分类，或写新闻，或写通讯，或写报告文学，或写杂文，这样使自己的思路开阔，有利于自己走"学者化"的路。

在人民日报退休后，被别的新闻单位聘用至今已5年，搞新闻、办杂志，不知"古稀"之降临，而我同时在研究500年前的一个将领的史实，抽空还撰写有关杂文、随笔。我记住一句名言：不要把昔日的事业当作舒服的吊床，而要让它成为跳板，使之更上层楼。我之所以写这些，是因为我庆幸自己在人民日报这块沃土里耕耘，养成了视野开阔，不断思考的习惯，这当然极有利于个人的业务开拓和进步，而且也有利于健康和长寿。有人说，60岁是人生的第二个春天。我知道，衰老的生理规律是无法抗拒的，但延长衰老，让自己在进火化炉之前，除了"干好活"不负人家聘请之诚外，自己再能制造出一些值得留下的文字，这同样是在沃土耕耘多年给我带来的勇气与信心。

2007年4月

# 四川连环新闻官司始末记

罗茂城

平地一声雷。1994年岁末，正当人们以喜悦的心情送旧迎新之际，四川成都有不少小报在一版显著位置争相刊出一条耸人听闻的新闻："人民日报站长被起诉"；"人民日报记者坐上被告席"等等。有的发消息，有的登通讯，添油加醋，好不热闹。

一时间，"人民日报站长被起诉"成为人们新年期间热议的话题之一。

作为被告的我，看到报纸不由大吃一惊。因为我一直还未接到成都市中级人民法院的通知书。这也许是原告四川经济日报

记者罗茂城向新闻培训班学员介绍采访经验。

罗茂城，高级记者，广东省兴宁县人，中共党员。上海复旦大学毕业分配到西藏日报工作，1978年考进中国社科院研究生院继续深造，获硕士学位。1981年分配到人民日报，任驻四川首席记者、记者站站长。

事先获得法院通知，便找来一些小报记者策划的轰动效应吧，看来他们的目的显然达到了。

四川经济日报为什么要起诉我？事情的真相到底如何？案件的结局又是怎样？人民日报的声誉有无受损？事情虽然过去多年，但当年在四川影响还不算小的事件，还是值得总结和有所交代的。

### 为恩威公司鸣不平，记者不知不觉惹上官司

1994年11月，记者到名牌企业成都恩威公司采访。见到公司的办公室、走廊、墙角到处堆放着从各地退回来的名牌产品洁尔阴，便问公司总裁薛永新到底是怎么一回事。

薛永新说，这次我们遭惨了！有人故意用四川经济日报的报头，贴上该报关于洁尔阴不符合卫生部标准的报道、评论员文章，以及有关资料、"举报"等，拼凑成一张传单，广为散发，说洁尔阴是"伪药"、"劣药"。许多销售部门不明真相，见有报纸报道，检测资料，便信以为真，纷纷退货，拒绝付款，公司被迫停产。现初步统计，公司应收货款被拖欠达1.5亿元之巨，直接经济损失4000万元以上。

看到、听到这些情况，心中感到很不是味道。保护名牌产品，保护名牌企业，向广大消费者澄清事实真相，让企业尽快恢复生产，促进地方经济的发展，作为一个党的新闻工作者，应有此责任和义务。于是，我决定留下来，对洁尔阴停产的前因后果先后作了深入采访。在广泛调查的基础上，《人民日报》于11月23日和12月3日的二版刊登了我采写的两篇报道：《因遭他人蓄意传播不实之词之害，"洁尔阴"被迫停产》；《为什么要诋毁一个名牌产品？为什么几封诬告信就有那么大的杀伤力？洁尔阴停产前后》。同时，编辑部还配发了短评：《请各方关注》。

文章以大量事实，揭穿了恶意制作、广为散发传单的张勇

的阴谋。张勇是谁呢？他是被恩威公司开除的职工，后为正与恩威公司打官司、生产侵权产品舒尔阴的成都泉源堂公司收留，并派驻浙江片区的销售部负责人。事发后警方还从张勇的办公室搜出400多张尚未投出、伪造拼贴的传单。据张勇交代和掌握的证据表明，这是一起有组织、有预谋、有背景的系列犯罪行为，涉及面较宽，人员较复杂。

我在第二篇报道中特别提到："光靠捏造事实、污蔑诋毁等简单手段，是不容易把水搅浑的。诬告洁尔阴者所以能售其奸，其中一个重要原因，就是有四川某报的舆论误导。"文章接着说四川某报是如何片面报道所谓洁尔阴《十六个批号均不符合卫生部标准》的，以及专发《充分发挥舆论监督作用》评论员文章，侵犯恩威公司洁尔阴声誉的。

文章发表以后，社会反响很好。张勇被依法逮捕，后以破坏集体生产罪依法判处两年徒刑。许多药品销售部门了解了事实真相以后，消除了误会，纷纷重新订货，洁尔阴终于恢复了生产，恩威公司又热气腾腾。

正当恩威公司广大职工以喜悦的心情恢复生产，感谢人民日报为企业排忧解难，伸张正义之际，四川经济日报状告人民日报记者罗茂城，"人民日报站长被起诉"的新闻突显在成都多家小报一版上。四川经济日报的起诉状云，罗茂城的报道"严重歪曲事实"，对四川经济日报的声誉造成"严重损害"。要求罗茂城在人民日报上公开赔礼道歉，并赔偿四川经济日报名誉损失费50万元。

四川经济日报对自己不实的报道造成企业停产不仅不痛心、不反省，反而向澄清事实、让企业恢复了生产的记者挑起讼端，这是许多人不可理解、也是我始料不及的。

## 恩威公司立即起诉川经报，要求赔偿500万

当我带着成都几家小报再到恩威公司找到薛永新总裁时，

薛永新满脸的无奈与愤怒。他说，世上还有什么公理与道德！四川经济日报的不实报道造成我公司停产，损失惨重；人民日报的报道澄清了事实，使我公司恢复了生产。我们不起诉四川经济日报算是手下留情，现在他们反而要起诉伸张正义的记者，这于情于理都说不过去！容忍他们胡作非为，就意味着我们懦弱、理亏。我们不能再沉默了！

停了一下，接着他又安慰我说，罗站长，请您放心，如果您官司打输了，要赔50万元，我们公司负担，您一分钱也不用出；更何况真打起来您不一定会输。我公司原不准备起诉四川经济日报，而现在逼着我们非起诉不可。我们要状告他们报道不实造成我公司损失几千万，要他们公开赔礼道歉，并赔偿经济损失500万元。

恩威公司说到做到。没过多久，恩威公司也正式向成都市中级人民法院起诉四川经济日报，从而形成了一种连环新闻官司。两个新闻官司，创下了新闻单位告新闻记者、经济赔偿额度最高的全国罕见的新闻官司。于是，成都几家小报再次将四川经济日报的新闻官司大炒一通。有的小报记者随便给我打一个电话，或抓住我一两句话，便作出一篇文章来。这时一些严肃的党报，对恩威公司起诉四川经济日报以后，也客观地比较全面地作了报道。川经报领导对此大为不满。

川经报由原告变被告以后，他们才感到问题的严重性。川经报那几个头头为了稳住阵脚，为自己壮胆，便散布种种流言蜚语，说什么罗茂城现在似热锅上的蚂蚁，吃不下，睡不着，人瘦得都变形了。这些谎言立即遭到川经报其他人员的驳斥，说这两天在电视上看到罗茂城的镜头，还神采飞扬呢，根本没那回事。

**四川省领导要求撤诉，川经报不听，说要打到底**

两个官司都到成都市中级人民法院起诉。中院研究认为，两个官司互相牵连，如果恩威公司起诉川经报官司胜诉，那么川经报起诉罗茂城的官司不审自明；反之也然。为节省时间，中院决定恩威公司起诉川经报一案先审。

两个官司引起四川新闻界和广大干部群众的关注，也引起了四川省委、省政府领导的关注。四川省委副书记秦玉琴首先在1995年的新年新闻座谈会上指出，四川经济日报起诉人民日报记者的官司现在在社会上闹得沸沸扬扬，这种做法不妥。川经报认为人民日报的报道有出入，可先向我们反映，我们可出面协调解决。实在协调不了再打官司也不迟。现在川经报不打招呼就向法院起诉，新闻界内部自己打起来，弄得社会上议论纷纷，老百姓会怎么看？四川省委书记谢世杰也很关心此事。

有的省委、省政府领导要四川经济日报主动撤诉，但川经报坚持不撤，说他们一定打得赢。有一次我列席参加四川省委常委会散会出来，与四川省长肖秧、副省长蒲海清等领导走在一起，很自然谈到官司问题。蒲海清说，罗记者是"老常委"了，多年列席省委常委会，对四川报道很多，贡献很大。肖省长说，四川经济日报的报纸不为自己的企业说话，把自己的企业弄停产了；人民日报为企业说了公道话，使企业恢复了生产，现在还要起诉人家。四川经济日报那几个头头们，他们究竟想干什么！蒲海清接着说，我要四川经济日报撤诉，他们不撤诉，我们撤他们的职，看他们怎么办！

但是，四川经济日报那几个手握实权的人坚决不撤诉，说不管什么人来说情官司也要打到底。从此，川经报那几个头头不时散布出流言蜚语，对我恶意中伤。对他们的卑劣作法，川经报内部正直的人看不惯，他们反而通过种种渠道及时告诉了我许多内部情况。

说来事有凑巧，就在官司双方紧锣密鼓进行的时候，川经报在一版登出一组简讯，其中一条是：《邓小平对经济工作的三点指示》。广大读者一看，不禁大吃一惊！姑且不论此事的真伪（事后查证是道听途说的），即使是真的，也轮不到四川经济日报来抢先披露。另外，把党和国家重要领导人的指示，作为一般的简讯来处理，这是对敬爱的小平同志的最大不敬。这是作报纸编辑的最起码的常识。

据了解，此事被中宣部发现以后，马上要四川省委宣传部负责同志赴京说明情况和提出处理意见。中宣部领导听了汇报以后，原要四川经济日报立即停刊整顿，并作深刻检讨。后经工作、疏通，为稳定起见，四川省领导顺水推舟，将川经报总编免职下放工厂了事。

但此事狠狠打击了川经报那几个掌握实权头头们的趾高气扬的气焰，他们预感到前景不妙，有的借酒浇愁，痛哭一场。

### 法院主持正义，川经报赔礼又赔钱

成都市中级人民法院经过近一年的开庭审理、调查取证，终于把造成洁尔阴停产的前因后果查得一清二楚。

原来，恩威牌洁尔阴洗液，于1993年8月经卫生部正式批准为国家三类新药。1994年6月14日，恩威公司将13批样品送请四川某部门按卫生部颁发的试用标准检验，结果未检出苦参碱，并写出供卫生部门内部参考的阶段性"报告书"。可是，过了不久，某部门按新方法复核，又检出了苦参碱。这本来是一次药品法规正常程序管理和技术探讨的问题，但不料四川经济日报不听企业薛永新总裁和卫生医疗部门的劝阻，抓住供内部参考的阶段性"报告书"便大做文章，于9月8日报道洁尔阴洗液"十六个批号均不符合卫生部标准"，并危言耸听，说什么"省卫生、药政部门对此非常重视，已要求对不符合规定的产品实行封存、不准销售"云云。

更令人不解的是，9月10日四川省药政部门的最终结论表明恩威公司送检的洁尔阴各项指标完全符合国家标准以后，四川经济日报仍在9月21日专门发表评论员文章：《充分发挥舆论监督作用》，继续说洁尔阴不符合标准，报纸有发挥舆论监督的权利，企图为自己的不实报道辩解。

庭审过程中，川经报一再说自己的《标准》一文是有根据的，评论员文章《监督》一文是泛指，不是针对恩威公司的。而成都中院经审理认为，1994年9月8日被告在一版报眼位置刊发的恩威公司《十六个批号的产品均不符合卫生部标准》一文，虽有一定的事实依据，但在药政部门一再申明1994年8月3日省药检所作出的"关于十六个批号洁尔阴洗液不符合规定"的检验结论存在"鉴定方法和技术上的问题"，原因正在查找，相关部门尚未作出终结结论，且在有关部门不同意报道检验结论前，即匆忙根据一次常规检验结论发表《标准》一文。文中反映的检验结论虽是事实，但并未将有关部门指出的造成该结论的原因一并报道，致使《标准》一文见报后在社会上给人造成"洁尔阴"洗液存在质量问题的印象。原告恩威公司就《标准》一文向被告川经报提出异议后，被告不仅不慎重对待，反而直接针对原告恩威公司发表《充分发挥舆论监督作用》评论员文章，文中多处点到恩威公司，并使用贬低声誉的言词对恩威公司进行指责，加重了对恩威公司产品信誉的侵害。由于被告的上述两篇文章，致使恩威公司的产品声誉受到严重损害，突出地表现为一些销售单位阅报后纷纷要求退货、拒付货款，给恩威公司造成严重的经济损失。被告的行为与新闻舆论监督宗旨相违背。被告称《监督》一文未针对原告恩威公司，是原告自己对号入座的说法与事实不符，其辩称理由不能成立。

后经成都市中院审判委员会讨论决定，判决如下：一、四川经济日报社在本判决书发生法律效力之日起一个月内，在《四川经济日报》重要位置为原告恩威公司消除影响，恢复名誉，并赔礼道歉。稿件内容须经本院审查认可。二、四川经济日报社在本判决书发生法律效力之次日起三个月内，向成都恩威公司赔偿经济损失500万元。案件受理费共计5万元由被告负担。

此判决如晴天霹雳，把那几个坚持要把官司打到底的川经报头头们打蔫了，并遭到相关部门领导的痛斥。他们一方面硬着头皮找恩威公司和我联系、商谈，请求谅解，希望能达成和解。另一方面立即向成都中院提出申请，撤回对人民日报记者罗茂城的起诉。

### 高高举起，轻轻放下；得理让人，皆大欢喜

官司打赢了自然高兴，但它牵扯了我近一年的时间和精力，深感代价太大，很不值得。

我多年在四川采访，低调行事，与中央驻川新闻单位和四川各新闻单位关系也较融洽，与川经报那几个坚持官司打到底的头头们也并非不熟悉。我在那两篇报道中想回避川经报的报道实在回避不了，因此，只能做到不点"四川经济日报"的名，只用"四川某报"。可他们为什么非要对号入座，把事情闹大，非把官司打到底不可呢？

据有关人员告诉记者，原来川经报过去为拉广告与恩威公司发生过不愉快，想通过报道以发泄心中的郁闷。第二、他们自认为《标准》一文完全有事实根据、《监督》一文阐明舆论监督的作用，他们没有什么错。但他们恰恰忘记了他们的报道给企业造成严重伤害与经济损失。第三、他们认为如果对人民日报的文章默不作声，当事人将难以在川经报立足。因此，他们不惜拿川经报的名誉来较劲到底。

谁知搬起石头砸自己的脚。官司打输了，要赔恩威公司500万元，那川经报岂不要倾家荡产？川经报上下乱作一团，互相埋怨，指责和批评声不绝于耳。

恩威公司官司打赢以后，我立即写了一篇通稿，标题为：《四川连环新闻官司审结，四川经济日报赔礼又赔钱》，分寄给

四川省内外十多家报纸发表。与此同时，中国新闻社也发了电讯稿，香港一些报纸作了报道。这样，彻底消除了"人民日报站长被起诉"的负面影响，维护了人民日报的声誉。

得理让人。当时恩威公司总裁薛永新在对方多次找他商谈以后又同我商量，我们取得了共识。认为既然法院作出了判决，澄清了事实，分清了是非，公司恢复了生产；川经报主动撤销了对罗茂城的起诉，许多报纸作了判决的报道，有的部门领导和现任川经报总编也出面求情，我们的目的基本上达到了，案子也应该结束了。若真的让四川经济日报赔偿恩威公司500万元，把四川经济日报搞垮了，吃亏的还是四川经济日报的广大职工，也不利于安定团结。薛永新总裁向有关部门表态说，经济赔偿可以免除，公开赔礼道歉也可以不做，以便给川经报留点面子。但是，《监督》一文作者及一手操作此官司的副总编必须免职，调离川经报。

高高举起，轻轻放下。庭上唇枪舌剑，依法力争；庭下得理让人，握手言和。打了一年的连环新闻官司，终于划上了圆满的句号。

2007年3月

# 笔蘸泪水写秀明

——采写通讯《用生命播洒阳光》的体会

孟西安

长篇通讯《用生命播洒阳光——记自觉实践"三个代表"的好支书郭秀明》（上下篇）在《人民日报》4月24日和4月25日刊登以后，在社会上引起热烈反响，不少朋友和读者来信来电话，称郭秀明同志事迹感人，不愧是自觉实践"三个代表"的楷模。同时，也有一些朋友和读者，在肯定这篇通讯的同时，提出了一些中肯的修改意见。中央10家新闻单位"郭秀明先进事迹联合采访团"领队、全国"三个代表"重要思想学习教育活动联系会议办公室黄川同志在电话中对我们说：我从头到尾参加了中央各新闻单位采访郭秀明事迹的活动，曾多次被郭秀明的事迹感动得落了泪，说实在的，让我再流泪是不容易的了。可是，当我读完你们采写的通讯原稿时，我再次被感动得落了泪。中组部有关负责同志在审阅这篇通讯稿件时批示："这是人民日报两位记者写的通讯稿，许多故事和细节是新挖掘的，十分感人，建议同意他们发稿。"黄川等同志还建议我们写写采访这篇通讯的体会。

"文章千古事，得失寸心知。"回顾这次难忘的采访，总结

---

孟西安，高级记者，1945年出生于古城西安，祖籍河南省尉氏县，中共党员。1968年西北大学中文系毕业，1970年到西安日报工作；1986年调入人民日报，任驻陕西首席记者、记者站站长。

文章的得失，不仅对今后的新闻采访大有益处，而且对用郭秀明实践"三个代表"的楷模净化我们的心灵也大有裨益。我们的采访和写作的感受可用一句话概括：心潮在眼眶中涌流，泪水从笔端下淌泻——笔蘸泪水写秀明！

### 靠深入采访燃起写作激情

鲁迅先生说过，水管里流出来的是水，血管里流出来的才是血。笔乃心灵之舌。我们写英雄模范人物的时候，如果作者胸中燃不起激情之火，血管里涌不起奔腾之血，那是很难写出感人至深的文章来的。

2007年11月，记者孟西安(右二)在陕西旬邑县新农村建设进行采访。

那么，作者的激情之火是如何燃起、奔腾之血是如何烧沸的呢？这要靠深入采访，要靠英雄模范人物大量动人的事迹来感染和激发。

我们是4月上旬接到中纪委、中组部、中宣部和全国"三个代表"重要思想学习教育活动联系会议办公室通知着手采访郭秀明事迹的。之前，我们也曾断断续续地读过郭秀明同志的事迹，曾被感动过。但因为不是亲身经历和采访，总感触不深，甚至有点怀疑事迹的真实程度。4月10日，中央10家新闻单位17名记者聚会西安，省委书记李建国、省委宣传部长张保庆等领导会见记者，并介绍了郭秀明同志的主要事迹，足见省委对这一典型的重视。但是，郭秀明同志高尚的思想境界和感人事迹，对我们来说，仍然如雾中观花，模糊不清。

　　4月11日，我们来到铜川，当我们下到村里，同惠家沟村村民和干部进行座谈时，我们的心被一个个村民和村干部挥泪忆支书的场面打动了。随着采访的拓展和深入，郭秀明的形象在我们眼前逐渐明晰高大起来，特别是听到干部、村民们流泪讲述郭秀明弃小家为大家，弃乡医当村官，带病领着大家植幸福树，修致富路，建新学校，晚上打吊针输液，白天带领大家苦干，多次昏倒在田间地头，而自己家从全村最富裕户之一变成最穷户之一的一桩桩往事时，记者们纷纷被感动得落了泪。在与村民和干部集体采访中，中国青年报女记者突然捂脸离开会场到外面痛哭起来。说实在的，我们曾多次到农村采访，也采访过不少农村基层领导干部，如人民日报头版头条曾经刊登过的长篇人物通讯《当好"领头雁"——记陕西省合阳县保宁村党支部书记马光行》、《生命，为人民燃烧——记陕西凤县坪坎乡党委书记兼乡长田建国》等，虽然也被激动过，也落过泪，但没有像这次采访郭秀明这么长时间的激动并多次流泪。我们没想到一个普通的农村党支书，竟然会得到男男女女、老老少少、上上下下这样一致的肯定和赞扬，也没有想到，被采访对象人人都是一个被采挖的"富矿点"，人人都有一本讲不完、说不尽的郭秀明故事。可以说，几乎每个被采访对象，都是抹着眼泪或哽咽着忆讲他们的"郭书记"的，这其中还包括过去曾经参与"告"郭秀明"状"的人。铜川市、印台区、红土镇的领导干部以及很早就参与宣传郭秀明事迹的铜川日报、陕西日报、《当代陕西》杂志等新闻单位的同志也为我们采访提供了很多有价值的素材。

通过一周左右的采访，我们先后采访数十人次，不仅获得了一摞摞文字资料，而且记满了整整3个采访本。在采访中，我们尽量做到"打破砂锅纹（问）到底"，对生动感人的细节抓住不放，有好几个夜晚与被采访者深谈到凌晨三四点。为了捕捉真实感人的场景，我们到村里走访村民和干部，到田间路头去探查郭秀明昏倒的地点，为了感受村民深夜迎接郭秀明遗体回村的情景，和每天清晨郭秀明播放《东方红》乐曲和《新闻和报纸摘要》广播，我们住在了村民家中。通讯开头关于夜间凌晨"汽车驶上铜川市印台区红土镇惠家沟村的梁峁，只见全村家家户户电灯闪亮，犹如夜幕黑幔上缀满了一朵朵白花"的描写，以及通讯结尾关于18日、19日清晨扩音器播放乐曲和新闻，以及"12月20日清晨，广播没有响，山沟出奇地静，空气也似乎凝固了"的描写，就是通过在村民家过夜亲身体验得到的灵感和燃起的激情而写就的。

　　实践使我们再一次体会到，事实不仅是证据确凿的东西，而且是最感人和胜于雄辩的东西；事实和素材，是写好通讯的基础，大量、详细地占有事实和素材，才能避免"巧媳妇难为无米之炊"，才能通过各种材料的遴选和搭配，为读者"烹调"出香甜可口的"饭菜"。同时也只有大量、详细地占有事实和素材，才有可能熟悉和理解英雄人物，做到与英雄人物的思想感情息息相通，水乳交融，产生抑制不住的写作冲动和激情，萌发"不写好通讯就对不起英雄的在天之灵和广大干部群众的期望"的责任感，才有可能蘸着泪水写作，写出催人落泪的作品来。

## 从时代高度提炼通讯主题

　　在动手写通讯之前，我们商议，采访收集素材的时候，不仅要收集繁多的、感性的素材，也要收集历史的、理性的素材，要从时代的高度提炼通讯主题，把通讯尽可能地写成具有鲜明时代特色的艺术品，而不能写成堆砌好人好事的"材料库"。

怎样写好实践"三个代表"的楷模郭秀明？我们认为，毛泽东在世时的农村基层领导干部的典型是焦裕禄，邓小平在世时的典型是孔繁森，以江泽民为核心的第三代中央领导集体所处的世纪之交时期的典型应当是郭秀明——因为他的事迹体现了江泽民同志提出的"三个代表"的重要思想，具有鲜明的时代特征。因此，写出的郭秀明应当区别于焦裕禄和孔繁森。最大的区别在哪里？应当在于"三个代表"上。因此，我们提炼主题，应当紧紧围绕"三个代表"做文章。

然而，新闻通讯毕竟不是演讲或理论文章，不能去直接论述和图解"三个代表"的重要思想，而应当通过活生生的事实的记叙和描写去体现、去反映"三个代表"重要思想的巨大感召力和重大的现实意义和历史意义。因此，我们在采访中着重地收集郭秀明代表先进生产力的典型事例（如开化脑筋，多方收集发展生产的信息，带领群众科学种田务果，调整农业结构、植树、种草以及修路、制订山川秀美规划等），代表先进文化发展的方向（如购买《邓小平文选》和科学书籍、做好群众的思想政治工作、兴建学校、提高村民政治文化素质、批判"法轮功"等）以及代表人民群众的根本利益（为群众送医治病，为村子发展呕心沥血，而置自己的生命于度外等等）。但是，挖掘收集大量"三个代表"的"珍珠"，如何巧妙地用一根"红线"将这些"珍珠"串联起来？这就要先在"立意"上下工夫。写书作文，贵在"意在笔先"打腹稿。打好腹稿，才能"胸有成竹"，铺纸濡毫，挥写自如，否则，就会提起笔来像跑野马，漫无边际，下笔千言，离题万里。郭秀明最可贵之处，就在于用共产党全心全意为人民服务的宗旨指导自己的行动，知难而进，勇挑重担，艰苦奋斗，无私无畏，清正廉洁，奋斗不息，为人民鞠躬尽瘁，死而后已。用什么主题和标题才能充分展现他的高尚精神境界和人格魅力呢？我们经过仔细推敲，决定把他在入党转正申请书上写的"生为一件大事而来，做一件大事而去。不把党的阳光送到群众手里，我死不瞑目"这句话略加改造，定这篇通讯的题目为《用生命播洒阳光》。我们的想法是：体现"三个代表"的共产党就是太阳，就是阳光，生命需要阳光，同时"生命是人的光"（列夫·托尔斯泰语）。每位共产党员，则应把自己的生命化为太阳的一缕阳光，千万缕阳光汇聚一起就形成了共产党的阳光，就能普照大地，使沐浴在阳光下的万物得以生长。郭秀明用自己的生命播洒着共产党的阳光，而自己本身也是一缕最亮的阳光，给村头山峁带来春色，为村民百姓带来福气。郭秀明为什么说要把阳光送到群众"手里"，而没说要送到群众"心上"呢？（送到"心上"是一般通俗的说法），我们说正是"手"和"心"一字之差，却体现了郭秀明的求实精神和务实作风——把党的阳光送到群众"手"上，对惠家沟村民来说更为迫切，更为实际，只有群众"手上"有了实惠，就能看得到摸得着党的光辉，手掌和十指连心，"手"上有了党的"阳光"，自然"心"中才会更深切地体会到党的阳光的温暖。

  捕捉到"阳光"，使我们思想豁然开朗，找到了串联材料和素材的"红线"，也找到郭秀明热爱党、忠于人民的思想根源——他自小就接受身为共产党员父亲的教诲，从小就感受到村党支部和村民对他的关怀和培养，他坚持学习《邓小平文选》、党的宗旨和党的知识，关心国内外大事，使他目光如炬，看问题办事情高人一筹。通讯中，我们挑选了他为村民送医送药治"身"病的同时，帮助人们解思想疙瘩、治"心"病；选择了他听北京农业专家做报告，在一些农村干部不理解吹风凉话的时候，他却站出来表示支持"退耕还草"；选择了早在1991年他就带领村民退耕还林搞绿化以及教村民理解"WTO"，得知江泽民总书记在西安发出西部大开发的动员令，他立即从医院赶回村上，仅用7天时间就拿出秀美山川建设规划等等情节，使人们看到这个山沟沟里的基层党支部书记心高志远的宽阔胸怀和经邦济世的伟大抱负。在写作通讯、配发评论时，我们考虑到郭秀明同志逝世的时间是 1999 年 12 月，而江泽民同志提出"三个代表"则是 2000 年，因此，说他"忠实"实践"三个代表"似乎不够妥切，经过再三斟酌我们将评论标题和通讯的副题改为"自觉实践'三个代表'"。"忠实"改为"自觉"的这一提法得到了报社领导和中组部、中宣部的赞同。

## 用群众的语言塑造英雄形象

任何一篇文章，尤其是新闻通讯，都是由思想内容、文章结构、语言表达三方面因素构成的。一篇好的通讯，应当是这三者的完美统一。主题思想犹如灵魂，结构好比骨架，语言好比血肉。灵魂纯洁高尚，骨架端正完美，血肉坚实丰满，才能成为品高健美的人。

文章的骨架如何才能端正完美？我们吸收了兵家"常山蛇阵"的特点："击首则尾应，击尾则首应，击腹则首尾俱应"。同时吸取了《县委书记的榜样——焦裕禄》等新闻名品的写作经验：全文通篇基本上按英雄人物活动时间顺序安排故事和情节，但每一小标题所选的事例可以适当打破时间顺序，而按每部分的主题加以组合；文章整体采用白描手法，但也可适当有点抒情的描写和不得不发的议论。通讯开头要新颖，力求通过环境的描写和气氛的烘托，创造出一下子能抓住人的感人现场和引人入胜、帮助读者理解题旨的效果；通讯结尾要与开头呼应，有助读者对全文的理解加以升华，使人读后绕有余味和掩卷深思。文中诸段的承接过渡，通过郭秀明的话语做小标题，上呼下应，给人以水到渠成之感。比如，开头通过深夜 200 多村民聚在村头迎接郭书记回家的描写，通过村民们回荡在夜空的哭声："郭书记呀，惠家沟不能没有你呀！""你当书记，把自己的富家当穷了，把大家的穷家当富了，你是为俺们累死的呀!"点名了全文的主旨:"不把党的阳光送到群众手里,我死不瞑目!"然后笔锋一转:"郭秀明是怎样实现自己的誓言的呢?人们不禁想起这位农村党支部书记刚上任时说的一句话——""群众穷我富有啥用?群众有钱买人参蜂王浆,我再开药房",以此为下部分小标题。写完这段郭秀明弃医当村官,当众烧掉了村民拖欠的1700多元医药费欠条之后,又笔锋一转:"他铁下心要带领群众向贫困宣战,他说——""火车头要带车厢奔跑,共产党要领群众奔富",并以此语为第二段的小标题。他带领村民植树造林,绿化荒山之后,笔锋又一转:"郭秀明心里明白,栽下致富树,并不等于挖了穷根,他说——""挖穷根,关键要开化咱的脑子,培养好咱的孩子",此语又作为第三部分小标题。第三部分描写郭秀明帮助村民、村干部开化脑子,带领大伙兴建学校、栽植"少年林"之后,笔锋又一转"俺郭书记心高志远,棋高一招,治穷病治到根本上。谈到治病,郭秀明说——""当大夫要治身病,当书记要治心病",又转到第四部分郭秀明如何做群众的思想政治工作……就这样一环扣一环,一步接一步,引导读者去了解、探索这位基层党支部书记的光辉事迹和高尚心灵。同时也在这个过程中使自己得到感染和教育。在通讯结尾部分,着重描绘了郭秀明与时间赛跑,在自己生命的最后时刻如何争分夺秒为党为群众工作的感人事迹,以及村民们为自己的带头人整容送葬、立碑、在白绢上留名等情节,再次告诉人们"人生芳秽有千载,世上荣枯无百年"(谢枋得诗),"死者倘不埋在活人的心中,那就真正地死掉了"(鲁迅语)的道理,使人们相信:郭秀明虽然因劳成疾,不幸去世了,虽然埋到了惠家沟村头的地下,但更埋在人们的心里,他的精神永远活着,"在阳光播洒的土地上,一定会耕耘出更加富裕美好的明天"。

语言是构筑文章的血肉和建筑材料。在采写通讯的过程中,注意采撷群众中活生生的语言,是把通讯写得有血有肉、有感染力的重要一环。毛泽东同志说过:"人民的语汇是很丰富的、生动活泼的、表现实际生活的。"写文章，尤其是写通讯，要力戒那些枯槁而无生气的书生语言和文件套话。通讯中我们采撷的郭秀明同志的话语，如"火车头要带车厢奔跑，共产党要领群众奔富"、"当大夫要治身病，当书记要治心病"、"是老黄牛就不能倒在槽头上，而要死在犁沟里"、"人早晚都要从黑烟筒里过一下（火化），活再长，若不给人民群众带来利益，那也是枉活一世"等等，就比较感人，有些话语真是胜过一打报告！通讯中，铜川市长试探惠家沟干部群众知道不知道"WTO"的一段描写，就用了村民的一段话："郭书记早给我们说了，WTO是世贸组织。我国'入世'以后，外国生意人的汽车一直可以开到俺们村口，来拉俺们产的苹果、核桃哩！"话虽不长，就让在郭秀明的引导下眼光远大的新型农民形象跃然纸上。通讯中还用了市委书记的一句话："山上的树一天天粗了，而老郭却一天天瘦了；群众一天天富了，而老郭却一天天穷了。"就画龙点睛地概括了郭秀明为惠家沟人民呕心沥血的光辉业绩和他的高风亮节。这些朴素、生动的语言，都是在采访中听到的（当然朴素不等于简陋，个别话语也适当做了点加工）。这些活生生的语言，增强了文章的感染力，有助于通讯声情摇曳和真情挥洒。

### 以英雄精神赶写英雄事迹

采写通讯《用生命播洒阳光》的过程，实际是一次最好地接受"三个代表"重要思想教育的过程，也是一次灵魂的最好净化过程。眼泪不仅润色了文章，更洗濯了我们的思想。在市场经济的大潮中，金钱是闪光诱人的，但用金钱做成的镣铐也是最重的。在郭秀明同志面前，不仅金钱黯然失色，而且私欲也没有存在的位置。在郭秀明精神的感染下，我们进一步认识到生命的真正价值是什么，从而对树立正确的人生观、价值观、苦乐观大有裨益。

我们从采访到完稿，仅有10天时间（即4月11日下村采访、必须在21日拿出稿件，修改和送审只有2天，24日要求见报）。时间紧，任务重。如何在这么短时间内，向党和读者拿出一份满意的至少是合格的答卷，这是对我们的一次考验。我们决心学郭秀明见行动，以实际行动完成组织交给的采访任务，也完成郭秀明生前的夙愿——"把共产党的阳光送到群众手中"，尽快地让共产党"三个代表"的阳光和郭秀明的英雄事迹播洒神州大地。

郭秀明在当地当支书的8年中，夜以继日地为改变惠家沟的贫穷面貌奋发工作，置自己的健康乃至生命于不顾，我们赶写一篇稿件，与郭秀明相比，那是不能同日而语的；然而，要在短时间里，把郭秀明的事迹写好，传播开来，那却是十分艰巨的，唯一的办法，就是要拿出郭秀明同志知难而进、拼命工作的劲头，争分夺秒地去工作。

地方报刊和兄弟新闻单位关于郭秀明事迹的报道文章为我们提供了难能可贵的参考，但是"吃别人嚼过的馍没味道"，我们不仅重视集体采访，更重视个别走访，拿出郭秀明挨家挨户送医送药、做思想政治工作的韧劲，吃住在村上，走访在农户，深入挖掘写作素材；我们拿出郭秀明"夜里加油，白天干"的精神，夜以继日连轴转地采访。本来，我们准备带材料回西安写稿，为了争取时间，也为了更好地做补充采访或充实稿件，我们干脆搬到铜川就地采访构思、写稿。通讯"出世"前的"阵痛"刻骨铭心：为了构思好写好通讯，我们硬是把自己关在房子里，关掉手机，排除干扰，一边翻看各种材料和笔记，一边静坐构思；在写作的几天中，我没脱衣睡过囫囵觉，甚至连被子都未拉开，困了，就躺在床边迷糊一阵，醒来头脑清楚了又继续工作。连熬了几个晚上，终于把初稿写成。为了保证通讯的真实，初稿写成后我们请村干部和村民代表审阅核实。在审阅中，他们边看边落泪，同时提出了修改意见，又为我们提供了新的细节（如在病房中郭秀明批"法轮功"）。记者站老司机兼摄影祁鸿斌同志陪着我们下村入户采访拍照，和我们一同在农户家过夜。中途他回西安办事，过了几天来一看，感慨地说，你们怎么把脸都熬成青色的啦！但是，当我们拿出通讯初稿后，才有如释重负之感，才体会到"衣带渐宽终不悔，为伊消得人憔悴"的诗意。

好的稿件应当反复修改、甚至对每个字句都要反复推敲。尽管我们对初稿进行了几次修改，但是，由于时间紧迫，来不及更细心推敲和修改，更没有时间像古人那样"二句三年得，一吟双泪流"、"吟妥一个字，拈断数茎须"了。过后我们也想，新闻就是要讲究快，在必要的时候，一切要服从时效和全国宣传的大局。

但毕竟还有不少遗憾。22日我们把稿件传给中组部审查得到肯定。23日我们赶回报社，将稿件交给国内政治部领导并送呈人民日报总编辑许中田和值班副总编辑江绍高同志，得到他们热情的关照和支持。但稿件在电脑上显示字数长达1.4万多字。由于当晚中央领导活动太多，版面有限，稿件必须压缩到万字之内，并分上下两篇发出。由于截稿时间仅有1个多小时，我们只好忍痛割爱，在电脑上大刀阔斧地砍，并将通讯的头两部分合并为一部分，最后压缩到9000多字。见报的通讯又经编辑的精心修改，的确比原稿精炼多了。但回头看来，正如锄草和间苗一样，尽管把杂草锄掉了许多，但由于事急，也锄掉了一些不该锄的禾苗，现在想起来有的被删掉的情节、故事、铺垫乃至矛盾冲突如果能留下，可能会更好些，但毕竟原稿还是有些冗长，有些字句段落的删节修改是妥帖的，文不厌改才能传之久远嘛！

2006年6月

# 我这样当站长

李 杰

作为人民日报驻河南记者站站长，我一干就是20年。其中有甘苦，而更多是收获。河南地处中原，战略地位十分重要；河南又是农业大省和人口大省，报道任务十分繁重且竞争异常激烈。怎样当好站长，带领全站同志完成报道任务及报纸发行工作，我最大的感受是，首先要对这份工作这个岗位爱得深沉，对这片土地爱得深沉。对外省籍的站长来说，就要把驻地当故乡，当作自己心灵的故乡，对那里的人、那里的事倾注感情，倾注热情，全身心地搞好报道工作。

或许有人对记者站的工作不甚了解，以为驻地记者是"一方诸侯"，是"钦差大臣"，似乎无所不能，无比风光；其实不然，这是天大的误会。如今，驻地记者站工作生活条件虽有了很大的改善，但总体上讲还是比较艰苦的。他们首先要克服语言不通、水土不服、情况不熟、饮食不习惯、生活不方便等诸多困难。此外，报道任务重。常常白天开会、采访，夜晚写稿到深夜，生活极不规律，精神高度紧张，压力很大。这几年，记者站站长被当作"官员"来管理，不能在本地任职，要异地交流，两地分居，吃饭常常是饥一顿饱一顿；离家又远，老婆孩子照顾不到，工作分心又不大安心。熬到站长这一步，大都

---

李杰，高级记者，1946年生于河南民权县，中共党员。大学毕业后被派出作援外工作，1975年调人民日报，长期任人民日报驻河南首席记者、记者站站长。

四五十岁了，长期熬夜、爬格子，身体好的不是很多；原内蒙古记者站站长吴坤胜同志英年早逝，就让人非常痛惜！因此说，从某种意义上讲，在记者站工作，本身就要做出牺牲，就是奉献！因此，我认为要当好站长第一条就是要具有牺牲精神和奉献精神。

这是因为，记者站承担的工作十分繁杂。主要有新闻报道、报纸发行、记者站建设和管理，还有总社甚至地方党委政府临时安排、布置的多项工作；旅游景点多的地方还有大量接待任务，前些年还得拉广告搞创收。可以说任务繁重，工作千头万绪，而人手又少，大站不过三四个记者，小站仅一两个，加上司机、干事、发行员，也就那么几个人。常常是"眼睛一睁，忙到黑灯"，基本上都是整天手忙脚乱，精神高度紧张、疲劳，晚上睡觉也不踏实。

尽管如此，大家还是兢兢业业工作，我们河南记者站取得令人注目的成绩。当然，成绩取得是靠大家的共同努力，更重要的是记者站的各项工作始终得到总社领导的亲切关怀、大力支持和充分肯定，同时也得到河南省委省政府的高度评价。下面结合河南记者站的实际，谈谈记者站工作的甘苦和取得的进步。先从记者站的基本情况谈起。

新闻报道。近年来，河南记者站发稿总分连年在驻地记者站中排名第一。其中采编部主任戴鹏同志2005年获得中国新闻奖一等奖，这是十分不容易的。大家知道人民日报的新闻通讯很难得到一等奖，年轻记者王明浩（已提拔调动到河北记者站任采编主任）、曲昌荣个人发稿得分也每年位居前一、二名；2007年"两会"期间，新来河南站几个月的年轻记者曹树林发稿39篇，在所有上会记者中发稿量名列第一。

为调动大家写稿的积极性，记者站首先给大家创造一个宽松、和谐环境。记者站实行奖罚办法，即：规定每位记者每年最低发稿600分；超1分奖10元，少1分罚10元。年底，年轻记者拿到记者站奖励的上万元发稿奖金，高兴得不得了。而我这个站长能拿到的发稿奖就少多了,因为我要把主要精力放在记者站管理上,为年轻记者发稿创造良好的内外部条件。

发行工作。发行工作是报社的生命线,事关全社人员的工资、福利,记者站的同志深感责任重大,而这项工作被称为记者站工作的"老大难"。如果你不在记者站工作,体会不到发行工作的难度。客观地讲,发行和写稿是截然不同的两种感觉:写稿是人求着我们,而发行是我们去求别人!前些年,我们差不多下半年全在忙发行,落实订报数量;第二年上半年积极写稿,以备下半年再战。因此,驻站记者第一位的是写稿、写好稿,需要大家齐心协力,为写好稿共同奋斗;只有多发稿、写好稿,发行工作才能打开局面。

值得自豪的是,《人民日报》在河南省的发行量连续10多年保持在14万5千份以上,圆满完成总社布置的任务,全年订阅量保持领先。我们的体会是紧紧依靠河南省各级党委、党委宣传部门,把功夫下在平时的宣传报道上,注重日常的感情投入和培养,使地方上把《人民日报》的发行不仅仅作为一项政治任务,更是觉得是一件发自内心、心甘情愿的事情。自觉自愿配合记者站搞发行,把发行看作分内的事。

如果谈体会的话,这些年我们除了在宣传报道上对地方工作给予大力支持外,在发行上的投入也是巨大的:我们提出加大感情投入,举全站之力抓发行,一年四季抓发行。无论是宣传报道还是扩大发行,都需要各级宣传部门的大力支持。因此,我们要求记者站做到:如果地方宣传部的同志到郑州出公差或办事,只要和记者站打招呼,我们都热情接待,使他们有到家的感觉。正因为如此,地方宣传部门的同志到郑州,他们总喜欢到记者站拐一拐,把人民日报记者站当成自家人。如果他们有什么事情需要记者站帮忙,不管是报道方面还是其他事情,我们也总是全力以赴,尽力帮助。这种长期的感情投入,为《人民日报》在河南的发行打下了坚实的基础。所以,这些年我们的发行工作感觉轻松了许多,发行总量基本上不需要总社过问、督促；报社发行处的同志说，发行工作在河南站是"放心工程"。

记者站建设。2002年以前，记者站没有自己的办公场所，10来个人挤在省委办公楼两间小办公室内。李克强当省长时，到记者站来，看到这种情形，非常过意不去，连声说"给你们提供这样的办公条件很惭愧"。新华社河南分社多年前就建起了气派的大楼，许多读者找人民日报记者站找不到，就跑到新华分社去打听。为此，我们下决心建自己的办公场所。河南记者站建办公楼，总社领导非常支持，除拨专款外，还借给我们一笔数额可观的款项；记者站将自己多年积蓄，全部支持建站。同时，记者站运用长期积累的多方面的关系，争取地方政府支持。1999年，郑州市政府给我们划拨7.8亩建设用地；2000年，我们正式立项，开始筹备；2001年3月底开工，2002年4月建成建筑面积5000平方米的办公楼。除改善自身办公条件外，多余部分对外出租，以楼养楼，以站养站，实现了良性循环发展。驻河南记者站办公楼建设，得到河南省、郑州市方方面面的支持和帮助，对他们的帮助深表感谢。

高楼万丈平地起。说起来容易，干起来难啊！没干过基建的，不知道难，一干起来才知道要脱几层皮。首先是资金筹集难度大，再就是基建手续繁杂。比如，基建头绪之多，涉及面之广，困难之大，是我们以前无论如何想象不到的。面对一大堆的难事，头都快爆炸了。那段时间，我和戴鹏腿都跑细了，人情欠了一屁股，好几次累倒。好心的朋友劝我："老李，再过几年你就退休了，写写稿子就行了，费恁大劲，作恁大难，图个啥呀？"我爱人也一半是心疼一半是不解："老李，你这哪是在工作，你是在拼命啊！"我偶尔也自问自己：这样干值得吗？虽这样想，但人活一口气，咬咬牙接着干吧！从建筑用钢材、水泥到木材、玻璃、地板砖、乳胶漆、暖气片等，跑了几十个部门，才保证了工程如期开工并顺利进行。工程竣工后，紧接着是院内室外硬化、绿化、铁艺围栏、地板砖铺设

记者李杰(左)在豫南农家采访。

等。所有这些，都需要件件落实。经过努力，记者站办公楼建成后不欠一分钱外债。目前记者站办公楼从地产到房产已增值到4000万元左右，为人民日报社积累了一笔资产，记者站也有了比较好的办公条件。现在的记者站有庭院、绿树、草坪、屋顶花园、电梯、车库、停车场等环境设施；又有办公室、会议室、100兆宽带网络等办公设施；还有餐厅、宿舍、澡堂及网球场、台球室等运动场所；并配有分体空调、燃气锅炉独立采暖等保障。兄弟站的同志看了羡慕，年轻记者来了干得欢。

怎样当好记者站站长，我的深切体会是：

**第一，抓好新闻报道是记者站立站之本。**

作为驻地记者站，首要工作是新闻报道。多写稿，写好稿，才能为报纸版面提供丰富而鲜活的稿件，才能确立记者站在当地的地位和影响，才能密切与地方上的联系，为发行和其他工作打下良好的基础。

尽管站长不是官员，却享受不同级别；但终究还是个记者，而且是"首席记者"；而记者是靠写稿吃饭的。你在地方上有没有地位，有没有威信，有没有影响，主要靠你的新闻报道说话。有句话叫"有为才有位"，我很认同。记者站没有权，也没有钱，只有手中的一支笔。俗话说"秀才人情纸一张"，我们就是靠纸和笔，靠文章安身立命的。如果这支笔生锈了，长期见不到稿子，你在当地就没有了影响，就没有人知道你，记者站的影响力就会下降，其他工作就无法开展。积多年经验，一篇报道的影响是那样广泛而深远，有时连自己都不敢相信。我曾多次碰到这样的事情：到一个地方采访，当地同志竟提起你10年前甚至20年前的一篇报道，题目都能背出来。这时，你会由衷地感到欣慰，更加珍惜你的每一篇稿件，以及稿件里的每一句话。

### 第二，要处理好与地方的关系。

令我记忆犹新的是，2005年1月5日，河南省委书记徐光春到记者站考察，以他个人为例，特别强调了中央新闻单位记者站与地方建立良性互动关系的重要性。作为受益者，他的话很有说服力。

地方上看记者站，主要看你的新闻报道。多年来我把握的原则是：帮忙不添乱。地方上的工作成绩、工作经验和发展成就，通过你的笔报道出来，让中央知道，让社会知道，形成了社会效益，形成了舆论导向，推进了工作，他们就会非常高兴，对你非常感激，记者和记者站在他们心目中的地位就高了，分量就重了。这些年，我们正是坚持抓正面报道，抓重点报道，才赢得了河南省各级党委政府的重视和尊重。

强调正面报道，批判报道不可偏颇，但要掌握度。近年来，河南省经济社会的发展变化很大。我们的报道及时准确地把这些发展变化呈现出来，受到河南省广大干部群众和读者的称赞。河南历任省委书记、省长，对记者站的工作都非常满意。2004年6月10日，河南省委书记李克强专程到记者站慰问，表示感谢。2005年1月5日，新年上班后的第二天，刚到任20天的河南省委书记徐光春专程到记者站，看望记者站的同志们。他说，我来河南工作之前，就一直留意你们的报道，你们做得非常好，省委感谢你们。

毋庸讳言，前些年外界对河南有许多片面甚至歪曲的报道，以至社会上歧视河南人的事件时有发生。因此，对负面、批评性的报道，我们抱着实事求是、慎之又慎的态度；本着帮忙不添乱的原则，不炒作，不放大，尽可能以"内参"形式处理；有些问题则直接向省委领导写信反映，以解决问题为出发点，体现善意的关怀，赢得他们的理解和尊重。对那些有全国影响、有重大意义的舆论监督、批评性报道，我们也一定不因说情等放弃责任，如今年新郑市"始祖龙"的报道。

**第三，当站长不能患得患失，不能怕吃亏。**

河南记者站现有4名记者、4名社聘工作人员，实行的是民主管理，重要事情都由站务会讨论决定，各个方面都有规章制度，全站团结和谐，人心思进。即使前些年记者站搞经营，实行的是"公有制"，我联系的广告最多，但从没拿过一分钱的提成，收入全归记者站，其他记者和工作人员也一样。正因如此，记者站才有了公共积累，才能集中力量办大事。实事求是地讲，在记者站的发展上，我个人的贡献肯定比记者站其他人要大得多，但在奖金和福利待遇上，我和全站同志一模一样，没多拿一分钱。有人说站长太吃亏了，我说吃亏是福；当站长，就不能患得患失，就不能怕吃亏。辩证地看，说吃亏，实际上还是沾光的。为什么这样说，当站长的，私心少一点，公心多一点，大家才服气，事情才好办。反之，私心多一点，表面上占了便宜，但说话不硬气，工作起来更难，更"吃亏"。对聘用人员，记者站也给予充分的关怀和照顾，给予同等的待遇，为他们解决住房，办理医疗保险和社会统筹，解除他们的后顾之忧。

宽以待人，严以律己。这样才能留住人，使他们安心在记者站干。目前河南记者站的聘用人员，大多是在记者站工作10年以上的，彼此了解，熟悉工作，用着顺手、放心。如果记者站同志本人或家人生病，记者站都要派人看望；遇到红白喜事，记者站都会送去慰问金，尽力给予帮助。在人员管理上，我是"严"字当头，从严治站，大家齐心协力，共同为记者站建设献计献策。至今，没出现一个盛气凌人、以稿谋私、坑蒙拐骗敲诈勒索的。正是有了这种氛围，记者站才能赢得社会的尊重和信任，才能始终保持强大的凝聚力，上下一心，充满干事创业的激情。

**第四，要给年轻记者提供机会，注重对他们的培养。**

客观讲，记者站站长新闻资源最多，而且重量级资源多。如何处理新闻资源共享，站长有主动权。在这方面，我从不搞垄断，资源共享，统一调度。同时，我一直注重对年轻记者的培养，尽可能多地为他们创造锻炼机会，为他们提供必要的工作、生活条件，提供施展才华抱负的舞台。刚来记者站工作的年轻同志，我都要安排他们参加全国"两会"河南团的报道。这样做，一是为他们提供锻炼机会，二是会上可以尽快熟悉河南情况、认识河南省的各级领导，为以后工作提供方便。平时，帮他们出题目，出思路，挖深度，找角度，改稿子；提升稿件质量，并与总社值班编辑沟通，争取好版面、上好位置。在生活方面，河南站为每个记者安排住房，吃饭免费，同时配备采访车辆，省里有重要活动，除非指名必须要站长参加的，都派年轻同志去，让他们多跑、多熟悉、多锻炼。年轻记者在记者站成长进步明显。2004年6月10日，省委书记李克强到记者站慰问，一进门就问：王明浩在不在？

做到新闻资源共享，当站长的要有宽广胸怀，决不能利用自己的地位"吃独食"，垄断新闻资源，不给别人机会。因为搞好报道工作，要调动全体记者的积极性，形成"大合唱"，而不是站长在唱"独角戏"。当站长的除了写稿,还有很多工作需要协调,许多事关全局的事情需要思考。长江后浪推前浪,鼓励年轻记者超过自己。因为我们的事业要靠一代又一代人的努力。站长就要具有甘当人梯的胸怀,让年轻记者努力超过自己,实现跨越前进。只有这样,优秀人才才能不断脱颖而出;只有这样,年轻人才能敬重自己。如果手下记者发稿多,同样是你站长的功劳,表明你领导有方嘛!

**第五,要谦虚诚恳,待人真诚,广交朋友。**

记者部老领导商恺有句名言。叫"先做人后做事",我非常赞同。我认为,在记者站当站长,头顶人民日报的"金字招牌",地方上自然会高看一眼。但这高看一眼并非个人有多伟大,皆因"人民日报"这四个字,离开这个金字招牌你什么也不是。不要以为我就是比你强,比你高明,老子天下第一。如果自认为很了不起,趾高气扬,盛气凌人,会被人家从心底里看不起,"金字招牌"也会跟着暗淡失色。只有通过自己良好的作风、敬业的精神,才能为人民日报这块"金字招牌"增光添彩,才会配得上这块金字招牌。某新闻单位一位记者,出门采访讲接待规格,争要待遇,还经常训斥地方领导,人家表面上"怕"他,人一走就戳他脊梁骨。

平等待人,甘当学生。你越是谦虚,人家越尊敬你;你越是真诚,人家就越愿意跟你交朋友,跟你说真话,主动配合、支持你的工作。这方面,河南记者站的新闻报道、发行、办公楼建设等工作,之所以能够取得成绩,正是靠我们长期打下的基础,赢得了广泛的支持。

广交朋友,对社会上的弱势群体,我们同样要给予同情和帮助。前不久,内蒙古一位姓韩的父子来郑州购制砖机被骗7万元,执法部门互相推诿。他们通过114查到记者站的电话,给我打电话求助。我立即联系郑州市公安局分管经侦工作的副局长,并安排记者站办公室的同志带他去找。问题很快得到解决。临别时,他和他的两个儿子反复说,感谢人民日报,是人民日报救了我们全家呀!你看,我们做了一件好事,人家就首先感谢人民日报;如果做了件坏事,人家不是首先要骂人民日报吗!

积多年经验,与地方上的同志交朋友,这不是庸俗的关系学,而是事业成功的保证,也是建立和谐社会的重要内容。今后,我将和记者站同仁共勉,为人民日报社的建设和事业发展继续作贡献。

2007 年 7 月

# 我的缺憾与你的圆满

——寄语即将走上新闻工作的同仁

傲 腾

1975年的初夏,我也是和大家一样离开南开大学,几经周折走向了记者的道路。开始在新华社,后又到人民日报;先在内蒙古,后来天津。屈指算来,在这个岗位上干了34年,我现在已临近终点,倒计数也就有600来天的在岗时间了。在新闻工作的岗位上是一路走来,回过头看自己的工作经历,感慨颇多、叹惜颇多。这个时候南大又要我与大家面对面地对话,我说一点什么好呢?我从接受任务的那一天起,想了很多:以自己30多年新闻工作的经历,以自己过来人的身份,"指导"大家走出校门后怎么干,指出一条成功之路,我不能够,我也不够格。俗话说:"谁家过年不吃一顿饺子。"在30多年的新闻工作中也有一些得意之笔,以此为例谈自己所谓经验。我觉得,时过境迁,也不会对大家有多少裨益和借鉴价值。记者这个工作在我看来本来就是"各领风骚没几年",在众多的成功记者中,可以说没有几个始终是弄潮儿,始终引领风气之先的,何况我是一个不成功的记者,回头看自己走过来的路子与足迹,留下了许多缺憾。我想,这些缺憾对我来说,只能是一个深深的叹惜,亡羊补牢已晚矣,而对你们来说或许引以为戒,未雨绸缪,"亡羊补牢已固",岂不善哉!这样你可以让我成为你的另类"教师"走向成功,获得圆满。倘若是，这将是我最大的喜悦与收获。

**第一，当记者要有强烈的事业心。**

"三百六十行行行出状元"，这不假。但纵观各行的"状元"，首先他是这个行的热爱者，记者工作尤其如此。因为它是一个以文字来反映事实，以此表达自己的好与恶，表达自己感情的工作。从某种意义上讲它也是一种情绪化的工作。你不热爱它，没有全身心投入的理念和热情，把它当作一种敲门砖、过渡的权宜之计，一般是干不好的。

从历史到今天，从国外到中国，我们这一行中的一批成功者都是以新闻工作作为自己的生命，作为一生的追求，孜孜不倦，乐此不疲，为此奋斗着。从美国著名的专栏作家、时事评论家、世界名记者李普曼、斯特朗、斯诺到中国的邹韬奋、范长江、邓拓等应是我们这个行业的顶尖级人物、成功者，是我们追随不及的。他们成功的重要原因就是一个强烈的责任感。1959年9月22日，李普曼在他70岁生日宴会上说——"我们以由表及里、由近及远的探求为己任，我们去推敲、去归纳、去想象和推测内部正在发生什么事情，它昨天意味着什么，明天又可能意味着什么。在这里，我们所做的只是每个主权公民应该做的事情，只不过其他人没有时间和兴趣来做罢了。这就是我们的职业，一个不简单的职业。我们有权为之感到自豪，我们有权为之感到高兴，因为这是我们的工作。"范长江也曾经多次讲过："新闻工作是一个事业，不是一个职业。"因此他的座右铭是："真理是新闻记者唯一武器，忠是新闻记者唯一信条。"他鼓励同行们："新闻记者要能坚持着真理的火炬，在夹攻中奋斗，特别是时局艰难的时候，新闻记者要能坚持真理，本着富贵不能淫，贫贱不能移，威武不能屈的精神……作一个顶天立地的记者，非有高度的牺牲精神不为功。"这恰是长江本人献身新闻事业的真实写照。

长江前辈在记者工作中，接触了党政军界许多地位显赫的人物。若想利用这种关系由新闻界入政界，升官发财的机会是很多的。然而，他"有事业兴趣，无个人野心"（韬奋语），拒绝一切物质和精神的诱惑，并在他那个年代就指出："非工作报酬的津贴与政治军事有关之津贴，它本质上带有浓厚的毒质。最易摧残一个有希望的新闻记者的前途。"原人民日报社社长邓拓同志调离人民日报去上任北京市委副书记时曾写过一篇脍炙人口的诗篇《留别人民日报诸同志》："笔走龙蛇二十年，分明非梦亦非烟。文章满纸书生累，风雨同舟战友贤。屈指当知功与过，关心最是后争先。平生赢得豪情在，举国高潮望接天。"从诗中看出：他老人家离开人民日报，就个人而言是不情愿的，是挨了批评的，他在北京市委副书记的岗位上还为人民日报撰稿，写道："万里云山如画，千秋笔墨惊天。"而且我们从诗的另一个角度可知写文章是最苦累的活计，当书生（包括当记者）也是最费心血的行当。选择了写作，就意味着选择了正义激情，选择了清贫，选择了艰辛。人情练达者不可为，富贵为求者不可为，泯没天真者不可为，外慕纷华者不可为，驰逐声利者不可为，顺风迎俗者不可为，志气堕下者不可为，穿凿附会者不可为，一曝十寒者不可为，好大喜功者不可为。它要求你严格地走正路，走一条劳累备尝的路。而且不是走一阵走一时，而是要走到底。令人欣慰的是，他能够痴心不改，一以贯之，有耿介气而无市侩气，有书卷气而无头巾气。有时他也叫喊"累"，但他的"累"，是累在"铁肩担道义，妙手著文章"上，是干得其所，累得其所，乐在其所。

总之，记者活动在广阔的天地里，为了深入现场采访，有时要爬高山，有时要钻密林，有时要涉重洋、沐风雨；要经受得住南方的酷热，又要能耐得了北方的严寒。记者长年奔波，很少有空闲的时候。如果在战争时期，那就更艰苦了，既要和指挥部一起风餐露宿，千里行军，又要和战士一起爬战壕、打冲锋，冒着生命的危险，活跃在整个战场上。另一方面，记者要采访的事物又是十分复杂的，千变万化的。要得到真实的情况，作出正确的判断，再迅速地把它写出来，要经过反复地调查、分析、研究和艰苦的构思过程，甚至废寝忘食地去推敲琢磨，反复修改，才能成篇。总之，作为一名记者，决不像有些年轻学生想象的那样潇洒自由，充满诗情画意。它和其他学术和科学研究一样，是没有平坦的大道可走的。有人曾经把学术和科学研究比作在浩瀚无垠的沙漠上跋涉，必须具备像骆驼一样的不畏艰险的坚毅精神，才能任重致远。同样，从事记者这一职业，如果没有崇高的理想，没有坚韧不拔的意志，没有为新闻事业付出毕生精力的决心，是坚持不下来的，更难以取得什么成就。可见，强烈的事业心对一个记者是多么重要啊，没有事业心就难以经受磨砺，那么宝剑的锋芒就无法体现了。

坦白地讲，我在这一点上是一个"失败者"，现在回过头忆想，既有客观的时代因素，也有个人因素。在我们那个年代，你自己是不需要设计自己，不像你们现在这样为自己就业发愁，到处投"简历"；自己要当个"螺丝钉"让组织去拧或安排，拧在什么位置，什么地方，你永远在那里发光发热，自是不容许挑三拣四的。大学毕业后开始我被拧在农村锻炼，实习三个月主要以体力劳动为主，甚至可以说是带有"改造"的性质，对我来说实在是"过关"，有一个文字工作就"阿弥陀佛"了。在那个年代，从那样的劳动生活中被"捞"出来当记者，无论当时还是现在我对"识"我之人感激涕零，是我的恩人。所幸的是加入记者队伍不久，粉碎"四人帮"结束了文化大革命，神州大地迎来经济、政治蓬勃发展的好局面，我被这一日千里、日新月异的发展局势感动着、激励着，每一天都想到第一线采访，每一天的阳光都是灿烂的，现在想那些日子还有几分激动。

我们知道，文学艺术是上层建筑，是经济基础的反映，随着全国一派大好形势，文学艺术的春天也到来了。以"伤痕文学"为代表的现实主义创作在中国大地再次复兴。我这个文学青年心底的文学创作欲再次萌生，也急着想写出一点东西，急着想进入文学创作的状态，急着想发表一点作品。然而，记者新闻写作与作家的文学创作既有许多共同之处，又有许多不同之处；有些方面是相得益彰，互相弥补，也有一些方面是不相容，相互排斥的。尤其在时间上，一个成功作家的工作、创作时间可以有几十年，成长之路漫长，但记者成功的时间是短促的，成功的步子也就那么几步。争取到了，成功了；失之交臂，再遇就难了。我在这个关键时刻"脚踩两只船"，既分心又分精力，哪一个都没有做好。也许天才人物（如郭沫若、吴晗）是可以的，像我这样的凡夫俗子看来是不行的。后来文学创作的情形发生了意想不到的变化——真正的文学创作失去市场，迎合金钱，迎合低俗，迎合世俗，这些使我不情愿，我的创作欲没有持久且很快退下，又全心全意回到记者队伍里来。可这时再看看一起起步的队伍中你掉队了，人家成名了，你哪头都不是，重新振作，但迎头赶上需要花更多的精力和劳动，而且许多方面在人的一生中机遇不是随时、随地都有的；这个时候，时过境迁，你的精力、环境，你的知识结构，你的优势都发生了变化，把已失去的要找回来是很困难的。

我今天即将要走完职业生涯之路时回想自己业务上成长之路自感悔之，没有始终如一，或高或低，常常有对自己干的一行食之无味弃之可惜的感觉。因此，我劝大家既然认定自己干这一行，就爱这一行，全身心投入其中，不管自己灵不灵，笨不笨，只要全身心投入了，就会有成功。这是第一劝告！

**第二，当记者要有广博的知识。**

干新闻工作当记者，要有广博的知识。为什么呢？第一，记者及新闻从业者应是社会活动家，需要广泛的交际，而交际就需要共同话题，没有共同话语交不成朋友，"话不投机半句多"，采访质量会受影响，这是最直接的。第二，新闻报道，无论表扬稿或批评稿内容必须确保舆论导向的准确，报道内容的准确要进行严密的考证，具有缜微的思维及探隐索秘的执着精神。有人认为，记者的工作主要讲速度，导向靠法度，知识面无关紧要，这个看法失之偏颇。因为记者的工作大量的是进行分析、比较，不是简单劳动。从名记者成长史来分析，有名望的记者，中外古今都是知识面颇广，能以广博的知识为依托，站在社会透视的高度透视社会从事新闻工作的。李普曼是政治家，普利策是社会学家，梁启超是资产阶级思想家，瞿秋白是马列主义理论家，邵飘萍、徐宝璜、林白水、黄远生、范长江……都莫不是在哲学、文学、经济、历史、法律方面有着高深造诣的专家学者。

长江前辈具有广博的知识，在他的新闻作品——《中国的西北角》、《塞上行》二集表现最为突出，涉及到地理、历史、民族、宗教、文学，社会学，军事、水利等诸方面的知识。凡长江前辈去过的重要地区，几乎无一例外地从当地地貌特征、历史沿革讲起，如对河西地区战略意义，从汉光武帝极力拉拢驻守河西的窦融以巩固自己刚刚获得的天下讲起，用宋代和元代对西夏用兵的军事地理，帮助读者了解宁夏最容易攻击的路线是西南一面的特点。纵论蒙古族历史，评论满人治蒙政策，解释回教与回族的关系，介绍回教新教的特点等等其知识丰富而精辟。这两集古诗文的运用大量而广泛，其中《中国的西北角》一书引用汉、唐，宋、元、，明、清等历代30多位知名文人与无名氏的诗词60多首，且多为知名度不高、流传不广而用于该处又是画龙点睛恰到好处的作品。文章所涉及的知识，绝非流于浅俗的常识，而是有深入独到的见解，甚至能纠正专家、学者、辞源注释的错误。如对古江油关（四川平武县南坝镇）的考据，指出上虞屠思聪著之"中华最新形势图"所示之古阴平道"恐有相当可疑地方"。他从实际考察中指出辞源误认岷河为白龙江，丁文江等编中国分省新图关于岷县武都间之"大道线"，也有错误；他还能考察出某些反常现象的原因，如对定远营著名的"倒流水"做出解释，对历史研究中民族平等的问题提出自己的真知灼见，等等。

长江前辈还经常与同行切磋，提高业务水平。他曾向美国记者埃德加·斯诺探询对中国记者工作的批评。在长达5小时的谈话中，斯诺直率地对抗战宣传中观察力不够，判断多而事实少，多飞机大炮的轰鸣而少士兵的英勇与生活材料等提出批评。这些中肯的意见使长江前辈得以了解外国名记者的工作方法，并帮助自己把握组织青年记者开展战地报道的方向与重心。

毋庸讳言，知识与技巧是记者业务素质的重要内容，是保证记者工作实现较高水准的实质性因素。他认为业务能力、工作实绩之间存在一种"水涨船高"式的连锁关系。我理解，今天我们强调新闻工作者的知识面，主要强调开放型和研究型的结合、采写实践和理论学习的结合、专业知识和相关知识的结合。新闻工作者是社会活动家，新闻工作的社会活动，掌握信息和能言善辩是需要的，而理论修养和知识层面更为重要。知识是采访活动和准确报道的基石。如在外事采访中，如何掌握接见、会见、会晤、拜会、拜见、出访、访问这些措词的分寸呢？这需要外事和修辞知识。采写工厂的产、供、销相互关联及互相促进，需要有工业、商业方面的知识，诸如农村的粮、棉、油原料的生产、加工以及进入流通领域等，都需要记者了解农业方面的知识。同时，被采访对象有的能言善语，有的口拙，这需要记者的技能与知识面去掌控。采访艺术家、影视明星，那你须具备艺术修养并知道该领域的基本理论；采访攻克尖端课题的科学家，你不能对科学术语一无所知；采访首脑和领导，你要对其分管的工作有所了解，问话得体知分寸、懂进退……新闻界前辈徐铸成有句名言"宁可机会负我，我不负机会"，也就是说，平时要对各行各业的知识都有涉猎，临采访时才能掌握要点，不错失任何机会。

斯诺的《西行漫记》、范长江的系列通讯倾倒过多少同行，皆因他们都能在采访前蓄积知识、采访时深刻领悟、行文时出神入化，缘由他们既是记者又是学者。梁启超主办《时务报》期间，每天亲自写一篇政论，历岁月而不衰，开近代报刊政论先河。他的文章流畅犀利，说理透彻，形成独具一格的"时务文体"。他坚持数年撰写的政论，无一篇鸡肋之作，得益于他是一位造诣极深的学者，在政治、经济、文学各方面的修养令多少读者折服。如若步入新闻之门，认为自己能写稿了，不充实知识、不学理论照样工作，这样的记者终有一天要江郎才尽，即使硬写也是疲于应付，很难谈得上新闻写作的持久力。选择记者职业，就是以写稿为己任，视新闻为事业，而事业要求我们要多写稿写好稿。因此，知识的积累和生活的提炼，引导我们在新闻成功之路上保持准确的导向和持久的生命。

新闻记者要有广博的知识，但广博到什么程度，广博之余是否要讲究高深？邓拓的博学是全国新闻工作者无人不晓的，他是明清史专家，社会科学院历史研究所学部委员，北京大学历史系名誉教授；论新闻，他25岁任晋察冀日报社社长，30岁任人民日报社社长，是中国新闻协会（现在的记协）主席。论文学，他的诗作和散文为多少读者传诵，并翻译过英文长篇小说；他同时又是书法家、书画鉴赏家、金石考据家。就是这样一位大学者，当年，他曾在《北京晚报》的言论专栏"燕山夜话"上撰文，要求记者当杂家。他说，专门的学问虽然不容易掌握，但只要有相当的条件，经过努力钻研，有望在较短的时间内有所成就。

记者采写报道，尤其在现今新体制下打破条线分工采写报道，都会涉及到政治、经济、文化、科学各个方面，涉及到自然科学和社会科学领域，假如对这一切知识一窍不通，采访写作定然是一筹莫展。早年，新华社曾开展过一次"练笔运动"，但很多的记者不是去忙采访写作，有的在通读《史记》，因为它是以语言高度精炼而著称；有的埋头研究《红楼梦》，因为它的人物语言是个性化语言的典范；有的阅读巴尔扎克的《人间喜剧》，为了汲取其场景描写的长处……这次"练笔运动"的结果，不是出了多少文章，而是培养了一些博学型的记者，造就出一批"百科全书"式的新闻工作者。

如何做到"博"，我认为记者要多读书，读"杂"一点。

政治、经济、历史、地理、文学等都要读,坚持每天读,适当作读书笔记。最好还应该有一个专记群众语言、笑话、趣闻的本子,天长日久,就有了一个"小金库"。此外,还要学习外语,多一门外语,就多个世界;古今中外,文、理科成功,成学者无不熟通一至几门外语。

**第三,当记者贵在一个"勤"字。**

当记者要做到"六勤",即腿勤、眼勤、耳勤、嘴勤、脑勤、笔勤。"六勤"是记者的基本功,但现在有些记者已经淡忘了。他们从电脑上找资料,从电话找线索,坐着小车采访,住着大宾馆写稿。因此,重温记者的"六勤",很有必要。

1. 腿勤:好新闻是跑出来的。

作为一名记者,腿脚要勤。很多记者都有这样的体会,新闻是跑出来的,尤其是一些好新闻,大多是作者比别人多跑路得来的。"记者是一个行动着的职业,行动目标就是现场。"当记者的不能怕吃苦,腿脚注定要比别人多走多跑,若都像林黛玉那样弱不禁风,不愿多走路,把"跑新闻"变成了"泡新闻",不是跑现场,而是泡会议、泡材料、泡网络,这种"泡新闻"的做法,是写不出好新闻来的。记者只有真正去"跑新闻",才能理解记者行业的实质——代替大众到现场获取真相。

大家熟知,新闻的生命在于它的真实性,真实性来源于亲历、亲闻、亲见。记者只有到了现场,才能有"三亲"体验。《县委书记的榜样——焦裕禄》的作者在谈采写这篇通讯的体会时说到,当年他们在兰考县所在的开封地委机关就接触到了焦裕禄事迹的材料,已经很生动了,但他们还是深入到兰考县的乡村找到那些与焦裕禄熟悉的乡亲,得到了大量在县委机关没有听说过的素材,尤其是通讯中那些催人泪下的细节,都是在兰考百姓中间挖掘出来的。若这趟兰考之行没有进行深入采访,这篇通讯恐怕就难以成为千古名作了。

2. 眼勤和耳勤:获得新闻线索的有效方法——眼观六路、耳听八方。

有些记者总怨自己命运不济，碰不到有价值的新闻。这说法有失偏颇。世间大量的新闻每时每刻都在发生，有一些是我们直接知道的，但大多则是通过间接途径获知的；通过间接途径获知的还不是新闻，只能算是新闻线索。记者根据新闻线索去深入采访，才能获得更多更好的新闻报道素材；而新闻线索不是从天上掉下来的，需要记者通过五官特别是眼耳去获知。获知更多更好的新闻线索，需要的就是眼勤和耳勤；要从别人看似平凡的人和事中看出别人所看不出的道道来。例如，一些看似枯燥的简报、纪要、情况汇报等，记者不仅要看，即使平常的会议也要听，因为有的有价值的新闻线索就可能夹在其中；至于荡马路，逛商场，进饭店，走亲串友，也要多带一副耳朵，往往一些好的新闻线索就是从这些场合得来的。

3. 嘴勤：采访要多问点为什么。

世间三百六十行，行行有学问。记者受时间和条件限制，不可能成为全才，对许多事情是一知半解或全然不知，但遇到那些自己知之甚少或完全无知的采访对象，记者不能绕道走，积极的态度就是迎难而上。解决难题的方法有两条：一是提前做好准备，即在采访前强化熟悉一下采访对象的业务，尽可能多地设计一些问题；二是在采访过程中根据所遇到的新疑惑再加进一些新问题，而这些问题很可能就是报道中所要涉及的问题，这是绕不过去的。因此，记者要适时将你所设计的这些问题提交给采访对象。

4. 脑勤：多思多想出好新闻。

脑勤，指的是记者要多思多想。凡事要想一想此事出现的时代背景，此一事与彼一事之间的联系，此事发展下去会出现一种或几种结果，心中多问几个为什么，这样你就不会错失新闻报道尤其是错失好新闻报道的良机。有些记者总说眼下无新闻，却不知许多好新闻就在你身边溜走了。为什么会让好新闻从身边一闪而过呢？罪魁祸首就是脑惰，不多思亦不想。

5. 笔勤：好记性不如烂笔头。

顾名思义，记者记者，从某种意义上讲，就是记录者。笔勤是六勤中的重中之重，假如前面五勤做得很好，而最后的笔勤关没有把握好，你的努力还有可能付诸东流。即便不当记者，很多有经验的人都知道"好记性不如烂笔头"这个道理。因为人脑这个记忆库毕竟有限，许多事情不可能一一刻在脑海中，特别是一些人名、地名、时间、数据、观点、提法等等，往往容易被忘掉。有效的办法就是笔勤，即使有些东西记录时看似作用不大，但到了动笔写稿时方知当时的记录多么重要。

**第四，记者的新闻敏感——综合素质的反映。**

美国新闻学者约斯特说，一个不善于辨别色彩的人，不能成为一个画家；一个没有新闻敏感的人，不能成为一个新闻记者。记者在工作中了解或接触到许多新近发生或变动的客观事实，它们到底能否构成新闻？如果能构成新闻，那么这一条新闻是否对实际工作有指导意义？这条新闻是不是会引起大多数人的关注、兴趣甚至震动？要从什么角度去入手以使这条新闻收到更大程度上的效果等等，都是要靠从事新闻写作人的新闻敏感来解决的。

新闻敏感又称"新闻嗅觉"、"新闻鼻"，当作家要文学灵感，做记者又要记者敏感，是新闻工作者发现新闻的一种能力，也是衡量新闻工作者是否优秀的重要标志。一般表现为：一是快捷，即能十分迅速地捕捉事物正在或即将发生的最新变化。二是准确，即能从纷繁复杂的事物中判断和选择出有传播价值的变化。三是灵活，即不拘泥于某种固有的思维模式和工作思路。新闻敏感是新闻记者应具有的素质，它既是一种综合的判断能力，又是一种敏捷的思维能力。因此，新闻记者应不断地学习，不断地积累，不断地提高自身素质。

培养新闻敏感的途径。

1. 培养新闻敏感，首先是政治敏感。新闻记者常被称为杂家，其首先应为政治家，最主要的要有政治头脑。新闻敏感从何而来？作为党报记者，宣传党的路线、方针、政策是首要任务。从讲政治高度来培养新闻敏感，就是对党的路线、方针、政策的理解和把握，它是新闻敏感的核心。一名记者的政治敏感源于强烈的社会责任感和对时局的准确把握。记者只有对国家强弱、人民贫富怀着忧患意识，才会随时关注党的路线、方针、政策，才会对周围群众关心的一切事物保持高度的敏感，才会从微观走向宏观，把纷繁复杂的客观事物放在时空的大背景下，放在全市、全地区、全省的大局之下，迅速而准确地采访出有价值的新闻来，体现出党报的指导作用和引导作用，从而指导、引导社会民众按照党的路线、方针、政策行事。

2. 要在工作实践中培养新闻敏感。在强调高素质的今天，培养新闻敏感已成为新老新闻工作者的必须。一个知识面广的新闻工作者，思路开阔，头脑敏捷，对新闻的捕捉能力相应就强，也就是新闻敏感强。他会从那些别人看来无用、无趣的事物中找出新闻线索，甚至会写出有影响的重大新闻。因此，在工作中，在和朋友闲聊中，既要学到各种各样的知识，丰富自己的头脑，也要始终保持一种采访心态，这样才会有敏锐的新闻敏感，才会随时采写到有价值的新闻。

3. 培养新闻敏感性就要转变思维方式。

这一过程需要记者具有科学的现代思维方式。培养训练新闻敏感和思维方式有密切关系。如果认识事物的思维方式很单一、很封闭，就不可能适应事物的复杂性、多样性、多变性，就不可能在更广阔的空间去发现新闻。思维活动有多种类型，对记者最有用的是发散性思维、反向思维、逆向思维、比较思维以及超前思维等。

发散性思维最根本的特色是多思路、多方面去思考问题，而不是一条路走到黑。它体现了思维的开放性、创造性，是记者采写过程中运用得最广的一种思维，对记者发现新闻线索很有帮助。在实际采写中，一个新闻事实从不同角度去思虑，就会有不同的落脚点，甚至会有不同的感情色彩。例如，一般会议报道，往往是某某领导参加，某某条文被通过，这样的文章见报后肯定引不起读者太大的兴趣。因此，如何从会议报道中挖掘新鲜的新闻点，就需要记者进行发散性思考。比如，一篇关于强风暴袭击西部乡镇的报道，只是某月某日哪哪发生什么事，产生了什么后果和影响；如果换一个角度报道，强风暴发生后必然会有许多故事，谁家的房屋倒塌，谁家的物品被卷走，谁家接受了好心人的救助，谁家接受了政府的援助等等，这些事实都将是表现人类与自然灾害的抗争，体现社会大家庭的温暖很好的素材；可惜的是，我们一些记者并没有深入仔细地观察，没有挖掘出更加感人的新闻事实。

另一个比较重要的思维方式是反方向思维，顾名思义就是从相反方向来考虑问题的思维方式。这种对立统一的关系，在生活中比比皆是，只要留心观察、深入思考，就不难发现许多有意义的、发人思考的题材，从矛盾的对立面做文章，出奇制胜，从而收到相反又相成的效果。

新闻敏感和作家创作灵感一样，是长期生活积累和艰苦劳动的结果。柴可夫斯基说，灵感这是一个不喜欢懒汉的客人。我国"扬州八怪"之一的郑板桥，是清代杰出的书画家、文学家，擅画兰竹，他有一首诗道出了他画竹的甘苦："四十年来画竹枝，日间摊写夜间思。繁削尽留清瘦，画到生时是熟时。"好一个"画到生时是熟时"，道出了创作的艰辛和熟能生巧的普遍规律。

新华社社长穆青同志1979年在新华社河南分社的一次记者会上，关于新闻敏感的论述，有这样一段话：记者的新闻敏感，归根结底……在于思想解放，多学习，更多地关心社会，关心人民，才能发掘很多新闻题材。当然这不是一两天就能做到的，要不断地努力，这都是培养新闻敏感的经验之谈。"敏感来自勤奋"、"懒人当不了记者"，这些经典之谈，值得我们很好借鉴。

总而言之，新闻记者就是要在生活中善于发现、善于思考、善于总结，注重培养自己的新闻敏感，时刻关注社会生活中人们关心的热点、难点和冰点问题。作为新闻工作者只有具备了良好的新闻敏感性，勤奋工作，才能充分发挥新闻工作者应有的作用。

让我们多培养新闻敏感，防止新闻敏感"疲劳"，写出更多、更好、更让党和人民满意的新闻作品来。

2009 年 6 月

# 一业为主　多种经营

——我在北京做驻站记者20年回眸

赵兴林

记者赵兴林（左）在青岛—北京列车上采访。

1980年—2002年，我在记者部工作22年。其间有一年是记者部派我到中国社科院新闻研究所帮助招录研究生，另有一年是在中央党校中直分部脱产学习。这样算来，我在北京做驻站记者20年，而这20年就再没挪地。

我原在人民日报工商部做编辑。20世纪80年代初，记者部扩编队伍，是否到记者部闯一闯的念头，开始萦绕在我的脑海里。抱着试试看的态度，请记者部的朋友帮忙，很快传来被批准的好消息，心情格外高兴。虽说我在工商部做编辑10多

---

赵兴林，高级记者，河北省宁晋县人，中共党员。1962年应征入伍，1967年1月调进人民日报工作，先后在国内部、工商部做编辑，1980年任人民日报驻北京记者。

年，但外出采访的机会甚少，来到记者部能否适应工作，对自己是个考验。我抓紧时间学习和钻研新闻业务、新闻理论方面的知识，为自己充电。同时，虚心向名记者金凤、柏生、林里等老同志求教，在实践中提高自己的写作水平。

## 跟老同志采访，细微深处学真经

20世纪80年代初，改革开放的春风吹遍祖国大地。首都北京作为全国商业改革试点，深化改革有序进行。记者部领导考虑到我在工商部做过编辑，让我在首都记者组工作，属资深记者刘时平领导，主要跑北京财贸口。刘时平同志给我的印象是平易近人，阅历广，有水平，心地豁达，善与人交往，以诚待人。他跟当时的北京市一些领导很熟，写起文章很顺手。刘时平同志当时还兼任报社职工代表大会主席，大家叫他"刘主席"；由于跟群众关系好，平时有些人爱跟他开玩笑，即使玩笑开过了头，他从不发火，嘿嘿一笑了之。后来看到他撰写的《我就是记者》一书，他的记者生涯乃至作品和人品，对他十分敬佩。

刘时平既是我的领导，又是合作采访的第一人。1982年秋，首都钢铁公司深化改革已经取得骄人业绩，报社领导让记者部派人到首钢进行调查研究并写出深度报道。我与其他同志一起随刘时平到首都钢铁公司蹲点。这次跟随刘时平同志一起采访，对我来说是一次难得的学习机会，时时处处细心观察刘时平同志怎样采访，从什么角度提问题，以及怎样提炼素材写文章等。

首钢是全国特大型钢铁企业之一，其改革的成功经验在全国有指导意义。作为此次采访负有领导责任的刘时平同志，与同去的几位记者一起研究制订采访计划，分工负责搜集有关材料并完成所承担的报道题目。首次接触国有大型企业，我感触最深的是首钢在改革中的创新理念。比如，首钢把过去以几个产量指标为中心转到以经济效益为中心的轨道上来，即由"生产型"转变为"生产经营型"。深化改革包括扩大企业自主权，实行经济责任制，改革干部制度，改革奖金分配，实现科学管理等。在责、权、利相结合的原则下，把"责"放到首位，以责定权，以责定利；奖金分配只能"跳着够"，不能"猫腰拣"，等等。这些在改革中探索出来的新理念，经过实践检验不但行之有效，而且促使改革不断完善并向纵深发展。同时，这些新理念，为我今后从事采访经济领域的报道奠定了基础。

与刘时平同志一起采访，感受深的是他深入实际、深入采访，以及如何运用材料写出深度报道。比如，刘时平与我合写的通讯《打开经济效益宝库的金钥匙》在人民日报发表后，首钢深化改革的成功经验引起社会广泛关注。特别是文中"挥泪斩马谡"的生动事例，给文章增添光彩。时任中共北京市委第一书记段君毅同志看过本文后，不但认为文章写得好，而且在有关会议上大声疾呼：要求领导干部学习首钢"挥泪斩马谡"精神，克服当前在某些领导班子中存在的软弱涣散状态，促进改革向纵深发展。

殊料这篇文章见报不久，报社收到陈云同志办公室转来一封来信，社领导让记者部派人到首钢认真进行核实后，给来信反映情况的同志作答复。这位读者提出什么意见呢？刘时平同志认真阅读并将来信中提出的不同意见用红笔标出来，以示重视。来信所反映的情况是这样的：我们在首钢采访时，干部处处长谈到干部责任制时，向记者谈了"挥泪斩马谡"的故事。去年（1981年）首钢炼钢厂平均每吨"吃废钢"114公斤，比铁水炼钢成本降低20元；今年（1982年）要求"吃废钢"125公斤，对此做法有人思想有抵触。于是，这位"思想有抵触"者被免去领导职务，也就是我们的文章中所写"挥泪斩马谡"那一段。听介绍，"挥泪斩马谡"的情节的确很生动，对深化改革很有现实意义。遗憾的是，当时我们没有直接找那位"马谡",听听他的意见。而这位"被斩的马谡",就是写信申诉人——陆祖廉同志。

他在来信中写道,炼钢"吃废钢"一定要讲科学,如果"吃废钢"超过比例,就违背了科学,必然影响钢材质量。因此,他坚持按科学比例"吃废钢"被免职是错误的。首钢这样做已经不妥,人民日报再把这不妥之事当作正面经验宣传,不但违背了实事求是的科学精神,而且给党中央机关报带来负面影响。本着认真负责的精神,我们与首钢有关领导当面交换意见,希望将我们这次来首钢调查的本意及了解到的真实情况转告首钢总公司主要负责人,并将处理意见告知我们。事隔几天,陆祖廉同志来到报社对我们说,首钢主要负责同志已经向他表示了歉意,现在组织上调他到武汉钢铁总公司任职,今天是来辞行的,愿我们今后成为好朋友。送走陆祖廉同志后,刘时平深有感触地对我说,以后采访一定要做到正反两方面的意见都要听,汲取这次教训!

虽说这篇报道出了点纰漏,但这次与刘时平一起采访,的确增长了学问。令我记忆犹新的是,刘时平同志结合怎样写报道,讲述"文无定法,因人而异"的道理。他说,写文章首先题目要选好,文章就能借题发挥,做得巧妙,写成的文章会有文彩。因此,所有选材,都必须围绕着文章的中心思想,努力做到所写文章不仅要描述事实,而且文章情节要感人。要做到这些,记者必须深入采访,然后对所掌握的全部素材进行认真的研究和分析;再通过记者的笔法加以描绘、渲染、开掘,努力做到文字清新、活泼、独到。这样,所写文章,使人一见倾心,而不是一见如故。后来,还有几次与刘时平合作采访,他都结合自己多年积累的经验,讲体会,谈感受,指导写作,受益匪浅。

跟名记者一起采访,当然是学习的极好机会;日常工作中,留心向身边有丰富经验的记者学习,博采众长,同样能提高写作水平。上个世纪80年代,人民日报记者部"三八式"、

"四八式"名记者 20 多位，德高望重的田流同志主政记者部，风气正，人心顺。老记者发扬传帮带优良传统，研究分析、指导记者写作蔚成新风；采访报道老记者雄风不减当年，中青年记者步步紧追，浓郁的学习氛围催人奋进。那时，记者部每周一例会，部领导首先传达中央领导及报社领导讲话精神；再由联系中央有关部委的记者传达重要信息。然后，部领导部署下一阶段报道任务。

随着记者队伍不断壮大，为充分发扬记者部的优良传统，记者部领导讲得最多、对我影响最深的两句话：一是"党报记者应该首先是个好党员"；二是提倡"一业为主，多种经营"。我理解，前者是做记者应具有的政治素质，后者则要求业务上一专多能。良好的氛围，激励我奋发图强，一步一个脚印向前闯。为了攀登高峰，坚持用自己的脚去寻找，足迹遍及北京市一些部委机关和 18 个区县，努力使自己所写报道贴近生活，贴近读者，为广大群众喜闻乐见，喜闻乐读。

## 人说在北京做驻站记者难，我的体会是"事在人为"

首都新闻界乃至报社同仁与我闲聊时，几乎都认为在北京做驻站记者难！这话不无道理。敬爱的周总理有句名言："首都无小事。"这话对驻北京记者来说，同样适用。首都北京是全国首善之区，所发生的事件在全国乃至世界影响之大，不言而喻。同时，首都北京汇集上百家新闻单位，再加上外国驻京记者云集，竞争异常激烈。从这个意义上讲，做驻北京记者的确难度大。就我亲身感受，北京新闻资源的确丰富，要报道的题目很多；如何写出有分量的稿件，深感压力大。写报道首先要进行采访，必须与有关部门沟通。从北京市委宣传部到区县宣传部，接待记者采访挺热情的，与他们打交道有共同语言；倒是有些部门的办事人员，对记者的态度可就另当别论了，往

1994年12月18日，记者赵兴林(中)江绍高(左)参加京石高速路通车仪式。

往是"官腔"十足，令记者头疼。我在北京做驻站记者20年，饱尝酸甜苦辣。但是，要想得到有关部门的理解和支持，必须努力工作，尽量按党报要求积极采写稿件，用人民日报版面打开局面；让人家觉着你是在为党报兢兢业业工作，积极配合北京市的中心工作做宣传，自然会赢得尊重。

这里仅举两例：

一是上世纪80年代末到90年代中叶，首都北京以举办亚运会为契机，修路、盖楼、种树等硬件建设世人瞩目。城区大面积危旧房进行改造，建筑风格迥异的座座高楼拔地而起；二环三环路相继建成，几十座高架桥耸立京城；城区郊区大面积绿化美化，市区新建座座园林式公园投入使用；疏浚流经城区的河道，以及中南海、北海、后海等"六海"挖泥整治工程相继完成。北京市提出的"天蓝、水清、空气清新，三季有花、四季常青"开始变为现实。首都建设取得骄人业绩，市民广受益。我作为驻北京记者，对首都北京的建设和发展予以关注并及时报道，仅建设中的北京西站就写了三篇通讯，其中《再造京门》、《世纪丰碑》刊登一版头条，《建设者风采》刊登一版报眼。文章发表后，北京市领导予以很高评价。一项工程，《人民日报》在重要位置发表三篇通讯，归功于报社编委会和记者部的得力指导。

这三篇通讯见诸报端，之所以社会反响大，我认为主要是抓住了比较优势，运用人们想知而不知的背景材料，文章具有以少胜多的特色。比如，《再造京门》一文，介绍建设西客站的必要性的背景材料："如今，随着国门的敞开，北京变大了，北京站变小了。来自专家的统计，1981年北京站乘客流量为2772万人次，1992年猛增到5400万人次；预计1995年将增至8000多万人次，2000年将增至一亿人次。"以此印证，"北京变大了，北京站变小了"，修建北京西站势在必行。再比如，1959年北京十大建筑作为国庆十周年献礼成果展现在世人面前，周恩来总理视察北京站后，语惊四座："将来在北京西南部再建一座火车客站。"运用这些背景材料，就是让读者对新建西客站的重要意义加深理解，全力支持。

背景材料运用得好，文章立意深，增强了可读性，在北京反响大。1995年夏，报社在河北承德市召开华北地区发行会议，时任北京市委宣传部副部长的龙新民同志在会上发言时，对我采写的《再造京门》给予很高评价。《再造京门》两次获北京市好新闻一等奖，人民日报好新闻一等奖。

二是作为驻站记者，要想靠人民日报版面为记者争得地位，首先是记者要为版面提供有分量的稿件。1994年春，北京市就进一步深化改革召开会议，市委办公厅通知让我参加。因乘坐的汽车在王府井南口遇堵迟到会场，当我一进入会议室，北京市主要领导招呼我坐在他身旁。然后，这位领导介绍说："这位是人民日报驻北京记者赵兴林同志，大家认识一下。"此时会场响起掌声。这掌声是鼓给人民日报的，对记者本人来说，既是鼓励，更是鞭策。

驻地领导看重记者，有些重点报道，自然会想到你这个记者。上世纪80年代末，作为北京粮仓的顺义县，因土地"适度规模经营"搞试点，曾与本报发生一些不愉快的事。事隔几年，北京市与人民日报的关系明显改善，市领导觉得条件已经成熟，邀请人民日报派记者就顺义的"适度规模经营"再作报道。于是，北京市有关领导推荐我承担这一任务。在记者部精心安排下，我深入顺义采访，广泛听取县乡领导同志的情况介绍，深入田间地头与农民对话，到农家场院和粮站采写丰收后农民喜悦心情。掌握大量素材后，去粗取精，加工整理，所写通讯《丰收的喜悦》在《人民日报》一版刊登后，在北京引起较大反响。

## 读书是学习，采访报道是更重要的学习

新闻记者是一种特殊行业，是靠笔工作的。我爱记者工作并为之不懈努力，由衷地感谢记者部一些老同志，是他们孜孜不倦的工作与言传身教，深深感染了我。就本人而言，20世纪60年代初，履行公民神圣义务，参加了中国人民解放军。5年军旅生涯，为锻铸自身政治素质和吃苦耐劳精神奠定了基础。但是，甘蔗不是两头甜，有得也有失。所谓失，就是没有进高等学府学习，对我来说是件憾事。所幸的是，记者部领导总是鼓励我坚持学习，为我创造"充电"机会。

令我难以忘却的是，记者部领导商恺同志结合他自己的成长道路赠我两句名言：一是"勤奋是记者成功的阶梯"；二是"做人第一，学问第二"。言简意赅，为我成长进步指明了方向。他多次鼓励我坚持学习马克思主义哲学、毛泽东思想，提高政治素质；努力学习新闻学，博览文学作品，提高理论知识修养和新闻业务水平。同时，商恺同志列举古今中外自学成才的多位哲学家、政治家、文学家、经济学家的名字；还将近在身边的安岗、田流、林里、李千峰等自学成才的事迹逐一介绍，鼓励我向他们学习。商恺同志还语重心长地说，记者部这些老同志的共同点是：为了抗击日本侵略者而走向革命道路，

后来因工作需要做新闻工作；尽管他们没有大学文凭，注重在战争中学习战争，后来都成为名记者。他建议我找机会，向林里同志求教。

与林里交谈之前，先拜读了他的大作《经济特区风云录》。从林里小传中得知他与我同为邢台老乡，与带有家乡口音的林里同志交谈，一下子就缩短了距离。林里同志谦虚地说，你比我的文化基础好，我只上过小学。这次交谈，林里同志传授的真经是：鼓励我多读书，积累多方面的知识；深入采访，在实践中提高写作水平。特别是当他谈到"读书是学习，采访报道是更重要的学习"时，加重语气说，学习固然重要，但应用更重要、学会写文章。讲到这里，林里同志十分中肯地说，要虚心向有经验的同志学习，写成的稿件让他们挑毛病，文章总是越改越好嘛！当我问及他个人自学成才的经验时，林里同志哈哈一笑说，别人是有了文化以后才写作，我是在当了记者后还要补习文化。听介绍，抗战八年林里同志积累的唯一家业是书；进北京之后，他感兴趣的还是书，逛书店的目的是为购书；直到晚年，林里同志读书的兴趣仍然不减当年。正如商恺同志所言，书籍给了林里以知识和营养，也为他成为名记者铺平了道路。

林里同志一席话，我受益匪浅。机遇是属于我的，如何珍视机遇，奋发进取则靠个人努力。回顾漫漫新闻路，可以用"激情、进取、攀登"六字概括。

"激情"，就是要有干好工作的勇气和决心，以优异的成绩报答党和人民，工作再苦再累也心甘。我从军营步入机关，从农村进入大都市，无论是生活环境还是工作性质，都发生了质的变化。面对新形势，我的行动坐标是"学习，学习，再学习"，以百倍信心和毅力，完成党和人民赋予自己的神圣使命。

"进取"，就是保持清醒的头脑，敢于面对现实，承认差距，缩短距离。前进路上，我以革命导师马克思关于"在科学上面是没有平坦的大路可走的，只有在那崎岖小路的攀登上不畏劳苦的人，有可能达到光辉的顶点"为座右铭，克服种种困难，努力学习积极进取。

"攀登"，就是树立远大理想，一步一个脚印向前闯。著名记者范长江有句名言："一个记者，如果能为一个伟大的理想工作，那就很值得'鞠躬尽瘁，死而后已'的。"怎样当记者，范长江同志为我指明了路。为了攀登高峰，坚持用自己的脚去寻找，努力使自己所写报道贴近生活，贴近读者，为广大群众喜闻乐见，喜闻乐读。

回顾自己走过的"漫漫新闻路"，的确比有些同志付出的要多。这是因为，由军人转变成合格记者，对我来说，坚持自学最珍贵的是时间；赢得学习时间，要靠顽强的毅力和耐力，多读书，勤思考。在提高理论水平的同时，注意研究自己分工报道领域的问题，多积累资料，避免走"现贩现卖"之路。苦练基本功，提高写作水平，我常以爱因斯坦的名言"只用你的眼睛看见东西，那是不会发现什么的，还要用你的心能思考才行"自勉。努力打造记者素质，在艰苦的劳动中尝到无穷乐趣。

20世纪80年代，北京市商业改革作为全国试点先行一步，在记者部指导下，我注重研究问题，写作提炼新角度，先后采写：《城门大开 八方货来》、《千帆竞发 百舸争流》、《丰富"菜篮子"：北京市一大工程》、《北京市农贸市场急需发展》、《北京市蔬菜改革出路何在》等评述性新闻。尽管报道题材属"成绩新闻"，但它确是发生在普通群众身边的变化，体现了"以人为本"、贴近百姓的视角，从而拉近新闻与读者的距离，增强了读者对党报的亲近感。其中《城门大开 八方货来》、《丰富"菜篮子"：北京市一大工程》，分获报社和北京市好新闻奖。作为驻北京记者，对关系到国计民生的国有大型企业，包括首都钢铁公司、燕京啤酒集团、北京燕化、北京福田汽车等，在深化改革中取得的经验及时予以报道。从内容看，这些报道亦属"成绩新闻"，因报道紧紧围绕可持续发展作文章，把成就报道与人们的现实生活联系起来，既凝结着劳动者的汗水，同时也起到鼓舞人、激励人、动员人的作用，几篇通讯大都在一版重要位置发表。

可以说，党中央机关报的光荣传统和记者的使命感，激励我兢兢业业，任劳任怨；深入采访，作风严谨；为人正直，乐于奉献。在北京做驻站记者20年，采访报道涉及财贸、农业、工业、市政建设等领域，满腔热情地为首都北京改革开放取得的成就鼓与呼。据不完全统计，上个世纪90年代，我所采写的见报稿件500余篇，其中一版采用稿件占相当比重，多篇稿件配发评论。当时在记者部编辑组值班的罗自苏同志对我进行采访后，在《记者工作》发表了《赵兴林是怎样抓头条的?》的专访，对我既是激励，更是鞭策。

进入21世纪，人民日报出版社将我采写见报的160篇文章汇编成《京华笔踪》一书出版，题材有：通讯特写，人物访谈，新闻评述，海外游踪，共计30余万字。尽管我所写报道只能反映首都建设和发展变化的一部分，但新闻的本源是事实。从这个意义上讲，我的文章对改革开放以来首都北京的发展变化可"管中窥豹"，从中感受到时代的脉搏，谛听到人民的心声。

作为驻北京记者，还有一个任务是公关。所谓公关，就是为报社搭建与北京之桥梁，尽量为报社多做公益事项。需要广交朋友；广交朋友，我的体会是平等待人、以诚待人。这些年，本人除搞好日常报道外，对区县和部委办局提供的重点报道题目，努力完成；对一些同志的来稿，尽力帮助修改，有时还亲自与版面编辑说几句好话，争取见诸报端。

广交朋友，不仅信息渠道畅通，而且视野越来越开阔，与朋友交往的根基越来越牢固，报道的天地越来越宽广。

广交朋友，在搞好报道任务的同时，为报社多做公益事项，同样是作贡献。

2005年6月

# 数学家董泽清的早逝

## ——回忆《春蚕到死丝未尽》一文的产生

武培真

刊登《春蚕到死丝未尽》的1987年7月11日的《人民日报》，当天上午便在北京的许多邮局、报刊亭被抢购一空。董泽清的岳父从上午九时到下午两时，跑了十多家邮局，才买到两份。邮局同志说："这种情况，几年来都少见。"之后，全国各地乃至国外，许多读者接连不断向报社和记者本人寄来激情澎湃的读后感。《人民日报》于8月15日载文《中年科学家董泽清的事迹震动各界》，报道了这种盛况。社会反映表明，对董泽清的报道是比较成功的。

### 值得一写的典型

董泽清事迹的通讯发表后，一位同行向我祝贺："你捞到了大鱼！"这一句话，勾起我三个多月艰苦采访、写作的无限感慨，这可不是条撒下网去便唾手可得的大鱼呀！

3月初，我和一位朋友聊天，偶然得知有位数学家为我国应用数学开辟了一个新的分支。他长期患心脏病，仅活了50

---

武培真，高级记者，河北正定人，中共党员。大学毕业分配到天津市工作，1978年调人民日报文艺部，1982年到记者部，1987年任驻黑龙江首席记者、记者站站长。

岁,死时连件可替换的新衬衣都没有。他人缘极好,连看自行车的老太太和别人家的老保姆都为他的死悲痛不已。我感到有材料可挖,急赴科学城采访。就这样,我发现了董泽清这个十分感人的典型。

写知识分子,为我国知识界鼓与呼,在我脑海中酝酿了许久。党的十一届三中全会以来,我国知识分子恢复了工人阶级的性质,生活和工作条件得到一定改善。另一方面,知识分子积极性的发挥,加速了我国经济的腾飞。但是,与知识分子对社会的贡献相比,他们所得的待遇仍然是比较低的,有的甚至是相当低的。广大知识分子,特别是中年知识分子忘我工作,不少人疾病缠身,甚至英年早逝。1986年,北京航空学院7名中年教师病故,中国科学院去世的中年科学家竟达三四十人。多么怵目惊心的数字!多么令人痛心的损失!至于社会科学界,中年知识分子面临的也是相同的境况。这个问题还没有引起人们的充分注意;知识的价值,也没有广泛地为社会所承认。对此,党的舆论工作者,为了党和国家现实的及长远的利益,应该通过自身特有的方式,告诫人们。1984年我采访全国人代会,曾撰文呼吁提高中年知识分子待遇。1986年全国人代会期间,我又抓住发展文化教育事业的主题作文章。所以,董泽清这个典型一下就吸引了我,可以说是我一贯思想使然的。

《春蚕到死丝未尽》一文,重在肯定和提倡董泽清那种体谅国家困难、不计个人得失、甘为祖国和他人奉献一切的高尚品格。当今社会上,很有一些惟利是图、以权谋私、以业谋私者。甚至过去的功臣,竟也有少数堕落到令人发指的地步。在许多场合,人们也常为人与人之间愈来愈缺少风格和礼仪的关系而愤懑或震惊。与此相比,董泽清的思想、行动,是一份难得的珍贵教材。我决心写董泽清,而且决心花大功夫写好董泽清。这便是我撰写《春蚕到死丝未尽》的思想源渊和动力。

## 小溪不能航大船

如果把生活比作源流,把作品比作航船的话,源流的大小与负载船体的规模是成正比的,小溪不能航大船。董泽清经历丰富。1980年以来,他出差达100多次,足迹遍布祖国大部分省市和地区,他兼任的教授、研究员职务有15个之多。他的影响波及到国外……要真实生动地再现董泽清,必须详尽地占有材料,我决定扩大采访面。

几十天中,我几乎天天跑中关村,每天要在公共汽车上消耗3个多小时。为了不放过任何一个重要的知情人,我常常晚上九十点钟,还要登门去采访。有时天太晚了,就宿在被采访者家中。有一次,我乘103路无轨电车赶到北京火车站,错过了9路的末班汽车,我又十分疲惫,便索性不回家,在火车站的候车室度过了难熬的一夜。就这样,在北京,熟知董泽清的人,凡能找到的,我都找了,直接采访的知情人达60多个。我还向外地和国外发出函调信50余封,单是为了弄清马氏决策规划的含义和作用,以及设法用通俗的语言把生僻的字眼和深奥的理论解释得让读者一目了然,我先后询问了20多位数学界人士。

此外,我查阅了董泽清的大部分日记、数以百计的书信和大约十来斤重的读书卡片……许许多多感人事迹,像万马奔腾一样震荡着我的心扉,我几乎每天都在经受着董泽清精神的感染和洗礼。凭这些,我自觉大体可以写出感人的董泽清了。但我仍嫌不够,董泽清有怎样的性格特征?在遇到困难或纷繁复杂的矛盾时,他有着什么样的喜怒哀乐和思想脉络?必须进一步弄清。只有这样,才能写出有血有肉的、在普通人的躯壳里蕴含着非凡思维和表现为特殊气质的董泽清。为此,我先后与董泽清的夫人畅谈了19次。报道中谈到,董泽清为决定是否暂时出国工作、治病,深更半夜和妻子攀谈,以及在病榻前,妻子同意在困难面前不向单位申请补助,董泽清满意地拍了拍妻子的手等细节,都注入了感情色彩,表现了夫妻间自然、深挚的情谊。这一类描写,目的是增加人物的立体感,揭示人物的内心世界,使主人公的形象更加真实和动人。文章发表后,董泽清的妻子、亲属和朋友都说:"写得真像董泽清,他就是这样子。"

## 重视反面意见

素材愈加丰富,写作的激情愈加收勒不住,像汹涌的潮水,像脱缰的野马。但我还是抑制住自己,抓紧时间去听反面意见,避免片面性。同时,我也准备用确凿无误的材料去说服那些抱着偏见或不可捉摸的意图的人们。我知道有两个人和董泽清关系不睦,便几次倾听他们的意见。一位来华访问的荷兰数学博士,赞叹80年代马氏决策规划研究中心从荷兰向中国转移。对于这件事,他俩因为没有亲耳听到,根本不信。我把获得的素材详细向他们作了介绍,他们仍然不信。于是我进一步调查,把当时与荷兰专家会见的八九个人几乎都找到了,包括当时充当翻译、现正在美国攻读博士学位的宋京生也回了信,大家一致证实了我最初所得素材的可靠性,这也使上述两位持不同意见者解除了疑点。在采访中,对每个可能会有争议的问题,我都进行了这样的核实。《春蚕到死丝未尽》发表三个月来,尚未发现哪个人对报道的真实性提出怀疑。

## 写出时代精神

在酝酿和撰写这篇文章的每个部分时,不动感情我不下笔;写完后不感人便修改甚至重写。整个写作过程,我掉过十几次眼泪。初稿写成,我念给董夫人听,她哽咽起来,我也泣不成声。我满以为稿子会受到赞赏,不料报社两位老同志提出："你写得太低沉了，究竟让人们学什么不突出，不解决这个问题，人物站不起来。"我仔细思索自己的原稿，确是只能引起人们对董泽清不幸早逝的惋惜和同情，而我最崇尚和要表现的无私奉献精神，却被冗长的篇幅和悲哀的气氛淹没了，那原有的题目——《不幸坠落的明星》，也给人以一种悲凉之感。

董泽清的崛起是在粉碎"四人帮"之后，他有了在科学领域纵横驰骋、自由翱翔的春天。四化建设和改革大业，鼓舞着他的斗志，加深了他爱祖国爱社会主义的热情，使他忘我地为研究马氏决策规划和培养科技新军不停顿地奉献。也正是在这个时候，知识分子政策逐步落实，他的住房条件得到改善。我通过进一步采访，从董泽清身上，从他的生活现实中，尽力挖掘体现着时代最强音的素材。我大幅度改写了原稿，压缩了与主题不能紧扣而又容易给人只带来悲凉之感的内容。文章的篇幅缩短了，基调高亢了，一个80年代中国知识界的雷锋、保尔·柯察金的光辉形象，终于跃然纸上。董泽清早逝虽然是悲剧，却死得悲壮，他是中华骄子，是民族的脊梁，给人以无穷的鼓舞和力量。有位60多岁、已经退休的中层干部，看了对董泽清的报道，激动不已，逢人便说："原先我看社会风气不好，只想这么一大把年纪了，睁一只眼闭一只眼算了。和董泽清比，我落伍了，颓废了。有这么好的榜样，我还得振作起来，和那些不三不四的人斗！"

## 一点一点磨出光来

《春蚕到死丝未尽》从采访到拿出初稿将近一个半月，而这之后的听取意见以及修改，却超过了一个半月。在这三个月中，大的修改有五次。

古人云："语不惊人死不休。"这是提倡写文章要有千锤百炼的精神。一篇通讯，要求每句话都一鸣惊人，都是警句绝唱，做不到，而且新闻通讯要讲时效。但对重点题材的文章，精雕细刻，努力使之达到衔华而佩实的程度，则是可取的。为了使董泽清的报道写得与其本人事迹在社会上的分量相称，我每次修改后都要征求许多人的意见。或请人阅示，或为人朗读。我不仅请熟悉董泽清的人发表意见，还专门把一些与董泽清不相识的来自不同行业具有不同身份的人请来，念给他们听，观察他们的表情，倾听他们的感想。使他们感动、满意的部分，我保留下来，否则，我便仔细推敲。如此反复修改，梳洗打扮，光题目，就改过四次。原稿中，有的部分，譬如《金钱与尊严之间的选择》，尽管在一定程度上揭示了董泽清的崇高思想境界，也描绘了比较生动的场面，但当我意识到这节影响了文章的紧凑和主旋律的突出时，便忍痛割爱，使作品比以前洗炼了。

　　通讯接近末尾部分，我写道："人们总觉着他不该走得这么早，做着种种假设……"接下来我一连用了六个"假设"。许多读者认为，这种写法很有力量，把人们的激情和思索推上了高峰。这种写法，我是从越剧《红楼梦》里林黛玉死后贾宝玉"七问紫娟"的那段令人肝胆俱裂的哭唱受到启发的。在不违背新闻真实性原则的前提下，适当借鉴文学作品的表现手法，是会增加新闻作品表现力的。我在这篇报道中，注意进行了这种尝试。

1987 年 12 月

# 反腐败斗争中的"沈阳现象"

## ——根除反腐后遗症

郑有义

2001年,沈阳的非常之年。

这座为共和国立过卓越功勋的老工业城市,发生了我党反腐败斗争中罕见的"慕马"大案。涉案人数之多、影响之恶劣、后果之严重,举国震惊!

挖出了"巨蠹",沈阳的未来如何?一时间成为海内外关注的焦点。沈阳的指向,似乎已不仅仅是一个城市发展的兴衰,甚至在某种意义上诠释着我党的反腐败斗争!

弹指两年过去。可以告慰的是,在反腐败斗争的政治洗礼面前,沈阳赢得了经济的恢复性快速增长。2001年,全市国内生产总值增长10.1%,财政收入增长34.3%。2002年国民经济多项主要经济指标创历史新高,全市实现国内生产总值1400亿元,比上年提高13.1%。财政收入突破百亿元大关。实现工业总产值2110亿元,比上年增长18%!

两年时间,沈阳创造了一个反腐败斗争与经济发展有机结合的典型范例!其中处处闪射着科学性、规律性的光辉。

"沈阳现象"引起了人们的普遍关注与思索,它用成功的实践令人信服地回答了人们目前对反腐败斗争的一些担忧和思考。

**历史命题:腐败与公共权力孪生。戒"浮躁"与"悲观"。"常态反腐败"心态与"权力控制"机制。**

"慕马"的腐败，极大地震惊、激怒了沈阳人民，伤害了群众对党和干部的信任之心。沈阳市委认为，在市场经济的条件下，腐败是一个群众关注程度越来越高的重大问题，是我党建设社会主义市场经济必须要过的"坎儿"；另一方面，引导群众正确认识腐败现象与反腐败斗争的长期性、复杂性，克服"浮躁"和悲观情绪，更是深入开展反腐败斗争的一个极其重要的问题。

沈阳市委着力培养群众"常态反腐败"的心态，使群众对反腐败由悲观到充满信心，由要求"一个早晨消灭腐败"到认同反腐败斗争的长期性、艰巨性和复杂性，从而调整心态、理顺情绪，科学认识反腐败斗争，不埋怨、不浮躁、不动摇。

与此同时，沈阳市委开始研究"权力"、调整权力、"控制权力"！

失去制约的权力是滋生腐败的土壤。方方面面、大大小小的缺乏制约的权力使腐败成为方方面面、大大小小的可能。沈阳市委着力建立合理、科学、严密的权力运行机制，通过制度、法纪的制约，保证干部手中的权力用于为群众做事，警示握有权力的人不敢轻易僭越！

——"做官即不得腐败"，实实在在的价值观教育。沈阳市委深入开展了"参加革命为什么"、"现在当干部做什么"、"将来身后留什么"的警示教育，对干部的权力观、地位观、利益观进行触及思想深处和灵魂痛处的剖析，提高了党员干部抵制拜金主义、享乐主义等腐朽思想侵蚀的能力。

——"用人的腐败是最大的腐败。"沈阳市委在领导干部层面中大力强化这一认识，紧紧抓住选人用人的环节，改革用人制度。推行了干部考核预告、差额考核制、票决制、公示制、试用期制、任期制等制度；探索建立干部引咎辞职和责令辞职制度，健全干部推荐、考察、决策责任制和用人失误失查责任追究制，有效地制约选人用人上的腐败现象。

——堵塞"权力寻租"的"黑洞"。行政审批权力的失控和滥用，是滋生腐败的重要源头，沈阳市委对此进行了大刀阔斧的改革。除了国家和省级审批事项合理简化合并外，对市级的行政审批事项原则上全部予以取消。全市除保留审批项目153项、初审项目115项、备案项目45项外，其余全部取消，减幅达74%。同时，设立集中办理行政审批事项的办事大厅，推行经营性土地使用权出让招标拍卖、建设工程项目公开招投标、政府采购和产权交易进入市场等制度。"阳光操作"对堵塞"权力寻租"的"黑洞"起到了重要的作用。

**沈阳曾流行一个名言："反腐败后遗症"，其特征是"远距离微笑"与"不作为"！现在响亮地喊出："工作要上去，干部不倒下！"**

查处"慕马"案件以后，在沈阳市的一些党政机关，曾一度出现"脸好看了，门好进了，事却不愿办了"的"不作为"现象。对服务对象"远距离微笑"，工作效率下降——有人称之为"反腐败后遗症"。

所谓"反腐败后遗症"，其实质是把"搞腐败"与"干工作"联系起来，这是反腐败斗争中一个必须正本清源的大是大非问题。

分析"反腐败后遗症"，其思想深处折射的是一些干部的宗旨意识淡漠，群众感情淡化。只关心自己的"官位"进退，不关心群众的冷暖安危；只对个人的得失负责，不对党的事业负责。把"廉"与"勤"割裂、对立起来，陷入了形而上学的思维窠臼。

沈阳市委教育引导干部深入剖析了"慕马"搞的一些所谓"形象工程"，看到"慕马"以"做事"的表象掩盖其腐败实质的目的，响亮地喊出了"工作要上去，干部不倒下"的口号。

沈阳市开展了大规模的"学《讲话》、办实事、送温暖"活动，解决群众反映强烈的热点、难点问题。集中解决了欠账多年的城市供水、供暖、供气和公共交通、住房动迁等方面的突出问题和困难群体的生活困难问题。去年以来又新增绿地

20平方公里，改造整修街路700多万平方米，新购公交车辆350多台，安排再就业7万多人。同时，分区集中建设廉租周转房，下力气解决了动迁拖期回迁问题，在群众中树立了崭新的形象。

"工作要上去，干部不倒下"，也使沈阳市广大党员干部的精神面貌迅速走出"慕马"案件的阴影，发生了深刻而生动的变化。

**惩腐"既然"与防腐未然：分析市场经济条件下反腐败斗争的新特点，创新体制，有序管理，积累防止腐败的新经验。**

沈阳的反腐败斗争，成在"与时俱进"。沈阳市委从具体实践出发，积累市场经济条件下的反腐败斗争的新鲜经验。

——严肃执纪执法又全面考虑社会政治效果，是反腐败斗争中必须慎重把握的问题。

沈阳市委在对极少数腐败分子予以坚决严惩的同时，从有利于深入开展反腐败斗争、有利于教育和挽救干部出发，对与"慕马"案件有牵连的大多数犯有一般性错误的人员，既坚持严格要求，分析其犯错误的历史背景和客观条件，又全面考虑社会政治效果，严格区分腐败与一般性错误，行贿受贿与送礼受礼的人情往来界限，做到处理合情、合理、合法，收到了彻底孤立和打击极少数腐败分子，教育和挽救大多数干部的良好的社会政治效果。同时，对过去的一些规定、制度进行清理，或坚持、或调整、或废止，以适应形势发展的需要。

——关口前移，早"打招呼"，变"亡羊补牢"为"未雨绸缪"，是新时期反腐败斗争中教育干部、挽救干部的必然要求。

沈阳市委切实改变对干部"平时监督少，出事抓查处"，"平时教育不够，出事无法挽救"的现象，既惩腐于"既然"，更防腐于未然。更多的把事后查处为主转向事前监督为主，做到"关口"前移，防范在先。广泛开展了"岗前"教育、专项"述廉"和"家庭助廉"活动；领导干部个人重大事项报告制度和回复群众反映问题的制度，落实领导干部任期经济责任审计制度，深化政务公开、厂务公开、村务公开和司法公开；拓宽监督渠道，加大对领导干部"八小时之外"的监督力度，做到早发现、早"招呼"、早纠正，变"亡羊补牢"为"未雨绸缪"。

——把反腐败斗争与建立新的社会秩序紧密结合，是摆在各级党委和纪检监察机关面前的大课题。

从根本上说，必须尽快建立起适应社会主义市场经济体制的新的政治、经济和社会生活秩序，才能形成覆盖社会生活各领域、全面而有效地预防和治理腐败的天罗地网。沈阳市委在十届五次全会上审议通过了推进"经济生活规则化、政治生活民主化、社会生活法治化"的治市方略，把反腐败斗争从体制和法治的角度大大推进了一步。

沈阳从五个方面有说服力地回答反腐败的"代价论"：反腐败促进经济发展具有必然性。

**反腐败与发展经济的"对立论"、"代价论"，虽是少数人的认识，却有典型意义。**

沈阳市委书记张行湘认为，"代价论"、"成本论"把反腐败与经济社会发展对立起来，其实质是简单化、片面性和形而上学地看待反腐败与经济发展的关系。腐败涣散人气，干扰经济秩序、破坏投资环境、阻碍经济发展，反腐败为经济发展凝聚人心，扫除障碍，提供动力，促进经济发展具有必然性。

——反腐败清除了"官商勾结"、"官黑勾结"垄断市场的混乱局面，恢复了公平竞争的市场经济秩序，真正优化了投资环境。"慕马"案件后，一些人曾预言沈阳将成为"投资高风险区"。如今，摧枯拉朽般的反腐败却真正创造了诚信透明的投资环境，赢得了外商的真正信任。

——反腐败是切实纠正部门和行业不正之风的利器，可以最直接地提高"民气指数"，增强凝聚力。

——反腐败促进了政务的公开、公正和透明度，有效防止了国有资产的流失，直接增加财政收入。仅通过改革财政管理制度和行政审批制度，2001年，全市收回土地出让金十多亿元，是上年的15倍；2002年达15亿元。

——反腐败清除了企业"蠹虫"，使一些企业由恶性循环走上良性发展之路。

——反腐败创新了有利于经济发展的新机制、新体制。沈阳市委创新了有利于经济发展、遏制腐败的新机制、新体制。对从根本上清除腐败的土壤，优化健康发展的经济环境做出了卓有成效的探索。

2005年

# 记者是战士

董 伟

今年夏秋,嫩江、松花江流域发生百年一遇特大洪水,黑龙江记者站作为前线记者站迅速出动,并对总社派来的记者提供有力的后勤保障,圆满完成了报道任务。作为黑龙江记者站的负责人,在整个抗洪抢险的报道之中,无论从报道本身,还是从组织以及后勤保障上,都尽力想全、想细,基本做到了尽职尽责。

报道方面:记者进入情况还是比较早的。8月6日,嫩江上游刚刚形成历史最高水位的洪峰,松花江哈尔滨段的水位刚刚超过警戒水位,记者就发出消息"黑龙江百万军民迎战洪峰——入汛以来无人员伤亡,无决堤垮坝",可是,编辑部并没发这篇稿子。11日,嫩江流域全线超过历史最高水位,北方重镇——齐齐哈尔受到威胁,记者及时发回消息,并被编辑部采用。这一天,记者部曾坤主任打来电话,要求密切关注嫩江和松花江流域的洪水,及时准确反馈消息。鉴于当时的抗洪抢险前线在齐齐哈尔,记者与地方有关领导和驻军首长联系,想去前方采访。经请示编辑部,指示记者暂留在哈尔滨,报道全省的宏观情况。

预报嫩江第四次洪峰8月14日到达齐齐哈尔,经请示编辑部,记者在这一天中午驱车赶到齐齐哈尔,发回了300年一遇的嫩江第四次洪峰通过齐齐哈尔的稿子。第二天,大庆告急,嫩江抗洪前线总指挥王宗璋也飞赴大庆,于是,记者在8月15日中午赶到大庆,下午又急赴最险要的肇源县发展村一带，与王宗璋等人和数千军民共同修整保卫大庆的第二道防线，天渐渐黑了，终没能挡住洪水的冲击，军民们退守到第三道防线。记者就近赶到大庆石油管理局采油七厂发稿。8月16日，齐齐哈尔、大庆、哈尔滨全面告急，记者急电曾坤主任，要求增援。编辑部反应迅速，当天下午15时，曾坤同志就飞赴哈尔滨，16时，辽宁记者站的冯奎同志奉令也赶到哈尔滨，加上前一天从北京赶来的国内部陈晓钟和摄影组卢传友，黑龙江抗洪抢险一线的记者已达5位。在曾坤主任的调配下，陈晓钟驻守齐齐哈尔，冯奎驻守大庆，摄影记者在几个城市机动，曾坤和董伟驻守哈尔滨，负责哈尔滨及全省的综合报道。

这时，黑龙江省的抗洪报道算是全面展开。在哈尔滨市洪水高出百年一遇的堤坝一米多高的关键时刻，记者始终战斗在第一线，每天都及时发回最新的消息。随着洪峰的推进，记者接下去又去了依兰县、佳木斯市、鹤岗市以及黑龙江农垦系统的一些农场，直到把松花江洪峰送入黑龙江，又回到哈尔滨市继续报道抗灾自救的情况。

1998年夏，流经黑龙江省哈尔滨市的松花江遭遇洪水袭击。图为驻黑龙江记者董伟（中蹲者）深入抗洪一线采访。

保障方面：在黑龙江省抗洪抢险报道期间和后期，黑龙江记者站除完成正常报道外，还承担了大量的保障任务。作为站里的负责人，理应想得多一点。最高峰时，本报在黑龙江的记者达到7人，这些记者的住宿、车辆安排、联系采访等，都需要驻地记者提供保障。记者站车辆在洪水中毁坏后，为了不影响采访，向哈尔滨市公安局等单位借了3台车，在大庆市也借了1台车，还给曾坤主任借了一部手机。另外，收集前方记者的稿件，并随时向报社报告前线的信息。

几点体会：一、记者是战士。20年前，记者当过5年兵，是一个真正的战士。当了人民日报记者后，虽然参加过两次内蒙古大火的报道，但由于去得较晚，战士的体会并不深。这一次，记者始终战斗在第一线，许多记者也都战斗在一线，正如一位军人说，哪里有战士，那里就有记者。在洪水面前，记者就是战士。也正是把自己当成了战士，才会采写出真切反映一线情貌的消息。二、记者是将军。特别人民日报记者，既要盯住局部，更要把握全局。在采访中，除了报道动态消息和典型外，经常要思考诸如生态、领导层决策、党政军民关系、中央的精神和宣传口径等等问题。抓住点滴时间，写一些经验总结或尽量宏观一点的稿子。三、记者和战士互相激励。有地方领导说，在战场上，映入眼帘最多的是战士和记者。确实，战士的无私无畏感染着记者，使他们写出最动人的文章；记者的文章出现在一线战士的眼前，又对战士产生了极大的影响，激励他们投身于更险要的战斗。四、任何一场战争打的都是实力。在抗洪报道中，实力无处不在：没有车上不去，没有无线通讯手段势必影响指挥抢险救灾、群众及时转移和现场报道，没有钱不能有足够的给养——没有好的身体和综合素质也不能承担重任，等等。

一场战斗下来，只是想休息。抗洪抢险的报道过程带给自己作风上、能力上、思想上的收益是很难用语言总结的，但绝对是受益终身的。

1998年9月

# 回首西藏

刘 伟

2004年10月16日，记者刘伟徒步进入我国唯一不通公路的西藏墨脱县采访。

我在西藏生活和工作了26年，热爱那里的一切，那片高原已成为我生命的一部分。现在虽已离开，但和朋友们只要谈起西藏，都如数家珍，为那里每一个细小的变化而兴奋，而鼓舞，而欣慰。

的确，每个人都有一个"自己的西藏"，境外各种人士谈论的"西藏"，媒体上的"西藏"，每个旅游或访问西藏归来者

---

刘伟，高级记者，中共党员，在西藏生活和工作26年。1989年调进人民日报任驻西藏首席记者、山西记者站站长；后调任新华社西藏分社社长，现任光明日报副总编辑。

心目中的"西藏",均有不同。

记得我第一次到西藏时,拉萨还是个3万来人的小城。八廓街的大街小巷全是土路,晴天尘土扬,雨天地泥泞。一条土道通向高大的布达拉宫,路两侧,多是机关单位白花花的铁皮顶平房。少年的我和藏族伙伴在八廓街迷宫一样街巷游荡的情景时时浮现,嬉笑之声清晰在耳。

西藏这块"现代化与古老传统共存,神话与现实共存"的神奇土地,"高原风光无限好,难忘西藏浓浓情"深深埋藏我心间。

回首西藏,难忘高原情,不仅仅是因为我在西藏工作生活26年,更重要的是我的记者生活足迹横断喜马拉雅山、藏北高原、青藏公路及世界屋脊之称的阿里地区等,采访对象从农牧民、基层干部到自治区党政军领导,报道内容涵盖西藏历史发展变革、人文地理、民俗风情等。特别是改革开放以来,西藏各族人民为了祖国的统一,为了西藏的繁荣进步,齐心协力,共同努力,涌现出许多可歌可泣的动人事迹。作为记者,我用充满激情的笔墨,真实地记录了西藏高原发展的巨大变化,与西藏各族人民结下深厚情谊。回首西藏,难忘高原情。让我们共同感受真西藏——

1300多年前的一天,藏王松赞干布沿拉萨河边信马由缰。细软的沙地指引他来到药王山,山风微微,送来一阵阵诵经声,寻声向前,松赞干布来到山下,他翻身下马,凝神观望,只见一面青色的石壁上,渐渐现出释迦牟尼佛的形象。再仔细一看,藏王大为惊讶,原来石壁上的佛像,竟和文成公主从汉地长安带来的佛像一模一样,石佛的嘴还轻轻地一张一阖。松赞干布坐下来,立即感到天花乱坠,心如明镜,智慧泉涌。据说,石佛从见到松赞干布那天起,就天天在长,石壁上最终凸现出来的不再是释迦牟尼佛,而是未来佛。佛经上说,现世主宰一切的是释迦牟尼佛,五亿七千年以后(多么漫长的岁月啊),将由未来佛接替释迦牟尼,主宰世间万物一切。那时,大地一片光明，人间充满了欢乐、和睦、友爱，没有杀戮，没有尔虞我诈，更没有了罪恶。

1995年12月，在离开西藏的前一天，我又一次来到西藏河边，不远处是陡然耸立的布达拉宫。那久远的马铃声，穿过青色的桑烟，在我耳边轻响。现在河边修起了长长的河堤，花岗石筑坝，堤上面依然是细软的沙道，堤下则有许多绿柳和草地。这条河堤不仅起防洪作用，而且还是拉萨最长转经道"林廓"的必经之地。

到过拉萨的人都知道，拉萨的中心是大昭寺，寺内供奉着全西藏最神圣的释迦牟尼佛。公元7世纪时，唐文成公主远嫁吐蕃松赞干布，从长安携带了这尊释迦牟尼12岁等身佛像进藏。松赞干布定都拉萨后，建起了大、小昭两座寺庙。后来，以大昭寺为圆点，辐射地形成了拉萨的三条转经道，第一条是围绕寺内主殿的"廊廓"；第二条是"八廓"，也就是八廓街；第三条就是要围绕整座拉萨城的"林廓"。我每次回内地，在天蒙蒙亮赶往机场时，都能在路旁看见一些虔诚的佛教徒手摇转经筒慢悠悠地走着，身旁颠颠地跑着长毛狗，在绕行"林廓"。如逢宗教节日，"林廓"道上，更是人头攒动，敬佛的青烟弥漫了整座拉萨城。

无论是现世的世俗者还是佛教徒，都生活在一个旋转的世界中。佛教徒的世界中心是三宝，即佛像、佛经和僧人。他们摇着手中的转经筒，围绕寺庙，向佛奉献自己的虔诚，甚至从更为遥远的地方，五体投地磕着长头，用身体作为虔诚的尺寸，一米一米地缩短与心中圣地的距离。我们世俗者也是终日忙忙碌碌，围绕一个中心旋转着，或是仕途攀升，或是金钱积累，或是功名角逐。但无论如何，信仰是每个人都少不了的。

我从西藏回到山西工作，轰鸣的汽车和杂乱无章的人行道、车行道让人心烦意乱，飘散的煤烟混合在呛人口鼻的空气中。活着，"我喜欢呼吸甚于喜欢工作（杜尚语）"。然而看着那些乌色的河流和挂满尘土的植物，我心情如何也好不起来。

记者刘伟采访古格遗址守护者旺堆。

人间至宝就是洁净、透明、舒畅和整净的生存环境,以及人与人交往的洁净氛围。

于是,我回首那曾经生活和工作过的雪域西藏,思绪在高原的细雨和白雪中纷飞。

我又走在环绕拉萨的转经道,虽然没有信佛者那种虔诚,没有一心向佛的祈祷,但这条古老的、走过无数男女老少的沙路给了我坚定的启示。沿着河堤,走在拉萨河边,亮蓝的河水缓缓流淌,我的心绪如河鸥一样,掠过在闪着白光的宽阔河汊,去了药王山下。先前在松赞干布面前显现佛像的地方,现在已是拉萨一个游览和朝佛的名胜,信徒们先是围绕那尊自然生长的未来佛,开凿出一个石窟,接着又捐资在洞外盖起了一座小寺,当地称之为"帕拉罗布"。帕拉罗布我去过多次,或是自己,或是带远道而来的朋友。记得第一次到那洞窟时,守寺喇嘛用孔雀羽沾水洒在我头上,予以祝福。我问,这水是什么意思?喇嘛面无表情答曰:心净如水。

回到内地已近三年,我每每回首那遥远的西藏,都要想到那句随意说来，却又意味深长的"心净如水"。

西藏给了我不凡的经历，给了我人生的信念，还给了我无数的好朋友。每次往拉萨打电话时，都有朋友问：什么时候再回西藏？西藏的一些朋友也总是在传，说我某日要回拉萨。地理上我已远离西藏，但总有一丝无形的线，牵着我去了那片高耸的山地。

这些年来，我走东串西，足迹几乎遍及西藏。在我以前那间居室里，墙上有一幅百万分之一的西藏地图，上面圈圈点点许多铅笔的痕迹就是我走过的地方。回到内地居住，墙上虽不再有西藏的地图，但那片高原的山脉河流森林草原，却清晰地留在我心中。无须再要什么地图，西藏就在我心中，我的生活与精神的中心就是西藏！

我曾在纳木湖畔碰见一家迁徙的牧民，几只牦牛驮着他们全部的家当：帐篷、羊毛毯和熬茶的锅，年长的汉子走在最前面，肩扛的木杆铁矛上飘着一面三角红旗。骑坐在牦牛上的女人头上严实地包着花格头巾，两个十来岁的孩子共骑一马，亮晶晶的大眼看着我。站在西藏最大湖边的沙地，环湖的山峦白雪皑皑，我们互相挥手，道着祝福，那牧人说，来年他们全家要去拉萨，去神圣的大昭寺。西藏草原有冬夏草场之分，冬季到来，大片草地枯黄，或是被大雪覆盖，牧人一家便迁往山洼预留的草场放牧，待来年夏季，又迁回宽阔的大草原。年复一年，不管外面世界如何变化，他们仍然过着逐水草而居的优哉游哉的游牧生活。我在藏东时，认识了一家农民，他们把一年的积蓄都揣在身上，一路朝寺拜佛，直奔圣城拉萨。然后，又两手空空回到家乡，经一年劳作，有了积蓄，再重复去拉萨朝佛的历程。我很不以为然，责怪他没有把自己的收获用在改善生活的质量上，那汉子嘿嘿一笑说，我们愿意。我喃喃道，是啊，每个人都有选择生活方式的自由，我这样忙忙碌碌地生活，可不是自找。至今，我坐在太原杂乱狼藉的书桌前，笨拙地敲打着电脑，时不时电话骤然响起。信件、饭局、聚会，我疲劳地应付着无穷无尽杂务的同时，心绪却去了远方：大山连绵起伏，江河清澈，帐篷外是辽阔的蓝天和草原，懒散的牛群，还有悠扬的牧歌。那一次，因汽车故障，和拉萨的作家扎西达娃住在了达马拉山上牧民的帐篷。冬季迁徙到高山牧场的牧人热情地接纳了两个城里来的客人，他们的真诚让我忘却了海拔5000多米的胸闷和气短。坐在山口的一块大石上，看着山谷向远方延伸，云天低垂，褐山无尽，我心情豁然开朗，理解了高原居民对大自然的崇拜和严酷自然环境中的那种优哉游哉的乐天性格。1991年8月去阿里古格王国遗址的路上，意外地和高山牧人共住的那3天，给我留下了终身难忘的记忆。

　　80年代，是游荡的季节，内地许多文人都浪迹过西藏。是什么吸引了他们？西藏的神秘？热烈的宗教氛围？还是那独特的高原自然风光？总之我的印象是，大凡到过西藏的人，在心灵上都得到一次纯净，他们感受到了一种外面世界所没有的宁静。在目前这个浮躁的社会，是多么需要宁静啊！

　　当然，也有人以其他的方式来到拉萨。

　　大概在1661年的10月，金黄的柳叶在风中飘落，铺满了拉萨河边的小路。两个金发外国人沿着沙道向城里走去，他们经过6个多月的长途跋涉，尘垢斑驳的白色毡袍里披着清廷顺治皇帝专发的通行关文，终于到达神秘的高原之都。奥地利人约翰·格鲁伯和比利时人德·奥维尔可能是最早进入拉萨的西方传教士，他们在北京受汤若望之托，从陆路经西安、西宁，再穿过藏北高原到拉萨，经尼泊尔再乘船返回欧洲。他们走在沙道，回首耸立在红山的布达拉宫，由衷地赞叹其工程的浩大和壮观。细心的格鲁伯绘下一张布达拉宫及山下行人车马的素描。这张素描后来收进了1667年阿姆斯特丹拉丁文版的《中国图说》一书，成了布达拉宫在欧洲"西藏著名而有特殊历史价值的地面文物的真实记载"。

　　而在1904年8月，在拉萨每年最好的绿色季节，英国远征军在荣赫鹏率领下，渡过拉萨河，沿着细软的沙道挺进西藏的圣城。当刺刀和布达拉宫的金顶同在太阳下闪着耀眼光芒的时候,荣赫鹏高兴地笑了:大英帝国终于打开了西藏最神秘的大门。

我自豪地在拉萨生活过,这个高原小城和其他城市一样,有嘈杂和肮脏的小巷,有色迷迷的发廊和歌厅,也有在街头寻衅的醉汉。但也有其他城市所没有的大寺庙、清新的空气和乱窜的狗群。拉萨像莲花一样,出污泥不染,保持着独特的宁静和洁净。可以说,现在的拉萨,是中国最悠闲的城市,是世界上阳光最灿烂的城市,是世界上宗教和世俗气氛最为和谐的城市。诗人丁当来我拉萨陋室时,我谈到西藏的等待意识。当信仰者把自己的心都交给了他所信仰的佛,还有什么不能承受呢?生命中不能承受的最为轻飘飘的东西,竟然就在西藏。雄浑的高原,群山起伏,浩瀚如海,人于其间,实在过于渺小,人的生命之于永恒的大山,亦实在不过一瞬。因为空气太过清纯,使人的视觉经验在这里失效。上海的程永新和格非来拉萨,我开车陪他们去藏北高原,晚上就地在一无名小湖的湖畔搭起帐篷。夜空晴朗,繁星满天。来自大城市的客人仰望星空,惊讶地唉声叹气,说他们从来没见过夜空有如此密集的星星,从来没见过如此巨大的月亮,星星之明亮,似乎伸手可摘。第二天一早,我们帐篷不远处有一座草坡,格非兴致勃发,说要和程永新站到草坡顶上看看大草原。他们甩腿往草坡走去(因海拔有4500多米,高山反应,胸闷气喘,他们跑不动),我说,别去了,时间不够,看上去挺近,得走一个多小时哩。两人时不时大声吆喝一声,抒发愉悦的心情。结果可知,他们走了一小半路,草坡似乎还保持着原先的距离。两人喘着粗气躺在草地上,直到我开车过去把他们收容下来。

西藏的大地充满神性,也使生活在这里的人充满了神性。我在藏北曾去看望过一位"格萨尔传"的说唱艺人。艺人有70多岁,一辈子在草原转悠,给牧民们说唱西藏远古时期的英雄格萨尔的故事。在西藏说唱格萨尔英雄故事的艺人有数十个,男女都有,他们无一例外都是在小时候得到神示,文盲一个，却能唱整部格萨尔王史诗（记录成文字得有几百万字），直是神奇得不可思议。最著名的是扎巴，前几年他还活着的时候，坐在一个土墙下接受我采访，扎巴告诉我，他小时候外出放牧，躺在草地上睡着了，梦见一个骑马的大将，把一卷书放进他的羊皮袍里，这时他听见他父亲叫他，那骑士一惊，打马从他头上踏过。扎巴醒来以后，如同得了一场大病，浑身发烫。后来他就能说唱英雄格萨尔王史诗了。而且在额上还留下了清晰的马蹄印。扎巴说他一闭眼，一段段唱词自然而然就浮现在脑海中，史诗中有许多古藏文，诗的格律也很讲究，但这个目不识丁的牧童，抑扬顿挫脱口就能说唱。艺人冬梅也很神奇，她说自己在8岁时病了一场，病好后，怀中竟有了一面铜镜。在这以后，只要她拿起镜子，镜中就自然显现格萨尔王史诗的唱词，本来不识字的牧羊女，看着镜子就会说唱，离开镜子竟一字不识。现在，西藏大学已有专门研究格萨尔王说唱的研究所，给那些从未上过学的民间艺人们录下了几百盘说唱磁带。但那可与"荷马史诗"媲美的格萨尔王史诗究竟是如何传承的，那些目不识丁的草原牧民为何仅凭记忆，就能说唱整部的格萨尔？这些至今还是未解之谜。

地理和历史的原因，使西藏在环抱的群山中保持一种"原生态"。这就是西藏魅力！这也是无数文人、探险者向往西藏的重要原因。在文化意义上西藏最为宝贵的这种"原生态"，就是我们人类社会丰富层面不可再生的人文资源。

从日喀则去边境小镇樟木，必途经加措拉山。山口的玛尼石堆上插着一块风雪剥蚀的木牌，上面写着"海拔5300米"。这里可以看到喜马拉雅山脉数十座连绵的雪峰，山势之雄浑，使人不能不相信它存在着超凡的、无法企及的神秘。西藏是泛神的地区，有神山、神湖，有活在人世间的活佛。有一次，我问一个来自青海的喇嘛："大活佛娶妻生子，你如何看？"他浅浅地笑了，以教谕的口吻对我说："活佛是以世俗者的身份活着，体验世俗人的种种苦恼。世人为七情六欲所惑，不能从苦海自拔，活佛便以身示寂，如是以身饲虎，令世人自悟，我不下地狱谁下地狱？其功德无量啊。"

前不久我在太原，意外地碰见西藏佛学理事扎唐·单巴尼玛，他是到五台山参加一个大法会途经太原的。能在内地见着尼玛，我拉着他的手，心里高兴极了。尼玛在西藏是我的同事，也是很好的朋友。我是新闻记者，他做文艺编辑，工作上三天两头要打交道。尼玛是云南德钦东竹林寺的活佛，他的家乡据说是外国人所称之的净土"香格里拉"。8岁时，尼玛由寺里的喇嘛送到西藏最大的寺庙哲蚌寺学经。由云南到西藏，要穿过崇山峻岭的横断山区，他的马帮过山涉河，整整走了3个月，才到了拉萨。未料不久西藏实行民主改革，尼玛又被送到内地读书，后来就到了西藏广播电台做了文艺编辑。尼玛多次邀我到他云南的寺庙做客，但我涉人世太深，杂事不断，总是未能成行。前不久往西藏打电话得知东嘎教授去世，心中黯然。东嘎·洛桑赤列是林芝东嘎寺的活佛，后来在西藏大学当教授，学问精深，著述颇丰。我离开西藏前，曾到他在拉萨东郊的寓所采访他。记得那所小院十分整洁，院内种了许多花，老教授正坐在洒满阳光的窗前，低头用蘸水笔写字。我在参加布达拉宫维修工程报道时，认识了木雅·曲吉建材。他小时是西康木雅寺活佛，现在是拉萨设计院和古建筑队的工程师，也是活佛。我跟他开玩笑说，建材，你的名字就预示着你是个建筑工程师啊。

佛的世界分为过去、现在和未来，其过渡的时间之漫长，让我们最敏捷的思维都难以探到终点。耐心地等吧，五亿七千年之后，就能抵达光明的彼岸，领受到未来佛的慈爱。许多信佛的西藏人就是这样，寄希望于来世，不求今生。萨缪尔·贝克特的《等待戈多》，是在快节奏工业社会压力下写出人们的一种等待，"戈多"不会给人们带来什么，"戈多"也永远不会来，那种等待是漫不经心的，可有可无。贝克特的等待充满了灰色、颓废和无望，无望的结果只能是死亡。而西藏的等待则充满信心，时间长短无所谓，只要佛指点的极乐世界能光临人间，这个世界就只剩下洁净、和平、宁静和幸福。这种轻松的等待使西藏创造出一种艺术化了的懒惰，这使人生命中的短暂与永恒达到了一种最美妙的和谐。在山口和江流交汇之处能看到印满经文的风马旗，风轻轻掀动，代替信徒去念枯燥的经文。同时，飘扬的经幡，也呼唤过往的神祇。在此驻足吧，这里有信徒给大神献上的最虔诚的祷词。走在西藏的每个地方，都能看到信徒摇着手中的经轮，嘴里反复念叨着六字经。手中转动的经轮则替信徒念诵了整部整部的经文。这种方式，相信可与佛的世界、与众多的神祇沟通灵性，远达一百年、一万年甚至更长的过去与未来。密宗大师米拉日巴在冈底斯山修行，把自己幽闭在黑暗的岩洞里，冥思苦想，思考佛经的真谛。他拒绝了光明，拒绝了食物，仅靠一点水维持生命。据说，苦修者获得解脱后，灵魂将和岩石浑然一体，整座大山的一草一木一石都充满了灵性。西藏人对信仰的执著，展示的是人类顽强的精神，于是，人的勤奋和努力令人惊叹地在这里达到一种极致，无论冬秋还是春夏，朝圣的信徒行走在浩瀚的大山之间，走啊，走啊，匍匐下去再爬起来，向心中的圣地叩进，一月、一年，时间长短都无所谓，直到指尖能触摸到大昭寺门前那光洁的长石。因为他们坚信，这种虔诚的方式，可以帮助他们得到来世的幸福。每个人生活的方式不同，但结局都一样。不同的是，有的人以为生命走到尽头时一切都结束了，有的人则轻松地认为结束是另一种再生。我想起一句意味深长的诗：有的人活着，他已经死了；有的人死了，他还活着。

无论在何时何地，我都要回首那苍茫的西藏。

1999 年

# 一人沉浮　千夫评说

## ——步鑫生被免职后的种种议论

高海浩

尽管每个人都有迥然不同的人生经历，但基本与三种缘分密不可分：亲情缘分、朋友缘分、同事缘分。在我看来，无论从空间还是时间上来说，同事缘分是人生体验中最具意义的，有时甚至超过了亲情和朋友之缘分。

我在人民日报记者部7年半的经历就是如此。

我是1987年初，也就是29岁那年调入记者部，驻站浙江。当时，对我加入记者部最高兴的也许就是驻江苏记者孙健先生了。因为，从此他便告别了老幺的地位。

带我进入记者部这个特殊大家庭的，是当时驻浙江站首席记者王学孝前辈。此后，我的人生经历发生了很大变化，与人民日报结下了15年难解情缘。

## 入　门

我原在浙江日报财贸部工作。当时正在忙着一件大事，浙江新闻史上第一家财经类报纸——经济生活报，我担任编委，主管若干版面。

1986年，王学孝前辈从天津站调来浙江，主持重建人民日报驻浙江记者站。后来才知道，王老来浙江站，除了尽快建站并在报道上打开局面外，其重要使命之一就是找个接班人。为了支持人民日报，当时的省委书记指示由浙江日报选调人员。据说，王老前辈在浙江日报内部进行了几轮推荐，结果目标人选指向了我。刚开始我懵然不知，后来才有所耳闻。再后来，经济部主任艾丰前辈来浙江出差，顺便找我"面试"。紧接着，记者部主任林钢前辈也来浙江，顺便约我谈"温州现象"。最后，干部部主任季音前辈到杭州正式找我谈话。很快，人民日报的大门向我打开了。

对一个充满新闻理想的年轻人来说，能够进入人民日报这个大家庭，与那些在战火与困境中昂然崛起的大师级记者们合作共事，绝对是高山仰止般虔诚与忐忑。1987年春节后，我就是怀着这样的心情走近金台西路，来到人民日报记者部的。当时，没有任何"入社教育"等仪式。向记者部主任报到后，热情的干事大姐领着我去干部部等部门办理各种手续。接着，我就在记者部开始了编辑值班，熟悉情况。

初入陌生之地，最大的困扰是寂寞，也就是对未来的不确定。尽管记者部的同事们对我很友好也很热情，但我心里总有悬空之感：如何当好人民日报记者？标准是什么？底线在哪里？没有人具体告诉你指点你，我也羞于提出"菜鸟"般问题。通过编稿子和看报纸似乎也很难发掘其中的真经之所在。这里毕竟是新闻豪门，藏龙卧虎，水深莫测，一切需要自己去体验、去感悟。

一个偶然机会，记者部例会后众人聊天。有位大师级前辈注意到我这个刚入门的新人，善解人意地说：小伙子，如果你能站在总书记和总理的立场思考问题，就能当好人民日报记者！

醍醐灌顶，茅塞顿开。这时我仿佛感觉，自己开始真正进入了人民日报的大门。

## 读　书

记者部主任丛林中也是大师级前辈。光看他的名字就能知道，这是一双猎人的眼睛，可以穿透茫茫林海，捕捉到常人发现不了的猎物。据说，博览群书是他的主要爱好。他也很想把这个爱好传染给记者部的每个人。在他执掌记者部后，便下了个任务:各地驻站记者必须每月报告近期读书情况,并向同仁推荐好书。从此,记者部每月一期的交流刊物里多了个重点内容:读书交流。

现在回想起来,丛老前辈的这一招确实过人,至少有"一石三鸟"之功效。看起来逼着弟兄们去读书,实际上营造了一种学习竞赛的氛围、精神交流的环境、提升思想的路径。

因为那时年纪轻不甘人后,也因为丛主任逼得紧,我读书比较用劲。有时候没有采访任务,一整天就泡在一本书里,即便是大部头理论书籍也能读得津津有味。

记得1987年学潮过后,报社急需进行正面典型引导。那时,浙江有3位从北大哲学系毕业的大学生自发组织到高校宣讲马列主义。报社要我尽快采访他们,并作公开报道。刚接到这个任务,心里颇为犯怵:一是题材比较敏感,不易把握;二是如果缺乏针对性,很容易大话空话。第一次冒雨去大学听这3位年轻人的宣讲,他们针对大学生中最流行的尼采、叔本华、萨特和海德格尔等现代西方哲学,以马克思主义的立场观点进行解读,效果相当不错,而我对现代西方哲学恰恰不太了解。为此,我采用了"速食法",用3天时间,快速研读了10来本现代西方哲学代表人物的主要著作,消化掌握了他们的主要观点和主要生平。通过研读发现,这些现代西方哲学的代表人物确有过人之处,他们的哲学思想大多通过优雅时尚甚至诗歌的方式进行表达,这正符合年轻大学生的审美情趣,导致了对这些哲人的盲目崇拜和对某些观点的片面误读,进而对基本政治信念和基本政治制度产生了怀疑和动摇。读书加思考,短短几天,使我对做好这篇报道有了底气。"真没想到,你对现代西方哲学这么熟悉!"3位北大哲学系高材生十分配合我的采访,长篇通讯《走上真理的讲台》见报后,也收到颇多好评。

可以说,在记者部那些年是我买书最多,读书最多,最有读书乐趣的时期,涉猎了国内外政治学、经济学、社会学和心理学等大量专著。至今在家里的书柜里,最有收藏价值的还是那个时候攒下的。尽管随着工作变化和年老眼花,读书机会少了,但读书之益、读书之乐始终让我充满期待。

## 机　遇

1988年1月27日,《人民日报》第一版刊载了我采写的通讯《一人沉浮　千夫评说——步鑫生被免职后的种种议论》,引起社内外热烈反响,国内几十家报刊转载此篇报道,并展开了热烈讨论。这篇报道还获得了1988年度全国好新闻一等奖。

当时,有不少新闻业务杂志约我撰写采写体会之类的文章,我均一概谢绝了。因为这篇报道所引发的反响和效应远远超乎了我的想象。首先,这是人民日报罕见地对新华社某个重点报道进行"纠偏"。中国两大新闻机构的"交锋"可能引发的后果是我等小人物无法担当的。其次,我的这篇报道罕见地对新闻界自身和价值判断进行了反思。因为引用的读者批评比较尖锐,诸如"成也萧何,败也萧何,新闻界咋能这样搞。""有些记者既当接生婆,又做掘墓人,真缺德!""记者太势利,靠不住!"之类,让有些同行难以接受。

更重要的是,在这篇稿子的采写过程中,我获得了诸多从未有过的感悟,包括人生的,也包括业务的,需要认真消化和沉淀。

现在回过头来看,这篇稿子之所以能够出笼,完全归功于记者部和报社领导的激励和指点。记得,新华社报道步鑫生被免职的报道后,浙江各界反响异常。根据记者部主任老丛的意见,我先后发回了三篇反映社会舆情的内参稿,报社领导高度重视。几天后的一个晚上,经济部主任艾丰打来电话,希望我在内参的基础上改写成公开报道。当时,我相当犯怵:一是此类敏感话题从未碰过,很难把握;二是围绕步鑫生的处理和报道,浙江省领导层意见并不统一,搞不好容易激化矛盾。我提出,请总社派人来采写,我做好配合。这时,艾丰前辈说了一段让我至今难忘的话:报社有许多才华横溢的同志,为什么有的冒出来了,有的工作平平。不是他们不努力,是缺少机会。你今天就面临这样的机会,别放弃了,否则你会后悔的!

  震耳发馈,一语惊醒。于是,我连夜动手,用了两个通宵终于完成稿子。但心里还是很不踏实,毕竟这样的题材从未遇到过,有些相当尖锐的观点和提法不能不引用。记得1月26日早上一上班,我就将稿子发回记者部。中午时分又给丛主任打电话,询问是否需要修改。丛主任答复说,这个稿子比较敏感,有些表述和观点他也难以判定,已送陆超祺副总编辑审定。其实,我感觉这篇稿子要出笼估计会很费劲,甚至已经做好了几次修改的思想准备。

  没想到,第二天刚到办公室还没来得及翻看当天的人民日报,我就不断接到祝贺电话。赶紧打开报纸,除了个别提法略有修改,几乎全文照发。此刻,连我自己都被深深的震惊了。我久久坐在椅子上,也不顾电话铃声,脑海里始终萦绕着一个问题:我为什么能撞到这个机遇?……

  随着时间的推移,我越来越理解"机遇"这两个字的内涵。撞上机遇并不难,抓住机遇更不易。这需要勇气,需要激励,更需要放弃某些既得利益。此乃舍得也。

2009年5月

# 记录历史

## ——北京全面抗击"非典"采写记事

阎晓明　王建新　赖仁琼

2003年抗击非典报道中,人民日报驻北京记者站荣获先进集体称号。图为王晨社长为北京记者站站长阎晓明(左)颁发证书。

2003年春天,首都北京一个非同寻常的季节。

随着非典疫情的爆发、蔓延并逐步得到有效遏制与控制,首都北京的这个春天充满了坚韧、顽强与壮烈。

我们采写的长篇通讯《决战在没有硝烟的战场——北京全面抗击非典型肺炎纪实》(见5月31日《人民日报》),记录了这段历史,记录了非典疫情曾给这座城市带来的危难、恐慌和悲壮，记录了这座城市抗击非典斗争的坚韧、顽强与壮烈，记录了因为抗击非典的斗争，而在这座城市凝聚的党心、民心、军心和蕴涵的万众一心、众志成城，团结互助、和衷共济，迎难而上、敢于胜利的伟大民族精神。

报道在社会上尤其是在北京所产生的反响是我们始料未及的。刊发当天，国内各大门户网站迅速反应，几乎都在第一时间全文转载了这篇稿件。次日，《北京日报》、《北京晚报》、《北京青年报》、《北京晨报》等首都主要新闻媒体同时在显要位置突出转载了稿件全文。广大读者认为，报道全面介绍了北京市委、市政府在党中央、国务院的坚强领导下，在中央有关部门、解放军和武警部队及全国人民的大力支持下，带领1300多万市民抗击非典的感人过程，正面回答了社会上对北京乃至全国防治非典工作和防治效果的种种疑惑，起到了强有力的正面引导作用，有助于改善首都北京的对外形象，有利于取得国际社会对我国抗击非典工作的理解与支持。报道从大处着眼，从小处落笔，情景交织，感人至深，较好地实现了党中央机关报的权威性、指导性与新闻宣传贴近实际、贴近生活、贴近群众的有机统一。

## 一次历时近两个月的采访

4月中下旬开始，北京展开了全面抗击非典的阻击战，我们也全身心地投入了采访报道工作。按照报社领导和记者部的要求，针对北京被动迎战的特殊情况，北京记者站制定了"动态反映过程，深入挖掘典型"的报道方案。一个月内，记者站每天向报社发送多篇公开见报稿，此外还有大量内参和其他信息，期间还采写了两篇重点通讯，初步统计，仅见报的稿件就达到50多篇。

非常时期，采访殊为不易，每一个细节的核对都颇费周折。为了获取大量生动、真实、感人的细节与素材，我们冒着风险，多次深入到曾出现疫情的一线采访，在医院、隔离区和车站、学校、社区、农村，都有我们采访的足迹。"五一"国际劳动节，小汤山医院正式收治病人前6小时，我们抓住空隙，深入实地采访。数千工程管理者和建设者嘶哑的嗓子、红肿的双眼、磨破的手和腿以及他们衣服上浸透汗水的厚厚灰尘，让我们深深思索：七天七夜赶建一所国家一级传染病医院，是一个奇迹，背后更蕴涵着一种高尚的奉献精神。4月下旬，我们在采访中看到，北京首个隔离区域——北大人民医院宿舍隔离带外的一排杨树上，挂满了大大小小、五颜六色的中国结、黄丝带、千纸鹤和心形卡片，这让我们深深感动：人与人之间的宽容、理解与支持原来具有如此震撼人心的力量。由于各种原因，一些当事人不愿当面接受采访，而定点医院等则无法正常接受采访。我们通过电话、传真、电子邮件等各种途径，想方设法与他们取得联系，保持密切沟通渠道，及时掌握并获取许多有价值材料。从地坛医院陈明莲的电话中，我们知道了王金静、刘子军两位大夫在危险面前抢着上，争相给患者实施气管插管的感人故事；从佑安医院刘慧传给我们的传真中，我们了解了隔离病房内护士们工作的繁重、琐碎和接触病人的频繁、面临危险的严重程度……当我们打开电脑时，这些资料、素材、细节都在我们每一个人的笔记本上跳跃着，让我们由思考的痛苦，转为选择的痛苦。

其实，对我们来说，在构思与写作的过程中，最困难的还不是素材与细节的积累，而是对稿件脉络的梳理与整体的把握。为此，我们争取参加各种重要会议，如列席北京防治非典型肺炎联合工作小组会和北京市委常委会、市长办公会、市政府常务会等，参加每周两次定时举行的新闻发布会和各有关部门召开的工作会议等，这些既使我们清晰地把握了许多重大信息，更重要的是帮助我们清晰地把握住北京抗击非典斗争的轨迹与脉络。在动笔写作前夕，我们还特意约请中共中央政治局委员、北京市委书记、北京防治非典型肺炎联合工作小组组长刘淇接受我们的专访。我们知道,刘淇同志的工作千头万绪,他主持的许多重要会议都安排在晚上召开,但他仍在百忙之中抽出一个半小时接受了我们的采访,帮助我们从全局上更准确地把握北京抗击非典斗争的历程与发展趋势。

## 每一个环节都是一次提升

稿件刊出的当天,我们曾写过一篇随笔:《每一个环节都让人感动》,说的是这篇稿件的刊出,凝聚着报社领导和编辑的心血。的确,没有各级领导的高度重视与严格把关,没有后方编辑的精心修改润色与编排,就不可能有《决战在没有硝烟的战场——北京全面抗击非典型肺炎纪实》的成功。

"五一"后,随着非典疫情的逐步平稳,记者部主任杨振武对我们说,一定要有一篇全面、权威地反映北京抗击非典全过程的通讯,要早做准备。从5月中旬开始,我们着手这篇全景式报道的写作,连续几个通宵的苦战,到5月20日终于脱稿。

5月22日上午,稿件送北京市委审阅,在不到两个小时的时间内,分管新闻的宣传部副部长,市委常委、宣传部长和市委分管宣传的副书记就全部审过,并对稿件给予了很高的评价。稿件送人民日报社社长王晨后,他在家里认真看了两遍,对稿件提出了重要的修改意见:要充分认识北京在抗击非典斗争中的特殊情况,准确把握北京由被动转主动的过程,把中央政治局常委会4月20日对北京防治非典工作采取的组织措施和重要指示写准确、写到位,并要求重新制作标题。26日下午,王社长又当面向杨振武主任提出了具体的修改意见。王社长从政治的高度、全局的高度,对稿件把住了导向性的一关,并对标题一锤定音。张研农总编辑在审阅稿件时,从政治的高度对文中和标题引用中央领导的讲话,提出了重要修改意见,并对版面安排、照片使用等作了具体布置。梁衡副总编辑也对稿件做了批示，并建议稿件发表时间要配合北京防治非典"五月攻坚"这个时间概念。杨振武主任对稿件从编者按到正文先后修改了4次，从文章立意、行文到标题，做了全面润色，仅大标题就做了十多个。记者部值班的副主任钱江和记者部编辑组的同志在我们整个写作过程中，提出了许多具体的、针对性很强的修改意见，比如对文中的第三个小标题《白衣战士赤子心》到底用"赤子心"还是"赤子之心"，编辑组的同志就和我们"互动"了好几个回合。

稿件定稿后，正值胡锦涛总书记以国家主席的身份首次出访，重要活动多，版面安排极其紧张。5月30日上版当晚，梁衡副总编辑为了协调版面，反复研究版面安排。总编室的杨涌和朱竞若同志几次组织修改版样，夜班一版和五版的主编、编辑们从版面安排、照片的选择做了精心的工作，为了这篇稿件，牵动了整个夜班平台的协作。后来我们才知道，直到31日早晨6时，他们又重新修改了版面，那天下班已经是31日的上午8时了。

## 真实地记录历史

写作此稿的过程中，我们遇到了许多绕不开的难题。

首要的难题是当时北京的非典疫情并没有结束，抗击非典的战斗仍在进行之中，准确把握这个尚处于进行与过程中的重大事件，需要我们在写作中保持清醒与冷静：第一，精练、准确地反映党中央关于抗击非典的一系列部署是完全正确的，是北京取得抗击非典斗争初步胜利并将最终夺取全胜的关键所在。第二，通过稿件与编者按语，表明我们对非典疫情的判断和防治进程的把握，这就是既取得了显著成绩，有效控制了疫情，又没有最后结束战斗，容不得半点松懈。第三，既肯定北京抗击非典斗争所取得的显著成绩，又不回避北京抗击非典斗争初期所面临的严峻形势，客观地写出北京抗击非典斗争扭转初期被动局面,不断改进、不断完善、不断规范的过程。总之,我们只是及时、客观、完整地记录北京抗击非典这个历史事件,以此开释中外各界人们心中的疑问:北京是怎样从被动转为主动的,从低效转为高效的,从危急转为安定的。

其次,如何在铺天盖地的抗击非典报道中彰显特色?4月中下旬以来,各种媒体上关于抗击非典的报道很多,北京的媒体几乎所有重要版面都被抗击非典的报道所覆盖,有的报道相当不错。我们觉得,我们这篇稿件取胜的很重要的一条是精心设计了稿件的逻辑结构。我们写作时就希望,稿件的5个段落,能准确地阐述北京夺取抗击非典斗争初步胜利并将最终夺取全胜的主要因素,5个小标题,可以作为归纳抗击非典斗争的一个十分准确的提纲。正因如此,这篇报道构思的过程十分辛苦,以第一部分与第二部分的关系为例,最初第一部分着重写决策过程,但写完后发现与第二部分所写的"措施得当稳定民心"重复交叉太多,经反复推敲比较,最后将第一部分推倒重来,改写成现在的"党的领导凝聚民心",这样既避免了重复交叉,又理顺了逻辑关系。有读者撰文这样评价报道在逻辑结构上的成功:长而不琐,大而不散,环环相扣,局面阔大而关节灵活,较好地实现了思想和文字的有机融合。

一篇好的新闻作品既要有内在严密的逻辑"骨架"贯穿其中,同时也应是血肉丰满的。如何将这二者巧妙结合,将骨架不露痕迹地藏于血肉之中,这也是我们遇到的难题。我们力求文章既要有宏观上大开大阖的气魄,也要注重微观细节的丰富与选择;力求将充沛的感情贯穿于大量生动、感人的事例与细节的客观描述中,并辅以凝炼的议论;力求在写面时言约意丰,写点时浓墨重彩,使文章读起来有美感,有动感,有张力,有活力。比如文章结尾处,需要选取一个有代表性的意象来说明"首都人民满怀信心",可供选择的点很多,我们斟酌再三,最后选择了"五一"国际劳动节隔离区宿舍楼上飘扬的国旗。因为我们认为这不仅代表了一座城市面对未来的信心，更代表了一个国家、一个民族直面危难、愈挫愈奋的勇气与希望。读者也认可了我们在这方面的努力，有读者说，报道虽然长达万字，但好读耐读，读后韵味犹存。

其实当文章发表后，渴望见报等焦虑心情趋于平静，以一个读者的身份重读这篇文章时，我们读出的更多的是遗憾。比如，对北京防治非典的决策过程不够条理，不能清晰地反映决策的脉络；由于我们没能实际采访世界卫生组织等在北京的活动，没能在文章中反映国际上对北京抗击非典的评价；由于我们自己的心情所致，没能写出平凡人的"平静"的力量等等。我们设想着许多"如果"……这些"如果"给我们清醒、给我们启迪、给我们动力。

2003年8月

# 激情融冰雪　忠诚写文章

——记奋战在低温雨雪冰冻报道一线的人民日报记者

朱　虹

1月10日以来，我国南方大部分地区和西北地区东部出现50年罕见的持续大范围低温、雨雪和冰冻天气。中国气象局称，这是我国气象纪录上少见的灾害性天气过程，属于极端天气气候事件。

记者朱虹2008年采访达沃斯年会。

应对灾情，党中央、国务院果断决策、周密部署，中央领导同志深入一线指挥，跨部门、跨行业、跨省区统筹协调机制，在电力抢修、京珠分流、铁路疏散三大事关全局的战役中，为迅速控制和缓解灾情，发挥重大关键性作用。人民日报一线记者，在抗击冰雪灾害报道中，做出积极贡献。

（一）

2月1日，湖湘大地再次披上笨重的冬妆，原本就很严重的灾情更是"雪上加霜"。奔赴抗灾一线采访、及时与编辑部沟通、抓紧一切时间写稿，人民日报驻湖南记者站站长贺广华已经四天四夜没有回过家，此刻更让他坐立不安的是该站年轻记者王伟健清早就从长沙坐火车奔赴郴州采访，一直没有消息。从长沙到郴州，正常情况下4个小时即可到达，但由于冰封雪阻，列车走走停停，谁说得上呢。一整天，贺广华多次给小王打手机、发短信询问情况，都音讯全无。

晚上9时，王伟健终于打来电话，说他已抵达郴州。此时的湘南重镇郴州一片漆黑。因惟一运行的主供电线路在1月30日深夜中断，已大面积停电7天的郴州终于不堪重负，当地报纸停刊，电视、广播停播，联通用户通讯全部中断，中国移动信号极不正常；更严重的是，工业企业全面停产，30万城区居民生活严重不便。虽说王伟健一整天耗在路上，水都没能喝上一口，但他在电话里向站长说的第一句话是："郴州市委正在召开灾情会商会议，我现在就过去。"

几天来，王伟健现场采访了滞留京珠高速公路的旅客、顶

记者王伟健在京珠高速湖南段采访抗击冰雪灾害人员。

风冒雪在野外作业的电力职工,一直没有好好休息过。当他采访归来,听说郴州严重的灾情,需要深度报道,再次主动请缨。

一线记者深入采访,人民日报记者部编辑组的值班电话就一天比一天忙碌,驻各省记者打过来通报灾情的电话一个比一个更急促。灾情急如火,民生重如天。人民日报编委会立即部署抗灾救灾报道,社长王晨亲自主持编前会,传达中央指示,调整报社工作;总编辑张研农靠前指挥,调兵遣将,协调版面。《各地各部门应对冻灾保障生产生活》、《各地各部门众志成城抗冻灾》等几个头版头条就调集了全国十多个记者站和编辑部几个部门的力量;《灾区的干部群众辛苦了》、《坚决打好抗灾救灾这场硬仗》、《一方有难 八方支援》等几篇重要评论像春风化雨,把党中央的声音传到抗灾第一线。摄影记者李舸、张悦跟随蔬菜运输车,从海南跨过琼州海峡绕道广西北上,辗转两天两夜……人民日报驻湖北记者张志峰和摄影记者雷声冒雪深入湖北流芳货运站,记录了武警战士顶风冒雪装卸应急棉衣被的感人场景。人民日报经济部记者陆娅楠蹲守铁道部、交通部,随时发回最新消息。

(二)

雨雪冰冻,电力供应告急。1月29日晚10时,贵州省政府宣布全省进入一级停电事件应急状态;1月30日7时,贵阳部分城区停电,贵州全省进入大面积一级停电事件应急状况。人民日报驻贵州记者站的互联网、传真、手机等通讯设备均告瘫痪,站长胡跃平通过电话向总部口述、值班编辑记录了这一情况。

当天,中共中央政治局常委、书记处书记习近平专程赴贵州,慰问受灾群众,指导抗灾救灾工作。胡跃平跟随采访,回到办公室已经是晚上8点多了,他顾不上吃饭,连忙整理采

灿烂的星河——人民日报记者部新闻实践与思考

解放军官兵在京珠高速路上铲冰。

访笔记。天真冷,穿着厚厚的棉袄棉裤还是冷到骨头里。凌晨1点,老胡又赶写了两篇内参,已经3点多了,想到上午还要去电网崩溃的都匀市采访,吞了三片安眠药才勉强睡了4个多小时。上午8时,他抓起三部手机钻进了汽车。交通受阻,很多时候只能用手机采访。当胡跃平向总编室主任谢国明通报灾情后,立即着手写《贵州:众志成城抗冰保电》。说起灾情,当了20多年记者的胡跃平很是激动:"很多稿子我是流着泪写的,干部群众,团结一心,抗灾自救,治安比平时还要好!"

　　随着贵州气温骤降,一场罕见的冰雪灾降临了。灾情就是命令,人民日报驻贵州记者站采编部主任孙海涛,母亲身体不好,孩子只有两岁,但他都顾不上照看,一直跟随贵州电网公司抢修工人实地采访,发回大量鲜活生动的照片,其中图文并茂的《一个社区的沉着和温暖》,反映了在困难状态下民众自救与互救的感人情景。

　　为采访在巡逻中牺牲交警张新民的事迹,人民日报驻安徽记者何聪于1月31日下午5点左右坐车上高速公路,仅有10公里的路程整整走了6个多小时。冰雪使高速公路变成了大型的停车场,何聪不得不下车步行了近3公里。驻安徽记者朱磊是刚刚参加工作的"80后",他白天采访晚上写稿,车子抛锚的时候他就蹲在路边写。"采访中,我更多的是被一种乐观坚强的精神感染着,我希望将这种精神尽快传播出去。"

(三)

抗击冰雪灾害报道,哪里灾情严重,那里就有记者身影。驻湖北记者田豆豆奔走荆楚大地,采写的通讯《冰雪天里看应急》等,表达出对人民的无限深情。

为了解京九线受阻导致江西境内旅客列车大量积压的情况,1月28日深夜,驻江西记者

贵州供电部门组成的突击队在冰天雪地露餐。

邓建胜在南昌火车站一呆就是5个多小时,直到第二天凌晨2点多才回家;早上8时30分,他又出现在办公室。2月1日,在去昌北高速公路采访受堵车辆情况的过程中,邓建胜驾驶的汽车前挡风玻璃,被桥上吹落的大冰块砸了一个大窟窿。他全然不顾,勇往直前。

1月26日凌晨，人民日报广东分社记者李刚正准备到广州车站接从老家来的父母。4时，他接到老人的电话，说他们乘坐的火车在湖南衡阳抛锚了，情况好像很严重。职业的敏感让他立刻采访了广州火车站春运指挥部，得知了雪灾的初步消息。天刚亮，他就跑到广州火车站采访，这时广州火车站的旅客越聚越多。下午他父母乘坐的列车终于到达，将父母送回家，又返回火车站采访。此后他每天到火车站"蹲点"，和乘客一样等候最新的消息，最长一次呆了18个小时。几天来，他连续采写了《广东运输秩序初步恢复》、《广铁集团办理退票20多万张》等多篇稿件。期间已经连续下了几天小雨的广州，寒风刺骨；在回家换衣服的时候，他让妻子收拾了两袋子羊毛衫等厚衣物，送给滞留的农民工。"他们最需要的是温暖和希望。"李刚说。

急令飞雪化春雨，迎来春色满人间。我们是人民的记者，我们炽热的心与人民永远一起跳动。

2008年2月

# 牢记责任　不辱使命

——记者部抗震救灾报道的回顾与思考

贺广华

2008年5月12日四川汶川发生特大地震。

灾情就是命令。人民日报编委会紧急部署抗震救灾报道，记者部以驻站记者为主力军、协同各部门抽派有生力量奔赴四川地震灾区联合作战，在持续近两个月的时间里，不畏艰险、不怕疲劳，以手中的笔和相机，记录一个个感天动地的故事，捕捉一个个惊心动魄的瞬间，圆满完成了报社编委会交给的各项报道任务。前线记者群体的优秀表现，得到地震灾区各地党委、政府和人民群众的高度肯定。四川省委称赞本报记者"要求最少，作风最好，采写了一大批生动感人的报道，极大地鼓舞了灾区人民战胜灾难的信心和士气"。

6月20日，胡锦涛总书记视察人民日报社与前线记者代表郑德刚亲切交谈时，赞扬本报记者"不畏艰险，深入灾区，写出了很多感人的报道，对这次抗震救灾提供了强有力的舆论支持"。总书记希望认真总结抗震救灾报道经验，进一步做好新时期的新闻宣传工作。

遵循总书记指示精神，我们整理了这份抗震救灾报道小结，它既是人民日报抗震救灾宣传报道工作的一个有机组成部分，也是所有奋战在抗震救灾一线记者履行神圣职责的一份思考和答卷。

> 报社编委会设立"前线采访指挥部",将集中指挥与分散指挥、跨部门指挥相结合,有效整合各路人马,既实现了优势互补,又彰显了整体作战威力;这种将现代军事"多兵种"一体化作战理念灵活运用于舆论宣传攻势的高效有序指挥系统,以及由此带来的团队作战实践,是有效提高舆论引导能力的创新之举

"5·12"四川汶川特大地震灾难发生后,张研农社长对抗震救灾形势发展敏锐反应,科学把握,当天深夜即主持召开会议,成立了以总编辑吴恒权为组长,副总编辑米博华、杨振武为副组长的抗震救灾宣传报道领导小组。同时,在第一时间启动了由总编室主任谢国明负责的应急策划小组和由记者部主任龚达发负责的前线采访指挥部。

报社编委会在非常时刻作出的这一非常决策,有效整合了采编资源,实现了前线与后方指挥作战的一体化,迅速形成了"上下对接"和"前后对接"的立体联动强大舆论攻势。承担报道任务的全体记者深知责任重大,使命光荣。在第一时间,龚达发主任迅速指派记者部办公室人员,千方百计与四川记者站取得联系,了解灾情,下达报道指令;当天晚上,龚达发又给四川周边省份的驻站记者下达指令,要求做好战前准备,驰援四川。

13日上午,记者部召开抗震救灾报道紧急动员会议,要求在京所有人员停止休假和外出,坚守岗位;要求驻各地记者站记者就地待命,随时听候指令;记者部办公室、记管处立即向报社行政、后勤部门请求支持,建立抗震救灾报道支援分队,尽一切可能为一线记者提供交通、通讯、技术保障和食品、饮水、卫生防疫等物资支援;记者部机关实行24小时值班制度。全国各地驻站记者纷纷打电话、发短信,主动请缨。一时间,地不分南北,站不分彼此,一声令下,即刻奔赴四川灾区。报社编辑部各部门也迅速组织有生力量,投入抗震救灾报道。

14日下午,龚达发主任受编委会委托赶赴四川,任前线报道总指挥。次日凌晨飞抵成都后,立即召集紧急会议,与前线记者分析灾情,部署报道。他对前线记者说:"报社领导叫我来组织指挥,其实就是为大家服务,其目的就是最大限度发挥团队的战斗力。"当天,陆续抵达四川抗震救灾前线采访的已有30多名记者,除记者部外,还有总编室、国内政治部、国际部、人民网、上海分社以及部分社属子报刊记者。这一"多兵种"齐上阵的局面,是过去重大战役报道中从来没有过的。同时,报社更多部门更多记者还在络绎而来。龚达发深知自己重担在肩,不仅需要采与编的配合,图与文的配合,公开与内参的配合,国内报道与国际报道的配合,各部门之间的配合,更需要前线记者的相互配合。"前指"决定将前线记者划分若干采访小组,分赴汶川、北川、青川、什邡、理县、茂县各重点灾区及抗震救灾部队等,推举采访经验丰富的同志担任各组组长,统筹协调报道事宜,从而形成了集中指挥与分散指挥、跨部门指挥相结合的高效有序的指挥作战系统。这一将现代军事多兵种一体化作战理念的灵活运用,形成了强大的战斗力。

在生命营救那一段最为艰险困难的日子里,"前指"一班人每天几乎24小时轮流值守,随时听候整理报社编辑部及中宣部抗震救灾宣传报道前线指挥部的各类指令信息,及时通过手机短信方式传递给各位记者。鉴于重灾区余震、塌方不断,通讯交通中断,不仅吃住无法保障,且随时都有可能发生生命安全事故,要求"前指"工作人员每天都要与各路采访小组联系并掌握记者行踪,确认他们的位置,了解他们的工作、生活和身体状况;反复强调严明纪律,叮嘱他们不得单兵独斗,时刻注意自身生命安全。

正是在"前指"高效运转和有序指挥下,抗震救灾报道迅速步入正常轨道。第一时间赶往绵阳市地震重灾区采访的是四川记者站采访部主任刘裕国,徒步翻越垮塌的山体,进入北川县城采访,一路上靠点心充饥。随后的近一月里,他担任绵阳辖区内重灾县区的采访小组组长，先后带领赵亚辉、王伟健、汪晓东、曹树林、孔祥武等多名记者奋战在北川、青川、江油、平武等抗灾一线，期间只匆匆回过成都一次取干净衣物。他们相互照应，精诚团结，克服种种意想不到的困难和难以想象的危险，在唐家山堰塞湖抢险救灾报道中，发回大量图文并茂的独家报道。绵阳采访小组只是本报前线抗震救灾报道的一个缩影。龚达发感慨道："有军事常识的都知道，兵力是基数，用兵能力是倍数。正是报社编委会科学决策，成立前线指挥部，团队战斗力得以充分发挥。"

**前线记者迎难而上，顽强奋战；后方记者守望相助，倾力支持；总部编辑同心协力，默默奉献；这种在特大灾难面前以实际行动对事业的高度责任感，充分证明了我们这支队伍既能够在关键时刻冲得上去，危难关头不退缩，做到"让党放心，让人民满意"**

在这次抗震救灾宣传报道中，有着人民日报优良传统的记者队伍，牢记责任，不辱使命，经受了大灾大难的考验。四川记者站办公地点就在一幢28层高楼的顶层，强震中电视机、空调等办公物品纷纷摔落地上，在持续强烈摇晃中，刘裕国、梁小琴、魏贺3名记者始终坚守工作岗位，迅速投入抗震救灾报道，当天即发回一组动态消息。公差在京的站长郑德刚立即启程返川，因成都机场已关闭，他先飞重庆，辗转赶到成都已是13日凌晨，可记者站办公所在大楼因余震而封闭。郑德刚顾不上休息，即在四川日报社招待所借用房间办公，紧急部署记者站所有记者立即分赴地震重灾区。记者梁小琴家有87岁高龄且患有老年痴呆瘫痪在床的父亲，为全身心投入报道工作，她将父亲托付给姐姐照顾，自己住进四川日报招待所。在近一个月里，这位身患甲亢，去年底动过手术的她，始终坚持在抗震救灾报道的第一线，每天工作十几个小时，超负荷地工作，常常患感冒、发烧，自己吃几片药顶住，出色地完成报道任务。

　　四川记者站全力投入抗震救灾报道，各地驻站记者挺身而出。地震发生时，重庆记者站侯露露跟随中央媒体西部大开发采访团，经成渝高速进入四川境内，得知地震消息，她千方百计与记者部取得联系，请求留下参加抗震报道。此后的两周，她一直奋战在德阳市抗震救灾前线。远在1500公里之外的山西记者站鲍丹主动请缨随站长王科赴川采访，获记者部领导同意，却一时买不到去成都的机票，他们决定驱车前往灾区。5月14日，从太原出发，驱车20个小时，长途跋涉1500余公里，到达四川后直奔灾情严重的青川、平武等地采访。15日下午6时，接到"前指"紧急任务，立即赶到汶川映秀镇采访，当晚11时，他们采写的通讯《再通映秀》按时发出。此时，大雨滂沱，他们在野外熬过了一个不眠之夜。

　　四川特大地震波及甘肃、陕西，59岁的甘肃记者站站长李战吉，开着从省经委借来的一辆旧越野车，带领市场报记者阿旦增和记者站王玉剑二人，驱车近2000公里，赶赴余震频发的天水市和遭受地震重创的陇南市采访；连续奋战18天，采写稿件30多篇，发回图片108幅。陕西记者站杨彦打电话与西安铁路局联系，得知宝成线109号隧道正在进行抢险的信息，当晚8时有一辆轨道车将从宝鸡站出发前往109号隧道，她赶紧把手头上的稿件处理完，之后匆匆赶到宝鸡火车站，独自搭上了前往109号隧道抢险指挥部的轨道车。此后几天，她发回了抢险的最新进展和抢险队员的感人事迹。

　　一线记者冲锋在前，担负"前指"重担的记者部主任龚达发几乎不曾睡过安稳觉，每天要服用随身携带的降压药和"速效救心丸"坚持工作。28日，他在报社领导催促下回京休整的当天，李忱副主任赶到成都接任。一线记者忘我工作有口皆碑，为灾区人民献爱心更感人。5月19日下午，参加抗震救灾报道组的全体人员自发组织向灾区捐款，龚达发把自己获得2007年度范长江奖的3万元奖金全部捐给灾区，郑德刚捐款1万元；转战在抗灾一线记者得知捐款消息后，通过电话或短信等方式捐款。在较短时间共捐款 63612 元。

抗震救灾一线记者报道连连出彩，记者部编辑组功不可没。资料显示，一线记者发回的稿件比平时陡增，最多时一晚上达 139 篇之多，几乎相当于平时一周的来稿量。编辑组常常要坚持到凌晨两三点钟。李忠春几乎是白班夜班一起上，这种状况一直持续到 6 月下旬；许多重点稿件，都是经编辑组长万秀斌精心打磨编辑后顺利上版；值班编辑朱虹带病工作，不下火线；紧急抽调回京支援的李增辉、顾春虽然常常失眠，仍坚守岗位。北京记者站阎晓明、王建新与云南站陈娟等人，共同完成《气壮山河的生命大营救》重大选题报道的策划撰写。5月 19 日见报后，米博华副总编辑认为这篇报道不仅很感人，而且留下了一份真实的抗震救灾记录。

一些驻站记者因种种原因，没有机会赴灾区前线采访，但大家无时无刻不心系灾区，牵挂奋战在一线的同事。5 月 12 日深夜，重庆记者站站长余继军派车等候在机场，连夜把郑德刚送到成都，并留下司机和汽车一直供"前指"调配，缓解了人多车少的压力；云南记者站站长宣宇才携慰问品赶到四川，看望大家；天津站给四川站汇来现金表达慰问之情。全国各地记者站同志还纷纷打电话到"前指"，鼓励记者做好报道工作。

在报社编委会的领导下，经过全部上下共同努力，抗震救灾报道取得显著成绩，涌现出一批英模人物。记者部主任龚达发被中央组织部授予第三批"抗震救灾优秀共产党员"称号；四川记者站记者梁小琴、重庆记者站记者侯露露被全国妇联授予抗震救灾"三八红旗手"；郑德刚、李战吉、刘裕国、王科、鲍丹、曲昌荣 6 名同志荣获中宣部等五部门表彰的全国抗震救灾宣传报道先进个人。这些同志是前线记者中的优秀代表，他们的模范带头作用，感动了徐元锋、魏贺和刘天亮等非党员记者，他们向"前指"临时党支部递交了入党申请书，表示要在抗震救灾报道中接受党组织考验，争取早日加入党组织。记者部总部陈建设、旷铁军、崔仁志，尽心竭力为一线记者做好后勤服务；何昱华为七批前往灾区的 108 名记者和工作人员办理了人身意外伤害保险。

前方记者与后方记者齐心协力,记者部荣获了中宣部等五部门表彰的全国抗震救灾宣传报道先进集体,四川记者站被全国总工会授予抗震救灾重建家园"工人先锋号"。这些荣誉的取得,无疑为报社增添了光彩。

**倾情投入,精心策划撰写一系列独家重头报道;及时捕捉、深入挖掘在灾难面前勇于奉献、敢于牺牲的先进典型事迹;迅速聚合、大力弘扬万众一心、众志成城等抗震救灾精神;前线记者以诸多大容量、多品种、高质量、鲜活生动的报道,唱响了正面宣传的主旋律,鼓舞、激励了全国各族人民团结一心夺取抗震救灾斗争胜利的勇气和信心**

四川特大地震,受灾面积之广前所未有,媒体新闻大战空前激烈,人民日报如何做到高出一筹?这是龚达发和一线记者反复思考并达成共识:大灾面前共产党员、党组织,特别是党

四川汶川大地震发生后,国际救援组织纷纷伸出援助之手。图为中德红十字野战医院开展救治工作。

的领导干部是战胜灾害的主心骨，报道好他们，就抓住了抗灾救灾报道的"牛鼻子"。基于这种认识，"前指"明确要求记者要坚持一根主线：始终关注并突出报道各级党组织和共产党员在灾难考验中充分体现出堡垒、先锋、模范作用；这一重要报道思路，既彰显了党报记者的政治意识和责任意识，也表现出了党报记者应有的风格和特色。在"前指"精心组织策划下，5月16日，在抗震救灾处于十分紧张和关键时刻，人民日报《声音》专栏及时刊登了四川省委书记刘奇葆的记者专访《不惜一切代价打赢这场硬仗》，极大地鼓舞了灾区干部群众战胜灾难的信心和斗志；5月21日，《人民日报》一版头条刊登消息《四川灾区300万共产党员践行誓言》，文中那些日夜奋战在灾区一线的各级党组织和党员干部的事迹，让灾区千百万群众无不为之动容，受到震撼，更加坚定了重建家园的信心、充满希望。5月25日，前线记精心采写的都江堰市向峨乡党员干部带领群众抗震救灾的《灾难袭来，先救群众》长篇通讯，引起广泛关注和好评；《撑起父老乡亲一片天——记奋战在抗震救灾第一线的村支书们》、《用生命谱写的壮歌——四川基层党组织和广大党员抗震救灾纪实》等一系列彰显灾区各级党组织和共产党员先进事迹的优秀报道，给读者留有深刻印象。

共产党员是抗震救灾工作的骨干力量，党员记者同样是搞好抗震救灾报道的生力军。5月19日，"前指"党支部一成立，支部书记龚达发明确要求党员记者要不畏艰险，不怕流汗流血，千方百计到灾情最重的地方去，千方百计到其他媒体还没走到的"孤镇"、"孤村"中去，千方百计采写出有点有面、感人至深的报道，千方百计挖掘出具有影响的典型。前线记者以饱满激情，陆续采写了一大批生动感人的独家佳作。如《生命日记——名地震搜救队员的救人日记》、《北川县城，绝不是最后一瞥》、《一个镇干部的"孤镇"日记》等等，博得读者强烈共鸣。前线记者在主攻消息、通讯、特写等传统强项的同时，积极撰写言论、抓拍图片及"战地日记"等。特别是在中央媒体中，率先推出长篇通讯《挺起不屈的脊梁——四川抗击特大地震灾难纪实》，大气恢宏，饱含深情，生动展现了四川人民在抗击灾难中所迸发出来的顽强意志和不为灾难压垮的精神力量，得到四川省委主要领导同志高度赞赏。

灾难中挺立不屈的中国，抗震救灾凝聚党心民心。人民日报记者经受住严峻考验，是支特别特别能战斗的队伍。从5月12日地震发生，到6月30日，仅记者部记者采写的抗震救灾见报稿就达595篇，其中一版头条9篇，其他各版头条130篇，见报新闻图片90幅；被采用的内参104篇，多篇内参得到中央领导同志的批示。这些大容量、多品种、高质量的主题宣传，既唱响了正面宣传的主旋律，亦成为凝聚人心的有效手段，也为进一步做好公共突发事件报道积累了宝贵经验。

**积极应对重大突发公共事件，勇于创新新闻宣传手法，敢于引导并善于引导舆论，需要我们努力把握规律性，增强自觉性，激活创造性，赋予人文性，提高有效性；需要创新观念、创新内容、创新形式、创新方法、创新手段，不断探索新闻宣传工作的真谛**

回顾在汶川特大地震及抗击雨雪冰冻灾害、"藏独"分子打砸事件等重大突发公共事件报道中，我们积累了一些宝贵的经验。但是，如何进一步提高重大公共突发事件报道水平和舆论引导能力，我们有一些思考和建议：

1. 建立分级响应机制和响应预案。重大突发事件发生后，国家有关部门会将事件的紧急程度分为多个层级（一般为四级），分别采取相应的应急响应措施。这一做法同样适用于新闻单位对于重大突发事件的报道。

初步设想，可以分为三级应急响应：

一级响应——针对汶川特大地震这样涉及全局的重大突发公共事件，成立前线报道指挥部，由报社领导担任总指挥，相关采编部门负责人担任成员，统一指挥协调采访报道工作。在采访力量配置上，抽调全国各地记者站以及报社相关部门的记者联手作战；版面安排上，实现统筹调度，开辟特刊和专栏，形成宣传强势。

二级响应——针对区域性的重大突发公共事件，比如今年初的南方大范围雨雪冰冻灾害、流域性的洪涝灾害等。这种情况下，可酌情成立报道指挥部，由记者部领导（或相关部门领导）担任总指挥，相关记者站领导协助，视情况从周边记者站和报社相关部门抽调记者，组成报道小组，进行一个时期的集中采访报道。版面安排上可酌情开辟专版专栏。

三级响应——针对地方发生重大的事故，如重大矿难、重大交通事故以及类似无锡太湖蓝藻等重大生态事件等，有必要集中一定的采编力量进行全面、持续、深入报道；采访一般以记者站为主，版面安排上可以采取开辟专栏和连续报道等形式。

2. 完善协作机制，打破部门界限，实行多兵种联合作战，更好地实现条块结合和资源共享。

现代条件下，新闻的形成机制和传播方式等都发生了重大变化，报社各相关部门之间的分工协作显得尤为重要和紧迫。这次抗震救灾报道，报社领导有力指挥，记者部、总编室以及各采编部门密切协作，一线记者合成作战，为取得抗震救灾报道的阶段性胜利奠定了坚实基础。但是，这种部门协作的机制有待进一步完善和成型。比如，记者部记者是"块"的记者，国内部、经济部等专业部门记者是"条"的记者。这次抗震救灾报道中，"条"与"块"之间的"分割"现象不同程度存在。原本敲定记者站记者是主力军，但平时联系发改委、地震局、民政、交通、卫生以及军队、公安等，国内部、经济部等专业部门的记者具有人头熟的优势。然而，这样的资源和优势在抗灾救灾报道中利用得并不充分。比如，部队可以为记者提供交通、通信等方面的支持，但前方记者苦于与部队关系不熟，这样的资源就没有很好利用起来；再就是部门协作机制的建立同样是一项基础性工作，应当作为一个重大课题来研究，使之成为一项重要的制度安排。一旦发生重大突发公共事件，采访与编辑、前方与后方、文字和图片、公开与内参、部门与部门之间的边界迅速打通，形成多兵种联合作战的态势，大大提升战斗力。

3. 加快推进记者站建设，完善基础设施，改善采访条件，提升快速反应和应急报道能力。实践证明，重大突发公共事件，不仅考验我们的快速反应能力，同样考验我们的应急报道能力。在今年的一系列重大突发事件报道中，本报采编队伍得到了全面锻炼，尤其是对于记者站的年轻记者来说，这些经历对他们弥足珍贵。但是，此次抗灾救灾报道中，记者采访缺少车就是一个突出问题，很多记者或是搭乘志愿者的车，或是招出租车。因此，如何根据记者站所在地区的地理条件配备车辆、配置什么样的车辆、配置多少车辆，成为亟待解决的现实问题。另一个突出问题是，记者在移动状态下，或者在没有移动信号的情况下发稿、传图片非常困难，即使卫星电话借到手也不会用。如何让记者做到端起相机会拍，有了汽车要会开，卫星电话新设备都能用得起来。报社应加大投入建设"反应更快、机动能力更强、现代化水平更高"的人民日报记者站，为提升新闻报道水平提供强有力的物质保障。

4. 报网互动，需要进一步改善和加强。当今网络已是社会舆情的"晴雨表"，而突发公共事件极容易在网上形成"舆论场"，若驾驭运用得好，则能掌握民意、汇集民智、凝聚民心。这一次，人民网策划了一期与前线记者的连线对话直播活动，从网民的关注点和兴奋点入手，主动设置议题，请前线记者上网与网民互动交流，努力为网民提供最新资讯，以充分满足他们的信息渴望，起到了疏导公众情绪的良好效果，深受网民欢迎和喜爱。由此表明，必须加强报网互动，充分发挥新兴网络媒体的作用。

5. 发挥言论优势，增强报纸宣传的有效性。信息时代，平面媒体越来越受到严峻挑战。地震发生不久，央视、川视以及地方电视的互联网站上，每天24小时不间断播出，许多读者从电视和电脑屏幕上就可及时了解到各种丰富的抗震救灾新闻。必须看到，言论是人民日报独特的优势，拥有一大批读者。在这次抗震报道中，刊发各种体裁的言论稿件，起到了很好的宣传指导作用。需要改进的是，面对重大突发事件的战役性报道，评论部与夜班编辑、前线记者应加强沟通联系，针对人民群众最关心关注的问题，针对政府眼下最急需解决的问题，经过策划设计，拟订出一批具有阅读价值的题目；不仅组织评论部与夜班编辑写，也要组织前线记者写，系统地在报纸上充分展示出言论的特色；用言论指导读者、打动读者，为读者解惑释疑，增强报纸宣传的时效性。

为着力提高舆论引导能力，记者部将努力按照报社编委会的要求，加强队伍建设，大兴调查研究之风，及时捕捉并传递各地重要信息舆情，认真会商宣传时机、方式和口径，科学策划重大报道选题，为进一步办好党中央机关报尽职尽责。

2008 年 7 月

# "此刻,我们就是战士!"

## ——记奋战在抗震救灾一线的人民日报记者

汪晓东

这是一场没有硝烟的战斗,却有生与死的考验。

在这场感天动地的抗震救灾战斗中,人民日报记者

2008年,人民日报社社长张研农(右四)赴四川抗震救灾一线慰问记者,右一为记者部副主任李忱,右三为记者刘裕国,左一为山西记者站站长王科。

和全国同行一道,奔赴抗震救灾最前线。

连日来,他们不畏艰险、不怕疲劳,以笔和相机,记录一个个感天动地的故事,捕捉一个个惊心动魄的瞬间,生动诠释了什么是"人民记者"!

## 到灾区去，这是记者的天职

成都市布后街，有一幢不起眼的8层小楼。白天，不时有人背着迷彩行军包进出，他们行色匆匆，无暇旁顾；晚上，许多房间的灯光彻夜长明……

这里是人民日报四川抗震救灾报道前线指挥部驻地，这样的忙碌已经持续了半个多月。

"5·12"汶川大地震发生后，第一时间，人民日报驻四川记者站全体记者投入战斗，当天即发回报道。

第一时间，公差在京的本报驻四川记者站郑德刚站长启程返川。与此同时，摄影记者史家民也赶到了首都机场。因成都机场关闭，他们先飞重庆，辗转到达成都已是13日凌晨。郑德刚顾不上休息，按报社领导指令，紧急成立人民日报四川抗震救灾报道前线指挥部，决定记者站仅有的4名记者立即分赴地震重灾区。

第一时间，人民日报编委会对抗震救灾报道作出全面部署和安排，要求把抗震救灾的宣传报道作为当前的头等大事，及时准确、公开透明进行报道。报社成立抗震救灾宣传报道领导小组，直接统筹抗震救灾宣传报道工作；人民日报第一次为重大突发事件推出特刊，报道量从占版面总量的40%、50%、80%直到全国哀悼日期间的100%；报社行政后勤和技术支持部门全力以赴，提供全方位保障。

第一时间，人民日报各编辑部门和驻各地记者站记者纷纷主动请战，30多位记者迅速集结四川、甘肃和陕西等地的重灾区。

第一时间，人民日报总编室成立应急策划小组，24小时搜集情况、分析动态、研究选题、组织报道、制作版面。

14日，受人民日报编委会委托，记者部主任龚达发赴川任前线报道总指挥。32年前，龚达发同志曾参加过唐山大地震报道，经验丰富，视野开阔。他抵达后，一直在为调遣联络和报道策划而忙碌着，每天凌晨两点之后才能休息。血压高了，他悄悄吞几粒药；肚子饿了，就嚼几块饼干。

冲向灾区最前线的各位记者，或许并不清楚，这一仗是何等艰难、将要持续多久！他们没有时间考虑这些，灾难当前，所有人只有一个念头：到重灾区去，到读者最关心的地方去，到一切需要报道的地方去，这是记者的天职。他们自豪地说："此刻，我们就是战士！"

道路中断、山体滑坡、飞石滚落、余震不断……记者采访工作条件之艰难超乎大家想象。各路记者克服重重困难，冒着生命危险，千方百计靠近现场：道路毁了，就徒步行进；房屋塌了，就席地而睡；通讯断了，就记下战地日记……大家心里只有一个念头，千方百计向受灾最重的城镇和乡村挺进、挺进、再挺进！

## 一天睡两小时，两天吃三顿饭，是多数记者的常态

"老胡，过来看看稿子！"贺广华大喊一声，叫来隔壁房间的胡跃平。此时，时针已经指向凌晨两点。

贵州记者站站长胡跃平、湖南记者站站长贺广华主动请战，于17日凌晨分别抵达成都；他俩与郑德刚一道，在前线指挥部协助龚达发同志做组织调度的同时，也深入灾区采写报道。

这又是一个不眠之夜。休息，对于所有记者而言，无疑是个奢侈的字眼。

14日，山西记者站记者、全国"三八红旗手"鲍丹获准随站长王科到四川采访，他俩从太原出发，驱车十几个小时，直奔灾情严重的安县等地采访。17日下午5时，接到"前指"紧急任务，他俩立即赶到震中映秀镇采访，当晚12时，《生

命线抢通记》按时发出。此时大雨滂沱，无法行进，他们在野外熬过一夜。

一天睡两小时，两天吃三顿饭，这是大多数前方记者的常态。没有路走，没有水喝，没东西吃，没地方睡，随时可能发生的危险，无数令人悲恸甚至窒息的故事和场景……所有这些，无不在考验大家的生理和心理极限。

"说实话，没什么饥饿感，也感觉不到疲惫，总觉得有写不完的稿，总担心漏掉新闻。"他们的话很朴实。

四川记者站采编部主任刘裕国13日赶往地震灾区，采访头3天没合过眼，靠点心、方便面充饥。他徒手翻越垮塌的山体，进入北川县城采访。他每天发往报社及人民网10篇左右的稿件，第一时间在人民网上报道了北川堰塞湖真实情况，平息了谣言，稳定了人心。

10多天来，刘裕国一直奋战在北川、青川、江油、平武等抗灾一线，已在人民日报发稿上百篇，是前方记者中发稿量最多的一位。

## 一张采访路线图和一份记者行踪单

13日下午抵达成都，连夜搭车赶往都江堰灾区；14日赶往重灾区绵竹市汉旺镇，连夜赶写一篇长篇通讯；15日上午跟随直升机空降到震中汶川县映秀镇；16日下午徒步从映秀镇南下，采访打通道路情况，随后乘坐冲锋舟到达都江堰……

这张路线图的主人是赵亚辉，教科文部记者。地震发生前，他正在新疆喀什进行"重走中国西北角"的采访活动。得知震情，他不顾长期在外采访的疲惫，立刻请战，这位曾走进伊朗地震、印度洋海啸现场采访的年轻记者，从新疆直接赶赴四川灾区。

14日至17日，赵亚辉在重灾区一直拼命工作着，忍饥挨饿，历尽艰险，4天没有吃过一顿热饭，每天休息不到两个小时。因劳累过度,赵亚辉病倒了。但是,就在医院输液期间,他还带着相机和采访本,边接受治疗边采访医护人员。19日,尚未痊愈的他,带着药品又赶赴北川重灾区。

其实,每位记者的"行踪"大同小异。

19日,摄影记者陈斌、人民网记者赵哲乘军用直升机赴汶川县桃关村采访受困群众。为了腾出机位让给伤员,他们没有乘机返航,而是在山洞中"蹲"了一个晚上。第二天,他们翻山越岭,走进汶川县城。

四川站记者梁小琴从抗震救灾报道开始以来,没有回过一趟家,每天发好几篇稿件。感冒发烧了,吃几粒药片对付一下,继续坚持。摄影记者雷声的采访颇费周折,13日,因买不到北京至成都的机票,他先飞抵西安。当天中午,陕西记者站派车送他赶往四川。经过一路颠簸,他于14日早上赶到北川,整整一天一夜没有合眼。

四川站记者魏贺是采访组最年轻的记者,他从12日地震发生当天就投入采访,13日到绵竹汉旺镇,14日到什邡蓥华镇,15日开始一直驻扎德阳,一直到25日才回成都。

上海分社记者吴焰主动请战随上海医疗救护队赶赴灾区采访,在映秀镇采访时,她和几位同事在别人的帐篷里坐了整整一夜……随后,上海分社记者李泓冰、郝洪直飞重灾区绵阳市,发回大量生动感人的报道。

"那么多人奋战在抗震救灾一线,他们有的牺牲了,有的累倒了,还有很多人强忍失去亲人的痛苦在日夜忙碌。我们这点苦又算得了什么!"一位记者在电话里说。

**"翻开采访本,多少行被泪水模糊的字迹……"**

灾难面前,我们是记者,但又不仅仅是记者。那些在地震中失去生命的人们,那些在地震中失去家园的人们,都是我们的骨肉同胞,都是我们的兄弟姐妹。想起他们,我们一样有锥心刺骨的痛。

"翻开采访本，多少行被泪水模糊的字迹；关上录音笔，耳畔依然回响着生命的悲怆和呐喊……"一位记者在日记里这样写道。

泪水，为那些轰然倒塌的家园和倏忽消逝的生命而流，也为那些可歌可泣的英雄和至善至美的人性而流。

15日，摄影记者史家民在什邡市红白镇采访，车过了蓥华镇就再也走不动了。为了拍摄前面部队官兵抢修道路的照片，史家民毅然下车，冒着余震的危险，徒步前行5公里多，一直走到部队官兵正在抢险的大塌方处。战士们正在抢险的地方，一边是万丈悬崖，一边是随时都有可能再次发生塌方和泥石流的陡峭山峰，看着那个场景，史家民落泪了。

陈一鸣，是国际部记者。抵达灾区后，看到当地群众失去了家园和亲人，偷偷地流泪了。他擦干眼泪，立即投入到紧张的报道中，十几天来，奔波于法国、英国、德国、意大利、俄罗斯、古巴国医疗队采访，见报消息、文章、言论、照片13篇，其中《以色列家喻户晓的故事》一文见报后，被人民网选用并译成英文，又被上百家中、外网站转载，网友的好评和跟帖如潮。

曹鹏程，国际部记者。5月18日抵达灾区，先后接触和走访了7支国际救援队和医疗队，在抗震救灾现场捕捉到了国际新闻，在工作中也让外国友人和世界媒体更好地认识中国。

侯露露，是重庆记者站的一名年轻女记者。地震发生时，她正在四川参加采访活动，便在第一时间发回灾情报道。10多天来，她走遍德阳、绵阳等地几乎所有重灾乡镇。

这些天，侯露露的脑海中，总会浮现出汉旺镇一位老婆婆蹒跚的背影——

"婆婆，你今天要住哪里啊？"

"我住在成都乡下远房亲戚家。"

"都已经下午了，婆婆您怎么回去啊？要不然我们帮您联系一下，今晚住在德阳市安置点吧？"

"我不去。我好歹有地方住，我不能浪费国家的钱和地方啊，让那

记者侯露露(左)在抗震救灾一线采访绵阳变电站。

些没地方去的人去住吧，我不用。"

说完，婆婆就往广场边一条街道深处走去。

"一位65岁的老人，在地震中失去了所有的财产，即使这样，她仍然拒绝住在安置点，就因为怕给国家添麻烦。看着婆婆的背影，我哭了。"侯露露眼里满是泪花。她说，普通百姓身上这种豁达、宽容、自强的人性光辉，是这场灾难中弥足珍贵的财富，鼓励着我们走过灾难，走向新生。

在抗震救灾前线，一大批像侯露露这样的年轻记者，在这场异常艰苦的战斗中经受了考验，得到了锻炼。参加这次采访报道，成为他们记者生涯中弥足珍贵的经历和永志难忘的一课。

## 火线上的临时党支部

为充分发挥党组织的战斗堡垒作用和党员的先锋模范作用，使所有参战记者以实际行动坚决完成好报社编委会交给的报道任务，5月19日，"前指"成立临时党支部，龚达发同志任支部书记。

"大灾对每一位党员记者是一次战斗洗礼和考验，作为党中央机关报的记者和工作人员，更要不畏艰险，不怕流汗流血，深入、深入、再深入！千方百计到灾情最重的地方去，千方百计到'孤镇'、'孤村'中去，千方百计采写出有点有面、有深度和影响、感人至深的报道来，千方百计挖掘出具有感染力的典型来。现在，正是考验我们每一位党员的关键时刻！"龚达发在支部大会上说。

徐元锋、魏贺和刘天亮等年轻记者，都是入党积极分子。他们在向"前指"临时党支部递交的入党申请书中，表示要在抗震救灾报道中接受党组织考验，用实际行动争取火线入党。

19日下午，报道组全体人员向灾区捐款，所有人都不是第一次捐款了。龚达发把自己所获的2007年度"范长江新闻奖"奖金3万元全部捐出，郑德刚捐款1万元，胡跃平、贺广华等记者在数次捐款后再次走向捐款箱；奋战在抗灾一线的王科、刘裕国、王伟健等20多位记者，得知捐款消息，立即通过电话或短信等方式发送认捐数额。

眼下，抗震救灾工作依然艰巨繁重，日夜奋战在前线的记者们身心极度疲惫，一些记者已出现不适，但迄今却没有一个人愿意撤下火线，"前指"只好下达回撤休整名单，以便安排轮换。22日以来，又有一批记者驰援四川，奔赴灾情严重的茂县、理县、汶川、北川等地；更多请战的记者，仍在等待奔赴前线的指令……

2008年5月30日

# 半路出家当记者

## ——我的新闻生涯

赖仁琼

在记者部,半路出家当记者的不止我一人,但从医疗卫生转到新闻战线,而且当记者时已38岁"高龄"的,恐怕只有我一个。特别是近几年,每每看到那些刚出校门就到记者部工作的大学生、研究生,羡慕他们的幸运之余,也常勾起我在记者部20年间的许多回忆。

### 安步当车跑新闻

1988年2月,有15年军旅生涯、转业后又在人民日报图书馆工作4年半的我来到记者部。按要求在部里值班当编辑3个月后,便被派到天津记者站当驻站记者。

记者站当时的条件相对艰苦。全站借用的一间办公室在天津日报发行部的小院内。这个名为张园的小院儿原是一个军阀的私宅,末代皇帝溥仪曾在此短期居住,后被列为天津市的文物保护单位。年久失修的楼房十分破旧,特别是下班后人走楼空,一个人呆在办公室更觉害怕。

好在我当过兵,也能吃苦,虽然面临诸多不便与困难,但我仍全力以赴地投入工作。刚到天津不认路,乘公交车不方便还怕坐过站,那时工资低也不敢打车,于是便经常步行。天津的街道不规则,走着走着便迷失了方向。问路时,热心肠的天津人都特耐心，甚至不厌其烦地带你走一段。后来发现，走路好处多多。行走在街巷，不仅可以近距离地观察这座城市和各种事物，而且方便与各种人交谈。没想到在天津练就的脚上功夫，后来在许多采访中发挥了作用。特别是到北京记者站后，每当有紧急情况、突发事件发生，需要我们快速出动、快速反应而事发地戒严或汽车不能通行时，最好的办法就是"徒步前进"。

1989年初夏，记者部派我们去了解北京高校学生游行。丛林中主任一再叮嘱大家："多看，多问，少说。"那天，我和梁小琴跟随学生的游行队伍从木樨地走到了天安门广场。学生解散后，我俩也累得走不动了。因为是临时受命没有准备，梁小琴那天还穿着高跟鞋。此时，她走路已是一瘸一拐的了。怎么回报社呢？公交车因游行而停运，那时又没有呼机、手机等通讯工具。我俩只好继续步行，坚持走到南长街81号，借用传达室的电话与报社联系。

1999年4月25日下午，站长颜世贵电话通知我，中南海西、北方向的府右街、文津街一带有许多不明身份的人聚集、静坐，需要尽快了解详细情况。那天是星期天，我上午参加一个朋友的婚礼从文津街经过时，就发现有不少人在街边排队。为争取时间，从报社车队要了车就直奔事发地，但汽车此时已无法从东边开进去了。司机设法绕道把车开到西四南大街，我下车后沿西安大街、文津街从西走到东，又从东走到西。边走、边看、边问，才得知这些围攻中南海的人是练法轮功的。

在天津记者站那段时间，我曾到离市区较远的静海农村、天津开发区、塘沽等地采访，加深了对变革中的天津的了解和认识。我相继采写的《静海人说十年》、《没有阳光的生命——弃婴见闻录》等几篇通讯就记录了我对天津农村与社会问题的观察与思考。记得我采写的第一篇通讯《买房人的心态》发表后，江苏记者站的龚永泉说他一口气读了两遍，我听了十分感动，也暗自高兴：毕竟我半路出家，既没学过新闻理论，又无新闻实践。老记者的夸奖就是对我的肯定。

无论在天津驻站还是调回北京进了首都记者组，置身记者部这个大家庭，能经常得到领导和同志们的关心与帮助。我在思想、业务方面的进步、提高，与这个集体的影响有很大关系。

### "夹缝中求生存"

到首都记者组以后我未得到明确分工，不能固定地联系某些部门或行业。于是我开动脑筋想办法，经常跑些边缘、角落等被视为没有热点新闻、别人也很少跑的地方：儿童福利院、上访接济站、邮件转运站什么的我都去过。当然采写的稿件也大都是相对费力的通讯。但在夹缝中求生存反倒练就了我的新闻敏感及快速反应能力。1989年1月初，听老颜说中国美术馆的人体画大展异常火爆，第二天我就去了美术馆。目睹盛况空前的画展并现场采访了几位观众及中央美院的教师后，我仍不明白一个专业性很强的画展为何会引起如此轰动？接连几天，我关注各界议论以及画展引发的模特纠纷，写出了《人体画展引出的社会思考》。

1989年初春，儿童玩具变形金刚风靡我国大小城市，全国人大20多位常委联名写信要求电视台停播美国电视片《变形金刚》。玩具的热销和人大常委的建议以及社会各界对此事的关注、议论引起了我的好奇：孩子们为什么喜欢这种玩具？销售如此火爆的玩具，国内厂商为何不组织生产抢占商机？20多位全国人大常委为何要求停播电视片？短短几天时间，我到商场的玩具柜台前观察、采访买玩具的家长和孩子，走访了北京电视台相关人士以及玩具厂的设计、销售人员，还采访了人大常委会委员胡德华。3月28日，我采写的《变形金刚冲击波》在本报发表后不仅获读者好评，而且新闻界同行之后还在《中国记者》等杂志撰文给以较高的评价。

发现新闻线索，挖掘新闻背景，采写有深度、有思考、有文采的稿件是我给自己确定的目标。1996年去唐山采访，当地同志无意中提到地震孤儿都长大成人并已全部就业时，我当即觉得这是个很好的线索。但因不是报社指派的采访任务，临时增加采访内容又怕给接待单位添麻烦，只好先回北京。但回来后我仍念念不忘此事，当时没有互联网，不能上网查资料，要了解情况必须实地采访。不久，我抽空又专程去唐山，在朋友与好心人的帮助下，找到了几位地震孤儿并进行了深入采访。我被党育新讲述的"党氏三姐妹"的故事深深打动之余，还意外地得知当年被一对奥地利夫妇收养的三姐妹之一的党育红在维也纳的一些情况。党育新告诉我，中央电视台拍摄唐山地震20周年纪录片的一位编导，此前曾去过维也纳。于是我又设法找到这位编导并进行采访。在唐山地震20周年前夕，我采写的《寸草难报三春晖——唐山地震孤儿追踪》在本报发表后，被《作家文摘》等多家报刊转载。

记得那时报社开展业务交流的方式之一是评报。在5号楼一层大厅的东侧，当天的报纸被贴在黑板上，编辑、记者们对版面、文章进行点评。我的数篇现场短新闻、通讯都被点评为"视角独到"、"文字清新、流畅"、"可读性强"。一次，评报人还将我与孟晓云等人列为"人民日报新崛起的4位女记者"，我倍受鼓舞，也更加努力。

## 在《各地传真》版为记者"作嫁衣"

1993年，报社决定给记者部每周一块版刊载地方新闻。当时许多驻站记者苦于稿子见报难，给我们一块版就给了记者们一个园地。当年8月，我与卢小飞、钱江、杜若原4个人就成了《各地传真》版的第一批园丁。

组稿、编稿、拼版、改样，一切都得从头学。好在我们都较快地进入了状态。《各地传真》版的定位、风格，特别是一些我们精心策划、编辑的稿件见报后，经常受到读者、驻站记者和报社领导、同行的好评与表扬。

报社实现无纸化办公后，许多工作变得相对轻松、简单。而当年，编辑工作流程多为手工操作。我们编稿、划版等也都全靠一支笔、一块黑板。虽然平凡、琐碎，而且是默默无闻地为记者"作嫁衣"，但几年下来，却感到当编辑对全面提高业务水平很有必要。

我们的作者队伍主要是驻站记者，但他们在站里除了写稿外，还需应付许多杂事。所以当我们所约的稿件不能按时传来或情况发生变化时，我们就得"紧急出动"。我的《志愿者，你在想什么？》《严肃音乐忧思录》、《春天的书讯》、《中国速递，在竞争中崛起》等"大块头"就是在这种情况下采写的。

当编辑的5年间，记忆较深的是策划、编辑了几个社会关注度较高的热点话题而成的记者评说：《视听时代，我们怎样选择？》、《女性，你如何自我完善？》、《如何缩小东西部差距？》等。特别是分上下两篇的《视听时代，我们怎样选择？》在读者中引起的反响最大。我邀请的中央电视台主持人、作家与本报记者就电视等新媒体对传统媒体的冲击以及对人们获取知识、信息途径、思维方式的影响各抒己见。不少读者来电来信说，评说人的观点使他们深受启发。

编辑《各地传真》版期间，我还几次被抽调到报社的重大活动采写组或完成领导布置的临时采访任务。1995年春节前夕，报社领导让我去北京几个工地采访民工。我1月25日接受任务后，当天下午就去了北京西客站工地。第二天又去慰问民工的演出现场采访了几位民工和演员，还抓住机会采访了50年代来北京参加建设、后来升任北京市副市长的张百发。28日，我采写的《给家人捎句话——访准备留京过年的外地民工》就在本报一版刊发了。

1997年2月19日邓小平同志逝世后，报社成立了临时采访小组。2月24日小平同志遗体火化，一大早，我们兵分几路，从五棵松301医院西门到八宝山革命公墓，沿途采访道路两边的为小平送行的群众。我和科教部温红彦负责301医院西门至永定路一段。记得那天很冷，但得知消息的各界群众却冒着严寒，一大早就守在路边，为的是看小平同志最后一眼。他们怀抱鲜花，打着横幅，神情凝重地默默守候。

我们分别采访了首都高校的教师、青年学生、个体户、退休干部等。回到报社，负责此次采写任务的副总编李仁臣听完各路记者汇报，当即决定由记者分别写出各自负责的那一段，最后由他"组装"。2月25日，本报用一个整版刊发了我们集体采写的题为《小平，我们永远爱你!》的长篇报道。

25日上午，小平同志追悼会在人民大会堂举行。未领受会议报道任务的我来到301医院南楼，利用关系巧妙地采访了小平同志住院期间的后勤服务人员，从他们那里得知小平同志住院期间特别是病重、病危时的一些详情。

能否将这第一手的独家采访写成稿件呢？我却拿不定主意。因为按规定，关于小平逝世的所有稿件都必须送专人审查。回报社汇报情况时，李仁臣副总编认为新闻素材来源可靠，而且是独家，不写可惜。他说："你写吧，如有问题我负责。"散会后我挥笔而就。第二天，这篇题为《老南楼的灯光》约800来字的独家新闻见报后，被境内外数十家媒体转载。

## 告别"功能性文盲"

我到记者部工作的20年，正值国家改革开放不断深入、市场经济逐步完善，各方面都发生了和正在发生着巨大变化的时期。作为记者，可以亲眼目睹并记录这个深刻变革的时代，十分幸运。因此，我格外珍惜每一次采访写作的机会。即便是在编辑《各地传真》版期间，无论是报社指派或记者部和传真版派给的采访任务，我都全力以赴，积极认真完成。那几年，我几乎是编版、写稿一肩挑。除了完成版面编辑任务，我采写的稿件在记者部每月的得分排名中都比较靠前。

但身处这个激烈变革的时代，我很快就感到了因种种变化带来的不适应与挑战。以前写稿，有本稿纸有支笔就可以。九十年代初，记者部先后给记者配备了笔记本电脑、数码相机等现代化工具。如果不学会打字、传稿，记者如何当下去？

我虽长年坚持读书学习，但面对信息时代的滚滚浪潮，天天受到数字化生存的"威胁"，强烈感受到光靠书本知识已跟不上时代。于是，40出头学电脑，年近50学驾车。如果不是自己亲历，很难相信、更无从体尝其中的甘苦。

得知我要学车，家人首先反对。理由是"连自行车都不会骑还想开车！"我的好朋友更是取笑说："那你在前面的挡风玻璃贴张纸，写上'请警察同志上树'。"当时我刚到北京记者站并分工跑交通。如果不会开车，不懂交通规则，采访时人家说的我听不懂，怎能写出高质量的稿件呢？那几年，呼机、手机、数码相机以及各种电子产品纷纷面市，并很快成为记者的"武器"和人们的生活用品。而一些不会使用也不想学会使用新玩意儿的人则被视做"功能性文盲"。

不管别人说什么，我下定决心学开车，并告诫自己千万别成"功能性文盲"。那段时间，我利用一切机会观察并关注北京的交通状况，搜集美、法等国城市交通管理资料，并在采访交警时与他们交朋友。数月后，我执笔的《对北京交通拥堵的观察与思考》在本报《视点》专栏发表后受到读者和相关人士的好评。

在科技发展日新月异的环境下生存，我一度曾担心自己被时代抛弃。学会电脑、驾车后不仅让我找回了自信，而且觉得自己跟上了时代。一次，一位朋友在闲谈中说，中华民族数千年来都是晚辈向长辈学习，而现在，长辈却需要向晚辈学习。闻此言我感触良多。想想自己，上网查资料、收发邮件和手机短信等许多新事物，不就是在年轻人的影响和帮助下学会的吗？否则，我不仅早已成为"功能性文盲"，而且也无法继续自己喜爱的新闻工作。

计算机和互联网改变了世界，也改变了新闻从业人员的思维方式及工作方式。敲键盘代替了手写，并未完全消除我的紧张和焦虑。面对网络、手机报等新兴媒体的巨大冲击，我也经常思考传统媒体应当如何应对等问题。然而，毕竟岁月不饶人，要想在工作上与年轻人比速度、比数量不现实也无必要。特别是近几年，我的健康状况也不乐观，于是，便尽量调整心态并注意调养身体。

我1998年到本报北京记者站，转眼间做驻站记者也10年了。其间，除了完成日常报道任务与"两会"、亚运会、世妇会以及韦加宁、吴英楷等重大典型人物的采写，还亲历并参与了北京申奥成功、抗击"非典"、筹办奥运等重大新闻事件的采访报道。

北京站是个团结、战斗、友爱的集体，人人努力学习，勤奋工作，互相帮助。在2003年北京抗击非典的宣传报道中，记者站党支部因工作出色，被评为全国先进基层党支部。记者站集体采写的《抗击非典：让我们共同面对》和《决战在没有硝烟的战场——北京全面抗击非典纪实》也获全国抗击非典优秀新闻奖。

2007年10月

第一辑 时代的足迹

# 《大关村苦干12年挖掉穷根》一稿社会效果

胡跃平

《大关村》一稿经过领导和编辑精心的打扮,在本报2月16日头版头条配编者按、加框发表。这条近千字的消息,引起

5·12记者胡跃平(前排中)在汶川地震灾区绵阳机场采访。

了很大的反响,并得到乔石、姜春云等中央领导的重视和表扬,收到很好的宣传效果。这不仅是对记者工作的肯定,更主要的是对报纸宣传工作的肯定和重视。

据《贵州日报》3月9日报眼刊登参加"两会"的记者发回的报道:"3月上旬,在全国人大贵州代表团的会议上,中央领导同志多次提到大关精神,作出高度评价,发出由衷的赞扬。乔石同志说:"大关精神很好。改变贵州贫困面貌,就是要发扬这种人定胜天的精神。"

3月3日,国务委员陈俊生向贵州全国人大代表说,2月

份，《人民日报》在头版头条刊登大关村的事迹后，全国有很多地方给他写信，都说大关精神很不简单，值得学习。

在3月7日的会议上，当谈到学习大关精神时，中共中央政治局委员、国务院副总理姜春云手扬专门携带的、登有大关村事迹的一张《人民日报》，大声赞扬：大关精神了不起。对大关精神应该叫好，应该佩服，就是要用这种精神去征服贵州的穷山恶水。姜春云还读了《人民日报》的编者按和部分报道内容。其间，他时常加重语气，情绪激昂，令在座的贵州全国人大代表深受教育，为之动容。

2月17日，陈俊生同志从北京给贵州省委书记刘方仁、省长吴亦侠发来贺信，高度赞扬大关精神。信中说："《人民日报》头版头条报道了大关村连续苦干12年，率先解决温饱的消息，这则报道令人振奋，发人深省。"《贵州日报》头版头条全文刊登了这封贺信，并配发了社论。

消息见报后，在贵州省内反响很大。中共贵州省委以文件形式向全省各级党委全文转发了《人民日报》关于大关村的报道。贵州日报、贵阳晚报、省市广播电台、省市电视台均在头条或显著位置全文转载、转播。记者站也接到不少省委领导和部门领导来电话致谢。省委书记刘方仁在电话中说："感谢报社和记者站的同志。消息写得很好，编者按高度概括了大关人的精神实质。报道对全省开展学大关活动起到积极的推动作用。"秘书长张佩良来电话说："报道引起省委高度重视，常委们集中阅读了这篇报道，学习了陈俊生同志的贺信。省政府也在组织党组成员学习这篇文章。记者站立了一大功，向你们表示衷心感谢！"现在，全省学大关活动正轰轰烈烈展开。

与此同时，《大关村苦干12年挖掉穷根》一稿，在报社内部引起很大反响：3月19日，范敬宜总编辑和袁志发副总编辑就《大关村苦干12年挖掉穷根》一稿分别作了批示。

**范总批道：**

这篇报道既然反响如此强烈，就应该继续把文章做透。

（一）请胡跃平同志再写一篇后续报道，反映这篇报道在中央、地方引起的反响。（二）请胡跃平同志写一篇采写体会，并说明短新闻同样可以写出大典型，发《编采业务》和《记者工作》。（三）可请总编室曹照琴同志写一下此稿的处理过程。这个过程本身是一次编辑工作课。

**袁副总编批道：**

大关村的报道引起如此强烈的反响，令人振奋。这一事实说明，典型不在大小，关键是要抓准、抓到点子上。我们需要大典型，也非常需要像"大关村"这样的看似很小、实际上意义很大的典型。希望记者们能多写这样的报道。这篇报道能引起多方面读者的广泛重视，除了消息本身外，编者按语也发挥了很大的作用，希望记者部总结、借鉴这一经验。

现谈谈采写这篇稿子的一点体会。

首先，短新闻同样可以写出大典型。过去碰到典型，总想拉开架势来谋篇，好像不写它几千字，典型就树不起来似的。结果面面俱到，稿子内容枝蔓丛生，精华被长文淹没了。

记得范总说过，读者是务实的，没有时间来读长文章。而有的记者老在旁边唱"咏叹调"，海阔天空，洋洋洒洒，使读者望"文"生畏。好稿不一定都得长。深刻理解范总的这些话的本意，就是要给读者多提供精致的新闻。因此，在素材使用上，必须舍得割爱。

我到大关村采访后，掌握了大量素材，值得写的方面确实很多，比如除劈石造田外，像计划生育、生态建设、综合治理等方面，在全省都很典型。如果都写，几千字也打不住。想了好几天，最后下决心，干脆都忍痛割去，就抓住"劈石造田"这个最能反映大关人精神面貌的方面去着力刻画。稿子传回部里，经过精心打扮特别是编者按的精彩"提神"之笔，使这条近千字的消息生动、具体地凸现出大关人当代新愚公的壮举，让人信服"大关精神"不仅对战胜贫困，而且对各个方面工作都有普遍指导意义。消息不长，但对典型的宣传却收到很好的社会效果。

其次，消息写作要有新思路。现在短消息、活消息、好消息不多，这似乎已成为老总和编辑们困扰的问题。一方面，版上的长篇通讯压得编辑们几乎喘不过气来，另一方面有时又因找不到好稿撑版面而犯愁。我觉得，写稿的思路上应该在两个方面需要转变：

一是重大典型不一定都得用通讯题材来表现。采用消息这一"短、平、快"的形式，往往可收到事半功倍的效果。《大关村》一稿，如写成通讯，篇幅势必拉长，不仅写得累，而且不容易发出来。决定写消息后，有限的字数逼着你精心提炼典型事例；这样，主题更突出，给读者以明快、直接的感觉。编辑接到这样的稿件也好处理，记者写起来也感到比写通讯轻松。

二是用通讯的笔法来写消息。记者写消息习惯用逻辑思维，较少采用形象思维来表达。当然，写消息离不开概括性的语言，但忽视了形象思维，容易抽象甚而干巴巴的，这些消息见报后连自己都不愿看。如果用通讯的笔法来写消息，使用一些精致的细节素材，并采用白描手法进行简洁、朴实的描述，一定会为消息增色不少。

范长江的新闻经典之作《中国的西北角》，很多地方即采用白描手法，为读者勾勒出一幅幅大西北生动形象的图画。还有许多新闻前辈写出很多"短、活、好"的消息，很值得我们借鉴。这次写大关村的稿子，尝试以通讯的笔法来写消息，不到一千字的消息里就有四五处细节描写；如"一道道、一块块形状各异的梯田，伴着一个个小水窖，构成了一幅山区罕见的精致的农田景象"。像这样的描写，为消息增添了不少亮色。

总之，写消息确实需要我们转变一下思路，我从大关一稿的采写中就尝到了这样的甜头。

1997 年 5 月

# 《小巷走出的大国总理》采写记

陈 杰

我的这篇文章在"人民网"发表8个月了。发表之时,就有众多的国内外媒体转载、播发,据说"在美洲的中文网站不知翻了多少遍"。作为网络专稿,《小巷走出的大国总理》写的是温家宝总理青少年时期与天津的渊源,以及后来他三次静悄悄地返回母校南开中学的往事,发表在他当选总理揭晓后的20多分钟。张虎生同志告我,中宣部网络阅评组将此稿和网友的评论报到中央。本报也给予了好新闻二等奖。

现在回顾这篇文章的采写过程,仍觉有些意味。

我一直坚信"新闻和历史是一枚硬币的两面"。虽然每天写新闻,可是我从不停顿地阅读和收集校园史(北大、清华、南开、西南联大)、知识分子史、中国现代史,无论是个案还是整体,在硬币的两面跳来蹦去。就是在梳理南开学校的风云人物时,发现了温家宝与南开中学的关系。

张伯苓先生创办的南开中学是中国最著名的学校之一,培养了一大批治国治世的英才和科技、教育、文化的大家,那一串串名字令人心动。从南开中学校友录知道"温家宝"的名字,既兴奋又亲切。我在校园尽可能地寻找有关他的所有文案,拜访他的同学,到他生活十余年的陋巷老屋,听邻居老人讲他的家事,内心搅动了潮水一般的情怀。"平民总理"的印记蹦到脑子里。

在校园史中发现政治家的新闻已不是第一次。1991年朱镕基任国务院副总理，而在此前，我在清华大学学生自办的杂志《水木清华》中，找到朱镕基自任国家计委副主任时期就担任清华大学经济管理学院院长的线索，很觉惊奇。朱镕基履行国务院副总理之责的消息发布后，我就到了清华大学，从"工字厅"寻踪起，经管学院的副院长、老师、朱镕基带的研究生、朱镕基的中学同学一一找齐，很快采写出《朱镕基在清华园》，记录他在清华读书到当院长的历程，发表后国内外报章转载甚多。后来，与清华园的关系愈来愈为人关注。我不断收集朱镕基各个时期的资料。《小巷走出的大国总理》这个标题，就是受到朱总理一句话的启发得来的，他曾称居委会主任为"小巷总理"。"小巷走出的大国总理"这个标题，就是我站在那个旧胡同口的真切感受，朱总理的话一下子飘来。

校园是一个人成长的重要阶梯。校园史就成了取之不尽、用之不竭的新闻宝藏，想想身边的南开乃至北大、清华，以及三校合一的西南联大，那么多可敬可爱的人物，永远写不完。然而，新闻毕竟不是历史，历史是新闻的泉眼，如何把历史写成新闻，让新闻嫁接历史？这是很值得探讨的。我的答案是，要寻找历史和新闻的结点、撞击点。

（一）确定一个"当下"的由头。温家宝当选中国总理，全世界注目，无数人想了解新总理的生平履历、人品个性，我们最及时地提供。

（二）用历史之眼打量新闻。什么是"好新闻"？我以为，搁得住的人物和事件的报道才是好新闻，经得起时间的淘汰检验，或在历史的记忆留下痕迹。"新鲜的"未必是新闻，"年久的"未必就不是新闻。

（三）用新闻之眼运用史料。一国总理居庙堂之高，离我们很远。但现代政治文化，人民对国家的领导人享有知情权，写这样的新闻有嚼头。在历史的起点上,总理与凡夫俗子一样是平等的。1980年代末、1990年代初,我写过多篇"毛泽东热"的报道,还撰写了《寻找毛泽东的足迹》一书,反映新一代大学生心目中的毛泽东,其意在追寻一个时代的神还成人的轨迹。

寻找历史和新闻的结点、撞击点,就会发现新闻的天地宽广无比,有写不尽的素材和人物。即使有时不能到现场采访,在心理的历史地图上同样能找到自己的支点。

2003年11月

# 我在大连报道"5·7"空难

王 科

5月的大连,风景如画,游客如云。正当人们尽情享受"五一"黄金周之时,"5·7"空难从天而降。

作为人民日报驻大连记者站站长,我在空难的第一时间赶到现场,迅速发回报道。此后跟踪报道十多天,在《人民日报》发表消息、特写、通讯共11篇,在人民网发稿24篇。

5月15日,主持完最后一次情况通气会的国务院空难处理小组发言人闪淳昌告诉大连市委宣传部领导:中央领导对此次空难报道很满意。这对奔波十余天的各路记者无疑是奖赏和鼓励。

## 快速反应抢先机

网络信息时代,传媒的触角无处不在。面对突发事件,主流媒体的反应迟缓或者沉默,意味着自动放弃阵地。因此,在新闻竞争日益激烈的今天,党报记者面对突发事件应该具有快速反应的意识。

5月7日晚12时许,我的手机突然响起。电话那头传来的

---

王科(1962年—2009年),中共党员,生于江苏南京市。1977年参加工作,1990年7月中国社科院新闻研究生院新闻系毕业,任中国汽车报记者。1991年调人民日报社市场报任编辑,1994年调人民日报总编室任编辑、副主编。2001年任人民日报驻山东记者站采编部主任,后任大连、陕西、山西记者站站长。

消息令人震惊：北航飞机失事。接到编辑部的电话，我满脑子只有一个念头：赶往现场。说实话，当记者十多年，头一次采访空难，当时我也不知道该不该发稿。但有一点是肯定的：作为历史事件的见证人，记者有责任将瞬间的过程记录下来。

事发突然，我和司机对能否找到现场、找到后能否进去心中一点数都没有。强烈的责任感驱使我们"闯"。现场在机场东20海里，现场附近肯定有很多警车——我们凭着这点线索还真找到了现场，拿出记者证，费了一番口舌后，便进入救援现场——大连港码头。

与日常报道相比，灾难报道一个最大的特点是采访难度大。当时的大连港7号码头停着一排排的警车、救护车；夜色中，许多人在商量、在忙碌。刚到大连记者站不到一个月的我谁都不认识，问谁谁都不耐烦，还不时遭到盘问。我只能尾随在看上去像负责人的同志后面，用眼睛看，用耳朵听。就这样，在凌晨2时为人民网发回《搜救工作紧张进行》的消息。

探照灯照射下的海面上，船影绰绰，黄灯红灯闪作一团。据后来了解，40多艘军地救援舰船全挤在狭窄的水域，在全力打捞遇难者尸体的同时，各方还要注意不撞船。救援指挥员后来回想起来还后怕。就在记者焦急眺望的时候，大连市委常委、宣传部长魏小鹏不知何时站到了我身旁。我赶紧采访，据他介绍，市里刚开完紧急会议，会上成立了海上搜救领导小组，市长李永金正在现场指挥。于是，我发回了《大连市全力以赴展开搜救》的消息。

凌晨3时，发完《国务院调查组飞抵大连》一稿后，我听旁边的记者说部分遇难者家属已到，于是决定去乘客家属那儿看看，但又不知在哪儿。在机场附近、民航宾馆的可能性大，于是直奔机场。路上看到一家民航宾馆门前站着很多人，停车一看全是民航的人，这些人不但不告诉在哪儿接待家属，还粗暴地把记者赶走。我又去了机场，听到出租车司机的议论。他们告诉我，乘客家属住在市内的大禹神酒店。我掉转车头赶到那里，发回《北航失事客机乘客家属陆续抵达大连》的消息。

凌晨4时，我又回到打捞现场。这次警察说什么也不让我进去了。我告诉他们，党报记者是讲政治的，不会给打捞添乱。怎么解释都没用。他们就两个字：奉命。我在警戒线外站了许久，心里很难受：指挥部开会不让进，打捞现场不让进，某些人怎么这么"怕"记者？但自己一再告诫自己，在这种场合头脑一定要冷静。于是我给正在开会的市委宣传部分管领导打电话，请他及时通报事件的进展。

此时，我已发稿6篇，虽然采访难度大，但发出的全是独家新闻，国内各大网站纷纷转载。事实上，除了新华社在空难之初发的快讯，后来人们了解空难的信息来源大都靠人民网。人民日报社社长许中田批示表扬了大连记者站的快速反应，副总编辑张研农也在5月8日的编前会上表扬了记者的敬业精神。

人民日报驻大连记者站在这次空难事件的报道上快速反应，抢得先机，回想起来，有两点经验：一是空难突如其来，大家有着获悉事实的强烈渴望，哪家媒体在第一时间里最先报道，哪怕是零碎的、不完整的，也能满足受众需要，从而增加自己的覆盖率；二是前方后方密切合作才能争取时效，抢得先机。当时现场还有两家媒体的记者，但只有人民日报发了稿，原因是我用手机及时传回信息，人民网编辑孙海峰整理成篇后发出。她也和我、和所有参与救援的人一起，度过了一个不眠之夜。5月8日下午，国务院空难处理小组第一次举行新闻通气会，首次发布了飞机的失事过程和打捞人数。会刚开完我就"冲"出会议室，用手机向人民网通报了情况，及时发出消息。

## 连续报道释众疑

如果说空难发生之初，受众通常能够接受媒体的"零碎信息"，那么，随着时间的推移，他们将更多地希望看到完整的、揭示原因的信息。这时，我们在遵守宣传纪律的前提下，有义务对空难及随后的救援、搜寻工作进行连续报道。

无论是遇难者家属还是受众，获知飞机失事消息后最想知道的是"谁在飞机上？""他（她）真的在飞机上吗？"从人文关怀的角度，媒体应该及时公布失事客机乘客名单。5月8日早上6时，我回到自己客居的人寿大厦。这时，一位朋友来电话说，他正陪着遇难者家属在宾馆。立刻，我那因严重缺乏睡眠而疲惫的神经又活跃起来。我说："接待处有一份乘客名单，不让记者看，你能不能想办法复制一份。"朋友软磨硬泡总算把名单拿到手。我连忙让干事打出来，并一遍遍校对。10时，人民网发出了失事客机乘客名单，立即受到国内外网民的关注。抢发此稿，既没有风险（名单是民航提供的），又体现了媒体对死难者及其家属的人文关怀。

十多天时间里，我跟踪报道了救援、搜寻的全过程。然而，200多名中外记者云集大连，要采写有特色的稿件特别是独家新闻需要多动脑筋。我虽然不是随行记者，但每次开完情况通气会，我都随国务院空难处理小组发言人闪淳昌走下楼梯，偶尔插问一两句，有一天他对我说，某权威媒体报道的已打捞尸体数字有误，79具应为70具。于是，我向人民网又发了一条独家新闻。黑匣子，从救援行动之始就是大家关心的焦点，怎样才能目睹搜寻它的过程呢？我向新华社军分社的朋友求援，经旅顺基地参谋长批准，海军专门派交通艇送我们在打捞搜寻现场采访了一天。那天，我们几次换乘舰艇，在148指挥船上听海军首长介绍了打捞救援的过程和搜寻黑匣子的困难和希望。我们还目睹了搜寻黑匣子信号的场面。回到岸上，已是万家灯火时分。当晚，发回3篇消息、特写，并被多家媒体采用。

自空难发生后，我奔走在码头、机场、宾馆，连续30多小时没合眼。后来十多天时间里，我也全身心投入。无论是空难原因初步调查结果，还是两个黑匣子的成功打捞，我都没漏报。值得一提的是，5月25日发出的《5·7空难搜寻打捞行动今晚结束》一稿却是"得来全不费功夫"。当天下午总社来人，陪同的市委宣传部领导突然有事，原来是国务院空难处理小组找他去商量空难搜寻打捞行动结束的新闻稿，我对此密切关注。宣传部的领导后来告诉我：空难处理小组已拟好新闻稿，交新华社发通稿。我不甘心，空难发生后的每个环节，所有过程我都没错过，难道最终"起大早却赶晚集"。我根据空难处理小组拟的新闻稿，加上自己了解的情况，给人民网和人民日报发回稿件。5月23日，我发回了7000字的"5·7"空难纪实《为了忘却的纪念》，人民网分上、中、下连载，算是对自己在这十多个日日夜夜里的所见、所闻、所思做了个"了结"。

## 顾及效果慎下笔

灾难性事件因报道目的、叙述方式的不同，产生的社会效果也迥异。面对突如其来的空难，党报记者应时刻牢记社会责任，对自己采写的稿件将要产生的社会效果细细掂量。

难忘5月8日凌晨，当大批遇难者尸体被送上岸来时，恐惧一时攫住了我。我在发回的报道中没加任何描述。事实上当天打捞上来的尸体没有一具是完整的，而且身上几乎就是一丝不挂，其状之惨足以让人做恶梦。据后来采访中了解，参加打捞的战士也曾呕吐过，指挥员则这样鼓励他们：别怕，这些人刚才还和我们一样呼吸。如果片面追求轰动效应，过分渲染惨状，把这种血腥场面全盘端给受众，无论是从新闻审美的角度还是从受众心理看，都会产生不良效果。因此自己在写稿时毅然舍弃。

来到接待家属的宾馆前，对灾难报道毫无经验的我本想写个特写：家属怎么盼亲人归来，有关部门怎么热情接待。然而，到那儿一看，家属哭天喊地，撕心裂肺。显然，采访家属不合时宜，渲染悲惨气氛更不应该。于是，我给人民网发了一条《北航失事客机乘客家属陆续抵达大连》的消息后就离开了。此后，我一直没去打扰家属。但也有许多媒体对采访家属很感兴趣，结果遭到家属的抵制，有的记者的胶卷还被曝光，差点挨打。有社会责任感的媒体，应该从人文关怀的角度做深度报道。我在长篇纪实中写了吴邦国副总理和大连市委书记孙春兰看望遇难者家属时的泪光；写了大连义工"陪着家属流泪，苦劝家属吃饭"；写了遇难者家属的朋友、同事闻讯自发赶来"多少也分担一点他们的悲痛"；写了"在突如其来的大灾难面前，没有旁观者，对遇难者家属浓浓的关爱之情充盈在这个城市"。发表后，许多人给我打电话，称赞写得好。在处置空难的过程中，许多救援、搜寻人员不怕苦、不怕死、不怕累，连续作战。应该说，这就是我们时代的主旋律，正面宣传他们的事迹，弘扬他们的精神，正是党报记者的责任。

在这次空难报道中，我虽然不是随行记者，但通过努力，发稿没出现任何政治性差错和大的技术性差错，两次受到大连市委领导的表扬，为人民日报争了光，也提高了记者站在当地的权威性和知名度。之所以没出现差错，与遵守宣传纪律、遇事向相关部门请示大有关系。空难当天，我曾被告知：有关稿件都需送审。现在都在手提电脑上写稿，送审很麻烦，但纪律必须执行。当天开完通气会，我灵机一动问道：通气会范围内的内容还要审吗？大连市委宣传部分管领导请示国务院空难处理小组负责人后回答：可以不送审。这就大大方便了记者发稿。整个空难报道我一直都很谨慎，对一些敏感性的问题常打电话请示，对一些猜测性的传闻和不利于稳定的事情，我不落一笔，真正做到了帮忙而不添乱。

最后，我还要说点感想。这次空难报道表明，媒体和管理媒体的部门都在成熟起来。首先，有关部门对这次空难报道的管理还是很开明的，虽然第一手资料首先提供给新华社，但也没禁止其他媒体发自己的独家新闻，特别是定期通气会的举行，更是为如何把握和引导重大灾难报道开了好头。从效果看，中央对这次空难报道满意，受众的知情权得到满足，媒体对这种开明的做法也满意。其二，各媒体对空难报道的把握得当。人民日报对空难的报道既充分，又适度，十多天里，天天都有报道，但没有渲染灾难，而是及时报道各方关心遇难者家属和救援、搜救的感人事迹。其三，记者素质在提高。空难第二天，天一放亮，国内外200多名记者云集大连。他们既表现出新闻竞争的强烈意识，又体现出新闻工作者的良好素质。虽然也有些不协调的声音，但国内记者大都表现出良好的社会责任意识。整个空难报道，既是一次各媒体的大比拼，同时又不乏同行间的真诚合作。

2002年7月

# 人民日报记者的声誉必须维护

汪 波

2005年夏,记者汪波(右四)在漠河采访。

3月30日,人民网发表了《昆明市环保局长公开辱骂记者》一文。次日,《北京青年报》等多家媒体打来电话寻问此事,并加以报道。一时间,记者与梅局长的知名度迅速提升。回顾此文发表前后的经历和变化,很好地说明了一个道理,正确的舆论监督一定要坚持,党中央机关报的声誉必须维护。

3月29日上午,春城晚报记者张帜然给我打来电话:"跟你说件事,你一定非常气愤,环保局梅局长在市政府大楼里骂人民日报记者是粪草。"当时,我的第一个反应就是,梅局长是冲着我写的一篇批评报道来的。并且，他已给报社和市里写了不实说明，对错误行为进行辩解。现在又发展到在公共场合公开谩骂，对此必须加以制止，这不仅关系到我个人的名誉，更重要的是关系到人民日报记者的声誉。我对张帜然说，让他等一等，我15分钟内赶到。

我赶到市府大楼时，会议还没有结束。这期间，我向市长秘书沟通了情况，请他把环保局长辱骂记者的事向市长说明。会议结束，我马上走上去，向梅局长严肃指出，他要对自己的行为负责。没有想到，梅局长竟指着记者的鼻子大声骂道："骂了又怎样，你人民日报上骂我是粪草，我就骂你是粪草！"

梅局长走后，我向主持会议的市政府刘副秘书长提出，市政府要对此事有个说法，梅局长必须道歉。

下午，昆明市常务副市长刘绍忠约见我和春城晚报记者张帜然。看到记者的认真态度，刘副市长表明，他受章振国市长的委托，代表市政府向记者道歉。他还对梅局长的行为进行了批评，表示对其一定加强教育。我提出了对此事的看法和意见：实行舆论监督是党报和党报记者的职责，也是记者的权力。梅局长为什么对正常的舆论监督如此不满，实在令人不解。

当晚，我将发生的事写成《不满舆论监督 市府楼里吐脏话 昆明市环保局长公开辱骂记者》的报道，传回了报社。第二天，人民网就刊登了此篇报道。随后，北京青年报、北京晚报、香港文汇报等多家报社的记者给我打来电话，深入了解此事。随后，又有一些报纸作了报道。

3月30日上午，我接到市委宣传部刘副部长和市政府刘副秘书长的电话，告之今天梅局长将向我道歉。下午，刘副秘书长、市新闻办许主任和梅局长数人来到记者站。刘副秘书长说，此事引起了市委书记和市长的高度重视，并作了批示。市委市府领导的意见是：梅国玮要向媒体记者道歉、本人要亲自到记者站向记者道歉、本人要向记者写出书面检查。市里今天把梅局长特从外地传回，专程来向记者道歉。之后梅局长作了深刻的自我批评，诚恳地向记者道了歉。最后，刘副秘书长说，明天，常务副市长刘绍忠还将代表市政府再次邀请记者恳谈，沟通情况。我在晚上，又将梅局长前来道歉一事，写成《昆明市环保局长向记者诚恳道歉》一稿，传给了人民网，并当晚发出。

4月2日晚，我和记者张帆如约参加了刘副市长主持的恳谈会。会上，刘副市长再一次向记者道歉，同时欢迎记者继续对昆明市各方面工作提出意见，进行监督。梅局长也表示了今后愿同记者合作，更好地开展工作。最后，我和梅局长握手言和，表示了谅解和共同合作、相互支持的意愿。

2001年4月

# 头条要成为常青树

鲍洪俊

2003年堪称人民日报驻地记者的"头条年"。其重要标志是,编委会打破沿袭多年的每站一篇的头条惯例,连续推出"四新"(新思路 新突破 新局面 新举措)、"两手抓"(坚持两手抓 夺取双胜利)、"新高度 新成效"(学习贯彻"三个代表" 达到新高度取得新成效)三个"头条工程"专栏,展示了一批兼具"导向性、新闻性、思想性、可读性"的新品力作,为版面增色不少。浙江记者站作为积极参与者,较好地完成了相应任务。两篇稿件成为专栏开篇稿件之一;一篇稿件也在靠前位置见报。记者站全年发表头版头条13篇。我们之所以能在头版头条上赢得主动,是因为:

## 把竞争"总统包厢"作为业务报道的第一要务

2003年初部署全年工作时,我们浙江记者站就把竞争头版头条作为业务报道的第一要务。人民日报一位副总编辑曾经说,头版头条是报纸版面的"总统包厢",这形象地说明了头版头条的重要性。我们体会,在纸质媒体扩版增容、网上信息海量爆炸的当代,头版头条的地位空前重要。一张厚厚的报

---

鲍洪俊,高级记者,中共党员。1984年大学毕业后分配到人民日报工作,曾任人民日报驻海南、浙江记者站站长。现任浙江省委宣传部副部长。

第一辑　时代的足迹

人民日报副总编辑马利一行到浙江记者站考察时与记者站部分人员合影。前排由左至右依次为记者站长王慧敏、报社机关党委副书记李雨生、副总编辑马利、人民网总裁何加正、记者站副站长袁亚平、经济部主任皮树义。

纸，头版头条是眉目所在，精气神所在；一张厚厚的报纸，吸引读者"眼球"的可能就是一篇头条。读者可能因为被头条吸引而翻阅全部报纸版面；也可能抽下头条这一页仔细阅读；还可能因为头条的平庸乏味而将一二十页的报纸弃置一边。

作为党中央机关报，人民日报头版头条无疑是承载舆论导向的龙头，是体现党中央战略决策、中心工作意图的首要窗口。头版头条是人民日报最为稀缺的版面空间，上上下下版面竞争的制高点。驻地地方党委、政府特别重视人民日报头版头条。浙江省委负责同志最近一年与我讲过三次，他关心的是头版头条、重头报道。本报只要发了浙江的头版头条，省委负责同志都要肯定表扬。头版头条的威力以一当百，不可替代。作为党中央机关报的驻站记者，必须把采写头版头条当作宣传报道的重中之重。一个不能采写头版头条的记者，很难说是成功的记者。

## 着眼全局抓头条

那么，驻地记者应该怎样抓头条？

我觉得，党中央机关报的性质决定了正确导向是人民日报头版头条的最高价值。本报头版头条的价值第一是导向，第二是导向，第三还是导向。我们必须胸怀大局抓头条，必须从全党工作大局出发抉择头版头条选题。

问题是如何理解大局，如何把握大局？我体会，驻地记者审视头版头条选题，需要有三个视角：

仰视：学习、把握党和政府的工作全局。具体可分三个层次：短波层次，阶段性工作决策，如防治非典，扶贫帮困等；中波层次，统管一年的全局工作部署，比如中央经济工作会议对全年经济工作的部署等；长波层次，宏观战略决策，如三步走现代化化决策，全面建设小康社会，"十五"规划等等。

俯视：研究、洞察地方党委、政府贯彻中央方针政策的相应决策。比如，浙江省，在长波层次上作出"全面建设小康社会，提前基本实现现代化"的部署；在中波层次上作出"发挥八大优势，实施八项举措"的创新探索；在短波层次，建立实现山海协作，干部下访，春风行动扶贫帮困等等。

平视：及时了解相同经济区域兄弟省份的工作动态。

只要是体现中央工作大局的地方创新务实之举，就可做头版头条选题。我们对2003年浙江站发表的头版头条进行区分，《发展之水源源来》、《浙江：城乡统筹再创优势》、《城乡协调谋发展》属于长波层次头条；《浙江：积极融入长三角经济圈》、《浙江开展十六大主题教育活动》、《浙江学在深处谋在新处干在实处》属于中波层次头条；《解难奋进看浙江》、《杭州建立困难群众帮扶保障体系》属于短波层次头条。

## 未雨绸缪写头条

面对激烈的头版头条竞争，如何把党中央的决策和地方党委的贯彻创新之举转化为头版头条，是对党报驻站记者政策水平、业务素养的考验和检验。我们体会，关键要注意三点：

第一是，琢磨大局，研究大局，及时把握大局。党中央的大政方针涵盖经济社会方方面面，地方党委、政府的工作也是千头万绪，驻地记者怎样才能准确捕捉大局呢？我们体会，驻地记者首先要勤于政策学习、理论学习，经常琢磨大局、研究大局，及时发现、理解地方党委的创新之举。比如，党的十六大召开后，迅速把十六大精神转化为干部群众全面建设小康社会的精神动力，成为各级党委面临的时代课题。浙江省创造性地开展以"全面贯彻'三个代表'重要思想，全面建设小康社会，开创提前基本实现现代化新局面"为主要内容的"十六大精神主题教育活动"，就具有了全局性的指导意义。我和江南同志采写的消息，登上了2月8日头版头条，受到李长春同志的表扬。半年多过去，考虑到版面上没有刊登过十六大精神宣传教育活动成果的直接报道，我们判断，浙江学习贯彻十六大的探索成果，同样具有宏观意义，是十六大精神推动全局工作的局部典型，旋即采写了《浙江学在深处谋在新处干在实处》，在11月14日头版头条推出，为浙江学习贯彻十六大精神和"三个代表"重要思想画上阶段性句号。2003年2月，了解到浙江省党政代表团拟订3月下旬赴上海、江苏参观考察的信息，我意识到这是一个反映长三角经济发展动向的重大新闻，马上部署采访。浙江与沪苏从彼此竞争下的封闭隔绝，到主动登门、寻求交流合作，这是浙江省委、省政府学习贯彻十六大精神和"三个代表"重要思想，打破行政体制下的地域限制，以开放的胸怀，按照市场经济规律，推进区域经济合作的重大创新之举，符合世界经济强化区域经济合作的潮流，体现了统筹区域发展的执政理念，对东部、中部、西部省市的发展具有创新示范意义。我们决定认真采写，并把《浙江：积极融入长三角经济圈》作为人民日报"四新头条"选题上报记者部，得到部领导的充分肯定。我们采写的稿件成为该专栏的开篇稿件，并被评为报社好稿一等奖。省委领导充分肯定这篇消息抓得好，指示省报、省电台、电视台转载、转播了这篇报道。以这篇稿件为开端，长三角交流合作成为国内外媒体关注报道的热点选题。

  第二是，对头条选题要精心筹划，未雨绸缪，准确反映大局。驻地记者优势在于熟悉地方情况，能够集中精力琢磨属于中波、长波层次的头条题目。我的体会，驻地记者不要轻易放过地方上的工作创新举措，不要轻易以简单消息浅层次地反映和报道地方党委的探索实践，一定要尽最大努力从驻地的新闻事件中探寻出中波、长波层次的头条选题。这方面的典型例子，是我发表在"新高度 新成效"专栏的头版头条通讯《发展之水源源来》。去年6月初，浙江省委书记习近平深入浙北杭嘉湖和绍兴地区调研水资源短缺问题。按照报道惯例，这种调研活动写成现场短新闻，反映为民办实事的主题，也能交卷。可是，随着采访的深入，对水环境从感性认识到理性思考不断深化，最后由一般环保选题"水乡治渴"，上升到人类反思自身发展行为、发展模式的高度，将文章主题定位在"树立正确发展观、推进人与自然和谐发展"的发展理念的升华。这就使得文章内涵进入长波层次，对东部乃至全国建设小康社会，都具有探索示范意义。恰逢人民日报推出"新高度 新成效"头版头条专栏，这篇文章传回编辑组，立即得到肯定，成为该专栏的开篇稿件之一。12月20日在头版头条发表的长篇通讯《浙江：城乡统筹再创优势》，同样是琢磨大局，研究省情，从中波、长波层次把握大局的结果。

  第三是，认真采访，精心写作，展示大局。如果说树立头条意识、不断研究大局是驻地记者应有的业务素养；那么，确立头条机遇意识，认真打磨头版头条，更是驻地记者的真功夫。这方面，我的体会是，采写头版头条时，一定不能平铺直叙、平面展开，要将头条主题和采访材料放到一定历史延续的时间链条上思索，写出头条文章的应有内涵。头条文章不能变成肤浅的粉饰之作，相反，一定要符合历史逻辑、理论逻辑、现实逻辑，要经得起历史的检验。

新闻是易碎品，头条要成为常青树。在这个本质要求的前提下，也注意文采，写出感情，注意文章的可读性。我在采写头版头条稿件，尤其是长篇通讯时，一般都会直面现实矛盾，揭示历史脉络，介绍探索创新，展示发展前景。

需要补充的是，头版头条要取得应有效果，特别需要版面语言的打扮装饰。一篇图文并茂、独具文采的头版头条能够取得为报纸添彩、让读者叫好的双赢效果。

2004 年 5 月

# 做记者不仅难而且险

## ——我的一次死里逃生的经历

杜峻晓

那场噩梦过去虽然已经好几年了,但它仍如刀凿斧刻般伫留在我的记忆里,让我感到做记者不仅难,而且险!

### 祸起一瞬间

上个世纪末,我在人民日报驻广西记者站当记者。

1999年12月6日,我和中央驻广西,以及广西当地新闻媒体的十多名记者,乘坐柳州铁路局的一辆依维柯,前往广西百色参加南昆铁路通车典礼。

那天,南宁下着小雨,气候舒适宜人。在北方,人们早就穿上冬装;在南

2003年6月,记者杜峻晓(右一)在宁夏西吉县秀柳沟村采访时与乡干部核算当地农民收入。

宁，穿一件衬衫，再加一件薄夹克足矣！从记者站出来，我在街头小摊吃了一碗饺子，看看快到集合时间，急忙到宿舍拿了包，装上洗漱用具，拦了辆出租车，向集合地赶去。我赶到目的地时，距发车只有10分钟了。

应当说，这不符合我的生活习惯。平时，无论开会，还是参加任何采访活动，我到达的时间都比规定时间提前半小时以上。这天不知怎么了，我到得比平时晚。车上已经坐了不少新闻单位的同行，除了中国青年报和中央人民广播电台的记者认识外，别的几乎全是陌生面孔。依维柯左边的座位全都坐满了，只有刚进门右边的单人座空着。我把行李包塞在座子下面，就坐下了。

已经到点，车还没开的意思。问原因，柳州铁路局新闻科长严群力说，新华社广西分社的记者没有来，再等一下。

大约过了十多分钟，一位模样很好看的女记者匆匆赶来。上车后不好意思地说，对不起，堵车，来晚了。说着，就坐在与我隔一个过道的车左边第一排。后来，我才知道她的名字叫卿莎婷。

因为是同行，大家沟通起来很容易。不一会，车里就一片欢声笑语。

车开得飞快，因为我与严群力更熟些，就隔着卿莎婷不停与他说话。小卿挺乖，对严群力说，咱俩换个位子，你俩说话方便。没想到，这么一换，小卿走上了不归路，而严群力侥幸生还。

车过平果县，车上的人都昏昏欲睡，我却没有丝毫睡意。雨还在有一搭无一搭地下着，柏油路面有少许积水。就在一个慢拐弯，我看到对面飞一般地驶来辆大客车，大客车要超它前面的面包车，打了一把方向，冲我们的依维柯开过来。我不由惊呼：不好！"不"字尚未喊出，只听"咣"一声巨响，我的脑子一片空白……

## 现场惨不忍睹

当我从短暂的昏迷中醒来,只觉得脸上有凉丝丝的雨点落下,四周死一般寂静。睁眼看时,依维柯的车盖子已被揭开。严群力就倒在我脚下,而他左边的小卿却无了踪影。我感觉舌头有些痛,那是舌头与牙齿相撞的结果,可见两车碰撞的力度有多大。左腿骨更是痛得厉害,我怀疑是不是腿断了,因为我的左小腿是与前面的一个小铁栏杆猛撞的。

我试着往起站,能站起来。回想刚刚发生的一幕,事情来得太突然,我左手扶着栏杆,当发现大事不好,想再用右手时,已来不及。更让我庆幸的是,我没有用右手拽着车上方的拉手,那样我的身体将会随着掀起的车盖四分五裂。

我从车的左边下去(车被揭开,已经用不上开车门了),看到小卿和广西人民广播电台的女记者都一动不动地伏在车下,电台女记者的腿骨被折断,白森森的骨茬子刺出来,令人不寒而栗。电台女记者身后坐的是中国新闻社广西分社的女记者,她穿一身黑西服,双手插在兜里,掀起的车盖正好卡在她的脖子上,一动不动,她死在梦中。中国青年报和中央人民广播电台的两位记者从车后打下去,掉在积水的公路上,想呼救却发不出声音。

坐在我身后的工人日报女记者小庞发生车祸时也在睡觉,她的头碰在我座位背后的抓手上,眉骨上方破了,流着血。小庞曾跟我同在人民日报驻广西记者站工作过,和我比较熟,她撑开雨伞,紧紧地依偎在我的身旁,哆嗦着问道:"杜老师,死了几个?"我说,那三个女的好像都死了。两行清泪从小庞的眼中落下:"太惨忍了,我害怕!"小庞继而问我:"我是不是毁容了,我还没有结婚呢!"我仔细看了一下她的伤口,告诉她只是皮肉伤,不要紧。

我打开依维柯车门,看到我们的司机正满面淌血从昏迷中醒来，从驾驶员的座位上挪下来，再也动不了。我冲他嚷："你开那么快干什么，死了那么多人，伤了那么多人，你知道吗？"他已经麻木了，没有任何反应。我在车前方找到一个黑色手包，那是严群力的，两车相撞后从车内飞到车外。车里的钥匙杂物都散在地上，我收拾起来装进包里，放到车上。

过了没多久，广西武警文工团开过来一个大轿车，他们和我们去的是同一个地方。文工团员将车停在路边开始救人，伤者被陆续送往附近医院。

## 难忘黄卫革

离开广西好几年了，当年与我打过交道的许多人的名字已经记不起来，但黄卫革这个名字我始终没能忘记。

记得当时小庞问我怎么办，我说回南宁。小庞说没车，我说拦一辆。我拽着小庞，穿着身染鲜血的衣服，像难民似地站在公路上。正好有一辆越野车驶过来，我伸了下手，车停下了。我说我是人民日报记者，想搭你们的车回南宁。车上那个人说，快上来！

在车上，得知他是广西百色市市长黄卫革，要去南宁参加自治区召开的一个会议。他说他曾在平果县工作过，希望我和小庞到平果县医院检查一下，没有大问题再回南宁。

黄卫革拿出手机给平果县负责同志打电话，说有一辆记者采访车在路上遭遇车祸，有两名记者需要到平果县医院治疗，请县里安排一下。

我们直接赶到平果县医院，医院已经做好急救准备。几名医生分头给我和小庞作检查，医生让我将开左裤腿，左小腿骨蹭掉一大块皮，鲜血洇红了秋裤。医生急忙给我消毒、上药，这时我才感到有点痛。我的右胳膊不知什么时候给碰破了，但无大碍。医生给小庞缝合眉骨上部的伤口，小庞像祥林嫂一样反复问，会不会留下伤疤。医生很婉转地回答，应该不会的。

较为明显的疤痕还是在小庞的额上驻留了许久时间，小庞在很久一段时间都戴着眼镜，因为镜框正好可以将疤痕遮挡。但就在一年后与大客车司机打官司，需要小庞出庭作证时，小庞的疤痕奇迹般地消失了。那时我已调回北京人民日报社总部工作，她在电话那头道："你说怪不怪？"

小庞说她头晕，医生留她住院治疗，怕有脑震荡之类的后患。我让小庞安心治疗，我回去后给她家里打电话。

我催促黄卫革赶快上路，黄卫革说不急，反正也晚了，吃了饭再走，县里已备好薄酒，为我压惊。

酒是茅台，饭菜的品种也很丰富，但我吃到嘴里却没有任何味道。发生这样的事情让我始终难以接受，我想，假如小卿不迟到会怎样，假如再晚走一会又会怎样，假如我坐在车左边又会怎样。我想了很多假如，想得脑子疼。

饭局总算结束了，我与黄卫革一起踏上回南宁的路途。天已黑下来，黄卫革不停地叮嘱司机，开慢点，别着急。他是担心我心里害怕，多细心的人！

## 记者的责任

黄卫革将我送到人民日报驻广西记者站楼下，已是晚上10点多钟了。那时我没有手机，记者站无法与我联系，大家都在办公室里焦急地等待，并准备派车到出事地点找我。我一进门，他们立即围上来问长问短，我简单讲述了一下事情经过，就说我得写稿，把今天发生的事故写篇稿子传回去。

我打开电脑，强抑着不平静的心情，在报社夜班截稿前将稿件传回报社。

12月8日，人民日报第四版刊发了我写的《广西境内发生车祸 三名记者因公殉职》一稿。稿件全文如下：

本报南宁12月7日电 记者杜峻晓报道：昨天下午2时，记者本人与中央驻桂和广西新闻单位的9名记者乘车赴革命老区百色地区采访南昆铁路纪念碑揭幕仪式。当车行到邕色公路思林路段时,从对面驶来的一辆大巴车因下雨路滑刹车不及,与记者所乘的依维柯猛撞在一起。

当记者清醒过来时,发现所乘车的车盖被掀走,3位女记者已因公殉职,她们是:新华社广西分社实习记者卿莎婷、广西人民广播电台记者唐柳燕、中新社广西分社记者李小霞。另有4人受重伤、4人受轻伤。正在记者打电话与南宁联系的时候,一辆满载着武警战士的大客车驶了过来。武警战士立刻停车,将受伤的中国青年报驻广西记者胡平、柳州铁路局新闻科严群力、中央人民广播电台驻广西记者刘发丁以及受了重伤的司机抬到车上,送到田东县医院紧急抢救。这时,记者发现了仍躺在血泊中的工人日报女记者庞慧敏,忙将她抱下毁损严重的汽车。一辆三菱吉普车停在记者与庞慧敏面前,车上的人向记者招手:"快上车,快上车!"记者上车后,才知道乘车者是百色市市长黄卫革。黄卫革对司机说,马上去平果县医院。车上,黄卫革市长急向平果县联系就诊事宜。当我们赶到时,抢救准备已经做好。昨晚10时40分,记者从有关方面得知,受重伤的中国青年报记者胡平已脱离危险,其余伤员正在救治中。

今天上午,广西壮族自治区党委和铁道部领导到医院看望了受伤人员。据悉,发生事故的详细原因正在调查中。

接着,各大新闻媒体都相继播发了广西发生车祸,三名记者殉职的新闻。

发生车祸的当晚,我几乎一夜都没睡好,耳畔经久不息地回荡着两车相撞时的那声巨响。天未亮,我就爬起来,对着镜子梳头时,从头皮里拔出几块玻璃渣子。此时才觉得浑身如同散了架子般地痛。

## 亲情友情围绕着我

在平果县吃饭中间,我曾借黄卫革的手机给家里打了个电话。当我听到电话那头传来正在上小学的儿子发出一声"喂"后，我的喉头像塞了一团棉花，哽咽得说不出话来。

儿子将电话交给妈妈，说爸爸好像在哭。妻子抓过电话，紧张地问发生了什么事，我把发生车祸的事情简单讲了一下，妻子问，你现在怎么样，我说问题不大。妻子长舒一口气说，发生的事情已经发生了，不要再去想它，回去把身上的血衣换一换，不要的就扔掉。

12月8日，儿子坐公交车从学校回来，看到车上有人在看《北京晚报》，几个乘客正在议论广西发生车祸的事。儿子要借晚报一看，说那上面有我爸爸的名字。回到家里，儿子对妈妈说，爸爸没事，报纸上都登了，说"人民日报驻广西记者杜峻晓无大碍返回南宁"。妻子说要到南宁看我，我死活不让，她一人带个孩子，负担已经够重，怎能再让她经受奔波之苦呢？

过了几天，我的父亲从运城到太原开会，他在那里给我打来个电话，平静的话语里满含焦急。我告诉他，已经没事了，这几天恢复得很好。我父亲对着电话不住地说："那就好，那就好。"

我的岳父是国家干部，他每天都要细读《人民日报》，除了了解党的大政方针政策外，更主要的就是看我写了些什么新闻稿件。当他看到《广西境内发生车祸 三名记者因公殉职》一稿时，对我的二内弟说，广西出车祸，峻晓又有一篇稿子登出来。我二内弟告诉他，我姐夫就在车上。岳父马上跳起来说，那他不会有事吧，我要去南宁！二内弟说，有事就不会写稿子了。那几天，我岳父整天嚷嚷着要去南宁看我，家里人劝他，说我一人在南宁，他到南宁只会增添我的负担，老人家这才罢休。

车祸后的几天时间里，人民日报编委会、人民日报记者部、广西各市县以及兄弟记者站的慰问电陆续来到我的案头。亲情和友情像空气般围绕着我，使我感到满足和幸福。

## 永不言悔

在人民日报做记者是一件辛苦的事，而做人民日报驻国内记者更是一件辛苦的事。在人民日报驻国内记者队伍中，有数十人忍受着与家人长期两地分居之苦。他们无法顾家，无法照顾孩子的学习和妻子的日常生活，他们用安排得满得不能再满的工作排遣痛苦与寂寞。他们以事业为重，以驻地为家，发回了大量鲜活而又"三贴近"的新闻稿件，为人民日报新闻事业做出贡献。

广西车祸发生后，我才知道，驻国内记者曾有十多人都有与我类似的与死神擦肩而过的经历，但他们没有畏惧，没有退缩，依然兢兢业业工作在自己的岗位上。

2000年3月，我结束了在广西当驻站记者的生活，回到人民日报记者部担任办公室主任。这个岗位是为驻站记者服务的，当过驻站记者的我，更了解驻站记者的酸甜苦辣，我尽自己最大的努力为他们排忧解难。

2002年3月，我再次"出山"，到人民日报驻宁夏记者站当站长。也许广西留给我的印象太深了，在很长一段时间里，我都把宁夏说成广西。一次与宁夏日报负责人交谈，我说广西日报如何如何，对方不解地望着我，我忙说对不起，原来说惯了，还没改过来。

做记者久了，更加体会到做记者的难处；更让人不可预料的是，可能还有不少凶险在等着你。但是，既然已经选择了这个职业，不管前面有急流，有险滩，还是有万丈深渊，我都会勇敢地去面对，永不言悔！

2006年12月

灿烂的星河——人民日报记者部新闻实践与思考

# 千里青藏线通车探秘回眸

郅振璞

2009年9月，马利副总编辑到青海记者站考察时与大家合影。图中前排由左至右依次为报社发行出版部主任李忱、记者部主任龚达发、副总编辑马利、人民网总裁何加正、总编室副主任叶蓁蓁，后排左为记者站站长郅振璞、右为记者站采编部主任陈沸宇。

"像一片祥云飞过蓝天，为藏家儿女带来吉祥；
一条条巨龙翻山越岭，为雪域高原送来安康。
那是一条神奇的天路，把人间的温暖送到边疆，
从此山不再高，路不再遥远，各族儿女欢聚一堂……"
这首美丽的天歌，几年来在耳际回响，那是高原儿女对青藏铁路的神往。

**回眸之一：金线银线织云锦**

6月28日，借青藏铁路格拉段新线全线通车的历史契机，我们常驻青藏高原的记者和总社的同仁，才得以成行——探秘千里青藏线通车。

半个世纪之间，在中国共产党领导下，青藏高原先后修通了青藏公路和青藏铁路，给数百万藏家儿女带来一次次惊喜。尤其是去年10月12日全线铺通的1142公里青藏铁路格拉段，经过货运、客运多次试运，在建党85周年喜庆日子里历史性地通车，使境内外、海峡两岸媒体数百名记者云集青藏新线。这个昔日只有少数探险者跋涉的高原，神秘面纱要被更多人揭去了！

作为年逾半百的记者，为了这次生命之旅和天堂之旅而探险，我曾专门求医，对血压、血脂、心脏、呼吸等器官"修补"了一周。但是，几位部领导还是规劝了再规劝："不要冒这个险。"

人生能有几回搏？怎奈由于使命使然，婉拒了好意，备足了药品和氧气，我还是和年轻的同仁从海拔2200米的青海省西宁市，向天歌飘来的"天路"上驰去……

**今日青藏线既有线，依然美丽而繁忙**

青藏铁路全线通车，被人们传说得纷纷扬扬。后来得知，西藏党委宣传部就在我们出发当日，便已传真记者站：统一提法是"青藏铁路全线通车"。

时不我待。我们接到报社派来的摄影记者刘龙，28日一早，驱车向预定的通车主会场——760公里外的格尔木市奔去。人民网这次没有派员指标，就依靠青藏两省5位记者，和同日从北京飞到拉萨的女编辑欧阳洁。她选择7月1日乘坐拉萨到格尔木的出藏首发客车（当时还知道是"藏2"号），以及后来从北京出发的参加海峡两岸记者青藏行的两位同仁——整个人民日报派到青藏线的"火力"，就是这么些。

再次沿着315国道，贴近青藏线沿途报道，只见高原天空湛蓝、白云飘缈，再加上报社给我们新配的2006新款"牛头"越野车，大家一路上还是心旷神怡、斗志昂扬的。

溯湟水而上不久，即可看见1984年开通的青藏线，蜿蜒在翠绿的湟水河谷，很快穿越西海古城——海晏县三角城，西海镇、青海湖、鸟岛等车站。其中鸟岛车站是青藏线全线拟开设的第一观光旅游车站。青藏高原最大最美的湖泊——青海湖，为青藏线拉开近百公里蔚蓝色的天色背景。铁路既有线和去年9月至今抢修的西宁至格尔木480公里应急线，犹如四条悠长的琴弦，紧绷在湖岩边，为青藏线新线历史性通车演奏着动人的序曲。

一列火车自西而来，正在鸟岛车站值班的王师傅提醒我们离开点。火车从一只洁白天鹅造型的站房身旁飞驰而过，王师傅这才告诉我们：鸟岛车站要等以后旅游客列运营才使用，现在还在抢建。民工们正在粉刷站房和廊柱，同样洁白的过路天桥，横跨在歌王王洛宾描述的金银滩草原上。只见牧民们把悠闲的牛羊，放假的孩子都带到湖边，翘望那神奇而飞速的火车……

**回眸之二：通车大典神秘而隆重**

"啊，青海湖，民族的自尊，祖国的光荣。

你从这里流淌，流淌，鸳鸯喜开眉眼；你被寒风封冻，封冻，鸳鸯黯然神伤。你被寒风封冻，鱼儿钻进湖底；你被暖风解冻，解冻，羊儿到你身边……

啊，青海湖，你是历史的见证，你是民族的希望……"

嘹亮优美的青海女声歌唱，使我们忘却了旅途疲劳和采访的艰辛。

巍巍高原处处牧歌声，沉沉一线天路灯闪笑腼红。在各族人民喜迎中国共产党85华诞前夕，我们四人一行沿青藏铁路采访全线客车试运营准备工作，倍感心旷神怡。

不知不觉，采访车已经驶进浩瀚的柴达木盆地，青藏铁路已经在盆地运行 22 年，盐湖、德令哈、托素湖、大小柴旦、万丈盐桥，都是既有线最早串起的瀚海明珠。

**孙永福副部长陪凤凰卫视著名主持人采访典礼**

今日高原上，青藏铁路、青藏公路开天辟地交错延伸直至拉萨。我们把沉沉铁路比喻为"金线"，把早于铁路半个世纪的公路比喻为"银线"——它们都是各族人民心中的幸福线。

为了亲近一下青藏公路，我们的行车路线，从察汉诺沿青藏线支线南插 40 余公里，来到茶卡盐湖。然后，再沿 109 国道——英雄的青藏公路，一路跋涉都兰河、香日德河，翻越脱土山、乌兰山，浏览着茶卡、察汗乌苏、巴隆、诺木洪等瀚海古镇，傍晚 7 时，我们便安然驶进西部重镇格尔木。

这时，我的手机也显示一条短信：女编辑欧阳洁报告，当日 18 时 20 分她顺利飞抵拉萨贡嘎机场。

青藏铁路，从青海境内 814 公里既有线到 1142 公里格拉段新线，阳光普照，彩旗招展，原预定的青藏铁路全线客车试运营准备工作就绪。

我们到格尔木、拉萨时，很快闻到新闻大战的硝烟味儿。新华社、中央电视台、广播电台记者阵容强大，凤凰卫视由吴小莉率团的采录制作队伍更得风气之先，处处春风得意。我们人民日报的记者，自然倍受关注。

**格尔木是主会场，拉萨是分会场**

青藏线记者们的老朋友才凡，是辽宁人，从铁道部新闻处长改任此职。专列尚未进站，才凡利用间隙告诉我："5 月下旬以来，奋战在青藏铁路新线上的 42 位车、机、工、电各工种员工已全员上岗，各项准备工作就绪，沿途各族牧民爱路护路蔚成风气，正满怀喜悦迎接'七一'全线客车试运营。"

才凡还告诉记者，为了给西藏培养第一批藏族大学生铁路员工，我们从全国各地藏族学校挑选学生，目前培养出的 100 多名藏族大学生铁路员工，都在西藏拉萨上岗，他们基本掌握

## 灿烂的星河——人民日报记者部新闻实践与思考

2008年记者郅振璞（左）采访青海优秀残疾教师马复兴。

车站所常用藏语汉语和英语。总之，对这段新线的运营，我们就是做到三句话：列车运行速度最快，设备可靠，减少用人。

**回眸之三：追着总书记，重上青藏线**

在建党85周年之际，总书记搭乘高原专列视察昆仑山北麓海拔4159米的玉珠峰车站，接着，又在青海省委书记赵乐际、省长宋秀岩、海西蒙古族藏族自治州、格尔木市有关负责同志陪同下，考察了格尔木防风防沙万亩林工程、炼油厂等。

海拔6178米的巍巍玉珠峰，是总书记的身影"诱惑"我们从南山口的新线起点，一直越过格尔木河、雪水河、纳赤台，走进南昆仑山。

我们走出西大滩，按照青藏公路上的标志，北京距此2869公里。只见云雾中的玉虚峰、玉珠峰洁净雪亮，连绵逶迤，映衬着这里透绿的草原。这时，从北京、西宁、成都首发的客车尚未经过，草原、雪山、戈壁、站房，好像屏住呼吸，迎接各地前来探胜揭秘的乘客。

初进7月，美丽的玉珠峰雪带开始融化，顺着山谷化水再结冰，构成一幅幅牙型图像，整个雪山像帽子、似围巾，戴在神女山峰的头顶颈部，任人观赏。

玉珠峰车站紧邻隧洞，出了隧道，很快进入昆仑山口。

这里正好距北京2900公里，国家已在这里设立藏羚羊野生动物保护区；再往前50多公里，就是著名的索南达杰野生动物保护站。

**回眸之四：亲历青藏线，准想当画家、作家、摄影家**

"为什么雄鹰在唐古拉盘旋？
为什么藏羚羊在可可西里游荡？
为什么朝圣者睁大惊喜的双眼？
那可是青藏铁路飞驰的青藏高原，每一座雪山都为你绽开笑脸，每一座帐篷都为你举杯赞歌——
一条通向太阳的路……"

十八年，记者亲历新老青藏线隧道两个制高点。

7月2日下午，行车5个小时后，车子终于颠簸到风火山。赫红的山，褐红的滩，尽管山势不高，毕竟是平均海拔4000米高原托起的丘陵！

草原上专门修了200多米的沙土小道，可见当年创造这一世界最高的高原冻土隧道——风火山隧道的中铁20局，多么善解人意！风火山隧道位于海拔5010米的风火山上，全长1338米，轨面海拔标高4905米，全部位于永久性高原冻土层内，是目前世界上海拔最高、横跨冻土区最长的高原永久冻土隧道，有"世界第一高隧"之称。

记者虽初睹风火山，却对它情有独钟。现场看，要知其全貌，需要跨过10公里左右的路程，如此海拔，除了风凉，尚不觉气喘。南、北洞口，都是美丽的弧度，漫漫的护坡，居家式的敞开洞口。黑越越的洞深，只有客车行进时，隔绝美妙草原和蓝天；车行一分多钟，略略感受在穿越时间和人生的隧道，感觉是那样地美妙。

隧道一侧，是一个3米高的帐篷，走出两个身穿保安制服的小伙子。原来是来自青海省乐都县的藏族兄弟俩——才让太、才让杰，为兄27岁，为弟24岁。他们俩目睹了首发客车，才让太自豪地说："看到'藏2'过隧道，是1日晚上8点多；'青1'号则是下午2点多。"

凌晨6时，沱沱河上浑圆朝阳，演绎在早行君子面前。看到记者拍的照片，兵站里"小贵州"付应喜笑着说，我们这儿，今年6月26日才停暖气，早上只要天晴，中午准有冰雹呢。

车子一直穿行在海拔4500米以上的高原，兴奋驱赶着缺氧的困扰，在青海境内运行140公里是唐古拉兵站，进入西藏就只有安多、那曲（黑河）、当雄三个站，终点在拉萨大站。远远看去，唐古拉最美的还是雪山。雪山覆盖山顶，整个造型就像雄踞唐古拉山口的雪山雄鹰。远远望去，它忽而是哈达造型，忽而是裙裾飘逸，忽而宛若雄鹰俯瞰，忽而若大鹏展翅。当我们来到山口时，谁还顾得这里海拔5231米的缺氧危险，但是，有一路的切身感觉，大家老实多了，一切放慢镜头。不然，走几步就让人噎气般地痛苦。

尽管如此，即便少吸几口氧气，谁都愿意下车拍摄最美最难忘的照片。不然，就虚行青藏线了。

**回眸之五：人间"天路"天然行**

"朝圣路上总有阿妈放飞祈祷的经幡，
仰望高原总有圣地千年不化的雪山，
珠穆朗玛是那古海的巨浪，我为你神奇的传说歌唱，
啊，天上的西藏，阿妈的胸膛，养育生命的天堂。
伊呀呀拉索，天上的西藏，阿妈的胸膛，
一曲呀拉索掠过天堂……"
——录自民歌《天上的西藏》

"无人区"里有人文。

"唐古拉"，藏语含义是"高原的山"、"世界屋脊的屋

脊"，"雄鹰难以飞过的地方"。唐古拉山，青海西藏的多年界山，历史上唯有藏族男女，或宗教人士出入青藏才会路过。现在，有了青藏公路和青藏铁路，更多的人们对它开始消除恐惧感。

7月3日11时30分，我们驶下唐古拉山口，就等于进入西藏了。自1954年青藏公路的修建，至今，沿途发展贸易留下村落或驿站似的路旁聚居点。但是，一到寒冬时节，只有军人和极少科研人员在这里守候了。

走下唐古拉，金线、银线般的青藏铁路、公路，又开始并行在西藏境内。行至距北京3382公里处，我们看到西藏途中的第一座小山——"头二九山"，不知是否当年修路人留下的名字。时隔半个世纪，途中的歌，途中的词儿，出现频率最高的还是：共产党、毛主席、解放军、金珠玛米、公路、铁路、天堂、太阳、达赖、班禅等字眼。只有稍稍有点历史知识的人，才会讲出当年率军修青藏公路的慕生忠将军，今天在青藏铁路跑得最多的铁道部党组副书记、副部长孙永福，还有在工地指挥几年的副部长卢春芳等建设大军的领军者。

记者郅振璞(左)在青海果洛州玛沁草原上。

或许，当年修公路的军民们没有这种意识，2000多公里的青藏公路，路面换了不知多少茬，从未见公路人在桥梁、路边留下"名垂青史"的标记；而新世纪的青藏铁路人，在每座桥梁，每个涵洞，每个隧道，每个车站，都留下"某某局向青藏人民致敬"的巨幅字样，甚至在桥下、站下，立上类似"三湘青藏情"的小水泥碑。

这就是青藏线人的文化意识和历史意识！

**回眸之六：乘"龙"直下九千尺**

"雪域的山，山山水水；雅鲁藏布江水，你一路欢畅。

带我满心的渴望，你一路欢唱，走出喜马拉雅，送我走一程……

喜马拉雅，我的天堂；雅鲁藏布江，我的格桑花；

带上雪域的期盼，走出喜马拉雅；

带上圣洁的哈达，走出喜马拉雅；

走出喜马拉雅，送我走一程……"

——录自民歌《走出喜马拉雅》

拉萨沉浸在通车的盛大节日里。

惊异，奔波，胸闷，流连，是我们长驱2000多公里，来到拉萨那几天的总感觉。

初到拉萨，人们第一眼就是想看到布达拉宫的雄姿。幸好，我们驻西藏记者站就建设在罗布林卡路上，走上几步，就可以瞭望到它……

拉萨如今已是立体交通，沿着拉萨河的东西侧，分别是川藏公路和青藏公路；宽广的河南车站公路，蜿蜒通向宏伟的拉萨火车站，它标志着我国铁路已经通向祖国各个省市自治区。贡嘎机场现在从西侧穿凿了山体隧道，大约50分钟就可沿着雅鲁藏布江来到机场。整个拉萨给人的印象既古老又现代，尤其机场、火车站的软硬件，达到国内一流水平。那几天，拉萨人像过节一样，各机关单位和大街上，到处悬挂着欢庆标语机关、学校、企事业单位,以及乡村民居都悬挂红色五星国旗,拉萨完全沉浸在青藏线通车的盛大节日里。

日喀则人民期盼火车早日开到家门口。

记者当年曾与十世班禅大师圆寂失之交臂,所以,17年来一直存有瞻仰大师遗容和灵塔的夙愿——要把金色的哈达,亲自献到大师灵前。

7月5日一大早,我们送走要到亚东参加中印口岸开放报道的驻西藏记者郑少忠、徐锦庚后,匆匆吃点早饭,就往日喀则市和扎什伦布寺赶去。

310公里左右的路程,出拉萨市区不久,便钻进狭长的雅鲁藏布江美丽而险峻的河谷。过了南木林县,江水变得格外宽敞,俨然到了中原大地上的黄河滩涂上,不禁勾起记者心中的阵阵故土情思。在接近日喀则市区时,大河两岸的绿化,也令人感到拉萨、日喀则的社会发展,远在青海多数地、州所在城镇之上。

是夜,因地委宣传部长外出亚东,副部长张正伦特意邀请文联主席扎西顿珠,在闲雅的东方红餐厅为我们洗尘。扎西顿珠讲道,西藏约10类藏戏遗存,在日喀则就完整地保留着6类;他说,如今亚东贸易口岸开通了,这里十多个县60万人民,都期盼着青藏线早日修到日喀则;日喀则可以成为中国、尼泊尔、印度之间,搭起贸易和旅游的桥梁。

走出喜马拉雅,乘"龙"直下九千尺。

7月7日。记者搭乘拉萨全北京西的T28次客车。那天清晨,进入拉萨火车站,几乎有一种特殊的感觉……

实际上,无论旅游或考察,还是以青藏公路、铁路交叉体验,最能获得真实、完整的进藏感受。因为,今天青藏线客车从格尔木开始到拉萨,各硬座、卧铺车厢普遍加氧,一般身体的旅客,基本消除那种高原缺氧的困苦。

走进雪域西藏,是一种精神境界;走出喜马拉雅,是一种心灵享受。

客车离开拉萨站后，长达1142公里的青藏线新线，飞速列车长驱1956公里到西宁，飞车直下3000米。拉萨河、雅鲁藏布江、羊八井、德庆旺堆、当雄，从身边闪过，明媚的朝阳抚慰着藏北草原的河流、沼泽、村户、牧群，宽敞车厢里弥散着清凉的纯氧，这才是比"空中客车"大得多的空中客车！

车厢内影视屏不停播放着青藏线建设录像，悠扬的藏乡民歌萦绕耳际，这种天人感应、情景交融的趣味，只有天堂乘客才能感受得到。

我们到达西宁，已是7月8日傍晚，青海"青洽会"刚刚开幕，国际环湖自行车赛已经热身。繁忙的青藏线，整天在不停运转。据火车站副站长古艳梅统计，仅半月隔日发车，西宁已经发送旅客7200余人。青藏线还在发热，青藏线也在不断完善之中。

我们衷心祝福巍巍青藏线运筹无限，祝福万千乘客扎西德勒！

2006年7月

第一辑 时代的足迹

# "危难时刻，我们挺身而出"
## ——记"抗震救灾重建家园工人先锋号"四川记者站

郑德刚

2009年7月，总编辑吴恒权到四川记者站考察工作时，专程到地震重灾区察看恢复重建后的映秀镇。图中由右至左依次为梁小琴、郑德刚、吴恒权、刘裕国、徐佳。

一场没有任何征兆的特大地震，袭击了整个四川，震撼了整个民族。在危难时刻，本报驻四川记者站全体记者在第一时间冲向灾区，用手中的笔和相机，记录了那一个个催人泪下的悲壮瞬间，忠实地履行了自己的誓言。

大地震发生时，作为四川记者站站长的我正在北京出差，从感觉地震发生到得知四川发生地震，仅用5分钟就收拾好行李，冲出家门，以最快的速度直奔机场，辗转赶到成都，已是次日凌晨4时多。与此同时，正在四川乐山出差的采编部主任刘裕国也正在赶往成都。天还没亮，记者站的全体同志到齐了，立即研究方案。当时与报社总部联系完全中断，地震灾区的分布和具体灾情也不明朗。在这种情况下，我们毅然决定，不管什么情况，所有记者立即出发奔赴灾区。记者站全体工作人员已经迅速集结，采访工作进入战时状态。

坦率地说，我们没有经历过如此之大的灾难，也没有感受过如此紧张的气氛，更没有看到过如此之多的遇难人群和那么惨烈的残垣断壁。但此刻我们没有退缩、没有害怕、没有感到孤立无援。一个党的新闻工作者的良知，让我们无所畏惧！

"把好方向盘，往前冲！"这是刘裕国同志在第一时间赶往灾情最严重的北川县时，对驾驶员说的最多的一句话。作为最早进入北川县城的中央新闻单位记者，刘裕国在道路完全中断的情况下，冒着余震不断和山体垮塌等巨大危险，徒步翻越堆积如山的乱石堆，与救灾部队一同冲在救灾最前沿，采写和拍摄了大量第一手的稿件和照片。在接下来的一个多月中，刘裕国先后深入到了北川、安县、青川、江油等地的20多个受灾严重的村社采访。一次次生死考验、一次次睡卧街头、一次次奋笔疾书，没有让这位具有20多年军龄、30多年党龄的新闻工作者退缩。刘裕国同志在坚守绵阳的一个多月里，饿了吃干粮，渴了喝凉水，但他手中的笔始终没有停止。据统计，刘裕国同志先后采写的稿件近200篇，是本报一线记者中写稿最多的，平均每天给人民日报及人民网发稿达7篇，工作量之大是平时无法想象的。他采写的反映基层干部和党员先锋模范作用的高质量长篇文字和多幅图片报道，如《村支书，你现在咋样了》、《决战唐家山》、《用行动捍卫誓言》等，对批驳谣言、稳定人心和引导舆论起到积极作用，受到广大读者、报社及四川省灾区各级党组织的高度评价。

站里唯一一位女记者梁小琴身患甲亢多年，每天药不离

汶川大地震后第6天,灾区儿童在新落成的"爱心学校"上课。

口,尽管体弱多病,但在地震发生后的一个多月里,她每天工作十多个小时,始终坚持在抗震救灾报道的第一线。每天跟踪四川省抗震救灾指挥部和成都重灾区,及时发回了大量权威的抗震救灾最新进展情况,使读者清晰了解到党和政府抗震救灾的举措。同时,她还承担了大量抗震救灾英雄谱的采访写作,每一个英雄都是一个楷模,每一次采访都是一次激励,促使她更加努力,更加忘我地工作。地震后,为了全身心地投入工作,她将年过八旬瘫痪在床的老父亲托人照顾,自己住到了指挥部。超负荷的工作,使她不断感冒、发烧,体能急剧下降,但她自己悄悄吃几片药,始终坚守着自己的工作岗位。20多天在人民日报、人民网发稿达100余篇,是平时工作量的几十倍,受到报社及四川省委、成都市委的高度评价。

去年刚刚从北大毕业到四川站工作的魏贺仅20出头,面对这场大灾,他表现出的沉稳、机智和勤奋,令人刮目相看。地震发生后,魏贺按照记者站派遣,与另一位年轻记者迅速到重灾区德阳地区的什邡、绵竹、广汉等6县市区,勇敢承担起遇难群众达 16000 多人的重灾区报道任务。5 月 15 日，他来到大批学生遇难的东汽中学，从下午 6 点半到半夜 12 点，他始终站在废墟上，目睹着惨烈的救援行动，并拍摄了大量的照片。其中他与另外 2 名记者采写的《80 小时的坚持》一稿，详细描述了一位被救出时说"我要喝可乐"的男孩薛肖的抢救过程，稿件见报后，薛肖立即成为全国家喻户晓的"可乐男孩"。在救灾现场的草地上，在简陋低矮的帐篷里，在满目疮痍的废墟上，在摆满尸体的道路旁，魏贺这位"80"后的年轻记者，经历了他从未经历的时光和洗礼。德阳市委宣传部的领导说，在他接待过的记者中，魏贺等人民日报记者是最棒的！

作为站长，我在 20 多年的记者生涯中，也从未遇到过如此巨大的灾难、面对如此之多的死亡，无论是在已成废墟的北川，还是在伤亡惨重的汉旺、蓥华、向峨以及充满血腥的都江堰，当站在废墟上攀援时，知道脚下就是无数被掩埋的同胞。面对这一切，我和我的伙伴们已经别无选择。

这是一个充满团结友爱的集体，一个不畏艰难困苦的团队。无论是四川站的记者，还是前来支援的记者，无论是前方还是后方，无论是男同志还是女同志，所有人与灾区人民的心是相通的。

一位记者在谈到采访体会时说，这是一场没有硝烟的战斗，却有生与死的考验；这是一场没有枪炮的战争，却有血与火的搏杀。在这场感天动地的抗震救灾斗争中，我们在第一时间奔赴抗震救灾最前线，在第一时间目睹了救灾现场那悲壮的时刻，在第一时间发回了催人泪下的报道，在第一时间与灾区人民共赴国难。事实再次证明，人民日报的记者队伍，是一个让党和人民可以信赖的优秀新闻集体。

2008 年 7 月 11 日

第一辑 时代的足迹

# 雪域高原的一场舆论遭遇战

——西藏拉萨"3·14"事件报道回顾

徐锦庚

2005年7月,记者徐锦庚(中)在西藏羌塘草原与藏族儿童在一起。

3月10日,原本是一个普通的日子,却被一伙别有用心的人赋予了特殊的含义。1959年的这一天,达赖及其分裂集团发动武装叛乱,公然背叛祖国,并将这一天定为"西藏独立日"。此后,每年这个时间段,达赖分裂集团都会绞尽脑汁,在境内外频频滋事。

2008年年3月10日下午,拉萨市哲蚌寺约300名僧人突然分头下山,企图进入市区制造事端,被公安民警劝阻后,有30余名僧人多次冲撞公安民警;色拉寺15名僧人在大昭寺广场公开呼喊反动口号,并打出一面"藏独"组织的"雪山狮子旗"。3月11日至13日，哲蚌寺、色拉寺、大昭寺、甘丹寺、曲桑日追寺等寺庙僧人在寺庙停车场静坐、冲击拦阻线，冲撞、谩骂并用石块暴力攻击一线执勤的武警官兵。

3月14日，先是数十名披着红色袈裟的喇嘛在小昭寺攻击执勤民警，接着不法分子在大昭寺周围的八廓街聚集，打出"雪山狮子旗"，一边呼喊"西藏独立"等反动口号，一边打砸抢烧。潜伏在其他街道的不法分子趁势走上街头，参与暴行，事态迅速蔓延至八廓街周边地区。在宇拓路、北京东路、朵森格路一带，暴徒们大肆纵火，辱骂、殴打、砍伤执勤人员，冲击新闻、金融、学校、公安机关等要害部门，抢劫并烧毁商店、学校、汽车、宾馆。

在这起事件中，共有18名无辜群众被砍死或烧死，382名群众受伤（其中重伤58人），242名公安民警、武警官兵，在值勤中牺牲1人、重伤23人；暴徒们烧毁民房120间，毁损车辆84台，焚毁砸抢商铺1367家，7所学校、5家医院和10处营业网点受损，直接经济损失3.2亿元。

拉萨"3·14"暴力犯罪事件发生后，西方媒体如获至宝，不实报道铺天盖地，达赖集团更是兴风作浪，造谣惑众，恶语中伤。从那以后至今，中外媒体展开了一场正义与邪恶、真实与谎言的舆论遭遇战。

我作为中央驻藏媒体的一员，义不容辞地参与其中。

## 一线记者 必须冲到前线

我春节离藏休假，于3月初从宁波径直赴京，随西藏代表团入住京西宾馆，参加全国"两会"报道。3月14日下午5点半，代表团里传出一个惊人的消息：拉萨街头发生严重骚乱，许多商铺被抢被砸，新华社西藏分社、西藏日报社也受到了冲击，已有多名群众被砍死、烧死！我急忙打电话给人民日报驻西藏记者站询问情况，站里的同志说，骚乱发生在布达拉宫以东,布达拉宫以西没有受到冲击(人民日报记者站位于布达拉宫以西的罗布林卡路)。我便叮嘱站里的同事关好院外两道铁门,一定要注意人身安全。

职业责任感告诉我,必须立刻返回拉萨。于是,我向记者部主任龚达发报告了拉萨发生的事件,提出中断"两会"报道、提前返回西藏记者站。龚达发主任遂向社长王晨请示,王晨社长表示同意。由于休假尚未结束,赴京时行装简单,我于当晚乘飞机赶到宁波家中收拾进藏行李,第二天赶到杭州(从宁波乘机须在成都住一夜,从杭州乘机当天可到拉萨),次日一早乘机到成都,下午抵达拉萨。

3月16日下午,当我进入拉萨市中心时,被眼前的满目疮痍惊呆了:北京东路、冲赛康路、朵森格路、林廊东路、大昭寺广场,到处是四脚朝天、被烧成空架子的车辆,数百间商铺烧成了黑洞洞的大口,烟熏火燎的衣物、食品、桌椅、电器扔得满街都是,全副武装的武警官兵三步一岗五步一哨,严格盘查过往车辆和行人。当我取出相机拍照时,武警冲上来盘问,直到一一查验过我的身份证、记者证和西藏自治区党委办公厅发的临时特别通行证后,才将相机还给我。身临其境,心情只能用两个字形容:沉重。

当天,我立刻投入了采访。但是,回应我的是一张张紧绷的脸,未得到只言片语。情急之下,我直接闯进自治区党委书记张庆黎办公室。庆黎书记也是3月14日当晚中断参加全国"两会"返回拉萨,通宵指挥部署。此时,满脸疲惫的他正鼻插氧气管,在批阅文件。由于平时很熟,我顾不上客套,诚恳进言:现在外电不实报道铺天盖地,我们越早公布真相,越有利于西藏乃至中央争取主动。我迫切需要了解事件的全过程,希望能为我们的采访提供方便——请放心,我们是中共中央机关报的记者,相信我们的政治素质,只会帮忙,不会添乱,愿尽一切力量与自治区党委共患难!

庆黎书记听了很感动,当场嘱咐秘书将一份绝密文件借我一阅，要求只能在原地看，不能带出去。为了争取时间，征得他的同意，我请秘书复印了其中的部分内容，包括事件的经过。接着，在庆黎书记的直接安排下，我得以进入戒备森严的指挥所，采访到了一些具体细节。采访结束时，已是晚上8点多。

此时，拉萨街头车少人稀，饭馆商铺大门紧闭，农贸市场空无一人。我和记者站办公室主任贾长飞好不容易找到一家关着半个卷帘门的小店，买了几箱方便面。那天晚上，当我埋头于方便面的热气中时，凄凉之感油然而生。

考虑到局势不稳，当晚我给全站每位同志配备了一根两米长、大拇指粗的钢筋，又动员大家搜集了两麻袋石子，藏在一楼的楼梯下，以备自卫。3月14日下午，当暴徒冲击新华社西藏分社和西藏日报社时，两家新闻单位的员工奋起自卫，与暴徒之间展开了一场激烈的"掷石战"，最后齐心协力击退了暴徒。部署妥当后，我才开始写稿。

3月的拉萨高寒缺氧，气压不稳。由于是刚进藏，加上一下飞机就奔波不停，我头疼欲裂，但时间不允许我躺下。凌晨3时，我才把长篇通讯《阳光下的罪恶》定稿。

## 谋篇布局　先得胸有全局

第二天早上8时，我拿着稿子来到庆黎书记住处。他看了后很惊讶，认为这么短时间能拿出这样有分量的稿子不容易。因中央统战部常务副部长朱维群8点半要动身回京，庆黎书记便把稿子送由朱维群审阅。朱维群也很惊讶："我们刚给新华社部署要写一篇揭露真相的报道，你动作这么快！"因他要赶飞机，遂在去机场的车上审阅修改，我们随同他到机场取回稿件。

3月17日下午，稿件传到报社后，总编辑张研农十分重视，亲自修改，决定当晚就上版，同时将稿传中宣部审定。晚

2006年3月,记者徐锦庚(右)到西藏曲水县纳木乡江村农民坚才家采访,了解青藏铁路给沿线经济发展带来的变化。

上12点半,中宣部领导给报社来指示:关于拉萨暴力事件的报道先通过外宣途径向外报道,《阳光下的罪恶》一稿改发《人民日报海外版》。因此,此稿被从《人民日报》清样上撤下,压缩后转发3月18日的海外版。虽然海外版发行量比不上人民日报,但这毕竟是国内媒体第一篇详细披露事件真相的报道,发表后社会反响大,搜狐等主流网站纷纷转载,仅一上午时间,搜狐网就有留言数千,网友无不群情激昂。

3月20日下午,报社向我传达紧急任务:中央领导要求加强国内媒体涉藏报道的力度,西藏记者站当晚务必交一篇揭露真相的重头稿。放下电话,我一气呵成5000余字的《度尽劫波凝斗志》。在谋篇布局时,考虑到暴力事件已过去五六天,受众对事件已经有了一个大致的了解,为此没有局限于披露事件本身,而是围绕三方面落笔:第一部分简要报道事件全过程;第二部分揭露达赖集团数十年来的分裂破坏活动,用铁的事实说明这是一次有组织有预谋的事件;第三部分针对外界对事件后果的最大疑虑——有可能严重伤害民族感情,运用藏汉群众在这次事件中互帮互助的生动事例，说明民族团结经受住了考验。

当晚稿件传到报社后，经张研农总编亲自修改，第二天上午报中宣部审阅。中宣部领导给予充分肯定，指定新华社发通稿。在见报当天的中宣部会议上，中共中央政治局委员、中宣部部长刘云山部长特地表扬了这篇报道。事后，我与中央其他媒体的报道作了对比，发觉自己这篇报道在后面两部分占了上风。

## 集腋成裘　方能信手拈来

报社同事在事后称：在特殊时期写出的《阳光下的罪恶》和《度尽劫波凝斗志》两稿是"倚马可待"。其实，我心里明白，要说"倚马可待"，那就是"倚"于我多年的素材积累。

我深知，当记者面对突如其来的重大事件之时，平时新闻素材的掌握程度，直接决定作品的高度、深度、广度和感染力。我进藏前，就购买了许多介绍西藏的书籍。进藏后，更加注重收集第一手资料，慢慢地积累了一个"百宝匣"。

俗话说，"好记性不如烂笔头"。每次采访时，我都尽可能记得周详，特别是对数字、地名和姓名，更是反复核对。我还有一个习惯：除了采访时必记时间、地点、采访对象姓名、单位、职务、电话和采访主题等，在每个采访本都标上序号和起止时间，记完之后仍然保管起来。

"百宝匣"里有乾坤。记得2006年9月5日下午，中宣部向中央媒体下达任务，要求从9月11日起刊发3篇宣传西藏成就的系列报道。我靠着自己有个"百宝匣"，就显得从容不迫，在第五天就如期交稿。结果，新华社主动向人民日报索稿，将我的3篇报道全部发了通稿。事后，张研农总编辑在我的业务研讨文章上批示："西藏的重大报道，任务急，时间紧，犹如'遭遇战'，但打得漂亮。锦庚同志的体会道出了

'诀窍'，源于平时的积累。这是一个很有说服力的实例，可进记者部的'教案'。"

"3·14"事件以来，"百宝匣"再次让我尝到了"信手拈来"的甜头。在《阳光下的罪恶》和《度尽劫波凝斗志》两稿中，对达赖集团数十年来分裂破坏活动的详实揭露，丰富的资料就是来自这个"百宝匣"。为不断丰富充实"百宝匣"，近几年围绕西藏尖锐复杂的反分裂斗争，我搜集积累了大量的资料，并据此撰写了一批引起中央领导关注的内参稿件。

拉萨"3·14"事件发生后不久，针对有媒体称"西藏自元朝纳入中国版图后正式成为中国的一部分"，我通过长途电话采访了在京的中央统战部民族问题专家、曾任西藏自治区党委副秘书长的罗广武，撰写了4000余字的专访《西藏自古以来就是中国的一部分》，从藏族的起源、人种及西藏的自然地理特点等方面，阐述西藏与祖国的密切关系，澄清了前述的错误观点。说起来，我之前就读过罗广武编著的《西藏地方史通述》，知道此书阐述的"西藏自古以来就是中国的一部分"的观点，富有确凿的史料。所以，这篇专访"西藏自古以来就是中国的一部分"报道发表后，被媒体广泛转载。一些媒体还依据此稿，概括出了"自古论"和"版图论"两种观点。央视也为此邀请罗广武作了专访。

需要特别指出的是，旧西藏政府官员夏格巴所撰的《西藏政治史》，一直是达赖集团和西方敌对势力鼓吹"藏独"的"宝典"，在西方社会流传甚广。我进藏后，就着手搜集西藏自治区社科院藏学专家批驳《西藏政治史》的详细材料。"3·14"事件发生后，我又以专访国内惟一的国际藏学会理事、西藏自治区社科院民族研究所所长巴桑旺堆研究员的体裁，运用大量的史实材料和鲜明细节，采写了近5000字的《西藏始终置于中央政权有效管辖》，鲜明地论述了"无论是在强盛的元朝和清朝早期，还是在内外交困、积贫积弱的民国时期，西藏从来就没有真正成为过一个独立的国家；而在我国国力强盛的今天，达赖集团妄想搞'藏独'更是痴心妄想"。稿件于4月29日见报后,当天被中宣部指定新华社发通稿,央视也邀请巴桑旺堆作了专访。

### 党报优势　助我攻艰克难

党报记者的最大优势,就是与党政部门联系密切。拉萨"3·14"事件发生后,我充分发挥这一优势,确保了采访渠道的畅通。由于当时处于敏感时期,这段时间的采访工作举步维艰,一些采访对象很难联系上。为了打开突破口,我采取了"借力使力"法,即先向庆黎书记汇报报道思路,获得他的支持后,再央请他向有关领导打招呼予以安排。

庆黎书记为人谦逊随和,对宣传工作既懂行又重视,中央驻藏媒体尤其是人民日报记者平时与他沟通的渠道很畅通。正是凭借这些有利条件,我采写《阳光下的罪恶》和《度尽劫波凝斗志》两稿时才一路绿灯。那段时间,我几乎天天往他办公室跑,一些采访难关也就迎刃而解。

3月24日上午,我向庆黎书记汇报,打算采访西藏宗教界德高望重的重量级人物,批驳达赖集团违背宗教教义的虚伪性。在庆黎书记的支持下,自治区党委常委、统战部部长洛桑江村立刻部署,当天下午就单独为人民日报记者的专题采访召开了座谈会,受邀的对象都是西藏乃至国内宗教界颇有声望的活佛。他们是:全国政协常委、西藏自治区政协副主席、中国佛教协会副会长、佛协西藏分会会长珠康·土登克珠活佛,全国政协常委、西藏自治区人大常委会副主任、中国佛教协会常务理事、西藏惟一的女活佛桑顶·多吉帕姆·德庆曲珍,全国人大代表、西藏自治区人大常委会副主任新杂·单增曲扎活佛,全国政协委员、西藏自治区政协副主席、中国佛教协会副会长策墨林·单增赤列活佛,西藏自治区政协委员、那曲地区政协副主席和佛协会长、西藏本教的世袭大活佛之一聂达。在座谈会上，他们侃侃而谈，引经据典批驳达赖，既切中要害，又冷静理性。

在这敏感时期，如果单靠记者的身份联系采访，哪怕约见其中任何一位都很困难。座谈采访结束后，我向珠康·土登克珠活佛借了他编写的佛教教义通俗书籍，落笔前仔细琢磨了一遍，然后连夜把活佛们对达赖的批驳发言梳理成5个方面的观点：背叛祖国，与民为敌，违背了"护持国度，利民度众"的佛法教义；祸害百姓，殃及无辜，违背了"不伤害众生"的佛法根本；忘恩负义，恩将仇报，违背了大乘发菩提之心的七支要诀；蓄意制造矛盾，破坏民族团结，违背了"普度六道众生"的佛法教义；玩弄手段，欺世盗名，违背了"五戒十善"等佛法戒律。

第二天上午，当我把4600字的《离经叛道 伤害众生——西藏宗教界谴责十四世达赖集团》的稿件，送给在藏指导工作的中央统战部分管宗教工作的副部长斯塔（藏族）审阅时，受到了他的高度肯定，认为这些活佛的表态分量重，影响大，切口准，打中了达赖集团的"七寸"。下午，稿件传到报社后，新任社长兼总编辑张研农十分重视，当即向中宣部领导推荐。中宣部领导审阅后，即指定新华社发通稿。

### 并肩战斗　结下深厚情谊

人民日报驻西藏记者站长年仅有一两名记者，加上行政后勤人员，也只有六七个人，是人民日报驻各地记者站中人数比较少的。拉萨"3·14"事件后，报社编委会对涉藏报道非常重视，抽调了一批业务骨干，每月一次轮换进藏，加强西藏记者站的报道力量。记者部主任龚达发告诉我："你看中谁，可直接点将！"人民日报驻各省市的记者纷纷打电话给我，主动请缨。

更让我温暖的是，"3·14"事件发生后，编委会除了给西藏站增加报道经费外，得知西藏记者站的车况不好，当即拍板拨专款，给记者站另购一辆新越野车。张研农社长等社领导说："再苦也不能苦西藏站！"有这样关心体贴的领导，有这样相濡以沫的同仁，还有什么深沟险壑不能跨越！事实上，人民日报一直是一个充满人文关怀的温馨大家庭。我2005年1月进藏前，体检显示身体没有任何一个指数超标，2007年7月却发现患上严重的高原性高血压，高压达179、低压达120，从那时起至今每天必须服药，但我无怨无悔。不是我觉悟有多高，而是因为我沐浴着这个大家庭太多的厚爱，让我总怀有一种报恩之心。

报社领导大力支持，记者站力量得到加强，但与新华社西藏分社40多人的队伍以及其总社派来的20多名增援相比，仍然显得势单力薄。尽管记者站人手有限，报纸版面有限，如何扬长避短、保质高效？我廓清思路：精心策划，点面结合，有进有退。

由于报社增援西藏的记者初来乍到，对西藏情况不熟，需要我给他们提供报道线索、分派采访任务、联系采访单位和对象；尽量把采访难度不大的任务交给他们，自己承担选题重大、时间紧迫的活。为了做到"精心策划"，我把每天三餐用饭的时间，变成我们的业务研讨时间，或者我先提思路，请他们补充；或者请他们提建议，大家互相完善，集思广益。这样做，既充分调动了大家的主观能动性，又使每个人对全局工作了然于胸。"点面结合"是指在报道好全区情况的同时，深入基层、农牧民，通过记者的所见所闻，生动直观地反映群众的精神面貌，增强报道的感染力和说服力。"有进有退"是鉴于人手较少、版面有限的实际，抓住重点题材，放弃一般线索。依据这个思路，我们既采写了一批分量较重、反响较大的重点稿，也采写了许多清新活泼、喜闻乐见的现场见闻。

人民日报记者队伍可谓人才济济，进藏增援的几位同仁个个业务素质过硬、工作作风扎实，起到了以一当十的作用。虽说他们是首次进藏，出现程度不同的高原反应：头疼、气急、失眠、流鼻血。与长住在西藏、已适应当地环境的驻站记者相比，他们须经受双重压力，即：低压缺氧的自然环境压力与严峻局势下的高强度工作压力。几位记者不畏困难、处事灵活，深入受损商铺、农牧区、企事业单位，与经营户、翻身农奴、干部职工广泛接触，掌握了大量的第一手材料，每项任务都完成得圆满出色。值得一提的是女摄影记者李维娜，一进藏就马不停蹄，奔波于市场、学校、孤儿院、农牧区、群众家中，与群众打成一片，其敬业精神令我钦佩。

为了让他们尽快适应环境，尽可能在生活上多照顾他们。记者站的生活条件不错，有单独一栋三层小楼，有报社配备的后勤人员。我要求后勤人员全力解决他们的生活困难，要求厨师尽可能做适合他们口味的饭菜，并让他们给厨师定菜谱，有空时就把他们拉出去"打牙祭"。患难见真情，当他们完成任务离藏时，个个依依不舍。然而让我内疚的是，由于采访任务繁重，加上社会局势尚未稳定，几位首次进藏的同志一直坚守工作岗位，除记者站安排他们参观布达拉宫外，从未专程去过任何景点。

### 险情迭出　依然执着坚守

青藏高原由于形成历史较晚，仍处于年轻活跃状态，加上地理环境复杂，雪崩、滑坡、地震、泥石流等自然灾害频繁，交通事故屡见不鲜。自人民日报在西藏设记者站以来，驻藏记者都遭遇过大大小小的车祸。3年多来，我跑遍了西藏74个县中的52个，途中曾多次遇险，最危险的一次是2006年7月6日，中印边境乃堆拉山口边贸通道正式开通，在开通仪式结束返回拉萨途中，车队突然遇到一场泥石流。我乘坐的越野车因躲避泥石流，不慎倾翻进一个大水潭。幸亏同行的一队武警战士奋不顾身跳入水中，及时把我们从车内拽出，才避免了一场没顶之灾。

去年11月，中央电视台和西藏电视台的记者在采访途中，车子冲进雅鲁藏布江，一名央视记者和一名西藏台记者当场遇难，另一名央视记者和西藏台司机身负重伤。

今年4月11日，为了核实达赖集团炮制的"死亡名单"，我们的记者又遇到一场车祸。

3月25日，达赖集团"流亡政府"驻澳大利亚代表处公布了一个"40人死亡名单"，称这些人是3月14日在拉萨被解放军打死的。在这批"死亡名单"中，45人没有具体的地址和单位，无法核实。虽说5人有具体单位，其中一人是西藏大学的，名叫"欧珠"；另4人是拉萨周边寺庙的僧尼——这显然是欺世盗名。因为武警官兵和公安民警在事件的全过程中，没有放过一枪一弹。为了揭穿达赖集团的谎言，我们先到西藏大学调查"欧珠"情况。结果，全校77位姓名中含有"欧珠"的师生，无一失踪或死亡。在教师中，有12人的姓名中含有"欧珠"，除了两位临时外出，我们与其他10位教师一一见了面，并为他们合影。说起达赖集团的颠倒黑白，这些"欧珠"们又好气又好笑。

至于"死亡名单"中的另外4名僧尼，分别是拉萨曲桑尼姑庵仁增曲尼、色拉寺的洛桑次白、嘎如尼姑庵的洛桑卓（托）玛、托隆达隆查寺的阿旺铁钦。为了核实她们真实的情况，我通过自治区政法委协调，得到了拉萨市公安局的帮助，特安排前来增援的云南记者站采编部主任张帆和国内政治部记者刘维涛两人去寺庙采访。

4月11日上午，张帆和刘维涛在一位藏族民警的陪同下，乘记者站的越野车前往拉萨市娘热乡嘎如寺。嘎如寺是一个尼姑庵，位于市郊的一个半山腰上，山势陡峭险峻。当车行至上坡连续急弯陡坡处，制动系统突然失灵，车子冲向山道外侧，撞在路旁的一块巨石上。在猛烈的撞击中，车上人员都不同程度受了轻伤，车辆严重受损；巨石外侧20米处，就是一道深崖,如果车子不是被巨石挡住,后果不堪设想。娘热乡党委书记接到求助电话后,带着干部群众乘车上山,在一台大型挖掘机的帮助下,费了2个多小时才把车拉上来。当残缺不全的汽车艰难地开回记者站时,我的背上渗出了冷汗:万一他们遭遇不测,我怎么向报社和他们家人交待?!

我原来设想,逐一走访4座寺庙,写一篇实地调查报道,同时配上他们的照片,以增强报道的可信度。看到我面露遗憾,惊魂甫定的张帆和刘维涛坚决要求再去噶如寺。考虑到安全因素,取消了去寺庙采访的计划,改为引用拉萨市公安局的调查结果。尽管这样,当《他们还健康地活着》的报道和西藏大学10位"欧珠"教师的合影照在4月12日《人民日报》发表时,仍在社会上产生热烈反响,媒体纷纷转载。

2008年7月

# 拉萨"3·14"事件后加强西藏报道的几点建议

张 帆

记者张帆(左)采访全国杰出青年农民、西藏自治区致富能手阿奴。

拉萨"3·14"事件发生后，我奉命于3月19日进藏协助徐锦庚同志开展工作。如今4个月时间过去了，"3·14"事件得到了迅速平息，奥运圣火的拉萨传递圆满结束，西藏正常的经济社会秩序也基本得以恢复，有关西藏的新闻宣传工作同时也进入一个新的阶段。为加强"3·14"事件后本报有关西藏的报道,根据自己这段时间在藏的调研和思考,提出几点不成熟的建议和看法,供领导批评和参考。

一、充分认识"3·14"事件后西藏形势的复杂性和严峻性,在宣传舆论上做好长期斗争的思想准备。现在回头来看,拉萨"3·14"事件可能是我与达赖分裂势力50多年斗争中的一个重要转折点。之所以作出这样的判断,一是"3·14"事件让国际反华势力非常清楚地看到了利用西藏问题遏制中国崛起的重大战略价值,今后不但不会削弱反而会加大对藏独势力支持的力度,藏独活动将在国际舞台上更加得势。二是达赖年事渐高,急于在生前实现其政治诉求,恢复其宗教地位;尽管达赖集团内部关系复杂,派系主张存在分歧,但在"以闹促谈","以谈促变"这一策略上从目前看来各派仍是较为一致的。三是随着市场经济在西藏的深入发展,社会分层和贫富差距逐渐凸现,就近期而言,明年是达赖出走印度和西藏民主改革50周年、新中国建立60周年,必将是藏独等反华势力活动频繁的敏感时期。"3·14"事件后,西藏形势呈现的这种复杂性和严峻性,客观上决定了我与达赖分裂势力进行长期舆论交锋的态势将难以避免,有必要克服麻痹大意,轻率乐观的情绪,在宣传舆论上做好长期斗争的思想准备;准确把握达赖集团抹黑中国和西藏的手段和特点,不断改进我们涉藏宣传报道的手段和方法,提高舆论引导的针对性和实效性。

二、加强对西藏深层次问题研究,提高西藏报道的思想性和理论性。拉萨"3·14"事件的发生的确不是偶然的。江泽民同志和胡锦涛同志都曾先后在中央关于西藏问题的会议上提醒大家,西藏的深层次问题没有解决。"3·14"事件客观上为认识和解决这些"深层次问题"提供了一个契机,这些重大而尖锐的理论问题,不能回避也难以回避,这一方面有赖于有关方面充分吸取正反两个方面的经验教训,对党50余年尤其是新时期治藏经验的进行理论梳理和总结;同时有赖于坚持解放思想、实事求是的思想路线，认真吸收近年来国际政治、经济、宗教、文化、民族、人类学等相关学科的最新理论成果，结合西藏50年发展的实际，积极稳妥地进行理论创新，科学理性地回答这些问题。有鉴于此，建议报社有关部门主动加强对类似问题的追踪和调研，在胡锦涛同志涉藏问题"三个高举"的总要求下，及时用创新的理论来指导我们的西藏报道，提升报道的思想性和理论性，不断增强中国政府依照科学发展观，以人为本，建设新西藏的合法性和认同感，扭转与达赖集团舆论交锋的被动局面。

三、准确把握达赖集团抹黑中国和西藏的手段、特点，提高舆论斗争的针对性和有效性。兵法云：知彼知己，百战不殆；知己不知彼，一胜一负。只有对达赖集团宣传舆论的特点有充分的把握，才能谈得上针锋相对地开展斗争。西藏资深藏学家孙勇对达赖集团抹黑中国和西藏的手段有深入的研究，值得借鉴参考，孙勇将达赖集团宣传舆论的特点概括为两条：一是陷我于不义。达赖集团注重利用各国普遍接受的基本道义观，把自己和中国政府的斗争演绎成"以强凌弱"，"以大欺小"的好莱坞式的故事；一旦占据了道义上的制高点，没有人愿意听取故事的另一面，这让我们在争取国际舆论的理解和同情中非常吃亏。二是陷我于不利。作为后发国家，中国与西方在现代化的道路上存在着明显的阶段性差别，客观上促使了我对西方思想和观念领域的主流话语往往采取不屑一顾或者避而不谈的态度；等到我们发展到一定阶段后，又对原属西方但已被世界其他国家普遍接受的一些思想观念表达一定程度的理解和认同。达赖集团就巧妙地利用了观念上的这种"时滞"，在我们推进西藏现代化时，攻击现代化给西藏传统文化带来灾难；在我修筑青藏铁路时，又拿脆弱的青藏生态环境说事。这些论调与西方很多人理想中关于"净土"的想象十分吻合，得到很多的同情和支持。应当说，达赖集团这些"高招"是和国际反华势力的操作和支持密不可分的，但也和达赖善于学习，熟悉西方思想和舆论界的最新动态，懂得西方主流社会的心理变化，谙熟西方传媒引导舆论的各种技巧有莫大关系。在全球化的今天，媒体环境愈加开放和多元的条件下，研究反制措施时，一定要对对手宣传舆论的特点做到心中有数，提高舆论斗争的针对性和有效性。

四、有效整合报社内部资源，建立和完善西藏报道的综合报道机制。现代传媒的发展已进入"团队迎战时代"的阶段，这在拉萨"3·14"事件的报道中得到了充分的展现。报社在极短时间内成立了涉藏报道领导小组，统一指挥，统揽全局。总编室、记者部、国内部、评论部、国际部、理论部以及海外版先后都参与了与"3·14"事件有关的新闻报道、新闻评论以及理论批判中，这些稿件相互配合，形成了比较强大的舆论声势。特别是西藏记者站采写的《度尽劫波凝斗志》、《离经叛道伤害众生》等系列通讯和专稿，以及评论部系列的"何振华"署名评论发挥了十分重要的舆论引导作用，以记者部为主，国内部支援配合，组成了西藏一线报道组和川、滇、青、甘驻地记者一道负责涉藏报道，评论部负责新闻评论。西藏站在站长徐锦庚的指挥下，3位同志协作奋战，取长补短，短短一个月时间，共发表文字报道50多篇、图片20多幅、内参20篇。有的报道得到中宣部领导的表扬，让新华社发通稿，一篇内参受到中央领导的批示，比较出色地完成了报道任务。

但不能忽视的是由于缺乏一个相对有效的综合报道机制，没能对报社现有涉藏的报道、评论力量进行优化整合，未能发挥出人民日报的整体优势；往往各自为战，仓促上阵，客观上影响了报道的深度和评论的高度。就西藏问题的复杂性、严峻性、长期性以及人民日报作为党中央机关报，引领舆论导向的旗舰地位而言，报社可以考虑建立和完善西藏报道的综合报道机制，全方位地实现涉藏报道的"高出一筹"。一是报社有一批西藏问题的专家。近20年来，西藏记者站培养了近10名了解西藏，熟悉西藏问题的记者，他们虽然现已在不同岗位，但时刻关注西藏的动向，是涉藏报道的专家库。新华社在"3·14"报道中，原西藏分社社长刘伟就发表不少评论和新闻回顾，发挥了"老西藏"的作用。记者部近年来倡导和培养"专家型"记者对驻地记者影响很大，徐锦庚能在较短时间内拿出几篇极具分量的长篇通讯，和他深入调研，注重资料积累密不可分。随着达赖集团妄图将西藏问题国际化，国际部关注西藏问题的同志也大有人在。二是打通报道、评论、理论和国际、国内的分隔，实现涉藏报道资源、思想和信息共享。建议继续保留涉藏报道领导小组，统一指挥和协调涉藏报道。同时成立半紧密型的涉藏报道小组，由有关部门指定专人参加。报道小组成员平时定期或者不定期就西藏问题进行研讨和交流，从事报道、评论和理论的成员对各自掌握的信息、思想和资源进行切磋、共享，加深相互间的了解和协同，并聘请社外专家进行辅导。一旦重大涉藏事件发生，由涉藏报道小组担纲，发挥整体作战的优势。

五、积极转变观念，创新手段，提高西藏对外宣传的影响力和感染力。这是"3·14事件"中暴露出来的一个问题，新闻界对此具有广泛共识。而我们的何振华评论寻求与国际社会对话的最大"公约数"，谈维护法治、维护奥运理念和藏族同胞的根本利益，赢得了国际社会的理解和尊重。从中获得的启示是如果还坚持用谩骂的口吻对待达赖集团及西方媒体，只会进一步加剧中西方之间的舆论冲突和文化冲突，使我们的声音被进一步歪曲和误解。"3·14"事件的初期被动和随后的"5·12"大地震话语权的主动很清楚地告诉我们，不着眼传播规律的摸索，没有创造性思路，没有构建话语和设置议程的能力，我们永远是国际话语体系的侏儒，话语霸权永远在别人手里，永远受制于人。对外涉藏报道需要切实转变观念，适应国际主流社会的传播方式，学会使用尊重人的话语，学会用他人明白的思维方式，掌握受众的心理；用事实、数据、典型说话，努力寻找共同点，让我们的声音别人能听得进去，从而增强涉藏报道的影响力和感染力。

以上五点是我进藏4个月以来，加强西藏报道的初步体会和建议。由于入藏时间短，调研还不够深入，对有些问题的思考也不甚成熟，因此，一些观点可能存在偏颇，甚至错误，请批评指正。

2008年8月

## 面对敏感的舆情
## 保持大报的清醒

——洛阳烈士陵园"被毁事件"采访始末

曲昌荣

1月4日,我写的《洛阳市回应烈士陵园"被毁事件":是修缮改造,不是商业开发》在政治新闻版刊发后,在社会上引起的反响可以用"剧烈"来形容。许多网友惊呼:人民日报在如此敏感的事件上反应这么及时,调查如此深入,遣词造句那样严谨,肯定有背景!

对此,我是百般滋味涌上心头:一方面要承受仍不理性的网友没有根据的横加指责甚至谩骂,一方面又为多数人的理解而宽慰。报道发出的当天下午,正值河南省委召开常委扩大会议,会下,包括省委书记徐光春等河南省主要领导见到记者站站长罗盘后,都一致称赞:人民日报的报道解答了我们所关注而又不理解的问题,你们的调查非常客观,提出的反思更是高屋建瓴,还是人民日报站得高!

许多朋友给我发来短信和邮件,认为报道不夸大不遮掩,全部以事实为根据,经得起推敲,在关键时刻敢于表态,"稳定了军心",钦佩人民日报的勇气和胆魄。

曾经参加解放洛阳战役的洛阳营170多名尚健在的老战士听说烈士墓"被毁"后,十分气愤,他们委托专人前去调查。等看到人民日报的报道后,这些老军人的愤怒开始平息。等来人现场调查后,发现我们的报道非常客观,反而要求追究不实报道媒体的责任。

稿件发出一周了，目前网上对"烈士墓一区工程为商业开发"的指责在本报报道的解释下已经基本平息，洛阳市委、市政府主要领导专程到记者站感谢，认为"人民日报的报道扭转了乾坤"。

而刊发原批评报道的《大河报》多位记者、编辑在和我交谈时，也认为人民日报的报道更加客观、真实、理性，反衬出都市报在重大敏感题材方面的不冷静以及调查的不深入。原批评报道的第一网络出口——大河网主任董林在看到人民日报报道的第二天专门宴请记者，表示"人民日报的报道，以理服人，掷地有声，无懈可击，根据我们的监测，网络风向已经明显转变。你们的报道就是转折点"。

据内部消息，河南日报报业集团董事长、社长朱夏炎批评《大河报》："不管什么理由，记者在采写舆论监督稿件时只偏听一方之言，只看现象不看本质，不采访被批评方，这是违背新闻采访基本规律的，是很不严肃的。认真读一下人民日报，一定要接受这个教训。"

《大河报》记者任双玲在接受我的电话采访时也印证了我们文章的基本判断："我也没说这就是商业开发"。她抱怨说，她的文章中只有"近日，记者接到洛阳烈士陵园一位不愿透露姓名的工作人员反映：'为开发商业墓地'，洛阳烈士陵园'革命烈士保护区第一区'正在惨遭破坏：烈士的陵墓被推平，墓碑被砸碎"这一句话给人的印象是一区在搞商业开发，文章中其他段落都没有肯定地说这是在搞商业开发。而且《大河报》的题目也只是《烈士陵被毁》。但文章经过互联网一传播就把标题变为《洛阳烈士墓被夷为平地、烈士陵让位商业墓地》。

尘埃落定。1月25日，在记者部主任龚达发、人民网副总裁官建文的支持下，我与政治新闻版主编胡果又在强国论坛在线与网友交流，探讨报道始末以及媒体责任，取得了良好的效果，网友说，想不到人民日报这么严谨！

可见，在浮躁的网络以及尚有待理智的网民面前，要始终保持清醒，不盲目追风迎合，是多么难啊。值得欣慰的是，在报社领导、记者站站长的支持下，在政治新闻版编辑的指挥下，我保持住了冷静的头脑，坚持尊重事实，坚持以理服人、以证据服人，没有愧对人民日报记者的称号。

回想整个采访写作过程，真的就像一场战斗，惊心动魄。

### 详细调查，新年在烈士陵园度过

说实话，我本来没有这么迅速地对这一新闻做出反应，就在网民对此几乎吵破天的时候，我还在想，等洛阳方面的调查结果公布后再去关注。12月29日凌晨1时30分，我被手机铃声惊醒，政治新闻版肖潘潘发来短信，转达主编胡果的要求，希望我关注一下洛阳烈士陵园"被毁事件"，调查一下真实的情况，篇幅不限，胡果还要专门再给我打电话。12月31日上午，胡果给我发来询问进展状况的短信，我才跟洛阳方面联系。

这时，洛阳已经乱成了"一锅粥"。市委宣传部副部长田亚平一听我要采访的电话，用几乎恳求的语气说："小曲，你可别来，我已经和各大新闻单位领导都说好了，千万别再添乱了，否则你大姐的副部长肯定要干不成了！"

将此情况跟胡果老师汇报后，她说："现在这个事已经成了热点，回避不是办法。再争取一下，就说人民日报一定有什么说什么，我们的关注只会推动事情解决。"再与洛阳方面联系并说明此意，田亚平请示河南省委常委、洛阳市委书记连维良后，同意我赴洛阳采访。新年之际，我收拾起行囊赶赴洛阳。罗盘站长在电话中送我几句话：忠于事实，平衡报道，冷静观察，用脑采访。

到达洛阳，已是晚上，竟然见到了新华社河南分社记者李丽静，她已是二赴洛阳，此前写过事件经过的内参。负责调查的市委常委、副市长高凌芝向我们简要介绍了调查情况，认为这是修缮改造，不是商业开发。回到房间，我又仔细读了《大河报》的原文，就一些疑问做了标示。

1月1日上午8时，我们赶到了洛阳烈士陵园。此时，洛阳市的许多干部都已经在那里待命：愤怒的网友已经组织起来，要在元旦这天举行悼念烈士活动。洛阳方面还是比较开明，没有去堵，而是准备好了白花等一切祭奠用品，全力搞好服务。

我到了媒体报道的的烈士墓一区施工现场后，第一直觉就是：这样的位置如果也被搞成商业开发，那洛阳真要向天下人谢罪了。一区的正前方就是广场和纪念碑，紧挨着的就是刻有烈士名单和毛泽东《再克洛阳后给洛阳前线指挥部的电报》手稿的纪念碑附碑。如果社会各界向烈士鞠躬致敬的方向竟然是商业墓地，那不是天下第一大玩笑吗？

然后，我找到了已经被免职的烈士陵园主任宋培育。此时的他已经被记者吓怕了，见了我声音都颤抖。我拉来洛阳市民政局的一位熟人，和他聊天，鼓励他说出自己的真心话："我现在和大河报记者拼命的心都有了，我们确实是在施工，但她连问都不问一下就说那是搞商业墓地，这对我不是诽谤吗？""如果现在有人哪怕为我说上一句话，也是我全家的第一大恩人！"

在我的劝导下，宋培育稳定了情绪，和我一一讲述了事件的原委，并把他们决定修缮改造的会议记录拿给我看。通过翻阅会议记录，我发现了很多调查组都没有查到的线索。然后，我又找来相关当事人详细询问，找来合同、照片、收据一一核对。随后，又找到未开发的11亩商业墓地去实地察看，并计算出全部开发完的时间：还要20年。下午，我又到调查组详细察看了他们的笔录，和相关人员再次座谈，使一些疑问得到了澄清。

经过一天的采访，我的判断出来了：洛阳烈士陵园由于历史原因和把关不严，存在过度的商业开发，但这次烈士墓一区的工程确实是修缮改造，而不是商业开发。

此时，我的心情很复杂。上网看各大论坛，网络舆论已经开始升级，有个别网民甚至鼓动军队起来"接管烈士陵园"，有的开始探讨共产党的诚信问题，"是否应该为共产党打仗牺牲"。可以想象，我的稿件发出后肯定有成千上万不理智的网友会辱骂我（事后的网络舆论也证明了这一点），而且家人也不支持我去"开第一炮"。但一种声音告诉我，人民日报既然调查清楚了，此时就有责任站出来，讲明真相，分清是非，如果不说话，那就是失职，那就是政治上的不负责。作为党报记者，大局是第一位的，个人荣辱永远是次要的。

决心已定，奋笔疾书，熬到凌晨3时，终于把稿子写成，分上下两篇，上篇谈这次工程到底是什么性质，题目是《是修缮改造，还是商业开发？》下篇谈商业开发的由来和存在的问题，题目是《烈士陵园的门槛有多高？》

## 一波三折，凌晨一点半稿子被撤

第二天，胡果肯定了我调查的详细，同时指出了许多不足。她根据网友反映集中的意见提出近10个问题，让我解释，解释不清的重新调查，还让我拍些照片。下午我把一些重要物证一一拍照传去。

然后，我拿着初稿又找河南省委常委、洛阳市委书记连维良最后核实。他说事件影响太坏，部分军队领导已经过问此事了，省委压力也很大。人民日报在洛阳市委、市政府最危急的时刻帮了大忙，稿子写得非常客观、真实，真不知道怎么感谢。

然后，他提出了唯一的请求：能否将第一个小标题《烈士陵园为何"大兴土木"》改为《烈士陵园为什么要进行改造？》我当即表示，人民日报不能强行为工程去定性，只有读者自己读出来才真正符合新闻规律。回去后，汇报给胡果，编辑部果真不同意这一修改，同时告知领导决定上下两篇稿子合成一篇发表，将题目的引题变为《洛阳市回应烈士陵园"被毁事件"》，主题变为肯定句式：《是修缮改造，不是商业开发》，由洛阳方面的话说出结果，从而更客观。

就在我认为稿子已上版而万事大吉的时候，一系列的"想不到"发生了：

11点半，突然接到总编室主任谢国明的电话："小曲，你捅大娄子了！"

我心里猛地一沉，意识到稿子出问题了，声音颤抖地问："出什么问题了？"

谢主任一笑："是不是你们家里人打起来了？"这时，我才恍然大悟，我的稿子如果发表，就证明《大河报》的报道有问题，而我爱人和大舅子都是《大河报》的记者和编辑。我大舅子还参与编辑那篇稿子，并再三劝我不要掺和进来，稿子能不写就别写。

我忙对谢主任说："主任请不要担心，我完成的是报社交给的任务。稿子我已经请我大舅子站在他们的立场看了三遍，所有的疑问都解释清楚了。"

谢主任此时又严肃地问我："你能保证你所写的每一个字都真实准确吗？张总有令，如果你的稿件有一丝的虚假，这篇稿子就不能发。"

我心里也很沉重，但我的调查全过程告诉我，所有的内容都经得起检验！

谢主任又提出："罗盘同志看过稿子没有？张总说，站长是人民日报在地方的第一责任人，他必须对稿子负全部责任，包括政治责任和新闻真实。"

就这样，零点时分，我将罗盘站长从被窝里叫起来，请他看稿子。半小时后，罗盘站长给我电话："稿子没问题，已经告诉总编室，我相信我们的记者！"听到这话，眼圈顿时湿润，这个寒夜真的好温暖！

1时15分，政治版编辑打来电话，说这篇稿子得到了后方编辑部的极大关注，领导再三要求导向正确，事实准确，客观公正，有理有度。稿子事实清楚，写得也很客观，但大家反复斟酌，觉得还需要增加一些新的角度，才能更加全面深入呈现事实，更好地回应读者和网友的期待。因此最后样都签发了，还是决定稿子缓发。

我的稿子占了整个版面的3/4，这不等于让版面推倒重来吗？叫我如何再见辛劳的编辑！但我理解编辑的苦心，人民日报的报道，发出去就是"一锤定音"。这一夜，我只睡了三个小时。

## 峰回路转，调整角度补充采访

1月3日上午，我谁也没有告诉，就离开了洛阳，前往三门峡采访另一件事情。路上，我将整个采访过程在大脑中"过电"，我还是问心无愧：我的调查没有错，对得起信任我的领导和老师们。

9时多，突然接到胡果的电话，还没来得及说道歉，她就告诉我："领导说稿子还要发，只要我们拿得准。但要转变角度。"她转告了领导的意见，与我详细商量了补充采访意向：从野蛮施工伤害群众感情、未向社会公示伤害公众知情权、政绩冲动影响决策过程等方面进行反思。既要肯定网友爱国热情，不激发对立情绪，又要引导他们理性思考问题，冷静表达意愿。随后她转发给我一条短信："胡果：辛苦了！张总意见：洛阳烈士陵园一稿，从修缮改造为何误读成商业开发的角度来写，不是仅仅为洛阳辩诬，而是深入分析原因，包括陵园方面的不当作为。请小曲从这个角度改写。谢国明"

阳光灿烂，心情真好，领导就是领导啊！稿件之后再配发一反思性言论的决定就是高！这样的稿件才更彰显人民日报的大气和客观，这才是更高层次上的引导舆论。真是塞翁失马，焉知非福!

顾不上采访别的了。我立即着手电话采访,不仅请《大河报》作者谈了她的采写初衷和过程,还请专家分析了如何在网络时代引导网友正确看待问题,整整一天过去,我都在反复核实稿件细节。然后罗盘站长又字斟句酌修改。

等到晚上上版时,编辑把10年前的烈士遗骨"叠压掩埋"调查一段删掉,只就事论事,谈这次改造工程。而以"目前此事正在深入调查中,本报将继续关注"作结尾,待事实清楚后再报道。

稿件发表后,良好的社会效果证明了领导决策的高明。

现在看来,在这次突发事件面前,人民日报不仅没有缺席,而且发挥了不可替代的舆论引导作用。仔细思索,在纷繁复杂、真假难辨的网络时代,面对极容易被过激情绪带到而不够理性的网友,我们是否可采取以下措施:

一、依托人民信任,主动提前介入。这一次人民日报能抢得先机,源于编辑高度的政治敏感。也与洛阳方面在全面公布调查结果之前允许新闻媒体报道有关。网络上只有一种背离事实的声音,只会被动挨打。他们担心不负责任的媒体的报道会再次把水搅浑。他们相信人民日报和新华社。此次人民日报率先将自己的调查结论公布于众,证明我们完全有能力担负起人民群众和地方党委、政府对中共中央机关报的信任。

二、站得更高,看得更远。稿件几经反复的过程说明,人民日报作为主流媒体,在热点事件和重大问题面前,是勇于承担责任的。作为记者,必须以极其冷静、不偏不倚的态度去拨开层层迷雾,探求事件的真相,并坚持遵循新闻规律和受众接受的形式去叙述事实。只有站得高才能看得远,才能发出自己的声音,为党和国家的和谐安定做出自己应有的贡献。

2008年2月

图书在版编目(CIP)数据

灿烂的星河 / 赵兴林主编. —北京：人民日报出版社, 2010.9
ISBN 978-7-5115-0152-3
Ⅰ.①灿… Ⅱ.①赵… Ⅲ.①新闻工作-中国-文集
Ⅳ.①G219.2-53
中国版本图书馆CIP数据核字(2010)第170855号

| | |
|---|---|
| 书　　名 | 灿烂的星河 |
| 主　　编 | 赵兴林 |
| 出 版 人 | 董　伟 |
| 责任编辑 | 田玉香　曹　腾 |
| 封面设计 | 刘文东 |
| 出版发行 | 人民日报出版社 |
| 社　　址 | 北京金台西路2号 |
| 邮政编码 | 100733 |
| 发行热线 | (010)65369527　65369512　65369509　65369510 |
| 邮购热线 | (010)65369530 |
| 编辑热线 | (010)65369524 |
| 网　　址 | www.peopledailypress.com |
| 经　　销 | 新华书店 |
| 印　　刷 | 人民日报社印刷厂 |
| 开　　本 | 710×1000mm　1/16 |
| 字　　数 | 1300千字 |
| 印　　张 | 95 |
| 印　　次 | 2010年10月　第1版　2010年10月　第1次印刷 |
| 书　　号 | ISBN 978-7-5115-0152-3 |
| 定　　价 | 186.00元(全三册) |

人民日报 2003 年国内记者站工作会议合影　2003 年 1 月 18 日

# 灿烂的星河

邵华泽题

## 人民日报记者部新闻实践与思考

### 中 册

赵兴林 主编

人民日报出版社

# 目 录

## 第一辑 时代的足迹（续）

少奇同志教我这样做记者 …………………… 田　流 / 1
胡乔木颐园话新闻 …………………………… 商　恺 / 22
拼命精神激励着我 …………………………… 陈勇进 / 54
经济特区风云录
　　——深圳报道的回顾 …………………… 林　里 / 59
幸福的回忆 …………………………………… 柏　生 / 78
难忘的历史画卷
　　——我参加了开国大典的空中采访 …… 柏　生 / 85
为"活愚公"唱赞歌
　　——沙石峪采访追忆 …………………… 东　生 / 89
深圳，16年前的回忆 ………………………… 丛林中 / 102
探讨"非事件性新闻" ………………………… 张铭清 / 109
新闻的背后
　　——采访十四大随笔 …………………… 王学孝 / 114
记者站复建简记 ……………………………… 王学孝 / 124
纵观记者部4次有关国企改革系列报道 …… 周　庆 / 129
驻地方记者的甘苦 …………………………… 张述圣 / 138
《瞎指挥搅黄了退耕还林》见报前后 ………… 钱　江 / 144

支持农民搞"双包"
　　——忆江西农业改革报道的往事 ………………… 高新庆 / 154
我写李润五 …………………………………………… 颜世贵 / 160
一次难忘的实践
　　——深圳"八·五"大爆炸采写回顾 ……………… 王　楚 / 168
打造财经媒体的影响力和公信力 …………………… 李忠春 / 172
甘于奉献的"二传手"
　　——记人民日报记者部编辑组 ………………… 张玉来 / 177
学会打主动仗
　　——《县委书记刹"三风"》采写回顾 …………… 蔡小伟 / 189
点亮新闻报道自身的"风景线" ……………………… 何　伟 / 196
采写《点燃自己　照亮别人》的追忆 ………………… 陈国琦 / 204
写稿杂忆 ……………………………………………… 王启明 / 207
在报道中升华情愫
　　——方永刚典型系列报道的思索 ……………… 王金海 / 214
本报记者第一时间到唐山
　　——唐山大地震采访追记 ……………………… 张何平 / 222
《如此调水为哪般》采写前后 ………………………… 张志峰 / 235
当考验来临的时候
　　——"黑砖窑"事件报道亲历记 ………………… 鲍　丹 / 238
为记者部建设和发展作贡献 ………………………… 田永有 / 244
辛勤工作　真诚服务
　　——记者部办公室工作发展纪事 ……………… 崔仁志 / 247
管理就是服务 ………………………………………… 何昱华 / 250
"背起行囊，我们一同战斗"
　　——记全国抗震救灾宣传报道先进集体记者部 … 汪晓东 / 254

## 第二辑　记者纵横谈

积极地反映现实生活
　　——采写《不该发生的悲剧》一文的体会　洪天国　张何平 / 261

《知音难觅》采写札记 ……………………… 郭伟成 / 266
对"最初经历"的回顾和思考 …………………… 张平力 / 269
记者的头脑
　　——多思、会思、深思 ……………………… 欧庆林 / 276
记录瞬间　再现历史
　　——赏析高粮同志摄影作品展 …………… 王庚南 / 280
"全方位"与"一把抓"
　　——驻省记者随感录 ………………………… 赵相如 / 283
真情实感融笔端
　　——关于采写宝中铁路的体会 ……………… 张述圣 / 289
重要的是适销对路
　　——一个记者的感言 ………………………… 张铭清 / 294
边远省区宣传报道大有可为 ……………………… 曾　坤 / 299
观察与感悟 ……………………………………… 段心强 / 304
一次艰苦而有意义的采访
　　——采写《郎酒的呐喊》漫笔 …………… 罗茂城 / 311
写出你的个性 ……………………………………… 卢小飞 / 316
瞄准历史和现实的交汇点
　　——试谈国企报道的新闻视角 …………… 刘工践 / 322
写人要写心 ……………………………………… 刘　衡 / 330
人家炒着的热点怎么抓
　　——从《嘉禾高考舞弊案曝光之后》一稿的组、编谈起 … 钱　江 / 339
"跑"出来的新闻才鲜活
　　——采写《一片丹心唤民心》的体会 …… 宋学春 / 343
争多求好　永不懈怠 …………………………… 顾兆农 / 347
摆脱空话与碎语
　　——试析消息写作中的一种语言误用 …… 余继军 / 352
多跑基层尝甜头 ………………………………… 刘裕国 / 356
领悟"人民"二字的分量
　　——《海难，为什么发生在这里？》采写前后 ……… 宣宇才 / 361

| | |
|---|---|
| 无限风光在"遥看" …………………………… | 鲍洪俊 / 367 |
| 力求把成就报道写出"成就"来 ……………… | 阎晓明 / 371 |
| 集体"创作"倾力为之 | |
| ——《莫让民工流汗又流泪》采写体会 … | 李 杰 王明浩 / 377 |
| 精品源于精心 | |
| ——《共产党人的楷模——史来贺》采写体会 | |
| ……………… 李 杰 戴 鹏 | 王明浩 / 382 |
| 艰辛的投入 真诚的回报 | |
| ——《内蒙古草原生态建设纪实》采写后记 … | 郅振璞 吴坤胜 / 386 |
| 为什么缺稿还退稿？ | |
| ——新年后值夜班的感想 ………………… | 李 忱 / 392 |
| 激情报道 震撼世界 | |
| ——汶川抗震救灾报道之我见 ……………… | 王 彧 / 396 |
| 用眼睛"写"新闻 …………………………… | 范伟国 / 401 |
| 南丹矿难的成功揭露留给人们的启示 ………… | 郑盛丰 / 406 |
| 认识和把握民族地区新闻报道的特点 ………… | 刘亮明 / 413 |
| 怀"平民"之心 做"平民"记者 …………………… | 郑有义 / 419 |
| 别有天地的对话 | |
| ——采访专家学者的几点体会 ……………… | 张玉来 / 424 |
| 一篇内参就是一本"奏折" ………………………… | 宋光茂 / 433 |
| 对"体验式新闻"的体验 | |
| ——《一拨就灵解民忧》的采写实践与思考 ……… | 何 伟 / 436 |
| 逼近事物的本质 | |
| ——三写诸暨"枫桥经验"的感悟 ……………… | 袁亚平 / 443 |
| 文风·作风·新风 | |
| ——从刘杰站长的新闻采写中说感受 ……… | 何 聪 / 449 |
| 有准备的头脑才能创新 | |
| ——《擦鞋者说》采写回眸 ………………… | 龚永泉 / 454 |
| 版面上的"吉祥三宝" | |
| ——从龚永泉的《擦鞋者说》说开去 ……… | 顾兆农 / 458 |

**替人民说话必受人民欢迎**
　　——我写《银川:出租车新规定为何起风波》的体会 … 杜峻晓 / 461
**持平常之心　让细节生辉**
　　——《申纪兰的根与本》采写体会 ………………… 安　洋 / 465
**感悟"三贴近"** …………………………………………… 蒋升阳 / 469
**"抢"功还需有"耐"功** …………………………………… 侯伟生 / 473
**只有感动作者,才能打动读者**
　　——《章金媛:79岁的我还有两个梦》采写体会 … 邓建胜 / 476
**新闻生产力是这样产生的**
　　——从无锡水危机报道看编采互动 ……………… 汪晓东 / 479
**不拘一格攻头条**
　　——《深圳15万注册义工服务社会》采写后记 … 张　忠　胡　谋 / 483
**驻站记者如何在新闻报道上独当一面?** ………… 王明浩 / 486
**跟踪一个好故事** ………………………………………… 徐元锋 / 491
**"叫得响"随感** …………………………………………… 朱竞若 / 493

# 第一辑 时代的足迹(续)

## 少奇同志教我这样做记者

田 流

### 小 引

我下决心终身从事新闻工作，是1948年少奇同志亲自主持召开的华北记者座谈会以后。30多年来，风云变幻，我也在风风雨雨中经受锻炼，但，我的志向意愿一直没变，一直想努力实行少奇同志对华北记者团的谈话精神。可是，冷静地回想一下，自己的实际行动有很多方面辜负了少奇同志的期望，做得很不够。这里，我只从自己的实践中，对少奇同志关于党的新闻事业和记者工作的要求期望，谈点自己的体会、感受和教训。

### 一、记者的职责

记者是干什么的，为什么要有记者我当时是很糊涂的。

---

田流(1918—2000年)，高级记者，河北顺平县人。1937年参加革命，1938年加入中国共产党，在太行山打了8年游击，抗战胜利后才调到报社工作。1948年10月2日聆听刘少奇对《华北记者团》专题报告。新中国成立后，田流历任人民日报农村新闻编辑部副主任、国内政治新闻编辑部副主任，以及中央工交政治部办公室副主任等。1978年重新回到人民日报，任记者部主任，后任《报告文学》主编。

1982年,田流同志在写作。

我是1945年由地方工作调到报社——《晋察冀日报》工作的。当时,我一没有新闻工作起码的知识和能力,二感到做记者远不如原先在地方上作党的工作,政权工作,群众工作"好"、"重要",三,唉!真是幼稚可笑,觉着当记者"低下",不如当"官"威风,有权,受人尊重。就是因为这些,我当时对党叫自己做记者工作很不惬意,很想再回到地方上去作"实际工作"。正在这时候,报社——已是人民日报了,领导同志告诉我,中央要找记者开个会,谈谈党的新闻报道问题,并说:"你也去,明天就动身。"那是1948年秋天,好像刚过中秋节。为什么中央要召我们去?而且那么急,明天就动身?我想,一定有什么紧急报道任务要我们去完成,不然,中央不会找我们,更不会这样急。

第二天一大早，我就背着背包，和同志们出发了。下午两点多钟，我们十几人就赶到了中央驻地——平山县西柏坡村。谁知，到西柏坡一看，完全出乎自己意料：村庄一片宁静，一切秩序井然，没有一点要发生重大变化的迹象。

　　这是怎么回事，正疑惑间，负责接待的同志把我们领到一户老乡家里。我们开始忙着搭床铺，人多，天气还热，好几个同志从左邻右舍老乡家借来门板，有的支在门道里，有的支在院子里那株大树下。正在这时候，少奇同志和廖承志，范长江同志来看我们了。我这是第二次见少奇同志了。头一次是去年——1947年，中央从延安移到平山不久，我们晋察冀中央局直属机关开欢迎会，那时我在《晋察冀日报》工作，也参加了。那个会说是欢迎会，可是从那以后直到今天，30多年我也没有再见过那样的欢迎会了。会场没有布置，就在河边小树林里，没有一条标语，也没有一个人呼一句口号，座位是自己从老乡家借来的小板凳、草蒲团，更多的是从附近河滩里搬来的河光石；"主席台"上只有一张掉了漆的旧式供桌和一条白茬长板凳，开会仪式更简单，只有一句话：欢迎总司令和少奇同志给我们讲话。朱德同志讲话很简短，他简明扼要充满预见地分析了解放战争形势后，少奇同志给我们讲话了，他讲的是党的根本的工作路线——群众路线问题。那时，我把少奇同志的讲话基本上都记下来了。这个笔记本一直是我最珍爱的，可惜，1967年被"造反派"抄家时抄走了，不知它现在落在何方，很可能不在人世了——这些都是闲话。

　　至今难以忘怀的是："我们快胜利了，请同志们来，研究研究胜利后的事情，特别是党的新闻工作的问题。"少奇同志说。

　　——就是因为这样，我们的会开得很活泼，很顺畅，提了很多问题，从国际到国内，从政治到军事，经济，文化，从记者的任务、工作方法到记者的学习，生活待遇……凡是我们想提的问题都提了，凡是我们想说的话都说了。会议足足开了三个星期，可我们觉着时间还太短，一晃就过去了。我当时想，我们提的这些问题是问题么，值得麻烦中央、麻烦正在领导全国人民争取解放战争最后胜利的少奇同志么！可是，当少奇同志听了我们的汇报后，不仅没有说我们不该提这些"不是问题的问题"，反而耐心地一个一个地给我们作了解答，还一再问我们：是不是应该这样？还有什么问题，并且还提出了不少我们没有想到没有提出但却是更重要的问题，同我们一块研究，一起座谈，更没有笑话我们说的那些幼稚的意见，也没有批评我们提的一些不合理的要求，还一再启发我们，要我们自己认识那些问题，正确对待那些问题。在整个座谈会期间，少奇同志多次来参加我们的会议，听我们汇报，和我们一起座谈。因为解放战争形势发展得很快，我们的会不得不结束了。在十月二日最后的一次会议上，少奇同志对党的新闻工作，对我们的座谈会作了总结性的发言，他问我们：

党为什么需要你们这些专业的新闻记者？

——是啊，为什么需要我们这些专业的新闻记者呢？我正在思考企图解答而又找不到恰当的答案的时候，少奇同志说：革命的需要嘛！接着，少奇同志就向我们提出了记者的职责，记者的任务和工作性质等问题。

少奇同志说：密切联系群众，是我们党的一条最重要最根本的原则。我们什么也不怕，不怕帝国主义，不怕原子弹，不怕地主资产阶级，就怕脱离群众。党一时一刻也不能脱离群众，安泰离开大地就要被人扼死，我们共产党如果脱离群众也会被人扼死哩。党通过各种渠道、桥梁联系群众，但最经常最大量最及时地联系群众的纽带，还是报纸，是你们新闻记者的正确报道。报道是联系群众最重要的办法，你们就是做这种工作的。同志们想想，哪件工作比密切党和群众的联系更重要，更值得我们废寝忘食去做呢？

这是因为，党报记者，人民记者的总任务——根本职责，是密切、加强、扩大，发展党同人民群众的联系。记者应该怎样理解、执行和完成这个光荣的任务，担负起自己应该担负的职责呢？我理解，主要做好两件事：一件是真实地把群众的呼声、要求、困难、经验反映上来；一件是把党的方针、政策准确地告诉群众（也就是少奇同志说的报纸），记者是党的耳目喉舌。党依靠记者了解革命和建设中的实际情况，了解群众的情绪、要求和意见，解决群众希望和需要解决的困难和问题，根据实际工作中出现的情况和问题，制定党领导人民前进的方针政策。同时，党也依靠报纸和记者，及时地准确地把党的这些根据实际情况制定出来的方针政策向群众宣传，把群众团结起来组织起来，为自己的切身利益去斗争，为自己的明天的幸福去斗争。

为了使报纸担负起自己的职责，少奇同志鼓励我们，期待我们，同时也严肃地告诫我们：一定要采取对党对人民负责的态度、谨慎的态度、严肃的态度去从事我们的采访报道，绝不能用马虎的、草率的、非革命的态度去工作。少奇同志说：你们——人民的记者、无产阶级的记者，工作做好了，对党对人民的帮助就大，做不好帮助就不大，来个客里空，反映的不真实，那就害死人了。

——几十年来，我一直把少奇同志的这些意见，当作自己工作的座右铭，努力使自己写的通讯报道真实、全面、深刻。但是，做得很不够，虽然没有故意夸大、故意歪曲事实，但也出现过不少片面性的报道。比如1958年、1959年写的一些通讯报道，我只看到了——最少是片面强调了群众热情的一面，没有看到——最少是削弱和低估了科学性的一面。因此，对"大跃进"的某些报道，从本质上说是不真实，不全面的。不真实不全面的报道，当然也就谈不上深刻。从那以后，我比较认真地总结了自己的教训，头脑清醒些了，在林彪、"四人帮"横行，全国十年大动乱期间，再没有写过一篇违心的文章，这是一件大幸事。有些报道——我是说我们的有些报道，不是说"四人帮"那别有用心的造谣新闻——我们的一些好同志写的新闻报道，也有不少是我过去曾经发生过的片面性的报道。这些缺点的发生，常常使我想起少奇同志当时对我们说的那些非常恳切的话。他说：我希望你们成熟起来。为了把你们的通讯报道工作做好，更好地担负起自己的职责，不断发展、加强、密切、扩大党同人民群众的联系，需要具备一定的条件，即学识与态度。要把这些条件具备，要把这些条件加强。就是说，要使学识增加，态度正确。

## 二、记者的品德

在三个星期的华北记者团座谈会过程中，少奇同志曾多次参加我们的座谈。他给我们谈解放战争的形势，谈解放区的土地改革运动，谈建设新民主主义经济的各项政策，谈的更多的是记者的修养和品德。他说，记者的修养和品德，是一个党的

1985年9月，记者部原主任田流(右三)由驻站记者赵相如(右一)陪同，到共青垦殖场采访。

无产阶级的人民记者，区别于旧的资产阶级记者的根本标志，是能否担负起加强党同群众联系这个根本职责的根本保证。少奇同志说：你们是人民的通讯员、人民的记者，要全心全意为人民服务。你们的笔是人民的笔，你们是人民的喉舌，要忠实地为人民写作。你们是靠人民吃饭的，靠真理吃饭的，你们的工作应建立在人民和真理的基础上，绝不能像资产阶级记者那样靠拍马屁吃饭，绝不能像资产阶级记者那样把自己的工作建立在造谣扯谎搞假报道的基础上。为了人民的事业，你们要敢于坚持真理，要有点硬劲，要有点斗争性，或者像鲁迅所说的，要有骨头。

——说得多么深刻啊！几十年的实践，我越来越深切地认识到，要做好记者工作，首先自己必须是一个正直的人，有原则的人，作风正派的人，敢于坚持真理的人。没有这种品德，他不但做不好记者工作，写不出好的符合实际，符合人民利益，有利革命事业的通讯报道，毫不过分地说，他根本不配做记者工作。在华北记者座谈会上，我们向少奇同志反映了记者由于作了真实的报道，而遭受某些人打击的问题。少奇同志说，由于党内还有资产阶级影响，还有那类喜欢叫人吹拍的"戈尔洛夫"，这是残余；靠残余吃饭的"客里空"是残余的残余，哪一天整党，"戈尔洛夫"和"客里空"就不行了。事情果真是按照少奇同志的预见发展的。在党的正确领导下，新中国诞生后，全党上下正气一天天发扬光大，党的优良传统和工作作风有了进一步发展，实事求是，密切联系群众，批评和自我批评，成了全党和全国先进分子的生活准则。可惜，这种朝气蓬勃、天天向上的社会风气，在1957年后被破坏了，"大跃进"刮起来的浮夸风也影响了报纸，而报纸又反过来助长了社会上和实际工作中的浮夸风。特别是林彪、"四人帮"横行的十年动乱期间，那些早已被党被人民唾弃的"资产阶级思想影响残余"，又被"四人帮"搅起而汹涌泛滥了。在"四人帮"控制下的报纸党性原则，变成了披着"党性"外衣的帮性，人民性原则变成了披着"人民性"外衣的派性。一时间，报纸上充满了无中生有、黑白颠倒、是非易位的谎言。在这种情况下，我们新闻界出现了种种过去从来没有出现过的复杂现象。

历史的教训是面镜子。为了继承和发扬我们党报的优良传统和作风，最近我费了老大劲，翻阅了50年代的一些报纸，重读了我念念不忘的一些通讯、报告，感到更加亲切。仔细一回想，写这些好文章的同志，都是思想好，品德好的。为什么到现在人们一提起十年动乱期间那些歪曲捏造，无中生有的造谣新闻，仍然万分愤慨。是作者缺乏才华，写得不好吗？不是。从技巧和文字上看，倒是满不错的，根本问题是这些报道违背了党的新闻必须真实的原则，是造谣。一查，大都是这些作者思想品德不好，有的虽有才但无德，有的则既无才也无德。在"四人帮"控制的报纸上，那许许多多的报道，从对毛泽东思想的歪曲阉割，到对老一辈无产阶级革命家的造谣诬陷，从理论问题的宣传到实际情况的报道，记者、作者是不是完全同意那样写呢？是不是也有不同的观点和看法呢？比如对"批儒评法"的阐述，对"朝农经验"的宣传，对小靳庄的报道，等等，记者是不是完全同意那些做法，是不是没有一点不同的意见和看法呢？我问过几个有关的作者，他们是有自己的想法和看法的。为什么又按着"四人帮"的调子唱，按着"四人帮"的拍子写了那样的歪曲事物本质的错误的报道呢，原因是这些原来合格的共产党员，党的新闻记者，思想上起了变化，有了个人的私心杂念。有的把个人的得失荣辱摆在人民利益、党的利益之上，为了个人"安全"，屈从了"四人帮"的压力。有的更简单，只是为了自己的文章能够发表。他的理由是"不那么写发表不了啊"！

记者写新闻写通讯当然为了发表，不发表写它干什么呢？但是，发表是手段不是目的。记者写新闻写通讯，是为了用新闻通讯中的事实、经验、思想、观点，去宣传读者、影响读者，帮助他们认识自己的事业，认识自己的力量，团结起来为自己的切身事业奋斗。要达到这个目的，只有通过在报刊上发表这个手段，否则，是无法发挥新闻报道的作用，无法达到宣传读者影响读者这个目的的。这是我们所以非常重视记者作品发表的唯一原因。我们必须正确处理手段与目的的关系，记者努力工作，努力写作，不是为发表而努力，是为了达到正确地有力地宣传真理而力争发表。正如少奇同志要求我们，记者的报道一定要真实，要敢于反映真实的实际情况，唯物论者是有勇气的。又说，记者工作是独立的艰苦的劳动，如果叫你找左倾的例子，你就去找左倾的例子，那你就不能独立的工作了……

——我们应该永远记住他的话，永远按照他的话去工作，无论在什么时候，无论在什么情况下，都要坚持原则，不写违心的文章，不能为了发表，就去迎合；发表不是写文章的目的，只是达到目的的手段。

粉碎"四人帮"后，我们党正在大力整顿党的作风，正在大力恢复和发扬党的优良传统和作风，我们记者的工作也好做得多了，更能够坚持实事求是，从实际情况出发了。但是，也应该承认，虽然比"四人帮"横行时期好多了，但同1956年以前比较起来，在很多——最少在有的方面还差得很远，记者的报道一旦涉及到某些人的"利益"，就会遭到许多甚至莫明其妙的打击。你记得《记者的苦恼》么（载1979年12月1日人民日报），你看过《也谈记者的苦恼》么（载1980年4月13日人民日报）？只因为记者写了真实的报道，便遭受到令人啼笑皆非的攻击。那些用造谣中伤，散布流言蜚语等办法抵制记者真实报道的人是坏人吗，是"四人帮"帮派分子么？不一定。可是他们的思想、观点、方法、作风是"四人帮"那一套，他们受"四人帮"毒害太深，所以一出手就是"四人帮"那一套。不过，毕竟不是"四人帮"横行的时代了，我们的记者也已是经过风浪的记者了，他们又以新的战斗姿态为真理斗争了。这是一件大好事。党的人民的记者，在任何时候任何情况下，都要把党的利益人民的利益置于个人之上，而这样的记者正在日益增多地涌现出来。

## 三、记者的学识

少奇同志曾多次参加我们的座谈会，听了好几次我们的汇报，对我们这些年轻的记者的现状和工作，作了科学的分析，提出了殷切的希望。他说：你们还年轻，还幼稚，工作还没大上路，希望你们能够成熟起来。为了把党的新闻工作做好，要具备一定的条件，即学识与态度。

——态度问题，在《记者的品德》一文中我已经说过了，现在就记者的学识问题谈一点自己的体会。

记者的职责是加强党同群众的联系。具体任务是了解和报道实际工作的情况，问题，经验和正确地宣传党的方针政策等等。要正确地而不是歪曲地，全面地而不是片面地，要深刻地而不是浮浅地做好这个工作，需要有正确的即马克思主义的理论和方法。少奇同志要求我们，要特别重视历史唯物主义和辩证唯物主义的学习。他说，辩证唯物主义是认识世界的，历史唯物主义是认识社会的，要把它真正学到手，变成自己的思想，观点和方法，不但自己会用，还要能看出别人用得对不对。少奇同志用当时我们对土地改革运动的某些错误报道为例，反复说明学习马列主义基本理论和方法的重要性。当时，某些地区的土改运动中，出现了一些"左"的错误和偏差，搞什么"贫雇农当家"，甚至把干部当"石头"搬掉。我们的有些报道，不但没有批判这种脱离党的路线的现象，反而把它当作正确的东西加以宣传，给当时的土地改革运动造成很大的损害。少奇同志分析说：没有干部路线的群众路线是根本不存在的。几百几千人怎么一齐当家呢，还得选出代表吧？代表就是干部嘛！这是原则没有弄清楚，没有干部路线的群众路线是违背马列主义的，是无政府主义的，你们为什么看不出来？就是因为缺少马克思主义的理论。

记者的另一个重要任务，是正确地宣传党的正确政策。所以，少奇同志要求我们要有政策知识，要了解党的路线、方针、政策；还要根据群众的实践去检验党的政策是否正确、有没有缺点和不完善的地方。我们的任何报道，从一篇简短的消息，到一篇长篇的通讯，都是在提倡什么或反对什么，也就是都在表扬那些正确执行党的方针政策行动，或反对和批评那些违背党的方针政策的错误作法。我们的一些报道为什么读者看了，批评我们没有提出问题解决问题？一个很重要的原因是没有从政策的角度观察分析问题，没有提高到政策理论的高度来反映问题。比如在农业宣传中片面强调粮食，忽视经济作物，忽视林、牧业；在工业报道中片面强调重工业，忽视轻工业，片面强调产值，忽视产品质量和品种，在整个经济宣传中，片面强调工业，忽视农业，等等，都是违背客观规律的，都是背离正确地宣传党的正确政策原则的。

记者的学识，还表现在"你能，他不能"上面。少奇同志说，你能了解群众的真正情绪，他就不能；你有力地宣传党的政策，他就不能；你能发现问题，他就不能。我理解，能和不能之间，除了马克思主义的修养和政策的理解程度之外，还有个专门业务知识问题。报道农业的，根本不懂农民，不懂四季，不懂起码的农业生产知识，怎么能报道得好呢？报道工业的，连个什么叫车床、钻床，什么设备是动力部分、什么设备是传动部分，什么设备是操作部分都不懂，怎么能搞好工业生产的宣传呢？

怎样不断丰富我们的知识，增加我们的学识呢？少奇同志告诉我们，要独立地艰苦地学习。他说，学习要消化、吸收，要采取批判态度，不能像唐僧取经那样照抄照搬，要根据自己的情况缺少什么，就学什么，要长期地坚持学习，三个星期是完全不够的，要三个星期、三个月、三年、三十年坚持下去。

一个马克思主义记者要懂得马克思主义，一个党的人民的记者要懂得党的政策，要有专业知识，同时又特别提醒我们：

至于每个人先学什么后学什么，多学什么少学什么，重点放在什么方面，则不应该一样，应该是缺少什么学习什么。

华北记者团座谈会一共开了三个星期，在少奇同志的直接指导下，我们学到了很多东西，工作信心增加了，我们很高兴，少奇同志也很高兴。三个月、三年、三十年——不，三十二年过去了，我辜负了少奇同志的殷切期望，马列主义水平仍然不高，知识仍然这样贫乏。原因很多，没有长期地坚持不懈地学习，是个重要原因。过去了的时间是不会再回来了，但来日可追，我一定要万分珍惜现在，尽量多学一点，来弥补白白流失的时间。

最近，重温少奇同志的讲话，我仔细地分析了一下自己，也想了一下周围的和认识的一些同志。我是个什么样的人呢，靠什么为人民工作呢？越想越有点怕起来，原来自己是个没有知识的只是靠着"传达"、"开会"做工作的人。我周围的同志，有不少比我好，但也有不少跟我状况类似，而有些年轻的同志，30岁左右的记者，情况可能还要严重些，他们不仅在最好的年华时，没有很好地学习文化科学知识，而且身心都受了"四人帮"的毒害。新的长征开始了，党的新闻工作者的任务也更重了。在实现四个现代化的伟大事业中，天天在出现新情况、新问题，需要我们去考察、去分析、去判断、去报道，光靠"传达"、"开会"得来的那点"精神"行吗，能把我们的报道工作搞好吗？自己不懂，光靠临时请人说说谈谈，能独立地进行采访报道吗？能无误地担负起记者是党的耳目喉舌的职责吗？

我们是在30年的基础上进行四个现代化建设的。这就向我们提出了两个问题：30年来搞建设，有哪些是做的对的好的，有哪些是错的不好的，为什么有些国家包括资本主义国家，经济文化发展得比我们快，这些经验需要总结，以便寻找出正确的前进道路，这是一；第二，四个现代化涉及的领域很广，从经济基础到上层建筑，从科学技术到经营管理，从

1985年记者部主任田流与孟晓云采访时合影。

对旧的经济结构的调整到对新的经济的设置，从生产方式到生活方式，等等，一切方面，都需要探索和研究，这需要广泛的知识和科学，光靠过去的老经验、老办法、老框框行吗？不懂得我们的过去，不了解我们的现状，不懂得科学技术，缺乏对客观事物发展规律的认识，特别是缺乏对社会主义经济发展规律的科学认识行吗？能把我们的报道工作搞好吗？显然是不可能的。

## 四、记者的作风

良好的作风，从来就是密切联系群众，做好工作的重要保证。党的十一大以来，党中央非常重视恢复和发扬被林彪、"四人帮"严重破坏了的党的优良传统和作风，道理就在这里。少奇同志在华北记者团的座谈会上，对记者的作风特别重视。少奇同志在谈到记者的职责，记者工作的性质任务，记者的采访和写作时候，都谈到了记者的作风问题，要求记者必须具有实事求是的作风，平等待人的作风和细致严谨的作风。

关于实事求是，少奇同志说，你们的工作第一要真实，不要加油加醋，不要戴有色眼镜，对就是对，非就是非，要采取忠实的态度，把真实情况反映出来，绝不要加添什么，绝不要有成见，不要怕反映真实情况，唯物论者是有勇气的。

第一要真实。这是我们的新闻观同资产阶级新闻观最根本的本质的不同。而要做到真实，记者没有实事求是的作风是很难设想的。十年动乱期间，"四人帮"把我们的新闻必须完全真实的根本原则严重地破坏了，他们有个"理论"叫作"事实服从政治"。就是说，为了适合他们篡党窃国的需要，可以歪曲事实、捏造事实，可以无中生有、颠倒黑白。"实事"是客观存在着的事物，"求是"是探索、研究、找出事物的本质。事实是第一性的，新闻报道是第二性的，新闻必须真实，记者必须绝对地尊重客观事实。真实一定是客观存在着的事物，但是，客观存在的事物有时并不一定真实。这是因为现象有时并不反映本质，而我们说的真实是指本质的真实，时代的历史的真实。比如"四人帮"横行时期，从现象上看，他们的来头多大多凶，简直不可一世，欲吞山河！可是他们真是那么强大吗，历史给他们作了结论嘛。再如，那时候许多老一辈革命家包括敬爱的少奇同志，都被他们说成是叛徒、特务、走资派，甚至判了刑、定了案、开除了党籍，这是本质吗？恰恰相反。作为人民的记者、党的记者，一定要有实事求是的作风，但真正具备这种作风，不是容易的。

第二要平等待人。关于平等待人，少奇同志说，记者要有接近群众的本事，要有为人民服务的态度，不仅不能讨厌群众,嫌他们脏,嫌他们臭;不仅不能看不起群众,对群众采取官僚主义态度,而且要尊重群众,群众是你们的主人。

群众是记者的主人,记者工作的唯一源泉是人民群众,记者的一切材料、情况来自群众;记者的全部报道是写给群众看的。记者必须善于接近群众,同群众保持最密切的联系。平等待人,平易近人的工作作风,是善于接近群众联系群众的必不可少的条件。所谓平等待人,就是无论对什么人,对记者说来,在政治上都是平等的,无论什么人说的话,提供的情况、材料,记者都要独立地进行思考、分析、研究和判断,绝不能因为这个意见、材料、情况是领导干部提供的,就深信不疑,遵办照行,那个意见是工人、农民提供的,就等闲视之,无足轻重。至于经过记者的独立思考、分析、研究和判断,相信和支持那种意见、情况,是因为那种意见、情况正确和真实,而不是因为它是谁提供的。

第三要有严谨作风。关于细致严谨的作风问题,少奇同志谈得很多。他说,记者的任务是在群众中考察党的政策执行得怎样,要真实地反映情况,是很不容易的,要作深入的调查研究,要进行周密细致的思考,要深刻地分析判断,要采取对党对人民负责的谨慎的严肃的态度,绝不能用马虎的草率的态度去工作。

记者的工作对象是全部的人类活动,是整个社会,面很广;记者的工作特点是发现新情况、研究新问题、报道新事物,记者工作的根本要求是真实,真实地反映情况和进行报道。一个是广,一个是新,一个是真实。要把这些三位一体的事做好,没有艰苦的持久的努力,没有细致严谨的作风,是完全不行的。

这种细致严谨的工作作风,在今天应该引起我们特别的重视。这是因为:记者的根本任务,是真实地反映和报道人民争取新生活的希望、要求、成就和经验;真实准确地宣传党为组织人民争取新生活的实现而制定的方针政策和路线。这是一个问题的两个方面，群众的实践和要求，是党的方针路线产生和制定的基础和根据；党的方针路线，是群众实践和要求的集中的和具体的体现。我们不论在报道群众的实践和要求的时候，还是在宣传党的方针路线的时候，都必须做到全面深刻，这样才能符合新闻报道必须真实的要求。少奇同志根据我们无产阶级的新闻工作的性质、特点，对记者提出了一个明确的要求：记者要做好工作，必须进行独立的艰苦的劳动。

"独立的"。记者的全部活动、全部工作，必须是独立的，他需要而且必须独立地进行采访；他需要而且必须对遇到的一切问题、情况进行独立的分析判断，他需要而且必须对他所写的新闻通讯独立的全部的负责任。

"艰苦的"。记者要得到真实的情况，需要而且必须进行艰苦的深入的采访，要能够对所遇到的问题情况，进行正确的分析判断，需要而且必须进行艰苦的研究和思考，要把所得来的情况、问题、材料精彩地表现出来，需要而且必须艰苦地精心地写作，等等。

## 五、记者的方法

在华北记者团座谈会的最后一次会议上，少奇同志对我们说：你们就要出发工作了，要求你们要和群众生活在一起，了解他们的情绪和要求，要善于分析具体情况。

听了少奇同志的这番话，我当时感到有点"不满足"，甚至有点"失望"，感到就像叫自己到大海捞针似的。做记者时间越长，越感到少奇同志提出的方法是我们做好记者工作的最重要的方法。

事实上，少奇同志在座谈会过程中已经给了我们很多东西：如党的新闻工作的性质任务，记者做好工作必须具备的学识和条件，党的有关各项工作的方针、政策，等等。只是不肯给那些妨碍我们做好记者工作的"条条"、"框框"和"先入

为主的成见"。记者在采访前的准备工作不但应该做,而且要尽可能地做得充分些,特别是政策的准备,思想观点的准备,要做得更充

1963年,田流同志随团访问朝鲜。

分、使自己在思想上认识上更明确些。去年夏天我去吉林省采访过一次,出发前我主要考虑的问题是报道什么?当时,我根据三中全会、四中全会的精神,决定主要报道干部作风和下乡知识青年的问题。因为多年来"四人帮"的破坏,我们党的优良传统和作风遭到了严重的破坏,有的干部为作官不为革命,有的干部只能上不能下,只能官不能民。而继承和发扬党的优良传统和作风,是顺利进行四个现代化的必不可少的条件。就是基于这种理解,我决定去采访那些能上能下、能官能民,全心全意为人民服务的好干部好党员,这是一。第二,当时社会上有股风,好像所有的知识青年都必须留在城市里,上山下乡是根本错了,甚至有人说那是浪费青春,坑害知识青年。这些意见显然是错的。过去,规定全体知识青年一律下乡,初中毕业后先插队两年等的措施,显然是不对的,但不能跑到另一个极端去。就是基于这种认识,我决定去报道那些决心扎根农村,建设农村的好青年。

为什么去吉林呢?这倒没有必然性,什么地方也有我要报道的好的典型,可是我终于去了吉林,第一我过去没有去过吉林,想去个新地方。第二偶然翻《吉林日报》时,看到一条消

息，说是舒兰县改进干部作风，恢复下乡在老乡家吃派饭的制度，极大地吸引了我，因为这是几十年来我们和群众亲如家人的一种很好的制度，通过吃派饭，可以密切干群关系，可以了解在别的场合不易得到的真实情况，也是一种很好的调查研究的方法，几十年来它也几乎是我一个最重要的采访方法。就因为这，我到吉林去了。有的同志以为我是事先掌握了马明军、赵军翔、盛贵山同志的线索才去吉林的。没有，后来报道的这三位同志是去吉林后，经过多方访问，看文件材料，看几年来的报纸逐渐发现的。

和群众生活在一起，这是一个非常重要的工作方法，那种头天去二天回（更不要说早出晚归）的采访方法，同自己的采访对象还不认识（更不要说熟悉和友谊），就一问一答地"采访"的方法，是不能得到真实情况的。

因为记者的新闻报道，第一要真实，第二要全面、深刻。这需要深入细致的采访，需要把各方面的情况搞清楚，也需要正确的分析判断。少奇同志一再告诉我们，要具体地分析具体问题，没有分析的方法，事情是搞不好的。少奇同志给我们谈的一切问题，都是具体分析的模范。他对长江同志的评价，给我留下了至今不忘的深刻印象。少奇同志说，长江同志过去在白区工作，是全国有名的记者，写了很多好通讯；但是并不是说他的每篇作品都是完美的，没有缺点的，也有不好的作品。但是，他是在白区工作啊！白区，有国民党的控制和压迫，有特务的跟踪和迫害，就是把一点光明、真理告诉人民也不容易啊。我觉得，少奇同志对长江同志的分析，既是对他的科学的、恰如其分的评价，又是为我们怎样具体地历史地分析具体问题树立的榜样。少奇同志不仅是对长江同志过去白区的工作的具体分析，也是对长江同志今天在解放区的工作的具体分析。其实这不是对一个人的分析、判断、评价，而是对我们这些年轻的记者树立的一个榜样，教我们如何具体地分析具体问题。

同样，有了这个前提，却没有分析的能力，不善于分析，所谓具体地分析具体问题，同样是一句空话。可见，要做好记者工作，无论遇见什么问题，都要进行独立的分析，这是前提，而要分析得对，像少奇同志要求我们的那样，真实、全面、深刻，就要：①和群众生活在一起，慢慢地扯，一个礼拜不够，就两个月；②不抱成见，不带框框，不戴有色眼镜；③要积累经验；④要增加学识，除此之外，是没有别的办法的。

## 六、记者的写作

写作，是记者工作的最终体现。只有记者的新闻通讯写出来啦，而且读者喜欢看，对读者产生了好的影响，对实际生活起了好的作用，记者的任务才算完成了。对读者对实际生活，起的作用越大越好，记者的任务也就完成得越好。

一篇好的报道，主要决定于内容，决定于有没有丰富的内容和正确的思想观点，并使二者——内容和观点有机地结合起来，统一起来，同时也要讲究写作技巧，有了好的内容好的思想，表达不出来或表达不好，也不会成为好的新闻报道。少奇同志要求我们的新闻通讯要写得精彩，他说："精"就是不要拉杂，"彩"就是漂亮，带点光彩。要拣主要的写，主要的才是"精"的，要写得生动活泼、有趣味，文章才有"彩"。

——什么问题是主要的？我在选取通讯报道的内容上，努力做到选取最能表现事物本质特征的典型材料、典型事件。在这种时候，我们就应该认真研究——仍以报道劳模为例，我们就应该研究这位劳模和别的劳模有什么不同，一定要找出这个"不同"来，有了这个"不同"，那些最能表现这个劳模本质的材料、事迹，就站到前列来了；那些别的劳模都会做，都要做的事迹、材料——对我们要报道的这个劳模说来是次要的事迹，材料，就容易被区别开来，就容易被淘汰了。这样，我们虽然只写他一两件事，反而更能表现这个劳模的特点，使这个劳模更生动形象地站立在读者面前。相反，如果抓不住特点，把一大堆材料、事迹堆上去，写出来的文章，既不是这个劳模，也不是那个劳模，而是一个人名字加上一大堆事件，是不会生动具体感人的。

——文章要写得精彩，就要不断地提高我们的写作能力和写作技巧。少奇同志要我们努力学习写作，而且向谁学，怎么学，都告诉我们了。他说：自己可以学习自己，也可以看别人是怎么写的，看资产阶级的报纸，看外国通讯社的报道。当然，这是要批判地学习的。

——经常地总结自己的经验，哪篇写得好一些，哪篇写坏了，哪篇刊用了，哪篇不能刊用，哪篇读者反映较好，哪篇又反映不好。这都是为什么？有什么成功的经验，今后要继续发扬？有什么失败的教训，今后要力求不再重复？向自己学习，是一种最切实的学习。正如少奇同志所说，要用马克思主义把自己的经验总结起来，就会提高你们的写作能力、写作水平。从那以后，我就常想想自己的工作，想想哪些是做得对的、好的，哪些做错了、做得不好。虽然这功夫还不到家，还做得很不够，但因为这样做了，还是得益匪浅。

——向别人学习，看人家是怎么写的。少奇同志说，你们要看有经验的记者的报道，还要看资产阶级的报纸，要看外国通讯社的报道，人家不一定比你们写得坏，有不少是比你们写得好的，要向人家学习，当然要批判地学习喽。虚心向有经验的同志学习，向别人——包括向资产阶级记者学习，研究人家为什么写得好，吸取他们的长处，是提高我们写作技巧的重要方法。当然这要结合自己的情况、自己的需要，有计划有目的有选择地学习。应该在广泛学习、涉猎的基础上，选出自己最喜爱最需要的作家和作品，作为自己深入学习的对象，不是看一遍两遍，而是经常地反复地看、学、琢磨；要批判地学习，学习别人的精华长处，避免别人的缺点短处。

——要努力培养自己文章的风格，要有自己的风格，自己的特点。风格加特点，就使你写的文章能够生动具体全面深刻、反映出无限丰富多彩的生活呢。每个记者作品应为群众喜爱，报道产生更大影响，发挥更大作用，更好地完成记者任务的重要条件，也是使报纸办得生动活泼引人入胜，从而更好地担负起党的耳目喉舌职责的重要条件。

——最后谈一下语言问题。一切文章，都是语言组成的。为什么人家就写得好，群众爱读，自己就写得差，读者不喜欢呢？原因很多，语言贫乏、枯燥无味，恐怕是一个重要原因。因此，要做好记者工作，就要不遗余力地努力丰富自己的语言，就要不遗余力地努力提高自己驾驭语言的能力。

方法有两条：向群众学习，向好的作品特别是好的文学作品学习。

向好的文学作品学习，是丰富我们的语言仓库，提高我们操纵语言的能力，提高我们的写作技巧的又一个很重要的方法。人们说，好的文学作品是语言教科书，这话是有道理的。试以《红楼梦》为例，它的语言是多么好啊！富有表现力，生动具体，无论写情、写景、写人，读起来都给人以非常鲜明亲切生动形象的感觉，读它，不仅是一种研究和学习，也是一种艺术的美的享受。

1984 年

# 胡乔木颐园话新闻

商 恺

从中华人民共和国建立以后，到"文化大革命"前夕，先任中共中央宣传部常务副部长，后任中共中央书记处候补书记的胡乔木同志，一直分工主管人民日报的工作。其中有一段时间，他为研究和改进人民日报，曾要求人民日报编辑部每天派两名编辑或记者，带上当天出版的人民日报，于上午九时以前，赶到中南海他的办公和休息的地方——一座名为"颐园"的宽敞幽静的庭院里，同他一起在会议室坐下来，从一版到四版，对每一

1986年6月，记者部原副主任商恺（左一）在江西省贵溪县龙虎山了解道教文化。

---

商恺（1920—1998年），高级记者，山东茌平人。1938年踏上新闻之路，1939年加入中国共产党，1948年调人民日报做记者，1958年调中央办公厅做胡乔木秘书。1977年7月重返人民日报任记者部副主任，1984年任中国社科院新闻研究所所长。

篇新闻通讯、评论和各种文章，逐行逐句地边读边议。对优秀的篇章和美好的版面，当然要给予肯定，更主要的是挑毛病，找差错，并借题发表意见。在整个评读过程中，胡乔木发言最多，别人只是见机插几句话，或是提个问题。胡乔木的发言中，既有热情的鼓励和严峻的批评，也有精辟的议论和富含风趣的妙言笑语。每天参加评读的编辑记者，回到报社以后，编委会听取他们的汇报，研究改进措施。我当时在人民日报做编辑和记者工作，也有机会多次参加了这一评读报纸的活动。最使我不能忘怀的是，几次跟随总编辑邓拓，带着排好的社论或文章清样，去请胡乔木亲自审改的情况。当时我一句话也插不上，只是坐在一边，听他们议论，看他们修改，默默地做记录。

后来，不知什么原因，每天评读报纸的活动停止了。1958年夏天我被调到了胡乔木办公室工作。当时我的主要任务是联系人民日报、新华社和首都一些新闻单位。一方面了解这些单位的情况，随时向胡乔木汇报，一方面向他们转达胡乔木对新闻工作的意见。在这个期间，我对胡乔木在一些会议上讲的和日常生活中即兴表述的新闻思想和观点，都做了记录，对他在一些送审稿上所作的批语，以及他写给新闻工作者的信函，也随时做了摘抄。可惜的是这些资料在10年文革中，被造反派收去了不少。

我在颐园工作的10年中，胡乔木有关新闻理论和新闻业务的谈话是广泛的大量的，有长有短，有详有略，有抽象的叙述，更多的是对新闻实践的具体意见，从办报的方针路线到报纸的形式内容，从新闻采访到新闻写作，从文章的遣词用字到标点符号的使用方法，无所不包。这些谈话对当时的一些新闻工作者，可以说起到了很好的指导作用。但是，当新闻事业发展到20世纪90年代的今天，重新翻阅这些谈话记录，对老一代新闻工作者来说，已经不是很新鲜了，对年轻的新闻工作者来说，还是有它的积极意义，对中国新闻史研究者来说，则是研究胡乔木新闻思想的珍贵资料。

胡乔木在世的时候，他始终不同意将他的这些谈话公诸于世。虽然背着他编印过一本小册子，现在看来也很不完备。我根据他的新闻思想和观点写了一些文章，其中不少是他的原话，发表的时候也只能署我的名字。

如今，胡乔木去世了，我除了过去整理过的一部谈话记录外，又翻箱倒柜，找到了一些残缺不全的日记、笔记和剪报资料。我打算以此为线索，通过反复回忆，尽量把胡乔木这些谈话同当年的时代背景和现场情景联系起来，打破时间顺序，按问题分类，整理成文，总题目就定为《胡乔木颐园话新闻》。

## 一、坚持正确的办报方针

50年代，胡乔木代表中共中央分工领导人民日报的时候，就提出了办报的方针和任务。他在人民日报编委会上，在新闻界的一些集会上，以及同新闻界人士个别谈话的时候，曾反复强调"报纸是党和政府联系群众的桥梁"，"报纸要宣传马克思主义，宣传党的方针路线和政策"，"要报道社会主义经济建设的形势和成就"。胡乔木同时还提出："报纸也是人民群众的报纸，是人民群众说话的地方"，"报纸是群众思想和生活的顾问"，"报纸要报道群众的活动，反映群众的思想情趣、意见、要求和心声"……

**报纸是办给群众看的**

当年胡乔木在首都新闻界的集会上曾经谈道："报纸工作者要明确一个观点：'报纸是办给群众看的'。"他说："尽管今天的报纸还不能让每一个老百姓都看懂，但是这并不妨碍报纸是办给群众看的，是面向群众的这一基本原理。今天的报纸虽然不是每一个老百姓都能看懂，可是老百姓里边的积极分子，是有文化有政治觉悟的，经过这些积极分子，报纸所宣传所报道的东西就可以到群众里边去。"

胡乔木继续阐述他的意见，他说："报纸既然是办给群众看的，是为人民服务的，就要充分反映实际生活。我们的国家是几万万人的大国家，在一两年中起了翻天覆地的变化，但是在我们的报纸上就没有充分地生动地反映出来。从这个观点来说，我们的报纸在联系实际方面是比较薄弱的。"

**满足群众各方面的要求**

胡乔木希望报纸除了充分反映实际生活以外，要尽量满足群众多方面的要求。他说："我们生活在一个充满着变化的世界上，各种不同的读者要求从不同的方面了解这个变化着的世界。因此尽量满足读者多方面的要求，是报纸工作者的天职。凡是生活里的新事物——无论是社会主义国家的，或是资本主义国家的，是通都大邑的，或是穷乡僻壤的，是直接有关于经济建设的，或是并不直接有关于经济建设的，是令人愉快的，或是令人不愉快的。既然群众希望在报纸上多看到一些，我们也就应该多采集和多登载一些。"

人民日报有位编辑曾经提出，报纸要面向群众，要执行办报的群众路线，什么是办报的群众路线呢？胡乔木回答说：人民日报除了依靠新华社以外，还要依靠地方报纸，这是两条腿走路，也是办报的群众路线。在编辑部里应当树立人人阅读地方报纸、人人研究地方报纸的风气。编辑部不仅可以从地方报的报道中研究各地区的情况和问题，研究报道什么，怎样报道，还可以把地方报上的好东西集中到人民日报上来。

**培养群众的高尚兴趣**

胡乔木曾多次提到培养群众（也就是读者）的高尚兴趣问题。他说：报纸既然是群众思想生活的顾问，那么就要注意培养群众的高尚兴趣。有些东西，读者本来是有兴趣的，如象棋残局等等。这种兴趣并不需要特别培养，报纸不能专门去追求读者本来就有兴趣的东西，如果这样，报纸的教育作用就减弱了。报纸应该找到一种方法，除了适应读者兴趣以外，还要培养读者高尚的兴趣。这种兴趣不是茶余饭后的闲聊，而是对他们的劳动、工作、生活、处世为人都有好处。这样才不致变成为兴趣而兴趣，如果读者是铁，报纸就要成为吸铁石。因此要研究怎样把读者吸引住，怎样让他们从头看到尾。一条新闻或一篇文章，读者看了标题就不想看了，这样的新闻和文章只能给一分。如果看了三行就不想看了，也只能给二分。我们的编辑工作，应该做到使读者看了标题以后，还想往下看。这里除了注重写作技巧以外，还要特别注重选择题目和对这个题目的表现方法。当然，我们不要求报纸把读者吸引到从报纸第一个字看到最末一个字，这在事实上是不可能的。好在我们今天的报纸不存在这样的危险，而是另一种危险：报纸没有吸引力，报纸同读者好像有些"同性相斥"，对这种现象应该研究解决。

**各类报纸的分工**

到了60年代，我国新闻事业出现了一个繁荣局面，在报纸方面，各种日报、晚报、专业报相继问世。但是令人忧虑的是，在为人民服务、为社会主义服务的总方针指导下，很容易出现"千报一面"的情况。为此，胡乔木提出了"统一性和多样性"的问题。他说："我们的报纸有共同的方向，但是又要有适当的分工，即所谓统一性和多样性。"他说："分工就是各报要突出自己的特点。比如人民日报的国际版，要尽量做到全面，使读者拿起来，可以鸟瞰国际形势。《大公报》的国际版，除了报道国际上的重大事情以外，应以国际经济报道为主，经常刊登国际经济方面的消息和文章。《光明日报》的国际版，应该多刊登国际文化科学教育方面的消息和文章。《文汇报》和《新民晚报》可以根据过去的传统和经验来满足它所联系的读者的需要，引导这些人进步。"

对于报纸的分工，胡乔木作了进一步的解释，他说：所谓分工，只能是适当的分工，不能是绝对的分工。长期以来，人民日报同几家全国性报纸的分工，也产生了一种偏向。比如《中国青年报》主要谈青年问题，《工人日报》主要谈工人问题，《光明日报》主要谈文化教育学术问题，《大公报》主要谈工商业和手工业问题。这几家报纸有重点的分工是可以的，如果人民日报认为这些问题和自己无关，不去理睬，不去讨论，不去报道，就不对了，那就变成畸形的报纸了，就会使许多重大问题得不到反映。人民日报也要用足够的篇幅来反映这些问题。

关于专业报纸的专业分工问题，胡乔木说：这不是谁想出来的。专业报纸的出现是工作的需要，专业化到什么程度，各有不同。如果是特殊范围的专业报纸，它不企图同日报分庭抗礼，它是可以相当专业的，因为它的读者还要看日报。另一种情况是大体有分工，只是偏重于某一方面，这种报纸还是起日报的作用，一般读者看了以后，就可以不再看其他报纸了。

**把报纸办成吸铁石**

胡乔木喜欢把报纸比作"吸铁石"。他曾多次说过：为把报纸办成"吸铁石"，就要不断地改进报纸。他要求各家报纸要在短时间内改变面貌。他说："现在国家建设事业的面貌都是在短时间内改变的，如果报纸不能在短时间内改变面貌，就不能适应当前建设事业的要求了。"

怎样改进报纸面貌呢？胡乔木主张从三个方面改进，一、加强联系实际。二、加强联系群众。三、开展批评和自我批评。他接着对批评自我批评作了进一步的阐述。他说："办报免不了有缺点，出错误。有了缺点和错误，会受到批评，其中也免不了有不正当的批评，大家不要怕，不要听到什么风声就紧张起来。要办报就不要怕出错误，不要怕受批评。怕出错误，不敢负责，不敢提出新的意见和办法，但求无过，不求有功，是责任心不强的表现。要经得起批评，要接受批评，及时改进报纸工作。"

**每周开出一朵鲜花**

当年胡乔木关于报纸工作的谈话中，对人民日报的要求特别高，特别严。大大小小的批评也比较多。给我印象最深的是他赞扬人民日报的一次谈话。他说："我对人民日报的批评是多了一些，说实在的，人民日报还是有进步的，进步比较多的是新闻、读者来信和副刊，这是报社的同志艰苦奋斗的结果。希望今后大家把力量更加集中起来。人民日报用不着愁眉苦脸，而应该笑逐颜开，不要求每天开出一朵鲜花，至少一星期开出一朵鲜花，让大家羡慕，让大家向往，相信这个目的是可以达到的。"

## 二、依靠群众办报

在60年代初期，胡乔木提出了办报的方针和任务以后，又向人民日报提出"依靠群众办报"的问题。他说："我们的报纸名字叫做人民日报，意思就是说它是人民群众的武器，人民群众是它的主人。因此只有依靠人民群众才能把报纸办好。"当时胡乔木围绕"依靠群众办报"这个问题，陆续发表了不少具体意见。

**让编辑部充满群众声音**

报纸编辑部首先要作一个检查，看看编辑部里是充满了群众生活的声音、各种各样的问题都能集中到编辑部来呢？还是孤立地、被动地关起门来等稿子，然后加以编排呢？编辑部要把工作安排得适宜于群众在报纸上来表现他们生活中的重要问题，要把报纸当作表达他们意见的工具。编辑部关心这些重要问题，群众里的积极分子就来了，编辑部也就和他们取得了联系。编辑部要有耐心，不要用冷淡的态度对待他们。

**不能守株待兔**

人民日报最重要的工作是把人力放在组织好文章方面，要经常，要稳定，不要三天打渔，两天晒网。

人民日报组织稿件，要像工厂领导工人搞好生产一样，不能守株待兔，要密切和作者联系。组织稿件不能采取机械化办法，而要采取手工业的办法，登门拜访。

为了开辟稿源，记者也要做群众工作，使众多的写稿积极分子,知道有个人民日报的记者在那里,知道这位记者的姓名,住哪条街,门牌几号,必要时,部主任和总编辑要亲自出马。

**发展通讯员、组织通讯网**

通讯员是很重要的政治力量,报纸编辑部应当十分重视组织通讯网的工作。在群众中发展通讯员,组织通讯网,这个力量不仅属于报纸,而且属于整个国家。国家可以经过通讯网把先进思想迅速传达到群众中去,同时又及时把群众中的情况和意见迅速反映到国家面前来。通讯员应该是有政治觉悟的,不仅仅是为了拿点稿费,学学写文章,出出名。如果仅仅追求这些,就不能成为一个很好的通讯员。编辑部应该积极地去教育通讯员,使他们在政治上不断进步,当然,同时也在写作能力上进步。

**不能盲目联系群众**

报纸要密切联系群众,但是不能盲目联系群众。要把联系群众提高到政治原则上来,不是随波逐流,不加选择,没有目标,没有方向地去联系群众。应该向群众学习,也应该教育群众。经过教育,使他们充分地懂得我们国家的前途,懂得我们事业的前途,而且积极地来参加这个事业。而不是在无意之间团结了一批好出风头好说空话的分子。

**物色和培养社外作者**

人民日报编辑部,要组织编辑部以外的作者队伍。物色一些能写的,接近群众、接近实际并占有材料的作者,编辑部再加以帮助和培养。编辑部对待作者要有热情,使他们觉得编辑部不是冤家,而是好朋友,甚至是好先生。

报纸上文章的品种要多,更多方面地满足各方面读者,因此要联系多方面作者,作者面越宽越好。

**熟悉作者**

报纸编辑部要熟悉作者,要知道他会写什么,写什么题目最合适。要做到熟悉作者,就要把作者所有的著作都读过。

编辑部同作者的联系，并不是只限于握手，而是要对作者的作品、研究兴趣、生活志趣和专长，有所了解，这样才可能有恰当的题目给恰当的作者。

编辑部常常拿一个题目强加于作者。本来这个题目并非是作者有兴趣的，也不是他所研究的，然而硬要他来写，这样是写不出好文章的。因此组织稿件，一定要分别同作者具体商量，用机械化的方法是达不到目的的。

**和作者交谈思想**

编辑和记者不能成为仅仅是约稿的人，假如这样，那连通讯员也可以做编辑工作了。不仅要约稿，而且要和作者有思想上的交谈，请人家提出论点，并给予交换，对作者的作品要经过反复讨论和考虑，认真地推敲修饰，才能产生出逻辑严密的好文章。

**热心帮助作者**

编辑部可以根据多数作者积极分子在当前采写工作中遇到的困难问题，多帮助分析多介绍一些具体稿件，或者编印些不定期的活页材料，在向他们组织稿件的时候，就可以针对不同的对象，送给他们作参考。这样对作者的帮助会更实际一些。

**组织读报组**

编辑部不但要研究在什么问题上去联系群众，而且要着重研究联系群众的什么部分。社会主义国家的报纸应当首先联系群众中的积极分子。当然也应该联系那些政治上不积极的分子，使他们逐步地积极起来。为了这个目的，就要首先和积极分子建立联系。只有使报纸的主要地盘首先为积极分子所占领，然后其他许多政治上比较消极的人，才会因为这种联系而跟积极分子看齐。

联系积极分子的工作，可以采取许多方法，其中的一个就是成立读报组。农村报纸在这方面是有过许多经验的，现在有些城市报纸也有这样的组织。希望把已有的经验加以研究。读报组应当是积极分子的组织，它的任务是讨论报纸的内容，向群众宣传报纸的内容，向报纸编辑部报告群众读报情况和包括对报纸在内的各种意见，读报组中发现有能写稿的人，就可以发展为报纸的通讯员。

## 三、以经济报道为中心

50年代初期，全国工作重点逐步转向以经济建设为中心。当时担任人民日报总编辑的邓拓，有一次在全编辑部大会上作报告的时候，曾传达胡乔木的讲话："经济建设是目前全国的工作中心，我们的新闻报道也应该以经济报道为中心。"全场立即报以热烈的掌声。当时人民日报编辑部的大部分编辑记者是从解放区来的，一少部分是新进报社的大学毕业生。他们都没有直接参加过经济建设的实践，更没有从事经济报道的经验，听了邓拓传达的胡乔木的意见，感到经济建设报道是一个既新鲜又生疏的课题，怎样进行经济报道？不免有些困惑。邓拓继续引用胡乔木的话说："路是人走出来的，让我们到经济报道的实践中，去学习经济报道吧！"

**经济报道要有路线**

当时人民日报的经济报道，有一个显著的弱点，就是比较零散。胡乔木看了这些报道以后说："人民日报经济报道的主要缺点是没有提出问题、解决问题，正如毛泽东同志所说，现在报纸上的经济报道，有的看了标题就不想看了，有的看了两三行就不想看了。一言以蔽之，报道中缺乏明确的方针路线，因此不能动员群众，也不能动员他。"

胡乔木曾建议说：我国现在正进行社会主义经济建设，报纸就可以介绍中国纺织工业的历史，介绍石油、冶金工业在中国的历史地位，介绍有色金属在世界上的分布情况和在历史发展中的作用，介绍中国蚕丝生产在国际地位的上升，以及如何战胜了资本主义国家。这样的报道是经济战线的读者所需要的。如果老是选些淡而无味的题目，写出来的报道也就淡而无味了。胡乔木还说:"有些经济报道所以陷入了一个狭小范围里,就是因为没有深入到现实中去,了解一些亟待解决的问题,不去了解读者对报纸的要求,对读者采取了官僚主义态度。"

**报道形式多样化**

当时人民日报的经济报道,还有一个显著的弱点,就是从标题到文字都比较单调枯燥。胡乔木在报纸评读会上,曾多次指出:人民日报的经济报道,花色品种不丰富,这不但引不起一般读者的兴趣,即使对经济建设的直接参加者,也难以引起他们的兴趣。如果能增加一些品种,在写作上注意运用各种各样的表现手法,比如对从事经济建设人物的专访,对某个建设场地的描写,对当前经济生活中重要问题的解释,以及经济建设中的各种新知识、新情况和新问题,只要主题选得好,文字新鲜生动,就会像吸铁石一样吸引读者,使读者拿起报纸就不想放手,看了标题就想看内容,看了第一句就想看完全文,这样的经济报道就是成功的经济报道。

**了解读者的兴趣和需要**

经济报道要增加什么新品种呢?胡乔木说,这不能靠主观去想象,而是要根据读者的兴趣和需要,去考虑,去选题。为了把报道主题选得准,首先要去了解读者的兴趣和需要。胡乔木解释说,这里说的读者兴趣,不是指的什么奇闻怪事的传说。如果报纸专门去报道这些东西,就不能引导读者了。我们社会主义国家的报纸,不能仅仅去迎合读者的兴趣,而重要的是积极地去培养和提高读者对社会主义经济建设的关心和兴趣,使读者对原来没有兴趣的东西发生兴趣。

怎样去了解和满足读者的兴趣和需要呢?胡乔木继续阐述说:可以首先向我们自己了解,因为我们自己就是读者。可以问问编辑部的编辑记者和报社的其他工作人员,喜欢看什么?不喜欢看什么?如果编辑部的人对有些报道也不愿意看,可见这一品种在市场上也不会受欢迎。当然更重要的是到读者中去做调查，问问读者究竟想看什么，不想看什么，恐怕不是读者不要看经济报道，读者对我们国家的日新月异的状况都是有兴趣的，问题是这些有兴趣的材料拿到我们手里不会利用，可能是优材劣用，大材小用。

**经常报道先进经验**

在颐园报纸评读会上有人提出，经济建设中有成功的经验，也有失败的经验，由于记者的经济知识不够，报道起来常常遇到困难。胡乔木说：无论什么时候，报纸都要报道先进经验，并且要对先进经验加以通俗的说明，这对新参加经济报道的记者来说是有一定困难的。胡乔木认为：报道工作经验，不应该是记者的主要任务，因为他们不是专家，对许多经济问题理解不深。不过可以约请经济建设参加者或经济问题专家来写。但是不管谁来写，都要加以通俗的说明。有些经验，一般读者可能暂时看不懂，仍然要报道，这是经济建设迅速发展把许多人丢到后面去了，但是不要紧，大家慢慢就会懂的。当然大部分的经验报道应该是看得懂的，并且尽量对不容易懂的问题加以解释。

胡乔木说：当然报道太专门化的经验，不是报纸的任务，但是仍然要发这类的短消息，不过要挑选有重要意义的，这里有两类：一是有普遍推广意义的，如砌砖法，所有建筑部门都需要；又如按图表有节奏的生产法，流水作业法，这些经验也是许多人都要知道的。二是虽然没有普遍推广意义，但是创造的财富大，对人们教育鼓动作用大。

胡乔木还说：对于创造发明和重要的合理化建议，以及新的成就，只要有所贡献，也要经常报道，使它们和人民见面。对于这些，可以用简短的新闻形式报道，但是要说明其意义，这对人民群众会有很大的鼓舞作用。不要轻看一个小小的发明创造，有了某项发明和某项创造，某个问题就从此解决了。

几年以后，人民日报的经济报道有了显著的进步，胡乔木对此非常高兴，他曾说过："人民日报的经济报道，起到了先锋作用，如果再增加些从经济学的观点，在理论上能够说服人的新闻报道和文章，就更好了。"

## 四、重视文化学术报道

在颐园报纸评读会上，胡乔木曾提到过，中国报纸有个好的传统，就是比较重视对文化学术的报道。像过去的京津报纸，就刊登过不少学术方面的文章。他说："文化学术报道，是一件具有重大意义的报道。它可以沟通文化学术界的情况，扩大读者的眼界，推动学术研究工作的开展。"他曾举例说："目前世界科学技术的进展很快，我们如果经常报道国外科学技术方面的新成就，那就可以对我国的学术界起到促进的作用。否则我国学术界以为人家都在睡觉，自己也就可以心安理得地睡觉了。"

胡乔木的这些话，在当时好像没有引起人们的多大注意，说完也就淡忘了。历史进入60年代初期，我国文化学术界出现了"百花齐放、百家争鸣"的景象。例如对当时社会主义建设理论和实践问题，对历史文化遗产的继承和批判问题，对历史人物评价问题等等，都积极地热烈地展开了研究。举行过不少学术报告会和研讨会，整理和校勘了许多文史典籍，出版了不少学术著作，发表了不少质量高的有创见的学术论文。与此同时，许多报纸除了重视刊登学术文章以外，还开辟了专门报道学术活动的栏目，如"学术动态"、"学术简报"、"在学术论坛上"等等。这些栏目对各项文化学术活动，用比较精巧的文字作了介绍，受到了读者的欢迎。

我曾把这些学术文章和学术动态栏目以及读者的反应，整理出来送给胡乔木，他看了以后非常高兴。他说："这条路子走对了。读者为什么欢迎这些报道？因为读者的职业虽然千差万别，却有着求知的共同兴趣。研究经济学的想知道文学界出现了什么新作品，研究自然科学的也想知道史学界在讨论什么问题，一般读者也都想获取自己职业以外更多的知识。但是由于工作和时间的限制，大家很难去翻阅散见于各种报刊上的学术文章，更不可能都去聆听学术界的各种学术讨论。报纸上学术动态的报道，恰恰抓住了读者的这种要求，满足了读者的愿望。"

  胡乔木说这话的时候，是1963年的初春。这年1月16日《大公报》的"经济学术动态"栏，把一年来各地经济学界研讨社会主义扩大再生产问题的情况作了概述。2月2日《光明日报》的"学术简报"栏也刚刚刊登了江西史学会讨论"五四"运动性质问题的报道。它首先用几句话交代了这个问题提出的来由，接着便扼要地介绍了对这个问题的三种不同意见，以及各种意见的论点和论据。胡乔木指着这两则报道说："你看这两条，简单扼要，条理分明，使读者用很少的时间，得到了很大的收获。"

  不过，胡乔木对当时报纸上文化学术的报道也不是十分满意。有一次又谈到这个问题的时候，他曾说："有些报纸很喜欢刊登冷僻古奥的长文章。这些文章不管是讲哲学也好，讲史学也好，或者讲文学和经济学也好，共同的特点是又专又长，研究问题，阐述理论，往往脱离当前实际，为研究而研究，为理论而理论，为考据而考据，满篇是引经据典，缺乏阐明现实，指导实践的意义。使人读了感到冷僻古奥，艰涩难懂。"

  胡乔木接着说："这并不是说像上述这类问题不需要研究和考证，不需要写成长文章发表。不是的，问题不在这里，问题在于像这类专业性很强的学术文章，最好在学术刊物或各种学报上去发表，不要往报纸上挤。因为报纸终究是报纸，报纸上的文章必须面向大多数读者，照顾大多数读者的需要和兴趣，使它具有阐明观点，指导实践的意义，并且要写得深入浅出，通俗易懂。这才能吸引更多的读者，才能在读者中发挥作用。"

  当时有家报纸的编辑曾提出："文化学术界那么广阔，如何划定报道范围呢?"胡乔木回答说:"文化学术报道的范围的确是很广阔的,但是报道哪些,不报道哪些,要有所选择。比如近年来生物学界在核酸研究方面取得了很大成就,这有利于蛋白质的合成,像这种重要情况就应该报道。又如有许多国家参加的国际学术活动,都应该报道。报道资本主义国家的科学文化水平比我们高,这不是美化资本主义制度,而是让我国人民知道自己国家科学文化水平的低下,需要急起直追。报道考古方面的成就不必太琐碎,除非特别重要的,最好在一定时期,采取综合报道的形式,因为我国文物很多,如果什么都报道,好像是在卖破烂似的。对于一些重要的学术著作的出版,比如《马克思全集》、《达尔文全集》之类,也可以报道,说明一下这种集子有什么特点,很有必要。新编辑出版的《唐诗三百首》,不管编得是好还是不好,也应该用动态新闻介绍一下,旧的《唐诗三百首》流传了200多年,影响很大,新编出一个本子,总是值得注意的事。还有国内外一些学术文化名人的重要动态,他们出版的重要著作,也可以适当报道。此外,还要有理论性消息,比如国内外经济学者对经济学中一些问题的争论,对哲学、历史学、文艺理论方面的争论,我们的报纸都要有所反映。但是要特别慎重,主要是作客观的报道,当然也可以有些分析性的报道,否则只有广告性的作用了。"

当谈到文化学术版的编辑问题的时候,胡乔木说:"报纸总编辑要承认文化学术版的特殊性质,要重视文化学术版人员的配备,它的编辑应该是知识渊博和业务能力比较强的人,最好设有专门从事文化学术报道的科学记者。"

当年胡乔木最关心人民日报的文化学术报道,因而有时候对人民日报的批评也很尖锐。记得他曾对人民日报的有关人员说过:"人民日报的文化学术报道,没有章法,数量少,质量也低,有些报道带着很大的偶然性,就像是从破口袋里漏出来的豆子,突然掉下来一颗,使人摸不着规律。"他建议"人民日报可以设置一个'文化学术动态'栏目,要作个计划,要保持经常，不要忽然七级风，忽然又风平浪静"。他还说："除了报道要有计划以外，报道数量和质量要逐步提高。也就是说人民日报应该从更高的水平去看各种文化学术现象，应该不是用普通报纸的观点去报道一些人人所知的动态，而是要表明自己的观点。目前可以只作客观报道，以后应该做到有'春秋'笔法，对一些文化学术问题进行评论。"

在60年代初期，许多报纸伴随着"学术动态"栏目的出现，还辟有"文化走廊"、"文化之窗"、"文化动态"等一些小栏目，专门报道有关科学、出版、雕塑、绘画、音乐、戏曲、体育、电影等文化活动的消息，科学上的新发现，优秀文艺作品的出版，音乐会的举办，各种书画展览，名剧的上演，新影片的拍摄等等，每期三四条，每条几百字，简明扼要，清新活泼。胡乔木对此很感兴趣，他认为这样"就把文化学术版编活了"。

## 五、新闻是时代的艺术

记得在颐园评读报纸开始不久，胡乔木就提出了记者和编辑要认真采编新闻。新闻在当时也称作消息。他说："新闻是一种时代的科学，时代的艺术，它的发展前途辽阔无限。"

可是在当时的人民日报上，刊登的新闻很少，本报记者写的新闻更少，重要新闻主要是采用新华社的通稿。记得胡乔木曾问过总编辑邓拓："人民日报有那么多记者，为什么写的新闻那么少？"邓拓回答说："主要是记者的新闻观念不强，我们一定设法改变这种情况。"邓拓说到就办到了，人民日报1956年改版以后，版面上的新闻数量确实增多了。不过新闻的质量还不是很高，因此胡乔木经常鼓励人民日报的编辑记者，要多写好新闻，多登好新闻。

"什么样的新闻才是好新闻呢？"在报纸评读会上，有人提出了这样一个问题，这是当时许多编辑记者渴望得到解答的问题。胡乔木听了很高兴，当即发表意见说："什么样的新闻才是好新闻？毛泽东同志写的《我军解放南阳》的新闻就是好新闻。它可作为你们采写新闻的模范。这条新闻全部用事实说话，交待了背景，没有空洞的议论，还讲了历史故事，写得很有风趣。"他接着说："只要一条新闻所报道的事实，能用简短的话说明它和人民的关系，读了能够从中看得出事物发展的规律，这就是好新闻。"谈到这里，他的态度变得严肃起来，他说："现在有些记者不会写新闻，有些编辑也不会编新闻，这怎么能把报纸办好。要放下架子，从头学起。"

在另一次的报纸评读会上，接着议论的是"怎样才能写出好新闻？"胡乔木继续阐述他的意见，他说："群众是新闻的接受者，群众更是新闻的创造者。记者要采写群众最关心的新闻，就要深入到群众中去，要善于接触群众中的各种人物，捕捉各种新鲜事实。"他接着说："什么是新鲜事实？什么是群众关心的有趣的事实？发表什么新闻能达到什么效果？这都要下一番观察、辨别和抉择的功夫。所以练习写新闻，首先是练习观察，练习调查研究，练习打开脑筋，去认真思考。"胡乔木停了一会，他看到我们都在聚精会神地听他讲，笔在不停地记，又继续说下去："采写新闻不光是练习观察，更要紧的是练习表现。新闻的表现是既要迅速，又要准确，既要简练又要鲜明，这是艺术，缺了哪一项都不成。你们只要经过一段学习采写新闻的路子，就能找到一种迅速准确简练鲜明的表现方法。采写新闻的妙处就在这里。"

讲到这里，他鼓励大家说："人民日报要有一批真正的新闻记者，把自己培养成采写新闻的专家，而不是党委的研究员。现在有些记者的工作方法就相同于党委的研究员。"他举例说："有位新华分社的记者说，他准备总结当地的各项工作经验。如果这样，他一年也写不出几条新闻。"胡乔木的这句话引起一阵笑声。

胡乔木接着又举例说："你们找英美通讯社记者写的新闻

来看看，他们从来不说我认为如何如何，我以为应该如何如何。他们写的新闻简直就是透明体。但是他们都是厉害的宣传部长，他们是用他们的描写方法、排列方法以及特殊的章法、句法来表现他们的观点的，他们的厉害就在当他们偏袒一方面攻击另一方面的时候，他们的面貌都是又'公正'又'客观'的。我们的新闻不要装假，因为我们所要报道只是事实的真实。但是过于热心的表现，却会使真实的变为可疑。"胡乔木最后补充说："这并不是说所有的新闻都要话里有话，都要隐蔽自己的观点，像'上海下了一场大雪'这样的新闻，有什么观点要隐蔽呢？"

近年来，读者反映报纸上会议新闻太多太滥，没有兴趣阅读。其实这早已不是什么新问题了。早在60年代，会议新闻就充斥了版面。在颐园的一次报纸评读会上，胡乔木就提出了这个问题。他说："无论是全国性报纸，还是地方性报纸，有一个显著的现象，就是登载了很多会议消息，开幕闭幕都发了消息，随后还要发表会议通过的各种文件。这些东西大多数不是读者所能了解和感兴趣的。如果记者没有用读者所能了解和感兴趣的方法去报道这些会议的内容，那么这些报道越多，它的价值越小。"胡乔木这些话，尽管后来又说了多次，我也照样向一些报纸的编辑部作了转达，报面上充满会议新闻的现象，一直没有多大的变化。

## 六、通讯这种文体不可缺

在五六十年代，人民日报上经常刊登记者写的通讯，其中不乏精彩之作。像李庄写的一系列朝鲜战地通讯，纪希晨写的旅行通讯《从宝鸡到成都》，田流写的人物通讯《金星奖章获得者——任国栋》，陈勇进写的地方通讯《在白山黑水间》，都很引人入胜，曾在读者中产生过轰动效应。当时胡乔木对人民日报上的通讯很感兴趣，他说："我大部分是要读的。"正因为如此，他在颐园报纸评读会上，或是在同新闻工作者谈话的时候，经常提到通讯的问题，他说："通讯这种文体不可缺，那种概括性强，鸟瞰式的通讯，不是多了，而是太少了。特别是缺少使人感到真实亲切的通讯，比如说，报道森林工业，如果把亲自在森林中所见所闻，抓住几个片断，几个场面，逼真地写出来，那是最能感动读者和鼓舞人心的。像《在白山黑水间》就是这类通讯。"不过胡乔木对当时人民日报上的多数通讯，是不够满意的。他说："报上有些通讯花草太多。记者想把文章美化，用了很多美丽的词藻，却不能动人，给人的印象只能是远远望见的一幅图画。"

当时人民日报的通讯，有些是花草太多，有些是介绍工作经验的通讯，又显得太枯燥。记得有篇题为《中共琚寨支部怎样领导农民走社会主义道路》的通讯，胡乔木看了以后说："记者的介绍工作经验的通讯，报上是需要的，但是如果仅仅从正面介绍经验，往往像讲课一样，变成了说教，没有比较，没有分析，给人的印象不深。""记者如果用分析比较的方法，写成夹叙夹议的通讯，或者叫评论式通讯，就比光介绍经验更能推动当地工作。"他又说："当然不能要求所有的通讯里，都机械地、刻板地硬加进评论。通讯中评论成分的加入，要做到非常恰当，要和记者的饱满感情结合起来。"

在当年颐园的报纸评读会上，胡乔木对几篇通讯的具体评述，给我留下了深刻的印象，至今记忆犹新：

有一天的人民日报，刊登了一篇题为《家家户户养猪的王莽村》的通讯。报道的是陕西省长安县王莽村发展养猪的情况，全文1200字，不算长。胡乔木读了以后发表意见说："人民日报对一个村子的事不能不讲，但是应当力求使其意义不只限于一个村子。养猪有许多问题，家家养猪的确不容易，记者采访的时候，应该同时跑跑别的村子，看看别的村为什么不能家家户户养猪，有什么困难，工作有什么缺点。这样可以用王莽村的经验来帮助别的地方，就可以使通讯不限于一个村家家户户养猪。"

另一天的人民日报刊登了一篇题为《今日大凉山》的通讯。报道的是四川彝族自治州的新变化。胡乔木看了以后说:"这篇通讯,固然主要是讲成绩,说进步,但是也可以说一点困难和需要。单写前者,容易使人感到尽说漂亮话,好像一点问题也没有了。其实彝族地区还没有什么社会改革,还很落后,并不是好得不得了。适当说说困难,并没有什么妨害,不要使人觉得万事大吉了。"

在颐园报纸评读会上,胡乔木对通讯这一文体有过多次评述,使我从中受到了不少启发,给我留下了深刻的印象。"大跃进"后1962年的春天,胡乔木去外地休养,我留在北京无事可做,便以人民日报记者的身份去山西晋南地区采访。晋南地跨汾河两岸,土地肥沃,气候温和,素称棉粮之仓。来到这里首先看到的是,"大跃进"的遗留问题比较多,比如水利事业的发展的确迅猛,依山沿坡修建了很多引水渠道,农业受益很大。但是却忽视了维修,水渠的坍塌现象日趋严重,往往一处堵塞,百处溃流。又如,晋南修建了不少中小型沟谷水库,这种水库投资小,用工少,工期短,收效快,看来是成功的。同时也修建了不少平原水库,这种水库投资大,用工多,占地广,工期长,受益不大,而且引起盐碱化的发展,看来是失败的。再如,夏县的林业发展很快,被称为"绿荫之乡",但是从全县范围来看,发展很不平衡,山区还有不少荒山秃岭。我采访回来,按照胡乔木讲的写作方法,写了一篇有闻有见,夹叙夹议的通讯:《汾水两岸》。文中既讲成绩,也讲缺点,既讲成功,也讲失败,既讲主观努力也讲客观条件,有比较,有分析,也有前因后果。写完以后,送给了胡乔木去看。他在病中无事,看得比较仔细,认为写得比较成功,也指出了一个毛病,文中有这样一句:"进入万荣县境,走进任何一个村,都会看到牛马成群,圈肥高堆,一派兴旺景象。"他指着稿子问我:"你把万荣县的每一个村子都走遍了吗?"我说:"没有。"他说："你没有把每一个村子都走遍，怎么能断定说，任何一个村子'都牛马成群，圈肥高堆呢'？"我无话可答。他接着说，"任何事物的发展都不是平衡的，不要把话说绝了。"胡乔木于当天晚上，对这篇通讯作了文字上的修饰，第二天退还给了我，说："送人民日报发表吧。"

第二年的夏天，我又去山西省的雁北地区作了一次短暂的采访。雁北地区地处雁门关以北，故称雁北，因为受气候条件的限制，是有名的农业落后地区。自从新中国建立以后，经过十几年的社会主义建设，那里的生态环境和人民的生产生活都发生了很大的变化。我从雁北采访归来，写了一篇将雁北的自然风光、生产建设、人物活动、沿途见闻和历史故事揉合在一起的旅行通讯；全文8000余字，起了个《雁门关外散记》的题目，投送《光明日报》发表以后，才拿给了胡乔木，他仔细看了对我说："旅行通讯就应该这样的写法，它最大的好处是把读者带到现场去了。"不过他又说："把题目改成《雁门关外》就好了，显得有气势，给人一种辽阔空旷的感觉。加上'散记'二字，就显得平淡了，人们会想不过是些平凡小事的'散记'而已。"

## 七、提高"读者来信"的地位

60年代初期，报纸上的"读者来信"又多了起来。许多家报纸都设置了专栏刊登读者来信。1964年春夏之交的一天，胡乔木在评读报纸的时候说："这是一个好现象，说明我们的报纸进一步加强了同群众的联系。"

事后他让我和人民日报编委肖航共同研究一下各报读者来信的情况。我们用了几天的时间，翻阅了许多家报纸上的"读者来信"专栏，作了综合分析和比较以后，向胡乔木汇报。大意是：许多报纸刊登读者来信，好像有一个共同遵守的格式，从编排形式上看，每篇来信大都是二三百字或四五百字的小方块，紧紧地挤在一个角落里；从内容上看，大都是群众日常工作和生活中的一些零散的技术性的小问题，如《注意保护青蛙》、《管理好学校的仪器》、《希望电器行业上门服务》等等，很少涉及当前的政治形势、经济形势以及多数读者的呼声、意见、希望和要求等；从来信人的职业上看，大都是工人、士兵和城市居民，很少有教授、作家、艺术家、科学家和党政干部的来信。这时候，胡乔木把话接过来说："这就容易给人们造成一种错觉，好像读者只能反映小问题，讨论小问题。因而读者来信也就不容易引起党政领导机关的重视，也失去了对读者的吸引力，使它变成了报纸版面上可有可无的'补白'和'点缀'。"

胡乔木说："你们可以写篇关于提高读者来信在报纸版面上地位的文章，提出在读者来信中，为什么不可以既讨论小问题又讨论大问题，既讨论具体问题又讨论原则问题，既讨论实际问题又讨论理论问题，既讨论生产和生活问题，又讨论科学教育和文学艺术问题呢？为什么不可以既发表工人、士兵、学生的来信，又发表教授、科学家、艺术家的来信，既发表小学教师的来信又发表各级党政干部的来信呢？"

我们说，有的报纸有时候也以显著的位置和编排手法处理读者来信，这仅仅是一种偶然现象。我们翻出1963年3月21日的《文汇报》指给他看。那一天的《文汇报》在"来自科学界的意见"刊头下面，以读者来信的形式，发表了肥料专家陈禹平对农家肥料的意见，使人读了感到比较新鲜。我们还翻开1963年11月24日的上海《解放日报》，读给他听。这一天的《解放日报》可以说是打破常规，在一版头条位置，用几千字的篇幅，发表了运输工人高长富的来信。信中叙述了他的妻子双目失明以后，受到了周围许多人的热情关怀和帮助，使他的妻子减少了痛苦。他们夫妻之间十几年来互敬互爱，成为了一个模范的幸福家庭。《解放日报》还为这种社会主义新风尚发表了《从一封信看新人的成长》的社论。据说，这天的《解放日报》在社会上引起了强烈反响。

胡乔木听了以后说："如果按照这个原则去编排读者来信，也许会进一步扩大读者来信的影响和作用，同时也会使报纸变得生动活泼和丰富多彩。"

后来谈到在有的报纸上，和"读者来信"专栏同时存在的还有"答读者"和"信箱"一类的栏目，报纸编辑部可以借此答复读者提出的一些问题。我们说《中国青年报》上的"青年信箱"，办得比较有特点，它经常从大量的读者来信中，选择一些关于理论知识、思想修养、工作方法、学习方法、恋爱婚姻、家庭生活等为青年们关心的问题，如："读书怎样才能收效大？""大学时期宜于恋爱和结婚吗？""一辈子在油墨池里泡就没有前途吗？"……一个一个地公开答复。为此我们访问过《中国青年报》编辑部，他们听到对"青年信箱"的反映是：许多青年人读了，都感到像和老朋友谈心一样的亲切。获得了知识，受到了教育，解决了许多思想认识上的问题。

胡乔木听着我们的汇报，频频点头，他说："《中国青年报》的'青年信箱'我也注意到了，确实办得不错，应该坚持办下去。"接着他又发表了一段比较长的议论，他说：目前大多数报纸的"答读者"栏目中，答复读者的多是生产和生活中的小常识一类的问题，如"竹芋是一种什么作物？""怎样防止稻虫？""大洋洲在哪里？"等等。当然，答复这些问题，是读者所需要的，也会为读者所欢迎，但是作为在群众中进行马克思主义宣传教育的重要手段的报纸，仅仅限于答复这些零零散散的小常识，就显得非常不够了。许多人还会记得，十六年前——1948年7月27日，新华社"信箱"关于农业社会主义的问答，解决了当时许多人的模糊认识，受到了广泛的欢迎，至今人们还留有深刻的印象。今天我们处在社会主义建设的伟大时代，新情况新问题层出不穷，一些综合性报纸和期刊上，为什么不可以经常地有计划地答复读者一些关于国内外形势、关于党的方针政策，关于生产建设和群众生活中带有普遍意义的问题呢？在一些专业报纸或期刊上，为什么不可以像"青年信箱"那样，设置"工人信箱"、"战士信箱"、"农民信箱"、"妇女信箱"、"文艺信箱"等栏目，答复各方面读者提出的不同问题呢？

后来，胡乔木又曾多次提到如何处理读者来信的问题。他认为报纸编辑部"对读者来信，应当过一个时候就综合一些重要的问题并加以评述，在二版或三版上发表，以引起人们的注意。如果遇有特别重要的问题，也可以随时发表评论，这是让领导机关和社会舆论注意群众呼声的一个重要方法"。

胡乔木还说过："'读者来信'专栏或专页，应该有批评，也要有鼓舞人们克服缺点、努力前进的气氛，多登一些生产建设中涌现出来的先进榜样。"

有的报社反映：比较麻烦的难处理的是批评性的来信。胡乔木说："读者来信中提出的批评，要选择重要的发表，如果涉及到重要机关或重要领导人，要进行调查，与事实不符者，删，不能删者，可以加编者按语说明调查结果。总之，既要支持来自群众中的批评，又要慎重处理。"

## 八、记者是重要的社会力量

胡乔木对记者工作很有兴趣。他曾说过："我这辈子没当过记者，可以说是一件憾事。"正因为如此，他很喜欢和记者接近，同记者交谈。他关心记者的工作和成长，希望新闻界多出名记者。

我在颐园工作期间，每次随胡乔木去外地考察工作或休息疗养，他总要挤时间找当地报社的记者谈谈，问问他们的工作和生活情况。他曾交待给我一个经常性的任务，就是要和各新闻单位的记者交朋友，了解他们的情况，听取他们的意见，有什么问题可以随时提出来。他说："你是做过记者的，容易和他们接近，能谈得来，这是你的有利条件。"

从 50 年代后期，到 60 年代初期，这几年里，胡乔木随时随地谈了不少对记者工作的意见，其中很少有长篇大论，更多的是十句八句，三言两语，回答了不少记者提出的问题。现在仅根据残缺不全的记录和片断回忆，综合追述如下：

**记者前途广阔**

反右派运动结束以后的 1958 年，有的记者情绪发生了波动，他们感到做记者不但没有发展前途，而且还担着一定的风险。我把这一情况反映给了胡乔木。他说："你告诉他们，记者的前途是广阔的。做一个记者是有价值的，记者要把自己看成是极为重要的社会力量，一辈子做这个工作很光荣。"胡乔木还说："社会上每一行都有专家，新闻工作也要有专家，记者可以成为政治家、观察家、文学家及其他方面的专家。但是要把记者工作做好，必须付出艰苦的努力。"

**向两个方面去活动**

有的记者提出：记者的活动重点，应该放在什么地方？胡乔木说："记者应该向两个方面去活动，一是领导机关，一是深入社会、深入群众。同领导机关联系的目的，是从他们那里获得某项工作的方针政策和背景情况，作为采访新闻的线索。但是如果只向领导机关去要东西也不行，还要做他们的耳目和助手，给他们反映在群众中采访得来的情况问题和意见，供领导机关作为修改和补充某项工作的方针政策和工作方法的参考，这样记者也就参加了领导，群众也参加了领导。从这里可以表现出记者的社会价值和尊贵之处。"

胡乔木接着说："如果记者光跑领导机关，虽然也可以间接知道一些情况，但是不可能超过领导机关的水平。如果记者经常深入下去采访，就可以知道许多领导机关所不一定知道和无法知道的情况和问题，以补充领导机关的不足。从这里可以体现出，记者对领导机关的帮助。"

**依靠人民生活的海洋**

有的记者提出：怎样才能扩大报道面？胡乔木说："这主

要靠记者跑的地方多，看的多，听的多，收集的材料多，呼吸的新鲜空气多，自然也就扩大了报道面。因此记者要善于接近群众，养成一种接近群众的本领，和他们交朋友，使他们愿意同记者说心里话。"

胡乔木把群众生活比作广阔的海洋。他说："只要依靠群众生活的海洋，富源是不会枯竭的。问题在于记者每天去海洋里捞取些什么。要解决这个问题，光会写文章是不顶事的，光有一套新闻常识也不够，一定要熟悉群众的生活和群众的心，熟悉各项工作的方针政策和工作的具体过程。这样才有指望产生出合乎人民需要的第一流记者。这样的记者不是'无冕之王'，但是经过他们发出的新闻报道，却反映了情况，提出了问题，指明了道路，使他们真正成了群众的知心人和国家许多工作部门的助手。"

**多调查，勤思考**

还有的记者提出，世界上一切事物都是复杂的，记者在采访中怎样判断它的真实和准确？胡乔木说："记者外出采访，一定要多观察、多提问、多思考、真正做到熟悉情况，了如指掌。比如你要采写一篇农村办学的报道，最好能访问完十几个村子，把十几个村子办学中所碰到的问题，加以综合研究，然后再来动笔，一定会得心应手。如果仅仅访问了一个村子，就来报道它，那毕竟是有局限性和片面性的，因而也就缺乏真实性。"

胡乔木还说："记者一定要经常有一些题目在自己脑子里慢慢地积累和酝酿。现在的情况常常是编辑部要得很急的稿子，由于平时没有积累和酝酿，临时赶凑，结果写得很慢。等你写出来了，再经过几道手续，审查一番，就过时了，不能用了。你们一定要改变这种情况，真正做到心中早有准备。记者要想写出'叫座'的报道，就一定要注意平时的积累，再依靠自己长期的多方面的观察和思考，提出自己独到的见解。这样写出来的报道，真正有新鲜的气魄，才能'叫座'。"

**不宜采写工作经验**

有的记者提出,怎样采写工作经验的报道?胡乔木说:"记者的采访,要经常注意新情况,提出新问题,报纸上必须经常有对工作提意见的报道,如批评建议等。记者要经常留意发现这方面的问题,经常研究某些工作为什么没有做好。"

**提高记者业务水平**

有家报纸的记者部主任曾提出"如何提高记者的业务水平"这样一个问题。胡乔木说:"这主要靠记者们自己去学习和到实践中去锻炼。记者部领导人可以找些关于记者工作和修养的书,帮助记者提高,还可以收集一些中外记者写的优秀新闻作品,让记者去阅读。记者光读文艺作品是不够的,记者除了学习各方面的知识以外,还要懂得人情世故,使写出的报道富有人情味。"

说到这里,胡乔木向这位部主任提出一个问题:"是否可以考虑,有计划地组织某几个省的驻省记者,到其他省区参观和采访?这样可以扩展记者的眼界,使他们能够更客观地去观察问题,分析问题。不然老在一个省区采访,受着地域的局限,就只会从本省本区的角度看问题,不利于记者的成长和提高。"

胡乔木还说:"记者部应当有计划、有步骤地培养各种记者,除了经济记者以外,还要有政法记者,文教记者,艺术记者,体育记者……这些记者不但消息灵通,脚快手快,而且是相当的专家。这些记者要能够见世面,多交朋友,让他们向记者提供报道线索。"最后,胡乔木引用了周恩来的一段话来鼓励记者:"我们的记者太老实。记者应该到处钻,碰了钉子也不要太计较,否则就无法工作了。"

**要有满天飞的记者**

胡乔木对记者工作的兴趣,数十年而不减,经过10年动乱,到了80年代初期,他还念念不忘记者工作。1982年的秋天,在一次小型新闻工作座谈会上,他又提出了记者问题。他说:"过去我国有许多名记者,如范长江等人。现在著名的记者似乎不那么多。其原因可能是大部分记者都是定点的。由于长期固定在一个地方,其眼界容易狭隘,知识面窄,思路也窄,很少把问题沟通起来考虑,因而写出的报道也就枯燥沉闷。"

胡乔木在这次座谈会上还说:"记者定点固然有定点的好处,我认为不定点的更好。"他直接指出"人民日报满天飞的记者就太少"。他说:"满天飞的记者有个好处,可以上下左右地议论和比较,这个省和那个省比较,现在和历史比较,有人物,有场景,夹叙夹议,生动活泼。这样写出的新闻和通讯,读者爱看。可惜现在没有这样的通讯。"胡乔木最后说:"世界上著名的记者,视野都非常宽阔,知识都非常丰富,思想也非常活跃。他们写起报道来,有叙述,有议论,有文采,能够纵横捭阖。希望我国新闻界多多出现这样的名记者。"

## 九、新闻工作者的修养

"中国新闻界十分广阔,应该多出现一些名记者"。这是胡乔木多年来的希望。新中国建立不久,胡乔木曾说过:本世纪初期,中国出现过一些名记者、名报人。在抗日战争和解放战争中,也出现了一批优秀记者。令人惋惜的是,这些人还没有真正成名,由于工作的需要,便放下了手中的笔,到领导机关做领导去了。希望在今后的社会主义建设中,再出现一批优秀的记者,能够沿着记者之路走到底。胡乔木在这里所说的记者,据我的理解是广义的,它包括新闻编辑、记者和新闻评论员在内的所有新闻工作者。

1958年夏秋之际,有一段时间,人民日报的总编辑邓拓,经常带着重要社论和文章的未定稿,到颐园和胡乔木共同审阅修改。在修改文稿之余,常常听他们说起新闻工作者的修养问题。有一次胡乔木对邓拓说:"要想把人民日报真正办好,就要尽快提高编辑、记者的政治水平和业务能力。"邓拓说："是啊，我们已经注意到了这个问题，报社的编辑、记者，大部分都是青年人，他们朝气有余，经验不足，业务水平亟待提高。"胡乔木接着说："人民日报是党中央的机关报，全体编辑、记者都要把自己锻炼成和中央的立场、观点相一致，足以代表党中央思想作风的优秀新闻工作者。"

"怎样提高新闻工作者的水平？怎样才能做一个优秀的新闻工作者？"胡乔木面对邓拓自问自答地说："告诉大家，要想做一个优秀的新闻工作者，首先要解决的是立场问题，也就是说要站稳党和人民的立场。然后从三个方面去修养自己。一是政治思想道德品质方面的修养，二是学术理论文化知识方面的修养，三是新闻业务方面的修养。还要告诉大家，做一个优秀的记者是不容易的，做一个名记者更难，要用毕生的精力去争取。"

在另一次小型座谈会上，讨论到新闻工作者学习问题的时候，胡乔木讲了这样一段话："新闻工作者有两个职业上的弱点，一是不直接参加生产实践，但是要反映生产实践，由于实际知识少，反映的事物就不免同实际情况有距离。黑格尔说过：老人和小孩一样会说火是烫手的，但是实际感受却不同。二是缺乏理论解剖能力，往往把个别现象当作整体，容易产生主观片面性，容易犯左和右的错误。"

怎样弥补新闻工作者的这些弱点呢？胡乔木说："除了尽可能参加实践以外，主要靠经常不断地学习，首先要学习马克思主义哲学，学习唯物辩证法，用以去观察事物，分析事物，认识客观规律，反映客观世界，其次是学习各种知识，因为在新闻工作中，不可能只接触一方面的知识，即使是专业报纸和专业记者，也不能像科学研究者的知识那样专。一个新闻工作者经常要同社会上各行各业的群众接触，涉及的方面很广，因此，对各方面的知识应该有广泛的兴趣，这样才不会遇到困难，才不会遇到问题说不出话来，或者说三句错两句。"

胡乔木还说:"作为新闻工作者,要使工作质量提高,产品少出差错,除了涉猎各方面的知识以外,还要学习某项专业知识,力求成为某一方面的专家。比如农村部的编采人员,应该多读农业方面的书,逐步做到对中国的农业情况了如指掌。这是理论学习,也是业务学习。农村部的编采人员应该如此,其他部的编采人员也应该如此。这样在采访写作或同人谈话的时候,自己心里才有底,才能提出问题。"

## 十、学习和研究新闻理论

早在50年代中期,胡乔木就向新闻工作者提出了重视研究新闻理论问题。他曾经不止一次地对人民日报编辑部负责人讲过:在新闻采写和编辑工作方面,我们有不少经验,但是既没有从新闻业务上去整理和总结,更没有从新闻理论上去整理和总结,使我们的报纸工作缺乏理论的指导,这是我们的报纸常常处于一种不稳定的摇摆状态的主要原因。

胡乔木认为:外国新闻学的历史虽然比我们早一些,也编了一些教材,讲了一些道理,但是我们不能原封不动地搬来用,有的可以吸收,有的可以批判地接受,有的则根本不能接受。这就需要将研究外国的新闻学和积累总结我们自己的经验结合起来,建立我们自己的新闻学,用以指导我们的新闻工作,培育我们的新闻工作者。

胡乔木在谈到我国新闻学研究状况的时候说过:全国解放以前,还出版了一些新闻学的东西,新中国建立以来,除了学校因教学需要,作了一些研究以外,各新闻单位,甚至中央新闻单位,都没有做过这项工作,更没有出版过新闻学著作。也许出过什么新闻论文集之类的东西,都是这个人那个人凑起来的,缺乏系统性,不能满足新闻工作者的需要。

胡乔木说:"如果其他方面有百家争鸣的话,新闻界也应该有争鸣,可是我们新闻界缺乏'百家',缺少对新闻学有认真和详细研究,有自己独到见解的'家'。"

基于以上这种认识,胡乔木主张全国所有的新闻单位,都应该做关于报纸和新闻理论的研究工作。因此,他希望每个新闻单位,抽出一定的人力,设置研究机构。他特别指出：人民日报、新华社、中央高级党校,更应该成立新闻研究小组,希望大家一齐来收集和积累新闻资料,首先要收集经典作家的有关新闻工作的文献资料,同时还要收集新闻的历史资料,不光要中国的,而且要世界的。新闻工作者首先要懂得新闻事业的历史,不懂得历史,就反映出我们无知。要买一些外国新闻学方面的书,英美大学的新闻教材也应该去买。《纽约时报》的立场尽管和我们不同,但是在编辑工作上也有好经验。《泰晤士报》也是如此。当然更重要的还是现在外国和中国的新闻资料。要把我们的头脑武装起来。

"研究新闻理论,也可以先从研究报纸工作着手。"在胡乔木的建议下,人民日报成立了"报纸研究组"。

他要求人民日报报纸研究组,还要同北京各报乃至外省市报纸建立经常的联系,和他们交朋友,去他们那里做些调查,看看他们怎样工作,有什么好经验,听听他们对人民日报的意见。

胡乔木给人民日报报纸研究组不断地出主意,提建议。有一次他又让我转告报纸研究组,还要重视对外国报纸的研究,他说："这是提高新闻报道水平的一个重要因素。"他进一步解释说："既要办人民日报,就应当知道各国报纸的情况,过去我们过于不看左邻右舍了。对外国报纸的研究,要提出具体要求,研究他们的采访方法,组稿方法,编排方法,经营管理方法,以及他们采取什么方式为读者服务。要把研究结果写成鸟瞰式的文章,公开发表,或者提供编辑部参考。"

1958年的秋天,胡乔木考虑到报纸研究组终究是一家报纸的研究机构。人力物力及研究范围都受着局限,难以达到他原来的设想,于是他提议由人民日报、新华社和新闻工作者协会共同创办一个内部刊物——《新闻工作动向》（以下简称《动向》）向全国各新闻单位发行。地址设在人民日报大楼里，由三家出人组成编辑部，肖航担任主编。我当时的一项具体任务就是经常往返于颐园和《动向》编辑部之间，随时向胡乔木反映《动向》编辑部的情况，随时转达胡乔木对《动向》的意见，有些重要文稿还要送胡乔木定夺和修改。

胡乔木交待给《新闻工作动向》的总任务是反映新闻工作的情况，收集新闻工作的资料，探讨新闻工作的理论，指导新闻工作的实践，把新闻学的研究工作推向前进，最后写出一部中国自己的新闻学著作。为此，他提出《动向》编辑部的人员，首先要提高自己的水平，善于发现问题，提出问题，除了自己研究以外，还要组织更多的新闻工作者一起去研究，他希望通过《动向》把各家报刊编辑部的研究工作建立起来。

胡乔木让我转达《动向》编辑部，希望他们订一个选题计划，各家报刊的编辑部和他们的资料室研究室，都可以分些题目进行研究。比如，对广播电台的广播节目内容和效果的研究，对中国新闻理论和外国新闻理论进行比较的研究，对世界各国新闻学著作的介绍和研究……这样下去，便慢慢地打开了眼界，打开了思路，提高了对新闻学研究的水平。

《动向》编辑部，在胡乔木直接指导下，出到了167期，质量一年比一年提高，影响也一年比一年扩大，它对带动和促进全国各地新闻理论的研究，起到了很好的作用。

"文化大革命"结束以后的1978年，胡乔木被任命为中国社会科学院院长，在他的倡议下，正式建立了中国社科院新闻研究所，为新闻学的研究打开了大门，铺平了道路，实现了胡乔木多年来的夙愿。

1994年冬

# 拼命精神激励着我

陈勇进

淮海战役开始不久,我们几位冀鲁豫日报的同志,奉调到人民日报工作。

在国民党军飞机的轰炸中,我们从冀鲁豫根据地的菏泽出发,绕道徐州、济南,到了人民日报的驻地平山县的里庄村。这已是1948年12月的事情了。

在这漫长的岁月里,人民日报使我记忆最深,而又激励我向前的是什么?有两个字,叫作"拼命"。

到刘邓大军当随军记者的陈勇进。

---

陈勇进,高级记者,河南省范县人,1922年生,1937年加入中国共产党。革命战争年代,多次随军采访;1948年秋由《冀鲁豫日报》调进人民日报,全国解放后,曾任人民日报驻云南、安徽记者,新华社云南分社、安徽分社社长。1978年5月回人民日报记者部工作。

拼命一语，是50年代初，邓拓同志在动员大家更好地完成党中央所赋予的使命时说的。当时，党中央毛泽东同志对人民日报批评很多，老邓一方面接受党中央的批评，一方面鼓励大家更加努力工作。在一次动员会上，老邓激动地说：我们要拼命赶上去，我们要拼命。他还说，拼命是死不了人的。

作为中央机关报的工作人员，不能适应党中央的要求，不仅老邓感到心情沉重，大家都感到心情沉重。如何达到党中央的要求？主要是努力提高思想水平和业务水平，一般的努力还不行，还要像邓拓说的"拼命"。

率先拼命的是老邓。在他身边工作的白玉峰，不止一次地对我说过，老邓昨天一夜没睡觉，正要脱衣休息，又被党中央叫去开会啦。老邓是不见报纸出版不睡觉的。那时，老邓的日常工作是写社论，看稿改稿，去中央开会，去北京市委开会，还要下去调查研究。报社很多事情，又都要请示他。我和几位同志闲谈时说：北京最忙的人是谁？是老邓。那时，老邓由于腰骨折，腰间束着一条半尺宽的硬带，他过分劳累，又患偏头痛症，写文章时间长了，就会发病。他没有时间看病，就自己针刺，常常刺得津出血来。

提起拼命往往会想起军队作战。作战才需要真正地拼命，不敢拼命，就不可能战胜敌人。这种精神在我当随军记者时，体会得更真切。1946年7月，我在冀鲁豫日报做记者，社长罗定风找我谈话，要组织前线记者团，随刘邓大军作战采访。当时，前线记者团里有齐语、方德、吴象、阎乃一、丨曼和我6位同志加一部电台。第一次开会，齐语、方德传达人民日报副总编辑安岗的指示，老安要求我们前线记者，切实地按照刘邓的指示办事，切实地深入到连队采访，多多反映指战员们的英勇业绩，对战争作深入报道。

做前线记者，要从两个方面拼命才行，一是随军作战，和指战员们一起冲锋陷阵；一是采访写作。和指战员们一起，就容易了解他们，了解了战争，就容易写。1946年8月10日陇海战役打响了。我奉命随杨勇将军所部来到前线,写了《暴风雨夜战砀山》、《团长侦察》等稿件。陇海战役历时13天,我写了5篇通讯。这些通讯文字是粗劣的,但却记录了战争的实况。这是一次我随军拼命的收获。在以后的8个战役中,我和指战员们一起行军战斗,这一年里,我写了80多篇通讯、特写,至今感到"拼命"所至,必有所获的道理。

老邓在人民日报倡导的拼命精神,深刻地影响着我。1952年10月,我身体不好,但有拼命精神逐使,仍去到小兴安岭采访。小兴安岭林区,是人所共知的苦寒地方,那里有很多受人钦敬的伐木工人,他们不仅伐木,还要种树。当年12月,我再次去小兴安岭林区。气温降到零下30摄氏度,伐木工人倒是更紧张地劳动,他们喊着号子,唱着歌,快乐地劳动着。我将采访所得,写了《小兴安岭的冬天》、《快乐的青年沟》两篇通讯,报纸很快发表出来。

1953年2月,我作了遍走白山黑水的打算。我到大兴安岭时,乘坐的是运木材的车皮,大雪纷飞,天气到了零下40摄氏度。我访问了那里的铁路工人,访问了那里的防火模范人物。之后又到小兴安岭,到长白山,写了《在白山黑水间》的通讯,长有1万5千字。事后听说老邓说过,就是要多写这些没人写过的东西。

我在人民日报的日子里,多次和安岗同志一块采访写作,除了他的锐敏思想,他的拼命精神也是值得钦佩的。采访活动结束,他总是催着快写,不写出稿子不睡觉。他写《干劲要大,步子要稳》的通讯时,从六安到安庆行车已够累了,但还要坚持要写,并且对我们说:今天的工作时间是一夜,谁写出稿子谁睡觉。半夜里,他到我房间里看看,我劝他休息,我们也休息休息。老安笑说:都别休息啦!还是谁写完谁就睡觉。我们觉得他是领导,尚且如此,我们只好拼命把稿子写出来。第二天清早,我去看老安,他还在那里写。我说休息吧,别把身体搞坏了。老安说:干工作,是不会搞坏身体的。他果然一夜之间写了6千字。当时的安徽省委书记李葆华看后,惊奇地说:这样快就写出来了?真是快手。

老安写《抗灾的活哲学》时,采访写作的拼命劲头,也深深地感动着我。1966年春,我约老安访问淮北。他为那里的变化激动不已。从宿县到阜阳时,他突然冒了一句:我要写哲学。我奇怪,老安又不是哲学家,写什么哲学啊!等了一会儿,他回答我说,是抗灾的活哲学。我们心想,老安的点子真多。这个哲学上的活字,多有意思!在阜阳访问了两天,老安笑着向我们交待任务:今天夜里要写出来。第二天一早,我到老安的房间里看他,他眼睛红红的,却还在写,我劝他休息,他说不干完不休息。地委书记感叹地说,人民日报的副总编辑这样干法,谁能受得了。

"文革"当中,老安到1972年秋恢复了组织生活,我在安徽也恢复了组织生活,老安打电话给我,一块到下面看看。我们约定在安庆见面。老安的拼劲又上来了,在安庆、芜湖熬夜不止;到了马鞍山市,又是通宵达旦,拼了几天,写文章。

1985年陈勇进(右)记者在新疆采访。

我进入老年，感到要做的事很多，愈加感到拼劲不可丢。我在天津采访时，胡绩伟同志也到天津访问。他在天津的采访，也是"拼命"的日子！短短的8天，他抓了6个头条新闻，还写评论，改别人写的新闻。他为了写一条新闻，竟有一晚没有睡觉。

老邓所倡导的拼命精神，从一开始就激起我奋发向前的劲儿，拼的时间长了，也就成为习惯。我60岁后，觉得有更多的地方要看，有更多的事情要写。祖国的大西北，我尚要涉足，下决心去了新疆的塔克拉玛干大沙漠。人们称塔克拉玛干是"死亡之海"，是"进得去出不来"的地方，科学家彭嘉木被塔克拉玛干吞噬了，但那里有众多的拓荒者，他们唤醒了塔克拉玛干。1982年9月份我去到那里，看到了真正的农业机械化，真正的大农业。在被人们认为可怕的地方，开拓者们作了那么多的贡献。这年我写了《塔克拉玛干笑了》等五篇通讯。1983年9月在塔克拉玛干的边沿城市库尔勒住下时，农垦部门的负责同志对我说，三十五团场是塔克拉玛干深处，那里没有记者去，我立即前往。次日，到了三十五团场，那里的同志在大沙漠里种出了水滔、棉花、哈密瓜，是个奇迹。在无边无际的大沙漠里，建设了绿洲，很应该写写。我在《塔里木河新潮》的第一段，就写了那块"甜蜜的地方"。

人民日报对我影响至为深刻的，还有李庄。这几十年，他一直做夜班。他做夜班，白天也做事情。这几十年，我看到李庄总是忙着，忙得白了头。1965年我从安徽来北京写稿子，老李叫我在他办公室里坐坐。我们闲谈之中，他竟然写好了一篇社论。他这几十年的"拼命"精神，真是许多人所不及！

1988年6月

# 经济特区风云录

## ——深圳报道的回顾

林 里

1983年,是深圳经济特区最顺利的一年,也是最成功的一年。

这一年,对我来说,也是一个丰收年。

这一年,在报纸、杂志上发表各种体裁的文章23篇。在我的记者生涯中,也是少有的记录。值得一提的,是探索得到了公认。

40年代中期到50年代后期,我曾做过13年记者。此后,当了25年总编辑。80年代回到人民日报记者部,重操旧业。

自从回到记者岗位上的那一天起,我便一直琢磨,20多年以后再当记者,总得比过去好一点才是。比50年代,哪怕稍微提高一点点儿也好嘛!要是仍然停留在当年的水平上岂不耻笑于国人?再说,80年代,是改革的年代,变动的年代,新闻记者在反映改革、报道变动的同时,也应当改革自己、改革新闻。改革,不也包括改革报纸、改进新闻报道吗?——起码也要给读者以新鲜感嘛?

------

林里(1921年—2001年),高级记者,河北威县人。抗日战争时期参加工人抗日游击队,1938年加入中国共产党。1945年从事新闻工作,先后任冀南日报、人民日报记者。1958年调任广东,任南方日报副总编辑,广州日报总编辑、党委书记。1979年回北京,任市场报总编辑,后任人民日报驻广东首席记者。

我想前进，我不满足于原地踏步，想使自己的报道同时代的脚步相适应，深圳见闻，是改革的尝试，也是系统报道深圳的第一批作品。不，深圳见闻发表以前，还发表过一篇叫做《免税商店》的速写。我记得，这篇通讯发表的当天，陈勇进同志翘起大拇指，朝着我说："行。有特点，可以这样写下去。"

报社同志鼓励，给我增添了力量，增强了信心。于是，我放开歌喉，高声呐喊———鼓作气，写出6篇通讯，这时候，安岗夫妇前来祝贺，纪希晨同志打电话称赞，商恺，以及首都新闻界的老朋友和新朋友，全都肯首相庆。有的说，写出了自己的风格。有的说，路子对头，像个老记者的样子。还有的说姜是老的辣，——要写出些像样的报道，没有几十年的苦功，磨炼，是不行的。更多的朋友劝我，坚定不移地写下去——写它30篇、40篇，给你出书。

前来约稿的友人，不谈文章内容，张嘴就要有独特风格的通讯。

风格，风格，难道我真的写出了自己的风格？如果说有，那末，这个风格又是什么呢？怎么表述？怎么概括？京派？海派？梅派？麒派？……直到今天，我回答不来——只能如实汇报我的思想，我的追求，我的抱负，以及我的不足。

## 一、致力于新闻

摆脱行政领导职务，回到记者部，目的就是写东西——写新闻、写通讯、写小说。

挂起记者招牌，就要首先写新闻。不写新闻，就不叫记者，或者说是名不副实的记者。

关于新闻，实在到了非改革不可的地步了。连我们新闻的总统帅、尊敬的胡乔木同志，也一再发出新闻必须改革的呼吁。他批评报纸，说报纸上的许多新闻不像新闻，还诙谐又幽默地反问：难道我们的报纸也要引进外国专家来办不成？

听到这些指责，我痛心、内疚，感到羞耻、惭愧。我曾多次质问自己：林里，你能不能拿出几条像新闻的新闻？

背着沉重的包袱，我开始写新闻。不过，我没有用改革的精神写新闻，而是用了标准的正规的新闻模式。

偶然的成功，收到意料不到的觉醒——与其提倡新闻改革，倒不如首先恢复原来意义上的新闻规程。

当年，踏进报社大门，第一堂课就是讲五个W，五大新闻要素，我是遵循着五个W，五个新闻要素写新闻的。可是，到了50年代中期，跟在人家的屁股后头批判五个W，说五大新闻要素是受资产阶级新闻学说的摆布，要创造无产阶级自己的新闻学说。这一来，10年、20年过去了，无产阶级的新闻学说没有创造出来，资产阶级的新闻学说中合理的部分也被否定了，丢掉了。新闻不像新闻，实在是无所遵循的结果。现在来看五个W，五大新闻要素，也跟语言、文字一样没有阶级性。资产阶级可以利用，无产阶级也可以利用。因此，宣布五大新闻要素继续有效，为五个W恢复名誉。我看，解决新闻不像新闻的难题，并不困难。其次，像我们这些从五个W学起的新闻工作者，绝大多数都还健在，请他们拿出几条像新闻的新闻，易如反掌，容易得很。即使作个样子，都会产生不可估量的影响。

说到启用老报人，我想起还没有加入老人队伍的杨兆麟。

1983年，在深圳采访期间，从收音机里听到"本台记者杨兆麟从哈尔滨发来的报道"，我为之一惊。因为，不多天以前，报纸上公布了杨兆麟被任命为中央人民广播电台台长的消息，而且是调整领导班子以后的新台长。怎么一下跑到哈尔滨？怎么一下又成了本台记者？

疑团还在头脑里浮游，忽然又传来"本台记者杨兆麟从广州发来报道"。再过两天，是"本台记者杨兆麟从深圳发来的报道"……杨兆麟，杨兆麟，难道杨兆麟真的来到了深圳？会不会是另一个杨兆麟？我的猜测，还没有完结，杨兆麟突然破门而入，一下子出现在我的眼前。

"哦！果然是你？"我惊喜若狂，赶忙走上前去，连手里的收音机也没有来得及关闭。

1947年，我们同在太行山时代的新华总社当编辑。屈指一算，37年了哇！

"弹指一挥间，真是弹指一挥间啊！"杨兆麟无限感慨，一再重复着这句名言。

"你不是当了台长了吗？"我问。

"杨台长下来跑新闻——示范的呀！"随同前来的电台记者陈奇同志插嘴说。

"应该，应该。你带了个好头。"我肃然起敬。又急忙补充说，"新闻改革大有希望。新闻界的传统作风，由你继承下来了。可敬！可敬！"

"没有想到吧！我们能在深圳重逢。"杨兆麟迅速岔开话题，叙旧谈古。

这天，我们一起乘车外出，到沙头角采访。尽管细雨霏霏，但谁也没有因雨而停止活动。出乎意料的是，杨兆麟对沙头角相当熟悉。他知道英街的街道有多长，路面有多宽，还知道我们这边管辖的地带有多少家商店，港英那边有多少人做买卖……

杨兆麟是电台台长，又是名副其实的记者，要是中央各个新闻单位的新领导，都能像杨兆麟同志这样——深入第一线，动手写报道，我看，不光新闻界的新闻改革会马到成功，解决新闻不像新闻的难题，也就不再成为问题。

## 二、致力于新闻式的通讯
### ——用通讯式写新闻

新闻报道是客观现实的反映，社会生活的再现。

深圳报道是深圳现实的反映，经济特区的再现。

一种新闻体裁的诞生，一种报道形式的形成，都跟我们所处的时代息息相关，血肉相连。

深圳报道是在深圳经济特区这个特定的时间、特定的地点、特定的历史条件下产生的。

80年代的深圳，不同于历史上的深圳，不同于前天、昨天的深圳。

80年代的深圳，是全新的深圳，新形势下的新深圳。新建设，新成就，新风貌。为新闻报道提供了取之不尽、用之不竭的宝贵素材。

对于深圳报道，同行们众说纷纭，议论纷纷。还起了这样那样的名字，给予不同程度的美誉。但是，我自己，始终认为，深圳报道是新闻式的通讯。

新闻式的通讯，靠新闻取胜，用事实说话。活生生的现实，是新闻式的通讯的基础，是新闻式的通讯的生命。没有大量的，活生生的事实，也就没有了新闻式的通讯。

我的深圳报道，全由若干条新闻所组成。有的篇章，事实、新闻，占整篇文字的百分之九十，议论顶多十分之一。

深圳报道中的每一篇通讯，都可以分解出若干条新闻。有的篇章，一句话一条新闻，几句话一条新闻，还有一句话两条新闻的呢！

深圳报道中的每一篇通讯，都试图告诉读者若干件闻所未闻的新人新事新成就。

被评为1983年"受奖通讯"的《效率》一文，就是新闻式通讯的标本。

两千多字的《效率》，安排了4个方面的八九条新闻。其中，关于农村的一条，还是人民日报上用过了的。

《效率》一文的前半部分，是说明效率高的事实；后半部分，是说明效率之所以高的原因。值得注意的是，说明效率高的事实是新闻，说明效率之所以高的原因，也是用新闻说明，用新闻论证。通篇文章，可以说处处是新闻。连主题思想：

"深圳的工资高,效率也高",都带有浓厚的新闻色彩。

深圳见闻中的《富在前头》、《全村都是万元户》,以及后来写的《特区外边》、《牙科医院》、《对外开放中的广州》等等,都是用一条又一条的新闻所组成。《特区外边》中说:"这里的果农,天蒙蒙亮把荔枝摘下来,装上汽车,中午运到香港启德机场,下午3点便到达新加坡。侨居在那里的中国人,当天就可以吃到祖国的新鲜荔枝。"

这就起码告诉读者3件事:一是对外开放以来毗邻港澳的农村可以把农副产品直接送到香港;二是汽车可以直接来往与内地和香港;三是开放政策同现代化交通工具相结合,使我国和别国的距离大大缩短,有利于经济发展。

深圳见闻中的《工资》、《物价·货币》,看来像是专题通讯,实际上,也是许许多多新闻所组成。不过,这里所用的新闻,只限于工资这个范围以内的新闻。比方说,《工资》一文中,讲了工人的工资多少,厂长的工资若干;经理的月薪多少,店员的月薪又是几多;以及工程技术人员和伙夫头的工资数目。一般读者,也许不太感兴趣,属于那个行业,那个工种的职工,可就倍感亲切。报道发表以后,许多读者来信询问他那个工种的工资情况,就是一个证明。

被公认为政论性的通讯《以我为主 为我所需》一文,有这么一段:

"深圳特区成立初期有个厦巴汽车厂,想利用深圳特区的各种优惠,提高汽车在国际市场上的竞争能力。对此,深圳表示同意,允许它来。但是后来,它要向我国内地倾销汽车占领我们的国内市场,这就不行了。厦巴汽车厂退了出去。有个日本财团,要在珠海市的唐家湾和中山县的翠亨村,建造纪念馆和图书馆,我们认为不是急需,也拒绝了。深圳有家宾馆要办西方式夜总会,不适合中国国情,当然不能批准。"

这儿就有四条新闻,前面的一条,是几句话一条的新闻;后面的几句话,是三条新闻。在这里,我所以用这些事实,还想表明另外一个意思,我想说明,特区的外资,有来有往,来去自由,只说来,不说去;只说进来多少,不说出去多少,也是片面的,不真实的。我们的新闻界,不是还发明了一个"本质的真实"吗?资本主义的本性之一,就是多变性。今天是阔老板、人上人;明天说不定便是穷光蛋、阶下囚。今天投资设厂,明天便宣布破产,抽走资金。最初来深圳投资办厂的资本家,有的改变初衷,走了;有的卖给别人,换了主人;连当年号称投资二十亿元港币的胡应湘,也不再在福田地区开发建设了。新闻报道,不说明这些变化,或者有意无意掩盖这些事实。同样是片面的,不真实的。

### 三、找到一种表现形式,解决一系列难题

说实话,到深圳采访的最初时期,本打算在新闻上下功夫,想在新闻上有所突破。但是深圳的现实是高速度,快节奏,一天等于 20 年。别说一个脑袋、两只手的文字记者跟不上形势发展的需要,就是依靠电脑传真、手持电影机、电视摄像机的电视记者,也无法把深圳的现实全都报道出去。再说,人民日报是全国性的报纸,发行到全世界去的报纸,既不可能天天报深圳,也没有必要事事都报。

当初,我像建筑工地上的工人那样,搭起许多脚手架,试图把所有见闻都装进去。可是装呵!装的,总也装不完。——装不完,使劲塞。塞的结果,是越塞越膨胀,越塞越臃肿,以致于塞得人不像人,鬼不像鬼,——越塞越不像新闻了哇!一气之下,我把脚手架推倒,把初稿全都扔进字纸篓里。——管它什么形式什么体裁哩!什么体裁能够适合于我,什么体裁能够表达现实、抒发感情,我就使用什么体裁,动用什么武器。

新闻,容量小,局限大,不易尽情抒发。翻阅当地报纸,研究他们的报道,发现当地报纸对深圳报道确实花费了力气。几乎是事无巨细,一律都报;几乎是事事报,天天报,无一遗

漏。然而，多是见树不见林，见物不见人。多是就事论事，不知道它的前因后果，不知道它的来龙去脉。作为人民日报，当然应当是篇幅小、篇数少，而给予读者的则更多、更好。在许许多多的难题当中，最头疼的还是有了素材，不知道怎么使用。找到新闻式的通讯以后，就解决了这个难题。在《物价·货币》一文中，我收进了一个情节：

在北京，买一斤鸡要1元2角，还说贵啦，贵啦！深圳呢？每斤鸡3元多。而且，当地鸡比外来鸡贵；中国鸡比洋种鸡贵；没有下过蛋的母鸡，比下过蛋的母鸡贵，红公鸡的价格，比白公鸡高出百分之十到百分之二十。到市场上买只鸡，动则就是十多元。

红公鸡比白公鸡贵，母鸡比公鸡贵，在广东，当然不是新闻。到北方，到内地，不光是闻所未闻的新闻，而且还是充满生活气息又风趣横生的新闻呢？这种素材，用新闻形式，孤立地写，是无论如何也没法处理的。

也因为有了新闻式的通讯，深圳见闻就增多了别家报纸所没有的，或者不肯用的独家新闻。《效率》一文中说："在一家商店，我看见有位售货员，趴在柜台上睡觉。深圳闹市区的博雅画廊，是做买卖的，但它开门比别的店铺晚，关门比谁都早。下午4点，就关门停业了。更奇怪的是，门上挂着个大牌子，上面写着'外宾、港澳同胞开放时间'。内宾、深圳同胞啥时能进？没有，根本没有。一打听，才知道这是官商中的佼佼者，属文化局领导。"不过，在这里，我用这个材料，倒不是当做独家新闻撰写进去的，更深刻的意思，是揭露自我侮辱。这个牌子，实是"华人与狗不准入内"的翻版。类似事实，在深圳已经发生过两起。一起是深圳蛇口工业的凯达玩具厂，一起是乌石古采矿场。那两起事件，发生在港商、外商企业里，容易识别。牌子一经挂起、立刻就被本企业的职工反对掉了。博雅呢？是国营的，文化局领导。文化局会玩文字游戏，拐了个弯儿，换了词，实际上还是自我侮辱。

还有什么独家新闻没有？有，确实还有不少哩。现再举一例：有资本家，就有工人；有投资者和劳动者，就有劳资关系，有，是正常的；没有，倒是奇怪的。蛇口工业区的一家工厂，怀疑某些工人偷窃产品，便串通另一部分工人，到他们所怀疑的工人宿舍去搜查。也是这家工厂，居然没收了共青团的团员登记表。这两件事，激起了工人群众和共青团员的抗议。他们要求政府制止资方代表的不法行为。资方闻讯赶来，撤换了资方代表，再三赔礼道歉，表示往后要严守中国法律，保证不再出类似事件。

这篇文章发表以后，有的资本家主动改善了工人的生活环境。有的主动为党团活动提供方便，有的增加了文化娱乐设施。身在特区的报纸、记者，不正视劳资关系，有意无意地回避劳资关系，是不敢面对现实的表现，是不符合"方法全新，立场不变"的原则的。

典型，别家一报再报的典型，能否再报？

去罗湖渔民新村采访以前，思索再三，犹豫再三。谁都知道，罗湖渔村中外驰名，很多报纸、杂志都登了文章。特区报纸在报，内地报纸再报；中国记者报，外国记者报；作家报，党政要人也在大写文章。中共上海市委宣传部的陈沂部长，对渔村大唱赞歌，写了报道式的长篇文章。墨西哥驻华大使，专程到渔村查看虚实，香港电视台，还为渔村拍了电视片……我去不去？写不写？几经踌躇，还是去了，写了。我是这样开头的：

罗湖车站附近，有个渔民新村，几乎成了来访者游览胜地。

其实，渔民村已不再是原来意义上的渔民新村了，再这么叫就文不对题了。

渔民靠捕鱼为生，要出海打鱼。可是，眼前渔民新村的渔船，变成了海上运输队；渔民呢？变成了饲养塘鱼的管理员和驾驶汽车、轮船的驾驶员………

为了说明我的论点，又作了进一步分析：

1981年，渔民新村的总收入是62万元，其中由车和船队组成的运输队，收入多达45万元，占总收入的四分之三稍弱一点；渔民新村的190亩鱼塘，收入20万港元，折合人民币6万多元，才占总收入的十分之一稍多一点。1982年总收入增至78万元，比例大体与上一年相同。就是说，从经济构成上看，渔民新村也就失掉了它的本意。

是不是否定渔民新村的成绩？是不是故意贬低渔民新村的意义？不，不是的。我想把渔民新村的报道，推向一个新高度和新水平，给它一个崭新的结论。因此，我在分析了渔民新村的收入情况以后，便说："渔民新村，正在向着城市、工厂化的道路迈进。"开头的反话，看似"不同政见"的反话，实是为了深化主题，加深读者印象而说的。

## 四、走别人所不走的路

写别人所不写的主题，用别家所不用的素材，就要走别人不走的道路。艰难、崎岖、攀登、跋涉，千险万险，在所不辞。

深圳见闻发表以后，同行们开玩笑，说我是拣破烂的。

乍听愕然，稍事思忖，立即回答说："此言有理。"

在《富在前头》一文里，我不仅如实报道了拣破烂的事实，而且放声歌唱，百倍称赞。

"特殊政策。灵活措施带给市区农村的物质财富是无法计算的，内地人想都想不到的。还说那个沙嘴村吧，我们利用同香港只有一水之隔、来去比较容易的方便，组织了一个收旧利废组，有50个劳动力。单是这一项，每年收入30万元。"

文中所说的"收旧利废"，就是拣破烂的代名词，是我"强加于人"的。我为什么要鼓吹拣破烂？

宝安县委、深圳市委，都把拣破烂当做挽救深圳农村的一项重要措施。当我听完他们的汇报以后，着实有些厌恶……我想，伟大的中国人民，怎好拣取资本主义的破烂，拣破烂岂不有损国体，有害尊严？我是抱着否定的态度，请县委、市委给我安排一个参观的场所的。……从市区到沙嘴的路上，特别是临近沙嘴的海边，到处都有成排成排的汽车轮胎，到处都是堆积如山的钢材，而且整整齐齐，活像整装待发的新产品。同路者告诉我，这些钢材、轮胎，都是从香港拣回来的。

"呵！"我吃了一惊，要汽车停下来，看个究竟。

"别急嘛，前面有你看的。"

汽车到了沙嘴。陪我去的汽车司机，从大堆大堆的轮胎垛上，拣了两条，得意洋洋地告诉我："七成新，起码可以再跑两年。"

再看那堆床架、办公台、文件柜、旧沙发……都比县一级的党政机关的用具要好。——他们说，这些破烂，送到广州，翻新、粉刷、油漆以后，跟新的一样美观、耐用。

破烂，到了勤劳智慧的中国人手里，全都变成了财富。我是根据这些活生生的现实，由厌恶改变为称颂的。

是的，我也同沙嘴人一样。拣了不少"高等华人"不屑一顾的破烂。一个《免税商店》写了一千五六百字，一个《牙科医院》，写了一篇又一篇。连宝安沿海的三次大偷渡、三次大逃亡，别人绝对不要的素材，也都放在通讯里，在我的眼里，深圳到处是新闻，写不完，报不了。我恨不得每天工作24小时……即使这样，也只能挂一漏万。写的，仅仅是大海中的一滴水；仅仅是万山丛中的一棵草。

拣破烂，说到底，也是时代的驱使。

来深圳采访的作家、记者，成百上千，终年不断，要是按人口平均计算，来深圳的新闻记者之多，恐怕再没有哪一个内陆地区能够相比。不少新闻单位，还在深圳设立了记者站、办事处，新闻中心，等等，等等。我呢？孤家寡人，又过了年富力强的黄金时代。抢新闻，没有这种锻炼；竞争，同时代给予我的教导格格不入，接受不了。怎么办呢？我只能另辟蹊径，于是，我避开大路，抄小路；躲开正门、走偏门，找别人不要的材料，走别人所不走的道路。我很少出席人家的开幕典礼，也不太习惯于盛大酒宴之类。偶尔碰到，撞了进去，也感到别扭，特别是什么鸡尾酒会。也没有固定的座位，要自由选择。自由，是自由了，可我总感到不自在……坐，没地方坐；站，没地方站；真是坐卧不安呀！真是不知如何是好啊！风靡深圳的迪斯科，我一次也没有欣赏。

喜欢独往独来，喜欢个别谈天。对于会议不感兴趣。即使非参加不可也只能组织服从，头脑却在思考别的。貌似洗耳聆听，实是润色主题。

早上，写作。写累了，我就逛大街，跑市场，到商店游荡——无目的地瞎跑，我试图出一身大汗，以便驱走思考的疲劳。说也奇怪，我的某些警句，新词，自以为闪光的语言，几乎全是在头脑极度疲劳又蹦蹦乱跳的情景下诞生的。

乘车，行船，坐飞机，我总是坐在偏僻的角落，静静地观察，默默地思考。急行军，骑脚踏车，都是沉思默想的极好时机。

采访，要有自己的采访方法：观察问题、思考问题，要有自己的观察方法和思考方法——决不步人后尘，决不鹦哥学舌。用自己的嘴巴说话，用自己的双脚走路，用自己的头脑想问题。

啊！走别人所不走的路这一节，便是在北京——深圳的火车上书写成的。

## 五、归纳主题提炼思想

人民日报记者部的负责人马鹤青，对深圳见闻作了分析。他在一篇文章中说："深圳这地方从一个小县城转眼变成一个大城市，变化很快，新事很多。当记者的，通常要追踪那些变化，一件一件报道那些新事；林里同志却用了另一个办法。一篇一篇地为建设经济特区和各项政策呼喊。"马鹤青也是记者，他当然知道记者的苦衷,懂得记者工作的规律,也很自然地说了内行话,他所说的"另一种办法",就是用通讯形式写新闻,写新闻式的通讯。

新闻式的通讯,不同于新闻。新闻,要用导语来统率,一般是一个导语,统率一条新闻。新闻式的通讯,用一个主题,统率许多新闻。因此,归纳、提炼,是最费神的苦差事。没有主题,杂乱无章,不成体统。主题大了,容易模糊不清,夸夸其谈。从许多现象、许多事例当中,提炼一个共同的主题,不仅可以起到统率全篇的作用,而且可以给读者一个纵观全局的方便,还可以使新闻本身升华到一个新高度。

新闻式的通讯,不同于夹叙夹议的通讯。夹叙夹议式的通讯,顾名思义,是叙、议各半。实际上,所谓夹叙夹议,多数场合是议多于叙,甚而只议不叙,还美其名曰:借题发挥。新闻式的通讯,只摆事实,不说空话,把事实说清,写好,也就完成了任务。结论,可以写,也可以不写。把结论留给读者,给读者一个思考的余地,往往比作者的硬性灌输更有意义。

新闻式的通讯,要主题明确,旗帜鲜明。不可含含糊糊,模棱两可。深圳见闻的主题,一般是一两句话,顶多三五句话。《效率》一文的主题,只有一句话:"深圳特区的工资高,效率也高,对国家的贡献更高。"《富在前头》的主题,也是一句话:"总的印象是富了,而且富得很快。"被叫做散文式通讯的《多么可爱的年轻人》一文,主题长了一点,但也不过三五句话:"人们关心特区青年的工作,关心特区青年的学习,更关心特区青年的健康成长。关心之余,还往往流露出某些担心。他们担心特区青年会'港化'、'资产化'。担心特区青年会变成资本家的工具,以致使经济特区变成任人宰割的殖民地。"

主题,多数在文前,少数在文后,个别在文中。有的开头是主题,文后是结论。《工资》一文的后面:"特区,为有志之士开辟了新天地。"《效率》一文的最后说:"工人阶级的组织性和纪律性，并不是先天就有的，思想觉悟，经济利益，严格管理……缺了哪一条，都会涣散成灾。三十年的教训，难道还不够吗？"

《大海的主宰，渔家的巨人》的主题和结论都放在了后面：

"前些年，我国有种理论，叫做'富则修'。经济特区的现实，恰好做了相反的回答。宝安沿海的三次大逃亡，都出现在经济生活困难时期。困扰了人们二三十年的'老大难'：偷渡、外流恰好是在对外开放政策实行以后，在特区经济不断发展的形势下销声匿迹，退到幕后的。物质生活的富裕，不仅没有使他们'修'，而且大大增强了人民群众的自尊心、自信心和自豪感，也大大增强了巩固边防和捍卫边防的能力。

物质，不是也可以变精神吗？！"

《再遇陈月媚》一文，前面有主题，后面有结论。

主题："……我看见的却是千百万人对深圳的向往、追求和热恋。"

"深圳，成了我国青年朝思暮想的胜地。"

结论："深圳，不真的成了'有志者事竟成'的地方了吗？"

主题来自事实，事实说明主题。

有了主题，事实就不可过多，能说明主题就行：事实一多，势必冗长、啰嗦。

## 六、见树又见林

到深圳的最初时期，我确定：从一人一事写起，从一厂一店写起。同时，激励自己：写一个人，要使读者看见的是一群人；写一件事，要使读者看到整个深圳；写一棵树，要使读者看出来这棵树是整个森林中的一棵树，而不是孤苦伶仃的一棵树；写一枚棋子，要使读者看出这枚棋子是整个棋盘上的一枚棋子，而不是离群孤雁。

牙科医院，在深圳，只是许多引进项目中的一个，只有

30多名职工,怎么把它跟整个深圳联系在一起?——我是这样处理的。

"旧的深圳,被高楼大厦所吞没。

新的深圳,日新月异,飞速成长。

深圳的一切,仿佛都那么独特,那么陌生,那么新奇。就说新近建设起来的牙科医院吧,没有人排队挂号,没有人排队划价、取药,也没有人排队交费。令人讨厌的排队事宜,全由医生、护士分别代劳了。"

深圳大学,以前所未有的速度出现在深圳,出现在经济特区。我是这样建林又种树的。

"特事特办这句名言,一下变成了深圳市区最时髦的口头禅。

事情就这么奇怪:特区不特,一筹莫展,死水一潭;特区一特,万象复苏,百鸟齐鸣。

深圳大学的筹办过程,就是特区特办的缩影。"

写广东省的旅游事业,用了十多二十家宾馆的素材。照理说,有森林,有棋盘了。但是,我不满足于就事论事,想把旅游事业放在对外开放政策的大局上。于是,文章的头一句话便说:"对外开放政策给广东带来了巨大好处。"

写人,我也总是把主人翁放在一定的历史背景下,放在时代的天平上。《年轻的特区,年轻的人》一文,写了一个厂长,一个经理。开头,却用了这样一段话:

"1982年初中共深圳市委调整了领导班子。

调整前,深圳市委有18名常委,8名书记,平均年龄58岁。

调整后,常委7名,正副书记各一名,平均年龄54岁。

年轻的特区,需要一个精悍的领导班子,需要领导班子年轻化。深圳市委这样做了,得到上下左右的好评,说他们做得好,是一种革命精神。这种革命精神和年轻化的情况,在深圳基层,显得尤其突出。

特区嘛！年轻人的世界啊！"

在深圳经济特区，写工人，写农民，写知识分子，还写了资本家。我写的第一个投资者，叫曹光彪，香港永新公司的董事长。使用的标题是，"珠海投资办厂第一人"。这就是说，后面还有许许多多人。

《成功比黄金更可贵》，是访问霍英东一文的标题，为了说明霍英东对四化建设的贡献，为了见树又见林，开头，我写了这么两段：

"在珠江三角洲旅行，特别是广州到澳门的这条路上，几乎到处都可以听到霍英东的名字。

"相距澳门只有30来公里的珠海宾馆，有霍英东的投资；孙中山故居翠亨村附近的温泉宾馆，又由霍英东、何贤等人拿钱兴建；番禺县是霍英东、何贤等人的家乡，他们在捐献了番禺宾馆以后，又拿钱扩建了番禺医院。"

## 七、致力于短通讯

50年代，我喜欢写长通讯，特别是在报道典型上，动辄就是一万三，一整版。我追求大场面，追求威武、雄壮，追求气派、华丽。试图给人以气壮河山的感觉。因此，文章越来越长。到了80年代，我的爱好改变了。我喜欢短小精悍的通讯，充满了生活气息的短文。我喜欢风景画式的素描，喜欢充满激情的诗篇。短文，同样可以表达过去的追求。

3年来，写了50篇文章，约有半数是两三千字的短文。洋洋万言的长篇，确实减少了很多。这个变化，首先应说是随着时代的变化而变化的。未来，是快节奏，高速度，高效率。慢吞吞的旧习惯，势必淘汰。就拿读报来说吧，接过报纸，总是先看个轮廓，先看个大概，先拣小的看，先挑短的读。大块文章，一般是放在后边，——另找时间看。所谓另找时间，通常是找不出时间。我自己这样，我问了我周围的同志，几乎全是这样。既然全是这样,我怎能不顾广大读者的喜好而一味在长篇大论上陶醉?怎能不扬弃洋洋万言的恶习?

树有根,事有因。由喜欢长文章,转到写短文,主要还是当了25年总编辑的结果。当总编辑,要处理记者稿件,要安排版面。——版面编辑,没有一个不讨厌长文章的。一见大块文章,不是皱眉头,就是撅起嘴,他们说,黑鸦鸦一大片,怎么努力也编不出版面美。他们说,读者是多方面的,读者要求报纸反映全社会。一篇长文章,只说一件事,占一个版,除了它那个系统的读者,实在没有多少人看。出版发行部门更是刻薄。他们一见长文章便说:"又丢了一分钱。""零售报起码减少好几万份。"

如果有人问我,你当了25年总编辑,有什么感受?我将毫不迟疑地回答说,长文章不受欢迎。

70年代中期,学习《反杜林论》,学员们各取所需。都想从恩格斯的著作中为自己的论点找根据。我呢?突然对《反杜林论》的文章风格和文章体裁发生了兴趣。那么厚一本书,又是阐述马克思主义基本理论的。可是,恩格斯把高深莫测的理论问题,写得那么生动活泼,那么富有魅力,那么深入浅出又富有风趣。尤其使我钦佩的是,每篇文章只有一两千字,两三千字,……我由此得到启发,决心在报纸上开辟小评论专栏。我出题目,编辑写文章,然后,由我定稿。没有多久,便得到读者的好评,一些专门家称赞广州日报办出了风格。

回北京后,主持《市场报》工作,市场报的办报方针之一,是短新闻,短评论。市场报刊登过两三百字的评论,登过五六百字的社论。我们的许多工作,也许早就被人遗忘了。但是那些短信息,短评论,短社论,却给人留下经久不忘的印象。市场报的好些篇社论,被人民日报转载,被广播电台转播,有的还被新华社发了通稿……市场报在这些年,在贯彻三中全会精神,特别是解放思想,对外开放和搞活经济方面,做了大量工作。说起这段历史,人民日报总编辑李庄,总是意味深长地说，市场报在解放思想方面，既打头阵，又冲锋陷阵，短小精悍，开门见山的文风都给人以耳目一新的感觉。

今年1月，人民日报发表了我的《晚霞红似火》，写王光英的。只有1800来字，人民日报刊登的当天，中国新闻社马上向国外转播。第二天，香港好几十家报纸争相转登。有的不满足转登摘要，找来人民日报的传真版，刊登全文。有的根据原文，发了评论。与此同时，首都一家杂志，也发表了有关王光英的文章，那是长达两万字的报告文学。这家杂志，只有十多万份。充其量是20万读者。人民日报有450万固定读者，加上香港各报转登、中国新闻社转发起码有上千万读者。你说你是写短文，为上千万读者服务？还是写长文为20万读者服务？

深圳见闻由五篇通讯组成。要是50年代，肯定是一篇长文。现在一分为五，不仅方便了编辑，也为读者提供了方便。文章的长与短，我的体会是：短，比长易，写短文，写惯了，写熟了，也就不那么吃力了。短文章，确有出手快、见报快的优势，同时代节奏比较合拍。——我将坚定不移地在短文章上用功夫。

## 八、新闻式的通讯的由来和启示

新闻式的通讯，别人写过，我也写过，并非首创。不过，过去写新闻式的通讯，是在不自觉的情况下，偶然使用的。这一次，是经过深思熟虑、左右寻觅，自觉地大量地使用的。这对我来说，确实是由量到质的飞跃。

细想之下，完成这个由量到质的飞跃，并非一触即发，而是经过了20多年的思索、探讨。60年代初期，我国人民遭受到严重的经济困难。在那度日如年的艰难岁月，我随陶铸同志下乡视察，我同另外3位作家，把沿途见闻整理成篇，在南方日报发表。40多天，写了27篇通讯，根据基层干部的要求，把27篇通讯编辑成书，取名为《西行纪谈》，交广东人民出版社出版。几个月中，重印3次，畅销一时。与此同时，人民日报转载了其中的6篇。胡乔木同志在6篇文章的前面加了按语。说《西行纪谈》的文章，"文字简洁生动，读起来亲切有味，毫无八股气"。新闻界把《西行纪谈》的文章，说成是"创一体，备一格"，给予"西行纪谈式的通讯"以称颂。深圳见闻所走的道路，也就是西行纪谈的道路；体裁、文风、格调，大体相同。就是说，新闻式的通讯，脱胎于西行纪谈，是西行纪谈的演变和发展。不同的是，深圳见闻的议论更少，事实更多。相比之下，深圳见闻更加讲究语言的生动活泼，文字的简炼准确，逻辑的严密细腻。就是到了非议论不可，也是一语带过，或者数语即逝。有些篇章，近似散文。有些篇章，跟政论无异。就是政论式的通读，也尽量用事实说话，尽量给人以美的真切之感。

写新闻式的通讯，同新闻记者的身份更加吻合，更加贴切，更加得体。应当作为新闻记者的基本武器。

通讯中的文艺通讯，发展成了报告文学和人物特写，成了新闻写作的一个专门体裁并涌现了为数众多的报告文学专家。通讯体裁下的其他形式能不能也像文艺通讯那样？涌现一批工作通讯专家？散文通讯专家？政论通讯专家？……如果我们的新闻记者，各选一体，各攻一格，成为一种形式、一种体裁的代表人物，如果真正出现了这种情况，新闻记者的不同流派，也就正式形成了。报纸质量，也会大大提高。千篇一律，一幅面孔的现象，也就自然而然地改变了。

1985年12月

# 幸福的回忆

柏 生

老姐妹相见格外亲。图为金凤(左)、高粮夫人李祖慧(中)、柏生(右)在一起。

"您是怎样开始人民日报记者生涯的?"一个年轻人睁着明亮热切的大眼睛望着我。噢,这样的问题,我听到何止十次二十次,每次都使我飞回40年前那沸腾的岁月,青春的岁月,难忘的岁月!

北平刚刚解放,满城的秧歌锣鼓,满城飞扬的歌声"解放区的天是明朗的天,解放区人民好喜欢……"到处彩旗飘飘,爆竹阵阵,驱走了严寒,消融了冰雪。那时候,仿佛每天都是

---

柏生,高级记者,1926年生于北京,祖籍安徽。在清华大学读书时加入中国共产党,1948年进入解放区,参加了人民日报工作。作为人民日报记者,柏生是新闻速写、专访写作高手。1988年,柏生以高票当选为中国科技新闻学会首任理事长。

节日，每天都有令人欢欣鼓舞的新鲜事儿。1949年年初，先是成群的市民翘首围观北平城门上贴出的中国人民解放军约法八章的新告示，接着，人们奔走相告解放军进城的喜讯；1月31日，人们夹道欢迎解放军先头接防部队；紧接着，2月3日，举行了隆重盛大的解放军入城式，坦克车上不仅站着头戴皮帽风尘仆仆的战士，也站着刚刚跳上去的小伙子、姑娘和娃娃们，他们别提有多开心了。那坦克车行进的声音像滚雷一样，至今仍响在我的心上。

正是从那个时候起，我开始了人民日报记者的生涯。像我这样二十二三岁的记者，足足有一群呢。我们在老同志的带领和帮助下，像蜜蜂一样到处忙碌地欢欣地采蜜。那时我穿着北平市军事管制委员会发的军装，梳着两条小刷辫，挎起绿色帆布包，骑着一辆半旧的自行车，奔驰在古城的东西南北，紧张地为报纸采访新闻。也和解放了的北平人民一样，我满怀激动幸福的心情，在党的领导下，不知疲倦地热情地工作，常常是从清晨一直到深夜。一种热爱伟大祖国伟大的党的强烈感情，要求向上，努力学习，努力工作的革命事业责任感，时时鼓舞激励着我。在报社编辑部，在新老新闻工作者中间，大家一起过着"供给制"的俭朴生活，尽管吃的是小米，穿的是布衣，却到处洋溢着亲密的革命友谊和团结战斗的气氛。新的时代，新的生活，至今回忆起来，总还那么新鲜。

——还有呢？您还想起了什么？

我还听见一个人的声音：

"哦，人民的记者。"浓重的湖南口音，洪亮而慈祥。我望着那高大的身躯，心中充满了幸福，但又有些紧张。

这是1949年6月15日，全国人民都在盼望的新政治协商会议筹备会，在北平隆重开幕了。会场设在中南海勤政殿，我跟随报社著名老记者李庄同志去会场采访。

开幕那天晚上7时40分，伟大领袖毛主席走进会场时，场内立刻响起一片热烈的掌声。毛主席身着灰色中山服，含笑向大家挥手答礼后，坐在主席台右前排一○一号，周恩来同志坐在毛主席右边，左边是朱总司令。周恩来同志担任大会临时主席，当他响亮地宣布新的政治协商会议筹备会开幕时，全场立刻响起暴风雨般的掌声。毛主席代表中国共产党讲话，他那宏亮的声音至今还好似响在我的耳边。毛主席总结了中国革命的进程，指出了中国今后发展的方向。他说，召开新政治协商会议的时机已经完全成熟，这个筹备会的任务，"就是：完成各项必要的准备工作，迅速召开新政治协商会议，成立民主联合政府，以便领导全国人民，以最快的速度肃清国民党反动派的残余力量，统一全中国，有系统地和有步骤地在全国范围内进行政治的、经济的、文化的和国防的建设工作。全国人民希望我们这样做，我们就应当这样做。"代表们聚精会神地聆听着。庄严、朴素的会场里，弧形的会议席上，坐着130多位代表。他们代表着中国的各个革命阶层。他们踊跃发言，热烈讨论。整个会议，充满了团结和谐和实事求是的精神。会议中间休息时，毛主席离开座位，和许多代表一一亲切握手问好。

一天，会议休息时，毛主席从主席台前微笑着向会场中央走过来。当时，我正在会场里采访，迎面望到毛主席健步走来，不知如何是好。毛主席慈祥地问起我是哪个地区的代表，我拘谨地仰望着毛主席高大的身躯，轻声地回答说："我是人民日报记者。"毛主席握着我的手，笑着点点头说："哦，人民的记者。"毛主席一眼看到身边的一位戴着近视眼镜的上海教育界青年代表，立刻拉住他的手，坐下来亲切地谈起来。毛主席也招呼我坐在他身边。在毛主席的亲切关怀下，我非常幸福地完成了这一幕感人的特写镜头的采访。报道发表在1949年6月20日的人民日报上。每当我满怀激情追思这难忘的一幕时，毛主席他老人家对新闻工作者的温暖和关怀，就使我的心情无比激动。

我还听到了另一个人的声音，那亲切的苏北口音的普通话，春雨般滋润了我的心田。那是1949年7月19日，我们敬爱的周恩来副主席出席了中华全国文学艺术工作者第一次代表大会。那天，天气炎热，周副主席身着朴素的白衬衣，微笑地坐在怀仁堂的主席台上。会议休息时，我因大会报道问题去找周副主席。周副主席亲切地说："新闻中写的名字和排列次序，都对过了吗？一定不要弄错了。"说着，周副主席又笑着对我说："你们是人民的记者，要对人民负责呢，那个程砚秋的'砚'字，可不要再写成'艳'字了。记住了吧！我拿出大会发的那本紫红色封皮的纪念册来，请周副主席签名留言。周副主席随手翻阅了纪念册，看到我的字迹写得太轻，他亲切地对我说："记者的字一定要写得清楚，笔迹重一些。"他沉思了一下，拿起钢笔，认真地写下了"为建立人民宣传工作而努力"这个对新闻工作者极为重要的指示。然后又亲切地对我说："你们要像毛主席说的，好好为人民服务，向人民学习，人民需要你们。"周副主席那带着苏北口音的话，至今仍清晰地响在我的耳边。那笔迹刚劲、潇洒，富有深刻含意的题词，至今深深地铭刻在我的心中。我们敬爱的好总理呵，您日理万机，昼夜操劳，可还那么细心地关怀着报纸的宣传工作。多少

记者柏生（左）采访科学家严济慈。

次会议上，是您关怀地问到报社记者来了没有？又是您常常亲切地招呼记者坐到前面去记录。您还经常在会上会下给记者改稿子，就连一个错字和一个标点符号也不放过。至今，我还珍藏着您改过的稿子和写下的宝贵字迹。敬爱的好总理呵，我多想再听一听您亲切的教导呵！

我又怎能忘记那带着广东口音的亲切发问："你是哪个学校毕业的？在解放区住了多久？""不要着急，你在我这里吃晚饭，饭后我一定和你谈。"这是北平市军事管制委员会上任、北平市第一任市长叶剑英在我这年轻记者向他采访时说的话。

那时，北平刚解放不久，人民政府非常关心人民的生活。记得关于城市房屋问题的条例公布后，受到各界人民的热烈拥护。其中有些政策问题需要作解释，报社派我去访问叶剑英同志。

1949年5月16日下午，我骑着自行车先来到市委，恰巧，叶剑英市长到前门外大栅栏一个电影院里去作报告，我急忙赶了去，等叶剑英市长做完了报告，他招呼我乘他的汽车，一同到他的住处。在汽车上，他亲切地问起我是那个学校毕业的，我说是清华大学，他笑了，说英语一定讲得不错吧！还问我在解放区住过多久。说话之间，车子已经到了中南海叶剑英市长的住处。我因怕耽误他的宝贵时间，请他发表谈话。他亲切地让我在他那里吃晚饭，在饭桌上，他见我很少夹菜，便亲自给我夹了许多，笑着说："这样太斯文了，你们做记者的很辛苦，一定要多吃些才行啊！"饭间，他从北平的解放谈到北平的建设，从文学艺术谈到新闻工作的重要。吃过晚饭，我又忙着拿出采访本来。叶剑英同志当即发表了很精辟的意见，对北平市二百万人民切身的住房问题给予极大的关怀和重视。他还说，你们报纸采访得好，这个问题很重要。我们公布的关于城市房屋政策的条例，是经过各方面人士慎重研究讨论的，在目前情况下，我们认为城市房屋应该合理保护，这样不仅可以繁荣新北平的建设，更可以建立起房屋租赁的正常关系。

采访完毕,叶剑英同志叫我在他的办公桌上写稿,他坐在旁边看报。写好后,请他审阅修改。叶剑英同志是那么和蔼可亲,仔细地一句句推敲后,把改好的稿子交给我,然后叫司机立即送我回报社,还嘱咐我如有问题,可打电话给他。当晚,我把这条重要新闻交到编辑部。第二天,报纸在一版配评论发表了。

有人说,随着岁月的逝去,往事越来越淡漠。但我的上述经历,老一辈革命家的声音笑貌,虽经40年的漫长岁月,即是暴风骤雨,也在我心头洗刷不去。如今我已年届花甲,而它们一桩桩一件件却愈来愈明晰,愈来愈鲜亮,它们已和我的青春、我的年华、我的生命交织在一起,使我温暖,给我力量。

——您在人民日报这40年的记者生涯,都是这样充满阳光和欢乐吗?

不全是。我的道路也同祖国一样,有过曲折和坎坷。在"反右"和"十年动乱"中,我遭到令人心碎的不幸,接连失去两个亲人。但我毕竟挺过来了,裹住了创伤,压下了心中的悲痛,抬起沉重的脚步,执着地采访,采访,让新闻事业紧紧

记者柏生(左)与冰心老人在一起。

地拥抱我的身心。那里有追求，有欢乐，也有寄托。在我遭到这重大不幸时，我的许多采访对象给了我巨大的关怀和慰藉。数学家华罗庚从医院写来长信，生物学家童第周打来电话，物理学家严济慈和科普作家高士其当面慰问。是新闻事业帮助我缓解了感情上受到的打击。对于新闻写作的沉醉，是我精神上的追求。对老一辈无产阶级革命家，以及学者、专家、先进人物的采访，是我精神上的慰藉，我从他们身上汲取了力量。

40个春秋过去了，我一直工作在人民日报编辑部里。它像一只摇篮，使我成长，懂得了生命的价值在于奉献。我当过记者，也当过编辑，沐浴过阳光，也经受过风雨。如今我采访过的老一辈无产阶级革命家有的已离开我们，但他们的声音和教诲仍时时在我耳边回响，使我焕发青春的活力，继续迈着匆匆的脚步，为人民的新闻事业，走遍我亲爱祖国的山山水水。

1988年5月

# 难忘的历史画卷

## ——我参加了开国大典的空中采访

柏 生

50多年了,那难忘的岁月,沸腾的岁月。

在我眼前展现的是一幅多么雄伟壮丽的历史画卷啊!

我永远忘不了1949年10月1日,中华人民共和国的伟大生日!作为人民日报一名年轻的记者,一清早我穿上了崭新的银灰色列宁服,把白色衬衫的衣领翻在制服外,梳好了两条小刷辫,挎起绿色帆布包,里面装好了我的采访本、笔和稿纸,高兴地乘车来到南苑机场,同我们的空军战斗员和机群一起参加开国大典的隆重阅兵典礼。

在广阔的机场上,我抓紧了现场每个特写镜头的采访。认真地观察与思考,运用速写的形式,白描的手法,一一真实地记录下来。

我看到了人民共和国一排排银色的、灰色的、绿色的战鹰,整齐地排列在跑道的两旁。所有的飞机都油饰一新;机头是红色的,机身和翅膀上一律饰以镶金黄色边的红五星;机尾是红白相间的条纹。人民空军的战斗员告诉我,这些飞机都是美国货,在人民解放战争中,有的因空军健儿驾机起义,有的被人民解放军俘获,而全部变为人民自己的武器装备。

我看到在洒满金色阳光的机场上,全副武装的人民空军飞行员,神采奕奕地整装待发。在这支英雄队伍中,我看到了我们党培养出来的第一代英姿勃勃的飞行员。特别使我感动的是，那些从敌人心脏中冲杀出来驾机起义的空中英豪。他们中，我不会忘记英雄的刘善本，因为就在开国前夕的首届人民政协代表中，我访问了他。今天，他将和战友们一起驾驶着战鹰，接受党和国家领导人的检阅。他是第一个驾机起义飞到延安的国民党飞行员啊！

当我还在不停地采访时，指挥部下达了"准备出动"的命令，机场上立刻响起雷霆万钧的马达声音。第一队机群轻快地划出跑道。这时，天空云朵散开，太阳从云朵中射出金光。十分钟后，我们乘坐的一架飞机也腾空而起。这架飞机的驾驶员是一位姓王的年轻英俊的小伙子，他驾着自己在今春起义时飞来的全新飞机，在人民的首都上空接受人民领袖毛主席、朱总司令庄严的检阅，心情怎能不激动啊！

我从飞机的舷窗口，看到田地、村庄、工厂、绿树、白塔、蓝海缓缓向后移动。祖国啊！让我好好看看你吧！今天的看和记就是我的最重要的任务。

接受检阅的所有飞机，都飞到了指定的集合地点京郊通县上空，在空中安详盘旋，待命进入市区上空。驱逐机在我们的旁边上空飞腾而过。时针指向下午4时20分，指挥部正式发出前进命令。机群三架接着三架，整齐地列队飞向天安门上空。我看到两架绿色飞机从我们飞机左上角掠过，我们的飞机紧紧跟着，沿铁路上空西进。机上每个人的神情都紧张兴奋起来，摄影记者仔细地对准了摄像的镜头，等待着伟大的场面，在这采访的关键时刻记者都紧盯着舷窗外。开国大典的盛大场面就要出现在我们面前了。4时30分，节日装扮的美丽的十里长街，庄严雄伟的天安门广场腾地出现在我们的眼前，金色的琉璃瓦红色的宫殿，整齐的街道，如海潮似地飘动的红旗，振臂欢呼的人群队伍。蓝天上，我们的雄鹰在矫健地展翅飞翔；大地上，装甲车部队缓缓行进在检阅台前。真是好一派扬国威、显军威的场景。我的心因狂喜而跳跃。祖国啊！请检阅我们的队伍吧！飞机上，每一个人都想飞低一点，飞慢一点，好仔细端详共和国开国大典的盛况，在首都北京沉浸在这欢乐海洋中的时刻，我甚至希望我们的机群能再在祖国的心脏——天安门上空飞翔一圈，亲吻一下我们祖国升起的第一面五星红旗。然而，这不在检阅程序规定之内啊！

我们的机群列队整齐地呼啸着向机场飞去。当飞机在跑道上安全降落，马达还没停止轰鸣，就听到一阵热烈的掌声。大队长高兴地跑来告诉飞行员们："今天我们的队伍整齐威武，英姿飒爽，赢得了首都人民的热烈欢呼！"是的，人民的空军，为共和国的诞生增添了亮丽的光彩。要知道，这是我们人民的第一支空军啊！

从机场回到王府井大街人民日报社，已是傍晚，我顾不上吃饭，就匆匆拿出采访本、笔和稿纸，伏案奋笔疾书。我把现场亲眼目睹的感人事物和情景，都一一真实地写出来，为人民留下开国大典领袖和人民隆重检阅祖国空军飞行队伍的珍贵见证——《飞行在首都的上空》这篇速写。然后，我又和同志们一起欢快地参加集体采写天安门城楼下欢庆开国盛典的大型提灯游行晚会。

岁月匆匆，转瞬间，半个多世纪过去了，我们伟大的祖国又迎来了她的新春，祖国的这支空军在不平凡的道路上发展壮大，现在已经成为保卫祖国领空的一支强大的国防军，它那矫健的身影，永远在我心灵中留下美好新鲜的回忆。

在时代的长河中，我有幸采访了开国大典这一永生难忘的历史时刻，用我的笔记录下那个时代的光彩和音响。作为一名亲眼目睹当年开国大典盛况的年轻记者，随着历史的推移和前进，我对那篇速写的现场感、时代感、真实感所赋予它的强大生命力和珍贵的历史见证和新闻价值是深有感受的。记得有两位研究航空史的专家，曾经几次找我询问起当年在空中采访开国大典的盛况。我怀着激动的心潮，把当年自己在采访现场观察到的感人景物——如实地描绘给他们，留下了那令人永远心潮激荡的历史情怀。

　　50多年了，当今进入了一个新的历史时期，我们的祖国奔腾向前，成就壮丽辉煌。作为一名新闻记者，我已由年轻一代进人老年，在祖国荡起改革开放的春风中，我为能和新中国一起奋进，感到分外骄傲和幸福。

2005年7月

# 为"活愚公"唱赞歌

## ——沙石峪采访追忆

东 生

1962年6月27日，人民日报发表了我采写的《看愚公怎样移山》，并配以社论《一篇活教材》。这篇通讯引起了"轰动效应"，不但全国农村党支部学习讨论，而且作为党的八届十中全会参考资料印发，成了中国人民大学、上海复旦大学等院校新闻系的辅导教材。河北省遵化县沙石峪被周总理誉为"活愚公"而名闻遐迩，120个国家和地区的外宾约5000人、全国各地150多万人前往参观。

转眼间，44年过去了，不少老人（当然还有一些年轻的同志），特别是新闻界人士，总爱问我：你是怎么发现、采访和写作的？又是怎么在人民日报发表的？以往，我不愿多说，一说就很激动，加之太忙，实在顾不上。党中央发出建设新农村的伟大号召，使我心头的千言万语，如春潮一般奔涌而出，不能不说了。也许，我的回忆能对今人和来者有所裨益，那就算作我为建设中国"社会主义新农村"大厦添砖加瓦吧。

------

东生，高级记者，1929年生于安徽省天长县。1945年加入中国共产党，1946年在华东军政大学学习，后从山东赴延安，先后在新华社、中共中央宣传部任文书、校对、秘书等职。1961—1975年任胡乔木秘书，1975—1984年任新华社上海分社、人民日报记者。1984—1986年任中国社科院新闻研究所副所长、兼任中国新闻出版社社长。

## 一股气

1960年12月，我调任胡乔木秘书，因事先毫无准备，行李还放在莫斯科，就到中南海上班了。1961年10月，经朱穆之同志批准，我以新华社记者身份，随以周恩来为团长的中共代表团去莫斯科，参加苏共第二十二次代表大会。此后，又随中央歌剧舞剧院在苏联访问演出一个半月，为《人民日报》、《光明日报》采写了两篇通讯。在返回北京的国际列车上，一位苏联男子有意向我挑衅，逼使我和他展开了一场舌战。至今我还清楚地记得，他不怀好意地问我："听说你们中国人一天只吃两顿饭，是吗？"我反问："农忙的时候，一天要吃5顿饭，你知道吗？"他摊开双手，耸耸肩，摇摇头。尽管我占了上风，对方的气焰压下去了，但我的心却在隐隐作痛。为什么？因为我知道，祖国在饥饿之中。即使在中南海居仁堂（中央书记处）的小食堂里，我们也在喝酱油汤啊！为了种菜，胡乔木和我们一起，把"颐园"的假山都搬走了。每个月一领到工资，我就跑到西单小饭馆吃一顿炒猪肝解馋。

凡是出过国的人，也许都有一个感觉，只有身在外国，"中国人"这三个字才会突然放大，仿佛是一面镜子，照着你的一举一动，一言一行——是爱国，还是卖国？不卖国，就是爱国；不爱国，就是卖国；在卖国和爱国之间，没有模糊、没有中立、没有调和的余地。如果你是爱国者，在外国人面前就必须时时维护祖国的尊严，处处捍卫祖国的利益，即使赴汤蹈火也在所不辞。在火车上，面对恶意的讥笑、嘲讽、轻蔑，我感到祖国的尊严受到了伤害，胸怀满腔怒气不得不进行"自卫反击"。这股气，正是一切爱国者都有的正气。

凡是热爱党的人，也许都有一种感觉，只有在考验关头，"共产党员"这四个字才会放大，仿佛是一面镜子，照着你的一举一动、一言一行——是真的，还是假的？真的，那就必须实践你的入党誓言，特别是在困难时期，要为党排忧解难。我非常喜欢："唱支山歌给党听，我把党来比母亲。"党犯了错误，就好比母亲得了病，你是孝子，还是逆子？是孝子，那就必须全力以赴，帮助母亲看病、治病。有人幸灾乐祸，笑话我们的母亲，那你就必须争口气，用行动来回答。我要争的这股气，就是一切真正的共产党员所有的骨气！

## 讲真话

"七千人大会"指出，"大跃进"以来造成的严重困难，是由于"三分天灾，七分人祸"。而"人祸"的突出表现之一，就是说假话、说大话、说空话。因此，党中央号召全党大兴调查之风。1961年初，胡乔木奉毛主席之命赴湖南调查，回京后在政治旋涡中难以支撑，病倒了，医生诊断是疲劳综合症。他8月17日给毛主席写信，提出长期病休。毛主席8月25日复信，要他"长期休养，不计时日"。从此，他就按毛主席说的"随气候转移，从事游山玩水"。1962年春，他到上海、杭州疗养，秘书商恺随行，我留守北京。临行前，商恺知道我是一个闲不住的人，特别叮嘱我，抽空到附近去看看，搞点调研。他从小参加革命，曾任人民日报山西记者站主任，1958年和姚力文（后任刘少奇秘书）一起调到中南海。他为人厚道，勤奋好学，是我最好的老大哥。把他们送走以后，我也准备上路了。去哪儿呢？"愚公"的形象又在我心里出现了。

阳春三月，我离开北京，乘长途汽车到了河北遵化县，县委组织部干事小杨陪我到了西铺大队。这个以"三条驴腿"起家的"穷棒子社"，1955年被毛主席誉为"我们整个国家的形象"。我首先拜访了王国藩，又参观了生产队，访问了社员。晚上，住在招待所，我辗转反侧，考虑还要不要留下，最后决定：走！王国藩和"穷棒子社"名闻全国，每天从各地来参观的人住在招待所，而招待所离生产队又很远，我必须和社员

"同吃同住同劳动",才能获得"第一手资料"。来采访的记者也很多,要想挖出新鲜的东西,恐怕是很难了。第二天一早,我对小杨说:"回县委去!"他很惊讶:"你不是要在这里住几天吗?"我说:"这里人太多,招待所都住不下了。"回到县委组织部,我请部长、干事给我讲故事,介绍最穷、最苦、很少有人去的地方。他们向我介绍了一个又一个典型,最后我选中了沙石峪。早晨,小杨沿着一条土路,用自行车载着我,遇到坑坑洼洼,我就下车步行。快到沙石峪的时候,只见山上山下全是石头,连推着自行车走路都很艰难。

一到村里,我们就直奔党支部办公室,受到书记张贵顺的热情接待。紧张的采访开始了。

没有食堂,外来人都吃"号饭",即一天一家轮流。这就给我创造了直接和社员接触的条件,使我了解到许多真实的情况。

没有招待所,我就住在张贵顺家,和他同睡一个炕,请他讲故事,每天讲到深夜。第二天一早,我再把他夜里讲的追记下来。

白天,人们都下地劳动去了,我就跟社员一起,边干活,边采访,休息的时候再坐在田头,把他们讲的一字一句记在本子上。

傍晚,是我最高兴的时候,我走到哪里,后面都有一大群孩子,吵吵闹闹地跟着。我也像孩子一般和他们玩,和他们闹,仿佛回到了童年时代。尤其是,我教孩子们唱一首歌:"俺有一头小毛驴,从来也不骑,今天高了兴,骑着去赶集……"唱罢,哈哈大笑。这笑声,把我和社员的心连在了一起,使我成了最受欢迎的人,社员们纷纷要我去吃"号饭"。也许,这个穷山村,从来还没有见过像我这么奇怪的客人吧?

在沙石峪,我原想只住三五天,可记者的本性难移,调研从一开始就变成了采访,一住就是十天,而且还"赖"着不想走,这在我的记者生涯中是空前绝后的,离开村子那天,我恋恋不舍,看见老大娘流泪,我的眼圈也红了。

回到北京,真可谓"满载而归",最大的收获是什么?是切身体会到人民的真情,是亲耳听到农民群众从心眼里讲的真话!

在反对说假话的气氛中,人们对真话也往往打了问号。我把《看愚公怎样移山》投寄到人民日报农村部,农村部认为这是文艺作品(虚构、夸张),把稿子转到文艺部;文艺部认为,这不是文艺作品,是写农村党支部的,又把稿子转到党的生活部。七转八转,不知转了多少圈,稿子最后被副总编辑胡绩伟看到了,他问:"作者是哪个单位的?"答:"是邮寄来的。"他立刻给我打了电话:"这篇稿子是不是你写的?"我说:"是我。"他说:"请你抽空来一趟。"我到了人民日报社,见到安岗副总编辑。他毫不客气地问:"你写的是不是真的?"我说:"当然是真的!"显然,稿子转来转去的原因,是在于"真的,还是假的?"他半信半疑,但却坚决地表示:"如果是真的,那实在太好了!"他问我还有什么要补充的材料。我说:"材料很多,考虑到篇幅,不敢多写。"他说:"你放手写!"我说:"要放手写,恐怕要一万多字。"他说:"你想写多少就写多少!"临别时,他又叮嘱了一句:"要真的!"

## 走 新 路

我有一个习惯,每当写一篇稿子,都要"忘记过去",一切"重新开始"。对我来说,沙石峪是新的,写农村也是新的,因此,我必须走一条新路。

我还有一个习惯,每当写一篇稿子,都有一种追求——让人喜欢。写农村,写农民,写农业,切忌枯燥乏味,力求生动有趣。因此,我必须探索一种新的风格。

第一稿拿回来了,我把它抛在一边,重新构思,重新组合,重新写作。

立意——"愚公"的精神。毛主席在《愚公移山》中讲述了一个中国古代的寓言,叫做"愚公移山",其核心就是:子子孙孙毫不动摇,每天挖山不止。而当代愚公的精神是什么?这就是:党领导群众,"下定决心,不怕牺牲,排除万难,去争取胜利。"因此,通讯的成败就在于,是不是充分体现了当代愚公的精神。

结构——"愚公"的智慧。"愚公"用锄头挖山的时候,"有个老头叫智叟的看了发笑,说你们这样干未免太愚蠢了"。从这个寓言中,我得到了启发,那就是:必须通过矛盾的发生与解决来表现愚公的"大智若愚"。因此,我从基层干部难以驾驭的辩证关系入手,把各种素材组合起来,用7个小标题加以突出:《热情等待多数 耐心说服少数》、《发扬革命精神 遵守党的政策》、《尊重客观条件 加强主观努力》、《计划牢靠实在 执行坚决彻底》、《今天不是明天 明天来自今天》、《现在不忘过去 个人不忘国家》、《干部是庄稼人 干部是带头人》。这样,愚公的聪明才智上升到哲学的高度,使通讯的思想性大为增强。

人物——"愚公"的形象。寓言中的"愚公"是一个智勇双全的英雄。他不仅气贯长虹,率领儿子们挖山,而且批驳了智叟的错误思想,回答说:"山虽然很高,却不会再增高了,挖一点就会少一点,为什么挖不平呢?"通讯写了一件件事,更写了一个个人,而中心人物就是党支部书记张贵顺。他是劳动模范,虽然没有惊天动地的业绩,却具有改天换地的英雄品德。他在党的领导下,和广大共产党员和农民群众一起,组成了一幅当代愚公的画像。

故事——"愚公"的血肉。寓言有情节、有对话、有开头、有结尾,是一个完整的有血有肉的故事。因此,我在构思的时候,有意识地用一根红线把一个个精心挑选的细节串起来,形成一个完整的故事,而这根红线就是"怎样"二字,即看当代愚公"怎样"移山。我尽量避免干巴巴的说教,力求生动地用事实说话，甚至用电影蒙太奇的手法，通过"愚公"的行为来体现"愚公"的精神，表现"愚公"的智慧，塑造"愚公"的形象。其目的就是让事情动起来，让人物活起来，以收到引人入胜、让人爱看的效果。

语言——"愚公"的本色。寓言见《列子》，古文只有几百字，言简意赅，给我树立了学习的典范。尽管我写的是白话，但我必须追求用语言来表现当代愚公的本色。在这方面，我下了很大的功夫。从采访开始，我就认真地学习当地的群众语言，原汁原味地记下他们的话，有的还反复进行过核对。土话能表现地方特色，但并非越土越好，而是要加以筛选，只能用那些既能被广泛接纳而又生动形象的方言，俚语等等。我特别注意开头要精彩，虽然不到二百字，但却费了我两天功夫，写了改，改了写，直到像散文诗一般能背得出，朗朗上口，我才罢休。尽管安岗让我"放手写"，但我仍然力求精练，以寓言古文为榜样，一字一句都不能是多余的。语言美——准确、生动、凝练而富有特色，这就是我的追求。

## 经得起

新稿完成了，我像生了一场大病，不光是累，饥饿也是原因之一（尽管发了黄豆，但也经常感到饥肠辘辘）。好在年纪轻，咬咬牙，挺过来了。

一分耕耘，一分收获。安岗看了稿子，连声叫好。但是，他又一次问我："是不是真的？"我明确回答："是真的！"

尽管如此，他仍然用怀疑的目光望着我，俄而轻轻地叹了一口气。显然，人们被假、大、空吓坏了，心有余悸啊！接着，他严肃地说："我们要派人去核实。"

我说："那太好了！"

安岗似乎还是在怀疑，问我："经得起？"

我毫不迟疑地："当然经得起！"

不久，人民日报群众工作部副主任李克林拿着小样，离开北京，从河北省委、唐山地委、遵化县委、岳各庄公社党委直到沙石峪党支部，一层一层地核实，还把社员召集起来，一句一句念稿子。我不认识李克林，但我知道她是从太行山上下来的女将，热情正直而又要求很严。她核实之认真，可想而知。

一天，安岗把我找去，笑眯眯地说："好，沙石峪是个好典型，你的稿子全文发表，还要配一篇社论。"

正在这时，胡乔木从南方调查回来，看见我桌上放的清样，不声不响地拿走了。我心里七上八下，不知会发生什么事：是凶，是吉？第二天，他拿着清样来找我，稿子没有改动一个字，而标题却改为《一个坚持马克思主义工作方法的党支部》。我一看，吓了一跳，既感到受宠若惊，又在心里嘀咕：这个标题行吗？胡乔木是理论家，一下子把问题上了纲。我已经把沙石峪的事迹上升到"当代愚公"的高度，何况并非单纯地叙事，而是经过加工提炼使其具有理论的色彩。也许，正是这些朴素的辩证法元素，触动了或者说感动了胡乔木，使他认为十分可贵而又嫌我强调的不够？这个问题对我始终是个谜。当年，本可以当面问他，但我什么也没有说，因为他在病中，平常就不爱多说话，此时更是沉默寡言。他能主动地一口气把这么长的稿子看完，而且还改了标题，这是多么不容易呀！我感激都来不及，还能说什么呢？我只有照办，马上给人民日报打电话，请他们把标题改了，但我并没有说明这是胡乔木的意见，可又不知该怎么办。幸好商恺在办公室，就坐在我对面，他看到我坐立不安，问我怎么回事，我只好跟他说了，这位老大哥说了一句："那就再改过来呗！"显然，他也认为我原来的标题好，他不止一次说："这篇稿子太好了！"在他的鼓动下，我又打电话给安岗，请他把标题再改过来。他问我："为什么？"我说："我想来想去，还是原来的标题好。"他说："那好，那好。"稿子发表当天，我照例把人民日报和文件放到胡乔木的办公桌上。他什么时候看，看后有什么反应，我一概不知，也从来没有问过他。我只能从他的行动中看出，他对我的态度一如既往，没有任何不高兴的样子。在他眼里，我可能微不足道，顶多是个小知识分子，但他是尊重我们这些"小人物"的。他是我的老领导，老长辈，早在1947年新华社小分队随党中央转战陕北时，他就非常关心我，从工作、学习到身体，处处表现出关爱之情。那时，我负责刻印供中央领导阅读的《新闻简报》和《参考消息》。记得，在小河村时，他给我写过一封信，指出我在刻写《新闻简报》、《参考消息》时的错别字，至今我还记得"威胁"的"胁"字（那时"胁"字是上面三个力字下面一个月字），我下面写的是"贝"而不是"月"，他说这就错了，信上特别指出为什么是"月"，而不是"贝"。这是他给我的第一封信，可惜找不到了。在西柏坡时代，廖承志是新华社社长，我在社长办公室当秘书；到了香山，胡乔木当社长，我还是社长办公室的秘书。他对人要求之严，那是出了名的，但他对人宽厚善良的一面却鲜为人知，尤其对高级知识分子的关心和爱护（如贺敬之，郭小川要求从作协领导岗位下来，调到人民日报当记者，他立即要我联系），更使人感动不已。我这个"小人物"敢于不听他这个"大人物"的，正是基于对他的了解和信任，也是他与人为善、平等待人的一个事例。

《看愚公怎样移山》通讯引起了轰动。人民日报社论《一篇活教材》在头版头条地位刊登，更加引人注目。首先是在中南海，一到小食堂，人们便向我微笑祝贺，饭桌上议论纷纷，搞得我应接不暇，只好把饭菜买了端回办公室吃。中央办公厅农村组的同志，更是关怀备至，马上给谭震林（中央政治局委员、书记处分管农业的书记、副总理）写报告，希望支援沙石峪一部大卡车，这就逼得地方赶快修路。中共八届十中全会，把《看愚公怎样移山》列入参考资料印发给到会同志。据说，单行本在全国大量发行，每个农村党支部一份，大家都在学习。唯一可信的是，八届十中全会印发的参考资料，胡乔木也有一份，浅蓝色的编号为"029"。

1964年，全国掀起了"农业学大寨"运动，这对沙石峪是一个促进，更是一个严峻的考验，"当代愚公"经得起考验吗？

## 大 检 验

大寨，被人民日报誉为"用革命精神建设山区的好榜样"，自然成了沙石峪人学习的楷模。他们在山上用石头砌成了"学大寨赶大寨超大寨"9个大字，人们看了都大吃一惊：只能"学"，哪能"超"呢？当代"活愚公"就是有这样的气魄！

1966年4月30日，胡乔木在上海养病，住在东湖宾馆。一早，我打开收音机，听到周总理参观沙石峪的消息，我激动得热泪盈眶。我把这一天的人民日报珍藏至今，发黄、破裂，几乎要碎了。就在这张报纸上，人们可以看到，周总理第一次乘直升飞机陪阿尔巴尼亚总理谢胡参观的新闻和照片。周总理热情地赞誉：沙石峪人民是"活愚公"。他说："你们干得好！这是我们的大学校。希望你们更加谦虚，做出更大成绩。"他说："你们这里不亚于大寨。"支部书记张贵顺说："比大寨那可差得远呢！"周总理指着西山一片松柏："你看，树就比大寨多嘛！一朵鲜花不是春，万紫千红才是春。要搞比学赶帮超。你们要关心周围的大队，把他们也带动起来。"

"过春节，社员家家都能吃上饺子吗？"周总理问。沙石峪的干部说："都能吃上三四顿。"周总理满意地笑了："这就很好。"周总理到了张贵顺家里，把鞋一脱盘腿坐在炕上。他问张贵顺老伴，家里有几口人，一年挣多少工分，生活过得怎么样？还风趣地说："你们俩谁当家呀？"张贵顺老伴笑着说："在外他当家，在内我当家呗。"周总理、陈毅副总理等都哈哈大笑起来。周总理又问："张贵顺成天在外工作，帮不了你多少忙，你支持他吗？"张贵顺老伴说："支持，还能不支持！"

周总理说:"要大力支持,生活上多多照顾他。"

1967年2月5日,周总理第二次来到沙石峪。下了飞机,看见墙上贴着一张"开除张贵顺党籍"的大红"喜报",周总理很不高兴。当时正是"夺权"的高潮,一帮人把老书记张贵顺"打倒"了,外号叫"铁嘴钢牙"的干部当上了"一把手"。参观时,周总理问他:"立春过了是什么节气?""铁嘴钢牙"信口回答:"过了立春是清明。"周总理目光严厉而又关切地说:"不懂二十四个节气,就不是庄稼人。以后要好好学习。"周总理又问:"去年的果树收获很大吧?""铁嘴钢牙"说:"不小,收了11万斤。"周总理又问:"谁栽的树呀?""铁嘴钢牙"答:"群众栽的。"周总理追问:"谁带的头呀?""铁嘴钢牙"不得不说:"那还是张贵顺呢。"

直到"文革"以后,我才知道周总理两次去沙石峪的情况,知道沙石峪在大风大浪中经受了考验——"活愚公"的红旗没有倒!

1978年5月,《实践是检验真理的唯一标准》大讨论开始了,正是在思想解放的热烈气氛中,我从新华社上海分社到了北京。经社长穆青同意,我先是到了延安,为创作《巍巍昆仑》,重新走了一圈转战陕北的路,然后又到沙石峪采访。重返沙石峪的感觉,真像是久别重逢的亲人一样,无论走到哪里,哪里就响起"俺有一条小毛驴……"的歌声。当年的孩子都已成了爸爸,可这首歌不知为什么,却一代一代流传至今。这次采访目的性很强——经过17年(1962年到1979年)的风风雨雨,沙石峪是不是仍然像周总理赞扬的"活愚公"?如果说,当年我写"看愚公怎样移山"强调的是"活愚公"移山的精神,那么现在我要表现的是"活愚公"移山的智慧。采访归来,还是人民日报要发表,原先的标题为《愚公不愚 挖山不止》,送给穆青看时,他直截了当地说:"我不喜欢两句对称的标题。"我随即把"第二方案"拿出来:"那就改为《看愚公怎样聪明起来》,怎么样?"他连声叫好。我虽然住在胡乔木家，他也知道我在写沙石峪，但却没有机会多谈，更没有像1962年那样看稿子了。只是在人民日报发表之后，吃早饭的时候，他向我点头笑了笑，表示满意。

1979年8月10日，人民日报用几乎整版的篇幅发表了我采写的长篇通讯《看愚公怎样聪明起来》，可以称作是17年前发表的《看愚公怎样移山》的下篇，形式、风格、语言等力求一致，但内容、角度不同了。该篇以周总理两次去沙石峪为开头、连结和结尾，以实践检验真理的唯一标准，总结这些年有哪些正反两方面的经验，特别是"学大寨"的教训，进而向前看，明确目标是什么，路该怎么走。

从以下四个小标题即可看出，在大风大浪中，"活愚公"不但没有倒下，反而变得更加聪明起来：《只能依靠自己 不能依赖别人》、《要从实际出发 不搞形式主义》、《关心群众利益 加强政治工作》、《批评为了团结 心齐山才能移》。结尾是：愚公不愚，移山不止。在成绩面前，沙石峪人没有停步。他们清楚地记得，1966年春天，周总理参观了沙石峪，临上飞机之前还谆谆嘱咐："要谦虚谨慎，继续前进！"

周总理的声音，将永远在九岭十七沟回响，在沙石峪人的心中激荡，使"愚公"添智慧，给"移山"增力量。

从1979年起，我多次想再去沙石峪，特别是近年来，很想去看看"活愚公"怎么样了，自然也非常希望写一篇《看愚公怎样富裕起来》，为我的新闻生涯画上一个句号。可是，百事缠身，越缠越紧，怎样努力也解脱不了。如今，年已老，力已衰，翻山越岭自然不可能，就连乘车也头晕不支。怎么办？只好请热心人去沙石峪，代我去看看父老乡亲，帮我去实地考察，最后画一张通向富裕的"路线图"。可惜，这样的志愿者越来越少，也正因为如此，却更加可贵可敬。

据了解，沙石峪人至今还生活在贫困之中。为此，我常常焦虑不安，夜不能眠。只有先富起来，才能再为人民日报写一篇《看愚公怎样富裕起来》的大通讯。我相信，在"建设新农村"的大潮中,沙石峪一定会富起来,从而也一定有人会代替我来写这篇大通讯。"愚公"的梦想一定会实现,我的梦想也一定会实现的。此时此刻,我又一次想起了敬爱的周总理,不禁在心里呼唤着:

啊,周总理,您所赞扬的"活愚公",不但已经开始把"一穷二白"两座大山移走,而且还要在党的领导下变得更加富裕。即使到那个时候,"愚公移山"的精神仍会一代一代地发扬光大,子子孙孙,没有穷尽!

2006 年 6 月

# 深圳,16年前的回忆

丛林中

1983年记者丛林中在深圳采访时留影。

"1979年,那是一个春天,有一位老人,在中国的南海边画了一个圈……"

一曲《春天的故事》,使我的思绪又回到了16年前那次难忘的采访。

1983年3月,王震的秘书邀我和崔文玉随同王老去广东

---

丛林中,高级记者,中共党员,吉林人,1935年生。1956年大学毕业参加工作,1958年调人民日报,先后在工商部、记者部做编辑、记者,1982年任记者部副主任,1987年任主任。

走走。在飞机上,王老嘱咐说:你们到深圳去看看,写篇文章,支持一下任仲夷,他是一个好同志。

其时,深圳经济特区正在热火朝天地建设着,蓝图已经制订,原本只有两平方公里的小镇,现在一下子扩大了10倍。到处都在大兴土木,已经竣工和正在兴建的大厦,一个个拔地而起;10万人的建筑队伍,日夜施工。目光所至,脚手架林立,塔吊高耸入云,载重汽车拉着各种建筑材料,在新开出来的道路上呼啸着,深圳整个是一个大工地。

一个很有趣的现象是,与此同时,沙头角正在走红。每天有数千人涌入这"一镇两制"的中英街,一睹对面的资本主义世界。从内地四面八方来"开眼界"的人们,一边拖着大包小包的抢购物品,一边放言无忌,议论纷纷。最为著名的言论要属"深圳除了五星红旗没变,其他都变颜色了!"据说,有些遇到"新问题"的"老革命",来深圳看过之后痛哭流涕,此一传说甚嚣尘上。任仲夷时任广东省委书记,所受压力可想而知。王老的"支持一下",岂不大有深意焉!

那么我们在深圳看到了什么呢?

一到深圳,我们立即展开紧张的采访,7天之内,马不停蹄,夜以继日,采访了新兴公司的经理、厂长;各种企业家、合资者,私人老板;大量的建筑工人、外来打工仔以及海滨渔民;涉及到工农商学、建筑、文化、旅游各行业,并着意了解深圳的历史和现状。此外,还采访了已初具规模的蛇口工业区和它的创办者、领导人袁庚,进行了深入的交谈。这样做是为了既在面上能取一个全貌,又在点上有较为深入的了解。

深圳的所见所闻,似乎并未寻得任何可以"痛哭流涕"的根据;相反,倒是很令记者耳目一新,心神为之一振。

深圳已经建设了3年,开发者们每天都在把蓝图中的设想一个个变成现实:楼层就像出土的笋,日日升高;道路正在延伸,港口正在开掘;29条马路已经完成18条,计27公里,平坦宽阔,有新兴气概。已经建成投产的电子、油漆、印染、印刷、铝材轧制、家具、旅游等几百个各种经营方式的项目，所完成的产值比1979年增长了5倍。谁都没有想到，短短3年之中，深圳会发展得如此之快，人们无不惊讶于它的速度。

我们就从解剖速度入手。先看事实：

在深圳，工效普遍比内地提高1.5倍，友谊大厦的施工者广东四建公司，在广东时，300平方米的面积，每月只能搞两层；在深圳，7天一层，不是最快的。罗湖大厦原定15天一层，现在五六天一层。许多从内地来的施工队伍说，建5栋5层楼房，在内地花上几年时间是司空见惯的。46层大厦的庞大基础工程，其工程量相当于一栋22层的大楼，3个月就完成了。我们问："在内地要多少时间？"来自湖北的工程负责人说："至少要8个月。"当年，蛇口的建设者用了不到两年的时间完成"五通一平"，使来访的香港总督为之惊奇，他说，在香港也要四五年的时间。

为什么在深圳能出现这样的高速度和高效益呢？关键是在体制和制度方面进行了一系列的改革。例如，实行工程招投标制，按合同奖惩。在友谊大厦工地上，施工队长说："我们的合同工期18个月，按期完工奖励30万元，提前完工每天奖1万元，拖期则每天罚1.5万元。不是闹着玩的！"又例如，深圳普遍实行合同工制，企业可以自行招聘，自行解雇，工资不封顶，按劳分配，多劳多得。就是这么一些改革，还是那些内地的建筑队伍，还是那些设备，换了一个地方，工效却比内地提高了1.5倍。例如正在建设的湖心大厦，以5天一层的速度上升。因为企业有了自主权，一家合资企业从谈判到投产只用了半年时间，这在当时的内地是无法想象的。

于是，我们理解了街头竖立的巨幅标语："时间就是金钱，效率就是生命。"应该说，这就是特区建设的写照，是想要富强的中国人一种奋起图存、义无反顾的精神写照；但也正是这幅标语，使嗅觉过分灵敏的人，嗅出了一丝资本主义味

1985年,记者丛林中随中日友好代表团访日。图为记者丛林中(前右一)在首相府签名。

道。有人引申开去,说深圳是拜金主义,金钱至上;为此,我们特意在文章中引用了一则深圳几乎家喻户晓的真实故事。这故事说,一个从外地窜来作案的小偷,被一群青年人追赶,他灵机一动,把偷来的1000元港币向追赶的人群撒去,妄图借此脱身。但是没有一个人为之所动,小偷被捉,散落的港币如数拾回,分文不少。类似不为金钱所动的事例,在16年前的深圳,你可以收集很多,仅凭一幅标语来判断一个社会,显然是很肤浅的,不过反映了一些人固守的思维方式而已。

在深圳,再一个改革是人事制度。我们去蛇口采访,正赶上管委会在各部门经理以上干部中宣布新的领导班子。这个班子是用民主的方式,在没有候选人的情况下无记名投票选举出来的。这在全国也是个新鲜事。为什么要这样做,它的意义何在?党委书记袁庚回答记者说:"群众监督干部,群众有权选举和罢免干部,至关重要。我们想搞个试点,今后每半年群众投一次信任票,管委会有过半数职工不信任,管委会就得改选;个人有过半数职工不信任,他就得下台,重新改选。这样做我相信可以改变一下干部的作风和干部的结构。"先行者袁庚16年前的这番话,说得何等好啊!改革不易,想当年,蛇口就提出,非专业人员、分配的大学毕业生和一般的行政人员一律停止调入,他们从广州、武汉和北京直接招考,但录取的尖子原单位不放。袁庚曾对考生说:"你们敢不敢跟你们的党委书记说,鄙人不干了,辞职了,我要到蛇口去!""那我老婆孩子怎么办?组织关系、住房、饭票怎么办?"袁庚说:"我给你包了,组织关系我们负责给你接上。"话虽如此,敢这样尝试的,寥寥无几。打破部门所有制,谈何容易!但蛇口毕竟勇敢地迈出了第一步。

我想特别说几句对袁庚的印象。袁庚,当年66岁,广东宝安(也就是今天的深圳)人,在东江纵队打过游击,当过炮兵团长,驻雅加达领事;此前,任招商局轮船公司常务副董事长。现在打回老家来,负责开创蛇口工业区,出任管委会主任、总指挥。他大概知道他正从事着前无古人的事业,这使他一下子处于改革的最前沿。望过去,他身材厚重,给人以沉稳而倔强之感;声音略带沙哑,音调沧桑;目光里蕴含着往日的无数风霜。交谈中曾谈到特区改革的前途和改革者的命运,他说:要开创一个新局面,总要冒一点风险的,谁能保证就一定取得成功呢?他略带自嘲而又不屑的口吻说:"历史上搞改革的,从商鞅、王安石到康有为,都没有好下场!"语调似乎有些悲壮,大有"此头须向国门悬"之概。然而话头一转,他又说:"现在我们搞改革,是在党的领导下进行的,我想不会落到前人那样的下场。为了四化大业,值得冒这个险。"袁庚的复杂心态,是不少深圳改革者所共有的,可以感觉得到,他们顶着很大的压力。但同时他们又很坚定,有一种义无反顾的气势。这在我们随后采访的数位深圳改革者身上,得到了证实。

时势造英雄。正是改革大业,使3年前还名不见经传的一大批人脱颖而出,他们是一代开拓者,艰苦创业的人,改革的先驱。他们几乎有一个共同的特点:思想解放,勇于实践,有见识,有魅力,有闯劲;但是,他们中有的人也是有争议的人物,背后有各种各样的流言蜚语。采访中,我们常听到他们这样的呼声:"对不对要看实践,不能要求一笔写成历史!""一项事业在开创之中,应该允许有些毛病,否则就不是唯物主义。"在这些呼声的背后,也许能感受到,中国的改革正处于不可避免的阵痛之中。

还有人很关注深圳的社会风尚,因为深圳毗邻香港,总以为资本主义的东西会长驱直入,或者至少对青年人的思想会造成弥漫性的"沾染"。这种担忧反映了某些共产党人很不自信的心理;也有人把"担忧"当作事实,变成深圳"变了颜色"的虚拟论据之一。为此,我们在文章中(即《道路正在开创》,刊登于1983年5月6日《人民日报》第五版)特意写了一段文字。请看事实:

说到社会风尚,人们的眼睛往往盯着青年人,实行开放政策以来,深圳青年怎么样了呢?团市委书记简灼南有一种看法,他说:"开放政策促使人们思考,它帮助整个一代青年人正确看待社会主义和资本主义。"深圳的电视一打开就是香港的,开放之初,青年争相观看,据说电影院晚场卖不出票去。但是看了几个月之后,青年们兴趣索然,觉得没有多大意思。中国闭关锁国太久了,青年人有好奇心不足为怪。你越是封闭,越要生出一批"探险家"来。……从前,大批青年外流香港,动用专政工具也未能有效制止;现在,家乡搞建设了,经济发展了,生活富裕了,相当数量的外流青年又回来了。边境开放了,农村青年每天到港澳去卖花、卖鱼、卖菜,没听说有一个留在港澳不回来的。在深圳,一切友谊商店、豪华宾馆、著名酒家都可以自由进出,任你参观,选购,住宿,就餐,人们思想中一点也没有觉得那些地方有什么神圣。在街上,绝对没有如同内地围观外宾的现象,他们自己的穿着打扮也很"洋",何必去围观别人呢!现在深圳流传着四句话,叫作"边境安宁,人心稳定,思想开朗,生活富裕",是有史以来从未有过的。清华大学校长刘达来深圳调查研究之后说:人们传说深圳如何如何,没想到社会风气竟这样好。

事实证明,人们大可不必杞人忧天,天是不会塌下来的。有些忧虑也难免,辩证法说,事物总是处于过程之中,深圳还

要向前发展,我们所写的也不过是深圳发展史中最初的一些篇章。因此,我们觉得还应该给它加一个这样的结尾:

深圳特区是一个新事物。3年之中,它在机构体制、生产关系、科学技术、社会心理等各方面,都经历着一场急剧的变化。现在它还在发展之中,不可能十全十美,它还存在着一些问题和毛病。这也很正常。每天有一大批人到深圳来研究它的改革,考察它的变化,评价不会完全一致的;但绝大多数人从中得到了启发,则是可以肯定的。而深圳,将满怀信心地、勇敢地走它自己开拓出来的道路,这道路正一天比一天宽阔。

文章写好之后,回广州向王老交差。王老看了很高兴,说送给任仲夷同志看看。第二天样子退回来,任在上面批道:文章写得很好。按约定,我们想去看望任仲夷,谈谈深圳之行,王老一时兴起,也要同去。结果,深圳之行尚未谈及,那边厢,王、任两人摆开棋盘,已经开战了。

深圳16年前的改革,今天看来是很初步的。尽管今日的改革大业,无论是深度还是广度都远远超过了深圳当年,但它先驱者的意义依然是伟大的;16年来深圳的发展和成熟,它所起到的示范作用、推动作用和鼓舞作用,仍然是历史性的。

深圳是变了,但并没有改变颜色。它不仅依然是社会主义的深圳,而且变得更加绚烂辉煌,正向着现代化国际大都会迈进。深圳不仅是中国改革的先驱,也是中国改革的缩影。这使我想起16年前新西兰外长库珀访问深圳说过的一句话:"中国能创办这样的特区,体现了领导人非常明智。经济特区这一独特的新事物,必将载入中国的发展史册。"

历史有时候会在音乐和歌曲中变成永恒。我耳边忽又响起那一首无限怀念的歌声:

"1992年,又是一个春天,有一位老人,在中国的南海边写下了诗篇……"

1999年10月

# 探讨"非事件性新闻"

张铭清

去年5月,新华社开了国内新闻业务改革座谈会,其中一项重要议题是研究改进非事件性新闻的写作。此后,在新华社的业务刊物上,刊登了几位同志的文章,对非事件性新闻的作用、特点和写作要求进行了探讨。因为这些所谓的"非事件性新闻",大量的是经济新闻,对这种新闻的探讨,对改革经济报道有着重要的现实意义。

## 一

"非事件性新闻"这个概念是寄晨同志最早提出来的。他在1963年第一期《新闻业务》上发表的《在工作中感到的几个问题》一文中,谈到新闻写作的时候说,还有一类新闻不能完全用我们所肯定的新闻写作理论的框框去套,"这里所指的主要是一部分非事件性的新闻,有人也称之为组织性的新闻,这一类新闻一般说在经济新闻中较多(也不完全限于经济新闻)。"这篇文章在谈到这类新闻的特点时说,"这一类新闻,

---

张铭清,高级记者、教授,中共党员。1978年—1981年就读于中国社科院研究生院新闻系,1981年—1993年,先后任人民日报驻福建首席记者、记者站站长、记者部副主任。1993年—2006年任国务院台湾事务办公室主任助理、新闻局长、新闻发言人。现任海峡两岸关系协会副会长、厦门大学新闻传播学院首任院长。

都不是以一个独立的事件为中心的，时间、地点的因素对它来说也不具备特别重要的意义，重要的倒是它必须对它所报道的事实和问题有所分析有所阐述，或者给予必要的形象描写。"这是对非事件性新闻特征的具有代表性的表述。根据上述的说法，这种非事件性新闻的特点可以概括为：一、时间因素不特别重要；二、重要的是对事实的分析。这就不能不令人提出个疑问：具备这两个特征的"非事件性新闻"还是不是新闻？

关于新闻的定义，国内外都没有定论，至少有几十种。但是有两点是公认的：新闻要新鲜，要报道事实。这是对新闻的基本要求。拿这两点来衡量"非事件性新闻"，得到的结论是："非事件性新闻"不是新闻。

根据最近有关论述非事件性新闻的文章的观点，这类新闻"往往采取综合消息、典型报道、工作研究、调查报告、记者述评、采访札记、工作通讯、人物通讯等形式"。"它是由许多事实（或者说一件以上的事实）综合、归纳、概括、提炼而成"，"反映某一个时期、某一项工作的全貌"，"它的发生和发展有一个较长的过程，在时效的要求上不必机械地拘泥于'今天'、'昨天'"。——换言之，不注重时效。又因为它是以"通过纵和横的对比分析，由此及彼，由表及里，揭示事物的本质"为己任。——质言之，是以讲通道理为主，不以摆事实为主。这两点就决定了"非事件性新闻"不是新闻。

## 二

一些探讨"非事件性新闻"问题的文章中，都对它的指导作用作了很高的评价，认为"从帮助人民认识真理，鼓舞人民为革命和建设而奋斗来说，非事件性新闻的指导性和能动性要更强。"有的同志进而把非事件性新闻称为"指导性新闻"，是"专门宣传党和政府的方针政策，介绍新思想新见解新经验，指导工作，指导思想，指导社会舆论的新闻。"并认为这是无产阶级报刊所特有的。为了说明非事件性新闻的重要性，有的同志还把新华社1979年中一个半月内发的1601篇国内新闻作了统计和分析，结果表明："非事件性新闻占65%，事件性新闻只占35%。"新华社国内部1979年评选的好稿中，大部分也是非事件性新闻。看看全国各报，这种"非事件性新闻"，都占了很大的比重。能不能说非事件性新闻数量多，占的比重大，就说明它重要，进而承认它的重要地位呢？我认为不然。不但不能承认它的重要地位，而且正是由于这种非事件性新闻的泛滥，说明我们的新闻报道不讲时效的问题的严重性，说明了经济新闻改革的迫切性。也许正是因为这类非事件性新闻至今还充斥版面，所以胡乔木同志才批评报纸上没有新闻。对这个问题的严重性如不给以足够的重视，而以非事件性新闻的指导性强为满足，那么，这种报纸上新闻稀少和陈旧、枯燥的局面就很难改变。看看我们的经济新闻，有几篇是真正的新闻？大部分还不都是这种非事件性新闻么？

"非事件性新闻"有没有指导性？有的。它之所以有指导性，是因为它对推动实际工作是能起到一些作用的。即便是事实过去了几个月，甚至半年、一年，它的内容对事实发生地以外的读者来说还是需要知道的。如前年8月31日到9月15日关于四川一百个企业扩大自主权试点的一组报道，对尚未进行和正在进行扩大自主权的企业来说是需要的，是有指导意义的，是应该报道的。但是，不必要写成消息，干脆写成一篇经验介绍或问题研究就行了。如果要用消息的形式，早在这一百个企业试点开始时就该发消息，并随着试点工作的进行，作连续报道，这样就不会出现一年以后算总账，来个"非事件性新闻"的情况了。我们好多"非事件性新闻"就是这种算总账式的东西。本来可以作几次时效性很强的"突发性事件报道"，却没有及时报道，老是当"事后诸葛亮"，放"马后炮"，丧失了很多良好的新闻报道时机，这正是我们在经济报道改革中值得认真反省的。

有的同志一谈新闻的指导性就想到几千字的"重头货"，认为短、快、多的、读者有普遍兴趣的消息，没有什么指导性，甚至说50年代因为发了大量三五百字的零碎消息"曾经把新华社带进死胡同"。还说"去年人民日报改版后的一二十天，工农业版每天各刊登20多条短小消息，很少发表指导性新闻，读者觉得不解决问题，并不爱看，浏览一下标题就放下，现在人民日报的版面又改回来了"云云。50年代新华社是否因为发了大量三五百字的消息而走进了死胡同，我不了解情况，不便评论。但是，说人民日报去年改版后工农业版每天发20多条短小消息读者不爱看，却不是事实。报社在改版后的两周中收到两百多封欢迎改版的来信，并表示更爱看短小新闻，而常常不大爱看几千字的"重头货"。新闻必须用事实说话，指导性应该寓于事实之中，让读者从事实中受到教育启发，判断是非。把三五百字的短新闻与指导性对立起来，以为只有在"非事件性新闻"中让作者站出来说教才有指导性的看法是不全面的。

## 三

非事件性新闻既然不是真正的新闻，还有存在的必要吗？有必要。但是，要加以改革。首先要大大减少这类新闻的比重。报纸作为新闻纸，应该让真正的新闻占优势。胡乔木同志还说过："用消息来传布和总结经验不是通讯社的主要任务，但是今后仍然要发这类消息，不过要挑选有重要意义的。"记者的主要任务应该是写新闻，及时地、如实地报道事实。而总结典型经验应该是业务部门的事。如果一个记者忘记了自己的主要任务，很少写新闻，却埋头于总结经验，一意去搞调查报告和工作研究之类的"非事件性新闻"，应该说，这并不是一种十分正常的现象。不是说记者不要深入研究一些问题，而是说要弄清主次。

目前有个现实问题是：有些很有价值的新闻事实，由于客观条件的限制和记者的主观努力不够等原因，没有及时报道，等到后来发现时，时间已过去几个月，甚至更长的时间，那么还报不报呢？如果要报该怎么报呢？可以找新闻根据，把过时的新闻"变成"昨天发生的新闻。这个办法如果运用得好，还是很有效的。

当前在新闻的写作方法和风格上我们应该大胆探索，现在从国外的一些新闻看，有各类新闻体裁熔于一炉的倾向，有的五个"W"也不俱全，有的新闻没有导语，有的背景材料穿插极活。总之，他们的新闻写得比我们活得多。但是，万变不离其宗，不管新闻的写法如何改变，有两点是不能缺少的：新鲜和事实。没有这两点，就不成其为新闻，就成了其他文章了。所以，我认为"非事件性新闻"应注意改革：一是找到新闻根据，改造成为新闻；一是改为其他形式的文章，或工作研究，或调查报告，或经验介绍。

1981年1月

# 新闻的背后

——采访十四大随笔

王学孝

一

采访中共十四大的中外记者约600名，境外近400人，国内200余人，比采访十三大的记者增加1/3。世界各大传播媒体几乎都派有记者，最多的还是港台地区和日本，欧美除常驻北京的记者，有的又特派大员专程赴会采访。

王学孝在书房。

对境外传播媒体敞开大门，不受限制，包括台湾的《中央日

---

王学孝，高级记者，河南长垣人，中共党员。1962年毕业于上海复旦大学新闻系，先后供职内蒙古人民广播电台、中央华北局《华北建设》、天津日报；1984年调入人民日报，先后任驻浙江首席记者、记者部副主任。

报》，愿来多少就来多少。受"委屈"的倒是国内新闻界，仅获准200来个名额与会采访，新华社（50）、中央台（电视广播100）占去了大部分，首都各大新闻单位每家仅一两个名额，人民日报属被"照顾"户，文字摄影才允许上会6个记者。省市报纸除北京、解放、文汇少数几家特许一名记者赴会采访，其余报社记者根本进不了该省代表驻地，更甭说进人民大会堂了。据我所知，许多省市代表团都带有记者，但被严格限制在会外，有几家随团采访的省报记者就住在人民日报招待所，他们同该省代表团接触都十分困难。

然而，这毕竟是一次难得的新闻大战，会前已战云密布，待真正"打"起来的时候，却又战而不烈，此为后话……

## 二

1992年10月11日下午3时在人民大会堂举行预备会议，没让记者参加。直到这时，大会日程表还未拿到，大会怎么个开法，几乎一无所知，着急之情，不言而喻。

预备会刚刚结束，5时，大会新闻发言人刘忠德举行新闻发布会，粗略介绍一下大会安排。记者们提问一下子就到关注点上了：邓小平同志对这次大会的作用和影响？邓是否代表，是否出席会议……这些问题不仅是中外记者，恐怕也是为世人所关心的。当新闻发言人一一作了问答，并明白无误地说，邓小平同志是大会特邀代表，还有德高望重的无产阶级革命家如大家都知道的彭真同志，也是特邀代表，共计46人。

上述几个问题是国内记者抢先提问的，境外记者似乎亦有此问，但又很不满足，于是开始第二轮的提问：邓小平出席会议吗？刘忠德只好微笑着再重复一遍方才的回答：邓小平同志是大会特邀代表，同正式代表一样有选举权和被选举权。

"邓小平是不是提名候选人？"华语讲得不错的一位西方记者问。

"邓小平同志是大会特邀代表。"刘忠德不慌不忙地又重复一次。记者们都乐了。

"陈云是不是特邀代表？"——"陈云同志是正式代表。"——看来在此无多少文章好作，也就作罢了。

## 三

10月12日上午9时十四大开幕，新闻大战也拉开帷幕。我们决定采写一篇开幕式特写，利用开幕前采访代表，所以8时准时赶到人民大会堂，在东大门台阶上迎候代表们。哪知不少港澳台的同行们已捷足先登，访谈的、拍照的、排队进行"安检"进大会堂的。谁都知道这是广泛接触代表最好的时机。

9时整，《国际歌》雄浑的旋律回荡在大厅。中国共产党第十四次全国代表大会开幕。此刻最最忙碌的恐怕莫过于记者了，尤其摄影录像的记者。几千双眼睛、数百个镜头，一齐聚焦在主席台上。无须闪光灯，大厅的光线是充足的，你尽可以选角度、捺快门就行了。镜头对哪儿照的都有，朝天朝地朝拍照的人们及其摄影机，可能这是最放任记者的片刻，记者们也无所顾忌地大展手脚。在二楼左半边记者席上，没有镁光灯的闪烁，只听到扣动快门的噼噼啪啪声响。——记者证分3种：佩戴黄底红字的记者证可上主席台拍照；粉底红字的，允许进一楼拍照采访；蓝底红字记者证，则只能坐二楼记者席，境外记者全部在这儿就坐。港报朋友冲着我开玩笑：你也加入我们三流记者队伍了。

9时零6分，江泽民同志开始作大会报告。

他刚刚开讲，我发现旁边几个日本和港台记者就离座外出，疑惑中我也随出，嗬，二楼至三楼楼梯处，变成了他们的

20年后再访青春宝。记者王学孝(右)与正大青春宝公司总裁、总经理冯根生在一起。

"工作间",每人手持一个"大哥大",在紧张地往回发稿,没有草稿,边翻着江泽民报告,边口传报告内容并加评述。返回记者席,见几家电视台也正在当场录制,香港"亚视"台的记者兼播音冯惠仪小姐正面向摄像机,背景是大会主席台进行现场录像新闻,未拿稿子播了两分多钟。中午香港各电视台均头条播出。报纸只能望"视"兴叹,抢不过它的。

## 四

大会期间共举行4次中外记者招待会,就沿海开放地区的发展、我国经济体制改革和对外经济贸易及人事制度改革、大中型企业如何转换经营机制、民族地方自治等问题,请有关方面的负责人回答记者的提问。无疑,这些方面的问题是大家所关注的。所以,每次招待会出席的记者都比较多,提问也相当踊跃。尤其对外开放、对外经贸、经体改革和人事制度改革,更为引起兴趣。台港记者争抢提问,关注点在诸如投资优惠政策是否包括台商，台商来大陆投资是否有安全保障，台湾哪些大企业跟你们合资办何种企业，等等。

几个招待会的中心议题是改革、开放、经贸，境外记者提问动辄就走题，扭到政治问题。这是可以理解的，因为上述这些问题，毕竟不是他们此次专程来京采访最关心的问题，他们最最关心的还是中国走向何处，十四大怎样决策，特别是人事问题。所以一有机会提问，就转着圈地往这儿扭。台湾记者问：台湾是否是政治实体和经济实体！李岚清断然否定它是政治实体之后，她又紧追着问"是否是经济实体呢？""请问李先生，你是否同意台湾加入关贸总协定？"这些问题当然难不倒我们经贸部长的。

改革开放初期中外记者招待会，往往被境外记者提问垄断，国内记者倒显得很拘谨，很少提问。现在情况不一样了，首先提问的大多是国内记者。有些问题是预先打了招呼的，但多数是即席发问。我们的问题都不是"怪"题或疑难题，是比较易于回答的。记者招待会主持人深谙此理。当然，有的时候也很需要国内记者穿插一下，以缓解气氛，引向他方，把问题叉开。

记者招待会的气氛就整体来说还是轻松、活跃、热烈的，尤其刘华秋做主持人的时候。刘华秋对女士格外照顾，他"点"的提问者2/3是女士，穿着鲜艳的女士，西方女士。这大概与他是英语讲得特别好的外交家不无关系吧。为此还有个小插曲，他用流利的英语请坐在后面的意大利女记者提问题时，她前面的一位短发脸上棱角分明、颇有点男子汉气质的记者却接过了话筒。这位已经接过话筒的丹麦女记者不情愿地把话筒递给后面。当回答完意大利女记者的问题后，刘华秋请那位被他误以为"男士"的丹麦女记者提问题。我坐的比较靠前的第二排，在刘华秋目光巡视会场的当口，我右手指了指坐我左边的本报记者小皮同志，刘华秋向我点头微笑，示意他已理解了。果然，刚一回答完上一个提问，他就请我们的男士小皮同志提问题了。

## 五

10月18日下午，十四大闭幕式，头天接大会通知，记者务必3时赶到大会堂，通过"安检"进南门，分别到湖南厅、甘肃厅、安徽厅等候。根据记者证的颜色对号入厅。我进安徽厅，与老外们混在一起。3时不到，安徽厅已经爆满，坐椅、沙发坐无虚席，有的三三两两站立闲聊，中心话题是邓小平有无可能出席今天大会，抱着美好的愿望猜测、分析、打赌。难怪大厅门口堵得严严实实，摄影摄像机仿佛像机枪榴弹筒架着处于冲锋前的高度戒备状态。3时50分，不知谁说了声"放行"了，那些堵在门口扛机的记者，以百米赛起跑速度，冲向进会场的走廊过门前。门紧闭受阻，大家拥挤在过厅，犹如火车站欲检票上车而又未检的片刻，而这个"片刻"拉得实在太长了。时值秋末，外面凉爽宜人，而这里，热气腾腾，有的人脸上汗水涔涔，"受不了，受不了！"新闻中心的大块头女翻译额角滚着汗珠嘟囔着挤出人群。

半小时过去了，仍不见"放行"的动静，拿笔杆的记者又陆续回到安徽厅，而扛机的记者是决不肯放弃已抢先一步站立的阵地，有的干脆就势地毯上一坐，固守"阵地"，等待再次冲刺。

4时45分，又一次"骚动"，人们再次蜂拥至过厅。通往会场的门仍然紧闭，纹丝未动。不耐烦，牢骚。又回到安徽厅。难挨的两小时。法新社等西方几个记者开北门到凉台透透气，凉台朝北，可遥望大会堂东大门和天安门。手拿"大哥大"的一个大汉走过来干涉，让他们返回室内，据说是为了"安全"，几人拒不听劝告，这位警卫局的大汉推拉她们坐椅，法新社那位女士急了，伸手抢先把大汉胸前工作证抓走。这还了得，负有神圣使命、训练有素的大汉从弱女子手中夺回工作证还不易如反掌。争吵、抗议、僵持不下，大汉悻悻离去。女士们依旧站在凉台透空气。记者们到凉台透透气有何妨？！干涉是多此一举。

那些对自己同胞气指颐使惯了的人多碰几次这样的软钉子才好哩！不过，这位大汉倒给窝了一肚子火的境外记者提供了一篇发牢骚的好素材。几天来，因对大会采访限制特严，为得不到新闻而叫苦不迭的境外记者抓不到正儿八板的新闻，讽刺、挖苦、发牢骚的文章累累出现在他们各自媒体。什么"采访十四大变成7日游"，抱怨对他们是"热烈招待参观"，而不是"热烈欢迎采访"。因为7天会议，除了允许他们参加开幕、闭幕、4次记者招待会，其他日程全是安排参观：参观首钢、参加古物拍卖会、参观北京旧书市场、参观顺义乡镇企业。"老板花几万元派我们来采访十四大新闻，不是让我们玩来了。"港台同行诉苦道。今天凉台之争无疑为他们提供了牢骚报道的意外素材。

　　冲锋的时刻终于到了，5时24分，人们以急行军的速度，穿过百米过廊向会场进发。打头阵的自然是扛机的记者，人们都想抢占一个有利地形，架机于二楼第一排，居高临下。此刻，选举中委投票已进行完毕，台上台下静坐等待记者们的到来。5时55分，宣读通过几个决议，共用了十几分钟，江泽民同志即宣告大会闭幕。记者们个个傻了眼，既未见到邓小平同志出席大会，也未听到当选人名单——这也是大家最关注点之一。不但不能访谈代表，连近前都不可能，只能遥望代表穿过中大厅从东大门走出，记者们从原道穿过刚才进来时走过的百米长廊，出南门。赶回饭店，打开电视机，有的从荧屏上看到公布的当选人名单。

## 六

　　记者曾数次提出要求，新当选中常委能举行记者招待会，迄今未明确答复。10月19日上午，如昨日下午一样，通知到昨日等候的地方等候。当然大家都明白，昨晚或今日上午开十四届一中全会，产生政治局和常委。"有门儿，小平和常委们可能见记者。"大家像昨天一样的议论、猜测。不过，昨天失望、晦气的阴云仍布在一些人的脸上未散，抱怨叫苦声连连，企望今日上午能抓点希望得到的新闻，以补偿昨日的失落。两个小时后的11时许，冲刺的劲儿不减，直插东大厅。当我不慌不忙赶到时，数百架摄影摄像机已梯次排列，瞄准中央麦克风，严阵以待，那场面是蔚为壮观。我们文字记者也都备了相机、收录机，机比人多，各自发挥自己的优势，都为捕捉那难得的一瞬。那位吃惯了偏饭的新华社摄影记者先生，目无众机，站高凳矗立中央，后边哄声贯耳，难为情地靠边站了⋯⋯江泽民等新当选常委春风满面缓步走来，并介绍给大家，我身边操法语的老外指着最后一位叫嚷"胡启立，胡启立"！别的我听不懂，名字还是听得出，他认错人了，是"胡锦涛"！随着我的纠正，他也跟着喊胡锦涛，像我们看欧美人那样辨识不清，加之二胡的潇洒风度确实颇多相似处。江泽民同志把6位常委依次介绍给大家的过程中，场上气氛十分热烈活跃，年轻翻译最后的一个小插曲更将气氛推向高潮。江泽民同志介绍胡锦涛49岁，是新当选常委中的年轻人。而翻译把他错译为"胡锦涛是Young Woman（年轻妇女）"，常委们乐了，记者们笑了，胡锦涛也笑了。

"见面会"仅仅十来分钟，很快便结束了。记者们当然不会满足，吵嚷着要提问题⋯⋯

当天下午邓小平同志接见代表根本未通知"蓝牌"记者，我跟老外们一样是从电视上看到的。海外记者更是大失所望。

## 七

对十四大的采访，为何限制这样严？比十二大、十三大和历次"两代会"对记者限制都空前之严，与当前宣传的"更大更快地开放"显然是不协调的。大家感到不可思议。其缘由在10月31日的一篇报道中揭秘了：香港《快报》记者梁慧珉因窃取国家机密文件被限期离境，两年内不得再入境。这里说的

"机密文件"就是指江泽民同志在十四大的报告。此件于10月4日被梁慧珉窃去发回香港，5日即在《快报》全文刊出。是日正是十三届九中全会在京开会之日。"大会报告"正在讨论修改中。之前，我们参加大会报道的仅限在机要室阅看，窃去的是部级以上领导干部征求意见稿。窃去此文又公开发表，无疑是个极严重的事件。梁慧珉一人作恶，众记者跟着受害。大陆记者骂她，港台记者也怨她恨她。若不是她会前来这么一手，此次大会决不会这样严密封锁的。邀请境外记者来京采访，实际上又什么消息都不透露：不让旁听小组讨论、不让采访（甚至不允许接触）代表、大会材料（包括简报）不让看，记者怎能会没有意见呢？连国内记者都一大堆意见，何况海外记者了。专程来采访十四大的合众社记者抱怨说，每天他只能从美国之音、英国BBC播音上获取新闻。有的港台记者自有办法，每日依然有三五条、多则七八条新闻发回去。当然，新闻渠道他们是不肯说的。

## 八

十四大采访，感触颇多——

一是海外记者队伍普遍年轻，我们的队伍相对说来显得老化。港台记者尤为突出，看上去都是小姑娘、小伙子，二十几岁，30岁左右，泼泼辣辣，活跃得很，中英语流畅自如。星岛日报的小蒋，30刚出头，已有十多年的报历，还赴英进修过新闻学，在文汇报供职多年，现为"星岛"首席记者，比高级记者还高一级，月薪1.7万港币，高级记者月薪1.4万港币。前年他在香港文汇报做记者时月薪不足1万港币。大陆记者也不乏小伙子，但年过半百者为数不少。他们半开玩笑地说：这与你们的政府官员是一致的。

二是海外记者抢新闻的劲头足，发稿量大，活动能力强。他们每日发回稿件，少则5000，多则万字，每天"承包"一块版的地盘，日日工作到深夜，急稿口传，文传稿仅占少部分，不大讲究文字，但都是实实在在的东西，空话废话不多。新闻写得生动活泼，不拘死板的新闻套路，活动能量大，能钻营。某某某是大会列席代表，我是从他们那里获知的。但他未出席大会。我问他们怎么获得此信息的，他们笑而不答，反问我：你还不知道?!

三是记者的风度。我们（尤其是人民日报记者）都像十四大代表那样，西装革履笔挺，连女记者亦然，都怀有过盛大节日的心情。而海外记者在穿着细事上不大讲究，几乎都是"工作服"，随随便便。

1992年

# 记者站复建简记

王学孝

人民日报地方记者站的恢复和重建，始自 1986 年 11 月首建广东记者站，告竣于 1989 年 3 月青海站。国内 31 个省、自治区、直辖市（包括深圳特区）记者站的建立，整整用了两年半时间。

按其建站先后排序 31 个记者站是：广东、深圳、江苏、浙江、上海、北京、福建、广西、湖南、安徽、甘肃、新疆、河南、吉林、辽宁、天津、河北、山西、四川、贵州、江西、山东、宁夏、内蒙古、湖北、海南、西藏、云南、黑龙江、陕西、青海。

1993 年后又在沿海城市和计划单列市相继建立 7 个记者站，这些城市是厦门、宁波、青岛、大连、重庆、珠海、汕头。

截至 2002 年，人民日报国内记者站总计 36 个。华东分社和华南分社成立之后，上海、广东两站分别合并于两分社。

地方记者站的恢复重建，前后经过七八年的艰苦努力。

新中国诞生后，人民日报在全国大部分省、市、自治区相继建立记者站，或派驻记者。上世纪 50 年代末，人民日报地方记者站与新华社各省市分社合并，一套人马，两块牌子，实际人马是新华社的，人民日报只有记者站一块牌子，这样的状况持续了 20 多年。"文革"后，70 年代末期，由于形势发生很大变化，这种状况已不能适应新形势下办报的要求，于是 80 年代初，报社陆续向一些省市派驻记者，采访报社需要的

1988年，记者部副主任王学孝（右一）陪同社长钱李仁（右三）出席西藏记者站挂牌后深入山南藏民家访问，左二为本报驻西藏记者卢小飞。

稿件，同时着手恢复重建记者站。几经周折，1986年5月10日，人民日报编委会向中央呈送《关于人民日报地方记者站与新华社地方分社分开设立的报告》。全文如下：

中共中央办公厅、国务院办公厅：

一九五九年一月，经党中央批准，人民日报驻各省、自治区、直辖市记者站与各地新华社全部合并，各地新华社既是新华社的派出机构，又是人民日报的记者站，一个组织，两块牌子。这在当时是正确的，也收到了较好的效果。

经过二十多年，情况有很大的变化，原来的组织形式已不能适应。一九八一年，经中央宣传部批准，人民日报选派一批记者驻省、市工作，一九八四年七月，人民日报向中央书记处作的《整党工作汇报提纲》中，请求批准恢复重建人民日报地方记者站。《汇报提纲》已经中央书记处原则同意。 目前，人民日报已在二十四个省、市派出了常驻记者，实际上已同新华社分开，但牌子还是同新华分社合在一起，这给双方工作都带来诸多不便。

最近，我们同新华社协商提出，各地新华分社不再同时挂人民日报记者站的牌子，人民日报地方记者站正式恢复并挂牌，但不增加机构、人员和编制。过去，新华社播发的新闻稿，人民日报采用的一直占版面的一半以上，新华社还为人民日报提供了不少有分量的专稿。各地人民日报记者站与各地新华分社在分开设立以后，双方仍然要团结互助，密切合作，在中央的统一部署下，共同搞好宣传报道工作。

中共中央办公厅、国务院办公厅于当年6月12日将此报告批转各省、市、自治区党委和政府、中宣部、新华社、劳动人事部、财政部，批文如下：

"人民日报编委会《关于人民日报地方记者站与新华社地方分社分开设立的报告》，已经中央书记处、国务院有关领导同意。新华社与人民日报将分别按此报告的意见，办理有关手续。"

据说，此报告原为人民日报和新华社两家协商共同起草的，但最后发文时却只剩本报一家署名了。

我于1984年底调报社，旋即派驻浙江并任首席记者。当时报社和记者部领导向我交代任务，边抓报道边筹建记者站。1986年11月，浙江是首批建站省之一。建站后，我立即调返北京，任记者部副主任，具体负责抓各省市的建站工作，并多次陪同报社领导分赴各站挂牌。

中央发文后，人民日报在国内的建站工作迅速展开，建站原则是当地派有记者，记者站有办公地方，条件成熟一个，建立一个。当时全国20多个省市派有记者。建站也是由沿海省市逐步向中西部省市推进。

1987年至1988年上半年，是建站迅猛推进时期，人民日报建社四十周年前夕，全国只剩下3个省站未挂牌，28个省市站已建立。

恢复和重建国内记者站，也是各省市自治区的强烈愿望和迫切要求。他们普遍要求人民日报加强对该地区的宣传报道，尽早尽快地建立记者站。反过来，各地记者站的筹建，从记者站办公处所、记者住房，到宣传报道、报纸发行等工作都得到当地党委和政府的强有力的支持。

由社长钱李仁、总编辑谭文瑞和副总编辑陆超祺、范荣康、李仁臣、保育钧、余焕春等分赴各地主持建站挂牌。有20来个站是由我陪同诸位领导前往挂牌。省市领导非常重视人民日报驻当地记者站的挂牌工作，党政一把手出席挂牌仪式。时任上海市长江泽民、贵州省委书记胡锦涛、天津市委书记李瑞环等，分别出席了当地记者站成立挂牌仪式，并作重要讲话。挂牌期间，报社领导还拜会省市领导，沟通情况，切磋报道，希望省市委关照记者站建设，支持记者工作。挂牌成了加强报社与各省市区关系的良好契机。

本报地方记者站的一个显著特点是：人员少，摊子小，战斗力强。建站初期，除京沪每站二三人，其他省市大多是一人站。1989年全国驻站记者共有45人。身兼数职，既当记者，又兼做干事、司机，各项杂务系于一身。各级领导和群众对记者站的评价是：从政治、业务到作风，记者队伍素质都是相当高的，是一支战斗力强、过得硬的队伍。绝大多数记者都受到当地党委的好评，对人民日报对当地的宣传报道感到满意。

事实确是如此。各省市记者站建立后，人民日报对各地的宣传报道有明显加强，报道质量显著提高，特别在深度报道和突出当地特点的报道增多。记者站建立以后，记者部驻站记者所发一版头条，每年一般都逾百篇。在全国产生重大影响、荣获全国新闻奖的优秀篇什更是不胜枚举。

重建后的记者站主要任务是抓报道，抓稿子。随着形势的发展，记者站又兼起了报纸发行和经营工作，由单一抓报道发展到两个轮子一起转，进而到三个轮子（报道、发行、经营）同时转。不管几个轮子一起转，我认为记者站的任务应有主次之分，抓稿子、写报道，任何时候都应该是记者站的主要任务；忽略了这一条，就很难称得上是记者站了。发行和适当搞点经营工作是必要的，但不能把主要精力放那上面，否则就本末倒置了。

写到重建记者站，我不得不再说几句并非多余的话。"文革"后的报社几届编委会一直都在为恢复重建记者站奔走呼号，1986年重建记者站的报告终于得到中央的批准，费时两年半，花了好大力气，才在全国31个省市区重新建立起来。然而，1989年那场政治风波之后，有人主张要撤消地方记者站，至于撤消的过硬"理由"或者说可以摆到桌面上的"理由"，是拿不出来的，中央当然也不会同意了。所以，国内记者站经过一阵风雨，还是挺过来了，而且近年又发展壮大。截至2004年，记者部已有108名记者。

第一批建站及首任站长如下：

| 广东站 | 梁兆明 | 新疆站 | 曾　坤 | 内蒙古站 | 傲　腾 |
| 深圳站 | （梁兆明负责） | 河南站 | 李　杰 | 湖北站 | 龚达发 |
| 江苏站 | 颜世贵 | 吉林站 | 李安达 | 海南站 | （梁兆明负责） |
| 浙江站 | 王学孝 | 天津站 | 肖　荻 | 西藏站 | 卢小飞 |
| 上海站 | 章世鸿 | 河北站 | 杨振武 | 云南站 | 钱　江 |
| 北京站 | 欧庆林 | 山西站 | 王艾生 | 黑龙江站 | 武培真 |
| 福建站 | 张铭清 | 四川站 | 罗茂城 | 陕西站 | 孟西安 |
| 广西站 | 郑盛丰 | 贵州站 | 潘帝都 | 青海站 | 郅振璞 |
| 湖南站 | 吴兴华 | 江西站 | 赵相如 | | |
| 安徽站 | 张振国 | 山东站 | 贾建舟 | | |
| 甘肃站 | 张述圣 | 宁夏站 | 黄翊明 | | |

2004年8月

# 纵观记者部 4 次有关国企改革系列报道

周 庆

今天，如果要列举事关国运、民心的大事，其中之一便是国有企业的改革。

这件事，在工人家庭的饭桌上，比在新闻报道中更现实、更迫切。不可否认，具体的、一人的、一户的、一厂的命运起落，最能牵动人心。但是，我们新闻媒体的主要任务，不是描述下岗与破产的悲戚，而是记录成功者的足迹。这样，有时似乎给人以单纯宣传、表扬的印象，缺乏一点火辣辣的感觉，留下一种隔膜的遗憾。

这是一个表面现象。经济新闻报道特别是国有企业改革报道真正难以作出选择的关节点，在于宏观限制与微观突破之间，在于尖端问题的警示作用与社会的可承受能力之间，在于经济演变的渐进性与解决问题的迫切性之间。

本文以人民日报记者部有关国企改革的系列报道为例，就这三个问题作一些探讨。最近 3 年来，这样的报道已有过 4 次，而且都是作为重头稿在一版显著位置刊出，无论成功与否，都有解剖的典型意义。

------

周庆，高级记者，中共党员，内蒙古人。1969 年参加工作，1982 年考入中国社科院研究生院新闻系，1985 年到人民日报社工作，先后任教科文部、记者部副主任。2000 年—2009 年，先任香港《紫荆》杂志社长、总编辑，后任香港《大公报》总编辑。

**在宏观与微观间选择**

**以全局的、大面积的、迫切的课题为背景**

**以生动的、具体的、有说服力的事例为主体**

在你确定写一个有关国有企业改革的系列报道之前,你必须先确定新闻写作的选题背景是什么,即报道的思想针对性是什么。这个针对性首先是指当前国企改革的政策性话题是什么,接着是指媒体可能选择的主题,然后是媒体对事实可能披露的程度和对观点的接纳度。这些,都需要我们既熟悉宏观情况,又掌握微观事例。

其中,比起典型报道来,采写宏观性系列报道,其火辣辣的感觉还会衰减,这就要求记者特别注意使用微观的典型事例加以弥补。本文的着眼点就在这两者之间。

1996年5月27日,人民日报系列报道《中西部的希望》开始刊出,先后共10篇报道都发在头版,主旨是"试说缩小东西部差距这个历史性话题",重点在中西部的发展上。中西部的发展为什么是个历史性话题?这组报道讲得明白:"1996

人民日报副总编辑梁衡(左一)在贵州毕节地区考察少数民族文化。

年3月,中华人民共和国的经济编年史上,又写下重要的一笔:八届全国人大四次会议通过的'九五'计划和2010年远景目标纲要中,出台了扶持中西部发展的政策措施,历史把新的机遇又一次摆在了中西部面前……中西部19省区的决策者,以一种什么样的心态、什么样的方略来迎接新的机遇、适应新的机遇呢?"新闻报道就是要回答这些问题,从而也点明了这组系列报道的背景。

1996年下半年的系列报道(东北的探索),1997年的系列报道(东部的转变),1999年的系列报道(国企下岗职工再就业工程聚焦),与第一个系列一样,报道的背景都与当时的大局密切相关,所选择的问题,中央有最新决策,群众迫切关心,实践中急需解决。对此每一个系列报道的编者按都有说明:"作为老工业基地,东北国有企业改革的状况如何,是全国人民极为关切的问题";"党的十四大以来,中国的社会主义改革开放和现代化建设出现了一个崭新的局面,其中一个最重大和深刻的变化是:东部地区经济发展加快";"国有企业下岗职工再就业工程是国企改革的重要组成部分……是一个复杂的系统工程"。

这4个系列报道,主题都是宏观的。《中西部的希望》辩证看待梯度发展;《东北的探索》重点讲述如何冲破旧体制束缚;《东部的转变》展示先行者效应;《国企下岗职工再就业工程聚焦》反映效益与公平原则。

每一个系列的构成内容也是宏观的。以《东北的探索》为例,由企业篇、政府篇、市场篇、开放篇、资源篇、人文篇六个篇目构成。

这些宏观的主题要立得住,需要采访大量微观的事例,特别是有经典的事例更好。这是选题、构思、写作的基础。正因为如此,这四组系列报道的采写者都进行了大量深入的采访,而且也确实挖掘到一些发人深省的好例子。《东部的转变》写到放活小企业时,举了一例:山东省诸城市在企业改制初期,市审计部门到一家企业清理资产，打开仓库一看，"文革"时的武装带、军帽还压在那里，手指一戳一个大窟窿，但在账面上还记入国有资产。记者以此说明资产流动不一定流失、不流动不一定不流失的道理，可谓触目惊心。写到建立市场秩序时，讲了一个故事：1988年，浙江省绍兴县兴办了服装面料专业市场——本意是方便销售本地产品，没想到外地低价面料长驱直入，绍兴人惊呼"狼来了"！许多人提出不能干"引狼入室"的蠢事，要求关闭轻纺城。政府不为所动，而是进行纺织行业的技术改造，短短几年，本地产品重新赢得了天下。记者以此说明要走出"诸侯经济"，让人叹服。

微观描写如针刺皮肤，给人尖锐的感觉，使宏观情况形象化、具体化、例证化，也使报道的大小观点得到论证，最终使文章成为新闻文体。所以，愈是宏观报道，愈要下工夫采访具体事例，精心选用事例，科学分析事例。或者说，用好微观事例，是使宏观报道有血有肉的必由之路。正因为如此，这4组系列报道在写作上也都对如何用好事例进行了精密的构思。以《中西部的希望》为例，10篇文章的开头几乎都是具体叙述：

第一篇："你可能知道光盘，但不一定知道，四川电子科技大学已研制出实用化光5.25可抹可录磁光盘"；

第二篇："康佳踌躇满志地踏上西进之路"；

第三篇："春天是个'草色遥看近却无'的季节"……

总起来看，宏观性的系列报道一定要有全局新问题、新思考、新观点与微观新情况、新事例的对应和整合，使之水乳交融，相互辉映。否则，报道或者像高头讲章，人们读来深奥枯燥，感觉头重脚轻；或者像多棱镜，事实庞杂，读者感觉眼花缭乱，难以达到预想目的。

**在尖端性与可承受度间选择**

**最新经济现象、改革意见层出不穷，允许"冒"**

**报道要考虑政策、时局和领导艺术的节制，必须准**

改革开放以来，国有企业确有沧海桑田的感慨。

东北这个老工业基地，国企多是"共和国长子"，而90年代以来，亏损却压得多数企业喘不过气来，黑龙江四大矿务局到1994年底累计亏损已近100亿元，吉林新中国糖厂1995年亏损5000多万元，辽宁预算内国有企业亏损面1996年1至5月达62%……

然而，广东、江苏、山东、浙江、上海的经济发展则多年居全国前十名，不少大企业已在激烈的市场竞争中杀出一条"血路"；在江苏，"八五"期间投入技术改造的资金高达1536亿元，比全国平均水平高出18.5%……

对具体的企业来说，绝境与破产，发达与骤富，都非天方夜谭。

对学者来说，新的经济现象层出不穷，改革措施走马灯似地出台，新观点不断诞生。

对记者来说，经济报道一时成了热门话题，但我们做的自由度小于厂长经理，说的自由度小于学者专家，采访不易，写作更难。难就难在它不是简单地记录各种事实，而是必须传递适中的情况，给读者以信心，给舆论以正确的导向，在困难时刻"帮忙不添乱"，这就需要在各种尖端性的事实观点与让会的可承受度间作出明智的选择。

为什么要在各种尖端性的事实观点中选择？因为它们新闻价值高，新鲜、重要、吸引人，是研究人员最好的思想材料，是掌握政策者密切注意的动态反映，更是读者饶有兴味的阅读对象，因而成为记者追踪的目标。

谈中西部问题，对改革开放以来中西部与东部经济差距越来越大的情况，对中西部干部群众有抱怨情绪，不可渲染；谈东北国企改革，对工厂荒草丛生、一家祖孙三代同时下岗难以细述；谈东部的转变，对个体私营经济迅速崛起、国企比重原来就小的背景少说为宜；谈再就业工程，对社会、企业应该拿出的保证金不到位，光靠国家难以解决问题等暂时少作评沦。为什么？因为这些问题是在采访中由政府工作人员谈到的，说明政府已经注意到，正在想办法解决，不宜在公开报道中加以突出，而应比较隐蔽，它们只作为针对性高悬于记者的头脑中，写出来的内容已经属于正面回答了。如果不这样做，报道就有可能激化部分群众的不满情绪，影响稳定，反而不利于问题的解决。

　　专家、学者对国企改革的研究，观点纷纭。比如，当前是先发展东部，使之更富，还是重点扶持西部，使之尽快摆脱落后？是高度警惕计划经济的"回潮"，还是重点把握宏观调控？是全面推行股份制，还是因厂制宜？是选好厂长重要，还是调动工人积极性重要？是效率优先、兼顾公平，还是二者并重……这类争议，在写上述4个系列报道时，是无法回避的重大理论问题，但报道又不宜直接介入，多数情况下采取"让事实说话"的策略。如在《中西部的希望》里，记者的报道基调放在"现在是国家重点扶持中西部的时候了，不然整个经济全局的发展将受到极大制约"。同时，对一些由记者概括出来的、又不会引起争议的新观点，则作出明确阐述，如"东西合作以企业行为为主，基础是兄弟经济契约论"，这就解除了东西部都存在的对"支援"二字的片面理解，有利于统一思想，促进实际工作的开展。1999年6月26日，江泽民总书记主持华东七省市国有企业改革和发展座谈会，他在谈到东西部发展时指出，只有谋求中华民族共同发展的大局，才能实现各地经济的快速和协调发展。这就证明，当时的报道把握政策比较准。在《国企下岗职工再就业工程聚焦》中，虽然对下岗职工抱有深切的同情，但没有简单地附和一些专家关于效率与公平并重的看法，也没有直接提出公平与效益谁先谁后的争论，而是把再就业工程作为"深化国企改革的重大决策"来报道，指出"市场已成为'标准水位'，生产能力过剩的产业必须调整"，这就是效率优先。报道在第一次正面介绍党中央关于国企下岗职工再就业工程的决策过程后，又指出再就业工程不仅是重大的经济问题，而且是重大的政治问题；不仅是现实的紧迫问题，而且是长远的战略问题，是各级党委和政府的大事。报道还用大量笔墨讲述了再就业服务中心的创建、下岗分流人员的安置、社会保障制度的建立、劳动力市场的运作，表明党和国家为此作出了巨大努力，工作成就相当大。1999年6月26日，江泽民总书记在主持华东七省市国有企业改革和发展座谈会时，在谈到完善企业分配机制时强调，要坚持效率优先兼顾公平的原则。以此来看，再就业工程的报道保持了与中央的一致。

总起来看，宏观系列报道中的事实、观点的选择，主要着眼点是政策界限和可能产生的实际效果，需要大胆，又需要慎重；需要尖锐，又需要社会能够承受；需要有点超前，又需要配合领导的节拍稳妥推进，这是对记者综合能力的训练。

**在经济问题的过渡性与解决问题的迫切性之间选择**
**改革处于关键时期，面临长期积累的深层次矛盾**
**突出问题具有敏感性，需要集中力量优先解决**

经济报道，特别是国企改革报道，具有持久性、连续性、阶段性与复杂性。因为经济制度、经济体制从计划到市场转变，本身就不是一朝一夕的事情，而是一个历史性的过渡，需要给政府、经营者、生产者转变观念、转变思路、找准自己位置的时间；还有，企业从粗放经营到集约生产，同样是一个艰难的转折，需要假以时日。同时，改革中也不断暴露出一些需要解决的紧迫问题。比如，中西部与东部发展差距拉大，东北国企困难重重，东部改革面临体制与人才难以接轨的局面，成千上万的国企职工下岗，生活困难等等，都成为紧迫的甚至带有爆炸性的问题，如果不能及时采取正确的政策缓解，而是一拖再拖，就会严重影响改革大局，甚至断送改革的前途。对此类问题，在及时采取正确的政策缓解的同时，还急需向群众讲清困难，使大家看到前途，与党和政府取得共识，上下共同努力，以渡过重重难关。这个历史性的任务，很大一部分无疑要落在新闻媒体身上。作为党中央的机关报，人民日报有关国企改革的系列报道由此出现。

中西部省区的领导,如何把握机遇、迎接挑战?青海省委书记尹克升说"资金过去等着给,如今要到市场上去找";江西省长舒圣佑坦陈"现在最怕领导人脱离实际条件显示政绩,搞短期行为,那会留下长久的痛苦"……他们的自白,既讲明了思路、对策,又表明了务实的精神,给读者以信心。

资源型老工业基地的重新振兴是一个世界性的问题,东北国企曾经把贡献给了国家,把污染留给了自己。如今,他们开始用新视角看待资源:发展环保产业,开发人才潜力,实施深度加工。这样的报道,既尊重历史,安慰老工业基地的职工;又提出希望,给读者以启发。

在东部,有两个事实令人痛心:一方面,企业经营人才不断外流,直接影响了国有企业的经营;另一方面,国有企业"穷庙富和尚"的现象到处可见,厂长干好了进医院,干不好进法院。针对这种情况,厦门拿出200万元实施人才培养工程,"只要50个人中出一个企业家,就赚回来了";福建省决定用10年时间,培养5000名现代企业经营者;江苏的目标,是培养能与国际经济接轨的跨世纪企业家。同时,不约而同,他们也都加强了对企业领导的监督。这样的报道,不仅对东部,而且对全局都有借鉴意义。

一部分职工分流下岗,是国企改革绕不开的难点。职工分流下岗,是对改革的支持,全社会给以极大的同情,政府也以极大的努力建立和完善社会保障制度:按照再就业工程的战略构思,当城镇下岗职工历经再就业服务中心和失业保险两道保障线仍未实现再就业,他就将领取城市居民最低生活保障金。这第三条保障线,覆盖最困难的社会群体。到1998年底,全国所有地级以上市和81%的县级市建立了这一制度。1999年6月,绝大多数城市都建立了这项制度,极少数特别困难的城市也要在10月底前完成。中国这一社会保障制度迅速得以成型,向世人显示了社会主义制度自我完善的巨大能力,使群众看到了国家长治久安的希望。

……

4个系列报道共30篇文章，虽然说不尽国企改革的热点、焦点，但也把相关的紧迫问题作了较为深入的剖析，综合起来看，改革的长期性与解决紧迫问题的迫切性都讲得比较到位，对提高读者的全局意识有相当的参考价值。

当前，如何加快中西部发展，振兴东北老工业基地，总结东部的经验，做好国企下岗职工再就业工作，仍然是维护全局稳定、发展经济的重要话题。请看江泽民总书记最近的讲话：

1999年6月中下旬，江泽民总书记在西安和青岛有两次重要讲话。17日，他主持西北五省区国有企业改革和发展座谈会，在讲话中强调锲而不舍地进行国企改革攻坚，集中力量解决突出困难和问题。18日，人民日报在头版头条作了详细报道。19日，人民日报又在头版头条详细报道了他在这次会议上讲话的另一部分内容：抓住世纪之交历史机遇，加快中西部发展，从现在起这要作为党和国家一项重大的战略任务摆到更加突出位置。一个会上的讲话，分两个主题，两次公开报道，这就传递了一个异乎寻常的信息——国企改革成为当前的工作中心，总书记正在进行调查研究，并给予有力的指导。26日，这一信息得到了再次加强——总书记在华东召开七省区国企改革和发展座谈会，强调坚持建立现代企业制度，继续加快东部地区改革发展步伐。27日，人民日报头版头条作了详细报道。

学习江泽民总书记的以上讲话，对照人民日报记者部4次有关国企改革的系列报道，可以强烈地感受到，同一个话题，在新的阶段可以开发出新的报道价值。国企改革在发展与深化，不断创造着新的动人业绩。同时也在积累着矛盾与问题，宣传、鼓劲、释疑、解惑——新闻记者与国运、民情血肉相连，报道正未有穷期。

1999年8月

# 驻地方记者的甘苦

张述圣

## 数量与分量

驻地方记者最苦恼的事是写的稿子见不了报。

驻地方记者最高兴的事是写的稿子能见报,特别是重头报道。

我多年的体会是,一个称职的驻地方记者,他所写的稿子不光要有一定的数量,还要有一定的分量。

光有数量没有分量,人家不重视你。

光有分量没有数量,人家会忘记你。

## 劣势与优势

驻地方记者能不能写出既有数量又有分量的稿子,同所驻省市区在整个国家政治、经济和社会生活中所处的地位密切相关。

大省与小省,穷省与富省,发达省份与落后省份,省情千

---

张述圣,高级记者,中共党员,1937年11月出生,河北乐亭人。1955年参加工作,1958年起先后在甘肃青年报、甘肃日报任编辑、记者,1980年调任人民日报驻甘肃记者,后任首席记者、站长。1994年6月调任中国民航报社长、总编辑。

差万别，对记者工作的影响也大不一样。

我所驻的甘肃省，有3个突出特点：

一是贫穷，省城兰州的国民经济总产值抵不上两个大邱庄，整个甘肃省赶不上苏州市。尽管近十年来粮食年年丰收，但农民人均纯收入年年全国倒数第一，不少地方的农民还过着吃不饱肚子的苦日子。

二是艰苦，雨量稀少，干旱多灾，植被稀疏，土壤贫瘠，有水的地方缺土，有土的地方缺水，河东到处是拉羊皮不沾草的荒山，河西到处是风吹石头跑的戈壁滩，水土资源分布极不均衡，人类生存条件极其严酷。

三是落后，经济基础薄弱，思想观念陈旧，改革开放滞后，比起沿海和发达省区，什么事儿都要慢上几拍。有一年，沿海省市给职工提工资、发奖金，人家是悄悄干，甘肃照葫芦画瓢，还发文件，中央纠正时甘肃成了典型，省委书记不服，说偷牛的没抓住，拔桩的给抓住了！这样的事不胜枚举。

1990年夏天，章（世鸿）老、肖（荻）老到甘肃采访，我陪他们去看"苦甲天下"的定西，可能是心目中的定西与视线中的定西反差太大，章老问："这就是定西吗？"我说："是的。"他说："比我想象的好多了。"我问："你想象中的定西是什么样子？""和到月球上差不多！"他这样回答我。

甘肃确是贫穷、艰苦、落后，没到过甘肃的人，把甘肃想象得更穷、更苦、更落后。不少甘肃人包括记者在内，出门在外，进京开会，说起在甘肃工作总有点矮人三分似的。别人小瞧甘肃，自己也觉得脸上无光。这几乎是在东部与西部、沿海与内地差距越拉越大的情况下，西部与内地许多人共有的心态。

我仔细想过这个问题，要不要在甘肃当地方记者由不得自己，能不能当好驻甘肃记者却全在于自己。穷、苦、落后固然可悲，但，正是因为它穷得要死，苦得要命，落后得尽人皆知，所以党中央关心，国内外关注。由穷到富，由苦到乐，由落后到先进的进程中，它的发展、变革、进步都具有典型意义，都可以成为新闻。比如，偌大的中国穷地方多得很，但唯独定西地区倍受党中央、国务院的关注，改革开放以来的历任总书记、总理，还有其他许多党和国家领导人，都曾登临这块贫瘠的土地，其中一个很重要的原因就是它有"贫困之冠"、"苦甲天下"之称。从这个意义上说，穷、苦、落后对甘肃人搞建设是劣势，对我们记者写报道就可能是"优势"，只要深入实际，不断开掘，就可以找到贫困省区所独有的新闻"富矿"，而且取之不尽，用之不竭。

甘肃有个口号："各打各的优势仗，各走各的致富路。"我们边远贫困省区的地方记者也应该这样面对现实，既承认和大省、富省、条件好的省相比，主客观条件和实际工作上都有很大的差距，又看到各自具备的优势，你有的我没有，我有的你也没有，也应该是"各打各的优势仗，各走各的见报路"。这样想问题就会精神振奋，不甘落后，奋起直追，缩小差距；不这样想问题，必然陷入悲观失望，怨天尤人，妄自菲薄，无所作为的境地，结果一事无成。

## 一般与重点

一般来说，地方记者不写重点报道说得过去，完不成一般报道任务不行。完成一般报道是抓重点报道的前提。

地方记者必须完成一般报道任务（即记者部对记者发稿数量的考核指标），又不能满足于一般化地完成报道任务或者是只写些一般化的稿件。每年总得有一两篇重点报道。

道理很简单，这是报纸宣传的需要，也是记者自身工作的需要。我们在地方工作，要取得地方党委、政府的信任、关心和支持，要受到地方新闻单位的重视，只写些一般化的报道是不行的。

记者部有句格言："常写可有可无的稿子，就会变成可有可无的记者。"我的体会是："记者稿子的分量有多重，记者在读者心目中的分量就有多重。"

什么是重点报道，我说不清它的确切定义，但我觉得，独具特色，不同凡响，同时又是中央想的，地方干的，群众盼的大事、好事、新事，都可以而且应该成为我们的重点报道。

重点报道投入多、风险大，不宜"轻举妄动"。一般来说，有领导的指令性计划，有编辑部的订货合同，比较好办，难下决心的是先出产品，再找市场。不过，只要看准了，就要下决心。困难再大也要拿下来。因为好文章常常是在记者强烈责任感的驱使下写出来的。

## 危机与责任

我们地方记者中，有人写得多，有人写得好，有人写得又多又好。看别人，想自己，这是一种无形的压力。

远的不说，东望长安，看着孟西安连篇累牍的报道，常使我坐卧不宁。如果甘肃的读者不熟悉张述圣而熟悉孟西安，或者比熟悉张述圣还熟悉孟西安，那么就得问自己：我这个驻甘肃记者还能不能当下去!

不仅如此，在众多的驻省新闻单位中，有些重点报道，人家写了你没写，你写了没人家写得好，都不好交待。

这就是地方记者无法摆脱的的危机感。有危机感是好事，因为危机感可以唤起责任感。

这里我想重点说说《干旱的考验》这篇报道的写作过程。

从1983年起，甘肃农业持续稳定发展，与全国粮食生产连年徘徊的局面形成了鲜明对照。一个自然条件严酷，农业基础脆弱的省做到这一步很不容易。随着时间的推移，它的重大意义日益显露出来，并且开始引起各方面的高度重视。1989年底，中办政策研究室主要领导到甘肃实地调查，以《出路在于实干》为题，总结甘肃连续7年粮食稳定增产的经验和启迪。报告说："甘肃的实践为农业落后省份的粮食生产，提供了朴素可行的经验。甘肃条件很差，甘肃可以做到的事情，其他地方也应该能做到。"

1991年，甘肃大旱，粮食总产仅次于历史最高水平的1990年，实现了80年代以来的连续第9个丰收年。甘肃在极其困难的条件下实现了粮食稳定增产，成为我国落后省份成功地发展农业生产的典型。因此，记者报道甘肃农业的冲动也越来越强烈。

去年4月28日，本报以显著篇幅、突出地位发表了我的《干旱的考验——甘肃粮食生产连续9年丰收之谜》这篇报道，完成了我近几年来年年想了、年年未了的一桩心愿。

稿子写得非常艰难。从酝酿到见报四易其稿，前后历时六七个月。写最后一稿时，不分昼夜，想清楚了趴在桌子上写，写不下去就躺到床上想。去年春节前后我患感冒，除夕夜、大年初一，还在医院急诊室里输液，输液后没人照顾出现虚脱，但稍一轻松就爬起来写。有时候一段话憋一天，早晨一睁眼就想那一段怎么写，这一段如何改，全篇修改了4遍，每一章每一段七遍八遍地改，不满意不脱稿。到最后，上万字的稿子从头到尾能背下来。

写这种稿子是记者对自身的一种超越。困难再大也别退缩。这篇报道从第一稿到第三稿都没通过，一次又一次的失败，使我像个深陷泥潭、无法自拔的跋涉者一样，几致绝望。那时的唯一念头是，我已经吃不成记者这碗饭了。但是，成功往往来自于再坚持一下的努力之中。咬咬牙就闯过去了，松口气就可能前功尽弃。在历经六七个月后，当我于去年4月21日把送审稿交给省长贾志杰时，他立即叫秘书通知我："稿子写得很有新意，很感人，完全同意。"并征求记者意见，能否把送审稿给他留下，以后工作中会有用，随后，他又给本报写信，称赞这篇报道"基本上把甘肃的农业问题讲透了"，"从历史和现实两个方面""作了准确而精彩的解说"，"很说明问题，很感人。文章揭示了甘肃在困难条件下解决农业问题的某些规律性的东西。"

《干旱的考验》发表后，引起很大反响。省委、省政府的所有领导同志都向记者表示感谢和祝贺，认为是新闻单位近年来宣传甘肃的一篇力作。省上领导到北京办事，各部委办有关领导都提到这篇报道，称赞甘肃为落后省份办好农业提供了可资借鉴的成功经验。新闻单位也反映强烈，新华社甘肃分社许多同志登门祝贺，表示赞赏。他们在业务会上说，要打破门户之见。过去总说上不了人民日报是没版面，其实新华社有自己的阵地，问题是自己没写出有影响的作品，如果哪个同志拿出了这么好的东西，难道《经济参考报》、《瞭望》、《半月谈》会不发吗？新华总社主办的《中国记者》还专门发函要求记者撰文谈采写体会。许多做实际工作的地县干部对记者说，人民日报这样突出地宣传甘肃农业，证明我们的劲没白使，汗没白流。兰州市长柯茂盛说，看到激动处，他掉泪了。尤为使记者感动的是，一些自称从来不看人民日报的职工、家属，也读了这篇报道，还说从头到尾读完，并不费力。

去年我有4篇稿子得奖，三篇一等奖，一篇二等奖，在省内外都产生了较大的反响。这些稿子有独立完成的、有与同志们合作的。从采写到见报，每篇报道都得到了报社、记者部、夜班和有关部领导、编辑的关心和帮助，凝聚着他们的心血和汗水。所有这些都使我永远难以忘怀。

1990年10月

# 《瞎指挥搅黄了退耕还林》见报前后

钱 江

2000年8月29日，人民日报发表了驻贵州记者胡跃平写的通讯《瞎指挥搅黄了退耕还林》，引起了国务院领导的重视，批示要求有关部门派人调查处理。这篇通讯对推动退耕还林工作起了很好的作用。读一读这篇获人民日报好新闻一等奖的通讯，你不能不为党报记者严肃认真、扎实细致的工作作风所感动。

2000年8月29日的人民日报，发表了记者胡跃平写的通讯《瞎指挥搅黄了退耕还林》。这是一篇引起国务院领导同志重视并作出批示，进而派出调查组核实，推动了实际工作的好报道。除了读者，这篇报道的得益者首先是生活在莽莽群山中的农民，是正在辽阔西部开展的退耕还林宏伟工程。围绕这篇报道产生前

1985年9月4日，钱江(右)采访尼克松(左)。

后，有一番曲折，颇能发人深思。

## 对退耕还林的最初感受

　　1999年11月，我到陕西、甘肃作过一次调研，为编制来年的西部大开发报道计划做准备。行前，人民日报记者部主任曾坤同志特别强调，在西部开发中，退耕还林是一出重头戏，要做针对性的研究。要提出设想，要使各地记者都重视起来。

　　我在调研中接触了陕西、甘肃和西安、兰州等省、市林业部门的同志，可以明显地感觉到，他们对中央开发西部的决策有强烈的认同感，对退耕还林有很高的积极性。但是一问起，你们如何编制退耕还林的具体计划？得到的回答惊人地一致，都说这个问题很复杂，计划工作还要过一段才可能完成。我得到一个深刻的印象，就是"退耕还林"工作非常复杂，需要认真筹划。

　　2000年初春，我担任值班编辑，多次请各地记者，尤其是西部地区记者就当地退耕还林的准备情况发回报道，但反应不够强烈。特别是西北的记者们反映，那里气候高寒，退耕还林要到4、5月以后才开始。

　　我转而向西南的记者提出要求，回音各不相同，但大都反映说这项工作刚刚开始，省里还没有统一可靠的数字。唯独驻贵州的胡跃平反响积极，打电话来，说愿意进一步关注退耕还林。

　　进入4月，由我牵头，记者部组织了小型战役采访，胡跃平、孙海涛与刘杰合作，写出了通讯《贵州向石漠化宣战》，此稿与退耕还林密切相关，后来获人民日报好新闻一等奖，也为胡跃平同志下一步深入报道退耕还林打下了一个好基础。

　　5月和6月，西北地区的退耕还林报道还是比较少，记者们纷纷报告说此项工作刚刚展开，数字没有统计上来，典型尚未发现，不便采写。此后，记者陆续写来这方面的消息。这当然好，可是分量还不重。这使我感觉到，退耕还林比想象的复杂得多！这反倒激发了我的兴趣和思考。

## 朝着既定方向约稿

6月，我先后给陕西、甘肃、贵州、云南的记者打电话，希望他们关注退耕还林问题，采写消息或通讯。我相信，退耕还林是牵动了几千万人的大事业，必然出现引人注目的事情，记者完全可以报道得及时些、生动些。

很可惜，西北省份的反馈线索总不能令人满意，退耕还林在当地已产生了哪些影响？是否产生了工作典型？报来的几个"典型"线索一经细致分析，其实不够典型。

报道的转机似乎出现在西南。6月下旬到7月，胡跃平采访了贵州几个退耕还林工作做得好的县，发回了消息和图片报道。这时他说，如今面临一个怎么深入报道的问题。因为省里确实还没有数字。

7月中旬，我和胡跃平通了两次电话。我的意见是，他已经作过了面上的了解，现在要继续深入，放弃等待汇总材料的依赖思想，缩小采访范围，把采访点放在乡、镇一级，最好到一个村子里，从落实国家退耕还林的一系列政策入手，发现问题，刻画进行着此项摸索的中国农民。我说："你只要这样做，故事就出来了。"

胡跃平欣然同意，表示要下乡去抓活材料。既然他有这样的愿望，我决心这个题目一定要抓住不放。

## 一份反面材料的震撼

7月28日，人民日报记者武卫政参加了由朱镕基总理主持召开的国家退耕还林会议。会上，发给与会者一份某地退耕还林工作遭受失败的材料，要求大家认真读一读，吸取教训，再也不能走这个失败的老路了!

武卫政带回了这份材料。次日下午,曾坤同志将这个材料交给我,要我认真阅读,再深入考虑如何报道退耕还林问题。

这份材料给我很大的震撼,加深了我对退耕还林工作复杂性和艰巨性的认识。同时使我坚定了信心:人民日报的记者应该采写出有分量的关于退耕还林的报道。

8月1日,我打电话给胡跃平,催促他立即动身,前往预定地点采访。这次谈话相当深入,由于已有几番采访经历,胡跃平对退耕还林的认识也大大加深了。他反复要我确认:"退耕还林是不是一件非常复杂的事?"

我的回答是肯定的,并说这些问题肯定可以在先行一步的贵州找到典型的例证。如果有好的典型,当然应该写。如果发现了明显有问题的地方,也可以报道,把问题揭示出来。

胡跃平在电话中谈了他对贵州退耕还林工作的看法,特别指出,退耕还林在贵州已进行了相当一段时间,成功和失败的教训都有,都值得总结,只有这样,才能抓住西部大开发的历史机遇,将这次的退耕还林工作做好。

事情就这样说定了,胡跃平要在贵州寻找一个具有普遍意义的退耕还林典型。最好是正反两面各写一篇。

### 再走一步正好踩在点上

8月10日晚上,我正在值班,胡跃平打来电话,说他已经到了清镇市,看了一些退耕还林工作做得较好的点,这里的工作很有成绩,可以作为正面典型来报道,但是他想再换一个地点看看。为此征询我的意见。

我说,再换一个地方看看的想法很好,有了对比,两方面就看得比较清楚。不过不要放过清镇这个点。换一个点看看,如果不合适就转回来。

打完这个电话,胡跃平就于次日朝着龙里县方向而去了。

这是一个重要的选择，若是浅尝辄止，留在清镇不动，一篇好通讯的机会就可能失去了。极佳新闻线索被抓到前的时刻总是最平静的，平静得使四周一片模糊，会同时涌出许多选择。一条好新闻的产生，就是这名记者朝着正确的方向迈出了关键的一步，这一步踩到了点子上。

几天后的晚上，电话里传来胡跃平激动的声音："抓住了，抓住了一个典型！说明了退耕还林的复杂性。我还拍了照片。"接着，他介绍了在龙里县谷脚镇发现的问题。

听完胡跃平的介绍，我同样高兴。我们反复琢磨，花费了半天的心血，终于找到了一个合适的切入点。一个新闻记者，即使在他的一生中，这样的机会又有多少？发生在谷脚镇的问题被胡跃平在8月里发现，具有一定的偶然性。但是，联想到漫长的准备过程，类似于谷脚镇的问题被胡跃平发现，却是必然的。

## 须知此事要躬行

胡跃平事后写了一段文字，回顾他是怎样发现这个线索的：

8月11日，我到了龙里县，县里的领导陪同州检查组到下面检查退耕还林工作去了，我要下乡找他们，正碰见检查组的车队返回县城，我立即掉转车头追了上去，和县领导们接洽上了。

午饭时，龙里县分管林业的副县长杨光林建议我去谷脚镇采访。为什么到那里去？也许是当时州、县领导都在场，他不便多说。我决定不忙于启程，参加县里下午的汇报会再说。汇报中，不外乎"领导重视"、"措施得力"，然后是叫苦不迭，需要经费等等。我悄声问州检查组的一位同志，上午检查的情况怎样？他在我耳边轻轻道："镇里一片片的马尾松死了不少。"这句话至关重要，因为核实栽树成活率是退耕还林最重要的指标。

晚上，我单独找到杨副县长，问他成活率为什么这样低？他一股脑儿说出了谷脚镇退耕还林中的种种问题。我马上感到，此中必有文章。回到招待所，我连夜拟出了有9个问题的提纲，第二天早上在县林业站站长刘坤陪同下，踏上了采访的路。

在谷脚镇两天，爬了数座山头，拍了不少照片，作了上万字的采访记录。回到县城后，又与分管副县长和县林业局、水电局有关负责人核对事实。为了慎重起见，回到贵阳又到省林业厅和水电厅作了采访。这样，就可以清楚地认识到，谷脚镇的情况相当典型地反映出了退耕还林这项工程的复杂性。如果把问题揭示出来，对推动退耕还林健康发展有积极的意义。这时，我给钱江打了一个电话，说："我们要的典型抓住了！"

## 删繁就简三春树

8月18日晚，胡跃平发来了第一稿，4300多字。当时的题目是《退耕还林和谷脚镇的村民们》，第一段则是这样写的："贵州省龙里县的谷脚镇，是今年长江流域退耕还林还草试点示范区域之一。8200亩的退耕任务，意味着今后用不着年年辛辛苦苦上山盘弄庄稼；国家补偿粮食，在原来的坡耕地上造出林子，意味着今后山脚下不再每年被洪水'吃掉'很多好田土。这样的好政策，谷脚镇的村民们打心眼儿拥护。"

作者风尘仆仆，下笔千言，胸中更是有一肚子话要说。因此这一稿并不成熟还是比较明显的。听作者随后打来的电话，胡跃平已经疲劳。我当下表示，文稿很好，从中心立意到语言都有特点。采访已经成功了！容我再读一篇，你先休息一晚，明天细谈。

我的想法，先给作者一颗定心丸，总体成功，细部要改，但是今晚要睡好。到明天，作者就会比较冷静了。第二天果然如此。

现在常有这种情况,记者一旦出手稿件,自己不愿修改,一传了之。编辑接到稿子,也不愿意开口让记者改,完全由自己删改,好像为了避免伤及记者的自尊心。这两种做法,都会给稿件质量带来伤害。说到底,对作者也没有好处,这至少会失去再审视一遍的机会,连一次与编辑当面沟通乃至碰撞的机会也没有了。

我历来主张,只要时间还允许,编辑要将自己的意图和要求说清楚,稿件尽可能由作者改,这对编辑和记者双方来说,都是一次提高的机会。

次日,胡跃平来电商议稿件的修改。我的主要观点是:原文过长,版面难以容纳,按来稿所述内容,字数应在2500字以内。来稿涉及的方面也比较多,在实际工作中确实如此,但在文稿中,需要适当集中,有些问题就不在此文中谈了。这样,我建议将原稿的4章改为3章。主要是揭示当地退耕还林中偏重"形象工程",对复杂的问题没有细致研究、指挥简单化的问题。

胡跃平是善于思考的记者。他固然希望有更大的天地挥洒文字,但对待提出的字数要求也充分理解。我们的认识趋于一致,他表示即对原稿作重大修改。记得我结束通话时还喊了一声:"胡跃平,加油!"

又过了一天,修改稿传来了,编辑、记者的思路已经一致,但是稿件还比较长。可以理解作者那种难以下"刀"的心情。这时,就由我来作最后编辑,将全稿压缩到2300余字。

编辑意图首在真实,原稿曾有两处"群众说"或"有村民说"字样,是提出批评意见的。我在编辑时与作者通话,提出只要有可能,就应在此将真实的人名写出来,以增强报道的真实性。胡跃平立即拨通谷脚镇的电话,找到了向他反映情况的农民。结果一切顺利,对方都愿意对自己表述的意见负责,愿意提供真实姓名。这自然再好不过了。

全文编完,题目也更加清晰了,我重新制作了主标题:

《莫让瞎指挥搅黄了退耕还林》，加上了副标题《来自贵州龙里县谷脚镇的报告》，是为了将问题限定在非常明确的范围内。后来，又删去了"莫让"二字，为的是标题更加简洁，二来也符合实际情况。

## 一石激起千重浪

这篇报道刊出后会在当地引起反响是预期中的。两天后，胡跃平就发来情况报告：

稿件见报当天，贵州省政府办公厅于上午9时电话告知记者站，决定由省长助理禄智明为组长、省林业厅厅长等有关部门负责人组成调研组，并邀请本报记者胡跃平，于8月30日清晨赴龙里县就该稿所揭露的问题进行处理。同日，贵州省委办公厅主任向阳生来电说：日前正在安徽考察的省委书记刘方仁已看到这篇稿子，他对本报批评很重视，决定提前于31日赶回贵阳，对此事进行研究处理。

这两天，记者站办公室电话接连不断，不少机关单位、新闻同行和读者对本报刊登的这篇稿子纷纷谈了各自的看法，并给予了充分的肯定和较高的评价。贵州省农业厅郑传楼处长在电话中说：我也是流着泪看完这篇稿子的。现在报喜的记者多，敢于揭露问题的记者少，面对不少干部普遍存在的形式主义、官僚主义作风给老百姓所带来的危害，敢于直面揭露和批评，这充分体现了党报记者强烈的社会责任感和对党、对人民高度负责的精神。

随后，我们得知，国务院领导同志十分重视这篇报道。报道见报当天，李岚清副总理作了批示，要求有关部门派人作一些调查，对执行政策中的一些偏差，及时予以通报、查处、纠正。温家宝副总理也作出批示，要求由计委、林业局派人调查处理。

朱镕基总理于8月30日批示，同意组织调查。

根据总理、副总理的批示，国家计委副主任王春正于9月

4日提出要求，有关部门组成调查组，对这篇报道提出的问题进行调查核实。

国家计委（西部办）、林业局组成了由胡培兴同志带队的联合调查小组，于9月6日前住贵州龙里县实地调查。

## 最大得益者是退耕还林的农民

得知联合调查组已经到达贵阳的消息，作为这篇报道的策划人和编辑，我的心情还是有些紧张的。然而我对胡跃平充满信心，因为我知道这篇报道绝不是一时心血来潮之作，而是我们前后方将近半年甚至更久努力的结果。胡跃平是一位工作扎实的资深记者，我相信他会传来好消息。

果然，调查组结束了在龙里的调查后，回到贵阳后由负责人胡培兴、于合军约见了人民日报驻贵州记者站站长胡跃平，与他交换意见时通报说：

联合调查组在龙里谷脚镇工作了4天。北京的林业专家来到了现场，一共检查了220户人家，进行了细致丈量。最后确认，达到标准的仅仅5户，合格率2.5%。专家勘查总的成活率，不到40%，低于退耕还林标准。林业专家认定的结果，与记者的报道是一致的。

在交谈中，两位调查组负责人表示，根据实际情况，记者的报道是准确的，是怀着忧国忧民的一腔正义感写的。为了完成一篇采访报道，记者做了大量的调查工作。

胡培兴同志还说，国务院总理、两位副总理对同一篇新闻报道作了批示，说明报道所揭示的问题很重要。调查组将提出改进工作的意见。

他还透露，当地的一些负责同志，最初对记者的报道还有些抱怨，说是不是没有把记者接待好？对此，胡跃平一笑置之。

3个多月过去了。11月下旬，正在外地的胡跃平突然接到龙里县县长的电话，告诉他，自从那篇批评报道发表以后，龙里的退耕还林工作发生了很大的变化。现在，县里邀请记者再到龙里看一看。

胡跃平去了，亲眼看到了龙里，还有谷脚镇退耕还林工作发生的变化。过去那种粗放、随意的做法不见了，各种规章制度严密了，绿色将渐渐回到那片起伏的山峦上。

他为此又写了一篇消息《贵州龙里县退耕还林整改有成效》，发表在11月26日的人民日报上。他在发稿之后给我打来电话说："这一组关于贵州退耕还林的报道发表后，最大的受益者是当地退耕还林的农民！"

我只觉得泪水热热地漫上眼眶。我们——普普通通的编辑和记者，对新闻线索苦苦追求，对案头文章反复推敲，不就是为了这个目标吗?!

2001年1月

# 支持农民搞"双包"

## ——忆江西农业改革报道的往事

高新庆

我是农民的儿子,是放牛娃出身的记者,对农民有一种血脉相连的联系,所以对农民、农业和农村问题特别关注。

中国农民既是中国革命的主力军,又是中国改革开放的主力军;中国革命走的是"农村包围城市,最后夺取城市"的道路,中国改革开放也是发端于农村,从农村起步,风起云涌,推及各行各业、各个领域,从农村扩展到城市,从经济基础延伸到上层建筑。

我们这一代新闻工作者,曾经历了"文革"十年浩劫的苦难,这是人生的大不幸;我们又目睹了30年的改革开放巨变,我们是其参与者,宣传者,鼓动者,这又是人生的大幸。

但中国改革并不是风平浪静的,特别是农村改革,遇到了极左思潮的干扰,其激烈程度,超出了人们的预料。

1981年,我奉命去江西筹建人民日报驻江西记者站,开始叫记者组。出发前,我找到农村部主任李克林大姐,她告诉我,农村改革问题上斗争很尖锐,具体就是围绕农村包产到户、包干到户,究竟是"社会主义阳关道",还是"资本主义独木桥"的问题,展开了激烈争论。老大姐嘱咐我,下去以后

---

高新庆,高级记者,中共党员,江西人。1965年大学毕业分配到人民日报工作,先后在国内部、工商部、记者部任编辑、记者,1981年到江西筹建记者站,后任机动记者组组长。

一定要头脑清醒。

当时的江西，围绕农村改革会上会下争论尤其激烈。无论白天黑夜，有很多人找我谈话，反映情况，我的方针是只听不说，只采访不表态。这年5月初，我经抚州到吉安再到赣南采访一个多月，跑了10多个县市，特别是在吉安呆了近20天，采访了吉安地委、八个县委和众多生产队，深入田间地头与农民促膝交谈。掌握第一手资料以后，我心里有底了，决心用手中的笔，坚定鲜明地支持农民搞以"双包"（包产到户、包干到户）为主要形式的联产承包责任制，于是在吉安连夜写稿子。当年6月13日，人民日报登载了我写的长篇通讯《跟上群众前进的步伐——吉安地区干部在实行农业生产责任制中的思想变化》。这是江西省第一篇明确支持"双包"责任制的新闻报道，在全省引起了很大反响。江西日报总编辑姜惠龙说："老高，文章写得好，我想全文转载，鉴于形势，又不敢。"为什么不敢？因为江西（包括省委内部）围绕"双包"责任制有两种意见：一种意见认为，"双包"责任制，真正使农民有了种田的自主权，使国家、集体、农民个人利益相结合，深受农民欢迎，所以发展势如破竹。一种意见则认为"双包"是分田单干，走资本主义道路，于是省和一些地区采取"压"和"堵"的办法。江西省委也几次派工作组去赣南、吉安等地区"纠偏"。赣南有个会昌县，第二次国内革命战争时期，毛主席曾10次到会昌，邓小平同志曾任过会昌中心县委书记。第五次反围剿时，毛主席在这里写了壮丽的《清平乐·会昌》。就是这个会昌，群众搞"双包"积极性高着哩！有关方面派工作组去"纠偏"，工作组下午一走，晚上又恢复了，前后派了5次工作组，规定"五清五不允"，即凡搞'双包'的队或户，清理乱砍乱伐，清理投机倒把，清理副业单干，清理超支欠款，清理归还农贷；一不允许分给土地，二不允许子女上学，三不允许享受政府物资供应，四不允许亲属在社队企业工作，五不允许入党。群众把这五次"纠偏"和"五清五不允"称为对

"双包"责任制的"五次围剿"。像这种"五次围剿"在全国也是罕见的。所以，江西新闻界，对"双包"责任制"噤若寒蝉"并不奇怪。

但作为中央党报驻省记者，坚持党的十一届三中全会的"解放思想，实事求是"的思想路线，支持农民的改革呼声，支持农民的改革实践和改革创新，用自己的笔宣传、推动农村"双包"责任制的发展、巩固和完善，这是自己的政治和职业责任。

一石激起千层浪，这篇通讯在江西从上到下引起强烈反响。在省委一次常委扩大会上，一位领导同志站起来发言说，当记者，就要像人民日报高新庆同志那样，旗帜鲜明地支持改革，支持群众的创造，支持新生事物。当时，这位领导同志还不认识我，当知道我在场时，特意跑过来跟我握手。这年10月，我随江西省委副书记、省长白栋材（不久后任省委书记）去吉安时，吉安地委书记王书枫（以后调任江西省委副书记，主管农业）一见面就紧紧握着我的手说："老高，真诚地感谢人民日报，在我们困难的时候，你们支持了我们。"原来，当时省委一位主要负责同志五六月间去吉安视察，严厉批评吉安搞"双包"，一时人心惶惶，思想波动。王书枫说："在我们挨批时，你的文章登出来了。大家说人民日报代表中央说话，'双包'没有错，'双包'责任制于是巩固下来。"停顿一下，他又神秘地说："你知道我们今年夏粮增产多少？"他伸出两个指头说："两个亿呀！"他拍拍我肩膀说："这两个亿，有人民日报的功劳，有你一份功劳！"

从1981年10月5日开始到11月初，我随白栋材考察吉安、赣州地区，主要是考察农村、农业、农民问题，特别注意"双包"责任制在发展中如何巩固、完善的问题，基本是白天陪同考察，晚上写稿，在人民日报一版至四版发了一系列新闻、通讯，回到南昌又连夜突击，以白栋材视察讲话的形式，全面阐述如何巩固、完善责任制的问题，江西日报一版头条全文发表，人民日报一版摘要发表，这样使江西各地托底了，推动江西全省农业生产责任制从发端、发展，走向稳定、巩固、完善的阶段。

1982年7月，我陪社长胡绩伟在江西调查农业生产责任制问题。当时对"双包"责任制责难很多，什么"分田单干"、"走资本主义道路"、"挖社会主义墙角"等等。还有些原来反对"双包"的，现在拼命主张联合。因为小平同志说过，"双包"是治穷的好办法，有人认为富了就不能搞"双包"了。我们就是要通过调查，以事实回答这些责难，富了能不能搞"双包"？多搞几年有什么问题？农村"双包"责任制要长期坚持。

吉安地区当时90%以上生产队都建立了大包干责任制，并且从农业发展到林业和多种经营，去年取得了大丰收，今年又战胜了特大洪灾。我们对大包干夺取大丰收以后，农民更加想集体、想国家，把国家、集体利益摆在第一位，以及大灾面前展现的集体主义、爱国主义和舍家救人，亲帮亲、邻帮邻的大爱精神和干群团结，共渡危难的新气象特别感兴趣，写了一篇新闻和一篇评述性通讯，还配发一篇评论《用新眼光认识新问题》。新闻和评论登载在1982年7月13日人民日报一版重要位置，通讯登在同日人民日报四版。主要回答大包干以后，农民是不是更自私？"大难临头"是不是各自飞的问题。评论特别指出："大包干责任制是一种适合当前农村实际情况，简便有效又具有了强大生命力的好责任制。""在这次战胜特大水灾的斗争中，大包干责任制提供了良好的物质基础和崇高的精神力量，怎么能说大包干是最低级最危险最缺乏生命力的分田单干呢？"

在赣南调查时，赣南地委书记杜昭介绍说：所有工作，计划生育工作最难，有的群众说，计划生育让我断子绝孙，抵触情绪大着哩！这里有个别强迫命令问题，也有政策问题，过去按人口分粮，人越多，粮越多，不利于计划生育。现在人增，承包田不变，他自己就不愿多生。我们又写了一篇评述性新闻，并配了评论。稿件经李庄同志润色修改，登在7月29日人民日报一版。评论不仅全面回击了对大包干的各种责难，而且肯定它是群众的伟大创造，是被实践证明，深受群众欢迎的生产责任制。评论指出，这种责任制并不是十全十美，需要继续健全，继续完善。但是广大农民和干部当前最大的顾虑是怕变，生怕刚刚好了又改变，要求肯定它。因此，健全和完善要在肯定的前提下进行，健全和完善的目的是为了使大包干责任制更加稳定，更加发挥它的优越性。而不是损害它的优越性，不要强行把它改变成另一种责任制，或人为地"提高"到什么"更高级"的责任制。这段文字有很强的针对性和指导性。

评论最后两段指出："大包干的优越性最主要是社员真正做了主人，真正有了生产和经营的自主权。我们就是要尊重这种自主权，如何进一步健全，如何进一步完善，只能尊重农民的意愿。那种总是按老框框想问题，总想按老路子办事的办法，那种好心好意的强迫命令和主观随意性的东西，千万不能再搞了。""三中全会以来，党中央一系列的农村政策得到全国农民的热烈拥护，极大地调动了广大农民发展生产、争取生产自主权的积极性和创造性。大包干就是广大农民贯彻执行三中全会政策的一个伟大创造。"

万里同志在一次全国农业书记会上指出，联产承包责任制不是哪一个人想出来的，而是广大农民在十一届三中全会精神指导下，在实践中逐步摸索出来的。它是纠正"左"的错误，拨乱反正的成果，是认真总结正反两方面历史经验的产物。中央尊重群众的首创精神，坚持实践是检验真理的唯一标准，实事求是，调查研究，实践、认识，再实践，再认识，及时集中群众的智慧，总结群众的经验，推动责任制不断发展，逐步完善。回顾三年来从不联产到联产，从包工到包产再到包干，并且成为全国大部分地区主要的责任制形式，这个变化多大呀！这是一个政策随着实践的发展不断发展，不断充实，不断完善的过程，也是一个集中群众意见，坚持真理，修正错误的过程。

万里同志这个总结非常准确、到位。

列宁有句名言："生气勃勃的社会主义是人民群众自己的创造"。以大包干为主体的农村联产承包责任制，正是亿万农民群众在十一届三中全会方针指引下，坚持解放思想，实事求是的思想路线，在改革实践中的伟大创造，它是有生命力的，是生气勃勃的。不但引起了农村的巨变，而且带动了各个部门、各领域的改革、发展，引起全国发生史无前例的巨变与进步。

党的十七届三中全会通过决定，提出要"赋予农民更加充分而有保障的土地承包经营权"。这就是说要在稳定土地基本经营制度上，允许土地合理流动，允许农民有偿转让土地使用权。这是一个使农民从小康走向富裕的大政策；也是一个加速农业现代化，实现城乡一体化，逐步消灭城乡经济二元结构的大改革。这个改革的要旨，是使农民真正成为土地的主人，农民的土地承包权的流转权益切实得到保护，从而更加有力地激发农民的创业积极性，更加有力地解放农业生产力。在新一轮农村改革中，相信中国农民还会有许多新的创造，不断推动中国特色社会主义勃勃前行。

"问苍茫大地，谁主沉浮？"回答是：在党的十一届三中全会方针、路线指引下，是农民，是亿万勇于改革创新的中国农民！

2008 年 12 月

# 我写李润五

颜世贵

我同北京市副市长李润五同志很熟,经常打交道,每周的市政府常务会都见面,他的为人、说话、办事都很实在,对基层的情况也特了解,在我的印象中,他是一位受尊敬的领导干部。他不幸去世后,我就觉得应该宣传他的品质、他的工作精神。

北京出了王宝森这样的败类,但也出了李润五这样的优秀干部。过去我们宣传的焦裕禄、孔繁森的典型,只是处级、局级领导干部,李润五是省部级领导,宣传他,也可从他看到我们的各级领导干部大都是好的,是主流。所以我在参与《鞠躬尽瘁为人民——记北京市副市长李润五》长篇通讯的写作时,更加意识到这一点。

当这篇报道见报后,我想到了连续报道,于是就写了计划:一是报道北京市开展学习的决定;二是采写一篇学习的综合报道;三是采写一篇同事眼中的李润五。当时我认为这样更有说服力。

报社副总编辑李仁臣同志见了我的报道计划,很重视,并提出了具体的要求,可先抓三篇:一是学习情况;二是老百姓谈李润五;三是李润五女儿的专访。

---

颜世贵,高级记者,中共党员,江苏人。1966年大学毕业,1967年被调进人民日报工作,先后任人民日报驻江苏、北京记者站首席记者、记者站站长。

1981年,记者颜世贵(中)在苏南农村采访。

我根据李仁臣同志的意见,立即行动。当天就去了李润五家,同他的二女儿李兰霞谈了两个多小时。在交谈中,我回避了已经大量报道过的事例,开挖一些外人无法知晓的东西。我不想作已经报道过的事迹的补充,那样意义不大,无非多一件事少一件事。就是说,我不想写在主席台上作报告的李润五,不想写在公共场合中的李润五,而想写在家里的李润五,在亲人心中的李润五,即一个真实的李润五,表里如一的李润五。我以为在他女儿的口中,也只能提供这些生活的点滴,这也符合作为女儿的身份。

我在写作时,考虑到用第一人称,即借他女儿之口,更亲切、更实在、更好表达我的意图,在看过先前大量的报道之后,再看这篇报道能有点新鲜感。

我在语言的运用上尽量口语化,哪怕有些句子不够准确、个别地方不太连贯也无伤大雅。我想作一次尝试。

这篇报道《女儿心中的父亲》在人民日报发表后,反映不错。李润五的家属给我打电话说,这一篇写得好,棋高一着。市里的一些领导对我说了同样的赞语。《新华文摘》作了全文转载。

　　这些,对我都是鼓励。由于时间紧,写得匆忙,还有不少地方值得推敲。

　　尽管如此,这篇报道通过李润五女儿兰霞谈的家庭琐事,反映出李润五的精神境界,进一步拉近了与这位平民市长的距离。

　　李润五有三个子女:兰生、兰霞、志岳。在子女的心目中,父亲又是个什么样的人呢?二女儿兰霞接受了记者的采访,披露了一些鲜为人知的情节!

　　我父亲这个人嘛,这次我才算真正的了解他。以前我们只知道他挺忙,对自己要求挺严,挺辛苦的。想不到他去世后,这么多人在怀念他。每天家里来人络绎不绝。很多人我们从来都没有见过,有的听说过,有的根本未听说过。每个人来,都能说出父亲的几个故事,都是发生在他们的身边,或是得到过他的帮助的。

　　这几天,我们姐弟几个坐在家里回忆。想到父亲做了这么多的好事,虽说没有给我们留下什么万贯家财,但给我们留下了那么多的朋友,这么好的精神。这比什么都宝贵,也确实是我们永远学不完的!

　　以往父亲回到家里,不管啥时,都要看看我们做的作业,问问我们的学习情况。谁生病了,多晚回来他都要走到你身边,摸摸头,吃药了吗?没事,明天上学就好了。我们同父亲也很随便。他一进门,我们总喜欢去摸摸他的头发啊、鼻子啊。

　　当然,在别人的眼里,父亲是个"大官",有啥事了还不是一路绿灯?但对我们来说,就是一个普通的人家。

　　从小父亲就注意教育我们自立,培养我们有吃苦耐劳的精神。我和弟弟出去军训，行李全是自己用自行车拉到学校而后再拉回来的，父亲从来没有说要弄一辆小车接送一下，跟普通人家的孩子一样。我们也没有这样的奢望。

记得当时母亲是想找个车送的，但被父亲制止了。

父亲问我们：是每个家长都送孩子吗？我们回答不是。父亲说，还是的嘛！别人能自己去，你们为什么就不能？

父亲要求我们的时候，觉得他是个副市长；而他对待自己又觉得是个普普通通的人，不能有特殊。

我们住在台基厂的时候，家里来了亲戚回去要乘火车，大包小包的，都是父亲用自行车驮到火车站的。当时他已是市长助理了，找个小车根本算不了什么。他在东城区做区长的时候也是这样，私事不用小车！

有一天夜里，住在和平里的我姨打来电话，说表妹突然肚子痛，要我们马上去。没有小车，我们爷儿俩推上自行车就出门，骑了40分钟到和平里。

父亲一看表妹病重，就让表妹坐在自己的自行车后面，推着走，沿着巷子差不多走了20多分钟，才到和平里医院。父亲压根儿没想到要找个小车，觉得骑自行车是应该的。

事后，我对父亲说：爸，您怎么不叫个车呀？父亲说：叫车干啥？个人的事！

到了大学毕业的时候，我和我们的同学一样都想有个理想的工作单位！我就对父亲说：爸，您认识那么多人，给找个公司吧，收入多，环境也好。

父亲说：学机械的不下工厂？我们学机械的大部分都下了工厂。

我一听心里凉了，就去了热电厂，分在化学车间。工作了一段时间，厂团委正好缺一个干事，他们觉得新来的一批大学生中就我做过这方面的工作，要调我去。

回来我征求父亲意见，父亲说，你把学的技术丢了多可惜呀！

这不能再听他的了,我说,这事您就甭管了。

看到许多同学、朋友纷纷出国留学,我心想自己不是没有这个能力,就对父亲说:爸,咱们能不能也出去走走,学习两年?您有那么多朋友,可不可找找关系?

父亲说:出去干什么,不老老实实在国内干事,出去有什么好啊?他特别愿意让我们踏踏实实,在自己的工作岗位上做出点儿成绩!

我姐初中毕业就走上了工作岗位。先到纸盒厂做临时工,扫院子,刷厕所……后在食堂做饭,什么都干过,活儿又苦又累。其实,那时我父亲已是处长了,我姐想求父亲给调换个工作。

父亲对我姐说,艰苦的环境能锻炼人,你就好好干吧!

后来地铁招工,我姐被招了去。在地下当服务员,一干就是十几年。今年我姐患了脊髓炎病,在地下站台工作不了,才被调到地面上来。

年轻人谁不想挣钱?我也有这个想法。父亲一听,马上发火:够吃够喝,得了!多少钱算钱?都是老百姓,大家都一样。你挣的比我不少嘛,还不知足?父亲这么一说,我们心里也就觉得平衡了。平常人的心,对平常人的事。

父亲要我们诚实做人,不许说假话。你要是说了假话,他肯定气得不得了,瞪着眼睛,恨不能举起手来打你。

1977年,记者颜世贵与段存章(右)在大寨采访。

他说，假话就是假话，永远变不了真的。

平时在家里要是议论点什么，谁家都难免的。

父亲不爱听，是那么回事吗？尽瞎说。这么多年，我们没有听到他说过人家一句坏话，这人不行，那人不行，没有。总是说，这人不错，那人不错！

我们家老少三代，长期住在不带厅的三居室。

过去我老说：爸，房子这么小，您还不弄套房子？

父亲就说：你到马路对面的胡同去看看，人家住的比我们差远了，知足吧！

我一听挺理解的，也应该是这样。当然，后来我们家的居住条件，按照国家的规定，逐渐得到了改善。现在的条件，就很好了。

父亲工作忙，一家人在一起玩的时候很少，去公园玩，更是不可能。

我有时说：爸，您给我们找点门票吧！

他说，找什么门票？

从来没有。他老同学来要去中华民族园，我提出跟他们一起去。

父亲说，我们同学聚会你去干什么？

门票还是他们自己买的。

这么多年，就是他当市长助理的时候，有一年国庆节他去天安门值班，我们全家跟着他从台基厂家步行到天安门，照了一张全家照，这也是留下的唯一的一张合影！

以往父亲下班回来了，在一起聊一会儿，哪里发生了什么事情了，说点笑话，一家人特别的高兴。

现在人没有了，家里显得空荡荡的。

今天中午吃饺子，母亲还在掉眼泪……父亲最喜欢吃饺子。只要他在家，他下厨房。他说：你们先吃，我一边煮一边吃，我煮得好。总是这样。他到哪里去，有饺子、有面条就可以了。

有一天，我父亲又到我们热电厂来检查工作，中午照例不在我们厂里吃饭。

我说：爸，您多次到我们厂，人都说您未在我们厂吃过饭，您干嘛不在我们厂吃顿饭呢？其实，我们厂的饭，挺好吃的。

父亲说：你们厂离我们机关这么近，没那个必要。再说，头脚吃了，人家工人背后就会说你了，咱们能这样做吗？

我说：爸，您的确做得对！

父亲老骑着自行车在街上走，言谈举止，你说他是副市长不相识的人认为不可能……有问路的，他能跟人家讲半天，恨不得带人家去。遇到拉垃圾的车子，总要上去扶一把，觉得这也是应该的。

我说：爸，人家都说您"土"，不会当干部，一看就是农民出身。

父亲听了一愣，说：农民？农民怕什么？本来就是农民，谁不是农民？劳动人民都是农民！

我父亲这个人，事业心高于一切。这么多年，父亲每天总是提前一个小时上班，一般人是做不到的。

反正我做不到，我老劝父亲：爸，您岁数也大了，人家机关早上8点半上班，您干嘛7点多就去？

父亲说：我的事情多着呢。

他老说我们懒，一早起来就轰我们：起来、起来！上班不要迟到，不守时最不好了！

父亲1984年去过一次日本。

我问他有什么感受？

父亲说，汽车工业要集团化。

未过几年，他由市经委调到东城区当区长，从区里回来又做了管工业的副市长。

我特意问他：爸，您那个集团化怎么样了？

父亲说：我慢慢捋，应该走集团化的道路。

今年父亲又去了欧洲三个国家考察。他一直都说社会主义好，共产党好，从内心里就这样。

我问：爸，您这次访问的感受如何？

他说：人家比咱们先进。

我说：您能讲一些事例吗？

父亲说：我在比利时，戴白手套进人家发电厂，到处摸，没有灰尘，人家管理这么先进。去咱们有的厂子，我要是转出来，满手都是灰。咱们确实不如人家，这一回得下力气抓啊！

有一次，我跟父亲说，您是管工业的副市长，工业这么艰难，您有什么看法吗？

父亲说，举个小例子，只讲一点点客观因素，如果用电每一度增加一分钱，我们全市的工业一年就要背上一个亿，煤和油的用量还要相应的增加。我们工业这么重的负担，可是我们的产品价格不能太高，因为我们的产品与老百姓息息相关的。

父亲说，实际上我们的工人是最能吃苦的。

父亲斜靠在沙发上，叹了口气：唉！慢慢整吧，慢慢调吧！

我看得出，他说这话的时候，心情是沉重的。

现在父亲这突然一走，连他自己也没有想到，丢下了他时刻眷恋着的事业，丢下了他要振兴北京工业的理想。

很多人说他做累了，做完了，走了。

实际上在我父亲的心里，还有很多很多的蓝图，需要时间去实现。可是他确实做累了，做完了，走了……连句嘱咐的话都没对儿女们说。

他走得那么匆忙！

1995 年 12 月 5 日

# 一次难忘的实践

## ——深圳"八·五"大爆炸采写回顾

王 楚

一

突发性事件对新闻记者是最富有挑战和刺激的，因为它是可遇而不可求的。

8月5日下午1时25分，深圳清水河安贸危险品仓库发生大爆炸，用中央领导同志的话说："这是共和国成立以来发生的最大的一次爆炸事故。"

深圳城市建设速度，被西方誉为"一夜城市"，这里又是中国改革开放处在最高层次之一的特区。当天晚上，全世界几大传媒及时报道了这次重大爆炸事件，但猜测"未经证实"的消息诸多。作为党中央机关报人民日报，如何"快速、准确、真实"地将这次世人瞩目的特大事故告诉读者？我是驻深圳的记者，深知报道这次突发性事件的分量。

尽管如此，面对这场突发性事件，我先后共见报新闻特写和消息10篇，是北京驻深圳记者发稿多的一个，多次被中央人民广播电台早晨6时半的《新闻和报纸摘要》节目摘用。特别是《深圳大爆炸留下的惨痛教训》一文，新华社以对外稿的形式全文转发，《深圳特区报》、香港十几家报纸以及电视台转载或转播，在深港两地反响强烈。

## 二

深圳市区清水河仓储发生危险品大爆炸,全国、全世界都关注:其一,死伤总人数;其二,经济损失情况;其三,清场进展情况;其四,引爆原因。这种为世人所瞩目的突发性事件,是不报?或是少报?或是有遮有掩地报?特别是死亡人数报不报?作为新闻报道,应该说是没有问题的。

但大爆炸的当天晚上已是深夜12时,深圳市主管宣传的领导只同意发爆炸的消息,而不同意报道死亡人数和公安局副局长死亡名单。在记者们的力争下,由广东省委副书记黄华华认可,传媒才把大爆炸消息较完整地报道出去。其实,深圳要走向世界,报道这类突发性事件,按国际惯例进行如实的报道,才是最好的舆论导向,也是十分必要的。因为城市里发生这么大的爆炸事故,敢说没死人?口子一旦突破了,以后,在清除余火、清理现场的过程中,各传媒较顺利地进行了跟踪报道。

这里,要感谢夜班的同志,发回的每篇稿件都在当天刊用了,一半稿件是在一版刊用的。

## 三

回顾深圳"八·五"大爆炸突发性事件的报道全过程,有几点是值得总结的。

1. 报道突发性事件,越是人手少、事情急,越要有个报道大纲,避免抓了芝麻,丢了西瓜。第一天,我发了《血与火的拼搏》特写后,如何继续跟踪报道?我根据手中掌握的情况和对灭余火、清场所需时间估计了一下,草拟了一个报道计划,根据前方、后方,将题目分了一下轻重缓急,把重点放在公安、武警战士、解放军官兵舍生忘死灭火上，放在"把生命留给别人"的火海英雄上，放在与死神争夺伤员的白衣天使上，这也是读者最关心的。有个大纲，采访、写作尽量不走弯路，避免做一些无效劳动。

2. 报道突发性事件，以短为主，以现场为主，题目小一点好。人民日报驻地方记者如何"以一当十"报道突发性事件？回顾深圳大爆炸的灭火、清场、总结教训等报道的过程来看，以短为主，以现场为主，容易使记者的劳动全部成为有效劳动。这次采访、报道，记者就是采访决策层，落脚点还是现场，视角还是放在一线的战士身上。由于以现场为主，题目选的又小，篇幅自然就短了下来。

3. 报道突发性事件，也要抓住读者关心的问题。深圳大爆炸，引起大火，十几个仓库堆放的45种几千吨易燃易爆有毒化学品在燃烧……读者这时急需了解的是：确切的伤亡人数，直接经济损失情况，对深圳大气层的影响，对深圳环境的污染，居民生活是否受影响，为什么会爆炸，中央专家调查组是否开展调查，等等。对此，驻深记者在不同时间，适时地进行了跟踪报道，读者反应较好。

4. 多侧面地对突发性事件进行报道，力争给读者留下"立体"印象。这次报道，我立了规矩在先，每篇千字左右。篇幅所限，如何把深圳大爆炸"立体"地推向读者，多侧面就成了很实用的路标。如对灭火现场的报道：总体综述《血与火的拼搏》、群体形象《在毒气与烈焰面前……》、人物典型《火海英雄》；如对"第二战场"的报道：医生与死神争夺伤员的《火红 血浓 情深》；总结教训的《深圳大爆炸留下的惨痛教训》；报道记者敬业精神的《面对烈焰的"老记"们》等等。

5. 抓突发性事件中英雄人物的报道，把住"横断面"，切忌纵深挖掘，能进能退。深圳市公安局副局长王九明、杨水桐，在生与死的关头，让战友、记者先撤，把死留给自己，这一点，真是可歌可泣，本报头版的《火海英雄》就是抓住这一点作文章。公安部授予烈士一级英模,国务院总理李鹏签署命令,授予二级警衔。特别是王九明副局长,64岁,已通知他退休了,还未交接,一听到火警,马上奔赴现场,这一点是难得的。但是,王九明同志在公安局分管消防,按中国现行体制,这次仓库大爆炸他负有不可推卸的领导责任和直接责任。因此,只写他在生与死选择中的英雄壮举,文章就可以立住了。

6. 采访突发性事件,驻地方记者发挥"人头"熟优势,实在必要。报道深圳爆炸突发性事件以及灭火、清场的全过程,"人头"熟,对记者帮助极大。无论在现场,还是在指挥中心,或是在信息中心,或在公安系统、武警部队、医院,或与深圳市领导单独在一起,他们不仅把你当记者,同时还向你打听方方面面的情况,要你出主意。因此,很多内部情况也就主动跟你"唠开了",不仅获得信息的时间比同行早,而且准确度也超过同行,有的信息可作独家报道,记者下笔也就有分寸了。不少外地记者来深圳采访大爆炸都被推到市委宣传部对外宣传处统一介绍,这就很难获得第一手资料和情况。

1993年10月

# 打造财经媒体的影响力和公信力

李忠春

影响力和公信力紧密相联,缺一不可。影响力是基础,没有影响力自然谈不上公信力;而公信力更多地强调诚信和品牌建设,是更高层次的一种影响力。影响力更多地强调导引,而公信力则更多地强调社会效果。

改革开放以来,随着以经济建设为中心的战略转移,社会主义市场经济的建立,经济报道成为新闻宣传中的重要内容,财经媒体的勃兴就是这种大背景下的必然结果。特别是80年代末《中华工商时报》的创刊,以及90年代《经济观察报》等一批新兴财经类报纸的创刊,更是让新闻界风生水起,波涛阵阵。

财经媒体数量剧增,但真正有影响力,特别是有良好公信力的却不多,更远远谈不上办成像英国《金融时报》,美国《华尔街日报》这样规模的报纸。纵观我们的一些财经媒体,少数有一定公信力,但叫好不叫座,影响力不够大,有的连好都谈不上。没有公信力,仅有的一点影响力也就大打折扣。我

---

李忠春,高级编辑,中共党员,山东诸城人。毕业于中国社会科学院研究生院新闻系,1988进人民日报,先在群工部当编辑,后到总编室从事宣传协调工作,期间到中宣部挂职锻炼一年,任中宣部新闻局新闻处副处长。2000年任人民日报驻吉林记者站站长,2008年9月调任中华工商时报总编辑。

国的财经媒体如何扩大影响力,增强公信力,已成为加强自身建设、推动媒体事业发展必须解决的一个重要课题。

财经媒体不同于社会类、都市类、政治类媒体,财经报道的内容与受众的经济生活,投资理财相关,关系受众切身利益,搞不好就会给他们带来损失。因此,对财经媒体就应有更为严格的要求,要在有影响力的同时,讲公信力,讲品牌诚信。与发达国家相比,中国市场经济起步晚,体制、文化、社会、法制等方面环境都带有鲜明的中国特色。囿于这样的经济社会环境,消费者在投资理财方面理性意识还比较弱,总体上还带有相当的情绪化,易受外在社会因素的影响,不当的新闻引导会给他们带来不良后果。因此,财经新闻的导向,财经媒体的影响力和公信力就显得特别重要。

影响力和公信力紧密相联,缺一不可。影响力是基础,没有影响力自然谈不上公信力;而公信力更多地强调诚信和品牌建设,是更高层次的一种影响力。影响力更多地强调导引,而公信力则更多地强调社会效果。没有公信力,影响力再大,也只能适得其反,甚至带来意想不到的负面效果。少数自诩为媒体经济学家的人,在媒体上发表一些不负责任的言论,诱导受众的投资理财方向,最后导致投资人血本无归。这样的事例有很多。因此,作为财经新闻工作者,一定要讲公德,讲诚信,讲责任,不能为了追求新闻轰动,制造新闻卖点,或为博取名声,沽名钓誉,发表不负责任的言论。

财经媒体在扩大影响力的同时,如何不断增强和提高公信力呢?

**一是要处理好眼前经济利益与长远社会效益的关系**。一些财经媒体,其用人制度,运作方式等,都是市场经济模式,这就决定了领导层、管理层在决策时喜欢把眼前的经济利益放在首位。生存是第一位的,这无可厚非。但是,要义利兼顾,生财有道,在义的前提下最大限度地取利,而不能走极端。唯利是图,金钱至上,竭泽而渔的短视行为,本身就削减了自身的影响力，更谈不上什么公信力。在这方面，发达国家财经媒体有些经验值得我们汲取。西方新闻界对财经新闻报道的从业人员有一条严格规定，就是不能从事与自己业务有关、可能影响自己公正报道的投资理财行为，否则将受到严厉处罚。而我们有些财经媒体却正好相反，少数媒体领导还鼓励工作人员从事投资理财，美其名曰是体验生活。于是，这些人手中的笔就受个人利益驱动，写出了一些不负责任的报道。这是一种饮鸩止渴的行为，也是造成目前国内部分财经媒体公信力不强的根本原因。

**二是要处理好专业与通俗的关系**。财经媒体要注意遵循经济规律，按经济规律搞好新闻报道。财经新闻报道有一定的专业性，就要按经济学的规范来要求，来报道。财经新闻也讲可读性，但不能因此影响报道的科学性和专业性，不能损害新闻的准确性。财经新闻讲究实用，要有新的信息、新的观点、新的内容，要选用读者感兴趣、关心的内容，对读者有用。财经从业人员要换位思考，站在受众的立场看看这篇稿件有没有用。同时，还要注意不能太过专业，要顾及大部分受众的接受能力。特别要注意减少"财经新闻专业名词的流动性过剩"。现在，财经新闻的一大弊病，就是可读性差，一大堆名词和术语，还有一些普通读者看来一头雾水的大串英文缩略语。要多用讲故事的手法，通俗易懂地报道财经新闻，多从社会视角来观察经济问题，从受众感兴趣的话题入手报道经济问题。

新闻有指导性，财经新闻的指导性就在于能为受众提供有价值的财经分析和解读，为受众生产经营、理财消费、休闲娱乐提供一些帮助。财经新闻要讲科学，有理性，注意培养受众的理性消费意识是财经新闻的重要社会职能。同时，还要注意寓指导性于服务性之中，寓教于乐，娓娓道来，循循善诱。这就要求财经记者要有"翻译"功夫，学会把生硬的经济事实、数字和深奥的经济理论，翻译成生动活泼的财经故事，用受众喜欢的方式方法来吸引受众、感染受众。这种硬本领不是短时间练出来的，需要下多年的功夫。

**三是要处理好独家与共性的关系**。现在一些财经媒体定位不清晰，目标读者群游移不定，少数还互相重叠，报道内容大部分是重复的，加上其他综合类、都市类、机关报等媒体也纷纷开设财经专版专栏，财经报道存在着同质化现象，内容大同小异，有些干脆就是拾人牙慧，炒冷饭。这就大大削减了影响力。只有走差异化道路，明确自己的定位，找准自己的目标读者群，不重复别人的老话，才是提高影响力的根本出路。做出独家解读、独家分析、独家报道，是提高竞争力、扩大影响力的根本途径。

过份强调差异也可能走上歧路。要注意研究其他财经媒体的动态动向，关注一些好的新闻策划，从这些报道动向中找出自己的关注点，找到自己的选题方向。这里最考验能力和水平的，就是另辟蹊径，高出一筹，写出有特色的报道来。不同的角度、不同的写法、不同的表述、不同的深度、不同的广度，都能展示出自己的特色。从哲学的角度看，也就是从特殊性中找到普遍性，把普遍性寓于特殊性之中。千报一面，亦步亦趋没有出路；但只注意差异，而不关注共同问题也没有出路。大家在第一时间都会得到相同的信息，但关键是看谁能做出与众不同的解释和分析，这种对问题的解析能力才是媒体最核心的竞争力，也是提高影响力，增强公信力的关键所在。

**四是要处理好形式与内容的关系**。内容是根本，是核心，抓内容，特别是独家的，重点的内容，是采编工作的核心任务。但是对形式也要给予高度重视。形式处理不好，不方便阅读，也会大大降低报道的影响力。财经媒体总体风格要相对稳定，注意协调，注意统一，一个时间要有一个基本稳定的风格和特色，否则天天脸色不同，如同变色龙，变来变去，受众无所适从，都不认识你，就会失去受众，更谈不上有固定的目标读者。这也是影响力和公信力建设的一个重要方面。但也要注意不断创新，内容上要创新，形式上、风格上也要创新，不创新就没有生命力，就没有影响力，就没有发展前途。有好的内容更要有好的包装，好的稿件需要用好的版式来打扮。要不断推陈出新，努力吸收有益的经验和方法，吸收别人的长处，补自己的不足。特别是要多一些文体上的探索和创新，如吸收电视上对话方式的场景描述，吸收互联网上的资料索引性的链接、背景介绍等，结合自身的特点和规律，创造出适合自己的文体。文本和体裁创新也是扩大财经媒体影响力、增强公信方的重要内容。

2009 年 3 日

# 甘于奉献的"二传手"
## ——记人民日报记者部编辑组

张玉来

有人把遍布祖国各地的人民日报驻地记者形象地比作排球场上的"一传"。"一传"并不是把稿件直接传到版面编辑手中，而是传到

1998年8月20日,记者张玉来在嫩江抗洪一线采访了曾在1987年大兴安岭扑火战斗中赫赫有名的"大胡子师长",而今被誉为"伏水将军"的沈阳军区某集团军副军长吴长富少将。图为张玉来(左一)随吴将军乘冲锋舟查看险情。

"二传手"——记者部编辑组，由他们编辑并经部领导阅改，输入稿库，供版面选用；重要稿件则送相关领导直至总编辑、

---

张玉来(1945年—2008年),高级记者,中共党员,1945生于吉林省通榆县。1969年大学毕业,1970年参加工作,1993年调任人民日报驻吉林记者。

社长审阅。

"二传手"是一个特殊的集体。他们是人民日报记者，却少有机会外出采访，名字也极少见报；他们是人民日报编辑，但并不是版面责任编辑，不能决定稿件是否上版。然而驻地记者的每一篇见报稿件都倾注了他们的心血，都凝聚着他们默默无闻的辛勤劳动。

**明知相当数量的稿件将要"牺牲"，仍善待每篇来稿，力求剔除所有疑点，谨防流入下一道关口**

近几年，人民日报记者部实行"以稿为本，量化管理，滚动排榜，加大奖励"的管理机制，驻地记者写稿热情空前高涨，来稿数量、版面用稿数量急遽增长。

有两组数据令人振奋又发人深省。其一，2000年至2003年，驻地记者来稿数量由5121篇增长到9948篇，用稿数量由3384篇增长到5428篇，分别增长了94%和60%；其二，2002年驻地记者见报稿件5280篇，见报率66.15%。

细品这两组数据，前一组数据说明，4年中驻地记者来稿数量翻了一番，编辑组的工作量也翻了一番，工作强度大大增加；后一组数据说明，约有34%近2700篇稿件未被版面选用，驻地记者和编辑组为之付出的心血成了"无效劳动"。

工作强度大大增加而毫不懈怠，已令人感动；明知1/3的劳动将成为无效劳动，仍一视同仁，竭尽全力"抢救"，更加令人肃然起敬。

编辑组夜班是异常忙碌的。一天，我来到编辑组夜班。时值春耕时节，我注意到，来稿多为各地加大农业投入、扩大耕地面积的报道。已加工了数篇这类题材的稿件，接下来还有四五篇同样题材的稿件。作为旁观者，一种雷同感、枯燥感不禁从心底生起。再看我们的"二传手"，却是一种习以为常的神态。

"尽管用稿率只有2/3，但我们的工作标准不能打折扣。"编辑组组长张忠说，这样的稿件虽说不能给人新奇、惊喜，但却是报纸时下需要的题材,所有来稿都包含着驻地记者的劳动。身兼网络新闻组长的万秀斌、采编协调组长的陈伟光认为,他们的工作效益有很大的"损耗",这种"损耗"固然可惜,但客观上却有利于竞争和优中选优。"我们善待每一篇来稿,即使看出某篇稿件上版可能性很小也认真编辑,努力增加被选用的可能。"

2003年5月抗击"非典"期间,驻地记者来稿猛增,每天来稿70~80篇,最多时一天近百篇稿件发来。值班副主任钱江说:"明知80篇稿件注定会出现'耗损',可编辑们看得眼睛都有些酸胀了,仍认真加工每篇稿件。"

"由编辑组输入稿库的稿件都必须力争是成品。"我们的"二传手"说。这不仅仅是他们的一种追求,而且已经列入编辑组的工作规范。

编辑组一个夜班要编三四十篇稿件。从晚7时30分到11时,他们几乎是眼不离屏、手不离键。不仅字斟句酌,而且牵涉到重要的人名、地名、数据等还要查对有关资料;若来稿事实不充分或要素不全,还需电询记者或加以补充。他们说,版

1997年5月,记者张玉来(右)在延边朝鲜族自治州珲春市敬信镇防川村采访。

面夜班工作繁忙，自己尽可能将经手的稿件梳理得干净些，篇幅控制得适当些，就能够减轻版面编辑的压力。

一丝不苟的责任心，加上一双双锐利的眼睛，使他们敏锐地识别、剔除了疑点，扫除了"地雷"，化解了"险情"。

一篇来稿出现"煤存气"一词，编辑觉得可疑，似应为"煤层气"，于是打电话向作者求证。作者说这是被采访单位提供的材料中的表述，应该没问题。但作者也不放心，找到被采访人核实，的确应为"煤层气"；一篇来稿出现一个地名"陨县"。编辑不熟悉这一地名，感到心里不踏实，习惯性地查阅了相关资料，证实应为"郧县"。

编辑组认为，"哪怕你逮住了99个差错，如果有一个溜过去并最终见了报，就有可能给报纸、给驻地记者的整体形象带来损害。"因此必须睁大眼睛，不放过任何一个疑点，不使"地雷"潜入下一道工序。接连不断地"排雷"使他们形成了有益于编辑工作的职业习惯。每遇引用中央文件或中央领导同志的讲话，或政策性强、比较敏感的表述，他们都会在本报资料库里检索核对，或到互联网上查询，避免出现差错。"驻地记者来稿经过编辑组的加工，通常都有了'增加值'。"北京记者站采编部主任王建新说，"增加值"中融入了编辑组的大量心血。

"半壁江山"浸透"二传手"的心血和智慧。他们热心沟通，反复打磨，乐意"倾其所有"

2003年驻地记者为人民日报提供的头版头条达142次共171篇。张研农总编辑说："记者部提供的头条稿件接近'半壁江山'。"

这"半壁江山"和其他重点稿件浸透着"二传手"的心血和智慧。

为落实记者部领导的要求，编辑组落实了头条稿件责任编辑制，做到选题沟通、初稿反馈修改意见和精编"一条龙"服务，保证了头条稿件的采编进度和质量。编辑组还将各种指令性报道任务、重要专栏稿件、驻地记者自选重点稿纳入精编范围，实施了重点稿件的精编工程。

来到编辑组工作平台，常会看到编辑组的同志在与驻地记者通电话，就重点稿件的采写进行探讨；时而专注地倾听对方的阐述，记下要点；时而自抒胸臆，坦率提出修改意见；时而热诚的语气饱含期待，激励对方发挥出最高水平。此情此景，宛如合作伙伴在进行面对面的倾心交谈。

福建记者站站长蔡小伟说："2003年我们站发了10个头版头条，每篇稿件写作前都与编辑组进行过多次沟通。"

"编辑组也是头条的作者。"几位驻地记者说，与编辑组同志相互切磋，常碰撞出思想的火花，对稿件的认识产生飞跃；有的经沟通使稿件主题得以提炼、深化；有的经沟通使稿件选择了一个贴切的切入口；有的经沟通使稿件得以以事见理，避免了只见理不见事；有的经沟通使稿件选择了典型的、新鲜的、生动的新闻事实……

重庆记者站的崔佳《经典中国》专栏发表的《红岩热土见证山城新发展》一文，得到中宣部有关材料的肯定。他回顾与编辑组的沟通过程颇有感触地说，稿件第一稿写了"红岩老人"对新重庆的新感受，写了重庆直辖后几个方面的成就。稿件要求千字，写了1800字。在沟通中，编辑组同志提了几条意见都切中要害：史实部分长了，成就部分点得多但不透。建议不如专写一个大方面，比如交通。他赶紧动手，完成了修改稿，提升了稿件质量。

"部主任也经常参与沟通，使沟通更加富有成效。"陈伟光讲述了一个上下互动、编辑记者共同提炼稿件思想的事例。新疆记者站的王慧敏采写的《玛纳斯县走出贫困循环》的基本新闻事实是：新疆玛纳斯县农牧民人均收入连续14年居全疆之冠。在提炼主题时，第一稿落在"科学发展观成为农牧民增收的动力源"，此主题不可谓不重大，但文中所选择的事实材料不够新鲜，而且有点"小而全"，因此这一稿没有过主任这一关。陈伟光与其沟通后，王慧敏又传来第二稿，事实材料得到充实，主题定在"咬定'农字'不放松"。稿子经杨振武主任修改，主题变为《玛纳斯县走出贫困循环》，导语也变了："好不容易脱贫，因为基础不牢，又返贫；再脱贫，再返贫，如何走出贫困的循环？"文中的新闻事实都被用来回答这一主题。至此，稿件的思想性和针对性大为增强。

沟通之后，重点稿件便进入了编辑组的反复打磨环节。稿件加工的宽与严、推敲的粗与细并无严格界限。我们的"二传手"尽其所能，力求严一点，推敲细一点。他们遵循的是内心的追求和标准：努力保证向版面提供合格的重点稿件。

重点稿件的压缩量一般都在1/3以上，有的高达1/2。"我们不是简单的'刀斧手'，而要努力当好'精雕师'！"他们对每一篇重点稿件，都反复阅读，在充分理解作者的初衷和稿件主题的基础上再进行精雕细琢。他们竭力发现稿件的亮点，为基础较好的稿件锦上添花，为基础差一些的稿件雪中送炭。有时为了保留某段新闻事实，同时尽量压缩篇幅，不惜一字一词地抠。

崔佳说，他发现自己采写的那篇稿件见报时有许多改动，从中学到了一些东西。比如"编者的话"，自己原来写的评述性语言过多，不精炼，高度也不够，见报稿则点明了主题。文章结构也有调整，把新鲜的事例放在了文章的最前面。"对照原稿，虽然篇幅短了，但事实部分都在。"

如果说为他人做嫁衣是一种职业要求，那么力争为他人做好嫁衣则是一种境界。有的稿子会使编辑有欲罢不能之感；编之耗神耗时，弃之又委实不忍。对这类稿件他们也竭力进行"抢救"。经张忠"抢救"的一篇重点稿件后来在头版头条见报，值班副总编在审阅此稿时批道："稿件编得很好"；经陈伟光"抢救"的一篇重点稿件还获得了报社好新闻一等奖。

编辑组的一位同志说，3位组长经营重点稿件，给我的印象是恨不能"倾其所有"。稿件见报了，他们就像自己写的稿件见报一样高兴。

**"二传手"以真情和辛劳在驻地记者与报社之间架起了一座桥梁**

驻地记者不论身在何处，只要连接记者部局域网，报社和部里的最新精神和要求均一目了然，顿感报社近在咫尺。

"记者部信息发布库"是沟通驻地记者与报社之间的桥梁。这桥梁是由我们的"二传手"架起来的。

3年前，记者部领导提出总部工作的核心是服务，要在不断改进和加强服务上下工夫。编辑组把采集、编辑、发布编采信息，作为服务驻地记者的一个重要方面；借助报社的网络平台，以最快的速度将来自上级机关，报社领导、记者部领导、总编室和各专业部与编采工作有关的方方面面信息传递给驻地记者。

编采信息内容之丰富、详实，令人赞叹。然而，驻地记者在享受这些信息带来的便利、快慰的时候，不会料到"二传手"为此付出了多少辛劳。

我发现，只需他们从编辑部网络平台下载发出即可的信息较少，多数需要他们精心整理、分析筛选。如供稿提示，有关部门关于某项报道的要求可能是数千字甚至上万言，囫囵吞枣、原样照发亦无不可，可如若这样，近百驻地记者就都需阅读全文，费时费力。编辑组的同志不愿出现这样的情况，认为那是工作的失职。每遇这种情况他们都细心阅读原文，摘出要点，整理后发到信息库，以自己的劳动换来驻地记者的便利。

前不久，信息库发出《记者部3篇4人次获第十四届中国新闻奖》的消息，大家看到的信息简明扼要，仅二三百字，这是万秀斌从网上发现第十四届中国新闻奖获奖篇目后，从洋洋大观的篇目中先抽出本报的获奖篇目，继之再抽出记者部的获奖篇目而产生的。编辑这条信息，万秀斌耗时近两个小时。

近几年，报社和上级机关安排的报道任务比较多，有时一周会接到四五个报道指令。编辑组将这些指令细化、分解成具体的报道要求，使其清晰明了，便于操作，并在第一时间把任务落实到各记者站。考虑到有些记者因种种原因不能随时上网查看，他们还一一打电话通知到人。这些工作，通常由禹伟良和施娟完成。两位年轻人总是耐心细致地一一通知，认真解答记者提出的问题。

编辑组的服务范围远远超出了作为编辑的工作范围。"编辑组为我们在总部和驻地记者之间架起了一座桥梁。"福建记者站采编部主任赵鹏说，驻地记者虽然身在千山万水之外，却感到总部就在我们眼前。

**"'绝活'大家谈"、"头条大家谈"——记者部日趋浓厚的业务研究氛围，融入了编辑组同志的殷殷期盼和炽热真情**

2004年4月的一天，本报编辑部公告开设的《业务研讨》专栏同时刊登了山西记者站安洋的《在真与实上下工夫——写作〈山西全力根除土法炼焦顽症〉的体会》，和陈伟光的《头条莫贪"大而全"》。陈伟光写道："4月7日，山西站安洋写的头条《山西全力根除土法炼焦顽症》发表，大家都认为写得不错。何以见得？"伟光的评论剖析了四个特点，继之网上又出现张研农总编辑对这两篇业务研讨文章的批示："围绕一个头条，伟光和安洋各抒体会，可谓编采互动。"

这一"编采互动"，可以说是记者部日益浓厚的业务研讨氛围的一个缩影。

王晨社长提出，"驻地记者要成为研究型记者"。在梁衡副总编辑的倡导下，记者部创办了《业务研讨快讯》。记者部主任杨振武是业务研讨活动的鼓动者。在每周的例会上，他谈得最多的是业务工作，平时与编辑组交流得最多的也是稿情。有时他发现某篇重点稿件中存在的倾向性问题，便会直接来到编辑平台，跟在场的编辑们一起探讨，分析带有规律性的问题。

为推动业务研讨活动，编辑组投入了很大的热情和精力。驻地记者凡有作品在社内或在社会上引起好的反响，编辑组就邀请作者写体会。开始时忙于采访的驻地记者尚不习惯写这类文章，需打多次电话才能"催"出来一篇。较多承担此项工作的陈伟光说，现在大家已经逐渐形成习惯，有了得意之作发表，大都会主动写篇采写体会，已有80%以上的驻地记者参与到业务研讨中来。

近两年业务研讨活动曾出现两轮影响广泛的主题研讨："'绝活'大家谈"和"头条大家谈"。前一个主题研讨源于中央领导同志在对人民日报一篇文章的批示中要求：人民日报要有高出一筹的"绝活"。记者部以此为契机，发动采编人员参加"'绝活'大家谈"，总结各自的新闻实践经验，发掘各自的业务特长，亮出各自的"看家本领"，相互切磋砥砺。活动持续了3个月，收到研讨文章30多篇，《新闻战线》撰文加以评介。"头条大家谈"则是根据总编辑办公会改进和加强头条采编工作的要求，在部主任的倡导下开展起来的，旨在及时总结经验，交流体会，力戒写作模式化、主题同质化、题材工作化，探讨如何进一步提高头条的新闻性、指导性，增强可读性。

业务研讨活动在部内、社内引起很大反响，王晨社长、张研农总编辑对此赞赏有加。张总称这些文章"观点鲜明，文笔生动，很有启发，深受欢迎"。2004年2月4日至3月8日，张研农总编辑即作了9次批示。

如果说，驻地记者一篇篇业务研讨文章融入了我们的"二传手"的殷殷期盼，那么"二传手"投身其中，写出的一篇篇评论，则浸透着他们对驻地记者的炽热真情：《别给读者留疑问》、《减少同质化稿件》、《短些，精粹些》、《把复杂的事情说简单》、《把硬新闻写得软一些》、《少用公文化语言》……都是针对驻地记者的采写实际，直率点出普遍存在的倾向性问题。

他们还饱蘸真诚，对写稿高手和新人新作深入剖析。王慧敏位居2003年记者部见报稿件总得分排行榜之首，版面编辑对其稿件质量赞誉有加，个中原因是什么？万秀斌写了7000多字的《以王慧敏为例看驻地记者"绝活"》，对其采写特点进行了详尽的剖析。

年轻记者陈娟到云南站工作才几个月时，发表的《昆明：马加爵落网之后》受到普遍好评。陈伟光立即撰文《文细如涓——评〈昆明：马加爵落网之后〉》，说这篇报道"采访面广，信息量大，结构也有章法。""更值得一说的，是这篇报道所呈现的细节的力量。""事前想得细，临场观察细，写时提炼细。"

至2004年底，《业务研讨快讯》已编发346期，在全社编辑部门产生越来越大的影响。这些研讨文章中，不少被新闻专业刊物《新闻战线》选登，有的还获得了中国新闻奖。

2003年年末，记者部将近3年研讨文章精选百余篇结集成书《感悟与探索》，出版后受到广泛好评，索要者众多。人民日报经济部主任皮树义说："这本书是真东西。"文艺部副主任王必胜说："这本书我看了，非常值得一读。"

**"二传手"变为"主攻手"。他们确定思路，布置采访，写作成文，稿件发表却见不到他们的名字**

我们的"二传手"有时也会走出幕后，充当"指挥员"：确定报道思路，布置驻地记者采访，依据采访素材写作成文，成为"主攻手"。

党的十六大开幕前，王晨社长提出，要发挥人民日报的集合优势，大会期间每天都要发一篇综合反映，9篇综合报道一篇一个角度。在重大报道战役中，一天发一篇综合反映，在本报尚属首次。

恰巧编辑组的张忠、胡斌、施娟这时被抽调到报社十六大报道组和特刊编辑组。一连9天的综合报道的编辑任务压在了万秀斌和陈伟光两人身上。他们每天向六七个记者站布置采访内容，并提出具体要求。晚6时开始，驻地记者的采访素材陆续传到编辑组，他们一人负责处理日常来稿，一人在规定时间把四五千字的素材整理成1500字左右的综合报道。两人虽然业务熟练，依然感到沉重的压力。昼夜不停地拼搏，使体质本来就很弱的万秀斌、陈伟光精疲力竭。万秀斌在完成最后一篇综合报道时，突然休克，倒在了工作台上。临时参加值班的两名年轻记者赶紧把他送到了医院。陈伟光也感到胸部隐隐作痛，可是根本无暇理会。

饱含万秀斌和陈伟光心血和汗水的9篇综合报道，受到王晨社长的表扬。杨振武主任在年度总结中动情地说，编辑组"那些天确实很辛苦，但是同志们没有喊苦，没有叫累，硬是挺过来了。""我们的综合报道，为版面救了急，为记者部争了光！"

自报道党的十六大之后，"主攻手"便成了我们的"二传手"经常扮演的角色。

十六大闭幕后不久，中央组织宣讲团赴各地开展十六大精神宣讲活动。48场宣讲报告会，同一主题，同一模式，相差甚微的场面，要求一天不落地连续报道，给采编工作出了一道不小的难题。负责组织策划这项报道的张忠绞尽脑汁，力求每天的报道都能有点新意，在要闻版连续刊出11组近2万字的报道。在编前会一周评报中，有人评价说："这一连续报道采取多种形式，或综合成文，扫描各地宣讲情况；或独立成篇，有细节，有场景。围绕同一重大主题，日日出新，充分展现了本报驻地记者的采写功力和总部编辑的匠心独具。"

除了完成这些"规定动作"，编辑组还加强了自选综合报道的策划。2004年北方地区供暖期临近时，编辑组针对煤炭价格上涨，低收入家庭取暖面临困难这一普遍关注的问题，安排以如何确保困难群体冬季取暖为主题推出一篇综合报道。黑龙江、吉林、河南、河北、甘肃等记者站接到任务后，积极投入工作，按期发回素材。正在编辑组值班的云南站张帆和施娟将近6000字素材精编成千字消息，第二天就上了头版头条。

这些综合报道，都融入了我们的"主攻手"的辛勤劳动，但署名都是驻地记者，找不到编辑组同志的名字。

　　有时遽然而至的任务压得他们透不过气来。2004年"两会"召开前，有关部门一次就布置了11项调研任务。"面对繁重的任务，没有良策可寻，只有加班加点干。"万秀斌说。

　　组织综合报道与调研性内参目前已成为记者部的常见工作。据统计，记者部近年来总计完成了近50期调研性内参，受到中央领导同志的重视。同样，这些调研性内参也都融入了编辑组的辛勤劳动，但署名都是驻地记者，找不到他们的名字。

　　王晨社长对记者部近几年的变化给予了高度评价："可以说是一年一个新发展，一年一个新进步。"张研农总编辑说："记者部的工作大步推进，进步显著，凝聚力增强，战斗力增强，活力增强，实力增强。"有关专业部的领导也说，近几年记者部在本报编辑部的地位有很大提升。"这与我们'二传手'默默无闻的奉献也是密不可分的!"驻地记者们由衷地说。

2005年2月

# 学会打主动仗

## ——《县委书记刹"三风"》采写回顾

蔡小伟

提要：《县委书记刹"三风"》一稿在6月7日人民日报一版头条刊登后，产生了极大的反响。回顾这篇报道的采写经过，一个最大的体会是，当一名人民日报的驻地记者，必须打好主动仗。

驻地记者怎样才能打好主动仗呢？1.要有较强的政治敏锐性，要把握全局，要做到心中有主题，手中有题目；2.在报道思想的深度和高度上，要有过人之举，力求使所写稿件在更大范围内有指导意义；3.注重对新闻报道的策划，驻站记者的策划应当是超前的、高起点的、有地方特色的；4.要注意上下的"互动"，有了编辑部的支持，记者写稿也就有了底气。

没有想到，《县委书记刹"三风"》一稿会安排在6月7日人民日报一版头条加编者按见报；更没有想到，这篇报道会在安徽省乃至安徽以外的许多地方产生较大的反响。这对一名刚刚下站的人民日报记者来说，确实是一个意外。见报当天，安徽省委有关领导就约见我，省委组织部有关领导也

---

蔡小伟,高级记者,浙江湖州人,中共党员。浙江大学毕业参加工作,2001年调人民日报,先后任人民日报驻安徽、福建记者站站长；现任福建省委宣传部副部长,福建日报总编辑、社长兼党组书记。

专门打来电话。他们首先感谢人民日报对安徽工作的支持，也感谢安徽记者站的辛勤劳动，同时充分肯定这篇报道，说它反映了人民日报作为党中央机关报的政治敏锐性。滁州市委有关领导表示，报道对他们是一种鞭策。安徽全省各地方的干部群众纷纷给有关部门打电话，谈读了这篇报道后的感想。文汇报、安徽日报以及其他新闻单位的同仁，也向报社发来信函称赞这篇报道。此后，报道的影响波及到外省、区，浙江、宁夏、海南等地的读者也纷纷提及和赞扬，宁夏日报等媒体还以《刹"三风"的启示》为题，对报道及启示进行了阐述。

如今平静下来，细细回顾这篇报道的采写经过，一个最大的体会是，当一名人民日报的驻站记者必须学会打好主动仗。

今年4月20日，我到人民日报安徽记者站工作不久，副总编辑梁衡吩咐，去安徽凤阳小岗村看看，那是一个很特别的地方。5月下旬，我来到了小岗村，想采访一些有关党建内容的新闻。县委宣传部的同志向我介绍情况时提到了他们县里正在开展刹"三风"，并已收到了明显的效果。我当时意识到作风建设是当前的一项重要工作，今年又是建党80周年，特别是最近江总书记在安徽考察时对党的作风建设提出了新的明确的要求。这是一个重大主题的报道。经过思考，我向梁衡副总编及记者部副主任钱江作了汇报请示，得到了明确的答复。他们认为这是一个好题材，要抓住不放，认真写好。有了领导的支持和鼓励，我就放心采写。当晚，夜宿凤阳县委招待所，我与县委书记李耀才长谈到子夜。第二天，我又到现场采访了一些干部群众，掌握了大量材料，写成了这篇报道。

一篇报道的成功并不能证明什么，但它留下的许多东西，却让我思考良久。这些天，我一直在思考这样一个问题：当好人民日报的驻站记者，学会打好主动仗是一门必修课。怎样将它修好？我体会，驻站记者要真正在报道中掌握主动权，就必须有政治敏锐性，有不同一般的思想高度和独具匠心的策划意识。

**一、驻站记者要打好主动仗，必须具有较强的政治敏锐性。**我们是党报记者，而且是党中央机关报的记者，党报记者所具备的新闻敏感性从某种意义上来说正取决于他的政治敏锐性，而不是对一些趣闻琐事的猎奇。最近我们都在学习马克思主义新闻观。江泽民同志多次指出，要政治家办报，要有政治的敏锐性。作为人民日报记者，这是首要的基本功。一个驻站记者，远离编辑部，怎样写出报社能用、抢着用的好新闻，这就需要记者时刻了解党中央的意图，了解当前一个阶段的工作重点。编辑部的精神必须领会，但只是等编辑部给我们下达指令，是远远不够的。记者要处于临战状态，要把握全局，要做到心中有主题、手中有题目。敏锐性的培养非一日之功，需要多年的努力。像人民日报许多驻站记者，他们认真学习党的理论、路线、方针、政策，近几年，写出了很多好稿。正是有这些同事作为榜样，我到安徽工作后，也积极尝试用一种人民日报记者特有的政治目光来寻找新闻线索。

今年是建党80周年，加强党的建设，实践"三个代表"是一项十分重要的工作。当我听说凤阳县刹官僚风、吃喝风、走读风时，我就想到了江总书记在十五届五中全会上关于党的作风建设的重要讲话，想到了他今年3月在海南考察、5月在安徽考察时所作的讲话中都提到了党的作风问题。我的直觉告诉我，这应是一则反映我们党的基层干部贯彻实践"三个代表"重要思想、狠抓作风建设的好新闻。于是我抓紧采写成稿。

敏锐不仅仅在于发现新闻，而且要贯穿采访、写作的全过程，用于指导新闻材料的筛选、提炼报道的主题，甚至文章的遣词造句。在采访时，凤阳县正在进行"三个代表"重要思想的学习教育活动，刹"三风"就是在这个背景下开展的，如果脱离了这一背景，刹"三风"就没有思想和灵魂。因而在采访和写作中，我牢牢把握这一点，报道的主题始终围绕"三个代表"重要思想的学习教育和贯彻落实。

二、驻站记者要打好主动仗，除了在突发的新闻事件面前能快速反应并牢牢捕捉之外，还要在报道的思想深度和高度上，有过人之举。人民日报的权威性体现在哪里？很大程度上体现在报道有深度、高度、力度。驻站记者的视野往往被一个省的省情所局限，写的稿子以点为多。如果这些点上的稿子没有深度和高度，编辑部很难采用。源于一省而高于一省，是我们发稿的着眼点。回顾一年多来，人民日报驻站记者发稿量不断增加，一个重要的原因是他们写出了不少有思想深度的好稿。像《谁来教育富裕起来的人们》等等。学会思考、写出思想，是我们打好主动仗的要诀之一。

我们讲以正确的舆论引导人，主要是以正确的思想引导人，一篇没有思想的新闻或思想深度不够的新闻，就不大可能引导人。在我下站前，报社许多领导和前辈反复叮咛我，写报道要写出思想，写出深度。正是遵循这些教诲，我在采写《县委书记刹"三风"》一稿时，努力体现它的思想性。老实讲，农村中存在的吃吃喝喝、乡镇干部走读及某些官僚习气还是较普遍的，对这些现象零零星星的批评也是经常的。如果稿子仅仅停留在一般的工作层面上，而没有挖掘出更深的内容并通过这些事实折射出如何以"三个代表"重要思想为指导，加强党的作风建设的深刻内涵，那就不会成为一篇有影响的新闻。今年6月，宁夏日报等媒体以《刹"三风"的启示》为题，组织了一些报道，也正是受启发于这篇报道的思想，特别是编者按的思想。

人民日报是全国第一大报，报上推出的典型，不管是点上的还是面上的，都必须是高屋建瓴的。古人讲，登高而望远，高才能辐射全国。凤阳一个县委书记的工作，在全国来讲，可谓很小，如果没有高度，就发不出来。因而在采写的过程中，我一开始就把它放在全国基层干部应该如何实践"三个代表"

重要思想、各级党组织在基层如何增强其战斗力的高度来进行，并努力发掘一些有更大范围指导意义的新闻事实，从而使稿子不仅在安徽有较大的影响，而且在其他省市也有一定的影响。

要体现高度和深度，就必须处理好日常信息的及时反映和重大主题报道的深入调查、深入思考的关系。一般讲，人民日报的报道，都必须有思想，都要努力做到有高度和深度。特别是重大主题报道，一定要有思想，思想是重大主题报道的重要组成部分。报道的思想又来自于新闻信息，思想是新闻事实中自然流淌的血液，离开了新闻事实也就没有了新闻中的思想，思想不是客里空。在《县委书记刹"三风"》的采写过程中，我努力用事实说话，通过事实来反映报道的思想，使稿子开门见山地告诉基层干部，要像李耀才那样狠刹"三风"，与群众同甘共苦，说实话，办实事，讲实效，这样才能密切党与群众的关系。

三、驻站记者要打好主动仗，也应该注重对新闻的策划。驻站记者要不要策划，能不能策划？这是我们一直在思考的问题。《县委书记刹"三风"》一稿能引起较大反响，证明了驻站记者在组织报道时同样需要一定的策划，而且这一策划必须是超前的、高起点的、有地方特色的。驻站记者的策划不同于编辑部的策划，前者是个体的，后者是群体的；前者的策划是局部的，后者的策划是全局的。从一定意义上来说，驻站记者的策划要难于编辑部的策划，他受到的限制较多，但策划得好，就会起到事半功倍的效果。我体会，驻站记者的策划应该包括配合编辑部战役报道实行角色定位，对一个阶段重点报道的选择和安排，一篇稿子主题、角度的确立等。

我到安徽工作时，正值建党80周年前夕，加强党的建设应该是这一两个月的报道中心，也是编辑部这段时间的重大战役报道。只要围绕这个大主题进行报道的策划，大体会成功。安徽省的党建工作这几年非常有特点，怎样报道好？这里就有一个策划的过程。一个农业大省，又是我国农村改革的发源地，什么样的党建报道题材更具有典型意义？一般应该是发生在农村有关党的建设的新闻。凤阳县是安徽农村改革的带头地区，20多年前，首先在那里实现了农村大包干，拉开了农村改革的序幕。这几年，那个地区的党组织以其满腔的热情和扎实的工作，带领农民群众走上了更加富裕的道路。我经过策划思考，首先把目光投向了那里，现在看来选择凤阳这个典型选对了。

此外，驻站记者的策划应该是超前的，决不能慢半拍。由于我们远离编辑部，存在着报道上的时差，如果没有适当的提前量，许多报道会成为明日黄花。因而，前瞻性是驻站记者新闻策划的重要保证。我们必须自觉把握编辑部在每一个阶段的报道意图，根据自我的判断，学会打时间差。《县委书记刹"三风"》一稿写在江总书记"七一"前夕两次考察讲话之后，为学习贯彻讲话及时提供了很好的典型。此外，以正确的舆论引导人，本身就要求我们站在舆论的前面进行引导，这样才能唤起人们的注意。《县委书记刹"三风"》一稿发表后，安徽省及省外的许多县委书记打电话给我，说这篇报道指导了他们的工作，是雪中送炭。恐怕原因也就在此。

**四、驻站记者要打好主动仗，还要注意上下的"互动"。** 一篇稿子能否成功，取决于编辑和记者的共同努力。驻站记者在任何时候都要发挥自己的主动性，但同时在任何时候都离不开编辑部的指导和编辑的指点。稿子从采写到发排、出版是一个系统工程，记者和编辑在当中都起着对方不能替代的作用，而在这中间，编辑部和编辑永远是轴心，是我们驻站记者的"靠山"，有了编辑部的支持，我们写稿也就有了底气。在写《县委书记刹"三风"》一稿的过程中，我几次请示编辑部，稿子传到报社后，编辑和领导又作了精彩的修改，特别是编者按的配加、版面的突出处理，使稿子大为增色，为稿子后来所产生的影响奠定了基础。

上下"互动",要突出在一个"互"字上,它不是简单的编辑部出点子,记者出稿子。这种"互动"是默契的、讨沦式的,它能产生聚合效应,在上下来回的过程中能丰富报道的主题、内容。有专家评价,《县委书记刹"三风"》是一篇文风有改进的好报道,朴实无华,文字精炼。其实这里有编辑的功劳,是他们的精心修改才有了今天稿子的模样。长期以来,我们驻站记者写的许多好稿中都流淌着编辑的汗水,记者和编辑的"互动"是永恒的。

2001 年 8 月

# 点亮新闻报道自身的"风景线"

何 伟

宁波杭州湾跨海大桥将是世界桥梁史上的丰碑,已属意料之中;传媒界视这座丰碑的宣传现象为成功范例,却在意料之外。

2003年6月8日,海内外媒体把目光聚焦上海南翼一座并不响亮的城市,中外记者云集中国海岸中部一个空旷的滩涂,为的是报道一座即将开工的桥梁工程,以及桥梁工程背后的经济风景线。孰料,新闻报道自身的"风景线"也被点亮了。

人民日报驻宁波记者站,作为这次战役报道的主力军之一,发挥自身优势,积极参与新闻事件全过程的策划、采写,进行了成功的运作。

## 精心策划

桥,是宁波人开放的经络、开拓的臂膀。然而,在宁波无数的桥中,还从未出现过一座大桥让宁波人如此梦萦、如此沸腾。表面看,这座大桥是我国改革开放以来又一特大型建设工程。全长36公里,总投资约80亿元,建成后,将成为世界第一桥。深层的价值是,将改写"长三角"区域竞争的格局,标

---

何伟,高级记者,中共党员,浙江余姚人。1984年大学毕业分配到人民日报海外版,后任人民日报驻河北记者、宁波记者站站长。现任宁波市委宣传部副部长。

第一辑 时代的足迹（续）

2002年3月，浙江宁海县桃园街道西园村村民上访，何伟站长认真听取来访者反映的情况，而后进行深入调查并督促有关部门帮助解决问题。当年5月，村民自发到记者站送锦旗。

志处于苏南和温台模式之中的宁波，将出现发展战略的大转折。宁波从未有过如此浓厚的"大桥情结"，也从未像今天这样充满紧迫感、急切感。

有了这么好的报道题材，还需好的策划。俗话说，不打无准备之仗。策划中我们发现选择6月8日举行大桥奠基，至少与国内两条重大新闻"撞车"，可谓"生不逢时"。6月的中国，正是抗击"非典"的关头，对"非典"造成的经济影响多有议论。从经济领域看，三峡水库蓄水这一世界级的工程也发生在6月初。这些要闻，连续多日占据着报刊的重要位置和电视屏幕。

在这样的背景下打出"宁波牌"，必须强化策划意识，提高操作水平。理由有三：其一，如果不进行强化宣传的运作，前有三峡蓄水，后有洋山港东海大桥、南通长江第一桥等，宁波杭州湾大桥的新闻影响显然要被冲消或埋没。重大新闻"撞车"导致本来可在要闻版刊发的，退而变成次要新闻，这类先例不少。其二，即使宁波杭州湾跨海大桥是座新闻"富矿"，如若充分发挥影响力，也有发掘的必要。宣传技巧之一就是把握好宣传的"度"，冷饭要加温，甚至反复"炒"热，实现宣传效果最大化。其三，这次宣传攻势，直接对象是跨海大桥，要借大桥推销宁波品牌，着力点放在对宁波经济走向、"长三角"合作和走向国际化的深层主题上。

应该说，宁波市委主要领导机遇意识是很强的。"抗非典不松劲，抓发展不停步，逆势而上。"宁波市委书记黄兴国早在4月的一次全市领导干部大会上提出要借大桥的舞台唱开放的大戏，建议"有关部门应好好策划一下"。这本该是驻站记者的用武之地。然而，一方面记者站只是报社的"采购员"，并无版面权；另一方面，记者站作为报社的派驻机构，不直接参与地方的决策。"两头不靠"是我们的弱项，但换个角度看也是我们的强项。作为"中介"，把最长的大桥工程和国内最权威的媒体链接，没有谁比我们更有优势。我们记者站分别给宁波市政府和人民日报社两份策划书。其中强调：6月8日举行的杭州湾大桥奠基仪式，是宁波市委、市政府响应中央"一手抓抗击非典，一手抓经济建设"的部署，在特殊背景下采取的大动作、大手笔，是扩大宁波形象，鼓舞全国士气的好题材。我们认为，其意义已超出大桥本身的经济价值。因此建议，以大桥奠基为契机，向海内外掀起宁波发展势头强劲的宣传冲击波。不就事论事，而延伸宣传链，把文章做大、做深、做透，求得实效。

我们添加的这把火很快有了回音。宁波市领导和大桥指挥部负责同志表示赞同。市委宣传部主管领导、市外宣处和大桥指挥部负责宣传的同志共同参与，积极协调，一套高起点的策划新方案应运而生。

为取得编辑部的重视和支持，提高报道规格（大桥工程开工通常只发一条简讯），我们主动与报社联系、汇报，推销"产品"。没想到的是，编辑部的反馈，除了震动，还是震动。宁波能造这样的桥么？这么大的工程怎么没有一点风声？这是一条"大鱼",应好好策划。值班副总编当即表示:报道可上一版。并建议配发一幅示意图,让读者对地理方位一目了然。

天时地利都具备了。记者站内部当即作了分工,提前一个月便进入了临战状态。由于沟通及时,总编室、海外版和华东版领导相继临甬,实地考察,出谋划策。当时,神州大地,非典肆虐,出行测量体温,填健康表。街市萧条,店家冷清。特别是来自北京的记者行走不便,处处受阻,由于记者站的周密安排和热情招待,采访如期进行。考虑到大桥的直接影响是在华东地区,所以我们先从人民日报华东版开篇。5月初,华东版总编辑赶赴宁波,现场策划,并和记者站的同志一起,成为最早投入采访的先头部队。

### 成功实施

如何把新闻资源能量充分释放出来,达到效果的最大化?我们在操作上把有限的新闻资源分解细化,由浅入深,循序渐进,拉长报道的链条,而不是一"稿"打尽。具体是时间上做长,内容上做大,报道上做透,形式上做活。

**时间上做长**。新闻事件发生的时间区间在一两天内,但我们前伸后延,报道延续至一个多月。相继掀起三轮冲击波。第一轮冲击波,奠基仪式之前造势。大桥报道的正式"亮相"从高规格开始。"隆隆机声划破杭州湾的宁静,碧波中游龙穿梭,一座比旧金山金门跨海大桥长15倍的双塔钢筋混凝土斜拉桥,即日将从宁波和嘉兴南北两岸同时兴建。这座总长36公里的世界最长的跨海大桥,将使与上海隔湾相望的宁波步入上海两小时交通圈,为'长三角'经济一体化疏通'血脉'。"这是人民日报5月5日头版头条的第一句话,题为《宁波:倾力构筑开放新优势》。随后,《人民日报·华东版》隆重推出"宁波活力"系列报道:《抢先半步天地宽》、《三驾马车拉动产业立市》、《走出去,外面世界很精彩》。三篇报道引发上海媒体的关注，上海文新集团据此立即派出报道组到宁波采访。第二轮冲击波，奠基仪式期间的重头戏，在6月9日形成高潮。打开这天的人民日报，从头版翻到华东版，大桥报道共刊登稿件6篇，图片两幅，示意图一张，创下了"计划外"新闻报道的纪录。第三轮冲击波在奠基仪式后，以深度报道和解释性报道为特征。如《跨海大桥动了谁的奶酪》、《世界第一桥四问》、《宁波"两桥"激活全盘经济》、《同是民间投资　两桥境况两样》等。

　　**内容上做大**。从大桥工程本身跳出来，从经济报道跳出来，多视角、全方位透视，找出"抓人"的新闻点。大桥本身的信息量有限，但把大桥放到政治、经济、社会的背景中考察，许多有价值的新闻点就会"显影"。如：从政策上看，有民间资本的待遇问题，《人民日报·经济周刊》头条配言论《同是民间投资　两桥境况两样》，将大桥与泉州的一座陷入困境的大桥比较，提炼出政府应让利于民的时代主题。从生态上看，有"壮观天下无"的钱江潮会不会受到影响的问题，《跨海长桥不会影响钱江潮涌》就是从经济写到生态和环境，并借用权威人士之口，介绍了两年前，浙江省水利水电河口海岸研究设计院研究人员在杭州湾观测水流和潮汐，绘制了细致的杭州湾海底地形图，并据此制造了杭州湾动床模型，运用先进设备，模拟直观海潮。研究发现，钱江潮在高阳山一带起潮，离大桥上游尚有30多公里，因此，大桥不会截断闻名于世的奇观钱江潮。从区域经济上看，涉及历来是"雷声大雨点小"的长三角经济一体化问题，《跨海大桥让长三角兴奋》指出宁波因此将纳入上海"两小时交通圈"，步入沪甬合作第三次高潮。从政治上看，有抗击非典时期鼓舞人心的宣传价值，《宁波"两桥"激活全盘经济》就是一篇鼓劲之作。从城市化看，《一座长桥与一座丽城》写宁波城市"桥"多亲水的特性。如若单看大桥项目本身，也许只有一个亮点。如此，一座桥至少生出5个诱人的新闻点。

**报道上做透**。方法是在宏观性和普遍性上做文章，在敏感问题上找契机。这次大桥暗藏的一个"大新闻"是民资首次控股国家重大基础设施项目。政策上的敏感，项目上的创新，无疑是新闻的热点。记者的第一稿涉及了这部分敏感内容，有关部门建议删去，怕引来不必要的麻烦。当时记者了解到中央并无禁止民资的规定后，认为回避不是上策，便以《118亿元投资从何来？》为题有克制地报道了出去，成为最早触及这一敏感问题的报道之一。此后许多媒体也在这方面继续报道，落墨不少。从效果看，没有出现负效应，反倒为民资参与国家基础设施建设营造了良好的舆论环境。拉长报道的链条是做深做透的有效手段。奠基仪式结束后，我们没有鸣金收兵，而是乘胜进军，与编辑部沟通，挖掘深度报道的题目。大桥奠基消息公布后，读者的疑问随即而来，中国人能造世界最长跨海大桥吗？大胆设想何以"浮出水面"？118亿元投资从何来？大桥会影响举世奇观钱塘潮吗？《世界第一桥四问》（6月12日五版头条），便是前方记者与读者互动的成果。特别是6月30日《人民日报·经济周刊》头条配言论《同是民间投资 两桥境况两样》，更蕴涵着编辑与记者精心策划后衍生出的产品魅力。就在宁波杭州湾跨海大桥欣然而至的同时，泉州刺桐大桥却面临困难。同为民间资本投资，其遭遇为何如此不同？沿着如何对待民间资本参与重大基础设施这一问题，我们与福建记者站讲了两座桥一甜一苦的故事，从而深化了宁波在大桥项目上不但让利于民，还倾心为民间资本创业服务的主题。

**形式上做活**。从消息到通讯，从新闻分析到图片图表，从专访到特写，甚至广告专版，十八般武艺一起操练。这在6月9日的人民日报得以充分体现。打开这天的人民日报，头版是由《宁波杭州湾跨海大桥奠基》（特快专递）和《跨海长桥不会影响钱江潮涌》（新闻链接）两篇消息，外加一幅示意图组成的专题，版面这种突出处理体现了编辑的重视。翻到华东版，头条是通讯《长虹卧波终有时——写在宁波跨杭州湾大桥奠基之际》和《市长爱用的高频字》一组报道。第4版则是形象展示《一桥架南北 串联杭州湾》和《大桥视点》，这组全方位、图文并茂的报道，形成了强大的传播冲击力。

## 有益启示

人民日报总编室一位负责同志事后评价：按惯例，一项地方基础设施开工，人民日报的规矩一般是发一条消息即可，至多加一篇通讯或照片。而宁波大桥的报道，形成几次宣传浪潮，在人民日报历史上是不多见的。

据统计，人民日报两个月内发了近20篇稿件。其中，人民日报8篇（含头版4篇，头条一篇），华东版11篇（头版3篇，头条1篇），海外版4篇。其中6月9日的人民日报，一天就有6篇报道分布在不同版面上，可谓有数量；其中4篇分获不同奖项，可谓有质量。

报道产生的效应是多方面的。就受众来看，掀起了宣传大桥的冲击波；就项目主体来看，仪式既体面又隆重，起到广而告之的作用；在宁波人看来，大大提高了宁波的知名度；在媒体宣传研究者看来，是一种有借鉴意义的"新闻现象"。新中国除了南京长江大桥，似乎还未有一座大桥的奠基报道，宣传如此隆重，冲击波如此强烈，影响力如此持久，是走向世界的宁波为数不多的成功自我推销。成功的实践，也给我们留下了一些有益的启示。

1. 重视新闻策划，提高传播竞争力和影响力。"三贴近"是党中央对新闻工作的要求，如何"三贴近"？记者功能向前延伸，积极参与策划，提供中央满意、地方满意、群众满意的报道，是一种有效方法。信息时代媒体竞争激烈，争的实际是宣传效果。提供能够打动人的报道，进行有效宣传，也就成为各媒体的主攻点。除了找米下锅，还要善于策划，善于正面运作。这是一种宣传水平和技巧，也是记者应该掌握的业务技能。

2. 发挥团队优势，前方记者和后方编辑协同作战。前方记者在现场，但有局限；后方编辑站得高，信息灵。好的策划是编辑、记者共同努力的结晶。获奖的作品大都凝聚编辑的心血。

3. 延长报道链，按照"你有我快、你快我新、你新我深、你深我特"的要求采写报道，是抓新闻精品，提高影响力的有效方法。这次战役报道，从开始就已跳出大桥本身的范围，巧用大桥作"引子"，响亮地推出"宁波名片"。

如果说我们的报道有高出一筹的地方，"上半场"有赖占据天时地利，以"快"抢得宣传的先发优势；"下半场"则靠立意高的深度报道取胜。需要指出的是，我们只是参与这场大赛的选手之一。参与报道大桥的媒体和记者各领风骚，佳作迭出。特别是后期，一些深度报道、专业报道涌现，是我们所不及的，值得我们认真学习。

2004 年 4 日

# 采写《点燃自己　照亮别人》的追忆

陈国琦

1990年3月中旬，我和新华社两名同志，到唐山刘庄煤矿采访，被矿上干群间亲密无间团结奋斗的精神深深打动。我们运用当地工人的语言，抒发工人的情感，以"刘庄煤矿工人谈他们的带头人"的方式，写成《点燃自己　照亮别人》长篇通讯，在记者部领导和总编室同志的大力帮助下，刊发在1990年3月23日本报一版头条位置，受到了两会代表、委员的欢迎和李瑞环、倪志福等中央领导同志的表扬，也被评为报社好稿，受到好评。

到刘庄煤矿后，我们没有急于找矿领导听取汇报，也没有忙着翻阅矿上的有关资料及媒体的相关报道，而是一头扎到工人群里，在井上、井下、食堂、宿舍，随时随地和工人聊天，以了解矿上的真实情况和工人的真实感受。让我们大为震惊的是，凡是我们接触到的工人，都异口同声地称赞矿上的"头儿"好，待工人亲如兄弟，自己又以身作则，吃苦在先，享受在后。有这样的"头儿"和我们贴心，我们"舒心"，干活"顺心"。

----

陈国琦，高级记者，中共党员，河北省行唐县人。1968年大学毕业分配到天津市河北区委工作，1984年任共青团河北省委《青春岁月》杂志主编，1987年10月调入人民日报驻河北记者站，任首席记者、记者站站长。

对工人这种炽热的感情，对矿上干群之间这种鱼水情谊，怎样才能确切地，原汤原汁地表达出来呢？当时，我们设计了两种方式：一是记者直白，用记者的感受和语言平白直抒地写；二是从矿领导的角度，居高临下地讲，做报告式地写。但刚开始写，便陷入了僵局：语言不生动，感情不真挚，官样文章味儿太浓。于是我们又把采访笔记翻了几遍，把采访工人时的情景进行了回味，书写工人的情感，只能用工人的语言来表达。于是，我们确定了通讯的角度是，矿上工人谈他们的带头人；通讯语言用工人的话，通讯的思路和框架就明晰了：先是用工人语言串起4个小称题，按顺序分别是"首先是工人的亲兄弟，其次才是'头儿'"，"危险时刻，干部上，工人撤"，"遇上好事，干部让，工人上"，"天塌下来，我们和矿领导一起撑"4个称题，展示了矿上干群鱼水关系的4个方面的表现和产生的效果。第一层是反映矿领导从感情上把工人当成亲兄弟、手足情；第二层、第三层是反映矿领导在实际行动上吃苦在前，危险抢前，而享受在后，好事让出；第四层是反映工人对矿领导嘉言懿行的回应和领导心往一处想，劲往一处使，同甘苦、共患难、齐心协力，把矿上的事情办好。就是天塌下来，也要和矿领导一起撑。干群紧密团结拧成的擎天柱，正是刘庄煤矿战胜一切困难的力量所在。

在每个段落行文上，也尽量用工人语言表达。如反映矿领导把工人当成亲兄弟，文中这样写道："他们把工人的事儿看成是自己的事儿，秦玉柱23岁，没对上'象'，矿领导替他着急，亲自出马当红娘，帮他建立了小家庭。""现在哪个厂矿没有小汽车？我们矿领导却邪门儿，先买大轿车接送工人上下班，还立了规矩：一线工人坐软座，矿领导带马扎坐过道。为这，我们管他们叫"'马扎书记'，'马扎矿长！'"工人的语言朴实无华，对矿领导的感佩之情，却跃然纸上。

反映干部见危险上，让工人撤的段落中有这样一段："你们比咱工人见识多，你们说说，如今的厂长经理该是啥模样儿？我们矿领导手上有老茧，身上有煤灰，不是西装革履，不够份儿是不？可说心里话，在刘庄矿，大家还是喜欢我们这样的'头儿'。因为他们的汗和我们往一块流，劲往一块使，心也贴得更近。"工人言语中，充满了对矿领导同工人心贴心，肩并肩的赞誉。

矿领导不以权谋私。"你们也看见那间小棚子了，'矿长太太'侯金芝就在里边开从井下提煤的'爬坡车'，这是井上最脏最拴人的活儿；由于'三班倒'，开头儿有3个女工，如今飞了两个，我们看不过去吵着让矿长给她调工作。"老贺一听就笑哈哈地说，我当工人时，她干这活儿，我当了矿长，她就干不了啦？掷地有声的回答，生动直观，不须多用笔墨。

当然，运用工人语言，必须熟悉工人，了解他们的好恶，体察他们的疾苦，这样才能真切地表达他们的感情。这需要付出长期的艰辛和不懈的努力，不是写一篇通讯就能奏效的。我愿朝这个方面继续努力、不断进步。

2007 年 5 月

# 写稿杂忆

王启明

1993年初,我被调入人民日报时,已经是快50岁的人了。这之前,我在安徽日报工作了23年,干过编辑、驻站记者,也当过部门的头头,还任过编委。若论采访、写作新闻稿的经验,也积累了一些,勉强也算个"老新闻"了。但是,跨入人民日报大门,所见所闻所感,好像自己是个刚刚涉入新闻的初学者。我到人民日报的第一件事,就是参加1993年1月例行的国内记者工作会议。会上,无论是声名远播的老记者章世鸿、萧荻、王艾生和我们安徽站的张振国,还是才华横溢的中青年记者龚达发、李杰、王楚、阎晓明等,他们发言时旁征博引,纵论天下,谈古论今,指点江山,使我陡然感到这支记者队伍真是不同凡响,可谓人才济济,藏龙卧虎。坐在会场一角的我,自叹弗如,隐隐地承受着一股无形的压力。

在人民日报这个温暖而充满竞争的环境里,身边到处都有老师,我一直默默地向那些思想敏锐、写作精到的老、中、青记者学习。同时,自己也在实践中不断地摸索、积累一些经验。

## 登高望远

在纷繁复杂、光怪陆离的现实社会生活中,记者不是录像

---

王启明,高级记者,中共党员,安徽怀宁人。大学毕业,1968年参加工作。1970年8月—1993年1月,任安徽日报编委、部主任,1993年1月调人民日报驻安徽记者站站长。

机，有什么就写什么。写什么不写什么，什么是有新闻价值的新闻事实，怎样捕捉到一些前瞻性强、对社会发展有推动作用的新闻主题，这都与记者的思想理论水平息息相关。所谓站得高，看得远，立意好，主题新的报道，讲的就是这层意思。

　　上个世纪80年代后期和90年代初期，我国改革开放的大潮风起云涌，各种新思想、新举措层出不穷，小城镇建设就是其中的一道独特的风景。1994年6月，安徽省率先举办了"小城镇建设理论研讨会"。会上，著名社会学家费孝通、著名经济学家于光远等发表了许多真知灼见，地方上的党政领导也介绍了建设小城镇的经验和做法。会后，安徽省委、省政府立即形成了《关于小城镇建设若干问题的暂行规定》的文件。在安徽省委、省政府的推动下，全省各地的小城镇建设蓬勃兴起，像模像样的小城镇雨后春笋般地在各地出现。我感到这是一个很好的新闻事实，于是断断续续花了一个多月的时间，采访了从淮北到江南的20多个小城镇。手头资料一大堆，看来看去很难理出个头绪来。当时，如果写一篇动态性的新闻，应该说是很容易成稿的，但又觉得没有什么意思；若是从发展农村经济、解决农村富余劳力出路等角度去写稿，也可以成为一篇不错的稿件，然而还是迟迟没有动笔。

　　苦思冥想中，忽然浮现出过去在理论学习时所学的"消灭城乡差别，是马克思主义关于建设共产主义社会的一个基本条件"的论断，使我的思路立即豁然开朗：提高城市化水平，实现"乡村城市化"，小城镇建设正是其一个重要步骤。于是，我以《农村城市化的希望——安徽省小城镇建设述评》为题，分"大包干呼唤小城镇"、"潮起潮落终有时"、"城乡一体共富共荣"3个段落完成了稿件，很快在要闻版头条位置刊出。此稿由于立意比较高，受到了各方面好评。

　　1990年之后，每逢春节前后，大批在沿海地区和一些经济发达的大城市打工的农民工返乡过春节，人数一年更比一年多，车站、码头到处是拥挤的等待乘车船的民工，乘车船难的情况日益严重，交通秩序混乱不堪。这时，社会上各种议论不绝于耳：说农民工是"盲流"啦，城市治安的"害群之马"啦，春节探亲的"乱源"啦，等等，不一而足。对这个问题到底怎么看，是坏事还是好事，是阻止还是引导，不同阶层的人有不同的看法。作为常驻劳务输出大省安徽的记者，我也陷入深深的思考。

当时，农民工主要集中在四川、安徽、河南等几个农业大省和人口大省。这些省与沿海地区、经济发达的大城市之间的交通在春节前后更是紧张。农村家庭承包制的实行，农村劳动生产力得到极大的提高，富余劳力越来越多，他们必然要寻求新的出路；与此同时，沿海地区、经济发达的大城市，由于经济发展突飞猛进，急需大量廉价劳力。这种需求关系注定了农民工大量的、汹涌的流动，这是不以人们意志为转移的客观存在，更是每个国家工业化过程中的必然趋势。农民工大量进城，不仅促进了经济的快速发展，而且为自身的脱贫致富找到了新的途径。更可喜的是，农村劳动力的大量转移，正是我国迈向工业化国家的重要步骤。通过深入细致地分析，我认为既要充分肯定农民工进城打工的正当性，又要采取措施缓解春节前后交通混乱状况。在劳动部门的配合下，经过调查研究，我采写了《强化管理 沟通信息 安徽引导民工有序流动》的稿件，本报在1994年2月20日头版头条刊出，收到了良好效果，成为各地纷纷仿效的经验。

## 议论风生

有人说，采写新闻稿之前，围绕一个新闻事件，或者某个新闻主体，记者和相关人员在一起七嘴八舌、议论风生很重要。在酝酿、采访、写作有些稿件时，我也有这样的体会。1996年3月28日本报头版头条《荣事达的哲学大视野》就是在七嘴八舌、议论风生中形成主题和思路的。

90年代，在激烈的市场竞争中，安徽有"美菱"、"扬子"、"荣事达"三大家电企业横空出世，它们生产的冰箱、洗衣机畅销全国，成为响当当的知名品牌，也是安徽这个农业大省的"娇子"和"宠儿"。1995年之前，人民日报就在头版头条报道过"美菱"、"扬子"。相对于"美菱"、"扬子"，"荣事达"是个后起之秀，同时它还是个大集体企业，我和刘杰感到对"荣事达"有报道的必要，省里有关方面也有这样的期盼。企业办得很成功，不等于记者采写的稿件就能成功。我们搜集了"荣事达"相关材料，也和"荣事达"的同志进行了接触，但始终没有理出个头绪来。

就在这时，当时的副总编辑保育钧来安徽记者站检查指导工作。在向他汇报工作时，我们把"荣事达"这个报道线索作了汇报，他也到"荣事达"作了考察。"荣事达"的"零缺陷管理"、提高产品科技含量开拓市场、勇于否定自我等做法都给保副总编留下印象。进餐时，满满一桌，10多个人，董事长兼总经理陈荣珍、办公室主任张昭、宣传部部长李呈三等都在座。餐叙时并没有专门谈报道，但话题大多还是涉及企业的方方面面。大家东扯西拉，问问答答，好不热闹。席间，办公室主任张昭讲到他们和省社会科学界合办了一个刊物，刊名叫《哲学大视野》。张昭话音刚停，保育钧副总编就喜形于色地大声对我说道："王启明，题目出来了，你们就写《荣事达的哲学大视野》！"举座愕然，随后便是一片赞同声："这是一个好点子。"我们按照保育钧副总编思路进行采访，由刘杰执笔写成长篇通讯。此稿发表时，编辑部还加了编者按，说"时代呼唤哲学，哲学推动改革。荣事达集团的领导者重视运用唯物辩证法分析和解决企业发展中的各种矛盾，取得了可喜的成果。更多的企业也这样办，那么就必将在神州大地出现一个经济繁荣和哲学繁荣并举的欣欣向荣的新局面"。此稿得到了报社内外的一致好评。

1993年秋，我到皖东南宣城地区采访。这是一个才成立

10来年的新地区，虽然毗邻江浙，地理位置优越，但经济发展比较落后。当时地委、行署领导全区干部、群众进一步解放思想，深化改革，认定目标，急起直追。我跑遍了所属7个县、市，看到各地经济形势都呈现出很好的发展势头。回到行署所在地宣州后，又和行署专员、有关部门负责人开了一个座谈会。专员徐炎是我的老熟人、老朋友，我在安徽日报做驻地记者时，他曾是我们的通讯员，是个新闻内行。会上，我既请他们介绍情况，又放下大报记者的身段，请他们做老师，帮助选取稿件的写作角度。因为人头熟，彼此讲话无所顾忌，公讲公的意见，婆讲婆的道理。议来议去，莫衷一是。事后，我仔细地回味每一个人看法，其中专员徐炎说到的后发优势问题，使我茅塞顿开，于是，《皖东南后来居上》的稿件就成稿了，本报在头版头条予以发表，这对相对落后的地区是个激励和鼓舞。

## 另辟蹊径

当下，新闻竞争愈演愈烈。对此，安徽站老记者张振国有句名言：人无我有，人有我新，人新我巧，人巧我深，人深我特。这是一个老记者从业心血凝聚的经典。简言之，就是："我的和你的不一样。"

新闻竞争主要可分两种情况，一是各家新闻媒体记者对同一新闻事件或新闻事实都有强烈的采访欲望，抢时间，抢采访对象，抢在别人发稿之前，发出稿件，并争取出好稿；二是带有中国特色的"规定动作"，按照安排，常常十多家新闻媒体记者在同一时间，同一地点，依照同一主题，采访同一采访对象，并在同一时间发稿。各媒体记者得在"五同"中露身手，显功力。我想就第二种情况谈点个人的体会。

我第一次参加"规定动作"采访是在1997年春。当时，中央宣传部门要求宣传一批创建城市文明示范点，合肥市新兴的住宅小区"琥珀山庄"名列其中。"琥珀山庄"坐落在合肥市极具特色的环城公园的西侧，依坡傍水，红瓦白墙，错落有致，一派徽式建筑模样；管理也很人性化，精细到位，居民虽然来自四面八方，邻里间却能和睦相处、相互照应。这个小区曾夺得全国住宅小区建设"金牌奖"。在集中介绍情况后，我们又实地考察、访问、座谈，并多次出入居民家庭探访。结束采访后，难题来了，怎样写出一篇人民日报所需要的报道？稿件既要体现组织者的意图，即小区的文明创建，又要写出别于其他媒体稿件的特色来。认真地思考、琢磨后，我决定以文明创建贯穿文章全篇，突出人性、祥和、友爱的主题。

在写作过程中，我注意把握这样几个方面：一、标题。标题是文章的眼睛，新闻标题更是这样。我想，小区的名字叫"琥珀"，琥珀有着斑斓柔和的色彩，给人一种温馨的感觉，用《温馨的"琥珀"》为题，正好切合人性、祥和、友爱的主题。二、笔调。如果按照轻车熟路，用那种枯燥干巴、新闻八股式的语言和方式来写，很难表现出"温馨"这样的主体面来，我就采用散文笔法来写。文章的开头这样写道："说它是公园，却分明是个住宅小区；说它是小区，却像一座公园。合肥市琥珀山庄住宅小区，犹如一颗明珠，镶嵌在合肥市的翡翠项链——环城公园的西侧。仲春时节，记者来到琥珀山庄，只见红瓦、白墙、绿树、碧水，依坡就势，造楼置景。草地、假山、藤架、凉亭、曲桥、湖水和园林石径点缀其间，俨然一幅都市中的山水画。"这样的描写比直叙更能吸引读者。三、材料选择。采访的材料很多，为突现主题的需要，我将那些有人情味的事例找出，其他的东西统统舍弃。选取人性化管理、贴心般服务、邻里间友爱、人人珍爱小区等方面材料，写入文章后，较好地勾画出"琥珀山庄"这个文明小区的风貌。稿件在本报头版头条发表后，其他媒体的同志都认为有个性、有特色。

1998年9月，江泽民总书记来安徽考察农业和农村工作，本报有何加正，新华社有文字记者何平、摄影记者樊如钧等多家媒体记者跟随采访。我和新华社安徽分社文字记者沈祖润、摄影记者于杰，作为驻地记者也参与采访。何加正告诉我：此次发消息、通讯各一篇，由他和何平负责完成，将我和沈祖润分别在消息、通讯上挂个名字。如此一来，我好像就无事可干了，但心有不甘，于是就拨弄起相机，设法拍摄几张像样照片来。

按照行程安排，9月23日下午，江泽民等同志将到凤台毛集镇稻田中察看即将收割的水稻，我觉得这是个很好的拍照机会，这个场景最能反映此次视察的主题。下车后，我拿着小傻瓜相机抢跑到稻田中，其他记者也举起"长枪短炮"式的高级相机赶来。当江泽民总书记来到稻田里，高兴地接过一位老农民递给的一束稻穗时，我赶紧按下了相机的快门。冲印出片一看，构图、场景、人物情绪、整体效果都出奇的好。照片传回编辑部，随同消息在头版突出位置刊出，也算作这次采访中另辟蹊径的一个成果。

2007年2月

# 在报道中升华情愫

## ——方永刚典型系列报道的思索

王金海

2007年3月，我在北京参加报社组织的全国"两会"报道，还有两天会议就要结束了，紧张的报道任务就要完成。本想按照报社的通知，休息一周，与家人团聚。但突然接到记者

2006年7月7日，记者王金海（右一）再次来到辽宁师范大学88岁高龄的退休教授、大连市年龄最大的义工张贞慧家。图为张贞慧老人阅读人民日报报道她的事迹的文章《有一份爱源远流长》。

部通知，让我到海军总部参加海军大连舰艇学院教授方永刚的报告会，紧接着就要返回大连，报道重大典型方永刚。采访报道方永刚，常常被典型先进事迹所打动，往往被典型崇高心灵所感染。对我来说，是一次情愫的升华，思想的淬火。

## 一

出生于辽宁建平县一个偏僻小山村的方永刚，是改革开放新时期成长起来的理论工作者。从事理论研究教学 20 多年来，他真情传播党的创新理论、真心实践党的创新理论，即使在重病缠身的情况下，仍执意为部队官兵和地方干部群众宣讲理论，始终保持着一位理论战士的昂扬姿态。他的先进事迹和崇高精神引起强烈反响。

2007 年 1 月 24 日，胡锦涛同志在一份内部材料上了解到方永刚的事迹和病情后，作出重要批示："要全力拯救方永刚同志的生命。要认真总结、宣传他的先进事迹。"

方永刚的病情治疗，胡锦涛一直牵挂在心。2 月 20 日，农历大年初三下午 3 时 30 分，胡锦涛来到解放军总医院，看望正在这里接受治疗的方永刚。坐在方永刚身边，胡锦涛亲切地说："今天是大年初三，我特地来看你，向你和你的家人致以新春的问候！"

胡锦涛还说："我看了你的事迹介绍，很受感动。你长期在军队院校从事政治理论教学和研究工作，为发展军队教育事业，为宣传党的创新理论，作出了优异成绩。你不仅深入学习党的理论、坚定信仰党的理论、积极传播党的理论，而且用自己的实际行动模范践行党的理论。从你的身上，我们看到了共产党员的高度政治觉悟，看到了优秀教师的高尚师德师风。广大共产党员、全军官兵都要向你学习。"

对方永刚的宣传报道，中央领导李长春、刘云山、郭伯雄、徐才厚等都相继作出批示，要求大力宣传思想政治理论工作者方永刚的模范事迹。

遵照中央领导同志关于宣传、学习方永刚事迹的指示精神，我于3月20日开始在北京采访方永刚。第一次见到方永刚，知道他当时已身患癌症晚期、身体虚弱，与他交谈的时间要求很短，而且还有众多记者集体采访。尽管如此，我真真切切地从方永刚身上感受到一位理论工作者的睿智，一位教育工作者的达观，一位革命军人的坚毅。

记者采写的稿件，中宣部要求4月3日见报，3月30日前需交稿审阅。我跟随采访团，从北京到大连、沈阳、本溪，走访数十家单位，座谈上百人；收集的材料和记录的笔记提了几大包，足有10公斤之重。屈指算来，离交稿仅10天，必须夜以继日，边采访、边消化、边写稿。

方永刚是党的理论教员，我是党报记者；方永刚的岗位是三尺讲台，记者的岗位是新闻平台；我们的心是相通的，都是在传播党的真理。方永刚是一位理论工作者，宣讲的是党的创新理论，可是在平常人的心目中，理论概念既深奥而又显得枯燥。因此，采访和报道最难的是如何把方永刚的事迹写得生动而又深刻；文章需要回答：方永刚究竟魅力在哪里？他用什么方式，能够把深奥的理论让基层干部群众听得懂，听得信，听得高兴？这是我必须面对和冥思苦索的问题。

基于这种认识，在人民日报视点新闻版头条"方永刚现象"大家谈中我写了《党的创新理论为何深受欢迎》文章。文中写道：在北京曾聆听方永刚同志那充满激情的演讲，回答记者的提问；在大连、沈阳、本溪采访听过方永刚教授讲课的群众，都有这样一种深切感觉：方永刚讲课从不机械地照本宣科，而是因人施教、深入浅出，成为方永刚教授讲课受欢迎的秘诀所在。原因有二：一是党的创新理论本身具有感召力、吸引力；二是方永刚能够把握党的创新理论的精髓，在理论和实践之间、党和人民之间、子弟兵和老百姓之间，架起一座桥梁，当好了"政治翻译"。

## 二

宣传好方永刚的模范事迹，首先要深刻理解胡锦涛总书记到医院看望方永刚时的重要讲话精神，确定报道主题。胡锦涛总书记称赞方永刚：深入学习党的理论、坚定信仰党的理论、积极传播党的理论、模范践行党的理论。

紧紧围绕这个主题思想深入采访，用生动事例、语言做文章。

方永刚充满执着和激情，令我心灵震颤。采访中令我感受至深的是他说的这样一段话："我想和春天有约，在春暖花开的时候，我能够走出医院到室外感受春光；我想和夏天有约，在建军80周年的时候，我要和全军的同志们一起庆祝我军的光辉节日；我要和秋天有约，和全国的人民群众一起迎接党的十七大的召开，憧憬我们的未来；我想和冬天有约，在大雪纷飞的时候，在千里冰封、万里雪飘的时候，那是我手术一周年，我要以崭新的姿态，精神饱满地走上三尺讲台，向同志们献上一堂宣传党的十七大会议精神的课。这就是我今年的打算。"

话语简朴却寓意深邃，从中体味到方永刚充满从容和淡定，令我灵魂净化。面对死亡他这样认为："如果有一天我的生命之钟停摆了，我愿意把它定格在自己的岗位上，永远保持一名思想理论战线英勇战士的冲锋姿态，让有限的生命为太阳底下最壮丽的事业燃烧……"

采访报道这样的典型，稿子里一定会渗透记者的人生感悟和思想情愫。在某种意义上可以说，记者认识有多高，报道就有多高；采访报道方永刚的过程，也是让我重新学习和深刻理解党的创新理论的过程。在党的十七大即将召开之际，采访报道方永刚实际就是更加深入学习宣传党的创新理论，使科学发展观更加深入人心，具有重要的现实意义和巨大的社会价值。

情愫决定典型的高度，思想决定典型的深度。人民日报宣传要高出一筹，尤其方永刚这样重大典型报道，主要新闻单位都派出精兵强将，一比高低。而且，中宣部组织众多媒体集中采访报道重大典型，这本身就是一场"跳高比赛"。人民日报报道高出一筹实属正常，如果低了一截，则被人诟病。

几天的采访，深深感受到：方永刚还很年轻，没有惊天动地的英雄壮举，他的人生舞台只是三尺讲台，而理论工作本身又很抽象。这样一个重大典型该怎么报道才能生动感人？就要往高里想，往深里钻，往实里做，切忌空对空。方永刚能够把高深的理论用平实的语言还原到人民群众中去，就是因为他长期坚持深入基层，坚持调查研究，做到了有的放矢。而新闻报道要把党的意志与人民群众的心声结合起来，同样必须用老百姓身边的事和话写报道。

我在评论员文章《大力弘扬党的创新理论的无穷魅力》中有针对性地写道：人民群众对党的创新理论有一种深入了解的渴望，对党的创新理论有一种强烈认知的需求。从毛泽东思想、邓小平理论、"三个代表"重要思想乃至科学发展观，党的理论创新每前进一步，方永刚的研究就会跟进一步、深入一步。党的创新理论充满魅力，理论宣讲才有说服力，方永刚的理论课才有广阔的"市场"，得到广泛的认同。

本文还写道：束之高阁的理论没有生命力，理论一经群众掌握，就会变成巨大的物质力量。党的创新理论来自群众，需要平民化、生动的宣讲服务群众。方永刚呕心沥血为群众当好"政治翻译"，把最难讲的政治理论课，讲成了深受学员和群众欢迎的课程。这是因为，方永刚从理论与实践结合的高度，把理论课讲得有声有色，令听讲者百听不厌；极其有效地克服当前一些人认为"宣讲党的理论'讲的不好讲，听的不愿听'，常常'两张皮'、'空对空'的误区"。

## 三

记者具有双重使命：既是重大典型的学习者，又是重大典型的报道者，应该在报道中把最零距离采访的学习感悟写进报道中，给读者以鼓舞和积极向上的力量。

为做好方永刚先进事迹报道，徐才厚同志曾经这样给报道定格：方永刚以生命宣讲党的创新理论，这个主题太沉重，给人以压抑感，重点应该是揭示方永刚为什么能够那样真学真信、积极传播党的创新理论，写这个典型不能过于悲情。

伟大源于平凡，平凡揭示伟大。典型人物既是伟人也是凡人，有七情六欲，食人间烟火。方永刚是一位普普通通的军校教员，他忠诚传播党的创新理论，打动了那么多人，其实就在于他有血有肉，丹心真情。

我在人民论坛《方永刚的"真"》中这样思索：采访报道方永刚同志先进事迹，深深为方永刚同志的精神所打动。方永刚为人率真，办事较真，作风认真。方永刚的思想言行鲜明地彰显出一个"真"字，矢志不渝追求真理，对党的创新理论真学、真信、真心传播、真诚实践。

我还写道：方永刚讲课常引用《论语》中子贡向孔子问政的典故。子贡问：何以国泰民安政稳？孔子答三条：足兵，足食，民信。子贡再问：三去其一呢？孔子答：去兵。子贡又问：再去一呢？孔子答：去食。"自古皆有死，民无信不立。"古代圣贤把人的信仰放在首位，超越了足兵足食。一个人是要有点精神的，否则将成为行尸走肉；一个国家也是要有精神的，否则将变成一盘散沙。精神的下线是道德，精神的上线是信仰。信仰不坚定，行动就盲从。

我在采访报道中反复追问自己，首先说服自己才能让读者信服。

——我们党的理论是与时俱进的理论，是对实践作出及时反映的理论，这么鲜活的理论怎么会是枯燥的呢？

——党的理论是对人民群众生动实践的总结、提炼和升华，本身就带有生动实践的"基因"。

——好的理论，能催生好的政策，好的政策可以改变一个国家的命运。

方永刚之所以成为党的理论的坚定信仰者、真心传播者、真诚实践者，就是因为党的创新理论深深吸引了他，使他信服，令他折服。20多年来，学习、研究、传播党的理论，使方永刚深深体会到：在当代中国，只有党的科学理论，才是指引中国从贫穷走向繁荣富强之路、人民从苦难过上富裕和谐生活的惟一正确的理论，是实现中国和平发展、民族复兴的伟大真理。

党的创新理论虽然来自实践，但毕竟是抽象的、逻辑化了的理论。如何让这种理论成为人民群众的思想向导，还要把理论还原到现实生活中去。方永刚习惯用老百姓的语言，把大道理讲成通俗易懂的小道理，老百姓听得懂、记得牢。

现实生活中，方永刚从不回避社会的热点问题。在方永刚看来，越是热点问题，越是人们迫切想知道的，同样也越是与他们的命运、利益息息相关的，不但不能回避，而且一定要"硬碰硬"，必须迎对着问题走。为了加深对党的创新理论的理解，方永刚加深对党的理论的学习和研究，达到了痴迷程度。他的这种痴迷激情的深处，是来源于党的创新理论的科学性和真理性的强大磁力，及由此所产生的无穷的魅力和吸引力。

方永刚的生动事迹感人，特别是得到报社领导和编辑们精心帮助，人民日报多篇方永刚事迹的报道在华夏大地引起热烈反响。2007年4月13日下午2时，大连市委宣传部副部长兼讲师团团长王卫、方永刚的妻子回天燕，以"与真理同行，铸刚强人生"为主题在北京接受人民网访谈，并与网友进行在线交流。王卫在回答网友提问时说："各种媒体，很多人从很多方面提炼、概括方永刚的精神，我看过很多这方面的文章，给我印象最深就是人民论坛有王金海的文章，讲方永刚的真，说方永刚的真学、真用、真情实践、真情传播，我觉得这个也是方永刚精神特色的内涵。"部队领导在方永刚先进事迹展览开幕的题词也是写《方永刚的"真"》。

东北师范大学文学院学子论文《浅析新闻合力对于舆论引导的影响——以"方永刚事迹报道"为例》这样评介:"从2007年3月26日起,方永刚的名字便频繁出现在大连各家媒体产品上,并在4月初借助全国各大媒体逐渐走进每个国民的视野中。先是省市级乃至国家报纸的连篇累牍地报道和评论,其中4月5日人民日报的人民论坛以《方永刚的"真"》为题,密切配合了方永刚在人民大会堂的报告会,为宣传方永刚事迹射出一发重头炮。"

从4月3日人民日报发表长篇通讯——《使命——海军大连舰艇学院教授方永刚的生命之约》和评论员文章《大力弘扬党的创新理论的无穷魅力》算起,我连续在人民日报上发表9篇有关方永刚的报道和评论,在人民网发表15篇。其中方永刚系列报道获得人民日报一等奖和精品奖;同时还获得中央宣传部、解放军总政治部、海军政治部特等奖。

有关方永刚事迹报道虽说暂告段落,但方永刚的人品及其英雄业绩,永远铭记心中。

2009年5月

# 本报记者第一时间到唐山

## ——唐山大地震采访追记

张何平

1976年7月28日凌晨3时42分53秒,震撼全世界的唐山大地震爆发。震后第一时间,人民日报记者迅速出动,奔赴灾区了解灾情和采访报道。

地震发生后约15分钟,正在王府井报社招待所住宿的记者部的柯愈春同志,被招待所李旺叫到值班室接听电话。电话是报社宣传小组负责人张潮同志打来的,让柯愈春马上到报社。张潮见到柯愈春就问,现在震中到底在哪儿?有的说在通县,有的说在天津宁河,还有的说在密云。到底在哪儿,你们记者部要赶快派出记者,尽快寻找震中并及时报告。

### 灾情就是命令,记者第一时间赶赴震中

灾情就是命令。当时报社招待所还住着正在记者部学习的河南省南阳日报记者王皓和山东省委宣传部副部长许平同志,再加上记者部住在报社院内的七八位记者,纷纷向记者部领导请战。时任记者部主任的李千峰同志是延安时期的老记者,还是报社宣传小组成员、记者部党支部书记。天刚蒙蒙亮,他就和记者部的其他领导赶到报社紧急部署,决定兵分4路:一路到北京郊区探查,一路赴天津,一路赶奔山东胜利油田方向,

1976年7月28日,唐山发生特大地震后,抗震救灾人员为受灾群众发放生活急需品。

一路去河北三河、玉田和唐山一带。许平和王皓被派往到三河——玉田——唐山方向探查震情。

7月28日早晨6时许,许平和王皓匆忙穿好衣服,带上采访本、钢笔,拿上一部120相机和6只胶卷,乘坐报社派出的吉普车,风驰电掣,向唐山进发。车队派了贾小岗、徐长厚师傅开车。他们途经三河、玉田、丰润,一路上克服许多难以想象的困难,当天上午10时半到达震中——唐山。当时唐山全城夷为平地,通讯完全中断。许平和王皓想方设法找到唐山郊区解放军的一座通信站,接通了人民日报记者部电话,传回了唐山发生了毁灭性地震及震中就在这里的消息。他们二人成为首都新闻单位首家到达唐山的记者,同时也是唐山灾民最先见到的党中央机关报派来的亲人。

也就是这天中午,柯愈春在去食堂吃饭的路上,听说许平、王皓从唐山打来电话,急切要求报社向党中央、国务院报告,尽快派部队和医疗队赶到唐山救人,并建议派直升飞机空投面粉、饼干和大饼、馒头等熟食救济灾民。

柯愈春马上把电话内容向李千峰主任报告。千峰同志提出让柯愈春带张何平29日早上起身赶赴唐山。

　　事后得知，就在许平和王皓从唐山传回信息之前，7月28日凌晨4时左右，党中央、国务院初步判断：这次大地震的震中就在唐山一带。因为中央领导从电信部门获知，惟独唐山的通讯全部瘫痪，震中十之八九就在唐山。另一可靠信息来源是：7月28日凌晨4时许，开滦唐山煤矿工会副主席李玉林从废墟爬出来后，和武装部干部曹国成等人，开着一辆红色矿山救护车，拼尽全力向北京疾驰，到中南海向中央领导报告灾情说，100多万人口的唐山市，至少有80万人被压在废墟中，上万名矿工还在井下……

　　根据许平和王皓传回的信息和中央得到的可靠消息，报社知道了震中就在唐山，而且唐山的灾情相当严重。为此，报社给我们安排了一辆"嘎斯69"吉普车，派司机张修金师傅开车，并让我们每人拿上一件雨衣。张修金师傅还带了几块大木板，说如果车陷进去了，好垫在车轱辘底下。

　　中午，我们到了天津宁河县境内，看到灾情越来越重了，县城不少路边道口摆满了用棉被裹着的尸体，哭声震天。再往前走，看到不少地方塌陷，裂开长长的大口子，翻出白沙、黄沙、黑沙，冒着黑水。通往唐山的宁河大桥已经断裂，无法过去。河岸这边密密麻麻挤满了各路人马，只见上百辆要到唐山救灾的车辆，车上拉着各种物资；更多的是军车，车上站满了指战员，大家都急着要过河。河边，北京军区38军舟桥部队正在抢着搭桥，部队首长一边指挥架桥，一边维持秩序。

　　我们找到在河边指挥架桥的部队首长，把报社的介绍信给他看。部队首长得知我们是人民日报特派赴唐山地震灾区采访的记者，让我们先等一等，一旦舟桥架好，让我们先过。所谓舟桥，就是把许多平板小舟整整齐齐地排成一溜儿，捆绑在一起。

　　当晚7点多钟，我们到了唐山。夜色朦胧中，看到房倒屋塌、一片废墟的惨状，有的电线杆子上竟悬挂着被从屋子里震出来的尸体，马路上满是惊魂未定、劫后余生的人群。他们大都胡乱穿着能遮挡身子的衣服，个个灰头土脸，不少人的脸上、身上青一块、紫一块的都是伤。他们或坐或站，在他们的身边，是一具具用褥包裹的尸体。令人吃惊的是，满城却很少听到哭声，后来我才知道，在突如其来的大灾大难之时，人们是哭不出声来，流不出眼泪的，或许是还顾不得，等到人们回过味儿来，看到自己生活的城市一夜之间被夷为平地，而与自己朝夕相处的亲人再也回不来时，唐山人的眼泪会流成河，而他们的哭声会惊天动地！

　　灾民们见到从北京开来的吉普车，见到从首都来的人民日报记者，唐山的老百姓就像见到了救星，他们呼啦啦地围了上来。我们安慰他们说："毛主席、党中央已经知道了唐山发生了大地震，解放军大批救援部队就要到了，大批医疗队就要来了，救援物资正在往这里运"；"我们来唐山就是要把这里的真实情况向中央报告，把你们的要求和希望向党中央、国务院汇报。"灾民们听到毛主席、党中央知道唐山发生了大地震，亲人解放军和医疗队就要到了，情绪开始稳定，心里也踏实了，主动让出路让我们走。临走时，我们将车上的一些西红柿、水和吃的给他们留了下来。

## 人民子弟兵是抗震救灾的主力军

　　在唐山人民最危难的关头，党中央果断决策，动员全国力量援助抗震救灾。国务院抗震救灾领导小组和中央军委，调集北京军区、沈阳军区、空军、海军、铁道兵、工程兵等部队，共有14万多官兵参加唐山抗震救灾。28日晚8时30分，中央来电：大批救灾部队和医疗队正在赶赴唐山，已在紧急调运食品和组织救灾物资空投。

　　7月29日上午，河北省唐山抗震救灾前线指挥部（简称

"前指")在唐山机场正式成立。河北省委第一书记刘子厚任总指挥；副总指挥有北京军区副司令员肖选进、副政委万海峰、迟浩田，河北省委副书记马力、省委常委谷奇峰，河北省军区司令员马辉等。"前指"召开第一次会议，明确提出救灾方针是：首先救人，运送伤员，掩埋死者；同时解决活下来的人吃饭、穿衣、喝水、医疗、运输等问题。与此同时，要求河北各地区要立即向唐山运送药品、包扎和消毒材料及熟食、衣服、汽油、照明器材等。随着部队和地方大批医疗队到来，大批救援物资源源不断地运到唐山，由汽车组成绵延百里长龙巍巍壮观。因为抗震救灾前线指挥部就设在唐山飞机场，这里成为最繁忙的地方。来自各地的救援物资要先运到机场，然后再拉出来分到各地；大批重伤员也要运往机场，再送上飞机转运到各地医治。坚强有力的"前指"集体领导，抗震救灾工作全面展开。资料显示，短短6天时间，就有283个医疗队、近两万名医护人员，从全国各地奔赴唐山。

抗震救灾，哪里最困难，那里就有解放军；哪里最危险，那里必有解放军。人民解放军的英勇无畏和为人民甘愿牺牲的精神，在唐山抗震救灾中表现得淋漓尽致，真不愧为"人民子弟兵"。尽管唐山大地震后12天内，又发生5级以上余震17次；再加上高温、多雨的恶劣环境，人民子弟兵经过日夜苦战，到8月13日，部队从废墟中救出被埋压群众1.64万人。

我们含泪采访了在唐山救灾的人民军队。他们中有抗美援朝战争中立下赫赫战功的"万岁军"——38军，井冈山时期的"红军团"，抗日战争和解放战争的"英雄连"等。一到唐山，指战员们就奋不顾身地从废墟中抢救受伤群众，抢挖罹难者的尸体。在余震不断的危险情况下，他们头顶烈日，冒着阵雨，忍受腐烂尸体的恶臭，在瓦砾堆中用锹挖，用镐刨，甚至用手抠，争分夺秒地抢救被压在水泥板下的同胞。部队许多官兵为营救老百姓"挂彩"，不少官兵的双指被砖头水泥板碰磨出了血，许多人累昏晕倒，但仍不下火线；用鲜血和汗水，从死神手中抢救出数以万计的生命。那时，每天都传来又救出多少人的好消息。起初，官兵们都没有手套、口罩。后来，连续下雨、骄阳曝晒，尸体腐烂流水，气味越来越浓。虽说给他们配发了手套和口罩，但对于溃烂的尸体和熏天的恶臭，口罩、手套根本无济于事。

我看到，解放军指战员把一具具尸体装到塑料袋里，抬上车，再把堆得满满的成车尸体拉去掩埋，尸体腐烂流出的臭水湿了车，一路往车下流淌不止。满城都是腐烂的尸体味儿，拉尸体的车更臭不可闻。而我们的解放军官兵全然不顾，每天都要用手抬、用胳膊抱、用肩扛尸体，需要多么坚强的毅力和多么顽强的忍受力啊。抗震救灾，唐山人民见到了子弟兵的风采，人民解放军再立奇功。人民子弟兵在抗震救灾的英雄事迹，深深感动了唐山人民，也感染和鼓舞了一线采访的新闻记者。千言万语汇成一句话："人民解放军是最可爱的人，医护人员不愧为'白衣天使'。"由衷地感谢党和毛主席，感谢英雄的人民解放军。

人民解放军是抗震救灾的生力军，"白衣天使"在救灾中发挥了无可取代的作用。面对几十万人的伤亡，北京的、上海的、辽宁的……地方的、部队的医生、护士，大家夜以继日地抢救伤员，有的几天几夜不闭眼，有时顾不上喝水吃饭，用自己对灾民的深情和辛劳挽救了成千上万人的生命。有资料显示，其间，10万名重伤员通过空运和铁路转送到全国各地进行救治。数量之大，任务之艰巨，这在中国乃至世界医学史和运输史上罕见。与此同时，1900多台（件）消毒器械、5万多件防疫器械、460多吨消毒杀菌药品，源源不断运到唐山。防化部队出动洗消车，成百上千援唐医务人员和灾区医务人员，身背喷雾器，在残垣断壁中喷洒药物。在人民解放军和全国人民的支援下，唐山开展的防疫灭病攻坚战，创造了"大灾之后无大疫"的奇迹。

人民子弟兵参加抗震救灾建奇功，同时也为媒体记者向中央上报重要信息和发稿，作出积极贡献。记者刚到唐山，需要立即把唐山的灾情向报社报告。我们找到在唐山郊区的总参通讯兵的电话站，说明情况并把介绍信他们看，得到大力支持。由于这里是军用专线，与人民日报无法接通。于是，他们先把电话接到总参值班室，请值班人员把我们说的情况原原本本记下来，再请他们立即转述给报社。正是得到通信站和总参值班室的大力支持和帮助，我们报告给报社的重要情况都及时、准确地上报中央。

## 英雄的唐山 英雄的人民

遭受强烈地震后的唐山，上百万人口的工业城顷刻变成一片废墟。作为第一时间赶到唐山的人民日报记者，我们首先想到的尽快与唐山地委、市委领导取得联系。然而，映入眼帘的是，市委大院房倒屋塌。经多方打听，我们终于在市中心新华路找到了"唐山市救灾指挥部"——停在马路上的一辆被砸坏的公共汽车。在这里，我们见到了穿着背心，满身血迹伤痕，被抢救出来的市委书记许家信同志。谈话中得知，地震发生时，他和家人都被砸在屋里，但他被救出后顾不上抢救亲人，立即到市委救灾指挥部指挥救灾，等他再回到家里时，他的夫人的脚都冰凉了。如果能得到及时抢救，还有生存的可能。当时，许多唐山的领导干部，在突如其来的地震发生后，他们首先想到自己的职责，最快到单位组织抢救市民；而自己的亲人因为耽误了抢救时间而永远地闭上了双眼。采访中还得知，唐山地委13名常委已有7名遇难。

地震发生的当天上午，唐山地委就向所属各县市下达了抗震救灾的通知，部署救灾工作。浑身是伤的市委书记许家信同志在惊天大灾面前，依然忠于职守，挑起领导全市干部和群众抗震救灾的重任，在简陋的"临时指挥部"日以继夜地工作，镇定自若地指挥，使唐山地委、市委这面大旗在废墟上仍高高飘扬，我们对他充满无限敬意。正如唐山灾民所说："党的领导干部指导抗震救灾，我们就有了主心骨。有党中央、毛主席的关怀，再大的困难也能克服，再大的灾害也能战胜。"

许家信同志告诉我们，估计全市死亡约30多万人，还有四五十万人被压在废墟中。当前的首要任务是，组织活着的人赶紧抢救在倒塌的房屋下边压着的群众，但缺少援救的工具。因为没有吊车，被倒塌房屋里的水泥预制版，人根本不会动。更为严重的是，位于唐山市北15公里处的陡河水库发生险情，因为库底高出唐山市10米，现在暴雨不停，水位猛涨，一旦大坝断裂，决堤，震平了的唐山将变成一片汪洋……

我们听了唐山市委领导介绍的这些重要情况后，立即向报社汇报。

唐山是华北重要工业城市，大型厂矿的损失如何？转天我们来到唐山钢铁厂采访，看到一派忙碌的景象。满身伤痕的厂领导告诉我们，地震对唐钢的破坏相当严重，职工和家属死伤

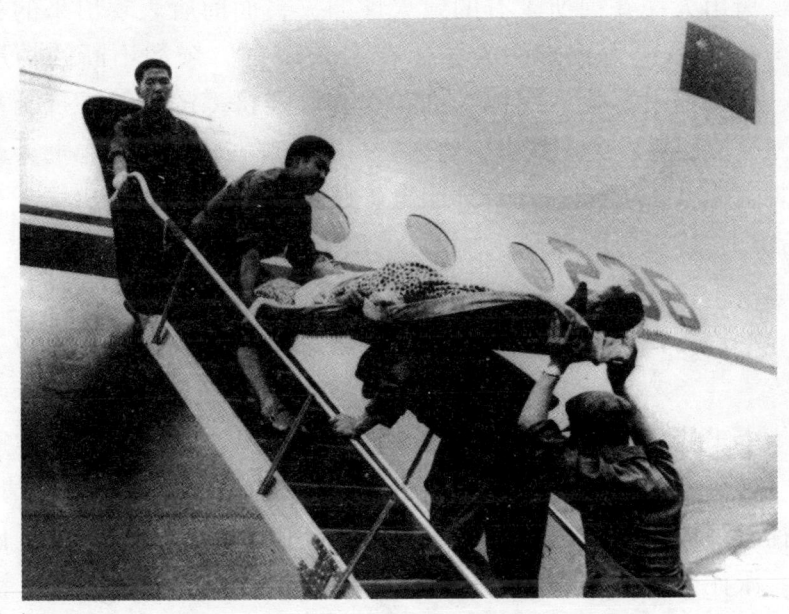

唐山大地震发生后，救护人员抢救伤员。

很多。我们了解到，厂领导和许多职工从废墟里爬出来后，顾不上抢救自己的亲人，首先来到工厂，组织和参加抢救。许多人身上都挂了彩，抹着红药水带着绷带纱布抢救遇难的同事。令我们还特别感动的是，唐钢领导一方面忙着组织抢救伤员，一方面组织人力清理废墟，抢修机器设备，力争早日恢复生产。在厂领导向我们介绍情况的过程中，许多职工见面后相互匆匆问候彼此家中伤亡的情况后，就赶忙投入到抢险中。目睹这些劫后余生的员工，厂领导感慨地说："如果在平时，别说是谁家死了人，就是有人病重住院，职工都要请假照看。而现在，这些家里死了亲人的人，有的甚至死了好几个，不仅不在家里料理后事，却先想着跑到厂里，向组织报到，要任务，参加抢险，多高的觉悟啊。"唐钢是这样，开滦矿务局的赵各庄、吕家坨、马家沟等损失最严重的煤矿，地震发生时，有上万名工人在井下作业。他们的安危为人们所牵挂，但通过自救和及时救援，大都脱离了险情。

唐山人民在前所未有的毁灭性的灾害面前所表现出来的英雄气概，不愧为英雄的人民。在亲人震亡、余震不断的情况下，他们强忍悲痛，用惊人的毅力和顽强拼搏的精神，抗震救灾，尽快恢复生产。其中，唐山自行车总厂在地震后的第七天就组装生产出30辆自行车；开滦煤矿在震后10天就生产出第一车煤；8月25日，唐钢第一炼钢厂炼出了"抗震志气钢"……

### 报社增派精兵强将　全力以赴搞报道

李千峰主任告诉我们由总参转告的情况非常及时，非常重要，件件都向中央作了汇报。并说中央非常关心唐山的灾情，报社专门成立了报道班子，记者部已经向北京、天津增派了记者。派往天津的记者有石德连、李彦、杜近祥等6位同志，社领导安岗带队、坐镇指挥。留在报社的李千峰、郭龙春、程光锐、章世鸿等10多位记者，在报社大院临时搭建的帐篷里值班，编发来自抗震救灾一线记者的稿件，设专人（张平力等人）每天24小时接听来自抗震救灾一线记者的电话。可以说，记者部全力以赴，报社编辑部几乎全部投入抗震救灾报道。

8月2日，人民日报增援唐山的大队人马上来了。虽说他们是当天下午四五点钟赶到唐山的，只因通往机场指挥部的路太堵，后半夜两点多才到了机场，大家只好露天席地迷糊了一会儿。天一亮，才从河北省军区借来帐篷。

此次记者队伍阵容庞大，由报社核心小组成员、政文部负责人孙鸿志和宣传小组成员、经济部负责人张沛带队，记者约有20人。记得有经济部的叶剑韵、丛林中、李文，文艺部的蒋荫安，理论部的陈祖甲，总编室的曹照琴、陈满正，情况组的黄振中、摄影组的蒋铎等。大队人马到来后，柯愈春和许平、王皓就赶回报社汇报。他们虽然在唐山采访时间较短，但那是极为艰难的日子，及时向报社和中央报告了真实、重要的情况，对中央迅速作出救灾决策有重要参考价值。尤其是第一时间到达唐山的许平和王皓，他们伏在自己的腿上或趴在车头上，赶写出七八篇重要的稿件和内参。其中《唐山灾区需要解决的几个问题》（内参），所提出的6个方面的建议，受到中央有关部门的重视。

大队人马来后住在唐山机场指挥部的帆布帐篷里。帐篷虽大，起初只有一顶，只能男女合住，男女各一边，开始连个布帘子也没有。大家在帐篷里安顿了下来后，马上投入紧张的采访。每天早晚，由孙鸿志、张沛召集大家研究工作，然后大家按照分工或二人一组或单独出去采访，负责执笔的丛林中、蒋荫安等忙着给文章搭架子、构思。出去采访的同志，大多边采访边写作，经常在废墟中垫着瓦砾或把纸铺在自己的膝盖上写稿，下午或傍晚，大家陆续回来后，将稿件和素材进行修改或誊写清楚交给领导。无论是孙鸿志、张沛还是执笔的同志，都是坐在小马扎上，垫着小木箱或铺盖卷改写稿件。常常是外边嘈杂声一片，屋里的同志或蹲或坐，七嘴八舌，接电话或打电话声不绝于耳。就是在这简陋的条件下，一篇篇饱含深情，饱蘸心血的唐山抗震救灾纪实录稿件，源源不断地传回报社，刊登在第二天人民日报的显著位置上。尽管时间短，任务急，由于"点子"和题目选得好，材料真实、鲜活、生动；再加上执笔者的妙笔生花和张沛的画龙点睛，许多通讯可说得上乘佳作。这些，都是大家智慧和心血的结晶！

据不完全统计，从8月4日刊登第一篇发自唐山的通讯到9月1日在北京召开"唐山丰南地震抗震救灾先进单位和模范人物代表会议"，不到一个月的时间，人民日报在一版显著位置刊登近20篇本报赴唐山记者火线采写的通讯和拍摄的几十幅照片。其中在头版头条通栏位置刊登的长篇通讯有：

——8月4日《英雄的唐山人民》，报道了在严重的自然灾害面前，唐山人民毫不畏惧，团结战斗，抗震救灾的动人事迹。

——8月10日《唐山人民心向毛主席》，报道开滦唐山煤矿工会副主席李玉林和武装部干部曹国成等，带着唐山市几十万人民的委托，驾驶着一辆矿山救护车开向北京，向党中央国务院报告灾情。

——8月14日《地动山摇何所惧》，报道唐山市的一些厂矿迅速恢复生产的喜讯。

——8月15日《心中装着大多数》，报道开滦煤矿吕家坨矿矿党委常委贾邦友等党员干部带领600多名工人安全撤离井下，返回地面的事迹。

——8月17日《红色电波通北京》，报道解放军驻唐山某部无线电连吴东亮等人抢救电台，有关部门用这个电台向中央及时发报等等。

此外，还在一版和其他版的显著位置，刊登了《震不垮的战斗堡垒》、《共产党员是革命的硬骨头》、《英勇无畏的人民子弟兵》、《十五个昼夜》、《英雄的工人 钢铁的意志》、《重灾面前想全国》通讯等。同时，刊登了本报记者从唐山拍摄的许多照片，有的配通讯，有的发专栏专版。

至今我印象很深的是，当时是"文革"期间，人和人关系不太正常，再加上各自观点不同，就更复杂了。但在唐山大地震抗震救灾面前，大家空前团结，表现出人民日报记者整体素质高，对人民群众怀有深厚情感，崇高的敬业精神和高出一等的新闻业务水平。患难之中，大家团结友爱，相互关心。我是较早到唐山的，年龄又小，受到的关爱和照顾更多。我从报社出发前，来不及准备行李，只穿一双塑料凉鞋，连双袜子都没有穿，披了一件旧衬衣就赶到了唐山。连日来在废墟中穿行，瓦砾中爬上爬下，鞋磨破了，衬衣撕破了好几个口子。大部队来后，孙鸿志大姐给我带来了换洗的衣物，解波大姐见我身上穿着的衬衣破了，立即拿出针线给我缝好。陈柏生大姐，她除了继续带我采访外，还给了我母爱般的关怀。

8月初的唐山，天气依然闷热难熬，还经常下雨。周边废墟里的尸体一蒸一浇，散发出的恶臭味弥漫难闻，大家担心的是大灾之后会不会发生重大疫情！为防止发生重大疫情，指挥部派飞机每天喷撒敌敌畏、六六粉什么的，人们的头上身上自然"沾光"，不小心连在露天吃的饭里会有，但大家顾不上这些了。为了避免爆发瘟疫，指挥部还采取了许多积极措施，诸如经常清扫垃圾，喷洒药水，将暴露在外的尸体重新加深掩埋等。当然，这些苦差事大都由解放军官兵承担。

唐山这么大的灾难，没有发生传染性疾病，是一大奇迹。

唐山抗震救灾报道历时两个多月。报社相继派出5批队伍，包括记者、司机师傅和后勤行政人员，轮换到唐山参加抗震救灾报道，每批10天左右。10月10日，报社让记者从唐山撤出。李文和当时留在唐山的两位大姐，总编室的韩国华、国际部的方荣萱把帐篷交还给河北省军区，把报社拉来的床板子和电话等设备装上了大卡车，怀着依依不舍的复杂心情，告别了唐山。

至此，人民日报记者唐山抗震救灾报道历程画上句号。

时至今日，唐山大地震已经过去 30 余年，当年整个抗震救灾的动人场面，众多记者书写的篇篇报道，汇就成《响彻华夏的壮曲悲歌》巨著。就我个人来说，组织上让我参加唐山抗震救灾报道，对我这位刚刚进入人民日报记者队伍的新兵，既是意志和品质的历练，又是业务学习的好机会，受益匪浅。尽管当时"四人帮"对唐山抗震救灾及宣传报道有诸多干扰破坏，但人民日报记者和全社职工在唐山大地震中所作出的贡献，作为难忘的一页载入史册。

2007 年 3 月

# 《如此调水为哪般》采写前后

张志峰

4月25日,我采写的通讯《如此调水为哪般》在本报视点新闻版刊发。这篇报道刺痛了大冶市相关部门,也"得罪"了当地宣传部,我的情绪一度受到干扰。一个月过去了,现在能够心平气和地看待此事了,于是开始思考一个老话题:驻站记者应该配合当地做好正面宣传,但不能忘记自己的身份,不能无原则地讲和气,更不宜随便讲义气。

4月20日,湖北省县域经济工作会议在大冶市召开,省里主要领导、省直部门负责人和各市县区主要领导出席。我奉命驻会采访,19日晚入住大冶金湾酒店,酒店对面有一个红星湖。晚饭后,我到湖边四处逛逛,一股污水臭味扑鼻而来,与周围环境很不协调。根据经验,估计这里有排污口,我打算探个究竟。

次日上午,我没去参观企业,再次来到红星湖边,很快发现几个隐蔽的排污口。奇怪的是,有一处竟是明管在排水,水看上去很清澈。向附近居民一打听,原来红星湖被污染后,湖水发黑发臭,这两天开大会,来了很多"大领导",为了大冶的形象,当地从自来水公司调水入湖,冲刷脏物,压住臭气,3年前他们就这样干过。看来,这不仅仅是污染问题,而且是刻意掩盖污染现象。我决定用事实撕破他们的"遮羞布"。

为求客观,我采访了5位上年纪的居民,做了录音,拍了照片,还让一位知情者签名、留电话。附近居民都反感政府的"作秀",很配合采访。

2003年春,记者张志峰(右)在抗击禽流感一线采访。

返回武汉后,我又向当地居民打电话询问,果然,调水停了。我以游客名义向大冶主管部门求证,终于使他们说出了真相:这是临时调水!

与编辑部沟通后,完成了稿子。报道标题很平和,社会反响却很强烈。见报当天,央视媒体摘播,人民网、新华网、新浪网等几十家网站转发,新华社《经济参考报》次日转载。随后,还引发了一场评论热潮,如《联合早报》发表评论《"调水压臭":扭曲了的形象观》,《广州日报》的《调净水入臭水湖,只为应付上级检查?》,《河北日报》的《大冶治污秀,"秀"出谁难堪?》,《当代生活报》的"调水压臭"是因为冒险的风险太低》,《华商报》的《放水为"贵宾"冲冲臭气》等等。一些评论再次被央视摘播,网络论坛的"砖头"就更多了。新华社湖北分社一位同行半开玩笑地说:你创造了一个词汇:调水压臭。

我没有理由沾沾自喜于这些反响,只想从中寻求一种支持——来自多数人的支持。因为我当时正承受着一定的"道德压力"。稿子发出后,大冶方面反应很激烈,给我发函,先表示接受监督；后做一堆解释，并指出稿子存在"错误"，最后谴责记者"不够朋友"，私下要求用4篇正面报道"弥补损失"。记者站和大冶宣传部的人很熟，就个人感情来说，是有点"对不住"人家。

这是我到湖北驻站3年来为数不多的、比较尖锐的揭露性报道。我的反思在于：人是有感情的环境动物，湖北是我到报社工作的第一站。我并非湖北人，但潜意识里已把自己当成了"湖北佬"。出差在外，我听不得有人对湖北说三道四，尤其是歪曲性的。

记者站每年抓发行，和各地党委政府尤其是宣传部是"同志加战友"。基于各种考虑，搞批评报道时不得不反复掂量，渐渐地，对一些负面现象产生"温水效应"——没感觉了。这是很可怕的。做人要善良，要珍惜友情。好在我并没有忘记自己的身份：我是人民日报驻湖北的记者，不是湖北驻人民日报的记者。为了工作，要融入当地，但不能混迹其中；要交朋友，但不能成"哥们儿"。冷静客观地观察社会，体察民生，激浊扬清，是我应尽的职责。

2007年6月

# 当考验来临的时候

## ——"黑砖窑"事件报道亲历记

鲍 丹

今年6月以来,发生在山西省部分地区的"黑砖窑"事件引起国际、国内各界的高度关注。面对这一突发的新闻事件,山西记者站快速反应,立即拿出报道方案,在保证客观性、真实性的基础上,积极协助山西省委、省政府从正面引导舆论,充分体现出主流媒体应对突发事件时应有的政治意识、大局意识和责任意识,所采写的报道不仅受到地方领导的高度评价,有的还得到了总书记的肯定。

6月中旬以来,山西站围绕"黑砖窑"事件累计发稿15篇,其中通讯6篇,消息7篇,内参特刊1篇,内参普刊1篇。其中头版头条1篇,版面头条3篇。7月17日视点新闻版头条《95人失职渎职被问责》受到总书记肯定,7月25日见报的头版头条《山西着力完善农村社会管理制度》,在编前会上受到报社领导好评,见报后,山西省省长于幼军等领导也向报社、向记者表示感谢。

### 抢抓"第二落点"在准确、全面上下工夫

"要善于强抓'第二落点',在准确、全面上下工夫。"这是记者部多次强调的一个重要的新闻理念,要求记者在应对突发事件的新闻大战中,要扬长避短,将精力放在对突发事件的

背景和发展上，以报道的全面、准确和思想性取胜。

6月14日中午12时左右，我接到视点新闻版主编董建勤电话，希望能就网上关注的"黑砖窑"事件写一篇报道，最好当晚能传回稿件。我立即投入紧张的工作，一边致电山西省总工会，了解调查情况，一边搜索相关资料。结果发现，网上与"黑砖窑"事件相关的帖子已经攀至国内各大网站、论坛的首页，点击率突破十万，网民对事态进展十分关注；中华全国总工会主席王兆国也作出批示，全总书记处书记、纪检组长张鸣起一行已经于13日抵达洪洞县，专程对洪洞黑砖窑一案进行调查。我迅速向站长罗盘报告，申请赶赴洪洞采访。罗盘站长立即派办公室罗增祥驾驶站里最好的越野车，送我到现场采访，并且嘱咐：事件影响重大，一定要以高度的责任感完成好采访报道工作。

我从太原出发赶往临汾。一路行进，一路电话了解情况。获知全总调查组已经离开曹生村，到了临汾市，我决定放弃原定与调查组会合随团采访的计划，直接赶往洪洞县曹生村黑砖

汶川大地震发生后，记者王科(右二)、鲍丹(左二)在映秀镇被损坏的通讯设施抢修现场采访。

窑现场。时间紧迫，我就在车上对洪洞县县委书记高洪元进行了电话采访，初步了解当地政府的应对措施。下午五时半，我到达曹生村，采访了当地乡镇干部和村民，并赶在暮色降临前拍摄了黑砖窑现场照片。晚七时半，我赶到临汾，由于当时全总调查组态度谨慎，不接受任何媒体采访，记者就通过山西省总工会的同志，间接了解了调查组的行程和意见，把握了报道基调。时间已接近晚上九时，版面正急切地等着稿件传回，我吃了一碗面条立即回房间赶稿。其间，还电话采访了带队解救民工的洪洞县公安局刑警大队大队长林旭，使政府的解救行动在报道中更加清晰具体。6月15日零时，终于将通讯和照片传回报社。第二天，"黑砖窑"事件的第一篇报道《31名"黑窑工"重见光明》，在视点新闻版"热点解读"栏目见报，并配发独家图片两张。

事后了解，在首批到达洪洞采访的中央媒体中，本报的报道最快、内容最全，在同行中受到好评。不少随后出发赶往洪洞的记者都向我了解情况。

## 以高度的政治素养应对考验

回顾"黑砖窑"事件，山西省委宣传部一位领导感慨说："事件开始时只是一颗绿豆，没想到慢慢滚成了雪球，一夜之间震动了世界，成为全球性焦点。"由于事发突然，山西省委、省政府曾一度十分忙乱，社会舆论也千腔百调，个别主流媒体干脆"禁语"，称"不作为就是有作为"。面对舆论危机，山西记者站既没有头脑发热，更没有放弃自己的职责；而是坚持"新闻报道不掉队，引导舆论站在前"，密切关注事态进展，有节奏、有针对性地展开进行式报道。在首篇报道发出后的一个月内，相继推出了《山西地毯式排查 解救被拐农民工》、《山西洪洞"黑砖窑事件"主犯衡庭汉在湖北落网》、《山西部署深查"黑砖窑"事件工作》、《绝不让一个犯罪分子逍遥法外!》、《山西部署专项行动：整治"黑砖窑"不漏一个死角》、《山西洪洞黑砖窑案开庭审理》、《山西省就"黑砖窑"事件开展调研》、《于幼军：干部麻木不仁滋生"黑砖窑"事件》等8篇报道，几乎平均三天一篇。此外，站长罗盘还采写了内参《山西采取行动整治农村黏土砖瓦窑》，我采写了特刊《尽快追究黑砖窑案相关部门和干部的责任》。

除完成自己的报道任务外，山西记者站还积极为省委、省政府引导舆论提建议，出思路。山西省委成立了应对舆论应急小组，应急小组由5人组成，根据事态进展不定期集中开会商议舆情，山西记者站站长罗盘作为成员之一，站在主流媒体的角度，向山西省委、省政府提出了一系列把握和引导舆论的建议。6月22日，国家三部门联合调查组和山西省政府在太原晋祠宾馆举行首次新闻通气会，山西省长于幼军原定会后在小会议室单独接受三家主流媒体采访。罗盘站长得知后立即向于幼军省长建议，小会议室设施豪华，这种采访形式容易让外界产生政府奢侈豪华、新闻不公开等不良印象，省长应该在通气会结束后走出会场时接受所有媒体的随机采访。这一建议立即被于幼军采纳。事后，山西省政府办公厅在总结中称，采访安排完美地达到了预期效果，帮助山西省政府树立了良好的应对姿态。

随着事态不断发展，报道的不断深入，"黑砖窑"事件的处理情况已经关乎到国家形象的高度。山西记者站有意识地把纵深报道往正面引导，往有利于树立国家良好形象的方面引导。7月16日、17日，山西省连续召开两场新闻发布会，宣布对涉"黑砖窑"失职渎职案件、犯罪案件处理情况，前来参加发布会的中外媒体多达50多家。山西记者站在协助人民网完成直播任务的同时，充分发挥主动性，放弃新闻通稿，选取社会舆论关心的热点问题，有针对性地给予解答，并且作出恰如其分分析，使政府以民为本，严惩不法分子的态度得到充分展示。省长于幼军约见中央驻晋媒体负责人时说，人民日报的

《95人失职渎职被问责》、《洪洞"黑砖窑"主犯被判死刑》两篇通讯，帮助山西回应了许多舆论质疑，澄清了许多不利的不实传闻。7月上旬，山西省人民政府就"黑砖窑"事件展开全省调研，研究制定长效机制，山西记者站又全程跟踪采访。7月24日，山西省长效机制出台当天，我立即发回稿件，《山西着力完善农村社会管理制度》在25日头版头条位置刊发。

## 以优异的团队精神应对考验

"黑砖窑"事件事发突然，形势复杂，报道难度大，山西记者站举全站之力，发挥整体优势应对，确保报道成功。

在鲍丹首次前往临汾的高速公路上，站长罗盘、采编主任安洋不时打来电话，询问进展，出谋划策，帮助解决困难。时间紧迫，鲍丹希望在路上就电话采访洪洞县有关干部。采编主任安洋不仅提供了洪洞县委书记手机号码，而且还提前给县委书记打好招呼，使我的采访十分顺利。6月26日下午，山西省政府召开电视电话会议，部署进一步开展整治非法用工和打击"黑砖窑"专项行动暨督查工作。但我出差在外，无法赶回来参会报道。站长罗盘不仅主动参会，还以我的名义写稿发回报社。对此罗盘站长解释说："'黑砖窑'事件已经引起海外的高度关注，人民日报临时更换记者，恐怕会引起外界不必要的猜测。为了维护国家利益，避免'黑砖窑'事件再起不必要的波澜，非常时期我们非常应对。"一次长途出差采访、三次发布会、以及山西省长效机制出台，我都是当天采访当天写稿，每篇稿件都长达三千多字。为了保证采访报道达到高效率，山西记者站其他工作人员也全力支持，不仅派车派司机，站长罗盘和采编主任安洋还随时出谋划策，提醒注意要点。

6月22日、7月16日、7月17日三场新闻发布会，人民网都派出报道组赴晋直播。山西记者站不仅积极为人民网的同事提供食宿，协调现场，提供一切可能提供的后勤保障，而且在发布会上始终与人民网同进同退，我获得提问机会，都以"人民日报和人民网的记者"的名义发言，充分表现了"报网一家"的理念。为此，人民网已经专门向记者部发来感谢信，对山西记者站的支持表示感谢，马利副总编辑也对山西站提出了表扬。

两个月来，报社领导、记者部和总编室的各位同仁对山西记者站全力支持，对于每篇"黑砖窑"相关稿件，他们都精编、精排，突出处理，使报道产生了最佳的社会效果。至此，山西记者站在人民日报这个大团队的支持下，圆满完成了对"黑砖窑"事件的系列报道任务。

2007 年 9 月

# 为记者部建设和发展作贡献

田永有

钱李仁社长参加四川记者站建站挂牌期间,来到眉山县苏东坡故居参观并留影。图左为钱李仁社长,右为记者部办公室主任田永有。

记者部要搜集整理和出版《记者部史料集》,让我写篇文章,我很高兴。因为记者部自1974年恢复重建,我一直在记者部工作到退休,算起来有25个年头。可以说,目前记者部

---

田永有,中共党员,河北省三河市人。1957年11月应征入伍,1961年3月调入中央警卫团干部大队一中队;1966年4月转业到中国记协。1971年—1973年,任人民日报社机要秘书组组长;1974年到记者部,先后任管理组组长、记者部党支部书记、办公室主任。

健在的同志中，程光锐和我称得上"元老"了。

就我个人而言，记者部为我成长发展提供了平台，我为记者部建设和发展作了贡献。这篇文章怎样写，我分几个阶段加以叙述。

1974年—1976年，记者部恢复重建初期，有21位记者。李千峰同志为记者部工作组组长，由我协助李千峰开展工作。在此之前，我任人民日报社机要秘书组组长。

1976年—1979年，商恺、刘备耕任记者部领导，没有具体称谓。我负责政治学习和行政事务，其间还参加了报社改正错化右派工作。

1979年—1987年，经报社编委会批准，我开始做摄影记者。当时虽已年过40，由于勤奋学习，刻苦钻研业务，在以后8年，我所拍摄的新闻照片，在人民日报、人民日报海外版、市场报刊登近400幅。其中有党和国家领导人邓小平参加北京义务植树，胡耀邦总书记到京郊农村视察等重大活动的新闻照片，较好地完成部里交给的任务。

1987年—1997年，因工作需要，组织决定，让我做记者部党务、行政和后勤管理工作，一干就是10年，直到退休。在此期间，围绕部里中心工作，积极配合部领导开展各项工作，努力为记者站建设和一线记者服务。上世纪80年代，人民日报驻省市记者站开始陆续建立，随着人员的不断增加，驻地记者站如人员编制、建房购房、购置车辆、办公用品、财务管理等诸多矛盾开始显现，管理组的工作量明显加大。

为一线记者服好务，首先要打造一个团结战斗的团队，带领这支队伍，努力完成党组织交给的任务。基于这种认识，做好管理工作的基础是规范服务；而实现规范服务必须建章立制，做到办公室人员分工明确，各司其职，各项工作有序开展。根据驻站记者远离报社的实际，由记者部主办的《记者工作》，已经成为与记者沟通信息的桥梁和纽带。为充分发挥《记者工作》的指导功能，管理组实行专人负责，在部领导和编辑组的指导下，每月一期的《记者工作》从内容到版式越办越好。做好服务工作，除平时加强与驻地记者沟通外，还要尽力帮助他们解决生活工作中的一些难题。当然，一年一度的记者工作会议，对管理组来说更是考验；从会议选址到接送记者，从会议文件发放到安排食宿等，都由管理组精心安排并负责到底。周到的服务，受到大家的好评。

令我难以忘怀的是，上世纪70年代末，报社领导倡导的"党报记者，应该首先是个好党员"深入人心。我深深记得，时任记者部主任的田流同志，总把这句名言挂在嘴边，反复强调记者们要牢记心间。1988年，我被选为记者部党支部书记，根据记者部的实际，主动有效地开展党的工作，要求有条件的记者站，抓紧建立党支部，按期过组织生活，积极培养和发展党员。其间刘伟、阎晓明、江宝章等十多位记者先后加入党组织。

这些年，因工作需要，我还陪同社长钱李仁、总编辑谭文瑞等领导，参加了西藏、新疆、青海、甘肃、黑龙江、江西、云南、山东、江苏、陕西等记者站的建站挂牌。利用出差的机会，我还到驻站记者家里走访，帮助他们解决一些实际困难。虽然工作累点，但心情是愉快的。1991年，记者部管理组被评为人民日报社先进集体；1994年，我被评为人民日报社先进党务工作者。

2009年3月

# 辛勤工作　真诚服务

## ——记者部办公室工作发展纪事

崔仁志

我1989年2月从报社供应处调到记者部办公室工作,迄今已近20年了。

近20年来,我有幸目睹了人民日报记者部的不断发展,感受到人民日报驻各地记者站的一步步壮大,既见证了记者部办公室的人员变迁,也亲身经历了记者部办公室工作职能的变化。

自1989年以来,记者部办公室先后经历了田永有、陈建设、李忱、杜峻晓、刘波和我等几任办公室主任(副主任),工作人员从最初的徐秀兰、高静、李淑云、陈支援,到近期的刘琼、郑少忠、尹士刚、李洪淼,可谓铁打的营盘流水的兵。上述同志都曾经为记者部机关和各驻地记者站热情服务,也为记者部办公室工作职能的不断完善和发展作出了积极贡献。应该说,记者部办公室的今天得益于报社领导、记者部领导和同志们关心和指导,更是多年来这些曾经在这里工作过的同志们共同努力的结果。

上世纪80年代至90年代初,人民日报记者的稿件还是手写为主,传真机传稿也就成了记者们投稿的主要方式。那时,记者部办公室的重要工作之一就是在编辑组收发传真、拨打电话,对驻站来稿和发稿进行登记、记录、统计,职能相对单一。随着我国社会主义市场经济体系的建立和社会主义民主政治体系的不断完善发展，人民日报驻地记者站的工作内容也几经调整，除新闻采访之外，增加了人民日报发行和报社事业在驻地发展等项内容。因此记者部办公室的工作也随之调整，1997年记者部成立了记者站管理处，将记者站建设等职能从办公室分离出去；记者部办公室除原有的职能外，还承担起记者部及各地记者站的党务、行政、人事、信息处理等工作，形成了现在的工作职能体系。即：一是负责记者部党委日常工作和组织人事工作；二是负责部门内部办文和行政管理工作；三是完成部领导交办的其他工作。

随着报社电子化和信息化的不断深入和发展，报社的办公条件发生了重大变化，电脑、网络和视频会议等新兴媒介越来越成为人民日报各记者站工作、联系的重要平台。传输联络方便了，随之给办公室带来的工作量也更大了。这是因为，编制方案是固定的，但工作内容却是活的，记者部的同志们与时俱进，认真学习；办公室工作职能不断适应新的工作要求，很好地完成了所承担的各项工作任务。

自从我进记者部工作之日起，就参与报社每年定期召开记者部年度工作会议的会务工作。记得有位报社领导说过，检验和考验记者部办公室工作的标准，就是记者部每年的年度工作会。在部领导的指导下、在报社有关部门的配合下，这项工作从筹备会议开始，申请会议报告、会议预算报告、会议选址、报社相关部门与会、与会人员最后疏散，工作量极大，且不能有任何闪失。办公室的同志们用辛勤的工作、真诚的服务，换来了每年会议的圆满成功。特别是近几年所承担工作会议，得到报社领导和其他与会部门的一致好评，部领导也多次对办公室所做的会议会务工作提出表扬。

再有，记者部办公室不仅仅是记者部机关的办公室，还是记者部党委的办公室。记者部党委共有32个党支部，分散在全国36个记者站。在认真做好党费收缴工作、党员发展工作、党代表选举工作中，同志们严格按照机关党委和部党委的要求，做了大量细致复杂的工作，确保了党支部的实现顺利选举和改选，圆满地完成了机关党委交办的任务。

人民日报驻地记者站是中央获取各地信息的重要渠道。记者部办公室坚持做到把舆情信息工作放到重要位置，高度重视舆情信息报送工作；及时与记者沟通，注意提高舆情信息质量，做到及时报送。资料显示：近几年记者部报送的舆情信息条数和刊用数在编辑部各部门名列前茅，并有多人被评为舆情信息工作先进个人。

作为记者部现任办公室主任，我回顾近20年来办公室工作的变迁，既感到获得成绩和进步的不易，更感到工作的压力和动力，深信在记者部领导和诸位同仁的关心和帮助下，我们的工作会更上一层楼。

2008年10月

# 管理就是服务

何昱华

1996年，人民日报编委会下发（1996）4号《人民日报编委会关于加强国内记者站建设的意见》指出，为进一步加强记者站的建设，把广大记者的积极性充分调动起来，把记者站的潜力充分挖掘出来，把记者站的优势充分发挥出来，使之更好地为办好报纸和发展报社的各项事业服务。记者站管理处于1997年2月成立，工作职能负责对各地记者站的行政管理及监督经营、财务，还要担负记者站工作管理小组的办公室工作；深入记者站调查研究，帮助解决问题，关心驻站记者生活，为他们排忧解难办实事。

## 迈出坚实第一步

建处初期，管理处只有处长陈建设一人，与记者部办公室一起办公，8月份何昱华同志调入。那时，记者站管理处有关资料档案、信息等全是空白，需要到报社有关职能部门学习。最先接触到的是计财部国资处，对记者站经营性公司的情况进行摸底，仔细了解学习报社对记者站经营提出的要求；后又到房产处，对记者站的房产进行清理、核查等。随着旷铁军、徐清相继调入，记管处进入正常工作状态，开始逐站了解情况，下发一系列通知和表格，要求记者站提供相关信息。

为使记管处工作程序化，一方面积极开展工作，注意积累，对所了解的相关信息、文件、规定分门别类，进行归档整理。一方面，对记者站管理规定、通知等文件资料，记者站的经营、发展、财务收支，以及对记者站聘用人员的工资、考核、审批等文件资料进行了整理建档。目前，除文字文档外，还建立了固定资产、人员管理、经费管理、报告、规定等电子文档等，促使记者管理处工作逐步迈向正规化。

### 建章立制逐步实现规范管理

为对记者站实施规范性管理，根据报社总体规划，围绕记者部的中心工作，通过深入调查研究，在广泛征求报社各职能部门和记者站意见的基础上，与各职能部门陆续制定出台了《关于配发便携电脑规定》、《记者站配置及更换采访用车的暂行办法》、《人民日报社国内记者站及所属企事业单位财务年审制度（试行）》、《人民日报社记者部图文传输网络系统管理条例》等，对记者站管理工作的规范化奠定了基础。

### 记者站财务管理迈向规范

1996年以前，记者站财务相对简单。自报社编委会4号文件下发后，记者站扩大了职能；鉴于记者站大都底子薄、管理薄弱，而财务核算又不同于一般企事业单位，且记者站又远离报社，管理有一定的难度。通过调研，于1998年起草了关于《人民日报社国内记者站会计制度》、《人民日报社国内记者站财务管理规定》。这二项制度的制定和下发执行，为报社加强对记者站的财务管理，推动记者站财务管理规范化、制度化、程序化发挥了积极作用。

2005年，根据中宣部等单位《关于新闻采编人员从业管理的规定（试行）》文件精神，报社各记者站人员不得拉广告、不得开办经营性公司、不得从事经营性活动。按此规定，记管处对记者站注销所属公司进行认真清算。但停止经营后，记者站经费如何解决，如何满足记者站正常采访办公所需的经费，成了记管工作的重点。依据多年来对记者站财务工作的了解，及时提出办公经费解决的方案，供领导参考；根据记者站的实际情况，按照报社坚持厉行节约、过紧日子的原则，经过与计财部多次反复计算、修改、协调，制定下发了《国内记者站经费核定标准及管理办法》。该管理办法基本上保证了记者站工作的正常业务开展与记者站正常采访办公所需经费。

2007年我们重新起草制定了《人民日报记者站经费核算办法》（修订稿），并就记者站加强财务管理、规范会计核算行为、加强内部控制、严肃财经纪律，并对记者站的会计进行法制法规、会计核算等方面的培训教育。

## 记者站聘用人员管理日趋规范

记管处成立以前，记者站工作人员的聘用随意性很大，并且都没有与报社签定任何劳动合同，存在着很大的隐患，极易引发各种劳务纠纷。经过长时间的调研，按照属地管理原则，于2000年规范了聘用人员的社会保险制度，为聘用人员办理了各项社会保险；2003年，经与报社职能部门协调，为记者站社聘人员建立和办理了住房公积金。特别是2006年，又与人事局就进一步完善记者站聘用人员的考核奖励制度，联合下发了《记者站聘用人员考核办法》；2007出台了《国内记者站社聘人员工资分配办法》等；促使近百名聘用人员的审批程序规范化，工资薪酬正规化，签订劳动合同合法化。目前，这批聘用人员已成为支撑记者站发展中的有生力量。

## 牢固树立管理就是服务理念

记者站远离报社，为贯彻落实管理就是服务的宗旨，我们制定了《记管处工作人员守则》、《记管处公文处理规定》，严格按规章制度及有关程序办事。对部领导交办和记者站报告要求解决的问题，及时处理，力求做到准确、细致，避免返工。资料显示，我们平均每年为记者站及记者办理各式报销事宜200余件，处理记者站各项报告100余件；其中包括更新车辆、更新购置办公电子设备、审批聘用社聘人员，以及每年为记者站办理年检手续等。在我们的提议下，报社提高了驻站记者身体健康检查的标准和次数，由原来的两年一次变为一年一次；提高了驻站记者的驻站津贴，解决了驻站记者的租住房问题等。而今记者下站工作的条件明显改善，驻站记者的奖金待遇有所提高。

为继续贯彻落实管理就是服务的理念，我们将继续刻苦学习专业知识，精通本职业务，不断增强组织管理能力和综合协调能力，全方位做好服务工作。

2007 年 8 月

# "背起行囊，我们一同战斗"

## ——记全国抗震救灾宣传报道先进集体记者部

汪晓东

5月12日下午2时28分，四川汶川特大地震发生，一场人类与自然灾害的殊死较量就此展开。

灾情就是命令，记者也是战士！人民日报记者部立即作出部署，从全国各地调集记者赶赴四川，投入抗震救灾报道。

地震发生后，出差在京的四川记者站站长郑德刚立即启程返川，因成都机场已关闭，他先飞重庆，13日凌晨辗转到达成都后，在四川日报招待所租用房间办公，紧急成立人民日报四川抗震救灾报道前线指挥部，指挥记者站所有记者立即分赴地震重灾区，于当天便陆续发回大量报道。

5月14日晚，受报社编委会委托，记者部主任龚达发赶赴成都，担任前线报道总指挥。他于15日凌晨3时飞抵成都，立即投入紧张繁重的报道组织和协调工作。此后的半个多月，龚达发和"前指"全体同志在报社编委会的领导下，夜以继日地工作，成为指挥前线报道的战斗堡垒。

5月19日，"前指"成立临时党支部，龚达发任支部书记。他说，大灾对每一位党员记者是一次战斗洗礼和考验，作为党中央机关报的记者和工作人员，更要不畏艰险，不怕流汗流血，深入、深入再深入，千方百计到灾情最重的地方去，千方百计到其他媒体还没走到的"孤镇"、"孤村"中去，千方百计采写出有点有面、感人至深的报道来，千方百计挖掘出具有影响的典型来，这是我们人民日报的优势所在。龚达发强调，这正是考验我们每一位党员的关键时刻！我相信，大家的党性和政治思想觉悟，一定会在这次严峻而紧要的关头得到升华和提高。徐元锋、魏贺和刘天亮等非党员记者，向"前指"临时党支部递交了入党申请书。衷心期望能在抗震救灾报道中接受党组织考验，以实际行动书写入党申请书。

地震发生后，记者部驻全国各地记者纷纷主动请战。第一时间，10多名驻各地记者站记者迅速集结四川，在"前指"统一指挥下，分赴各重灾县市驻点采访。灾难面前，所有人只有一个念头：到重灾区去，到一切需要报道的地方去，到读者最关心的地方去，这是记者的天职！

截至6月24日，记者部先后调集全国21个记者站的35名记者参与抗震救灾报道，他们成为人民日报抗震救灾报道的主力军。

道路中断、山体滑坡、飞石滚落、余震不断……采访工作的艰难程度超乎大家想象，但各路记者克服重重困难，冒着生命危险，千方百计靠近现场；道路毁了，就弃车徒步行进；房屋倒塌了，就席地而睡；通讯断了，就记下战地日记……大家心里只有一个念头：千方百计向受灾最重的乡村挺进，挺进，再挺进！

一个多月来，他们不畏艰险、不怕疲劳，以手中的笔和相机，记录一个个感天动地的故事，捕捉一个个惊心动魄的瞬间。在这场气壮山河的抗震救灾斗争中，他们以自己的实际行动，生动诠释了什么是"人民记者"的光荣称号！

5月14日，山西记者站记者鲍丹获准到四川采访。由于道路艰险，站长王科向报社请求护送记者到灾区。被批准后，他们从太原出发，驱车20个小时，直奔灾情严重的清川、平武、江油、绵阳、德阳、都江堰等地采访。

5月15日下午6时,接到"前指"一个紧急任务,他们立即赶到汶川映秀镇采访,当晚11时,《再通映秀》长篇通讯按时发出。此时,大雨滂沱,他们在野外熬了一个不眠之夜。

5月18日到成都"前指"稍作调整之后,他们又马不停蹄往理县等地进发。一路上,他们翻山越岭数千公里,克服常人难以想象的困难,发回大量独家的报道和图片。

四川记者站采编室主任刘裕国5月13日赶往地震灾区,采访头3天,一直没合过眼,一路上靠点心和方便面充饥。他徒步翻越垮塌的山体,进入北川县城采访。在北州县城拍摄照片700余张,每天发往报纸及人民网的稿件10篇左右,第一时间在人民网上报道了北川堰塞湖真实情况,平息了谣言,稳定了人心。

10多天中,刘裕国一直奋战在北川、青川、江油、平武等抗灾一线,其间只回过成都一次,匆匆换了衣物又出发了。截至目前,他已在人民日报发稿100多篇,是前方记者中发稿量最多的一个。

5月14日中午12时30分,河南记者站记者曲昌荣接到记者部电话:立即收拾行李,务必尽快赶到灾区。他的妻子已有6个月身孕,同样是记者的她对曲昌荣说:"你去吧,这是历史事件,记者应该在一线。有父母在我身边,你不用担心。"

曲昌荣于15日零时30分飞抵成都。16日,他和重庆记者站记者刘天亮组成理县和茂县报道组。在茂县的8天里,他们跑遍了能跑到的各个角落,发稿10篇,有当地抢运救灾物资的图片,有当地群众拥军的报道,还有如何搞好防疫的跟踪,还做客人民网"强国论坛"与网友在线交流,多侧面、多角度地把一个真实的灾区报告给读者。

在茂县的8天时间里,他们没有洗一次澡,帐篷白天热晚上冷,下雨时被子上都是水,醒来一看,被子褥子已经被体温烘干了。他们克服种种困难,圆满地完成了任务。茂县县委书记尼玛木感激地说:"感谢人民日报及时全面的报道,你们是唯一在茂县长期驻扎的中央级新闻媒体记者，从你们身上我们看到了'负责任'三个字的真实含义。"

5月19日下午，报道组全体人员向灾区捐款，所有人都是第二次或第三次向灾区捐款，有的同志甚至是第四次、第五次。龚达发把自己所获的2007年度范长江奖的奖金3万元全部捐给四川灾区；郑德刚捐款1万元；胡跃平、贺广华在已经数次捐款的基础上，又分别捐款500元；转战在抗灾一线的记者得知捐款消息，纷纷通过电话或短信要求捐款。5月23日下午，龚达发、郑德刚将全体记者的63612元捐款送至四川省红十字会。

5月28日，在报社领导多次催促下，龚达发离开成都回京休息，记者部副主任李忱飞赴成都，接任"前指"总指挥；第二批、第三批、第四批记者陆续驰援四川，并在"前指"统一安排下奔赴灾情严重的地区采访；更多的记者不断给"前指"领导打电话、发短信，强烈要求到前线参加采访报道……

在这场规模空前的抗震救灾斗争中，人民日报记者部领导在编委会领导下，靠前指挥，身先士卒，所有记者不怕艰险，连续奋战。实践证明，这是一支特别能吃苦、特别能战斗的队伍，是一支让党和人民放心的队伍！

2008年7月11日

# 第二辑

## 记者纵横谈

# 积极地反映现实生活

——采写《不该发生的悲剧》一文的体会

洪天国  张何平

在我们的记者生涯中，有这么一段紧张而又痛苦、不安的时候。这就是去年的2月至5月间，仅仅为了一件事——一位刚走上技术领导岗位的中年知识分子不幸自杀身亡（即朱毓芬事件）；为了一篇报道——《不该发生的悲剧》（以下简称《悲剧》，见人民日报1983年4月13日三版）而日夜奔忙。

《不该发生的悲剧》见报后，《羊城晚报》当天在一版转载，中央人民广播电台和北京人民广播电台均在新闻节目中摘要广播，12家报纸还发表了有关的杂文。400多封读者来信从全国各地陆续投寄编辑部。许多人含着泪水阅读报道，又含着泪水书写来信。

这样就使得我们不得不思考这样一个问题：为什么这篇报道会在读者中和社会上引起比较强烈的反响呢？现仅就我们的体会谈一点认识。

## 撷取现实生活中的浪花

在数百名投书者中，有相当一部分是新近走上领导岗位的中青年知识分子。他们几乎都用这类话向记者倾诉："你们写朱毓芬，好像在说我"；"我也有类似朱毓芬的遭遇和磨难，所不同的是，她走了，我还活着。"

山东某农机厂技术副厂长，是这个县工交系统中第一个走上领导岗位的中年知识分子。他在来信中说："和朱毓芬一样，同许多同龄知识分子相比，我是幸运者。但朱毓芬工作中的困境我也深有感触。工作上得不到充分支持，有些工作不能被人理解，有职无权，加入党组织的强烈愿望始终没有实现……"写这类信件的还有医院院长、矿山矿长和担任其他行政职务的知识分子干部。

为什么他们都不约而同地同朱毓芬的遭遇产生共鸣呢？因为报道注意选取一些具体的活生生的侧面，比如工作上得不到应有的支持，她的为人不被人们所理解，职与权的脱离，入党的艰难……而这些侧面又是许多知识分子干部同样遇到的，因而在一定程度上反映了相当一部分知识分子干部的共同命运。几乎是同样内容的事情发生在不同人的身上，个别的报道就具有上面的典型性。

如果说，文学作品离不开生活，那么，新闻报道更必须深深地植根于现实生活的土壤中。只有善于撷取现实生活中的浪花的报道，才能吸引读者，影响社会。山东某县农机厂副厂长在信中说："报道从一个侧面反映了目前在领导岗位上工作的中青年知识分子的现状，最起码是相当一部分人的现状。"正因为这样，这个知识分子干部"读着，读着，眼睛湿润了，泪珠止不住从脸颊滚了下来"。

波浪有前浪与后浪，生活有昨天和今天。如果说，文学家可以去撷取前面的浪花，反映昨天的生活，那么，新闻记者却必须竭尽全力撷取后面的最后一朵浪花，反映今天的最新生活。这也是所谓新闻报道的"新近性"、"最近点"。当千千万万中青年知识分子纷纷踏上各级领导岗位后，某某单位重用知识分子，某某系统提拔多少知识分子干部，这已不是什么新闻了，人们更加关心的是，这些知识分子干部走上领导岗位后的工作情况如何，命运怎样。《悲剧》就是紧紧抓住后面这个问题，用朱毓芬走上领导岗位后的遭遇打动千万个读者的心。

## 用积极的思想去报道含有消极因素的事件

朱毓芬的自杀尽管有许多出于无奈的因素，关于如何看待自杀的行为尽管众说纷纭，然而，《悲剧》一文始终认为，朱采取自杀的行动并不是积极的态度，因而这出悲剧包含着消极的因素。

既然这样，为什么还要去报道它呢？记者曾经也有过顾虑，担心报道后会产生副作用。但后来又想，生活本身就含有积极和消极两种因素。在社会主义中国，积极的因素是大量的，占主导地位，但消极的因素仍然存在，正因为这样，才要不断整顿党风、民风、社会风气，回避消极因素并非积极的态度。

怎样才能化消极为积极呢？《悲剧》除了反映朱的不幸遭遇和批评了张全福刁难朱毓芬的错误行径外，还指出朱采取自杀行为的局限性和不可取之处，努力引导读者从积极的方面去了解这一悲剧。文章第五段的标题是"假如……"用整整一段的篇幅，写了那么多个的"假如"，目的就是一个：如何防止这类悲剧的再度发生。

曾有同志担心，左一个"假如"，右一个"假如"，会不会冲淡主题，给人以画蛇添足之感。特别是关于朱毓芬的那段"假如"，会不会影响人们对朱的印象的正确了解，给人以各打五十大板之嫌。事实证明，这种担心是不必要的。从大量来信看，这段"假如"收到良好的效果。

当年，我们采写这篇典型报道的时期，知识分子干部的心情十分复杂，思想很矛盾。一方面因为受到刁难、排斥而悲观，一方面又不甘沉沦，不愿辜负党和人民的厚望。请看下面这个并非偶然巧合的事例："工作得不到支持，压力太大"的某沙漠研究室主任高级工程师，就在看朱毓芬事件报道的前20分钟，刚刚给党委呈送了辞职和调离报告。还有，吉林省某厂技术副厂长，工人出身的工程师也无可奈何地呼喊："我挺不住这种压力，我准备申请免职，下去当工人。"应该说，不管其客观条件如何恶劣，这两位中年知识分子干部打退堂鼓的做法，都包含着消极因素。

然而，在读了《悲剧》之后，中国知识分子强烈的事业心和高度的革命责任感终于战胜了悲观与失望，因而，更多的来信不是叹息，彷徨，而是决心和自勉。这除了因为通篇报道的主题思想是落在"不该发生"这样的高度上，除了有一段比较深入的分析和正确引导的"假如"外，还有一个重要的原因就是这篇报道配了一篇好评论：《评朱毓芬之死》。这篇评论不仅深刻地剖析事件的实质，有力地抨击嫉贤妒能的恶习，而且希望广大知识分子要相信党和人民的力量，这就给读者以很大的鼓舞。请读下面的来信：

"我们决不会走朱毓芬同志自杀的道路，我们应该炼成一付铮铮铁骨，扫除变革道路上的一切障碍。党在支持，人民在期待我们，如果我们面前没有阻力和困难，如果道路已经铺平再不会有坎坷和曲折，那还要重用中年知识分子干什么？"

这是多么感人的声音！

### 从深入挖掘中引起激烈的争论

《悲剧》在写作中，对事实的取舍比较慎重。在经过周密的考虑之后，每一个侧面，每一桩事实，都力求能从中透视出一个问题，或者是党的领导如何理解知识分子的心情，或者是现行干部制度如何改革，或者是嫉贤妒能的恶习如何克服……这样就使读者没有停留在对悲剧的现象的了解，而是从中联想现实，思考有关的社会问题。

比如，《悲剧》第一个题目中的第二段是这样写的："这是两个多么不同的共事者呵：粗心、马虎、敷衍和不肯学习的厂长，领导着细心、认真、负责和刻苦钻研的副厂长。"一开始就在强烈的对照中引出朱、张两个截然不同的人物。往后的段落里，从对待外文资料到艰苦的工作条件，从谈判到规划，直至出国考察，都处处交织着朱、张的不同态度和互相纠葛。这样就使读者从中联想到一个社会现象：在有些单位和部门，仍然是能力低的领导能力高的，外行指挥内行，不干活的管干活的，因而思考干部制度的改革问题。

读者思考的社会问题是广泛的，除了干部制度外，还有党的领导干部与知识分子干部关系问题，嫉贤妒能问题，等等。而对各种各样问题的思考之后，读者便大声疾呼："对目前尚活着的类似朱毓芬的人们应给予更大的关注！请为'林中秀木'筑几道防护墙！"

有的同志说：《悲剧》一文写得有思想，有感情，有文采。这显然是过奖。当然，记者在采访和写作中一直努力捕捉一个主题思想：新旧交替时期要十分注意知识分子干部问题。在采访中，记者就为朱毓芬的品格和遭遇而心弦拨动，写作中三易其稿，写到第三稿时几次泪水湿润稿纸。在写作方法上，注意运用各种文学表现手法。如开头三个字"她走了"，一开始就制造了悲剧的气氛。"悲剧的导火线"一节，第一段连续用了八句短句，借用了电影文学手法。我们愿意把有思想，有感情，有文采作为新闻写作的追求，尽管现在的差距还很大。

1984 年 4 月

# 《知音难觅》采写札记

郭伟成

《知音难觅——就江永絮遭遇问题访衡阳》（载《人民日报》1983年3月1日第三版）发表以后，在湖南衡阳等地引起很大反响。我曾先后收到来自十多个省的数十封读者来信。他们说：这篇文章"讲出了知识分子的心里话"，"是广大知识分子的知音。"衡阳的同志来信说："在他们那儿，知音成了伯乐的代名词。伯乐只识千里马，不够'千里'的马（指有些缺点毛病的人才）没人管。知音却是对每一个知识分子说的。""领导干部都成为知识分子的知音了，四化就好办了。"

总结采写《知音难觅》一文的体会。我觉得有以下3点。

## 一、调查研究　占有材料

1983年1月31日，人民日报发表了湖南省柴油汽车修制厂归侨、女工程师江永絮反映她在工作中屡遭排斥打击的信以及湖南省的调查报告，要求读者就此展开讨论。当我接受编辑部的派遣去衡阳时，手头除了一份刊登来信和调查报告的报纸外，其他材料一概没有。到衡阳以后，衡阳市委应我的请求，出面召集了几次座谈会。参加座谈的既有领导干部，也有了解江永絮的同志以及当地报社、电台的同行。由于江永絮以前曾作为当地先进典型表扬过，又是衡阳市人大常委会委员，因此，了解或接触过她的人是很多的。不过，在我听到的意见中，说好说坏的都有。后来，我又找她本人，过去和现在工作单位的同志以及与厂领导交谈，还找衡阳市部分厂矿的知识分子开了座谈会。几天功夫，各种各样的情况都基本到手。作为一个记者，在这时要保持清醒的头脑，不管是正面的、反面的；不管是不是符合记者本人的想法，哪怕截然不同的观点，都应当深入了解。当我最初从报上看到江永絮的信时，我试着在脑子里画了一张素描像，每天接触的人，以及她本人都在为这张素描加几笔或减几笔；我自己也不断修正自己对同一件事情的看法和认识；逐渐地，这张想象中的画清晰了，明朗了。她像任何物体一样，带着明暗两个方面：那明的，是她的成绩和优点；暗的，是她自己的缺点。大量调查研究得来的材料不仅有平面的，还有立体的，以便从纵横两个剖面上分析同一个事件。这纵横的交叉，不仅是她的思想与某一点（事件的发生，真实原因）的相交，也包括两种不同意见在同一点上的相交，这对于我们准确地把握一个事件是极为重要的。这种调查，为我后来写《知音难觅》以及《她，就是江永絮》（载人民日报1983年3月31日第三版）打下了基础。

## 二、掌握政策　形成思想

《知音难觅》是见闻式的，也是一种"东拉西扯"的通讯，没有情节，没有人物形象，两次提到江永絮，也只是引了她两句话，没有描述，更没有展开。江永絮的遭遇中包含的因素是很多的，有些事情的界限也不很清晰。她和一般想象中受排斥打击的人不同；她是衡阳市表扬过的先进人物，到那时为止，她依然担任着市人大常委会委员的职务。衡阳市委有的领导同志说："在江永絮身上花费的心血要比别人多得多，如果在她身上政策还不算落实，那怎么样才算落实政策呢？"的确，事情是复杂的，造成对她的排斥打击的原因，更多的是思想方面的问题，包括一些社会偏见，因此，对江永絮事件的报道，是不能不顾这一事实，简单地归结于某些领导对党的知识分子政策的抵制。这样当然很省力，也顺理成章，又抓了个阻碍落实知识分子政策的反面典型。但是，思想上的问题却不是这种简单化的作法就能解决的。而另一方面，又不能附合某些同志的所谓的"委屈情绪"。在衡阳，知识分子政策究竟落实得怎么样？从当时看，很多同志表示不满意，包括一些走上领导岗位的知识分子。这说明，当地领导同知识分子之间还缺乏共同语言，相互间缺乏了解，主要是某些领导不了解知识分子，不了解也就谈不上尊重，自然成不了"伯乐"。这就是文章的主题。

从这一思想出发，我没有直接去批评当地某些领导干部，我也肯定了衡阳市委对江永絮的重视，给她的荣誉，职位等等。然后用知识分子对此的不同看法，表现出领导干部同知识分子之间对怎样落实好知识分子政策的理解上有差距，而这些差距阻碍了政策落实，并使江永絮的遭遇成为一种必然。

### 三、留心采访　着意剪裁

一个记者，应使自己的思想机器时时处于工作状态，留意捕捉那些稍纵即逝的具有新闻价值的材料。《知音难觅》中提到几种事情，有些是闲谈时或是事后追记下来的。当时记下这些话的时候，我还没有考虑到将来怎样写我的报道。但记下一些有价值的事情，总是有用的。当然，事先对于要搞的报道总是有个轮廓设想的，不然也不会对某些材料特别敏感。

采访结束以后，就是写作。作为一篇"东拉西扯"的报道，其中心是从江永絮的遭遇中可以反映出一些令人深思的问题。我利用在衡阳短短几天功夫得到的材料，尽可能把这个中心说清楚，从而引起人们思考。文中作为点题而引用的"一位工程技术人员"的话，即"偏偏我们知识分子又是性格内向的多，穷要面子不开口，就更难得到领导的理解了，真是知音难觅"，则是从本质上反映了知识分子的心情，也是对江永絮遭遇性质的认识。

1985年3月

# 对"最初经历"的回顾和思考

张平力

我是从1977年开始从事记者工作的，至今已有7年。

在这之前，我曾经是一个兵团战士、军人，对新闻工作一无所知。作为一个过程，我对新闻工作从不熟悉到逐步熟悉，其中所经历的"不熟悉"的时间长一些，大约有四年的工夫。我了解过和我经历大致相仿的同行情况，可以这么说：对于一个从事新闻工作的新手来说，三四年时间是能够入门的——这说明，从事新闻工作不容易，但也不是很困难。你热爱这项事业，下功夫去钻研其中的学问，你肯定可以获得成功！

我个人认为，人的最初经历是很可宝贵的，这不仅因为它是你进入一个陌生领域的出发点，而且，你在最初经历中所遇到的、解决的问题，可能会在你以后的长期实践中反复出现——尽管是在不同层次上提出；你最初经历中获得的成功经验，便是你以后解决此类问题的有效借鉴。

新闻工作，具体到记者工作，就是采访、写作，这是一门学问，一门特殊的"艺术"，这门学问和"艺术"，是要把最有价值的新闻事实组织、编排、传播开去。由此可见，它基本是两方面的工作：一、选择最有价值的新闻事实；二、将新闻事实按一定体裁、格式组织、编排起来。这两方面的工作，在实际过程中往往是同时开展的：采访的同时，也就是构思成篇的过程。你的采访过程，必然要受你的写作意图的制约，而你的写作过程，又必然受你的采访成果的影响。

我体会，一个新手首先要解决的，不是怎样写，而是怎样

1993年,记者张平力(右)在贵州同里县采访苗族青年企业家。

选择、掌握新闻事实,尽快地把自己的注意力集中到最有新闻价值的新闻事实上去。一个新手的新闻活动(包括采、写两个阶段)的成败与否,主要取决于此。道理也简单,新闻是"关于新近发生或变动的事实的报道",新闻的各种文体、各种体裁,都是由事实本身的逻辑、结构来决定的,你对新闻事实掌握的越全面,越丰富,理解的越深刻,你写出的文章肯定会不落俗套。所以在采和写上,我经过多次失败后,更为重视"采"。

我这样认识是不是贬低掌握新闻写作方法对于一个新手所具有的重要意义呢?不是。在一定意义上讲,一些好的新闻写作方法(包括那些已经形成的新闻写作体裁),往往是标志那些成功的记者采访新闻事实的有效思维方式,掌握这些方法,无论对采和写,都有不可低估的好处。但是,作为一名新手,一开始你是不会写的,你必须先从"采"起步;同时,新手还有一种使命，就是摸索，锻炼自己一套独特的，不同前人的、反映事实的采写方式，为此，你就不能拘泥于已有的新闻写作方法。

　　在"最初经历"中，通过向老记者和同辈人学习，我逐渐习惯于把每一次采写活动中"采"的过程，分为三个阶段来进行。它们是：一、在大量积累、搜集资料并观察和研究重要动向的基础上，确定采访的方向和范围；二、按照确定的采访方向和范围，多方面、多途径地去掌握直接和间接的材料；三、捕捉住典型的、重要的新闻事实，下功夫掌握这种事实的全过程及其细节。这3个阶段，实际上是记者认识采访对象的3个层次。第一个阶段，我称它为"抽象"、"朦胧"的层次。所谓抽象，是指你通过学习、研究、观察，开始形成了新闻活动的意图，但是这种意图不是具体的，仅仅是那么几个条条，相互之间没有什么内在联系。所谓朦胧，是指你还没有确定采访对象的具体界限，对其内部和外部的多方面联系还未全部把握。你选择的新闻对象是否具有较高新闻价值，往往在这个阶段决定。第二个阶段，我称它为一般的、过渡的层次。所谓一般，是指在这个阶段你接触了有关新闻对象的大量材料，但是，你对这些材料还没有进行比较、分析，对它们的认识仅仅是同一个水平的重复；所谓过渡，是指这一阶段必然向下一阶段发展，不可能停顿下来，独立地构成新闻素材。第二个阶段，我称它为"具体"的层次，在这个阶段上，你对新闻对象的把握是具体、生动、深刻的，你已经抓住了事物的鲜明特点。在这个层次上，新闻写作往往有较高的成功率。

　　上述3个阶段、3个层次，有点像王国维讲的做学问的"三境界"说。"昨夜西风凋碧树，独上高楼，望尽天涯路"，这是不是颇像那个"抽象"、"朦胧"的层次？记者正是在一个广阔的领域里寻找着他的采访方向和范围。"衣带渐宽终不悔，为伊消得人憔悴"，这个"伊"，不就是记者在"一般的、过渡的"层次上苦苦追求的那个最有新闻价值的事实吗？"众里寻他千百度，蓦然回首，那人却在灯火阑珊处"，这个"寻他千百度"，难道不是记者在那个"具体"层次上对典型的、重大的事实的深入开掘吗？

依照上述3个阶段、3个层次分析，就能大致找出一个新手采写成败的原因。我从事记者工作的头三年，采写失败的次数较多，总起来看，无非有这么3种：（一）新闻选题缺少较高的新闻价值，通常的说法是"没多大意思"，这是采访第一阶段犯的错误；（二）写入报道的事实一般化，不典型，缺乏说服力，这是由于采访活动停留在第二阶段造成的；（三）虽然抓住了有较高新闻价值的事实，但是开掘不深，这是由于在采访的第三阶段上，对典型事实缺乏深入了解所造成的。对于新闻采写来说，上述3个阶段、3个层次是统一的整体，不能分割。成功的采写活动一般都是3个阶段结合比较好的。反之，在任何一个阶段、层次上犯错误，都将导致新闻写作的失败。

在"最初的经历"中，我的失败往往在采访的第一阶段或第二阶段就铸成了。应该报道什么？怎样挖掘新闻事实？对此我常常心中无数。当时，人民日报记者部每月都召开记者会议，听取和讨论每个记者近期的报道计划和选题。在这种会议上，我是很少发言的一个。原因是平时不注重对党的路线、方针、政策的研究，对现实生活中大量出现的新现象没有认真深入地观察。而这恰恰是记者的基本功。当我在老记者的指导、帮助下注意锻炼这项基本功时，我的工作就有了起色。1977年，我写出了一些报道。这对我鼓舞很大。

但是需要提高。这个过程对我来说很痛苦，因为从1978年到1979年这段时间，我采写失败的次数增多了。1978年末，我去天津，打算写一篇关于知识分子有职有权、充分发挥作用的报道。我在采访的第一阶段上做得比较成功，这个新闻选题抓住了当时的重要动向，得到了编辑部的同意。但是我忽略了采访的第二阶段，没有去占有大量的事实，因此就不可能在大量事实上把握和认识典型的、重要的新闻事实,写出的报道也就一般化。在天津某炼钢厂,我和几位刚刚评上技术职称,并且担任了一定领导职务的知识分子进行了座谈,在报道中举这几个人作为例子,证明知识分子有职有权了。但是,我放过了一个重要的事实:正是在这个炼钢厂,副厂长兼总工程师提出的技术改造的方案,几天前刚刚被有关部门和工厂主要领导第四次否决了。这一个事实说明,知识分子有了职务和职称,并不等于有职有权了,要充分发挥知识分子的作用,还有更为重要迫切的问题需要解决。这类事实,在当时普遍地存在着。然而,由于我没抓住这类事实,我在天津采写的稿子未能见报。

这一次失败,我归咎于企图超越采访的第二阶段。那一段时间,我屡次犯类似的错误。

既然初次从事新闻工作的新手,最容易在采访的第一阶段和第二阶段上犯错误;那么,要克服这方面的弱点,有什么好办法没有?各人的条件不同,解决这个问题的方法、途径也会不同。我个人的方法,是用"反溯法",从有采写经验的记者的作品中去学习。

俄罗斯著名戏剧导演斯坦尼斯拉夫斯基曾经说过,判断一个演员的表演水平,最好去听他的"潜台词"。"潜台词"和表演语言不一样,它是演员的艺术创作意图到实现这个意图之间的一个"中

1993年,记者张平力(右二)在贵州采访侗族农家。

介"，包含着演员对原著或脚本的理解、对艺术的处理方法等等，具有相当丰富的艺术内涵。当然，"潜台词"只有通过对"前台词"的思索才能"听"到。经验丰富的记者的作品也有"潜台词"，但这只有靠你去研究他的作品才能获知。"反溯"，就是要求把一部作品、一篇文章当做某种特殊活动方式的"终点"，从这个"终点"开始，反向去追寻那种活动的轨迹，直至达到那个起点，从而把握、认识这种活动方式本身。这类似行船的"逆水而上"，结合采访活动的3个阶段、3个层次运用"反溯法"，我是这样思索一篇好的新闻作品的：

作品的主题——作者为什么形成这个主题？要形成这个主题，作者必须进行哪些方面的工作？——这些问题，也就是确定采访方向和范围所要解决的。

作品的事实——作者使用了多少材料？哪些事实构成作品的主要内容？选择和获得这些事实，作者可能采取些什么办法？——直接的，还是间接的？是作者自己问出来的，还是人家主动提供的？如果是问出来的，作者可能怎样问？如果是人家主动提供的，那么作者会采取哪些方法，引得人家主动说？——这些，都属于采访的第二、第三阶段上所要解决的问题。

作品结构——这是作者组织事实的方法。作者是怎样突出某些事实的？为此他在采访这些事实的时候，将会按什么方向、用什么方法向更深层开掘？作品的结构和事实本身的结构有无区别，有无联系？作者是怎样把事实的结构转变为作品的结构的？——这些问题，属于采访的第三阶段要解决的。

我认为，对一篇好的新闻作品做上述"反溯"的思索，会帮助自己提高采访的本领。当然，使用"反溯法"，还必须辅以实践的印证。这种实践包括两方面：（一）向作者本人去请教，印证你通过"反溯法"得出的结论，并根据作者的指正，对自己的推论加以修改。比如，我曾向著名记者田流请教"如何确定自己的采访方向和范围"的问题。在这之前，我读了他1978年重新开始记者生涯后的所有新闻作品，使用我的"反溯法"对上述问题做了推断，然后向田流同志请教。田流同志指导我要学"老鹰抓兔子"的方法：要找到有价值的新闻活动领域，首先要扩大自己的视野，从全党全国都在关心的大事上想问题——就像老鹰在高空中绕大圈，发现、寻找猎物一样。这番指教，使我对上述问题的认识提高了一步。（二）通过自己的实践印证。使用"反溯法"得出的结论是否正确、是否对自己的采访活动有用，主要是靠自己的实践来检验。比如使用"反溯法"我发现，许多有经验的记者采访的逐步深入，与他不断地将采访得来的材料反复编排进"腹稿"中去的过程是相统一的——我称这个过程为"文章预演"。如果把这个过程和上面提到的采访的"三阶段"联系起来认识，那就是说这个"文章预演"，从采访的第一阶段开始，一直要"演"到第三阶段。田流同志的采访就是一个这样的过程。当他启程去采访的时候，他的笔记本上就有了种种写作题目，有些题目下面甚至连段落、结构都有了。前者，是他选定的采访方向和范围，后者，则是他对需要接触、需要深入了解的那些材料、事实的一种构想。在采访过程中，他不断依据新的事实、材料，在脑子里反复修改自己的"稿子"，同时依据这种修改，把注意力向更为重要的新闻事实上集中，直至将其牢牢抓住。老记者的这种方法，对我这样的新手有没有用？有多大用？只有自己去尝试一下。1979年至1980年，我试着这样去做，结果自己采访活动的盲目性减少了，自觉性提高了，采访后一般成篇都较快，上报率有所增加。至今，我还在使用这种方法。

1985年6月

# 记者的头脑

## ——多思、会思、深思

欧庆林

记者的头脑要多思、会思、深思。

许多老一辈新闻工作者经常这样谈论问题："新闻写作中最困难的事情是组织思想。"他们所说的"组织思想"，可不可以理解为：在采访所得的各种事实基础上的思考、再思考。一篇新闻作品，组织好思想是主要的。思想鲜明、深刻，就会启迪人、教育人、鼓励人。广大读者往往也是从这个方面去评价作品，去认识和了解记者本人的。一位名记者的个性、风格，由此也形成。从这个意义上说，如果你想当一名新闻记者，尤其是想当一名好的新闻记者，你想写出脍炙人口的新闻、通讯、特写、报告文学、评论、短评……"多思、会思、深思"，应该是必须锻炼、培养的一种基本功。

很多人开始做新闻工作，毛病恰恰出在这里——既不注意资料的积累，更不注意思想的积累。年轻的记者常常是腿勤、嘴勤，能跑、能钻，可就是手不勤，脑不勤。我最初也经历了这样的阶段，后来，改了一点，注意了资料的积累，但仍没有积累思想的习惯。这样就出现一个问题：跑了许多地方，记了

---

欧庆林(1940年—2003年)，中共党员，籍贯山东招远。1962年参加工作，1978年调入人民日报，1982年任人民日报驻北京首席记者；1986年调任北京市政府办公厅副主任、市委办公厅副主任；1990年调任国家经贸委政策研究室主任。

满满几本笔记，回来写一两篇稿子就算完事了，再想写也写不出来了。症结在哪儿？不能深入提炼，多方面挖掘，把记下来的更多的"死材料"变成"活材料"。

把"死材料"变成"活材料"，决定于记者的思考能力和表达能力，但首要的是思考能力。"采访之前，采访的全过程中，对我们的采访对象，对我们采访中听到、看到、碰到的事情、现象、问题加以思考、分析、研究，无论对我们采访的深入和采访成果的表现——写作，都是十分重要的。"上面这段话，是老记者田流同志的写作经验。我自己也越来越深刻地体会到，记者的"思考能力"是长期磨炼积累而成。这种积累，不是直线型的，而是纵横驰骋，不断深化的。新闻写作中"组织思想"的能力，不是靠一时所得，而是靠长期的观察、思索、积累。这一点，恐怕任何人都会有自己的体会。

怎么样养成"多思"的习惯呢？"多思"，可以解释为随时随处地想，随时随处地问几个为什么。记者要锻炼自己的"多思"能力，不妨学一学北京大学副校长季羡林教授的作法。大家都知道，季羡林教授在国内外博学者中，称得上是个佼佼者。他是语言学家、民族学家、作家、翻译家、史学家、教育家；他精通英语、德语、拉丁语，懂得俄语、法语。所有这些成就和知识的取得，离不开对时间的珍惜，离不开他的一个特殊习惯：总得思考点什么，写点什么，决不让自己的脑筋投闲置散。上下班的路上，散步的时候，他打着腹稿，不知什么时候从口袋里掏出一张旧日历、卡片、旧讲义纸甚至是烟盒之类记上几句。等公共汽车的时候，他想起了什么，会买上一份《讽刺与幽默》之类的小报在空白处书写起来。外出开会参观，别人自由活动，他往往还得开会，可他常常能带回来一两篇散文。季老无论什么时候，"决不让自己的脑筋投闲置散"，这是何等好的习惯和品格啊！当一个记者，如果能如此去做，他一定会成功的。

对于一个好的新闻记者来说，采访的全过程，即是思想跳跃，思想深化的过程。他在进入现场之前，就要根据上头精神或群众的意愿，想想这次采访应该确定什么样的主题，通过什么样的方法或形式来表现这个主题。进入现场之后，他必须思索他所采访的人物、事件或问题，是否有代表性、普遍性，是否有典型意义、指导性。对这些问题想清楚之后，就会自然地转入如何写作、如何表现，甚至在现场的采访过程中就打出了"腹稿"。打"腹稿"，我认为是一个记者应该学习和坚持的。因为它不仅会使你杜绝在采访过程中抓一些与主题无关的材料，还会使你在抓各种有用的材料中，开掘出更新、更有意义的细微末节，而为你的写作增添血肉。

我想举一个自己实践的事例来说明。1982年仲夏之际，我随中国林学会、水利学会等组织的长江流域水土流失考察组，到湖南、江西等省进行实地考察。进入兴国、宁都等县以后，我觉得天气十分炎热。车在公路上，我远望起伏的群山，红岩裸露，蒸腾的热气袭人。那一年，雨水很大，我们走公路或山间土路，很多路段被冲成沟壑。我头脑中闪出一个思想：鱼米之乡为什么会有如此景象？进入森林资源很多的井冈山地区以后，到处郁郁葱葱，顿觉天变地变山变，景象不凡，但这个思索，仍然放弃不掉。我又想到：兴国、宁都历史上不是也像井冈山一样森林茂盛、地肥年丰吗？兴国、宁都的今天，会不会是井冈山的明天？对森林的乱砍滥伐，将会给我们的国土带来何等的灾难？一连串的问号，迫使我寻根问底，迫使我在考察组统一的活动安排之外，去"私奔"、"私访。"结果，完全证明我的所思所想是对的——井冈山地区也潜伏着极大的隐患，而这种隐患的主要制造者恰恰是群众或一般人不敢触犯的权力部门和官办企业。于是，在离开井冈山地区进入湖南省之后，我边考察，边在心里打起"腹稿"，决定以"为什么鱼米之乡会出现黄土高原的景象"为题，写一篇通讯，告诉我们的领导机关和广大群众："兴国"不兴、"宁都"不宁，井冈山潜伏着隐患；整治国土，保护森林刻不容缓。待考察组到了长沙后，我利用休息时间，把此稿写了出来。这篇稿子见报时，正是四川发生严重水灾之后，人们回过头来总结经验教训之际，事实教育了人们，长江流域，特别是长江中上游的森林资源遭到严重破坏，危害深重，绝不能再掉以轻心。这篇通讯，发表及时，提出的问题也颇有重要指导意义，因此它产生了一定的影响，被评为1982年全国林业好新闻一等奖。

记者的头脑应该是多思、会思、深思的头脑，然而培养"三思"的头脑，养成"三思"的习惯，有时需要借助点外界的压力。面对几家新闻单位同行的竞争，很快就到截稿时间了，在这种压力下，思想跳跃，下笔成章。这就是压力压出来的思想。不能不相信，压力对记者，对新闻报道是一种加油器。有了压力，就会逼着你去思去想。虽然一次的所思所想，赶写出来的可能是"炒白菜"、"大路货"；但是，每次的压力，多次的思考，就会使你的头脑皱褶强化起来，使你总会有一天下笔时，思想的乳汁犹如泉涌，写出有分量、有影响的报道。现实生活中不乏这样的事例：有人当了多年的记者，却写不出"像样"的稿子；而有的同行，刚登上新闻舞台，便"打响了"，甚至"一鸣惊人"。如何认识这种现象？有的同志认为，这是"机遇"，是"题材决定"的，是"赶上了气候"。其实，这种认识不仅有片面性，还含有某种"嫉妒"。条件总是客观的，归根结底，还是思想乏于后者，而文字、语言、技巧等，总是次要的。

前不久，我曾看见一份介绍美国78岁的心理学家斯金纳博士的材料，他以自己的亲身体验，提出一个对人颇有启发的问题："勤用脑，多思考，是抗衰老的有效办法。青年人要创造一个有振奋作用的环境，就是要坚持读书、研究、思考等活动，以坚持大脑的创造性的活动，延缓大脑功能的衰退。"这对人们来说，是养生之道，对新闻工作者来说，何尝不是写作之道！

如果你愿意这样去做，不妨对自己提出这样一条要求——"写每一篇东西，都要下决心使后一篇与前一篇不同，而且超过前一篇。"

1985年10月

# 记录瞬间 再现历史
## ——赏析高粮同志摄影作品展

王庚南

上世纪80年代我与高粮同在记者部工作。我是驻河北记者，他是资深摄影记者，是我尊重的老前辈。

高粮同志的故乡在河北，是一位在华北大地上成长起来的著名摄影记者。他积40年心血和汗水，从万余幅作品中精选出来的，计有150多幅作品的个人影展——《历史的脚印》，继在北京、天津、内蒙古等地展出之后，现又在省会石家庄展出了。他把它作为一份厚礼，在新中国建立三十六周年喜庆之日，奉献给河北的父老乡亲；而家乡的人民以此回顾往日的峥嵘岁月，又是那样倍感亲切。

1937年卢沟桥事变后，正在上中学的高粮，投笔从戎，参加了八路军。他历经抗日战争、解放战争血与火的考验，从一个普通战士，成长为团政委。1944年以后，他既当指挥员，又当记者，转战在太行山麓、白洋淀边，出没于冀中平原的青纱帐里和京汉铁路沿线。年轻的高粮一手握枪，打击日本侵略者和国民党反动派，一手拿着笔和相机，热情地讴

---

王庚南，高级编辑，中共党员，河南镇平人。1958年参加工作，1978年考入中国社会科学院研究生院新闻系学习，1981年毕业分配到人民日报社工作，先在河北省当驻站记者3年，后任人民日报总编室副主任、市场报总编辑。

八路军保护文物古迹
1945年 高粮摄

白洋淀水上武工队
1945年 高粮摄

歌人民子弟兵，忠实地记录下一个个战斗的历史场面。当侵朝美军把战火烧到鸭绿江边时，高粮毅然奔赴抗美援朝前线，拍下了许多饱含爱国主义和国际主义精神的珍贵照片。

1958年，高粮同志曾蒙受不白之冤。但他人民记者的本色不变，仍以强烈的责任心和高度的新闻敏感，拍下不少反映草原变化和牧民生活的照片。党的十一届三中全会以后，他又回到了新闻战线，在人民日报社当摄影记者。此时的高粮虽已年近花甲，但他雄风不减。一年到头，身背相机，走南闯北，把祖国的新姿，人民的欢乐，——收进自己的镜头。

40年的跨度，在历史长河中只是短暂的一瞬。但这充满烽火硝烟、风云变幻的40年，却是那样的丰富多彩、壮美绚烂。高粮以他亲身的经历和视野所及，忠实地摄取了时代的浪花，构成了今日展出的历史画卷。抗战后期，他拍下了诸如《青纱帐里聚英豪》、《水上武工队》、《光复涞源县城》等珍贵的历史境头。解放战争时期，高粮参加了平津战役、解放石家庄战役、北平军调部谈判、处理安平事件等，并在现场拍摄了《冲入敌军部》、《围点打援》、《打开宁园突破口》等照片，展现了人民战争的壮丽场景。《春到故都》反映了我解放大军和平解放北平，进入北平的盛况。《第一面五星红旗》记录下中华人民共和国开国大典上毛主席亲手升起第一面五星红旗的庄严时刻。它标志着中国人民从此站起来了，一个新的纪元开始了。还有不少党和国家领导人的有关活动的照片，如毛主席在女青年代表中间，周总理与群众共欢乐，以及刘少奇、朱德、邓小平、陈云等老一辈革命家的纪实照片。这些珍贵的历史照片，激励着人们永远不要忘记过去，永远珍惜革命前辈用鲜血和生命换来的胜利果实。

赏析高粮同志的摄影作品，贵在真实生动，朴素无华，现场感强。他绝无那种矫揉造作、生硬摆布的勉强之作。这就是高粮风格。他的作品，较好地把政治性、真实性和艺术性有机地统一起来，平中见奇，功出自然，通俗流畅，尤为人民群众所喜闻乐见，因而，具有较强的生命力。

岁月易逝，艺术永存。今天重温高粮三四十年前的作品，仍然是那样亲切、感人、耐人寻味，足见其作品之艺术魅力。

1985 年 10 月

# "全方位"与"一把抓"

## ——驻省记者随感录

赵相如

2000年4月,人民日报总编辑许中田(中)、副总编辑于宁(左),在浙江记者站考察时与记者赵相如(右)合影。

一

每天睁开眼睛,只要是有心人,细致而不粗疏,你总能感到,社会上的人、事、物,与昨天相比,又有了新的若干量的变化。明天与今天相比,也有新的若干量的变化。倘若恰巧遇到已经积累足了的"量",忽然跃为"质"的突变。

每天生动的变化,我们社会向着光明和美好的转化,正是我们这个时代的生活真谛；死气沉沉、死水微澜，不是我们这个时代的特征。

见微知著。记者的幸福之一，恐怕在于每天能在生活第一线对出现的量的和质的变化，迅即产生神经感应，调动起全部情感和理智的力量，捷足先登，紧抓不放，并通过自己的努力传播开去。我想，这大约就是为什么有些记者即使工作在似乎不太出新闻，更不太出要闻、大新闻的所谓生活"贫矿"区，也能不断挖掘、不断喷射、持续高产、一发而不可收的原因吧！

相反，有些记者如果说苦恼的话，恰恰就在于难以感应得到这种变，常处于迟滞呆钝的状态，于是一切才思和智慧，无从发挥，望别人的敏捷而兴叹，思自己的落寞而伤悲。有心、细致、感应，实在是太重要了。

## 二

我们生活着的地球似乎在变小，朝发夕至达几万里，现代化使浩渺的空间并不能成为人们相通的难以逾越的鸿沟。

现代化的交通工具，现代化的传播器件，现代化的生活方式，使一个记者的能力相应增大，使一个记者内在的潜力、学识、气质，得以充分地完美地发挥。

做到这一切的关键，恐怕在于记者思想上的全方位观念的树立。

全方位地观察生活——就不会迷恋单线条的因果关系，因为它不一定符合现代化生活的复杂性。世界上的任何事都可以只依据一个理由作出某种判断，也可以用另一条理由把那判断推翻。记者还是要多侧面、多层次、多角度地作些有机联系的思索为好。

全方位地看待生活——就会养成周密思索、讲究辩证逻辑的习惯。单是一个市场，就牵动着工业、农业、金融、流通、交通、职业道德、文化素养、管理经营……没有复杂的头脑，任何报道难免不陷入简单、片面的泥沼。

全方位地对待生活——才能见人之未见，得人之未得，思人之未思、获人之未能获取的。有些事给我印象颇深：一群记者采访同一事、同一地、同一人，有的迅速写成作品发表了，有的却迟迟写不出来；有的写出来，让人读了兴味十足，有的却淡而无味，如食鸡肋，有的写得别具一格，有的却面如槁木。这绝不是单纯的文字技巧的问题。

## 三

在首都、在编辑部当记者，环境似乎决定了需要全方位思索，然后采访、撰写，不足之处有编辑及领导随时指点、修正，居高临下，视野开阔，上有政策条文，兼有简报参考，琐事只要下决心丢开，接到任务下去一转，回来可以"定做"文章，天时地利人和都齐，只要"火候"到了，事半功倍，出手不凡。

常驻一个省的记者，往往就是一两个人需包揽一切，单说需要采写的"面"有工、农、商、知、兵、党、政、警、民、学，需要接触的既有省内各级领导，也有企业家、知识界和各类人士，平时要认真接待上访者、通讯员和业余作者，不知道什么时候就得出去干一些与采写关系不是很密切的事，但不干是绝不行的。头绪如麻、琐事不绝（还不包括必要的迎送之类）。

这也是一种"全方位"，既是磨练，也是积累，从中锻炼自己处事待人的修养，也是一种写作素材的蓄积；在这"杂乱"之中，也可以得到某种新闻线索，供你进一步深入；在这些与外界的交谈中，往往可领悟到不少思想的花絮，引起共鸣，或进一步的思考；而这一切从表面上看很累、很琐碎、很乏味，但从全方位、多视角去看，却有宝存焉。处处生活处处宝。有人羡煞驻省记者的"自由"，如果这"自由"是指取宝的自由，一点不假。不过也不要过于向往。"当事者迷，旁观者清"，"横看成岭侧成峰，远近高低各不同，不识庐山真面目，只缘身在此山中"，有时候就在琐事、会议，接待中耗时去日，所得无多，感叹唏嘘不如在编辑部的单一。这至少从另一方面告诉我们，能否全方位观察决不是一举手之劳，垂手可得，而是某种走向成熟的标志。

## 四

"下去一把抓，回来再分家"，这是我们驻省记者通常使用的办法。

编辑部内各专业部记者下去的话，往往写工业的就不管教育文化新闻了，搞科教报道的自然也就不去涉足农业新闻了。这种"从一而终"的办法确有不少便捷之处，而且也容易成为某一行业的专家。驻省记者接到编辑部某项采访任务，即"指令性计划"，也会用这种采访的办法，迅速完成任务，无暇它顾。

但是，驻省记者在更多的时候，在采访的领域往往是全方位拓展。只要有新闻可写，不管工农牧商还是党政军民，都可以去深入挖掘。到一个县、一个乡，到一个地区或一个市，没有事先的框框局限，不必拘泥于行业的对口，只要深入，加上有心，往往离开了采访地，同时已经有多种采访内容到手，回到家里，逐一分类，化成各种文字，常常可以发出各个不同领域内的新闻稿，还可兼写点别的，收到"一石三鸟"之效。以前有的同志曾对某些记者不过到一个县，却可以写出两三篇新闻不以为然。除了利用当地通讯报道员捉刀者外，我却觉得一点也不奇怪。"一石三鸟"与"从一而终"并不矛盾，各有长处。但对驻省记者来说，似乎更需要练就"一石三鸟"的本领。这是一种开阔了视野，摆脱了某种拘泥、善于多方位观察、多角度扫描、多层次思索、多侧面深入的讲究经济效益的采访之法。

我在去年6月下旬去江西赣南采访实行经济改革试验区后带来的变化，这是"指令性计划"。我去看了赣南一些工厂和农村，听了赣南一些同志的介绍，一共花了五六天时间，后来在《人民日报》发表了《赣南：从老区到改革试验区》的近3000字通讯，本来这就可以完成任务了。但我觉得还可写点，于是写了通讯《将欲取之，必先予之》，介绍赣州钨钼材料厂厂长如何抓职工教育的，在《人民日报》发表。又觉得以前兴国县土地流失厉害，如今抓了林业，水开始变清、山开始发绿，又写了篇兴国县几年如一日发展林业的消息，也在《人民日报》发表了。这些稿子不见得有多么好，敝帚自珍而已，但当记者的能见到自己花了心血变成铅字、上了版面，总是值得自慰，不是无效劳动吧！我深以为，多方位拓展的结果，可以使一个有心的记者，拥有取之不尽的素材。我驻江西省8年，除了每年发新闻、通讯等在《人民日报》见报六七十篇外，还可以写点散文、游记、报告文学等。去年4月，有17万多字的新闻特写、通讯、散文集子《羊城猎熊》已经出版；另外有10万字的报告文学《神州新铜都》即将出版；20多万字的报告文学集《情报处长》也由北京一家出版社同意出版，最近发排。虽然与著作颇丰的同志比，这一点算不了什么，我只是想说，除了有一个可以施展写作机会的大环境及一些编辑、师友的帮助外，这种"一石三鸟"、"下去一把抓"的做法，恐怕是管用的。

## 五

非艰无以立业。职业和使命决定了记者不是一个轻松的行当。"汝果要学诗，功夫在诗外。"如同任何行业一样，能干出一点什么来，都是花苦功夫深入采访，下死功夫认真研究的结果。陆放翁的教子诗，是指写诗，其实在新闻事业上同样也是"中的"的。

自己常会翻阅自己作品的剪报，觉得一年厚厚一叠，也不免"癞痢头儿子自己好"，洋洋自得。但是，有一次回到报社图书室，无意中翻翻每月"合订本"，大吃一惊，竟很不容易找到自己的作品，自己写的那些个消息、通讯早就被淹没了。于是，我想到这一点：老盯住自己，把今天的自己只和昨天的自己来比，总以为自己在长高，这实在是一种盲目的幼稚，是无法使自己取长补短、百尺竿头的。

中医治病讲究一个辨症施治的方法，讲究"望、问、闻、切"。生活本身是复杂多变的。全方位、多侧面、多视角的目的，是为了恰如其分反映生活的本来面貌，尽量避免单一、笼统、简单、硬套。"若要甜，加点盐"，深沉的思索却在聆听轻松的音乐，满腔的愤恨然而脸上露出了笑容，严肃的铁板着的脸却有一颗慈母似的心，高山群峰之巅却有一开阔平地甚至还有澄清湖泊……"生活就是以这样复杂丰富的面貌呈现于世人面前，为什么我们记者的文字却非要那么简单刻板呢！追求一点色彩，丰满和复调多重奏，岂不是使读者更耐咀嚼？！任务完成得更圆满？！

正确的方法论＋刻苦努力＋虚心，一个驻省记者同样可以和在北京的记者那样成绩卓然，在版面上不时闪动灵气，积以时日著作等身的。

1990 年 2 月

# 真情实感融笔端

——关于采写宝中铁路的体会

张述圣

《经济上台阶，交通怎么办》专栏关于铁路建设的系列报道，赢得社会各界好评，特别是在铁路战线引起强烈反响。我有幸参加这次采访，写了《开弓没有回头箭》、《他们不愧为开路先锋》两篇通讯。这次报道之所以成功，主要是有领导的重视，本报副总编李仁臣同志亲自坐阵指挥，交任务、定题目、出思想。后来又得到邵总支持，确定了重点稿件重点处理的原则，不惜版面，突出处理，给读者留下了深刻印象。其次是记者的努力，承担4条铁路干线采访任务的记者，无一不下基层、跑现场，深入第一线，在同工人、干部和技术人员的直接交谈中获得真情实感。这两点都很重要，但我觉得有了领导的重视之后，记者的努力更重要。因此，我想在这方面谈谈自己的体会。

## 先沉下去　再浮起来

沉下去认真观察，浮起来冷静思考。观察是思考的前提，思考是对观察的提高。记者应具备这样两种素质。

目前的现状是沉在下面的时候少，浮在上面的时候多，而且有只浮不沉的趋势。

我自己就有这样的体验，五六十年代，城乡交通都不便利，下乡、下厂坐车少，走路多，可还是总往下跑；七八十年代，情况开始发生变化，尽管仍然多是挤汽车，乘火车，但已是到交通方便的地方易，到边远偏僻的地方难了。近几年，交通条件、通讯设备明显改善，记者站有自己的汽车，反而下去的时间少了，离基层和群众远了。这虽然是一个记者在采访作风上的变化，但不乏典型意义。所以，本报副总编李仁臣部署这次报道任务时，一开始就明确要求记者："不要光在机关听情况，看材料，要下去。"

真正沉下去，才能真正有收获。年初，本报国内记者会结束，我就匆匆赶回驻地，先写了《大西北迎来铁路建设新高潮》的新闻，接着便马不停蹄地奔赴宝中沿线采访。因为开会，我比其他三路记者动身晚了十多天。为了不影响整个报道进程，我下去后，白天采访，晚上赶路，听到看到的情况在车上消化。通过现场实地观察，与干部职工直接交谈，真情实感如徐徐春风扑面而来，丰富、生动的素材似源头活水喷涌而出。

十多天过去后，思路日渐清晰：行路难，修路更难。修路耗资之巨令人咋舌，修路之艰辛更是常人难以想象的。

## 抓个性　写特色

人民日报在同一个时间里，派出4路人马，南下北上，东进西出，同时报道4条在建的铁路干线，声势之大是多年不曾有过的。

版面上的声势就是记者背上的压力。编辑对记者的期望越大记者背上的包袱越重。假如记者稿件的质量与报纸提供给记者的版面不相称，记者就无法向编辑和读者交账。因此，我从接受任务那一刻起心里就胆怯怯的。

我有个习惯，一有任务就进入"角色"。有空就琢磨，逮住机会就向领导和同志们请教。思路清晰了，信心就来了。临出发时我又找了李仁臣同志，请他谈谈我在采访中该注意哪些问题。他让我既要了解必须交待的情况和背景,更要捕捉宝中路独有的不同的个性和特点。有特点才有特色。这个指点使我十分开窍。

我在采访中了解到,宝中铁路是在"老、少、边、穷"四个字都占全了的地方修建的一条现代化程度很高的电气化铁路干线。这一带经济基础薄弱,自然环境艰苦,地质结构复杂,比起京九、南昆、兰新三大铁路干线有其明显的特点:工程难度更大、建设者们为此付出的艰辛更加感人。写工程难度,写建设者的艰苦奋斗精神。我想,这就是我应该着意使劲的地方。

宝中铁路建设者们修我铁路,兴我中华的奉献开拓精神深深撼动了我。

在这里,"千条理,万条理,工期是最大的理"。中卫黄河特大桥的施工队伍,为了在汛期到来之前完成76根桥桩基础的灌注任务,伴着钻机的隆隆轰鸣和塞上的阵阵寒风,在大桥工地上度过了万家灯火、亲人团聚的除夕之夜;承担北线编组站场施工的铁11局,因设计方案多次变更,"窝工"270多天。为了把耽误的时间赶出来,图纸一到,他们就取消了所有的节假日、星期天,一年365天,天天扑着身子干,日工作量由8小时增加到12-17小时。

在这里,筑路工人们信守的格言仍然是"苦点没啥,精神不能倒下"。老爷岭隧道的干部、工人为了尽快抢出施工便道,打着手电筒昼夜施工。隆冬季节,天寒地冻,职工们人抬肩扛,把施工材料运到作业点上。由于水源紧张,有时连水也喝不上,职工们只好掰一块白菜帮子塞到嘴巴里嚼嚼或者挤点牙膏润润冒火的嗓子。那些终年战斗在幽深昏暗的地层深处的隧道工人,拼死拼活干上一天,下了班连脸也不想洗,嘴里吞着面条,叼着香烟就能睡着。可是遇到塌方等意外事故时,他们个个勇猛得像头狮子,舍生忘死,冲锋在前。据统计,两年多来,已有54名干部、工人为宝中线早日通车献出了他们的血肉之躯。

在这里，这利益，那利益，统统让位于国家利益。几乎每个工地上都有一批"离不开铁路的人"。他们把有生之年为国家多铺几条铁路视作人生最大的快事。以至在父母病逝、儿女夭折、妻室早殇的噩运降临到他们身边时，仍然不肯离开工地半步，默默忍受着精神上的痛苦、感情上的重负，把全部身心投入工程建设。在资金不到位，工程进度受到影响时，职工们竟然拿出他们微薄的工资和奖金，集少成多，用于购买工程急需的原材料，为国家分忧解愁……

再苦再累也没怨言，多大困难也不退缩，把个人、集体和国家的利益融为一体，关键时刻献出热血与生命也在所不惜。这不就是宝中路建设者们的鲜明个性和特色吗？！记者强烈的责任感告诉我，宣扬这一可贵的精神和品格，是时代的需要，更是记者的责任。

## 从如饥似渴到满怀激情

宝中线上的所见所闻对我来说，又熟悉、又陌生；又亲切、又遥远。那一件件令人肃然起敬的人和事，那一幕幕感人至深的情和景，分明就在眼前，又好似在久已逝去的昨天。

这两年，听得最多的声音是下海、抓钱；人们最羡慕的人物是大款、大腕。艰苦奋斗被视为笑谈，无私奉献被当成傻瓜。这种与时代脉搏不协调、不吻合的声音，在我们的生活中似乎已渐渐司空见惯。

可是宝中线的建设者们却在西部那片几度衰败、几度辉煌的热土上喊出了"苦点没啥，精神不能倒下"的时代强音。他们日复一日、年复一年的东征西讨、南征北战，逢山开路，遇水搭桥，为钢铁大动脉在中华大地上的延伸，顽强地拼搏，默默地奉献。

在气势恢宏的大桥工地上，在幽静通明的穿山隧道里，在绵延千里的列车路基上，我倾听着筑路工们讲述宝中路建设的艰苦历程，注视着展现在面前的电气化铁路的雏形，内心深处是那样亲切、振奋和鼓舞。宝中路建设者们用血水和汗水写成的壮丽诗篇告诉我们，现代化是干出来的，不是喊出来的。不能等到现代化了再干，干了才有现代化。

我跑了一个工程又一个工程，找了一批又一批工人、干部和技术人员，总想多看一点、多听一点，但毕竟时间太短，不可能有详尽的了解。即使如此，宝中线建设者们的精神和品格已足以使我动情和折服。我从他们身上看到了国家的希望，民族的未来。在如饥似渴的采访这些普通劳动者的同时，一股宣扬和报道他们的激情也像火一样在心里升腾。不去写，或写不好，都是没有尽到责任。正是在这样一种强烈的责任感的驱使下，我写下了《开弓没有回头箭》和《他们不愧是开路先锋》两篇通讯。虽然仍是挂一漏万，粗劣和笨拙，但却融注了我对宝中线的建设者和中国铁路工人的情与爱。

# 重要的是适销对路

## ——一个记者的感言

张铭清

读罢艾丰同志的《首先拿出合格品来——一个编辑的感言》（见《新闻战线》1992年第1期），受益匪浅。作者既是个资深记者，又是个编辑里手，他从记者和编辑两个方面对不合格的新闻产品产生的原因所作的分析，可以说是切中时弊。尤其是作者对"为什么记者不能拿出合格品来"的分析，认为是放弃了"启动"和"收尾"两个重要环节，更是说到了点子上，他认为"拿出合格品"是一个结合部，有业务、思想、工作制度和工作方法问题，也是不错的。

但是，如何抓住"启动环节"和"收尾环节"，如何做好"结合部"的工作？作者似阐述得不够充分，也许他是较多地从编辑的角度看问题的缘故。作为一个记者，我就这两个问题作一点补充，以求教于艾丰同志及广大新闻工作者。

**适销对路——合格产品的重要标准**

凡记者都有这样的体会，如果是报社布置的任务，拼死拼活也得去完成。为什么？我想，除了记者的责任心使然外，恐怕还因为记者心里明白：稿件有"市场"（即版面）。再苦再累，也不会是无效劳动，但是，生产这样的指令性计划产品的情况是不多见的。这就难怪地方记者羡慕从编辑部下去采访的记者，他们或者带着"市场"需要的题目，信心十足地、无后顾之忧地去生产合格品；或者生产出产品后，能够很方便地自找"市场"。尽管他们的产品是否合格也还尚未经过检验，但由于他们本身就兼有检验员的职责，自己生产的产品一般是可以自己发放合格证的。即使是不合格的产品，也可以根据"市场"需要，加工改制，以适应"市场"需要。这就是说，他们很少无效劳动。

艾丰文中说"依靠领导给题目"，记者"自己的新闻敏感就会越来越萎缩了。占了眼前的小便宜，吃了长远的大亏。"这自然是不错的，但作为地方记者，不必担心因此而造成的新闻敏感的萎缩，因为造成这种萎缩的机会委实是太少了。

当然，把编辑部下去的记者很少无效劳动归于他们所处的得天独厚的条件，也有失公允。这仅仅是一个表象，更重要的内涵是：他们从"市场"中来，更了解"市场行情"。他们下去时，往往是心中有数："市场"上什么产品畅销，什么产品滞销，自己准备生产什么产品。所以，按照"市场"需要组织生产，自然畅销。对新闻作品来说，合格不合格的主要标准是畅销还是滞销。换言之，适销对路的产品就合格，滞销产品就不合格。从这个意义上来说，拿出合格产品来，勿宁说拿出适销对路的产品来更准确些。

**"市场"信息——生产适销对路产品的前提条件**

艾丰同志把选题称之为"启动环节"，并认为挖掘和确定好的报道选题是拿出合格产品的第一个重要环节。这是毫无疑异的。要抓住这个重要环节，要求记者有广泛的社会联系，掌握大量的信息。

我觉得，记者的社会联系和掌握的信息应该有两个方面：一个方面来自实际，这方面的联系和信息是主要的；另一方面来自报社，即与编辑部建立和保持密切的联系，掌握来自报社（包括版面需求）的信息。前者不妨称之为"生产信息"，后者不妨称之为"市场信息"。只有把这两个方面的信息结合起来思考，才可能确定好选题，把握好启动环节。

对地方记者来说，地方上的联系和信息只能靠记者自己，报社的联系和信息主要也应该靠记者。但是，报社对地方记者的联系和提供的信息也是很重要的.。在这方面，报社的各专业部，各版有很多工作可做。就提供信息而言，不管是在数量上还是质量上，我以为这还是一个薄弱环节。特别是对记者提供的版面信息，一是数量不多，二是不够及时，三是质量不高。这种状况的存在，在一定程度上对地方记者选题的准确性产生了影响，不能不说是造成不合格产品的原因之一。

诚如艾丰同志文章中指出的，拿出合格产品是一个可以包括着很丰富内容的结合部。既然是结合部，就需要结合的两方面共同做工作。就记者方面来说，有一个积极主动与报社各专业部、各版面取得联系，获得信息的问题。现在一些记者动笔前不联系，缺乏"市场"信息就盲目生产，稿子写好发到编辑部后，不见稿子见报才三天两头频频催稿。这等于生产出滞销产品来强要市场推销，这种被动状况是必须改变的。如何改变？艾丰同志在一次会上曾希望地方记者"稿件两极分化，早打多打电话"。他的意思是说，重点稿件要重点经营，一般简讯则不要太多地花工夫，而作为重点经营的稿子，为了避免货不对路的滞销情况出现，就得给编辑部早打、多打电话，先得到"市场"信息，再去加工生产，这样才能避免无效劳动。

对编辑部来说，是不是也有一个积极主动与地方记者取得联系，交换和提供信息的问题呢？答案是肯定的。在记者和编辑之间，应该有一条热线联系。以生产和市场作比，应该是一个前厂后店的关系。编采之间在工作制度和工作方法上应建立一个联系和交流信息的机制，以便使报社对记者的指挥落到实处。有了这两个方面的积极性，结合部的工作才可能做好。

### 送"木料"和"集束手榴弹"——信息不灵的反映

记者往往没有多少时间对时效性强的新闻作品精雕细刻。因此，新闻稿有些急就章。在这种情况下，要求记者在"收尾环节"反复修改稿子就近于苛求了（时效性不强的稿件当不在此列）。诚然，如艾丰同志所言"草草写成就交给了编辑"，

"还美其名曰'给编辑留有修改的余地'"的偷懒现象也是有的,这是应该批评并加以改正的。但是,记者"给编辑留有修改的余地"倒也并不全是偷懒行为的借口。我认为,这恰恰是他们对版面市场信息不明的心态的一种反映。打个不一定确切的比方:记者提供"木料",编辑可以根据版面的需要加工成"桌子"或"椅子"。倘若记者提供的是"桌子",而编辑需要的恰恰是"椅子",记者不就栽了货不对路的筋斗了么?

在编辑部,往往看到这样一种情况:有的记者一次发稿就是好几篇,被编辑谑称为"集束手榴弹"。这种高产记者往往有"东方不亮西方亮",这篇不行那篇行。这是记者对版面市场信息缺乏了解的心态的另一种反映。也可以打个比方:当一个卖主不知道市场需要什么产品的时候,他不妨多带几样产品去市场,以便让顾客选购。倘若他只带一种产品到市场碰运气,而偏偏他带去的这种产品市场又不需要,他不就白跑一趟了么?

应该说,大多数记者是愿意生产适销对路的合格品的,他们并不愿意让编辑当自己的"语文教员"。他们的送"木料"和"集束手榴弹",在一定程度上说,是"市场"信息不灵逼出来的。他们采取的"碰运气"的下策,实属事出无奈,这并不是他们的初衷。谁不愿自己的精品成为市场上的抢手货呢?

我以为"收尾环节"也需要两个方面的积极性。对记者来说,应该主动了解"市场"行情,掌握"市场"信息再选题,也就是"多打、早打电话",尽最大努力改变送"木料"和"集束手榴弹"的状况,按照出手合格品的标准严格要求自己。就编辑来说,一旦收到记者送来的"木料"和"集束手榴弹",既不要作"语文教员"之叹,也不要简单地斥之为偷懒了事,不妨看作是记者"市场"信息不灵的信号,在把"木料"进行加工改制成合格品,或从"集束手榴弹"中选出一两颗能用的之后,不妨给发出这类信息不灵信号的记者一个反馈:哪种产品是滞销的,阁下就不必再生产了;哪种产品畅销,可以抓紧生产。甚至可以在与记者交流信息后，定货加工，提供"市场"。相信记者们是会欢迎这样的信息服务的。

**沟通·理解——建立新闻流程良好机制的重要条件**

在新闻流程中建立一个良性循环的机制，是记者和编辑共同的责任，需要两个方面的积极性。记者和编辑需要沟通，需要互相理解。有人说，记者和编辑是天生的一对矛盾，记者要求上稿多多益善，编辑由于版面所限，不可能满足记者的要求，于是抱怨有之，指责有之，甚至吵架亦有之。对一篇稿件见仁见智，是正常的。由于所处的地位不同，观察和理解问题的角度不同，认识上的偏重也是可以理解的。但是，由于坦诚地交换意见，推心置腹地一诉衷肠的机会不多，由于不理解而产生某些误解和成见，这种状况应当消除。

现在似乎需要明确一个观点：即记者不是记者管理部门的记者，他们是全报社的记者。各专业部、各版编辑组都应当把记者当作一家人，可以指挥他们，也有义务向他们提供信息等各方面的帮助。就生产合格品的问题来说，编辑当然有权向记者要合格品，但也有责任为记者生产合格品做自己力所能及的工作，创造必要的条件，在看到记者生产出不合格产品之后，编辑是否也可以反求诸己：我该为消灭不合格产品做些什么工作？我是否尽了自己的责任？然后与记者共同探讨消灭不合格产品的办法。在这种气氛中，记者编辑的关系就可能更为融洽，新闻流程的良好机制才有可能建立起来。

就工作制度而言，记者的管理部门和各专业部、各版编辑组，应建立沟通联系的制度，使记者、编辑的沟通联系制度化，以不断协调两者的关系。其作用在于，在编辑部里把结合部的工作做好，使记者编辑间的信息交流除了他们之间产销直接见面之外，还有一个正常运转的机制加以保证、协调，这样新闻流程的良好机制的建立才有可靠的保证。

1992 年 4 月

# 边远省区宣传报道大有可为

曾 坤

近年来，外省区来新疆出差观光的人越来越多，凡来者总是对这里的建设风貌和自然风光感到惊讶和赞不绝口。当来新疆之前，多数外省区人都以为新疆很荒凉，建设很落后，甚至不断有人向我打听：乌鲁木齐人是否还住帐篷？街上有骆驼么？难怪他们一踏上新疆都感到出乎所料，这里的现实情景立即在纠正他们原来的想象。

面对外省区同志不了解新疆现实的情景，不能不向我——负责宣传新疆、报道新疆的中央报纸驻新疆的记者，提出一个令人思考的问题：我们的宣传，并没有及时地全面地将新疆的变化告诉读者，或者说至少是宣传不得力。否则，外省区人对新疆这般生疏，又该作何解释？

## 换一种思路　上一个档次

不容否认，解放以来，全国性新闻机构对边远地区的宣传产生了巨大的影响，对边远地区的工作起到巨大的推动作用。同时也应该看到，就其整个宣传的量和质而言，同边远少数民族省区在全国所处地位相比，同对发达省区的宣传相比，是有很大差距的。正如李瑞环同志指出的："我们现在的宣传，许多是发达地区的宣传。"边远少数民族地区的报道题材是极为丰富多彩的，好像地质勘探一样，还有很多的处女地，还有很多没有发掘的宝库。过去的问题是，我们报纸对边疆、对少数民族的了解，远远不如对内地、对汉族的了解。从上到下，都没有像研究内地的工业建设、农业建设和其它问题那样花力气来研究边远少数民族地区问题。近来，我较系统翻阅了一下解放后国内主要报纸报道新疆的剪报资料和能找到的总结边远省区宣传报道经验的材料，明显使人感到，边疆风土人情，经济上的浮光掠影、自然方面的探奇访幽的内容，占全部报道资料的2/3强。从采访思路上看，以满足读者好奇心为多。故他们笔下的边远地区的新变化，是一种层次较低的变化。比如有一条写维吾尔族妇女撩开面纱经商的消息，此消息本身无可非议。问题在于，维吾尔族妇女戴面纱，在现实生活中并非普遍的现象。虽然近几年由于宗教的影响，在南疆城乡维吾尔族妇女戴面纱的稍有增加，但这一部分人在维吾尔族妇女中只占极小比例，广大维族妇女与面纱告别，早在20年前就已成为铁的事实。所以，这条消息的新闻视角放在此处，并没有反映出商品经济大潮中维吾尔族生活的真实来。反倒给不了解新疆情况的读者以"新疆太落后"的歧意。本意在报道新疆的进步，实际上留给读者的印象却是一种隔代的变化，这是许多反映边远地区的新闻留给读者的共同感受。

还有一条题为《塔什库尔干县监狱没有犯人》的消息，稿件内容属实，但是这件事实的新闻价值究竟是什么呢？仅仅是没有犯人的监狱在当代中国唯此一家？熟悉该县情况的人都晓得，由于塔什库尔干县城地处海拔3000米以上的帕米尔高原上，前些年，这里人口稀少，环境封闭、经济落后。生活在这里的塔吉克牧民始终保持着一种古朴清新的民风，社会至今还是呈现出封闭的自然经济形态。监狱里没犯人，正是这种社会形态下特有的反映。如果称其为"文明"的话，也只能算作是很低层次的文明，这同现代商品经济下的文明完全是两码事。这些年，在新闻界似乎形成对待发达省区和边远省区两种不同的新闻视角。对待前者，则聚焦在现代生活中最超前最尖端的变化上；对待后者，则聚焦在传统生活中最落后最原始的变化上。对待前者,记者是用更广阔的视野和更高的思维层次去驾驭事实;对待后者,记者更多的是用反常的眼光、猎奇的心态去感受事实。因此,同样是采写变化,前者是高层次的变化,后者是低层次的变化。这样一来,纵使边远省区发生什么惊天动地的变化,报纸献给读者的"变化",却无论如何也跳不出"落后"的怪圈去。这恐怕是许多没到过边远地区的读者,至今仍感觉边远地区落后的原因所在吧!

面对变化多端、扑朔迷离的现实生活,企图用一种或是原有的框架去审视它,界定它,难免不出偏差。新疆等边远省区改革开放十年来,已经发生或正在发生令人震惊的变化,这些变化从总体上讲,是和全国同步的,而且诸多的变化已走在全国的前列,仅就新疆所处地理位置而言,它也成为向西开放的前沿的自治区。我们必须锻炼用一种新的眼光,即用时代的眼光,来报道边远省区生活中新的因果,使边远省区的宣传和发达省区的宣传,同处在一个思路上,使对边远地区的宣传,提高一个档次。

## 不要简单地追求结论,而去着重呈现生活丰富的矛盾性

新闻是现实生活的记录,现实生活中的差距也不可避免地反映到报面上来。恐怕在今后相当长一段时间内,以下差距会继续存在下去:指导全国工作的经验性报道,发达省区比边远省区出得多,名列全国乃至世界水平的文化科技成果,发达省区会大大多于边远省区,新思想、新观念、新人物,发达省区也大大多于边远省区。如果仅从结论上、成果上去寻找新闻源,那么,驻扎在边远省区的记者,只好望洋兴叹了。这实质上仍是一种固守定式的悲哀。出色的报道,不是简单地着眼于事件的结果,而是着重于过程和原因的分析;不是简单地追求某种结论,而是敢于呈现生活丰富的矛盾性。1987年,商品

经济的大潮已经席卷全国每一个角落。率先掀起商品经济浪潮的祖国东部省区，此时更是新潮叠起，全国报纸上不时披露其新潮为众人引路。西北五省区商品经济的浪潮虽兴起较晚，但已经推动着西部社会开始发生深刻的变化。今日西部的变化，就是昨天东部的翻版，吃别人嚼过的馍没味道。但是，今日西部商品经济带来的变化却是前所未有的啊。要报道，又不能重复别人的调。人民日报记者集西北驻省记者于一组，深入西北五省区采访，从分析西北商品经济发展的过程入手，后发制人，终于写出三篇产生较大影响的重头稿件：《历史性的突破——西北五省区发展商品经济纪实》，《封闭的门户敞开了——西北五省区对内对外开放见闻》，《大西北在召唤——记大西北蓬勃兴起的求才热》。事后，人民日报驻西北五省区记者在谈及此次采写的感受时，有一个共识，这就是：新闻并不仅仅产生于事情的结果，而更多地是产生于事情的过程中。抓边远落后省区的新闻报道，从分析事情的过程入手，是可以做到同东部发达省区的记者同处一条起跑线上的。

改革开放中的中国，到处都有问题需要探讨。改革本身就是一个过程，在过程中当然就有许多"过渡"，要求终结式的报道，实际上等于拒绝报道。从结论式报道转向探索式报道，可能会成为加强边远少数民族省区宣传的一条捷径。

## 更要坚持正面宣传为主的方针

坚持正面宣传为主的方针，从根本上保证了社会主义办报方向，也是完全符合现实生活实际的正确方针。在加强边远少数民族省区的宣传报道中，更要坚持正面宣传为主的方针。由于历史、地域、民族、宗教、经济等复杂的原因，使得边远省区特别是少数民族自治区形成了一种特殊的舆论氛围，敏感，共震，旁联。一切超越党的现行政策、超越民族地区现实生活的新观念的宣传，都必须采取慎之又慎的态度。它更要求舆论宣传的准确性、规范性、严肃性、全面性，要求所发的每一篇新闻中包含的积极意义，发挥得越充分越全面越好，其中的消极意义，缩减得越小越好。特别是对某些重大案例的报道，一定要在报道之前，更加慎重地从历史、民族等因素上，权衡利弊，使报道具有更佳的社会效果。在对边远少数民族省区的宣传中，坚持正面宣传为主的方针，不是不要批评，而是要最大限度地反映出每一篇新闻中的正面意义来。

要充分发挥正面宣传的作用，从新闻的采访和写作上要注意文章勿太直、太硬。许多问题的提出，可采取意在此而言他的手法。比如关于稳定压倒一切的宣传，实际上整日连篇累牍刊登"某某单位抓稳定见成效"、"某某地区形势稳定"的新闻，反倒使读者产生逆反心理，不看报则罢，看了倒心里惶惶然。如果刊登一些软消息，诸如"某某地区百家舞厅天天爆满"、"某某单位举办歌咏大赛"之类，读者读后肯定会对社会稳定有更深感受。

另外，鉴于东部沿海地区和西部民族地区实际存在的差距，对西部民族地区的宣传，要充分体现中央对边远少数民族省区的照顾政策，记者和编辑在选择新闻、评价新闻价值时，既考虑到全国的"面"，又要充分考虑到边远地区"点"的特殊性。例如，就粮食总产量来说，新疆与其他产粮大省相比，是比较少的，但达到粮食连续多年丰收，并自给有余，就是一件有全国意义的大新闻。新疆粮食自给有余，不仅有经济意义，更具有增进民族团结、巩固国防的重大政治意义，在版面处理上应放在突出的地位。要经常地大量地宣传这些地区历史性的巨大变化，宣传党的民族政策在边远民族地区的贯彻落实，各民族相互支持、和睦相处、共同进步与发展；宣传跟共产党走、建设社会主义新边疆的各族先进模范人物，宣传军民团结，维护祖国统一，反对民族分裂，增强各民族凝聚力的各种积极因素。总之，只要我们深入到少数民族生活中去，对少数民族充满深厚的感情，我想可写的东西就会更多，边远少数民族地区的报道是大有可为的。

# 观察与感悟

段心强

一位朋友遁迹空门，对佛经颇有研究，常以禅宗对我教化。久而久之，我理解了他们的四句格言："教外别传，不立文字，直指人心，见性成佛。"讲的是崇尚禅宗不要过分执著文字，不要去寻求什么成功的秘诀，最重要的是要达到一种完美的精神境界。

我观察许多记者后觉得，当好记者也要有一种高尚的精神境界。一些尚不是记者但马上要当记者的人，不要迷信教科书上规定的什么"记者必备"；已经成为记者的人，也不要按照一些人在屋里为记者设计的"几条要求"去做人写稿。一个记者最重要的是要达到一定的精神境界。这是一种什么样的境界？我也难以用语言表达清楚，硬说出一个定义可能貌似十分明确，实际上非常有害：它会误人子弟，引向歧途。这种境界要靠个人在实践中感悟，仔细品味，才能真正懂得。在这里我还是要引用禅宗的一句名言："如人饮水，冷暖自知。"

记者的真正高尚的精神境界虽然难以言表，但却不是空洞的玄学，大家随时都接触到，也能感知一个记者是一种什么精神境界。其实，每个记者的一言一行都体现出一种精神境界，

---

段心强，高级记者，中共党员，山东单县人。大学毕业，先后在梁山县委宣传部、济宁地区交通局工作，1978年考入中国社科院研究生院新闻系学习，1981年9月分配人民日报工作，后任驻辽宁首席记者、记者站站长。

只是不一定都是记者应有的精神境界，有的还与记者应有的精神境界相差十万八千里呢。不过，一个记者一旦有了应有的精神境界，自己的一举一动就获得了自由，就会立于不败之地。我们不妨就从记者的行为谈记者到底需要什么样的精神境界。

香烟常和打火机接触，注定要受到严重的伤害；记者要经常接触三教九流，好人坏人、好事坏事都要采访，难免要受到各种议论指责。在这些错综复杂的关系中，记者恰如其分地扮演自己的角色很难，要求人们都能公正地评判记者也太苛刻。这使我想到《牡丹亭》中的一句话："成人不自在。"汤显祖的直意是作为一个精灵，自由自在，作为一个社会上的人，有各种各样的"难"，就难以自在了。他的潜台词我猜是做一个鬼可以胡作非为，自由自在，做一个真正的人，有许多规矩要遵循，就自在不了啦。

记者的言行大都通过报道显示给人们，因此，人们对记者的褒贬更多的是猜测。

你报道了大款，有人会指责你肯定受贿，用报道谋私；你报道了党政领导干部，有人会说你从政府那里得到多少好处，盲目歌功颂德；你为一个含冤受屈的人说几句公道话，不同观点的人就会说你立场不对，与不三不四的人有密切来往。特别是在一些人恶毒攻击下，记者有可能一时成为众矢之的，要在许多唾沫的污水中滚爬，在众多谣言的泥潭里挣扎，甚至要在法律的圣坛上申辩，日子极不好过。

在人生的长河中，许多记者的真相，有可能被深深地埋在历史的尘土之下，有的需要很长时间才能拂去这厚厚的尘土，恢复本来的面目，有的永远都不能澄清。

记者和其他人一样，在生活中都避免不了一个事实：人人都有一支难唱的曲。可以肯定地说，不管这支曲子多么难唱，都必须唱下去。如何唱这支不太好唱的曲？不同的记者有不同的唱法：有的勇敢地面对现实，硬着头皮唱下去，一板一眼、一字一句都唱得十分认真，不唱错歌词，也不跑调儿，让时间的流水冲刷掉别人往自己身上泼洒的脏水污泥——这是一种精神境界；有的在乌云密布、风雨欲来的气候下不寒而栗，知难而退，消极地认为，这不正之风是棵大树，咱折断几根枝条，它仍然是棵大树，仍然顽固地站在那里，十分庞大，也很旺盛，干脆睁只眼闭只眼算啦，从此改变自己的唱法，歌词改得乱七八糟，调子被唱得软绵绵的——这又是一种精神境界；还有些记者被私利诱惑，干脆放弃自己的"队歌"，跟着某些大款、贪官、痞子唱起了"黄色歌曲"，发出了靡靡之音，完全背叛了记者的宗旨——这也是一种精神境界；更不可取的是一些特殊的"记者"，头脑中没有任何原则，只以对自己有没有利益作为与其他记者交往的根据，以获利的多少调节来往关系的浓度，又以这种"浓度"做标准，判断记者的优劣，评论稿件的好坏，结果是不分"好歹"，错勘"贤愚"，给党的新闻事业造成巨大损失——这恐怕是记者中危害最大的一种精神境界。

记者的主要业务是搞新闻报道，如何对待新闻报道？怎样进行新闻报道？这在一定程度上也受到精神境界的支配。我从许多记者身上看到一个谁也否定不了的现象：辉煌是用辛苦、奋斗、屈辱，甚至还有献媚等多种极其复杂的原材料合成的，掀开光彩的面纱，这些东西看得一清二楚。路是铺在地上的碑，碑是立起来的路。每个记者的历程都印在路上，功罪都记在碑上。看看碑文就会发现：有的一身正气，在权威的逼迫面前决不妥协，在金钱的利诱之下毫不动心，在恶毒的攻击之下没有畏惧，在谣言的烟雾里边从不退缩，任凭你兴风作浪，我不怕没有伴侣的孤独，去追求没有谎言的灵魂，哪怕最后找到的是"失望"，整个生命充满悲剧色彩，也要正直地活着；见到可歌可泣的动人事迹热血沸腾，千方百计报道出去；遇到危害国家和人民利益的事情义愤填膺，非把它们曝光不可，真正成为人民的记者。而另外一部分记者则被金钱买断，追私利而颠倒黑白，只要对自己有利不管好坏一律大唱颂歌，没有感人的事迹就凭空捏造,再大的问题都掩盖不报;为"朋友"而不分是非,无论是对是错一律支持,就是违法犯罪也为之奔走解脱,把人民交给自己的这支神圣的"笔"当成了"摇钱树",把党给自己的权力当成亲友的"保护伞";更严重的是参与一些记者的勒索活动,知道某个单位或个人有困难需要求人,便找到门上商谈一笔交易:你给我们多少钱,我找有关单位和领导给你摆平,保你过关;最坏的是把自己触角伸到各个角落,专门打听一些单位工作中的失误。一旦发现便装成十分认真的样子找当事人采访,然后写成十分尖锐的报道或内参,接着拿到当事人那里送审,故意说得特别严重,甚至谎说某某领导人对此十分关注,逼着当事人出钱托他到上边买个"平安"。这时,记者又装出为难的样子,接受了当事人的委托。可他们出得门后,把钱装进自己兜里,把稿件销毁,诈骗到此结束。其实,这件事不仅上级领导根本就不知道,连他们的顶头上司也不清楚,他的言行全是为的骗钱,给党的新闻事业造成极坏影响。还是要敬告这些记者一句:不能把悬崖当成跳台,在污泥浊水里搞什么花样,那里的每一秒钟都是险情,掉下去就要摔得粉碎,而且死亡不仅是记者本人,连你从事的工作也要在被害者心中一块死亡。

  在新闻写作上也有个精神境界问题。同是一件新闻,有的记者写得深刻、生动、活泼,有的记者却写得肤浅、平淡、呆板,这是为什么?说到底还是因为记者的精神境界不同。前者追求完美的写作形式,在文章结构上精益求精,在语言上形成了自己的风格,既继承了前辈记者的写作经验,又大胆进行了写作创新,使文章具有了自己的特色,拥有了庞大的读者群,读这样的文章人们觉得像喝一杯醇香的美酒;而后者在写作上没有什么追求,满足于稿件能够见报,结构上千篇一律,语言上人云亦云,没有自己独特的思考,没有自己的语言,读起来非常乏味,像喝一杯充满泥沙的白水。不过,话要说回来,三十年河东,三十年河西,世界上的事变化万千,谁也不缺胳膊不缺腿，都说不定有个什么出息，不能把任何人看扁了，更不能落井下石。特别是在写作上，说不定今天的"丑小鸭"，明天就变成"白天鹅"。

还有一个不能否认的问题：由于人际关系的多元化、复杂化、市场化，一些记者和稿件不能得到公正的待遇。少数决定稿件命运的人，本来不十分精通新闻，换一个工作岗位就自认为专家，全凭个人关系处理稿件：常常把一般化的文章说成一朵鲜花，用最高规格安插在报纸最显著的位置；一些较差的稿件却给予充分肯定，编发在报纸的要闻版上，有时还吹捧上几句；而一些很好的稿件因为出自不同观点的人手里，就被横挑鼻子竖挑眼，大加指责，或者压缩得很短发在报纸不显眼的地方，或者扣压在自己手里长期不用，有的被扔在破纸篓里当成垃圾处理，让记者呕心沥血写出的稿件变成一次次无效劳动。如何对待这个问题？记者的精神境界不同，作法就不一样。困难，对于弱者是一个巨大的陷阱，对于强者则是一个攀登高峰的阶梯。弱者在那里伤心地叹息，从此偃旗息鼓，不再动笔，写作能力迅速退化，最后真的写不出什么像样的东西；强者则因此激发自己的写作热情，更加刻苦地提高写作能力，用高出一般稿件很多的优质稿件击碎一些人的偏见，不但成为出色的记者，而且成为优秀的作家。奉劝各位老弟，不管你当多大的官，干多重要的事，最要紧的是把自己的心摆正，不要放偏——向一家，灭一家，这样不公正是要遭"报应"，总有一天要被埋在用血浇湿的污泥里。

要当一名优秀的记者，需要具有很高的精神境界。然而，这种高尚的境界不是天生的，而是后学的。因此，学习，是记者的一个永恒的课题。这既不能急于求成，又不能搞"马拉松"；既要认真抓紧，又要持之以恒。首先要根据社会的需要学会做人，向我们的英烈学习，向伟大的人民学习，向世界先进的民族学习，沿着自我完善的旅途一直走下去。各人有各人的个性，人人有自己的爱好，不能用一种模式塑造全体记者，但是必须要求大家都是一个大写的"人"。这个大写的"人"，一定要是一个有利于国家的人，有利于人民的人，还要是一个能够忠实地记录历史的人。任何一个国家、一个民族，都需要一大批名人。在人类发展史中，有许多国家和民族都是因为出现一些优秀的人物而显赫一时，成为全世界向往的地方。可有一些国家和民族因为没有名人，他们的国家和民族就没有羁留在浩瀚的宇宙之中，而沉没在历史长河的泥沙里，最后连一张名片也没有留下。每个记者学会做大写的"人"，就是要争做名人，让我们的祖国能够与世界强国为伍，让我们的人民能够在世界的人群中昂首挺胸。但是，人们往往有一种极不准确的认识：想得到而得不到的东西似乎永远是珍品，不惜代价地去追求，其实那未必是珍品，未必值得我们去追求。人生就像一次放烟火，有成长向上的时期，有奋力冲刺的阶段，有灿烂绚丽的时刻，有星火残存的末日，最后变成灰尘，落到辽阔的大地上。这个过程十分短暂，还是及早定下一个目标，终生为之而奋斗。

那样或许会像泰戈尔所说的：使生如夏花之灿烂，死如秋叶之静美……

我们的记者还要学习知识，学习语言，成为真有学问、善于写作的人。知识是记者的力量，写作能力是记者的翅膀，只有具备了丰富的知识才能有更大的力量，只有很高的写作能力才能使翅膀坚硬，从而自如地驾驭着各种新闻事实，展翅高飞。这既要向书本学习，又要向实践学习，学习马克思主义的基本理论，学习党中央不断出台的各项政策，学习迅速发展的科技知识，学习人民群众的不断创造，不断增长和丰富自己的知识，营造一个高尚而美好的境界，写出真正高人一等的作品……

我选定的目标较晚，退休后身体又多病，说出来"理想"有人会笑掉大牙，这里姑且不说，只说一句真心话：我只想学习"诺亚"，做一些好事，一旦上帝要发大水淹死大地上的坏人时，能事先告诉我一下，提前造一只"方舟"，使一些善良的人们免掉洪荒之灾。不过，到时候我一定接受诺亚的教训，决不让那些行动与宣言背离的人登上"方舟"，再给人类留下后患。最后，我模仿古诗写几句反映我的生活，题目就叫《蛰居》吧。

　　蛰居故里读与思，
　　不问往日是与非。
　　攀今吊古从不干，
　　知识更新重积累。
　　京城一别千里外，
　　孤独为伴亦不悔。
　　带病写作为纪实，
　　忽闻故人知是谁？

2007年2月

# 一次艰苦而有意义的采访

## ——采写《郎酒的呐喊》漫笔

罗茂城

1995年4月,人民日报社社长邵华泽(中)到四川记者站考察工作与记者罗茂城(右)梁小琴(左)合影。

大凡有些分量、有些"回声"的报道,特别是批评报道,都不可能是轻而易举得到的,必有记者的一番甜酸苦辣,这次采写"郎酒"报道,感受尤深。今年元月,当我从"中国质量万里行"组委会主任艾丰那里接受采写郎酒商标侵权案任务的时候,我就明确向他表示:关于假冒郎酒商标侵权案问题,我是一直在关注,手头掌握的情况也不少,可是问题也很复杂,这是个"马蜂窝",所以过去迟迟不敢去碰。若能乘这次"中国质量万里行"东风,把问题捅开,广大消费者当然高兴,郎酒厂也会高兴。但是也要看到,这样必然会触及侵权者和搞假冒郎酒者的利益,触及地方利益,当地肯定不会高兴。若没有上头强有力的支持,我看不宜去"啃"。艾丰当即表示:只要做到事实准确,十拿十稳,我们坚决支持!

艾丰的坚决态度,给了我很大的勇气。

据我们了解,这是一个十分难啃的"酸果"。几年前,最高人民法院院长任建新曾对郎酒商标侵权案作过批示,要求一定要依法判决。报纸要公开报道,要配评论以教育大家依法办事。新华社和一些报纸也先后发表过文章。但此事一直落实不了。四川省高级人民法院受理此案近4年,先后作了两次裁定,明确指出古蔺县曲酒厂侵权,应立即销毁侵权商标标识和停止生产侵权产品,但下面并未完全执行。"假郎"、"野郎"问题成了谁也不敢碰、谁也怕碰、谁也碰不动的一大难题。我们想,采写连法院都解决不了的"郎酒案",风险太大。但又想,这个问题此次不解决,将后患无穷,到头来吃亏的还是广大消费者。因此,我们下决心一定要把此问题了解清楚,进行公开曝光。

春节前我和工人日报驻四川记者范玉章前往古蔺采访。古蔺很偏僻,我们坐火车到泸州市。当时泸州到古蔺的公路在修,未通车,到古蔺需坐八九个小时的公共汽车绕道进去。于是,我们买了两张到古蔺的公共汽车票。经过一天的长途跋涉,晚上到了古蔺,我们到街上商店一看,货架上还摆着不少印有大"郎"字的侵权酒。为了找到知情人,我们连夜踩着泥泞的道路,转大街走小巷,摸着黑跌跌撞撞地到处找。

第二天,我们找到古蔺县委办公室。办公室负责人认真地把我们的记者证进行"初审",然后又送到宣传部进行"二审"。听说我们来采访关于郎酒官司问题,对方有点为难地说:"采访别的事情我们欢迎,采访这个问题不好办。"随后又问我们有没有介绍信。我们说:"介绍信可以做假,记者证有照片、钢印,不容易做假。我们都是凭记者证采访的。"

我们先后采访了县检察院、县工商局、郎酒厂的干部职工,也到侵权方——古蔺县曲酒厂,广泛听取不同意见,获得了大量情况和资料。

当我们采访完返回泸州以后,才找市委、市政府的领导交换意见。市委、市政府的领导认为此事搞了几年,好不容易摆平了,希望能手下留情,不要报道了。我们说,泸州市和古蔺县领导近几年虽然做了许多工作,销毁了不少假冒郎酒商标。但是,"假郎"、"野郎"问题仍未解决,消费者特别是外地消费者仍在上当受骗,郎酒商标侵权案问题,四川省高级人民法院两次作出裁定,但仍未执行。作为中央驻地方记者,我们的任务只是把事实弄清楚,至于稿子用不用,只能由北京定。你们的意见我们一定如实反映。

我们回到成都,立即打电话向艾丰报告采访情况,艾丰明确表示,《郎酒的呐喊》一稿要写,《一桩似了非了的商标侵权案》也要写。为稳妥起见,我们把后一篇文章打印出来,分送四川省委、省政府、省人大和省高级人民法院的有关负责同志阅,征求他们的意见,争取得到他们的支持。有的领导同志说,此事地方虽然作过调解,但调解不好,还得依法办事,由法院作出判决。

事情果不出所料,郎酒稿还未见报,泸州市委和古蔺县委就给人民日报去电报,要求不要见报。当《郎酒的呐喊》、《一桩似了非了的商标侵权案》先后见报后,犹如捅了"马蜂窝",在社会上引起强烈的反响。广大消费者包括古蔺县的广大干部群众无不拍手叫好,认为解决这个老大难问题有希望了。与此同时,也遭到了一小部分人的强烈抵制和谩骂。

《郎酒的呐喊》发表不几天,古蔺县就有以"关心古蔺经济和稳定的广大群众"名义散发的一份传单,公然攻击人民日报个别记者和省高级人民法院经济庭副庭长"与古蔺个别坏人勾结，发表不实文章，对我县委、县政府恶毒攻击诬蔑，严重破坏我县经济，严重损害郎酒声誉和郎酒厂经济，严重损坏蔺酒声誉和川酒声誉的滔天罪行，请大家都来关心古蔺经济，呼吁各级领导、各位代表强烈谴责破坏古蔺经济和郎酒声誉的各种不法行为"云云。末了还说："我们对破坏古蔺经济的人如何处理，将拭目以待。"

侵犯郎酒商标权的古蔺县曲酒厂厂长李天道，竟然组织厂里职工家属静坐示威，企图阻止四川省调查组的工作。说什么"如果调查组一到，大家马上拦住他们的小车，找他们要饭吃，给他们一个下马威！"同时在大会上辱骂中国质量万里行记者是"国民党土匪记者"，并宣布谁不参加静坐示威，是临时工，立即开除；是正式工，立即停工。气焰甚为张狂。

《郎酒的呐喊》一文发表后，我们及时采访了四川省省长张皓若，并发表了《四川省省长张皓若表示对"假郎"、"野郎"问题决不护短》的报道。张省长代表四川省政府就"假郎"、"野郎"问题，提出立即组织调查组调查；支持司法部门排除干扰，依法办事；严肃查处假冒郎酒等措施。省政府的坚决态度，对舆论监督是一个有力支持，对那些袒护"假郎"、"野郎"的地方保护主义是有力的打击。

古蔺县搞假冒侵权的李天道等人为什么敢如此肆无忌惮辱骂记者和四川省高级人民法院的法官呢？说穿了，他们就是受到了地方保护主义的袒护。正因为如此，在古蔺县"假郎"、"野郎"以及其他假冒名酒才屡禁不绝。就在四川省调查组路过之处，还发现有侵权的"野郎"酒在销售，这真是莫大的讽刺！在四川省委、省政府领导的过问下，省联合调查组经过深入的调查，提出了彻底解决假冒郎酒的措施：郎酒商标侵权案由四川省高级人民法院判决，要尽快解决侵权商标标识的遗留问题，合理合法地解决带"郎"字的注册商标，即由县工商局指导企业申请新的注册商标，逐步代替使用带"郎"字的注册商标；立即成立古蔺县打击假冒违法犯罪活动办公室，对原处理案件进行清理复查，对屡犯依法严惩，对大案要进行公开宣判，对包庇袒护犯罪分子的，该撤职的坚决撤职。同时，希望四川省有关部门和泸州市、古蔺县主管领导落实任务，明确责任，实施目标管理，把工作抓紧、抓扎实，抓到底。

从总的来说，对"假郎"、"野郎"的批评报道是成功的，它唤起了消费者的自我保护意识，使"假郎"、"野郎"不敢肆无忌惮地横行市场，使郎酒商标侵权案摆脱了行政的干扰，走依法办事道路。同时，也触及了地方保护主义这个要害问题。为什么"假郎"、"野郎"屡禁不绝？为什么四川省高级人民法院对郎酒商标侵权案的两次裁定落实不了？人们通过报道不难明白：地方保护主义是假冒伪劣产品的保护伞。

但从另一方面来看，对报道的结果又是不能令人满意的。原因是上级有关部门关于彻底解决假冒郎酒的措施未能落实，下面有关领导组织服从，思想不通，搞假冒侵权的人仍受到重用，而反假冒侵权的人则仍受到排挤打击。不久前，古蔺县某领导在讲解学习邓小平同志南巡谈话时居然说，中国质量万里行记者关于郎酒的报道是不真实的，假"郎"这个概念就不明确。现在县委的态度是不理睬，你报道你的，别管它，文章报道使古蔺和郎酒出了名，报道不仅对古蔺郎酒和县曲酒厂的曲酒没影响，反而今年酒的销量比往年有大幅度的上升。

当然，我们不能期望搞一次"质量万里行"活动就能解决一切问题。一场假冒与反假冒、侵权与反侵权的较量在古蔺并未结束，打假任务仍相当繁重。不过，古蔺的广大干部群众在觉醒，不法分子不像过去那样肆无忌惮了，这是可喜的现象。

1992 年 9 月

# 写出你的个性

卢小飞

最近，有位在我那儿实习的年轻朋友问我，采访时遇到刺头憷不憷？我说不憷，因为我自己就是刺头。话说得大了点，有给自己扣帽子之嫌，况且生活早把少年的那点刺磨砺得差不多了，只不过对刺头们还有些潜在的认同。于是，这种交道，也比写文章更吸引人。

茫茫人海里，那些极有个性的，也往往最能打动人。7月，我们见到一位不同寻常的人物。去巴青县，我们专程去一条山沟里看望退休还乡的布德，他是平息叛乱和民主改革时期的老英雄。1959年，西藏少数上层反动分子发动武装叛乱，青年牧民布德在给解放军送情报的途中被叛匪抓住，情急之中，他把情报吃到肚里，面对令人发指的严刑拷打，他一声不吭。叛匪拿刀割他身上的肉，前后捅了他十几刀，最后用铜勺挖掉了他的眼睛。他的顽强的生命力，使他坚持到平叛胜利，并在随后到来的民主改革中成为积极分子，以后又成为党的基层政权的领导人。

5年前，我去采访他，那是他气最不顺的时候。大江东去，时过境迁，英雄失落，什么都看不顺眼，逮着谁倔谁。别

---

卢小飞，高级记者，中共党员。1983年调人民日报任农村部编辑，1987年任人民日报驻西藏首席记者，1990年—1998年，先后任人民日报《各地传真》版主编、记者部副主任，1997年当选中共十五大代表。现任《中国妇女报》总编辑。

人劝我说，这会儿他一肚子气，不会接受记者采访，就是跟你谈，也是满腹牢骚。我想，凭我的韧劲还能没办法沟通？果然，我们谈得挺好。最早，我还没出道的时候，在人代会上见过他，没有直接采访。那时，他50多岁。再见到他，已经是老人了。分手的时候，他用粗糙的大手轻轻地抚摸着我的头发，说："我双目失明，见不着你的样子，但可以凭你的话语和声音想象出来，希望你再来我们巴青草原作客。"而我那时，已经被他所讲述的故事深深打动了，被他个性的魅力打动了，他唤起我心底的热情，这是两个有个性的人的相互吸引。他的邀请在有些人眼里可能只是一种寒暄，但在我心里却压了5年。终于在1994年的夏天，我去了那片神奇的草原。那时他正默默地坐在石头房子门口，似在看着远处，尽管他什么也看不见，但他听出了我的声音，对我的到来居然不感到惊奇。我们在他简朴的家里慢慢地喝着茶，听他提高嗓门大侃"中国的实力现在居世界第二"。

  每个人都有自己的个性，只是到了文章里，并不就原样照搬。本来，文章贵个性，如果一张报纸上的百十篇文章，有百十种个性，那该有多好看。当然，强调个性，并不是否定共性。因为，本来就没有脱离了个性而存在的共性。写出你的个性，才能更好地体现共性。那些四平八稳、毫无个性或者套话连篇的文章，只能让读者反胃。

  早先我也模仿过别人，自然谈不上什么个性。后来，悟出了"文无定法"。既然"诗言志，歌咏言"，那么写文章就是说话，你平常怎么说话就怎么写，千万别装腔作势。于是，也就有了所谓的风格，有了一些能给人留下印象的文章。有朋友常提起某些"大块头"，其实，对那些"小不点"我也是毕恭毕敬。上届亚运会，我有篇不大起眼的小文章《还没到笑的时候》——中国游泳队集训一瞥，全文400多字，可真来之不易，现照录如下：

  陈运鹏总教练身着泳装，手拿秒表，神情严肃地在泳池边走来走去。那一边，一字排开七、八个教练，均作如是状。泳池里，几十名运动员像鱼似的默默地、无休止地往返着。这使你感到，泳道漫漫无边，其最佳观赏效果仅在决赛的一瞬间。难怪一位息身泳坛、如今执掌教鞭的老将说，他最感痛苦的是日复一日的游了十几年，却没有出成绩。

从某种意义上说，运动员的命运多半操持在教练的手里。由此，当陈教头无情而不失礼貌地拒绝接受采访时，谁人能有怨言。一上午的水中训练几近3个小时，他始终绷着脸。看其表情肌的走向，不像是不会笑的人。自然了，这种艰苦而又单调的训练本身就不是让人乐的活计；更何况，中国游泳队的使命远不是亚运会的十几块金牌，而是如何面对一个强手如林的世界。

那一刻，他全神贯注地盯着9泳道正疾速划水的沈坚强，水花儿啪啪地响着，听不清他喊些什么。老远，已经发福的穆祥雄教练一边守望着4泳道的黄晓敏，一边迅速地在黑板上写下几个数字。曾经也是名将的黄红教练说，这是在给运动员做动作计时和全程计时。

终于，泳池又静下来。陈教头扭过脸："我们是拿自己的劣势与世界抗衡。"他依然没有笑容。

这是亚运会的战前采访。头一次跑体育报道，头一回就碰了软钉子。当时国家游泳队正在紧张训练，我小心翼翼走下空旷的看台，陈运鹏两手一摊，毫不客气地拒绝了我的采访。我硬着头皮说："没关系，我就坐这看。"记不清楚怎么套的瓷，反正是感动了"上帝"，后来他跟我聊了很多，提供了不少"核心机密"，战前不便透露，但在后来的报道中都用上了。第二次见到陈运鹏，他告诉我，他在美国的亲戚在人民日报海外版上见到了那篇小文章。想不到，这篇小文成了敲门砖，敲开了正门，也敲开了后门。游泳比赛开始后，每场我都粘上他，要么就从运动员和教练员出入口混进去，设法搞点情报。后来，我和吴骅等人合作的述评《游向巴塞罗那》获了亚运组委会颁发的好新闻一等奖。

有个时髦的词叫"投入"。想起来，凡是写出个性的文章，采访时都特别投入。去年秋天，著名意大利女记者法拉奇来京，首都女记者协会与之联系，法拉奇同意和北京的女记者们见见面，一块吃顿便餐，一个小时，边吃边谈。为了利用好这点时间，我提前翻阅了她的著作，想好了几个问题。法拉奇还是厉害，上来就反客为主，完全是进攻型的。在异国同行面前当然不能示弱，我抢先提了问题，在短时间内抓住了战机，以后大家七嘴八舌。那天回来，我兴奋不已。我对丈夫说，这么长时间里，还没有什么事让我这么高兴。不是说我写了篇怎样的文章，而是认识了一个比我更有个性、更有激励作用的同行。

我在最近的《甲戌年的拉萨和拉萨人》一文中写了个叫安多强巴的，我给他的字数不多，但多少勾画出他的个性。我太了解他了。他是从旧时代过来的人，而且曾经是达赖喇嘛的画师。那是1980年，我还在西藏日报社当记者，第一次对他采访，他的不平凡的经历和在艺术上的悟性，给我留下了深刻的印象，他的坦率、真诚也让我喜欢。后来，我常去看他，当然还是出于工作需要。1984年，也即是我调到人民日报工作的第二年，我作为人民日报记者去拉萨时，又找过他。渐渐地，他从我的记忆中消失了。1990年，西藏开文代会，我在画家韩书力房间小坐。此时，有个老人走到门口，突然间，我们同时抬头看着对方，足足有1分钟。而后，双方第一句话都是："你到哪里去了？"以后，便是滔滔不绝，相互介绍这些年的经历。那年，他已经75岁了，依然有少年的热情。从他那儿，我听到许多真心话，包括对西藏时局的看法，使我观察问题，增长了不少知识。

生性好结交，遍识天下雄。像这样的朋友，我交了不少。西藏歌舞团团长、著名的藏族指挥家欧珠多吉是一个，我写他"硕大的头颅和狮子般的身躯里，蕴藏着谜一般的能量"。在那些富于传奇色彩的经历和顽强的艺术生命力面前，任何一个有血有肉的写作者都不会无动于衷，我被打动了。常常是这样，他们，会使你从心底产生热爱之情。当然，每完成一次采访，兴奋点会自然转移，这也是惯性煞车，要不然，得爱别人一千次，累不死也得爱死。

"贴近生活"，就得去"贴"，并不像有人所认为的那样，生活就在自己身边，根本用不着去费劲"贴"。"贴"就是要投入进去，这样才不会被生活中的假象迷惑。凡"投入"，就要燃烧自己，有可能被烧成灰烬。职业女性同样应该专注于职业，但必须像正常人那样交往。一个人太职业化了，他的个性也就被那些职业的色彩所淹没了。

长相或打扮漂亮，回头率固然高，但能给人留下深刻印象的，往往还是那些有个性的人。随着时光的流逝，长相或者服饰会在记忆里模糊起来，而人们最终记住的，只会是那些与个性有关联的事情。

文章也是这样。

普天之下，无论东方西方，所有的新闻媒介都希望有自己的独家新闻，这独家的东西，就媒体而言，是它的个性，对采写者而言，是在追求一种个性。人们原本都有个性，可有些朋友一进入文章就把个性藏起来了。报纸上许多文章，如果隐去作者的名字，你便不知道是谁写的。如果说有一个时期，不主张弘扬个性，或由于政治需要，必须众口一辞，那么今天呢，个性早就如鱼得水了，可不少文章却还味同嚼蜡。

今年初，报社开记者会，在听了各地记者报来的选题之后，总编辑范敬宜提出几点不足：常规题目多，有新意的题目少；物质文明方面的多，精神文明方面的少；综合性多、全方位多，典型题目少；工作性、业务性题目多，思辨性题目、有深度的东西少。我从自己的视角看是缺少个性，因为有新意的、典型的、有独到见解的，全都是有个性的。后来，总编辑在另一次讲话中又建议大家写文章要"小事情，大视野；小口子，深开掘；小角度，巧文章"。我觉得，这还是要我们写出个性。

突然想起一些久远的事情。3岁那年，我进了军委保育院，就是今天总政歌舞团那个大院。那时候，京郊还很荒凉。依稀记得一次散步，遇到一大摊马粪，小朋友拉着手都绕过去走，惟我偏要去踩它两脚，且还为沾满了马粪而得意洋洋。到现在，我不知道自己为什么要那样做。惟一的解释，大概就是想自己与众不同。

"这孩子就这样！"老师说。嘿，顽皮被认可了。直到现在，有些原生态的东西还留在身上，看似有些傻气，但却真实，这要感谢生活的宽容。个性给你带来福气，虽然也让人吃了苦头，福兮祸兮浑然不觉，得了便宜不卖乖，撞了南墙不回头，不见得就是坏事。

1995 年

# 瞄准历史和现实的交汇点

——试谈国企报道的新闻视角

刘工践

国企改革是建立社会主义市场经济的核心。作为党的新闻工作者,应把搞好国企报道当作一件很重要、很有意义的事情,站在全局的高度,瞄准历史和现实的交汇点,从宏观上把握,微观上写实。

我国国企改革的实质是公有制和市场经济的结合。前苏联在解体后,经济上搞休克疗法,国企推行私有化。中国共产党人则是从实际出发,走自己的路,这是人类历史上从未有过的伟大创举。我国的国企模式过去是从前苏联抄来的,我们比较熟悉。而市场经济我们比较陌生,但它却是当今全球经济运行法则。公有制和市场经济的结合,就是这个意义上的历史和现实的结合,这当然有一个过程。

我们这一代记者的使命,就是要记录这个"交汇"结合的过程,引导人民同心同德为实现党规定的国企改革和发展的奋斗目标而努力。

---

刘工践,高级记者,中共党员,籍贯河北。1967年9月参加工作,先在内蒙古自治区党委宣传部工作,后任内蒙古大学党委副书记;1989年12月—1991年5月借调人民日报工作,1991年10月调人民日报任记者部副主任。

## 视角要新　感情要重　步子快一些
## 在捕捉鲜活上下功夫　追求现实意义

　　站在历史的前沿是记者的使命。就国企而言，记者对国企要有基本的认识和评价，不能全盘否定，写它的现状和改革，视角要新，要怀有感情。

　　有的记者讲，我整天与企业打交道，企业如何做，我如何写就是了。这话不错。但是，仅仅停留在一般认识的层面去写，就写不好。目前国企报道写不深刻、一般化，甚至出现一些问题，其原因就在于记者寻找的视角不够新，投入的感情还不够，捕捉的事物不鲜活。这样，写出来的稿件当然缺乏应有的现实指导意义。

　　我国的国有企业，正在发生着伟大的历史变革，正在经历着计划经济向市场经济转型期的剧烈震荡和嬗变，机制调整、管理调整、机构调整，产业结构、产品结构、产权结构的变化，都有力地促进了生产力的发展，猛烈地冲击着传统经济秩序和人们生产、生活秩序，猛烈地冲击着人们的传统观念。新和旧交织，竞争与合作并存，在社会主义的市场经济大潮中，新鲜做法、新鲜思想层出不穷。这些都为我们记者多视角、多方位、多层面地宣传报道国有企业提供了广阔的天地，为我们捕捉鲜活的新闻提供了丰富的素材，为我们记者绚丽多彩地记录国企改革提供了最好时机。

　　所谓视角要新，不仅是"眼"的功夫，更主要是"心"的功夫。一般所说的新闻敏感性，就是指新闻的"视角"和"慧眼"。无感情则无"慧眼"，无"慧眼"则无"视角"。记者首先要做有心人，对党关于国有企业改革与发展的有关方针、政策要吃透，对国有企业改革与发展的历史和现状要搞明白，必要的话，最好对这个行业的历史和现状有一个基本的大致的了解，胸中有数，有大局意识，握笔才有底气，没有理论政策的根底，没有新闻实践的积淀，没有对国有企业的满腔热忱，就不可能有"慧眼"，就不可能有新的视角。

1999年11月份，组织上派我参加全国经贸工作会议。这是一年一度的分析国有企业形势，研究、部署来年国企改革和发展的会议。领导上也没有交代写稿任务，但我一听完国家经贸委主任盛华仁的报告，听了小组讨论，就按捺不住了，是那里的气氛深深地打动了我，促使我要写一篇会议侧记。参加会议的各省、市、自治区的副省长、经贸委主任及国务院各部、委、办、局的负责同志，这些常年搞国企工作的同志争先发言。大家一致认为，与前几年相比，今年（指1999年，下同）的会议气氛不一样，以前国企亏损，与会者的心气不好，今年形势变了，心气也好了，更有信心了。尤其是被外国人称之为"东北现象"的东三省，经过4年亏损的困难期，今年达到了扭亏为盈；亏损达6年之久的纺织行业，也取得了产业升级、扭亏为盈的成绩；其他省市和行业也是变化大、捷报传。会议休息时，我采访上海、北京、宁夏、深圳代表，他们普遍认为，国企的改革和脱困的3年目标能够实现。我高兴极了，认为国企的发展已经走出了谷底，开始出现新的转机，这是一件非常有现实意义的事情。散会后，我一口气写完了《从三个不一样"看国企》的通讯，从会议和与会者的气氛、心情来认识这"三个不一样"的视角出发，反映了第一线国企改革的指挥者和战斗者的感受，亲切真实、让人信服。文章一开始就抓住这个视角，接着分三部分展开："今年'三个不一样'"、"'三个不一样'怎么得来的"、"'三个不一样，并没有失去清醒的头脑"，使这个视角贯穿全篇。同时，三个部分又有不同的层面，使文章步步深入，有现状、有分析、有方向，不是"木匠的斧子一面砍"，只报喜，不报忧，而是辩证地看形势，达到以理服人。通讯发表后，受到中宣部领导的高度评价，说："这篇稿子写得好，是近期有关国企报道中少见的。稿子内容新、角度新，既有思想性，又有可读性。"

## 视角要宽　理性要强　身子沉下去
## 在挖掘主题上下功夫　追求历史厚度

我们的国企改革，是做前人没有做过的事，必须有领导、有步骤、有理性，不能蛮干，不能感情用事。我们记者要站在大多数人民的长远利益和根本利益一边，站在国民经济发展的大局一边。

视角要宽，就是记者写国企文章开掘的主题要深。力求反映出事物的本质和趋势。目前我们一些写国企的稿件所以一般化，就在于记者的视角过于狭窄，文章色彩苍白、没有厚度、没有味道，迸发不出逻辑理性的火花。看完了，读者觉得是老套路，既无新鲜感，又无深刻美，如同喝了一碗平平淡淡的白开水。因此一定要在视角宽上下功夫。视角窄，国企改革中的好东西你也看不出来。

如何才能做到视角宽？

一是理性要强。我们讲有理性就是指记者要有哲学上的理性思考，有辩证的逻辑思维方法。因此一定要用马克思主义的辩证唯物主义和历史唯物主义武装头脑，要多学习邓小平理论，江泽民同志的有关论述，中央有关国企的方针政策。有的记者存有一种认识上的"误区"，以为自己不是理论工作者，不是实际工作者，不必学习那么多理论、政策。但是，我认为，我们在写一个企业前，必须熟悉党在企业乃至这个行业的有关方针政策，对有的文件和段落一定要细读深思，前后对照，弄懂为什么中央要有这个提法，这种表述？是在什么形势下、针对什么问题谈的？只有把文件的出台前后的背景搞清楚了，企业的历史和现状搞清楚了，才能涌现出别人没有过的思路，才能使文章有历史感，厚实感。"掘地三尺还不够，见到黄金始作休"，具备了这样的治学态度，何愁视角不宽，何愁写不出有深度有厚度的国企报道力作来？

　　身子要沉下去，沉则深，记者的视角是和深入细致的敬业精神相联系的。无沉则无"金"，身子沉下去，才能发现真金。随着市场经济的瞬息万变，一些记者情绪浮躁，心静不下来，身子坐不下来，问题钻不进去，这样，国企好稿怎能写出来？

　　1994年5月下旬，我踏进了北京燕山石化总公司的大门。本来是为写这个企业的党建去的。公司的宣传部长告诉我，他们正在进行30万吨的乙烯改扩建工程。燕化的30万吨乙烯工程，是在二十多年前经周总理批准，毛主席画圈的我国第一个自行设计、自己制造、自己安装的工程。改革开放，1992年邓小平同志南巡发表重要谈话后，燕化人又进行了第二次创业，把30万吨乙烯工程改扩成45万吨，并不停工地边生产边改造，难度之大，可想而知。如果改造成功，它将在全国同行业的齐鲁、大庆、扬子、金山等石化企业中，处于领先地位，对我国的经济实力的提升将是很大的促进。我一听马上决定改变原来的采访计划，写30万吨的乙烯工程的改造。从5月到9月，我整整4个月不停地往燕化跑。有时我晚上值夜班，第二天早晨再去采访。那年的中秋夜，我就是和燕化的建设者们一起度过的。国庆节前，燕化人经过28个月的艰苦努力，实现了改造工程的点火成功。我经过4个月不间断的采访，长篇通讯《希望之火在这里点燃》脱稿了，改造工程的一线总指挥司徒泽湘笑着对我说："你稿子写完了，也成了半个专家了。"

　　通讯在人民日报1994年10月10日头版头条发表后，收到了来自全国各地大型乙烯企业的来信，他们的赞扬和鼓励使我感到功夫没有白下，朱镕基同志当时是副总理，曾几次在不同场合的讲话中给予高度评价，认为"人民日报的这篇稿子写得好"。

　　燕山石化的成功实践，在我国企业发展史上留下了重要的一笔，为新时期国企的发展开辟了一条新的路子。不久后，中央、国务院正式发文，国企要走"三改一加强"的路子，而"三改"中"一改"即"技术改造"，是中央总结了燕化的30万吨乙烯改扩建的经验后提出的。通讯《希望之火在这里点燃》，正是记录了新时期大型企业走出一条"建设思想、建设模式、建设方法"新路的具体过程。

## 视角要准　把握有度　脑子动起来
## 在谋划篇制上下功夫　追求新闻效果

新时期国企走了一条不断探索、不断前进的路。既要深化改革，又要稳定发展；既要改革开放、引进外资，又要保护民族工业的发展；既要结构调整、减员增效，又要保证下岗职工的基本生活及再就业；既要搞现代企业制度，实行公司制，又要不削弱党在企业的领导，不削弱职工的民主权利；要兼顾改革、发展、稳定的各个方面。可以说，国有企业每前进一步，都是在不断寻求新的平衡中前进的。

因此，记者写国企的稿子一定要准，切忌片面，掌握好度。准和度，相辅相成。

首先，看准了的题目一定要写。党报记者对国企的深化改革、扩大开放一定要坚信不疑。1993年，我国东海近海海域首次引进外商石油勘探，美、英、韩、日等7国17家石油公司竞相参加投标。我得到这个信息后，认为这个素材有新闻价值，是中国海洋石油总公司贯彻邓小平同志南巡谈话精神、扩大开放的重要举措。勘探招标，也符合国际惯例。我马上进入采访，写了一条消息《东海石油对外合作勘探前景看好》，见了报。

其次，对国企重大方针、政策诠释性的报道，一定要准确。《公司法》出台后，我国国企改革又迈出了重要的一步。1995年初，吴邦国同志刚来中央工作不久，经贸委、中组部、中央党校举办了省部级干部和大型国有企业领导参加的"国有企业改革"研究班，这实际上是一次培训干部、研究问题、统一认识的思想动员和组织动员会议。研究班上，朱镕基、邹家华、吴邦国和王忠禹等同志讲了话，上海的蒋以任副市长、海尔总裁张瑞敏、二汽董事长马跃、燕化总经理刘海燕、北京一轻局领导等介绍了经验，江平等法律专家讲了《公司法》，研究班的小组发言也很敞开、很活跃。我觉得研究班上的成果、经验和提法，对国企很有用。但我又觉得，越是在思想很活跃、很解放的情况下，越要写得准确。斟酌再三，我写了篇通讯：《让"共和国长子"更有活力》，分三个部分："坚定一个信念：党的领导是搞好国有企业的根本保证"，"明确一个着眼点：搞好整个国有企业，而不是一个企业"，"找到一个途径：'三改一加强'是改革发展国有企业的必然之路"，每个部分都虚实结合。稿子写好后，送给当时任国家经贸委副主任的陈清泰和企业司司长蒋黔贵审阅，他俩看完后，说了句：还是人民日报记者，问题写得准。这对我是很大的鼓舞。

再次，要写好名牌和典型。名牌和典型是国有企业"永恒的主题"。改革开放，市场经济，推动和促进了我国名牌的崛起。名牌是质量、销量及顾客认同的统一。一汽总经理耿绍杰讲过，"红旗"车在50年代是政治车，改革开放，"红旗"才成了商品意义上的名牌车。名牌和典型相辅相成，一定意义上，没有名牌就没有典型。在写名牌的时候，也要搞准，把握好度。因为名牌是我国综合国力的体现，是我国国有企业成长、发展的印记。我们热情地讴歌它，而不是拔高它；不是夜郎自大，而是奋发向前。宣传名牌也有个准和度的问题。1996年，首都一家报纸登载了一篇未经核实的消息：安徽一农村3个小孩因喝"娃哈哈"中毒死亡。消息登出后，使"娃哈哈"在北京的损失达亿元，这是对民族品牌不负责任的态度。据生产"娃哈哈"的同志讲，根本不是那么回事。那年7月，"娃哈哈"的老总来京同营销者和消费者见面，并倾听他们的看法。我据此写了一篇现场短新闻《品牌的魅力》，以正视听。当时人民日报总编辑范敬宜看了，提笔批示："加框处理，要闻刊出。"

1996年3月，"两会"期间，看到"两会"代表喜乘"红旗"车，听耿绍杰说"红旗"车的故事，看到人们关心国产名牌的急切心情，我在人民日报头版头条发表了《愿"红旗遍神州"》的现场通讯。还就提高招商引资质量、保护自己的知识产权，完善外贸运行机制，加强外贸法规建设，写了一篇评述《在扩大开放中打响"中华牌"》，把坚持扩大开放同保护民族工业结合起来。不是一讲扩大开放就不要保护民族品牌，更不是一讲民族品牌就不要扩大开放。新闻记者一定要掌握好这个度。

写国企，最后要落实在谋篇上。这是视角准确的必然要求。视角准确才能反映国有企业的真实情况，而企业的真实一定要在文章中体现出来。标题要醒目，结构要考究，虚实要结合，情理要交融，头尾要呼应，字句要斟酌。动脑子，讲谋篇，表里和谐，完美统一，才能更好地反映国企在改革年代的神韵和风采，这也是改革中绚丽斑斓的国企对新时期新闻事业的要求和呼唤。

我们的国企改革就是在不断实现历史和现实的交汇中前进的，我们新闻工作者要不断研究和校正自己的新闻视角，跟上时代，写出反映国企风貌的力作来。

只有这样，新闻才无愧于历史，无愧于现实。

2000年4月

# 写人要写心

刘　衡

我在新闻写作中，比较注意写"人"。在写工作通讯时是这样，在写人物通讯时更是如此。

记者所报道的任何一种工作，对读者来说，外行都占大多数。因此，见事不见人的文章不容易讨好，对大多数读者也没什么教育意义。但任何工作都是人做的。在记事的同时，如果能写出人物的活动、思想、感情，情况就两样了。我写的一些工作通讯，能够做到可读、可亲，有的还得了奖，其中一个奥秘，就是我在业务性、技术性强的工作通讯中，写了活蹦乱跳的人。他们有的有名有姓有职务，有的无名无姓，只是一个群体。当然，"工作通讯"，顾名思义，以写工作为主；写人是为写工作服务，不能喧宾夺主。

"人物通讯"，就要以写人物为主了。

## 写外貌要为写内心服务

多写人物的内心——这是由报纸的性质决定的。报纸的读者十分广泛，怎样才能使大家产生共同的兴趣，感到可读呢？

---

刘衡(1922—2009年)，高级记者，湖北鄂城人。1940年加入中国共产党，1941年参加革命。1946—1949年春，在新华总社、广播事业局任编辑、记者；1951年调人民日报文艺部，1953—1957年在记者部做记者，1957年蒙冤被错划成右派，1979年冬重返记者部工作。

只有写人物的思想、感情、情绪……因为人们的思想能够互相交流,引起共鸣,喜怒哀乐能够互相感染。同时,树立一个先进人物,为的是让人们学有榜样。人们要学的是他的品德、精神,而不是去学他的外貌。

我常常不写人物的外貌。因为报纸的篇幅小,人物的外貌美丑、高矮胖瘦常常与文章的主题、内容无关。当然,如果有关,我还是要写的。

湖北鄂州农村气象员单双双,小时候被顽皮孩子用弹弓打瞎了右眼,没有想到,长大了,"他的左眼不仅能看见别人能看见的,还看见了许多别人看不见的。"原来:"云是天气的招牌,雨水的仓库。"他学会了"观云测天"的本领。"千姿百态,变化不停的天空里的浮云啊,像波浪,像丝绸,像鱼鳞,像铺满天空的纱幕,迎风招展的旗帜,风吹草地里的羊群,开满悬岩绝壁的花朵。单双双不仅看到这些,还看得清哪是淡积云、碎积云、积雨云、密卷云、卷积云……而且一看见它们,立刻引起:'晴'或'雨'的条件反射;'棉花云(即絮状高积云),雨快临';'天上鲤鱼斑(即透光高积云),明天晒谷不用翻;'逆风行云天要变'……"这就是说,在观云测雨上,他的一只眼比许多有两只眼的人还要高明。为了吸引人,我特地用了《奇异的眼睛》作为标题。

1957年,我借包头解放菜园杨秀珍(人们叫她左杨氏)的嘴,来写他们的主任屈占泉。文章主角屈占泉的模样,我很少提,倒把杨秀珍写了一番:她"五十上下,个子不大,走进门来,朝我一笑,露出一排整整齐齐的白牙齿,我似乎还看见她额头上有几块疤印"。50年代,50上下的农村妇女有整齐的白牙齿,是很少见的。我写出这第一印象,为的是给下边要写的事情作铺垫。当年杨秀珍的丈夫被国民党开枪打死了,独苗儿子被抓壮丁。她赶到火车站,又急又气。火车一开,她"浑身一软,跌在地上,喉咙里一阵干火冒出来,'呸!呸'!吐了几口,满嘴的牙都掉出来了。"以后,她的儿子参加起义,加入了解放军,牺牲在朝鲜战场。消息传来,杨秀珍半夜在野滩上乱跑乱走,昏倒了,几条野狗把她腿上的肉、额角上的肉吃了好几口。她昏死过去六天六夜。在屈占泉等乡亲们精心照顾、安慰下,她的病、伤慢慢好了。"从病一好,我就像换了个人。我眼也爱看了,嘴也爱说了,从来不笑的脸上也有笑影儿了。""我觉得生活有了味道,到医院去安了一嘴假牙,人一下子就年轻了十几岁。"我借杨秀珍的亲身感受来歌颂屈占泉关心人的品德。这品德改变了杨秀珍的内心,也改变了她的外貌。

写外貌,是为了写人物的内心服务。像这样的例子,我在别的通讯中也有:山东荣成的市场管理员张小芹,以前"走在街上,把脸孔板得死死的,眼睛睁得大大的。"为什么呢?因为人们告诉她:做市场管理工作,是给社会主义站岗放哨,要跟阶级敌人斗智斗勇,她必须在脑子里把"阶级斗争"的弦绷得紧紧的。党的十一届三中全会后,她脸孔不绷了,"雨过天晴了,笑容满面。"为什么有这种变化?因为"集市在我眼里完完全全变了样子。它不再是阶级斗争的战场,而是:'方便群众、调剂余缺、促进农副业发展、补充国营商业不足'的地方"。

## 人心丰富多彩

写人物,不仅要写他做什么、怎样做,而且要写他为什么这样做。这就要深入他的内心世界了。光写事迹,不写内心,人物是平面的。写了内心,人才有灵魂、生命,站立起来了。同时,人们的事迹、经历等有相似之处,但人们的内心却千差万别,丰富多彩。只有写了内心,才能显现人物不同的职业面貌、个性特点,不至于浮光掠影,千人一面。

"艰苦奋斗、勤俭建国"是我国人民的优良传统。但不同的地区、不同的时代有不同的标准,不同的人有不同的表现和不同的内心活动。

在50年代，穿丝棉袄、坐小汽车是较少的。包钢69岁的工程师龚宝仁的老伴心疼丈夫："我看，你那身穿了两年，加了三回棉花的旧棉衣，不能再穿下去了！再穿，你的老骨头都要压碎啦，得做件丝棉袄，走路一身轻。"龚宝仁赶忙挡住："我不要！我不要！詹先生（即著名铁路工程师詹天佑，是龚宝仁的老师）说过：'工程师的脸要像张飞的儿子，是黑黑的。工程师的手，要经常满地抓个不停。'咱们不能穿好衣服！"司机老高开着吉普车送龚宝仁到工地去，路过昆都仑河边，没想到干巴巴的河沟涨了汪汪一片大水。老高准备绕路，龚宝仁却要卷起裤腿过河："你算一算，汽车跑一趟，要花好些钱？再一绕路，又要花多少汽油？加上我身上有要紧事，不能耽搁！"最后只好请过路的行人把他背了过去。

60年代，三年困难时期，江苏江阴县山观公社朝阳大队的集体经济穷得像水洗。这个大队的饲养员李仁林平时省吃俭用，不喝酒，不抽烟，花一分钱也要放在手里掂掂分量。他当了饲养员，把家中的火钳、铜勺等等拿到猪场了。气得他的老伴直嘀咕。他说："工人上工只带两只手，农民下地要带钉耙、锄头。我到猪场，当然要带工具！"弄得"老伴没有话说，就拿树棍代替火钳拨火，用饭碗代替铜勺舀水。"晚上，母猪下小猪，李仁林把家中的煤油灯拿到猪场照明，队干部叫他报销油钱。他说："何必花费队里的钱呢？猪场点了灯，家里就不点灯了，反正是一样。"

70年代，江苏海安县委书记袁广文、盱眙县委常委张施钜下乡，不肯接受特殊招待。袁广文说："解放快三十年了，人们生活还很苦，我惭愧还惭愧不过来。让他们给我吃好的，我怎么咽得下去？"张施钜呢？上级来了人，他从来不陪吃陪喝，还说："他来这儿，是应该的，是他的工作，哪是什么客人？"他自己下乡，自然不会去当客人。"有次给他炒了盘鸡蛋，他一筷子不尝。"这样，同样的行为，袁广文给人"平易近人"的感觉，张施钜就是个倔老头了。

到了80年代、90年代，人们生活水平大大提高了。回头看看那些丝棉袄、吉普车、火钳、铜勺、煤油灯、鸡蛋等等，只会感到不屑一谈，甚至令人哑然失笑。然而，通过这些事情所反映的人物心态，却是永远值得思考的。

我写过三位带娃娃的妇女。她们都热爱娃娃，精心照顾他们。我在写她们事迹的同时，努力挖掘她们不同的思想动力。

四川三台一位名叫习正扬的妇女从6岁就开始带娃娃，带的都是她的亲人（弟弟妹妹、侄儿侄女、儿子女儿、孙儿孙女），娃娃长大了，人们以为她可以享几年清福了。她却说："说也怪，跟前没个小人，我还空手空脚的怪难过!"以后，她到互助组、合作社的农忙托儿组帮别人带娃娃，思想提高了一步："牵一根藤藤满院子动，如今是成立了合作社呀！成立了合作社，就不是你疼你的，我痒我的……"

湖北武穴幼儿老师胡德珍长期抚育自己的儿女和大批小朋友，"我有天大的烦恼，一看见伢们，心就开了。"原因是前苏联的《卓娅和舒拉的故事》照亮了她的一生："我自己做不成卓娅、舒拉。可是，我要做他们的母亲。我就不信，小朋友里没有那样的英雄。今天的小蓓蕾，就是明天的大花朵。"

湖北来凤土家族妇女周碧玉生了4个孩子，还帮左邻右舍养了9个苗族细伢。他们都是没娘的娃，其中有一个女伢病得快死，被她妈妈丢在山头"冲邪"，被周碧玉捡回来了。周碧玉用自己的奶喂他们，找药给他们治病洗疮。她为什么这样好？原来是"独木不燃，一人难活"、"人到难处，要拉一把"等风土人情教养了她。她自己也是吃苗族乡亲们的"百家饭"长大的，她有一种"报恩"的思想。

我在海南岛采写过几位专家、学者。他们在"文革"中受的苦难有相似之处，但他们的心境大大不同！

育种家潘藕洁下放到苗圃当工人。她管的苗圃是全科研所最好的，要在她那里开现场会，却不让她参加。广播喇叭里，还说这苗圃是另一位青年管理的。她听了，十分坦然："小苗长好了，人们称赞的是小苗，有谁去称赞看不见的种子呢？"她干了一辈子育种工作，自己也像是变成了种子，具有种子的高尚品德了。

归国华侨林缵春教授长期身受多种冤屈还留恋祖国。原来："我是学农的人，最懂得土地的可贵可亲。我扎根大地，像小草一样，十二级台风也刮它不走。"把他关进监牢，他因"报国无门"才"欲哭无泪"。一旦被遣送乡下"劳改"，他却觉得："好啦，可以在土地上埋头干活啦！有了土地，我就有了生命。"由此可见老一代的知识分子对事业、对祖国的爱是多么执著。

## 我喜欢写"自述体"

X 光能照见人的心肝肺腑，但照不见人的心理活动。怎样才能把人的内心准确无误地写出来呢？"言为心声"，我找到了"人物自述"的好方法。人物的思想、感受等等，由他自己来说，比我这个记者来说，更直截了当，更不会走样。许多时候，我干脆进入角色，变成我要写的人物，向读者叙事、抒情、谈心……

我变成"鸭"姑娘陈惠容："我像鸭子一样，爱上了湖中水，石头打来也不飞！"

我变成全国人大代表王翠兰："国家扶持我们贫困山区，但扶得起竿子，扶不起绳子……"

我变成税务员杨其民："'积财如同针挑上'，谁叫我是税务员呢？咱就是那搬山的蚂蚁嘛！要我少跑一回腿，少收一分钱，等于欠了国家一笔债！"

我变成了因伤致残的知识分子张贻仙："我好比是受了损的一块铁，与其放着锈废，不如使用耗尽。"

我变成植物学家钟义："森林里没有笔直的路，那就弯弯曲曲地走吧。不怕慢，只怕站，条条道路通罗马……"

我变成热带作物研究员郑学勤："人生是场接力赛，我们接过前人手中的火把，把它烧得更加明亮，向前奔跑。'后来者居上'，这是世界'大趋势'。"

我变成州委书记田期玉："每个人都有自己的性格，每座山都有自己的斜坡。人要尽其才，山要尽其力。人放错了位置，会变成垃圾，山也一样。"

1982年，我到了黄海前哨——辽宁长海县海洋岛，了解到部队团政委李光祥爱兵的事迹突出。为什么这样爱兵？原来有一首歌常常响在他的心头，教育着他，激励着他。歌词是："我们共产党领导的八路军，革命同志团结得紧。上级爱下级，下级尊重上级，要做到官兵一致亲又亲！"现在他身居海岛，想到："海水离开了海燕，还是海水；海燕离开了海水，就不成其为海燕了。同样，没有了官长，士兵还是士兵。没有了士兵，失去了士兵的心，官长还能成其为官长吗？"我用《响在心头的歌》作标题，全文写的都是他在春节几天的内心独白，与我以前写的"自述体"谈话已有不同，算是我自己写作中的一个小小突破、创新。

运用"自述体"写作，能使作品简洁流畅。由于主人公直面读者，直抒胸怀，可以省掉许多不必要的过渡，也缩短了主人公和广大读者的感情距离。

有位年轻的记者见我经常记人物的谈话，以为我经常碰见一些很会说话的人。他问："我怎么老碰不着啊？"我答："你永远也碰不着的！我从来也没有碰见过。一个人讲话，怎么能出口成章啊？即使能出口成章，他所讲的也不会全部是我所要的。我必须根据文章的主题进行剪裁、整理、提炼、补充、加工……工程真大啊！"

## 以心换心

"五四"时代，提倡白话文，对文言文是一场革命。提倡口语化，对半文半白、欧化的书本腔也是一场革命。语言是文章的基本功，文学就是语言的艺术。赵树理、老舍等文学家是语言大师，又是口语化的专家。叶圣陶说："写话，是写作的最高境界。"我们要朝这最高境界攀登。

许多读者看见我的文章好读，以为我写东西很容易。其实，我写得很苦。"读的人顺口，写的人难受。""读"和"写"是成反比的，越好读的越难写。有人奇怪："你讲话那么干巴、枯燥，写的东西怎么十分生动、活泼？"我回答："干巴、枯燥是我的本来面目，生动、活泼是我做文章'做'出来的。为了把一个字安排妥当，我花费的力气是无法计算的。"

写稿子不是玩文字游戏，肚子里要有东西才能表达出来。因此，重要的是要深入采访，要了解、熟悉许多以前并不了解、不熟悉的东西，每一次采访都是从头学起。写工农兵要像工农兵，写知识分子要像知识分子，写领导干部要像领导干部。必须找出每个不同的职业面貌、个性特点。

"知人知面难知心"。人的经历、事迹容易弄清楚，最难的是探索人物的内心世界。好比同桌多年的老同学、老同事都很难做到彼此知心，何况是只见几面的采访对象？我的体会——正像俗话说的那样："你要别人爱你，你首先要爱别人。"我首先向他推心置腹，他才有可能向我掏心窝子。以心才能换心。

我在采写《妈妈教我放鸭子》这篇通讯时，曾经坐着小划子到湖边找"鸭"姑娘陈惠容。她看见我，十分拘束。我也不知该谈些什么。只寒暄几句，感到没啥好写的，就回来了。几个月后，她当选为全国妇女代表。在武汉市召开的湖北省妇代会上，我去找她。她有一种"他乡遇故知"的感觉，拘束减少了几分。我告诉她，我在干校养过鸡。鸡，活蹦乱跳，像群淘气的小孩子。人们都爱把养鸡的妇女叫做"鸡妈妈"。即便没有结婚的小姑娘，一养鸡，就像在做妈妈。她一听，高兴了，告诉我许多养鸭的知识、趣事。例如：她发现鸭子有好多地方像人。年轻的鸭子喜欢打扮，有蛋的鸭子像人怀了孩子，以及爱干净、知道害怕、害臊、不看表知道钟点等等。我想："鸭"姑娘的劳动是平凡的，她的心灵是美的。于是，我写了《妈妈教我放鸭子》，用小姑娘的眼睛、口气来谈她养鸭的经过和切身感受。文章刊出后，大受欢迎，还被评为全国好新闻。

人们常说："看人下菜碟。"这句话用在采访工作上，也十分恰当。人心就是一把一把不同的锁，要用不同的钥匙才能打开。要注意的是：来不得半点浮夸虚假、油腔滑调。记者只有自心真诚，才能换取对方的信任。

2000 年 10 月

# 人家炒着的热点怎么抓

## ——从《嘉禾高考舞弊案曝光之后》一稿的组、编谈起

钱 江

### 在热点面前不要退让

今年7月10日,湖南嘉禾高考舞弊案被新闻媒体揭露,引起了广泛的社会关注,7月21日发表在人民日报的《嘉禾高考舞弊案曝光之后》一文,后发制人,社会影响颇大,先后有文摘报等做了较大部分转载。人民日报在全国发行量已经很大,仍有转载是不容易的。

这篇报道,是人民日报驻湖南记者吴兴华根据编辑部的要求采写的。作为编辑,我考虑的第一个问题是,嘉禾舞弊案已被

1987年9月,记者钱江(左二)在云南老山战地采访。

众多媒体报道，人民日报记者是否还有足够的报道空间，回答是肯定的。首先是当时案情总况还不清楚，大量的内情报道还没有出现（但是马上将出现），只要深入现场，就可以发现大量新闻线索；其二，吴兴华是一位优秀的资深记者，在湖南省有很高的声誉，他出马，会得到别的记者不容易得到的东西。

7月12日，老吴接到我的电话后很快出发，长驱400公里赶到靠近广东的嘉禾县采访。在行前，我和他商议，写好这篇稿件的关键在于能否做得比别人深一步，"特别是要把电视镜头没有反映出来的东西发掘出来"，否则容易流于一般。如果是这样，主要的报道内容也许不是"案情"，而是嘉禾高考舞弊之所以发生的根源。应该说，编辑和记者之间的"访前沟通"是非常重要的，在许多时候甚至决定着采访的质量。

对于全国综合性报纸来说，掌握独家新闻线索去采访的机会毕竟有限，当地媒体记者在这方面有天然优势，但这不能成为在热点前退缩的理由。人民日报记者视野宽阔，接触面也广，采访上能否高出一筹的关键在于扬长避短，吴兴华的采访正是如此。

### 根据实情修正访前构想

7月17日晚，吴兴华发回4300字的第一稿。他的采访在短时间内获得大量素材，但是受到采访惯力的影响，初稿中"案情"介绍偏长，而且和其他媒体相比准以胜出。同时，从人民日报的报纸版面实际出发，4300字毕竟太长了。

我向作者提出修改意见："案情介绍"拉长了篇幅，使过渡显得平缓，对当地公众的强烈反映表现得不够，可将根子在风气不正这一问题部分作为重点移到全文的结尾部分来，加强报道的震撼力。

老吴当即同意我的意见，还说道，一到当地，听到不少干部和教师对揭露舞弊案的电视记者的非议，认为电视记者是为了"出名"、"动机不纯",没有在发现问题的苗头的时候告知当地领导,以阻止严重事态的发生。老吴说,可以考虑把这种意见写出来,揭示深刻的社会问题。

这一点是我当初提出采访意见时没有想到的。既然记者听到了反对意见,何不再听听支持电视记者的人的意见呢?我对老吴说,这一点先不要急,可以再补充采访一下湖南经济电视台的记者,听一下支持电视记者揭露舞弊案的声音。凡事兼听则明,决心就好下了。那时再作安排。

在初稿基础上交换意见,吴兴华看得更为高远,对素材的梳理也更加细密。他放下电话就把初稿改写了一篇,于次日上午传来了3400余字的第二稿。

### 再改二遍成为好稿

其实,如果根据作者第二稿加以编辑,精炼修润,上版刊发也是可以的。但是我想,既然作者同意再作一次采访,应该再等一天,再推一把,于炼丹炉中再烧一把火。我没有编辑第二稿,而是等待作者补充采访的结果。

果然不出所料,吴兴华采访了湖南经济电视台披露嘉禾舞弊案的记者和编辑以后,大大加强了对于"是否应该揭露嘉禾舞弊案"的思考。他在第三稿中通过一位接受采访的干部之口说出了这种思考:"作为领导干部要带头遵守考规考纪,这方面的文件发了多少?为什么不认真执行?不准搞舞弊,还用记者来事先提醒吗?"他又通过电视记者来回答:如果不是拍到真实的镜头,有的人不仅不会接受我们的提醒,还可能会指责一番:你们无事生非。过去的教训还少吗?

吴兴华自己推翻了第二稿,19日传来了第三稿约3000字。我根据这次的稿件,编辑成了发表时的样子,制作了3个小标题:"对曝光的两种态度"、"认错的与不服气的"、"弄虚作假的根子在哪里",全文被编为2400字。重点是起首与结尾的两部分，中间一部分作为过渡。略感遗憾的是，当时在报道中没有把拍摄舞弊现场的记者的名字写出来。

## 独到之处在深度

近年来新闻媒体喜欢把着力全面、连续地报道某一事件称作"炒"新闻。这中间自有生动的意思在内。湖南嘉禾舞弊案发生后也是这样，记者云集，报道纷繁。吴兴华报道的独到之处是在深度上下了力气。

他一到嘉禾，就有干部群众纷纷找到他，反映在嘉禾出现的高考舞弊案不是偶然的，而是某些领导"为了造政绩公开作假，上行下效，把风气弄坏了。"因此，作者怀着满腔正义感分析材料，以他的率真之笔直指弄虚作假之风，列举了此前发生在嘉禾县的一连串作假事例：

"教育'两基'达标检验弄虚作假，有些乡镇学生流失多，教学设备差，为了凑满在校学生人数，连夜用车从其他乡镇拉来学生和课桌到验收点凑数。……农村初级卫生验收时，把相邻的乡镇卫生院的药械、药具搬到验收点充数。为了财政收入过亿元，有的领导示意一些单位到银行借钱填充财政收入。有些乡镇在几个月发不出工资的情况下，向干部借、贷款等来抵税收任务。如此这般，出现了高考舞弊，也就不足为奇了。"

这就是嘉禾高考舞弊案的背景。这样一来，整篇报道的立意就高了。事实上，各家媒体的编辑很有眼力，吴兴华的报道刊出，各家转载的主要就是这两部分，作者之可贵，就在于他全不为名声所累，勇于迎着热点而去，不知疲倦地根据事实修正自己的观点，修改自己的文稿。

2000 年 11 月

# "跑"出来的新闻才鲜活

——采写《一片丹心唤民心》的体会

宋学春

3月28日，人民日报在一版头条刊登我采写的通讯《一片丹心唤民心——记山东省平度市驻村工作组组长尹锡勋》。稿件见报后，在青岛市及平度市引起

2008年7月，记者宋学春（右一）采访建设中的北京奥运会帆船赛场馆（青岛）。

强烈反响，山东省委常委、青岛市委书记张惠来立即做出批示，要求各级干部学习尹锡勋，为民多办实事。青岛市委作出决定，组织尹锡勋事迹报告团，在郊区县市巡回做报告。当天及29日，人民日报青岛记者站接连不断接到平度市、胶州市、莱西市等基层单位的电话，说人民日报报道的这个典型事迹感人，像当年的焦裕禄，在当前农村进行学习、实践"三个代

表"重要思想教育中是很好的教材。

回想这篇报道的采访过程，还是应验了老一辈新闻工作者讲过的那句话："脚板底下出新闻"。

"跑"是发现鲜活新闻的关键途径。1988年底，我从编辑部到记者站工作，十多年来养成了跑基层的习惯，农村、山区；企业、厂矿……成了我的"主旋律"，尤其是在每年的"两会"期间，其他方面报道任务不多，我几乎每次都到农村去，到山区去采访。今年3月7日，我自己驾车110多公里到了平度市，当平度市委宣传部部长介绍情况时，尹锡勋的事迹引起我的注意。从介绍的情况看，尹锡勋的确是个好典型，我当即下了决心，要写好这个典型。

凭多年的新闻工作经验，我判断稿件肯定能见报，但能放在什么位置、应该写多少字合适，没有把握。近年来人民日报在重要位置刊登的比较重大的典型报道，都是通常我们所说的"规定动作"，而尹锡勋这个典型是我在下面发现的，要想写成上一版头条的大文章，其难度可想而知。

尹锡勋的事迹深深吸引了我，尽管他离开驻村两个多月了，但他所做的事就好像长在深山老林的灵芝，还没有被人发现，或者说，还没有完全被人发现。他的事迹与当前的"三个代表"重要思想教育的要求非常吻合，舍他还采访谁？

"跑"到现场才能调动采访激情。如今采访的"学问"或叫"技巧"很多。打个电话，传真材料，甚至发个电子邮件等，很快就能完成一篇稿件。但这些都不容易抓到活的东西。到现场采访就不一样了，根据新闻事件或事实的大小、影响程度等，接触当事人看到的事，听到的话，"身临其境"能激发我们的采访激情，拿到第一手材料，心里也踏实。我马上约见尹锡勋。当天下午至晚上，进行了长时间采访。在采访中，我不仅听到他说"只有退休的干部，没有退休的党员"、"我也是农民的儿子"、"我也是吃地瓜干长大的"、"我是'挑夫'，一头挑着党和政府的重托，一头挑着老百姓的信任"等，并且通过他在短短一年中为村民办了那么多实事、好事，引起我的极大采访兴趣。尹锡勋对老百姓的深厚感情，深深打动了我。越交谈，越感到其事迹感人，其形象高大，也就越坚定了采访信心，激发出我的采访热情。

"跑"才能更深入、全面地了解情况。对尹锡勋个人的采访，可以说材料已经够用的了，但我感觉还不全面，驻村的老百姓对他有什么评价？他的家人对他的工作是如何支持的？同事对他的看法怎么样？第二天一早，我赶到驻村进行采访，当村民们听说是人民日报记者来采访尹锡勋的事，就连邻村的人也赶来参加座谈会，"你是党中央派来的记者，我们要好好说说老尹"……一片赞扬声。在一家门口，一位80多岁的老大娘，尽管耳朵背，当我大声问她认识不认识尹锡勋时，她说"不知道"，但当问"老尹"时，她眼睛睁大了："老尹啊？好人，好人。"在村民孙成光的睡炕边，老两口一提起尹锡勋就眼含感激之泪："真是好干部啊！"老百姓如此爱戴尹锡勋，尹锡勋在老百姓心目中威信如此之高，只有亲临现场才能体会得到。

走在当时村民欢送尹锡勋的400米路上时，我更是浮想联翩。本来几分钟可走完的路，尹锡勋竟走了2个小时，可见老百姓对尹锡勋的感情有多深。

这次采访一直进行到下午约2时，忘记了吃饭，经陪同采访的同志提醒，我才想起吃饭的事，并对他们陪着我挨饿感到不好意思。

"跑"到第一线，取得第一手材料，感受到人民群众真实的情感，听听生动活泼的群众语言，写起稿件才能做到"游刃有余"。人民群众是经济建设、社会发展的主要力量，只有走进他们之中，才能了解他们，知道他们的愿望、要求及喜、怒、哀、乐。新闻需要客观报道，但是，记者是有情感的人，要在文章里传达真切的情感，使读者受到感染，才能使读者心悦诚服。这种情感只有走进人民群众中间才能产生，舍此没有其他路可走。写新闻人物是这样，写新闻事件也是如此。只有到第一线才能获取更多的鲜活材料，在加工时才能有"米"好下锅。通过采访，我认为尹锡勋是基层乡镇、区、县、市干部的榜样，是学习、实践"三个代表"重要思想的优秀代表。我怀着对典型人物的崇敬之情，对稿件进行了精心构思和布局。由于占有了大量第一手材料，一气写了1万字，经过提炼，多次修改，删节1000多字，稿件还是长了，可想删怎么也舍不得。当与记者部编辑组沟通时，着实把他们吓了一跳："啊，太长了！"

当时，自己也知道，这是通讯，不是报告文学，压缩关必须要过，但就是无法"割爱"。最后还是通过对稿件的结构、布局进行大调整，将字数进行了大量压缩。从见报稿看，有的在原稿上是一大段叙述，而在见报稿中则是一句话，但丝毫没有影响主题，文字显得更加精练。从布局、结构上看，见报稿比原稿逻辑性更强，使我产生了"忍痛割'爱'爱更深"的感觉。

发稿期间，记者部副主任钱江值班，他在我的这篇稿子上付出了心血。他两次提出修改意见，最后，他还动手做了关键性的修改，并在编前会上极力推荐。可以说，这篇稿件是记者部编辑组、总编室及值班总编辑共同精心培育的，否则，稿件不会那么精彩，见报不会如此之快。

这里我还是要说："'跑'出来的新闻是鲜活的，鲜活的新闻是'跑'出来的。"

2001年5月

# 争多求好　永不懈怠

顾兆农

总编辑吴恒权(左二)到湖北记者站考察,认真听取站长顾兆农(左四)工作汇报,左三为湖北省委常委、宣传部长李春明,左一为记者部主任龚达发。

## 只有太少,没有太多

自己的记者经历大致分为三个阶段:工人日报、人民日报华东分社,再就是现在的人民日报记者部。经历过三个不同的发稿环境，相对而言，现在发稿最难。

前两个阶段已经是过去了，但回想起来，那时我发稿的数量一直算是多的。

发稿少，不一定是工作不卖力气，因为制约上稿的因素很多；但是，发稿多，一定是干活卖力的结果。就自己而言，工作肯卖力气。我一直认为，这辈子自己做得最成功的事情，就是曾经面对若干职业选择的机会，毫不犹豫地选择了新闻记者作为职业，而且，从来没有动摇过。我喜欢这个工作，这份工作也适合自己。也许就是因为这个缘故吧，尽管自己年纪也不小了，但是，还保持着相当的激情：1991年发大水，立即前往水灾最严重的地区采访；南京大校场机场发生了一起空难，连夜采访、发稿……

稿件，是驻地记者的立命之本。根据中央的精神，及时、充分地把当地各级党委、政府的重要工作情况及社情民意反映出来，驻地记者责无旁贷。

因为有了这种自发的"爱"，再加上一点"自觉"，合在一起，使人干起活来，不太计较得失，也能坦然承受失败。相对自己过去工作的环境而言，现在发稿要难得多，记者的上稿率大约只有50%左右。这意味着，记者们有一半的劳动会白费。自己也不例外，默默地、坦然承受失败之后，爬起来再继续写下去。

如此这般，去年以来，在人民日报记者部的范围内，相对而言，我多发了一些稿子，受到了领导的鼓励，十分感激，也感到不安。

感激是因为给了荣誉，发了奖金；不安是因为底气不足。回望自己一年多来发稿的情况，基本特征是数量型的，数量较多，但高、精、尖的产品不多，"技术含量"还不高。从本人去年年终得奖的情况看，主打产品中的通讯和消息，没得奖，倒是其他小品种的产品，得了几个二、三等奖，其中可能还有"物以稀为贵"的因素。

数量多一点，也能受到鼓励，可能是因为有"苦劳"的缘故。当了十几年的记者，早已习惯了没日没夜、没假没节、没上班更没下班——只要意识到是本报可能需要的，就尽量及时地去采写。

数量来自不偷懒、不拖拉，但是，还有其他因素。

编辑部编辑们的点题、热情帮助救活不少稿子，这是一；有很多明显可以出稿的机会，比如，去年在南京召开的全国社区管理工作会议，中央有关领导同志参加，站长龚永泉多次把这类"肥差"主动让给我，于是，我上稿的机会又多了一点；在记者站，我用车比站长多，在采写条件上得到了比较好的保证，外出增加了成稿的机会；江苏是经济、文化和人口大省，人多、事多、新闻多，生在富矿中，地上的"金子"也比别处多一些……

作为驻地记者，还要时常研究不同版面的需求。虽然是同一张报，但版面之间的不同定位和需要，对同样的稿子的价值判断可能是不一样的，这是很正常的现象。自己有一张拍得比较满意的照片，原题叫《"十佳"在等待……》，先给了总编室，在国内新闻版备用。因为是作为一种社会现象来批评的，也因为其他的原因，文字说明中有意抹去了具体单位的名称和地点等，大概是因为这个缘故，国内新闻版没有把这张照片用出来。后来，我又把这张照片转"嫁"到群工部的《社会观察》版，与该版编辑素不相识，但是，照片很快就用出来了。我理解，前者的不用和后者的用，都是有道理的，因为，版面的要求不同。

我在记者站，除了写稿，也经常拍一些新闻照片。拿起照相机完全是偶然的。当了十几年的记者，几乎没有发过什么照片。但是，自从去年买了架数码相机后，觉得很方便，于是，就开始拍新闻照片了。刚开始，构图什么的也不会讲究，后来照多了，对别人的优秀作品也注意学习和研究，竟也发了几十张照片。多了一种手段，稿子也就多了一条出路。

## 只有更好，没有最好

　　驻地记者，不免要写一些动态的应景"小作"，在不以稿"小"而不为的前提下，更应该追求和敢于写一些"大"稿子。在这一点上，记者部不少老同志是很有经验的，值得学习。

　　回顾自己的记者生涯，因为稿子写多了，按概率计算，也有受到好评的稿子。

　　《南京香港城关门了》写的是南京一家极品商店因为商品都是天价，只有看的，没有买的，最后，商店不得不关门歇业。就短短的400字左右，结构没有什么特别的，语言也是白描，但是，却获得了中国新闻奖的二等奖。分析一下获奖的原因，一是报社的提名；二是稿子反映的问题对全国可能具有警示的意义；再就是稿子写得很短。

　　在华东分社有关领导的安排下，自己参与采写了《名牌不一定高价》等稿子，获得了人民日报精品奖。

　　有过一次这样的感受：一篇有影响的稿子真有以一当十的效果。去年5月，全国城市建设与管理工作会议在南京召开，代表们将在南京参观城市建设和管理的成就。为配合这个会议，我与龚永泉同志合作，调动了历史的与现实的、直接的与间接的、理性的与感性的等所有资料，倾心倾情地写了一篇《经营好"最大的国有资产"》，编辑给了半个版，而且在这次会议召开的前一天刊出。这之前，江苏省和南京市的媒体已经对南京3年大变样作了大量的充分报道，但是，我们这篇报道刊出的当天，市长就给我打电话，发表一些赞同的看法，说了些感激的话等。感觉得出来，市长有些激动。同样感觉得出来的是，以后再见到市长，相互都觉得亲切了几分。这篇稿子刊发的当天，南京市级主要新闻媒体均全文转载、转播，最近，又被评为第三届江苏新闻报道奖一等奖。

　　今年一季度，在编辑部的指导帮助下，自己给人民日报二版《一周视线》写了《工资拿多拿少 职工有权说话》、《让历史成为财富》两篇稿子，分别获得了人民日报今年1月份和2月份好新闻一等奖，受到社内外的好评。第一篇稿子刊出后，南方周末及一些网站纷纷转载，江苏具体负责这项工作的有关负责同志对记者说，虽然他们是搞这项工作的，但是读到这篇稿子，还是觉得有意思。《让历史成为财富》刊出后，江苏省委副书记、政协主席曹克明让秘书打来电话，表示感谢，并告知，新华日报连评论全部转载。当地媒体的一些同志反映，这篇稿子的视角与地方媒体的就是不一样。去年下半年"打假"高潮时，及时报道了江苏省通报批评江阴等四市县打假不力的情况，第二天，省长就让分管秘书长打来电话致谢。

正在应《新闻战线》编辑之约撰写此稿时，人民日报群工部一位副主任打来电话告知，我拍的图片《还要等多久》就是上面提到的《"十佳"在等待……》获得了一个摄影比赛的二等奖，他又对我鼓励了一番。

……

数量再多，也是有限的；质量再好，更是相对的。何况，还远远没到"最"的地步。争多求好，永远都是一个过程。记者职业充满竞争，努力奋斗、永不懈怠，是新闻记者应有的素质。

2001年8月

# 摆脱空话与碎语
## ——试析消息写作中的一种语言误用

余继军

2009年9月3日，社长张研农（前排左二）考察重庆记者站。前排左一为重庆市政协主席邢元敏，右一为记者站长余继军，右二为采编部主任崔佳，后二排左一为记者侯露露。

在日常的消息采编过程中，我们常听到这样的议论："这篇消息写得太空，都是大话空话，通篇没有一点实际的东西"；或者说："这篇消息写得琐碎，面面俱到，什么都写了，就是抓不到重点。"而在总结经验教训时，我们通常会说，这个记者在抄会议报告或总结材料，没有深入到采访现场。这种分析是有道理的，也抓住了主要矛盾。但记者也时有抱怨，说："这篇消息，我明明是深入基层后写的。"这又是什么原因？这里面有一个语言误用的问题。我想从普通语义学和语言运用的角度，来探讨一下个中缘由。

普通语义学认为，语言是抽象的，每一个字都是对现实的抽象化、符号化。所谓抽象，就是选择某些细节而忽略另外一些细节的过程。比如我们对苹果和梨进行抽象时，会把颜色、形状、质地等这些细节拿来作为区别的标准，而忽略其他细节，如重量等。对细节省略的多少，决定了字词抽象程度的高低。抽象程度越高，字词与现实事物的联系便越不直接。日本语义学家早川在《思想和行动中的语言》一书中，提出了字词"抽象阶梯"的概念，用图表的形式形象地标明了字词的不同抽象程度。譬如，他把语言层面的抽象分作多个层次：

第6层次　　交通工具
第5层次　　陆上交通工具
第4层次　　机动车辆
第3层次　　小轿车
第2层次　　本田汽车
第1层次　　广州产的本田雅阁汽车

从上例中我们可以看到，抽象层次每增高一层，都会忽略更多的细节，字词所指的范围也就越大，指代的事物也就越不具体。

在这里，另一语义学家温威尔·约翰逊提出了语言误用的一种方式——固定层次抽象法，就是在文章中把所用字词都固定在一个抽象层次上。典型的例子来自外交辞令，在这个场合中使用的字词基本上都固定在高的抽象层次上，因此在一般人看来，外交辞令总是让人很难把握其中真义。当然，在外交场合这是合适的，但在其他语言使用中这便是误用。比如我们许多消息的导语总是"某某省市上下一心，经过一段时期的努力，某项工作初见成效"之类，"上下一心"、"努力"、"初见成效"之类的字词都是抽象层次很高的，于是整个导语看起来便空洞无物，编辑也就无心再读这则消息，更谈不上用了。早川先生把这种字词的误用称作"四处漂泊的船只"，没有支撑点。

同样的误用

2006年10月重庆市举办第五届城市市长峰会，记者余继军（左一）在记者工作台。

还有另一种方式，就是把所用字词都固定在较低的抽象层次上。我们经常可以看到这样的一些消息，通篇没有轻重地罗列某地抓某项工作所采取的十项措施，甚至形式也是"其一、其二、其三……"之类的几大段。且看这样一则消息《××市工商局大力强化监管》，导语是"××市工商行政管理局把整顿和规范市场经济秩序作为当前工作的首要任务，目前从四个方面加大市场监管力度。"以下分四段，罗列四个方面，四段的开头分别是：以查处违法违章和无照经营为重点，大力整顿和规范市场主体准入行为；以打击制售假冒伪劣商品和欺诈活动为重点，大力整顿和规范市场交易行为；以打破地区封锁、市场分割和限制竞争为重点，大力整顿和规范市场竞争行为；以治理执法不严、监管不力为重点，大力整顿队伍作风。这样的消息没有本质深度，冗长乏味，没有要点，难以卒读。普通语义学认为，如果一则消息使用的字词都停留在低抽象层次上，就不会产生有效的概括结论，也就没有个性，就很难看到这则消息的要点和亮点，读起来就好像在读花名册一样。

在我看来，一则消息要达到它有效的传播效果，在语言使用上应该是既使用较高抽象层次的概括用语，也使用较低抽象层次的细节用语。如果说，概括用语是消息的"骨"，那么细节用语则是消息的"肉"。以"骨"立文，以"肉"增色。最近人民日报推出的两篇《十五开篇》，得到许多好评，在这方面做得较好。如4月8日头版头条记者安洋写的《山西着力把原煤转化为洁净燃料》，开头一段是这样写的："清明过后，记者前往'煤都'大同市参观汇海水煤浆公司的生产线，只见连绵如山的煤末被粉碎机磨成黑面，经过球磨机一小时的磨合，煤、水、添加剂三者有机地融为一体，再经两次过滤，一种黑色的液体燃料油然而生。"这一段完全用的是低抽象层次的词，读者很容易在脑海中形成一幅具体生动的水煤浆生产图。紧接着第二段说："'十五'期间，水煤浆这一成本低、热量高、低污染的洁净燃料将在山西全省推广生产，逐步形成年产3000万吨的水煤浆生产基地。把原煤转化为代油、代气、代煤的洁净燃料，是这个煤炭资源大省'十五'期间的宏伟目标之一。如今，水煤浆已成为山西省的新型产业和煤炭工业的接替产业，这是该省潜心产业结构调整迈开的具有带动意义的重要一步。"很显然，这里用的大多是高抽象层次的词，将第一段的描写框定在"十五"期间山西省"潜心产业结构调整"的宏大背景下，点出了文章的中心。这两段文字较完美地构成了这篇消息的导语部分。尽管文字略长，却生动、可读。

重大工程建设和各地各项工作成绩是我们日常报道中的重要方面，而这种报道往往容易因大而空，因细而碎。如果我们在写作过程中，能经常问问自己在文章中是否只使用了固定抽象层次的记号，并且改正它，就可以大大避免文章的空洞与琐碎。

2001年9月

# 多跑基层尝甜头

刘裕国

记者刘裕国（右一）在地震灾情发生后，第一时间赶到现场采访。

今年9月前后，我采写的几篇反映基层干部落实"三个代表"重要思想的稿件在人民日报连续刊登出来，分别是《县委书记与"背篓公寓"的故事》（8月29日）、《"党员形象是干出来的"》（9月2日）、《挑担稻谷谢支书》（9月5日）、《"背包警察"进山村》（9月30日）、《巴中建新村　农民尽开颜》（10月7日）等。

这些稿件，记者部编辑组作了精心修改，总编室在版面上作了突出处理。稿件刊出以后，编辑组和总编室的同志分别两次给我打电话，认为这些稿件"以小见大"、"可读性强"，鼓励和要求我多抓一些这样的稿件。与此同时，每一篇稿件刊登出来，站长郑德刚同志都及时给予鼓励和支持，有时把电话直接打到我在基层采访的地点，特别是巴中新村建没这篇稿件见报以后，当天还是国庆长假，早上8时过几分，郑德刚就从北京打电话来报喜和表扬，电话里那说话的语气，比他自己的稿件见了报还要高兴。当时我觉得十分感动：一篇小稿见报，其意义远远超出本身的价值。10月中旬到德阳采访，又接到湖北省一位好友的电话，说10月11日中国新闻出版报第三版转载和点评了《挑担稻谷谢支书》。这些稿件，还受到了四川省委组织部、宣传部以及有关地市和驻地新闻同仁的肯定，那几天，手机成了"热线"。

几篇小稿，这么多同志和朋友关注，带给我这么多的鼓舞和欣慰，是我压根儿没料到的。这是今年落实人民日报社领导关于转变工作作风、多跑基层的要求尝到的甜头，也印证了新闻界的那些老行话："涉深水者缚蛟龙"、"脚板底下出新闻"、"新闻记者的生命在于奔跑，不知疲倦地奔跑"等等，实践使我体会到，记者就该多往基层跑。

### 发现线索——及时跑

今年8月上旬，记者站领导安排我参加四川省委宣传部组织的新闻采访团，赴四川巴中采访，这是一次常规的、"走马观花"式的采访。以往参加这样的采访，都是随大部队而去，随大部队而归，许多好的新闻线索擦肩而过。这一次，想到人民日报社领导多次提出的深入基层的要求和地方新闻版改版后稿件需求量大的实际情况，我就在集体采访结束后，自动留在巴中，及时追踪当时手中掌握的报道线索。

第二天，巴中市委宣传部的同志见我连续一个星期马不停蹄地奔跑十分疲劳，打算安排我休整两天，我谢绝了。因为我当时手里捏着"巴州区几名村干部帮助文盲妇女拯救秧苗"的线索，时令已近秋收，采访不容耽误，第二天一大早我就启程。一路烈日炎炎似火烤，驱车赶百十里山路，来到巴中市巴州区三江乡大兴村，马上采访村支书李大鹏。下午又乘兴出击，到大兴村三社，采访社长张仕全和鲜文兰。由于捕捉及时，才有了后来的现场短新闻《挑担稻谷谢支书》见报。

当兵的时候学过一句话，叫作不失时机地抓住战斗主动权，新闻采访又何尝不是如此呢？记者必须敏锐。事实上，这种敏锐性既包括发现线索的敏感性，也包括雷厉风行采访的及时性。如果只有前者，没有后者，再精彩的新闻线索，也只能成为记者心中的"一时激动"而已。

在巴中随团采访期间，听通江县县委书记周茂琦介绍县里为打工仔办"背篓公寓"的事情，因为当时大部队走得急，来不及向周茂琦同志多问，但一路上我心里老惦记着这事，认为这事"以小见大"，生动地体现干部落实"三个代表"的具体行动，是一个难得的线索。因此，在巴州区采访结束以后，我又立刻调转车头，赶到屈江已经是夜里12时。周书记是个大忙人，我只好连夜采访他。第二天接着到现场采访，第三天写稿。传到报社，就在地方新闻版右上突出刊登了。

## 挖掘主题——深入跑

写新闻"角度要新，开掘要深"。新闻要精彩，就必须了解透彻。一个新颖、鲜明的主题思想，不是出自记者的主观臆想，而是来自深入细致的采访和对新闻事实的深入挖掘。

就拿《县委书记与"背篓公寓"的故事》这篇报道来说吧，一篇不到1000字的文章，却花了两天的时间去采访。听县委书记周茂琦介绍以后，了解了事情的大致经过，虽然也觉得事情感人，也可以动笔写了，但是，总觉得文章的"点睛之句"没有找到，新闻所必须拥有的深刻的思想内涵还概括不出来；想了很久也没有想出来。毕竟，新闻靠事实出思想。当时心里很不安：到现场去吧，"背篼公寓"距离住地通江诺水河较远，汽车要跑近两个小时；不去吧，文章写不过瘾。犹豫了一会儿，还是上了路。钻进通江县城的"背篼公寓"，坐在树棒棒搭就的床铺上，和打工仔们"摆龙门阵"，不仅了解到一些生动感人的细节，而且无意中听一位姓朱的老汉说了一句话："共产党的干部最疼咱们老百姓"。顿时，我觉得心里一热，好像心跳也加快了些，不由得暗自惊呼：这不就是该文独特、新颖、深刻的主题么！立即回住处，打开电脑，稿子一气呵成。这"偶然得之"的喜悦，现在还令人回味。

《"党员形象是干出来的"》、《"背包警察"进山村》等稿件的采写过程也是深入深入再深入，像淘金者那样，层层挖掘，层层筛选。《"党员形象是干出来的"》这篇稿件，报道的是位于大巴山南麓的四川阆中市的一位农技干部在抗旱中牺牲的事迹。今年四川遭遇百年不遇的特大干旱，值得报道的抗旱英雄很多，而当时这位干部已经牺牲了一个多月，报道的难度比较大；在巴中采访完以后，还来不及歇息，我又径直赶到这里采访，稿子能不能登，心里没谱，只有在深入采访上下功夫。市委书记、乡镇长、村支书等有关干部群众20多人，主人公工作过的村社、院落、工地跑了7处，他家的几间房屋里里外外转了个遍。最后终于写了一篇2000余字的稿件，传到报社，编辑同志以文中主人公的原话"党员形象是干出来的"为题处理，第4天就在地方新闻版头条位置刊登出来。《"背包警察"进山村》，更是冒着大雨，钻山沟、访农户写出来的"力气稿"、"汗水稿"。

### 把握真实——全面跑

真实是党报的生命。刘少奇同志在《对华北记者团的谈话》中讲："要做到真实，就要全面。"真实是指事物本质的真实，而不仅仅是某个具体事件的真实。要把握新闻事实本质的真实，要反映真实情况，就需要深入下去，做全面的调查了解。

8月份参加四川省新闻采访团采访巴中市，听该市各级领导介绍了方方面面的工作，我选择了报道巴中新村建设，认为这是巴中市委落实"三个代表"思想，密切党群关系的一项"民心工程"。可也听有人议论，说这是"刷刷房子"、"铺铺路子"的"样子工程"。情况究竟如何？还是等深入调查以后再下结论。采访团结束后，我单独留在巴中采访，历时十来天，行程1300多公里，除了中途穿插抓了几篇小稿以外，绝大部分时间都是在为写这篇稿件而奔跑。有时有人陪同，有时独自明察暗访。全市三县一区的党政一把手几乎全都问了一遍，还有十多个乡镇长和村干部也接受了采访，采访过的群众就记不清有多少了。全方位的调查了解，掌握了有关的大量事实，而不是蜻蜓点水般抽取个别事实，巴中新村建设的真实性就毋庸置疑了。

这篇报道的三个小标题，特别受到读者好评，这也是全面深入调查采访的结果，其最后一个小标题"只有干部用真心群众才会动真情"，就是通江县诺水河镇一位办事处主任的原话。该文写了3000多字，经编辑组同志精心删改以后，刊登在人民日报10月7日一版报眼位置，题目是《巴中建新村　农民尽开颜》。

跑基层尝到了甜头，我就想多往基层跑。但这不是一件容易的事，受诸多客观条件的制约，特别是交通、通讯经费不足；还有，站里人手少，有人往下跑，有人就得守办公室处理日常事务，就得做牺牲，在此，我非常感谢记者站领导对我工作的关心和支持。

2001年12月

# 领悟"人民"二字的分量

## ——《海难,为什么发生在这里?》采写前后

宣宇才

《海难,为什么发生在这里?——福州市"2号台风重灾村"调查记》于今年8月26日在《人民日报》见报,独家披露了"2号台风"造成海难的人为原因,反映了群众的心声,受到广大善良、公正读者的好评。稿件也获得人民日报好新闻一等奖。现将这篇报道的采访经历,结合我到福建驻站一年多的体会,谈点想

记者宣宇才(左一)在云南陆良县太平镇太平村与农民交谈。

法。

## 亡羊补牢犹未晚

6月23日晚9点多钟,"2号台风"正面袭击福州。当时,电闪雷鸣,狂风暴雨,附近楼群房顶上、阳台上的东西不断被吹打坠地,在人们的尖叫声中,我办公室的一扇铝合金窗户也被吹到楼下。此情此景,我隐约感觉可能出新闻。由于从北京到沿海才8个月,对台风比较陌生,虽然有连夜去现场采访的冲动,却找不到切入点。想去防汛抗旱指挥部,也不知道电话和位置。于是,束手无为地留在了家里。

第二天,心中忐忑不安,颇感失职。半个月后,陆续听到台风中死了很多人的传闻。当地发生了这么大的事件,身为人民日报驻站记者却没有在第一时间赶到第一现场,也没有写内参,我的心中更觉不安。

8月初,有关"2号台风"造成损失的消息依然受到"封锁"。我找有关单位了解情况和索要资料,均遭到拒绝。这时,我觉得,这件事本身就是个新闻。6日上午,我决心到现场走一趟,了解事实真相。

时近立秋,福州特别热,行驶在高速公路上,车里也热烘烘的。我打开地图,寻找传闻中死亡人数最多的福清市江阴镇和平潭县澳东镇的方位。我确定的采访路线是,先到镇上了解哪个村死亡的人最多,再到村中信息灵通的食杂店询问哪家遇难者最多,再到村里、镇里、县里分别采访领导干部。

下午2点多钟,我先来到福清市江阴镇北郭村。这个村死亡25个人。我走进死去6口人的村民黄昌平家。一个幸存者和许多遇难者家属随后闻讯前来,开始对记者半信半疑,见到我的人民日报记者证后才敢说话。

了解了事发当日的基本情况后,我来到村委会。村干部已经知道记者到来的消息,大家正在开会。我拿出录音机,往桌上一放，说事情重大请允许录音，暗示每个人都要对自己说的话负责任。在询问中，我请他们介绍事情经过，与采访到的情况相核对，加深对事实的了解，并对事件原因进行判断。

然后，又到死了6个人的邻村了解情况。这时，邻村的村干部已经接到通知在各个路口放哨。晚8时30分开始，在江阴镇政府采访镇党委书记和镇长。晚上11点半，返回福清市住下。

第二天清晨，坐轮渡，登临平潭县。上午采访完村民、村干部和镇领导，下午分别单独采访县纪委书记、政法委书记、人大主任和县委书记。他们一看到记者的录音机，表情立即变得有些紧张。令人不解的是，他们还需要翻阅资料才能回答钱便澳村死人数字。村民告诉我，当时村里死了31个人。通过单独采访，进一步了解到当地领导干部通知不到位、部署不得力的失职行为。

由于直接深入到一线，面对面采访了相关人士，采访中对所提供的事实相互比较，因此我在两天时间内迅速掌握了海难事件的基本情况。

### 克服障碍把好度

在采访中，我遇到的最大难题是当地干部的不配合。海难发生后，有关的村、镇、县（市）领导干部人人自危，口径一致，已经想出了各种办法应付检查和采访，对人为原因避而不谈。他们与我见面时，先试探我究竟了解到多少真实情况，然后琢磨是否可以"通融"。有的人见我从北方来，缺乏沿海知识，就加以糊弄欺瞒。一次，有的领导还特意将收买过来的一位遇难者的远房亲戚叫过来，与我会面，介绍"真实情况"。

我想，在批评报道中，采访对象的任何表现都是我写作的材料。最担心的是报道中出现差错，授人以柄。所以，我总是以一种避免当被告的心态对待每个细节。无论当地干部说什

记者宣宇才在抗震救灾一线采访。

么,我都认真对待,耐心询问,核实事实,请他们谈看法,表明态度。

在写作中,我首先考虑这篇报道的社会效果一定要有利于社会的稳定和问题的解决。在行文时,我把自己的主观倾向寓于事实的表述中,不表态,也不用形容词,让读者通过事实的了解自然形成自己的判断。所以,报道出来后,群众叫好,被批评者也没有挑出毛病。

"2号台风"中,有关部门统计,福州市损失150多人。不过,究竟死亡多少,至今还是个谜。社会各界非常关注。8月下旬,在记者部副主任钱江和人民日报副总编辑梁衡的指导和支持下,稿件终于见报。由于披露了事件真相,遇难者家属非常感激。福清市江阴镇100多位干部复印了报道,认为情况属实。当地群众和遇难者家属说,他们屡次向上级政府和媒体反映情况,但都石沉大海,杳无音信,这次,他们从人民日报的报道中看到了希望。一位86岁的老人代表18000多位村民感激人民日报。一位40多岁的妇女在听别人读完报道后,立即跪在地下,祝人民日报记者长命百岁。一位遇难者家属多天没吃什么东西,大多靠喝水维持生命,见到报道后方才进食。北郭村村民说，他们的子孙将世世代代铭记人民日报的功德。

## 人民利益重如山

作为党中央机关报记者，长期接受人民日报优良作风的熏陶，社领导经常教育我们要有政治意识、大局意识、责任意识，要有全心全意为人民服务的意识。这些话似乎有点抽象，但是一遇到事情，自己的心灵深处就会自然升腾起一种自觉，看看自己的主观动机和客观效果是否符合这些"意识"，是否有利于维护人民的利益。这几种意识是个有机的整体，针对不同的情况各自有所侧重。我感到，有了这个精神支柱，就有新闻敏感，就能发现新闻线索，就能无所畏惧地拿起舆论监督的武器，而且无往而不胜。

采写《海难，为什么发生在这里？——福州市"2号台风重灾村"调查记》报道时，我感触颇多，进一步领悟到这"四种意识"的内涵。

政治意识。我们的党是全心全意为人民服务的党，现在由于某些领导干部的失职行为，使人民群众的生命财产遭受巨大损失，上百个家庭生离死别。作为人民日报记者，如果身临其境还无动于衷，无所作为，讲政治就成为一句空话。

大局意识。海难的悲剧已经发生，我们应该利用手中的工具，促使当地政府尽快妥善地予以解决，否则会埋下严重影响社会稳定的隐患，极大伤害群众对党和政府的感情和信任。只有妥善解决群众反映的问题，才能维护好大局。

责任意识。我认为，作为驻站记者，要守土有责，千万不能因为驻站时间长了，事情见多了，就对当地发生的不正常事情熟视无睹，麻木不仁；也不要害怕得罪某些地方官员，更不能游离岗位职责，对地方出现的重大事件不仅不上报，而且还想方设法帮助隐瞒。如果冷漠民生疾苦，怎能说有责任意识？

道德意识。为人民服务既是党性修养，也是职业道德准则，它体现在本职岗位的敬业精神上。体现在每件事情的是非抉择上。在采访中，尽管我知道揭露阴暗面一定会让某些正在拼命往上爬的人恼火，我仍然下定决心，旗帜鲜明地站在遇难者家属立场上说话。因为让普通群众离苦得乐，就是维护人民的利益。相反，如果畏缩不前，或做肮脏的交易，那就叫践踏人民的利益，那就叫缺德。在这次报道中，群众的辛酸让我不吐不快，群众的质朴情感又让我感受到了人间的至爱。我领悟到，"人民"二字体现在站在维护人民大众的根本利益上说话，这也是记者职业道德之所在。

2001 年 12 月

# 无限风光在"遥看"

鲍洪俊

何崇元副社长(右二)到浙江记者站调查研究,认真听取站长鲍洪俊(右一)工作汇报。

2001年3月26日我从人民日报驻海南记者站调浙江站工作,迄今已经一年多了。到任后前半年,熟悉情况,研究浙江,从去年11月开始陆续发出4篇稿子:《提高市场经济驾御能力——看浙江各级政府如何调控经济工作》(2001年11月26日人民日报二版);《奋发有为看浙江》(2001年12月26日人民日报一版);《文化视角看浙江》(2002年1月16日人民日报五版);《关键的一步——浙江推进城市化述评》(2002年6月12日人民日报一版)。4篇稿子初步列出我"遥看"浙江的答案：政府推动、经济视角、文化底蕴、城市化引擎。这些稿件在报社内外均引起一定反响。大家普遍的反映是，稿子写出了新意，对于认识浙江"很有启发"。

为什么要"遥看"浙江？

这首先要感谢海南。在海南工作10年，使我对海南有所研究，思考有底，下笔有根，养成以宏观视角报道海南的习惯。我采写的《海南迈向新体制》、《辩证看海南》等稿子都是"鸟瞰"的结果。我发表在人民日报华南版上的关于海南发展热带高效农业的3篇述评，从订单、政府、市场等角度，较早地阐述了发展高效农业应该解决的普遍问题，当时社会反响强烈。我的这种习惯一开始是不自觉的。1995年8月12日，我写的述评《海南再登攀》受到时任人民日报总编辑范敬宜的充分肯定。此后，我开始追求自己的"遥看"境界，努力做到每年采写一篇或几篇宏观透视全省的稿子。

浙江的发展形势逼得我"遥看"。去年3月到浙江站上任伊始，我就感受到了很大压力：浙江经济快速发展，形成全国关注的"浙江现象"，作为人民日报驻站记者，写不出有分量的稿件，无法向读者交代；与海南的边缘地位相比，浙江地处长江三角洲南翼，新闻亮点多，客观形势要求我精选最亮点，写出浙江的最大特色；新闻同行高手云集，我不但必须出手，还要确保"高出一筹"。怎么办？在完成计划稿件的前提下，我要求自己"深入下去，静下心来，透过一般具体现象，'遥看'浙江发展的本质主流"。我提醒自己：浙江现象越热，我的思考越要冷；报道浙江的稿子越多，我越是要谨慎出手，争取以一当十。

"遥看"浙江，要有全局观念。党报记者必须站在全局的高度思考取材，思考的高度决定稿件的深度。"遥看"浙江需要跳出浙江，弄清浙江发展的宏观意义，把握浙江对全国最有借鉴示范意义的经验所在。去年以来，从中央到地方，有许多专家学者、党政官员前来浙江学习考察。今年春天，辽宁省省长薄熙来带着一支包括所有市县党政一把手的200多人的参观队伍,到浙江取经。总结浙江的文章很多很多,我要求自己"遥看"到既符合浙江发展实际,又符合全国发展急需的"本质真经"。

"遥看"的前提是走近、是深入。去年上半年,我驱车杭嘉湖平原,绍兴、金华、温州,深入采访专家、官员、企业家,探究浙江发展的脉络。不断学习、调研、思考,使自己的思路渐渐清晰,终于"遥看"到浙江发展的独特风景。

**思考之一**:浙江经济发展是不是政府无为的结果?加入世界贸易组织、推进市场经济、实现现代化,均对政府职能提出更高的要求。但现实中,有些人误以为发展市场经济就要弱化、淡化政府职能。有些人认为,浙江经济就是私营经济,与政府行为没有关系。然而,我在采访过程中发现,几乎所有的企业家都对政府行为表示感谢、提出希望;各级领导谈起经济发展也大多胸有成竹,招数不凡。浙江各级党委、政府对浙江经济发展发挥了重要作用。发展市场经济,不是发展"小政府,大社会",而是发展"强政府,强社会,强企业,强市场"。而政府之强,不是"具体管理经济之强",而是转变领导方式,提高宏观调控驾御能力之强。据此,我采写了长篇述评《提高市场经济驾御能力——看浙江各级政府如何调控经济工作》,这篇稿件发表后引起广泛注意和好评。被称为是"从全新视角解析浙江、总结浙江的力作"。从政府视角总结浙江,我的稿子是第一篇。

**思考之二**:浙江经济是不是私营经济?很多外省的同志看浙江,认为浙江经济就是"温州模式",就是私营经济。我调查发现,这种看法是片面的。从全省看,浙江经济可以分成四大板块:杭嘉湖平原、宁(波)绍(兴)平原已经完成改制转制的传统乡镇企业板块;温州、台州的民营经济板块;中部金华地区的商贸经济板块;西南衢州、丽水欠发达地区的山区经济板块。温州、台州的民营经济只是浙江经济的一部分。但浙江经济发展进程正在演绎三大共性：一是各地经济体制改革百川入海，迈向现代企业制度；二是以专业市场、千百家企业配套的区域特色经济几乎遍布全省；三是内需外需并举，外贸外经势头强劲，一般贸易发展迅速。我觉得，这三个特色是从经济视角解析浙江的三个层次，也符合浙江实际。所以，在去年底全国经济工作会议前夕，我采写了《奋发有为看浙江》，完成了我对浙江的经济"遥看"。

**思考之三**：同样的改革开放环境，为什么浙江能够后来居上、持续快速发展？为什么浙江的经理厂长特别多？为什么浙江的企业家重实业，不重视资本市场？接触浙江的大小企业家、了解他们的发展史之后，我发现，了解浙江，不能不了解浙江文化，不能不了解浙江人。浙江人有三大共性：一是聪明，二是能吃苦，三是发了财能保持本色继续奋进。浙江的发展，与浙江人的精神意志有直接关系，回想起海南90年代初的房地产热潮中，许多老板一夜暴富、奢靡消费，盲目投资，而后又一文不名的真实故事，我更加坚信文化对经济的影响。学习浙江经验，还必须学习浙江人的精神文化。否则，再好的体制、技术，也难以持续发展。基于这样的思考认识，我采写了《文化视角看浙江》这篇稿子。稿子在浙江的影响让我深受鼓舞。许多人至今还把这篇稿子的一些提法挂在嘴上。我想，其原因就在于这是文化视角看浙江的第一篇稿子吧！

**思考之四**：改革开放以来，浙江的发展都可以用"政府、体制、市场、文化"解释，为什么世纪之交的几年"活力迸发，快速崛起"？我学习浙江省委书记张德江1998年在省第10次党代会上的报告，了解到省委、省政府把"推进城市化"作为"全省提前实现现代化"主战略的决策。

2002年11月

# 力求把成就报道写出"成就"来

阎晓明

我不太会也很"害怕"写"成就"题材的通讯：自己写得头昏脑胀，文章写得冗长乏味。不仅文章没有"成就"，人家原本的成就也常常给写没了。因此，《新闻战线》的编辑要我写写我采写的关于北京经济技术开发区的成就通讯《吸纳世界前沿技术的热土》的体会时，真有些无从下笔。这倒不是因为没有体会，而是我不知道我的体会是不是"体会"、有没有意义。

这篇成就题材的通讯是我自找的。2000年底我到北京记者站工作后，在许多场合听人们说起北京经济技术开发区，无论领导还是人大代表都赞誉有加。在老开发区光彩减退，新开发区声誉不佳的情形下，在北京这样一个所谓新闻亮点层出不穷的地方，这个开发区为什么会引起这么多人的关注？于是我开始留意这个地方，一边做些动态报道，一边进行深入采访

记者阎晓明在北京房山区农村采访。

了解。我首先发现，这是一个很有成就的地方。我在山西时，只能像听故事一样听到诺基亚、朗讯、美国通用等等如雷贯耳的世界顶尖企业在这里都有工厂，世界500强入区的就有38家，区内中外企业有1055家；2001年，开发区的总投资达到40亿美元，其中80%是外资企业。不仅如此。政府对开发区的管理、开发区的组织结构、海关监管模式、土地使用方式、员工的使用、社区建设甚至每个入区企业都有很多的成就能写。扑面而来的成就汇集成了很丰富的信息，那是够一本书的素材（事后得知，北京市有关部门真的出了一本经济技术开发区的书，有20万字）。毫无疑问，要把开发区的成就写成新闻稿件，必须对掌握的素材高度概括、高度浓缩。如何概括？如何浓缩？可以写成面面俱到的概括和浓缩，那是一种缩微的流水账；总结式的行文、文件式的语言、呆板的结构……我自己实在不想读那种"他们……"、"他们又……"的句式排比起来的概括文章，那就如同把互不相干的土豆、西红柿塞进一个缝制的麻袋里。我觉得应该找出一条思想或者说思路的主线来。

## 选好角度思想才能有载体

北京经济技术开发区的精髓是什么？面对自己采访收集到的丰富资料，我有点一筹莫展。最早的想法是，以"消化吸收国内外优秀科技成果"为主线。北京是全国优秀人才尤其是科研人才的汇集地，长期以来，北京也有个"孔雀东南飞"的现象：全国的科技人才往北京涌，北京的科研成果往广东一带流——因为北京本地缺乏科研成果的转化机制或者说载体。北京经济技术开发区作为中关村科技园区的一部分，无论在组织结构还是地缘位置，都处在以科学研究为主体的中关村的下游。但这个思路不是非常切题，因为北京经济技术开发区有科研成果转化的功能，但更多的是吸引外资；后来又确定为：展示当今中国蓬勃发展的平台。因为开发区的许多改革都体现了与国际接轨,尤其是行政事业和政府服务的改革较区外先行一步,很让人鼓舞。但最后也否定了,毕竟是新闻作品,这样的载体很难承担这么重的题材。几经思量,思路集中在这样一个方向:当时国家设立开发区的作用是什么?现在有什么变化?人们对开发区争议最大的一点是"跑马圈地",技术开发区没有技术含量,只有土地含量——房地产开发。北京经济技术开发区的特点是什么?如何避免走老路?最后我将主题集中在突出吸引外资、吸引外企、吸引国内外先进技术这样的角度上。选好了角度,思路随即清晰起来:为什么有吸引力?从这个角度入手,开发区的产业政策、软硬环境、发展前景等都有机地成为一个整体,它的魂——"创新"比较好也比较顺地表现出来,跃然纸上。套用我自己在这篇文章中的小标题:《打造成航母,飞机才能停靠》,我觉得对于一篇文章来说,"选好了角度思想才能有载体"。

## 用读者的眼光要求自己

北京经济技术开发区有这样一条理念:用跨国公司的眼光要求自己。换句话说就是开发区的行为方式不是要你服从于我,而是我怎样服务于你。这其实就是一种服务意识。新闻记者也应该有强烈的服务意识,为读者服务的意识。表现在新闻写作中就是用读者的眼光要求自己。读者的眼光我觉得起码应该包括这样两个内容:读者想知道什么;如何用最好的方式让读者知道。对于记者来说这就涉及到两个问题:如何选材,如何行文。

在采写这篇通讯时,我给自己定的最低目标是:读起来不太累。首先力求使文章的结构不是平面的,而是立体的;素材的选择和组织,尽量避免事例的罗列,力求是思路和思想的梳理;尽量避免用文件的语言总结,力求用形象的文字概述。比如用"打造成航母，飞机才能停靠"这个非常形象的比喻，使单个的许多企业装在开发区，还是根据产品的关联程度形成相关产品在同一区域生产的企业群体，从而降低企业之间的生产和交易成本，这样一个相对拗口的产业政策变得相对形象生动易懂。当然，如果说这样的解释方便了读者的话，首先要感谢开发区的人们，是他们在实践中创造了这样生动的语言。在叙述用跨国公司的眼光要求自己的段落中，有这样一段描写："跨国公司是什么样的眼光？我们听听几年前，世界通讯产业巨头诺基亚董事长兼首席执行官约玛·奥利拉的一个设想：早晨接到来自世界各地的订单，上午在中国进行研发和生产，下午进行组装，晚上赶最后一班飞机，将刚下生产线的手机直接送到用户手中。而传统的程序是……"这就把冗长的叙述用比较轻松的语言和对比浓缩起来，读起来比较简洁、明了，也比较生动。

在制作文中的三个小标题时，我也力求"用最好的方式让读者知道"的这个宗旨来选择，《打造成航母，飞机才能停靠》、《用跨国公司的眼光要求自己》、《由带头发展到带动发展》，选择这样的标题，为的是基本提炼出北京经济技术开发

记者阎晓明在北京门头沟采访农民工。

区的"魂",也想从一个侧面诠释开发区这个改革开放特殊产物的内涵。

## 采用"与众不同"的写作方式

北京经济技术开发区的另一条理念是:今天的工作,明天的经典。这句话对我的触动非常大。经典不敢造次,精品尚需努力,但起码不能做废品、赝品,这是可以做到的。那就是力求与众不同。要想与众不同,首先要找到新闻事实中与众不同的地方,然后尽量用适合表现"与众不同"的写作方式表达出来。

2002年正值这个开发区10周年纪念,同时也是其他几个开发区10周年纪念。各种媒体上关于开发区的报道很多,北京市有关部门把北京经济技术开发区的报道作为一项重大报道战役,到我动笔时,有关报道已经铺天盖地见诸北京媒体上,而且大多采用连续报道,有的报道相当不错。因此,我的这篇报道写得很苦,仅仅标题就选择了4次:先后用了《15平方公里上的创举》、《15平方公里上的中国》、《承接先进的科技成果》、《吸纳世界前沿技术的经典》;文章的架构也修改了多次:软环境主线、政府职能转变主线、企业发展主线等等,经过两次大修改,文章的段落由4段缩减为现在的3段,由5000多字减少到3000字。

有趣的是小标题的选择却没有费太大功夫,全部来自于采访笔记里,而且在采访时就打上了黑色的三角符号,非常醒目。得来不费功夫的恰恰是我最满意的。

如果说这篇通讯真的还能读下去,而且读得不很累的话,我觉得首先要感谢编辑。午夜,总编室副主任王咏赋同志,把电话追到天山脚下的喀什,征求对标题的修改,从而使文章从高处不胜寒的"经典",回到扑面而来的"热土"中(注:原来的标题是《吸纳世界前沿技术的经典》,后将"经典"改成

"热土")。

还要感谢现代化的网络，它使我能轻而易举地掌握大量的资料，从而由思考的痛苦，转为选择的痛苦；感谢生活，它总是让我不敢怠慢许多平凡和不平凡的人辛勤劳动的成果，在感动中写作着，在写作中思考着……

2003 年 1 月

# 集体"创作"倾力为之

## ——《莫让民工流汗又流泪》采写体会

### 李 杰 王明浩

2001年11月,记者李杰(右)随河南省委副书记王全书(左)在新郑国际机场迎接人民日报社社长白克明(中)。

关注、关注、再关注,
采访、采访、再采访,
修改、修改、再修改。

2003年1月2日,《莫让民工流汗又流泪》终于见报了。这篇稿子在河南省引起了很大震动,有关部门看到人民日报刊登的这篇报道后,立即组织相关部门进行排查摸底,承诺切实解决民工欠薪问题。

报道完成后,我们掩报深思:一篇报道,尤其是"战斗性"很强的报道的成功,决不是偶然的。以《莫让民工流汗又流泪》为例,首先,这篇稿件是人民日报记者部选题、总编室策划后,由河南记者站采写完成,是三方互动的结果,是集体智慧的结晶;其次,记者站明确报道思路,确定采访策略,是报道成功不可或缺的重要前提。再次,记者只有深入基层、真正到新闻现场去,与采访对象打成一片,带着感情去采访、去写作,稿件的躯壳才能被赋予生命。

## 前后方互动 实行"集体创作"

说《莫让民工流汗又流泪》的成功是前后方互动的结果,绝对不为过。

在人民日报《视点新闻》版推出前,记者部就向站里"吹了风",希望能拿出一篇建筑市场民工欠薪的报道,而且要作为"热点解读"第一篇推出去。当时,我们的第一感觉是,在人民日报扩版的节骨眼上,能接受这么重要的任务,充分表明编辑部对河南站的信任。我们同时感到,编辑部这个选题抓得好。新年之际,关注民工欠薪,是对困难群众的极大关怀,意义重大,实实在在。

编辑部在布置任务时强调,稿子要具体、具体、再具体,要抓住关键的细节,拿出能打动人的东西来,并提出有针对性、建设性的对策。这就使前方记者在采写时有方向可循,有重点可抓。此后我们直奔郑州市劳动和社会保障局,迅速了解到不少采访线索和政策法规背景,为随后抓取典型提供了可靠保障。

采访前,编辑部的策划使我们心中有了数,然而,前方的情况往往并不像我们设想的那样。在这种情况下,前方记者及时把新情况、新问题向编辑部汇报,使后方再给前方记者做出符合实际的指导，从而为报道取得成功打下了扎实的基础。

初稿发回报社后，编辑部认为尚有需要加强和补充的地方，并再次进行了详细具体的指导。于是，我们再赴工地，不放过任何一个有利于表现主题的细节和场景，并通过大量的隐性采访、侧面采访、迂回采访，获得了可靠的第一手材料，不但切实保证顺利交稿，同时确保了稿件质量。

所以，一篇成功稿件的出炉，需要前后方密切配合、良好互动，这样边调整、边前进，最终达到最佳的传播效果。

### 领导高度重视　采访讲究策略

接到编辑部指令后，记者明白，这虽不是一篇严格意义上的批评稿，但带有一定揭露性。所以，担心地方部门可能会敷衍了事，不提供有价值的、切中要害的线索。

所幸的是，由于记者站在河南威望很高，我们和各部门领导关系都比较密切。来到郑州市劳动和社会保障局，对方热情地接待了我们。在谈话中，我们提出就拖欠民工工资的问题和他们"探讨一下"，寻求根源和对策。对方有些迟疑，显然害怕被批评。这时，我们告诉他们，这是一篇探讨性的稿子，也是为有关部门提供一些决策参考，有什么问题大家可以坐下来谈。就这样，打消了对方的顾虑，他们立即组织座谈会。我们仍担心他们有所保留，就告诉劳动和社会保障局长，如果要发稿，会事先送来一份征求意见。此语一出，他们爽快、真诚而彻底地交了底，并尽其所能搜集材料，提供线索。座谈结束，收获颇丰。

接下来，我们确定，一是要坚持"有理、有利、有节"的原则，二是"客观、尖锐、直接"地反映问题，要站在党中央机关报的高度，用事实说话，实实在在地反映困难群众的生存状况。

对待这样的采访，我们的体会是，在报道高度上，对问题要有深切的认知，要用事实说话，而不能就事论事；在报道技巧上，采访要讲究策略，以平等、探讨的态度和采访对象交流；同时，要牢牢把握住采访主动权，在日常生活中，记者要善于交朋友，和各行各业各部门的人交朋友，以诚待人，以德服人，在所驻地区建立起自己的威望，工作开展起来就会顺利得多。

### 饱含感情　投入进去写新闻

第一步采访结束后，我们根据掌握的一些拖欠民工工资的线索，深入到建筑工地采访。在工地上，当看到一个个民工在寒风中哆嗦时，记者被震撼了。民工们都是几十岁的汉子，是每一个家庭的顶梁柱，而眼光中流露的却是无可奈何的神情。每当他们举袖拭泪，我们的心都一阵阵紧缩。有多少淳朴的农村父老乡亲，为了生活来到城市靠诚实的劳动换取全家的希望。操劳一年却是被人欺骗，希冀一年却只获得了绝望！

采访结束，我们已经决定，抓住这个典型，深入分析跟踪下去。这时，采写已不仅是报社安排下来的任务，更成了自觉的行动。一回到记者站，打开电脑动手就敲。此时，我们已经

安彩集团董事长李留恩热烈欢迎记者李杰（右）来采访。

不再是冷漠的旁观者，而是利益攸关的参与者，站对了立场，选准了方向，行文自然顺利。

几次采访下来，记者和有些民工交上了朋友，他们经常打电话报告事态发展情况。1月5日晚6时左右，5个民工还专程到记者站，对记者表示感谢。晚上，我们请他们在记者站食堂吃了顿便饭，临走送他们200元作路费，5名善良而质朴的周口汉子说啥也不收。

……

应该说，这篇报道不论是报道基调的确立、报道方案的设计，还是报道力量的调配、版面安排的创新，都是前后方有效互动、集体创作的结果，是前后方集思广益、倾力为之的结果，是集体智慧的结晶。

2003年2月

# 精品源于精心

## ——《共产党人的楷模——史来贺》采写体会

李 杰 戴 鹏 王明浩

人民日报副总编辑李仁臣（右）、河南省委副书记王全书（中）来河南记者站考察工作，左为记者站站长李杰。

反复打磨，七易其稿。2003年9月15日、16日，《共产党人的楷模——史来贺》（上、下篇）在人民日报上刊登了。这篇报道记录了史来贺五十年来的奋斗实践，全面展示了一位党的农村基层干部的光辉形象，在河南、在全国都产生了很好的反响。中宣部有关材料对报道给予充分肯定。最近，第四届人民日报驻地记者好新闻评选揭晓，此文荣获通讯一等奖。

对史来贺先进事迹的报道，由中宣部、中组部联合组织，人民日报、新华社、中央电视台、中央人民广播电台、光明日报、经济日报等中央新闻媒体联合参与。我们接到报社的指令后，首先从思想上高度重视。我们认为，作为党中央机关报，对史来贺的报道必须是精品，要高出其他媒体一筹才行。为此，从报道基调的确立、报道方案的设计、报道力量的调配，我们河南记者站的同志集思广益，精心策划，倾力为之。

　　**首先是对人物进行全方位透视，锁定"文眼"，使人物"立"起来。**史来贺是老典型，更是重大典型。史来贺同志的思想和事迹，是我们学习贯彻"三个代表"重要思想的一部生动教材。他坚定的理想信念，爱民的真挚感情，高尚的思想品德，务实的工作作风和清廉的个人操守，是一笔巨大的财富。反映在我们收集到的材料上，就有足足两尺多厚。我们感觉，如果就材料论材料，很容易陷进去而跳不出来，被材料牵着鼻子走。正是看到了这一点，我们下决心对人物进行立体透视，进而归纳、总结出史来贺的三大"先进性"：发展生产力，带领群众致富；为民办事、为民造福，全心全意为人民服务；廉洁奉公、执政为民。而这些，又恰恰是史来贺作为一名共产党员五十多年跟党走，坚持社会主义道路的生动体现。"文眼"一出来，我们迅速投入报道力量，科学分配报道资源，很快搭起报道骨架，然后对号入座，用有针对性的事实证明确立的主题，不到两个晚上就拿出了初稿。

　　**其次，注重挖掘人物的精神境界，用个性化的语言、抓人的细节，体现被报道对象事业与精神并重、成绩与人格并美。**众所周知，重大典型人物几乎都会创造出不凡业绩。但我们认为，对重大典型人物的报道，应避免人的个性被淹没，要通过不凡业绩写出人的精神境界，写出活的实实在在的人——健康、奋进、自尊、自强。在组织史来贺报道时，我们注重反映人物的内心世界。"文革"期间，有人到刘庄煽风点火搞串联。史来贺召开群众大会宣布村里规定："谁离开生产出外串联不记工分、不发盘缠；贴大字报，集体一分钱不报销。"那时最时髦的口号是"宁要社会主义的草，不要资本主义的苗"。史来贺说："咱农民没苗咋吃饭？谁要草就叫他吃草好了，咱要除草留苗。"有人问史来贺："你人生最快乐的事是什么？"史来贺风趣地说："我平生有三件痛快事：一是下着大雨，光着脊梁淋着雨在地里干活最痛快；二是为刘庄、为集体干一件事最痛快；三是看到刘庄富了，全国的农民都富起来，我心里最痛快。"这些完全可称为人生箴言的话语在报道中的运用和点化，构成中国共产党人精神风貌最靓丽的风景。

**其三，巧妙发挥标题的"点睛"效用**。小标题作为一种版面技巧，往往能对稿子起到点睛的作用。在史来贺的报道中，上篇三个小标题分别是：《"党领导人民走社会主义道路，就是让大家都过上好日子。如果群众过不上好日子，那就是咱共产党人没本事！"》、《"遇事要有主心骨，不能听风就是雨。千变万变，发展经济、让老百姓过上好日子这一条啥时候也不能变！"》、《"经济搞上去，思想政治工作也要跟上去。既要把群众带到富路上，又要把群众带到正路上。"》下篇三个小标题分别是：《"当干部就得'干'字当头，真心实意给群众造福，这样才会说话有人听，办事有人跟。"》、《"共产党员的称号是奉献，不是索取。当干部不仅要带头苦干，还要过好名利关。"》、《"群众的事没小事。要时时处处想着群众，工作上细心细心再细心，把群众的事

记者李杰（左二）在濮阳现代农业园采访。

办实、办好。"》这六个小标题都是史来贺的话，很有个性，也很鲜活。把它们作为文章的小标题，使之凸现出来，收到了较好的效果。

**其四，修改、修改、再修改，力求朴实、扎实。** 鉴于史来贺这个典型的特殊性，我们反复打磨稿件，在修改中提高，在提高中修改。初稿出来后，我们认为稿子还有点"飘"，"悬"在半空，给人感觉不很实在。究其原因，是过分追求启承转合和辞藻的奢华所致。我们再次对报道进行定位：行文时无须刻意修饰，更不必过分张扬，需要的是如实、恰当地反映史来贺的先进事迹，真正"用事实说话"，用事实感染人，用事实打动人，让读者从事实中体会史来贺作为一名共产党员的高尚人格和光辉形象。按照这一要求，我们又拿出了二稿，虽然与第一稿相比大有起色，但仍有些地方不尽如人意。决心继续修改，一定要拿出叫得响的高质量稿件。我们又接连对稿子进行了5次"大修"，感觉一次比一次扎实、厚重，一次比一次站得住、站得稳。为了一上来就抓住读者的眼球，我们光一个开头就修改了十多次！与其他媒体对史来贺的报道比起来，读者认为，人民日报的报道，高屋建瓴，思想深刻，既生动扎实，又逻辑严密，要言不烦，可读性强。得到这样的评价，我们感到很欣慰。

2003年12月

# 艰辛的投入  真诚的回报

——《内蒙古草原生态建设纪实》采写后记

郅振璞  吴坤胜

《让绿色家园更秀美——内蒙古草原生态建设纪实》这篇长达6000字，加按语、配题图的通讯，2002年12月22日刊登在人民日报一版头条显著位置，正如内蒙古自治区党委秘书长所说："这是人民日报编委会对草原生态建设的厚爱，是人民日报宣传内蒙古的一篇力作。"

这是2002年报社领导的策划之作，是记者部领导、编辑、记者的通力合作，也是我们驻内蒙古记者对草原人民的真诚回报。

## 高投入——行万里路，洒千滴汗，足迹踏遍大草原

人民日报驻地记者怎样利用固有的地域、独特的思维、权威的版面，显著报道当地突出的问题，这是需要潜心思考的问题。否则，就会常年忙忙碌碌，"日计有余，岁计不足"。

我们两位记者，一个到内蒙古一年半，一个恰恰好一年，这么长时间拿出这篇具有一定分量之作，本是应有之义。

然而，一条新闻，其受关注程度、贴近群众尺度、推进发展力度，是衡量其含金量的三大标尺。这篇通讯，恰恰融合了这三点，这又的确让我们感到欣喜。

严格说，内蒙古草原生态问题从2001年9月开始就引起驻内蒙古记者的思考。此前，先到内蒙古的郅振璞同志问起草原现状，有同志说了4个字"赤地千里"。这对沿海到塞外大草原的人来说，长期幻想风吹草低见牛羊的大草原如同碧波万顷的大海，简直是神话变迁。3个月跑下来记者目睹草原现状，并两次采访赤峰生态建设经验，心底沉淀了很多思考。继而，记者又走乌盟、锡盟二连浩特、呼伦贝尔、乌海等地，不禁深为草原生态现状而感慨。

当年12月21日晚，总编辑王晨看望内蒙古记者站的同志时，提出"人民日报记者要当研究型记者，不求数量求质量，每年要下功夫研究一两个问题，这就是很大的贡献"。接着，王晨同志在呼市、包头指导发行工作时，提出就草原生态等突出问题，希望我们下功夫作些研究型深度报道。

2002年1月，王晨同志在部署人民日报宣传报道时特意提出："内蒙古各族干部群众对草原生态忧心忡忡，人民日报要力争拿出一组深度报道，为他们做一件实事好事。"

记者岳富荣（右一）在内蒙古呼和浩特市采访城市园林工人。

面对新闻事业的崇高使命，面对总编辑提出的要求，压在驻地记者，乃至部主任、编辑组肩上的担子，都是不轻的。一篇报道在全报社同志面前承诺，无疑对记者是添喜加压。不单是我们两位驻内蒙古的记者，编辑部不少同志都希望我们关注草原问题。我们回京述职，记者部主任杨振武每次与我们探讨内蒙古的宣传报道时，都免不了叮嘱鼓励。

接着，吴坤胜同志走进巴盟乌拉特、鄂尔多斯、乌盟、赤峰、通辽和呼伦贝尔草原，郅振璞同志自阿拉善、经包头和呼和浩特，一直走到浑善达克沙地、科尔沁草原（沙地）和兴安盟，目睹70多个生态严峻的旗县市区（占全区70%）。动笔前，我们的总行程已逾3万公里。

在沙尘漫天，在冰天雪地，在中俄蒙边界，记者不惧千辛万苦，把足迹几乎撒遍大草原。一年下来，沙漠、戈壁、边境、草原、牧舍、农区、牧区，以及各级干部的呼吁、资料积累，摞起几袋子、几本子。我们觉得每本、每页，都挟带着沙尘、风雪、汗水和酸疼……

这篇"大作"，融入多少报人对内蒙古大草原的关注和深情啊！而我们两位记者行走在广袤的大草原上，目睹蒙古族马背儿女为恢复草原生态所进行的栉风沐雨的努力，觉得只是一次真情的回报而已。

### 深思考——去伪存真，高屋建瓴，把握历史的真实

前后历时一年，我们两位记者接力赛似的马不停蹄，如此漫漫采访路，需要记者不断搜寻问题，思索草原生态的本质真实。因为漫长辽阔的地域，不同地带、不同历史条件形成的生态现状，逼迫我们层层深入，用大量的观感、史料、数据、论证以及情感，来让读者乃至内蒙古领导层感到草原生态问题的压力和动力，能让牧民和中央的心想到一起。这就既要采访新

闻的真实，更要把握历史的真实。

一次次出发，一次次采访交谈，我们注重抓取"严峻现实"与"教训探索"这两类素材，心头常常凝聚着压抑与亢奋两种情绪。算下来，内蒙古12个地级盟市，生态资料全抓到了；101个旗县市区的生态与畜牧工作，至少听取过半。相当数量地方报纸的有关文章，也都收集阅读了。

但是，困难与阻力从一开始就困扰着我们。也有一些同志甚至个别领导干部，不愿交谈，不提供资料，不接受采访，实际上是怕曝光，怕承担生态现状的责任。自治区高层2002年只有党委政研室在做这个课题探索。当然，中央其他兄弟新闻单位也有长期探索的，但是一年多在大草原上孜孜不倦地钻进去探索生态的，只有我们人民日报的记者。

我们不怕碰钉子。正如民歌所云："草原在哪里？草原就在牧民的心里。"从各地牧民和基层干部那里，我们就能找到真实的草原。近一年时间，记者尽量参加自治区、重点盟市的农牧业会议，尽量去看各类观摩点。每到一个旗县苏木（乡镇），尽可能和基层领导探讨问题。我们曾采访过"三张"：即锡林郭勒盟正镶白旗旗委书记张猛、通辽市奈曼旗旗委书记张益、兴安盟突泉县县委书记张利，草原、沙区、农区的问题，他们了如指掌。尤其张猛，从科技人员到旗委书记，他的谈话使记者受益匪浅。

还有一个有利条件，就是自治区党委书记储波，到内蒙古也只有一年多，几乎与记者采访同步。他两个月走遍全区12个盟市，盟市给他的详情汇报，也给我们提供了大量内部真实资料。

心中有了目标，心中揣着重头货，心中充满思考，采访就如一场壮举。这篇通讯，正是内蒙古记者站克服重重困难深入采访、潜心研究的结果，是一篇集体智慧之作。我们在写作上相互交流，取长补短。实践告诉我们，大凡重头之作，采访、研究要艰辛投入；边采访，边研究；重在研究，以研究促采访。这是写好研究型报道的基本功。

## 精写作——辩证思维，
### 精益求精，众人拾柴火焰高

艰辛的采访之余，脑海回旋最多的是如何写好这篇重头研究型报道。我们调阅各盟市历史资料，重点研讨生态成因与出路，并且几次当面与总编辑王晨、记者部主任杨振武切磋谋篇思路。内蒙古各地领导也期待我们把这篇文章做好。

按照王晨同志的最初构想，这篇通讯开始写成为上、中、下3篇。上篇《踏歌寻梦绿草原》，中篇《生生不息恋草原》，下篇《撑起绿色大屏障》，是按生态现状、艰难探索、转折呼吁的逻辑谋篇的，全文一万多字。党的十六大前夕，记者部编辑组改为上下两篇《生生不息恋草原》、《撑起绿色大屏障》，约9000字。十六大闭幕后，编辑部结合生态建设精神合成一篇《让绿色家园更秀美——内蒙古草原生态建设纪实》。

全文的最大特点，是依据大量详实采访，上升到理论分析，熔历史、现实、风情、思考于一炉，兼顾内蒙古各级干部、各族人民的艰难历史探索，通篇融入了人民日报许多同志对内蒙古大草原的关注和深情。

2002年12月15日，王晨同志将初步改定稿，委托副社长朱新民在发行攻坚阶段顺便带到内蒙古，请内蒙古党委书记储波过目。这时，朱副社长再三强调，数据要前后一致，不厚今薄昔，要辩证看待历届党政领导的思路，要让大多数领导接受爱读。

这篇饱含情感、深入研究的报道，从记者部编辑到主任，从总编室夜班主编到主管副总编辑、总编辑、社长，反复锤炼润色，几上几下。最后阶段，稿件还经自治区党委秘书长任亚平、书记储波斟酌。

需要说明的是，人民日报其他子报刊也始终关注草原。这篇主报道见报前，内蒙古记者站已应约在人民网、环球时报等传媒发过组图《内蒙古大草原的渴望》、《中蒙边境，再探沙尘暴源头》、《走过内蒙古大草原》等图文。主报道《让绿色家园更秀美——内蒙古草原生态建设纪实》见报后，我们又将全文编为8个分篇，配以照片，再次展现到人民网，弥补一些版面的缺憾。草原，让我们流泻出八九万文字，200余幅照片。一年下来，斑斓多彩的草原，成了记者心中丰富的新闻矿藏。

这篇通讯见报后，几乎成为年尾岁首内蒙古自治区党委、政府领导见面必议之作。自治区党委副书记陈光林说："这篇大作不容易。"自治区党委常委、秘书长任亚平和副秘书长郭启俊、王志诚认为，这是人民日报对内蒙古最大的贡献，思他们之所思，言他们未敢言。就连所有盟市委领导，手头都有这张报纸。

元旦过后，内蒙古各地报纸开始陆续转载此文。大家反映，这是一篇宣传党的十六大精神的力作，它将促进有关部门对生态建设投入的决策，推动内蒙古生态建设越来越好。

今年1月19日上午，社长、总编辑王晨在2003年人民日报国内记者工作会议上总结2002年宣传报道取得的成绩时，特意提出："加强研究，深入采访，深度报道明显增多，佳作不断涌现，《让绿色家园更秀美》等获奖作品广受好评。"

这篇通讯，一年下来，有这样的效果，甚至获了奖，我们打心里感到社领导、部领导和编辑组的心血没白费，我们如此倾情投入一篇深度报道的确值得。我们从深度报道中尝到了一点甜头，抓到了一个全国关注的"热点"。马去羊来，还有新的"热点"、"视点"在吸引着记者，采访和研究的担子依然在肩。每每想到草原的厚爱，我们就感到做得很不够，就感到尚需努力，争取更多、更好、更真诚地回报大草原！

2003年4月

# 为什么缺稿还退稿?

## ——新年后值夜班的感想

李 忱

记者李忱（左）在辽宁海城王家堡村果园与果农亲切交谈。

过完元旦，刚上夜班就遇到两件事。

一是缺稿。1月3日晚，正值部里节日值班，我还没开始月度值班，但正巧在办公室。陈伟光接到值班老总电话："哪个主任在，下来一个。"我匆匆下楼。一进夜班平台，只见江绍高副总编辑正与总编室的值班主任们研究4日的一版版面安排，他们正为报眼的稿件发愁。见到我，江总说："就一个事，现在没有稿子，看看还有没有当日新闻，现在版面非常缺稿。"刘建林在旁边说,我们已经把这几天公共稿库的稿件选光了。后来才知,1月5日见报的头条,还是江总临时布置经济部,由江夏同志用三个多小时急就赶出来的。

二是退稿。1月4日,参加新年后的第一个编前会。编委会领导要求,在新的一年,结合采编分开的实际,从领导到编辑记者都要用"新闻性"的眼光审视稿件,要站在读者的角度找新闻。所有的稿件已清库,有新闻性的再加工,退稿改后再发来,能抢救的必须"回炉"。筛选出的10多篇记者部的稿件全部退回,其中包括年前总编辑批示过的、待用的头条稿件。其他没退回的稿件,基本上都"忍痛割爱"了。

一边是缺稿,一边是退稿。气氛骤然紧张。我们赶紧与前方记者联系,按我们的理解布置修改任务,寻找新闻由头,补充新鲜材料。经过近一天的突击,1月5日下午传回的两篇拟上头条的稿件,经编辑后,传给值班老总。

反馈意见马上回来:修改稿仅改时间,或简单加个新闻由头,整个文章结构、思路甚至写法都没改,都是过去的工作、成就,文件式的写法,缺少新闻、缺乏时效、没有故事以及活生生的人物等。如果这样,恐怕这批稿件都难用出。

此种情景,使我们明确地感受到:随着采编的分开,人民日报的新闻改革也开始动真格的了。

首先是选稿标准变了,用稿机制也变了。我们的驻站记者,包括遇到退稿的记者,是能写而且写过大量生动鲜活、读者喜闻乐见的新闻稿的。对驻站记者的能力,社领导和编辑部门的同志们是充分肯定的。对退回的几篇拟上头条稿件,其形成的原因也是复杂的,这里有我们采写观念和习惯势力的驱使,也有对地方领导支持的回报、有配合发行工作等因素。但所有这些客观原因都要服从于今天的选稿标准,以"新闻性"审视一切题材,树立牢固的读者意识。面对改革的趋势,同志们应振作起来,不要光咀嚼退稿的尴尬,要理解和体会编委会决心改革的重大意义,要看到编辑部门的热切期盼,要抓住给

在建设新农村主题采访活动中,记者李忱(左)到内蒙古锡林郭勒盟西乌珠穆沁旗的牧民家采访。

我们施展才华的历史机遇。

当下最紧迫的还是头版头条。去年通过对头条的研讨,驻站记者对头条的地位、作用、标准、如何选题、采访、写作……都有很深刻的认识,有些体会和观点成了大家称道的经典语言。现在真正到了具体应用这些体会,写出"新闻报道要像新闻"的头条的时候了。希望大家积极行动起来,不要等别人发出稿件后,照着路数写,而要给自己树个标杆,写出自己独到的发现,写出个人特有的风格。

我们以往的头条,内容多是地方的工作经验和成就。这也不是不可以。毛泽东同志曾说过:"报纸的作用和力量,就在它能使党的纲领路线,方针政策,工作任务和工作方法,最迅速最广泛地同群众见面。"写稿工作也是党报的职能之一。关键是怎么写。我们不能把工作写成文件、写成公报、写成"好人好事";而要写工作中的新闻,写工作中的亮点、热点和难点,写出工作中能反映普遍意义的个性化内容和存在形式。新闻报道的个性化就是对个性化事实的挖掘和展现。

我们的头条选题，由于在地方工作和发行等种种原因，总是想照顾到地方党委、政府的意图和部署，地方的领导也往往有这方面的强烈愿望。但只考虑地方领导的关注远远不够，还要找到群众的关注点，用鲜活的形式表现出来。努力发现和寻找领导和群众共同关注的结合点，充分发挥新闻对实际工作的推动作用和对群众的服务作用。这增加了我们选题的难度，也开阔了我们创造的空间。只要我们认真研究当前中央的大政方针，深入基层调查，不愁找不到可写的选题。

2005年1月7日

## 激情报道　震撼世界

——汶川抗震救灾报道之我见

王 弢

2008年"5·12"四川汶川发生特大地震，举世震惊，全球关注。地震发生后，人民日报迅速成立抗震救灾报道前线指挥部，驻站记者奉命以最快的速度从各地奔赴灾区一线，第一时间及时、准确、详尽、公开报道了震区灾情和政府心系灾区百姓，军队及当地干部群众抢险救灾的现场情景。

汶川大地震的破坏性，在我国地震史上是少有的。党中央、国务院对灾情的处置，以及普通百姓所表现出来的顽强精神，通过新闻媒体报道，让世人了解灾情，让全球认识中国，这一切都源于信息的公开和激情的报道，人民日报记者功不可没。

### 信息公开，表明政府高度自信

毋庸讳言，长期以来，我国新闻媒体对突发事件的报道是有一些规定的，中央级党报更是要自觉地听招呼。比如2003年抗击"非典"时，由于信息缺乏透明度，媒体报道相对滞后，一定程度上影响到积极防范和延误对患者的救治。痛定思痛，突发事件信息公开亟待解禁。

今春，温家宝总理颁布国务院令：《中华人民共和国政府信息公开条例》自2008年5月1日起正式施行。汶川大地震无疑是对《条例》正式实施的一次实践检验；此次抗震救灾新闻报道，是我国政府实施信息公开后，所交出的让全国人民满意、令世人刮目相看的一份合格答卷。从大地震发生的那一刻起，政府相关部门就毫无保留地允许媒体发布真实的新闻，支持媒体报道灾情和救灾抢险活动。

信息公开度具有三个显著特点：一是发布快。大地震发生不到10分钟，国家地震局就迅速通过新华社向社会发布消息，及时公布了相关地区的震感信息；在灾情发生后的两个小时内，我国以前所未有的速度举国应对，国务院总理温家宝当即飞往灾区指挥抢险救灾。二是透明度高。无论是国家相关权威部门，还是各家新闻媒体，对地震引发的灾难性后果，以及灾后重建工作，实情实报。三是内容全面。这次媒体展示的是全方位、立体式报道，既有党中央的英明指挥，又有解放军的英勇奋战；既有党员干部的模范带头，又有灾区群众的自救互救；既有全国志愿者的无私奉献，又有国内外的大力援助；内容丰富，令人感叹。

此次抗震救灾信息的公开透明，有力表明了我国政府的高度自信，表明了党对人民群众的高度负责，表明了我国政治文明的重大进步。由于政府主动、准确发布信息，新闻媒体及时、公开报道，保障了公众的知情权，使民众在抗震救灾中增强了对于政府的高度信任，增强了民众对抗震救灾必胜的信心和参与、支持力度。信息公开透明，这次大地震不仅没有造成社会恐慌，而且各地很快恢复了常态，社会秩序井然，人们在强震面前保持了前所未有冷静和理性。正是政府信息的公开透明与媒体的准确报道，及时澄清了虚假信息，消除了不必要的恐慌情绪和盲目行动，确保抗震救灾有序开展。

## 激情报道，凸现记者敬业尽职

灾情就是命令。人民日报记者在第一时间赶赴现场，获取了第一手信息，并以最快的速度向外界报道，不仅凸现记者高度的敬业精神，也显现了我国新闻传播的回归与进步。战斗在一线的人民日报抗震救灾报道前线指挥部及所有参战记者，在抗震救灾中的表现可圈可点；尽管他们在采访条件异常艰苦、随时发生危险的环境中，却表现出英勇顽强的战斗精神。5月12日下午，四川记者站刘裕国正在乐山市新光多晶硅厂采访。当大地震发生后，出于职业敏感，他马上结束多晶硅厂的采访，连夜赶回成都。当晚9时进入成都市区，看到满街都是车辆，沿路都是群众，就地打起地铺。就在地震发生后的第一个夜晚，他在汽车内写出《成都震后第一夜》的报道，从多角度反映地震当晚成都的社会稳定和群众互助的情景，对鼓舞和稳定人心起到了积极作用。

13日凌晨，人民日报驻川记者站兵分三路，向地震灾害最严重的汶川、北川等地进发。从成都到北川，需要4个多小时的车程，而通往县城的盘山公路断裂，水泥路面出现沉降缝，山体严重垮塌，公路完全被大小岩石阻断。进城的公路不能行车，就徒步走，克服重重困难，以最快的速度赶到北川。刘裕国在抗震救灾一线工作一个多月，几乎跑遍了绵阳、北川、青川、安县、江油、平武、彭州市等县的一些乡镇和村组。诸如抢通生命线、废墟中救人、医疗救治、决战堰塞湖、安置受灾群众、重建家园等现场，他都亲身经历了。

刘裕国以辛勤工作和汗水，书写出一篇篇感人的文章。米博华副总编对刘裕国抗震救灾报道体会文章《面对灾情，记者要像抢险的战士一样》作出批示：称赞刘裕国是"蘸着泪水和汗水，写下了这篇令人震撼的体会；是首个到达北川的人民日报记者，也是亲历生死大营救全过程的记者。哲人说，经大苦难者必获重生。四十天风雨兼程，一百多篇报道落地，此番经历和作为，仰不愧天，俯不怍地。谨向裕国同志致崇高敬意！"

这样的典型事例，奋战在一线的几十名记者人人如此。危险，阻挡不了杨彦奔赴现场的脚步；地震袭来，曲昌荣第一时间战斗在一线；王科以生死文字书写党报记者使命；曾华锋在"刀锋"上抢新闻；曹红涛用报道向英雄的中国人民致敬；彭波以灾情为命令，到现场抢新闻；侯露露艰险激励、勇敢前行；汪晓东在灾难中汲取成长的力量；马跃峰感受灾区的人性美；朱磊在感慨与感动中领悟，愿为这份职业奋斗终生；余荣华身处灾区，不负党报记者职责；徐元锋在灾区历练、洗礼，等等。他们战斗在一线，以责任和激情采写了一篇篇感动中国、震撼人心的报道。米博华副总编阅读了记者抗震救灾报道体会后由衷赞叹：面对桥断路绝、滚滚落石，他们无所畏惧地冲在前面，经受了生死考验。这不仅是对他们思想意志的考验，也是他们人生道路上的一笔弥足珍贵的精神财富。这种特别能战斗、特别能奉献的精神在前线记者身上得到充分体现。

这就是我们的主流媒体，这就是人民日报记者的良知和责任，在他们身上折射出高度的敬业精神和社会责任感。

## 震撼世界，引起全球强烈反响

汶川大地震抗震救灾，一篇篇震撼人心的激情报道，不仅在全国，而且在全球，都引起强烈反响，赢得满堂喝彩，共赞中国政府的执政能力，共赞中华民族的顽强精神。

为什么会有如此反响呢？

首先，在于政府信息的公开透明，使大家真真切切看到抗震救灾工作做得成功，干得漂亮。汶川大地震发生后，我国在第一时间启动了应急机制，党和国家领导人亲临灾区现场指挥救灾；新闻媒体在第一时间报道了汶川大地震的发生，尤其是地震引发的灾难性后果，城乡破坏的程度，人员死伤数字，抢险救灾进展情况，如实发布，毫不隐瞒。与此同时，在第一时间动用部队和装备，从地面到空中，从陆地到水路，举全国之力抗震救灾。这一切，都为我国树立了良好的国际形象；各种媒体丰富多样的现场报道，把汶川大地震的发生以及抢险救灾的场景，我国的报纸、电视、广播、网络、通讯等各种媒体不间断地报道灾情，不间断地报道抢险救灾的动人场面，感动了中国，震撼了世界。

透过现象看本质。这次抗震救灾报道折射出我国经济改革取得的巨大成就，充分显示出中国有能力、有力量战胜如此重大的毁灭性灾害；同时也折射出中国政治改革、新闻改革取得的突破性进展，是精神文明、政治文明的重大进步；也是应对灾难性新闻报道的一次重大突破，在中国新闻史上具有里程碑意义。

2008年7月

# 用眼睛"写"新闻

范伟国

有前辈说,新闻是脚板"写"出来的。意思是说,要多跑,多到事实发生的现场去。

在这个前提下,我认为,新闻更是用眼睛"写"出来的。用眼睛"写"新闻,就是把你在现场的亲眼所见组合成一个个画面展示给读者,给人以身临其境的感觉。这样的新闻一定会是灵动的、满是生气的。

在报社领导、总编室和记者部的支持下,三峡工程135米蓄水给了我一个尝试用眼睛"写"新闻的机会。6月1日起,在二版《来自三峡的报道》专栏连续刊用的12篇现场特写或通讯,是一次用眼睛"写"新闻的实践。

1. 用眼睛"写"新闻,要精心选择题材和内容。这一组报道的开篇是《行看三峡初涨水》,中间有《移民安居看潮起》、《巫山旧城半入水》,结尾是《一条大河波浪宽》,使用了"记者的眼光看"、"他人的眼光看"、"变化的眼光看"、"宏观的眼睛看"这样数个角度,用一个动态的"看"贯串于蓄水的始终。这样的多角度切入点的选择,就使蓄水报道不仅仅是每天水位上涨报告那么呆板的数字了。

2. 用眼睛"写"新闻,并不一个"看"字就能了了,要学会积累和比较。在现场采写这次蓄水报道前,我在三峡库区已上下跑了好几个来回,注意搜集与蓄水相关的一些资料,并专门坐慢船从重庆到巫山走了一趟,沿途拍下不少照片,以供以后对照参考。在奉节,在巫山,我都到了拆迁和清库的现场,先看一眼，为今后写稿作铺垫。有了这样的准备，底气就比较足了。

3. 用眼睛"写"新闻，还要能抓住机会。我是在5月30日下午4时到达重庆万州区，原打算到巫山的碚石镇等着看涨水后的情况。因为那边是重庆与湖北交界的地方，也是重庆范围内能最早感受涨水情况的有标志性的地方。当天晚上10时半后，接到了蓄水报道的电话通知，有关计划的书面材料在第二天上午9时才到手中。

当时有几种选择：返回重庆采访面上的蓄水情况；原地不动，在万州或到云阳等地采访既定的移民或地质灾害防治等题目；到现场看蓄水情况。我想，三峡蓄水，读者自然最关心的是三峡江流水情的变化，最关心的是三峡自然风貌的变化，最关心的是他曾经到过或听说过的名胜古迹受水淹的情况，最关心的是生活在三峡的人的变化，我应该在蓄水的现场，也就是说在三峡写水情。基于这一认识，我向记者部作了汇报，取得了领导们的支持，于是就有了这一组报道产生的前提条件。

4. 用眼睛"写"新闻，能否打动读者，关键在观察。记得艺术大师罗丹说过，生活中并不缺少美，而缺少发现。同理，要让现场新闻有新闻，也在于能否找出新闻的所在！虽然，在理论上已认识到三峡水情是读者关注的热点，但要具体到要写哪一个点或哪一类人，也是颇费周折的事。

第一篇的报道是自己撞到"枪口"上的。31日从万州坐快船下三峡，到码头一看就觉得水已涨了。船越往下游开，水涨得越厉害。打电话向部里汇报，钱江副主任提醒我看当天的本报，说是自然蓄水（其实，三峡工程蓄水在此前已经开始了，6月1日某点某刻的下闸蓄水仅仅是一仪式而已）。不管是什么蓄水，眼看水涨起来了，这就是事实，记者只对事实负责。一路上，我就抓住几个有特色的地方认真看，如重庆门户的万州码头情况，雄称天下的夔门关情况，风光秀丽的小三峡入口处的情况，西陵峡名镇茅坪港的情况，都一一作了记录。

沿途还采访了飞船的驾驶员、码头上的搬运工。一到住地，顾不得吃饭就写了起来。采访到位，新闻也就一气呵成，打响了头炮。

后续的报道就没有那么好的撞上来的运气了。于是，我在这十余天中天天思考的头等大事是——什么是可以写的具体事和人。听说云阳为保证蓄水成功，蓄水头几天每天要炸一座大桥，就驱车数百里赶到炸桥现场目击，同时看了云阳老渡头的水情，了解了新河道开发的情况，就有了《云阳渡头潮已平》的一动一静的现场报道。听说小三峡在往纵深发展，蓄水后有了新美景，就车船兼程的到云起水生处打望，就有了《高峡平湖生美景》的主干材料。在采访移民新居时，推窗见了长江和移民的旧居，从新旧居的对比中，就有了《移民安居看潮起》的特写。在乘船的长时间看江中，红的白的航标不断扑人眼帘，于是想起了年轻时听过的歌，想起了写过的海上航标工，就有了《巴阳峡上护航人》的产生。

5. 用眼睛"写"新闻，要跳出来看一看。蓄水第二天，我又坐船在三峡上看水情，边看边想这蓄水后的三峡究竟同蓄水前有什么大的改变呢？如果从空中俯瞰会有什么视觉效果呢？我试着将自己"拔高"瞭望下看，这就发现了"糖葫芦现象"。三峡蓄水后，水涨成湖，可它同别的水库不一样，它是一条江，一条在群山中穿行的江，这就有宽宽窄窄的变化，就有了大小不一的湖面。在本组报道的最后一篇《一条大河波浪宽》中，就有了充满诗意的描绘："蓄水后的长江重庆段，横看，宽如平湖，烟波浩渺；纵看，白练飘逸，百里蜿蜒，串起了重庆、万州一个个大中城市。"

这"跳出来看看"的第二层意思是，涉笔要广，点到即止，不拘成法。由于在采写上下数百公里的蓄水现场，又由于每天只有几百字的篇幅，而蓄水期间又是新闻的集发期，这就要求记者不局限于一事一时一地的报道，而应或以线"长江"串点，或以点（人文、风景、名胜）带面。《瞿塘波宁水清》

是写长江瞿塘峡到巫峡这一段的水情，点到了奉节城外八阵图遗址的水情，夔门摩崖石刻的水淹情况，瞿塘峡中的水速、水质，巫山云雨的情况等等。用四五幅动态的画面组成了一篇报道，读来不觉枯燥。

6. 用眼睛"写"新闻，就要实见实说。三峡蓄水了，如何保持水质是众人关心的问题。记者在第一天报道就直言：江上漂浮物太多，"迫使飞翼船减缓了航速。"在采访移民时，陪同的人问：看好的还是看差的？我说，好的、差的都看。在写的时候，我特意挑了一个情况差的一家写，因为，差的尚且如此，更何用说好的？在三峡蓄水前，各方人士大都说，高峡出平湖，三峡成了静水，这给水的自洁带来很大影响。我亦信，因为没有见过。在蓄水初期，也确是这样，江水清了，波浪静了。但蓄水一到135米，江流又奔腾起来了，而且在涪陵与丰都的回水与来水的交接处水流湍急（后来，在这个地方的不远处，有两船相撞，有一船触礁）。这是别的媒体还未涉及的，我立马写了两篇《巫峡浪遏飞舟行》、《一条大河波浪宽》，报道了三峡的最新变化。这是一些坐在大船上看水的人所感受不到的。看真相，说真话，最有力量，也出新闻。

7. 用眼睛"写"新闻，要有吃苦的思想与身体准备。有个战地摄影记者说过，你的照片拍得还不够好，是你离前线还不够近。写新闻，何尝不是这样？你写得不够好，是因为离现场还不够近。因此，现场是对记者的第一要求。蓄水报道读来还不觉枯燥的话，是因为靠近了现场。

但这是要付出代价的。重庆虽说是直辖市，但各区县之间的交通情况很差。有时要以船代车，有时要以车代船，这不是在城市中的车船转换，由于江岸陡峭，由于水涨后码头经常更换，走一段泥泞没脚的烂路是极正常的事，而一次上下船，单趟就是500多级台阶，无异爬一个山坡。这对腿脚正常的人来说，不是难事，但对我这陈伤未愈的人来说，每一次都是考验，都是挑战。有天中午12时坐车5小时赶到奉节，立马下了700多个台阶上船再赶往巫山。下台阶时，驾驶员都走得腿发软了，我就更不用说了，最后几个台阶是一步一停才走下来的。

最后一次从巫山回重庆，高速船开出丰都后就坏了，只能慢速行驶。为保动力，空调也停了，船舱中的气温有38摄氏度以上。这样在"火炉中"熬了一个多小时，才到涪陵货运码头。但这个码头没有直接上客的阶梯，要用一个小船摆渡。水急船小人多，很是危险，幸好有惊无险。在现场采访是艰苦的，吃方便面是经常的事，但稿件刊用了，特别是写了人所未写的独家新闻，心情是无比的欣慰，觉得自己对得起人民日报记者这块牌子。

*2003年7月*

# 南丹矿难的成功揭露留给人们的启示

郑盛丰

在确保舆论导向正确、努力做好正面宣传的同时,实行舆论监督,是新闻工作者的神圣职责,是党和人民的深切期盼。

对于处于新闻媒体核心地位的党报来说,如何实现在舆论监督方面的"高出一筹",无疑是十分值得认真总结探讨并在实践

2002年4月25日,记者郑盛丰(左一)接受英国BBC记者采访。

中不断完善提高的重大课题。本人作为参与揭露南丹矿难的记者之一,在时隔两年"尘埃落定"之后,谨就人民日报对南丹矿难的成功报道,对上述议题谈点体会。

**南丹矿难揭露性报道取得的成功及其影响**

新近一段时期关于舆论监督的论述,大多谈到南丹矿难。

这是因为新世纪以来甚至在更大跨度的一个时期中，人民日报（含其属下的人民网等）2001年8月对"7·17"南丹特大矿难的勇敢揭露，已成为我国当代传媒成功的舆论监督范例。

这次舆论监督的成功和积极意义在于：第一，据国家安全生产监督管理局负责人证实，人民日报记者揭露的南丹特大矿难，是我国第一例首先由新闻记者揭露的重大灾难事故。以往的重大事故都是发生后中央国家机关即已获悉，尔后新闻界再作深入采访报道，而南丹矿难由于地方官员与矿难老板相互勾结和恶意隐瞒，使中央在长达半个多月中无法知情，在人民日报记者冲破铁幕写出内参和报道后，事情才败露并受到严肃查处；第二，人民日报等对南丹矿难的揭露，在国内外都产生了巨大反响，社会和海外由此对人民日报乃至整个中国新闻界都给予好评，英国BBC电视记者还专程飞往广西对人民日报参与报道南丹矿难的驻地方记者进行采访；第三，这次舆论监督促进了中国的立法特别是国家安全生产法的立法进程，半年之后颁布的《中华人民共和国安全生产法》中很多条款吸取了南丹矿难的教训。

从南丹矿难报道本身来说，也获得了多种肯定和荣誉：人民日报南丹报道获得中国新闻奖，人民网系列报道获报社精品奖，人民日报社编发的南丹"7·17"特大透水事故内参获中国报刊优秀内参特别奖。此外，人民日报对南丹矿难的揭露性报道还入选"2001年影响民生的十大新闻"和"2001年十大传播突破奖"。人民日报社也以编委会名义隆重通令嘉奖驻广西4位参与南丹矿难报道的记者。人民日报驻国内记者获此殊荣，改革开放以来此为首例。

另一方面，因与南丹矿难有关而事后被抓起来的涉案人员达128人，其中有地厅、县处级官员。应该说，南丹矿难的揭露报道造成的影响，是连续的和多方面的。如对于提醒党政官员以此为戒努力贯彻"三个代表"重要思想、积极实行"立党为公、执政为民"，甚至在抗击非典中对于某些地方和官员试图隐瞒真相的戒鉴，以及对于某些地方企图滥用权力阻拦新闻界报道揭露当地丑恶现象，都起到很好的警示作用。

**实现灾难性报道的高出一筹，需要党报记者高度的新闻敏感**

新闻敏感对于所有记者都是必需的，而对于实施重大舆论监督来说，尤其不可缺少。

就2001年"7·17"南丹特大矿难来说，如没有高度的新闻敏感，很可能是另一个结局。

想想看，7月17日发生特大矿难，而矿难又是于凌晨发生在与外界隔绝的垂直达700多米深的矿井底下，事故矿井已灌满积水而无人可达，头顶上戴满光环的矿难矿主已与南丹县委及县政府主要负责人达成攻守同盟，所有矿难死难家属又都已获得高额"经济补偿"并被威胁封口。在这种情况下，正如对此作出多次严厉批示的朱镕基总理所言：如没有人民日报记者的揭露，那些死难矿工就很可能永远冤沉水底了！

可是，偏偏有一群高度敏感又富有职业精神的新闻记者，凭着蛛丝马迹，感到发生了什么进而竭力揪住不放。

当时的情况是，由于南丹方面守口如瓶，严加封锁，要获得相关信息和证据，是十分艰难的。南丹在南宁300多公里外，边远且道路难行。当地媒体都面临着多重压力，采访和报道受到诸多限制。作为人民日报派驻当地的我们，也人少而力量单薄，要冲破地方的重重封锁，从那早已形成"铁板一块"的"围城"中抓取信息，也是至为艰难的。

然而，党报记者的责任感和使命感告诉我们：纵然有天大困难，也必须奋勇向前，尽快摸清并揭示事情真相。尽管当时总社由于没有得到真实情况，也无从对此进行判断，没来得及给我们下达指令，但我们根据所得到的相关信息，综合我们过去掌握的有关南丹矿山的情况，又看到地方媒体一些同行不同寻常地被强令离开现场，我们感到，所传南丹发生特大矿难绝非无中生有。我们初步判断，这当中必定隐藏有不可告人的

"秘密"。于是，动用一切渠道和可能利用的多种手段，千方百计挖掘着和验证着。

7月31日15时46分，对于南丹矿难的揭露来说，这是一个具有特别意义的时刻。此时，我们以"任桂瞻"即"人民日报驻广西记者站"简称谐音的集体笔名，在人民网发表第一篇原创性报道《广西南丹矿区事故扑朔迷离》，事后证明，这既是人民网也是全国所有网站最早刊发的由新闻记者采写的第一篇有关南丹矿难的报道。立即，这一报道被众多网站广泛转载。不过，"瞒局"并未因此而捅开。在"迷离"一稿刊发的第二天即8月1日，中共广西区委书记曹伯纯亲自深入到南丹传闻发生矿难的矿井调查察看，当地仍死死咬定没有发生任何事故，整个矿井看不到一丝"矿难"的痕迹。可见，由权力、财力和黑恶势力官、矿、黑三位一体形成的"瞒骗"的力量有多大！

然而，瞒骗终归掩盖不了事实。8月2日下午，事情发生了根本性的变化。当我们的内参通过总社以人民日报标有"特急"字样的"信息专报"送达中央时，国务院总理朱镕基作出的明确而严厉的批示，迅即传到中国南方的壮乡。至此，在电话、手机等现代通讯已遍及城乡的信息化时代，被邪恶的混合力量令人吃惊地隐瞒了整整17天的南丹矿难，被党和人民的媒体揭穿了！

**实现灾难性报道的高出一筹，需要党报记者出色的报道手段**

在众多媒体中，人民日报作为党中央机关报能力克艰难率先捅破南丹矿难铁幕，进而在第一战役中体现出党中央机关报的高出一筹，是难能可贵的。但至此，还仅仅是"捅破铁幕"而已。下一步如何顺势进击，继续体现党报的高出一筹，有深度有声势地揭露其方方面面，仍需作很大努力。

此时，很需要理智、智慧和胆略的结合。在报道方式上，我们采取"版网结合，以网为主"的方法，网上"铺天盖地"，版上"循序渐进"。版上主要是指人民日报和《人民日报·华南新闻》。版上的报道先后计有20多篇，人民日报上的首篇报道是8月4日刊于二版的一篇不足500字的新闻，主标题是《广西南丹矿区发生重大灌水事故》，副标题注明"初步认定70多人死亡"。这是在中央主流媒体上最早刊出的公开报道。这篇白描式的报道，在权威而发行量很大的人民日报上推出，其作用是把南丹矿难告知天下。随后，我们在人民日报及其华南新闻版上，相继有深有浅、有述有评地推出我们独家采写的报道，包括中央先后两个调查组进驻南丹的信息，初步揭示南丹矿难背景的述评《铁幕正被撕开一角》和《南丹矿难调查第一步》，对国家安全生产监督管理局新闻发言人的专访《一查到底 给人民一个满意的交代》，以及对南丹矿难责任人作出处理的报道等，形成中央主流媒体版面上的强势报道局面。

在人民网上，我们一鼓作气推出150多篇报道，一时间几乎国内外所有网站关于南丹的报道，都来自人民网。人民网因此而大大扩大了知名度。在人民网强国论坛上，最初一个星期，关于南丹的帖子每天都数以万计。很多帖子为人民网记者对南丹矿难的出色报道大声喝彩！赞扬人民日报记者"是真正的人民的记者"。

在对南丹矿难从发生到隐瞒的各个侧面作了较充分的报道后，我们又在人民网上一气推出10篇互有关联的述评，首篇是《对涉瞒涉腐涉黑要一查到底》，之后推出《严查事故是否损害政府形象》、《人民拥有事故的知情权和监督权》、《社会需要高素质的公务员队伍》、《我们需要建设什么样的精神文明》、《把南丹事故变成特别财富》等，篇篇直指要害。我们还根据采访调查所得，分别在国务院调查组公布调查情况之时和南丹矿难一周年之际，先后在人民网推出两篇长篇特稿：《南丹特大矿难及其警示》和《南丹矿难周年祭：南丹矿难给我们留下什么？》。

这些版网联动、相互呼应、长短结合、述评并举的报道，形成人民日报对南丹特大矿难报道上占有绝对优势的"高出一筹"。

**实现灾难性报道的高出一筹，需要党报记者优秀的政治品格**

以我们的体会，要实现党报在重大灾难性事件报道上的高出一筹，最为重要的是党报记者须有优秀的政治品格。面对大是大非和巨大的艰难、压力和风险，要有忠于真理、忠于事实的勇往直前的正气、勇气和骨气！在南丹矿难这种重量级的揭露性报道中，尤其充分而有力地反映出这一点。

客观地说，当时我们面对的，既有南丹矿难责任矿主及其黑恶势力的威胁，也有与此有着"一损俱损"利害关系的数十个矿老板结成的同盟力量的障碍；既有当地（包括县、地两级）参与合力隐瞒的一批官员的故意作对，也有远在南宁和北京的一些关联力量施加的巨大压力！在南丹，曾有人扬言要炸掉我们记者站办公楼！在南宁，曾有人在自治区最重要也最庄重的会议上对我们拍案破口大骂，公开放声说要把记者站站长调离广西。

发人深思的是，当地某些当时身居高位的人，公开咒骂人民日报记者。此时，南丹矿难事实真相已基本清楚，国务院对此已形成明确的会议纪要，中央两个调查组对此已心中有数并与当地初步交换了意见，矿难井下历经半个多月的抽水也已"水落'尸'出"。就在这样的情况下，有的担任相当职务、讲话具有影响力的"公仆"，竟敢站在中央和人民的对立面，对履行职责维护正义的记者施加压力，由此可见问题的复杂，也从反面证明开展舆论监督具有很强的现实意义。

在南丹采访一线，我们也正面遭遇这种阻挠和压力。就在中央调查组到达南丹的当天，我们的文字记者被拒于会场之外，我们的摄影记者的胶卷被强制性蛮横曝光！当这种怪现象转而曝光于人民网上时，立即又有人气势汹汹对我们大加责骂，公然歪曲事实说根本没有强行曝光我们的胶卷！

然而，这一切，没能吓倒我们。也不能动摇和阻止我们。迎着骂声和压力、阻力，我们不顾人身安危，坦然而又深入地进行紧张的采访调查。在充满凶险的南丹矿区，我们先后投入100多个采访日；我们很清楚我们的行动被盯梢，我们甚至在南丹入住的个体饭店中目睹一场血淋淋的凶杀……就在这样的艰难境遇中，我们采写并不断地发送着一篇又一篇反映事情真相的稿子，忠实地履行着党报记者的职责。

其实，我们心中十分清楚，即使在遭遇最大压力的时候，总社领导和编辑部的同志们一直在支持着我们，很多互不相识的国内外读者通过人民网强国论坛和电子邮件在声援着我们；当我们在人民网上通过远程对话直接回答网友提出的大量问题时，我们也深深感受到广大网友的正义之声；甚至就在广西，也有很多认识不认识的人以不同方式表示着鲜明的是非观……

现在，南丹矿难已经成为过去，但那些场景仍历历如在眼前。此时我们回顾南丹矿难报道，目的是鉴往知来。经历过令人难忘的全民抗击非典，我们的社会又向前迈进一大步。随着政治文明建设的逐步推进，舆论监督和其它有益文明与进步的监督正在进行和完善中。我们无需怀疑，越来越引人注目的报道重大灾难性事件的舆论监督，必将并且也应该成为党报体现出真正意义的"高出一筹"的重要报道内容。

2003年9月

# 认识和把握民族地区
# 新闻报道的特点

刘亮明

从事新闻工作 20 多年，我一直未离开过少数民族地区，先是内蒙古，后是西藏。长期的新闻报道实践，使我逐步认识到，民族地区的新闻报道既有和其他地区一致的地方，又有其自身的特点。深刻认识和认真把握这些特点，对搞好民族地区的新闻报道工作有着重要意义。

构成民族地区新闻报道不同特点的因素很多，既有政治、经济、文化、历史方面的原因，又有地域、心理等方面的因素。但总括起来，我认为民族地区的新闻报道主要有三个方面的特点，即民族政策特点、文化（包括宗教习俗）特点和历史背景特点。现就这些特点结合我这些年的新闻工作实践，作一点分析和探讨。

**把握党的民族政策是顺利开展民族地区新闻工作的保证**

党的民族政策涉及少数民族地区政治、经济、文化等各方面的工作，在日常的采访报道中，记者的头脑里必须时时都有一种民族政策的意识，并把它慢慢变为新闻实践中的自觉行动。这样采写新闻报道就可以避免出现偏差和错误，尤其是避免出现政策和方向性错误，报道可以比较准确地切中当地新闻事实的真实的核心的东西，整个报道工作的顺利进行就有了基本的保证。

去年 6 月中旬到 7 月上旬的近一个月时间，我参加了十一世班禅 13 岁生日大典活动的采访报道。这项活动表面看是纯粹的宗教活动，是一次宗教盛事；但从根本上说，无疑也是一项敏感的重要的政治活动，政策性很强，为国内外所关注。整个大典活动涉及民族宗教政策、民族统战政策、民族团结政策等很多方面，稍有不慎，不仅会给境外敌对势力，尤其是达赖集团授以话柄，可能还会影响甚至伤害僧俗群众的感情。因此，在新闻报道中把握好分寸，既对庆典活动给予及时充分的报道，又恰到好处地体现党的民族政策的贯彻落实，无疑十分重要，不能有丝毫的疏忽。

对要报道的活动性质认识清楚了，对报道中的政策把握也就有了数，有了分寸。对十一世班禅生日庆典活动的整个报道中，我注意突出当地党委和政府及社会各界的关心和重视，突出在整个活动中的欢乐祥和的气氛；同时，注意僧俗群众对活动本身，对党的宗教政策及整个宗教事业的发展，对当地以至全国改革开放以来翻天覆地的变化等多方面的内心感受和认识的采访报道，也注意对人们关心的十一世班禅的生活、学习、成长等情况的采访报道。因此，整个报道进行得很顺利，共发稿40多篇（包括人民日报海外版和人民网）、发人民网照片近50幅，在国内外特别是宗教界和当地僧俗群众中引起积极反响。中央统战部和自治区有关领导给予高度评价，认为整个报道政策把握准确，报道及时充分，在宣传党的宗教政策、教育团结广大僧俗群众、树立十一世班禅的威

记者何勇在西藏与藏戏演员在一起。

信等方面都起到了很好的作用。

1997年，在内蒙古自治区成立五十周年之际，我采访报道了人们广泛关注的全区干部队伍建设情况。选题确定后，因为涉及党的民族干部政策问题，所以我就报道角度与自治区组织部领导进行了探讨，最后确定报道从注重培养任用少数民族干部的角度进行。采访报道中，我始终把握住自治区认真贯彻落实党的民族干部政策这条主线，注意对培养、任用少数民族干部，特别是中青年干部的措施、办法、效果的开掘。实践证明，这一采访报道是成功的，收到了良好的效果。读者反映，报道既突出了党的民族干部政策的正确，又抓住了关键，比较准确地反映出了内蒙古干部队伍建设的整体风貌。

**了解和尊重民族文化是做好民族地区新闻工作的基础**

少数民族文化，包括宗教习俗是在千百年来的社会历史发展中，少数民族人民所创造的精神财富的凝结，代代传承，并不断丰富，在各少数民族人民的生活中占有十分独特神圣的地位。随着时代的发展，少数民族文化无疑也在不断地扬弃完善，但有不少方面有着极强的稳定性，在某种意义上，它支撑着一个民族的精神天空，牵系着一个民族最神圣的情感和最敏感的神经。因此，在采访报道中，一定要在了解的基础上，对各民族的文化包括宗教习俗给予充分的尊重，这是对在少数民族地区从事新闻工作的记者的起码要求，是做好民族地区新闻工作的基础。否则，不仅无法与采访对象接近沟通，影响采访报道的正常进行，甚至会伤害民族感情，发生不该有的误会或失误。

在内蒙古时，有一次，我到呼伦贝尔市敖鲁古雅乡采访，陪同的同志领我到了鄂温克族猎民点。因为猎民们在山凹处搭建叫"撮罗子"的临时住处时，四周留有树墩，我想坐在上面休息，不料陪同的同志赶紧过来制止。经介绍，我才知道，鄂温克民族世代与大山森林相依为命，在他们的狩猎文化习俗中视树木为神，因此，树墩是不允许坐和践踏的。正因为避免了这次因不了解而差点出现的对民族习俗不尊重的行为，才使采访得以顺利进行。

在很多方面，各民族文化之间都有相互的认同，在这种情况下，一般不会发生误会。但在某些方面，各民族文化之间的认同性就弱得多，因此就格外需要理解和尊重，尤其是对长期在少数民族地区从事新闻工作的人来说更是如此。蒙古族是一个非常热情好客、坦诚豪爽的民族，由于地域和生产、生活方式等方面的原因，在日常生活中，酒文化特别丰富。在这里，酒在很大程度上成了交流感情、建立友谊的重要媒介。因此了解和尊重这些文化习俗，在与蒙古族群众的接触交往和深入采访报道中就显得很重要。我的体会是，如果你不了解和尊重这些文化习俗，那么，你就很难从他们口中得到想要的新闻材料，甚至他们的冷淡和沉默会使接触变得十分尴尬。如果你了解和尊重这些文化习俗，就会很快和他们熟悉起来，他们会把你当作朋友，敞开胸怀，真诚相见，你就会有意想不到的收获。

有一次，我到内蒙古锡林郭勒盟的牧区采访，原打算专门采访报道一下牧民增收致富的事，结果采访到了很多计划外的新闻。当时，白天我们几乎都在大草原上赶路，下午或晚上才能到达要采访的旗县或牧民点。牧民们总是按照民族的礼节习俗热情地接待我们，当然少不了哈达、美酒和歌声。面对民族同胞的热诚，我们给予了充分的尊重和热烈的回应，大家的情感很快就融为一体。牧民同胞总是敞开胸怀，把我们当作朋友，畅谈改革开放带来的生产、生活等方面的巨大变化，也诉说存在的困难，几乎无所不谈。十多天的采访非常顺利，收获很大。后来，我写了《草原对着世界说》、《一颗星儿一支歌》、《龙舞草原》等多篇通讯和消息，反映了草原牧民生产、生活方式的根本变化，反映了牧区精神文明建设的可喜进步，反映了草原上畜牧产业化的快速发展。这些报道发表后，在自治区引起很大的反响，受到了干部群众的广泛好评。

### 独特的历史背景是发掘民族地区新闻的重要参照

各民族的历史发展进程,甚至自然状况不同,呈现在我们面前的现实生活自然也就会与别的地区有大大小小的差别。这是很自然的事。作为新闻记者,如果不善于把现实生活中发展变化着的事物放在各自的历史背景下认真考察,就会使新闻擦肩而过,对许多本来是新闻的事实视而不见。新闻实践告诉我,了解和掌握民族地区独特的历史发展背景是在这些地区从事新闻工作的记者的必修课,是发掘当地新闻的重要参照。

去年初夏,西藏自治区党委宣传部告知:拉萨市的一个乡要举行民主选举。起初,这事没有引起我的足够重视,觉得新闻性似乎不很大。好在因我刚到西藏不久,正在阅读一些关于西藏历史方面的材料。这使我自然地把乡村民主选举这件事放到了一个从农奴社会跨越到社会主义社会的民族的历史背景下来考察,意识到这件事的不同寻常,看到了其中深刻的内涵和它所具有的独特的新闻价值。几天后,我采访了这次民主选举活动,那令人感动的场面,至今难以忘怀。近200位选民代表搁下家里的农活,身着民族盛装从四面八方手捧着选民代表证赶到乡政府的大会议室,非常认真地履行着自己神圣的职责,郑重地填写下自己心目中人选的名字。采访中,代表尤其是那些年近古稀的藏族老人发自内心的话,令人感动:"过去我们牛马不如,今天我们是真正的主人。"我一气呵成写了现场短新闻《投下神圣的一票》,第二天就在人民日报见报了。

在发掘民族地区经济新闻的过程中,民族历史发展背景的参照性更为重要。由于历史原因,这些地区基础比较薄弱,经济比较落后,所以,如果一般地简单地从经济增长的绝对值来看,显然不会想到它的新闻价值,也就是说,你就很难发现新闻。但是,如果换个角度,把事实放在特定的历史背景下考察,从历史发展的角度来分析,你就会发掘出许多令世人惊叹的重要新闻。1996年,内蒙古自治区实现粮食总产量150多亿公斤。这件事如果放在别的农业大省区,应该说不算什么稀奇，但放在内蒙古这样一个草原畜牧业大省区，吃粮一直靠国家调拨，而且又是北方的高寒干旱地区来考察，就不能不使人感到惊奇。我在采访中发现，这一成就的取得，一是坚持搞了农田水利建设，二是实施了科技兴农战略。后来我以此为引题，采写了消息《内蒙古粮食产量大幅增长》，很快就在人民日报见报了。在报道少数民族自治区国民经济发展的新闻时，也要注意放在其历史背景下考察，也就是说，单看经济总量，有时可能不值一提，但如果它的增长速度到达20%左右，甚至更高，那么，我们就绝不能再不闻不问不去挖掘其新闻价值了。

总之，民族地区的新闻工作具有其多方面的独特性。民族地区的新闻工作者只有在实践中不断探索和总结，才能使采访报道真实深刻，才能将民族地区正在发生和出现的代表时代发展方向的新闻及时报道出去。

2003年9月

# 怀"平民"之心
# 做"平民"记者

郑有义

《新闻战线》的编辑约我谈写仉伟一稿的体会，我很感谢，却觉得没有什么好谈的，或者准确地说不应我一人来谈。这并不是过谦之词。我在人民日报上发表的几篇较有影响的获奖稿件，如《山里女孩如歌》、《反腐败斗争中的"沈阳现象"》、《白春兰和她的"绿色庄园"》、《苦土丰碑》等，无一不是记者与编辑的眼光、功力与追求共同作用的结果。在这里，就谈谈我在采写《唱响"人民公安为人民"的旋律——记辽宁大石桥市分水派出所所长仉伟》等稿件中，作为党报记者特别是作为人民日报记者的感受与追求，那就是：怀"平民"之心，思"平民"所想，为"平民"而呼，做"平民"记者。

记者郑有义（左）工作进行时。

## 经过：领导策划集体创作

8月2日，人民日报在头版头条刊发了我采写的长篇人物通讯《唱响"人民公安为人民"的旋律——记辽宁大石桥市分水派出所所长仇伟》，引起了较强烈的反响。中共中央政治局委员、书记处书记、国务委员、公安部部长周永康作出批示，肯定人民日报的报道，要求全国公安队伍都要学习仇伟同志，既要动真情、爱人民，又要嫉恶如仇，伸张正义，当好人民生命财产的"守护神"，为保一方平安作出新贡献。中宣部有关材料以《一篇富有震撼力的先进人物典型报道》为题，刊文认为，"这篇人物通讯感人至深，极为生动地谱写了基层民警与群众相濡以沫、鱼水深情的一曲颂歌。希望我们的媒体多报道这样在全国有震撼力的先进人物典型"。这篇报道在辽宁群众中也反响强烈，认为人民日报反映了他们的要求和愿望，也推动了掀起学习仇伟的热潮。

应该说，这篇通讯是领导策划、集体创作的成果。今年3月，人民日报社社长王晨在一份材料上看到仇伟的事迹简介，敏锐地发现这个典型对于警民关系的社会意义，批示记者部，"要注意宣传这个典型。"记者部主任杨振武立即指示我按王晨同志的批示高标准地采写好这个典型。我先后两次去营口、大石桥，到基层派出所深入了解情况，多次采访了省、市、县(市)机关公安干警、社区干部、基层群众以及仇伟家人等，稿件反复修改3次，写出了7000余字的人物通讯。4月22日发回记者部，编辑组认为十分感人，后又经编辑组和记者部有关负责同志精心编辑。4月23日，记者部主任杨振武精心打磨定稿，并力荐一版。4月24日，分管记者部的副总编辑梁衡审阅后同意发一版。4月29日，人民日报总编辑张研农审阅稿件后明确批示："要发就要发好，有投入就要争产出。建议很好设计方案，至少要有言论，以期事半功倍。"张研农总编辑并曾考虑在兴起学习贯彻"三个代表"重要思想新高潮中,开先进典型专栏,以此开篇。按张研农总编辑的批示,杨振武主任改写了评论,我又赶发了仇伟照片。应该说,不到一周时间,这样一个长篇人物通讯就完成了从编辑到总编辑的多道审稿过程,报社的重视程度是非常之高、速度是非常快的。可惜的是,突如其来的非典疫情使稿件暂时搁置了一段时间。7月中旬,中宣部要求加强对公安干警的正面报道,张研农同志决定以此稿配合。8月1日晚,他根据胡锦涛总书记要求"人民公安为人民"的指示精神,在送审的报纸大样上,将稿件标题改为《唱响"人民公安为人民"的旋律》,于8月2日头版头条见报并引起了较大反响。

### 感受:必遣民声上笔端

应该说,此稿之所以引起反响,其中的一个重要原因是贴近群众,从"平民"的呼声中确定群众最关心、反映最强烈的主题,最真实地倾诉群众的呼声、要求和愿望。通过一位最基层的民警,用最朴实的行动,回答如何建立新形势下警民关系这样一个大课题。

在采访了仇伟的事迹之后发现,仇伟的事迹是多方面的:有廉洁奉公,有艰苦奋斗,有忠于职守,有真情爱民等等;而且,哪一方面都十分突出,都可以成篇,如何确定主题成为稿件成败的关键。主题如何确定?我的定位是:"平民"如何看仇伟?他们喜欢仇伟的什么?座谈和采访中,群众的反映是强烈的,他们希望有仇伟这样的"守护神",希望我们的警察成为"平民百姓"的亲人,而不是"见警察就想躲"。应该说,这些最基层的"平民",对我们公安民警的要求是最质朴、最基本的,也是最令人震撼的。

作为人民日报记者,我更多地看到,我们的人民警察为了国家和人民的生命财产安全,恪尽职守,每天都在流血牺牲,为惩治犯罪，维护社会秩序和稳定作出了重大贡献；同时也看到，在一些地方，群众的不满意、不买账确实不容忽视。个别警察的公权滥用，生冷硬横、粗暴执法、不良执法、违法执法甚至执法犯法等，时有发生。这些现象，虽然只是发生在个别地方的个别人身上，却严重败坏了公安队伍的形象，损害着党和国家的威望，其危害不可低估。

仇伟事迹的突出之点，就在于他树起了一个心系百姓、对群众"动真情"的人民好警察的标杆。他时刻"把心长在群众身上"，对群众"动真情"，待群众如家人，时刻把群众的安危冷暖装在心里，为民之忧而忧，为民之乐而乐。"动真情"，他才视长期照顾孤寡老人、资助失学儿童、百余次救助危难群众为本职，为群众做大量好事、实事为"份内"，才有了辖区的警察与百姓相濡以沫的鱼水新篇。他对百姓"动真情"，才能正气扬于民间，公理还于百姓，奇迹般地创造了一块童叟无欺、百姓融融的"蓝天净土"，才真正赢得了群众，使人民警察在这里成为让人崇敬、信任的称号，成为光彩照人的形象，成为群众为人处世的榜样，也才有了催人泪下的警民真情。

平民百姓的呼声使仇伟的价值特点渐渐凸现出来，稿件的主题也渐渐清晰、明确。从发稿后的反响看，这个主题的确定是正确的，既符合典型人物的实际，又表达了群众的愿望和要求，从周永康同志的批示看，对从面上解决公安等有关部门存在的一些问题，也有一定的教育意义。

## 追求：植根"平民"，长怀"平民"之心

在《唱响"人民公安为人民"的旋律——记辽宁大石桥市分水派出所所长仇伟》的报道实践中，我体会到，党报的记者尤其要长怀"平民"之心。所谓"平民"，即最基层的基本群众，这也是"三个代表"的出发点和落脚点。

长怀"平民"之心，才能乐于"沉下去"，融入群众中，

与民共忧乐，使报道更贴近群众、贴近生活。我以为，党报报道的贴近群众与贴近生活，首先是记者要长怀"平民"之心，乐于并能够融进群众与生活，这仍然是党报记者的基本功和必修课。在宁夏驻站时，我每年春天都要到全国最贫困的"三西"之———西海固的农家窑洞住上10天；在农家的土炕上与阿訇做过彻夜长谈；帮农民打过土墙，蹲在地上与农民一起吃白菜豆腐的"帮工饭"；走过最偏远的村落，为农民吆牛赶驴、点种扶犁；采访过这些年"发"起来，有十几万、几十万存款的农户，也有贫病交加、屋漏窗破、衣食无着的困难户，倾听他们对政策的"说法"。在工厂，我直面过工人的上访与"请愿"，吃过下岗工人家的老咸菜，爬过仅容一人通过的煤洞，感受过资源枯竭的矿山工人的艰辛。所有这些，都使我更深刻地增强了对工人、农民这些基层群众的了解和感情，为报道更贴近群众打下了基础。

长怀"平民"之心，才能真正"跳出来"，高屋建瓴，把握全局，使报道更具针对性、指导性；长怀"平民"之心，才能守住责任心与使命感，守住永做"平民"记者的执著。

2003 年 11 月

# 别有天地的对话

## ——采访专家学者的几点体会

张玉来

2003年3月、2004年5月,记者张玉来多次采访来吉林大学短期工作的世界著名科学家、诺贝尔奖获得者艾伦.G.麦克德尔教授。图为张玉来(左)与麦克德尔教授亲切交谈。

十多年来,我相继采访了数十位涉及诸多学科的专家学者,其中有诺贝尔奖获得者、中国和外国科学院院士等大师级科学家、学者,也有近年来崭露头角的顶尖级中青年学者,发表了数十篇人物通讯、学者访谈录或学术性内参。

采访专家学者,与他们对话,在我的采访活动中占了相当的比重，是花费精力和时间最多的一个方面。回味期间酸甜苦辣，自感这可能是自己做出的收获最大的选择之一。

## 自问是否取得了与专家对话的资格

与专家对话，是亲近、接受知识，接触、感受智慧和崇高的有效途径。在人类进入知识经济时代的今天，作为记者，与自然科学和人文社会科学各学科的专家交谈，聆听他们对本学科进程和发展前沿的阐释，对人们普遍关注、感兴趣的科学问题、经济与社会发展中热点问题的剖析，以通俗易懂的方式写成报道奉献给读者和社会，无疑是一项很有价值的工作。

与专家对话的价值和妙处，自不待言。然而与专家，尤其是与那些大师级、泰斗级学者对话并非一件易事。前提是需要自问：自己取得了与专家对话的资格吗？

我从与专家对话的经历中感受到，专家大多平易、谦和，与他们进行礼节性的接触并不难。然而要与他们进行深入的交谈就不那么容易了。专家的一个共同特征是惜时如金。采访大师级学者给我一个强烈印象，他们差不多是以"刻"安排时间的。很难设想他们会情愿把时间耗费在不具备对话资格的谈话对象身上，进行那种没有什么价值的交谈。

实际上，当你坐在专家面前，只消几句发问，专家便会对你是否可成为对话对象产生一个大概估量，是否肯与你交谈，也许就在那一瞬间做出了判断。这毫不奇怪，记者在选择采访对象，采访对象也在选择记者。试想，假若你对采访的专家学者科研方向的学术背景、科研课题的内容、价值和发展前景一无所知，对其中的一些重要概念毫无理解，需要专家耗时从ABC讲起，你还指望专家有兴致与你进行深入的交谈吗？

还有，当你坐在专家面前，只消几句发问，专家便会估量出你的科学素养，你对科学研究的基本规律、基础研究与应用研究的区分、科研成果的评价体系这些最基本常识的理解，便蕴含其中了。试想，你对这些常识知之甚少，需要专家为你讲解、普及这些最基本的常识，你还指望能够激发专家的谈兴，谈出你所渴望的真知灼见、思想火花和心路历程吗？

## 取得与专家对话资格需下功夫

记者与专家对话，是为了在读者与专家之间架起一座"桥梁"，让广大读者走进一片新的知识天地，领略专家的心灵世界和精神家园，感受知识就是力量、是生产力，对专家的思维方法和智慧有一种醍醐灌顶的感受，以提高自身的素质。正如一位哲人所言，只有走进伟大，才能使我们自己变得伟大。记者欲担此责任，需自己首先探求专家登上科学高峰、解开科学难题的底蕴、诀窍，阐释专家独具特色的思维方法、治学精神、攀登历程。然而，记者对专家专业的理解，可能还不及这一专业刚入学的本科生，这就使得与专家对话成了一件难事儿。

这里所说的对话并非学术层面的对话，仅是科普层面的对话。其实，即使取得科普层面的对话资格，就很不容易了。

专家之所以成为专家有诸多因素，关键因素之一是肯下功夫。我的体会是，取得与他们对话的资格，也取决于诸多因素，最为关键的也是要肯下功夫。那些大师级科学家、泰斗级学者如同一棵棵枝繁叶茂的大树，很难攀缘。不要说窥其全貌，即使欲看清某个面，也需一步步走近，一点点攀登，没有捷径可走。回想起来，我采取了如下做法：

一是"自我扫盲"。这是走近专家，与专家对话的首要环节。每采访一位专家，特别是一位大师级专家前，我都尽可能多地阅读与他们专业方向相关的普及读物和资料。为采访我国量子化学之父、我国至今惟一的两次自然科学一等奖获得者、著名化学家唐敖庆院士，我阅读了不少与量子化学，先生两次获奖项目——配位场理论、分子轨道图形理论有关的科普读物和资料。为采访我国原子弹之父、著名物理学家钱三强院士，我阅读了大量核物理科普读物和核物理学家传记。这种浅层次的"临阵磨枪",使我对相关学科的发展进程,专家科研方向的学术背景有了一个大体了解。"自我扫盲",应是走近专家的第一步。

二是进一次"无形短训班"。即在前一层次的基础上,向专家的助手、弟子求教。采访唐敖庆先生前,我先采访了在5个城市工作的唐先生的"八大弟子"——后来其中的五位被评为中科院院士,还采访了唐先生十几位其他辈分的弟子。记得有一年春节是在当时还未评为院士的孙家钟教授家里度过的,与孙教授进行了为期一周的交谈。采访大学者日知先生前,先采访了先生的高足吴宇虹教授,采访了多位先生培养的博士和在读博士生,还与先生的年龄较大的弟子开了一整天座谈会。

2003年经多方联系,2000年诺贝尔化学奖获得者、美国著名科学家麦克德尔米德教授慨允接受我20分钟采访。为了这20分钟采访,我先采访了吉林大学麦克德尔米德实验室学术委员会执行秘书长、上个世纪90年代中期曾赴美在麦教授门下从事两年半博士后研究的张万金教授和他的夫人,采访了曾在麦教授门下工作半年的王策教授。他们详尽地介绍了麦教授的人生经历、科学生涯、科研方向,以及获得诺贝尔奖项目"导电聚合物的发现和发展"的内涵。向吉大材料科学院院长陈岗教授了解了麦教授与吉林大学合作,组建以麦教授的名字命名实验室的初衷,以及他三次来华工作的情况。应我请求,与麦教授同一科研方向、我国塑料导电方面的权威、原东北师大校长王荣顺教授给我上了一堂塑料导电科普课,使我对塑料导电的科学原理、科研进程、应用现状有了一个基本的了解。我又阅览了能够找来的有关麦教授的资料。

似乎已形成了习惯,每采访一位专家学者前,我都要进一次这样的"无形短训班",接受一次启蒙教育。这一过程在某种意义上也是采访专家,尤其是大师级专家的演习:取得与专家弟子、助手对话的资格,无异于踏上了与专家对话的阶梯。

专家助手、弟子们的讲述，也使我大体了解了专家科研方向、主要科研工作的情况，一般就无需专家本人讲述了。多数情况下，他们还会告诉我，哪些是必须要由专家讲述的，采访的重点应定位在哪里。这样与专家本人交谈时，就将不是令专家索然无味的无谓耗费，而将是使其兴趣盎然的较深层次的攻克科研难题的底蕴、诀窍和思维方法的探讨。

  三是提高自身科学素养。如果仅是听专家的讲座，有上述两个层次的准备，可能就差不多了。可要与专家对话，与专家进行科研方法、思维方式层面的沟通、交流，尚须记者具有一定的科学素养。非此，是无法与专家进行真正意义的对话、交流的。我体会，阅读有关科学发展、科研基本规律方面的书籍，读中外科技史、有关学科史、科学家传记是一个重要方面；多与各学科专家接触，与他们聊天，参与他们的活动，也是十分有益的。近年来我结识了包括物理、化学、数学、计算机、机械学、农学、材料学，哲学、经济学、文化学、历史学、社会学等多个学科的专家朋友，经常参加他们举办的国内、国际学术会议，还曾参加几位专家科研项目的申报、评审、验收等活动。长时间的耳濡目染、感悟、积淀，使我对专家的个性特征、思维方式、精神世界、生活习惯、业余爱好等方面都有了一定程度的了解，自感与专家对话和与其他人士对话几乎没有太大的差别，似乎与他们更易相处、沟通、达成默契。一位美籍华裔著名科学家来华访问，我多次应邀参与其部分活动。与多位外国科学家，海外归来学者的接触，使我对中西科学文化的一些细微差别也有了一定理解。

  有了上述积累，对与专家对话就不会望而生畏了。实际上，当我迈进麦教授在吉林大学的办公室之前，已找到了向这位科学大师求教的感觉，对于即将进行的与科学大师科普层面的交谈有了相当的把握。那次采访定在下午的2时30分。我还有4个问题未及相问，时间便到了4时30分。原定的20分钟采访，进行了两个小时，可麦教授依然谈兴不减。麦教授对我提出的每一个问题都表现出浓厚的兴趣,兴致勃勃地娓娓道来,不时伴随爽朗的笑声。当我提出"麦氏实验室的科研方向是基础研究,还是应用研究,抑或两者兼而有之?您如何看待基础研究和应用研究这两者之间的关系"时,麦教授兴奋之情溢于言表,说"想不到张先生对我和我们实验室的研究方向了解得这样深入!"兴之所至,75岁高龄的老人竟走到一块黑板前,以板书阐述起来。过后我在人民日报发表了一篇通讯《诺贝尔奖得主的中国情》、一篇访谈录《为中国科技发展献策》,在人民网发表了约5000字的长篇通讯《为中国科技加油》。

四是平和心态。采访专家,事前耗时费力,就够辛苦的了。采访中也不轻松,需不停地思索,捕捉专家谈话要点,确定还需专家进一步讲述之处,特别要想方设法激发专家解开攻克科学难题底蕴的谈兴,大脑始终处于亢奋状态。几个小时采访下来,丝毫不亚于马不停蹄地赶一篇待发的稿件,只觉精疲力竭。进入写作过程就更加劳神费力了,要啃下、消化、理解专家主要科学贡献的"内核",并尽可能用生动活泼、通俗易懂的语言准确地传递给读者,常搜索枯肠,冥思苦索。写自然科学家很费力,写人文社会科学家也并不省力。刊发在人民日报上的《提高国家经济质量》(1994年2月18日,《新华文摘》1994年第5期转载)、《市场经济需要现代经济精神》(人民日报1995年12月19日"学术动态"版),是我与孟宪忠教授一起,写了改,改了再写,断断续续写了十几遍,历时半年多才出炉的。

显而易见,采写科学家与采访其他领域人士,写其它行业的稿件相比,付出的心血和精力要大得多。

## 力图让对话最大可能地转化为社会财富

如宋代大文学家王安石所言,"世之奇伟、瑰怪、非常之观,常在于险远"。与专家对话,采访专家也如同到达"人之所罕至"之地一样，眼前呈现一片美不胜收的奇异景观。

每采访一位专家，都宛若走进一个新的知识天地，领略到一个以往未曾接触的学科领域的旖旎风光。我有幸聆听到为数不少的在国内外科技界、学术界产生重要影响的科学大师、学界泰斗亲自为我讲述本学科的进展，其主要科研成果的内涵、价值。唐敖庆先生拨冗为我讲述了量子化学的发展历程以及先生本人多项研究成果的内涵。我国哲学界著名学者高清海先生花费好几个半天为我讲述了马克思主义哲学、中国哲学、西方古典与现代哲学的精髓所在，市场经济中的哲学问题，先生经半个世纪的探索建立自己哲学体系的历程。仅物理学领域，我便聆听到钱三强先生讲述的核物理学在近代激动人心的发展历程，先生本人发现三分裂、四分裂的动人情景；聆听到国际公认的高压物理权威、美国科学院院士、中科院外籍院士毛河光先生为我讲述的高压物理的发展历程和现状，先生本人研制金属氢的历程；我国固体发光的奠基人之一徐叙瑢院士为我讲述的固体发光的发展历程；聆听到著名晶体物理学家闵乃本院士为我讲述的这一学科的发展进程。

带着对专家学者的感悟，怀着抑制不住的激奋，我写出多篇专家学者通讯和传记文学。其中所写《理论化学家》在《人民日报·海外版》1996年1月连载了10期，6万字的原稿分两期刊于《传记文学》，部分章节被《新华文摘》转载。

令我感到振奋的是，对一些专家主要科研成果的描述，得到了专家们的认可。著名化学家朱清时院士在选键化学方面取得的研究成果，在国内外学术界引起极大的兴趣和关注。我绞尽脑汁，在《超越》（《人民日报·海外版》1994年8月3日刊登部分内容，2万字原稿刊于《传记文学》，《新华文摘》1999年第6期转载）中对选键化学和局域模振动态做了如下描述：

"选键化学，一个多么陌生、神奇而又诱人的研究领域！科普常识告诉我们，组成分子的原子是有许多化学键连结的。通常情况下，如若给分子施加能量，那么分子的每个键都会产生振动。不过也有一种特殊情况,就是给分子能量后,只有一个分子键产生振动,而其他键不会发生振动。""这种特殊状态被科学家称为局域模振动态。""如果找到这种状态,人们可以通过给某一化学键施加能量将其打断或激活,使分子重新组合,实现通过改变分子结构产生新的物质的目的。这样人类就会实现这样的梦想,如同剪裁衣服一样,对分子进行加工;如同做外科手术一样,给分子做手术,得到人类理想的分子。这就是选键化学的研究内容。"朱清时院上审阅稿件时,对上述描述未作改动。朱院士告诉我,后来他接受记者采访时说:"这段描述,很准确地表达了我的研究工作的内容。"

与专家对话,专家们兴之所至,常常会谈出有关学科和经济社会发展的深邃见解。采访麦克德尔米德教授,谈及如何培养创新意识,麦教授深刻指出,中国学生谦虚谨慎、勤奋刻苦,但是仅有这些品格还不够。他强调从学生时代就要着力培养"三个不要过于相信"的意识,即不要过于相信教授所教授的,不要过于相信教科书讲述的,不要过于相信从学术杂志上看到的。对教授说的、教科书和刊物讲的要永远持一种提问、质疑的态度。麦教授获诺贝尔奖的科学发现就生动地证明了这一点。多少年来,科技界都认为塑料是绝缘体,但麦教授和他的合作者的研究发现,塑料也有非绝缘体,是可以导电的。试想如果没有怀疑、质疑,一味盲从于教授、教科书的结论,怎么能够发现新的科学规律?"就是现在的一些科学原理,30年之后,我们可能会发现其中有一些是不对的,或是不完全对的!"麦教授进一步指出,创新决不可能在一味的学习、模仿中产生,而是在不断地怀疑、提问、质疑中产生,"挑战现有的科学原理,就是向诺贝尔奖的征途上迈进!"

一次与朱清时院士交谈,他谈及正在关注一门新型学科——绿色化学。与"三废"治理不同,绿色化学是从源头上消除污染,发展不产生污染的新化学反应和化学产品。他描述了当前国际绿色化学研究与发展的态势,并说我国应加强绿色化学的科学研究；在另一次交谈中，他提出当前应平等地对待"洋博士"和"土博士"的待遇。一次与毛河光先生交谈时，他谈及以高压物理为基础的高压科学正成为跨世纪、跨学科的前沿，并说我国也应加强高压科学的基础研究。两位专家的建议都被我写成学术性内参。

　　与社会科学各学科的专家们交谈，听他们对经济社会各种热点问题的精辟剖析，诸如我国应实施生态环保效益型经济，我国科技与经济结合不好的症结，政府权威是社会稳定转轨的保障，要注意结构性贫困，警惕市场经济扭曲变型，国企改革如何解决组织动力不足，依法治国必须学会法律思维……进行这样的交谈，不止是受益良多，而且是一种精神享受。

　　与专家对话，还会在专家治学精神、思维方法的熏陶下形成理性思考的习惯，提升对稿件的理性追求。与社会科学专家们交往，开始时差不多都是听专家谈，从中捕捉理性的火花和选题。听得多了，书看得够了，慢慢地有了一点底气，便与专家一道讨论。再后来，也尝试着就我国经济社会发展难点、热点提出问题，请专家给出答案。所发内参《将依法治国写进党的基本路线》、《中央领导集体实现整体换届影响深远》，便是由我提出问题，分别由中国法官学院院长郑成良教授、吉林省社科院院长邴正教授作答，一起讨论成稿的。2003年发表的《防治非典 法律意识、公共意识不可缺位》（人民日报2003年5月12日《视点新闻》版），也是由我提出问题，由这两位专家作答（郑成良教授是电话作答）完成的。

　　两年多前，我与郑成良教授花费半年时间，完成了访谈录《依法治国必须学会法律思维》，一直未能发出。去年我尝试运用郑成良教授在原稿中提出的观点，剖析广大农民深恶痛绝的"形象工程"。我选好新闻事件载体，完成了初稿，郑教授审阅时未作改动，说"很成熟"。后来《法律视角看"形象工程"》发表在2003年3月19日人民日报的《视点新闻》版上。

2004年3月

# 一篇内参就是一本"奏折"

宋光茂

如果说我们的公开报道是党中央的喉舌，那么我们的内参就是党中央的耳目。一篇内参就是一本"奏折"。驻地记者站在抓好公开报道的同时，也应下功夫把"奏折"写好。只有发挥好耳目喉舌作用，"两条腿走路"，才能树立威信，才能在新闻单位的竞争中跑赢，才能高出一筹。

要向中央写好"奏折"，重要的是关键时刻不失聪，要害问题不含糊。在去年抗击"非典"的斗争中，山东站采写了多篇有关内参，其中反映济南出租车不消毒的内参，引起中央领导同志的高度重视，并对此进行了批评。省委、省政府的主要负责人很快便出现在出租汽车公司、公交公司和车站等场所检查公交工具的消毒情况。

我们写内参一定要"出以公心"，要经得起时间的考验，同时也不能惧怕一时的压力。抗击"非典"期间的几篇批评性内参刊出后，一时间省里不太理解，给我们施加了很大的压力。关键时刻，王社长、张总、梁副总对我们的内参工作作了重要批示，给我们撑了腰、鼓了劲。我们深信，我们写批评性的内参，是像社长讲的那样"出于公心"，是为山东做好非典防治工作着想，是为山东人民的最根本利益着想。由于我们反映的问题经得住时间的考验，事后，省里很感谢记者站。

时效性决定内参的生命力。既然是向中央写"奏折"，真实、准确是起码的要求。在这个前提下，时效性就是内参的生命。内参能不能发挥作用，关键是看它能不能被批示，以及批示的层次,也就是能不能引起领导的重视。如果内参反映的问题已经过时,或者被其他新闻单位已经抢先反映过了,这样的内参就不会引起领导的重视。5月9日,我们采写的反映国务院督查组高度评价山东防治工作的内参,温家宝总理等多位领导同志作出重要批示,对山东震动很大。这份内参就是抢时效性抢来的。当时,我们和新华社等多家新闻单位同时参与采访,一起听取了国务院督查组对山东省防治工作的反馈意见。我们在采访结束后迅速写稿,编辑部迅速编发上送,抢在了兄弟新闻单位的前边。对此,山东省委也非常满意,省委主要领导人在多种场合郑重地表示感谢,甚至表示敬意。

内参的题材和内容应该很广泛,不见得都是批评稿。我认为,它可以分为正面的、负面的和中性的。正面的内参总结成绩、提炼经验,如果有全局性意义,也会受到中央领导和地方领导同志的重视;负面的内参反映问题,监督工作,如果把握得当,中央领导会高度关注,大多也会受到地方领导同志的欢迎;中性的内参,既不是批评也算不上表扬,可以写成一篇调查报告,它对中央和地方某一方面的工作会有启发意义。

就山东站来说,现在我们有大量的中性内参题目值得采写。比如:(1)禽流感预防问题。山东是饲养大省,23亿多只的饲养量,占全国的1/6,出栏量占全国的1/5,出口占全国的近1/2。这么大的饲养规模,没有疫情报告,预防效果比较好。我们感到,这里边需要调研、总结的是标准化饲养对预防禽流感有什么作用。(2)种粮与农村经济结构调整的关系问题。去年,中央正确决策,果断地强调种粮、粮食安全问题,但在农村经济结构的调整上不能"翻烧饼"。怎样处理种粮利农和农村经济结构调整的关系,这是上上下下都关注的问题。(3)山东的二元经济结构问题。山东这个问题很突出,城乡差距很大。山东的大中城市总体上看还是比较繁荣,但农村尤其是鲁西南、鲁西北和沂蒙山区的农村还比较穷。那么,到底山东的二元经济结构具体是什么样的状况,这些年发生了怎样的变化，是差距拉大还是缩小，也很值得调研，写出一篇中性的调研内参。

在实际工作中，我们尝到了写内参的甜头。因为写内参，我们经受了锻炼和考验；因为写内参，奠定了山东站各项工作的有利基础。同时，也在当地树立了人民日报内参的威信。越是领导重视，我们越要深入采访，越要认真调查研究，精心写好每一本"奏折"。

2004年3月

# 对"体验式新闻"的体验

## ——《一拨就灵解民忧》的采写实践与思考

何 伟

通讯《一拨就灵解民忧——宁波市海曙区"81890"求助热线见闻》今年3月29日在人民日报刊发，有三点出乎作者意料：

其一，作为"自选动作"，没想到在"规定动作"排队抢攻一版的稿情下挤上了头版头条。

其二，这篇来自最基层的报道，写的是宁波市海曙区所属的一条服务热线，却登上了大雅之堂——重头报道唱主角的头版头条。

其三，报道之后，来自报社和事件发生地的褒奖之词不断。浙江人民广播电台一位资深记者在给报社的读后感中写道："群众利益无小事，像这样来自基层的为民服务的鲜活新闻上头条，体现了报社编辑们的敏锐眼光，也是报社学习贯彻'三个代表'重要思想的又一个具体体现。这条新闻抓得好，写得好，版面处理得好。这篇报道，是记者深入生活、深入寻常老百姓家庭写成的，每一个例子、每一个小标题都来自群众生活。特别是报道以记者体验式采访展开，以小见大，读来可信可亲。"人民日报社一位领导也批示：稿件注重用新闻事实提炼主题，应把编发这种深受读者欢迎的好头条的势头保持下去。

我们常说，报道要上去，记者要下去。怎么下去？亲身体验无疑是一种重要方法。如果说,《一拨就灵解民忧》有成功之处,我的体会恰在于"体验式新闻"的成功运用,这也是本文想要一探的课题。

**选题与策划:在体验中寻找报道的主题,力求"人有我先、人先我深、人深我特"**

一篇报道的成功,首先体现在选题上。一篇人民日报的好头条,我认为选题至少应具备三方面条件:一要符合中央的精神,好比接上"天线";二要反映基层民意,好比连到"地线";三要有特色,有新意,做到"人有我先、人先我深、人深我特"。

在别人向我推荐宁波求助热线"81890"时,该热线已运转好几年了。说实话,各地这热线,那热线,眼花缭乱,稍加推敲核实大都有名无实,所以对这个典型一开始我并没上心。一次偶然的机缘,我抱着试一试的心态拨打"81890"求助,服务之好,给我留下深刻印象。看来,"81890""全天候、全方位、全程式"的服务承诺并非心血来潮。可这高难度的承

2005年清明节,宁波记者站站长何伟(右二)带领全站同志,去余姚四明山梁弄镇革命烈士纪念碑前凭吊并到纪念馆上党课。

诺，靠什么兑现？好奇心的驱使，让我重新拾起了这个曾经忽视的选题。

海曙区委宣传部的同志了解了我的意图后，帮我找来厚厚的几大本资料，还按常规先写了一篇2000字的通讯。这些原料足矣。但要写出彩，挤上一版，还欠些东西。我在思考：有没有言过其实？重点应放在哪儿？怎样找到报道吸引人的地方？没有生动的第一手材料，就会写成流水账。

驻站记者要具备灵敏的嗅觉。"自选动作"难，首先难在主题的确定上。如何从信息的海洋中捕捉到版面最需要的"活鱼"，是对远离报社的驻站记者新闻灵敏度的检验。这个典型抓人的地方是高难度的服务"灵不灵"。找到报道的"穴位"，体验式采访便是我最好的选择。如果说，采访之前对报道的重点还很模糊，那么采访之后便清晰了。正如报道开门见山，直奔主题，开头即写道：

"81890"真的就那么灵，又凭什么这么灵？记者近日对"81890"进行了体验式采访。

"体验式新闻"是一种创新的报道方式，是指在遵循新闻规律的前提下，通过亲身体验，以新闻视角记录事实的新闻样式。

对缺乏生活阅历的年轻记者而言，体验式采访是写出精彩报道的有效方法。《新民晚报》曾策划过一个全新专栏——《体验式采访札记》，组织十多位记者深入一些行业写报道。环卫工人，菜场菜贩……报道出来后，深受读者好评。

写什么，是记者经常要思考的问题。认识来自于实践，体验式采访无疑可帮助解决这个问题，可在体验中寻找主题，在体验中深化主题。人们对事物的了解有一个规律：听过不如见过，见过不如亲自干过。听过，可以说"知道"，见过可以说"了解"，亲自干过才能有深切的"感受"。记者写一般的报道，也许并不需要多少亲身感受，但是，若想写出打动人心的东西，那是非有自己强烈的感受不可的。自己没有感动的东西是决计不会感动别人的。而亲身的感受,与亲身体验密切相关,这是许多写过深切动人的新闻作品的记者的普遍感受。作家魏巍在谈《谁是最可爱的人》这篇著名通讯时也说:深入感受,对写作的人是多么重要!你感受得深了,写出来,也就必然有那么一股子劲,人家读了,也就感受得深;你感受得浅,人家从你这儿感受到的,也就浅。

**采访的技巧:在体验中提高,既要从外边向里边看,又要从里边向外边看**

"体验式采访"是科学的认识论在新闻采访中的运用。其优点是记者可获得生动的现场资料,加深对事物的认识。所谓知行并重,从采访方法上看,知,就是听情况,看材料;行,就是体验式采访。记者有时要报道的事情,不仅对读者是完全生疏的,而且对记者也是完全生疏的。记者只有争取同那个事物直接接触,亲自实践,才能切实了解那个事物。俗话说,要知道梨子的滋味,就要亲口尝一尝。体验式采访就是解决"尝一尝"的问题。

尝有尝的技巧。多数情况下,记者采取公开方式进行。特别是正面报道,都能得到对方的积极配合、实事求是的情况介绍。但也有在某种利益驱动下夸大、拔高、浮夸的现象。这就需要记者通过"体验"式的暗访,辨别真假虚实。有一种认识误区,似乎只有批评报道需要暗访,其实正面报道也需要暗访,特别是对宣传意识较强的单位和人物。因为记者尽管接触很多事实,但绝大多数毕竟是通过口头和纸面,毕竟是旁观而不是参与,一句话,记者的工作是一个"了解"接着一个"了解",很少亲身经历。这不能不说是记者的一大弱点。从这点来看,记者应该同作家一样,深入生活,体验生活,既要从外看,还要想法钻到里面看。

人民日报记者金凤曾说过一句精辟的话:"采访不仅需要从外边向里边看,有时候需要从里边向外边看。"所谓"从里边向外边看",就包括记者要进入到事件里面去,也就是亲身体验。战地报道、纪行报道、新闻调查经常采用此种方法。

更重要的是，体验式采访可以增加报道的可信度和说服力。例如你报道一个饭馆的服务质量好，是进门就找服务员开座谈会听他们介绍好呢，还是先当一名顾客，不亮出身份，在餐厅里吃顿饭，亲身体验一下好呢？恐怕是后者。使用这样的采访方法，如果该单位是徒有虚名或假报成绩，就比较容易发现；如果是名不虚传，那么这样的方法本身就在了解中带有检验的成分，原原本本写出来，读者就会破除"为宣传而做作"的怀疑。美国作家杰克·伦敦当记者的时候，也曾打扮成美国水手，住进英国贫民棚，采访那里的下层人民的生活。这也是一种值得学习的亲身体验的方式。记者采取亲身体验的方式，可以更多地看到事物的本来面目。

20年人民日报记者生涯，经我采写的典型不下20多个。回头看，真正经得起历史检验的过硬典型很少。除了认识上的原因，更有采访上的原因，如走马看花、雾里看花。起初，我对"81890"求助热线是有警惕的。当时我国几乎每个大中城市都有形形色色的服务热线，却虚虚实实。所以当他们介绍热线并达到"三无"标准时，特别是介绍者的口才很好，更让我起疑。所以采访"81890"热线，我反复思考如何验证而不是停留在对方提供的材料上。

实际上，为了验证"81890"这个典型，我观察追踪了两年。期间，我利用到其他地区采访的机会考察各地出现的市长热线、救助热线、服务热线等。在比较体验中对这条热线为何"灵"有了深层的认识，从而使报道主题深化，也提高了报道的深度和可信度。

**写作灵感：在体验中捕捉，以写作指导采访，以采访指导写作**

报道的过程实际上是采访与写作互动的过程。采访时想着写什么如何写，写作时想着采访什么怎么访。《一拨就灵解民忧》的产生正是这样的过程。

新闻的生命力在于创新。根据唯物论的原理，写作方法的创新，有赖于采访方法的创新。翻阅新闻史上的名篇，许多吸引人的作品靠的是揭示真相。让读者相信"81890"不是作秀，最好的方法莫过于第一手素材的运用。在决定体验采访"81890"之前，我已经有了腹稿，构思了几种结构。取谁舍谁？采访归来，报道的写法也瓜熟蒂落：以白描手法记录记者求助的全过程，既真实准确，又形象生动。实践证明这是避免典型报道假大空的有效手段。时下，典型报道往往容易拔高，从而造成读者的不信任或敬而远之。提高读者对报道的信任度，最高明的手法是遵循新闻规律，用事实说话。正所谓美学上的大巧若拙，于是，我放弃了用一个动人的小故事开篇的构思，改用白描式手法，将发生断电故障、打电话求助、观察维修服务以及服务时限一一道来，没有议论，没有感叹，没有评价，有的只是直白的叙述，如文中第一部分写道：

3月18日晚，在朱雀小区一居民家，记者拨通了"81890"："我们这突然断电了，能帮助解决吗？"

"请告诉我详细的楼牌号码。"在确认地址后，女接线员说："别着急，维修人员10分钟内就到。"

不到10分钟，一名男子摸黑爬上楼来。经仔细检查后，发现是保险丝烧断了。电话铃响起，还是那位女接线员，询问维修人员是否到了现场。此时，室外保险丝已接好，但烧坏的老式保险盒难配，维修人员将带来的新型保险盒稍加改造。灯终于亮了，收下10元工钱，维修员道了声再见便消失在黑夜中。约半小时后女接线员的电话再次打来，询问服务和收费是否满意。"如果不满意，可向我们投诉。"

体验采访与白描手法的结合，相信这是令读者信服的利器。

**记者的修养与要求：体验式新闻不能越过新闻真实性的底线，与新闻同行但不能制造新闻**

作为采访方法之一的"体验式采访"，也有一定的局限：

一是需要事先策划，故有记者"导演"之嫌。记者的参与是为了获取更有力的事实，而非制造新闻，因此要把握住新闻真实性的底线。二是记者素质的高低限制着体验深度。记者的体验也不见得完全准确、全面，它同样要受到记者思想、业务、心理等各方面条件的影响，记者对自己的体验也必须采取审慎的态度，避免主观倾向。三是体验式采访不同于"卧底"，虽属隐形采访，但要在法律的范围内进行，对涉及隐私权等问题则不宜披露。

"体验式采访"是记者转变作风的有效途径。中央领导同志要求新闻报道"三贴近"，把镜头对准基层，把版面留给群众，关注热点问题，反映群众呼声，推动实际工作，引导社会舆论。这就要求记者深入到改革开放和现代化建设的第一线，采访方法要创新，写作构思也要创新。"体验式采访"无疑是值得倡导的方法。

当然，体验式新闻对记者提出了更高的要求。至少应具备以下素质：一是要有较强的事业心和责任感；二是要有深入深入再深入的良好作风，要有不惜流汗甚至流血的勇气；三是具备较强的应变能力和法律意识。

2004 年 9 月

# 逼近事物的本质

## ——三写诸暨"枫桥经验"的感悟

袁亚平

当了26年记者,写的稿子能装几大箩筐了。有的随手拈来,信笔成文,不花什么工夫;也有的费尽心思,搞得自己寝食不安,几乎把肚底货都掏空了。

三写诸暨"枫桥经验",就差点把我弄成江郎才尽了。1999年12月1日,人民日报头版头条发表通讯《立足稳定和发展——浙江诸暨"枫桥经验"纪实》,配发评论员文章《"枫桥经验"值得总结和推广》。

2006年2月23日,记者袁亚平(左)深入山区采访全国保持先进性、建设新农村的重大典型——永嘉县山坑乡后九村党支部书记郑九万,与其边烤火取暖、边拉家常。

2003年11月22日,人民日报头版头条发表通讯《让我们的社会安定和谐——浙江省诸暨市创新"枫桥经验"纪实》，并加编者按。

2004年6月12日，人民日报头版右上发表通讯《平安是福 和谐为乐——浙江省诸暨市创新"枫桥经验"纪实》，配发评论员文章《"枫桥经验"的启示》。

如此高规格的报道，在浙江省诸暨市的历史上是空前的，在人民日报的报道上也是鲜见的。

这三篇写"枫桥经验"的通讯，有的获人民日报精品奖，有的被《浙江日报》、《绍兴日报》、《诸暨日报》头版头条全文转载。

## 一写"枫桥经验"：揭示发展规律

枫桥镇的社会治安好，经济环境好，群众情绪也好，很多商人到枫桥做生意，很多干部到枫桥参观，也有很多记者到枫桥采访。

有人写枫桥的历史，有人写枫桥的经济，更多的人写枫桥的治安。这些都值得写。

然而，作为人民日报记者，选题的眼光就不能停留在一般的层面上。

人民日报原副总编辑张云声同志到枫桥实地考察后，对我说，如何正确处理改革、发展和稳定的关系，是时代向我们提出的一个重大课题，从稳定和发展这个高度来采写"枫桥经验"，要有点理论色彩。

主题确定了，我的采访思路明确了。

"一路过去，山上全是翠绿的竹林。山路两旁的毛竹又高又密，夹成一条绿色的甬道，汽车就从中钻过去。"这是我到山村采访的实景，顺手写在通讯里。

我一路跑了好几个村庄，到了好几户农民家里，亲眼看，亲耳听，直接问，不停记。我一直以为，听各级干部介绍情况是必要的，但到村户同农民面对面交流，会使我心里更踏实。

采访的结果记满了笔记本，外加一大摞书面材料，而我却迟迟未能下笔——因为怎样才能有"理论色彩"让我陷入冥思苦想之中，拉拉杂杂写了一稿，左看右看不像样子，推倒重来！

断断续续又写了一稿，看来看去，既不像理论文章，又不像新闻通讯。得，毙了吧！

终于想明白了，我写的是通讯，而不是理论文章；我要在所报道的新闻事实中，寻找出内在联系，继而揭示其运动规律。寓理论于事实中，以辩证的观点来统帅几大块材料。

主标题：《立足稳定和发展》。小标题：《稳定是发展的前提》、《发展是稳定的基础》、《稳定需要一套机制》、《发展需要以人为本》。

这样，我舍弃了大量采访素材，集中笔墨，一气呵成。成稿后，又请张云声同志斧正。

思想的深度，理论的高度，那是我难以企及的，但也正是我需要一步步追求的。

## 二写"枫桥经验"：注重社会和谐

当我第二次到枫桥镇采访时，心里就在敲小鼓：要寻找新的角度，难！

但任务在肩，硬着头皮也要上。怎么办？我寻思，首先在采访上，要找一些新的点，让自己有新的刺激，有新的感受，然后琢磨怎么写吧。

"福寿康泰"，"虎啸风声远，龙腾海浪高"，"祖国共天地同寿，江山与日月争辉"……一幅幅村民撰写的书法作品，挂在墙这边；二胡、三弦、月琴、笛子、红腰鼓，列在墙那边。

村里有民乐队、演唱队、秧歌队、腰鼓队、锣鼓乐队、太极拳队、篮球队。年轻的新农村党支部书记陈乐琴，领着记者看这看那。全村375户、1056人，村里种养殖和轻纺、布机、小五金、运输等兴旺发达，2002年人均纯收入10390元，全村文明户达到100%。村集体资产300多万元，发展势头更好。

她指着对面那一幢被脚手架包围的建筑说："那里六间五层，建成后下面是商业营业用房，上面是村里的娱乐中心，有康乐球、乒乓球、健身房，城里人有的我们都有。我们村，家家抓发展，人人保平安，齐心奔小康。"

这下，采访主题有了！我的心中一阵狂喜。

我如实地记下了这一切，全部写进了稿子里。之后，我又将自己的思索写了下来。感谢人民日报社领导和编辑的大度，让这些文字全部见了报：

"在枫桥镇走访，边听边看边思索。近几年来，经济快速发展，社会变革深入，同时带来了新的矛盾和问题，失地农民和农村富余劳动力大量增加，农村基础设施、公益事业建设相对滞后，农民文化生活相对贫乏。发展中的矛盾是客观存在的，关键是要用发展的思路、创新的办法去解决。推进经济社会协调发展，最大限度地减少社会矛盾，这是'枫桥经验'新的时代内涵。"

沿着这样的思路，我又去采访了镇北社区调解委员会，再采访了一些村庄和企业。这回，我的心中有底了，归纳了材料，从三个层面展开这篇通讯。

主标题：《让我们的社会安定和谐》。小标题：《经济社会协调发展 尽量减少社会矛盾》、《努力化解矛盾 就地解决问题》、《坚持以人为本 社会安定和谐》。

### 三写"枫桥经验"：着眼以人为本

都说事不过三，事情一到三遍，就难上加难了。那天一听说有个急活，要我立马去采访"枫桥经验"时，我简直头皮发麻，心里发怵了。

这个太熟悉的题材，而且离上次采访相距不过半年，如何不重复自己，如何有新意呢？

我是战战兢兢，格外小心，生怕找不到新材料，生怕出不了好题目。

到了枫桥镇，我对镇党委书记说，不用介绍面上的情况了，我只问这半年来，有没有新发展，有没有新情况，有没有新问题。

从时间段来说，我要掌握最新的材料。从采访层面来说，我要到最基层，直接采访村干部和村民。跑了一个个村庄，采访本记得满满的。但这时的我，还没有理出思路来。那种该了不了、欲罢不能的感觉，折磨得我吃饭都没了滋味。

晚上住在镇里，镇党委书记见我这副淡然无味的模样，便来房间陪我聊天。我推开窗，看到对面的一幢楼房，一个个窗户亮着灯。我忽然来了兴致，走，我们去夜访一下。

镇党委书记说，这几年到枫桥采访的记者很多了，从来没有一个记者要夜访的。

而恰恰是这次夜访，给了我灵感。三写枫桥的通讯就从这里开头：

"夜宿枫桥镇。推窗望去，远处青山在夜空中画出黝黑的轮廓线，近处的步森集团六层楼亮出一个个温馨的窗口，里面居住的全是外来务工者。

敲开一间女工宿舍，只见桌上放着新型的收音机，床上挂着红色的中国结，床头堆着毛茸茸的小熊小狗。23岁的钱凌燕露出甜甜的笑，对记者说：'我从外地来枫桥打工已经三年了，在步森集团制衣车间做工，这里条件好，蛮舒服，我很安心，还准备报名学电脑。下班后到镇上走走玩玩，也很安全，真有到家的感觉。'门上贴着红底金字的'福'，透出她心中的祝愿：平安是福！"

我的思路越来越明朗了。以人为本，全面、协调、可持续的科学发展观，正是我们所要强调和坚持的。做好社会治安工作，尽量减少社会矛盾，经济社会协调发展，最终是为了社会全面进步和人的全面发展。

好了，"枫桥经验"，我又解读出新的深层意义了。

主标题：《平安是福 和谐为乐》；小标题：《只有统筹发展，才能减少社会矛盾》、《只有化解矛盾，才能过上太平日子》、《只有村民素质提高，才能实现人民安康》。

我就贴着人来写："新农村党支部书记陈乐琴开着私家车到了村部，冲记者快乐地扬扬手。""村委会主任张新建铺开一张村规划图：这里是农民单体别墅，这里是村民排屋，这里是村综合大楼，这里是花坛和休闲场所。""坐在记者面前这位满头花白的老人，是陈昂村63岁的黄庚信。"

这里，我特别在意的是第三部分表述的观点："只有村民素质提高，才能实现人民安康"。农村里很多事，本是家庭或邻里之间的鸡毛蒜皮，由于处置不当，演变成纠纷或是更大的矛盾，激化时甚至造成社会治安案件或刑事犯罪案件。所以，只有村民素质提高了，用文明的意识、民主的方法、法律的手段，来表达个人的意愿，处置个人的行为，才能"小事不出村，大事不出镇"，才能稳固平安社会的基础，才能实现人民的安康。村民素质如何，更大范围地来说，国民素质如何，决定一个国家的盛衰。这是核心问题。

写"经验"之类的，一般很容易从工作角度去写。而我庆幸自己未入窠臼。现在回顾一下，三写"枫桥经验"，我寻找了三个角度：一写，揭示发展规律；二写，注重社会和谐；三写，着眼以人为本。

从写作的视角来说，这一、二、三篇，是从宏观到微观，越来越缩小了；但从写作者内心来说，是与写作对象贴得越来越近了，越来越亲切了。

其实，要把一个地方的"经验"反映出来并不难。难的是，如何越来越逼近事物的本质。

2004年10月

## 文风·作风·新风

### ——从刘杰站长的新闻采写中说感受

何 聪

我考研究生时，试卷上选用了一篇通讯《绿了山，肥了田，富了民》，要求配写个评论。考卷上没有注记者名字，不知是谁写的，只觉得这是篇美文，文

2005年春节前夕，记者何聪（左）深入淮南煤矿800多米深井采访安全生产。

风清新，标题简捷、概括准确，事例典型，同时感觉这个记者非常敬业，为一篇文章"裹着秋风，跑了7个地市16个县区"，尤其到过霍山县的青枫岭——偏僻的高寒山区。后来幸运来到人民日报社，成为刘杰站长手下的兵，才知道这篇通讯是刘站长写的。几年来耳濡目染，刘站长也手把手教导，受益很深，早期的印象逐渐变得清晰，并且有了更深的体会。

## 追求高度、深度和厚度，做学者型、研究型记者

人民日报的新闻，尤其是重点报道，多是一些非事件性报道。这种新闻报道考验记者的发现能力、总结提炼能力。刘站长在作品里体现了敏锐的洞察力，这建立在深厚的学养和理论修养上，建立在对人民日报编辑方针和报道要求的全面把握上。

"站在天安门上看问题"，这是人民日报对记者的要求。每逢中央有重大活动和政策出台，刘站长总要带领我们学习，结合安徽省情思考报道选题。去年国家宏观调控刚出台时，刘站长敏锐感觉到这是个重大的经济政策，人民日报必然大力宣传，他立即选报了《设立绿色门槛，项目择优筛选，安徽发展工业严把生态大门》，该报道2004年8月4日见报，是人民日报宣传宏观调控政策较早的几篇头版头条，中宣部部长刘云山和王晨社长、张研农总编辑在当天的报纸上批示表扬。

2003年7月9日发表的《大局为重，人民至上——安徽党员干部在抗洪抢险中实践"三个代表"重要思想记实》，也充分体现了刘站长的高度、深度和厚度。当时，我也在抗洪一线，接到记者部编辑组的电话，要求多采写抗洪抢险中实践"三个代表"重要思想的典型。我接到电话后，有点犯愁，因为身处一线，除了看到险情、灾情外，就是干群一起抗洪的场面，一时摸不清共产党员到底发挥怎样的作用。我向刘站长汇报后，他敏锐地感觉这里蕴涵重大主题，即与张研农总编辑沟通，敲定采写一个全景式通讯，反映安徽干群在抗洪抢险中实践"三个代表"重要思想。他连日连夜采访，很快写成4000多字长篇通讯。报道出来后，受到方方面面的好评。

我知道这种思考的高度、深度和厚度，来自于刘站长的好钻研和长期积累，非一日之功，来自他勤奋刻苦的学风，每次出差，他总是带上经过挑选的需要精读的报纸和书籍。

## 带着激情，深入采访，做思考型、务实型记者

采访决定写作，七分采访三分写作。一年中，刘站长大部分时间奔波在江淮大地，跑基层，跑现场。他常说，记者要勤快，就是脚勤手快，脚板底下出新闻；不光出新闻，还会出好新闻、大新闻。谈起《绿了山，肥了田，富了民》这篇二三千字的通讯，他说："我愿意跑二三千公里的路，翻山越岭，吃尽苦头，当然也尝到了甜头。那次到霍山高寒山区青枫岭，夜里住在农家，吃着农家家常菜，跟农民拉家常，直到深夜，得到的感觉是别人难以得到的，所写出的东西也是非常感人的。"

在采访中，他总是充满激情和热情，不断探讨和思考采访的内容和报道的主题。《淮南建设节能省地型居民住宅小区》这篇报道，我们在采访初只有一个资源节约、为困难群众解决住宅构建和谐社会等大主题，最终形成报道的主题全靠深入采访、挖掘细节而来。采访中，站长带着我不停地看，不停地问，当看到居民住宅楼下的瓦斯表箱、整齐摆放的太阳能热水器，利用煤矸石烧制成的墙砖等细节，他很兴奋，从这些细节中深化提炼出报道的主题。在车上、饭桌上，他总是热情地与陪同采访的同志以及采访对象探讨主题、标题等，采访结束时就基本成篇，文章写起来也一气呵成。

安徽省委宣传部臧世凯部长曾向王晨社长要求，宣传一下花山谜窟。我们着手采访时，根本不知道主题在哪里，该如何着笔。站长说，那就到现场去感受吧。边看边问边想，对石窟有了一定的了解。我们更深的体会是在一位老人的带领下，爬

山越岭，攀越丛林，在几乎没有人行走的山林里看完尚未开发的最具代表性的几个石窟洞口，听老人介绍石窟发现、开发的经过以及对各个石窟的

2003年淮河发生特大洪涝灾害，记者何聪（右）在抗洪救灾一线采访。

种种猜说。在采访中，我们逐渐形成理念：不管石窟的最初用途是什么，客观上是对自然生态的一种保护性开采，比起当今的许多矿山开采挖掘弄得满目疮痍的现状，具有很大的借鉴意义；同时，增强对古迹的保护性开发意识也刻不容缓。有了这样的报道主题，才有了《花山谜窟谜难解，保护开发不宜迟》的问世。

现在因为担任领导职务，刘站长很难一次长时间呆在一个地方采访，有时就分几次。他为采写《铜陵发展循环经济搬走三座大山》，曾三下铜陵。

## 细推敲，多揣摩，炼意炼句，做创新型记者

刘站长指导我写稿子，经常说的一句话，就是把材料吃透，变成自己脑子里的东西，把采访的东西"咀嚼"一遍，然后把新闻素材在脑子里像过电影一样，消化好才能动笔，只有这种消化，才能多角度把握事实，选择最新颖的角度。正是这

种"咀嚼",才能够把文章的"意"和"魂"提炼出来,他为此经常夜不能眠。

"推敲出精品、出佳作。古人为得一佳句捻断千根胡须。我们搞新闻,特别是搞重点报道,就要有古人这种推敲锤炼、语不惊人死不休的劲头。推敲包括主题推敲、语言推敲和结构推敲等等,哪方面都需要细致琢磨研究,只有几个方面达到了完美结合,或者说相对完美,才能达到最佳效果。"今年4月5日,人民日报头版头条报道了《安徽煤炭基地建设奏响"三重唱"》,他写了篇《三推敲写出三重唱》体会文章。他说文章不怕千番改,佳品有路耐打磨,好稿是逼出来的,好稿是跑出来的,好稿也是反复推敲打磨出来的,功到自有"精、气、神"!

作为一个年轻记者,我当加倍努力,勤于学习、勤于实践,像刘站长那样,做一名学者型、研究型、思考型、务实型、创新型记者。

2005年12月

# 有准备的头脑才能创新

## ——《擦鞋者说》采写回眸

龚永泉

《新闻战线》的编辑相约说说采写发表于3月19日人民日报一版的小通讯《擦鞋者说》,咱就说说。

其实,《擦鞋者说》的线索我是从《南京日报》上看到的。但有意思的是,江苏省委常委、南京市委书记罗志军看了人民日报发表的《擦鞋者说》后,告知市委宣传部长,要求市报转载。市报答复:"我们已报过。"市委宣传部反问:"你们是怎么写的,看看人民日报是怎么写的!"3月21日《南京日报》在一版全文转载《擦鞋者说》。第二天,《南京日报》又发了言论《创新是每一个人的事》。全文如下:"南京的郭师傅擦鞋擦出了名堂:人民日报以《擦鞋者说》为题,介绍了他的成功之道。郭师傅的成功之道就是诚信和创新。其创新,尤能给人启发。他在鞋油中加了些其他成分,又把电吹风用到了擦鞋上。凭着'独门秘方',生意越做越兴隆。南京市主要领导说过一句话:'创新是每个人的事。'意思是,自主创新不能仅停留在政府和大企业层面,每个人都能参与到自主创新中。郭师傅擦鞋,就是个鲜活事例。建设创新型城市,需要大创造,同时也需要小创造。小创造搞好了,照样能带来大效益。从郭师傅身上我们看到,每个人实际上都能在本职岗位上搞创新。有些创新虽看上去很小,但众多小创造累积起来就会产生惊人效益。"

回顾《擦鞋者说》的成稿过程,没有十月怀胎的艰辛,只有一朝分娩的喜悦。正应了巴斯德的名言:"机遇只偏爱有准备的头脑。"我究竟有哪些准备呢?

其一,2月下旬我听了由中宣部和科技部组织的自主创新报告团在南京的报告。在与媒体见面会上,熟悉的省科技厅副厅长要我开头炮。我从命,给报告人布置"当堂作业":每位留一句赠言,会后"交卷"。5位报告人的赠言各有特色,报告团领队的"自主创新需要全社会总动员",给我印象尤深。

其二,俗语说:"三百六十行,行行出状元","门门有道,道道有门","一招鲜,吃遍天",足球解说中说:"用脑子踢球"……平时脑中多储备这些说法也是一种准备。因此,当我看到《南京日报》的报道时,"脑子里的发条咔的一响",感觉是眼睛发烫,血流加速,如同采药人遇上了灵芝:于是当天下午2小时采访,当晚2小时成稿。至于第一人称的形式,除借用柳宗元的《捕蛇者说》外,还受社长王晨一篇文章的启发:"将活人的唇舌作为源泉。"

当然,最重要的是2小时采访得到了很多材料,比如:郭兆松师傅已有12个春节未回老家;采访当天郭师傅一家三口一直未停止过擦鞋,平时都是自己做饭吃,那天只由街对面的面馆送来3碗面;他平时既怕下雨,又盼下雨,希望老天爷一星期下一天雨,可以休息一下;他偶尔也陪妻子逛商场,但到了商场是"各取所需",妻子去看衣服,他去看各种皮鞋,他擦的鞋最贵的是5000多元的鳄鱼皮鞋;为配方他有天夜里睡不着,听着下雨声,想到四句顺口溜:"本人小学未读完,南京城里转一转,新发明新创造,每双皮鞋都需要";用上电吹风除了有利鞋油渗透,还缩短了整个擦鞋时间;郭师傅还讲到在当"擦鞋游击队"时,曾碰到过不讲理的顾客用脚尖顶过他的下巴,"忍为上,谁叫咱是擦鞋的呢!"等等。

采访两个小时,我边看边问,郭师傅边擦边答,有时顾客也说上几句。其间一女士送来一双高帮女鞋，按明码标价应是4元。女士说："我的鞋帮比别人的矮，3元行不行？"郭师傅笑笑："可以，可以。"这为先前郭师傅讲的"和气生财"作了最好的注脚。

采访过程中，我的脑筋高速运转，这件事中的信息量还是很多的，起码有以下几点："擦鞋游击队"在一些城市已成为不和谐的风景线，"安营扎寨"才能从根本上改变这种状况，因此，我对介绍郭师傅租房的那名城管队员深怀敬意；送鞋来擦的顾客一送就是两三双，一方面说明了人民生活水平的提高，一方面使郭师傅晚上也有活可干，才能承受高额门面房房租。春节是擦鞋旺季，郭师傅已12个春节未回老家，正是有像他这样的一批农民工才缓解了春运的运力等。

当然，报道郭师傅的"文眼"定在"价格2元"，为什么以前擦鞋1元少人问津，现在2元门庭若市？一是含有了创新的因素，二也反映了人们生活水平的提高，现代服务业前景无限。就2元价格问题在如此短的篇幅内还进行了呼应，说明了创新的"身价"。

文中别人擦鞋是1元，郭师傅是2元、房租每月800元及"足下生辉，走出风采"、"以诚信立基，做良心事业"，未有任何媒体提及，应算是"独家新闻"。

成稿之后，意犹未尽，加了一句附言："编辑组诸君：此事虽小，但关系到全民族创新的大义，望鼎力吆喝，卖个'好价'！"我的"预算"是能在四版加个花边刊发，不料，由于同仁吆喝有方和版面编辑赏识，不仅荣登一版，而且多了点睛式的编后。

居高声自远。目前，郭师傅除了擦鞋，还接待了几十位前来求技的各方人士，有个人，有街道，还有残疾人组织。记者也接到了来自福建的电话，要求告知郭师傅的联系方式。我祝福询问者：能电话辗转找到我，也一定有能力找到自己致富的门道！3月26日，CCTV《走进科学》前来进行了拍摄，特别让郭师傅惊喜的是，家乡县里的电视台也奉县委书记之令前来进行了拍摄。郭师傅还到工商部门注册了商标。

　　采写寻常事，前后故事多。最后，我要说的是：过去的已经过去，可遇而不可求。有准备的头脑是创新的基础。身为记者，我应当像少先队的口号那样：时刻准备着！

2006年6月

# 版面上的"吉祥三宝"

## ——从龚永泉的《擦鞋者说》说开去

顾兆农

如果将3月19日的本报比作今年央视春节晚会的话，那么，这天一版龚永泉同志的作品《擦鞋者说》，就是那个温馨可人、短小精悍、赢得全国

2005年9月，记者顾兆农（前）在三峡左岸采访。

人民普遍喜爱的对唱节目"吉祥三宝"；如果将最近一段时间的本报比作今年央视春节晚会，那么，除了《擦鞋者说》，龚永泉近期的《熙春台上看"气球"》、《吴仁宝的健康经》、《做自主创新的知音》等作品，也属"吉祥三宝"级的。

值得重视的是，这些作品皆是自选动作。读这些作品的一个共同感觉，就是让人眼睛一亮。一亮之后，仿佛看到了那位年纪不小、激情不减、挚爱读书、敏于观察的老龚。

无论是3月19日的本报，还是近期的本报，属于"三宝"级的作品，当然不止于老龚之作。为何独说老龚？一来近期老

龚佳作连连,二来与老龚共事多年,且他说的是我家门口的事情,自然关注有加。

读《擦鞋者说》,首先让人想起柳宗元的名篇《捕蛇者说》。题目的结构一样,文章的主人都是"苦人"。擦鞋者说得生动可信,创业的艰辛,成功的喜悦,未来的憧憬,实在而富有启迪的意义,通篇充满了平民的气息。这使我想起,老龚素有步行、骑车和坐公交车的嗜好,他走起路来快如风,讲话声音大大的,衣着随便得有点过分……一个地道的南京普通市民!

擦鞋者,农民也。成功与失败,有时就在一步之间,擦鞋者迈过了这一步,因此,他成功了。老龚凭一双慧眼和一颗炽热的心,在路边"拣到"了这样一位智慧而能吃苦的成功创业的农民典型,并把它搬到党中央的机关报上,这对全国的广大农民都是一种鼓舞,也是一种引导,主题不可谓不大。这位农民兄弟是在南京这个特大城市实现了成功创业,因此,它对城市的下岗职工,也是一种示范。

版面就是指挥棒。一定程度上,好稿子也是用出来的。编辑部善于不拘一格地用稿子,记者就会打破程式写稿子。我想,正是从这个意义上,安岗同志曾说,"一张报纸办得好不好,是总编辑的责任。"看3月19日本报一版,"擦鞋者"与吴邦国委员长肩并肩地站在一起,"擦鞋者"一稿还另加了个框,并配了点评,如此浓妆艳抹,擦鞋者仿佛站到了舞台上,格外醒目,版面语言已经说得很清楚,就是要让你刮目相看!如果编辑部不是偶尔为之,而是把这种选稿标准作为一种常态,一种意识和一种追求,长期地坚持下去,我想,用不了多久,就会产生《修鞋者说》和《卖鞋者说》等作品。

再得寸进尺地大胆设想一下,如果把《擦鞋者说》放在本报的头版头条的位置上,可不可以?会产生什么样的效果?依我看,可能明年本报的征订工作要少费一点劲儿。有人可能会认为,这不得体,小题大做,不够分量;这只是一个"小不点",而头条必须反映大典型,更多地要反映一个地区、一条战线和一个领域的事情。

其实，这位"擦鞋者"正是一个上下皆满意、都能接受的典型。这个典型，涉及到农村劳动力转移、就业和再就业两大主题，这位擦鞋者的成功创业：没给政府增添一点麻烦，居然年收入能"擦"出10万元，不能不说是新闻。对这样的农民创业的典型，"上面"焉有不乐之理？再看"下面"。无论你是农民，还是城市的下岗职工，只要还想改变自己的命运，看到这位成功的擦鞋者，除了佩服，就应该反问自己：我该如何面对生活的困境？

这样的典型，可亲、可信、可学；这样的稿子，生动、短小、好读，完全符合"三贴近"的要求，读者不会不喜欢这样的作品。

杨振武同志说过，写头条，就是"站在田埂上看天安门"的过程。《擦鞋者说》中的"擦鞋者"就是田埂，这里的"天安门"，就是"农村劳动力转移"和"下岗职工再就业"。

愿我们的编辑思想再解放一点；愿我们的记者像老龚那样深入生活，多从群众的角度、以平民的意识去反映生活；愿让我们一起用心，把这张报纸办得更好看一些。

2006年6月

# 替人民说话必受人民欢迎

——我写《银川：出租车新规定为何起风波》的体会

杜峻晓

2003年6月，记者杜峻晓（右一）在宁夏泾源县农民家采访"少生快富"工程进展情况。

2004年7月底，银川市发生了大规模出租车司机集体罢运。银川市政府在不到四天时间内连续发布了两个通告，对出台的出租车新规定先宣布"暂缓执行"，接着再宣布"不再执行"。8月4日，银川市出租车全面恢复运营。8月5日，人民日报在热点解读栏目刊登我采写的《银川：出租车新规定为何起风波》。当天，在银川市，几乎所有的干部群众都在议论《风波》一文，售报亭的人民日报销售一空。

## 我始终在关注罢运事件

银川市出台的出租车经营权新规定,由于其十分不合理,引起了银川市出租车司机的极为不满。罢运是从7月30日早上开始的,几千辆出租车像是蒸发似的,倏忽间就从银川市消逝了。出租车司机纷纷到新闻单位和银川市政府和自治区政府门前上访,以求取得合理解决。7月31日和8月1日是双休日,出租车司机仍然集中到自治区政府门前,要求政府给说法。

罢运开始后,我一直在关注着事件的走向。双休日,我除去到自治区政府门前实地采访以外,其余时间均坚持在办公室里。在此期间,宁夏地方媒体的负责同志曾给我打来电话,询问人民日报怎么办,报不报,如何报。我说我正在不停地给报社写内参,力求反映整个事件的全貌。与此同时,银川几位市民不停地给我打电话,反映他们在街上所看到的一切。

8月2日下午,我参加宁夏回族自治区主席马启智主持召开的会议,不仅对出租车罢运有了更为全面的了解,也摸到了自治区政府准备圆满解决出租车司机罢运的"底"。

## 写不写,怎么写?

8月2日晚,银川市第二个通告发布,宣布已出台的规定"不再执行",8月3日上午,已有少量出租车投入运营。对这条新闻是报还是不报,如何报,我心里还有点拿不定主意。但我想来想去,还是觉得先从人民网上进行突破。于是,本着正面报道为主的原则,我写了《从"暂缓执行"到"停止执行"——银川市妥善处理出租汽车司机集体上访事件》的网络新闻。此条新闻尽管没有放在主页上,尽管10分钟后就从人民网消失了,还是引起了众多网络媒体的注意。新浪、搜狐等60多家网站纷纷转载,新浪还将其放在头条,引起广大网民强烈反响，点击率非常高，留言也非常多。

这一天，我相继接到搜狐、南方周末给我打来的电话。搜狐说他们关注我已久，希望今后有重大新闻事件能提前与他们沟通。我说我是人民日报记者，没有这个义务。南方周末说，他们觉得这个新闻题材非常好，让我给他们写一篇长篇纪实，我说我得想一想，要写得先给人民日报写。美国新闻周刊说要到银川采访我，我说我不是新闻发言人，还是找有关方面。

一篇网络新闻能引起如此多的关注，我真的没有想到。

## 一个多小时写就《风波》

8月4日下午3时许，视点新闻叶蓁蓁打来电话，说银川市出租车风波的事儿能否给热点解读写一篇。我说我正准备下手，然后就如何把握写作角度进行了一番探讨。放下电话，我又给部主任杨振武打电话，想请他就写这篇稿子进行指导，遗憾的是振武同志没在办公室。

因为对银川市出租车集体罢运了解得非常透，我只用了一个多小时的时间就把稿子写出来了。正在收尾的时候，朱竞若又打来电话，说你正在给我们赶稿子？我一只手打电话，一只手在键盘上不停地敲击，说马上就完，先发个传真你们看一看。

半个小时后，朱竞若回电话，说没想到在这么短的时间就写出这么好的稿子，如果不出什么意外，明天就可见报。

第二天，《风波》一稿见报。

当天，银川市一位负责宣传的同志打来电话，人民日报能刊发这么有分量的稿件，说明人民日报在想着人民的利益，人民日报用自己的行动更好地印证"三贴近"的承诺。这一天，我还接到多个电话，都是谈对《风波》一文看法的。一位中央驻宁夏的新闻媒体负责人打来电话，说老大哥人民日报带了一个好头，关键时候还是能替人民说话，他说他们读了这篇文章觉得非常激动。还有许多溢美之词，我就不再多写了。

## 老关师傅不收我的钱

8月6日晚，我从虹桥酒店打车回宿舍。车上，我与一位姓关的出租车司机聊起罢运的事情来。这位关师傅是一位共产党员，以为我不了解情况，又把事情的前前后后给我讲了一遍。末了说，事实证明我们出租车司机是对的，政府错了。人民日报都登了文章，给我们出租车司机说话。

付了车钱，拿上车票，临下车时，我对关师傅说，人民日报发的那篇稿子就是我写的。关师傅一把拉住我的手，把收了的钱又拿出来，一再要还给我。我说车钱还是要付的，给人民日报写稿子是我的工作，替人民说话是我的责任。关师傅说，那我求你跟我再坐一会。我答应了他，一人点一支烟，聊了好久。关师傅说，我们出租车司机都商量了，要送一面锦旗给你。我说千万不要，那样我会很不安的。

《风波》发表后，我遇到的每一位朋友都会不约而同地与我谈起《风波》一文。他们总会感叹地说：人民日报还是人民日报！而令我感慨良多的是：替人民说话的报纸必受人民欢迎。

2006年12月

# 持平常之心　让细节生辉

## ——《申纪兰的根与本》采写体会

安　洋

部里的同仁鼓励我以《申纪兰的根与本》（2007年3月3日一版）为例，交流一下人物写作的体会。

真实是新闻的生命。作为记者，从采访、思索，到陈述、成文，推崇真实之外，别无选择。具体到人物的采访和写作更是如此，只有悉心关注并表现人物最真实的举动（包括下意识的行为、情不自禁的话语、正常状态下举手投足、自然而然的喜怒哀乐等细节），才能让读者信服，使读者感动。

### 以平常之心切入

说到底，记者首先是客观现实的记录者，是永远的"第三者"和旁观者。以一种平常和纯净的心态客观地观察、记录、陈述事实，这是记者（而非作家）的职业本份。

采写中，不管事先得到了多少现成材料，受到多少"先入为主"的引导，记者最该珍惜的是自己现场亲眼看到的事实，亲耳听到的议论，亲身经历的过程。在此之前，最好不急于定调子，不急于下结论，不急于激动与兴奋，不急于布局与谋篇。而是用一颗平常之心、用一丝平静之气，把功夫和着力点用在（现场）客观细致地观察、感受和思索上。

申纪兰可以说是家喻户晓的老劳模,是新闻媒体经常报道的老典型,又是"两会"期间少有的新闻人物(连续十届人大代表)。采写这样的人物,现成的材料一堆一堆地摆在那里,似乎"一挥可就"。然而,要写好这样的人物,却不容易。道理很简单:现成的东西越多,记者就越容易偷懒,容易受材料束缚。这个时候,一颗平常心显得尤为重要:我是代表许多普通读者的一名普通访者,有责任将现场最生动的细节捕捉住并表现出来。

所以,当记者"大部队"还在宾馆待命的时候,我已直接进入西沟村,提前见到了申纪兰,先与她共享了刚搬入新家的喜悦,又"家长里短"式地聊了许多。我还去了村里的小卖部,买了两盒烟,聊了十几个人,还随意串了几家门。这样,我所想了解的和读者可能关心的东西基本上已在"闲聊"中完成,第二天参加集体采访时,心中已经"轻松"了许多。

当我打开电脑,再以一颗平常之心去写作的时候,思路流畅。稿件见报后,我收集了新华社的通稿及各家媒体的同一报道,自觉本报的这篇所提供的信息量和鲜活的东西最多。

## 用"软件"激活"硬件"

但凡能够上人民日报的正面人物,一定有许多过硬的事迹和闪光的思想。我比之为支撑人物的"硬件"。同时,我们往往又会发现,许多先进人物虽然事迹突出,个性鲜明,但在具体表述中,却很难入笔。原因之一,就是在采访中对一些鲜活的细节注意不够,对于人物的精气神捕捉不够。我把这样的鲜活细节比之为"软件"。翻阅本报大量成功的人物报道,基本上是用这些"软件"使人物形象有血有肉、生动可亲。

在《申》稿写作中,一开篇,我就回避了一些"定语式"、

"概括式"句子,直接从当天所遇的细节入笔,如雨夹雪的天气,"下两道坡、拐两个弯"拐进申纪兰的新房子,房子里"一摞又一摞与党和国家几代领导人合影的照片,还临时摆在一张长条桌上","说这话时,申纪兰那双粗糙的手缓缓地合在了一起"等。通过这些细节,把申纪兰最新的生活情况和西沟村的变化,自然地传递给读者。

申纪兰的"成名"首开于人民日报,她对本报有着特殊的情结。我把她的原话照搬在报道中:"是咱们的人民日报最先把我要求男女同工同酬的心愿表达出去的,那时候妇女干点事难呀!"由这一句感慨的话,带出她几十年的经历和事迹("硬件"),文章的过渡就显得顺畅贴切。而没有了与本报有感情关系的这句话去"激活",这个过渡就很难脱俗。

申纪兰的年龄一直是个问不清的事,以往的报道中有多个"版本"。我问她,她憨厚地笑笑:"现在不是不时兴问女士的年龄吗?我不想说得那么大,我觉得我还年轻,腿脚好得很,还能上山、爬坡、干活哩!"她居然用了"女士"这个词。这个细节也向读者传达了她的幽默感和不服老的心态,我把她表述为"申纪兰有申纪兰的幽默",人物就显得生动了许多,同时也容易得到读者的理解。

客观地讲,作为一位没有多少文化基础的农民劳模,从1973年担任山西省妇联主任到1983年辞职,可能因为诸多因素,许多报道都没有讲出真实的原因,而是作为她不图名利而赞扬的。应该说,这种赞扬并不能称之为失误。但是,不少关注申纪兰的干部群众总觉得这样的解释比较牵强。采写中,我没有回避这个问题,在我扶着她上坡的时候,她告诉我当时辞职的理由是"我文化不高水平差,怕误了工作,我一天不劳动心里就发慌,怕在城里呆不住。"她还真诚地告诉我,那十年她最苦闷,干不了那个活,一回到村里劳动就高兴了。我把申纪兰这些真实的情况和思想基本上写在了报道中，如实传递给读者，既让事实合乎情理，也使人物更加丰满。这些"软件"的捕捉和运用，使人物的"硬件"事迹更加顺理成章，可信可亲。

没有想到的是，全国"两会"后，申纪兰在山西省的一个表彰会上见到我时说："你写的报道，在北京开会时他们给我念了，特别是辞掉妇联主任这件事讲了实情，我心里又了却一件事，真是谢谢你了！"

2007年5月

# 感悟"三贴近"

蒋升阳

梁衡同志曾在一篇文章中说:"历史证明,作为一份党报,作为一个党的新闻工作者,最基本的原则就是两条,一是紧跟党,二是为人民。紧跟党,就是要忠实执行党的路线,紧紧围绕党的中心工作,引导舆论,服务大局。为人民,就是要反

2006年7月,记者蒋升阳(左)在厦门市劳动力市场与求职者交谈。

映人民的利益,人民的呼声,人民的创造,人民的智慧。"

作为一个党报记者,如何做到这两条?唯一的办法就是要不折不扣地做到"三贴近":贴近实际、贴近生活、贴近群众,舍此别无它途。这是我在调进人民日报当记者一年多的工作实践中感受最深的一点。

请允许我先讲述一段亲身经历的"奇闻"。以前,只听说

过有雇人替考的，也有雇人相亲的，但从来也没听说有请人冒名顶替充当采访对象的，可这样的事偏偏让我赶上了。

今年11月4日下午，经济部江夏同志来电约写"种粮大户话种粮"一稿，要求文配图片，供新创刊的《新农村》周刊用。第二天一大早，我即赴呼兰县大用镇立业村采访种粮大户康广山。虽说赶上哈尔滨下今年第一场雪，路上交通事故频发，耽误了许多时间，但采访很顺利。车返哈尔滨，眼看要进入高速公路入口了，我正心情愉快地夸奖县委宣传部的同志时间安排紧凑，选择采访对象很有典型性，康广山能说会道，有经营头脑，不愧是新型农民的代表。说笑间，大用镇镇委书记来电话了，说我们采访的康广山是假的，是为康家打工的，他已将真康广山"押"回家，请我们即刻返回重新采访。

怎么会有这样的事？我顿时就懵了。这时已是下午3时半了，要稿甚急，必须赶在太阳下山之前重新拍好照片，即刻返回。县委宣传部的同志火冒三丈，说村支书太不像话了，竟然骗到人民日报头上来了！

重新采访真康广山，发现假康广山介绍的情况多是夸大不实之辞。康家4口人，硬说成3口；种700亩地，说成1000亩；年收入不足10万元，说成20万元……镇委书记连连道歉，说差点铸成大错。事情的原委是这样的：康广山听说人民日报的记者要来采访，怕自己文化水平低，说错话，死活不肯接受采访，提出找替身，自己索性躲起来。村支书太想自己的村上人民日报，不想失去这个难得的机会，就找了一个能说会道的"替身"。"替身"演技很高，对我提的问题对答如流，不露丝毫破绽。村支书看到我拍了许多假康广山的照片，知道要"露馅"，又不敢当场说明真相，等我们走后，才敢向镇领导汇报。

我至今都感到后怕：假如村支书执迷不悟不说明真相，假新闻岂不是就这样登上人民日报版面了？一些同行朋友听我讲这个故事，劝我不必太自责，说"戏"演到这个份上确实很难识破。但我想：假如我采访作风更扎实一些，坚持到康广山家里去问一问他的老婆；假如我能从村支书当时紧张不安的神情中发现蛛丝马迹，也许早就识破这个把戏了。

从此，我告诫自己：不要以为有时坐到农民家的炕头上，或是到车间里与工人唠嗑就是"三贴近"了，社会生活、人的心理日趋复杂，眼见都不见得为实。"三贴近"是一门苦功夫，必须长期坚持不懈地深入基层，与工人、农民交心交朋友，理解他们的感情，摸透他们的心理，才能听到真心话，反映真实的呼声。

在采访实践中，我逐渐感悟到："三贴近"不仅意味着多跑路、多吃苦，更意味着付出感情，有时还得真心实意地为基层群众解决实际问题。

今年9月，我有幸参加中宣部组织的"'三个代表'在基层"采访活动，和总编室编辑丁玎同组，跑湖南、江西、湖北三省，历时24天，行程万里，足迹涉及11个地市、15个区县市，采访对象包括市长、区局长、县委书记县长、社区干部、乡村干部、消防官兵、农技员、市民和农民等上百人。这是一次令人难忘的采访经历，因为辛苦，更因为心灵不止一次地受到震撼。在张家界，正逢教师节和中秋节相连，丁玎一大早坐一辆破车爬到永定区后坪镇崇山顶上，采访坚守崇山小学16年的黄章永校长和他的同事。山高路险，返回住处已是晚上，丁玎很激动地对我说，上山才真正体会到山村教师和孩子们太不容易了，可没人关心他们，教师节没人慰问，中秋节没人送月饼，只有一个一年级新生给校长送了4个叶儿粑作为节日礼物。丁玎连夜写成一篇特写《山村教师的中秋节》，给领导打电话，"强烈要求"刊登此稿。我在一旁既吃惊、又感动：从来没见性格温和又从不催稿的丁玎有过如此"强硬"的态度。他确实动了真情，觉得不替山村教师说话，内心就得不到安宁。在井冈山，听消防官兵讲他们舍生忘死抢救遇险群众的故事；在神农架，听村支书孙开林讲他忍辱负重带领乡亲们艰难地开矿修路的故事……我们的感情之弦一次一次地被拨动,真觉得不把他们的事迹登上人民日报,就是我们的失职。

10月底,我赴黑龙江省绥化市海北镇采访大豆产销情况,一些来自南方的大豆客商气愤地反映铁路部门凭关系给车皮以及要车皮需付高额好处费的不正常现象。一位来自安徽的客商含泪对记者诉说:"我从10月8日起就向铁路货运部门申请车皮,到现在已经收了30多个车皮的大豆,堆放在货位上,连一个车皮也没发出去,底下的大豆都快受潮变质了,急得我直想去卧轨。可是,有的人的货明明与我的货发往同一个方向,却天天都能把货发出去,据说是因为给了好处费。"采访一结束,记者马上给哈铁局宣传部负责人打电话反映了这一情况,立刻引起了哈铁局领导的高度重视,第二天就派人下去调查。没过几天,海北镇方面来了反馈:问题得到了解决。总算是做了一件好事,我心里感到很欣慰。

拉拉杂杂写了这些,是我对"三贴近"的一点感悟。我想,在记者这个岗位上,"三贴近"就是我一辈子努力的方向。最后,还想说一点题外话,我发现在我所有已发表和未见报的稿件中,凡是下基层、下功夫跑出来的稿子,总是能得到"重用";凡是想偷懒、摘材料拼凑出来的稿子,总是被压成豆腐块或干脆弃用;这既说明了编辑的眼光,又表明了编辑部的导向:鼓励"三贴近",反对"客里空"。

2003年11月

# "抢"功还需有"耐"功

侯伟生

想写这篇短文,缘于一件事的触动。

今年3月全国"两会"期间,我被报社派去跟港澳团,随团的有许多港澳记者。大会进行分组讨论时,有些场次是不让记者听会采访。我想,这些时间同行们都去忙乎其他事了吧?没想到,偶尔到会场外一看,那里却有众多港澳记者守候在会场门外,摄像机、照相机、录音机等"各式武器"准备就绪。莫非他们在这里等着抓新闻?果不其然,会议过程中一位代表开门出来,等候已久的老记们一拥而上,也不管这位代表是出来办什么事,对着他就是一阵连珠炮式的提问、拍照……第二天我翻开港澳报纸一看,喏,这则消息不就是昨天老记们采访那位代

2005年5月9日,记者侯伟生(右)在记者站接待来访群众。

表的吗？我明白了，这条新闻是靠耐心等来的，更是抢来的，来之不易啊！

我在钦佩港澳记者可贵的敬业精神之余，更赞赏的是他们的"抢"功与"耐"功。他们是为了"抢"而"耐"，正因为有了足够的"耐"才得以实现"抢"。

采访会议报道可能是不少记者心烦的事，因为会议新闻难写出特色，稿子发了以后也少人阅读。但会议也出新闻，前提是你首先要"耐"得住。

记得几年前的年初，我列席汕头市的一次会议，会议整整开了一个下午。就在会议快结束的时候，市政府一位同志透露了一个信息：刚刚过去的一年，汕头市的各项经济指标都有较大幅度增长，全市人均GDP超过1万元，汕头特区人均GDP逾2万元。出于记者的新闻敏感，我第二天专门到市统计局了解了一些相关的情况，写成了一篇只有400来字的消息稿，没想到隔天就在人民日报头版头条的位置刊发。当地报纸也于次日转载了该消息。

事情虽然过去了几年，但如今想起来仍颇有感触：假如当初我与其他一些媒体的记者一样中途溜了，何来这条新闻？与前面所述港澳记者为"抢"而"耐"有点不同的是，这次是因"耐"而成"抢"。

由此看来，记者不仅要有"抢"的意识，而且要树立"耐"的意识，练好"耐"功。

养在池塘里的鱼什么时候捕最好，养鱼者最清楚不过。鱼太小了，捕了太可惜，浪费鱼资源。记者写新闻就像捕鱼一样。一条新闻，其新闻价值有大有小，有时还是由小到大。当这条新闻的价值尚小时，把它报出来没有多大意义，反过来可能还会影响今后报道的效果。解决的办法就是"等"，等到它有了一定的价值再去报道，可能会收到较好的效果。这个"等"的过程需要记者的耐心。

广东省汕头市一度因为信用缺失而损害了特区的形象，影响了经济的发展。2001年以来，汕头市在全市范围内开展了社会信用体系建设，做了一系列卓有成效的工作，取得了良好的效应。我老早就想写一篇反映汕头市开展信用建设以来发生可喜变化的稿件，直到2003年上半年，稿子都没写。原因何在？因为从2001年到2002年，汕头市的几个主要经济指标增长速度缓慢。此时写稿哪有说服力？2002年，汕头市的各方面都有明显好转，GDP也比上年同期增了5.6%，但仍低于当年全国的平均水平。此时写稿仍然不够说服力。到了2003年上半年，汕头的GDP已达到比上年增8.8%，为近年来首次超过全国平均水平，此时我开始筹划写关于汕头通过抓信用建设带动经济社会发展的稿件。今年10月，有关这方面的专访和通讯分别在人民日报五版和市场报一版的显要位置刊发，收到了较好的宣传效果。

记者的"耐"功还表现在采访要"耐"得住辛苦，文章要"耐"得起修改，文字要"耐"得起推敲。

因为好文章往往都是改出来的。

2003年12月

# 只有感动作者，才能打动读者

## ——《章金媛：79岁的我还有两个梦》采写体会

邓建胜

典型人物的通讯好写，也难写。

好写，是因为现成的材料多，可写的亮点、故事多；难写，是因为被采访对象很难给记者充分接触交往的机会，要么早就准备好了"标准答案"，对一切问题对答如流，要么就给一堆材料，然后"闭门谢客"。

没有与被访者充分接触与交流，就不可能捕捉到感人的细节，这样的采访很难打动记者，当然写出来的稿件就难以感动读者。在写作《章金媛：79岁的我还有两个梦》时我流泪了，为一个古稀老人还在全力以赴地圆自己的两个梦想（组建一支社区志愿护理队伍和创建一所面向社区、福利院的护理学校）。

79岁的章金缓是名人，也是大忙人。说实话，与章老师最初的电话接触，好感不多，因为几次联系，她都说不在南昌，后来干脆说"我很忙，要说的话记者都写过了，有问题就在电话里问吧"。

章老师在电话里其实已委婉地拒绝了采访。后来，她退休前所在单位南昌市第一人民医院的办公室主任陈叔儒同志帮了大忙：他掏钱买了一大篮水果和一捧鲜花，以医院探望退休职工的方式，把我"捎"进了章老师家。

她家在南昌市一栋旧民居的5楼。70多平方米的住房，显得很拥挤，进门的墙壁右边摆有被外孙女淘汰的钢琴，琴台上端端正正地摆放着南丁格尔奖章和胡锦涛主席为她颁奖的巨幅照片。对一个早就进入古稀之年的老人来说，每天要走上走下，显得吃力。每逢元旦春节，总有市领导登门拜访，有关部门也想方设法安排了条件更好的住处，但章老师总以房子条件非常好加以拒绝。

出人意料的是章老师对赚钱津津乐道。到成都、昆明挣了多少讲课费，南昌市第三医院给了多少课题费，都和老同事谈得眉飞色舞。原来，社区护理志愿者大都是退休护士，创收乏术，为了保证一千多人的志愿队伍能正常开展服务，作为队长的章老师，压力很大。"她们为社区提供志愿服务，连车费都自己掏，作为组织者，给大家买瓶水总是应该的吧。"章老师说。她四处奔走，目的是能维持志愿队的基本开支。

旁听她和老同事的谈话，我对章老师有了更深的理解和认识。几十年如一日的奔走呼号，有的得到了人们的理解，但更多的是身边人的冷嘲热讽。她要"用21年的时间"全力以赴完成的两个梦，就显得更加的艰难。

在谈到奔走了好几年才开始有点眉目的社区护理班，章老师饱含热泪。很难想象这是一个本该安享晚年的79岁老人所为，她的热情和执着，仿佛是一个必须为自己的生计和事业前程打拼的少年。是什么让她执着追求了大半生还要搭上自己未来的"21年"？

后来，她同意我参加她们在南湖社区的一次志愿服务。她们抛弃偏见，不计回报，日复一日的行动，没有记者的镜头，更没有高调的横幅，完全是根据社区实实在在的需求。有的志愿者在小区内摆摊接受咨询，有的走进结对的家庭拉家常做家务。在我看来，她们中的每个人都成了所服务社区的一份子，完全融入进了社区老弱病残者的日常生活，我也为她们的一举一动所感染和打动。

　　每次回想写作章金媛的创作过程，我都不由自主地想起报社常讲的一名话，"不到现场不定稿"，看似常识，其实也是标准。到现场采写是苦差事，但对于人物通讯写作来说，熟悉人物工作、生活的环境不仅仅为了交代背景，更是提炼主题、写出特色的必要程序，因为只有生活在典型环境中的典型人物，才可能有持久的生命力和感染力。

2007 年 9 月

# 新闻生产力是这样产生的

## ——从无锡水危机报道看编采互动

江晓东

今年5月底,太湖蓝藻提前一个月暴发,导致江苏无锡市区供水出现严重危机。灾害的发生无疑是不幸的,不过,对于记者而言,能够成为这样一次重大事件的见证者、记录者,或许又是"幸运"的。

从6月1日到6月21日这20天中,围绕无锡水危机和太湖蓝藻问题,我先后采写了4篇长篇报道,其中3篇在视点新闻版头条栏目"热点解读"刊出。这些报道见报后,迅速引起强烈反响,地方党委政府对于报道表示肯定,新闻同行也投以赞许的目光。

这组报道之所以能够取得成功,引起较大的社会反响,固然是因为题材本身比较重大,但更重要的是,这是一次编辑与记者的成功互动。

### "抢"出来的第一篇

5月30日下午,我接到总编室视点新闻版编辑李鹤打来的电话,说看到江苏媒体上一篇报道,无锡居民家中自来水发臭,让我关注一下,并希望当天报一条消息过去。

很巧,接到电话的时候,我正在去无锡的火车上,不过不是去采访臭水,而是应无锡新区之约,采写有关节能减排方面的报道。接到编辑电话后，我赶紧用手机和无锡方面联系，通过114台找到无锡市自来水公司、环保局等部门的电话，然后打过去询问，但得到的答复都是"现在正忙，没有时间和人员接受采访"。

晚上，一住进无锡的宾馆，我又拿起电话准备联系采访。视点新闻版编辑尹世昌打来电话，让我对无锡自来水问题进行深入采访，未必赶当天的版面，关键要做深做透，争取在"第二落点"上抢占到制高点。

编辑的"宽限"让我踏实了不少。我连夜到网上收集信息，并到周围一些商场、小区了解情况，采集了许多一手资料，对事件大体有所了解。当晚，我还与市委宣传部有关人员取得联系，让他及时通知我最新的情况。

第二天，我得到信息：无锡市政府将举行一个通气会，向新闻界通报最新的进展。我把这些情况以及自己的采访与视点新闻编辑沟通，他们希望我抓紧时间，争取赶上当天版面。

当天下午，我开始整理采访到的材料，并把稿子的框架搭好。开完市政府的通气会已是下午5时，我开始动笔，并在晚上7时半交出第一篇报道《蓝藻给太湖亮红灯》（6月1日见报）。

## "挖"出来的第二篇

6月1日，视点新闻版主编董建勤又和我联系，希望继续关注蓝藻事件，把报道做深做透。6月2日和3日，双休日，我进行了大量采访，尤其是利用这些年采写环保问题的积累，联系到十多位相关的专家学者，获得了很多独家的信息和观点。同时，我又收集了大量有关太湖的资料，对太湖问题有了比较深入的了解。在此基础上，完成了第二篇报道《蓝藻水危机 污染是主因》（6月4日见报）

《蓝藻水危机 污染是主因》或许是这组报道中分量最重的

一篇。尽管采写的时间很短，但文章视角独特，观点鲜明，尖锐地提出蓝藻"四问"，包括：蓝藻水是否"只臭不毒"？是否会波及更多城市？太湖病根在何处？污染该向谁问责？"四问"直击群众关注的热点问题，在国内媒体数以百计的蓝藻报道中独树一帜。该稿见报后，迅速引起社会的广泛关注和强烈反响。

### "逼"出来的第三篇

6月4日，报社接到上级机关电话通知：待自来水完全恢复正常之后，采写一篇报道，介绍无锡化解危机的努力和采取的措施。而就在当天，无锡市政府宣布正常恢复供水。6月5日晚上，我请示总编室副主任叶蓁蓁，他明确要求，当天把稿子赶出来。接到指示后，我于晚上7时开始动笔，11时半交稿，完成通讯《突来的考验 深长的警钟》（6月6日见报）。

通讯见报当天，无锡市委主要领导指示，无锡日报于第二天在一版头条位置转载。当天早上，中央人民广播电台《新闻和报纸摘要》进行了播报，国内很多媒体也在第一时间予以转载。

### "养"出来的第四篇

其后，视点新闻版一直与我保持联系，让我继续关注太湖蓝藻的情况，跟踪相关的信息，重点关注"蓝藻会不会重来"、"蓝藻的成因"、"蓝藻能否变废为宝"等问题，并尽快成稿。很巧，6月9日，水利部太湖流域管理局在上海召开会议，研究太湖水污染防治问题，我受邀对会议进行了采访，并有机会接触到十多位相关领域的学者，他们提出了很多新的观点。

6月11日一早，我又一次赶往无锡，对太湖进行实地采访。当天晚上，我赶写出第四篇蓝藻报道。不过，这篇报道

"养"了一段时间，等待一个好的时机和由头。6月20日，这个"点"等到了！当天，有媒体报道，太湖再次出现蓝藻聚集。视点新闻版编辑告知这一信息后，我随即展开采访，把最新的情况纳入已经形成的初稿中，从而有了报道《遏制蓝藻不容懈怠》（6月21日见报）。

在我采写这组稿件的过程中，视点新闻版的大部分编辑都曾与我联系过。至今，我的手机中还留着他们给我发的约稿短信。翻看着他们的一条条短信，回忆着他们的一次次点拨，心里蓦地涌出这样一句话——我们在一起！

当然，采写这组稿件，我自己也收获颇多。为了写好报道，短短20天时间，我先后采访了国内二十多位水资源保护方面的专家，数次到太湖边实地查看，并多次采访地方领导以及环保、水厂、农林等相关部门，还走访了十多个社区，采访居民近百名。同时，我调集了近百篇、一百多万字的相关报道和材料，对蓝藻和太湖污染问题有了比较全面的了解，为写作好这组报道奠定了坚实基础，成为太湖问题的"半个专家"。

但愿，无锡水危机这样的事件不要再发生；

但愿，能有更多这样与编辑部互动的机会。

2007年10月

# 不拘一格攻头条

——《深圳15万注册义工服务社会》采写后记

张 忠 胡 谋

《深圳15万注册义工服务社会》获报社好新闻一等奖,不能算是实至名归。作为过硬的新闻来要求,它所涉及的题材毕竟不是动态概念上一件很新的事情。

2005年7月23日,驻深圳记者胡谋(右)第5次到医院采访身患绝症的"2005感动中国人物"义工歌手丛飞(左)及其妻子(中)。

如果说这条消息有些长处,窃以为,应是其选材和写作上的特点。不囿于既有模式,力求有所创新,不拘一格攻头条——这一想法,贯穿整个采写过程。

我们关注深圳义工现象，由来已久。

深圳是我国内地最早开展义工服务的地区。随着队伍壮大、服务拓展，最近两年，深圳出台内地首部规范义工服务的地方性法规，相继确定"义工节"、设立"市长奖"。从已有报道和各方面信息来印证，深圳是迄今我国内地开展义工服务最具代表性的地区。

作为群众基础较为广泛的社会志愿活动，义工服务也正是当前构建和谐社会中有着鲜明特色的实践，契合中央提出的"广泛开展和谐创建活动，形成人人促进和谐的局面"、"以相互关爱、服务社会为主题，深入开展城乡社会志愿服务活动，建立与政府服务、市场服务相衔接的社会志愿服务体系"的要求。

因此，这是一则有别于政治、经济及其他常见领域头条报道的特色选题。

确定了共性的内涵和价值，我们在采写中努力探寻并回答一些个性问题：深圳市场经济发达、社会竞争激烈，为什么在这样一块土地上，义工队伍生长得格外茂盛？义工是一群什么样的人，社会怎么看他们、他们怎么看自己？在共建共享和谐社会中，义工服务有着怎样的独特价值？同时，借助"编后"，凸现义工实践在构建和谐社会中的普遍价值。

按照设想，我们尝试以消息体裁写社会现象，并在行文和笔法上做了一些探索：一是在有限的篇幅里，体现多种采访角度，既保证所涉事实均有一手来源，也提高了信息含量，体现出多维视角基础上的客观性；二是以采访对象的叙述为主，展现新闻事实，传达新闻主题，有针对性地避免通常因"采访缺失"而导致的"材料味"，提高稿件可读性；三是稿件主体和背景有机穿插，行文结构和过渡自然，摆脱沉闷感，增强流畅性，努力做到文风清新；四是精短的导语借用通讯笔法，不足百字，具有较强的概括力和引导力。

通过这则消息的采写，我们体会到，在尊重事实、遵循消息采写基本要求的前提下，注重量体裁衣、灵活运用，稿件笔法、文风的转变以及可读性的改善，还是有较大空间的。

而要做到这一点，关键是要以深入细致的采防为支撑，并在稿件中努力体现采访成果。采访期间，我们分专题召开了两个小型座谈会，并到社区、医院等义工服务点现场观摩采访，与相关部门负责人作了深入交流。短短千字消息背后，涉及的采访对象达20多人。

不拘一格攻头条，是记者部加强和改进头条供稿工作的多年倡导和实践，我们在这条消息采写中的尝试，并不是最典型的努力和结果，权充一翼之片羽、"引玉"一块砖。

2007年11月

灿烂的星河——人民日报记者部新闻实践与思考

# 驻站记者如何在新闻报道上独当一面？

王明浩

作为一名驻站记者，我想粗浅地谈一谈驻站记者如何在新闻报道上独当一面。

**一、对驻站记者在新闻业务上独当一面的认识**

首先，当前各主流媒体特别是人民日报在坚持正确导向的前提下，不断改进新闻报道形式，努力提高舆论引导水平。作为中共中央机关报的一名驻地方记者，对此担负重要责任。对驻站记者而言，虽然在编辑部的策划下能组织一些联合采访、组合报道，但多数情况下新闻报道都要独自完成。在河南、河北驻站，除了报社指令性报道外，自己独立承提采写任务的稿件占80%以上。

其次，驻站记者在新闻报道上独当一面，是记者所在报社改革发展、与时俱进的需要。作为中共中央机关报、全国第一大报，人民日报旗帜鲜明地提出并践行"把人民日报办得'让党满意，让人民高兴，让同行敬慕'"的目标，并进行了卓有成效的探索。驻站记者作为新闻业务工作队伍的一员，需要具备独当一面的新闻报道能力，只有每位记者都具备了这种能力，才能将驻地的新闻资源挖掘出来，写出有地域特色的好稿，让我们的报道好看、可读，为报纸增光添彩。

再次，驻站记者在新闻报道上独当一面，是丰富完善记者素质的必然要求，新闻采访是一项复杂的劳动，它要求记者具备较高的综合素质。通常而言，驻站记者必须具备的素质包括政治素质、理论素质、知识素质、道德素质、意志品质等。驻站记者如果在新闻报道上没有独当一面的能力，就不能独立承担新闻采写任务，就无法履行好自己的新闻记者角色责任。

## 二、驻站记者要有独当一面的本领

首先，驻站记者需要吃透"两头"：中央的路线、方针、政策，以及省里有关精神和地方实际情况。要学会站在天安门上看问题，走到田埂里找感觉。只有吃透了"上头"的精神，才能明白一个阶段、一个时期新闻报道的重点和要求；也只有吃透了"下头"的实情，才能写出从地方实际出发，又符合上级精神的稿件，才能提高新闻报道水平，进而赢得地方党委、政府的认可和支持，使记者站真正发挥报社驻站地"大使"的作用。2003年，我和河南记者站站长李杰合写的《莫让民工流汗又流泪》，在报社内外获得了广泛好评，这篇稿子是用心学习上面政策和平时用心观察下情采写出来的。当时，中央提出要关注民生、关注弱势群体，适逢岁末年关，农民工辛苦一年拿不到血汗钱的事一件接着一件，记者心里装着中央精神，深入到农民工工作的第一线，写出了他们的无助、无奈的困苦处境，报道内容与老百姓在情感上产生了强烈的共鸣。思想性、导向性、显著性俱佳，是政府和老百姓共同关注的问题，符合"下头"的实情，因而才具有很强的吸引力和感染力。

穆青同志曾说，"一个记者除去必要的学习、开会、处理生活事宜以外，一年中应该有三分之二，甚至更多的时间是在基层采访中度过，而不是坐办公室。"他还认为，"作为一个记者，脑子里应每天、每时、每刻都装着许多问题。只装小问题不行，要装一些宏观的问题，要装有全党的方针政策，有关全局的大问题。"分析穆青在各个时期的作品，我们不难发现，他总是站在时代浪潮上奏出新时代的最强音。无论是诞生于上世纪60年代的《县委书记的榜样——焦裕禄》，还是80年代的《抢财神》、《谁有远见谁养牛》，抑或是90年代的《风帆起珠江》、《人民呼唤焦裕禄》，这些作品都是从全国大局出发，显现出穆青对时代脉搏、对地方实情的准确把握。总之，记者在吃透"两头"方面，不仅要用心思考，胸中有大局，还要时时捕捉好的新闻事实，要多学习中央精神，多了解下情，抓住好新闻线索，精心采写。

其次，驻站记者要想点子、策划报道。驻站记者长年在记者站工作、生活，在多数情况下，都需要自己去建立通讯员队伍，每天、每周、每月都要考虑驻站地区的报道计划，面对新闻线索、文件、采访任务时，都需要自己去思索、寻找报道点子，实施采访行为，完成报道任务。驻站记者要变靠通讯员提供线索为自己深入基层摸线索。今年我和王方杰站长合写的《6325枚小圆章印证民主》一稿，就是我们在当地采访时偶尔得到的线索。我们结合内参部提供的素材，深入到新闻现场采访了一个星期，政治新闻版在头条以专栏的形式刊发稿件，反响较好。驻站记者还要独立策划。我在河南驻站期间，水利部黄河水利委员会的同志反复向我介绍黄河的情况，自己也陆续发表了一些报道，但总觉得没有做透，没能将其真正的新闻价值挖掘出来。后来经过再次深入了解、亲身体验，到黄河上游采访、向黄河专家请教等，深刻地认识到：人类治理江河几千年，目标是实现人与自然的和谐相处。"母亲河"是有生命的，黄河治理，必须认真贯彻落实科学发展观，给母亲河挤出更多"生命水量"，"维持黄河健康生命"，坚持人与自然和谐相处。据此，我写出了《为母亲河留下"生命水"》，在科教周刊人与自然版头条发表，稿件见报后，取得了很好反响。

这里需要强调的是，我们应该建立编辑部与记者站的沟通、交流机制。使大家在思想的交流、碰撞中激发质量意识和精品意识。过去，记者习惯于在自己分工的采访领域进行自我封闭的个体作业，建立编辑部与记者站的沟通、交流机制后，大家随时可将自己了解到的情况、线索摆出来，集体筛选。这样，较之个人，对每条线索的新闻价值判断就准确多了。编辑部各部门每天开碰头会，分析筛选记者从一线搜集的新闻线索。编前会上，编委会、各部门主任对每个选题集体讨论。重点选题一旦被确定，立即组织记者采写。对此，我们现在已经有了很大的改进，提出这一点主要是想让这样的一个机制更加完善、更加健全。

再次，要不断自我加压，积极"充电"，做"三贴近"的忠实实践者。我先后在河南记者站和河北记者站驻站，时常受到站长督促、提醒，参加站里组织的全年性大报道、大策划。此外，自己也意识到应该自我加压。对记者而言，要在短时间完成基本的新闻业务原始积累，培养发现新闻和发掘新闻价值的能力，并深入研究适合自己的专业领域，需要加强学习，培养人文精神，做"三贴近"的忠实实践者。要时刻保持对新闻工作的责任感和敏感度，勇于摸索。作为一个驻站记者，远离编辑部，更应该自我加压，养成勤奋学习的习惯，为独当一面做好新闻工作创造条件。中央反复强调新闻报道要"贴近实际、贴近生活、贴近群众"，作为党中央机关报的驻站记者，就是要学会用群众的视角、从群众的利益出发去写新闻，要敢于和善于触及群众关注的热点，把报道写活，把道理讲明，多写那些鲜活生动、短小精悍、切实有用的新闻，让五彩缤纷的信息占领版面，使读者入耳入脑。我们强调的高度，是有贴近的高度，而不是空洞、大而无当、脱离公众。反映党和政府中心工作的报道一定要贴近社会公众，找准让公众感兴趣、与公众有关系的联结点和切入口，这样的报道才有吸引力。《河南266万农民工接受职业技能培训》，反映的是河南各级党委和政府高度重视农民增收，广辟富余劳动力转移就业途径，以形成农民增收长效机制。这个选题无疑是有高度的，但是报道没有写成枯燥的工作回顾和经验总结，而是从老百姓日常生活的角度，选取了鲜活的新闻事实。通过《保定擦亮"华北明珠"白洋淀》、《承德强健乡镇卫生院"筋骨"》等报道，读者看到了党和政府的一条条政策举措如何化作了百姓称道的实惠。当然，我们强调的贴近，是有高度的贴近，而不是琐碎肤浅、无针对性。涉及百姓生活的报道切忌琐碎，要有一定的思想深度，要挖掘其中蕴涵的普遍社会意义和价值导向。

这里需要特别指出的是，作为人民日报的驻站记者，要有善抓独家新闻的本领，或在同类新闻竞争中，显示出高人一筹、最吸引人眼球的判断力和表现力。这种原创能力，是不可复制、不可替代的。独创性，建立在敏锐的新闻敏感和触角、入木三分的分析能力、巧妙的新闻整合能力之上。记者的独创性，实际上就是与时俱进、凸显个性的创新精神，通过新闻作品与媒体气质共同张扬的个性魅力，显示出党中央机关报高出一筹的风范，做到"让党满意，让人民高兴，让同行敬慕"。

2007年6月

# 跟踪一个好故事

徐元锋

《鲁园农民工工会维权日记》在本报"民主与法制周刊"的"身边故事"栏目刊发后，受到一些好评。有同行说，是故事让鲁园农民工工会"活"了，也让报道"活"了。对笔者来说，这一报道的得意之处是：用两年时间跟踪了一个好故事。

**建立自己的调研基地**。社领导一再强调，驻站记者要认真研究一两个问题。作为年轻记者，受阅历和经验的限制，我选择了持续跟踪的调研方式，对选定的问题边观察边思考边学习。

2005年4月24日，我国首家建在零工市场的工会组织在沈阳建立。我预感到这个新事物值得关注。此后，我经常到零工市场走走，顺便到农民工工会"串门"，同其上级工会、相关政府人员也接上了头。在摸清自然情况的同时，我也针对农民工工会的人员组织、工作内容、经费保障、发展步骤等问题，与有关人员探讨。成长中的鲁园不断有新情况发生，加之地处市区，交通便利，很快成了我的调研基地。

**用讲故事"激活"报道**。鲁园农民工工会走过了近两年的历程，我不再满足于一时一事的报道，渐渐酝酿一篇全景式、追溯式的阶段性总结报道，并以此表达自己的一些思考、心得。

想法虽好，但又怕"质胜于文"，文章也流于艰深晦涩。"身边故事"栏目立意高、容量大、版面活，好似本报的"特稿"，为鲁园这样的选题提供了最佳的平台——反映自己的调研成果，可以写消息，可以发述评，讲故事更不失为一个好办法。

两年时间里，故事一大堆。难点是，如何在庞杂的材料里，理出清晰的故事脉络，概其貌又能明其理，还要吸引读者读下去。

选取典型的素材和有冲突的情节是讲好故事的关键一环。笔者写了农民工工会副主席杨春文、鲁园零工市场和鲁园农民工工会三者的命运波折。杨春文从农家子弟到大学生和公司白领，"沦为"农民工后又成为工会副主席、沈阳市劳动模范，其戏剧化的经历既是故事线索，也是文章的看点。零工市场几经取缔的命运，农民工工会从被质疑到发扬光大的历程，都生动地折射出农民工从被城市排斥到接纳、尊重的历史变迁。这些跌宕起伏的故事情节，让文章可读、耐读了。

**读者认可才是硬道理**。编辑吴兢说，"身边故事"栏目选题，除了要求故事本身吸引人外，还希望有一定的制度、经验作支撑，不讲个案和特例。如何将文章的故事性和经验价值有机结合起来，给作者提出了更高要求。

遗憾的是，鲁园一稿注重了可读性，但对经验的提炼却稍嫌凌乱、粗疏。从中也体会到，通讯怎么写，要看读者需求什么：是学习他人经验，还是认知新鲜事物。工作通讯是针对介绍经验的需要取舍故事，往往先选好经验框架，尔后填充故事；而反映新事物的通讯，譬如鲁园稿，则是在讲清一个完整故事的前提下，或夹叙夹议，或背景链接，来呈现其经验价值。

此外，"全景式"会不会降低报道的新闻性？笔者以为，江河的魅力，既在于一湾一浪之局部美，也在于百转东去的整体感。记者作为报道者，对新事物说清来龙去脉，有利于读者认知理解。展现故事发生的场景、细节，还能增强文章的画面感和可信度。历史感也好，情节冲突也罢，读者认可才是硬道理，在内容真实可靠、舆论导向正确的前提下，追求最佳的传播效果，才是做新闻的目的所在。

2007年6月

# "叫得响"随感

朱竞若

## 一

记者部倡导写"叫得响"的稿子,让大家议议什么是"叫得响"的新闻,怎样才能叫得响。

相对于理性的、硬性的标准来说,这是一个感性的、柔性的标准。

"叫得响",一般来说,是指知名度高、口碑好。用在新闻作品的评价上,可不可以说,它更重视来自阅读者的认知度、反应和评价;更重视新闻作品的传播面和社会认可度。它不仅重视采访者、被采访者、编者等制造信息环节的自我评价,更重视传播对象的反响!

一篇新闻作品,即使它获得了全国性的新闻奖,如果它的读者认知度不高,知之者寥寥,那么,可不可以这样说:它是一篇不错的新闻作品,但不一定是一篇"叫得响"的新闻作品。

新闻有效地传播信息、思想、观点,引导舆论,都必须通过它的阅读率、传播面来实现。

因此,"叫得响"的新闻,基本条件应该是吸引阅读的新闻。

## 二

"叫得响"是否还应有一个必备条件,就是口碑好。

人们不仅阅读了,还在议论、谈论这一新闻。在人们的口口相传中,实现其二次传播;在网络和其他媒体的转载中,实现其放大效应。

也就是说这篇新闻作品带来的阅读率,不是一般的阅读,而是有关注度的阅读,它吸引了读者的眼球,调动了读者的情感,影响了读者的思想,进而改变了人物的命运、事物发展的轨迹。

因此,叫得响的新闻必然是关注热点、难点、焦点的新闻,必然是有独家发现、独到思考、独特表达的新闻。

"叫得响"的新闻有特殊的影响力和调动力,它能改变新闻事件演变的轨迹,它的出现,给社会的发展变化留下了某些痕迹。

## 三

说"叫得响"是柔性的标准,还在于这个"叫得响"有程度的不同,范围的不同,层面的不同,时间的不同,发挥作用的不同。

有的稿子,在报社大院里叫响了;有的稿子,在同行中叫响了;有的稿子,在一个行业、领域中叫响了;有的稿子,在某一个地方知名度很高了;有的稿子,在领导层受到关注,影响决策了;有的稿子,则是全国性影响,甚至引起国际关注!

有的新闻作品,叫响于一时一地。这件事解决了,过去了,读者也就遗忘了!有的叫得响的作品,影响深远,十年二十年后,依然有人记得。

因此,"叫得响"有相对性。

"叫得响"是柔性的。它可以是一个很高的标准,纵观整个新闻史,叫得响、留得下的作品,也并不是很多,从这个意义上说,"叫得响"也许只是我们追求并不断接近的一个目标。

　　从另一方面讲，"叫得响"可否有一个最低标准，那就是大家看过了，记住了，知道有那么一回事了！它多多少少产生了一些影响了，改变了一些什么。从这个意义上说，"叫得响"是媒体人可追求可实现的经常性目标！

2008 年 4 月

图书在版编目(CIP)数据

灿烂的星河 / 赵兴林主编. —北京：人民日报出版社, 2010.9
ISBN 978-7-5115-0152-3
Ⅰ.①灿… Ⅱ.①赵… Ⅲ.①新闻工作-中国-文集
Ⅳ.①G219.2-53
中国版本图书馆CIP数据核字(2010)第170855号

书　　名：灿烂的星河
主　　编：赵兴林
出 版 人：董　伟
责任编辑：田玉香　曹　腾
封面设计：刘文东
出版发行：人民日报出版社
社　　址：北京金台西路2号
邮政编码：100733
发行热线：(010)65369527　65369512　65369509　65369510
邮购热线：(010)65369530
编辑热线：(010)65369524
网　　址：www.peopledailypress.com
经　　销：新华书店
印　　刷：人民日报社印刷厂

开　　本：710×1000mm　1/16
字　　数：1300千字
印　　张：95
印　　次：2010年10月　第1版　2010年10月　第1次印刷
书　　号：ISBN 978-7-5115-0152-3
定　　价：186.00元(全三册)

人民日报2008年度国内记者工作会议合影留念 2008年2月25日

# 灿烂的星河

邵华泽 题

## 人民日报记者部新闻实践与思考

### 下　册

赵兴林　主编

人民日报出版社

# 目　录

## 第三辑　调研与专论

研究新闻学从何入手 ……………………………… 安　岗 / 3
党报记者应该首先是个好党员
　　——致青年记者的一封信 ………………………… 田　流 / 15
有关报告文学的几个问题 ………………………… 郭小川 / 18
新闻的真实性和记者的基本功 …………………… 华　山 / 29
不拘一格写新闻 …………………………………… 林　钢 / 36
发挥述评性新闻的威力
　　——兼谈我在上海的采访实践 …………………… 章世鸿 / 41
谈谈新闻专访 ……………………………………… 柏　生 / 57
时代呼唤名记者 …………………………………… 金　凤 / 64
漫谈通讯
　　——批阅学员作业有感 …………………………… 马鹤青 / 72
我怎样写经济报道 ………………………………… 艾　丰 / 79
热线·热点·热忱
　　——天津市老百姓欢迎这样的舆论监督 ………… 萧　荻 / 99
要别出心裁
　　——"抓活鱼"浅谈 ………………………………… 张振国 /106

剖析宜细　开掘要深
　　——致两位函授学员 ……………………… 黄际昌 / 115
论头版头条和头条工程 ……………………………… 杨振武 / 119
重大突发事件中有效引导舆论
　　——2008年记者部工作感言 ……………… 龚达发 / 144
邓拓的新闻道路 …………………………………… 张书政 / 157
千思一得话新闻 …………………………………… 李战吉 / 174
严格自律
　　——树立良好的新闻职业道德 …………… 吴兴华 / 188
什么是今天的好新闻？
　　——2000年人民日报地方记者好新闻评奖感言 … 周　庆 / 191
精心经营"土特产"　情理交融文自远
　　——通讯采写的几点体会 ………………… 孟西安 / 198
如何采写重点报道 ………………………………… 刘　杰 / 208
出活，更要出彩
　　——"双新"头条专栏编辑体会 …………… 张　忠 / 223
善用小情节　引导大舆论
　　——突发事件从"裸报"到"引报"的一点思考 …… 宋光茂 / 230
为培育和发展名牌产品鼓劲助威 ………………… 宋学春 / 234
文似深海无穷尽
　　——三写绍兴的感悟 ……………………… 袁亚平 / 239
新闻资源价值的多重挖掘 ………………………… 杜若原 / 245
大处着眼　小处落笔
　　——西藏自治区成立四十周年报道体会 … 郑少忠 / 250
略述《人民日报》报道领导人活动的传统做法 …… 陈伟光 / 256
体现党的意志　反映人民心声
　　——关于党报改革新闻宣传的调查与思考 … 胡　斌 / 259

软新闻硬新闻都是新闻 …………………………… 万秀斌 / 276
着眼特色抓"独家" …………………………………… 王慧敏 / 280

## 第四辑　探索深度报道

关键时刻见精神
　　——记人民日报驻鄂、湘、赣、皖记者抗洪抢险报道 … 记者部 / 289
一个重大的课题
　　——人民日报专栏《奋进中的国有大中型企业》回顾 … 丛林中 / 295
指导,贵在具体
　　——说说《应该怎样写作——对78篇新闻稿的评析》
　　这本书 ………………………………………………… 马鹤青 / 300
《中西部的希望》:深度报道的新探索 … 周　庆　卢小飞 / 305
搏击,不仅仅在洪峰浪尖
　　——人民日报赴江苏灾区采访组写实 … 吴坤胜　飒　青 / 313
不忘党报记者的职责和使命
　　——报道南丹"7·17"特大矿难的经过和感受
　　……………………… 郑盛丰　罗昌爱　庞革平　古亦忠 / 320
在思考中写作
　　——采写深度报道的一些体会 ………………………… 罗　盘 / 329
营造"好站风",推动"叫得响" ……………………… 罗　盘 / 334
见证历史的荣幸和责任
　　——三峡工程导流明渠截流报道体会 … 龚达发　杜若原 / 340
如何挖掘贫困地区的新闻资源 ……………………… 王方杰 / 346
近点,再近点
　　——兼谈通讯《热血铸雄关》采写体会 ……………… 王慧敏 / 352
泪飞最是感人处
　　——《追记公安局长的楷模任长霞》采访札记 …… 戴　鹏 / 359

暴风雨中的坚守 ················· 江宝章 蔡小伟 / 367
围绕西湖发掘深度新闻 ····················· 江 南 / 373

## 第五辑 闪光的群体

崇高荣誉（集体） ····························· / 379
崇高荣誉（个人） ····························· / 380
记者作品获奖名单 ····························· / 381
享受国务院特殊津贴的专家 ····················· / 387

## 第六辑 深切的怀念

李庄带我采写新闻 ························· 柏 生 / 391
田流静静地走了 ··························· 陈勇进 / 397
甘为人梯的老记者
　　——记商恺同志二三事 ················· 马鹤青 / 400
忆老主任李千峰同志 ······················· 张何平 / 404
相识张潮 ································· 安子贞 / 410
晚年高集 ································· 张宝林 / 413
一次永难忘记的采访
　　——怀念高集同志 ····················· 王艾生 / 420
悼高粮 ··································· 萧 荻 / 423
学习高粮老师的敬业精神 ··················· 颜世贵 / 426
风口浪尖笔如椽
　　——怀念刘时平 ······················· 萧 荻 / 429
永远的骄傲
　　——忆刘时平同志 ····················· 傲 腾 / 437

# 目录

他的星光不会熄灭
　　——对老记者华山同志的零星回忆 ………… 马鹤青 / 443

深切悼念傅冬同志
　　——谈谈傅冬同志的特殊身份和特殊贡献 ……… 金　凤 / 447

她——直立行走的水
　　——悼念刘衡同志 …………………………… 傲　腾 / 455

怀念山东老贾 ………………………………………… 王艾生 / 462

留住你粲然的笑容 …………………………………… 李　忱 / 465

弱躯之中有傲骨 ……………………………………… 阎晓明 / 469

痛悼老潘 ……………………………………………… 赵　鹏 / 471

退休了,却累倒在家乡的土地上 …………………… 颜世贵 / 474

记者本色
　　——怀念张玉来 ……………………………… 陈伟光 / 477

怀念玉来 ……………………………………………… 龚永泉 / 479

纪念黄际昌 …………………………………………… 颜世贵 / 481

永远难复的心痛
　　——怀念王科慰问胡果 ……………………… 陈　杰 / 484

痛失良师益友 ………………………………………… 刘鑫焱 / 486

记者部主任任职 ……………………………………………… / 489

写在后边 ……………………………………………… 龚达发 / 491

# 第三辑 调研与专论

# 研究新闻学从何入手

安 岗

1948年春,安岗(左)副总编辑正在准备接受柯鲁克夫妇的采访,身边的女翻译是编辑史明。

1981年全国新闻研究工作干得不错,1982年要再接再厉多做点事情。现在指导我们思想和研究工作的文件都有了,六中全会《关于建国以来党的若干历史问题的决议》,是指导我们开展研究工作的基本文件,党的思想战线工作座谈会精神,给我们开展新闻研究工作提供了应当遵循的方向。我们要在党中央的领导下，坚持和发展社会主义的新闻研究事业。在新闻研究工作中坚持马列主义、毛泽东思想，坚持四项基本原则，解放思想，百家争鸣，力争开创一个新闻研究事业蓬勃兴旺的新局面。

现在，新闻研究工作的大门是打开了。尤其是三中全会以来，新闻研究工作同新闻战线各个方面的发展形势一样，也获得了一批又一批可喜的成果。当前新闻研究重要的课题可否归纳为以下几个方面：

第一，赶快动手抢救新闻史料。这件事太迫切了。我们党有60年以上的历史，党的工作中有许多事情是通过新闻手段来进行鼓动、宣传、教育和组织的。我党的领导人同时也是党的新闻事业的创始人和模范的新闻战士。我们有许多伟大的新闻活动家，对他们要作专门的研究，并一个一个地作介绍，仅毛泽东同志的新闻活动，就可以写几本书。中国社会科学院新闻研究所初创时，乔木同志便提出要抢救史料。现在有众多的老同志还健在，像我们新闻研究所副所长谢冰岩同志，新中国建立初期便是新华通讯社第一任秘书长，今年72岁了，还骑自行车上班，精神是可嘉的，但毕竟是老了。今天到会的石西民同志是老新闻工作者了，今年69岁，是中国社会科学院的副秘书长，现在还领导新闻研究所进行重庆《新华日报》史的研究工作。我们要把新闻界的老同志开一个名单，有计划地、系统地组织访问。我们要走在时间的前面，抢在这些同志去见马克思之前，把他们丰富的经验和宝贵的资料留下来，成为新闻事业无价的瑰宝。有些老同志很谦虚，不愿谈自己经历过的事情，不愿谈自己为党所作的可歌可泣的事迹，怕引人非议是为自己"吹嘘"、"摆好"，这种想法恐怕不对。我们大家都要对党负责，自己在党的领导下走过了历史上的一段路，就要把党和人民的，也包括自己的历史的足迹记录下来，这是对党的新闻事业的一种政治责任感。我们无论如何要下决心制定一个时间表，组织各方面的力量很快地把新闻史料挖出来。

新闻研究所成立后最早着手研究的是延安《解放日报》史,看来在中国搞一个《解放日报》研究会很有必要,许多老同志可以参加研究工作。陆定一同志身体不大好,却很关心这项工作,有一位老同志带着一位年轻同志去访问他,他不顾医生的干涉,一谈就是三个小时。在他住院期间,不听医生的劝告,穿着病人的服装,赶来参加新闻研究所党报史研究室召开的座谈会,谈起《解放日报》的历史滔滔不绝,累得满头大汗。我们劝他休息,他还继续谈。他多次给《解放日报》史研究组的同志写信,现在把他在1980年6月12日在医院里写的一封信中的几段介绍一下。

"六月四日信悉。报纸应当怎样办,要懂政治,要懂历史。拘泥于一个指示,以为万事不变,那是不行的。

"我们党的历史,有多次反复。不要以为只有苏联才有布尔什维克与孟什维克的斗争。苏共党史上也不止有这一次斗争,赫鲁晓夫夺权,不是又一次大斗争么?"……

"我们党的历史,有三次大的(小的不算)曲折,林彪、"四人帮"横行,这是一次。你亲自经历过。在这种情况之下,办报就要搞'自由主义'。

"另一次曲折,你没有亲身经历。但你现在所研究的,就是这一段,所以我要说几句。

"这个另一次曲折,就是王明路线的统治。

"王明集团,所谓"二十八个半布尔什维克"(自称为百分之百的布尔什维克),是米夫组织起来的。1931年1月六中全会,夺了中共中央的领导权。到1935年1月遵义会议,开始垮台。"……

"1942年要解决另一问题,即思想问题,主观主义问题。为此才进行整风运动。当然也要解决报纸的问题。"……

"报纸的队伍里补充了一批新的知识分子,对过去的历史一无所知。连《解放日报》的副总编辑余光生同志,因为他是刚从美国回来的，虽然党龄较长，也不知道中国党内反对王明路线的历史。

"这就是历史背景。懂得这个历史背景，你研究当时的报纸工作，为什么派我去当《解放日报》总编辑，为什么《解放日报》要发表改版宣言，为什么我提倡报道的真实性，为什么毛主席主张报纸不许有自由主义，为什么西北局通过关于报纸的决议……等等问题，就会迎刃而解。一句话，就是把报纸的领导权从'二十八个半'的手中夺取过来，变为马列主义、毛泽东思想的报纸，这里包括教育一大批新的知识分子，也包括把'二十八个半'主观主义者中可以改造的统统改造过来。只有这样，整风运动才能顺利进行，否则就不能顺利进行，达到'七大'团结全党的目的。

"有许多具体的事情，我已经忘记了。你们正在研究，那很好。你们都是聪明人，我对你们说明了背景，你们去研究罢。我当时做的工作，也不是样样都对的，也会有错误。但我的路线没有错，大概可以这样说。"

同志们从这一封信的若干段落中可以看到，我们党的老一辈革命家是多么热诚地关怀着党的新闻事业史的研究。这些老同志有几十个，上百个，他们都像陆定一同志那样关心我们的新闻研究事业。许多老同志接待我们研究工作人员，给我们留下的印象是非常感人的。《解放日报》报史组的同志到广州去访问习仲勋同志，连续谈了四个多小时，早过了吃晚饭的时间，秘书进去催了两回，习老的话还扯不断。习老在送别时还谆谆嘱咐说："我就要到北京去了，你们有事可以随时去找我。"吴冷西同志也跟他们详细谈了《解放日报》国际报道的经验。他们去找杨尚昆同志谈《红星报》，也是从上午八点多钟谈到下午一点多，杨尚昆同志的谈兴还很浓。另外像夏衍、张友渔、杨放之（吴敏）、廖沫沙、胡绳、熊复、徐光霄等同志，也积极为《新华日报》报史组出主意，写文章。可见，大量有价值的新闻史料保存在老新闻战士的脑子里，我们要像挖金子一样把它们挖出来。有了大量的、丰富的史料，我们就有了比较好的研究基础了，毕竟科学的结论是要根据对大量历史事实的分析与综合才能得到的。如果我们不想办法挖掘这些珍贵的史料，现在错过良机，将来后悔莫及。《解放日报》报史组的同志曾去拜访陈克寒同志，陈克寒同志把《解放日报》诞生的意义和报纸在各个历史发展阶段的特点，都一一作了详细介绍，并且跟他们约好下一次要好好谈谈党的报刊史的编写工作，但是没等到谈第二次，陈克寒同志便与世长辞了，我们永远失去了一位优秀的新闻战士，也失去了他宝贵的意见。所以这件挽救史料的工作务必抓紧再抓紧。

第二，新闻出版工作要跟上新闻研究的需要，要舍得拿出点钱和纸来多出版点新闻方面的书刊。新闻研究所成立后编辑出版的《新闻研究资料》，在香港和不少地方有很多人要买还买不到。因为党的新闻史料是有多方面影响的政治历史材料，国外想研究中国的人，就想买新闻史料。1981年出版的《新闻研究资料》第一期，登了张友渔同志的文章《我与世界日报》，过去我们只知道他是北京市市长，中国社会科学院副院长，只知道他做过报纸工作，看了这篇文章，才知道当时我们党是怎么在新闻界活动的，这对我们培养新的新闻人才，做好报纸工作大有好处。还有一篇叫《老大哥张恨水》，写得比较活泼。张恨水是一个老记者，最近香港出版了《张恨水全集》。对于这样一个特定历史条件下的人物，我们也要研究他，这对研究中国旧报纸的某些方面的问题是有好处的，通过研究，我们应该对他有全面的历史的评价。

我们要研究各种报纸，包括党的和非党的报纸，中央的和地方的报纸，只有把我国报纸在推动民主主义革命和社会主义革命中的历史作用都总结出来，中国报纸的历史面貌才能得到真正的恢复。有许多东西我们过去是不知道的，最近我听说李千峰同志到甘肃省台昌县去，那里有个公社叫哈达堡，他在那里听到一件很有意义的历史事实：据说毛主席领导历尽千辛万苦的长征队伍到了那里，第一件事是让警卫员到当地邮电局把所有的报纸都找来（当然全是国民党的报纸）。毛主席一张张报纸仔细地翻看，寻找红一军在哪里。当他从国民党报纸的新闻中得知刘志丹同志在陕北某地，便决定到陕北去。所以说，毛主席跟刘志丹会师是根据报纸这个传播媒介所传播的新闻事实而决定的。我们最好能核实这段历史，去访问当地的农民、干部、老红军，最好能找到那位警卫员（还不知道他还在不在人世间），找到那个邮电局的原址，查看红军北上抗日的行军路线图，翻翻当地国民党的报纸，要做大量的调查研究工作，然后写出一篇论文，登在《新闻研究资料》上，必将成为我们新闻历史的一件珍品。

第三，要加快步子培育新人。乔木同志很关心新闻人才的培养，成立新闻研究所时，他亲自确定要调哪些人，设置什么研究室，想得很周到。乔木同志当时说在他有生之年还要培养一茬到两茬新闻干部。三年来，我们在中国社会科学院党组的领导下，在人民日报编委会和新华社党委会的大力支持下，培养了200多名新闻研究生，第一期研究生共81名今年毕业了。这些研究生都写了毕业论文，他们的研究成果的质量虽然不平衡，但确实有许多好的论文，好到什么程度，我看还是把复旦大学新闻系主任王中同志的信念一段。王中同志在看了一部分论文后，1981年11月14日来信说："我看了你们研究生的几篇论文，我感到很有水平，只因我学识浅薄，读书甚少，对其准确性无法断定。总之，我感到你们的理论研究遥遥领先。祝贺你们勇往直前，攀登高峰。"当然王中同志十分谦虚，他在新闻理论研究上的造诣是高的。他在信中说他是一个不会恭维人的人，这一点我完全可以证明，他是一位耿直的老新闻战士，他在信里说了他心里要说的话。

从这封信也可以看出，新闻界的老战士对于后起之秀寄予多么殷切的期望，对于青年人的成果是多么地珍重，给予多大的支持和鼓励。所以我们这些老同志，不仅要带头从事科研工作，而且要放开手脚让年轻的同志去研究新闻理论和实践。要相信他们中间是有人才的，有的人很会动脑筋想问题，只要给以支持和鼓励，他们会超过我们。当然也许有些看法不成熟，带点稚气，可这正是他们敢想敢为的可爱之处。我们要运用适合他们的方式，比如同志式的交心的方式去帮助他们，提高他们，这样我们就有可能形成一支很大的新闻研究队伍。将来我们要评硕士，争取有一两个博士。这就产生了一个问题，新闻究竟是不是一门学问？有的文件把新闻列在文学名下，这恐怕不大符合实际。中国社会科学院的学科中还是列了新闻学，这是一件好事。它将鼓励我们进行研究，我们要为党的新闻事业争一口气，用自己的研究成果，争取中国新闻学的研究成为一个发扬党的光荣传统，有自己民族特点，有自己路子的独立的新闻学科。我们既要反对50年代照搬苏联那一套的办法，那实际是取消新闻学，把新闻学变成党史的再版。也要反对套用美国的、德国的、日本的新闻学，尽管他们都出了不少的书，有一些也值得我们借鉴，但要认识到，他们究竟是资本主义的新闻学，是为资产阶级的私利服务的。对于资产阶级新闻学，我们也要用马克思主义的立场、观点、方法去研究它。我们不要说大话，但我们要脚踏实地地干，争取走在世界各国新闻学研究的前头。

现在许多单位设立了新闻研究机构，新华社成立了研究部，人民日报的《新闻战线》也做新闻研究工作。大多数省成立了新闻研究机构，从中央到地方形成了一支新闻研究力量。许多中央和地方的新闻单位都做了报史的研究工作，像新华社五十年大事记就是一个好成果，《湖南日报》的同志配合搞地方志研究了地方报史，也很有价值。

第四，研究工作更要面向实际解决新闻工作出现的新情况新问题。要使问题能提到理论的高度去解决。各报在实际工作中提出了许多理论观点，像《天津日报》的石坚同志提出"抓活鱼"，"保证活鱼上市"，向读者多多提供二三百字的新闻。上海《文汇报》的马达同志很重视抓独家新闻，报纸办得很有特色。《解放日报》的王维同志每天看几封读者来信，了解读者的呼声、要求，使报纸能与读者息息相通。《辽宁日报》的赵阜同志善于抓报纸的头版头条。《甘肃日报》的刘爱芝同志对新闻理论是很有研究的。很多报纸总编辑的理论观点都在实践中形成了自己报纸的优势和特点。《南方日报》总编辑丁希凌同志最近从非洲访问回来，他跟我说，地方报也要着眼于全国和全世界。办报是一个日益发展的广阔的事业，可以做的事情很多。他们主张《南方日报》同《羊城晚报》在友好合作的基础上开展竞争。竞争问题就是一个很大的理论问题。这个理论将开辟我们的视野，使我们的报纸在政治上同党中央保持一致的前提下，扬长避短，发挥优势，根据自己读者的思想状况和心理特点，办出特色，彻底清除林彪、"四人帮"危害时期造成的那种"千报一面"的流弊。我们的竞争是为社会主义事业服务的，是直接为读者服务的。我们的竞争跟资本主义社会里大鱼吃小鱼的竞争有着质的区别，但是究竟有哪些根本区别，怎样不同法，需要我们从实践到理论进行探索、研究和创造。

在我们的日常工作中，经常有一些争论的问题，被繁重的事务工作湮没了。我们要做有心人，仔细地去研究这些有争议的问题，这是一件十分有意义的工作。为了积极发展社会主义新闻学，我们要以马列主义、毛泽东思想为指导，坚持理论与实践相结合的原则，贯彻"双百"方针，开展自由的讨论，各抒己见，求同存异。有的同志说，新闻界有好几个学派，依我看，真要有几个学派也不错嘛，都是社会主义新闻学的学派嘛。我们天天在办报，天天有争论。对于到底什么叫新闻也有争论。我们有一位同志说过去对新闻的看法限得太死，非指导性新闻就不算新闻，仿佛非得是站在指导的立场上去指挥读者干什么的才叫新闻。他认为这种看法不对，主张凡是通过传播新闻事实对社会主义的经济、政治、文化和生活起作用的，都是新闻，所以新闻的面是很广阔的。另一位同志不同意他的观点，说是我们社会主义的新闻就是要有指导性，就是要对读者有教益，否则跟资本主义国家的新闻没有区别了。我觉得，我们从事新闻研究工作的同志就是要欢迎这样的争论。这种争论将有助于启发我们的思想，浓厚学术空气。各个报社有些什么争论，有些什么论点，有些什么实际材料，都请摆出来，不一定马上求得结论。有时候过早地给学术问题下结论，对学术发展是有害的，还是要让实践去检验，去证明。

现在，各个新闻单位都有一批从事新闻研究工作的同志，编写出各种可供研究的资料，这是一种打基础的工作。办《解放军报通讯》的同志就做了不少调查研究工作，他们从军队的实际出发，研究介绍了许多地方报纸的经验，去丰富军队报纸，使军队报纸更好地发挥舆论向导的作用。《中国青年报》和《中国少年报》积极开展对青少年读者心理的调查研究，为改进报纸提供依据。其他各报都做了大量的研究工作。希望1982年能开展得更好，待到年底再开一个这样的会，有意识地把新闻理论的、新闻实践的，新闻史料的成果都检验一下，把新闻研究工作再提高一步。

第五，面向世界，走向世界。在中国共产党直接领导下有着自己伟大革命斗争历史和光荣革命传统的中国新闻事业，也是世界新闻事业的重要组成部分，应该对世界新闻事业发挥越来越大的影响，对发展中国人民与各国人民的友谊作出贡献。我们要有自信，决不能妄自菲薄。中国的新闻研究工作也要同世界各国的新闻研究工作合作。最近，我们与澳大利亚新闻工作者一起开了个讨论会，就很成功，证明中国人的正确的新闻观点通过交流可以影响对方。开了四天会，相互的疑虑都打消了，增强了相互的了解，增进了友谊。中央领导同志要我们多做外国记者的工作，要相信我们的工作可以争取他们当中的大多数。现在北京有95名外国记者，他们要写报道，就得打听消息，可是得到的回答一是说"研究研究"，二是说"我们已经注意到你提的这个问题"，三是说"不"，四是说"待我请示一下领导再说"。反正是用太极拳给挡回去。诚然，从政治外交方面说必要的太极拳是要打的，但从新闻报道方面说，光打太极拳是不行的。我们要热诚地引导这些外国记者正确地认识中国，理解中国，报道中国，把中国人民从事四化建设的消息传给他们本国的人民，增进中国人民同世界各国人民的友谊。要知道，外国记者绝大多数是雇员，他们不写报道老板会解雇他。他们得吃饭，求你帮助他，我们却在那里说"不"字。他没有办法只好跑到饭馆、理发馆、电影院、洗澡塘里去听"马路消息"，或者到电线杆上的广告里去找新闻。当然，有些资产阶级记者就爱听小道消息，就愿意从啤酒桌上打听消息，这也许是他们的生活习惯和工作方式。但是，如果我们积极做他们的工作，也可能争取他们不听一面之词，而对中国的现状作出比较公正的报道。这次澳大利亚的同行说在莫斯科你提出12个问题，他们一个也不回答，在北京还可以答复六个，中国比苏联好。

我们要承认，西方记者的新闻观点跟我们的不同，他们认为新闻记者不反对政府，就不能写出取信于民的报道，不揭露社会时弊的新闻记者不值钱，这是他们的新闻观点。我们应该跟这些外国记者打交道，研究他们的新闻观点，研究他们对中国的报道，敢于按照我们的观点和新闻要客观真实公正的原则，评价他们写的报道，看谁好谁劣。他报道错了，我们就善意地提醒他，他报道得真实正确，我们就表扬他。反正我们只代表舆论，不代表官方，大家以同行的身份完全可以探讨问题。这条与外国新闻界打交道的路子，经过这次中澳新闻座谈会，开始摸索到了一点门路。

我们跟世界各国的新闻界有了直接的接触，能使我们不仅从书本上，而且从实际上更好地研究资产阶级的新闻学，他们的记者如何工作？他们的编辑如何编报？他们的新闻观点是什么？跟我们有哪些不同？通过分析比较，才能鉴别出社会主义新闻事业的真正优越性。新闻研究所要组织力量研究世界各国的新闻和新闻学，研究外国对中国的报道。这方面的工作量很大，希望我们大家合作来办。我们还可从接受委托开一些国际性的新闻讨论会，发展对口的学术交流，使中央的和地方的新闻研究机构通过学术交流走向世界。

最近，联合国在曼谷设新闻专员，由联合国掏钱，1982年1月开财经宣传会，2月开新闻界老板的圆桌会议，要争取在亚太地区开展工作。会议可能在别的国家开，但是我们应该去，要在亚太地区的新闻界有中国的发言权，这就需要我们能多拿出点研究成果来。

第六，要扩大新闻研究工作的范围，我们要加强对报纸的研究，同时也要搞好对广播电视等所有新闻传播媒介的研究。最近，新闻研究所成立了一个电视广播研究室，现在还在唱空城计，只有三个人。不过有这个空城也有好处，许多国家都有民间的研究广播和电视的机构，这样就能跟我们对上口了。这事情可以做得很大，现在看电视新闻的人比看报纸的人多得多，那么，我们可以邀请外国专搞电视新闻的人来中国访问，同我们一起研究。美国就有一位很有名的搞电视新闻的人，妇女小孩都知道他。他管每天八点钟的节目，工作对象都是些在家看孩子的家庭主妇。据说在美国社会里妇女是家庭里掌握金钱的当权派，广告商的眼睛都盯住她们的钱袋。这个人就天天对家庭主妇进行电视谈话，从天下大事到家庭琐事都谈，成为美国电视界的权威。他到中国来了一趟，向我们介绍了不少情况。

电视是个广阔的天地，新闻怎么通过电视形象来影响人们的思想，以至影响政治、经济和文化，成为有形象的、有强大政治吸引力的社会主义舆论的工具，是一门很大的学问。我们可以研究世界各国的电视新闻，研究好了，就有可能成为这方面的一个权威。

总之，我们的新闻研究工作要直接依靠各新闻单位的积极性，多想些门路和办法，可以做很多很多事情。我们要解放思想，实事求是，量力而行，要把目前从事新闻实践的同志都吸引到研究工作上来，把他们长期积累的工作经验上升为理论。现在有几个刊物：《新闻业务》、《新闻战线》、《新闻研究资料》、《国际新闻界》、《新闻研究》、《新闻大学》、《新闻学习》和《新闻理论与实践》等等，都能为新闻研究工作提供极好的宣传阵地。新闻研究所还将出版《新闻年鉴》和《新闻丛书》，希望得到全国新闻界的大力支持。我们的新闻研究活动，还可以通过《报纸动态》传递信息，交流经验。总之，我们要当发展社会主义新闻研究事业的促进派。

1982年2月

# 党报记者应该首先是个好党员

## ——致青年记者的一封信

田 流

记者首先应该是个好的新闻工作者；党员记者，应当首先是个好党员。这是今年初人民日报记者学习中央工作会议文件，讨论如何贯彻落实中央十一届三中全会以来各项方针政策，如何正确报道经济调整、政治安定时，给自己提出来的要求。

现在，全国人民，全体党员，正在热烈地庆祝我们党诞生60周年，正在为祖国四化多作贡献而勤奋工作。一个新的伟大的时代已经开始，一个新的伟大的任务已经落在我们的肩上。在这样的时代这样的任务面前，我们新闻记者应该从哪些方面努力，才能更好地完成自己的任务，为四化作出更大的贡献呢？

我们是通过自己的报道，迅速准确地向广大群众宣传党的路线、方针、政策、工作任务和工作方法，群众把记者看成报纸的，甚至党的代言人；我们又是及时正确地把群众的意见、要求、呼声和希望反映给报纸、给党的领导机关，群众又把我们看成他们的知心朋友。两种任务、双重身份汇集于记者一身，这就要求我们无论在任何时候、任何地方、碰见任何事情，都要坚持党性原则。党性原则，是党报记者一刻也不能背离的根本原则，而能否坚持这一原则，则是检验记者是否是个好记者好党员的根本标志。

坚持党性原则，说起来容易，做起来就不一定了。你有私心杂念，迎合某些人，写了歪曲事实的报道；你采访不深入，捕风捉影，写了假报道；你思想片面、主观，把现象当本质、支流当主流，写了违背真实的报道……这些报道怎么能符合党性原则呢！而要避免这种现象，不仅要加强马克思列宁主义、毛泽东思想的理论学习，而且要加强共产主义道德品质以及学识上的修养。这些方面，都是一个共产党员应当做到的。所以，我们希望凡是党员记者，必须首先成为一个好党员。

在工作上我们既然是通过报道向广大群众宣传党的路线、方针、政策，宣传马列主义、毛泽东思想的，这就要求我们对党的路线、方针、政策，对马列主义、毛泽东思想懂得更多一些、更深刻一些。自己不懂或者懂得不多，怎么向群众宣传呢？马列主义、毛泽东思想是我们观察、分析、判断和解决问题的武器，没有这个武器，我们怎么可能把我们的新闻报道工作搞好呢？不懂唯物辩证法，怎么可能正确地分清现象和本质、主流和支流、整体和局部的正确关系呢？分不清这些甚至颠倒了它们之间的关系，我们还能写出好的正确的新闻报道吗？我们有些记者成年累月很辛苦，天天东跑西跑搞采访，有时组织上给他安排了学习时间，他都因为"采访忙"把学习挤掉了。这样忙来忙去，几年十几年过去了，党性得不到增强，水平还是提不高。我们不能再照这种老样子下去了，该真正认识学习对我们记者的重要了，该真正用实际行动来加强我们的学习了。人民日报记者刘衡同志的学习精神是值得介绍的。因为她一贯重视马列主义、毛泽东思想的学习，才使她在被错划成右派后，表现得那样坚强，1978年底改正后，这个"与世隔绝"多年的近60岁的人，工作起来，那困难是可以想象的，但她在短短的两年内，稿件质量——无论从政策的深度和思想的高度上，都有明显的进步。

在共产主义品德中，坚持原则、坚持正义和真理是最重要的。一切符合党和人民利益的正确思想和行为，我们要敢于支持，而且要支持到底；一切违背党和人民利益的错误思想和行为，要敢于斗争，而且要斗争到底。一般情况下，原则谁都会说，但会说不等于会做，做一下还能办到，但做到底就不那么容易了。那末，怎样才能做到这一点呢？

无私才能无畏，这是我们常说的一句话。的确，如果排除了自己的私利，就能够"五不怕"、"六不怕"，很多于国于民有利的事我们就完全能够坚持原则了。屈服于某种压力，迎合某些人的口味等等，固然是记者应该力求根绝的问题；但是，另一些常见的现象，也应该引起我们的异常重视。例如：有的记者，为了自己的文章"一鸣惊人"，不惜弄虚作假，歪曲事实，把新闻必须真实的原则忘记或抛在一边。有的记者，为了文章的发表，投编辑所好，按编辑"指示"办事，叫怎么写就怎么写，叫怎么改就怎么改；把稿件发表只是达到宣传群众的手段，不应该是记者工作的目的的原则抛在一边了。还有极少数记者，把自己稿件当作商品，不合格的稿件，这个报纸不用，给那个报纸，这家刊物不用，给那家刊物，不顾效果，只求刊用。这种"只要有人买"就行的做法，就使自己从党的耳目喉舌、党报记者的岗位上跌落到旧社会的市侩和小商人的行列中去了。计较个人得失，讲究私人恩怨，就作不成也不配作一个党报的人民的记者。当然，就更谈不上是好党员了。

有识才能有胆。在很多情况下，记者不敢、不能、没有坚持原则、坚持真理，是因为自己对那一事物不认识或认识不清，这就更需要加强学习。记者的对象是整个社会和自然界。社会是复杂的，自然界是千变万化的，记者要全部精通一切方面的知识是不可能的。但是，记者应当力求扩展自己的学识，并在工作中向一切内行专家虚心求教、学习，这是我们达到正确报道客观事物的不能避免的途径。你有了那方面的知识，也就有了坚持那方面原则的本领了。

作一个党员记者，首先应当增强党性，力争作一个好党员；不是党员的记者，也应当按照党员的标准要求自己。愿在各个岗位上的新闻工作者，都这样来要求自己。

1981 年 7 月

# 有关报告文学的几个问题

郭小川

## 报告文学的特点

什么是报告文学？很难三言两语说出一个确切的定义来。但是，它的主要的特点是什么是可以研究的。我想，报告文学的特点，正像这个词所显示的那样，第一是报告，第二是文学。

所谓"报告"包括两个内容：一是真人真事，二是新闻性。

曾经有过一些争论，即所谓"合理想象"和真实性的问题。真人真事作为报告文学一个特点，现在好像已为大家所公认。虚构就是小说了。报告文学必须完全真实，反对客里空，反对掺假、造假。维护新闻的真实性，我们为之斗争已很久了，现在不应该留下这么个空隙，以为报告文学可以允许"合理想象"，可以有些地方不真实，这是一个原则问题，它关系到我们党的报纸的威信；而且，真人真事本身，在宣传上有它

---

郭小川(1919年—1976年)，河北省丰宁县人。1937年参加革命，同年加入中国共产党，长期在新闻、宣传、文艺部门工作。作为一位著名"战士诗人"，他的诗歌始终与时代有共同的脉搏，从中可以"看到时代前进的脚步，听到时代前进的声音"。1962年秋，郭小川调人民日报做记者。

特有的威力，不是虚构的故事所能代替的。我们应当在真人真事这个范围内，想些办法把报告文学写得更好，这里有很广阔的天地，似乎不必在"合理想象"上费力气。我们应该把这一关闸死：报告文学必须完全真实。

其次就是新闻性，或者叫做时机。报告文学也和新闻差不多，发表的时机是相当重要的。我们现在写的东西倒不一定非当天发不可，有的晚几天甚至更长点的时间都不要紧。但是总应该有个时间性。迅速及时地反映真人真事，这是报告文学的一个特点。

第二个特点是文学，也就是文学性。什么叫文学性？这也是几句话难以说得清楚的。不过，文学性和人的感受总是有密切关系的，文学的描写要使人感觉到如临其境，并且受到感动。但是文学并不仅仅是感性认识。感性认识是初级的，很难起到深刻地教育人的作用。文学艺术的思维是形象的思维，但并不排斥逻辑思维，甚至也少不了逻辑思维。毛泽东同志说："我们的实践证明：感觉到了的东西，我们不能立刻理解它，只有理解了的东西才更深刻地感觉它。感觉只解决现象问题，理解才解决本质问题。"即使是感觉，也是需要理性来指导的。排斥理性认识，把感性认识在文学中绝对化，就造成一个结果：排斥思想性。而思想性是文学艺术的灵魂。

因此，文学性是否可以作这样的理解：使人感觉到如临其境、使人感动的手段来描写生活、再现生活。报告文学要表现人，人的性格和精神状态，这些东西需要用文学的手段加以描写和烘托。用抽象的概念来表达人的精神状态也可以，但用文学的手段来表达，就会更具体、更亲切。这是文学手段的长处。

那么，一篇报道有多少文学性才能算是报告文学呢？这很难定出百分比来。大概，有一定的文学性就算是报告文学。所谓"一定"，就是可以多一点也可以少一点，可以把尺寸放得宽一些。我们报纸上发表的许多通讯，实际上就是报告文学作品。我们不必把报告文学看得很神秘，一篇文章是不是报告文学，并不重要，重要的是它的内容和与之适应的形式。只要内容好，形式又与之相适应，那就是好文章。但是报告文学作为一种文体，总是要有文学性的，它和靠逻辑、靠概念反映生活的那一种文体不同。

我想，采取一定的文学的手段迅速及时地反映真人真事，可能是报告文学的最主要的特点。

## 报告文学的客观需要

把报告文学作为一种文体，总是因为它有客观的需要。我们现在就很需要报告文学作品。一是时代的需要，二是人民群众的需要。我国正处于一日千里的迅速发展的时代，人民群众需要很快地吸取多方面的经验，了解多方面的情况，而报告文学正是在这方面能够比较充分地满足时代和人民群众的需要。其他的文体，一般都不如报告文学反映生活这么迅速，写小说就比较慢；诗，当然可以快一些，但它的功能主要是抒情，在如实地反映生活这方面，就不能不受到限制。

报告文学的主题和内容当然会是丰富多彩的，我们现在很难说出它可以表现什么，不可以表现什么。然而，归根到底，不管主题有怎样的不同，内容有怎样的差异，总必须反映人的精神面貌。文学这种手段的最大功用，就在于反映人的精神面貌，报告文学也是如此。我们的报告文学，根本任务就是反映人民的精神面貌。在报告文学的作品中，完全可以反映政策的执行情况，也完全可以介绍工作经验，但无论反映什么，都不能离开人的思想和精神。

报告文学靠谁写？要靠各方面的能够用笔杆的人；其中，记者显然是一支经常性的队伍。记者使用的武器不外新闻、评论、通讯这几大件，而通讯中就有很多报告文学。所以，我们应当努力把报告文学作品写好。

## 掌握规律

怎样写好报告文学作品？这当然不光是报告文学这一样式本身的问题，最根本的问题还是人（作者）的主观世界如何正确地反映客观世界的问题。

要正确地反映客观世界，用我们的话来说，还要深入采访。采访到底怎样才能深入？这是一个值得研究的问题。当然，要深入，就要和群众打成一片，要艰苦奋斗，这是最重要的前提。不过，所谓"艰苦"，一定要包含着思想艰苦在内，要用心思去钻，要下功夫去想。采访的过程，是认识的过程，是调查研究的过程，是理论联系实际的过程，也是和群众商量和共同思考的过程。在一定意义上讲，也是总结工作的过程。总结工作首先是当地的领导和群众的任务，我们记者下去采访的时间很短，知道的也少；但一个报告，一篇通讯，总还是带有总结工作的性质。因此也可以说：采访是总结斗争经验的过程。好的文学作品应该是对某一时代的艺术的总结，报告文学也是这样。从采访者来讲，主要的任务是要很好地认识和研究实际，而认识、研究首先要和当地领导者和群众共同商量，共同总结，才能使自己对某一事物，有所认识，有所理解。为了更好地认识和研究实际，更好地总结经验，我觉得有这么几个问题特别需要我们注意：

**第一，关于特殊和一般。** 新闻要求迅速及时，因此，在一般情况下，记者下去到一个地方采访，时间总是比较短的。时间短，又要深入，这不能说不是一个矛盾。怎样解决这个矛盾呢？写报告文学作品，一般总应当比写新闻需要更多一些的采访时间。在客观条件允许的情况下，尽可能统筹兼顾，安排必要的时间。或者，在记者的繁忙工作中，也可选择重点，来来去去，到一个地方的次数多一些，日积月累也就了解得深入一些。对一个局部有了较深入的了解，就可以举一反三，"解剖一个麻雀",就可以取得了解其他"麻雀"的知识。对于生活的了解,个别是基础,没有个别就没有一般,不了解局部,就不可能深入地了解整体。有了这个局部的知识,再去做短期的采访,情况就不相同了。

当然,对于一个记者说来,只了解局部又是不够的,还要了解整体,了解周围发生的天下大事,国内各项工作的重要动向。没有个别,就不能了解一般;没有一般,确实也不能正确认识个别。不了解全局情况,对个别的评价就缺乏基础,就无法捉摸和了解什么是读者迫切需要了解的。比如一个工业记者,首先要对工业的总体有个了解,此外,恐怕还要了解工业以外的农业和商业等等,有更全面的知识才能搞好工业报道。但是了解整体也还是要靠对局部的了解,就是对工、农、文教等的基层的一个局部进行深入的调查研究。什么是实际,看来有两种:有一般的,有个别的。这两者缺一不可。

我们工作、生活中那个灵魂的部分,或者说,最核心的东西是什么呢?是思想,首先是真实的思想,真实的思想又是什么呢?也许可以说就是思想的实质。我们一定要透过表象把握住它的实质。我们大家也常常为作品的一般化而苦恼,我想,什么叫一般化?一般化和表面性常常联系在一起的。犯表面性的毛病,就看不到事物的实质。比如对许多工人和农民的精神面貌的描写有时只停留在这个水平上:现在新社会,生活有多好呵,过去什么样,过去有多苦,我现在还能不好好干!等等。应该说这个思想也是真的,不是假思想,但仅仅讲到这一步,就比较一般化。什么是思想的实质?首先是特殊的。活的思想一定是特殊的思想。这并非是我们要特别强调特殊性,实际上特殊性是一种客观存在。每个人都有自己特殊的经历,因此他的思想也有特殊性。在报纸上能使人家共同感到兴趣的思想,正是那些特殊的东西。

当然,并不是每个特殊的都有教育意义,我们所谓的特殊是能概括和代表一般的,而不是猎奇,更不是那些奇奇怪怪的东西。我们每一次谈到特殊性都离不开一般性，这个特殊性一定是有普遍意义的。离开普遍意义，离开一般性，特殊性可能是没有意义、没有价值的，甚至是不可理解的，有时还有很坏的作用。有普遍性的东西不一定是特殊的，而特殊的东西也不一定都有普遍意义，这两者要想办法统一起来。但是所有事物都有特殊性。在一般性的基础上去找特殊性，这个特殊性是没有危险的。我们不反对特殊性，只反对脱离一般性的特殊性。

第二，关于一分为二。我们的报纸以树立先进的思想、先进的典型人物为主，因此采访中侧重于了解成绩和优点是对的；但是，对任何先进单位，当然也包括先进人物，都应该贯彻一分为二的观点。既看到优点，也看到缺点。

确切地了解成绩和优点是必不可少的，但是，缺点的一面，我们也不可不了解。了解缺点当然不是为了挑剔，也不一定就要写这个缺点，但是了解这个缺点对全面地认识事物是重要的。采访时用一分为二的观点观察人和事，全面掌握其优点和缺点，在写作时（不管你写不写缺点）分寸才能准。一个先进单位、先进人物，应该讲他们的成绩和优点，也可以讲缺点，尤其可以讲他们前进的、斗争的过程，讲他们克服缺点的过程，因为人都是有成长过程的，也都是在不断地克服缺点中前进的。当然缺点有各种各样，要看性质。有一种缺点是先进人物成长过程中的缺点，即所谓"夏伯阳式"的缺点，写这些缺点无损于正面人物的形象，无损于生活的真实。一个单位的进步过程，一个人的成长过程，也就是逐步克服缺点逐渐趋于成熟的过程。这个过程，不仅可以写，而且有时是非写不可的。写这个过程，同时也就写了优点，写了经验，写了教训，写了很多有教育意义的内容。

## 打破框框

我们常说的框框这个东西，并不是什么稀奇古怪的东西，它到处都可能有，什么时代都可能有。有些框框，不是土生土长，是我们从人家那里学来的，有的在人家那里本来已不适用，我们却还奉为经典；有的在人家手里是适用的，却不适合我们的情况。有些框框是土的，原来是适合于实际情况的，后来情况变了，我们仍旧墨守陈规，就成了框框。

在报告文学写作中，情况怕也差不多，框框是存在的，但是，受到"框框"影响的作品，并不完全没有内容，也不完全不能反映一点新鲜的东西：因为，内容，特别是新鲜的、生气勃勃的内容，它本身就有一种突破框框的能力，它要出现，非突破一部分框框不可。正因为如此，所以框框更不大容易打破，甚至还不大容易被发现。

但是，框框这东西，是非打破不可的，因为它确实阻碍我们进步。那么，既然框框是古已有之的，为什么今天特别提出要打破框框呢？因为，丰富的现实生活是不能容忍这个东西的。我们的事业不但要进步，要发展，而且要迅速进步，要迅速发展，不能忍受框框的束缚。我有这么一点体会，一个单位强烈地要求打破框框，往往不一定是它的框框最多，而常常是因为它那里急迫地要求进步。反之，哪一个单位死气沉沉，并不一定是框框少，而往往是因为不感觉到有框框，没有多少打破框框的急迫性。

报告文学中主要的框框，我认为还是形式主义。许多同志都说，我们有些通讯写得不够生动活泼。为什么呢？原因也许是多方面的。但是，最主要的恐怕还是内容问题、思想问题，也有形式束缚了内容的时候，有的文章没有正确地对待形式。但是一切形式，都应当根据内容的需要，而不是非有个一成不变的规格不可。

形式问题是一个很重要的问题。内容不靠形式表现出来，就是空无所有的；但是，形式问题如果处理不当，又会限制内容、损害内容、歪曲内容。形式，也有它的两面性。我们处理形式问题的根本原则，就是：形式服从内容。这个原则，连我们古代的许多优秀的文学家都是懂的,罗贯中就在《三国演义》里借诸葛亮之口痛斥过"惟务雕虫"的形式主义者。形式虽然很重要,但是,古往今来只有内容丰满而形式不完整的优秀作品,没有内容空洞而形式完美的优秀作品。形式主义者是没有出息的。

当然,产生形式主义的根本原因,是生活和思想的贫乏。要想打破,第一对生活要有新鲜的感受和体验,也就是说,要有新的生活内容和思想内容。第二还要有敢于打破框框的勇气,而勇气又要从生活和思想中来。这两者是互相关联的。

记者工作是创造性的工作,要作好这一工作必须充满创造精神,永不自满地去进行创造。写的东西一天比一天好,是较难作到的,但是,每一篇都有一定新的生活内容和思想内容,却是应当做到的。同时,在记者的写作工作中,应该自觉地遵守形式服从内容的原则:从内容出发去运用形式,而不是从形式出发去"改造"内容。作品每篇的内容是不能一样的,形式也不能千篇一律。

记者写东西往往比较匆忙,不按时快快交卷不行。在这种情况下,就容易信手拈来,顺着自己熟悉的老路走,因此,我们日常的学习和准备是非常重要的。许多问题事先考虑过、研究过,到了忙的时候,就不致瞎抓。除了生活和思想准备,还应经常研究写作方法——怎样从内容出发灵活地运用形式。

## 景物、感情、思想、议论

报告文学既然是文学,当然就要利用文学的一些必要手段。这种手段之一,就是对景物的描写。怎样对待景物描写呢?首先要搞清它的目的性。写景,在我们的传统中从来都是为了"言志"的;这就是说,写景,是为了写人的精神状态——思想感情。既然如此，写景就必然有选择，选择那些最能表现特定的人的思想感情的那一部分加以描写。一件事情的发生，总离不开环境，也离不开景物。这种景物当然很多，但用不着繁琐地去兼收并蓄。

　　景物有时和人的精神状态不一定都很协调，比如天是阴沉沉的，人的心情不一定就是悲哀的。反之，遇有丧事也不会因为"天朗气清"就不悲哀的。如果给一个人送葬那天太阳很好，你写这个场面，就不能写这天的太阳如何欢乐呀，光芒四射呀，使人心里很愉快呀等等，因为那天人的心情是最不愉快的。这种景物和人的精神状态的矛盾是经常会碰到的。写景是为了写人，遇到这种矛盾就不要写，而另外去从环境气氛中抓一些足以表达此时此地的人的精神状态的东西。没有经验的作者，常常在描绘景物时会出笑话，例如有一首诗，写两个姑娘去劳动，高高兴兴地走了，两个乌鸦被惊飞起来了。作者显然不是为了嘲弄这两个姑娘，但是把两个乌鸦和两个姑娘弄在一块就很不调和，无意中形成了讽刺。

　　要选择，就要观察。经过观察和没经过观察的描写是不同的。小孩子写作文常用"蔚蓝的天空"、"金色的大地"，这是未经过自己观察的东西，是从别人那里抄来的。经过自己观察的东西，就可以抓住一些特点，对表现当时的环境就会更有力量。

　　写景是为了写人的思想感情，那么，写人的感情又是为了什么呢？我看，是为了写思想。思想，这是性格的最主要的东西。我们说"塑造性格"，或者说"描写性格"，都离不开表现人的思想，没有思想，也就没有性格。而感情可以说是思想的翅膀，从一个人的感情中，往往可以看到这个人的思想中最深刻最隐秘的东西。

　　报告文学中，可不可以有议论？这也是我们常常接触到的一个问题。这个问题，有两个方面：一是作品中的人物讲的道理；二是作者直接讲的道理。这两方面，回答都应当是肯定的。作品中的人物讲道理，这是古已有之的，我们现在当然更可以写。讲道理，讲革命的道理，这是人类的一个进步的表现。至于作者在作品中直接讲道理，那也是古已有之的。但是报告文学终究是要靠事实说话的，作者的议论主要是起画龙点睛的作用；而且一定要讲得正确、新鲜、深刻，讲到节骨眼上，还要讲得有感情。

## 战斗风格

　　报告文学是文学的一种，当然也要实行百花齐放，这是不消说的。这里想多说几句关于战斗风格的问题。
　　我们的文学是战斗的文学，战斗的风格，应当是我们的共同风格，报告文学自不应例外。既然是战斗的文学，首先就要有针对性，写给谁看？为了解决什么问题？应当想得很明确。我们当然以写正面的东西为主，但这正面的东西，总要对准它的对立面。第二是辩论性，既然有针对性，往往就有辩论性。在一篇文章里，写一种正确的思想占了上风，同时也就往往非写错误的思想居了下风不可。正确思想之所以正确，是与错误比较而来的，是因为它能驳倒各种错误的思想。一个单位，一个人总有过不正确的思想，这种思想，虽然今天不占主要位置，甚至在过去也不占主要位置，但是，它的影响是有的，需要批驳；不批驳它，也不能显示正确思想的正确。当然，批驳它，也不一定要用议论，而主要是用事实。第三是尖锐性。我们有些文章太老实，没有达到生活中原有的那种尖锐的程度。要提问题，就要提得尖锐。比如写克服困难写得没有力量，就是因为写困难写得不够、烘托得不够。困难总有困难的表现，若是严重困难，就必然有其严重性，一定要讲到家，讲到地方。戏剧中有些反面人物写得像豆腐一样，不管他出什么主意，我们正面人物都早知道了。使人感到对付这么一个玩艺太容易了，用不着英雄人物。那么英雄人物就突不出，写不好。

应该把事物原来的尖锐程度发掘出来。写庄则栋和高桥的乒乓球比赛，如果目的是要表现庄则栋的过硬本领，那就充分地表现高桥的本事。世界冠军总要碰到一些很强的对手，不然不能表现庄则栋的本领。

　　尖锐和明朗有关系，我们提倡战斗的尖锐的明朗的风格。提倡尖锐的明朗的风格是不是还需要含蓄？需要。但含蓄是深刻，引人深思。含蓄到糊里糊涂，不明不白，使人不能理解，是不需要的。

# 新闻的真实性和记者的基本功

华 山

周总理说："只有忠于事实，才能忠于真理。"

新闻必须完全真实是丝毫动摇不得的。

但是，新闻要真实，光有好的愿望不成，还要有过硬的记者基本功，即记者的采访基本功和写作的基本功。不重视磨练基本功，新闻必须完全真实是很难做到的。

我到华北新华日报馆，总共5年，刻过60多帧木刻，写过60篇以上的文稿，都是写的对敌斗争和根据地建设，和现在记者的工作方法有点不同。现在记者的分工很细，我们却是碰到什么就采访什么，千方百计采访到手，同时，准确地写出。什么形式都有。总之，要采访到手，要写得准确。现在回想起来，我练基本功是从这个时候开始的。

事实是新闻的生命。道听途说，人云亦云，以讹传讹，那不行。无中生有，捏造事实，就更不允许。但是，要求新闻必须完全真实，这是 回事，能不能做到又是 回事。不是我亲自采访来的材料，我是从来不写的，这不是我不相信别人，而是怀疑我自己的判断能力。不到现场，不到第一线，不到事情发生的地方去，怎么能做出正确判断呢？所以一个新闻记者，

---

华山(1920—1985年)，广西南宁人。1937年参加革命，1938年加入中国共产党。华山同志在革命战争年代是我国著名的军事记者，写出过脍炙人口的《鸡毛信》、《英雄的十月》及抗美援朝战争中的战地通讯《清川江畔》等。上个世纪70年代末，华山调人民日报做记者。

要养成一种习惯，叫做：多管闲事，好管闲事。有事情，就往现场跑，往第一线跑，往出事的地方跑，到那里去调查研究。当然，到了现场，也未必什么都看到，什么都听到。所以还要嘴勤脚勤，跑跑问问，找目击者，找当事人，找知情者，找一切有关的人员，可以提供线索的人。这里，倒不必害怕道听途说，因为有那么多方面的客观事实，摆在跟前，你完全可以做出判断。特别是采访一个战斗，一个战士，他冲上前去，注意力都在敌人方面，都在消灭敌人上面，都在互相配合的几个人上面，就是战斗英雄本人，有时也讲不清楚当时自己做过的事情（往往自己负伤了也不知道）。可是，如果你把当事人，目击者，知情者，和战斗有关系的人，搞情报的，打掩护的，打配合的，打钳制的，都谈一谈，哪怕三言两语，一下子就活跃起来，把整个战斗场面，很鲜明地摆在你的面前。到现场去，并不是任何时候都可以做得到的。比方打仗，一个敢死队，要去打开一个突破口，你要去，人家就不同意，因为人家要对你的生命负责，还嫌你不会打仗，碍手碍脚。另外，你只有一个人，不可能同时到很多现场去。你跟上突击团前进，就跟不了后卫部队，或者其他单位。是不是因此就不必要到现场去了呢？不，即使当时不能去，你事后还是可以去的。特别是重点现场，这对采访很有好处。到现场去，你就能够和采访对象亲切起来。你问他："你冲锋的时候，是走小白楼那边呢，还是小青楼那边？"他一听，马上就乐了，亲切起来，你也知道啊！有的战士，打仗很出色，就是个没嘴葫芦，多复杂的事情，他一两句话就讲完了。要采访他呀，真困难。可是他是个英雄，重点人物，还非采访不可。比方说，一个爆破英雄，要通过许多障碍物，去爆破敌人的碉堡。障碍物前面就是敌人的屋脊形的电网，电网上挂有铃铛，一碰就响。在屋脊形电网之间，还挖了许多绊脚坑，有的绊脚坑还埋有地雷，地面上还有绊脚雷，还有竹签子，铁钉子，我进城的时候，走到这里，我大吃一惊：爆破手当时是怎么通过的！我找到了他，请他谈谈，那个大红窑的地堡群,是怎么炸开的?他笑笑说:"一上去,就炸开了。"我说:"路上那么多障碍物,你怎么能通过呢?""我通不过,怎么上去炸呢?""你先讲讲,你是怎么通过屋脊形铁丝网的?""哎,我一铰开就过去了嘛。"我说:"那是电网呀,是高压电呀。""我那么笨,不用保险钳。"我说:"敌人打那么多照明弹,他看不见你?""我一动不动,他们能看见我?""你动手铰他能看不见?""嗨!我那么笨呀,他照明弹亮的时候,我早观察好了,照明弹一灭,我就咔喳一钳子。""铃铛掉下来不响?""我不会先铰掉呀!照明弹又一亮,我又观察,又铰开了一个口子。""你踩了绊脚坑没有?""我踩它干吗?照明弹一亮,我就观察好了,照明弹一灭,我就爬过去了。绊绳地雷也一样,我不碰它,它能碰我呀。倒是那个竹签子、铁钉子厉害,可也叫我一根一根拔掉了。那个红窑地堡,倒是有一排人,但是,他是封锁正面的,我可爬到后面去了,打仗就怕掏屁股,我给他后门塞了一个炸药包,装上雷管,嗯隆一声,炸了个大揭盖,那一排人,连死带伤,也不知道多少,反正都跑了⋯⋯"

像这样一段战斗过程,碰上了没嘴葫芦,又不能一点一点去抠,怎么能交待清楚呢?一个人连夺七个地堡,又怎么叫人相信呢?记者亲临其境,做现场采访,还有一大好处,就是你采访到的东西,有切身感受,有现场实感,有强烈的现场气氛,读者读了你的报道,就像同你一起到了现场,共同感受一样,就有趣多了。一个记者勤跑现场,还有一个好处,就是接触很多的人,很多事情,很多新闻线索。能帮助你提高观察人的能力,大大扩大你的知识面。这一点是蹲在机关里没法做到的。有的人,做起阶级分析,头头是道,可是一到了集市上面,谁是地主,谁是贫农,就分不清了。其毛病,就在于没有感性知识。

采访基本功,最主要的是关心采访对象,要了解他,理解他,在生活上和他打成一片;在炮火下,一起期待着黎明的胜利消息，总要交朋友吧。要做到这一点，必须有一个前题，要有群众观点，相信群众是英雄，群众是世界历史的创造者，包括文学语言的创造者。如果你认为群众不高明，你才高明，你怎么会向他学习呢？我并不是说，每一个群众都比你高明，哪一方面都比你强，不是这个意思。但是，再不如你的群众，也会有一点两点比你强，这一两点就值得你学习。比方说山洪爆发，很多经过大江大河的人，就是泅不过去，可是山里就有一种人，不会游泳，却会爬浪，三爬两爬，就爬过对岸了。就凭这一手就能把缆绳拉过河去，被浊漳河隔断了的部队，都能攀着绳子过河，到达北岸，登上了巍巍太行，完成了战略转移任务。他这一点，不比你高明？实际上，人民群众，作为一个整体，他是力量的海洋，智慧的海洋，每天都汹涌澎湃，自强不息。如果你善于向海洋学习，你的知识，你的力量，不也像海一样的广阔了吗？实际上，我在（八路军的一二九师三八六旅）七七二团，发现每个战斗连队，都有很多人善于讲故事，善于说快板，善于描述他们的生活，而且非常动人，非常朴素，幽默风趣。也就是从那个时候起，我记笔记，都喜欢记对方的原话，越多越好，简直成了一本卖豆腐的流水账，尽管材料杂七杂八，鸡零狗碎，但是整个翻开，就像部队生活的一面镜子，能理出许多头绪来。

　　世界是复杂的，世界上的生活是丰富多彩的，多种多样的。你要新闻做到完全真实，你首先就要学习群众表现生活的本事，因为群众天天做着前人没有做过的事情，自然要说出前人没有讲过的话；离开这些话，你还真难把事情讲清楚呢。其实不只是一个新闻记者，就是一个作家，练好语言的基本功，也是很必要的。那时候我们好讲高尔基、加里宁论通讯文学，在通讯上又加上文学两个字，而且号召文学初学青年，要学写新闻通讯，要多写新闻通讯，写不出，也要硬写，一定要做到：看到的东西，都能写出来。据说，大作家莫泊桑向福楼拜求教，带去了自己好多精彩之作，让他指点。福楼拜却不看，一定要他把每天看到的日常东西，准确地描述出来。用最简练的笔法，写出最生动的形象，这样磨练下去，才能练好写作技巧。文学家都那么严格要求，新闻记者怎么能不磨练呢？必须知道，一个作家，他可以只写他认为好写的东西，认为有意义的东西，认为可以表达天赋的东西，爱写不写，都有他的自由。新闻记者就不同，凡是新闻，你就有责任非写不可。而且要写得完全真实，符合事实本身。不苦练基本功怎么行？写作基本功，也可以说就是语言基本功。你的采访笔记，你的日记，你的札记，要随手记下你采访对象的语言；不是用你自己的语言描述，而是按照他本来的样子记下。也不是每一个字都要记，有的是粗俗的、文法不通的、意思含混的，只有少数人懂得的。像这样的语言，当然就用不着去记。但是其中也包含大量的精彩语言，表现力强，鲜明生动，说来上口，听来入耳，这就是群众口语当中的精华，需要善于选择，加以剪裁，去粗取精，整理、提炼，就会成为我们现代汉语中的宝贵财产。

现代汉语这几十年来，听不懂的书面语，越来越少，群众口语，越来越多的成了书面语言，在几十年的大革命中，我们中国的群众口语和书面语言，越来越趋于一致。不仅见诸演说、报刊，而且见诸文学名著，这是个伟大的发展。离开大革命还真是不多见的，试看赵树理，及其代表的一批解放区作家，他们的口语和书面语言，结合得多好（农民口语和书面语言大量结合真是很了不起的）。今天我们讲话，感到运用自如，语汇很多，现代汉语不愧为现代世界上极丰富的、表现力极强、极优美的、拥有人口最多的语言。这是近几十年来人民大革命磨练出来的。这是延安文艺座谈会讲话以来，在语言方面的积极发展，要发扬光大。今天的语言，又向前发展了一步。好多生动活泼的语言，在好多高水平的作品里边都出现了。当然也还有另一种现象，有的作品的语言，工人不爱看，农民不爱看，知识分子不爱看，企业家、事业家们也不爱看。这种苍白无力的语言，随心所欲编造出来的语言，应该说是民族语言的一种倒退。应该多多联系实际、联系群众，加以改变。

我学习群众语言有一个感觉，就是他们很了不起，仗是他们打的，他们讲打仗，也是战场的节奏，干净利落，非常生动。我一到部队，就像看到了一个新世界，正在从根据地的地平线冒出来。我是把根据地发生的事物的人们所讲的语言，当作一种新人、一个新的世界来记录的。什么都可以丢掉，就是笔记本不能丢。可是到了1943年，斗争环境实在太艰苦，我把笔记本、日记本、文稿、手印木刻等等宝贵材料，用一个公文皮包装起来，塞得满满的，背着它行军，实在是一个太重的负担。有位白苏同志，他是我们报社很好的通讯员，在后勤部工作，他热情地对我说："把你这包材料，交给我保存吧，我们后勤部搞了几百个岩洞仓库，非常保险，不怕潮湿。我把你的材料，放在最保险的一个犄角上面，抗战胜利了，再给你拿出来。"我当然挺高兴，就用布包好、缝好，写上"《新华日报》（华北版）特派记者华山材料"，非常放心。谁知1943年的5月大扫荡，白苏同志光荣牺牲了，这个文件包再也没法找到。那么大的仓库，找那么小的一个包包，怎么找？几十年过去了，我还不死心，如果哪位同志发现了，还给我，我是多么地感激呀。不过，我还是有收获的，这5年我养成了随手记笔记的习惯。在短短5年中，我几乎什么东西都采访。我现在还记得，有一个小媳妇，要参加民兵，她的婆婆不答应，她就悄悄地捏了一小撮盐，抓上两个馒头，跑出来了。我还发现了一个羊工，口袋里装了一本书，而且叫做孔明。他真的爱读书！我很受感动，我就写了一篇《羊工孔明》。

太行山的妇女，开头是不生产的，甚至于不会纺线，不会织布，很多人都盘腿坐在炕上抽旱烟袋。但是经过我们一动员，拿上核桃到敌战区去，换回棉花，发放给农村妇女，纺一斤线，就酬劳一斤棉花；织出一斤布，也得一斤布的代价。还请了好多河北移民当老师，他们都是纺织高手呵。当时太行山正在闹灾荒,这个生产救灾,一下子就发生了巨大威力,到处都纺起线来。我写了一篇通讯,叫作《纺娘李婷子》,说她怎么学纺线。还写了一篇《夜长纱不断》,敌人在扫荡的时候,隐藏在窑洞阵地里边的妇女,照样摇着纺车,嗡嗡嗡地在那里纺线,把日本鬼子气得鼓鼓的。我还写了一篇《从灾荒站起来》,是写一个林县客户在一片荒山上面,自己找水源,开水渠,开薄田,度过了灾荒。于是一个响亮的口号,在边区政府提出来了:边区政府决不饿死一个敢于生产自救的人。我还写过一篇《战士的翅膀》,说的是一位匡排长打仗和部队失掉联络了,他没有躲起来,却找了许多民兵,组织起来,建立起一个强大的民兵指挥部。民兵有了一个老排长做领导,地雷战,麻雀战,都打开了,给敌人以很大的杀伤。真是军民一结合,就天高任鸟飞了。一个老战士就像长了翅膀一样,以后,我们特意把一批战斗骨干,分到各民兵指挥部去,组织起强大的游击集团。老战士会打仗,民兵地形熟,打得很顺手,这也是人民战争的一个大发展吧。

1985 年 3 月

# 不拘一格写新闻

林 钢

1985年春节团拜会,国家主席李先念与林钢同志握手。

新闻不应有固定的格式。生活日新月异,人物各有性格。新闻反映事实,按事实本来的面目进行报道,自然也应当千姿百态。不知从何时起,形成了一套固定的程式;而且,老八股下崽,一代接一代,谬种流传,泛滥成千篇一律、千部一腔的局面。

---

林钢,高级记者,1926年出生于上海。1945年5月参加革命,1947年8月加入中国共产党;曾在新华日报华中版、豫西新华社中原总分社、中原日报任记者。1952年调人民日报,1958年蒙冤被错划成右派;1978年重新回到人民日报,1982年7月—1987年2月,任记者部主任。

新闻改革，主要是革新闻八股的命。这需要记者的勇气、责任感和探索精神。

同行相聚，曾多次谈到，新闻改革可从国事活动的报道突破。因为这是人人必读的新闻，影响很大，而这方面的新闻报道，也是"三十年一贯制"，基本没有变化。比如接见外国首脑，就不必每一次都写献花、握手、奏乐和检阅。会读报的人，往往都是跳过这些往下读的。这些常规礼仪，如果非得写一笔，四个字即可：行礼如仪。

许多事物，不变的是它的形式，内容总是不同的。新闻要报道的是实质性的内容。每个首脑来中国，目的是不一样的。有的是礼节性拜访，有的是谈判石油价格，有的是签订什么条约，等等。读者关心的正是：他来干什么？新闻里偏偏不写。

会议新闻，无论大小，完全应当避免按程序进行报道，而只报道有新闻价值的东西。

同一时期的报纸，都在宣传同一中心，这是常有的。此时容易出现题材重复、写法雷同的报道。记者要善于选择最佳角度。摄影记者第一天拿起照相机，就懂得选取角度，文字记者则往往忽略这点。

当你拿起笔，面前就要站着读者。最佳角度，就是读者的角度。关于这件事，读者最关心的是什么？他们想知道什么？他们对什么根本不感兴趣？我们可以从领导部门得到主题，但一定要写成读者感到亲切的报道。

提倡不拘一格，意在鼓励创新，但又要遵循新闻规律。新闻要用事实说话。新闻的高潮在前头。新闻包括五个要素（五个W）。不能使读者读了几大段，如在云雾中，还不知道你要告诉他们什么事，或此事发生在哪年哪月哪日，何省何地。

新闻要有文采，却不能驰骋想象。合理想象、虚构情节为新闻之大忌。新闻的生命在真实。可以用诗一般的精练的语言写新闻，但不是写诗。细节描写可使新闻生动逼真，增强现场感，使读者如身临其境。但新闻的细节要严格选择。记者要善于寥寥几笔勾勒出一个场景，可以用彩色的语言写事实，但毋需工笔重彩，白描最好。

山重水复疑无路，柳暗花明又一村，在散文中是很高的境界。新闻却必须开门见山，把统领全篇的主题写在前面，是为导语。新闻要有导语，这是规则；如何写导语，又要提倡不拘一格。

导语可以概括一种思想，也可以描绘一个形象，可以从议论开始，也可以提出读者最关心的问题；可以写五个W，也可以只写二三个；可以是"倒金字塔"，也可以不是。

听说"倒金字塔"现在不时兴了，我却以为它是一种好的新闻结构。我开始学作记者，在李普同志手下。那时是战争环境，我跟他同住在一个村庄，朝夕相处，获益匪浅。他曾多次谈起倒金字塔，他说，西方记者广泛采用的这种结构，很严谨科学；最重要的，先说；然后一段一段展开，一层一层地补充。编辑部根据版面要删削，可以从最后删去，长了，删一段；再嫌长，再砍一段；最后剩下导语，仍不失为一条短新闻。

对导语的最高要求，是写得要具有魅力，令读者看了，非往下读完全篇不可。导语要写得概括、简练，令编辑作标题时，除了照抄，不能增删一字。写导语最易见出记者的功力，也是最能发挥记者才能的地方。即便是一个老记者，每次写新闻，他也要苦心经营、搜索枯肠把导语写好。写好导语，新闻也就写好了一半。

新闻姓新。新闻传播最新发生的事实。时间要新，事实要新，表现方法也要新。昨天午夜发生的事，今晨就见了报，这样的新闻，准保人人爱读。可惜报纸上大量的是"最近"、"上个月"、"数月前"乃至"去年"的"新闻"。报纸上批评商业人员把鲜鱼放臭了卖，报纸却天天在卖"臭鱼"。改变这种局面，涉及体制，需要报社上下的努力。

人人爱读短新闻，但有些记者偏爱写长新闻。他们以为，短新闻，豆腐干似的，没分量，不足以施展自己的才能。他们以为，短了，容纳不下自己搜集到的丰富的材料。

新闻要短,这是报纸的需要。新闻越短,报纸的容量就越大;新闻越短,读者就越多。要知道,记者的工作,永远要受到版面和时间的限制;越早认识这点,就越能获得自由。

新闻要短,也是读者的需要。现代化使社会生活的节奏越来越快,越来越紧迫。读者惜时如金,记者自应惜墨如金。

怎样写短?有一条重要的规则:新闻只能是,需要写最主要之点,切忌"大而全",要舍得割爱。任何记者,他写出来的,往往只是他搜集到的丰富材料的十分之一、百分之一。首钢的经验写成书,洋洋 20 万言;人民日报记者发新闻介绍时,突出了它如何通过责任制调动了全体职工的主人翁责任感这一点。新闻的任务在于鼓动、传播,介绍具体经验是经济部门的事。

经过这几年的倡导,报纸上的短新闻已经多起来了。进一步要解决的问题之一,是一些新闻短而空、没有味道。要在压缩的篇幅内、容纳丰富的内容,我以为,必须探索新闻写作的独特的结构和表现手法。导语要短,段落要短;多用短句,少

1985年夏国内记者会议期间,记者们登上军舰参观。前排为王天铎(左五)林钢(左六)金凤(左七)柏生(左八)与舰艇官兵合影。

用长句；多用句号，少用逗号；多用动词，少用形容词。尽可能避免联接词（由于、为了、因为、但是……）。唯陈言之务去，禁绝套话。记者练笔，主要是锤炼概括事物的能力。三言两语，甚至一个句子，可以蕴含几千年历史，展现一个横断面，揭示一项重大事件，总结一个新的经验。在时间与空间上，要有跳跃。平铺直叙，一切原原本本，从头讲起："自从三中全会以来……"，新闻就永远写不短。

前面说了"没有味道"。是的，现在不少新闻确实没有味道。新闻界老前辈徐铸成近年鼓吹"新闻烹调"之学。他的大意是，办报搞宣传，不能像一些大食堂办伙食，不讲究五味调和，老是几样大锅菜，而是要像开菜馆子的名厨那样，精心烹调。否则，尽管原料是选上等的，蔬菜也是新鲜的，但一锅煮，或老是"白开水煮鸡"，不考虑读者的口味，使人吃久了总要倒胃口的。

把"烹调"的概念，引进到新闻学中，正是绝妙的比喻，形象而贴切。我们是太不注意新闻的写作技巧了。翻读30多年来的新闻文选，谆谆告诉记者的是，认真学习马列主义和党的政策，要注意调查研究，要作为党的耳目喉舌，要真实。这些话，语重而心长，十分重要。可惜，关于写作技巧的，几乎是绝无仅有。

由于写作上长期存在的公式化、概念化、枯燥无味等缺陷，已经严重影响宣传效果，这是人所共见的事实。写出来的东西，不吸引人，没有人看，那么题材再重要，思想再好，也就失去了传播的目的。任何人也不能强迫读者去读他不想读的东西的。报纸应当讲究宣传效益，记者要提高新闻写作的技巧。这要作为一个响亮的口号提出来。

1983年2月

# 发挥述评性新闻的威力

## ——兼谈我在上海的采访实践

章世鸿

我主张大力提倡写述评性新闻,发挥这种新闻体裁的威力,提高新闻报道的质量。

述评性新闻是一种新闻体裁。它的特点是新闻同评论相结合,不完全是新闻,还包含评论,但又不完全是评论。述评性新闻这种体裁不能为新闻所代替,也不能为评论所代替,它具有独特的存在价值和威力。

## 一、述评性新闻的发展历程

述评性新闻,可以说,从近代报纸产生时就开始存在,而且在报刊历史上具有光荣的传统。由于述评性新闻具有浓厚的时代气息和战斗精神,往往被作为具有历史价值的范文。如清末著名报人、维新运动首领之一梁启超就写过很好的述评,纵论天下大事,抨击时弊,笔锋尖锐,文才横溢,在我国报刊史上名震一时。民国以后,一些名记者如黄远生、邵飘萍、戈公振都写过许多述评性新闻;当代著名新闻工作者韬奋、夏衍、范长江、陆诒、赵超构等以写述评性新闻著称。国外的名记者

---

章世鸿,高级记者,祖籍宁波,1927年生。1945年加入中国共产党,1948年10月进入皖西解放区,开始在皖西区党委机关报《皖西日报》任编辑。1951年1月调入人民日报,长期担任人民日报驻上海首席记者。

和评论家李普曼、斯诺等也是如此。一个有成就的新闻记者不写述评性新闻,几乎没有,而且他们的重要成就也在于用述评性新闻来宣扬自己的观点,对社会舆论产生很大的影响,也大大丰富了这种体裁的表达形式。

全国解放后36年,述评性新闻经历的道路比较曲折,也可以说多灾多难,解放初期《人民日报》上述评的栏目很多,如《经济工作述评》、《报纸工作述评》、《读者来信述评》、《政治工作述评》等。1955年后,栏目没有了,但述评性新闻,夹叙夹议的文章很多,在1957年反右后,报纸的整个评论工作形势起了变化。1957年反右派斗争扩大化,对我国新闻界冲击很大,有不少优秀新闻工作者被打成右派,1959年反右倾斗争,又有一批记者因对"大跃进"、人民公社提出一些意见,被扣上"右倾机会主义"的帽子,这之后,报纸上好的述评性新闻少了,形而上学、唯心主义的东西越来越多,报纸的文风也当然不好,随着政治形势的起伏,述评性新闻也时有起伏。"文革"期间,出现过一些述评性新闻,如什么清华大学

1986年11月胡耀邦同志考察上海期间与上海新闻界、文艺界人员座谈后留影(中排左三为记者章世鸿)。

《大辩论带来大变化》之类，这是"四人帮"一手制造出来的假报道，是述评性新闻一股逆流。十一届三中全会后，特别是农村开展经济改革后，述评性新闻开始复苏，《人民日报》上好的述评多了起来，特别是一些老记者重新拿起了这个武器，写出了不少有声有色的文章，也涌现了一批有才干的中青年记者。

## 二、述评性新闻的特点和优势

什么叫述评性新闻？很难给它下一个完整的定义。我认为，有新闻又有评论，两者有机的结合，这就是述评性新闻，它的形式应该是多种多样的、不拘一格的。

述评性新闻有些什么样的特点呢？首先，这种体裁具有多功能性，它是一种新闻报道，具有新闻性；记者就新闻事件进行分析，发挥自己的观点；它又有评论性，也可以加上理论性和知识性；在写作过程中，为了增强可读性，记者也可增添文采，甚至带有通讯的特色；因而，这种体裁是多功能的，记者更能充分发挥自己的主动性。毛泽东同志在解放战争时期为新华社写过不少报道，这些报道都可以说是述评性新闻；比如，他在1948年11月5日发表的《中原我军占领南阳》，这篇报道就是一个范例。报道写了当时南阳守敌王清高于4日下午弃城南逃的新闻，接着就这件事展开评论，分析了中原战场的形势，介绍了人民解放军各个战场的发展壮大，也分析了国民党的困境，不但评论军事，也涉及政治，指出我们在所有江淮河汉区域克服过早地执行分配土地的"左"的政策后，执行了减租减息政策和各阶层合理负担政策，这样，就把一切可能联合的力量团结起来，使国民党完全孤立了。最后还预测王清高由南阳逃到襄阳后的趋势。他在这篇述评中还提供了南阳的历史沿革，说"南阳为古宛县，三国时曹操与张秀曾在此城发生争夺战。后汉光武帝刘秀，曾在此地起兵，发动反对王莽王朝的战争，创立了后汉王朝。民间所传二十八宿，即刘秀的二十八个主要干部多是出生于南阳一带。"这篇短短的一千多字的报道中有新闻、有评论，说军事、论政治，提供历史知识，充分体现了述评性新闻的多功能性，可说五彩缤纷。

　　由于内容上的多功能性，述评性新闻的形式也可以多样化，不拘一格，可由记者创造。在"述"与"评"的比重上，也没有一定比例，有些可以多"述"少"评"，接近于新闻；也可以多"评"少"述"，接近于评论。一般是采用夹叙夹议的写法，我国早期的述评，如梁启超在他主编的《时务报》、《新民丛报》上写的文章就采取这种写法。民初著名报人黄远生把传统的政论发展成为一种述评通讯，也是夹叙夹议的写法。这种述评通讯后来有很大发展，不少记者都采用夹叙夹议的写法写通讯，成为述评性新闻一种特殊形式。近年来，写作形式更多了，或对一个时期的工作进行综合性评述，或采用调查报告形式，采访札记、记者来信等形式，采用哪一种形式，它要服从报道内容的需要，并无一定的格式。有人把某些述评性新闻归于新闻类，或归于通讯类，或归于评述类，这也是可以的；各种新闻体裁有时很难作严格的划分，大可不必把一种体裁划分得太死，纳入一个固定的模式之中。即便出现"四不像"的文体，只要它是真正写出水平，同样可以肯定它的价值；凡具有述评性新闻基本特征的报道，我们都可以承认它是述评性新闻。

　　鲁迅先生杂文集中的一些文章，从我们新闻工作的角度来看，有的也是很好的述评性新闻或叫做述评性通讯。如他写的《看萧和"看萧的人们"记》（载于《南腔北调集》）其中有新闻，报道了萧伯纳1933年3月16日上海访问的现场情景；也有评论，分析了上海一些人士对萧伯纳的态度和看法，也提出他本人的看法，虽然带有散文的笔调，但值得我们记者学习，以打破我们写作上的老框框。他写的《上海通信》（载《华盖集续编》），也可以把它当作《记者来信》一类的述评性新闻来读。其中写他1926年8月由北京回上海一路上的情景，记载了所见的社会新闻,也有他本人路过南京的遭遇,并且引出很多议论。这里,新闻事件、个人遭遇、评论融成一体,既是书信,又是述评性新闻,相比之下,我感到现在我们记者写的《记者来信》往往缺少特色。报上把很多工作评述冠之以《记者来信》的副题或刊头,其实不是书信,也完全不像书信,为什么我们不能写些真实的书信发表呢?如果记者下去采访,真正写些信回来,把信略作处理登在报上,不是更亲切、更自然、更有可读性吗?述评性新闻具有多功能,形式多样化的特点,那么《记者来信》这种文体应该恢复它的真面目。在敢于创新这一点上,记者应从作家的创作中吸取营养,使报道更具特色,更富有感情,更有现场感。

在各种新闻体裁中,述评性新闻有些什么优势呢?

一般新闻报道,主要是客观地报道新闻事件本身,有"述"无"评",而述评性新闻不但"述"而且加上记者的评论。记者可以通过对新闻事件的分析,揭示新闻事件的本质,这样就把新闻深化了。比如说,印度总理英·甘地遇刺身亡,写新闻只能反映这一事件的过程,最多加一些各界人士的反应;而写述评性新闻,则不但可以就这一事件进行分析,还可从宏观的高度来评述这一事件对印度和世界政局的影响。当然,新闻这种体裁也不能为述评性新闻所代替,在事件发生的当时,首先要发新闻,把这一事件迅速报道出去,但仅仅这样还不够,还必须继之以述评性新闻来展开这个题目。新闻在一两天内即失去时效,而述评性新闻的生命力可以延续很长一段时间;对同一事件,述评性新闻可以写多次,从不同的角度进行述评,来发表记者对这一事件的各种见解。述评性新闻的灵魂在"评"字,记者在这里处于评论家和观察家的地位。这是述评性新闻的一大优势。

述评性新闻又不同于报纸的评论。报纸的评论是一独特的文体。记者也可以写评论,但评论更多地由报社编辑来承担。评论可以离开新闻事件,可以不受新闻事件的约束,新闻事件往往成为评论借题发挥的题目。述评性新闻作为新闻的一种体裁，则是记者发表评论的手段。记者若要对某一新闻事件发表意见，进行剖解，当然不能离开新闻写一篇评论，而主要是采取夹叙夹议的形式来表述。述评性新闻可以把新闻同评论融为一体。它的优势是：既具有强烈的新闻感，又具有评论的深度。

当然，这不是说，述评性新闻这种体裁高于一般新闻报道，或高于评论。各种新闻体裁无地位高低之分，只有质量高低之分，所写的问题大小之分。各种新闻体裁各有其职责，不能相互代替。但述评性新闻具有它的优势，我们应该充分发挥它的优势，使它在报纸上取得更大的宣传效果。

### 三、述评性新闻写作中的几个关键问题

怎样写好述评性新闻？这个问题很难回答。写述评性新闻，实际上就是写一篇文章，凡是写文章必备的条件，写述评性新闻都应该具备，而怎样写好文章，是一个相当难于回答的问题。"戏法人人会变，各有巧妙不同"。应该说，各人都可以在自己的实践中闯出不同的路子。我们读名记者的作品，各人都有不同的风格，甚至语言也各异。而且，由于接触的题材不同，每一篇稿件怎样写，需要量体裁衣，什么样的材料，确定一个什么样的写法，也不能雷同。因而，与其模仿一种模式，不如自己去创造一种模式。别人的经验可以借鉴，但这些经验需要通过自己的实践加以取舍。任何事，照抄照搬，永远不会成功。

但是，有几个关键的问题，在写述评性新闻时必须加以注意，我想结合自己在上海采访的实践来谈一下。

第一，什么题材可以写述评？这个问题首先要解决好。不是所有题材都可以写成述评性新闻。凡是事件或经验本身能说清楚的问题应该充分让事实本身说话，不必硬去作文章。我国

目前的新闻报道有两类：一类是事实性报道，即所谓动态报道；一类是非事实性报道，多数是经验介绍，也就是哪个单位落实党的政策方针好，就介绍它的经验，目的是宣传党的方针政策。以经济报道来说，多数是介绍某行业某企业的好经验，这些报道如果没有提出什么问题来研究，那就不必勉强去写述评性新闻。

写述评性新闻，必须首先揭示矛盾，通过对矛盾的分析，找出解决矛盾的方法。所谓"述"，就是反映事实本身；所谓"评"，就是揭示和分析矛盾。介绍某一项经验，这不叫"评"而只是"述"，没有"评"，述评从何说起？我在写述评性新闻过程中，曾遇到过这种情况，我写的是述评，而编辑把它改为新闻发表了，原因就在于没有揭示矛盾。例如，我写了一篇述评，题目是《跨省市联合重要的一步》。江苏、浙江、上海两省一市纺织行业创造了"联席会议"制度，这是促进省市联合的好办法，为此我想介绍他们的经验，但此文发表时，被改成了一条新闻，写述评的目的没有达到。问题就在于名为"评"，实际上没有揭示矛盾，评不起来，对所介绍经验固然也可作些分析，但仍不是"评"。

由此我悟出一条结论：写述评性新闻，要跳出写经验的圈子，着眼于研究问题、抓矛盾。矛盾抓住了，文章就好做了。怎样找到矛盾？那要从分析事物着手。分析事物，要多看，多跑几个地方，加以比较；从差异中找出矛盾，从各个具体问题中找带有普遍性的问题。上海市生产的手表，有个时期因为新品种少、款式老，销路不好。我带着这个问题在上海跑了好几个手表厂，也跑了钟表商店，开了不少座谈会，终于把矛盾的焦点抓住了。问题在于上海手表工业长期为了追求眼前的产值和利润，只抓单一品种的大批量生产，而忽略产品结构的调整；而所以忽略这件大事，是因为这样作，需要舍得花时间和投资，牺牲一些眼前利益。敢不敢为长期利益牺牲一些眼前利益？这是矛盾的焦点；我抓住这个问题写了一篇题为《上海手表工业向何处去》的述评,尖锐地指出了这个问题,提出上海手表工业要敢于付出一些代价,甚至不惜牺牲一些产值、利润、速度,争取短期内在技术进步上有一个重大的突破,加快手表更新换代,这是唯一的前途,此外没有别的路可走。这篇述评性新闻发表后反映很好,因为它接触到上海各工业系统普遍存在的一个矛盾,手表工业不过是上海整个工业的一个缩影。实践证明,抓住矛盾,才有文章可做。矛盾抓得愈深,抓住了矛盾的焦点,也就愈能加重述评新闻的分量。这是写好述评性新闻的第一个"要诀"。

第二,写好述评性新闻,立足点要高些。对任何问题都要作宏观上的分析研究,用宏观来指导微观,即要从全局出发来看局部,或者把局部提高到全局来看。所谓宏观,就是全世界观点、全国观点。读外国名记者作品,总感到他们眼界比较开阔,这些记者经常从一个国家到另一个国家,出国是家常事,因而写述评不局限于一国一事,经常是把这个国家的状况同那个国家比较,问题也就写得深些,斯诺来自美国,他写的《西行漫记》,就从当时世界形势出发来看中国政局,看延安边区,站得很高。国际上目前评述我国形势的好报道,也无不把中国放在全世界的广度来分析,因而时有精辟新鲜的见解:比如,我国当前改革具有多么重要的意义,在全世界产生什么影响,显然,在国内就感受不深。我国的记者,写国内问题,站在世界高度的不多见,这是因为我们记者掌握世界情况有很大的局限性。但是,从全国的宏观高度来分析一省一市的工作,是应该努力做到的。我认为,一个记者虽处一省一市,但立足点应该高些,这样才能抓住重大问题。打个比方,你在平面上看一个城市,接触面不能不是很窄的,无非是一草一木;如果你站在高山之顶峰瞰视这个城市,一草一木看不到了,看到的是这个城市最大的、最突出的建筑物,这样,你的目标就能瞄准这些庞然大物,而不去盯住一草一木,也只有站在高山上,你才能看清一个城市的全局结构,这样就能胸怀全局而不拘泥于一草一木。今年5月11日《人民日报》一版头条发表该报记者王楚写的一篇述评性新闻《有胆略的决定——武汉三镇大门是怎样敞开的》，就是一篇从宏观上研究问题的好报道。首先他提出的问题是个全局性的大问题，即如何打破武汉市35年来"自守"的落后局面。这是一个战略方针问题，对全国各大城市有普遍指导意义。在这篇报道中，记者指出了环绕"开放"这个问题的各种争论，有思想交锋，而武汉市委领导排除众议，坚决实行开放，显示了胆略和气魄。记者从全国看武汉，从大城市的战略决策看开放，文章很有魄力，也很有魅力。如果记者不是全局在胸，是写不出这样的报道的。

要从宏观上研究问题，记者应该跳出一省一市的圈子，到全国各地多走走。我长期在上海采访，总感到老呆在上海，未必真了解上海。去年我到上海附近江浙两省各市转一转，从上海周围的市镇来看上海，分析整个长江三角洲的经济形势，这样，对上海这个中心城市的作用看得更清楚了，对上海必须依靠全国的支持也看得更清楚了。我国经济要大发展，必须进行跨省市的经济联合，这一点，光站在一省一市很难写出好报道。跨省市联合要求记者进行跨省市报道，要跳出一省一市的局限性。

长期以来，记者工作按行政区域划分，某省某市记者只能在某省某市活动，各霸一方，老死不相往来，这就大大束缚了记者的手脚，很难从宏观高度分析问题。要写出好的述评性新闻，记者必须打破地区分割状况，有一个更加宽广的活动场所，这样才会有一个广阔的视野，写出有一定广度的作品来。范长江同志写《中国的西北角》述评性通讯时，不过25岁。他之所以能够对西北各地写得如此深刻，就因为他从全国看西北，又跑遍大西北各个地区，甚至很偏僻的地区，立足点很高，因而在写西北各地情况时能够联系全国和大西北的抗战形势，由此及彼，信手拈来，皆成文章。如果划地为牢所见有限，思路很窄，也就不免坐井观天。当然，我不是说要取消地方记者，而是说，记者首先要学会从宏观上看问题，采取各种有效的办法，打破眼界的局限性；比如要留神和研究全国形势，关心周围各省市情况，掌握更多信息和资料，到省内各地走走，也包括到外省市走走。根据这个指导思想，我对自己提出的要求是："立足上海，面向全国"。前年，我从上海出发到宁夏回族自治区去。国务院决定上海与宁夏实行对口支援，我在宁夏会见了不少上海各工厂技术人员，同他们促膝谈心，深感上海的先进技术已在这里开花结果，写出了一篇题为《横跨三千公里的支援》述评通讯；去年，我又到云南去，云南与上海也实行对口支援，我一直走到滇西中缅边境，看到上海市及上海市各县支援边疆，为少数民族服务的动人情景。上海色织十厂30位技术人员协助边境工厂第一次制成功傣族、阿昌族喜爱的机织傣锦和筒裙布，结束了一千多年来手织傣锦和筒裙布的时代。我写了一篇《从上海跑到云南中缅边界》述评通讯，介绍上海与云南的经济技术联合。上海离宁夏两千多公里，上海离云南三千多公里，通过这两篇报道，看到了上海经济技术向全国辐射的广阔前景，这是打破局限于一省一市的一个有益的尝试。我认为，这条路子是可行的。

第三，好的述评性新闻，既要写现在，也要写今后的发展趋势，看到某些问题将会导致什么后果，或展望未来和前景。这是读者迫切的需要，可以打开读者的思路。

前些时候，我读到《人民日报》上两篇述评性新闻。一篇述评指出：目前我国引进的电冰箱生产线过多，带有很大的盲目性。从眼前看，电冰箱很畅销，各工厂纷纷引进生产线，大量生产电冰箱。但从发展趋势看，按国内的消费能力，几年后将出现供过于求的局面，那时候这么多电冰箱生产线将被迫压缩生产，造成很大的浪费。因而作者强调要加强电冰箱生产线宏观指导，不能只顾眼前，而要分析社会需要量的发展趋势，防止盲目性。另一篇述评指出，目前不少企业出现"引进热"，把引进的新设备作为国内市场竞争的手段，但没有考虑新技术的消化、吸收、创新。引进而不抓消化，势必造成对外国的依赖性，从发展趋势分析，弊病很多。国外技术不能实现国产化，必将影响民族工业的发展，而且造成国家外汇不断外流，成了"无底洞"。这两篇述评都属于趋势性分析的述评，从客观上指出当前重复盲目的引进，可能导致的严重后果，起了敲警钟的作用。显然，报纸上需要更多这样的经济述评，指明经济改革中出现的各种新问题及其趋势和后果。

对趋势的分析，可以提出问题，敲些警钟；也可以展望未来，展示美好的前景，鼓舞人们的斗志。我最近到舟山群岛去采访。这些岛屿，从现在来看，经济发展还比较落后，你要写他们的成绩，写他们的经验，很难写，但这些岛的潜力很大，不但渔业可以大发展，旅游业也可大发展；因为这些岛屿具有很多可作优良深水港的自然条件，海港的发展可说前途无量。因而，我写了一篇《潜力巨大的舟山群岛》，着重对舟山的潜力、优势作了探索，展望它的美好前景。写这种发展趋势，应该立足于对现实状况的分析，言之有据，而不是空中楼阁。写这种述评的目的是引起全国对这个地区的重视，共同努力来开发这些岛屿。

我国最近翻译了美国社会预测学家约翰·奈斯比特1983年写的《大趋势》一书，作者在这本书中论述了美国社会的发展趋势。他把美国今后十年看成关键性的变革和过渡时期，要求人们作好准备，迎接未来全面的信息时代；作者的观点如何，可以研究，也可能未必正确；但作者采取宏观分析同微观分析相结合的方法对美国的大趋势进行分析，提出一些新的见解供人思考，对我们的记者是有参考价值的。

怎样分析大趋势？要立足现在，了解现在，研究未来。约翰·奈斯比特说："本书的结论得自对12年时间的200多万报道城镇事件的文章的分析。从这些纯属地方性的资料中，我看到一个新社会的轮廓正缓缓出现。"可见，他写这本书，花了12年时间，看了200多万篇报道。他的这本书之所以有可以借鉴之处，我想，原因就在这里。我们要在述评性新闻中分析事物的未来，也需要进行这种研究工作，从研究事物的发展规律中引申出必然的结论。这种结论才是比较可靠的。

## 四、记者写好述评性新闻的条件

写好述评新闻，记者需要具备哪些条件，或者说，具备哪些素质？

记者的基本功，记者的修养是多方面的。在这里，我只谈若干方面。我认为，记者的努力方向，最重要的，是要有独立研究问题的能力，或者叫独立思考的能力。万里同志最近在全国教育工作会议上的讲话中指出，培养新型人才，更重要的是培养学生独立思考能力，培养学生运用获得的知识去解决面临新问题的能力，培养他们继续获得新知识，善于总结新的经验，发展新的理论的科学的思想方法。万里同志这段话也完全适用于培养记者。一个记者对问题没有自己的见解，怎么能把它写好？一个记者写稿件，不用自己的思想，自己的语言来写，照抄照搬，人云亦云，不但写不好，而且容易发生差错。

长期以来，我国新闻界也存在吃大锅饭的现象，写好写坏一个样，甚至写多写好的记者反而招来许多是非。这种状况反映在报道上，就是不求创新，但求无过，写出来的东西没有个性，千篇一律，一副面孔。一般的写法是所谓观点加例子，把中央的指示同某个单位的事例一凑，就是一条新闻。这样的新闻最容易写，也最没人看。

要写好述评性新闻，就是要打破这种框框。述评性新闻，立足于"评"，谁来评？记者来评。记者不是照抄照搬，而是要真正成为事件的评论家，这样才能写出有影响的作品。我们读中外记者的作品，很少有陈词滥调，每个人有自己的思想、风格、语言，没有什么雷同。当然我们讲独立思考，不是说可以离开党和国家制定的路线、方针、政策，各行其是；而是说，记者要通过独立思考才能真正消化中央的精神，变为自己的东西，然后用自己的思想来写。这就不是"大锅饭"的写法，而是具有本人独特的"小锅菜"，是你自己的作品，而不是照抄照搬的东西。

照抄照搬，是我国新闻写作上一个很坏的习惯。这可以说也是1957年反右斗争后养成的坏习惯，至少有20多年历史。据说，照抄照搬保险，犯不了错误；独立思考，则是悬崖跑马，危险性很大。现在，我们还必须随时随地同这种老思想、老习惯作斗争。我们往往一写报道，就重复那老一套的语言，不用费劲；而要真正写出自己的见解，运用自己的语言，则要费很大的劲。我现在写述评性新闻，就感到凡是写得比较好的部分，都是我用自己的思想和语言来写；凡写得不好的部分，都是我偷懒或是因为别的原因而摘抄别人现成的货色。后一类东西，最后都需要重写，否则文章就很难贯通起来，而且不可避免地要出现拼凑的现象。

独立思考，要付出艰巨的思想劳动。记者不但要有鲜明的是非立场，而且要有观察问题、分析问题的能力，这决定于记者的理论素质和政治素质。独立思考能力，主要表现在下列几个方面：

（一）要独立地全面地看问题，排除片面性。片面性，是记者最易犯的毛病。片面性往往来自片面之词。记者丧失自己的独立性，跟着别人跑，听取一面之词，就难免犯片面性的毛病。下去采访，了解真相并不容易。某些采访单位，往往只让你看到他所希望你看到的东西，接触到他希望你接触的人。有时候，有一大帮人陪你采访，对你施加各种"影响"，而且你接触的各种人，由于地位不同，利益不同，看问题也不同。这就需要记者善于辨别是非真伪。有一次，我到一个集体渔场去采访，场长热情接待，他说，他们渔场领导如何体贴渔民，关怀渔民，场长还自己带头出海，艰苦奋斗，说得天花乱坠，他周围有几个人也一起这样说。但后来我们访问几个渔民家庭，说法就不一样。有个渔民笑着说："我们场长好是好，但他的家差一点给人烧了！"为什么有人烧这位场长的家？很奇怪。我们从多方面了解，才知道这位场长上台7个月，每个月擅自决定拿工资加补贴1000元，7个月领了7000元，大大超过渔民所得，也违反国家政策，群众意见很大，到上面告状，奈何这位场长是"地头蛇"，上面又有后台，一时也无人管这件事。老百姓火了，有人就想把他的家烧了。事实的真相是：这个渔场不是先进单位，尽管收入不少，但领导班子问题很多，当然不能报道。如果报道，就要揭露这位场长。可见，记者必须养成独立观察的能力，否则就容易上当。

（二）要善于透过错综复杂的现象掌握事物的本质。记者接触的现象是很多的，出去采访一次，笔记本满满的，但对现象的分析研究，却要靠记者的思想劳动。本质的东西往往不是采访对象所能马上提供的。有些问题，采访对象限于理解水平，一时很难回答好。这就需要记者带动采访对象去总结经验，共同探索。"旁观者清"，记者是旁观者，有些问题比当事人理解得深些，这是完全可能的，也应该如此。记者对采访对象，有时需要引导和启发，共同来发掘事物的本质。记者根据现成的总结写稿，也不是好办法。上级机关写的总结材料可能质量高些，但多数是面面俱到，基层的总结则多数是现象罗列，千篇一律，缺少分析，这样的总结把它们改成报道，难免就事论事，质量不高。我在实践中深深感到，本质的东西潜伏在大量材料之中，需要记者独立地发掘、提炼，不能依赖现成的材料，或由旁人代劳。一切依赖心理都是有害的，即使别人真为记者提供好的观点和见解，记者也应通过独立思考进行消化，变为自己的东西，而不是依样画瓢。一篇好的述评性新闻，应该是记者独立劳动的成果。记者支付的独立劳动愈多，文章的质量愈高，只有在这个基础上，才可能逐步形成记者独有的风格。

（三）要立足于科学的调查研究，排除任何主观性。记者是专业的调查研究人员，这是对的，但记者的调查要登在报上，报纸发行几十万或几百万份，他的调查工作应该比一般的内部调查研究更严格。述评性新闻，以新闻事件为基础，这个基础应该非常牢靠，非常扎实，使记者的立论有可靠的论据，否则立论就很容易被推翻。1957年以后，报上发表的述评性新闻，现在看来有科学价值的很少，很多都站不住脚，为历史所否定。因为当时在"左"的思想指导下，记者很少作客观的调查研究，而只是根据上面一些错误指示，把主观意志强加于新闻事件，其论据带有很大的主观任意性，立论则主观武断。记得1959年，人们对人民公社这种体制提出异议，那时候，一些记者写了不少"人民公社调查报告"，以证实人民公社优越性，这些"调查报告"现在有几篇能站得住脚？对大寨的宣传，多少年来连篇累牍，出版的书也不可胜数，现在看来，有几篇具有存在价值？一切工作都以"阶级斗争为纲"，一切报道都把成绩归结为阶级斗争的"成果"，这里有多少新闻真实性？这种所谓"调查研究"，是一种反科学的实用主义方法，而完全不是马克思主义的辩证方法，如果用这种反马克思主义的方法宣传马克思主义，其效果就可想而知，无非是败坏报纸的信誉，败坏马克思主义的信誉。当然这并非完全是记者的责任，或者说，主要不是记者的责任，但这种历史教训应该成为新闻理论研究工作者重要的课题，以充分总结和吸取历史教训，不再重蹈故辙；调查必须实事求是，要排除各种"先入之见"，各种私心杂念。比如说，调查结果可能不符合报道要求，可能同原来想写的主题不一样，那时候，就不能为了"报道需要"，削足适履，只挑选一些自己有用的材料，而对其他材料视而不见，甚至歪曲材料。解决新闻真实性问题，关键是要立足于科学的调查研究。调查研究不讲科学，新闻的真实性问题一万年也解决不了。

（四）写出真正有分量的作品，记者要有坚持真理的勇气。这也应该是记者必备的重要素质。世界上要办成一件事，不承担一些风险,看来是不行的,写报道也是如此。斯诺所以能写出震撼世界的长篇述评通讯《西行漫记》。因为他是第一个敢冒风险由国民党地区进入延安采访的美国记者。世界上有那么多记者,别人没有去,或去不了,只有他去了。国民党曾设法阻挠他,甚至暗害他,也没有动摇他前往解放区的坚强意志。

上海《解放日报》今年初连载我国著名老记者陆诒写的《战地萍踪》系列通讯,他在这部著作中用亲身经历回顾1935年抗日战争爆发时只身在前线采访的战斗生活。当时他在上海《新闻报》工作,正如他自己说的:"当时炮火连天,我是自告奋勇到前线去的。我一离开报社,就没想到回来,也许永远不能回来。"上海有许多记者,别人不去,只有他一人去了。他在前线发回许多别人无法得到的第一手材料,在前线访问了很多抗战名将,写出很多"独家新闻",终于使他成为名记者。"不入虎穴,焉得虎子",记者从事采访工作就应该具有这种魄力和勇气,

我国有许多名记者都是从战争环境中成长起来的。在抗日战争、解放战争时期,有许多有作为的记者,成为时代脉搏的记录者,他们的作品具有时代意义,可以列为新闻史上不朽之作。

十一届三中全会以后,形势起了很大变化,特别是全国进入经济改革时期,许多记者重新有了战斗热情,报纸上好的报道多起来了。报纸也显得有活力了。我们的时代,应该说是一个极有作为的时代。我们完全有条件完成时代交给我们记者的历史使命,挺身而出,写出无愧于这个伟大时代的好作品来。

1985 年 5 月

# 谈谈新闻专访

柏 生

小陈：

你要我谈谈报纸的专访，特别是人物专访的问题。虽然我谈不上对专访有什么成功的经验，但是我对这一新闻体裁是格外喜爱的。而且正像你所说的，在我的新闻作品中，确实有不少专访。这里，我们就一起来探讨一下有关专访的一些问题吧！

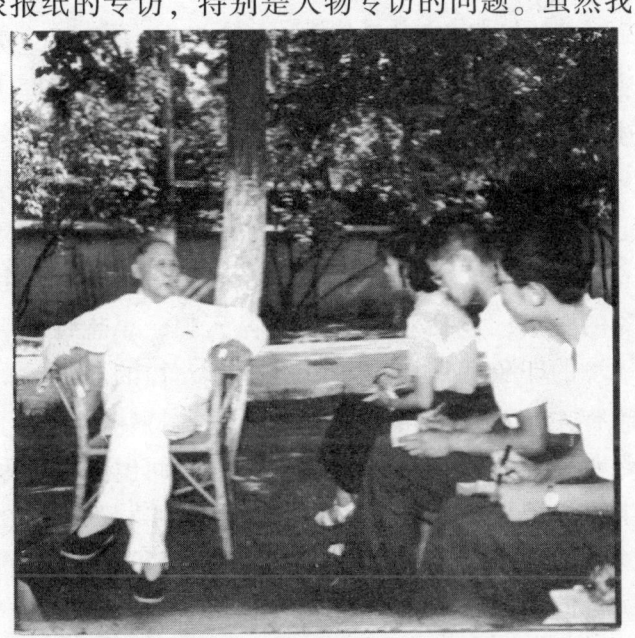

记者柏生（右三）访问革命老人徐特立。

## 一、专访的特点

我们先来讨论一下什么是专访和专访的特点。在《辞海》的新闻类有消息、评论、社论、通讯和特写等，却没有专访这个条目，但是实际的情况是，目前很多报纸上都出现了"本报专访"这个栏目，一些报社还组织了采写专访的队伍，设立了专访部、专访组。由于专访一般都比较引人注目，受人欢迎，可以说，专访在目前已成为人们乐于接受的一种时兴的新闻体裁、新闻样式，而且在报刊上蓬勃地发展起来了。

那么，作为一种新闻体裁、新闻样式的专访，究竟有什么特点呢？我认为，专访和通讯有密切的关系。它既可以说是通讯中有自己独特风格的一类，也可以说是与通讯在含义和表现手法上部分重合的一种新闻体裁、新闻样式。我这么说的理由有两点：

第一，专访和一般意义上的通讯有共同之处，即与新闻相比可以较为详细和生动地报道客观事物或新闻人物，可以用叙述、谈话、描写、议论和抒情等多种方法写人、记事。但是它又有自己的特点，这个特点就在于一个"专"字。一般来说是记者事先带着一个比较明确的、专门的目的到现场去，对有关人员进行专门的采访。它是以记者对于现场人物的谈话，对现场的观察，包括对人物的音容笑貌、思想性格，以及对周围的环境的印象和认识，而以对采访人物的原谈话的记录为主，穿插有关的背景材料连缀成篇的一种特殊的通讯。顾名思义，它既叫专访，就要求专，而不要求面面俱到，如写人不必写全部生平，记事不必从头说起。专访有的写人，有的记事，有的谈问题，有的写地方风物。所以大致可分为人物专访、事件专访、问题专访、地方风物专访等。在专访中一般少不了人物、现场、记者这三个因素。但是，记者并不一定都要在文章中出现。由于有现场活动，一般专访要求写得生动、具体，有现场感，使读者如临其境，如见其人，如闻其声。文章写得情景交融，情文并茂。

第二，本报专访和一般通讯还有一个不同点，即它的新闻性、时间性、专题性都很强。它要根据现实社会生活的发展变化，以及本地区读者在不同时期，特别是近期内的需要和兴趣，选择能迅速反映近期人们关心的事物和社会生活中发生的事件、问题，以及对本地区有比较密切关系的新闻人物、新闻事件、问题和风物等为题目。每家报纸的专访都可以形成自己的特点、风格。如《光明日报》就经常选择知识分子为专访人物，体育报则选择体育新秀为专访人物。

从写作角度来看，专访比一般意义上的通讯更自由，它可以像写消息那样简洁明快地表述，可以借用散文、随笔的语言和特点叙事，议论，描写，抒情；也可以采用谈话的形式进行专题记述。所以说，专访不仅内容丰富多彩，形式活泼自然，而且写作思想上具有时代的特色，富有战斗性，是一种能够很好地，迅速地反映和揭示时代生活特点的写作方式。

## 二、专访的选题和立意

专访一般事先有比较明确的目的。事先选写什么样的题目至关重要，题选得好不好对于这篇专访是否能够成功有决定性的作用。

在选题方面，专访不仅要专，还要有强烈的新闻性，即所采访的人物、事件、问题应当是群众当前所关心的目标，是最近一段时期内对社会、对群众有影响、有关系的人和事。例如，历史变动时期涌现出的风云人物，某一新闻事件中有举足轻重的人物，从外国或外地来访的政治活动家，文学艺术家和其他知名人士，有重大创造发明对社会作出突出贡献获得各种荣誉称号的先进人物，各条战线上一举成名的新秀，对某一问题有发言权的权威或某一地区最近一个时期需要宣传，群众也感兴趣的地方风物，等等。但并不是所有的名人、专家、先进人物都可以成为专访对象的，也不是任何事件都能够构成专访内容的。有些人物虽不是著名人士，但因与新闻事件有关系，也可以成为我们采写的对象。这就是说，专访的对象首先应该是新闻人物，写出的专访又是人物的新闻。总之，被采访的必须是新闻人物、新闻事件。比如，1949年新中国开国前夕，第一次政协会议上，我访问了何香凝，写了《革命老人何香凝》这篇人物专访。在当时，它就具有新闻价值。

问题性的采访，是记者带着社会生活和实际工作中人们共同关心和迫切需要解决的问题去作专门的采访。如记者就某些商品的调价、新婚姻法的公布、招收研究生的制度、毕业生的分配、中年知识分子的生活待遇等问题，对有关人员进行专题采访，都可以写成专访的形式发表。例如，1955年有不少青年考不上学校，其中有些青年要去当学徒。针对这个问题，我去访问了学徒出身的革命前辈谭震林，用他的亲身经历写了《学徒生活回忆》的专访。

在社会上提倡勤工俭学的时候和提倡青年学生报考师范的时候，我又访问了老教育家徐特立同志，分别写了《徐老谈勤工俭学》和《徐老和青年学生谈报考师范问题》两篇专访。这些在当时都是具有新闻价值的问题性专访。

地方风物性的专访，是记者根据当地出现的新事物，当然也必须是人们所关心的新事物来采写的。比如，毛主席纪念堂落成开放时，我采写了《毛主席永远和我们在一起》的专访。亚洲学生疗养院成立的时候，我采写了《访亚洲学生疗养院》。第一座电视台成立不久，我采写了《访北京电视台》。我写过的《访荣宝斋》、《访鲁迅故居》、《访北京猿人之家》等，发表当时都具有一定的新闻意义。另外，最近有的记者采写的宋庆龄故居的专访，官园的专访，也都具有一定的新闻意义。

专访的新闻性要求它抓时机，赶时间，有时甚至刻不容缓。我在1949年五卅前夕，访问了当时负责总工会工作，五卅运动领导者之一的李立三同志，写了《李立三同志谈五卅》。这可以说是一篇事件性专访，从采访到写作只用了三个多小时。其他如对于李四光、赵忠尧和钱学森等著名科学家，我都是在他们刚刚回到祖国就很快地进行专访，迅速见报的。

专访除了要注意选题的新闻性、时间性、专题性外，还有一点很重要,就是应当有新的角度、新的立意;也就是确立好专访的主题思想。清代文学批评家王夫之说:"意犹帅也,无帅之兵,谓之乌合。"立意的重要就像是一军之统帅,失

记者柏生(左)采访著名数学家华罗庚。

去统帅,士兵就成了乌合之众。所以,立意好才能使专访具有价值,并给人以新鲜的感受和深刻的印象。

专访的事件或人物往往是各家报纸注目的中心,有的可能是过去已被多次采写的对象。如果没什么新意,人云亦云或者老调重弹,那就失去了专访的意义。所以专访的角度必须新。

比如,华罗庚作为一个著名的科学家,他的许多事迹已为人们所知晓,我写了篇《壮志凌云》就突出他自学成才的主题,这对于当时有些青年因考不上大学而悲观失望,引导他们走自学成才的道路,是起了一定作用的。严济慈80岁入党。在当时社会上存在着所谓"共产主义是渺茫的幻想"等错误思想时,一个老知识分子对党忠心耿耿,迫切要求入党,是很值得称道的。于是,我便写了《归宿和起点》这篇专访。

所以,专访的选题和立意很重要,可以决定一篇专访思想的深度和高度。

## 三、专访的采访活动

专访的采访和一般新闻作品的采访原则上是相同的。然而，专访是一种有特殊要求的新闻体裁，因此对于专访的采访还是可以提出应当注意的几点：

第一，采访前要作专门性的准备。专访一般来说事先目的比较明确，这对于准备工作是十分有利的。应当在了解一般情况的基础上，详细地占有与主题有关的材料，并拟订出一个访问提纲。事先准备工作做得好，可以缩短访问过程，提高采访的效率。很多专访，要求抓紧发表的时机，写作时间紧，而且接触采访对象的时间短、机会少，这就更使采访前的准备显得十分重要。例如，对科学家进行采访前，除了要了解他们的学术成就和工作范围外，还应当了解他们的性格、兴趣。虽然不必要，也不可能对他们的专业有很深刻的了解，但要大体上知道他们的主要著作。

每次采访前做准备工作都要花不少功夫。作准备中所得到的材料和采访中得到的材料，都应当积累起来，其中很多材料即使一时用不上，以后是会有用的。为了工作上的方便，我建立了采访对象的资料卡片。同时，我还和很多采访对象交上了朋友，随时都可以和他们交流情况，向他们请教问题。

第二，采访当中，仍然要抓住这个"专"字。提问时要时时注意引导到专门的方向去，不能泛泛而谈，占用和浪费人家的宝贵时间。时时要让自己和对方都意识到应当围绕一个主题来谈。如果对方的谈话离了题，切不要猝然打断对方的讲话，而要很自然、很有礼貌、很巧妙地使他转过弯来。如果对方突然沉默了，那是时常可能碰到的情况，很可能是对方在思考，在想怎样用确切的语言来表达他的思想。这时应该给他一个时间，而自己则要积极开动脑筋，考虑一下前面的采访材料，准备下面的提问。

如果采访时遇到了不顺利的情况，那也千万不要急，而要沉住气。这就要学习周恩来同志赞扬日本著名乒乓女选手松崎打球的风格，即便输了球，也总是微笑着。就是说，记者采访时，也要有"落落大方"的气度和风格。

在采访过程中，头脑要处于紧张而又清醒的工作状态，一面采访，一面对得到的材料做个初步的去粗和取精的工作，不断地认识、理解它们。对有助于表现主题的材料，要紧追不放，或划上记号，或作上小注。有用的材料越多，回来下笔写的时候就越运用自如。

每次采访，我都告诫自己："要过细，不要怕麻烦。"作过细的采访，不仅可以发现很多富有典型意义的细节，还可以避免很多错误。

采访中，记者应当十分注意周围的环境、现场的气氛，因为在专访中，写周围的环境、气氛，是作为刻划人物、烘托主题的一种手段。

当然，我们并不要求每篇专访都来一段环境描写，但是如果你注意了环境、气氛，那就会帮助你发现更多的线索，增强对人物、事件和问题的理解，并把这种理解和感受渗透到专访的字里行间。

1982 年 11 月

灿烂的星河——人民日报记者部新闻实践与思考

# 时代呼唤名记者

金 凤

2005年8月28日,社长王晨(中)亲切问候金凤同志(右)、柏生同志(左)。

每一行业的杰出人物都能带动整个行业的腾飞。如果没有谭鑫培、梅兰芳、金少山、杨小楼、周信芳、马连良、程砚秋等一批京剧表演艺术大师,怎能有中国"国之瑰宝"京剧的灿烂辉煌?科学界、文学界、体育界等各行各业莫不如此。刚刚落下帷幕的世界杯足球赛,也体现了名球星所起的关键性作用。如果没有罗伯特·巴乔,意大利队肯定进不了决赛。巴西队能捧回四次世界杯冠军,正因前有球王贝利,现有罗马里

· 64 ·

奥、贝贝托等一批杰出球星。

新闻界也是名人辈出，缔造了新闻事业的兴旺发达。

50年代，先后任人民日报社社长的范长江、邓拓（他们本身便是名记者、名主笔）是很重视培养名记者的。

长江同志有句名言"决胜于国门之外"，意思是报纸的质量决定于有分量的报道，报社必须派出一大批有实力的记者分赴全国第一线采访，抓重点报道，使报纸办得生气勃勃，读者爱看。他曾抽调编委、部主任级业务骨干分赴全国各大行政区采访，及时发回重点报道。我记得年富力强的肖航同志曾从广州一个月发回8篇通讯，都见报了。邓拓同志同样很重视记者工作。他主持建立了人民日报驻各省、市记者站，并更着力培养一批名记者。

50年代，人民日报每年召开记者工作会议，邓拓同志每次都参加，听记者汇报，并发表讲话。我当时是人民日报驻河北记者，有幸听到他讲过，人民日报一定要培养出一批名记者。他说，解放前的《大公报》曾培养出范长江、杨刚、萧乾、彭子冈、徐盈等一批名记者，蜚声海内外，为《大公报》生色不少。为什么新中国不能培养出自己的名记者呢？他首先要求记者刻苦努力，在政治上、思想上、业务上不断攀登新的高峰。他特别举出当时刚翻译出版的描写苏联卫国战争中一位英勇牺牲的女青年的小说《第四高度》，要求大家像书中女主人公那样不断攀登人生的高峰。他讲到，除了记者个人努力，报社也要采取一系列措施，加以培养。他还讲到，有的记者除新闻写作外，有意搞文学创作，他对此很理解和宽容，不反对这样做。他说，世界上不少著名作家如苏联的爱伦堡、西蒙诺夫，美国的海明威都曾当过记者。新华社记者杜鹏程也写出了很好的小说《保卫延安》。如果人民日报记者有人有志创作，只要提出写作计划，他可以给"创作假"。我记得当时在座的记者听了，不禁又惊又喜。我知道有的记者确有这样的打算，只是生怕担上"不务正业"、"梦想成名成家"的"罪名"，因此总是压下心中的愿望。不料邓拓同志看透这些同志的心意，这样大度地提出来了，反而使大家不好意思。后来不久便有"反右派运动"，也就没有一个记者敢请"创作假"了。

邓拓同志对培养名记者确有具体措施。首先给一部分记者以"特派记者"名义（解放区便有此做法），担负重点报道任务，同时在版面上"开绿灯"。我记得，当时人民日报驻各省、市约有五六十名记者，而特派记者大约只有10名左右，他们是田流、陆灏、林里、季音、李翼、纪希晨等同志。还有担任过人民日报副总编辑的安岗同志，他曾被派驻鞍钢，写了不少有分量的报道。田流同志写过金星奖章获得者、黑龙江省肇东县县委书记任国栋的长篇通讯，在人民日报登了整整两版。陆灏同志写的《走在时间前面的人》，记全国劳模王崇伦的长篇通讯，也发了一个版。季音同志驻上海，他每月发的一版头条新闻不少。林里同志在"三反、五反运动"中写的揭露重庆不法资本家"星四俱乐部"的通讯也令人注目。他后来在广东和人合作写的《粤西行》更给读者留下深刻印象。

人民日报舍得多次派出编委、部主任一级领导干部当"特派记者"。如编委李庄同志在抗美援朝战争一开始就奔赴朝鲜前线，发回一系列感人报道，后来结集成书出版。编委潘非同志派驻英国，写了不少短小精悍的通讯，也以《泰晤士河畔》成书出版。

此后，人民日报还约请一批著名作家巴金、徐迟等为人民日报特约记者。巴金写的《我会见了彭德怀司令员》，徐迟在"三反、五反运动"中写的揭露伪造名画的通讯，都为人民日报增添许多光彩。

邓拓同志还身体力行，在主持人民日报极繁重工作的同时，带头写了文笔极其优美的通讯《访葡萄常》、《克里姆林宫的夜宴》等佳作，给读者以极大享受，更给记者采写起示范作用。

60年代初，著名诗人郭小川到人民日报当记者，写了《南京路上好八连》、《白银世界的黄金季节》、《旱天不旱

1994年,记者金凤(左)访问桂林市市长袁凤兰。

地》、《小将在挑战》等出色的通讯。

除了人民日报,新华社也拥有一批极有实力又负盛名的名记者。穆青等同志是杰出代表,他写的《县委书记的榜样》,在《人民日报》一版转二版发表,在全国引起强烈反响。

请看以上这些名记者的名篇佳作,我是全凭记忆写下的,可见他们给我以及读者留下何等深刻的印象。

名记者的特殊作用在于他们写出的重点报道推动了经济建设、党的建设和精神文明建设的发展,真正起到了正确的舆论导向作用,提高了报纸在人民群众中的威信,加强了党和群众的联系,又给广大新闻工作者树立了榜样。我于1948年到人民日报当记者时20岁,刚从清华大学出来,在人民日报记者中是最年轻的一个,真正是"小字辈"。人民日报这些名记者都是我的老大哥,李庄、田流同志更是我的上级。报社这些名记者的佳作和他们的采访、写作经验是我业务学习的最好老师。李庄同志是我第一位上级,他带着我学会采访、写作。他说的"每篇文章必须至少有一个闪光点",使我每下笔必苦思如何找出和写出"闪光点"。田流同志说的采访必须深入,点面结合，每到一地跑面了解总的情况，然后选择一个点蹲下去，至少待个十天半月，才能写出有深度的报道。这些都成为我采访的"座右铭"。郭小川同志注意理论学习，运用辩证法指导写作，同时又注意修辞的美，令我终身难忘。

人民日报培养记者特别是名记者的工作并非一帆风顺，而是颇多曲折。首先是1958年人民日报记者站和新华社各地分社合并，除我之外，几乎全部记者都去了新华社，十几位老记者担任了分社领导。人民日报记者队伍风流云散。60年代初虽恢复了记者部，记者仅五六个，不成气候了。

60年代政治形势日益严峻。"以阶级斗争为纲"如一把利刃悬在记者头上，"批判成名成家的资产阶级思想"使记者不求有功，但求无过。谁敢冒尖？谁敢当名记者？这不是公然要挨批吗？

"文革"浩劫，记者也在劫难逃。此时谈不上什么优秀记者和优秀作品了。为了不让记者出名，凡在报纸发表的文章一律是"本报记者"而不署名。一些文艺作品署名也是"某某创作集体"。

粉碎"四人帮"后，为了恢复记者署名，我记得在人民日报还展开一场争论。后来中央一位领导同志说，文责自负，记者可以署名，这才让报纸记者署名了。

由上所述，可知新中国培养名记者之路和共和国的命运同步。政治环境平和，这条路走得通畅些。"左"的路线盛行，此路便不通了。

培养名记者之难还有一个原因是一些记者成名后往往调任领导工作，行政事务缠身，很难有时间执笔，从而失去一些名记者。从新闻事业总体发展看，也许有此必要。从充实名记者队伍来看，不能不说是个损失。

尽管有过许多曲折，我以为，当今时代和新闻事业的发展还是需要名记者、名编辑和名评论员。看戏要看名角，看球要看球星，看报也需要看名记者、名评论员的大手笔。现在新闻

1994年,记者金凤(右)与意大利著名女记者法拉奇在一起。

队伍空前壮大,全国各种报纸、杂志、广播电台、电视台的记者数以十万计了吧,然而,赫赫有名,受到广大读者欢迎和被记住名字的记者又有多少?!任何事物的发展需要一定数量,但更要求质量。不少读者反映,打开报纸,匆匆浏览,看看标题就放下了,关键在于没有多少吸引读者的好文章。当然,报纸要加大信息量,好文章也并非都由记者来写。但记者毕竟是报纸主力之一,有责任提供最好的报道。

我强烈希望报纸的老总们能树立培养名记者、名编辑、名评论员的观念。长期以来流行"吃大锅饭"的平均主义的思想,反映在新闻领域是否也出现在只注意抓报纸的扩大版面、扩大发行量,而没有着重抓抓培养一支过硬的队伍,培养一批名记者、名编辑、名评论员呢?记者们自身素质也有问题,如事业心、责任感不强等等,但关键在于领导的重视和培养,要创造培养名记者的条件。

首先,成名成家不会再遭批判,老总们和广大记者不必再背上这一精神包袱。报社应理直气壮地制订出培养名记者的规划，并在组织上加以落实。现在，中青年记者实力很强，人民日报光研究生便有100多名，其中不乏佼佼者，完全可以从中挑选培养。可以考虑恢复"特派记者"头衔，选择若干名（少而精）优秀记者作为"本报特派记者"，委以重任，专抓重点报道，版面上给他们"开绿灯"。

其次，要给这些"特派记者"创造良好的工作条件。人民日报一位前任总编辑曾谈到，记者要能"通天入地"。"通天"即通中央领导，总书记、总理、政治局常委和委员都可采访，不要尽是外国记者有此"特权"。"入地"即深入基层，深入群众。现在，这两方面都做得不够，"通天"问题更没有解决。50年代美国著名的国际评论家李普曼随时可约见总统，他还广泛会见各国领导人，一年有1/3时间周游全世界，因而他的国际评论很有权威。美国新任总统往往登门向他"咨询"。现在，我国更缺少知名的国际评论员，亟需创造条件着力培养。解放前的乔冠华（笔名乔木）、抗美援朝战争时期的蒋元椿（笔名江南），他们的文章和名声可都是响当当的啊！

在记者待遇上也应打破平均主义，破除论资排辈现象。现在高级记者、高级编辑（确也为数不少）的待遇相当于司局级干部。能否考虑将来如有极少数名满海内外的名记者、名评论员的待遇可以破格享受到副部或部级待遇呢？我知道抗战前北大、清华正教授的待遇相当于部长，现在台湾一些大学教授仍有此待遇。而大陆的教授也和高级记者一样降到司局级了。数量的发展掩盖了或限制了少数拔尖人才的待遇从优。所谓政府特殊津贴原是为了给少数有突出贡献的专业人才，如今也成了"大锅饭"了。有些很有培养前途的中青年记者，如今至多是主任记者，相当于处级干部待遇。他们收入不高，便搞第二职业，为外单位写稿或写书，精力不集中，自然难以向名记者迈进。如果少数优秀者真正成为名记者，就要在物质待遇上给以优厚保证，使他或她能全力以赴为本报写出传世佳作。

笔者不才，在人民日报当了40年记者（1948—1988），因种种原因，未能攀登上真正名记者的高峰，虚度年华，甚为惭愧。但我寄希望于新的时代，寄希望于有远大眼光的老总们。但愿有生之年，能看到如邹韬奋、范长江、邓拓、杨刚、萧乾、子冈这样的名家兀立于中国新闻界，为中华民族争光，为中国新闻界争光！

附带再说一句，据说科学院已制订出培养100名世界级科学家的规划，国家教委也制订出建立5所到10所世界级大学的规划。新闻界是否也能制订出培养若干名世界级名记者的规划呢？至少人民日报和新华社有条件首先做起。只是步子要稳妥扎实，千万不要一哄而起，一哄而散！关键在于老总们要有战略眼光，有魄力打破常规，采取一些破格的措施。

1995年1月

# 漫谈通讯

## ——批阅学员作业有感

马鹤青

我手边放着四川和河南两省七位新闻函授学员写的七篇通讯,函授部的指导教师们已分别给这七篇通讯写了评语。《新闻学苑》的编辑说,这些评语都是针对具体稿件说的,把七篇稿件放在一起看看,会发现有几个共同的问题,因此委托我就这些共同的问题谈一点意见,供学员同志参考。

为了谈稿方便,我这里不提七位学员的名字,只把他们七篇通讯的题目开列如下:一、《山镇的宁静生活》,二、《老当益壮知难而进》,三、《一个热爱学习的人》,四、《夕阳尽朝辉 余热献人民》,五、《来自21个省市自治区的关怀》,六、《难逃罗网》,七、《一个感天动地的爱情故事》。

看了这七篇通讯,给人的印象是这七位函授学员在学习新闻业务上很努力,他们采访比较细,掌握材料比较多,写作也很认真,有的学员曾几易其稿,修改多遍。可是从成果来看,不足之处也很明显。由此,想从三个方面谈谈写通讯的问题。

### 在什么情况下才写通讯

我当记者这些年,每到一地每遇一事,总是想,如有新

---

马鹤青,高级记者,中共党员,1926年生,河南内乡人。1949年7月参加革命,1950年参与《中国青年报》筹办工作,在中国青年报工作27年。1977年调人民日报记者部,1983年—1987年,任记者部副主任。

2003年秋,记者马鹤青(中)与河南省南阳日报记者交谈。

闻,尽快发出。这是报社对记者的要求,也是记者的职责。在什么情况下才写通讯呢?回想一下,有三种情况。一是把新发生的又是大家关心的事用短消息发出后,手中还有能说明问题又比较生动的材料,而且可利用这些材料发一点议论,讲一点道理,这时就考虑写篇通讯。这是写事的通讯。第二种是大家常说的"人物通讯",就是记者见到一位优秀人物,他们的事迹能鼓舞读者,启发读者,或一个人有了错误,能自我批评,能坚决改正,他的教训也能给人启示,记者就可以写这个人。第三种情况,记者面前没有新发生的重大事情,也没有特别突出的人物,但是这个地方很少有人来过,很少宣传过,但仔细一看,这"不起眼"的地方也在默默无闻地建设着变化着。这也可以写篇通讯。我自己在内蒙古锡林郭勒草原和小兴安岭林区就写过这种通讯。可能还有别的品种,主要是这三种或前两种。我说这些话,是想让我们的函授学员知道,我们的首要任务是写短新闻,在短新闻不足以说明情况时,才写内容较多的通讯。很短的新闻和较长的通讯,是根据材料和需要确定的。

有些初学新闻写作的同志，以为短新闻写来容易，价值不大，只有写长篇通讯才能发挥写作才能，才叫有分量。这个看法是不对的。许多短新闻，由于写得简明扼要又发得及时，起的作用不低于通讯，常常是超过通讯。

　　讲出这条道理，再看看函授学员们的七篇稿件，就可以看出有一半原本是不必拉通讯架子的。比如《山镇宁静的生活》，写了六千多字，如果登在大报上，超过半块版。实际上这六千字的核心内容是说一对工人夫妇抓住了两个小偷。这点事，在地方报纸上登，有几百个字足够了。可是作者把架子拉得太大，开头用近千字写当地的风景，写当地过去的治安情况，甚至联系到了"唐朝贞观之治"。然后又用几百字来写作者怎样去采访抓小偷的工人，写了3000字以后，才写工人夫妇抓小偷的经过。抓住小偷以后，文章还不完，又写东西被偷的人领回东西的经过，用了一千多字才结束。所以，函授部的指导教师在评点这篇通讯时，除了肯定文字还算流畅，比较口语化以外，批评作者写的琐事太多，"小题大作"。这个批评是切实的。

　　"小题大作"肯定要失败，小题小作也未必都成功。《一个热爱学习的人》这篇人物通讯，只有一千五百字，写一个青年女工当上车间技术员的经过。但人们一看就知道作者并不熟悉被写的人物，像是听了别人的简单介绍就动笔写的。因此文中总是用些含糊的语言，如说那个青年女工"人小志大，大概是受的家庭的熏陶吧"，说她学习技术的情况是"心里起伏翻滚，一个问号接一个问号"，说她的工作是"她发现了一般人未能注意的质量问题"。最后是"她正着手研制一种新型产品"。那位青年女工可能是很优秀的，可是作者因为了解不够，又不善于表达，只是画了一个没有色彩的影子，不能给读者留下多少印象。写人往往比写事更难。作者如果对要写的人了解不深，感受不深，不要强行去写，可以先积累材料，等果子熟了再去采摘。

## 首先要提炼主题思想

记者或通讯员在动手写一篇通讯时，先要想好写作目的，写出来要说明什么，也就是把主题思想提炼出来。有同志可能会说：我有大批生动材料，我摆出事实，让事实说话！这话当然有道理，可是如果你心中无数，你的生动材料未必能成为好文章，你摆的事实可能没有说出你想说的话。再举前边说的《山镇宁静的生活》那篇通讯，因为作者心中无数，把一块闪光的金子放在柴草堆里了。

为什么这么说？在他那6000字文章的末尾，同小偷搏斗受了伤的工人说了一句话："哪个人见到小偷也会逮的！"函授部的指导教师称赞作者把这句话写上了。可是作者并没有强调这句话，前后的文字也没有着意衬托这句话，只是有闻必录地记下而已。

如果作者在动手写通讯前，坐下来好好想想，一定会想到，目前社会上存在着一种不正常的风气，就是有些坏人坏事没人去管。有人目睹凶犯作案，竟然装作没看见，赶快躲开。而抓小偷的工人在受伤倒下时仍抓住小偷不放，而且喊全家人出动，直到小偷被生擒。这个工人有无畏的气概，有对社会负责的精神，这就是主题思想。想准这个主题思想以后，根本不用写当地的风景和历史，一动笔就围绕主题思想作文章。有许多写法，比如用评论的办法写："现在有人说'老鼠过街没人喊打'。不对的，有人喊打，更有人动手去打。"当然还可以从抓小偷那场搏斗写起，写出那位工人为民除害的无畏精神；然后把工人说"哪个人见到小偷也会逮的"这句话突出写，并用他的经历和平时行动来印证他的话。如果这样写，就可能集中真正有用的材料，把主题思想突出出来。如果这样写，一篇通讯就可能成功。

七篇通讯中《老当益壮　知难而进》这一篇，写一个粮站的副站长，长期在少数民族地区工作，取得很好的成绩。作者的缺点也是动笔前思考不够，在将近2000字的篇幅中，堆满了材料，而且堆得很乱。读者只能看到这位从粮食保管员一直当到粮站副站长的人，每天从早到晚忙个不停，建粮仓，收粮食，又管过秤，又管晒粮，60岁的人了，还能扛起150斤的粮袋去装车。他为什么能这样苦干？作者写道：因为"他正确认识了人生的价值，树立了共产主义世界观"。材料太庞杂，结论太笼统，原因还是主题思想不明确。我看这篇通讯提供的材料，细细想了想，好像有一点是明白的，就是这个粮站建在少数民族居住的山区，这里农业落后缺少粮食。那位老站长当保管员时，就十分珍惜兄弟民族种出来的粮食，一粒也舍不得糟塌。近几年这里粮食渐渐多了，但兄弟民族农民手头不富裕、缺钱用。老站长就加快收购大家的余粮，同时安排粮食加工和运输，为兄弟民族农民增加收入。老站长的全部行动归结到一点就是一心让兄弟民族过好日子，使大家生活富裕起来，把山区建设发展起来。如果把这一点当作主题，把前几年和近几年的材料加以选择，分类使用，文章就会流畅得多，思想就会清楚得多。"人生价值"和"共产主义世界观"这种大名词也具体化了，变成人们能理解能学习的东西。0901号学员同志，我这看法对不对，你能同意吗？

## 炼出好钢用在刀刃上

有了写通讯的基础，又有了明确的主题思想，仍然不能保证一定能把通讯写好。这里还有个重要问题，就是作者是否掌握了能阐明主题的典型材料。通常的新闻通讯不同于报告文学，不能像报告文学那样，要求那么多生动感人的情节和细节，但是必要的有说服力的材料是必不可少的。写事的通讯，要有现场材料，使读者如亲临其境。写人的通讯，要有言行风貌的材料，使读者如见其人。七位学员的七篇通讯，有的材料不算少，可是不够典型，加上运用不当，就缺少说服力，缺少感染力，有几篇从头到尾材料就不足。材料从哪里来？来自深入采访，来自细致的观察。说到这里，我不避自夸之嫌，想说一个我自己为通讯稿件挖掘材料的例子。20多年前，我参加采访从巴西回来的九位同志。他们在巴西工作期间，遇到一次政变，反共的政变当局连夜逮捕了从事正当职业的九名中国人。九位同志在监狱中坚持斗争一年，威武不屈。九同志中，八位共产党员，只有张宝生是共青团员。我那时是《中国青年报》记者，当然应把这位共青团员多写几句。八位党员在狱中常常回忆战争年代的经历，想到入党时的誓词，那么共青团员张宝生回想什么呢。各新闻单位的记者多次集体采访，他都没有细谈，后来我就和他交了朋友，每天同他一道散步，一道聊天，很自然地了解他的经历和爱好。有一次，我问起他的生日，他苦笑着说，他从小失去父母，是姐姐带大的，生日说不准了。我说你后来上学时，总得报个生日呵。他说他九岁才上小学，老师问他生日，他报了10月2日。他对老师说了他的悲惨童年，他说："我想，没有新中国我哪能上学！10月1日是新中国的生日，10月2日就算我的生日吧！"九岁孤儿的一句话说得老师也掉泪。他说在大洋彼岸的监狱里，他想起这些往事，就热血沸腾。新中国扶养的苦孩子，新中国培育的共青团员，要像八位共产党员父兄一样坚持斗争。那天我听到他这段话，扑上去抱住他，真是如获至宝。我把这段材料写进通讯，一下突出了他对祖国的感情，突出了他坚持斗争的意志，人们看了都信服都感动。时过20多年，我至今记忆犹新。

　　记者们从生活深处挖出比黄金还贵重的材料的例子是很多的。谁能挖得出，决定于对事物细致调查，对人物的深入了解。有些年轻的记者说写作难，有些老记者说还是采访难。我认为说采访难更有道理，因为采访的过程是挖掘和思考交替进行的艰苦劳动，这一步走好了，到写作时就比较容易。炼出了好钢，又用在了刀刃上，就能打出好刀。

事前没有准备,一边看稿子一边写意见,已经写得不短了。在结束我的意见时,我还希望函授学员们练习写通讯,尽量用自己的语言来写,那些在报纸杂志上见过千百次,"久经考验"的套话空话尽量不用。通讯,过去也叫"通信",有谁在给好朋友的通信中使用陈词滥调?主题明确,材料典型,语言又新鲜,这是写好新闻通讯的必要条件。

从头再看看稿子我还想说,七位学员同志都有一定的采访经验,都有一定的文字表达能力,只要在以上几方面细细想想,继续努力,一定能在新闻写作上取得很好的成绩。

1985年8月

# 我怎样写经济报道

艾 丰

## （一）

从 1986 年我担任人民日报经济部主任算起，我以主要精力搞经济报道至今已有将近"八年抗战"的历史了。这期间，由于自己的主要工作是负责部内业务管理，给别人出题目、改稿子、组版面，自己外出采访和动手写报道的机会大大减少了。有人说，在新闻单位当"头"是一种"牺牲"。我是有同感的。

但无论如何，我还是抓紧时机，写了一些东西。最近，把它们整理了一下，发现除了评论和一般的文章之外，新闻报道居然还有一些，有的在社会上还曾经产生过一些影响。于是，我便有了把它们编辑成册的念头。考虑到我 1985 年以前的新闻作品曾经选编成一本集子，名为《思考的笔》，纳进了《当代中青年记者丛书》，于 1987 年出版，所以，这次主要是选 1986 年以后的新闻作品。

由于自己处于人民日报这样全国第一大报的有利地位，所以，发表过的一些东西，引起了社会上特别是新闻界同行们的注意。我知道，这不仅是我的水平所致，还有占了"地利"的"便宜"。再加上我写过一些新闻采访和新闻写作方面的新闻学专著，一些年轻的记者在学校读书的时候，就读过这些书；有时我还给通讯员讲一讲新闻课，于是他们也就格外注意我的新闻作品。这又是占了"人和"的"便宜"。

1988年,我的新闻学专著《新闻采访方法论》获得了我国社会科学作品的最高奖——首届"吴玉章奖金"的优秀奖。我觉得,这是为我国的新闻学研究争了一口气。

1991年,我又获得我国中青年记者的最高奖——范长江新闻奖,它是综合考察本人的作品和人品来评选的。因此,这至少可以看作是对我的新闻作品的总体肯定。

其实,对于我的新闻作品,历来就是褒贬不一。现在,可能是工作的年头多了,又获得过大奖,所以当面听到的不同意见少了,称赞的话多了。但是,我心里有数,明白自己能"吃几碗干饭"。

自己的新闻作品引起不同的议论,我很在意,又很不在意。说很不在意,是说我并不把它当成一件"坏事",而认为是一件好事。最悲哀的莫过于一篇东西乃至数篇东西发表了,就好像没有发表一样,无人理睬,又无人提起,那才是可悲的。我相信这样的一句话:"没有争议的人是庸人。"我看作品也是这样。

我的新闻作品,就单篇来讲,很少获得过什么奖。全国性的评奖活动是一年一次的,多少年了,我都是没有份的。只有1991年我的一篇访日特写获得了全国好新闻二等奖。说实在的,那并不是我的代表作,从新闻写作的角度看,也没有什么特色。之所以获奖,可能是反映的问题比较重要,有若干位中央领导同志对它作了批示。这一点就足以说明人们对我的新闻作品的评价情况了。

之所以出现这种情况,我认为原因有若干条:

一、对任何人的作品评价都是"舆论不一律"的,这是规律。

二、我的新闻作品水平很不一致,有的好些,有的差些。

三、我在新闻写作中,比较注意追求个人的风格和写法,风格这个东西就像个性一样,总是有人喜欢,有人不喜欢;有人喜欢外向,有人喜欢内向等等。

四、在新闻采访和写作上，我喜欢做一些探索。这些新的尝试，本身就是不完善的，而且人家又是没有见过的，当然意见就不会是一样的了。

五、对新闻作品的评价，有的情况是由于作品以外的原因。

总的来说，对我的新闻作品优点方面的正面评价是：

1. 有气势。2. 有深度。3. 有哲理。4. 有创新。

缺点方面的批评性评价是：

1. 口气大。2. 篇幅长。3. 嫌生硬。4. 逊文采。

我不想对别人的评价再做评价，读者可以自己去读、去评。

我的这本集子称为《经济述评自析集》，就是想把自己在这方面的各种作品，选择一些出来，做一些自我介绍和自我剖析，供大家参考。

我对自己新闻作品的态度历来是：希望人家说好，但不期望都说好，更不敢想让人家都学。只求允许我作为"一家"存在，就很满足了。

## （二）

经济建设成为全国的中心任务以后，在我们的新闻媒介工作中，经济报道地位也就自然随之上升了。"经济建设为中心"虽然在新闻工作中不能简单化为"经济报道为中心"，但无疑，它是新闻工作中头等重要的任务。也正是这样，如何搞好经济报道，便成为近年来新闻界同行热衷研究的课题。

经济新闻，在所有的新闻报道中，被认为是比较难以驾驭的一种题材。

对经济报道的难度，人们常说这样的一句话：经济报道往往写得"内行不愿看、外行看不懂"。这句很普通的话，实际上包含着经济报道工作中几乎全部的矛盾。

为什么"内行不愿看"呢？就是因为记者没有抓住经济工作中关键的或要害的问题。自己首先没有钻进去，没有弄懂，怎么可能把经济工作中的问题反映好？具体地说，内行不愿看主要是三种情况：

第一种，记者的报道尽是些外行话，连基本的经济常识也没有掌握。

第二种，记者的报道虽然没有多少外行话，但也没有多少真正能够解决问题的话，也就是说过于肤浅。

第三种，记者的报道确实触及到了一些实质性的问题，但所谈的东西都是那些内行的人已经熟知的东西，对他们来说，已经没有什么新闻性了。

为什么"外行看不懂"呢？就是因为记者没有能够从新闻传播的角度研究、消化经济报道的经济内容。具体地说，也是三种情况：

第一种，自己没有弄懂，当然更不可能把自己不懂的东西通俗化。不通俗的东西，当然外行看不懂了。

第二种，经济问题本身往往就是很专的，有些经济报道所涉及的内容，不仅是不懂经济的人看不懂，就是经济界的其他领域的人也不见得就能看得很懂。有的经济工作和经济学中的概念，还不好通俗化。

第三种，记者的报道没有选择好自己的新闻角度，没有做好应该做的新闻处理。

概括起来其实就是这样的两句话：

没有弄懂经济，也没有搞好经济和新闻的结合。

## （三）

1986年我被任命为人民日报经济部主任的时候，我的"就职演说"是这样说的："让我当经济部主任，其实我是不合格的。我认为，当人民日报的经济部主任起码应该具备三个条件：一，他要对全国的经济全局有一个总体的把握。二，在某一个经济领域有自己的独特的较为深刻的见解。三，要善于把经济转化为新闻。用这三条衡量我，第一条不具备，第二条不具备。由于这二条不具备，虽然我做过多年的新闻工作，所以第三条至多也就是具备半条。所以我说我不合格，决不是一种通常意义上的谦虚，而是实情。当然我要努力，争取早日具备这三条。"

现在看我说的这些话还是对的。搞好经济报道的基础在哪里？我认为，对一个记者来说，最重要的就是记者自身的素质。如果记者自身素质不具备，只是"想"搞好经济报道，不见得就可以搞好。所以，搞好经济报道的主要办法，或基础性的办法，还是首先提高自己的素质。

这里不是一般地谈记者的素质，而是从搞好经济报道的要求来谈这个问题。说穿了，这里的素质，最重要的表现就是善于把经济和新闻结合，或者说，从经济和新闻结合的角度、途径来提高自己的素质。

（一）记者首先要认真学习经济理论。这种学习，主要是一种"综合式的学习"、"框架式的学习"。

综合式的学习，就是要把各种经济著作都拿来学。基础性的要学，专门性的也要学；中国的著作要学，西方的也要学；纯理论性的要学，政策性的也要学。总之，要广泛地涉猎。为什么要这样？因为我们记者学习理论，就最主要的目的来说，并不是"研究"经济理论，更不是要在这方面建立自己的学说；它的主要目的实际上是"了解"经济理论，了解经济理论的主要内容、各种流派、争论所在、发展趋向等等。不广泛涉猎，怎么能了解（当然，如果你有志成为一个经济理论专家，而不只是做一个一般的新闻记者，那就另当别论）。

什么都要学，怎么可能有那么多的时间和精力？又怎么可能都学懂呢？这就要采取"框架式"的学习方法。那就是说，学习的目的和要求，并不是也不可能是要弄懂一切经济理论，更不是在一切专门的领域都钻进去,不是的,学习目的只是了解一个大概的理论框架就可以了。掌握了这个框架,一旦遇到了某个理论问题,知道它的门牌号码,知道在哪里去找它就可以了。至于找到门牌以后,他的家里有什么摆设,就不管那么多了。1993年在宣传企业转换经营机制的时候,有的报纸集中一段宣传了"砸三铁",这个宣传后来引起了一点争议,其实,宣传"砸三铁"并没有什么不对。要搞好我们的国有企业,不砸掉"三铁"——"铁工资"、"铁饭碗"、"铁交椅",真正实行干部能上能下、工人能进能出、工资能多能少,怎么行呢?但在宣传报道中也确实有两个值得商榷的地方:一是提出用"铁的面孔,铁的心肠,铁的手腕"来砸,就容易伤害工人的心,容易出现简单化,这是宣传报道上不够策略。再一个则是理论问题,"砸三铁"从大的范围说,是包括在转换经营机制里面的,但转换经营机制的要害并不在这里。因此我们要建立的企业经营机制是"自主经营,自负盈亏,自我发展,自我约束"。它的最主要最直接的要求是"政企分开"。而政企分开要解决的最主要问题又是公有制的实现形式问题,也就是后来说的理顺产权关系问题。

这个事例说明了对理论框架了解的重要。一个正确的宣传,因为没有完全找准位置,也会带来一定的负作用。

(二) 从实际生活中学经济理论。记者的工作岗位是在生活的第一线,是在社会发展的最前哨。这是记者学理论的一个好条件,比较容易做到理论和实践的结合。在这种情况下,记者的学习方法应该是"生活中找问题,理论上找答案"。

近年来,抓"热点",已经成为我国新闻界很"普及"的工作方法了。自从原经济日报的范敬宜同志提出要敢于抓热点问题之后,大家都接受了这个思想,并且已经在实际工作中显出一定的成效。抓"热点"是从抓报道的题目提出来的。现在,我认为,一定要把热点抓好,要结合热点学理论;而且这也应该是记者学理论的重要方法。

所谓经济生活中的热点和难点问题，往往也就是理论上的热点和难点。或者是理论上还没有说清楚的问题，或者是理论上说清楚了，但实践上没有很好地解决的问题。在这些部位的理论问题，往往有这样的特点：一是它可能成为整个理论体系的关键所在。理解了这一点上的理论，可能有助于我们理解全部的理论。二是它可能是新理论的生长点，因为难，往往用原来的理论已经解决不了或说不清楚了，于是就要有新的理论观点来解决这个问题。例如关于我国公有制企业的改革问题，多年来一直说它是中心环节，但进展一直不理想，其中的道理就是在理论上没有突破。而最主要的就是国有制企业的所有者应该怎样体现的问题。我们看到，党的十四届三中全会《关于建立社会主义市场经济若干问题的决定》中，在这方面的理论就有了决定性的进展，提出了"出资者所有权"和"法人财产权"这样两个概念。如果我们的记者一直追踪这个实际工作中的热点和难点问题，我们就可以比较深刻地理解这个理论，并能够宣传好这个理论。如果我们的记者平时根本不关心这个问题，对它知之甚少，我们就难以理解这个理论观点，更难说能够把它宣传好。

（三）寻找经济新闻的反映特点。很长时间有一个说法：经济是基础，新闻是上层建筑。这里的"新闻"，是指整个"新闻事业"而言的。最基本意义上的那个新闻，并不仅仅在上层建筑之中才有。它是整个人类社会中的一种现象，经济中有新闻，政治中有新闻，文化中有新闻，教育中有新闻，科技中有新闻，日常生活中也有新闻。

我们现在是从后一种意义上来研究新闻在经济这个领域中存在和反映的特点。

现代化的经济，无论是资本主义，还是社会主义，都应该是市场经济。因此，这种研究应该更侧重于市场经济的新闻反映的研究。新闻是一种社会联系的产物，它的实质是个别事实和一般事实之间的联系。在市场经济条件下，经济联系就成为市场经济的最基础的东西。没有联系自然就没有市场，更没有市场经济。人们要把握联系，就必须把握各种信息。在这个意义上说，市场经济又必须是信息经济，市场经济离不开新闻是不言自明的。从另一个角度说，也正是市场经济为新闻提供了最丰富多彩的新闻源。

那么，经济，市场经济，从哪些方面涌现出新闻呢？这是我们记者必须要掌握的。

从宏观经济上，从微观经济上，从中观经济上，研究容易出新闻的生长点；从生产上，从消费上，从流通上，研究容易出新闻的生长点；从政策上，从实施上，从群众的反应上，研究容易出新闻的生长点等等。

最重要的还是市场本身。搞经济报道的记者，在今天如果不懂市场，不投身到市场中去，是不会抓到许多好新闻的。

市场是最大的新闻源！是出最生动的新闻的新闻源。

（四）寻找经济新闻报道的各种方式。就经济新闻和其他的新闻比较来说，它是事件性新闻比较少的领域。因此，更深入地研究非事件性新闻对搞好经济报道是非常重要的。

从事经济报道的记者要想使自己的工作受到重视，就要靠自己的创造性劳动。这种创造也主要表现在他的综合性的劳动成果。这里面，最重要的是对"新闻媒介"这四个字的理解和运用。这种媒介，当然最直观的是信息媒介，把一方的信息传播到四面八方。其实，在获得信息的过程中，记者要采访某个方面的人士，于是这种媒介首先是从媒介采访对象开始，你把他们每个人手中的东西媒介起来了。还有一种参与性的媒介，这种媒介带有一定的干预性，"中国质量万里行"活动，就有很强的参与性。

（五）在不断学习、不断总结中提高。在我们身边，在我所在的人民日报，确实有这样的同志，经过了多年的经济报道工作，他们不仅成为新闻工作的专家，也成了某方面经济工作的专家。

（四）

在提高自己素质的基础上，还要研究开拓经济报道领域的具体途径。

从这些年的经济报道实践中，我体会到，要掌握各种各样的经济报道题材和体裁是一件十分重要的事情。掌握了各种报道的题材和体裁，就可以使各种经济新闻找到恰当的反映方式。而这些经济报道的题材和体裁，又促使我们打开思路，发现更多的新闻和新闻角度。

我认为，我们的经济新闻或经济报道，大体上可以分为如下十类。这十类之间，并不是并列的关系，因为它们不是按照一个标准划分的，所以就必然有内涵或外延的重合。但是，这种分类可以打开我们的思路，因此还是把它们介绍在这里。

第一类，信息性经济新闻。

这里的"信息"二字，不是指广义上的信息，因为广义的信息，是包括所有的新闻的。这里的信息是指狭义上的信息。也就是说，这类的经济新闻只是简单地告诉人们一个最简单的信息就行了。如有一件什么新产品问世了，有一个工厂开工了，有一个工程剪彩了，等等。总之它只是"干巴巴"地说一个事实，没有背景材料，也没有什么分析和评论。

这类经济新闻可以看做是经济生活和经济工作的一个组成部分。它本身就是经济活动，如发布某样东西急切地需要人来买。这不就是经济活动吗？

这类经济新闻最主要的应该要求它的有用性。

这类经济新闻有的是以广告的形式出现的。

在我们的新闻媒介上，随着经济的发展，这类新闻会越来越多。

这类经济新闻一般是比较短的，甚至是很短的，例如各种新闻媒介大量刊登或播出的简讯，就属于这一类的。当然也有特殊的情况，一些经济简报或国家经济情况公报也属于这一类，它们却是很长的。

第二类，分析性经济新闻。

这是相对于第一类说的，信息类经济新闻，一般是不做分析的，而这一类的经济新闻则要有甚至侧重于分析。它的价值，不仅在于提供情况，主要还在于它的分析。

例如经济形势的分析，市场的分析，经济发展趋向的预测等，都属于这一类。

随着市场经济的发展，这类经济报道会越来越受人们的欢迎。

第三类，政策性经济新闻。

这类经济新闻主要是报道党和国家最近发布了什么新的经济政策。它的主要方式是会议新闻和领导人的"说话新闻"，在这些新闻中传达了这些政策。这类新闻也是大量的，现在有人说，报纸办不活，是因为这类的新闻太多。我认为，在肯定我国的新闻媒介存在这个问题的同时，还要进一步作一点分析。其实，人们并不是一概都不爱读这类新闻的。人们都还记得这样的故事，在70年代末拨乱反正的时候，报纸上发表了"长途贩运不是投机倒把"的报道以后，一些农民就把报纸贴在自己的扁担上，如果有人说他贩运不对，他就让人家看报纸。可见，这一类政策性的报道，群众不仅是关心的，而且是非常关心的。再如，现在人们对税收政策也是很关心的，如果有这方面的通俗的报道，我想读者肯定是不少的。

那么问题在哪里呢？主要是这类新闻有的并没有多少新的政策，而只是重复老的已经为人熟知的政策，有政策而无新闻，当然就不受欢迎。还有的是经济政策的面太窄，只有少数人感兴趣。再者就是把新的信息埋在大量的篇幅里面，让人家找不着。因此，政策性的新闻是面临着"精简"和"改造"的问题，而不是"消灭"的问题。

第四类，经验性经济新闻。

这类经济新闻在我们现有的新闻报道中最多,所谓的经验,一般又包括贯彻党的政策的经验和自己行业或日常工作的经验。

毫无疑问,这类经济新闻也有研究如何把它写好的问题。根据过去的经验教训,要注意这样几个问题:

不要把局部的经验扩大为全局性的经验。任何单位的经验,都是个性和共性的统一,就是说,经验的形成有它自己的条件——有别人具备的,也可能有别人不具备的条件。经验的适用也有它的局限——有的对别人是适用的,有的则是不适用的。记者不自觉地夸大一个单位的经验,主要原因就是没有把那个单位的具体情况和条件讲清楚。过去在推广大寨经验的时候,提出过这样的问题:"大寨能够做到的,为什么你们做不到。一年做不到,两年行不行?三年四年总可以了吧?"我们的记者决不可以用这样的思维去写经验性经济新闻。

采访和写作这类经验性经济新闻,最好的路子还是"面—点—面"的路子,即:从社会上普遍关心的角度来研究你要报道的题材,研究你那个被采访单位的情况,这就是由面到点。而后,又要从回答社会普遍关心的角度来提炼点上的经验,凡是没有更多的普遍意义的东西,尽量去掉。"从面上找问题,从点上找答案","用点上的经验回答面上的问题"。这些老记者的经验之谈仍然是有用的。

报道某一个单位的经验,既不要拔高,也不要把它说得十全十美。还可以适当地如实介绍他们的一些不足之处和正在探索之处。这样不仅使人感到你的报道更客观,更可信,而且能够避免上面说的那种片面性。

第五类,问题性经济新闻。

这类经济新闻,不是讲政策,也不是一般地讲形势,而是突出地提出一个或几个经济领域中的问题,引起人们的注意。

当然,其他的经济报道也是提问题的,但这类报道则是以提问题为主要任务,至于问题的答案,则不见得在自己的报道中提供。

例如有的报道对环境污染问题发出警报；有的报道对人才浪费问题提出尖锐批评；有的报道对国有企业虚盈实亏的"空壳症"列出症状，如此等等。

这类报道似乎不直接解决什么问题，但同样也是不可缺少的报道，它可以引起决策者对某个问题的注意，也可以帮助大家理解后来决策的制定。即使有的问题解决不了，也可以遏制它的继续发展等等。

第六类，实录性经济新闻。

这类经济报道，侧重于实实在在地记录某一个方面的经济现象和情况，它以原原本本，"原汤原汁"为特色。

例如有一阵许多人都不到银行存钱，这是为什么？一位记者就找了五个不同职业的人，向他们提出同一个问题："你们为什么不到银行存钱？"记者把一位教师、一位工人、一位干部、一位个体户、一位国有企业经理的回答一一如实地记录下来并稍加整理，就写成了一篇很有针对性、很能引起各方面注意的"实录性经济报道"。这个记者后来又用同样的办法，写了一篇"你为什么不买房？"的实录性报道。

在《人民日报》的经济版上，有《乡情实话》专栏，它刊登的文章和报道也大都是这类的报道。

第七类，社会性经济新闻。

也可以称为"社会经济新闻"。

大家知道有所谓的"社会新闻"，那是一个很"老"的概念。但在新中国建立后的一个阶段，这个概念是被批判的，谁讲社会新闻谁就是资产阶级新闻观点。后来，主要是改革开放之后，人们认识到社会新闻作为一种新闻类别，是没有阶级性的，我们同样需要社会新闻。所谓社会新闻，它的特点就在它的社会性。它不是发生在哪一个单独领域的，而是发生在社会上，发生在人们的生活中，所以，这样的社会新闻总是比较通俗、可读、有广泛性。经济新闻与之相比，就在这几个方面差一些。

　　我提出的是把经济新闻与社会新闻两者嫁接起来，故称其为"社会经济新闻"，这是什么意思呢？简单地说，就是在写经济报道的时候，要善于"透过经济看社会，透过社会看经济"。我为此专门写过一篇论文。

　　"透过经济看社会"，就是说，写经济问题，不要只写到经济问题就为止了，还要继续挖掘其中社会性的内涵，并把它突出出来。例如《科技日报》的一位同志写了这样的一组报道，题目是《顾惠东效应》。说的是有一个工厂原来是亏损的，后来这个姓顾的工程师承包了这个厂；一年之后，工厂扭亏为盈。于是上级按照承包合同给了顾大约一万元奖金。奖金还没有拿到手，工人们就不干了，他们说，我们干了一年，原来是给他干的！记者就抓住了这个问题，连续写了几篇报道进行深入剖析。承包和奖金都是经济问题，但是，它和人们的社会心理紧紧地纠葛在一起，而记者从经济问题出发抓住了这个具有广泛意义的细腻心理问题，不仅把这个问题写深了，也把它写活了，写得更可读了。

　　"透过社会看经济"，这是社会经济新闻的另一个角度。有些问题初看起来是社会问题，但实质是经济问题。或者说，只有很好地从经济的角度来观察和入手，才能很好地解决它。例如人民日报一位记者写过《北京保姆市场透视》的系列报道。保姆问题是北京人很头疼的一个社会性问题。小孩要人看，老人要人管，但保姆的情况形形色色，有的被欺负，有的欺负人。记者就是首先从这里入手来写的。但是并没有就此停止，那样就会成了一篇一般的报告文学式的东西了。记者把它作为我们市场经济发展过程中必须解决的一个问题——劳务市场问题——现在又成为"劳动力市场"——来看待的。然后就从这个角度提出了解决问题的办法。这篇《透视》发表之后，引起了当时的总书记的重视，北京市的重视，也引起了许多老百姓的关注，他们为此来了许多信件。可见社会经济新闻是有着各个层次的广泛读者的。

这种双向的透视，有的时候难以清楚地分开是从社会向经济透视，还是从经济向社会透视。我们的记者并不需要很清楚从哪里到哪里，最重要的是结合，是社会和经济的结合。有些经济事件，如质量事件，也会有社会性。有些社会事件，如某某打官司，某某刑事犯罪，可能其中有经济的内容。抓住经济事件，也是进行社会经济新闻报道的好办法之一。

第八类，热点性经济新闻。

热点性经济新闻是否可以成为一个概念，当然还可以研究。从一定的意义上说，新闻总是出在热点。因为这里的热点不是自然界的冷热，而是人们对问题的关切度；都关心、都谈论，就热了。不过我这里还是把它作为一个独立的概念提出来。

所谓热点经济新闻，就是要在经济的热点上或热点中抓的新闻。

其实，热点又有不同的几种。

一种热点是争论的热点，如一个时期对承包的看法，对股份制的看法。有的认为承包制应该万岁，有的认为搞承包制是一个失误，至少是一种不得已的办法。对股份制，有人说是改革的方向，有人则认为是走资本主义的道路。

一种是议论的热点。议论之中虽然也有争论，但一般的议论总是以"纷纷"为特点，只是众说纷纭而已，并不见得都有很明确的观点。例如我国在改革开放以后出现的分配不公问题，就属于这类。

一种是关注的热点。某些事情的某些方面，由于其特殊性，引起了全社会的某种关注。例如1992年以来我国出现的"股票热"，就属这一类。它甚至酿成了"深圳股票事件"。即使这样，就全国来说，它仍然是一个小点，同分配不公那样的热点还是不同的。

一种是行为的热点。大家都集中在一个时间之内来干某一件事情。例如一个时期出现的"开发区热"、"房地产热"就属于这一类。大家都去干，都去炒地皮，出现了某些不正常的现象。

一种是潜在的热点。例如质量问题，在"中国质量万里行"活动开展之前，它实际上就是经济生活中的一个热点。但是，没有这个活动，这个热点就是潜在的，一旦提出，马上就热起来了。

针对这五种不同的热点，我们的记者应该采取不同的报道方法。这里就不一一列举了。

抓热点，从许多报纸的经验和"中国质量万里行"活动的经验来看，最重要的是要有选择，不是见热就抓。抓什么样的热点呢？就是要抓"三重合的热点"——群众关心的、领导关心的、企业关心的热点。缺一种关心往往就不能把报道顺利地搞成功。

处理热点一般有这样的几种方法：

回避的方法。就是那些虽是热点，但一触及它就会起到火上浇油的作用，或者一旦"轰起来"并不能解决反而会阻碍解决问题，这时就要回避。有一些热点，等待一定的时间之后，它冷却下来了，反而容易解决了。这时就不要急于下手报道它。

恰当的触及方法。热点报道最重要的是恰当的角度和恰当的方法。最重要的是着眼于沟通和协调的办法。它的效果可能是多种多样的，但是只要起到缓解、化解、理解的作用，就算是有了作用。不可操之过急或要求过高。

第九类，理论性经济新闻。

这种新闻包括两种情况：一种情况是要求我们的经济报道尽量带有理论色彩；一种情况是新闻报道主要解决的是理论问题，宛如用新闻题材写的一篇理论文章。这个问题，我在后面结合《首钢启示录》那篇报道还要详细地讲，这里就从略了。

第十类，人物性经济新闻。

这种经济新闻是一种人物新闻，但它是经济界人物的新闻，或者是通过被报道的这个人物，反映了经济领域中的问题。

在我国的经济报道中，从传统的新闻工作看，人物报道是一个强项。通过我们的报道树立和宣传了许多先进人物，使之成为亿万人民学习的榜样，起到了促进经济的巨大作用。如解放初期的孟泰，困难时期的王进喜、焦裕禄等。

但进入到改革开放新时期之后，"经济人物"报道相对减弱了。原因固然是多方面的，但研究起来，主要的一点还是如何处理人物的先进性和新闻性的关系问题。原来的那些先进人物，在他们身上，新闻性和先进性自然形成了统一。但在市场经济条件下，先进性和新闻性就不像原来的两者关系那样简单了。对读者来说，一般的艰苦奋斗的先进人物，再难以激起他们那么热烈的反应了；而一些经济领域的新闻人物，往往又很难纳入我们过去说的那种先进人物的框子里去。如改革初期出现的"傻子瓜子"年广久，是新闻人物，但不能说是先进人物；近期引起人们注目的从苏联买飞机的个体户牟其中，很有自己的个性，很有新闻可写，但也很难纳入过去的先进人物轨道。不仅如此，记者们在写这类人物的时候，甚至还有各种各样的顾虑。

我认为，先进人物的报道不应该放松，这是导向性问题，也是把物质文明建设和精神文明建设结合起来的重要方法。但是，对各种有新闻价值的经济界新闻人物也应该放开手来加以报道。这里面的关键是适当的角度，适当的观点，适当的方法。例如牟其中的"九十九度加一度"的理论，既是对我国现阶段国有大中型企业现状的形象性概括，又包含着市场经济的重要观念。适当地介绍这样的人物对我们建设社会主义市场经济是会有好处的。而且也解决了人物报道路子过窄和可读性差的问题。

再说一遍，上述的分类，不见得科学，所用的概念也不见得准确。我之所以这样列出来，目的就是为了开阔经济报道的思路。至于具体的写作方法，那只有"八仙过海，各显其能"了。

## （五）

怎样才算把报道写好了？我在《新闻写作方法论》一书中说，起码要具备新、短、深这三个特点。不但一般的新闻如此，经济报道当然也是如此。

关于新和短的问题，这里就不说了。读者如果有兴趣可以去翻我的那部书。我想从新闻的角度具体地讲一讲"深"的问题。

要想深，我体会，有这样的几个办法：

第一种办法，要有新的概括。

你报道的问题和内容可能是人家已经报道过的，但是你有了新的概括，人家还会有一种"深"的感觉。例如我在1982年写的《水，让我们重新认识你》这篇报道，所讲的问题和材料并没有多少是全新的，但是我对水作为一种资源从三个角度——数量角度、质量角度、使用角度来加以概括，并且用了一种新的表述方式：

数量——"无限的循环掩盖着有限的数量"；

质量——"低廉的价格掩盖着不可替代的作用"；

使用——"各自取用掩盖着水资源是一个整体"。

于是，人们就感觉深刻了，包括一些专家们也说，这些内容都是我们知道的，有许多就是我们跟你谈的，但你这样一写，我们都感觉很新鲜。

第二种办法，要有新的角度和新的层面。

看事物的角度是一个很重要的问题。从某个角度，总是看不深，换一个角度就有可能看得比较深。例如看井，斜着看恐怕是看不到井底的，而垂直地看下去，就能一眼望到井底。记者的报道如果给人们一个新的观察角度，那么他就有可能使读者感到你的见解是深刻的。

1993年11月，《人民日报》经济版开展了一个《我看合并风波》的讨论。讨论的事件是浙江杭州市工业局决定下属的三家企业合并，但是其中有一家企业不同意，于是酿成了纠纷。从最直接的角度看，这是政府和企业的关系问题，是在贯彻《条例》中的不同认识问题。但记者没有就事论事地评论谁是谁非，而是用新的角度，第一步引申到所有权和经营权的关系问题，第二步又引申到产权关系的问题，就使得这个很普通的争议深刻化了，引申到目前我国企业急需解决的产权问题。于是，新的角度导致了新的层面。人们就感觉这个讨论触及的问题比较深刻了。

第三种办法，要有新的见解。

这个新的见解，应该包括采访对象提出的新的见解和记者在采访过程中形成的新的见解。总之，要使读者看了报道之后，知道一些他原来不知道的观点。

例如，我在采访二汽汽车企业集团的时候，根据他们提出的材料，我发现企业集团的作用，并不只是限于原来说的那几点，还有一个很重要的方面人们没有提及过，那就是它可以解决国有大企业和地方经济发展之间脱节的矛盾。因为二汽成立集团之后，地方的工业和二汽结成了一体，二汽的发展带动了地方经济的发展，"二汽感冒，地方也要打喷嚏"，所以，地方就自动帮助二汽了。大企业和地方经济的这种良性循环，没有企业集团这种形式是办不到的。

我在报道中加进去了这个见解，就比一般地写企业集团深刻一些。

第四种办法，在报道中加入画龙点睛的思辨性的语言。

语言是思想的直接表现。深刻的思维往往需要相应的语言来表达。如果整篇的语言都是一般的叙述性语言，读者就会感到平淡，即使有深刻的思想，读起来也会觉得味道不够。当然，思辨性的语言有时是比较费解的，新闻作品是一种通俗的速效的作品，满篇都是让人很费解的思辨性语言也是不行的。

例如我在一篇写城市建设的报道中，单用一个段落写了这样的一段话："古今中外的经验教训表明，城市建设上的成就可以成为人类发展史上的里程碑，而城市建设上的失误是人类社会最难改正的错误。"这就是一种思辨性的语言。

有的时候，即使是叙述，在关键的部位也可以使用思辨性的语言的。如《新唐山的崛起》这篇报道中，在叙述建设新唐山的困难的时候，我说了除物质困难之外，还有精神上的困难。稿件上写了这样的句子："地震夺去了不幸人们的生命，而活下来的人则承担了全部的不幸。"这就是一种带思辨色彩的表达方式，应该说它是耐人寻味的。

为了突出这种思辨的色彩，有的时候，要在报道的标题上多想一想，也使它带上这样的色彩。例如《大陆桥头说新桥》、《面对生活不等式》、《黄酒加冰块》等就是这类标题。

## （六）

怎样才算把经济报道写好了？我提出了这样一个见解：一个人困了，躺在床上，看我们的经济报道，还愿意看，还能看得明白，那样，我们的经济报道就可以算是写好了。

当然我这里说的是技巧，而不是内容。

我的同事听了我这个标准之后，大声说，这是一个很高的标准啊！

说对了，真正要达到这个标准是很难的。但不是不能达到的。我有一个习惯，那就是中午吃过饭以后，如果有可能总要小憩一会儿。合眼之前，又总要看一点东西，那就是"大参考"，那时我已经困了，但是我还是愿意看那些东西，而且我不用费劲就能够看得明白。外国记者已经做到了这一点，为什么我们中国的记者就做不到呢？

从这个角度说，从写适应现代化社会的读者的报道来说，我们的一些经济报道还没有上路或者没有完全上路。我这样说，当然也包括我的新闻作品在内。收在本书的许多作品，恐怕在读者困了的时候，根本不愿看也不那么容易看明白。这是一个严峻的现实，但是，再严峻，也是现实。而且看得严重一些，对我们奋发努力会有好处。

祖国的社会主义现代化大业正在飞速发展，每一个热爱中华民族的中国人无不欢欣鼓舞，"抓住机遇，加快发展"，邓小平同志提出的这个战略思想，已经不仅仅是一个口号，而且变成了中国人的行动和中国社会的现实！我们的新闻工作者要赶上社会前进的步伐，我们的新闻采访和写作也要不断提高，以无愧于这个伟大的时代！

1994 年 12 月

# 热线·热点·热忱

## ——天津市老百姓欢迎这样的舆论监督

萧 荻

### 热线，连着千家万户

隆冬萧索，水凝云冻。但，天津人民广播电台直播室里却显得一片热气腾腾。这些天，每逢清晨7时，先后踏入直播室的不少都是天津市各区、各有关局的负责同志和"实权人物"。他们在这里分别向广大听众报告有关冬季市民生活的安排，并当场接受和回答市民提出的质询和请求，以"马上就办"的态度解决问题。

这就是天津人民广播电台的广播板块节目《天津早晨》的热线电话。这条热线连着千家万户。

这条"热线"还真够热的。就连主持人由于往来传递电话穿针引线，都忙得汗涔涔的。而区、局长们和市民们一个个对话，更让这寒气逼人的大雪时令充满春意："我是地毯五厂女工，早晨抱着小孩在35路汽车站等车，好容易车来了却不停车，大伙追呀喊哪，车还是跑了！人们都气坏了……"

公用局长充满歉意的声音："这是个运营质量和服务态度问题。明晨我们派干部下去，一定解决这个问题！"

"我是南开区炮台庄居民。我们这儿周围都有自来水，就我们十来家一直没解决……"

自来水公司经理回答：我们立即派人去查明情况，加以解决。

物资局长更会利用电台广播的舆论监督。他上来就宣告：我已经叫全市各煤店经理都在这同一时刻听热线电话，大家有困难尽管提。于是：缺煤厂、煤末多、蜂窝碎……纷然杂陈。

生活是丰富多彩的。生活也是琐碎而实际的。就是再超脱的人在断水、屋漏、缺煤面前也会急得火烧眉毛。那些普通老百姓往往为一件事东撞一头、西撞一头，免不了还要受一些窝囊气。如今，在热线电话面前，俨然以主人公的态度侃侃而言，而区长、局长、公司经理们确是在屏息静气地洗耳恭听，打开天窗亮明态度，并迅速采取办法为群众排忧解难。这里，广播电台以其广泛、迅速、公开的传播优势，把这种令人感奋不已的对话公之于世，看是吃、喝、拉、撒、油、盐、酱、醋的生活琐事，却体现出一种可贵的人际关系，推动各方去反思回味，

2006年7月11日，记者赵婀娜（左）在天津骨科医院采访小儿脆骨患者。

举一反三，怎样在密切党、政府与人民的关系上多办实事。

据不完全的统计，从去年 11 月 18 日起，天津市 9 个区的区长在《天津早晨》热线电话倾听意见后，3 天内为群众解决了 80 多个难题。这一情况引起了人们广泛的兴趣。天津的老市长、中共中央政治局常委李瑞环同志过去对《天津早晨》节目就提出过"既坚持四项基本原则，又生动活泼"的表扬，最近从广播中听到这个热线电话，11 月 25 日专门从北京给天津市政府打来电话说："我每天听《天津早晨》，感到这个节目保持了原有优点，又有了新的发展。通过热线电话，由区领导直接回答群众的问题，方式很好。内容多是冬季人民生活的，如上不来水、运不来煤等等，当即由区领导给以答复和解决，这体现了政府为人民办事的公仆意识。"

## "市长在等着处理结果"

天津人民广播电台的同志们，设计《天津早晨》这个热线电话也是煞费苦心的。他们为了沟通各方关系，发动群众参与，常常是从早跑到晚。但，再辛苦，"千金难买愿意"，他们干得兴致勃勃。无独有偶，经常发表群众投拆、发挥新闻舆论监督作用的还有天津日报、今晚报的《海河浪花》、《社会广角》、《葵花灯下》、《夜间记者站》等栏目，他们都是长年累月、不辞辛苦、不怕"碰撞"地在那里为群众倾吐心声、关心国事、针砭时弊提供版面和支持。前年轰动全国的社会新闻《苏联妇女特卡乔娃跨国寻母》，就是今晚报接受读者来信后一次出色的服务。至于触及某些环节的官僚主义，清除某些角落的疙疙瘩瘩，从而为群众一吐心中块垒，更是不胜枚举。

天津市新闻媒介之所以在这方面"乐此不疲"，并富于积极性和创造性，一个重要的原因是天津市的党政领导十分重视人民信访投诉和新闻舆论监督。

"视群众呼声为决策的第一信号"，这是天津市这些年一直遵循的口号。通过市领导与人民代表对话、市领导下基层谈心服务、开展千户居民问卷调查以及举行人代会、政协会、决策调研……多渠道、全方位沟通民意，也是天津市历来坚持的作法。但，对于每日每时公之于众的新闻媒介的特殊作用，尤其被天津市领导所格外重视。市长聂璧初不仅经常亲自处理群众来信，而且对报纸、电台上发表的批评意见和群众呼声也直接过问，并作出具体批示。仅5个月内就在70多封信上作出批示，并要求各级领导认真处理群众意见，尽可能及时解决，如一时不能解决或情况有出入的，也要及时给以说明或解决，做到件件有着落，绝不能不了了之。他一个基本思路是：要提倡重视群众呼声、关心群众疾苦、为人民办实事之风，以鼓励和支持群众当家作主、关心天津建设的精神。

经过聂璧初批示解决的不仅有产品质量不佳、土建施工噪声、个体商贩欺行霸市等扰民问题，也有一些来函是对政府工作的批评。去年12月一位姓裴的居民反映恒山里一幢楼房建成后数年无人进住，二楼玻璃被顽童全部砸碎。这位居民呼吁：现在一部分人渴望有房住，而有些房屋却又闲着无人住，真叫人费解，请市长过问一下吧！聂璧初虚心接受这个意见，当即责成有关部门尽快安排维护和分配进住，并要求市建委对全市空房普查一次，以杜绝这种群众侧目而视的怪现象。

## 舆论监督和行政干预的拥抱

舆论监督和行政干预二者是缺一不可的，两者的拥抱，既有思想的凝聚力，又有落实的冲击力。天津新闻单位忘不了，市政府查办处在贯彻市长批示、落实报纸批评方面的辛勤和高效。

群众的投诉一见报，市府查办处就发出查询通知。例如："今晚报某月某日《葵花灯下》栏目刊登了某某某反映的问题，根据市长对群众呼声有关部门应抓、应管、应办的指示精神，请你们认真查处，并将办理落实结果于某月某日前报市府查办处。联系电话317163。此致敬礼！"

　　这一通知限定7天内回报结果。对一些影响群众生活的急事，在发出查办通知的同时，还打电话责成有关方面马上就办，当日见效。

　　这又谈何容易？凡是捅到报纸或寄到市长那里的投诉，多是久经奔走，投告无门的难题。某些环节视群众来信为小事一桩，置入抽屉、丢入纸篓不了了之者并不鲜见。个别批评信甚至被漫不经心的"马大哈"转到被批评者手中，以致酿成更多事端者也非个别。

　　但，这一切都没有难住天津市政府和新闻单位密切配合、勤奋工作的两位查办人员：刘堃和李加和。

　　某妇女和老母亲向市长喊冤。同样条件，在住房拆迁时，有门路者分房既近又好，她娘俩却被分得既远又次，急得只好哀哀上告。查办时刘堃得到的回话是"主管区长不在"。她驱车直奔某区推开办公室，那位推脱不见的副区长赫然露面。

　　"市长在等着处理结果。"刘堃正告。

　　权威是有用的。群众的投诉得到合理解决。

　　不拒绝小事，不怠慢小人物，也不畏惧自命了不起的大人物，这是他们行动的轨迹。山西榆次读者杨俊英投书天津日报述及几位教师在津购物被"托姐"欺骗。刘堃、李加和两人从下午2时跑到5时多，跑了几条街终于找到头绪。没几天，榆次读者收到了被骗款项139元。受夫妻分居两地及家事繁难所苦的妇女王玉琴，投告多年没着落，经市政府查力同志跑了几个机关多方核对、协调，证实这一投诉是合乎政策解决范围的。终于摆脱家庭分裂之虞的王家不禁痛哭流涕说：原来已经绝望了，还是共产党好，给老百姓办事！

　　"她是你们的至亲好友吧？""不知收了人家多少礼！""准是有大来头……！"

　　为这些素不相识的老百姓办事，明里暗里招来这样那样的猜测。

刘堃等同志的回答是："没别的。就是为老百姓办点事儿。要知道，咱也是老百姓！"

记者问："有些事很扯皮，你们办事有何窍门？"

回答是两条：

"新闻舆论加行政监督，攻无不克。至于查办吗，既要平等待人，又要有权威。有些地方，你松一点，他松一大块；你紧一点，他紧一大块。"

## 新风，习习拂面

大地是公平的。耕耘，就会肥土；播种，就有收获。天津市新闻舆论和行政监督相结合，持续为民办实事形成了"恒动"。

谁不为这些变化高兴呢？

对人民投诉曾经有过的拖沓、敷衍少见了，一种主动过问、马上就办的新风在习习拂面。1991年10月份，天津日报、今晚报刊登群众投拆106条，到11月20日经市政府调查，已办结91条，正在办的有15条，与事实有出入的5条，件件有着落。10月8日今晚报读者李文反映中山路高层后有一条"垃圾街"，污物堆积，恶臭扑鼻。市政府见报去查问时，当地区政府已投入人力、物力，用两天时间已将200多吨垃圾全部清走了。有的还举一反三，"自动化"。

广大群众看到自己提的意见有人问，有人管，有人办，更加增加了当家作主的责任感。最近，报刊上的投诉中有关国家建设、市政管理等方面的问题多起来。诸如市政府下发的《关于制止擅自扩大着装范围和滥发服装的通知》，市教育局联合下发的《天津市中、小学和幼儿园收费管理暂行规定》以及天津市兴建"闲置物资和设备交易市场"等，都是来自群众的意见和建议。

市长聂璧初曾向记者说过这样的体会：人心换人心，五两换半斤。有时换的不只半斤：你想着老百姓，老百姓也处处想着国家和集体。查办处的刘堃同志向记者谈体会：老百姓是通情达理的，他们的要求也是不高的。你尽心尽力帮他解决了问题，甚至只部分解决，或是当面解释清楚，他们就十分满足了。

他们的共同体会是：

这一切，都离不开新闻单位的舆论、媒介和导向作用。这些，为行政干预灌注了饱满的生命力。

正因为此，天津市政府已决定，在天津人民广播电台"热线电话"中待有关区、局进行一段与群众交流后，市长也要去直播室就群众普遍关心的热点问题，从"热线电话"里回答，并解决市民提出的投诉。

啊，热线，热点和那不熄的热忱！

1992年2月

# 要别出心裁

## ——"抓活鱼"浅谈

张振国

常常有人问我：怎样才能把新闻写新写活？怎样才能弹无虚发，一发即中？怎样才能写出有特点有深度的新闻？

回答这些问题，我感到很吃力。我虽然干了几十年新闻工作，写了上千篇稿件见了报，但自我感觉不佳，深感有愧。前些年，在我50周岁时，曾写了四句小诗，叫作："五十年来事万千，灯光伴我几多年。根根白发行行字，愧感新闻无好篇。"

2004年5月，记者张振国（右）在被誉为中国第一村的江苏省华西村与其创始人吴仁宝交谈。

人们提出这些问题，我虽然没有很深的研究，但我觉得这些问题是非常重要的现实问题，因为人们写稿，总想写新、写活、写好，最后达到见报的标准。

对于这些问题的解决，可以有多种多样的办法，但我总以为比较现实的办法，就是要研究一下"抓活鱼"的问题。

这些题目听起来怪新鲜，其实就是要我们对新事物、对利国利民的一切新事物，眼尖手快鼻子灵，不拘一格抓新闻，就要别出心裁。

这个问题的提出，是我在安徽省铜陵市采访时得到的启示。铜陵，是我国重要的有色金属生产基地。这里，从唐代就开始采铜，采了千百年，总是"单打一"地采铜。一直搞到1980年，铜矿生产经营出现不能自保的现象，地方其他工业发展始终很慢。1980年后他们却来了个"别出心裁"，提出一个发人深思的问题："我们不能在一棵铜树上吊死，总不能只烧一棵树上的柴！"于是，他们根据铜陵素有"金、银、铜、铁、硫、生姜、老蒜、麻""八宝之地"之称的优势，在发展铜业的同时，大力发展地方其他经济，很快出现了一个"吃八宝饭，发百家财，铜陵不再单搞铜"的"别出心裁"的局面，使铜陵的经济迅速得到振兴。

由此，我得到启发：我们当记者的，也不能"在一棵树上吊死"，新闻总要有点新鲜味才好。千篇一律、千人一面的新闻报道，不仅读者讨厌，我们自己打开报纸也不想看。这几年，新闻界提倡"抓活鱼"，我是很赞成的，也试着抓了抓。我认为当记者的，也应当"吃百家饭，发百家文"，不能像赶集似的都往一处跑。要跳出"小天地"，进入"大世界"；撒自己的网，捕四海的鱼；走自己的路，发自己的稿。天涯处处有芳草，四海到处有时鲜，我们何必非拘于一格，何必非往一处跑呢？为什么就不能来点改革精神，来他个"你无我有，你写我照，你东我西，你长我短"呢？！要想"别出心裁"，我的办法，就是先在这"十六个字"上下功夫。

## "你无我有"

我们人民日报有一个未成文的规矩，那就是：不上头条、不上一版、不加花框、不能配发言论、不能在版面很紧的情况下挤上去的新闻，对专职记者来说，就是一种失败。

我们如果不动脑筋，光吃现成饭，那是绝计达不到这个目标的。只有"你无我有"，才能达到上述目标。

这种有，当然也是多种多样的。

第一种是人家未说过的，即："你无我有"的。如落实知识分子政策，我们的报道，不是说正面的，就是说反面的，不是说某某党委如何从政治上关心，生活上照顾，业务上支持，就是说某人遭到打击迫害。有的报道，甚至把知识分子和工人群众对立起来，夸大了知识分子的作用，以致冒出"老九上了天，老大靠了边"的说法。

正在这时，我发现一封工人来信，支持知识分子搞改革。我抓住这个重大信息，作了深入采访，写了一篇《工人上书为知识分子说公道话》的新闻。正因为"你无我有"，发出几天，就上了《人民日报》三版头条。后来还被评为全国好新闻。

到鱼市上买鱼，一看东街西街全是鱼鳃发黑的大头鲢子，立刻就会感到败兴。如果有一条金丝鲤鱼，鱼鳃鲜红，哪怕价钱高一点，人们也会欣然购买。

1984年春天，经济体制改革之风在全国劲吹。安徽有个小国营制药厂，厂里有八个小青年，挺身而出挑大梁，承包救活小药厂，这在当时尚属少有的新闻。我和另一位记者发现这件事后，确认这是一条"你无我有"的大"活鱼"。于是我们立即"张网捕捉"，及时向编辑部上报行情，结果抓住了，上了人民日报一版头条，新华社还同时向全国播发。时隔不久，还是这个厂，在改革经营管理中又作了一个新的大胆尝试：在中共安徽省委的支持下，这家国营企业实行了租赁制。这在全国又是一条未上市的"时鲜"。既然认定它又是一条大"活鱼",就必须跟踪追击,下决心把它捉住,万万不能让它漏网。从他们在合肥参加"改革者谈改革"的会议动意试行租赁制起,直到他们与县经委达成租赁协议,我都作了详细了解。因此这个新事物一诞生,我就迅速作了报道,人民日报又以头版头条的重要位置把它刊登出来。

事后我想了一下,一个小厂的事情,居然在不到三个月的时间里两次登上人民日报头版头条,这完全是因为改革急需此事,报纸急需此文。你无,我有,于是它就登上"大雅之堂"了。

第二种是你浅入直出、我深入浅出,也可以说是"你有我新"。如全国都在讲领导班子建设的重要,那我们就要研究一下在领导班子建设中到底有些什么亟待解决的问题。1985年7月间,我在中共安徽省委组织部采访时,我发现他们向中组部写了一份关于调整骨干企业领导班子的报告,文尾有一句话,即"我们在配班子时,既注意了合格,又注意了合拍"。尽管"合拍"的内容一点未写,但我认为这是个大问题。因为现实生活中有不少班子缺少二传手,都想当主攻手,于是我就抓住"合拍"作了深入采访,对那些人所共知的年龄、知识、专业结构上的问题,只作了一般了解,突出主题写出一篇题为《既要人员合格,又要工作合拍——安徽调整骨干企业领导班子》的新闻,《人民日报》果然以一版头条位置登出。

第三种是主题虽然不新,但报纸急需重新提倡此事,人家一时又没有拿出来,你抓到了,编辑也是很欢迎的。这就叫"你慢我快"。如我的同事赵希龙于1985年12月下旬抢发了一条《新年前夕安徽亳县出现新气象——会议"旺季"不见会,干部争相下基层》的新闻,就是因为火候掌握得好,眼尖、手快、鼻子灵,可能工夫花得不多,但上了《人民日报》的头版头条。

第四种是你喜欢单打,我就来它个单打、双打、混合双打相结合。或者叫"你窄我宽"。只要是新问题、新思想、新事物，我们都应抓住不放。1988年9月，我发现一份好坏都说的广告，我没有因它事情小就不屑一顾，而是以此为题写了一篇小通讯，这在当时也是没有人报道过的，人民日报很快见了报，并引起了全社会的重视。因为此稿告诉人们做广告和做各种工作一样，都要实事求是，"比赛大话"之风，再也不能刮下去了。

另外，我们出门采访，常常坐在汽车中看到公路上大晒谷物，严重影响交通，甚至造成翻车、失火、死人等重大事故，看上去好像也是小事，但我觉得这个现象在各地普遍存在，有批评的必要。所以我抓拍了一张人们钻在车肚子里拨麦秸的照片，写了篇题为《公路成晒场，行车走弹簧》的小通讯，《人民日报》连文带照片加上花边即时用出，在安徽及全国引起不小的反响。后来安徽大抓了一下清障工作，使全省公路上这种不文明的现象大有改观。

总之，我们当记者的要多想点子。拾人牙慧，嚼人家嚼过的冷馒头，只能像宋代诗人黄庭坚写的《清明》那首诗中所说的"人乞祭余骄妾妇"一样，决计抓不到"活鱼"的。

## "你写我照"

我历来认为记者应是一个多面手，既要会写文字稿，又要会拍新闻照片；既要善于写新闻、通讯，也要善于写评论、散文、杂文。如果再能绘画，那就更好了。当然要想门门都会那是很难的，但万万不能永远是"老两件"：消息加通讯。我觉得每个记者，除了必须娴熟地掌握"老两件"外，最起码要会拍新闻照片，最穷的报社也应为专职记者配上一部较为轻便的、适用的照相机。人民日报社调我来当记者，问我有什么要求，我说别无他求，只希望给我配一部照相机，因为在采访中，照相机可以帮助我们真实地记录现场景物。如果有人把你认为应当写成文字稿的事情写过了，那你就可运用照片来进行形象报道。如今我们人民日报已出现"立此存照"、"新闻图片"等多种形象报道栏目,这种"活鱼"也很受读者欢迎。这几年我试图在形象报道栏目上能有新的突破,曾"异想天开"地搞了两种形式的两组形象报道:

第一组发表在1983年4月9日《人民日报》一版。我拍了一张反映农民争相购置科普书刊的热烈场面的照片,安徽省副省长杨纪珂教授为这张照片,给本报编辑写了一封称赞农民争相购书盛况和推荐这张照片的信,我为此写了一个编者按。编辑部对这组稿件十分重视,三版争着要,一版不愿放。这组稿子以《呼吁多出版发行农技书刊》的醒目标题在一版显著位置与读者见面,中央人民广播电台当天转播。见报后,好几位老记者都鼓励说:"这是个新产品!"

第二组发表在1983年10月25日《人民日报》二版。这组形象报道,有我拍的一张群众在楼顶自架密集电视机天线群的批评照片,还有我给安徽省经委主任、高级电器工程师成有庆写的一封建议信,说明群众自立电视天线有很多弊端,并请他就如何解决这个问题给读者以权威性的解答。成有庆当即认真负责地给我写了回信,科学地提出了改进办法,我加了个编者按,连同来往信件和照片一起寄到编辑部。编辑以《建立公用电视机天线为好》作题,用花边将图片和文字组装在一起刊登出来。时隔不久,北京电视设备厂和南京化学基本建设公司在南京召开专门会议,研究解决这个问题,并向我发出邀请信,热诚希望我能赴会。有些同行很风趣地说:看来新闻报道是要别出心裁!死守"老两件"确实不行了。你把图片、言论、来往书信糅在一起挤上版面,这种新闻形式真是少见!

### "你东我西"

"用户是皇上"——这是商品生产者的信条。"读者是皇上"——这恐怕也应成为我们记者写稿的信条。这里所说的读者，既包括干部，也包括群众。如果我们不研究读者，不体谅读者，在稿件的内容和形式上总是一个调一个样，写通讯只能一行题，下面来个"——记某地某人某事"；写新闻只能是导语过后就来个"一是、二是、三是……""他说、他又说、他最后说"，或者来几个破折号，这种类似科举时代的"一曰、二曰、三曰"，实在不能继续下去了。对此，我试图破它一破。这里也有两例：

第一个例子写的是马钢焦化厂关心单身职工生活的事情。在开始起草时，我先是来了个"一是"到"五是"。后来想出个点子，这个厂所关心的主要是单身职工的"衣、食、住、行、乐"，我就用这五个字作为五个段落的开头，以此代替"一是"至"五是"。编辑也是讨厌开中药铺的，他们不仅把这五个字用了黑体，还在《马钢焦化厂单身职工的衣食住行乐》的题目上，把"衣食住行乐"五个字都单独加上花框。此稿1983年2月22日在人民日报二版刊出。当然，这算不得什么创新，但我想，如果写稿人都愿改一改老格式，你东，我偏西，高明的表现手法肯定是会很多的。

第二个例子说的是一组文配照片的批评稿。1983年9月间，安徽省地方煤炭工作会议在淮北毛郢孜煤矿召开，我是应邀去报道会议的。会开五天，我只字未写会议，只拍了一张批评性的照片，配上一篇批评性的通讯，1983年9月25日的人民日报用《安徽省的一桩奇闻，六点二公里铁路建成十年不通车，原因：着急的无权，有权的不急；结果：忙坏了汽车，闲坏了铁路》为题，在二版头条的位置、1/4加框的版面上发表。这条批评报道在全国引起很大反响，这个编者和作者合作的题目更是受到读者好评。去年评选1983年全国好新闻时，这个题目荣获好标题奖。

## "你长我短"

现在有人看不起短新闻，我偏偏敬而重之。现在还有人认为写短新闻不费劲，我偏偏认为写好短新闻要费很大劲。如果遇到一个难得的新闻题材，你费了很大的劲把它写成长篇通讯，报纸未必能及时采用，就是用出来，也未必能成为好报道。要是费了很大的劲把它写成短新闻，并下工夫做出好标题，报纸就一定会及时采用，用出之后，读者是会爱看的，社会效果也会比长通讯好。

前年我遇到一个难得的题材：工人上书为知识分子说公道话。2月中旬发现，八次采访，三易其稿，五易其题，费了"九牛二虎"之力，写成一篇千字新闻，于当年5月初发回编辑部。5月10日，人民日报以《马鞍山减速机厂工程师金铭新无端受排斥，工人上书为知识分子说公道话，嫉贤妒能的党支部书记被就地免职》为题，并配上《人心是杆秤》的评论，在三版头条及时登出。在全国评比1983年好新闻时，这篇新闻得了好消息奖。如果我费了"九牛二虎"之力把它写成长篇通讯，未必就能获得如此结果。

我认为写好短新闻应成为记者毕生奋斗的第一基本功。没有写好短新闻的愿望，没有沙里淘金的精神，没有量体裁衣的眼力，短新闻是写不出来的。在这方面，我吃过很多苦头，直到最近，还吃过一个亏。去年10月，我得知马钢用"滚雪球、自养自"的办法，使企业经济效益大幅度提高。对此，本可下工夫写成短新闻，可我却用了大力气写成一篇题为《马钢滚雪球的艺术》的长通讯，发回编辑部，力争多次，未能采用。后经反复推敲，抠成一篇500字的新闻，结果人民日报以《马钢五年赚回一个马钢，实践证明：用新技术改造老企业，花小钱能得大利》为题，于10月19日在一版头条登出。

我喜爱短，并不反对长。凡事都应从实际出发，该短则短，该长则长。但从报纸的性质来说，短而精的新闻，应是大量需要的。因为我们不能把报纸办成长篇大论的月刊、学报，正如报社领导同志所说："我们是人民日报，不是人民杂志。"

短新闻的好处很多，其他不说，只讲三点：第一，短，人能读得起。时间宝贵，尽人皆知，长篇大论，谁读得起？长而人不看，不仅长变短，甚至长变无。第二，短，版面能登得起。长篇大作编辑拼版，版面很难做到丰富多彩、生动活泼。这些长篇大作即便是"活鱼"，因为块头大，只能挨个排队，等到后来，"活鱼"就会变成"死鱼"、"臭鱼"。第三，短，可起移风易俗的作用。人民日报近几年刹长风，每版经常是10至20篇，而且不少有名的老记者也写"豆腐干"，群众反映很好。我经常听到一些党政机关的秘书说：人民日报都带头讲短话了，我们还搞那么长的文件给谁看。

　　总之，我们要跳出"小天地"，进入"大世界"，走自己的路，发自己的稿，撒自己的网，捕四海的鱼，在新闻改革的道路上，做一个"犟记者"，这就是我写本文的用心所在。

1985 年 4 月

# 剖析宜细　开掘要深

## ——致两位函授学员

黄际昌

×××、×××同学：

函授部托我看你们合写的习作《枯木逢春枝叶茂》。你们有讴歌新事物的热情，也抓到了一些有报道价值的素材，在写作上有一定表达能力，这都是做好新闻工作的必备条件。这篇通讯（以下简称《枯木》）言之有物，一般地说可以作为口头广播稿用。

我把《枯木》读过三遍之后，产生一个明确的看法：此稿主题不集中，你们想要说明的问题太多，结果什么也没有说透，给人以眼花缭乱之感。下面，我作一番尝试，就你们的原稿中包罗的素材，分出四个主题；也就是说，这篇通讯可以从四个不同角度改写成四篇报道（通讯或工作经验介绍）。请往下看。

一、原稿的题目为《枯木逢春枝叶茂》，还有个副题：《记全国新长征突击手、养鸡行家杨克宇》。这样的标题就太

---

黄际昌(1931年—2009年)，高级记者，中共党员，湖南郴县人。1950年1月考入武昌中原革命大学，1954年10月—1956年8月在共青团中央办公厅工作，1956年9月调中国青年报任编辑、记者。1977年12月—1992年6月先后在人民日报记者部、市场报、海外版工作，担任编辑、记者、海外版经济版主编、记者组组长、驻香港办事处主任兼首席记者。

泛，一眼看去，不得要领。好的标题应提挈全篇，明确地告诉读者主题是什么。

二、原文第一段提出"浪子是怎样回头的"。对，这是一个好主题。杨克宇曾经被司法机关判处七年徒刑，是个失足青年。1979年6月，他从劳改农场释放回村，决心"痛改前非"，可"心有余悸"，显然他还带着严重的自卑感。社会上的浪子，回头的初期都有这样特殊的心理。可惜你们一笔带过，把话题转向他产生"养鸡"的念头，这样写他痛改"盗窃"之非，走"勤劳致富"的正道，也是可以写下去的。你们写杨克宇给局长去信，要求贷款；写他自费出外学习养鸡技术和买回良种鸡；写他家的鸡场越办越好，去年全年纯收入一万二千余元，被人们誉为"养鸡行家"。杨克宇出了名，开办了几期养鸡技术培训班。去年12月底被团中央命名为全国新长征突击手。就以上一些素材，可以构成一篇通讯。但主题已不是原来的了，因为你们在文中并没有说明"浪子"是怎样"回头"的过程（他们有他们特殊的思想转化过程），而写得较详细的却是：杨克宇有心养鸡，如何从外行变成内行的。这才是统率上述材料的真正主题。

三、如果你们想写"浪子回头"这个主题，则还需深挖有关情节、细节；如杨克宇被释放之后，"痛改"的决心是什么？怎样消除心中余悸？当他的妻子对于他向县长求援一事，表示怀疑："癞蛤蟆还想吃天鹅肉？"杨克宇为什么还坚持发出信去？等等，这些情节恰恰是可以说明浪子是怎样回头的，可惜一一从你们手边放过了。这就是说，原文中含有的第二主题"浪子是怎样回头的"，完全可以独立地写成一篇精彩的《浪子回头记》（通讯或报告文学）；然而，你们虽然立了题，却只是虚晃一笔。

四、从原文的一些素材中，还可以发现你们另一个写作意图，要突出报道局长王元龙支持杨克宇养鸡的行动。在这方面也已引出一些有意思的线索，如县长给杨克宇复信鼓励他养鸡；县长的着眼点比较高："这样一个失足青年想勤劳致富的精神可贵，我是党的干部……应该关心。"后来，局长还亲自到杨克宇的养鸡场去看过，握住杨克宇的手说："你真有志气！""还要更上一层楼！"顺着这样的思路写下去顺理成章，自成《枯木逢春》的通讯。可惜，你们插进许多无关的枝节，打乱了原定的主题。再者，党的关怀，王元龙的支持足以体现这个主题，可惜你们抓起来又放过了。

五、从你们的原稿后半部分，可以发掘出另一主题：杨克宇养鸡致富以后，不忘乡邻。把这个主题展开，很有现实意义；你们却把这方面的素材"挂"在别的主题之下，就显得是多余的了。

这就是我对原稿的分析，把一篇报道"剖"成四个主题、四篇报道。不知你们同意否？你们写成"四合一"的报道，两千字写不成，两万字也难免顾此失彼，头绪纷乱。

为什么写成"四合一"的杂烩式通讯？问题首先不在表现方法上，而是在对事物的认识上。认识一个事物是要花很大气力的，就拿杨克宇这一个人来说，第一他不同于那些先进青年，一向遵守法纪，积极向上；第二他也不同于那些至今执迷不悟的浪子，他服刑七年之后有痛改前非的决心，有劳动致富的抉择，是一个转化中的典型。他有特殊的转化过程，转化不外乎内因和外因两方面的作用，内因是主要的，外因要通过内因才能起作用。你们对于有关的外因，特别是内因开掘不深，看完之后，似乎是一个先进青年学养鸡，只要技术上去了，就发财了。所以说，对杨克宇这样转化的典型，必须作出独立的剖析，要善于同中求异，抓住特中之特。

杨克宇当初失足落水，有一个下水的过程。他服刑期满回村，决心学好，也有过程。从回头的浪子到成为"全国新长征突击手"，这更是一个大幅度的跨步。我们在动笔写这样有几个跨步、几个大转变的转化典型时，必须深入细致地了解他的转变过程中的几个阶段，环环相扣，不是随便交代几笔，就能令人信服的。

所以说，对你们采访的对象，不必急于动笔，先要舍得花功夫花精力，去作细致的剖析，深入的开掘，直到把握了他的"来龙去脉"之后，才进一步考虑如何定题、布局、谋篇。

往下谈谈表现方法。你们在近两千字的篇幅写"四合一"主题的大块文章，显然是不能如愿以偿。谁也没有法子"浓缩"或"撮合"成一篇完整的通讯。如果你们剖细掘深之后，乐于"一分为四"，那么，至少有两篇短通讯可以写成：一篇是用后半部材料、重新组织，写为《杨克宇致富不忘乡邻》，几百字就够了。另一篇是《杨克宇养鸡有方》，扎扎实实介绍几点经验。至于浪子回头突变为全国新长征突击手，显然不是两千字文可以容纳得下的，须另搭大架子，充实更多更生动的内容。在这里，恕我不作赘述了。

再强调一句，有志于新闻工作的同志要把目光对准新事物，包括向好的方向转化的事物。你们做得对，希望继续努力，剖细掘新，生动描述，必将写出精采的报道来。

  祝你们
思想、工作双丰收！

指导教师 黄际昌
1985年9月2日

# 论头版头条和头条工程

杨振武

头版头条是报纸的珍稀资源。报纸可以有几十个版，也可以有几百个版，但头版只有一个，头版头条只有一个。头版是"脸"，头条是"眼"，在报业竞争时代，"眼睛"大不大、亮不亮，能不能在"三步五秒"抓人夺人，意义非同小可。发掘头条、采好头条、编好头条，把头版头条建设作为一项重要工程，对于提高舆论引导力影响力、提升媒体竞争力传播力，大有裨益。

## 一、头条的重要性

**1. 头条是"舰旗"，关系舆论引导力影响力**

如果说一张报纸是一个"舰队"，那么，头版就是这个舰队的"旗舰"，头条就是飘扬于舰船之上的"舰旗"，代表方向，引领航程。

党报头版头条是舆论引导力、权威性、指导性的集中体现。胡锦涛总书记在人民日报社考察工作时指出，新闻舆论处在意识形态领域的前沿，关系党和国家工作全局，关系改革和经济社会发展大局，关系国家长治久安。报纸是新闻舆论的重要载体，头版头条处于这个"前沿"的"前哨"，是所有版面的"定盘星"，最能体现舆论导向，更加鲜明、更加直接、更加具体地体现党和国家的中心工作、改革开放的新经验、经济社会发展的新成就、团结稳定的新形势、精神文明建设的新变

灿烂的星河——人民日报记者部新闻实践与思考

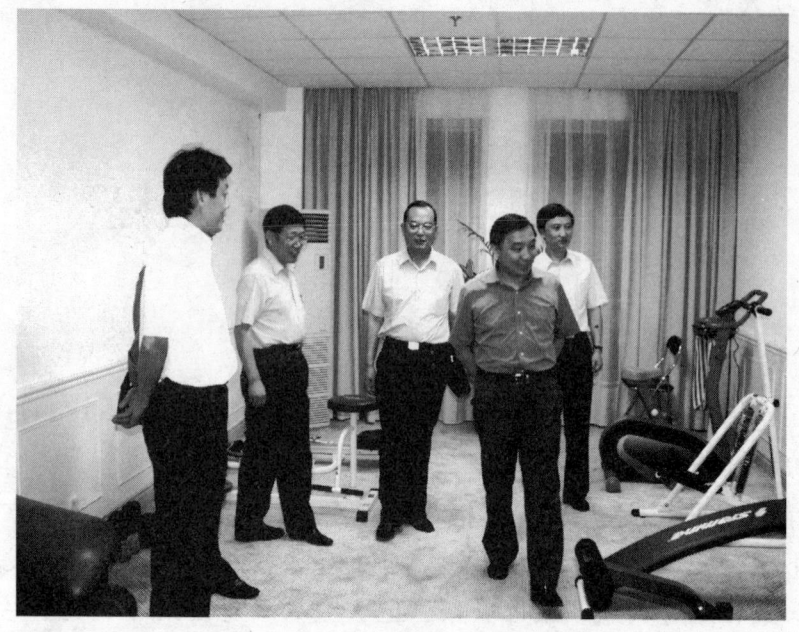

2004年夏,社长王晨(前排右一)在记者部主任杨振武(右三)、四川记者站站长郑德刚(左一)陪同下,饶有兴趣地察看四川记者站健身房。

化。抓好党报头版头条,对于坚持正确舆论导向、提高舆论引导能力、营造良好舆论氛围至关重要;对于高举旗帜、围绕中心、服务大局、改革创新,履行宣传党的主张、弘扬社会正气、通达社情民意、引导社会热点、疏导公众情绪、搞好舆论监督的重要职责至关重要。

党报头条是媒体公信力、影响力的集中体现。头版头条最能体现媒体定位、选稿标准、风格气质,直接关系到能否把体现党的主张与反映人民心声统一起来,把坚持舆论导向与通达社情民意统一起来;直接关系到媒体能否让党放心、让人民满意;直接关系到媒体公信力、影响力。2006年9月9日头版头条《(肩题)柴禾不砍了 环境变好了 经济发展了 (主题)油气开发给南疆少数民族送来"福气"》(作者王慧敏),以新疆油气资源开发造福新疆各族人民的新闻事实,有力驳斥了境内外敌对势力的谣言。这个头条见报当天，新疆主要媒体和香港凤凰卫视等纷纷转载转播。胡锦涛总书记在同新疆石油战线的职工座谈时说："你们为新疆各族人民送来了'福气'，我在人民日报看到了你们的事迹。"2004年3月29日头版头条《一拨就灵解民忧——宁波市海曙区"81890"求助热线见闻》（作者何伟），介绍了宁波市海曙区创建"81890"求助热线的经验。浙江人民广播电台主任记者邱明亮来信说，看到报道"眼睛为之一亮"，希望《人民日报》头条能有更多来自基层一线的贴近实际、贴近生活、贴近群众的鲜活报道，这样可以扩大报纸影响力、覆盖面。

2. 头条是"龙头"，关系媒体竞争力传播力

如果说一张报纸是一条"龙"，那么，头版头条就是"龙头"。龙要"飞"起来，头就要先"扬"起来。

报纸竞争力，关键在头条。头版头条是媒体的"兵家必争之地"，国内外报纸都把头条当作体现竞争力的最重要手段，当作与其他媒体竞争的利器。头条的新闻性强不强、独家新闻过硬不过硬、报道质量高不高，对于整张报纸起着纲举目张的作用；对于本报与其他报纸所发挥的竞争优势，对于报纸与其他媒体所发挥的独特优势，都起到"龙头作用"。1999年5月8日，人民日报驻南斯拉夫记者吕岩松率先在《人民日报》发表了我驻南使馆被炸消息，《环球时报》头版头条连续几天发布消息、通讯、跟踪报道、深度报道，这对于提高《人民日报》竞争力，尤其是提高《环球时报》竞争力和影响力，发挥了重要作用。有人说，因为这组头条，《环球时报》竞争力有了质的飞跃，成为国内著名国际题材报章。

报纸传播力，关键在头条。传播力是媒体到达受众并产生效果的能力。头条是产生传播力的"第一印象"、"第一门户"、"第一要塞"、"第一力量"，是到达受众并产生效果的关键。《纽约时报》强调"精心呵护头版"，围绕头条开展"视觉革命"，以头条展现大报品质；都市报根据"三步五秒"

法则，始终坚持新闻性、大标题、大图片、短消息的头条形式，力争在众多报纸中脱颖而出。当今社会，信息爆炸、媒体众多，头版头条已成为报纸的生存之道、发展之机。做好头条，可以提高报纸的发行量、传播力，可以实现报纸良好的社会效益和经济效益，可以提高报业集团的综合实力；做不好头条，会降低报纸的发行量、传播力，有的会因为头条平庸乏味导致报纸被读者弃置一边，甚至被读者长期冷落，严重的可能会导致一份报纸的消亡。

**3. 头条是"绝活"，体现记者的综合素质能力**

头条对于舆论宣传、媒体发展十分重要，对于编辑记者也同样重要。

抓头条是记者的首要任务。记者最大的"绝活"是头条。所谓"绝活"，就是最重要、最拿手的"活"，就是比别人干得好、水平高的"活"，就是人无我有、人有我优、人优我特、人特我深的"活"。

这样的"绝活"，首先体现党报记者的政治素质尤其是政治敏锐性。当某种客观机遇出现时，记者以其特有的政治敏锐性抓住特定的历史瞬间，站在时代潮头，反映或折射出时代前进的要求和历史发展的必然趋势。1978年3月16日，当"两个凡是"盛行时，新华社著名记者穆青在《为了周总理的嘱托——记农民科学家吴吉昌》最后一段写道："历史揭开了新的一页。像吴吉昌这样的遭遇，连同产生它的时代背景，都一去不复返了。"这体现出老一辈新闻工作者透过现象看本质的能力。同年12月党的十一届三中全会召开，摒弃了"两个凡是"的错误观点，树立了以经济建设为中心的思想，从此历史揭开了新的一页。这是新闻工作者政治上清醒坚定、长期保持政治敏锐性的结果。这类具有前瞻性的新闻通讯传播开去，能产生强烈的吸引力、震撼力和感染力，甚至能引导历史的发展。2003年7月30日，《人民日报》头版头条《浙江：发展之水源源来》写浙江治理水环境、统筹人与自然协调发展，体现了新世纪新时期新闻记者宣传贯彻科学发展观、走可持续发展之路的坚定信念和专业精神。

头条体现记者的综合素质和能力，成为党报记者的高尚荣誉和毕生追求。记者的科学文化知识、社会实践能力、新闻业务能力和新闻敏感，都能在头条中得到体现。这些年，在中国新闻奖获奖名录中，很多都是头条。人民日报著名记者陈勇进，在半个世纪的记者生涯里著作颇丰，其长篇纪实文学《黄河风涛》被誉为"记者笔下的战史"；即便如此，他依旧把采写头条当作毕生最大的骄傲和荣誉，曾不无遗憾地说："我这一辈子写了不少稿子，但只发过两个头版头条。"老记者对人民日报头版头条的这份珍视和热爱，充分表明头条的重要性和特殊性。

**4. 头条是"眼睛"，凸显编辑策划力判断力**

写好头条靠记者。编好头条，使这只"眼"又黑又亮，眉清目秀，人见人爱，主要靠编辑。一般来说，编辑被认为是"为人做嫁衣"，在头条上，编辑不仅是做"嫁衣"或"嫁妆"问题，更重要的是要把"新娘"打扮得干干净净、大大方方、漂漂亮亮地"嫁"出去。

头条凸显编辑策划力。"凡事预则立"，新闻不能策划，版面必须策划，头版头条更要加强策划。编辑也包括部主任、总编辑最了解政策法规、上级指示精神，能迅速策划出围绕中心、服务大局的报道主题；编辑最掌握重要会议、重大活动的全过程，能在不同时间节点为记者有效策划出好选题、好点子；编辑最知晓媒体动态，能分析当前新闻传播最重要、最需要的内容，能为记者提供有用的新闻线索和报道动态；编辑最清楚版面安排，能把好的策划、好的报道安排在头条位置。在历届党代会、每年"两会"等一系列重大报道中，编辑的策划力及其对记者的指导作用都得到了淋漓尽致的发挥，起到了"运筹于帷幄之中，决胜于千里之外"的重要作用。

头条凸显编辑判断力。策划是"予"，判断是"取"。编辑也包括部主任、总编辑不仅有选择稿件、安排头版的权力,更有判断宣传价值、新闻价值、传播价值、头条价值的能力。优秀的编辑往往能够把最能体现全局中心工作、最能体现社会变迁和时代发展、最有新闻价值且群众最关心的稿件挑选出来,安排到头版甚至头条位置上。有些稿件可能整体不够头版头条水平,经过编辑策划、点拨,记者重新采访、写作,具有了头条水平,编辑起到"化腐朽为神奇"的作用;有些在其他版面的稿件,经过编辑的遴选和甄别,选拔到头条位置上,起到了"它山之石,可以攻玉"的作用。

## 二、头条的发掘

头条不是从天上掉下来的,而是新鲜事物在版面上的反映;头条不仅是新鲜事物的被动反映,也是编辑记者主观努力的结果。头条需要记者编辑的发现和发掘,发现发掘出头条。发掘头条,最重要的是把中央关心的、地方关注的、读者喜闻乐见的"发掘"出来。

### 1. "站在天安门看问题"

"站在天安门看问题",是党报记者多年的经验之谈,是立足全国、胸怀天下、发掘有头条价值的新闻事实的有效途径。

"站在天安门看问题",就是要从全党全国工作大局上看待新生事物,发现新闻宣传价值。人民日报记者要站位很高,要思考总理思考的问题,紧抓当前中心任务、重大问题,把握正确舆论导向,及时进行舆论引导。《人民日报》头版头条栏目,如2002年"在'三个代表'指引下",2003年"新思路、新突破、新局面、新举措"、"坚持两手抓,夺取双胜利"、"学习贯彻'三个代表'达到新高度取得新成效",2004年"坚持求真务实,促进全面发展"等,都及时适时为宣传贯彻中央政策主张、推动经济社会发展营造了良好舆论氛围。

"站在天安门看问题",就是要把中央精神与行业和地方实际结合起来，跳出专业部门、一城一地，在全局中发掘其所展现的创新之举、特色之举。党的十六大召开后，如何迅速把十六大精神转化为干部群众全面建设小康社会的精神动力，是当时各级党委的新课题。在2003年2月8日头版头条《浙江开展十六大精神主题教育活动》（作者鲍洪俊、江南）中，记者抓住浙江省开展"十六大精神主题教育活动"的事实，从地方工作中看全局，发掘出了新闻事实蕴含的全局性指导性意义，受到李长春同志表扬。

"站在天安门看问题"，就是要从最广大人民的整体利益、根本利益、长远利益出发看问题。2002年4月5日头条《（肩题）房改带动危改 办事带着感情（主题）北京：为中低收入家庭圆安居梦》（作者阎晓明），没有罗列拆了多少旧房、多少人搬进新居等，而是从北京危旧房改造着力解决人民群众生活"急、难、愁"角度入手，用"三个代表"重要思想这杆"秤"，"称"出了危旧房改造的分量——代表人民群众切身利益。这是符合"三个代表"重要思想，符合人民群众根本利益的。

### 2. "站在田埂上找感觉"

"站在田埂上找感觉"，是记者深入实际、深入基层、深入群众的生动体现，是新闻报道贴近实际、贴近生活、贴近群众的三味之谈。

"站在田埂上找感觉"，就是要贴近实际，立足于社会主义初级阶段这个最大的实际，适应现阶段经济、政治、文化、社会发展的实际状况和要求，适应不断发展变化的客观现实，真实反映改革开放和现代化建设的实践，使头条更加具体实在、扎实深入。2007年4月4日头版头条《"五点一线"兴辽宁》（作者皮树义、白天亮、许志峰），报道了辽宁省以沿黄、渤海五个重点发展区和一条贯通全省海岸线的滨海公路建设为核心，实施"五点一线"对外开放新战略，推动老工业基地振兴。这就贴近了辽宁省转变思想、向海发展这个最大的实际，是从实际出发、从新的实践发掘头条、以实际效果检验头条的一篇好通讯。

"站在田埂上找感觉",就是要贴近生活,始终深入到火热的现实生活中去,深入到经济、社会、政治、文化生活和人民群众的日常生活中去,更好地融入生活、服务生活、引导生活;始终把工作视点对准生活,关注朴素平凡的生活细节,聚焦丰富多彩的生活场景;从现实生活中挖掘生动事例,汲取新鲜营养,激励人民群众同心协力、奋发图强,为创造更加美好的新生活共同奋斗。2003年1月11日头版头条《"我们有房了!"》(作者孙海涛),报道贵阳市为城市特困户推出"廉租住房安置办法",两位70多岁的老汉拿到房屋钥匙时激动不已的情景,入情入理,充满生活色彩,富有生活气息,展示未来生活的美好前景。

"站在田埂上找感觉",就是要贴近群众,坚持人民群众是新闻的主体和服务对象,要深深扎根于群众,充分体现群众意愿,满足群众需求,说群众想说的话,讲群众能懂的话,为群众提供想看爱看、健康向上的精神文化产品,为群众提供喜闻乐见的新闻作品。特别在报道语言上,要摆脱一板一式的程式化文件化套路,多用群众语言,像"北陡北陡,弯弯扭扭,18岁的姑娘家家有,就是不嫁家门口","'奔驰车拉黄沙车'——扭转以往粗放的经济增长方式"等等,使头条大众化,让读者觉得更加可信、可亲。

### 3. 在实践中挖掘富矿

实践是新闻的源泉,更是头版头条的源泉。好的头条既来自实践,又高于实践,最终能指导实践。

实践是富矿,记者要善于探骊得珠,探寻新情况,增强新体验,获取新认识。1995年2月10日头版头条《(主题)节日追踪问菜价 (副题)平均算来,每500克蔬菜,种菜的赚1角,贩运的赚1角,零售的却赚1元,甚至更多。商贩获暴利,菜价焉能不贵?》(作者张国材),受到中央领导表扬、获得报社精品奖,在报社引起很大震动。这个震动除了对稿子的赞扬,更多的是对作者张国材的关注。张国材,42岁从行政岗位转当编辑,为了写好这条消息,他凭借一股子干劲钻劲,春节期间跟运菜车到京郊、下河北,从批发市场到农贸市场,了解蔬菜直销情况。最后得出结论:农民没多挣,市民没少花,北京的菜贵在中间环节。这样的报道,哪怕水平再高、能力再强,如果不深入实践,绝不可能写出来。

实践既是现状,也蕴含走向、体现趋向,记者要善于在实践这座宝藏中追根溯源,展现实践发展的新趋势。2004年3月25日头条《(肩题)从经营农业到建设城市 全面打造38个小城镇 (主题)新疆生产建设兵团实现历史性跨越》(作者王慧敏)就是这样一篇报道,这篇报道被26家海内外报刊网站转载,引起了很大反响。前几年,不少人对新疆生产建设兵团的重要性认识不足,甚至怀疑其存在的必要性。驻站记者通过新疆生产建设兵团五家渠、阿拉尔、图木舒克3座城市同时挂牌宣布建市,兵团38个重点城镇建设全面拉开序幕的事实说明:兵团从经营农业到建设城市,这是一个历史性跨越。这是记者深入实践发现的具有重大政治意义的报道。

头条不仅源于实践、报道实践,同时要指导实践、推动实践。源于实践的头条最有说服力,有些也最能指导实践、推动实践。经过亲身体验,记者张国材在稿子中提出:要控制菜价,必须拿出切实有效的措施管住中间环节。这一建议,得到政府、市民和菜农、商贩的肯定,读者也必定口服心服、深以为然。推广新疆建设兵团38个重点城镇建设的经验,为推动兵团全面开展城市建设也起到了指导和促进作用。

### 4. 在比较中发掘亮点

陈云同志讲:做决策做工作要"比较、反复、交流"。我们做报道做头条也要学会比较,在比较中找主题,在比较中抓亮点,在比较中见特色,在比较中挖深度。

在比较中找主题。比较包括自身纵向比、与其他横向比、本单位互相比、本地区互相比、全国互相比、国际互相比等。"不比不知道,一比吓一跳",这样比,主题就越来越集中、越精炼、越新鲜,新闻性越来越强,全局意义越来越充分。

在比较中抓亮点。同样的工作,各地实践成效总有量或质的区别,这些区别都是亮点。比如,稳定和保护耕地是一项中央重视、百姓关心的重要工作。2004年4月2日头条《(肩题)建设用地先补后占 建立补充资源储备 (主题)河南连续四年实现耕地占补平衡》(作者李杰),报道河南省国土资源部门开展的"空心村"整治及沙荒地开发工作,介绍河南连续4年实现耕地补充大于占用的经验。在全国比较中,它是一个突出亮点,无疑具有头条分量。

在比较中见特色。特色就是新意,是新闻价值所在。在实践工作中,要紧密结合行业或地方实际,挖掘行业特点、地方特色。比如解决"三农"问题,有的地方从解决耕地着手,有的地方则从解决农民就业入手,这个不同就是特色。2004年2月17日头条《给外出农民"金刚钻"——江苏推进农村劳务输出纪事》(作者龚永泉),报道江苏省建设南北劳动力交流信息网、开展定单培训,把劳务输出作为农民致富的大事来抓的事实。在全国比较中,它是地方创新,具有新闻宣传价值,就有头条分量。

在比较中挖深度。深度是事物间的深刻联系。有深刻联系就有深度比较,有深度比较就有深度。可以说,比较见深度。挖深度就是把报道对象看透想透。切口可大可小,重在集中、透彻。2004年4月23日头条《(肩题)一手抓稳定粮食生产一手抓保障市场供应 (主题)浙江运用政策经济杠杆稳粮安农》(作者鲍洪俊),报道浙江省出台一系列政策、措施,重视粮食生产、切实抓粮食销售的事实。见报后,浙江省委发来信函称此头条"方寸之地,内涵很深"、"很清楚、很到位,度也把握得很好"。

## 三、头条的采写

采写头版头条,最重要的是体现鲜明的导向性、鲜活的新闻性、深刻的思想性。党报鲜明的导向性是指把握正确政治方向,引领舆论导向,把党的方针政策在贯彻落实中涌现的新鲜经验、先进人物等及时、准确、生动地报道出来,以指导实践、推动工作。鲜活的新闻性是指要遵循新闻传播规律、讲求新闻价值、追求传播效果,强调新闻性、时效性、可读性。深刻的思想性是指头条对新闻事实的挖掘要深,体现深度关注、深度介入、深度把握、深度剖析。

### 1. 抓要闻,描绘历史坐标

党报的一个重要使命,就是掌握新情况、分析新问题、发现新趋势,以指导实践、推动工作。这就赋予党报头条一个重要任务:在时代画卷上描绘历史坐标,把当前最具标志性、最能体现整体形势、最能反映时代发展趋势的点、面、线勾勒出来。

党报头条描绘历史坐标,最重要的把这个点、面、线描画出来。这个"点",就是标志性事件;这个"面",就是全局,至少是涉及一个或几个领域的"全局";这个"线",就是发展过程及其趋势,有些是在不知不觉中由小到大、由弱变强、从量变到质变,逐渐形成一种共识、一种趋势、一种新的现实的。

1996年1月14日,《人民日报》头条刊登的《(肩题)投资空间大 工农都得益 (主题)大中型企业悄然进军农业 (副题)有关部门正在研究具体政策扶持这一举动》(作者江夏),引起热烈反响。农业部门说它好,认为它具有前瞻性;新闻界说它好,认为它刻下了历史坐标。通过云南玉溪卷烟厂把烟叶种植作为"第一车间",四川希望集团的饲料销遍全国,一批实力雄厚的大中型企业开始或准备在农业领域一显身手等新闻事实，体现了我国农业应对加入世贸组织挑战的产业准备；体现了新形势下通过市场配置资源、整合农业生产要素、壮大农业经济的体制准备；体现了我国由传统农业向现代化农业转型的重要标志。它还说明，国家有关部门正在研究具体政策，以吸引和鼓励更多有条件的大中型企业进入农业。

这样的头条，写出了新鲜事物的点、面、线，抓住了时代发展的新动向、新举措、新趋势，就是从新闻角度描绘了历史坐标，展现了时代画卷。

**2. 抓典型，写出新鲜经验**

"综合宜少，典型宜多。"这是毛泽东同志1968年对人民日报的指示。我认为，这个指示今天对我们仍然适用。写好典型，要抓好四个维度——时代性、代表性、新鲜性和深刻性。

时代造就典型，典型反映时代，必须体现时代性。梁衡同志曾有很形象的论述："没有典型的报纸是一块平板玻璃；一个抓不到典型的记者不可能成为一个好记者、名记者。上面的精神、某一方面的工作经验、群众的意愿都会集中体现在某个典型上，所以典型的导向力最强。用正确的舆论引导人，最不可少的就是用有说服力的典型来引导人。"我认为，人物典型应该写出时代精神，工作典型应该写出新鲜经验，这样可以更具体地树立时代典型，并用这样的典型教育人、鼓舞人、引导人。

"典型是类的样本"，必然具有代表性。邓拓同志曾指出："典型最富有代表性，因此报道典型就是对现实做了最好的反映；同时典型又最富有指导性，因此报道典型又是对群众进行了最好的教育。这种代表性和指导性，恰恰是党报最迫切需要和加强的。"典型就是"这一个"，中央精神、地方工作经验、群众意愿必然会集中体现在某个典型上。1994年1月12日头条《(肩题)先挖渠后放水　扶上马送一程　(主题)武钢体制改革静悄悄收实效　(副题)顺利剥离七万职工　劳动生产率大幅度提高》（作者龚达发），报道武钢分流7万多名职工，在步骤上循序渐进，在政策上予以扶持，减缓改革冲击力，顺利完成分流工作。报道将武钢作为企业体制改革大潮中的成功典型，为体制改革树立了榜样。

典型务求鲜活，展示新经验、新举措、新成效，体现示范效应。1995年12月1日头条《(肩题)贯彻五中全会精神更新发展思路（主题）武钢转变经营战略（副题）"九五"计划调减投资 主攻品种质量效益》（作者龚达发），写了武钢人的新认识："办钢铁企业要有一定规模才有效益，但决不能片面追求规模，追求产量。"写了武钢人的新思想："效益放在第一位，规模、产量服从于效益。"写了武钢人的新措施："重新修订了'九五'计划，集中优势兵力打歼灭战，把有限的财力、物力放在主攻品种、质量、效益上。"写了武钢人的新成绩：消耗降低。

写活典型，必须显现灵魂、富于思想，切忌落入绝对化、公式化、脸谱化的窠臼。随着社会日益多元化，"一种标准、一种模式、一种思维"被打破，价值取向、生活方式日渐多元，典型报道不能流于片面、肤浅、绝对，必须追求思想性；人物典型必须触及人的灵魂，展现人的灵魂深处，把"新"与"深"结合起来，把人写活，让人可读可信可亲。

### 3. 抓问题，写出思想深度

记者不仅要有新闻意识、宣传意识，还要有"问题意识"。抓好问题，有时能更好地促进新闻宣传。

抓问题，首先要了解问题、研究问题。记者要研究事关国计民生的大问题，研究国家发展中出现的新问题，研究人民群众关心的具体问题，多思考社会上存在什么问题、需要有针对性地解决什么问题，怎么才能抓到有新闻价值的问题，怎样才能敏锐地发现并捕捉到现实问题。问题不是坏事，研究问题也不是要搞批评报道，准确地说问题应该是研究的对象。

抓问题，就是要体现出深刻独到的见解。《随园诗话》里说："作史三长，才、学、识，缺一不可。余谓诗亦如之，而识最为先。非识，则才与学俱误用矣。"这里的"识"，就是见识。抓问题的目的是提出思想和见解，即使这个见解不是独创的，也是为了阐述一种思想，振奋一种精神，进而回答一个问题。从某种意义上说，抓问题就是抓思想。新闻多是易碎品，而头条要成为"常青树"，就得抓问题。写出了思想和见解，易碎品才会有旺盛的生命力。1979年5月16日范敬宜同志在《人民日报》发表的头版头条《分清主流与支流 莫把"开头"当"过头"》，以其强烈的思想性在中国新闻史上留下浓重一笔，是我们学习的范文。

抓问题，贵在探究原因、找到症结。2002年12月22日头条刊登长篇报道《让绿色家园更秀美——内蒙古草原生态建设纪实》（作者吴坤胜、郅振璞）。两位记者历时一年，踏访内蒙古60多个牧区旗县，行程3万多公里，搜集几大袋资料、记了几大本笔记，终于写出了这篇6000余字的研究报道。在分析问题的基础上，记者找到土地荒漠化的原因："超载放牧"、"滥伐树木和滥挖药材"、"对草原功能的片面认识"，并总结出根本原因在于"缺乏实施可持续发展战略的意识"。这个总结有事实支持、有理论支撑、有针对性，写出了思想深度，受到中央领导同志的表扬。

抓问题，最终要提出建议，有助于解决问题。找到症结，对症下药，问题才能迎刃而解。在《让绿色家园更秀美》这个头条中，记者调查后认为"转变传统的畜牧业生产方式"是解决土地荒漠化最有效的方法；但是"偿还历史欠账和加大生态建设投入"才是可持续发展的长远之计、根本之计。在这里，记者不仅仅是社会环境的"监测员"，更是社会进步的"参谋员"、"推手"。

**4. 抓创新，不拘一格写头条**

新闻姓"新"，内容姓"新"，形式也姓"新"，头条更要不拘一格、出新出彩，创新报道形式，创新报道语言。

新闻不能创造内容，但报道要创新内容，切忌新闻稿件材料化。有些记者，不是从实际、从群众中寻找材料、提炼材料，而是搞"拿来主义"，直接使用文件、传真件或汇报稿。虽然这些材料通常较为全面、准确、权威，但对新闻写作来说，有明显的缺陷：时效性较差、缺乏鲜活事实，而且不符合读者的兴趣和要求。范长江同志曾经叮嘱记者："报道的时候，别人提供的材料要尽量少用，只能占三分之一，其余三分之二应该是记者自己的积累和观察，这样才能写得深刻丰富。"

创新头条，要敢于创新报道形式。记者可以在同一题材中尝试多种表达方式和表现手法。我在河北做驻站记者时，曾尝试以通讯手法写消息，如发表在1986年11月2日的头版头条《阳谷庄展示太行致富前景》，消息中有人有事有景、有情有评有议，可谓"融事融情融理"。"变了！仅仅几年的时间，河北易县阳谷庄乡就发生了巨变。9月底我们乘吉普车沿弯曲的山路而上，远望四周一片青翠，近看岭前树草满坡，路旁的白杨已有碗口粗细。"这是"所见"；"乡党委书记王茂勤告诉我们，这些树都是近几年栽的。全乡六万亩荒山，全部承包到户，已绿化了四万多亩。"这是"所闻"；"我们看了一个小流域的治理，新栽的油松高达两米，洋槐长到三米多高，满山树草生长茂盛，已显示出治理的效益。"这是"所感"；去掉电头，这就是一篇通讯。这则头条反响很好，不失为有益的探索。

创新头条，还要创新文风，增强报道的可读性。记者要努力改进文风，多用鲜活语言，多联系生动事例，多采取读者喜闻乐见的方式，多反映群众的切身感受；在事实基础上写出语言特色，在庄重之间透出活泼生动，在重要题材的表述中带出鲜亮色彩，增强吸引力、感染力。

## 四、头条的加工

许多好头条都是前方后方互动、记者编辑协作、不断润色加工的结果，凝聚着报社领导、部门主任、编辑的智慧和心血。编辑润色、修改和加工，或改标题，或加编者按，或配好照片，提升头条的质量和品质，促进头条有效传播。

1. 抓互动，统筹前方后方

抓互动，要加强沟通。编采之间的矛盾是永恒的，编辑记者加强沟通很重要。过去我们要求记者要"多打电话"，收到很好的效果。现在也要"多打电话"，还要多发 E-mail 和手机短信，做到事先沟通、事前沟通、事中沟通、时时沟通、事事沟通、事后沟通，深化编辑与记者的紧密关系，促进编采无缝对接。

抓互动，要共谋联动。在采编分开体制下，好头条的产生必定是记者编辑通力合作的结果。编辑了解大局，常常有好的策划；要多出题目、约稿子、强指导、优服务。记者熟悉基层，掌握丰富资料、新鲜案例，有丰富生动的事实。编辑记者加强互动联动，优势互补，能增强记者报道的目的性、针对性、可行性、"命中率"。2003年6、7月间，安徽沿淮地区发生洪涝灾害，两位驻站记者想写一篇反映抗洪抢险一线党员突出表现的报道，打电话回来问编辑。正在值班的总编辑张研农点题说，要从党员干部实践"三个代表"重要思想方面去考虑。记者沿着这个思路，想到安徽省委、省政府反复强调抢险救灾"大局至上、人民至上、生命至上"的原则，想到干部群众舍小家顾大家、舍小局顾大局、舍自家顾群众的事例，想到军民奋勇抗洪抢险的事迹，把报道视角定在沿淮党员干部在抗洪抢险中实践"三个代表"重要思想上，使报道主题一下鲜亮起来。2003年7月9日头版头条《大局为重 人民至上——安徽党员干部在抗洪抢险中实践"三个代表"重要思想纪实》（作者刘杰、何聪），受到广泛好评。这就是编辑记者及时沟通、充分互动、共同谋划的成果。

抓互动，要实现共赢。近年来，报社流传这样的话：编辑指挥记者天经地义，记者主动与编辑联系责无旁贷。"记者的胆量是长在编辑身上的",编辑的水平是体现在记者的稿子上的。在平时,编采分开,互动联动促双赢;有大事,如"两会"、汶川地震等报道,编采一体,"合二为一",更是共生共赢。

**2. 抓质量,做好深加工精加工**

"头条大计,质量第一。"编辑是"把关人",对稿件进行去粗求精、去伪存真的深加工、精加工,提高头条版面质量。

抓质量要求编辑把好关、把好度。编辑必须具有高度的政治意识、责任意识、阵地意识,把正确政治导向放在首位,坚持团结稳定鼓劲、正面宣传为主,唱响主旋律,打好主动仗,更加自觉主动地为人民服务、为社会主义服务、为党和国家工作大局服务;要增强政治敏锐性和政治鉴别力,严格宣传纪律,做到守土有责,确保头条在重大问题、敏感问题、热点问题上导向正确、立场坚定。

抓质量要做好深加工,避免稿件同质化。差异性是新闻的基本属性之一。在贯彻中央精神的过程中,部门地区的措施难免大同小异,稿子很可能出现同质化问题。这就要求编辑有目的地对稿子进行深加工。2004年春耕备耕之际,全国各地都在贯彻中央一号文件精神,报社决定推出一组粮食生产报道。福建、安徽、湖南、云南记者站很快发来当地抓粮食生产促农民增收的消息。为了让这"四胞胎"穿上不同样式和颜色的衣服,编辑记者反复沟通、补充材料、调整主题,实现了这个目标。2004年2月10日组合头条《(肩题)指导科学种田 确保增产增收(主题)福建万名农技干部下乡助耕》(作者蔡小伟、赵鹏)写了福建万名农技干部下乡,推广科学种田的事实;安徽站《(肩题)免费提供种子 保护价格收购(主题)淮北"订单农业"助农民增收》(作者刘杰)报道市里搞"订单农业",使农民种田积极性高涨;两篇报道题材相同,但切入点不同。2月13日组合头条,《湖南确保粮食播种面积》(作者吴兴华)和《西双版纳扩大优质早稻种植面积》(作者宣宇才）各有侧重、各具特色。这组报道一亮相，就因其主题统一兼具视角差异性，成为当年报社的宣传亮点。

抓质量要做好精加工，画出"点睛之笔"。我在1993年12月15日发表的头版头条《苏州跃起六只"虎"》，就包含着时任总编辑的范敬宜同志精加工的心血。原稿名为《六虎争雄——苏州市经济快速发展纪实》，范敬宜同志看后大加赞赏："写得不错，读了令人感受到时代的脉搏。当前报纸要有这种反映持续、快速发展经济新局面的报道。可发一版头条，转出一部分。照片压题，请处理得有点气魄。"同时挑出第一句话"苏州跃起六只'虎'"改做标题。他批注道："标题改了一下，有点新闻性，也比原来的生动些。"这个标题成为"点睛之笔"，给读者留下深刻印象。

### 3. 抓版面，提升精气神

编辑是版面的"守护神"、"美容师"，可以通过头版头条

人民日报副总编辑梁衡（右一）、记者部主任杨振武（右二）认真听取河南记者站站长李杰（左一）工作汇报。

的版面编排,比如安排什么稿件、怎么安排稿件,来体现导向和编辑意图,清晰表明提倡什么、反对什么;也可以通过文章长短、照片搭配、字号大小等提升头条精气神。

编辑头条,要凸显其精神。比如对于重要稿件,加个提要或编者按,简明扼要点出主旨;比如对于篇幅较长的头条,用小标题形式让逻辑更清晰、阅读更方便……所有版面形式,都是为了让头条主题更鲜明更突出。2002年1月23日《人民日报》开辟组合头条,将江西、浙江、青海三个省从不同角度变会风、为民办事的"变化"呈现出来,突出"精文简会 转变作风"的精神。《江西:不围会议转 围着群众忙》(作者余清楚)写江西采取"套会"形式,仅花半天就将一年一度的经济、经贸、财政、计划等4个工作会议一并开完;《浙江:会议报道少了 基层新闻多了》(作者袁亚平),报道《浙江日报》头版明显减少省里领导参加会议和活动的新闻,增加农村、山区、海岛等基层情况;《青海:讲实情说短话 变会风重实效》(作者禹伟良、马应珊),从当年省委经济工作会议与往年比较中写出了变化,结论是:"尽管时间很短,但会议开得很有成效。"这个组合头条契合了党中央确定2002年为"转变作风年"的主题。读者反映:"从这些报道中,不仅可以看出各地会风的转变,同时也看出我们新闻报道文风的转变。"

编辑要使用丰富版面形式美化头条、美化版面。头条是整个版面的闪光点,是整个版面的"眼",甚至是整份报纸的"魂",只有把这个闪光点做足、做大、做亮,才能使其真正从版面中"跳"出来,抓住读者的"眼球"。有时甚至仅仅配一张好照片,就能使整篇文章、整个版面活灵活现、生机盎然。

### 4. 抓网络,扩大传播效应

当今时代,互联网已成为思想文化信息的集散地、社会舆论的放大器,网络媒体的作用愈加重要。如何让报纸头条抢占网络头条,如何整合纸质媒体、新兴媒体等多种资源,统一社会舆论场和网络舆论场，已成为我们必须面对的新课题、新挑战。

抓网络，最重要的是让报纸头条抢占网络头条。随着媒体环境变化尤其是互联网等新兴媒体的发展，人们获取信息的渠道丰富了，报纸头条成为网上头条，其传播力将无限扩大。例如，《人民日报》2009年发行量为235万份，每份均3位读者，那么，每天有700多万人看报纸；现在人民网日点击率达1亿，那么人民网头条每天就有1亿读者。因此，网络放大器的效果是难以估量的。让报纸头条成为网络头条，让头条在二次传播、N次传播中增值，是切实提高舆论引导能力、提高传播力的有力举措。

抓新媒体，给编辑提出了更高要求。让报纸头条成为网络和其他新兴媒体的头条，编辑应当成为熟知各种媒介形式的专家，能根据不同受众的阅读习惯编辑不同形式的头条。比如，准备几十字的头条版本给手机，几百字的音视频、采访手记、互动调查等给网络，使报纸、网络、手机报在头条的制作、传播中全方位融合，实现新闻资源配置最优化，无限延长新闻链条，扩大传播力。

## 五、头条工程

胡锦涛总书记在人民日报社考察工作时指出："要把提高舆论引导能力放在突出位置，进行深入研究，拿出切实措施。"抓好头条工程、深化头条工程，是贯彻胡锦涛总书记这一重要指示的一个切实有效的措施。

### 1. 头条工程的由来和发展

创立头条工程的初衷来自要全面真实反映中国社会全貌的认识。《人民日报》是全国性大报，头版头条应当全面地、准确地反映全国全貌。如果只见发达地区大干快上，不见欠发达地区艰难跋涉；如果只见中心城市日新月异，不见边远乡村

"山河依旧";如果只见先富起来人们的高消费,不见未脱贫人口的温饱问题,就没有真实反映和记录当今整个中国的面貌。

1997年4月22日,"省区市的'得意之笔'"专栏在一版头条隆重推出,正式启动人民日报头条工程。"开栏的话"写道:"开辟这个专栏,我们酝酿已久。缘由是我们感到,在改革开放和现代化建设过程中,各省、区、市都有一些具有自身特点的实招、硬招,其中有的虽非惊人之举,在当地却起了很大作用,深受人民群众欢迎。用人们的习惯说法,这是本地的'得意之笔'。如果通过新闻媒介把这一个个'得意之笔'介绍出来,岂不可以起到互通信息、交流经验的作用?""每一个省、区、市都献出一两个'得意之笔',集中起来就成为一篇辉煌的大文章了。""得意之笔"以《贵州:三百万亩"坡改梯"》(作者胡跃平、孙海涛)开篇,此后在不到8个月的时间里发表稿件34篇,首次在同一个专栏里涵盖了全国各省市自治区的工作。

1998年3月24日,《人民日报》又开辟"省区市的'务实之笔'"头条专栏,共发稿件37篇;1999年2月25日开辟"省区市的'奋进之笔'"头条专栏,共发稿件34篇;2000年头条工程是"迈向新世纪"专栏,共发稿件39篇;2001年头条工程是"十五开篇"专栏,共发稿件37篇。其共同点是都由各个记者站完成的,基本保持一站一篇的格局。

经过几年摸索,头条工程得到了发展。2002年,《人民日报》开辟"在'三个代表'指引下"头条专栏,共发稿57篇,为党的十六大召开营造了浓厚舆论氛围。这个头条工程,一是首次打破由记者部独家采编头条的格局,专业部门参与其中;二是首次在报道中介绍了一些行业和部门的情况;三是首次由总编辑亲自审阅所有稿件,保证了稿件的高质量。2003年,人民日报头条工程着力打造围绕中心工作的三个"宣传冲击波"。第一次是从2月11日至5月20日,开辟贯彻十六大精神的头条专栏"新思路、新突破、新局面、新举措",共刊发28篇稿件。第二次是从5月31日至7月18日，开辟头条专栏"坚持两手抓，夺取双胜利"，共刊发42篇稿件，报道各地各行业各部门坚持"一手抓抗击非典，一手抓经济发展"的新经验。第三次是从7月24日至12月31日，开辟学习胡锦涛同志"七一"讲话的头条专栏"学习贯彻'三个代表'达到新高度取得新成效"，共刊发56篇稿件，形成了学习贯彻"三个代表"重要思想的新高潮。这三个"宣传冲击波"都在关键时刻起了重要的舆论引导作用，李长春同志将其称为当年人民日报宣传的第一大亮点，这是对人民日报头条工程的充分肯定。

### 2. 头条工程的作用和影响

头条工程对办好《人民日报》发挥了重要作用。因为有了头条工程，我们选择头条有了一定标准，夜班不再为找头条犯愁；因为有了头条工程，编辑能进行较多的组织和策划，改变了以往整体宣传"日计有余，岁计不足"的状况；因为有了头条工程，宣传报道重点更加突出，较好地解决了宣传报道"零敲碎打"的问题。

头条工程保证了专栏稿件的高质量高水平，多个专栏、多篇稿件获得广泛认可和多项殊荣。2002年12月，《中国新闻出版报》刊文称赞《人民日报》"在'三个代表'指引下"专栏理论水平、政策水平、思想水平高出一筹，充分发挥了党中央机关报在宣传"三个代表"重要思想中的"龙头"作用，具有高思想含量、高信息含量、高文化含量的特色。文章为专栏归纳了几个特点：一是选材精心，贴近实际。专栏报道所涉及的题材涵盖广泛，及时、生动、准确地报道了各地重大成就、新鲜经验和先进典型。二是主题鲜明，导向正确。具有"你无我有，你有我新，你新我特，你特我精"的写作特点，反映时代精神，紧扣时代脉搏。三是事实充分，说服力强，文风纯朴，行文简洁，充分运用事实说话，堪称精品。四是社会反响强烈，传播效果好。2003年，刊登于"在'三个代表'指引下"专栏的消息《广东着力解决农村困难家庭子女读书难》（作者温红彦、刘霄、王可），报道广东在教育上先行一步——免收农村困难家庭子女义务教育阶段书杂费，让一部分困难学生品尝改革开放和社会发展果实，用令人信服的事实阐述中心：教育公平，被评为中国新闻奖二等奖。

**3. 把消息作为头条工程的头等要件**

为何把消息作为头条工程的头等要件？这是由消息的属性决定的。第一，头条宜多消息，符合新闻规律。消息是新闻信息的主要载体，单位信息含量最大，最适合于在头条传达更多的新闻信息。一个版面通常只能容纳一两篇通讯，或一两篇言论，或一两幅照片；但是可以安排8条或更多消息。第二，头条宜多消息，是新闻宣传工作的客观需要。消息具有新、快、短等特点，其标题可有肩题、主题、副题等，单位传播效率更高。消息可以配大幅照片、留白等，排版空间更大，便于在头条突出安排，吸引读者"眼球"。第三，消息是记者必须熟练掌握的基本体裁。我们过去习惯用新华社的消息，记者常常写通讯，久而久之对采写消息生疏了。但消息写作是记者的基本功，头条多安排消息可以鼓励记者勤写消息、写好消息。

把消息作为头条工程的头等要件，已经形成了一些好的经验。2004年4月7日"求真务实"头条工程的消息《（肩题）还蓝天白云 利千家万户 谋持续发展 （主题）山西全力根除土法炼焦顽症》（作者安洋）广受好评，好就好在用新闻事实提炼主题，符合消息"要实要鲜要活，有事有情有理"的标准。第一，这则消息只说了一个事实，这个事实的确是新闻："截至4月1日，山西省'漏网'的982家改良焦炉已经关闭，另有709家土焦炉在监督下被夷为平地。"通篇围绕这个新闻事实，没有半句题外话。第二，记者把这件事说得很透彻。背景——"焦化业是山西省的支柱产业"，原因——"土法炼焦污染环境，浪费资源，祸及群众，如不彻底根除，就是对生态环境、对可持续发展和对人民的不负责任！"行动——"去年12

月12日,一场拉网式'围剿'行动在山西全省铺开",效果——"势如破竹的环保执法行动,使……",意义——"为现代化大型焦炉和新兴产业腾出市场空间,促进有限资源的科学和可持续利用。"叙事清晰,要素齐备。第三,它精炼生动。"一炉浓烟笼罩四方,一家发财百姓遭殃"、"一排排异味刺鼻的'地堡'夷为平地,一根根浓烟滚滚的烟囱化为乌有"。寥寥几笔,既有画面感,又有节奏感。第四,选择的事实契合"坚持求真务实 促进全面发展"的栏旨。这是最重要的。因为土法炼焦是与科学发展观背道而驰的,"全力根除"才能体现"求真务实",才是坚持走可持续发展之路。

消息是头等要件但并非唯一要件。头条工程重消息却不唯消息。经过几年的摸索,大家总结,头条工程有主题但头条不限于单一主题,头条工程要有一定形式,又不唯形式。在一个头条工程内,主题是一个,但题材要广泛,体裁可多样。

### 4. 把头条工程当作推动其他工作的引擎

新闻媒体是一个开放系统,包含若干子系统。头条工程是这个系统的重要部分,能成为其他子系统的发展引擎。

头条工程推进人民日报新闻宣传工作上了新台阶。头条工程在内容上正确地把握来自上层、中层、基层报道的比例,更多地报道基层干部群众在改革开放和现代化建设中的生动实践和新鲜经验,更多地报道振奋人心的成就,更多地反映群众的要求与呼声,更多地为干部群众的工作、学习、生活提供健康有益的信息。头条工程鼓励记者深入地研究层面、角度和笔法问题,认真倾听群众呼声,运用群众身边的事例,反映群众的切身感受,采用群众熟悉的语言,使宣传报道为群众欣然接受。

版面是报纸最重要资源。头条工程以头条为切口,为其他版面其他栏目的采编、策划、创新体制机制等提供了切实可学的范例。头条工程提供了一个展示"绝活"高招的大舞台。以前记者采编的好稿件,常常如同颗颗珍珠,散落在各个版上,虽有光芒但不耀眼；头条工程的每个大主题，就像红丝线，将一颗颗散落的"珍珠"穿起来，使颗颗"珍珠"光芒耀眼。

头条工程以头版头条为中心，以坚持舆论导向、提高舆论引导能力为根本，整合编辑记者等智力资源、体制机制等组织资源、地方部门等报道资源，充分发挥资源整合1+1大于2的集群效应，扩大发行量覆盖面，改善发行经营工作，促进体制机制创新，还锻炼了队伍、培养了干部、缩短了人才培养周期。记者站的同志对此深有体会："如果给我们一个头条，记者站就能撬动很多工作"；同样，也能推动报社其他工作。

2004年6月在报社编辑部培训班讲稿，<br>时任记者部主任。修改于2009年3月

# 重大突发事件中有效引导舆论

## ——2008年记者部工作感言

龚达发

2008年5月12日四川发生特大地震灾害后,人民日报记者第一时间赶赴抗震救灾一线。图为记者部主任龚达发(右二)、四川记者站站长郑德刚(左二)安排记者采访。

2008年6月20日,在《人民日报》创刊60周年之际,胡锦涛总书记来到人民日报社考察工作并发表重要讲话。胡锦涛总书记的重要讲话,深刻阐述了新闻宣传工作的重要地位和作用,全面分析了新闻宣传工作面临的形势和任务,着重强调了要把提高舆论引导能力放在更加突出的位置,并就提高舆论引导能力提出了明确要求。

提高舆论引导能力,是主流新闻媒体必须回应的一个时代命题。近年来,整个新闻界对于导向问题的重视程度已得到明显提高,与之相比,舆论引导的能力(即有效性、实效性)问题则在重视程度和实际效果方面存在较大的差距,需要新闻界不懈探索和不断改革创新。

2008年是不平凡的一年,大事多,突发事件多。诸如百年期待的北京奥运会,年初我国南方部分地区遭遇罕见低温雨雪冰冻灾害、3月14日拉萨发生打砸抢烧严重暴力犯罪事件、5月12日四川汶川发生8.0级特大地震、9月发生三鹿牌婴幼儿奶粉重大安全事故、山西省临汾市新塔矿业有限公司尾矿溃坝事故……这些突发事件不仅是对我国政府应急水平和抗灾能力的严峻考验,也是对新闻媒体的新闻报道和舆论引导能力的一次次大检验。事实再次证明,在重大突发事件中提高舆论引导能力,创造良好的舆论环境,不仅需要媒体把握正确舆论导向的自觉性,更需要提高舆论引导的有效性;关键是把握话语的主动权、增强报道的感染力、提高宣传的针对性。

### 转变一个观念:第一时间掌握话语权
——及时报道,先声夺人,抢占舆论引导先机

胡锦涛同志在考察讲话中提出,要健全突发公共事件新闻报道机制,第一时间发布权威信息,提高时效性,增加透明度,牢牢掌握新闻宣传工作的主动权。

"先入为主"是媒体影响受众的重要原则。信息传播具有"首因效应",在谣言满天飞之后再不得已去辟谣,本身就已陷入了被动,任何时候、任何情况下,辟谣和辩诬总是被动和尴尬的。在现代社会,人们一旦感到知情权、参与权、表达权、监督权得不到尊重,就会本能地产生反感和抵触情绪。这是新闻传播的客观规律。如果忽视或违背这些规律性的东西,就足以损害媒体的公信力、权威性,甚至损害党和政府的形象,危

害社会和谐。

回顾国内媒体对拉萨"3·14"暴力事件和"5·12"汶川大地震的报道，可以清楚地看到第一时间公开、透明发布权威信息，对掌握舆论引导主动权的极端重要性。拉萨"3·14"暴力事件发生后，西方媒体歪曲报道铺天盖地，而我们出于各种考虑，没有及时公开权威信息，在国际舆论斗争中一度十分被动。与此形成鲜明对比的是，"5·12"汶川大地震发生后，国内媒体以令世人惊叹的"中国速度"获得了国内外舆论的普遍认可，也赢得了世界同行的好评。

长期以来，"家丑不可外扬"、"对突发性事件能捂则捂，不能捂则大事化小、小事化了"，这些违背新闻传播规律的做法成为一些地方和部门的习惯，新闻媒体也习以为常。由于一些地方对"正面宣传为主"的方针理解比较狭隘，对报道突发公共事件本能地回避：要么等事情有了一个妥善处置后才发布信息；要么虽然也发布信息，但闪烁其词，语焉不详。久之，一些记者特别是党报等主流媒体的记者就形成了"反正报不出来"的思维定势，哪怕是发生在自己眼皮底下的突发事件，也熟视无睹，见怪不怪。

天灾人祸，任何国家和地区都可能发生，本无所谓"正面"、"负面"之分。美国会遭遇"卡特里娜"飓风灾害，同样也能发生"9·11"恐怖袭击。突发公共事件报道得好，引导得好，有利于国家、地区的和谐与稳定，有利于凝聚人民共同抵御灾难的斗志和力量。美国就成功利用"9·11"事件调动全民同仇敌忾反恐，并赢得世界广泛同情。当今世界正处于麦克风、摄像机、网络等信息手段高度普及的媒介化时代，互联网已成为"思想文化信息的集散地和社会舆论的放大器"，人们获取信息的途径越来越多元化、快捷化，重大突发事件在很短时间内就可以传遍海内外。在这样的背景下，试图封锁信息、捂住负面效应，显然是徒劳之举。在贵州"瓮安县6·28事件"中，当各种小道消息满天飞之后，当地政府才公开调查详情，而此时社会的不信任感已四处流传，造成的被动局

2008年12月23日,总编辑吴恒权(右二)在记者部主任龚达发(右三)陪同下,参加浙江记者站新老站长接替。图中由左至右依次为新任站长王慧敏、前站长鲍洪俊、副站长袁亚平(右一)。

面很难挽回。

"谣言止于公开,信任源于透明"。当外界议论纷纷的时候还"我自岿然不动",当谣言满天飞的时候还一味强调"不信谣、不传谣",一味封堵消息,就等于在舆论战中自我缴械投降,这样的党报,就丧失了党性原则。网络时代的舆论形势一再提醒我们,一些重大公共突发事件来了,慢半拍就失去先机,再想引导就难上加难。因此,主流媒体必须在第一时间主动出击,才能获得话语权、抢占制高点,掌握信息发布和议题设置的主动权。只有这样,才能减少"小道消息"的传播,才能让真相跑在谣言前面,才能真正掌握舆论引导的主动权。特别是重大突发事件发生时,整个社会处于混乱状态,人心不稳,这时候党和政府一定要站出来,成为群众的主心骨、社会的顶梁柱。而第一时间发出党和政府的声音,就成为主流媒体义不容辞的职责。

作为党中央机关报，人民日报按照中央提出的要办得"高出一筹"、做"舆论引导的旗帜"的要求，近年来多管齐下，千方百计提高突发事件报道的舆论引导水平，划出了"重大事件不失语、不乱语"的底线，并要求驻全国各地记者把抢抓突发事件报道作为重要职责，纳入考核体系。报纸则千方百计增加"昨日新闻"、"今日新闻"，开辟专门的"视点新闻"版面，紧密关注、跟踪重大事件和突发事件。同时，"政策解读"、"人民时评"等栏目，积极主动地"介入"、"干预"新闻事件，抓"第二落点"，释疑解惑，及时"引导"公共舆论，疏导公众情绪。党报进一步增强了可读性与社会责任感，更加贴近了读者。

2008年初，当罕见的低温雨雪冰冻灾害突袭大半个中国时，人民日报编委会立即意识到问题的突然性和严重性，指示记者部等业务部门迅速作出反应：1月27日在一版头条刊发综合消息《各地各部门应对冻灾保障生产生活》，28日又在一版头条刊发综合消息《各地各部门众志成城抗冻灾》；与此同时，还配发了《坚决打好抗灾救灾这场硬仗》、《树立抗灾救灾的必胜信念》等系列评论；使《人民日报》的关于抗击冰雪灾害的报道走在中央各媒体前面，赢得了舆论引导的主动权。

抗击冰雪灾害的报道取得重大成果，面对"5·12"突然而至的四川汶川特大地震，人民日报社全社闻风而动，主动应对。报社编委会当日就成立了抗震救灾报道指挥机构，连夜召开社长、总编、副总编及各部门主任参加的编委扩大会，部署抗震报道。记者部闻风而动，12日当晚就有13名记者从四面八方赶赴灾区，13日到达灾区的记者增加到17名。可以说，编辑部的所有部门、报纸的所有版面都参与了抗震救灾相关报道，先后共有70余位记者奔赴灾区一线。5月16日开始在第5至8版推出"抗震救灾"特刊，开了《人民日报》历史上为突发公共事件创办特刊的先河。其间，共推出特刊200多个专版，抗震报道占版面总量的份额从40%上升到50%、80%，直到全国哀悼日的100%。

纵览这些特刊,无论在推出速度、持续时间、版面规模,还是编辑手法创新方面,在《人民日报》历史上前所未有。正是因为我们作出了及时、准确、公开、透明的报道,保障了公众的知情权,增强了媒体的公信力,才使震后出现的各种谣言逐一破灭,大大挤压了"小道消息"传播的空间,始终把握了议程设置的主动权,真正起到了稳定民心、凝聚力量的积极作用。这与唐山大地震3年后才公布伤亡数据形成鲜明对比。速度赢得先机,透明提升公信。实践再次证明,在突发事件面前,尊重新闻传播的客观规律,把握先机,进一步提高舆论引导水平,是党报改革的永恒主题。

### 恪守一个前提:坚持党性原则
——牢牢把握正确舆论导向,不失语,不乱语

在突发事件报道中,坚持正确舆论导向,不断提高舆论引导能力,关系到党在意识形态领域的执政能力,关系到党的执政地位的巩固。从一定程度上讲,党在意识形态领域的执政能力是靠我们的新闻实践来实现的。因此,作为新闻工作者,在任何时候都应具有很强的政治意识、大局意识、责任意识和阵地意识,靠党性书写忠诚。

"舆论引导正确,利党利国利民;舆论引导错误,误党误国误民。"所谓突发性事件,都是"计划外"的东西,让人猝不及防,往往是那些重大问题、敏感问题、热点问题。突发事件一旦发生,受众对媒体的关注度就会空前提高,媒体当之无愧地应成为舆论的风向标。这是因为,当人们正在为某一突发事件感到惊愕、恐惧或怀疑、猜测时,首先想到的是从主流媒体了解详情,这时的主流媒体应该成为民意洪流中的"航标"。针对突发事件形成的热点话题、敏感话题,站在党和人民的立场上,在报道中不能有闻必录,更不能道听途说,而是要"兴利祛误","增强政治敏锐性和政治鉴别力",自始至终把正确舆论导向作为"第一准则"。这就是新闻媒体党性原则的

基本体现。

比如，2008年9月8日，山西襄汾发生尾矿溃坝事件，网络各种声音众说纷纭，有的说死亡人数超过500、甚至上千，有的说是"暴雨引发泥石流"、"一死一伤"。人民日报驻山西记者及时赶到现场，深入采访，不轻信、不盲从，拒发虚假新闻。通过现场仔细核对，9月16日10时许，在现场通过手机首发《山西襄汾溃坝事故遇难者人数已达258人》，国家安监局领导看到此消息后才得知真实情况。再如，2008年9月22日，《人民日报》政治新闻版刊发《短命的玉米秸秆"砍伐证"》，报道河南漯河市裴城镇农民收割自家玉米需向镇政府办证缴费的怪事。在《人民日报》报道之前地方媒体和网络已广泛传播，众说纷纭，莫衷一是。人民日报记者没有一味抢时间，造轰动效应，而是深入采访，广泛听取各方意见，坚持与当事人见面，坚持与被批评方对话，客观报道；纠正了网络上某些夸大其词的非理性言辞，搭建了党和政府与公众沟通的桥梁。尽管报道"写的是别人写过的话题，但说出的却是别人说不出的道理"。令当事人信服，读者叹服。

新闻媒体在重大突发事件中如何做到坚持党性原则，总结记者部在人民日报编委会领导下所取得的经验，基本要求就是6个字——"不失语，不乱语"。作为人民日报记者，就是要及时、适时掌握话语权，在第一时间报道权威事实，旗帜鲜明地亮出观点。同时还要做到内外有别，把握好度，不乱说，不添乱。紧紧把握正确导向，及时、迅速、准确地发布权威信息，让广大人民群众了解事实真相，发挥主流媒体的导向作用。

毋庸讳言，对于某一重大突发事件，不同立场、不同阶层、不同背景的人们都会持有自己的观点和态度。坚持正确舆论导向，高扬主旋律，不是要消除多元现象的存在，而是在行使自己公开报道职责的同时，因势利导化解社会矛盾，将多元的社会观点、思潮引导到正确、健康的舆论轨道，形成有利于推动社会发展、进步的主流意识。联系汶川抗震救灾报道中，人民日报密切关注群众情绪，认真研判社会思潮，主动设置议题，突出宣传党中央、国务院的决策部署，突出宣传"人民生命高于一切"的最高原则，淡化和抑制负面热点。比如，在抗震报道中发现人民群众对死难同胞较多尤其是中小学生死亡有各种议论和传言，我们在公开报道中没有放大这种情绪，而是加强对这些舆情的监测和研判，并通过内参等渠道建议中央设立全国哀悼日、降半旗致哀，以唤起和凝聚民族精神；同时也把抗震中出现的负面情绪、消极现象及时向中央反映。这样的报道既充分反映了灾情，又弘扬了万众一心、众志成城抗震救灾的主旋律。

作为主流媒体，面对错综复杂的国际舆论环境，我们同西方媒体的舆论较量任重道远。要想立于不败之地，就得认真学习和深刻领会胡锦涛总书记所指出的，"当前，世界范围内各种思想文化交流、交融、交锋更加频繁，'西强我弱'的国际舆论格局还没有根本改变，新闻舆论领域的斗争更趋激烈、更趋复杂。"因为经过30年的改革开放，以往被国际舆论不屑一顾的中国，逐渐走向并开始占据世界大舞台，甚至成为一些国外媒体评头论足的焦点。由于意识形态和政治制度的差异，他们对同一事件的报道和解读往往五花八门甚至颠倒黑白，其所谓的新闻"客观、公正、真实性"原则被意识形态至上的偏执所取代。不久前，德国之声中文部副主任、华人记者张丹红就因在节目中为中国说了几句公道话，就有59名作家致信联邦议会，指责张丹红是个"政治糊涂的记者"，甚至要求德国之声专门设立"独立观察员"，审查"是否对专制政权有免疫力"。面对这种境况，首要任务是把我们自己的工作做好，既要针锋相对，又要树立"传播效果第一"的原则，在传播方式上尽量采取西方受众能接受的习惯"发言"，提高我们的传播能力。

高扬主旋律，就要旗帜鲜明地以无可辩驳的事实戳穿敌对势力的谎言，有理有力有节地打好舆论遭遇战。2008年拉萨"3·14"事件的舆论斗争就是我们与达赖分裂集团和西方反华势力的一场舆论遭遇战的较量。本来"3·14"事件是达赖分裂集团长期策划的阴谋，也是国外反华势力亡我之心不死的例证，其中是非曲直，昭然若揭。但国际舆论在反华势力的操纵下，一时间黑白混淆，是非颠倒。为正视听，在中央领导的具体指导下，人民日报记者不畏艰险战斗在一线，从3月中旬开始，综合运用各种新闻手段展开强势反攻。《人民日报》每天在要闻4版，多层次、全方位地报道事件真相，匡正国内外舆论的不实之词。其中驻西藏记者采写的长篇通讯《阳光下的罪恶》，率先详细披露达赖集团和国外反华势力互相勾结制造暴乱事件真相，此文刊发后，一石激起千层浪，社会反响强烈。

继而推出长篇通讯《度尽劫波凝斗志》，揭露达赖集团数十年来从事分裂破坏活动，用铁的事实说明"3·14"事件是一次有组织有预谋的事件。

针对外界这次事件是否严重伤害汉藏民族感情的怀疑，报道运用藏汉群众在这次事件中互帮互助、生死与共的生动事例，说明民族团结能够经受大风大浪的考验。针对"西藏自元朝纳入中国版图后才正式成为中国的一部分"的说法，我们组织记者采访西藏自治区社会科学院特邀研究员、民族问题专家罗广武，推出专访《西藏自古以来就是中国的一部分》，从藏族的起源、人种及西藏的自然地理特点等方面，阐述西藏与祖国的密切关系，澄清了上述的错误观点。在这次舆论遭遇战中，有学者评价认为，《人民日报》这些报道"对立场的阐述鲜明有力，对气氛的营造恰当充分，对舆论的引导适时有效，充分发挥了中央党报在重大事件中的舆论风向标作用"。中央政治局委员、中宣部部长刘云山同志肯定《人民日报》涉藏舆论宣传："拉萨3·14事件以来，人民日报认真贯彻中央精神，精心有效地组织了涉藏舆论宣传，发挥了引领社会舆论的特殊作用，为涉藏维稳工作做出积极的贡献。"

### 践行一个理念：坚持以人为本
——不断改革创新，增强新闻报道的亲和力、吸引力、感染力

马克思于1843年1月在《摩泽尔记者的辩护》中指出：

"民众的承认是报刊赖以生存的条件，没有这种条件，报刊就会无可挽救地陷入绝境。"胡锦涛总书记在考察人民日报社时指出，坚持以人为本，是做好新闻宣传工作的根本要求。同时要求新闻工作者要面向基层、服务群众、深入实际，多报道人民群众的工作生活，多反映人民群众的利益要求，多宣传人民群众中涌现的先进典型，激励全体人民信心百倍地创造美好生活。学习领会胡锦涛同志的讲话精神，人民日报记者归结为一句话：站在天安门城楼上看问题，站在田埂上找感觉。我们所有报道，包括突发事件报道都要力求从民生的角度解读国计，从国计的角度观察民生。

如果从新闻心理学理念方面来说，新闻媒体的"引导能力"，主要依附于实用性、可靠性、权威性、影响力、公信力等关键词上；那么有效引导舆论，就必须依靠吸引、触动、打动、感动、感染等心理认知过程。这是因为，新闻报道与文件、指令等迥异的是，新闻报道不能居高临下的大声说教，而只能采取读者认可的"润物细无声"式的交流。媒体影响力的大小，舆论引导水平的高低，就全部体现在"无声"的处理能力上。汶川抗震救灾报道，《人民日报》坚持用事实说话，用数字说话，用典型说话，在报道新闻事实中体现正确导向，在同群众交流互动中凝聚社会共识，在加强信息服务中开展思想教育，获得了国内外舆论的普遍好评，从而扭转了"3·14"事件后一段时间不利于我的舆论环境。这其中一个重要原因，正如一家外国媒体所说，透过中国媒体的报道，世界看到了"人民利益高于一切，以人为本的理念正在扎实推进"。

《人民日报》关于汶川大地震报道取得积极成果，源于报社编委会组织领导有方。大地震发生当晚，编委会就明确提出"以人为本"的宣传报道理念。在报道之初，明确要求前线的几十名记者始终坚持以真实客观、生动感人的正面报道凝聚人心，激发人们奋起抗灾的信心和斗志；奋战在一线的广大党员干部、各级党组织是灾区人民的主心骨，报道好他们，就抓住了抗灾救灾报道的"牛鼻子"，灾情报道的舆论引导，就体现在他们的一举一动之中。经精心组织策划，5月16日，在抗震救灾处于十分紧张和关键的时刻，《人民日报》及时刊登了四川省委书记刘奇葆的记者专访《不惜一切代价打赢这场硬仗》，极大地鼓舞了灾区干部群众战胜灾难的信心和斗志；5月21日，《人民日报》一版头条刊登消息《四川灾区300万共产党员践行誓言》，文中那些日夜奋战在四川灾区一线的各级党组织和党员干部的事迹，让灾区千百万群众为之动容，受到震撼，也更加坚定了重建家园的信心和希望。这些信息告诉人们：灾区有共产党员在，有党组织在，有人民政府在，人民的希望就在。

　　典型就是旗帜，就是导向。抓典型，抓独家，这是《人民日报》的优势，也是党的新闻事业长期积累的优良传统。为此，我们要求前线记者沉下去，把主要精力放在发掘重大典型上，要不畏艰险，不怕流汗流血，深入、深入、再深入；千方百计到灾情最重的地方去，千方百计到其他媒体还没走到的"孤镇"、"孤村"中去，千方百计采写出有点有面、感人至深的报道来，千方百计挖掘出具有影响的典型来。指导思想明确，记者深入采写，感人肺腑的《生命日记——一名地震搜救队员的救人日记》、《北川县城，绝不是最后一瞥》、《一个镇干部的"孤镇"日记》等一大批报道，引起读者的强烈共鸣，起到了很好的舆论导向作用。

　　与此同时，版面编辑也打破常规。5月15日一版刊发的一幅四栏半大图片《让路》，就是这种理念在版面处理上的生动体现。照片中参加救援战士匆忙的脚步、焦急的神情分外清晰；医护人员一边提着药瓶奔跑，一边还不忘观察担架上女孩的伤势。即使在现场人们遇到温总理也没有停下奔跑的脚步，温总理遇到救人的担架则避在路边主动让路。画面主体是救灾，画面中的国家领导人成为"配角"，一张张时效性很强的新闻照片，生动地传递出我们党以人为本、尊重生命的执政理念。

　　作为报道前线的调度者和参与者，特别想提到的是，人民日报在抗震救灾的关键节点,推出自己的政论品牌"任仲平"文章,主动设置议题,在舆论引导能力的三个关键方面:主动权、感染力、针对性上均有新突破。在抗震救灾20天这个时间节点上推出任仲平文章《灾难中挺立伟大的中国》,写作时间只用7天。但这个最快创作纪录却只保持了一个月,7月1日,《人民日报》刊登了胡锦涛总书记对抗震救灾精神的最新概括,仅仅用了2天时间,任仲平文章《凝聚起民族复兴的力量——论伟大的抗震救灾精神》就新鲜出炉。这两篇任仲平文章"恢宏大气",影响大、反响多,把抗震救灾报道推向高潮。《凝聚起民族复兴的力量》见报当天,李长春同志作出批示:"此文是到目前为止对抗震救灾精神最系统、最全面、最深刻的阐述文章。"刘云山同志指出:"文章全面系统论述了总书记概括的抗震救灾精神,思想性、可读性都很强。评论文章重要的是改进文风,任仲平、何振华在这方面做了很好的探索和尝试。"

总之,人民日报抗震救灾报道始终关注灾难中的人民,关注那些受灾的人、抗灾的人和救灾的人,不仅见事见物,而且见人见精神,有血有肉,充满感情,使读者深切感受到:社会主义祖国大家庭最温馨,人民群众最可敬,人民子弟兵最可爱,中国共产党人最贴心。胡锦涛总书记来人民日报社考察时,对从地震灾区采访归来的记者代表说:"你们不畏艰难,深入灾区,采写了许多好报道,为开展抗震救灾斗争提供了有力的舆论支持,也为进一步搞好公共突发事件报道积累了经验。"这是对我们新闻报道和舆论引导工作的肯定和鼓励。

从抗震救灾的报道实践中,我们深切地体会到,突发事件报道要实现传播效果最大化,必须贯穿和坚持以人为本的理念;从受众的角度来说,人民的主体地位应该受到尊重,人民群众的知情权、参与权、表达权和监督权应得到充分体现;从报道方式来说,应该增强新闻报道的亲和力、吸引力、感染力,有利于受众接受。对记者来说,把受众的内心体验放在心上,应该认真研究新闻传播的现状和趋势,研究受众心理特点和接收习惯,主动设置议题,进行典型引导。

作为人民日报记者,时刻牢记党的新闻宣传工作的永恒主题,就必须认真学习和实践胡锦涛总书记考察时所强调的,新闻宣传工作必须坚持解放思想、实事求是、与时俱进,适应国内外形势的新变化,顺应人民群众的新期待,以改革创新精神做好工作。同时,要坚持用时代要求审视新闻宣传工作,按照新闻传播规律办事,创新观念、创新内容、创新形式、创新方法、创新手段。要清醒地认识到,我们围绕重大突发事件报道进行不懈的努力和探索,才破了个题,成效也是初步的。

高扬主旋律,就要继承《人民日报》的优良传统,发扬一代又一代党报人为党的新闻宣传事业付出大量心血、作出重要贡献的精神。努力做到所写文章体现党的主张,反映人民心声,让党放心,让人民满意。把提高舆论引导能力放在突出位置,进行深入研究,拿出切实措施,迎接新的挑战,取得新的成绩。

2008 年 12 月

# 邓拓的新闻道路

张书政

邓拓同志是中国现代新闻史上杰出的无产阶级新闻宣传家,还是著名的历史学家、杂文作家、诗人、书法家和古文物收藏鉴赏家,他在哲学、政治经济学的研究上也有很深的造诣。他还曾担任中共北京市委文教书记,兼任中共华北局候补书记。按照他的身份和贡

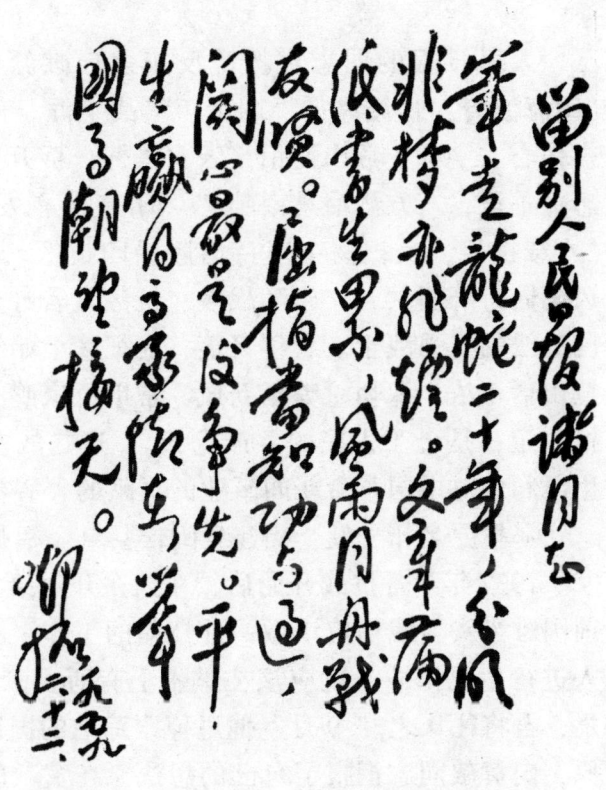

留给人民日报诸同志(邓拓同志手迹)。

---

张书政,高级记者,中共党员,吉林梨树县人。1965年大学毕业从军,在部队从事8年多新闻报道。1978年10月考入中国社科院研究生院新闻系,毕业分配到人民日报工作,先任驻北京记者,后任驻大连首席记者、记者站站长。

献，在他的心脏停止跳动之后，应该有隆重的追悼会或悼念仪式。可是，1966年5月18日，即他逝世的这天，没有花圈，没有前来吊唁的生前友好；唯有他的夫人和他年迈的姐姐、哥哥雇了一辆破卡车，凄楚地送走了亡灵。而且，在到火葬场办理火化手续的时候，还不得不给死者起个假名。

## 一、崎岖坎坷的新闻历程

人民日报的同志在拨乱反正之后献给他的挽联说得好："闽海波涛，长城风雪，四十年笔战生涯，何期奸佞逞凶，千古伤心文字狱！燕山血泪，云水襟怀，百万里长征道路，永记忠贞垂范，八方洒泪马南邨。"邓拓的生前友好奉献的挽联说："八载抗战，反扫荡中坚持出版铅印报纸。记得当年篝火红，风雨同舟肝胆共，文旗随战鼓，抗敌气若虹。实践证明，是新闻战线的坚强战士。廿年飞笔，在征途上始终宣传马列。不忘燕山话正浓，深切时弊拓新风，常助百家鸣，对敌铁骨铮。盖棺论定，是忠于人民的共产党人。"这是战友们对邓拓的新闻生涯和他对中国革命新闻事业的贡献的衷心赞誉和评价。

邓拓原名邓子健，福建省闽侯县（今福州市）人。

1937年7月抗战开始后，邓拓在开封给友人写信说："目前国难当头，我们应该做一件扛鼎的工作，不是在战场上和敌人进行生死搏斗，就应该在学术上有所贡献。""西方有巨人焉，吾将往从之。"9月，他甩掉跟踪他的国民党特务，到达太原，向黄敬同志汇报了自己的想法。在黄敬的带领下，邓拓和十几位革命青年，奔赴晋察冀抗日民主根据地的首府——山西省五台县城。聂荣臻同志安排他到军区宣传部作干事工作。

1938年前后，敌后抗日根据地革命报刊大发展。邓拓先后担任《抗敌报》（1940年11月7日晋察冀边区成立三周年时改名为《晋察冀日报》）社长兼总编辑，新华社晋察冀总分社社长，晋察冀中央局党报委员会书记、宣传部副部长等职。

这一时期，邓拓圆满地完成了上述各项工作任务，特别是出色地主持了《晋察冀日报》、《实话报》等的编辑出版工作。在此期间，在他的主持下，编辑和出版了有五个分册的《毛泽东选集》，这是中国革命出版史上的创举。

1949年秋，邓拓受命担任党中央机关报人民日报副社长兼总编辑。是报人又是诗人的邓拓，看到推翻了旧的上层建筑，我国的新闻事业发生了伟大的变革，他无限地欢欣鼓舞，决心在社会主义革命和建设时期，为党的新闻事业贡献自己的心血和才华。他和社长范长江一道，带领报社同志，坚持正确的办报方针，改革编辑部的体制和报纸版面，加强评论工作和批评报道，扩大新闻来源，使《人民日报》成为党中央的得力宣传工具，对指导土地改革、镇压反革命、抗美援朝、三反五反等斗争，对指导新中国建立初期的经济建设，起了重大作用。1953年范长江同志调离人民日报，邓拓以总编辑之职全面主持中央党报工作。在他的领导下，人民日报继续取得进步，日益为群众所喜爱。

## 二、令人赞佩的新闻贡献

著名的法国作家罗曼·罗兰临终前写道："当我走到生命的尽头时，我将要说：祝福吧，安静地休息了！安眠吧，我的脑袋；安眠吧，我的双脚！你们都辛苦了。经过的道路是艰苦的，坎坷不平的。可是，无论如何，那是一条美好的道路。在那条路上，一步一个血迹，也是值得的。"这段令人心潮起伏的人生结语，可以转赠给邓拓同志。邓拓的新闻道路，是坎坷的，也是美好的。他30余年的新闻宣传工作，无论在实践上，还是在理论上，都卓有成就。

（一）两个党报和一个党刊

《晋察冀日报》，1937年12月11日以《抗敌报》之名问世，1948年6月14日终刊，共出版11年6个月零3天，计

2854 期。创刊时发行 15000 份；1941 年和 1942 年大"扫荡"最频繁时，也发行 5000 到 17000 份；最多发行到 5 万多份。它始终是在抗日战争和解放战争的激烈战火中刊行，是在人们认为无法办报的条件下编辑、出版的。《晋察冀日报》艰苦卓绝的创办史，生动地记录了邓拓新闻道路上一段奇迹般的历程。

这个报社的工作，困难重重。多数编辑记者文化程度不高，报社没有固定的社址，没有专门的发行机构，缺乏印刷设备、粮食、纸张和其他必要的物资。而日寇、汉奸和国民党反动派又千方百计地封锁它，一天也不想让它安生。当时曾有人说："连逃命都顾不上，还办什么报！"邓拓却坚定地带领报社同志在日寇"扫荡"、"合围"和国民党反共"摩擦"的"夹缝"中办报。

它的社址是敌人铁蹄难于踏进的荒山野岭、穷乡僻壤，并且经常随着敌我的进退而变动不断。十余年里，《晋察冀日报》社常年处于打游击状态，几天一转移，随时要搬家。这在中外办报史上，不是奇迹吗？

"毛锥十载写纵横，不尽边疆血火情。故国当年危累卵，义旗直北控长城。山林肉满胡蹄过，子弟刀环空巷迎。战史编成三千页，仰看恒岳共峥嵘。"邓拓这首写于《晋察冀日报》终刊之夜的诗，记述了他当年在边区从事党的新闻事业的战斗豪情，也总结了这段新闻经历的艰苦征程。《晋察冀日报》是血和火的历史碑文，是边区军民的战斗画卷。邓拓主持《晋察冀日报》和他在边区的其他新闻事迹，是他新闻道路上一块闪光的丰碑。

在人民日报报纸宣传和报社建设上的功绩，是邓拓新闻道路上又一块丰碑。1948 年 6 月，随着解放战争的胜利，华北解放区连成一片；《晋察冀日报》和原晋冀鲁豫区的《人民日报》合并，出版中共华北局机关报《人民日报》，1949 年 8 月 1 日，该报改为中共中央机关报。

1949年10月间，邓拓被任命为总编辑时，《人民日报》的情况，正如报社在同年12月写给中央的一份报告中所说的："进城以来，报纸开始由地方性逐渐转向全国性。""整个报纸的风格、编辑方针、组织形式都正在摸索中。""由于报社本身还没有一套科学的制度，因而，在忙乱中经常出错，这也是报纸办不好的原因之一。"

邓拓到报社不久，向编辑部提出："要办好报纸，必须联系实际，联系群众，开展批评与自我批评，这应该是人民报纸的方针，对于党报来说，更是唯一的方针。过去的经验证明，能照着这个方向做得好的报纸就办得生气勃勃，做得不好的，或是离开这个方针的，报纸就办得奄奄一息，没有生机。"他还指出："编辑部工作的重点应在报社之外，不应在报社之内。我们要想出一切办法，把千万根线索伸展到群众中去。"

在范长江和邓拓的主持下借鉴中外办报经验，人民日报大刀阔斧地改革了编辑部的业务分工的组织形式，由原来的编辑、采访、通联等几个组，改变成党的生活、工业、农业、文艺、国际、理论等组。这样按照党与国家的社会生活和实际工作进行编辑业务分工，有力地加强了编辑部与中央有关部门的联系，密切了报纸与实际工作的联系。接着，一大批从解放区来的能力较强的同志，从报社内部"把关"的位置抽出来，派到各省、区担任记者。又在各省、市选拔一些有相当水平的同志担任特约记者。还在各地建设了通讯网，到1951年，通讯员由原来的200多人增至万人以上。

范长江和邓拓还主持制定了一些重要的制度、规定和条例。如：1950年3月28日建立的编委会议制度，同年4月2日通过的关于编辑制度的几项规定，同年4月8日制定的总编办公室工作暂行条例、本报通讯员工作暂行条例、本报对来信来稿处理暂行条例、版面编排原则的几项规定，1951年10月12日通过的关于处理来信的办法（草案），同年10月通过的关于编辑部工作实行责任制的规定，1952年制定的关于记者工作的几项规定（草案）。1955年3月6日通过的编委会关于发稿计划、发稿数字、版面安排和出版时间的几项规定，1956年8月19日通过的关于加强消灭报纸错误的几项规定，等等。这些条例、规定的确立，从制度上完善了编辑部的建设。

邓拓还热情提倡大家动手写社论，改变评论工作薄弱的状况。1954年以后，报纸上几乎每天都有社论和评论。他到文艺组蹲点、兼任理论组组长，文艺宣传和理论宣传都有很大改进。他坚决贯彻执行中央《关于报纸刊物上展开批评与自我批评的决定》，在1950年到1953年的4年间，组织发表了2077件"读者来信"；在整党、土地改革、三反五反运动中，先后在报纸上揭发批评了刘青山、张子善贪污腐化，王振海违法乱纪等重大案件。邓拓和编委会的同志组织的《人民日报》1956年的改版工作，进一步提高了中央党报的质量。经过半年多的准备，到7月1日，报纸改为8个版，增加了宣传内容，提高了编排技术。报纸以一新的面目出现，受到党和人民群众的热烈欢迎。现在，每当人民日报的同志谈起新中国建立初期报纸的改革成果时，都十分怀念当年为这些改革出了大力的邓拓同志，认为这些改革对中央党报"由地方性逐渐转向全国性"的发展起了重要作用，也为《人民日报》的长远建设奠定了基础。

"精心经营"《前线》和组织"三家村"的写作活动，也是邓拓新闻实践中的重要成就。《前线》从1958年11月25日创刊，到1966年4月被勒令停刊，历时7年半，共出刊154期。邓拓与《前线》的关系，像他与《晋察冀日报》的关系一样，都是倾心注血，患难与共的。这个刊物，以独特的风格，即理论性、地方性、时事性、知识性和战斗性五个特点，立于全国党刊之林。

它的第一篇文章《前线发刊词》，是邓拓邀请彭真同志起草的。《发刊词》指出，坚持一切从实际出发的实事求是原则，反对主观唯心主义和各种歪风邪气。这也是《前线》办刊的指导思想。该刊从创刊到终刊，每一期都坚持发表一篇社论，几篇理论文章，回答当时思想理论战线上的实际问题。连续刊载理论基础知识讲座，系统地介绍辩证唯物主义和历史唯物主义的基本原理。还先后开辟了《知识小品》、《小资料》、《学术资料》、《学术动态》、《问题解答》、《读者信箱》等知识性栏目。特别是《三家村札记》专栏的开辟，这在党刊中是别开生面的。"神仙会"结束不久，邓拓邀请历史学家吴晗、杂文作家廖沫沙，一同写作《三家村札记》。从1961年10月至1964年7月，每人各写20篇左右，以"吴南星"的联合笔名，共发表62篇。这些作品，对现实生活中错误的思想方法、工作作风提出了勇敢的批评，对社会主义新人新事给予热情赞扬，对治学、科研、生产、作战、用人等方面可资借鉴的历史经验作了广泛介绍。不能说每篇作品都完美无瑕，但专栏的主流是积极的、健康的。林彪、"四人帮"对"三家村"的写作活动的诽谤，是十分荒谬的。邓拓费尽心血浇灌了《前线》这束花朵，以至最后以身殉职，是令人痛惜的。"高情消尽千秋怨，碧血凝成万古诗。默向长天寻新路，霞光霁雾映春晖。"《前线》的奇异光辉，是邓拓在宣传工作上的辛劳和才华的结晶。

**（二）新闻理论上的有益探索**

邓拓在近30年的新闻宣传工作实践中，积累了丰富的报刊工作经验。他注意在马列、毛泽东的办报思想指导下，探索无产阶级新闻学的理论问题。其中有许多是他个人独到的见解，丰富了无产阶级新闻学说的理论宝库。譬如，关于战时的报社建设问题，他总结《晋察冀日报》办报的宝贵经验，认为战时的报社人员，应首先是一名战斗员；报社的机构，应随着战争环境和任务的转换而不断调整；建设通讯网和发行联络站，以确保新闻来源和报纸发行；工厂必须轻装、组织自卫队和利用"小根据地"，加强思想建设，把报社改造成为敌后思想战线上的坚强阵地。

关于党报的性质和责任问题。邓拓指出："报纸是党用来教育和领导广大人民群众进行革命斗争和建设新生活的最有力的武器。""全国性报纸的责任是全面地反映全国建设工作的成就，解释全国性的问题和任务；从全国的观点出发并照顾到各地方的特殊条件来反映地方生活，解释地方的成就和经验，并把它们普及到全国。全国性报纸应当解释中国的国际状况，我国政府的对外政策和我国人民的国际任务，积极参加保卫世界和平和反对帝国主义侵略的政治、思想斗争。"邓拓从办报实践中还认识到，"报纸不仅是政治斗争的工具，也是传播文化、新知识、新科学的工具。""群众有各种各样的需要，包括生活、身体、文化知识，不单要政治大问题，因为群众不是24小时都考虑大政治原则问题的。"所以，在报纸的性质和作用上，"报纸还应当是读者科学知识的朋友，文艺欣赏的朋友，使他们感到在各方面都有精神鼓舞。"

关于党报、党报编辑部和上级党委的关系问题，邓拓也从实践中总结出了很好的经验。他说："党委对于报纸的领导和监督是办好报纸的决定条件。《人民日报》是党中央的机关报，各地报纸是各级党委的机关报。报纸编辑部是党委任命的工作机构，编辑部必须按照党委的指示办事，决不允许和党委对立，这是铁的纪律。""《人民日报》的经验证明，如果没有党中央的经常的直接的领导，就不能想象会有什么正确的言论和批评。……只靠我们报纸编辑部的政治水平，是办不好党的机关报的。"邓拓还认为，"报纸编辑部单纯地依赖党委的倾向也是不对的。"应"在党委的领导下独立负责地进行工作。最近我们报社有的同志认为我们自己的水平太低，主张今后不管什么都送给党委去审查批准，这就是缺乏独立负责精神的表现。"

关于贯彻群众路线和全党办报方针的问题。邓拓认为"我们改进工作的中心目标是要使《人民日报》能够多方面地反映客观情况和群众意见，及时地深入地宣传解释党和政府的政策，更多地反映和交流地方工作的经验，对于广大人民所迫切关心的工作上、生活上、思想上的问题展开讨论，使《人民日报》成为群众欢迎的生动活泼的报纸。"邓拓说，"我曾经提出过'决胜于社门之外',意思是说,我们要办好报纸,不是靠大家安安静静地坐在屋子里写文章。相反地,重要的稿子都要在社外解决关键问题——观点、材料等等。"

关于党报记者的性质和职责问题,邓拓在记者部会议上多次谈到:"地方记者是编辑部在全国各地的代理人,编辑部要以地方记者作为工作上的主要依靠,编辑部都要通过地方记者去完成最迫切的宣传任务,地方记者每日向编辑部供给有关的材料,进行调查,组织稿件,自己还要用各种形式写作,特别是写新闻,写通讯和提出问题解决问题的文章。这是地方记者的基本职责。地方记者必须成为编辑部和各地党组织联系的决定环节,是编辑部深入地全面地了解各地党的生活和社会生活的最可靠的桥梁。""记者在外边的一举一动,都不是个人的事,而是同《人民日报》有关的,同整个党有关的,同人民有关的。"

关于在党报上开展批评和自我批评的宣传。邓拓主张:"第一、党和工人阶级的理论是以批评和自我批评为特征的,它代表着党对群众的领导,吸引着群众对党和工人阶级的事业进行公开的监督;第二、报纸的批评和自我批评具有不可估量的重要性,党的领导干部应该通过报纸去听取群众的意见;第三、党和青年团的机关报应该带头倡导这种批评;第四、大量的批评是对工作中的缺点而发的,不是只对严重的错误才进行批评;第五、这种批评要经常地进行;第六、批评要严肃、深刻、热烈而勇敢。""为了正确开展批评,就必须周密地进行调查和分析。如果不是这样,我们就不但一步也不能前进,而且会根本站不住脚,因而就会使批评和自我批评受到阻碍,使党和人民的事业受到损失。这是我们最痛苦的经验教训。"

关于报纸的特色问题。邓拓认为,报纸的生存靠特色立足,报刊的性格靠文章树立。他对《包头日报》的同志讲,"报纸的特色,这是站住脚的根本问题。""任何报纸首先要寻求自己和别的报纸不一样的地方,我们需要拿出什么东西才是我们的特色，使我们的报纸和别的地方的报纸不一样。这一件是很重要的。如有的报纸特色就不明显；有的报纸的特色就比较清楚。"邓拓主张报纸办得有特色，必须有好文章，要敢碰硬钉子，还要办些固定的专题、专栏。他说，"一个报刊没有自己的好文章是站不住脚的，报刊的性格靠文章树立。""一个报刊要真正拔掉几个硬钉子，影响一定很大，威信一定很高。报纸的方向问题，只要努力容易解决，要敢碰硬钉子，就办得有特色了。""办一些固定的专题、专栏（有一个专栏就像一根线勾住他们），搞得像花园一样，真是奇花异木五彩缤纷，很漂亮，那就好了。"他比喻说，我们中国过去有园林设计，很小一块地皮，但搞得人们眼花缭乱，不知有多大。

关于新闻工作者力求防止思想方法的片面性问题。邓拓指出："我们在新闻工作中不是常常说要防止片面性吗？今天要防止这样的片面性，明天又要防止那样的片面性。片面性的产生有许多原因。从思想方法上说，是由对辩证法的核心——矛盾的对立统一缺乏理解。有时好像道理都懂了，一接触具体问题又不懂得了。"他认为，对一切事物的矛盾统一的看法，这是一个最根本的思想方法。有了这一思想方法，就可以防止片面性。因为新闻报道是理性认识的产物，"那怕只写了二十字的小动态，也是通过理性认识的结果。尽管思维过程非常短，从感性认识到理性认识的过程非常快，但不能说这里面没有理性认识。"世界观不同，思想方法不同，理性认识的结果就不同，新闻报道的准确程度和社会效果也就不同。新闻工作者应该掌握辩证法，确实认识事物的本质，充分分析事物的矛盾。邓拓说："我们报道一件新闻，如果停留在客观事物的表面现象上，读者是不会满足的。读者要求我们从表面现象进一步深入到事物的本质"，"而且要逐步地由第一层本质深入到第二层本质"。运用对立面的斗争或展开的辩证法要素，在新闻报道中，这是非常生动的地方。"文章越是具体地分析了矛盾，越是把对立面展开在读者眼前，这文章就越生动，读者就越爱看。善于分析矛盾的文章一定是波澜起伏，引人入胜的。可惜在平常的报纸上，这类文章太少了。"

### （三）报界"伯乐"

在长期的新闻实践中，邓拓热情传、帮、带，精心育新人。他以许多热情洋溢的题诗、生动感人的报告、以诚相见的谈心、以身作则的行动，培养教育青年新闻工作者热爱新闻工作、做好新闻工作。许多青年同志都称道他是"良师益友"。

邓拓一贯重视从思想上和作风上教育青年同志，引导他们学习马列主义毛泽东思想，树立无产阶级人生观和新闻观，克服名利思想，锻炼好的道德品质，谦虚谨慎地做好工作。1958年，邓拓到人民日报四川记者站检查工作时题诗道："身居天府写文章，翰墨清新立意强。记者生涯当自励，一言一行慎思量。"邓拓多次在人民日报记者部会议上勉励大家："不要把记者工作看成过渡，而要把这个工作看成长期的一辈子的工作。"

为了提高青年新闻工作者的业务能力，邓拓鼓励他们大胆实践，并且具体地指导他们如何捕捉新闻线索、选择角度、精炼文字，等等。

在晋察冀边区大生产运动中，徐水游击区农民张瑞组织了"劳武结合"的合作社，邓拓发现这个新闻线索后，对新华社晋察冀分社的同志说，这是个很有意义的新事物，要写成新闻发到延安。果然总社收到后立即转发各地，《解放日报》还配了社论。邓拓看到社论后，提醒分社的同志，重视这个典型，应当连续报道。这次连续报道，对推动大生产运动和锻炼记者都起了一定作用。在《晋察冀日报》期间，邓拓采用"编采合一"的做法，让编辑当一段记者，也让记者当一段编辑，再回到各自岗位上工作，促进了他们业务能力的提高。在邓拓的指导和帮助下，许多编辑、记者、印刷工人、图书资料员、电台人员等，都成了党的新闻宣传战线上的骨干。他们的成长进步，映现了邓拓新闻道路的绚丽光彩。正如聂荣臻所说的，

"多年来，邓拓同志还为党培养了大批的宣传干部，也是他的一大贡献。"

## 三、报人素质的突出特点

### （一）"杂家"

邓拓主张，编辑部要欢迎"杂家"，编辑记者要做"杂家"；邓拓以此为座右铭，自己也按"杂家"精神循名责实。在人民日报工作期间，他亲自组织作家、艺术家、科学家的座谈会，向他们组稿。主编《前线》时组织"三家村"的写作活动，也说明了这一点。邓拓认为，就一定意义说，报纸应该是给人知识的百科全书。所以，新闻工作者一定要有广泛的知识，知识范围越广越好，只要有马列主义根底，就不怕杂七杂八。邓拓的杂家精神，还体现在文化修养上的博学多识；作品中高度的理论性和广泛的知识性相结合。

就文化素质来说，邓拓是个大"杂家"。他谙识历史、新闻、文学、书法、文物、哲学、政治经济学、绘画、音乐，等等，这对于邓拓能够出色地主编党报党刊，起了相当重要的作用。

就作品来说，最能体现邓拓"杂家"精神的，是《燕山夜话》杂文。

1961年3月9日到1962年9月2日，邓拓用一年半时间，给《北京晚报》《五色土》副刊开辟了《燕山夜话》专栏，连续写作发表152篇杂文。这正是邓拓孕育、提出、实践关于"努力打开一条新路"的报刊思想的时期。《燕山夜话》专栏的开辟，也是邓拓探索报刊发展新路的重要成就。

著名作家老舍先生称赞《燕山夜话》专栏是："大手笔写小文章，别开生面，独具一格。"当年负责这个专栏的编辑顾行和刘孟洪同志赞叹地说："邓拓在这些文章中，谈政策，谈时事，谈学习，谈工作，谈思想，谈作风，谈哲学，谈科学，谈历史，谈地理，谈文学，谈艺术，……可以说是包罗万象，琳琅满目，很像一部'小百科全书'。"

(二) 笔健才高

邓拓反对表面上"红"、实际上不红不专的庸才。他在《废弃庸人政治》的杂文中，斥责那些"没出息的庸人"时说："'庸医司性命，俗子议文章'，这是切中要害的警句。"在长期的新闻实践中，邓拓是各项新闻业务的"多面手"，是笔健才高、"文章满纸"的总编辑。邓拓一生中，写的社论、理论文章、通讯、消息、杂文、诗词等，总计几百万字。这在担当邓拓那样重要领导职务的同志中，是少见的"高产"新闻工作者。"高产"，标志一个新闻工作者的勤勉、才华和贡献。邓拓以其辛勤的劳动和出类拔萃的才华，为党和人民的新闻事业做出了贡献。

邓拓文思敏捷，写东西速度快。现在的人民日报总编辑李庄同志回顾当年邓拓写稿的情景时说："老邓写东西，真是'文不加点'。"邓拓在人民日报工作期间，有时遇到国内外重大问题需要报纸发言，他就从办公室直接到校对科，边写边发排，写到最后一页稿纸，前面部分的小样已经排出，他改完这些小样，全文的清样马上送来了。1952年春天的一个深夜，中央办公厅给邓拓打电话说，关于当前朝鲜战争问题，中央领导同志要《人民日报》明天见报一篇社论。邓拓接完电话，只用3个小时，毛笔手书的社论草稿，就送中南海了。毛主席阅后批示："照发，很好。"黎明前，这篇社论就上版了。

(三) 刚直不阿

公允地说，邓拓在新闻宣传工作中，也有"左"的错误。譬如，1958年1月末、2月初，他到湖北采访回来，先后写作发表了《高潮日日高》、《思想作风的大跃进》的述评，以及《"流动办公室"和"现场会议"》等通讯，这实际上是配合同年1月我们党批判"反冒进"的错误而发表的，也给当年3月我们党正式号召"大跃进"造了舆论。在对待反右派的扩大化错误上，他后来也是执行了的。特别是1958年4月，他在中直机关、国家机关、北京市委等干部大会上作的《新闻战线上的社会主义革命》的报告，对整个新闻界反右斗争扩大化，起了推波助澜的作用。这些缺点错误，都是执行当时我们党"左"的错误的结果。

他曾大声疾呼用科学的态度宣传毛泽东同志和毛泽东思想。1962年1月，邓拓在桂林日报社对部分编委谈话说，"有些人写文章，非把马克思的语录讲了一大堆，才露出自己的那一点点观点，所以，要把重复的、在报上已讲过的东西，大力删掉……。"1964年3月，邓拓在包头市新闻和文艺单位座谈会上强调，"宣传毛泽东思想，宣传雷锋，既不能那么玄，又不能庸俗化，不要贴标签。一方面要提倡学习毛泽东著作，一方面也不要轻易把一些事，都说成是学习毛主席著作的结果。我们报道说是毛泽东思想，实际不是毛泽东思想，让毛主席本人看了也不舒服。"在当时迷信风行的日子里，邓拓能够提出这些意见，是难能可贵的。

邓拓同志十分重视经济建设成就的宣传报道，同时也反对经济建设中的蛮干和对这种蛮干的宣传报道。他曾说过："中国是一个大国，建设社会主义的规律，不要自信已经摸清了。""我们不要把社会主义道路看得很简单，不是翻一本书就可以找得到的，要靠大家根据客观情况去研究发现什么方式最好。""认为客观规律只有一种方式、一种道路，这本身就是违反客观规律，违反马克思主义的。"他在《主观和虚心》、《有法和无法》、《王道和霸道》、《三种诸葛亮》等杂文中，辛辣地讽刺了"咋咋呼呼的凭主观武断的一意孤行的思想作风"，提倡"老老实实的从实际出发的群众路线的思想作风"，告诫那些不虚心的人们，"冒充诸葛亮，假装诸葛亮是吓不住人的，总会有一天要原形毕露，被天下人所耻笑。"

邓拓在复杂的政治斗争和思想斗争中，善于独立思考，不随波逐流，不"唯上"、"唯书"，具有坚强的党性和原则性。

他曾对人民日报的同志说过:"我们是中央党报,发东西不要闻'风'而动,不要街上锣鼓一响就出来。"1957年有的报纸率先"鸣放",最初几天,邓拓按兵未动,主张冷静地思考和观察,《人民日报》没有发文章。历史证明,由于邓拓同志在复杂的政治斗争和思想斗争中保持了冷静的头脑,使《人民日报》避免了一些政治性错误。

(四)"不做新闻官"

邓拓曾经批评过有的新闻单位存在的官气,批评过一些新闻工作者官气十足、架子很大,提出了"不要做'新闻官'"的响亮口号。他主张,不要把新闻工作的岗位当做"官儿"来做,应该写篇文章骂骂那些新闻官。邓拓长期身居新闻工作的领导岗位,先后当了27年党报党刊的社长、总编辑,还兼任过中国新闻工作者协会主席和其他重要职务。但是,他从来不把新闻工作的领导岗位当做"官儿"来做。他是党和人民的"公仆"、"孺子牛",是和广大新闻工作者同甘共苦、打成一片的"普通一兵"。

邓拓在人民日报工作期间,住在煤渣胡同二号后院狭窄夹道里的3间平房,面积不过45平方米,几乎见不到阳光。包括他年迈的父母在内,住着他们一家七八口人。行政部门几次催他搬家,他每次都说:"叫别的同志去住吧!这比在农村打游击时好得多。我经常上夜班,没阳光不要紧。"一次,聂荣臻到他家看望他,说:"你怎么住这样的房子呀?"邓拓答道:"这里安静,我做夜班,对睡觉有好处。"无产阶级新闻工作者不应该有官气,这是无产阶级报刊的性质和任务所决定的;邓拓注意在自己的新闻道路上铲除官僚主义的莠草,保持了无产阶级新闻工作者的政治本色。

## 四、通向名报人之路的基石

德国诗人歌德说:"如果我早生或晚生20年,我会完全变成另一个人。"俄国哲学家康士坦丁诺夫说："倘使拿破仑生在 16 世纪或 17 世纪之际，他就无从表现他的军事天才，尤其不能成为法国首领。他大概只不过能当上一名默默无闻的军官。只有在 1789 年—1794 年法国革命所创造的条件之下，拿破仑才能成为法国的伟大统帅。"同歌德成为诗人、拿破仑成为统帅的道理一样，邓拓能够成为杰出的无产阶级新闻宣传家，首要原因，是时代和社会的孕育，即 1912 年—1966 年中国社会政治经济的巨大变革的影响。邓拓出生的前一年，发生了辛亥革命；他 5 岁时，俄国十月革命成功，一些先进的中国人开始用无产阶级的宇宙观作为观察国家命运的工具。邓拓 9 岁那年，诞生了中国共产党，接着发生了第一次国内革命战争。邓拓到光华大学读书时，毛泽东、朱德等领导的工农武装部队先后到达井冈山，工农红军和革命根据地有了较大的发展，革命文化运动在国统区的城市中蓬勃兴起，上海和光华大学党的地下工作比较活跃。这些时代的风云和社会的激浪，在青少年时期邓拓的心潮中不断激起浪花。

良好的家庭环境和教育，对邓拓的成长和思想启蒙起了积极的作用。邓拓出生那年，福州出版的报纸达十余种；到邓拓 20 岁时，发展到 25 种。20 年代末、30 年代初，中国共产党和工农红军在福建的斗争非常活跃，邓拓父亲的思想受时代潮流的推动日益开明。他的藏书，除经、史、子、集、晚清和五四运动前后的书刊外，还有早期翻译过来的一些马列著作，如《史的一元论》、《从空想到科学的社会主义》、《共产党宣言》等。尤其是他对子女的严教，要求子女勤劳好学、为人正直，促进邓拓养成勤学的习惯和留心社会上发生的各种现实问题。

勤奋学习，注重积累知识，是邓拓成为名报人的重要门径。邓拓认为，古今中外有学问的人，有成就的人，总是十分注意积累的。知识就是积累起来的，经验也是积累起来的。因此，新闻工作者一定要有广博的知识，知识的范围越广越好。他在战争环境里，用两个轻便书箱，装着几十册常用书，随时学习。解放后他不惜花钱买书,他家现金储蓄不多,几乎有一点钱就买书。他家里20个大书柜,装满了各种书籍、报纸、杂志。由于他平时注重剪报和抄录资料,积累了大量的文字卡片和笔记。同时,他潜心钻研过中国古代报纸、解放前的资产阶级报纸及一些资本主义国家和社会主义国家的报纸,努力"把前人的一切好经验都拿过来,为无产阶级政治服务,把我们的报刊办得更好,更出色"。

邓拓同志坚持"不断地写东西",也是促进他成为名报人的一条路子。邓拓多次强调:"从总编辑到编辑、记者,不论担任了什么职务,组长、部主任也好,编委、总编辑也好,对报纸来说,都是本报记者,应该不断地写东西。总编辑、编委不写东西,又何以说服记者呢?"邓拓主持报刊工作的近30年中,写过几百篇社论。其中由他重点修改过的《人民日报》社论中,经毛泽东同志审改的有46篇,经周恩来同志审改的有153篇,还有一些经刘少奇、邓小平等中央领导同志审改过。

"笔走龙蛇",坚持写作,使邓拓积累了丰富的写作经验,成为著名的政论家。邓拓在主编《晋察冀日报》、《人民日报》、《前线》的每一时期,都没有放下"记者"的笔,采访过各种人物。他写作的《聂荣臻在晋察冀》、《访"葡萄常"》、《英雄的路》、《听琴记》等通讯,都是脍炙人口的名篇。邓拓日不辍笔,一生中写了几百万字的作品,坚实地奠定了他在现代新闻史上的无产阶级新闻宣传家的地位。

1985年

# 千思一得话新闻

李战吉

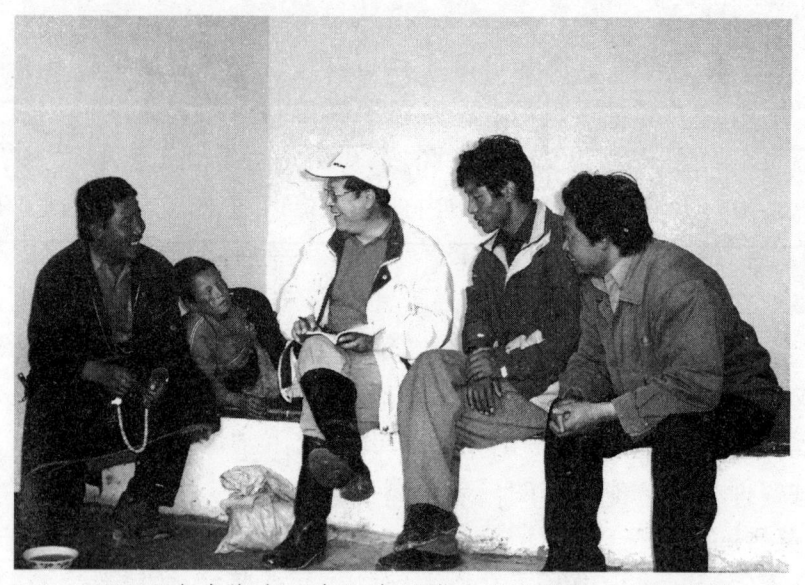

记者李战吉（中）在甘肃省甘南藏族自治州海拔3000多米的藏族寄宿小学采访学生和家长。

我是1997年从北京派到甘肃从事记者工作，已经整整十年了。十年来，我采写了《庄浪人的骄傲》、《泾川人的自豪》、《苦地上播下新生活》、《庄浪"三送"得民心》、《"三紧贴"推动酒钢创一流》、《一位县委书记的三件小事》、《优秀司法助理员侯殿禄纪事》三篇等一批通讯特写。在这里，我想结合自己的采写实践，从操作的层面，谈一谈自己从事新闻报道，特别是典型报道中的一些体会。

这样的体会可以从不同的方面、用不同的语言进行总结。根据好懂、好记、好用的原则，我把它概括为四句话即："一取一舍一细走，一实一虚一深抠，一小一大一刚柔，一详一略一提溜，一眉一眼一开头。"

## 一取一舍一细走

我们当记者的下去采访，往往都会遇到这样的情景，采访对象——尤其当对象是单位的时候——都会提供给你一大堆材料。这些材料中有图片，有报表，但更多是文字资料。面对这些丰富的材料，有的人一头钻进去，三下五除二，很快一篇稿子就出笼了。然而，这并不是新闻采写的正途。

业内流行一句话，叫做跑新闻。就是说，新闻是跑出来的。跑，就是去实地采访。由此引出了我的一个主张：在材料和实地采访两个方面，要取采访而舍材料。

这样说，并不是不要材料，忽视材料。相反，我们不仅重视材料，而且还主张在采访中，必须尽可能多地占有材料。因为有了材料就有了一定的基础，还可以节省很多采写的时间。然而，我们又不能完全沉溺于材料中，把材料作为写作的唯一的、主要的依据和源泉。我们只能把材料作为采访的准备和线索，或者说，当做采访的路标和导航图。

为什么不能完全依照材料写新闻呢？从根本上说，是因为新闻产生在生活、实践中，新闻应该是社会生活的真实反映。从文字的性质上说，各种各样的文体都有它自身的特殊性。总结、规划、制度等，都可能包含着形成新闻的因素，但它们的文体并不是新闻体，要想把它们作为素材运用于新闻，还必须对它们的表述方式进行新闻化的改造，不能把它们顺手改成新闻，即使"五个W"俱全也不行，甚至是人家已经整理出来的比较完整的素材也不行。

仅仅就人家提供的材料进行剪辑、组合、加工、制作，也可以写出稿子，也可以交差；但材料是死的，是别人整理出来的东西。这些东西不仅会带着别人的烙印，甚至会带着别人的错误。照抄照搬，至多是炒冷饭，写出一些漠然、呆板、枯燥的文章，甚至还会以讹传讹，贻害旁人和社会。

1997年，我和十几家中央新闻单位的同行接受了采写侯殿禄的任务。侯殿禄是古浪县黑松驿乡的司法助理员。当时，省委宣传部提供了他们搜集整理的侯殿禄事迹材料，厚厚的一大本，共有37个故事。按说"五个W"都有了，剪裁一下就够了。当时我想，既然故事都有了，事迹也有了，那就挖掘一下他的思想基础、精神层面，看看他是怎样做出这样的成绩、这样的工作的吧。

于是，我从材料中筛选了比较典型、将来可能用到的故事，大概有20多个，逐一进行复访、复查。为了核实老侯调解群众用水纠纷的细节，我爬上了海拔三千多米的高山，进行勘察；为了核实老侯化解家庭矛盾，使俞作喜老汉重享天伦之乐的事实，我二进水沟村；为了寻访经老侯帮教而勤劳致富的回头浪子高占海，我三访磨河湾村……

通过到现场去走一走，到当事人家里访一访，搞清楚了这些事件的来龙去脉，弄明白了这些故事的细节，从而使这些已经过去多年的旧事最大限度地接近了事物的原貌，使侯殿禄的宣传最大程度地达到了真实。

文章中写了一个故事——一个村的一名妇女难产而死，要埋在属于邻村的一块坡地上。邻村有人认为不吉利，竭力反对。尸体停在山上，两村的几百人拿着棍棒、铁锹，械斗一触即发。侯殿禄赶去，前后做了五天五夜工作。最后，他亲自就地火化了尸体，化解了一场可能发生的械斗。材料中有梗概，语焉不详。事情过去已经多年了，那座山是什么样的山，当时人都聚集在什么地方，情势又是什么样子？带着这些问题，我上了山，听当事人作了详细的介绍。后来写起来，脑子里不仅有了故事的来龙去脉，还有了当时的一些镜头和画面；写出来，不仅准确了，而且生动了。

当时，我们宣传侯殿禄之前，甘肃省内媒体就对侯殿禄作过不少宣传。其中有个细节，说侯殿禄有30万字的学习笔记，写的都是他学习法律法规的体会。采访时我就请他拿出笔记本给我看。当时我就是想看一下写的什么内容，有写得比较精彩的话就抄一点，以备写稿时选用。看看一共有多少字。我先数了数每一页的字数，再算一算每一本的大概字数，最后几本合计了一下，大约有十多万字。我认为，十多万字就十多万字；笔记是客观存在，十多万字和三十字等值，我们不能因为要反映老侯的成绩而人为地拔高他，我们不能在这篇人物通讯中留下一点不实的东西，留下败笔。

另外，我在他笔记本上看出了他的名字问题。笔记本上，"侯殿禄"的"禄"字是功名利禄的"禄"，但报纸上和村里的标语上写的都是"记录"的"录"。我就问侯殿禄，你的名字究竟该怎么写，他说，怎么写的都有，大部分是"记录"的"录"，现在大家都写惯了，看惯了。我让他拿出身份证来看看。好！身份证上是功名利禄的"禄"。我的心里还不太踏实，说咱们到派出所去看看。把户口卡调出来一看，还是功名利禄的"禄"。

晚上座谈的时候，我说，这次通过咱们写文章，要给老侯正名。为什么要这么做呢？咱们宣传的这个侯殿禄是司法助理员，是法制战线的人物，他的身份证、户口卡是具有法律效力的文书；咱们要尊重法律，尊重法律文书。再往小里说一点吧，侯殿禄宣传出去之后，将来要到北京、到全国各地作报告，你要给他胡写名字，他上不去飞机怎么办？大家笑了，都说有道理。结果从那以后，所有宣传侯殿禄的文章中，都改用了侯殿禄名字的正确写法。

现在想来，如果我们完全相信已有的材料、已有的报道，不去做一番认真细致的调查核实，那就会跟着人家以讹传讹，失掉了新闻的真实性。

因此，在采访的过程中，遇到了实际情况与材料不符的时候，也要舍材料而取实际。

## 一实一虚一深抠

这个题目主要是针对采访过程中的采访和思考而言的。"实"，就是实地采访，一边总结提炼，探寻人物和事物的底蕴和灵魂；探抠，就是在实地采访和总结提炼中，都要一步一步地、不断地走向深入，挖掘一些更深层次的东西，挖掘一些别人不知道的东西，挖掘一些别人没有说出来的东西。也就是说，通过"一实一虚一深抠"，发现一些原创性的、独创性的东西。要想做到这一点，当然就要付出更多的劳动。

甘肃的不少人都知道长篇通讯《庄浪人的骄傲》。这篇通讯是怎么写出来的呢？我到甘肃之后，经过一段体验，觉得甘肃的发展的确严重滞后。甘肃的落后当然有它的原因，比方说，自然条件的严酷，生态环境的脆弱，历史欠账的累积等。这些是一时难以解决、难以克服的。但更深层的原因是人的原因，是思想观念的原因。人文生态的问题不解决，甘肃就很难发展。

到了庄浪以后，一看，乖乖！402个梁峁、2553条沟壑修整得平平展展。当时，全县梯田总数占了坡耕地总面积的91.74%，除了不适宜修梯田的坡耕地，庄浪县实现了梯田化。34年中，庄浪人移动土方如果排成一米见方的土方，可以绕地球六圈半。眼前的"庄浪县梯田满山，林带泛绿，一湾湾碧水静卧在沟底的塘坝，几十只野鸭奇迹般地在陈家山安家落户。曾经在沟沟坎坎间徘徊千年的饥饿与贫穷，终于被青山绿水挤走了"。

看了以后，我受到了强烈的震撼。我认为，这是人类在地球上留下一个能够与万里长城相媲美的伟大工程。我对同行的同志说，庄浪值得一写。写什么呢？当然是梯田。但是我们不能就梯田写梯田，不能只写庄浪人几十年来怎么修梯田；要通过梯田写出人，通过人写出精神。

于是,我就在一实一虚上下起了功夫。实的,就是采访人。不仅要去采访修梯田的组织者,还要去采访修过梯田的男女老幼。

于是,我和另外两位同行在庄浪采访了两个星期,跑了13个乡(镇)、24个村,转了200多个梁峁,行程400多公里,掌握了大量的第一手资料。但是在整理材料的时候,总是觉得表现过程的素材不少,能够体现人的精神风貌的素材不够。我就问当地的同志,在修梯田的34年中,有没有牺牲的人?他们说,有啊!有28位呢!我就请他们列出了最为典型的几个人,我们三人又去采访牺牲者的家属,其中就有阎凤英的亲属。

当我们向县里同志说出这一决定时,县里的同志告诉我们,阎凤英的老伴去世了,女儿早就出嫁到外地了,现在有三个儿子,两个大的在新疆,没法采访;小儿子张新学在家,可是在修梯田的时候他岁数小,不记事;他家住得远,路又难走,就算了吧!

我不甘心——张新学当年已经7岁了,总不会一点儿什么都记不住吧!新学,你们家有你母亲的照片吗?没有,家里穷,没钱照相。你对母亲有啥印象。别着急,你想想,还能记着母亲的什么事儿?他一口一口地吸着烟,过了好大一会儿,说,那年冬天,母亲脚上冻裂了大口子,有天晚上疼得睡不着觉,就叫姐姐拿针用线缝,第二天,母亲又去修梯田,再也没有回来……

听他这一说,我心里又难过又高兴。难过的是,我们的乡亲们在那么艰难的环境中,还在坚持用自己的热血和生命建设着、改造着贫困的生活;高兴的是,工夫不负有心人,我们终于挖掘出了闪光的新闻素材。如果我们当时稍微一松懈,稍微不那么深抠,就少了这篇通讯中感动了无数读者的这段话——

"阎凤英牺牲时,小儿子张新学7岁。那时穷,连一张照片都没留下。现在成家立业的张新学,种着19亩梯田,温饱不愁。然而他还是常常想起,那时母亲天天修梯田,脚跟上冻裂了大口子。去世的前一天晚上,她疼得睡不着,半夜里爬起来,让姐姐一针一针用线给她缝。"

"出事的那天,地冻三尺硬如铁,刨起来就像石匠凿磨眼。一片冻土塌下来,跟阎凤英一组的两个年轻妇女同时遇险。程梅花被砸伤了胯骨,至今不能下地干活;程玉花被砸得昏了过去,七天七夜后才开口说话。"

一虚,就是挖掘事物的内涵和底蕴,提炼蕴涵于事物之中的人的精神。一段时间以来,人们都热衷于概括"某某精神",但大都是大同小异,缺乏个性,就是独特性。为了寻找出庄浪的那些新颖独特的东西,在采访中,我就时时留意搜集那些能够反映庄浪人的精神风貌的素材,留意从素材中提炼庄浪人的精神。

庄浪人在2553条沟壑的"烂塌山"、"滚牛洼"上修梯田,变跑水、跑土、跑肥的"三跑田"为"三保田";庄浪人在94万亩梯田中,种上了地膜玉米、小麦,点上了整薯坑种洋芋,建起了田间水窖,育出了林果、青菜;如今,"沙棘戴梁峁,梯田绕山腰,林草穿沟底"。我从庄浪人因地制宜搞生产的实践中提炼了"实事求是"的精神。

庄浪人"人机结合修梯田","建成了全县的高效农业示范区",打好、用活"梯田牌",从传统农业跨向市场农业,在第二次创业中奔向小康。我从中提炼了"崇尚科学"的精神。

40万庄浪人34年修山不停,造地不止,再造了一片山川秀美的黄土高原。庄浪大地上,40万亩经济作物、55万亩粮田相映生辉,形成新的种植结构;洋芋、亚麻、林果基地已初具规模;淀粉加工、草编、生猪等五大支柱产业正不断壮大;庄浪山水之间,成长起一批带领乡亲治穷致富的经济能人。我从中提炼了"自强不息,艰苦创业"的精神。

"实事求是,崇尚科学,自强不息,艰苦创业",成了庄浪精神的集中概括。我把庄浪的精神写进了评论员文章,后来见报时改成了《编者按》,《编者按》中依然保留了这十六字的"庄浪精神"。

## 一小一大一刚柔

做记者的,都想写一些震撼人心的大题材、大文章;因为那样,记者的名字就会和大事件联系在一起,载入历史。然而,我们在现实生活中,经常遇到的还是不那么轰轰烈烈的事件和人物,不可能获得那样的轰动效应。

有人把新闻分为硬新闻和软新闻。大概直接反映事件本身就是硬新闻,而侧面反映事件就算是软新闻了。或者在一定程度上可以说,消息大多是硬新闻,通讯特写大多是软新闻了。从这种意义上看,我比较喜欢软新闻,因为它看起来比较和蔼可亲,比较容易让人接受。我甚至认为,在一定意义上可以说,小就是大,少就是多,软就是硬。

2000年的时候,有一个全国性的政治活动,叫做"三讲"(讲学习、讲政治、讲正气)。当时,各大媒体纷纷进行报道,我们人民日报总社也要求记者站写这方面的稿子。针对甘肃的实际,稿子怎么样写一些鲜活的、生动的、有生命力的东西。我分析,"三讲"为什么?就是要教育各级干部解放思想、更新观念、转变作风,真正为人民群众服务。这是对干部基本要求,即使不进行"三讲",干部也应该这样做。我认为,只有抓住了事物的实质写报道,才会使报道跳出事件自身的局限性,从而具有普遍性和经久的生命力。

那时候,我去庆阳地区的华池县采访。华池有一对宋代的石塔被人盗走,卖到了台湾,后来公安部门经过四五个月的奋战,侦破了案子,追回了宝塔。我在华池呆了几天,写了一篇近3000字的通讯,发回了报社。可是回来的路上,在庆阳县吃晚饭的时候,我见到了县委书记陈克恭。饭间闲谈,他的经历引起了我的兴趣。陈克恭来庆阳任职前,是中科院冰川研究所的副所长，是从美国回来的硕士，而且是双硕士——他还是中科院毕业的理学硕士。

晚饭后，我约他到我住的招待所聊聊。我请他谈谈工作，讲讲思路，说说感受。他就给我讲了当地的发展思路、规划、工作方法和需要解决的一些问题，还让县里的同志给我送来了一大堆材料。自然，话题中有一大块涉及"三讲"，材料中有一大块涉及"三讲"。根据陈克恭的谈话和我手中的材料，写一篇直奔"三讲"的硬新闻已经足够了。可我还是不愿意这样做。我琢磨，能不能再挖掘些什么，能不能写写陈克恭这个人呢？我们俩一直聊到夜里两点多。他走后，我又梳理材料，整理思路。我在他上任后做过的几件事上动了心思。于是，我决定留下来，继续到现场采访，补充几件事中还缺少的环节和细节。经过几天的采访，最后写出了《一位县委书记的三件小事》，发表在《人民日报》上。

这三件"小事"，就是"一眼井"、"一把米"、"一条路"。全文不到1500字，见报时又被压缩为1080字。

"一眼井"说的是赤城乡的老庄和西庄两个自然村，为一眼机井的归属权和用水价格长期闹矛盾，前不久又发生争执，双方互不相让，以至于水被断、路被毁、机手也被打伤。群众上访，乡村调解，都没能奏效。陈克恭得知消息后，决定前去走一趟。有的干部劝他不要去，说那里的人不好惹，弄不好下不来台、挨了打怎么办？陈克恭说，我去了跟他们讲理，不信他们会打我，要是遇到困难绕着走，还要我们这些领导干什么！

他赶到现场和群众交流，做群众工作，化解了矛盾，解决了问题。最感人的还是这件事的结局——重归于好的乡亲们争着拉书记到家里做客。

"一把米"说的是关心学生生活的事。蔡家庙乡是庆阳县有名的贫困乡，乡里仅有一所中学。学生离家比较远，大部分学生都得住校。多少年来，住校生一日三餐都是开水泡馒头，馒头从家里背，开水从学校买。

陈克恭上任的第三天,就赶往蔡家庙乡了解情况。他问乡干部和校领导,能不能在开水锅里加上一把米,让孩子们一顿喝一碗免费的热米汤。为了这把米,陈克恭想方设法筹到一笔资金,还撤了一位推三托四拖着不办的教育局副局长的职,终于使这些孩子喝上了一碗热米汤。最后,全县的23所中学都有了一把米,4000多名住校生都喝上了热米汤。

"一条路"说的是陈克恭关心偏远乡村交通建设的事。南庄乡是庆阳县唯一不通公路的乡。2000年7月1日,陈克恭带领有关人员进了山。他们坐一段车,走一段路,整整跑了一天。最后根据他的提议,交通部门重新设计了修路方案。这条新线路路型好,只需要搬迁1户,还可以少占耕地13亩,不用增加预算,公路就能由四级沙砾路面上升为沥青标准路面。

"一眼井、一把米、一条路"切入点小,可它负载的时代内容、时代精神却很大;1500字、1000字,字数少,可它留给人们思考和启示却很多;通篇没有直接写"三讲",甚至没有出现一个"三讲"的字眼,仅仅写了几件"小事"。从表面看,新闻是软了些,可它反映的干部要关心人民、处处为人民谋利益的主题思想却很硬。这或许可以说就是小中见大、刚柔相济吧!

《一位县委书记的三件小事》得到了社会的认可。2000年年底,中央在北京人民大会堂召开了全国"三讲"总结表彰大会。会上,有四个典型发言,其中三个分别是江泽民、李瑞环、曾庆红三位中央领导同志抓的点,第四个就是陈克恭的"三件小事"。会后,大家都认为这三件小事最生动、最实在。大会总结中,曾庆红同志几次提到"三件小事",号召大家学习陈克恭的作风和精神。

## 一详一略一提溜

熟悉我的稿子的人都知道,我的那些通讯基本上都是由三部分组成的。我念的是"三字经"。从文章的题目看,就有《庄浪"三送"得民心》《一位县委书记的三件小事》《"三紧贴"推动酒钢创一流》;从内容看,基本上每篇文章都分为三部分。

为什么我会对"三"情有独钟呢?从传统文化观念来看,中国人是一个特别喜欢"三"的民族。古代传说中就有大禹治水"三过家门而不入",军队就有前中后、左中右"三军",孔夫子教人要"吾日三省吾身",小说中有"三气周瑜"、"三打白骨精"……在中国的传统文化中,"三"就是"多"。其实,在很多情况下,"三"并不是一个确数,而是一个约数。就像一人为人,二人为从,三人为众。"三过家门而不入",我们用不着拘泥于三次路过自己的家门,而可以理解为多次路过自己的家门。不错,三、六、九都是个约数,都是代表多的意思。

因此,我不仅把自己写的通讯固定为三大块,还把自己的谋篇写作的方法和技巧归结为"一详一略一提溜"。从谋篇和写作来看,"详",就是详细地描写一件事,用的是描述性的语言;"略",就是概要地略写几件事,用的是叙述性的语言;"提溜",就是总括地粗写这一件事和几件事带来的全局性的变化和效果,用的是概述性的语言。从通讯涉及的事件所蕴涵的逻辑关系来看,"详",展现的是事物的典型性;"略",表现的是事物的普遍性;"提溜",总括的是事物的全局性。

我在2000年写的通讯《"三紧贴"推动酒钢创一流》,一共不到2300字。文章写的是酒钢集团开展思想政治工作的经验。全文分为三部分——"紧贴生产 为创一流产品献策"、"紧贴改革 为建设一流企业鼓劲"、"紧贴职工 为培养一流人才铺路"。

三大部分写完之后,就是全文的"提溜",也就是全篇的概括和总结——"灿烂的思想政治之花结出了丰硕的经济之果。目前,酒钢已经形成从'采、选、烧'到'铁、钢、材'完整配套的生产体系和以钢产品为主,以焦化产品、钢铁产品深加工、建筑安装、建材业为补充的多元化经营发展格局……酒钢这颗嵌在嘉峪关旁的戈壁明珠正在放射着越来越耀眼的光彩。"这部分192字。

从这一简单的分析中，可以得出这样的结论：写文章既不能头重脚轻，也不能头轻脚重。我的通讯不仅写了三块，还要求三块之间必须大体匀称。这样，文章登出来之后，从版面上看也比较美观。人们看报纸当然首先要看内容，其次形式也会影响读者目光的去留。内容好固然是吸引读者的第一要素，但是一个好的形式也会吸引读者的眼球。

## 一眉一眼一开头

这里讲的主要是写作的问题。眉，指的是文章的标题，包括引题（即肩题）、主题和副题，也包括每一部分的标题(小标题)。开头，指的是一篇文章的开头和每一部分的开头。眼，指的是文章中那些出彩、打眼的部分，它可以是一个生动的段落，也可以是一个鲜活的句子。

标题就像人的眸子，屋子的窗户。它应该具有十分强烈的表现力和感染力。什么样的标题才可以称为成功的标题呢？自然是仁者见仁、智者见智了。我个人认为，一个好的标题至少应该具备以下两个特征：表现性和唯一性。表现性，就是说标题必须充分展示文章的主旨，必须充分表达文章的主要内容；唯一性，就是说一个标题必须只适用于一篇文章，如果换到别的文章中，就会风马牛不相及。

1996年，我去山东省胶州市的东店子村采访精神文明建设的事迹。回来后写了一篇长篇通讯，取名叫《播种现代文明的农民们》。意思是说，那些祖祖辈辈脸朝黄土背朝天辛勤耕作的农民们，正在大地上播种现代的精神文明，用这样的题目来展现农民的生活和精神面貌所发生的历史性深刻变化。文章在《大地》杂志发表时，用的就是这个题目。《人民日报》刊用时，不仅改了内容，还改了标题，叫做《借得东风花正红》。

文章中每一部分的小标题也应该具有上述的这些特点。那么，小标题应该怎样制作呢？这又是一个见仁见智的问题了。

我是学中文、学美学的，因而比较看重标题的对称，我的标题大都是字数和结构相同，还喜欢在标题中嵌入动词，以丰富标题的表现力和冲击力。比方说，我为《庄浪人的骄傲》制作的三个小标题——"高原上啃出青山绿水"、"黄土中铸成庄浪精神"、"梯田里崛起市场农业"，结构和逻辑关系与《泾川人的自豪》基本相同。

"眼"的问题，比较好理解。古人讲究诗要有诗眼，词要有词眼，文当然也要有文眼。"春风又绿江南岸，明月何时照我还。"一个"绿"字渲染出了江南的无边春色，点活了整首诗。"问君能有几多愁，恰似一江春水向东流"，一个生动的比喻，铺排了无边的愁思，激活了千古名词。

文眼不在大也不在多。我在《泾川人的自豪》中，有一处是写在雨中访问农民张麦焕。这一段的开头写道："在合道乡完颜洼村的后子沟，蒙蒙细雨中的大片刺槐显得更加青翠。"接着写张麦焕介绍他个人承包土地办林场的经过和成效，结尾是这样写的："'再有几年，我的这片林子就值几十万元了！'张麦焕脸上的笑意随着雨水流到了胸间。"这最后的一句是画龙点睛的一笔。它既是对开头的细雨的照应，又是对欢乐主题的拓展，还符合当时的自然环境。

文章中还写了一位护林老人阎志钦。整个一个自然段，也不算长，只有162个字——"泾川的树种到了人民的心中。阎志钦老人是飞云乡南峪村农民，几十年前他就联合乡亲们平整土地，栽种树木。树长起来了，他便自告奋勇当上了护林员。一年四季，松土、剪枝、灭虫，忙个不停，有时带几个干馍进山沟，晚上就睡在小树下。'天作帐，地当床，绿树就是他的小儿郎'。小树悄悄地长大了，老人悄悄地离去了。他的生命长进了树木的绿叶和年轮。"如果说，整个自然段可以看作是一个文眼，那么结尾的一句话就是眼睛中的瞳仁。

在《苦地上播下新生活》中，我写了这样几句话——

"绿树种到山头，公路通到村头，电话扯到床头，电视摆到柜头。"用一组简单的排比描写了开发式扶贫带来的巨大变化。

"曾经以土豆为主食的定西人做梦也不会想到，昔日的'土蛋蛋'今天变成了'金蛋蛋'。"用农民式的语言造出了一个比喻，反映农业的产业开发发生的巨大作用。

文章的结尾写道："是的，从传统观念、从黄土地上解放出来的定西人，甩掉了贫困帽子的定西人，正大步流星地走在农业产业化的大道上，正在用双手编织着世世代代发家致富的梦想。不是么，白雪渐渐消融的山岭上，已经萌生新绿，定西大地的又一个春天向人们招手了。"用拟人的手法展示了扶贫式开发、农业产业化带给人们的巨大希望。

2007年1月

# 严格自律

## ——树立良好的新闻职业道德

吴兴华

有偿新闻的问题，前段已成为人民群众反映十分强烈的问题，已成为社会的热点。"有偿新闻"，不仅严重地影响党的新闻宣传任务的完成，影响新闻的真实、客观、公正，也严重地败坏了社会风气，严重地影响了党群关系、干群关系。现在，社会上有的单位，特别是企业，怕记者。看到记者来了，就说是名义上来搞报道，实际上是来拉广告的，要赞助的，要钱的。单位的负责人唯恐避之不及。

我们要从群众的批评和反映中警觉起来，猛醒过来。我们要从整个国家的精神文明和廉政建设，从密切党群关系的高度来认识加强新闻职业道德建设的重要性。

作为记者，抵制"有偿新闻"，我的体会是：

一、要树立全心全意为人民服务的思想、艰苦奋斗和无私奉献的精神。

新闻工作是一项崇高的工作，也是一项必须有奉献精神才能搞活搞好的事业。新闻工作紧张、生活无规律，常常要跑基层，收入又不很高。这就要求我们树立全心全意为人民服务的思想，不计报酬，不计得失，全身心地投入党的宣传工作；决不能利用新闻报道的职务之便，去搞"有偿新闻"、谋私利。

现在新闻队伍中有一种说法，新闻工作者辛苦，收入低，生活清苦，接受被报道单位和个人的一点钱和物，弥补弥补，应该。我认为，这种思想偏离了为人民服务的轨道，是想使"有偿新闻"合理化，必须破除。凭心而论，与社会各阶层相比，新闻工作者的收入虽不算很高，但也不算低。首先，比占全国人口80%的农民的大多数要高。现在农村还有一部分农民没有越过温饱线，大部分的农民也仅仅解决了温饱问题。其次，与工人比，虽不算最高的，但据我所知，比多数工人的收入高。在收入上，我们要与工农群众比，不能与社会上极少数"大款"比。即使我们收入比社会上大多数人低，决不能去搞"有偿新闻"。

新闻队伍里还有一种说法，现在改革、开放、搞活，搞报道要点钱，开会接受点钱物，是可以的，没有什么关系。我认为，我们搞改革，是社会主义制度的自我完善和发展。在收入分配上，改革就是切实贯彻按劳分配的社会主义原则，通过按劳分配调动人们的积极性。这与利用新闻报道权利去要钱要物，去接受钱物，是"风马牛不相及"的。越是改革、开放，我们新闻工作越是要加强职业道德建设，才能推动改革、开放。利用新闻报道去索取钱物，只会败坏改革的名声，也不可能宣传好改革、开放。

二、"有偿新闻"不能搞，对于变相的"有偿新闻"也必须制止、抵制。

在我们新闻队伍里，赤裸裸地搞"有偿新闻"，向被报道单位和个人要钱要物的，毕竟是极少数。多数的情况是，在"误餐费"、"交通费"和"纪念品"的名义下，接受被报道单位的钱和物。前一段，由于种种原因，开新闻发布会，举办单位企业发，党政机关发，执法机关发。人家给你钱，给你物，让你写报道。拿了人家的，吃了人家的，你能好意思不写吗？你还能讲人家问题吗？这实际上是一种变相的"有偿新闻"。允许这种作法存在，不仅影响新闻的客观、真实、公正，也会把一些记者引导到专门赶"场子"的邪路上去。

同时，败坏整个社会风气。我认为，必须明令禁止开会和其他场所接受被报道单位的钱和物，不堵住这个口子，"有偿新闻"制止不了。

三、严格自律，从自己做起，从身边做起，切实树立起良好的职业道德。

在这方面，我是有教训的。我于1981年任人民日报驻湖南记者的，到1985年止，我开会是不接受钱物的，对会上发钱发物，曾多次抵制。后来，特别是近两年，熟人多了，遇到发钱发物单位的人熟，或者发钱发物单位是党政机关，由于自己思想不过硬，怕得罪人，怕得罪同行，也接受过钱物，这一点给了我深刻的教训。近几个月来，我采取当面谢绝、会后登门退还、从邮局退等方式，抵制变相"有偿新闻"，效果比较好，从6月底到7月，我们记者站两名同志退掉礼金礼物1350多元。今后，不管社会风气如何变化，我们只要严格要求自己，自我约束，从自己做起，我相信，我们是能够抵制住"有偿新闻"的。

作为中共中央机关报的记者，我们的新闻职业道德如何，影响到全国的记者，因为大家的眼睛都盯着我们。我在参加一些发钱发物的新闻发布会时，有的记者说："吴兴华敢拿，我们就敢拿。"因此，我们要充分认识我们人民日报记者一言一行、一举一动对新闻界的影响，对社会的影响。必须时刻以中央党报记者的标准严格要求自己，自觉地遵守中宣部、新闻出版署的各项规定；自觉地遵守报社的规定，在弘扬社会主义的新闻道德方面起模范带头作用，维护中央党报的声誉；做一个合格的党报记者，宣传党的路线、方针、政策，为宣传社会主义的物质文明和精神文明建设做出自己应有的贡献。

1993年12月

# 什么是今天的好新闻?

## ——2000年人民日报地方记者好新闻评奖感言

周 庆

**提要**：综观人民日报首届地方记者好新闻评奖过程和获奖作品，对什么是今天的好新闻有两点感悟：

一、立足制高点，多说今朝事。立足事实的制高点，写大事、新事；立足政策的制高点，掌握评价标准；立足大局的制高点，决定内容取舍；立足版面的制高点，写出抢手新闻。

二、追求思想性，写出历史感。有了思想性才有独到的眼光；有了独到的眼光才能有胆略；有了胆略才有新闻敏感，才能写出好新闻。

### 好新闻评奖，是一种检阅

2000年人民日报地方记者好新闻评奖是第一次，是件新鲜事，通过评奖，检阅了73名驻全国各地记者反映时代的能力，成果蔚为壮观：全年发回编辑部的稿件是5121篇，比上年增长22%；见报3383篇，比上年增长42%，接近《人民日报》刊出本报记者稿件总量（1.4万篇）的1/3；其中头版头条108个，在全年365个头版头条中占将近1/3，在各部室中为第一大户；照片108幅，特快专递98篇，言论90多篇。

此外，人民日报记者部2000年编辑工作也很出色，策划调度能力增强,编辑质量提高,编版数量增加,《各地传真》版编发49块,《地方新闻》编发整版6块、半版17块,加起来也是历史之最。

从这么多的稿件、版面中评选出一部分好新闻,当然没有问题。我们通过记者自选和编辑普选排出一个入围名单,送给编辑部的几位评委,他们阅后感叹:"没想到好稿这么多!""有些稿件质量真不错!"评"舆论监督"一项好稿时,入围4篇,按原定数额应淘汰1篇,评委无法割爱,最后决定4篇都得奖。

## 奖项设置有3个新颖之处,含有深意

一是奖项主要为一线记者设置。在全部15个奖项71个名额中,专评驻站记者好稿的有10个奖项51个名额,占2/3,

2004年8月,记者郑德刚(左一)到四川阿坝藏族羌族自治州的少数民族聚居区,与在田间劳作的群众拉家常。

其余为编辑奖。编辑奖奖励在北京专编记者来稿的同志。其中《各地传真》专版由记者部主编，1993年创刊，生存了7个年头，每年刊出300多篇驻站记者的深度报道；《地方新闻》专版1999年创办，专门刊载地方鲜活新闻。这两个专版颇具特色，这次获奖的稿件多数出自这两块版上。

二是针对目前记者来稿的弱点，有意识引导，专设4项特别奖：精品短稿、思想深度、舆论监督和当日新闻，每项评出3篇，不分名次，荣誉和奖金额都高于一等奖，用意是提倡记者写这4类新闻；而且，不求全，虽然全了更好，但单项突进也是很好的。我们相信，这4类新闻是各个版面都欢迎的。写出这样的稿子，不用找社领导特别推荐，不用打电话向版面催稿求情，就可以及时用出去，获奖的几率也大。说得再明确一点，具有这4个特点的新闻，就是今后记者写稿的努力方向。

同时，奖项也注意为版面上最常见的、大量采用的体裁保留较多的名额，如消息、通讯、现场短新闻，各有9个名额。对内参用稿，也设置了相应的奖项。

三是提倡做全能记者。版面上大量采用的言论、图片，却是驻地记者的弱项。为鼓励大家向这些领域进军，这次也设立了奖项。2000年驻地记者给评论部的栏目《人民论坛》、《今日谈》写稿明显增多，这是一个好现象；照片刊出的数量也较多。但去年全年平均每位记者仍只发表了1.3篇言论、1.5幅照片，说明这方面潜力还很大。

### 评奖中的三个特点

一是"自选题目"、"指定题目"均有获奖作品。在获奖的43篇公开发表的稿件中，41篇是记者的"自选动作"，获特别奖的12篇作品，全部是自选题，如胡斌写的消息《黑龙江垦区推行"斤两成本逆控法"》被评为精品短稿；此前，这篇千把字的消息还获得了人民日报8月份的好头条、下半年的精品奖。罗盘写的通讯《由谁教育富裕起来的人们》以思想深度见长；胡跃平写的通讯《瞎指挥搅了退耕还林》、陈沸宇写的通讯《毛毛用生命控告推委》被评为舆论监督好稿。由报社、记者部布置的稿件有两篇获奖，一是江宝章为头版头条专栏《迈向新世纪》写的《福建推进机关效能建设》一稿被评为消息三等奖；二是郑有义写的中宣部确定的典型《白春兰和她的绿色庄园》获通讯二等奖。

二是典型性新闻容易获奖，综述类新闻难得上榜。"典型易多，综合易少"，这本来就是新闻规律。43篇公开发表的获奖稿件，除去4篇评论，只有5篇是综述，其余34篇全是事件性报道。看来，被称为"易碎品"的新闻中，综述类报道的生命力更短。原因在于综述多为概况，时过境迁，当事实完全浮出水面、结果显现后，以前的概括与看法就变得苍白起来。而单个事件的报道，留下了对事实的刻画，什么时候读起来都会饶有兴趣，如果报道又是独家新闻，更有让人回味的魅力。这就提醒我们，做记者要善于在具体事件中找新闻。选题时，首先面对一件事情，然后找出其中的新变化，接着想办法把它写成一篇报道，力争第一个报道出去。

三是记者与记者、站与站之间的差距比较明显。这次评奖项目较多，编辑组的同志在挑选入围作品时，发现一个现象，2000年天天抢新闻的记者，哪个项目都容易找到好作品。如吴兴华，舆论监督、消息、通讯、内参都有好稿；如郑有义，短稿、当日新闻、通讯都有好稿。还有一些同志，好稿也多，入围作品也就较多。对以上同志，初审的时候，主要是控制篇目，因为按规定每人最多不超过两篇，而且以一篇为宜，这就使他们余下的那些优秀稿件失去了参评机会。与此同时，初审还发现有6个站、15个站长，共25位记者没有作品入围，原因是质量一般化。最后，经评委投票，有44位记者的作品获奖，占驻站记者的60%。总体看，多数记者站、多数记者、多数好稿获得了人民日报首届地方记者好新闻奖。

## 两点感悟

综观评奖过程和获奖作品，我作为一名评委，对什么是今天的好新闻，有了一些新的认识。

**1. 立足制高点，多说今朝事。**人民日报有38个记者站，遍布全国各省区市。在站里当记者，是中央党报派往地方的记者，采访报道要立足四个制高点：立足事实的制高点，写大事、新事；立足政策的制高点，掌握评价标准；立足大局的制高点，决定内容取舍；立足版面的制高点，写出抢手新闻。非登高不能望远。四个制高点，挑战与机遇并存。挑战来自客观事实、同行和读者，机遇存在于事实蕴涵的新闻性中，由捷足先登者得之。王建新与岳富荣合作的通讯《写在雪域高原的世纪史诗——西藏实行民族区域自治 促进经济社会发展和人权进步纪实》，就是一篇高屋建瓴之作，获得了思想深度奖。文中大部分材料来自平时采访的积累，但记者蓄势待发，紧紧盯住时局的发展。2000年3月，美国国会参议院通过所谓"西藏国庆日"决议案；联合国人权委员会召开会议期间，美国利用"西藏问题"攻击中国。西藏站的两位记者感到报道西藏经济社会最新的发展、保障人权的最新事实恰逢其时，日夜加班，反复斟酌，以鲜明的主题、详实的材料、准确的表达，完成了报道，这就是立足事实的制高点。记者在报道中用了三个小标题：埋葬封建农奴制、生存权和发展权是最大的人权、加强民族团结实现共同繁荣。以党和政府的政策为视角、从西藏人民的立场出发评价事实，这就是立足政策的制高点；记者敏锐地抓住正当在人权问题上开展国际斗争的时机，这是大局的制高点；本稿获得编辑的青睐，3月28日在头版头条刊出，使报道在国际斗争中发挥了良好作用。当然它还占据了版面的制高点。报道发表当日，总编辑即对此给予充分肯定，编辑部的同志都认为这篇报道配合大局及时、有力。

获奖稿件中的批评报道有15篇，数量占1/3强，质量也高。这本来就是人民日报的一个强项，近两年重新得到加强，而且准确性大大提高。以记者部为例，全年公开发表的批评报道还没发现有失实的，主要事实基本准确。尤为可贵的是，记者都能主动配合各级党组织积极稳妥地解决问题，维护稳定。2000年12月3日四版发表杜若原为《现场目击》专栏写的《无钱交费农民拆房》一稿，获现场短新闻一等奖，文中反映了湖北省仙桃市大福镇一些村子里从1997年起，按房屋收费每年每户400元。农民交不起，只好拆房、揭瓦。400元的收费高得离谱。来稿当晚，我问过记者，当地对农村宅基地使用政策是什么？记者当即与省有关方面联系，问清楚是有偿使用，一年一平方米只收0.1元。我又通过北京的记者请教国家有关部门，答复是每户只能有一处住房，占用宅基地取消收费，但对超面积的部分收费，标准由当地制定。大福镇一些村子显然是乱收费，而且后果严重。报道一见报，即引起国务院纠风办和省、市领导的重视，派工作组调查处理，为农民解决问题，这是维护农村稳定的根本方法。宣宇才2000年10月10日发表的《霞浦，法与特权在较量》一文，获舆论监督特别奖，说的是福建省霞浦县法院刑庭副庭长因自己开的迪吧被查，指使人行凶。8月30日，这个副庭长被逮捕，9月21日，他身穿法官服的照片还摆在法院大厅。记者披露此事后，才被摘掉。该单位立即进行学习整改。这些事实说明，我们的好新闻是具有战斗力和震撼力的。

　　记者站在制高点上，要看清楚事实的过去，判断它的未来，目的是清晰、生动、准确地报道事情的现在。梁小琴写的《我国首个"无车日"在成都启动》，获当日新闻特别奖。她写的"无车日"活动只是21世纪城市建设与成都国际环境大会的一项分支活动。10月14日，成都市长王荣轩与联合国人居中心官员游建华一起骑自行车游览市容。活动开始，市长讲话，骑车游览队出发，多数记者匆匆离去发稿，梁小琴却不怕辛苦，骑车捕捉到市长与联合国官员的生动谈话。骑车游结束，她意犹未尽，沿着府南河又骑了大半圈。市民刘军当日结婚，用插满鲜花的三轮车迎接新娘，办了一个"环保婚礼"。稿子见报，大会新闻中心打来电话，称赞她的报道全面、生动、细腻。原来，"环保婚礼"的场面真是一条难得的独家新闻。这样的采访精神，这样的当日新闻，对每个记者都有启发作用。

**2. 追求思想性，写出历史感**。作为一名胸有丘壑的记者，他有了思想性才有独到的眼光；有了独到的眼光，才能有胆略；有了胆略，才有新闻敏感，最后才能写出好新闻。报上800字，脚下万里行，灯前十年功。思性从何而来？从四个制高点上来！怎么才能站在这样的制度高上？只能是手脚并用、眼脑并用爬上去，舍此没有其它办法。

思想性表现在哪里？从新闻作品看，主要表现在标题上，因为读者读报先读标题。如果你写好了报道，就是想不出好标题，或者在你的报道里找不出一句话可以改造为标题，那就是在表达上还缺乏最后一步的提炼；如果在你的报道里找不出可以明确统领一段话的插题，那更说明你的报道在思想判断上还处于混沌姿态，不是层次不清，就是内容杂糅，需要理清思路。胡谋的通讯《冷冷热热中英街》，及时向读者报道了深圳与香港接壤的那条中英街历史的变迁——今天，冷了购物潮，热了爱国情，这在纪念特区成立20年的报道中，独具视角，颇有思想者的风格。罗盘《由谁教育富裕起来的人们》这样一个标题，不知吸引了多少双眼睛的关注，《人民文摘》、《楚天都市报》、《文摘报》等十几家报刊转载了此文，加拿大等地的读者也打来电话，希望作者写出后续报道。

历史感与报道的事件性、独家性和思想性是相联系的，因为新闻报道的这三性是一切思想家和历史学家的材料。一篇报道所揭示的变迁，一旦给人们的思想认识开辟出新的天地，人们将从不同的角度经常提到它，这是新闻报道的最高荣誉。

2001年3月

# 精心经营"土特产"
# 情理交融文自远

## ——通讯采写的几点体会

孟西安

通讯是新闻报道的常备品种。作为驻地记者,我的体会是,要写好通讯,需在"特、巧、情、理"上下工夫,概括起来说就是:精心经营"土特产",情理交融文自远。

记者孟西安(右一)在秦始皇兵马俑二号坑采访。

## 经营"土特产"巧开"百宝箱"

记者要善于写"人无我有、人有我优"的新闻,这话有理,但我认为得再加一句,还要写"人优我特"的作品。

所谓"特",就是"奇特"、"独特"。发展经济,人们强调要善于发挥比较优势,调整产业结构,大力发展依托本地资源的特色产业。我们做文章、写通讯,何尝不应如此?如果常写"人有我有,人云亦云"的东西,尽卖些"大路货",那编辑和读者肯定望而生厌,你的"产品"即作品肯定会滞销积压。作品只有独具特色,富于新巧,才能先声夺人、引人入胜。因此,写新闻,写通讯,首先要研究选题的"特"字,从"特"字入手,以开启编辑之"门"和读者之"目"。

驻地记者,有在"特"字上做文章的优势。生活在祖国东西南北中,各省、区、市部有着自己与外地不同的人文历史、风土人情、风光景色及特产资源。海南的海洋与热带风光,绝不同于北疆的林海与冰天雪地;云南的石林与原始森林,也绝不同于内蒙古的草原与"风吹草低见牛羊"。就是类似的景物,贵州的黄果树瀑布,不同于陕晋间的黄河壶口瀑布;宁夏的枸杞发菜,也绝不同于青海的冬虫夏草和新疆的哈密瓜与葡萄。就是同在一省一市,比如陕西的陕南、陕北和关中也是风景各异、特产不同。只要抓住本地的"特色"做文章,就能避免作品雷同、千文一面。

记得克林顿访华在中国选出访第一站时,我国曾提出4个城市备美方选择。西安市为了争得第一站,面对白宫办公室打前站人员,就用自己独特的"仿古入城式"欢迎客人。看惯了高楼大厦的美国客人一下子被富有中国民族特色的"仿古入城式"打动了,他们当即拍板:第一站就选在西安!原定入城式在城墙上活动只半个小时,不料城墙上的剪纸、刺绣、古乐和儿童绘画等,使得克林顿夫妇一行驻足惊叹、流连忘返,活动只好延长一个小时。特色吸引了客人,也造就了独家特色新闻:《感受中国的历史与现实》、《有朋自远方来》两篇通讯分别在《人民日报》及《人民日报·海外版》见报后,在海内外引起广泛关注和热烈反响。

  陕西的"特"在什么地方?我想,陕西是中华文明的发祥地,也是革命圣地延安的所在地。陕西地处祖国的西部,在西部的东隅,具有承东启西、连南接北的优势,是西部大开发的"桥头堡"。陕北的油、气、煤,渭北的苹果,关中的高科技、军工,陕南的林、果、茶、药,构成了陕西特色产业,应当在这方面做文章。明确并抓住这些优势和特色,就像打开了"百宝箱",各种奇珍异宝就会"笼天地于形内,挫万物于笔端"。基于此,我把古城西安、圣地延安作为陕西城市报道的重点,先后写出了《重振汉唐长安雄风》、《西部亮丽的风景线》、《敞开城门迎宾客》以及《再回延安看母亲》、《窑洞的灯光》、《火车开到宝塔山》等数十篇反映古城西安和圣地延安发展变化的通讯、特写。其中《再回延安看母亲》收入复旦大学新闻学院教材,《窑洞的灯光》获"毛主席走过的地方"征文一等奖。考虑到陕西军工企业多、航空科技力量占全国的1/3以及渭北苹果质量全国最优、产量跃居全国第二等优势产业,我先后写了《共和国的脊梁——"一五"期间陕西兴办156项工程巡礼》、《创造起飞的好气候》、《中国新一代客机何时上天?》、《陕西"粉红女士"款款出国门》等通讯。其他如抓住地方独有的风土人情及名特小吃采写的《美哉,米脂婆姨》、《千年羊肉泡 百年老孙家》等通讯,也以独特的"风味",吸引了读者。特别是我抓住陕西是文物大省的特点,写了《敞开世界第八奇迹的大门——秦兵马俑发掘记》、《法门寺地宫探宝》;《东方太阳神出土记》、《汉阳陵探秘》、《周原挖出了"太阳"——西周"阳燧"发现纪实》、《华夏珍宝库》、《华夏第一村——西安半坡漫游》、《让历史苏醒》等上百篇文物考古的通讯及报道。2003年,又相继采写了《五位农民献宝记》、《西汉美酒可否饮用?》等访问记。这些文物珍宝是陕西独有的，因而写出的东西又多是独家新闻，因此可读和耐读性强，颇受读者青睐。这些通讯作品，有的被《新华文摘》转载，不少还被海外报刊转载。

由此我想，如果编辑部提倡专业部的记者当专家型记者的话，那么，就应该提倡驻地记者成为研究并熟知驻地政治、经济、历史、文化等方面的行家里手和善以"土特产"式新闻或通讯赢得读者的名记者。

## 无巧不成书　有情乃文章

在稿纸的方格内经营"土特产"，主要指写作的选题和内容。但有"土特产"，并不等于就能卖上好价钱，还要善于打磨、包装和经营，这就要通过记者的巧手对"土特产"进行"深加工"，使其诱人，促其升值。

"巧妇难为无米之炊"，但有米和菜，没有"巧妇"的"巧"做，恐怕也难成为可口的饭菜。同样，有了大量的新闻素材，如果没有认真的选配、剪裁等"巧"构思、"巧"安排，恐怕也难成为编辑抢手、读者争读的好文章、好通讯。

通讯写作也应在保证真实性的前提下，通过巧妙的构思和情节安排，达到构思奇巧、情节抓人的目的。须知，文似看山不喜平，要善于以巧取胜，努力构成跌宕起伏、层层剥笋、环环相扣的通讯框架和表现手法。比如，在写《生命，为人民燃烧——记陕西凤县坪坝乡党委书记兼乡长田建国》的通讯中，开头我通过端午节县、乡、村代表和田建国的妻子"哭坟"，引出了不同层次干部和群众对田建国的深切怀念；在《重振汉唐长安雄风》通讯中，通过西安市委书记"谈古论今话重任"、"说长道短话改革"、"谈天说地话科技"、"说东道西话开放"4个方面"谈、说、道、话"的巧妙结合，比较全面地介绍了西安市的历史沿革和发展优势，表现了市委书记对市情的了如

1998年美国总统克林顿访问古城西安，记者孟西安（前排左二）随行采访。

指掌；通讯《重访延安看变化》中，以《心中永不熄灭的灯》、《眼前永不褪色的旗》、《身后催人奋进的鼓》3个小标题，巧妙地通过人们"心中"、"眼前"和"身后"对"灯"、"旗"、"鼓"的感受，反映了延安干部群众发扬延安精神开拓进取的风貌；通讯《黄河在这里转了个弯……》以黄河在大荔县雷北村东的流向变化，巧妙地隐喻了改革开放给农民带来的观念变化和农村的历史巨变……

齐白石说过："学我者生，似我者死。"意思是说在艺术创作上切忌模仿抄袭，而要善于"学进去，又跳出来"。做文章、写通讯也应如此。"文无定法"，绝不能死抱一种格式或重复模仿别人，而要善于创新，以新、奇、巧取胜。

"有情乃文章"，作品贵在以情动人，通讯尤应如此。有人说消息好比电报，通讯好比写信。自然，写信比文字简约的电报更能抒发人的感情。《县委书记的榜样——焦裕禄》、《为了周总理的嘱托》等之所以成为新闻名作，历久而不衰，原因之一是通讯以感人至深、催人泪下的"情"打动了人，震撼了人心。没有感情的文章不是好文章。写通讯就要追求声情并茂、情理交融、情真意切。

"情"从何来？"情"从生活中来，从采访的实践中来。没有感人的事实，就激不起作者燃烧的激情，也就不可能写出动人的文字。而要写出有真情实感的文字，就必须深入生活、深入采访，通过深入挖掘，特别是通过对采访对象生活、工作环境以及内心世界的挖掘，努力反映采访对象的性格特点及其精神风貌。发表于1990年3月的通讯《侯宗宾家事四笔》，写的就是我正月十五到侯宗宾（时任陕西省省长）家中做客，与其夫人及儿女交谈中，得知省长廉洁自律的几件家事。通讯通过侯省长"妻子的工作"37年没有变动、"弟弟的户口"没能从农村调入城市、"儿子的职业"不准靠父亲的威望去经商、当"官"、"女儿要当兵"不准走后门等感人的"小事"和细节，展现了党的高级干部的高风亮节。通讯在《人民日报》头版发表后，不少读者来信说被感动得落了泪。2003年我与通讯员合作采写的小通讯《医生给病人送"红包"》，标题不仅"巧"，而且内容也包含着"情"：第四军医大学口腔医院院长余绍明看到一位农村女患者得了恶性骨肉瘤，需马上做手术，但患者家里穷，拿不起手术费，于是余院长查房时就用纸包了3000元放在患者床前，"希望帮助她渡过这一难关"；虽然手术很顺利，患者最终还是因癌细胞转移恶化而病逝。本来文章到此该结束，不料患者的丈夫又接到余院长寄来的1000元钱，"要他把这笔钱用到孩子身上"，读到这里，不禁使人们肃然起敬。但余院长真的对患者的"红包"一概拒收么？记得文中又写道：往往在患者推进手术室的时候，不少患者家属硬向主刀大夫塞"红包"。面对这样的"红包"，余院长不是硬拒收了之，而是微笑着暂时收下，"为的是稳定和安慰患者家属的心"，但手术做完即把"红包"又归还给患者家属。由此余院长的一举一动对患者及家属的"情"就跃然纸上，令人久久不忘。我想，写通讯，贵在写"出乎意料而又在情理之中"的文字。

通讯的"情"不仅要通过感人的细节去表现，而且要善用群众活生生的语言去表达。古语说"目既往还，心亦吐纳"，就是说不仅需要靠眼去观察，还要用心去体验。"言为心声"，好的通讯，一些细节描述时间长了可能忘记，但那些掷地有声的语言，可能长期流传下来，就像一部电影，时间长了内容可能记不清了，其主题歌却可以流传下来。文字和语言，是构成文体的细胞。新闻，尤其是通讯、特写，善于挖掘、收集和提炼群众活生生的语言，力求"语不惊人死不休"，非常重要。我在采访中重视群众语言的收集和运用。通讯《当好领头雁》中，描写改革前农村一个劳动日不值一毛钱，就用了"堂堂五尺汉，不如母鸡下个蛋"；说有些农村党员不发挥模范作用，用"党员不党员，只差五分钱（党费）"；说党支书一心为公，则用了他的话，"为私别入共产党，党的干部不能像下棋那样，一上来就吞个卒（足）。"通讯《咬住青山》中，为了表现位于秦巴山顶的兴隆村的艰苦，我用了村民的顺口溜："天旱三日地冒烟，月亮能把苗晒干，驴要打滚没场地，人到兴隆鞋磨穿。"在写郭秀明事迹的通讯《用生命播洒阳光》时，先后用了郭秀明的6句话作小标题："群众穷我富有啥用？群众有钱买人参蜂王浆，我再开药房"、"火车头要带车厢奔跑，共产党要领群众致富"、"挖穷根，关键要开化咱的脑子，培养好咱的孩子"、"当大夫要治身病，当书记要治心病"、"干部不仅要吃苦，还要吃亏，怕吃亏就不要当干部"、"是老黄牛，就不能倒在槽头上，而要死在犁沟里"，这6句发自肺腑而掷地有声的话，生动地揭示了郭秀明为人民鞠躬尽瘁的内心世界；我用干部群众这样一句话"山上的树一天天粗了，而老郭却一天天瘦了；群众一天天富了，而老郭却一天天穷了"，画龙点睛地勾勒出郭秀明"舍自己为集体、舍小家为大家"的高风亮节。

"言之无文,行而不远"。通讯要有情,不仅要善于运思布局,还要讲究文采,也就是说话要动听、文章要耐看。写通讯,需要逻辑思维的严密性,但也需要形象思维的生动性。通讯写作,开头往往用形象去抓人,文中要用形象性去动人。因为形象的东西,更能触动感官,使人产生身临其境之感,更易使人动情。如果通讯一开始就板起面孔说教,那谁还愿意看下去?因此,我在通讯写作中,力求先以形象的语言和描述,达到先声夺人、以情抓人的目的。比如通讯《用生命播洒阳光》,我用了群众站在寒风中"迎灵"的场景开头:"深夜,一辆面包车迎着凛冽寒风,在西安至铜川的高速公路上急驶。车内,气氛凄凉凝重。4位青年农民脸上挂着泪水,搂抱着一位已经去世的亲人。快到村口的时候,他们哽咽着说:'郭书记,你睁眼看一看吧,咱们回家了。'汽车驶上……惠家沟村的梁峁,只见家家户户电灯闪亮,犹如夜幕的黑幔上缀满了一朵朵白花,村头平地上,村民们点起的堆堆篝火熊熊燃烧,仿佛在频频招呼迎接他们的领头人归来。"看到这里,读者一定会如临其境、如闻其声,一定会问:为什么全村村民彻夜不眠?为什么会伫立在寒风中等候他们的郭秀明书记?于是,人们就不得不看看下文。

写通讯,贵在情真意切。而要让读者动感情,首先自己要动感情。我在写郭秀明事迹的通讯时,是抱着"不写好这个典型,我就不当记者"的决心写的,是用"笔蘸泪水写秀明"的。因此这篇通讯不仅受到中组部和人民日报社的好评,也获得了全国报告文学征文特等奖和《人民文学》报告文学征文优秀奖。由此,我想,写通讯(包括报告文学),要力求达到"涌之行云流水,听之金声玉振,观之明霞散绮,讲之独茧抽丝";因为,构思之巧,细节之神,语言之妙,行文之美,才能交织成一篇动人心弦、声情并茂的好通讯。

## 雅俗共赏品最高　情理交融文自远

通讯要追求文雅、文采，但不等于故弄玄虚、矫揉造作。"文章本天成，妙手偶得之"，要师法自然，返璞归真，力求从写法到内容上做到雅俗共赏，上下满意。

雅俗共赏是艺术的最高境界。齐白石的国画、梅兰芳的京剧表演之所以比其他大师名旦技高一筹，就在于他们的画作和演唱做到了老少咸宜、雅俗共赏。如果我们写的通讯只满足了某些人的需要，或只受部分人的欢迎，那就不能算是上乘之作，更算不上"绝活"。

书无厚薄，文无长短，有情则存，有魂则灵。文章和通讯贵在意气并蓄，情理交融。情能感动人，理能征服人。文章再好，即使是通篇锦绣、字字珠玑，但立意不高，论理不透，那就像彩虹挂空，稍纵即逝。只有那些吃透了中央精神，掌握了党的方针政策，了解了社会发展的总趋势，才能"山巅人为峰，登高声自远"，才能写出立意高远、与时俱进和以理服人的好文章、好通讯。因此，我们在追求写作技巧的时候，千万不要忽视自己的理论修养，只有真正掌握了马列主义、毛泽东思想、邓小平理论和"三个代表"重要思想的真谛，才能在千变万化的生活中撷取最能反映生活本质、推动社会进步的素材，才能在良莠互见、泥沙俱下的社会现象中，明辨淄渑、区分泾渭，保持清醒的头脑和正确的舆论导向。

通讯报道中所含的"理"，应当成为通讯的含"金"量高低的重要标志。但通讯不是理论文章，不能靠大段大段的理论说教和逻辑推理，更不能采取"米不够，水来凑"的办法妄加议论。通讯中的"理"，应是水到渠成、顺理成章的"理"，要善于用蕴含哲理的描述和议论去表达。比如，为了表现延安人转变观念、加大改革开放力度，在通讯《再回延安看母亲》中，我用了"思路和出路来自实事求是：开发加开放，叩响致富大门"。为了表现基层党支部书记为党争光的事迹,在通讯《踏遍青山人未老》中,我用了党支书的一句话:"党的形象好了,俺就有威信了。"为了表达共产党员和党员干部示范作用的重要性,在通讯《山高水长党旗红》中,我用了"苦熬不如苦干,苦干不如巧干,巧干不如示范"……这些富于哲理的语言,不仅启迪心灵,而且增强了通讯的感染力和说服力。

2005年2月

灿烂的星河——人民日报记者部新闻实践与思考

# 如何采写重点报道

刘 杰

记者刘杰面对母亲河(黄河)的沉思。

　　党报、党刊是共产党执政的重要舆论阵地，必须也应该加强重点报道，加强指导性、权威性和可读性，增强宣传效果，真正让重点报道在新闻舆论中占据主导地位，唱响主旋律，打好主动仗。

　　作为党中央机关报，人民日报一直对重点报道紧抓不放，每年都要在重点报道上花很多功夫，下很大气力，做很多工作。特别是近两年，编委会经常要开重点报道务虚会，实行重大选题预报制，动员采编人员为重点报道建言献策，不断推出各种有特色有分量的重点报道栏目，重点报道各行各业的新举措、新思路、新局面和新成就，在全国引起很好反响，受到中央领导和人民群众的好评。这也就逼着每个记者编辑去琢磨重点报道，千方百计搞好重点报道，保证如中央领导所要求的那样，把人民日报办得"高出一筹"，真正成为党报的旗舰。

什么是重点报道，从字面上看，重点报道就是新闻含量高、有重要指导意义的报道，就是能够突出反映中央精神，又特别切合地方实际，与人民群众利益密切相关，又很有可读性和可借鉴性的报道。通常说的重点报道，在新闻媒体的表现形式上就是头条报道，其实在重要版面推出的重点稿件也应是重点报道。比如《人民日报》，一、二、四版是要闻版，那么在要闻版上推出的重要稿件，当然也是重点报道。

## 一、怎样捕捉重大题材？

搞好重点报道首先要捕捉重大题材，而重大题材是隐含在生活深层次的东西，是重大政策培育催化下的含羞果，不下力气很难捕捉得到。

捕捉重大题材需要一定深厚的功底，比如加强思维训练，讲究人无我有，人有我特，人特我新，但最重要的一点，我认为是要胸有大局，多些思考，多些理论基础。我们有位领导讲到，胸有大局多思考，就是要"站在天安门上想问题，下到田埂找感觉"，这是一个很形象的说法。站在天安门上就是要站在党的政策理论的高度，就是要对党的路线方针政策做到胸中有数。下到田埂找感觉，就是要到群众中、到生活中去寻找、发现生动鲜活的新闻事实，使报道更有针对性和感染力。

要站在天安门上想问题，就要多学习，多积累，多发现，学习、积累、发现三者的关系是金字塔，就是说只有抓好学习，才能更好地积累，只有很好地积累，才能更好地发现。下面,我分层次就学习、积累、发现的重要性,以及在捕捉重大题材中的重要作用,谈谈这方面的体会。

(一)"海绵吸水"多学习

善于思考,多些理论钻研,有善于学习思考的大脑,有良好的理论素养,这是当好记者的前提。学习就是充电,电足才能心明眼亮,才能识别真伪,才能看清形势走向,搞好重点报道,写出有分量的新闻稿件。

学习的内容是党的大政方针,是必要的理论研究,这是非常重要的一点,是指路明灯,是方向。不了解党的路线方针政策,没有理论作为指导,新闻就没了灵魂,就缺乏指导性和教育性,就很难发挥新闻应有的教育作用。比如农民增收问题,这是全国性的大事情,是党中央、国务院领导一直紧抓不放的大事情,更是牵扯到全面建设小康社会的大事情。理论界对此作了大量的研究,很多专家有很好的专著。但表现在新闻报道上,特别是重点报道上,如何去突破,如何去寻找有影响的典型,指导群众走出增收新路子,这是每个新闻工作者都应努力去做。对此,我一直非常关注,经常考虑捕捉新的更好的典

记者刘杰与全国著名劳动模范郭凤莲在虎头山。

型，宣传推动农民增收，推进全面小康社会建设。2003年，报社推出"学习贯彻'三个代表'，达到新高度，取得新成效"栏目，重点报道各地新鲜经验。我根据自己平时掌握的实际情况，立即上报了宣城市抓龙头企业，带动农业产业化发展，促进农民增收的典型，在得到编辑部肯定之后，马上投入采访，用七八天时间写出了《宣城："龙头"昂起促增收》的通讯稿，很快上了《人民日报》头版头条。

最近，中央提出坚持科学发展观、建设节约型社会，为什么要提出这个问题，什么样的社会才是节约型社会，怎样建设节约型社会，本地有没有这样的典型？半年多来，我们一直非常投入地学习研究这一问题，听取专家讲课，学习有关文件，钻研有关理论，感觉到节约型社会的建设，节约一度电、一滴水固然重要，但怎样从资源节约型，从可持续发展上建设节约型社会更为重要。安徽是农业大省、资源大省，节约能源、节约资源、节约土地，显得尤为重要。基于这一认识，我们想到了煤炭基地淮南，想到了以前在淮南为采煤塌陷区群众解决住房困难，矿业集团为矿工解决住房困难，改造城中村等等，也想到了利用煤矸石砖、节约土地等问题，这些看起来不相关联的问题，用科学发展观和建设节约型社会的主线一穿，马上看出了新的重大题材的重要性。

于是，在报社有关领导的指点下，我们深入基层，与市及各方面人士座谈，到群众中去深入采访，到现场去观察了解，发现无论是采煤塌陷区、城中村，还是新建矿工小区，全是多层住宅楼，全都统一安装了太阳能热水器，安装了瓦斯灶和表；再一了解，那砖全是煤矸石烧制，取代了以前用红土烧制的实心砖；从规划、建设，从建筑材料到居民用具，都突出了节约能源和资源，非常难能可贵。于是，我们一挥而就写成了《淮南建设节能省地型居民小区》，一下就上了《人民日报》头版头条，《安徽日报》等各家媒体都作了转载。

### （二）广泛关注多积累

在捕捉重大题材上，除了胸有大局多思考、学习理论打基础外，还要广泛关注多积累。积累是搞好重点报道的基础，是提升思考能力和发现重大题材的前提条件。这里我主要谈谈生活实践和理论学习上的积累。这种积累是一个漫长的过程，积累积累，日积月累，就不是一朝一夕的事，要围绕一个重大问题，经常用心去体会，用脑去思考，在不断体会思考中发现新的更深层次的东西，写出更有分量的重点报道。

安徽是全国唯一的农村税费改革试点省，税费改革的经验和成就的报道，在全国产生过很大影响，但安徽并没有一改了之，而是根据改革中不断出现的新问题，进行深入持久地研究推进，同样探索出很多很好的经验。在报道这一重大改革中，我们也是不断学习和积累的过程。特别是以收取税费为支撑的乡镇财政，在取消税费之后，乡镇运转遇到了前所未有的困难，如何破解这一难题，是事关改革成功的大问题。安徽迎难而上，探索出乡财县管，加大资金转移支付，坚持预算管理权、资金所有权和使用权，以及财务审批权"三权不变"，实行乡镇乱收费、乱花钱、乱举债、乱进人"四个管住"，破解了乡镇乱收费就加重农民负担、不收费就难以生存的怪圈，在全国都很有指导性。我就此进行了深入采访，写出了坚持"三权不变"、实现"四个管住"的《安徽改革乡镇财政管理方式》，在2005年1月9日头版头条推出，受到国家财政部好评。我想，假如没有几年来农村税费改革的理论知识的积累，没有报道实践上的长时间积累，是很难写出这一后续重点报道的。

其实，就是以坚持"三权不变"、实现"四个管住"的乡财县管，也只是一种改革的进一步深化，要根本上解决问题，还需要更深层次的改革。今年起，安徽在全省18个县开始试点综合改革，也就是撤并乡镇村，分流在职人员，大刀阔斧地进行"拆庙减员"。芜湖、宣城市已先行一步，乡镇村减少60%以上，在职人员减少40%以上，行政成本大幅下降。省里为此在芜湖召开农村综合改革动员大会，省委书记郭金龙同志指出:"这项改革迟早要进行,绕不过去,也拖不过去。"可见,这虽然是个工作性会议,但意义非同寻常。有人想到了当年的农村税费改革,会议也是在芜湖召开的,这次的综合改革无疑是又一场革命。我是被临时叫去参加这次会议的,联系安徽农村的一系列改革,我向编辑部通报了试点工作的重要性,并写了《安徽十八个县试行农村综合改革》,结果在9月8日上了《人民日报》头版头条。假如没有以往的积累,就很难意识到这项改革的重要性,也就很难抓住报道的重点,当然也就会与《人民日报》头版头条失之交臂,留下无法弥补的缺憾。由此可以看出,积累对捕捉重大题材,搞好重点报道是多么重要。

**(三)登高望远多发现**

要捕捉重大选题,多思考、多积累、多学习、多探索固然重要,但还要善于多发现。发现是建立在思考、学习、积累基础上的。这就像登高望远一样,只有思考得深,学习得透,积累得厚,才能"登泰山而一览众山小",才能举重若轻走得远。

其实,发现说到底是个眼光问题,也是个感觉问题,别人看不到、感觉不到的东西,你看到感觉到了,那就是发现,那就是独到之处,那就是新闻,是独家新闻,是重点报道。前不久,我到马钢去,本来没带什么任务,只是跟集团党委书记闲聊,结果聊着聊着,聊得我心花怒放,激动不已。他说到马钢"十五"期间投资150亿元没倒下一个干部,让我眼睛为之一亮。想到以前人们常说的那些怪现象:竖起一座楼倒下一个干部,投资1亿元倒下几个干部,修好一条路倒下一批干部。马钢投资156亿元为什么没倒下一个干部?论理说,不倒下干部应该是正常的,但市场经济条件下的腐败行为,不倒下干部就成了新闻,为什么没倒下干部,就成了新闻的重大内在价值。有点令人扼腕的是,这个新闻是"十五"期间的事,已成过去时,现在来写似乎有些过时,有没有新的新闻由头?也就是说没倒下一个干部,带来了什么样的好处?书记说,有哇,因为没倒下一个干部，各项工程进展顺利，"十一五"投资256亿元的各项重大工程又于今年初提前开工了。好，新闻由头有了，新闻价值也有了，马上投入采访，结果抓了重大新闻，产生了很好影响。如果不善于发现，这条新闻说不定就从鼻子底下溜走了。所以我以前写过一篇体会文章，叫做带着脑袋下基层，也就是说带着思考的脑袋下基层，靠着平时的积累和思考，才能发现生活深处别人注意不到的重大新闻线索，写出别人采访不到的东西。

## 二、怎样挖掘重大题材？

重点报道中的重大题材往往是深埋在地下的金矿，不下力气挖掘是得不到的。因此挖掘重大题材是搞好重点报道的关键。当年穆青采写焦裕禄是靠挖掘写出来的，大庆这个典型是靠挖掘写出来的，后来的孔繁森、牛玉儒、张家港也是靠挖掘才写出来的。焦裕禄这个县委书记的榜样，一开始只是一般的材料，穆青从中看出了价值，于是下到兰考县，住在那里一个多月，慢慢采访挖掘，沙里淘金，用一个个感人细节，写出了丰满感人的典型人物，成了影响几代人的重大典型。可以说，我们很多新闻前辈就是靠认真挖掘，不懈努力，才写出一个个感天动地的重大典型报道的。如果没有他们的深入挖掘，中国新闻的长廊中也就不会有这么一串串栩栩如生、光彩照人的新闻人物，中国新闻的长河中也就不会激荡起如此经久不衰、震撼人心的浪花。下面从四个方面谈谈怎样挖掘重大题材

### （一）扑下身子多深入

在新闻实践中，我觉得要挖掘重大的题材，搞好重点报道，就必须常下基层多深入，只有多深入，才能贴近生活、贴近群众、贴近实际，也才能更好地挖掘和发现重大题材；只有与老百姓打成一片，心里装着群众，眼睛看着群众，两脚迈向群众，才能写出精彩感人、老百姓喜闻乐见的重点报道。

在记者站，无论是平时，还是在"三项学习教育"活动中，我们都要求记者每年要有大量的时间在基层，起码是一半以上。有人说，在记者站不就是第一线了吗？其实在记者站，也有个下基层、到群众中去作调查研究的问题，不能讲在记者站工作就是在基层了，说记者站是第一线，那只是相对于北京总部而言。我们强调要迈开双脚到基层去，同时还要强调带着感情下基层，要心里装着老百姓，要身在基层，心也要在基层，要身入更要心入，只有心入才能与群众同呼吸共患难。

2003年，安徽淮河流域遭受特大水灾，从一开始我们就十分关注，几乎天天与水利部门联系，心系水情、心系灾情、心系沿淮百姓。王家坝要炸坝行洪的那天，省委正要召开中心理论组学习，当时的省委书记王太华刚说了个开场白，就接到国家防总炸坝行洪的命令，书记立即作出指示，要求："坚决执行命令，同时又要确保行蓄洪区群众生命安全，要做到大局至上、生命至上、人民至上！"当时我就在现场，马上要求随着省委、省政府有关领导奔赴第一线。随后几天，我和何聪就一直在第一线泡着，耳闻目睹着抗洪抢险的一个个惊险场面，天天被军民同心抗灾的动人事迹感动着，天天发出一篇又一篇抗洪抢险的消息、通讯、图片新闻和内参等。行洪第五天，我想到了全景式报道，想到了重点报道沿淮党员在抗洪抢险中的作用，当晚把这一想法报告给了正在值班的总编辑张研农，他肯定了我的想法，并要求重点反映沿淮党员干部在抗洪抢险中是如何实践"三个代表"重要思想的。这个提示太重要了，把我们单方面、单层次的想法变成了多方面、深层次的提炼，一下子升华到了一定的高度，使整个主题变得非常提神抢眼，更激起了我们采访报道的冲动。

对沿淮军民来说，灾情就是命令；对记者来说，接活就要行动！因为在那几天里，我已跑了沿淮许多地方，对各地抗洪抢险情况了然于胸，放下跟老总的电话，马上与沿淮各地党政、公安、武警等有关方面联系，与一直盯在炸坝行洪地方的何聪联系，请他们收集最新的典型事例，第二天下午5时前传到凤阳县。我第二天一大早又赶赴滁州，采访了几处抗洪抢险的动人事例，又车不停转地赶到凤阳，采访了沿淮和被大水围困的夹河滩村党员干部的动人事迹。当天下午5时多入住凤阳宾馆，一边动手写作，一边等候各路最新材料，因为深入一线多，情况就在我心中，几乎是一鼓作气就写成了4000多字的长篇通讯《大局为重　人民至上》，到夜里11时多点传走稿件，接着又传了几幅图片，等到一切都结束了，已到了凌晨，这才想到还没吃晚饭，走到街上，找了个大排档，弄了瓶酒，好吃了一顿。到第三天，《人民日报》就在头版头条重磅推出，还加了压题照片，非常好看，非常有气势，对安徽沿淮军民更是一个极大鼓舞。省委副书记王明方当天打电话给还在沿淮抗洪一线的我，代表省委书记感谢人民日报，感谢记者站，感谢记者，感谢党中央机关报在最关键的时候为安徽人民说了话，鼓了劲！

（二）"我在现场"多观察

要挖掘重大题材，多深入还要多观察，要观察就要有一双明亮的眼睛，一双能识别真伪的眼睛。有人说，党的新闻工作者是党的耳目喉舌。这个"目"无疑是指记者的眼睛，不光要注意观察，而且要看到别人看不到的东西，看到重大新闻题材的真实价值。现在很多媒体都开设了《现场链接》、《我在现场》等栏目，就是为了突出新闻的可信性，突出新闻的可感度，增强重点报道的感染力和冲击力。

记者深入基层，用双脚写新闻；注意观察，用眼睛写新闻；这是增强重点报道真情实感的法宝。没有"我在现场"，何谈深入？没有深入，何谈挖掘？在这方面我也有很深的体会。前几年，我为了写好安徽农科教在农村发挥的巨大作用，曾经一口气跑了7个地市16个县区，前后花了27天时间。那时也没什么小车可坐，汽车、火车、小四轮都坐过；从阜阳农村到黄山休宁山区，从金寨老区到宁国边界，从淮北到江南，从皖西到皖东，感受到了阜阳农民为了学习新技术如饥似渴的眼神，握到了乡镇干部为了推广新技术而变得粗糙的大手，看到了宁国山民因竹笋抢手而运用新技术争种新竹使民富山绿，吃到了大别山高寒山区农民运用新技术种出的新稻。那一个个生动鲜活的典型事例，让我感到由衷地高兴，产生了强烈的写作冲动，几乎没翻那厚厚的几个采访本，很快写成了2000多字的通讯《绿了山 肥了田 富了民》，报社编辑们几乎也没作什么改动就给上了头版头条。

说到深入观察分析在挖掘重大题材中的重要作用，还有一例足以说明，那就是2004年我采写的《黄山景点在"轮休"》。这篇稿件在视点新闻版头条推出后的第二天，《新民晚报》在早间点击版头条位置大篇幅予以转载，中央电视台以此为脚本又予以报道。黄山的名气大，稿子难写，景点"轮休"更难写，为了保护景点可持续发展，实行轮流开放，轮流休养，这在黄山是件很平常的事。当时去采访，他们都觉得没什么好说的，几句话就打发了，接下去就没什么可说的了。我说，那就到现场去吧，让专家跟着，边走边看，边看边聊。结果看到正要轮休的景点树黄草稀，长象不佳；正在轮休的已逐步恢复，生态渐旺，轮休期满的植物生长量达到正常水平，植被茂盛，景点更加富有生机。随行的人说，你看，"轮休"就像人累了到北戴河休养一样，是休养生息，是逐步恢复，不然就会因"疲惫"而衰老，就会因"过劳"而病倒，久而久之就会逐步走向消亡。这样一看一分析，为什么要轮休的问题迎刃而解。

## 三、怎样写好重点报道？

说起如何写作，这应该是个见仁见智的问题，各人有各人的招数，各人有各人的技巧，各人有各人的心路。

### （一）业务求精多钻研

我认为，要写好重点报道，还是要多钻研、多学习。这里说的学习，与上边说到的学习有所不同，上边说的学习是理论功底上的学习，这里说的学习是写作技巧上的学习。这方面钻研学习的方法有多种，一是向书本学，二是向群众学，三是向同仁学。

多学习，多钻研，与省委宣传部部署的"学理论、学知识、学技能，练思想、练业务、练作风"为内容的"大练兵"活动也是相一致的。没有钻研学习，怎么谈得上理论知识上的增长，技能业务水平上的提高，思想作风上的过硬？学习首先是向书本学。书本是进步的阶梯，任何时候都不能丢掉，丢掉了就难以进步。当然现在有了互联网，有了电脑，除了向书本学，还可开阔眼界，拓展学习渠道。无论哪种学习方式，都要做到长短结合，积寸盈尺为长，急用先学为短。比如为写医疗问题的新闻去翻翻医学书、上网查查资料，写循环经济先读读循环经济的基本原理等，都是为用而学，为新闻而求教，不然是很难写深写透的。

有人说，记者是杂家，什么都要接触，什么领域都要涉猎，什么东西都要学，哪有那么多的精力？有人说，记者就是记记写写，有点文化都能当记者。我想这些想法都是片面的。新闻作品虽然是易碎品，是过眼弃之的东西，但记者是时代的记录者，新闻是时代的佐证。

在读书学习上，我是舍得花时间、愿意下力气的，从中更得到了极大的收益。大家知道荣事达是安徽的知名企业，其间走过了创牌、借牌、再创牌的艰难曲折的历程。他们还特别注重企业文化，支持创办了《哲学大视野》，企业的发展与所支持创办的杂志达到了巧妙统一，这种思路一经人民日报副总编保育钧点拨，立即成了我们为之拍手叫好的主攻重点。当时我和老站长王启明投入了大量精力采访，但写出的东西总感到哲理不够浓，不够切题，不够到味。怎么办？只有老老实实地学。我找来《辩证唯物主义和历史唯物主义》，从头到尾学了一遍，边学边记笔记，记了一大本子，然后结合荣事达发展历程，理出了共性与个性、相对与绝对、不断否定中实现螺旋式上升三个哲学原理，与企业三个发展历程紧密结合，在学懂弄通的基础上写出的东西，自己也就觉得好读多了。

为了更准确、更有说服力，我们又在企业召开稿件研讨会，那可是真正的研讨，有专家、有企业家、有工程技术人员，我读大家评点，一起"会诊"、一起修改，结果在《人民日报》头版头条推出后，在社会上引起很大反响，《郑州晚报》全文转载。安徽省社科院的研究人员打电话表示祝贺。人民日报总编辑范敬宜在《总编辑手记》中作了评点，他说："今天的一版头条《荣事达的哲学大视野》，跳出了一般反映一个企业发展历程的套路，而把文章做在用马克思主义哲学指导改革和发展上，立意高，角度新。"接着，他还说了一大段鼓励的话。一篇好的报道产生的影响，往往是非常深远的，就是到现在，许多新闻同行还常提起此稿，说那才是报道企业的真正的哲学大视野。所以说，注重钻研学习是非常重要的。

学习不光要多读书，多向专家请教，还要多向同行学习。平时，我每天都要浏览学习中央及省市各大报刊，好的作品必定要认真通读学习，有的还要剪贴存档，在记者站交流学习。特别要强调的是，要写好重点报道还必须注重向群众学习。群众有很多闪光的思想，有很多生动的语言，那是思想和语言的宝库。在重大采访活动中，有些现成的材料当然要看，但看后还要到基层去，到群众中去，去捕捉生动活泼的新闻事实，捕捉新鲜感人的活的语言。2004年在报道粮补政策时，我看到，有的农民听说要领粮补了，高兴得中午喝了二两老酒，下午排队领款时还在手舞足蹈，说是人老几辈子哪遇到过"种地不纳皇粮还给补贴"的好事？有的农民听说要取消农业税了，就回乡要回抛荒田，说是俺们看走眼了，国家的粮农政策还真的越来越好啦，当真是"毛主席的爱民政策又回来了！"还有的说农用物资要打假，不然"一季不收当年穷"，说农药化肥不能再涨价，再涨价就把国家给的粮补"吃"回去啦。这些闪光的思想，精彩的语言，充满感情的话语，是我们坐在办公室里编不出来的，写进新闻报道里，肯定比"妙笔生花"好。

### （二）以情感人多交流

无论是向新闻同行学习，向新闻前辈学习，还是向群众学习都离不开交流。

我觉得与人交流是一种艺术，是一门技巧，也是一种享受，有"豁然开朗"的敞亮，有"拍案叫绝"的痛快，更有"原来如此"的醒悟。可以说，学会与人交流，有时会得到许多意想不到的收获。在与马鞍山市委书记的又一次聊天中，他还谈到沿江和合肥"金三角"区域发展问题，由此讲到了经济学上的"二八法则"，即总量20%的人口创造总量80%的财富，那么合肥和沿江四市占全省人口的14%，为全省创造的税收占60%多，符合"二八法则"，这就为发展区域经济找到了理论依据。那么以"金三角"融入"长三角"就成了一个不可多得的重大题材。后来在与省长交谈时，王金山省长说得更精彩，叫作"点亮'金三角'一盏灯，照亮江淮一大片"，我们就以此为肩题，写成了《安徽加强区域协作推动工业化进程》，结果也上了头版头条。

重点稿件是以思想性为支撑的，思想性是重点报道的灵魂，所以与人交流所产生的思想火花，往往就是重点报道的精彩主题。

### （三）变换思路多角度

写好重点报道要注重学习、交流固然重要，我还想谈谈写作上的一些技巧，比如变换思路抓角度、讲究精巧多推敲等等。这些都是为了把重点报道写得更好读，更吸引人，更有说服力，更能打动人和教育人。新闻是给人看的一种作品形式，它不是报告，不是简报，也不是文件什么的，它应该通过一种能够吸引人、打动人的角度去写得更精彩，更具有美感，更具有说明力和感染力。也只有这样才能使新闻报道起到应有的宣传鼓动作用。

2004年中央把宏观调控摆到议事日程，主要是针对经济形势出现过热，很多地方不从长远考虑，没有科学发展观，不切实际地乱上项目，造成资源极大浪费，因而提出有保有压的宏观调控战略。配合中央精神，人民日报如何推出有针对性、指导性，又有可读性的重点报道，宣传引导落实好中央精神，这是一个很大的课题。说实话，如果从一般的要求去做，不断推出各地有保有压的措施、经验和成效，也不是不可以。但中央领导又要求加强党报可读性和新闻性，不能用老一套的办法，不能走老路子。因此，人民日报编委会多次召开务虚会，研究重点报道的新闻性和可读性。这个任务和压力同样也传到了记者站，传到了一线记者身上。

当时，人民日报采取了重要选题预报会商制度，能不能成为重点报道，成为"重磅炮弹"，上到重点位置，所报选题就看是不是有重要价值。经过思考，我们报了《安徽发展工业严把"生态大门"》，为什么这样报，这是积累和思考的结果，是厚积薄发的结果，也是研讨碰撞的结果。当时，我想到安徽是农业大省，但安徽清醒地认识到，只有工业化才能推进现代化，安徽搞了"861行动计划"，同时也搞了"生态安徽"，这两个方面，我们都作过报道，两个方面结合起来岂不就是科学发展的理念，岂不是一个很好的角度？在站里我请大家出主意，大家都说好。报到编辑部，很快得到了肯定，并要求多抓鲜活的具体事实。

重点报道的主题确定之后，新闻的价值更体现在事实之上，体现在鲜活可感之上。为了写好这篇稿件，我先后采访了好多个有关部门和有关领导，还到基层捕捉了大量生动事例，从各方面把握稿件的角度、深度和亮度。采访结束时发改委正好召开"生态省建设综合示范基地"申报会，就像国际奥委会搞的"申奥"一样，申报成功者将得到优惠政策扶持；淮南、马鞍山等重点工业城市都参加了激烈角逐，这对此次重点报道的主题升华简直是神来之笔，更是天助之新闻由头，信手拈来成了一个鲜活、切题的导语，成了对主题最具支撑力的新闻事实。

《安徽发展工业严把"生态大门"》稿件很快上了《人民日报》头版头条，没想到中央领导就在当天的报纸作了大段重要批示。批示说：《人民日报》"近一个时期经济工作、宏观调控、科学发展观的报道抓得好，体现了中央精神，反映了各地的实际，很好地发挥了党报指导作用，尤其是精心采编的头条新闻，导向性、新闻性很强，可对近来发的稿件作一些分析研究，以总结经验，寻找规律，不断前进。"王晨社长也在报上批示说："中央领导的批示不仅是对今日安徽头条的肯定，也是对近一段时间报纸改进工作的鼓励和支持。"

领导的批示是一种鼓励，一种支持，更是一种鞭策，说明党报加强新闻性、指导性和可读性势在必行，不抓不行，非抓不可。而要抓好新闻性、指导性和可读性，就要多下苦功多积累，多个角度多条路，多用心思觅新闻，换个思路有出路。这篇重点报道被评为报社好新闻一等奖，后来我写的体会文章也受到了总编辑的高度评价。

2005年11月

# 出活，更要出彩

## ——"双新"头条专栏编辑体会

张 忠

2003年7月24日起，《人民日报》在头版头条位置推出"学习贯彻'三个代表'达到新高度 取得新成效"栏目，到当年12月31日共刊发专栏稿件56篇，其中由驻地记者采写的47篇。"双新"专栏的开辟，至少体现了三个方面的价值：一是对于本报在掀起学习贯彻"三个代表"重要思想新高潮中，形成持续的宣传声势，发挥了重要作用；二是专栏稿件在驻地大多引起热烈反响，进一步巩固了本报与各级地方党委、政府的传统联系，对于促进本报在地方各项工作的开展，有着重要意义；三是专栏稿件支撑了版面头条，满足了本报对自采头条的基本需求，如果没有专栏稿件的及时组织、供应，头版头条难免捉襟见肘。

作为头版头条和要闻版供稿的主力军，驻地记者在肩负事关报社发展的多项重要使命的情况下，经过艰苦努力，在专栏供稿中比较好地承担并完成了上述三方面任务。可以说，从下限来讲，完成了"出活"的目标；从上限来讲，一些稿件紧扣"三个代表"重要思想和十六大精神，紧密结合各地工作实际，深入采访、精心写作，体现了"出彩"的追求，具有较高水准。从总体来看，专栏的采编水平与"三贴近"要求相比，与本报改进新闻报道工作的要求相比，与社长、总编辑提出的"练笔练兵练作风"、文章"既要求有深度、新意，又要尽可能精练、晓畅"，专栏采编要有"四上五下"的精神，"力争每一篇都掷地有声"的努力方向相比，还有一定差距。如何在"出活"的同时，追求"出彩"，实现"出彩"，扭转在一定程度上存在的"出活不出彩"现象，是需要我们着力探索和解决的问题。

## 存在的一些问题

回顾、分析"双新"专栏稿件，占有不小比例的稿件或多或少地存在下列问题：

一是文中所涉事例和数据时效性较差，一些稿件当年数据和事例的比重很小，动辄就追溯到去年、前年，在整体上影响了稿件内容的时效性；

二是事实不够鲜活，一些事实叙述干巴，无血无肉，失却事实在文中应有的张力，行文有平面、呆板之感；

2005年9月13日，人民日报副总编辑米博华（前坐者）察看人民网江西视窗的建设及筹备情况。

三是层面选择失当，文章过多地是从政府角度、工作层面出发，对新闻角度、读者层面照应不够；

四是结构失衡，过于依赖材料所提供的基本素材，补充采访不够，造成有些部分事实支撑过度，有些部分支撑不足；

五是篇幅超长，来稿绝大多数在四千字以上，五六千字的也不少，由于缺乏典型事实，为增强稿件的说服力，支撑主题，造成行文转换和点题中的铺陈过度；

六是对主题消化提炼不足不准，没有在一个较大的视野里审视主题的价值，因而主题显得笼统，也缺乏特色，有新意的较少。

### 改进的若干途径

立足于在现行条件下探讨、选择改进头条采写工作的可行途径，借研讨会的机会，试着讲两个方面的肤浅体会，因为带有普遍性，所以很有迫切感。

**一、配合不是迁就，就事也要论事——努力从选题着手力保采写质量**

较长一段时期以来，有一些记者站在采写头条专栏稿件中形成了一种惯例，选题要事先征求驻地党委、政府的意见，或是拟定几个选题由驻地党政领导选择，或是请他们直接点题。从记者站的工作需要来看，这种做法有可理解之处，配合、宣传地方党委、政府主要工作毕竟是我们报道工作的重心之一，既然要做，就要"落好"。但是这一做法带来的弊端也显而易见，一是选题比较多的是政绩类的大路货，不新，不特，不容易写出特点和层次来；稿件较多是从驻地党委和政府工作的角度出发，而较少衡量这项工作的新闻价值。二是题目通常比较大，是一个大的工作领域，有不少个层面，容易造成文章比较多地去考虑照顾不同的工作层面，在面上浮光掠影，很难深入开掘主题；同时，对专栏来说，也容易造成选题领域比较狭窄,有新意、有特色的选题少。三是有关部门有时会主动帮你一把,提供不少材料,甚至是请调研部门准备了成型的材料,这会带来一些制约,也导致一些惰性。如果想偷点懒或者是要求稍低一些,有可能靠着材料,不出门就可以成稿。

配合是必要的,但在配合的同时,要保持独立性和主动性,也就是要配合但不能过于迁就;在选题确立上,还是要以我为主,从记者的积累、观察和判断出发。站在驻地自身工作的角度,作纵向比较能出新闻,但横向比较挖掘新闻,找出所在省区市题材的个性,对驻地记者来说更为重要,尤其是在一个选题范围相近的头条专栏里。是不是能在一个更为广阔的视野里,审视一地一部门的实践和创造,提炼出它的辐射和参照价值来,很考验记者的功力。这对选题、采写过程的终端——作品来说,就是如何努力体现个性。

我们常说要抓策划,从源头抓策划,选题的遴选就是策划的体现。在确定选题方面,应该有这样一个出发点,就是要努力写出某地在贯彻落实中央大政方针中的着力点、特点和亮点来。从宏观来看,各地工作大同小异,但从中观、微观来看,在具体问题具体分析具体解决中,看得出着力点、特点和亮点。抓这三点,应该是一个行之有效的办法。如果拉开架子,在一个大框架里来写,以宏观写宏观,以大写大,哪个方面都写不深,只能是一个在篇幅上看来打引号的"重头"稿件,而不是真正有深度的报道。

要深入挖掘,写出深度来,还需要"就事论事"。一些稿件中就事写事的比较多,满足于平面化地介绍一个方面的工作,文章的几个层次往往只是工作的外延拓展,在内涵上缺乏逻辑递进。不太严谨地说,是主题的外延化,没有开掘的脉络。这里所说的"就事也要论事",是指要从某地某方面工作中提炼出对全局有指导借鉴意义和辐射价值的内容,在标题和陈述、话语中予以自然体现、流露、披露。所谓论事,并不是指作者"跳"出来直接评论、评价,而是要从事实本身把握提炼出新闻价值来,用新闻手法加以体现,而不能像海明威写小说的笔法那样只露出"冰山的一角"。这种提炼的手法，在消息中，可以是在导语里概括最主要事实来体现，可以借助干部、群众、专家等受访者的体会性和评价性话语来体现。在通讯中，提炼和传达的手法就更多了，最基本的是选择典型的事实，主题、引题、插题，人物话语，都可以是也应该是用来提炼和显示、传达主题的手段。

即使"就事论事"也要避免一种倾向，而这种倾向是我们的稿件中比较容易出现的。如一些稿件引用的地方党政主要领导的话，往往内容空泛，针对性不强，有些话跟文章内容缺乏逻辑联系或者逻辑联系很不紧密，更无独到或是有特点的理解和表述，也没有高度准确的概括、提炼，从某种程度上说是"辱没"了领导的水平，仅仅是为了安排"出镜"。

**二、力戒工作材料新闻体裁化，努力以新闻作品的标准经营稿件**

工作材料新闻体裁化，是本报采编工作中一个比较突出的问题，且由来已久。张研农总编辑曾指出：现在有些稿件，不是从实际中来、从群众中来，而是从文件中、从传真件中、从汇报稿中来。我们在编稿中也时常感觉到，不少稿件确实散发着浓重的"材料气"和"文件味"。

不可否认，从党政部门获取有关工作材料、文件，是驻地记者采访的重要渠道，本身并没有什么不好。如果材料扎实，记者又善于概括提炼，这样就有了好的采写基础。但对于新闻写作来说，材料毕竟有着明显的弱点，尤其是"大材料"中的事件时效性都比较差，因为经过了层层修改、层层上报；这类材料比较多地是写给领导、上级看的，或者是上级给下级发指示。一般来讲，此类材料通常是缺乏事例的，尤其是鲜活事例，偶尔有一些，也是高度浓缩，失去了血肉。对于新闻稿件的需求来说，显得干巴，失却张力。

记者使用这些材料，必须加以改造。改造材料，需要在平时积累和对材料融会贯通的基础上加以重新梳理、组织，需要有针对性地补充采访。否则，写出来的新闻稿件，就缺乏生动的事例、鲜活的语言，文章结构会受到文件、材料结构的制约，往往是架子大，层面多，开掘浅。

说了这么多工作材料的不是，并不是说要抛开材料，完全靠实地采访来写稿件。但即便我们的头条是以工作通讯、工作消息为主要特征，仍有力戒工作材料新闻体裁化，努力以新闻作品的标准经营稿件的空间。

我们在经营头条稿件中"求新"，要注意挖掘符合改革方向的探索性工作，注意发现群众和基层的首创性，注意发掘改革进程中解难点、碰热点、破瓶颈的创新努力。这样，既侧重党政部门的推动角度，又兼顾基层和群众首创和实践角度；在考虑工作性的同时，努力发掘典型事件，突出事件性，突出事件的新闻性。

"求特"和"找亮点"是另外两个途径。"求特"，就是紧密结合地方实际，挖掘它的工作特点、地方特色。从横向比较来讲，特色也是新，是新闻价值所在。"找亮点"，就是同样的工作，每个地方的实践成效并不一样，而先行取得成果，或是取得成果的面比较广、量比较大，有集聚优势，都是亮点。亮点就是新闻。

再就是"求透"，即把切口放小，把架子放小，集中笔墨写透一个方面。即便某项工作并不先行，并不那么具有特色，也并非是名副其实的做得很好的亮点，但因为你写得具体、透彻，解剖了一只麻雀，同样具备新闻的价值。

还有一个特别重要的方面就是求层面、角度、笔法的转变。这是王晨社长在2003年度的国内记者工作会议上，针对新闻稿件中普遍存在的问题和不足，着重强调的方面。层面、角度、笔法，这三者集中体现着文风。三者的转变，我们在2003年视点新闻版的供稿中取得了一些成效，明显一些，而在头条、在要闻版面体现得要弱一些。

在较长的一段时期里，工作角度、党政部门层面还会是本报头条采写中的"主旋律"。因此，头条在层面、角度、笔法三方面的改进不单纯是一个写作层面的问题，但在写作层面还是有努力的空间和改良的余地。多深入现场采访、多听听基层干部群众的声音，多了解他们的感受，有了这些，当你确实花了精力带着录音机、笔记本和脑子里的直观印象回来动笔时，在这三方面自然会有改进，这是水到渠成的事情。

当然取得成效的大小还与作者的思想积累、观察能力和写作修养有关。对我们的不少优秀记者来说，提高质量所面临的主要问题不是能力而是精力，是愿不愿意多花时间、确保投入。当你占有了不同层面和角度的素材，虽然选题未变，落笔自然会多些生机。

可以这样说：层面、角度和笔法——表现形式是文风，本质体现是作风；而转变作风的关键，是要在深入上下功夫。

社会在发展，时代在前进。改进党报新闻宣传工作，是与时俱进的必然要求和趋势。而头版头条作为标志性位置、标志性稿件，代表着驻地记者新闻业务的整体水准，也是记者部采编工作中的头号品牌。我们需要下决心更好地把住头条稿件的质量关，编采之间多沟通、多协商，多投入、多修改，切实提高事关驻地记者队伍"形象品牌"的头条质量，既要出活，更要出彩！

2004 年 1 月

# 善用小情节　引导大舆论

——突发事件从"裸报"到"引报"的一点思考

宋光茂

在2008年的全国宣传部长座谈会上，中共中央政治局委员、中宣部部长刘云山同志阐明了突发事件应急新闻报道的三项原则：报道比

2006年1月，记者宋光茂（右二）何勇（左一）采访全国优秀共产党员王乐义。

不报道好、快报比迟报好、主动报道比被动报道好。此后，突发事件的报道在全社会形成共识，突发事件的报道机制逐步形成，各地隐瞒不报、遮掩不语的情况逐渐减少，突发事件应急新闻报道发生了里程碑式的转变，这方面的管理也开辟了新局面。

继之而来的是，有些突发事件的报道，特别是在没有宣传管理部门有效介入的情况下，呈现出"裸报"的局面。完全公

开透明了，这是进步；但引导不力、引导不巧、引导不妙，这是新问题。突发事件报道在已有基础上再上一个新台阶，要从"裸报"提升到普遍有引导性的报道即"引报"上来。

## 突发事件处理过程中需要"引报"

突发事件发生之初，往往存在着政府各有关部门介入真空的时段。地理因素、交通条件、信息传递等都可能成为管理者不能及时到位的因素。在当今人人都可能成为非职业报道者的信息社会，在这一时段上就可能出现"雨打沙滩万点坑"的新闻格局，即：突发事件的当事人、见证人等都可能用自己的手机给各类媒体发送新闻，而各人所能报道的只是自己所见所知的一个侧面，如同"瞎子摸象"。在这个时段上，该突发事件新闻可能就有多个落点，而各落点报道的新闻内容又可能不完全一致。在今后的突发事件新闻报道管理工作中，这种情况出现的可能性会越来越大。

当出现了"雨打沙滩万点坑"的局面时，政府各有关部门介入后就需要"引报"，需要澄清事实真相，需要正视听、纠偏差，需要引导舆论疏解公众情绪。

对一些重大突发事件的处理进程中，如果遇到"死结"时，需要及时、有效地"引报"，以转移社会公众对"死结"的关注。所谓"死结"，就是突发事件处理过程中遇到了解不开的难题，按原定的处理方案，就会走进"死胡同"。例如，2007年山东发生死亡172人的"8·17"华源矿难处理过程中，遇到了这样的"死结"：国家安监总局从全国各地抽调大功率水泵前去矿难现场排水，即使如此，10个月以内也无法把溃入矿井的水抽干。如果矿内经长期浸泡，不断塌陷，即使水被抽干也无意义，挖不出遇难矿工遗体。这时候，遇难者家属情绪难免激动，死不见尸嘛！社会舆论也高度关注抽水这个"死结"。在这样一个重要的关节点上，就需要有效地"引报"，转移突发事件处理过程中的焦点，疏解公众情绪。

## "引报"要善用小情节

无论是突发事件的初始介入，还是突发事件的处理过程中遇到了"死结"，"引报"都需要借助事件处理过程中的一些小情节，使舆论引导更为自然、巧妙，不能让公众有避重就轻之感，更不能授人以"操纵舆论"之口实。

在华源矿难处理过程中，小情节就发挥了舆论引导的大作用。当事件处理遇到"死结"之后，官方（特别是宣传部门）巧妙地把舆论焦点引到了柴汶河的溃坝上。正是因为溃坝，致使上千万立方的洪水灌入华源矿井中，而溃坝的修复合龙，对矿井排水至关重要。这个焦点的转移顺乎自然，但又引导舆论离开了"死结"，这时候的舆论焦点已经被转移到离矿难现场几公里之外去了。正是在有关方面的科学掌控下，山东华源矿难并未产生太大的社会影响，甚至比未死人的山西黑砖窑事件影响都小，宣传系统对矿难的处理帮了大忙。

综观我国对近年来突发事件的新闻报道，舆论引导日臻成熟，巧用小情节引导大舆论的精彩案例不胜枚举，宣传工作有效地服务了我国的改革发展稳定大业，维护和提升了我国在国际舞台上的形象。在四川汶川特大地震抗震救灾报道中，巧用堰塞湖抢险，转移了学校大量垮塌的焦点。要知道，学校垮塌、医院不堪一击，那是抗震救灾工作中的"死结"，如果舆论焦点聚集到了这上面，公众情绪、社会影响、国际形象，将是一个怎样的后果？

类似的案例还有，北京奥运火炬传递在法国遭遇藏独分子袭击，我们在全世界范围内找寻残疾运动员金晶在轮椅上被袭的照片，借此来引导和聚焦舆论；在"3·14"拉萨事件中，我们通过店铺被烧、平民百姓被劈头砍杀的情节，有效地引导了舆论焦点，纠正了视听，让全世界广大受众接受了事实真相，尽管迟了一点，也算亡羊补牢吧。

## 从"裸报"到"引报",需要深度介入突发事件处理过程

改变某些突发事件的"裸报"境况,实现对所有突发事件的科学巧妙的"引报",就需要宣传管理部门和主流媒体对突发事件自始至终的深度介入。如果身在事外,甚至靠道听途说报道突发事件,就掌握不了突发事件的走势,把握不住引导舆论焦点的具体情节,难以做到"引报"。

西方危机公关理论有个著名的"3T"原则:Tell it your own(告知你所知道的),Tell it fast(尽快提供情况),Tell it all(提供全部情况)。这是他们长期应对危机事件经验的总结,值得我们借鉴。虽然我们对突发事件报道的管理工作,有了质的飞跃,但不予告知、不让靠近、不准"掺和"的问题仍然在某些地方存在。即使人民日报的驻地记者也常常为此感到无奈和尴尬。人民日报一位驻地站长在文章中写道:"突发事件来了,我们要么蒙在鼓里毫不知情,要么较兄弟媒体慢了半拍,要么鸡毛蒜皮不得要领,这是我们的尴尬,也是我们的无奈;既是我们的失职,也是我们的耻辱。"让主流媒体深度介入突发事件处理的全过程,这是全面实现有效"引报"的重要条件。

此外,主流媒体深度介入,还需要为有关媒体记者配齐必要的设备,这是硬件,是主流媒体能够深度介入、实现有效"引报"的条件。现在看来,这方面最急迫的是,在特殊情况下记者也能随时发稿的设备。在飞行途中能发稿、在停电的情况下能发稿、在没有移动信号的盲区能发稿,如此等等。我驻南使馆遭轰炸事件中,我们的记者拥有先进的装备,在已停电等不利条件下,仍然能及时发出了消息,为我们应对事件赢得了先机。

2009 年 3 月

# 为培育和发展名牌产品鼓劲助威

宋学春

改革开放把中国的民族工业推向了世界,在国内和国际市场上,中国民族工业正面临着与先进国家、地区的工业进行艰难竞

2006年6月8日,记者宋学春(右)采访青岛港工人、全国劳动模范许振超。

争的形势。在这旷日持久的竞争中,中国民族工业应采取什么样的战略和策略,以求在世界工业格局中占据有利地位?实施以创新为核心内容的名牌战略,是民族工业持续发展的必由之路。作为党的新闻工作者,在国有企业深化改革的关键时刻,在从计划经济向社会主义市场经济转变的大变革时期,应该关注名牌战略,要把名牌战略的报道作为经济报道的重点之一。

党的十五届四中全会关于国企改革和发展的决定阐明了创新和创名牌产品的重要意义。近年来,各地纷纷推出名牌战

略。创名牌企业、创名牌产品，成了深化国企改革的重要方面。笔者作为一名人民日报常驻青岛的记者，想结合青岛市实施的名牌战略，谈谈对名牌战略宣传报道的体会。

## 坚持持久

对实施名牌战略，我们应该从政治高度去认识。综观世界经济，可以说一个国家或地区经济起飞，在很大程度上是依靠一批驰名品牌产品和企业集团的经济规模联动来对市场进行覆盖的。市场竞争的最终局面将是品牌瓜分天下。缺乏名牌的民族工业是不可能走上世界经济舞台的，中国民族工业振兴的标志，是要有一批企业跻身世界500强。作为新闻记者要充分认识到，实施名牌战略应当成为振兴我国民族工业的重要途径。

有了在基层近10年的驻站经历，我体会到：市场竞争靠企业，企业竞争靠产品，产品的竞争靠品牌。市场竞争主要体现为品牌竞争。没有名牌产品的企业是缺乏竞争力的企业，没有名牌企业的城市是缺乏影响力的城市。我们对名牌战略的宣传报道有义不容辞的责任。为名牌产品的发展呐喊助威，并不仅是对一种名牌产品，而是为了名牌战略的实施；不是一时宣传报道，而是要坚持长久性。

改革开放以来，青岛市委、市政府把实施名牌战略，振兴青岛工业摆在经济建设的重要位置，把培育和发展名牌作为一项突出的战略任务来抓，1989年就率先提出并实施了名牌战略，在全市范围内广泛开展了争创"青岛金花"产品的活动，明确提出"名牌就是资产"、"名牌就是效益"的口号。到1992年为止，全市共有78种产品获得国家质量奖；1000多种产品获部、省、市优质产品称号；31种产品获得"青岛金花"产品称号。正是由于青岛市在"七五"期间，率先提出并实施了名牌战略，为青岛市现有名牌群体的形成，打下了坚实的基础。1994年，市政府又决定实施新一轮名牌战略，提出了在全市工业系统开展"培育名牌、发展名牌、宣传名牌、保护名牌"的工作思路,制定了一系列的配套措施,为名牌战略注入新的内涵。1992年,我从山东记者站到青岛,就扭住名牌战略这一重要报道领域不放松,每年都有数篇有影响的稿件见诸报端,影响较大的有《青岛:名牌战略带动经济发展》、《百舸破浪正远航——青岛国企在改革中迅速发展》等。当青岛市在名牌战略基础上,往前推进实施"梯队战略"时,我又及时采写了《促进全市产品结构优化升级——青岛推出名牌产品梯队发展战略》。

## 突出重点

青岛市在实施名牌战略后,涌现出了众多市级以上名牌产品,该市成了明星企业荟萃的城市。有人用一句顺口溜将这座城市在全国乃至世界闻名的名牌企业连了起来:"用海尔、看海信;喝青啤、穿双星;澳柯玛,也精神。"也有人将这一全国少有的明星企业群崛起于一城的情况称为"青岛现象",令青岛人骄傲,令国人振奋。这些名牌产品及其生产企业不仅成为各行业的排头兵,而且对经济发展起到了重要的支撑作用。1999年,仅占全市大中型工业企业总数8%的十大企业集团,销售收入就占全市总额的41%,利税占65%,盈亏相抵的利润占全市75%左右。更重要的是,通过实施名牌战略,引发了相当广泛的名牌效应,增强了全社会的名牌意识、质量意识和创造名牌的信心,对于推动企业走质量效益型发展的路子,起到了积极作用。

在这些名牌产品中,以海尔集团为首的名牌企业和产品起到拉动经济发展的决定性作用。1999年,在青岛市工业经济运行中,以海尔为首的十大企业集团对全市工业经济增长的贡献率逐步加大。十大集团中,海尔集团实现的经济总量为215亿元,增长29.1%;海信集团增长46.3%,青啤、澳柯玛、钢铁集团及汽车制造厂的增长都在30%以上。十大集团的增长,拉动全市增长14.6个百分点。

在报道中,我没有眉毛胡子一把抓,而是进行了重点选择。因为,把所有的名牌都进行报道宣传,是不必要的,也是做不到的。在青岛市的这群名牌企业和产品中,我重点选择了海尔、海信、青啤、双星、澳柯玛等10大名牌企业。因为它们的经验、效益可与国际名牌企业和产品相媲美,可以说是中国企业的领头羊。据粗略统计,仅对海尔集团的报道,自1994年至2000年上半年见报约50篇,《托住斜坡上的球——记青岛海尔集团的"日清日高"管理招数》、《一流产品来自一流管理 青岛海尔独辟蹊径——给管理添加"颜色"》、《在管理中升华——青岛海尔集团OEC透视》等,将海尔集团的要么不干、要干就要争第一,从日清到日高的追求,以人为本、人尽其才等管理经验做了详细报道。目前,到海尔集团参观学习的人,每月达3万多人。尤其是1999年11月16日的《人民日报》一版头条《为有源头雄风展——从海尔集团的企业文化看创业精神》,向读者详细报道了海尔的企业文化,在社会上产生较大反响。

### 热情呵护

宣传名牌企业和名牌产品,要本着实事求是的原则,进行客观报道,不能对名牌进行拔高。对发生的问题,要从保护名牌角度出发去进行报道,处理要妥当。因为,一个名牌的成长很不容易,要保护它,促使它成长。

青岛啤酒是我国的著名品牌,但在80年代末90年代初,青啤出现了管理水平下降情况,曾一度发生过啤酒瓶里留有杂质事件。如何对待这件事?写内参、公开报道,当然可以。但从保护、爱护这个"世界名牌"角度出发,只要加强管理,引以为戒,问题是可以解决的,没有必要对问题过于扩大渲染范围。所以，按此态度，我写了一篇《做中国啤酒的脊梁——青岛啤酒股份有限公司发展纪实》，从正面讲述了青啤集团的管理情况，肯定了青啤集团定的"提高质量纪念日"，要警钟常鸣，并承诺视每天为"质量日"等内容（稿件见 1994 年 11 月 22 日《人民日报海外版》）。

作为名牌企业和产品，有其共同点，譬如在管理方面、在技术创新方面、在人才使用方面等等，但作为记者，要找出企业自己的特性，以便写出既有其本身特色，又符合客观实际的稿件。

像双星集团作为一家国有企业，在开拓市场方面，走在了前面，闯出了一条全新的发展之路，"双星"品牌在国内外制鞋行业中叫响了。对此，从进入市场作为切入点，我于 1994 年 9 月份，连续发表了《构筑新支点——青岛双星集团跨入市场探秘之一》、《夯实新基础——青岛双星集团跨入市场探秘之二》和《攀登新高峰——青岛双星集团跨入市场探秘之三》三篇通讯，详细介绍了双星集团在新的形势下逼着闯市场、全员转向市场、市场是企业的最高领导、闯市场要有胆量、到国际市场争雄、在市场中升华、造立体大市场等情况，并配发了评论《一切为着市场转》。1995 年 12 月发表了《漂洋过海不忘上山下乡——青岛双星集团在市场竞争中的超前意识》，1997 年 7 月又发表了《出城 下乡 上山——记青岛双星集团的战略转移》等，这些稿件均见诸《人民日报》。

实施名牌战略是一个庞大的系统工程，也是一项长期、艰苦的工作，在具体实施中，需要在意识、理论、法制、战略和运作等几个方面同时推进。作为新闻记者，要长期关注名牌战略的实施，从某种意义上讲，关注了名牌企业和产品，就关注了国企的改革，关注了中国工业企业的发展趋势。我们要把名牌战略放到政治高度去思考，重点给予报道，为中华民族的名牌企业和产品大做文章。

2001 年 1 月

# 文似深海无穷尽

——三写绍兴的感悟

袁亚平

两个月内,要在同一个地方,就同一个采访主题,写出3篇有分量的通讯——说实在的,在我25年的记者生涯中,这样的事还是第一次碰到,难度确实大。

让我苦苦思索,绞尽脑汁的三写绍兴相继见诸报端,那就是刊登于《人民日报》2002年4月15日头版的通讯《山水古韵长——绍兴历史文化名城保护与发展纪实》、《人民日报》4月23日八版的通讯《江南风情浓 古城文化深——浙江省绍兴市建设旅游大市侧记》、《人民日报》6月3日头版的通讯《古城绕水合有诗——绍兴历史文化名城保护与发展纪实》。

## 一写:寻找新视角

在我动身去绍兴之前,《人民日报》头版头条发表了通讯《文脉永驻看苏州》,说的是苏州正确处理古城保护与建设现代新型城市关系的启示。文章写得漂亮,令人耳目一新。平时遇到这类文章,我都爱不释手。可今天,除了羡慕之外,让我暗暗叫苦。因为我采写的正是同一主题。高手已经扬鞭跃马,拔旗而去。而我只能望着马蹄后的烟尘,望尘莫及!

叹息没用,自救才行,我必须寻找新视角。从采访到写作,一不模仿苏州之稿,二要突出绍兴特点。

4月上旬,我在这样的心理压力下,去历史文化名城绍兴采访。先与绍兴市委书记冯顺桥、博士市长王永昌长谈,了解绍兴全市的情况,把握总局,明察趋势。接着采访市城建委、水利局、旅游局等部门领导,到环城河和八大景点现场,再接着到仓桥直街、书圣故里等历史文化街区。

这还不够。我一路步行,随意走进一户户居民家,和老老少少交谈。我自称为随机抽样调查,避免事先安排,能直接听到老百姓的心声。这种更深入更真实的采访,使我的心里踏实。

一路下来,采访本记满了。

我反复翻看采访本和有关材料,反复回味自己的所见所闻,渐渐理出头绪。

好了,我的思路随着电脑键盘的轻弹,一一跳出来了。

"绍兴城西那座府山,青峰秀峦,林木蓊郁。记者沐着春光,拾级而上,一路恍若读史书:越王台、越王殿、飞翼楼,文种墓……"

这样的开头,有景,有情,有现场感。更重要的是,表达了绍兴深厚的历史感,提示了通篇引人入胜的内容。

《开拓现代形态的发展空间》、《体现可游可亲的水乡风情》、《延续当地特征的人居文化》,这是文中的3个小标题,也是绍兴最具特点的真实面貌,集中反映了这座历史文化名城保护与发展的成效。

新视角,便是见前人所未见的,观旁人所未观的。应该用眼睛观察,也应该用心灵观察。我自认为在《山水古韵长》一文中,有我独特的视角。

写完这篇通讯,正是凌晨3时。我长长地舒了一口气,疲惫和兴奋交织,我无法入睡。

## 二写:寻找新笔法

没过几天,又接到采写绍兴的任务。这该如何是好?我倒不怕熬夜，怕的是刚放下锄头，又拿起铁耙，在这半分地里已翻不出萝卜了。

该采访的都采访了。我考虑再三，如何落笔呢？怎样谋篇布局呢？

人民日报总编辑王晨多次强调人民日报的报道要"写新、写实、写深、写活"，"有思想，有情感，有风格，有文采"。对了，我就朝这个方向去努力，力求文采斐然。我改变传统的写法，力戒概念加数字，力戒平铺直叙，力戒枯燥乏味。

为了真实，为了生动，我有意把自己摆进去，以自己的见闻、自己的情感来贯穿全文，感染读者。

"柳叶剪春风，绿枝画晴空。记者漫步在绍兴市那条春色波动的护城河边，视觉格外地好。""一到古城绍兴，随即被典雅的书籍、精美的画册所包围。记者闻着墨香、贴着文脉，心情尤为舒畅。""记者吟咏南宋大诗人陆游的诗句，泛舟鉴湖，万般情思随波荡漾。"

为了表现绍兴悠久的历史，深厚的文化，我在文中着意描述府山和越王台，鉴湖和古纤道，兰亭和曲水流觞。

我又在文中多处引用名人诗词，李白的"镜湖水如月，耶溪女似雪"，杜甫的"越女天下白，镜湖五月凉"，陆游的"千金不须买画图，听我长歌歌鉴湖"……

为了修辞的丰富，为了审美的愉悦，我尝试用诗歌的表现手法，使文章味儿更浓，意境更深。

"踏着山阶，也踏着历史，一步步地走向深远。林木茂密，却遮不住历史的辉芒……""缓步登桥，眼中盛满惊叹，桥面大石条凸现历史的印痕，桥身苍藤虬枝演绎生命的形态。"

既要让读者如闻其声，如见其形，还要让读者有所思，有所得。

新笔法，不落俗套，不循常规，出奇制胜。"语不惊人死不休"，古人就有这样的气概，我也要学着点。

## 三写：寻找新理念

那天，人民日报记者部主任杨振武来电话，指派我参加中央新闻单位采访团，其中一个任务就是采访绍兴。

放下电话，我心中又是激动，又是犯难。激动的是接受了重要采访任务，哪个记者不盼着这样的好机会？犯难的是刚刚写过两篇绍兴的稿件，我无法重复自己。

换一个主题也不行。因为中宣部新闻局制定的宣传报道方案中已明确规定：以"古城新貌"为宣传定位，主要报道绍兴市坚持历史文化名城保护与城市现代化建设同步推进，挖掘城市的文化底蕴，增强城市的文化内涵，努力建设融丰厚历史文化与灿烂现代文明于一体的经济强市、文化名市、旅游大市的经验。

为了搞好这次报道，必须另辟蹊径，深入挖掘。我与绍兴市委书记冯顺桥反复探讨："古城新貌"的内涵是什么？表现在哪里？

终于，在各种观点的碰撞中闪出了思想的火花：古城不衰，展现新貌，表现在城市建设上；古城不老，焕发青春，表现在人的精神面貌上；古城不死，充满活力，表现在社会经济发展上。

这样，既具有绍兴城市的个性，又具有古城保护与发展的针对性：因为我国许多古城古而衰败，古而老化，古而死去。

寻找到这座城市的新理念，也就寻找到了采访的新思路。采访团的大兵团作战，是初次到绍兴的必然行动。而我，则单兵作战，尽量到别人不到的地方，尽量寻觅独家的新闻。

我独家采访了绍兴博物馆展出的《鲁迅历史文化街区保护与发展规划方案》和有关人员，独家采访了65岁的绍兴夕阳红宣传队发起人金雅娟，独家采访了绍兴最主要商业街解放路的有关情况……

　　中央各新闻单位同时采访，这实际上也是一场公开的竞赛。我这时很清醒地意识到，我代表人民日报，在报道上必须高出一筹。

　　"鲁迅的故乡总是让人魂牵梦绕"，"那是一枚枚中国文化的印章，深深地钤在历史的长卷上。""一个鲁迅就足以傲视天下，更何况绍兴古城还有许许多多的历史文化名人。"开篇的几句话，就力求先声夺人，无论在立意上、气势上、文采上，都争取胜过其它稿件。

　　我在这里特别感谢的是，人民日报记者部、总编室和报社领导，为我采写绍兴的稿件一路开了绿灯，见报时得以完整体现。人民日报的报道要高出一筹，是靠每一篇精心之作，是靠每一位记者的煞费苦心、孜孜以求，更是靠报社和各部门领导的慧眼识珠、鼎力相助。

## 写不尽：追求无止境

　　写完绍兴的3篇报道，我才觉得自己初识水性。其实，文似深海无穷尽。这世上的人和事，这意境中的高深和奥妙，任我怎样写，也是写不尽的。那追求，永远无止境。

　　庆幸的是，王晨总编辑对绍兴的前两篇报道作了批示："确实写得不错，下了功夫，文采斐然。"《山水古韵长》获人民日报好新闻二等奖。

　　3篇报道绍兴的通讯均被《绍兴日报》头版头条全文转载。绍兴很多同志给我打来电话，说《人民日报》写得好！

　　绍兴市委致函人民日报社领导，称：这就是人民日报记者袁亚平的大手笔，三写绍兴，一篇比一篇精到。城建、水利、文化、旅游、新闻等系统干部职工自觉组织开展了学习讨论活动；市区不少街道、社区的居民自发组织了读报活动，纷纷表示要以此为起点，加倍努力，把绍兴建设得更加美好。

绍兴市委书记冯顺桥说，人民日报关于绍兴的3篇报道，充分体现了人民日报记者深刻的思想性、高度的概括力、敏锐的洞察力、严密的逻辑思维和高超的文字驾驭能力，文章对统一全市人民的思想、进一步推动绍兴经济社会发展，将起到积极作用。

2002年8月

# 新闻资源价值的多重挖掘

杜若原

当记者大多有过这种感受:一次采访之后,新闻事实不是作一次报道就完了,有些素材总觉得留着会有用场,因此弃之不甘,萦萦于怀。这种日积月累的新闻素材"剩余",就构成了记者丰富的新闻信息资源。今天,现代媒体之间的新闻竞争,很大程度上体现在对信息资源的占有和利用上;它既是媒体竞争的重要砝码,也是一个记者业务成熟的表现。

身处一个加速变革、转型的社会,展现在记者面前的是纷繁复杂的世界。作为人民日报驻地方记者,在近几年的工作中,我有意识地保存一些自认为有价值的新闻资源,并在实践中注重新闻资源的再次利用和挖掘。这些尝试让我收益匪浅,不仅写出了关联系列报道,更让我积累了整合新闻资源的经验。

在新闻采访实践中,我感觉,对新闻资源进行再次或多重挖掘,常见的大概有三种形式。第一,那些有明确对象和具体意图的采访,触及的是一个简单事实或采访对象的一个方面;这类被视作"规定动作"的采访,记者带有完成任务的想法,往往忽视对其多次利用、多重挖掘成为另类新闻的价值。1998年4月,中宣部向全国推出东风汽车公司工人王涛这一典型,中央和地方媒体的记者云集东汽。对这一重大典型的报道,恐怕很少有人想到过要从王涛身上"找"到别的新闻。采访期间的一天晚上,我和中央新闻单位的十多位记者去王涛家。当我们和王涛夫妇聊得热乎时,王涛从抽屉里翻出一大摞从全国各地寄来的信件，这中间有向王涛表示敬佩和向王涛讨教的，但相当多的信函则来自"某某丛书"编辑部、某某出版社，来信称已将王涛事迹收入"丛书"准备出版，向王涛索钱或要求购书。同行的记者翻翻信件就算了，但我心头一亮：这可是一个好新闻啊！一个月后，当对王涛的宣传告一段落后，我再次来到王涛家，看到了更多的向王涛索钱的来信，于是写出了《多家出版社向王涛伸手》这篇独家新闻。稿件见报后，引起社会强烈反响，新闻出版署在对此事进行调查后，专门发文严禁出版社有偿出书。换个角度看王涛，结果"看"出了让王涛都没有料到的新闻。运用新的线索或现象的补充，对原有新闻资源予以开发，可以找到由此伴生的新闻。

另一种方式是由于一次采访，引起记者对某一事件和现象的关注；随着事件的发展，其新闻价值也不断凸现，常常会引出记者对事件的连续、纵深报道。1997年初夏，我前往秦巴南麓的湖北竹溪县采访。这里与陕西平利县城仅仅相距20多公里，当时的竹溪县委书记领着我从竹溪看到平利，笑称是从"楚国"到了"秦国"。他一路讲述楚秦历史、传记，还着重介绍了近年两县毗邻乡镇经济互促互学、共同发展的情况。我据此写了一篇短通讯。让我没有想到的是，通讯在《人民日报》刊出时，正值陕西省省长程安东来平利考察工作。程省长看到我写的通讯后，特地前往边界察看。当他了解到平利口子镇的经济发展落后于竹溪县，便召集省直部门现场办公，要求建好陕西的"口子镇"。陕西省政府这一举措，也带动了湖北省政府对口子镇的多方支持。事隔一年后，湖北省政府还推出建设"省际十大口子镇"举措。我迅速对这一进展作了报道。在这一事件中，我相继写出了《省长关注鄂皖断头路》、《湖北建设十大口子镇》等报道，其中3篇刊登在《人民日报》地方新闻版头条。

一篇稿件推动了实际工作。我不仅写出了系列纵深报道，还成为社会发展进程的亲历者。这个新闻追踪和开发的过程持续了近3年。如果记者没有对社会的关注和对新闻工作的执著是难以做到的。

还有一种形式，即由一件新闻引发记者对其内在信息价值的思考。就像艺术创作中的灵感一般，因为这一个新闻源触动了记者的信息储备，或者激发了记者对这类新闻的新的认识，从而派生出一个或几个关联新闻。2000年底，湖北省仙桃市大福镇按房屋间数分摊负担、逼得农民扒房的事件发生后，我用"现场目击"的方式作了报道。由于现场新闻的特性，这篇报道仅仅触及了事件的表象。在采访中，有两条重要线索让我难以忘却：一是大福镇是市一位主要领导的联系点，据称从未听到过农民扒房的反映；二是一些扒房的农民，早已进城务工了，但由于承包田无人接手出现撂荒，多种负担也就继续背在身上。第一条线索让我突然想到曾经采访的几位县委书记的联系点，脑子里很快蹦出一个题目：县委书记如何办点？这个题目我反复琢磨近一年，经过较为广泛、深入的采访，终于做成了系列报道。第二条线索让我想到了怎样为进城农民解除后顾之忧，而这一问题事关农村劳动力转移，我一直记在心里，如果哪个地方较好地解决了这个问题，那就是一条新闻。2001年8月底，当我了解到湖北应城市对进城农民的承包田转让等摸索了一整套做法时，很快对此作了报道。对这样的新闻资源的再次利用，多是一种深层的开掘。从"老新闻"到"新新闻"之间，反映的是事物间内在的逻辑和社会发展、变化的规律，需要记者具有较强的新闻敏感以及对信息资源的整合能力。

新闻信息资源的一个显著特点是，它属于一般现象，是记者直接看到的、听到的感性东西；对于这些资源的开发与利用，首先需要用理性的眼光去审视和分析。当接触到采访主体后，记者要多作横向、纵向的思考，不断从中"拎"出可以成为新闻的素材和话题。2001年初，我从与朋友的闲谈中了解到武汉高校学生公寓建设存在一些问题。经过初步采访，我感到碰上了一个新闻源，于是决定对这个社会"热点"话题，用"冷眼"去作一番审视。我除了发出两篇反映开发资金匮乏等问题的内参，还相继写出《武汉高校公寓遇电价难题》、《高校公寓热的冷思考》、《学生公寓收费引起一场讨论》等报道。这些报道由于视角独特，且提供了大量翔实的资料，受到读者欢迎。这次尝试可以说明，记者对新闻资源的开发，就是要求记者具有"经营"新闻资源的意识；如果把记者比作企业法人，他就要尽可能"盘活"新闻资源，并不断"盘出"新的价值。

对新闻资源的开发利用，记者的着眼点是事物的内在联系和事物的发展变化过程。因此，它必须遵循人类认识活动的规律。从认识论的角度来讲，记者对新闻信息资源的多重价值认识，不可能一次完成，这是因为作为认识活动主体的记者，在新闻工作实践中不仅要受到自身条件（如记者原有的知识水平、阅历等）的限制，而且要受到客观历史条件（如社会发展状况、经济发展水平等）的限制；只有通过时间的推移、记者自身知识的增加、视野的拓宽、阅历的丰富，才能逐渐提高对新闻信息资源价值的认识能力。但最重要的，是要提高包括勤奋和理论修养在内的综合素质。勤奋，促使记者站在社会改革发展的前沿，时刻关注生活的变化与进步，脑子里时刻装着众多新闻素材和话题；另一方面注重理论学习，提高修养，记者要改变"单打一"、"吃偏食"的倾向，经济、教育、科技、社会学方面的知识都懂一点，才能在更宽广的背景里组织、开发新闻资源。

如何在浩如烟海的新闻信息资源中把握可用的信息，还有一个方法问题。我的体会是：

其一，要提炼出有效的新闻信息资源，只有有效的信息才是有用的。因此，新闻信息处理就成为记者日常工作的重要任务之一。通过不断实践，达到准确判断自己所掌握的新闻信息资源的新闻价值、资料价值、市场价值。但是，这种对新闻资源价值的判断，不能断章取义，它必须符合新闻真实性的基本原则，同时要接受社会舆论的监督，经得起历史的检验。

其二，善于运用系统思维来分析。任何事物的存在和发展都有其内在的因素和规律，一个有效的新闻信息资源，总是由多种因果关系组成。记者在对新闻信息资源进行挖掘时，要通过对事实内涵的发现和外延的联想，从多角度、多层面展开，而且一次比一次深入、彻底，一次比一次具有更大的新闻价值。也就是说，抓住一个好的新闻资源，就能写出系列报道，甚至是独家报道，这就是开发资源的魅力所在。

其三，对新闻信息资源进行有效的分类。这种方式可以有效地提高对新闻信息资源的利用效率，比如可以以时间的先后为顺序，合理编排新闻信息资源；也可以按照行业归类，比如政治经济、社会文化、科技教育等，以方便随时检索等，这样可以实现信息资源供给与新闻采访和报道的快捷对接。

2002年1月

## 大处着眼 小处落笔

——西藏自治区成立四十周年报道体会

郑少忠

2006年8月7日,记者郑少忠(右一)采访青藏铁路沿线德庆县牧民。

今年7月中旬至9月上旬,人民日报社派出了由总编室陈陆军、刘龙,西藏记者站郑少忠、徐锦庚,山东记者站何勇组成的"五人赴藏小分队",进行西藏自治区成立40周年宣传报道。我们先后在《人民日报》发稿31篇,在《人民日报·海外版》一版发稿9篇。前期报道除"自选动作"外,我们采写的"规定动作"——"人民西藏40年"8篇稿子,得到社内外好评;区庆期间报道中央领导同志活动的稿件,尤其是关于中共中央政治局常委、全国政协主席贾庆林同志的几篇侧记，得到了中央领导同志和中央代表团成员的较高评价，被有关领导赞誉为"深广细实"。

这次报道之所以能成功，我们认为，除报社领导高度重视、各部门大力支持、前后方协调团结一致外，在采写方面主要得益于我们牢牢把握住了"大处着眼、小处落笔"这8个字。

**"大处着眼、小处落笔"首先要求我们要谋划在前、准备充分，做到胸有成竹**

西藏举世瞩目，西藏自治区成立40周年的报道更是非同小可。到西藏驻站前，王晨社长专门嘱咐我和徐锦庚：西藏这几年大事多、喜事多，今年是自治区成立40周年，明年是青藏铁路通车，你们一定要深入基层、深入实际、深入群众，及时报道西藏各方面的成就，争取在宣传报道上做出新成绩。

我和徐锦庚同志今年4月中旬进藏后，一直忙于熟悉情况，采写"时代先锋祁爱群"等重大典型的宣传报道，但40周年大庆报道这根弦我们一直绷得紧紧的。

7月初，我回报社休假，多次向曾在西藏工作多年的张忠同志请教，随后向记者部主任龚达发专题汇报报道设想。

回西藏前夕，我还专门请示了米博华副总编辑和张研农总编辑，领会他们对西藏报道工作的指示精神。米博华同志提出：要出彩就要有神。张总指示：不唯量要求质，要把标题做好、把眼睛擦亮……

随后，我还在网上调阅了西藏自治区成立30周年、20周年、10周年及西藏和平解放50周年的所有报道，查阅了广西、宁夏、内蒙古自治区成立50（40）周年的全部资料，查阅了《人民论坛》、《人民时评》、《今日谈》等栏目的大量文章，从中提炼西藏报道的"精气神"。

**"大处着眼、小处落笔"要求我们在采访中不畏艰辛，搜寻细节，力争挖出"人无我有、人有我精"的素材来**

西藏大庆报道，举世瞩目，政策性强。这就要求我们在布局谋篇时，必须从大局着眼，既要向读者如实地反映西藏自治区成立40年来的巨大成就，又要有力地驳斥境外反华、藏独势力散布的歪曲西藏的言论，告诉世人一个在共产党领导下全面发展的真实的西藏。但这些意图的实现，不能靠空洞的说教和枯燥的数字，必须靠一件件事，靠一个个感人的细节场景。

西藏特殊的地理条件和气候状况，使得挖掘一件事实，哪怕是一个细节，格外不易。特别是与藏族同胞语言不通，客观上给采访造成很大困难，别说想弄"独家"，就连第一手资料收集也比较难。唯一的办法就是深入实际、深入群众。

在林芝县八一镇田野采访时，一位正在收割荞麦的藏族妇女开始羞涩得不愿意开口。陈陆军接过她手中的镰刀，猫下身子，替她们干起了农活，一干就是半个多小时。那位农妇终于高兴地笑了，与我们聊起了家中的收入，还吃起了随身携带的口香糖。这个细节，被陈陆军写进了《迷人的西藏》，该文被国内外网站纷纷转载，为整个报道增色不少。

在乃东县采访，记者何勇获悉，克松居委会是西藏农村第一个党支部、第一个进行民主改革的地方，现在又是县里屈指可数的富裕村，便放弃了和大家一起休整参观的时间，缠着昌珠镇的镇长放下手中的工作，带他到了克松居委会，挨家挨户地看、聊，挖出了订单大蒜飞上高原这样的新闻，抠出了昔日不离乡的藏族青年如今纷纷闯四方靠自己的手艺搏市场这样的"独家"新事，还通过村民家中的生活切实感受到了吃穿住行等方面的巨大变化。

顶着强烈的高原反应，我们白天深入基层一线采访，走过了一个又一个"生命禁区"；晚上拖着疲惫、困乏的身体，用几近迟钝的大脑整理笔记，撰写草稿，睡眠不足就靠乘车时补。由于日程紧，有时采访不够深入，我们就在车上、在饭桌上补充采访，甚至上厕所时都要追着采访对象，让不善言谈的藏族同胞多说说情况，多讲讲故事。

靠着这种不畏艰辛深入挖掘的劲头，我们"抠"出了藏族妇女用奶水救治患雪盲症的边防战士的感人事迹；深入到草原腹地看到了藏族牧民骑摩托车放牧的情景；摄影记者刘龙拍到了87岁的藏族老阿妈捧着救助自己的解放军战士的脸，热泪盈眶，高唱"金珠玛米，呀咕嘟"（解放军好）这样催人泪下的照片。

可以说，正是这些感人的有说服力的细节，使我们的稿子有了血肉，增添了成色和亮点。

**"大处着眼、小处落笔"要求我们在布局谋篇时着眼大局，在遣词造句时饱含激情，向世人展现一个在中国共产党领导下和谐发展新西藏的璀璨画卷**

采访素材都有了，怎样把这些零部件组装成一个整体，发挥更大的作用？拿"规定动作"而言，中宣部规定的8篇稿子分为方略、建设、教育、文化、生活、生态、开放、团结8个方面，8篇稿子内在有什么联系？风格是否统一？怎样布局？

采访途中，我们就一直在思考。最后商定，争取8篇稿子见报时都放在《人民西藏40年》专栏。这组报道要展现西藏各方面的成就，人民群众生活的巨大变化，进而阐述和印证只有在共产党领导下的民族区域自治，藏族人民才能过上幸福生活这个历史定论。为此我们确定，8篇稿子总体风格应该统一，基本上是综述性的成就报道；既要写出西藏人民现在的生活，又要点出西藏自治前的状况，对比之中见变化；要有一定的历史感、纵深感和现场感；8篇稿子要把标题做好，把"眼睛"擦亮。

开篇"方略篇"是纲领性稿子，和其他7篇是一个"总分"关系。这篇稿子像合唱队的领唱，关系到整个报道的成败，而且还要送审，格外重要。在内容取舍上，我们商议，既然是方略，就要有中央三代领导集体和以胡锦涛为总书记的党中央对西藏的关怀、重大决策，还要有关系到西藏命运的重大制度，以及展现由此取得的巨大成就。这三大部分包括中央领导的关怀和中央确立的对藏基本政策和援藏等重大决策，西藏民族区域自治制度下藏族人民当家作主的情况,以及西藏取得的成就。稿子送审后获得首肯,基本未作修改。稿子发表后不少读者反映,该稿视野开阔,逻辑严密,厚重丰满。

展现的虽然是大主题,但在稿子的写作中,我们从小处落笔,力求灵活、生动、形象,增加可读性;在每篇篇幅不长的文章中,都争取讲个故事、呈现细节,把艰辛挖来的"独家"细节穿插运用到文章中;在叙事风格上,多采用第三者的旁观叙述态度,追求客观化效果。

在"建设篇"《翻天覆地新西藏》一文中,我们用这段文字开头:"置身西藏自治区首府拉萨,如果你了解过去的拉萨,你就会感到这座城市发生了显著变化。在这里也能看到先进的计算机中心,甚至还有卫星通讯站——中国的经济奇迹已经抵达西藏。"这段话,是《参考消息》译文中的一段,出自墨西哥全国影响最大的报纸《至上报》的记者西蒙·莱维—达巴在西藏的见闻,标题是《西藏的变化翻天覆地》。转引外国记者的话作为文章开头,更为客观、可信。

再详细的数字,多了也会令人感到枯燥;而动人的故事,

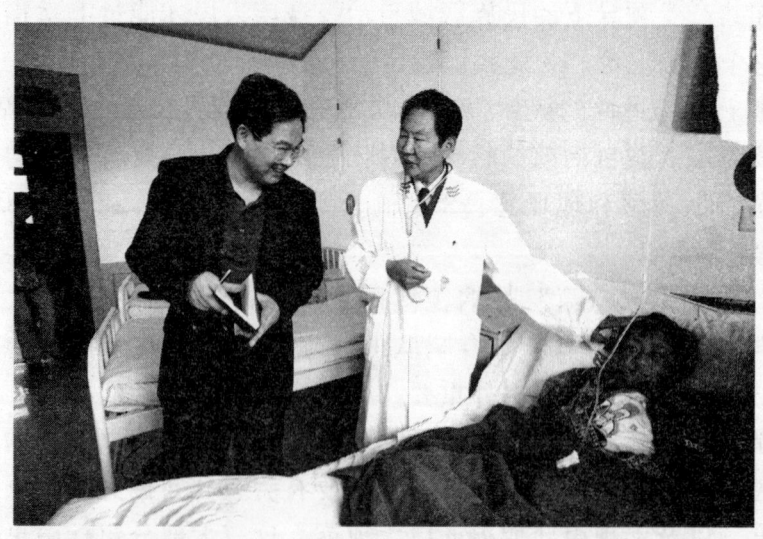

2005年8月22日,记者郑少忠(左)采访西藏军区总医院院长李素芝(中)。

感人的细节，一个就能使人印象深刻。在"教育篇"《不是千年胜千年》一文中，开头即写了藏族老人米玛的遗憾和得到的弥补："1933年出生于西藏墨竹工卡县的藏族老人米玛，最大的遗憾是在西藏和平解放前，由于世代为奴，自己一天学也没上过。米玛老人的遗憾，由他的子女们在解放后弥补上了：6个子女全都是大中专毕业，女儿卓玛还是拉萨市北京中学的英语教学尖子，2003年被选派到加拿大学习。"上述情景给人以较大的冲击和感慨：新旧西藏教育状况的确两重天。在反映西藏生活变化的稿子中，我们用从内地坐飞机时衣服口袋里塞满蔬菜这个细节，反映拉萨人以前生活的困苦。说明西藏农牧民生产生活资料的变化时，我们用了这个"故事"：申扎县老牧民达瓦次仁记忆中，上世纪70年代，拖拉机第一次进西藏，农牧民是以迎接新娘的隆重仪式来迎接；如今他可以骑着摩托放牧、用拖拉机耕地。这种景象在西藏已十分普遍。

  藏民族能歌善舞，浩瀚的民歌是他们的生活，也是我们写作中增加可读性的宝贵资源。在稿子中，我们大量引用藏族民歌歌词。写铁路时，引入"一条巨龙翻山越岭，为雪域高原带来吉祥。那是一条神奇的天路，带我们走进人间天堂……"写文化遗产保护，引入"我手中端的这碗酒，要说历史有来头：碧玉蓝天九霄中，青色玉龙震天吼。电光闪闪红光耀，丝丝细雨甘露流。用这洁净甘露精，大地人间酿美酒……"这是《格萨尔王传》中著名的"酒赞"词。写民族团结，引用了《一个妈妈的女儿》，"太阳和月亮是一个妈妈的女儿，她们的妈妈叫光明；藏族和汉族是一个妈妈的女儿，我们的妈妈叫中国！"另外，"生活篇"一文的标题《叫我怎能不歌唱》即取自民歌。

  正是这种叙述风格的追求、细节的运用、故事的穿插，才使得充满了数字的文章不枯燥，灵动可读，取得了良好的阅读效果。

2005年11月

# 略述《人民日报》报道领导人活动的传统做法

陈伟光

今年，中共中央颁发了《关于进一步改进会议和领导人活动新闻报道的实施办法》，对国内媒体如何报道中央领导人活动作了具体的规定。这在我党历史上是一项创举，是在总结党的新闻宣传长期实践经验基础上的进一步规范和完善，具有重要的现实针对性和指导性。《实施办法》内容丰富，但其中心意向可用减、缩、精三字概括，即减少篇幅，缩小范围，精炼内容。落实好《实施办法》，对于进一步办好《人民日报》，实现"三贴近"十分必要。

《人民日报》是中共中央机关报，是宣传党的路线、方针、政策的舆论工具。因此，及时、准确地传达中央的声音，及时、准确地报道党和国家领导人的重要政治活动，是它的基本职责。50多年来，人民日报报道领导人活动有着自己的基本原则，即：重要人物重点处理；重大活动突出处理；一般活动灵活处理；拿不准的不自作主张，及时请示送审。同时，在坚持这些原则的前提下，也形成了一套传统做法，归纳起来，有以下数点：

一、在版面安排上主要按新闻重要性排序，不全依职务高低编排

人民日报报道领导人活动时大多按职务序列安排版面。但这并不是绝对，视稿件内容也会出现职务序列与版面序列不一

致的情况。如 1981 年 10 月 8 日《人民日报》头版：头条是毛泽东的文章《纪念孙中山》；报眼是《辛亥革命七十周年纪念展览在京展出》；二条是《徐向前（中央军委副主席）与黄埔老同学话统一，"希望蒋经国先生做留芳后世的人物"》；三条是《乔清陆等十人驾机逃离越南到我国》；四条是《叶剑英（委员长）致唁电痛悼萨达特总统》；五条是《彭真（副委员长）视察秦皇岛劳教所，要求劳教工作者"一要当好父母，二要当好老师"》；六条是《邓小平（中央副主席、军委主席）会见德国外长根舍》；七条是《穆巴拉克被提名为总统候选人》；八条新闻中有关当时中央领导人活动的新闻共四条，如按当时他们的职务排序，应该是叶、邓、徐、彭，而版面安排则是徐、叶、彭、邓。之所以如此，完全是由每条新闻的价值所决定的。这样的版面安排在十一届三中全会以后的《人民日报》并不鲜见。在"文革"前也常见，如 1964 年 3 月 4 日《人民日报》头版，相关编排顺序是陈毅、邓小平、周恩来，而不是按职务顺序周恩来、邓小平、陈毅编排的。

二、常规事务性活动不占版面主要位置

纵观 1956 年 7 月《人民日报》（第一次改版后第一个月）头版，共刊登毛泽东、刘少奇、周恩来、朱德活动的报道 15 条，其中 6 条是接见国内各界代表人士，9 条是接见外宾（但没有重要人物）。这些消息全部安排在下半版，甚至是末条；除 1 条占三栏长约 800 字外，其余各条都只占两栏宽，篇幅平均不超过 300 字；主标题字号或二号或三号，大多没有副题。在当时，报道毛泽东的活动稍比其他领导人的特殊之处，是在外事活动报道中常配照片。

这种风格直到 60 年代初期也没有大的变化。如：1961 年 9 月 25 日《人民日报》头版，第三条是消息《毛泽东再次接见蒙哥马利元帅》，正文才两句话不过 50 余字；其正上方（即二条）是《刘少奇等陪同古巴总统观看演出》的消息，也不过三四百字。1962 年 3 月 31 日《人民日报》头版，第三条是消息

《毛主席接见古巴歌唱家维亚》，正文才三句话约60余字；其正上方是头条消息《全国话剧、歌剧创作座谈会在广州举行，周恩来、陈毅专程赴会讲话》。为了不让这两条与毛泽东有关的消息在版面上过于"寒碜"，值班编辑采取了加花边或配照片的编辑手法。

### 三、报道内容务实不空泛

十一届三中全会以后，人民日报坚持实事求是的思想路线，力戒形式主义，纠正"文革"期间假、大、空的恶劣文风，版面上出现了清新之气。这在有关领导人活动的新闻报道中有着明显的体现。如1979年11月2日头版头条消息：《(引题)邓副主席在中国科学院纪念建院三十周年茶话会上强调，(主题)注意培养发现人才，繁荣祖国科学事业》，通篇才700来字，没有一句套话，尽是邓小平风格独具的语气，却含高密度的信息量，足以鼓舞全国知识分子奋发有为的热情和信心。可以肯定，邓小平的讲话原文不知比此消息长多少倍，但实质性内容却都在这里了。这篇消息应该成为《人民日报》报道领导人讲话的一个范本。又如，1981年9月27日胡耀邦、邓小平分别会见多哥总统埃亚德马，28日的《人民日报》就只发了一条综合消息。

2003年8月

# 体现党的意志　反映人民心声

——关于党报改革新闻宣传的调查与思考

胡　斌

**内容提要**

党报既要体现党的意志，又要反映人民心声，这是党报的性质所决定的，不能体现党的意志就不是一张合格的党报；同样，不能反映人民心声也不是一张合格的党报。

记者胡斌深入林海雪原采访。

党报体现党的意志主要表现在用新闻手段去反映党的路线、方针、政策。党报反映人民心声主要表现在用人民群众的语言和他们喜闻乐见的形式反映他们所关心的内容。作为二者的统一应该表现在一是导向正确，二是人民满意，三是能够有效地占领传播市场。在坚持党的喉舌性质不变的前提下，努力探索一条党报和市场实现有效对接的新路子，从而实现体现党的意志与反映人民心声的统一。

**一、把体现党的意志与反映人民心声统一起来是党报本质的基本规定**

（一）革命导师和马克思主义经典作家向来十分重视党报体现党的意志与反映人民心声的统一

无产阶级的党报是伴随着无产阶级运动产生的。党报从它诞生的那一天起，就强调它既是党的喉舌，又是人民的喉舌。从马克思主义的经典作家，到中国共产党的领导集体，都在不同时期、不同场合，从不同侧面强调了党报党性与人民性的一致性。

在马克思创办人民报刊时期，他就高度重视报刊要反映人民的心声，他说："民众的承认是报刊赖以生存的条件，没有这种条件，报刊就会无可挽救地陷入绝境。"他在《〈莱比锡总汇报〉在普鲁士邦的查禁》一文中指出，人民的报刊"它生活在人民当中，它真诚地同情人民的一切希望与忧患，热爱与憎恨，欢乐与痛苦。"列宁在强调党的报刊要无条件地服从党的同时，也强调报纸要"少来一些政治空谈，少发一些书生的议论。多深入生活。多注意工农群众怎样在日常工作中实际地创造新事物。"中国共产党人在长期的革命斗争过程中，形成了具有中国特色的党报理论，他们都从不同侧面强调过党报既要体现党的意志，又要反映人民心声。1948年，毛泽东同志在同《晋绥日报》编辑人员谈话时就指出："办好报纸，把报纸办得引人入胜，在报纸上正确地宣传党的方针政策，通过报纸加强党和群众的联系，这是党的工作中的一项不可小看的、有重大意义的问题。"1996年9月26日，江泽民同志视察人民日报社时强调，报纸要"在坚持正确舆论导向的前提下，要讲求宣传艺术，提高引导水平，努力使自己的宣传报道更加贴近生活、贴近读者，使广大读者喜闻乐见"。这些论述都对党报的性质和任务做出了明确的规定：党报要正确地宣传党的方针政策，即体现党的意志；同时党报的宣传又要贴近生活、贴近读者，使读者喜闻乐见，即很好地反映人民心声。

**(二)我党党报历史上的两次重要改版都强调把体现党的意志与反映人民心声统一起来**

(1) 1942年4月1日,在延安出版的中共中央机关报《解放日报》进行了改版。改版社论阐明改革的目的,"就是要使《解放日报》能够成为真正的战斗性的机关报。""就是要使我们的整个篇幅贯彻党的路线,反映群众情况,加强思想斗争,帮助全党工作的改进。"《解放日报》改版前的版面安排几乎都是一国际、二国内、三边区、四本地,严重脱离了解放区斗争实际和党的中心工作。《解放日报》改版后,以抗日民主根据地的新闻报道为主,密切联系群众和工作实际,积极配合党的中心工作进行宣传报道,版面焕然一新,受到了群众欢迎。

(2) 1956年7月1日,《人民日报》经中共中央批准,正式宣告改版。其改版社论《致读者》总结了该报创刊8年来的成绩,同时也公开承认《人民日报》仍然存在教条主义和党八股严重等缺点,缺乏生动活泼的文风,不能适应形式发展的需要,因而必须进行一场深入的改革。

社论把改版的重点归结为三个方面:第一,扩大报道范围。社论申明:生活里的重要的、新的事物——无论是社会主义阵营的,或者是资本主义国家的,是通都大邑的,或者是穷乡僻壤的,是直接有关于建设的,或者是并不有关于建设的,是令人愉快的,或者是并不令人愉快的,人民希望在上面多看到一些,我们也应该多采集、多登载一些。社论提出的第二个方面的改进是开展自由讨论。它指出,"报纸是社会的言论机关"。报纸"不能设想自己是全知全能的",不能"随时做出绝对正确的结论"。社论指出:"报纸上发表的文章,虽然是经过编辑部选择的,但是并不一定都代表编辑部的意见。"第三是要改进文风。社论呼吁:"千万不要让读者看了想打瞌睡!"

人民日报改版后,面目焕然一新。改版前,新闻数量少,内容又多半是外交、会议、公告等硬新闻。改版后,新闻数量明显增多,题材变得广泛,更加关心和贴近读者的生活。对于波兰波兹南事件和匈牙利事件，都作了如实报道，打破了对社会主义国家只报喜不报忧的框框，受到广大读者的欢迎。但随着1957年下半年反右派斗争的不断扩大，这场改革半途夭折。

（三）理论和实践都告诉我们，当党报在体现党的意志与反映人民心声的统一方面做得比较好时，群众就欢迎，工作就进步；处理得不好时，就脱离群众，就不受欢迎

从理论上说，我们党是中国最广大人民根本利益的忠实代表，除了人民的利益党没有自己的私利，这就决定了党报宣传对党负责和对人民负责的一致性。

但具体到党报宣传的实践来看，把对党负责与对人民负责统一起来，把体现党的意志与反映人民心声统一起来，并不是一件很简单的事情。在大跃进时期，在十年内乱时期，由于党报严重地脱离群众，在实践中造成了恶劣的影响。群众给当时的人民日报总编辑来信，信封的正面写着人民日报总编辑收，背面写着戈倍尔收。脱离实际、脱离群众，党报就会威信扫地。在拨乱反正时期，人民日报忠实地反映人民心声，在平反冤假错案、批评官僚主义等方面发挥了突出的作用，受到广大人民群众的热烈欢迎，发行量曾高达630万份。当时报纸上登出一篇文章说长途贩运不是投机倒把，农民就把人民日报捆在扁担上，走到哪里就宣传到哪里，说人民日报都登了，长途贩运不是投机倒把。这说明，当党报的报道既体现了党的意志，又反映了人民的心声时，党报就在群众中享有崇高的威望。

二、群众对党报在体现党的意志与反映人民心声的统一方面的意见

经过20多年改革开放的洗礼，今天的党报与过去相比已有了极大的发展，党报的办报条件得到了极大的改善，报纸的规模也有了很大的发展，从对开四版到八版、十二版、十六版，有的地方党报甚至达到了四十个版以上；传播手段日益进步，告别了铅与火，实现了光与电，信息量不断加大，时效性不断增强。但另一方面，20世纪90年代以来，党报的外部生

存环境也发生了巨大的变化,受众的要求也越来越高,党报也面临着市场竞争的挑战,党报在体现党的意志与反映人民心声的统一方面也不断面临新问题,遇到新挑战。由于受非典影响,本次调查除了查阅有关文献资料外,主要通过人民网进行开放式的问题调查,收到了300多封群众来信,归纳起来,读者对党报的意见主要有以下几个方面:

1. 空话、套话、官话、重复的话多,有效信息含量少。党报记者经常跑会议、跑机关,应该说会议和机关都是重要的新闻源,但由于种种原因,党报上的报道也染上了一些"机关化"的毛病,具体表现为空话多、套话多、官话多,如党报上经常出现这样的句式:"在……的同时"、"在……的基础上"、"加快……进程"、"提高……水平","促进……发展"、"本着……原则"、"大力夯实……基础"、"在推进……的进程中,通过……举措,探索……机制,切实解决……问题"等等。这些句式党八股的味道太浓,群众不欢迎。文风不好,文章不耐读,在很大程度上限制了党报的市场半径。

2. 会议报道多、领导人活动报道多,写作模式化。长期以来,会议报道多、领导人活动报道多,报纸版面主体失衡,领

记者胡斌在祖国最东端——东方第一哨(抚远)采访。

导唱主角,群众唱配角一直是党报一个难以解决的通病,是党报脱离群众的一个重要原因。

今年3月28日,中央政治局召开会议,决定改进会议和领导同志活动报道,受到国内外舆论的广泛欢迎,说明中央此举真正反映了人民的心声。

3. 在调查中,不少读者反映,党报读起来不解渴,对事件性新闻,党报的反应总是慢半拍,舆论监督从总体上讲与群众的期望值相差较大。党报既然是新闻纸,就必须尊重新闻传播的一般规律。越是突发性事件,越是群众关心的新闻,党报越要充分满足读者的知情权,任何隐报、瞒报、漏报都是对群众知情权的漠视,也有损于党和政府的形象。广西南丹事件如果媒体沉默,那么几十个冤魂就可能永被埋没,个别地方政府和黑恶势力相勾结的事实就无法揭穿,党和政府就无法及时清除附着在自己肌体上的毒瘤。人民日报近年来发表的《瞎指挥搅黄了退耕还林》、《决策为何连连失误》等批评报道既得到了中央的肯定,也受到群众的欢迎。今年以来,我们对北大、清华的餐厅爆炸案、361号潜艇失事以及伊拉克战争等突发性新闻都做了及时公开报道,较好地满足了群众的知情权,受到了国内外舆论的广泛好评。

4. 理论文章过长,且领导干部的居多,缺少短小精悍、通俗易懂、指导实践、启蒙思想的文章,版面缺乏亲和力。有的读者指出,中央报刊之所以吸引力有限,一个重要原因就是"曲高和寡",形式和内容显得古板生硬,不少信息和文章是领导在说给领导听(有些甚至还没认真听),专家在写给专家看(一些其实没真正看),与大众所关心的问题关系不大,所以只能在一个非常有限的狭窄范围内循环。报纸是新闻纸,读者读报主要是获取信息。作为党报,有从理论上宣传党的方针政策的义务。但党报上的理论文章应与党刊上的理论文章相区别,因为读者读报纸和读杂志的阅读期待是不一样的,读报主要是为了快速获取信息,因此党报上的理论宣传应该信息化,文章应该更加短小精悍，话题更具有大众性，版面更加生动活泼。

5. 党报报道的内容与群众关注的焦点相脱离，你说你的，我看我的。对此，新华社总编辑南振中同志曾有过十分精当的分析，他说："在现实生活中，存在着两个并不完全重叠的'舆论场'：一个是主流媒体着力营造的'媒体舆论场'；一个是人民群众议论纷纷的'口头舆论场'。人民群众从自身的感受出发，每时每刻都会关注一些共同的领域、共同的问题，在口口相传之中形成了'口头舆论场'，那些相对集中的社会话题就会成为一段时间街谈巷议的焦点。""现在的问题是，作为党、政府和人民的'耳目喉舌'，我们对人民群众的'口头舆论'不够重视，了解得也不多。在一些问题上，我们想说的事情人民群众不太感兴趣；人民群众痛切感受到因而议论纷纷的事情，在我们的新闻报道中又很少见到，或者虽有报道，但与人民群众关心的程度相去甚远。

与"两个舆论场"相对应的是，"中国的报业市场已形成两个市场。一个是公费订阅所支持的主市场，主要包括各级党政机关报、综合性大报和企业报；另一个是读者自费订阅所支持的第二市场，主要是晚报、文摘报、生活服务类报纸。这很有点像图书市场有新华书店主渠道，又有个体书店、书摊的第二渠道。"不能很好地反映人民心声，不能很好地贴近实际、贴近群众、贴近生活，脱离读者的需求，使党报在自费市场上的竞争处于弱势。中国记协和河北日报2001年1月做的"省级党报受众信息需求的调查"表明，读者不愿订阅党报的原因前5项依次为：形式死板（50.69%）、内容单调（47%）、远离生活（34.56%）、太多说教（33.18%）、缺乏娱乐性（31.8%）。而读者认为目前党报存在的主要问题前5项依次为：缺乏创新力（56.68%）、机制问题（35.9%）、缺乏市场调研（32.72%）、体制问题（31.80%）、发行渠道不畅（15.67%）。在同一项调查中，在问及读者愿意在报摊上购买的报纸中，党报被排在倒数第二位，仅高于老年类报纸。

**三、党报在体现党的意志与反映人民心声的统一方面存在问题的原因分析**

党报在体现党的意志与反映人民心声的统一方面还有不少不能尽如人意的地方，其原因是多方面的，既有外部的原因，也有党报自身的原因。从根本上说，是没有从体制上、机制上解决党报贴近实际、贴近群众、贴近生活的问题。具体分析主要有以下几个方面：

1. 报业结构的变化。改革开放之初，我国只有186种报纸，基本上是党报一统天下，而现在全国已有2111种报纸，形成了党报、晚报、都市报、财经报、休闲娱乐类报纸、国际时政类报纸、体育类报纸等门类齐全的报纸，党报一统天下的局面已不复存在。晚报、都市报一开始就生存在市场之中，他们在贴近读者、服务读者方面比党报有着天然的优势，这些竞争对手的迅速成长，提高了党报进入自费市场的门槛。

2. 新技术、新媒体的挑战。以互联网为代表的新的传播技术和手段大大改变了传统的新闻传播格局，互联网以其信息的快捷、丰富迅速成为人们日益依赖的信息渠道，对党报构成了新的挑战。据中国互联网信息中心调查统计，截至2002年12月31日，中国的网民数量已达5910万，居世界第二位。新媒体的出现，使传播环境发生了深刻的变化，引发了四个方面的结果：（1）信息从相对短缺走向相对过剩；（2）受众获得信息的渠道、手段和方便程度大大增加；（3）媒体从卖方市场走向买方市场；（4）读者的注意力成为相对稀缺的资源。在这样的背景下，党报在争夺读者尤其是年轻读者方面明显处于弱势。那种以传播者为本位的传播模式越来越让位于以受众为本位的传播模式。

3. 党报自身改革滞后。1992年之后，我国逐步确立了社会主义市场经济体制，市场已成为资源配置的基础性手段，党报作为一种特殊的商品也必须面对严酷的市场竞争。但在实际操作中，党报的改革是严重滞后的。体制不活、机构臃肿、激励机制不足、新闻观念老化使党报的整体竞争能力弱化,新闻少、慢、差的状况日益突出,在激烈的报业市场竞争中,党报显得被动和落伍。据中国记协对全国省级党报的调查显示,1981年到1988年,我国省级党报平均每期发行量在35万份以上。1994年后呈逐年下滑之势,到1999年平均期发行量只有23.91万份。今天,党报的外部环境、竞争对手、读者要求都发生了巨大的变化,比起这些变化来,这就要求党报在发行方式上进行创新,而发行方式的创新又会对报纸的产品创新提出新的要求。市场往往会给予主动创新者以超值回报,《广州日报》在发行和广告市场上的成功就是很好的例证。创新就是要不断地解放思想、实事求是,与时俱进。创新包括观念创新、制度创新、管理创新、产品创新等等。对党报来讲,就是要通过一系列的创新,大幅度地解放和发展新闻生产力,提高党报的市场竞争力,使党报真正走入寻常百姓家。

以非典型肺炎的报道为例,这里有两份统计可以说明报纸新闻贴近读者的程度。例一:清华大学新闻学院的硕士研究生徐勇曾做过一个抗非典前中期的统计分析,从2002年11月1日到2003年5月12日,《人民日报》共发表有关非典型肺炎的报道528篇。在全部报道中,引述各级党委、政府及香港、澳门特别行政区官员的报道326篇(53%),人大、政协10篇(2%);世界卫生组织33篇(5%),非世界卫生组织的国内外专家54篇(9%),一线医护人员45篇(7%)、患者6篇(1%),群众、民间组织或企业49篇(8%),外国政府或议会45篇(7%),评论及其他30篇(5%)。

由此可见,《人民日报》引述来自党和政府的官方信源超过新闻来源总数的一半,而来自一线医护人员、患者、群众、民间组织或企业的报道加起来只有16%。根据相同的样本,全部报道的主题可分为七类:疫情公布、政府活动及决定、专家与科研进展、医护及患者情况、民间反映、国际反映、评论及其他等七类。在全部报道中,疫情公布、政府活动的报道占

54%，专家及科学进展活动的报道占 13%，医护及患者情况报道占 8%，民间反映占 9%，国际反映占 10%。

上述分析表明：《人民日报》作为党中央的机关报，在宣传党和政府的方针、政策及主张方面的报道是十分充分的。但在广大群众可能更为关心的研究"非典"的科学进展或专家建议、隔离区的生活状况、一线医护人员及患者的情况的报道从比例上远远低于对政府活动的报道。

随着抗非典斗争的深入、激烈，形势逼迫我们多反映基层第一线的声音，报纸上"三贴近"的稿子增多。从统计报表中可以看出《人民日报》对中央声音的报道占 5%，比例虽不高，但大都在头版，仍起到主线作用；反映医疗一线和各地抗非典工作的报道四项相加起来占到 48.4%。这都是读者最关心的内容。这一个月的报纸中央和群众都很满意。一些读者说，这些报道改变了过去他们对《人民日报》"官样文章"的看法，认为《人民日报》很亲切。特别是在连续刊登了几篇关于各医院的报道后，《人民日报》竟成了各个医院十分抢手的报纸。

今年以来，《人民日报》的改版和扩版出现了新气象，在"三贴近"上有了明显改观，群众反映改版后，《人民日报》的信息量加大了，内容也好看了。但也应看到，目前改版的成果还只是初步的，还远没达到理想的境界，党报的整体市场竞争能力还要加强。

**四、把体现党的意志与反映人民心声统一起来，关键是要贴近实际、贴近群众、贴近生活，要做到尊重新闻规律、宣传规律和市场规律的统一**

党报要把体现党的意志与反映人民心声统一起来，最根本的是要按新闻规律办事，努力做到贴近实际、贴近群众、贴近生活。党报有其特殊性，但不能因为强调特殊性而忽视了作为大众传媒的一般性，这个一般性就是新闻规律。党报承担有宣传党的方针政策的任务，所以党报要尊重宣传规律；党报又是新闻纸，所以党报也必须尊重新闻规律；同时，党报要面向市场，因此，党报也必须尊重市场规律。

当前，党报要改进新闻宣传，从根本上说要按新闻规律办事，关键是要形成一整套有利于"三贴近"的工作机制。这不仅是党报实践"三个代表"重要思想的需要，也是中国加入WTO后适应新闻全球竞争的需要，是培养大批高素质高水平新闻人才的需要，还是《人民日报》发挥第一大报影响力的需要。综合各方面的意见，我们建议如下：

(一) **体制和机制层面**

1. 改革人事分配制度、加强激励约束机制，实行人才能进能出的聘用制。事业兴衰，关键在人。党报应借鉴国有企业的改革经验，建立与社会主义市场经济体制相适应的党报人事管理制度和分配激励制度，形成以绩效考核为主的干部任用评价体系，真正实现能上能下、能进能出。打破过多的管理层级，建立起扁平化的高效管理体系。对一线的编辑记者更应打破铁饭碗，建立起有效的激励约束机制和淘汰机制，使真正的人才留得住、用得好，使滥竽充数者混不下去。

2. 编采分开，建立以版面为中心的采编体系。打破传统的记者本位，确立编辑本位的架构体系。以版面引导采访，用报道充实版面。建立适应现代报业竞争的快速灵活的组织指挥体系。过去编采不分，自产自销，前店后厂，这是小农经济的做法，不是社会化分工的大生产模式，不利于提高报道水平和版面质量。编采分开后，编辑处于中心地位，是版面的组织者和策划者，编辑要在精心策划选题的基础上指挥记者采访，而不是搞来料加工。编辑的来源应像西方大报那样，从资深记者中选拔。

3. 恢复过去的老传统，实行开门办报。第一，让读者评报。报纸办得好不好，最终要由读者来检阅。是否做到了"三贴近"，要由市场说了算。要经常性地开展读者调查活动，要研究主流读者的信息需求，并根据他们的需求及时调整版面设置。要建立起开门评报制度，《人民日报》过去有一个栏目叫读者评报，一般出现在读者来信版，有时甚至上头版，这是报纸联系群众，倾听人民呼声的好方式，建议恢复这个栏目。第二，恢复和加强通讯员队伍。报纸要贴近群众，就要做到稿件从群众中来，产品销到群众中去。

4. 加强人力资源建设，建设学习型报社。报业竞争，说到底是人才的竞争。这就要求把报社建设成为学习型报社，为此应制订报社的人力资源开发战略。除了对刚进报社的毕业生进行入社教育的培训外，应针对不同年龄阶段、不同专业背景的编辑记者和经营人员度身订做地制订出培训计划，每年每人都应接受不少于40小时的培训，加大复合型人才和专家型人才的培养力度。对新提拔的干部要进行领导能力培训。在人才开发上，除了自己培养外，应借鉴国外大报的经验，更多地从地方和其他新闻单位的成熟记者中招聘，这样做的好处一是降低了用人成本，二是降低了用人的风险。同时，要选派有培养前途的青年到国外优秀媒体做访问学者或交流活动，深入研究这些优秀媒体的成功之道，特别是学习他们在采编技巧方面、在经营管理方面的成功经验，在这方面报社要像广州日报、深圳特区报那样舍得下本钱投入。

5. 加强记者站的体制改革和队伍建设。作为中国第一大报，我们难以做到"三贴近"，关键是有一个"倒宝塔"的运作结构。生物学原理揭示，为了保证足够的养分，参天大树至少应该根、冠等大，甚至根系更大。但目前就人民日报的情况而言，主要编采力量集中在编辑部，编辑部的人员主要是对中央各部委分兵把口，而全国36个记者站中，1人站12个，2人站17个，3人站6个，4人站只有1个。各个记者站有限的记者主要精力也只能应付当地省委、市委的活动，难以抽出更多的时间和精力深入到基层进行深入的调查研究。因此，要做到"三贴近"，还必须改变这种"倒宝塔"式的人力资源配备结构，加大记者站的建设力度。

（二）内容层面

传媒竞争，内容为王。读者买报、看报，看的是内容。内容有没有吸引力决定了报纸有没有竞争力。"三贴近"最终也要通过内容来体现。因此，党报必须高度重视内容的管理，加强内容的策划、包装和推广。在内容方面，党报应从以下10个方面加以改进。

1.增加信息量。要加大版面上新闻的比重，减少文章尤其是长文章等非新闻的比重。社会生活是多方面、多层次的，报道也应是多方面多层次的，不能把报道的视野仅仅局限于党政机关的活动，应满足读者多方面的信息需求。应在充分开发好自稿的前提下，用好通讯社稿、通讯员稿和其他报社的优秀稿件，以扩大新闻源。因为读者看报就像到餐馆就餐，他并不关心他吃的鸡蛋是谁家的鸡下的。

2.增强时效性。快是新闻的内在要求，慢半拍就会丧失传播的主动权。尤其是对突发性事件，我们不报，而境外媒体却做了歪曲的报道，造成了先入为主的印象，我们再来更正反而被动。党报应借鉴都市报等市场化媒体的经验，通过有奖征集新闻线索等形式，形成快速反应机制，对重要突发新闻做到不漏报、不慢报，积极主动地引导舆论。第一时间送到读者手中的报纸是新闻纸，第二时间送给读者的报纸是废纸。因此，快捷的发行体系也是媒体的核心竞争能力之一。目前许多省会城市的读者还只能在下午才能拿到当天的《人民日报》，这种状况不解决，《人民日报》的竞争力就会大大削弱。提高时效性，《人民日报》还应发挥人民网的优势，进行报网互动。

3.加强权威性。党报应面对主流人群提供具有权威性的主流新闻。《人民日报》的核心读者是干部、知识分子和企业界人士，我们必须深入研究这些核心读者的信息需求，为他们提供高质量的信息服务，树立党报权威性强、公信力高的市场形象。加强"三贴近"不等于不报道或少报道中央领导机关的活动，而是要解决如何报的问题。重要的会议、领导人的重要活动也是群众关心的内容，关键是要把报道的权威性与可读性结合起来，真正按新闻规律办事。历史上，《人民日报》也有相当长一段时期不是按领导人的排序来安排版面，而是按新闻价值大小来安排版面，我们应当恢复这个好传统。

4. 增强可读性。可读性差是读者对党报的一个突出意见。可读性差来自两个方面：一是内容本身的可读性差，会议、文件、讲话，空话多、套话多，读者不爱看，对这类不受欢迎的新闻应大力压缩。二是表现形式的可读性差，不善于用讲故事的形式，用生动的细节，用人性化的编辑手段去吸引读者。要增强可读性，当前首先要改进会议报道和领导人活动报道，增加实质性的信息，减少程式化的报道，减少空话和套话，提高时政新闻的亲和力。同时，要进一步改进文风，用群众喜闻乐见的新闻语言和新鲜生动的事实去吸引读者。其次，还应制定出严格的写稿标准和用稿标准，教会记者像标准化生产线上的工人一样，保证交出的每一件作品都是合格品，同时版面编辑要严格把关，凡达不到标准的稿件一律不许上版。

5. 加强舆论监督。开展舆论监督既是建设社会主义政治文明的需要，也是党报反映人民心声的需要。当前，在党报上有力度的舆论监督还不是很多，开展舆论监督的阻力还很大，党的领导机关要鼓励新闻媒体开展舆论监督，新闻媒体也应敢于负责地开展好舆论监督。报社每一个时期都应在调查研究的基础上制订出一

记者胡斌（左）在新疆乌恰县采访全国著名劳模吴登云。

个"问题单子",这个"问题单子"既是群众关心的,又是中央关注的,同时又是具有可操作性的。这些"问题单子"就是报社为公众设置的"议程",通过对这些"问题单子"的叩问和解答,既履行了媒体舆论监督的职能,又可以密切报纸同受众的关系。

6. 适度增加社会新闻报道量。当前党报的面孔过于严肃,工作性的内容太多,而工作以外的内容太少。《人民日报》的读者以领导干部和知识分子居多,但不意味着报纸就要从一版到十六版都是硬梆梆的新闻和文章,也应有相当比例的轻松的东西。很多社会新闻普通读者感兴趣,领导干部也是感兴趣的。如今年1月15日《人民日报》在第五版登出一条社会新闻《钞票误进粉碎机 拼接一月终"复原"》,讲的是北京平谷区大华山镇农民王桂春误将113张百元大钞误投进粉碎机,他们全家花了近一个月将这些碎纸币拼接起来,终于在银行兑换回113张崭新的钞票的故事。报纸多登一些这样的社会新闻,读者是会感兴趣的。党报记者采访社会新闻不是强项,可以采用媒体链接的形式,开辟一个专栏,转载都市报和晚报上有价值的社会新闻。

7. 增强服务性。报纸是新闻纸,也是实用纸。党报要反映人民心声,还应在增强服务性上下功夫,多搭"便民桥",多做"益民事",多说"亲民话"。《人民日报》五版开辟的"答读者问""金台数据"等栏目以及每周出版的"假日生活"、"健康时空"等专版都较好地体现了服务性。加强服务性是党报联系群众的一个重要手段,报社的各个部、各个版还应进一步研究加强报纸的服务性,多开辟一些大多数读者关心的服务性栏目。报纸的服务性体现在每一个细节之中。除了一些服务性栏目之外,记者、编辑每时每刻都应树立服务意识,从文章的写作构思到版面的编排都应处处为方便读者着想。比如,疑难字加注上拼音,复杂的事情配上插图、图表或背景链接,长文章做好提要导读和插题等帮助读者理解,这都是增强服务性的可行方式。

8. 增创政论、理论优势，加强深度报道和独家报道。人民日报有政论、理论优势，形成了"任仲平"、"人民论坛"、"今日谈"等著名品牌，尤其是"任仲平"文章已形成了"观点鲜明、论述透彻、文字清新"的风格，成为人民日报在舆论引导中高出一筹的"绝活"，人民日报应进一步增创政论和理论优势，培育报纸的核心竞争力。从传播时效上讲，报纸不及电视更不及互联网。从贴近性、服务性上，人民日报难以和地方报纸竞争，人民日报要在现有的传播格局下取得竞争优势，还必须大力加强深度报道和独家报道。在这次抗击非典的报道中，《人民日报》发表的《护士长日记》、《决战在没有硝烟的战场上》等报道被多家媒体广泛转载，引起了强烈反响，这些报道都属于独家深度报道。独家新闻永远是报纸参与市场竞争的利器，报纸要有独家新闻才有存在的价值。人民日报应充分整合社属子报刊的新闻资源，为读者提供更多的独家新闻，同时应制订重奖独家新闻的激励机制。

9. 增加事件性新闻比重，减少综合性消息。毛泽东同志早就说过，综合宜少、典型宜多。报纸是新闻纸，新闻才是报纸的主体。在新闻中，应特别注意加强动态性的消息和事件性新闻的报道，现在党报的动态性消息少，事件性新闻比重低，许多综合性消息时效性差，写作形式呆板，群众不爱看。

10. 减少同质重复性报道，党报有宣传的任务，宣传需要声势，要形成声势就必须有一定的规模。但这也造成一个问题，为了形成规模，往往在一个比较集中的时间发表了许多同质重复性的报道。比如送温暖，今天甲地送温暖，明天乙地送温暖，后天丙地送温暖，这种大量同质重复性的稿件，信息含量少，读者不爱看，使用过多是对传播资源的极大浪费。党报在进行宣传性战役时，应努力减少同质化稿件，对同一主题的内容多从不同的角度、不同的侧面去报道，尽可能挖掘更能吸引读者的内容。同时，从总体上，对这类宣传性报道的规模和频度要控制，不宜过多过滥。

党报除了在内容上提升之外，还应进一步研究版式的改革。党报的版面应在继承传统的基础上加大创新的力度，学习和借鉴市场化媒体的版式设计，使党报的版面设计更有现代感，更具亲和力，更具冲击力，更具吸引力，形成鲜明、大方、统一的版面风格。

总之，我们认为，只有从体制上、机制上以及内容设置上和版面设计上保证"三贴近"落到实处，才能使党报更具吸引力和感染力，才能更好地把体现党的意志与反映人民心声统一起来，才能真正提高党报的竞争力和影响力。

2003 年 7 月

# 软新闻硬新闻都是新闻

万秀斌

软新闻，硬新闻，是我国新闻界使用概率很高的词汇，也是今年报社加强和改进新闻宣传报道中，大家较多提及的。仔细探究其含义，

2005年3月，记者万秀斌(右二)在甘肃张掖市采访农业。

除却诸如"似新闻不是新闻，不像广告实乃广告"的"软新闻"之外，大致有三个层次。

从新闻题材讲，即从新闻报道内容或报道对象来讲，"题材较为严肃，着重于思想性、指导性和知识性的政治、经济、科技新闻"谓之"硬新闻"（甘惜分主编《新闻学大词典》，河南人民出版社，1993年，第11页）；而那些人情味较浓的社会新闻（社会花边新闻、娱乐新闻、体育新闻、服务性新闻等）则归之于"软新闻"。上世纪80年代初，针对当时一些媒体"官腔十足"的特点，以"软些，软些，再软些"为口号的周末类报纸开始借助人情味浓的文化娱乐新闻走出一片新天

2005年春,记者万秀斌(右一)在甘肃金川集团采访。

地;而近年来,都市类报纸提出通过"新闻硬化"来进行"二次创业"的口号,则表明晚报、都市报借助社会"软新闻"赢得一定市场后,又重新关注那些严肃题材的"硬新闻",以此提升品位,向"主流媒体"进军。

从新闻体裁讲,即从报道形式和写作方式来讲,"硬新闻有一定之规(在大多数情况下沿用倒金字塔结构);软新闻则不拘一格。硬新闻直接了当,简明扼要,形式简练,具有直接性;软新闻样式复杂,细节描写和记者感情色彩占据重要地位,具有间接性。硬新闻形式上基本是动态新闻,软新闻则有软消息和特写之分。"(张威:《硬新闻和软新闻的界定及其依据》)依这一分类标准来讲,除了动态性新闻,我国报刊实践中形成的新闻特写、评述性消息、经验性消息、综合消息、人物消息、典型报道和通讯等,都可归入"软新闻"之列。

从新闻时效讲,"硬新闻"是易碎的,时间性是第一位的,重在迅速传递信息;"软新闻"则对时间要素有所回避,而将重点放在对新闻的解释、阐述和背景介绍上。

事实上,这种学理或逻辑上的分类在实践中只具有相对意义。一条时政新闻,从题材上讲是"硬新闻",但如果采用通讯的形式,重在介绍事件发生的前因后果,它就成了"软新闻";而发生在文化娱乐领域里的"爆炸性"事件,则可能以动态消息的形式成为"硬新闻"。即便是题材、体裁和时效三方面都契合的"硬新闻",其传统写作方式也正在与电视、网络等电子媒介的竞争中"变形":开门见山、一语中的的导语趋于"软化",更多地使用细节和富于人情味的渲染,寻找更吸引人的角度。一些主流媒体所倡导的"将硬新闻写软些",正体现了这一追求。

  眼下,部分主流媒体面临读者不爱读的尴尬,有人据此以为是"硬新闻"不受欢迎。事实并非如此,"广大受众,除了老人和儿童以外,都有他们的职业和事业。职业和事业构成了他们社会实践以至人生的主要内容,构成了他们同整个社会相联结的基本纽带。于是,和他们的职业或事业息息相关的社会、国家以至世界的政治、经济、文化诸方面的硬新闻,必然是多数受众最基本、最主要的信息要求。这些硬新闻关系到他们工作的得失、事业的成败、生存的安危,关系到他们对周围环境的及时了解和正确反应。这些硬新闻是任何再有趣味的软新闻都不能替代的。"(引语出处同下)提供了"硬新闻"而不受欢迎,就需要反思:究竟是读者不需要硬新闻,还是我们的"硬新闻"在符合新闻的基本要求方面并不过硬?"我们日复一日、不辞辛劳地塞给受众的是受众真正渴求的新闻信息呢,还是一些虚有新闻之表、毫无新闻信息之实的空话、套话、废话、应景话、奉承话、遵命而说的话、得了好处不得不说的话呢?"(张允若《要以优质的硬新闻取胜——从奥克斯办<纽约时报>说起》)张允若的这段议论表明,有些"硬新闻"从"信息"角度讲,空有其表,不具其实,并不是真正的硬新闻。

  因此,所谓软新闻、硬新闻,更多的是一种相对的概念,其必要条件则是其新闻属性。只要遵循新闻规律,具备新闻信息，不管是硬新闻还是软新闻，都有相应的受众。

今年，人民日报提出要进一步加强和改进新闻宣传报道。7月10日，王晨社长在人民日报宣传报道工作务虚会暨2004年第5次总编办公会上指出："要强调抓新闻，多发纯粹的新闻，地道的新闻，价值高的新闻，时效快的新闻，吸引人的新闻。"这里提到的"纯粹的新闻"、"地道的新闻"、"价值高的新闻"、"时效快的新闻"、"吸引人的新闻"，我觉得，在某种程度上可以理解是针对那些虽占据新闻版面，却没有时效性、缺乏新闻价值、受众不感兴趣的工作总结、文件转述等等而言的。

今年第六次总编办公会指出："新闻要成为新闻版的主体。要大力加强经济、政治、文化新闻的报道力度，适当加大社会新闻报道力度。要闻版和新闻版头条要是地道的新闻，并多抓独家新闻，当日新闻要占版面篇幅的一半左右。要更加重视国际新闻的报道。"这里更清晰地明确了一点：无论是政治、经济、文化新闻，还是社会新闻、国际新闻，都要是"地道的新闻"，并且要力争是当日新闻。

"他大舅他二舅都是他舅，高桌子低板凳都是木头"，套用这首关中童谣，我们可以说"软新闻硬新闻都是新闻"。作为记者，不管是硬新闻软新闻，关键是要抓住货真价实的"新闻"。至于什么是"新闻"，新闻学教科书上有各种表述，梁衡副总编认为"至少三个条件：一是事件，二是时效，三是受众。新闻定义讲'受众所关心的新近发生的事实的信息传递'。受众、新近、事实、信息、传递，共五个要素，我们择要取其三，再不能少。"我们当以此"再不能少"作为加强和改进新闻采写的前提之一。

2004年12月

# 着眼特色抓"独家"

王慧敏

现在,许多党报都开始强调报纸的新闻性,强调贴近性,强调抓独家新闻,我认为这是抓住了关键。

8年前我在某县挂职,按照县里的规定,每个县级干部可订4份报纸。订阅数字归总后,县委宣传部长有意见了:"订阅党报是一项政治任务,县领导理应带头,可大家大部分订的都是都市报,党报的订数离任务还差得远哩!"

最后,在县委、县政府的干预下,三级党报的订阅任务总算是落实了。

我曾请教住我隔壁的一位副县长:"党报是我们了解中央精神的重要窗口。作为党的干部,为什么不订党报却去订都市报呢?"那位副县长说得很实在:"党报上真正能称得上新闻的东西太少,翻开报纸都是会议报道、各种各样的成就报道。党报的新闻还存在一个重复问题:国家的大政方针、中央领导的重要活动,电视放了,中央级报纸跟着登,省报、市报又跟着学样儿。内容大同小异。这样,大家怎能有阅读兴趣?"

想一想,这位副县长说得确实也有道理,报纸是新闻纸,如果没有新闻,其存在的必要性必然大打折扣;如果千报一面,想增加订阅量便是一句空话。而党报没有一定的读者群,要想"以正确的舆论引导人"也是很难的。

欣喜的是,各级党报都看到了这一点,并开始扎扎实实改进报道。确实,一些党报抓独家新闻、抓贴近性之后,报纸大见起色,受众面也有了很大提高。

但我们同时也注意到，也有些党报，在对独家新闻的理解和把握上还不够准确。

## 如何理解党报新闻性与时效性

新闻姓"新"，这一点毋庸置疑。抢时效是每个媒体都应该努力的方向。但在抢新闻的时候，一定要注意处理好时效和真实的关系。

新闻快的前提是以真实为基础，不能片面地强调时效性。该快的时候快，该慢的时候就要慢。很多失实新闻，多与"抢新闻"有关。所以正确的选择是，在事件进程还没有弄清楚的情况下，有时候"宁停三分，不抢一秒"。

盲目追求时效性，不但贻害读者，对记者也是一种伤害，容易使记者形成虚浮、投机作风。而这种不做深入采访、满足于抄材料，甚至把道听途说当成新闻的做法，一旦蔓延开去，对社会造成的危害恐怕比一篇假新闻更严重。

我们经常听到这样的议论："是某某报登的呀，未必可信！还是看看党报是怎么说的。"或者"这个消息肯定没问题，党报都这么说了。"读者这么说，体现了对党报的信任。这是党报长期坚持真实性的结果。这个传统我们千万不能丢。所以，作为严肃主流媒体的党报，在抓时效性时，一定要本着"要及时更要真实"的原则，切忌片面性。

下面再来谈谈党报的新闻性。

先看下面几个题目：

《医生误割女病人乳房》

《智障女遭强暴后怀孕》

《刘晓庆又惹官司麻烦》

《19岁小伙看聊斋鬼迷心窍 夜宿狐仙庙盼艳遇》

这是我在一张报纸的生活版上看到的几则新闻。

按新闻的定义衡量，你不能说它们不是新闻。但是，如果我们的报纸都是这样的新闻充斥版面,那会带来什么样的社会效果?

报纸是新闻的载体,同时也是情感、观念、思想、意识的载体。作为党报,"以科学的理论武装人,以正确的舆论引导人,以高尚的精神塑造人,以优秀的作品鼓舞人"应是我们全部工作的出发点。

遵循这一出发点,党报在取舍新闻的时候,不仅要遵循时新性、重要性、接近性、显著性、趣味性等新闻价值取向,更应该遵循宏观性、权威性、指导性这些原则。也就是说,记者任何时候都不能忘了新闻的导向作用,不能忘了一篇新闻会带来的社会效果。

做人要有人格,办报也应有报格!党报的报格就是坚持正确的舆论导向。坚持正确的舆论导向是党报的灵魂。

## 找准党报定位

随着报业的发展,报纸分工越来越细。各有各的职责范围,各有各的读者群。任何一张报纸要想包打天下、要想吸引所有的读者群是不可能的。目前全国有将近2000家报纸。从分工看,农业有农业类报纸,工业有工业类的报纸,教育有教育类的,科技有科技类的……同时还有青年的、少年的、老年的。即使同为党报,中央级大报关注的和省、市级关注的也各有侧重。

有的新闻,社会各色人等都会共同关注;但我们也不能否认这样一个事实,不同职业、不同背景的人,新闻的兴奋点会大大不同。省委机关里的处长关注的新闻和里弄大妈关注的新闻能一样吗?肯定不一样!像怎样储存越冬大白菜,用什么牌子的洗衣粉效果好这样的新闻,里弄大妈可能会津津乐道,但处长则未必然;同样,类似经济结构调整、人事机构改革类的新闻,处长会格外关注,大妈则未必留心。

那么，怎样使我们的报道入脑、入心呢？这就需要我们针对不同的读者群采取不同的报道方针。正如一位老报人所说，如果每张报纸不问自己的读者对象和独特优势，一味追求吸引"眼球"，那么，这就不仅仅是报纸的悲哀，恐怕也是整个新闻界的悲哀了。个性即生命，个性即价值。没有个性，报纸就失去了存在的价值。

从社会分工看，党报的读者以干部、公务员居多。所以党报取舍新闻，就要充分考虑到这些读者的要求，想方设法满足这部分人的读报欲望。

眼下改革进入攻坚阶段，市场经济云谲波诡，社会变革纷纭复杂。有大量的重大事件需要我们去关注。譬如："三农"问题该怎样解决？国有大中型企业该如何改造？振兴东北的关键在哪里？西部大开发下一步该如何搞？机构改革的"肠梗阻"是哪些？这些林林总总的问题，关乎着我们经济的发展和社会的安定。这些，才是党报应着力报道好的方面。

确定了党报的读者群，找准了党报的定位，我们再来探讨一下怎样抓好党报的报道。

## 既讲"新"和"快"　更求"高"与"深"

党报新闻一定要站得"高"。这里的"高"，指的是高瞻远瞩，能把握事物发展的主流与方向，能用理性的力量给人以教益。

党报所处的位置为它站得"高"提供了可能性。党报记者有挨近党委、挨近决策层这一优势，又有知悉下情这一便利。人说"近水楼台先得月"，与其他媒体相比，党报更有条件洞悉事物变化的方向。

党报很多脍炙人口的名篇，都是站得"高"的结果。站得高必然看得远。看得远了，新闻才有权威性，才有影响力！譬如：《李金耀包山》、《莫把开头当过头》、《一张营业证解决了13口人的吃饭问题》等，在当时不但为"大包干"全面推行起到了摇旗呐喊的作用，而且为中央制定有关政策提供了依据。1981年中央政策研究室的同志在回顾"农村改革历程"的时候曾撰文说："这时期，《人民日报》对农村的一系列报道，为中央有关政策的制定提供了很好的依据，对农村联产承包责任制的全面实行起了推动作用。"

我曾请教过这一时期人民日报负责农村报道的李克林同志，问他们为什么有这样的见识，李老说："当时，改革刚刚起步，很多事情还不明朗，各种观念在交锋。农村部的同志们所以能顶着压力为农村改革奔走呼号，正是因为大家都有了'文革'这段痛苦经历，对中国的现实有了更深的了解，洞悉了历史发展的方向，坚信只有改革才是中国的唯一出路。"

有人提出"高度决定影响力"，看来这话很有道理。

党报新闻一定要"深"。不管我们承认不承认，随着视听媒体和网络媒体的出现，单从抢时效这个角度看，纸质媒体优势不大——因为报纸的出版与发行毕竟要有个过程。同样一则新闻，即使报纸记者和网络记者、广播记者同一时间赶到事发现场，同一时间发回稿件，可能你的报纸还在轮转机上印刷，人家网络、广播早出来了。记得2003年4月的一天，新疆乌鲁木齐近郊深夜两时发生地震。当时我正坐在计算机前写稿，突然听到身旁的书柜发出吱嘎吱嘎的声响，抬头一看吊灯摇晃不止。凭经验我判断是发生了地震。我迅速给人民网发了个短消息《乌鲁木齐凌晨发生地震》。过了几分钟，我给地震局打了个电话，证实方才确实发生了4.3级地震。我旋即又给人民网发了后续报道，这时再打开人民网看，前一篇文章已经刊出了。

从地震发生到稿件刊出，前后不过10分钟。这对报纸来说，绝对是不可想象的。

既然在"快"方面没有优势，那么我们可以在"深"方面大展拳脚。一般来讲，作为主流媒体的党报，不但具有"近水楼台先得月"的采写优势，同时它还汇聚了很多优秀的人才。我们知道，任何一篇新闻，都不是事实的随意综合或自由展开，而是记者观念、理想、情趣、审美观照的结果。记者素质不同，笔下也迥异。这正如厨师做菜，同样的料，好的厨师会做出更好的味道。

拥有了采写优势和人才优势，党报就可以进一步拓展新闻报道的空间，从而更全面、更深入、更真实地反映客观世界。

我们已经进入了信息时代，随着现代信息传播技术的突飞猛进，信息资源共享的局面正日益普遍，独家发现新闻、垄断新闻的局面已不复存在。延展新闻链条，把新闻往深处广处开拓，用独特的视角去观察生活，用深邃的思想去解读生活，用独到的笔触去描绘生活，正越来越成为独家新闻的重要内涵。

办报的取胜之道在于扬长避短。"高"和"深"是党报的特色，是党报之长。我们现在提倡抓独家新闻，我认为，突出特色，发扬长处，即为"独家"。党报上的独家报道源源不断，就能更好地宣传中央精神，贴近实际、贴近生活、贴近群众，对社会舆论产生引导和主导作用。所以，对党报来讲，"新闻性"、"时效性"要讲，"深度"、"高度"更要讲。只有这样，我们才能在同场竞技中高出一筹！读者在阅读报纸时，才能改浏览为咀嚼，而且越嚼越香，越嚼越有味道。

2005年6月

# 第四辑

## 探索深度报道

# 关键时刻见精神

## ——记人民日报驻鄂、湘、赣、皖记者抗洪抢险报道

记者部

6月下旬以来,我国长江中下游流域连降暴雨,湖北、湖南、江西、安徽等长江两岸省市遭受严重水灾,人民日报驻当地记者响应党中央号召,认真领会编委会精神,深入抗洪抢险一线,顽强战斗,以抗洪精神写下许多质量比较高的报道,展示出党中央机关报记者的精神风貌。

### 火速奔赴第一线

今年武汉市的汛情非同寻常,大汛提前作怪,且来势迅猛、持久,可谓百年罕见。7月中旬,武汉开始持续高温,湖北记者站记者罗盘刚发完《武汉防汛准备充分运转有序》和《武汉高温创五十年记录》两篇稿件,因病住进医院。21日凌晨4时,暴雨骤至,狂乱咆哮,罗盘从梦中惊醒,透过窗玻璃隐约看见医院周围的街道均被雨水淹没。"武汉从来没有下这么大的雨呀!"罗盘顿时想到市区的积水、长江水位的上涨会对防汛带来的影响。为尽快了解和掌握第一手汛情的材料,他顾不上治病,迅速离开医院,奔赴第一线,进行采访。

果然,武汉市的城市主要道路和楼区积满水,有的地方水深达2米以上,交通一度瘫痪。水、电、气、公交是城市的命脉,罗盘首先赶到这些地方了解情况。暴雨仍在倾泻,13艘

渡轮坚持运营，公交公司职工全部出勤，中午11时燃气供应部门和电力公司恢复供气供电，火车站秩序井然，受灾群众妥善转移，市里领导趟水指挥疏导。罗盘了解和掌握这些第一手情况后，当晚传发特写《武汉：万众迎战特大暴雨》，翌日刊登在要闻版显著位置。

武汉遭受百年罕见暴雨袭击的消息受到了江泽民总书记的关注，总书记亲自打电话给湖北省有关领导，询问情况。全国人民也十分关注。这篇报道正好及时满足了读者需求。

洪水年年来，抗洪年年有，新闻也年年写，但是今年的洪水出人意料地来势凶猛。熟悉江西情况的人民日报驻江西记者余清楚也为之一惊，意识到事态的严重性，必须密切关注。于是从6月12日江西全面抗洪以来，他就密切注意汛情和灾情变化，多方收集资料，以备快速反应。

7月23日，江西突发第二次特大洪水，全国水灾形势严峻，报社编委会领导要求驻站记者立即投入战斗，余清楚20天内7下九江，有时每天写4篇稿件。8月5日，他和记者程曦再次来到九江，采访中发现群众交口称赞一个人——石矶村村委会主任陈申桃，他们便抓住这个带领村民抗洪不下火线的舍小家为大家的干部典型，作了深入采访，并及时进行了报道。第二天，他们采写的通讯《洪水不退，我不离堤——记九江市新港镇石矶村村委会主任陈申桃》在一版刊登，受到读者好评。

## 深入现场搞好报道

7月30日晚10时，记者部编辑组收到驻安徽记者刘杰从安庆抗洪现场传来的一篇消息：《安徽军民齐心协力抗洪水》，消息只有300多字，却记录了从上午8时到晚上8时，从安庆城到池州、铜陵等抗洪前线所发生的情况。这是一篇凝聚记者心血的报道。6月26日起，八百里皖江全线超过警戒水位。7

月28日到8月2日,长江第三次特大洪峰进入安徽,王启明与刘杰认真研究了情况并作了分工后,刘杰立即到前线抢新闻。

7月30日晚10时,刘杰来到铜陵市老观圩大堤采访,这里刚发生长达60米的滑坡,江堤岌岌可危。铜陵凤凰山铜矿、化工厂等企业的千余名职工组成突击队,连续奋战3个昼夜,才控制了险情。29日上午,他又赶到贵池市高坦乡,那里的民房被大水冲垮,群众受困。党员干部在滚滚洪流中舍生忘死地抢救群众,并妥善安排好群众的生活。群众非常感动,觉得真正看到了党的形象。8月1日,安徽省军区330名勇士救出400多名群众,获救群众自发地带来食品慰问子弟兵,共度特殊的"八一"建军节。对此,刘杰作了深入采访,并把这些活生生的内容写入通讯《八百里皖江战洪魔——安徽百万军民抗洪抢险写真》,展现了安徽人民抗洪抢险的宏伟场面,使读者受到感染。

洞庭湖畔的岳阳县是湖南省抗洪险段。7月25日,驻湖南记者周立耘来到最危险的麻塘垸大堤南闸地段,看到一段100米的堤段上有三股水流从大堤中央腰部喷出,而且迅速形成管涌群,大堤随时可能崩塌。

面对险情,周立耘没有后退。这时,500多名抢险队员、300多位武警官兵肩扛沙袋,堤上堤下往返奔跑,4个小时过去了,数千方沙石投到管涌处,却像石沉大海无济于事。最后抢险队员们想方设法筑平台、用灌浆机向堤底钻探灌浆。经过3天激战,终于化险为夷。小周和抢险队员在一起奋战3天,怀着激情写下《决战麻塘垸》的现场短新闻。

抗洪以来,湖南记者吴兴华认为,哪里有险情,那里就有新闻,那里就该有人民日报记者。6月27日,望城县大众垸堤外洪水日涨,垸内群众主动提出分洪要求,不惜牺牲小家保大家;7月23、24日两天,澧县澧南垸漫堤,华容县团洲外洪水也风浪交加,老吴将这些现场记录下的素材,写进通讯《沧海横流显本色——湖南抗洪抢险记事》。

江西记者站余清楚、程曦、傅丁根还发了一篇视角独特的现场短新闻《科学泄洪保全局》。为了高出一筹，突出人民日报特色，他们觉得应该选择新角度进行报道。8月3日，他们3人在采访中发现，科学技术在这次在防汛抗洪中已经占有举足轻重的地位，应该大着笔墨，于是，他们选择库容量较大的土坝水库柘林电站作为切入点。此时此刻，通往柘林电站的道路已经被水冲毁，3人只好乘小船抵达水库。采访中他们进一步了解到，水库的蓄与泄目前面临着很大矛盾，如果关闸蓄水，水库难保；如果泄洪放水，京九铁路难保。如何走好钢丝，只有靠科学的精算，此时地面卫星云图、水情自动测报系统、气象终端等现代化设备和专家在解决这一难题时起了关键作用。3人掌握了这条好新闻的素材，便星夜赶回南昌，将稿件迅速传回北京。

## 心中想着大局　报道突出大局

长江安危，事关大局。高屋建瓴地报道大局，是人民日报报道的重点和强项，也是人民日报高出一筹的看家本领。这次在抗洪抢险报道中的一线记者，他们千方百计，想方设法，通过各种报道形式突出大局。

**用连续的动态消息表现大局**。比如7月26日开始，各地防汛抗洪进入关键阶段，四地记者不断传回当地进入紧急防汛期、全力保大堤的消息，及时传递防汛动向。8月1日，险情不断见诸报端。之后，灾民安置、生产状况良好等读者关心的报道增加。尽管新闻报道是随着水情的变化而变化的，但是万变不离其宗：那就是如何保护人民利益。通过这些报道，读者及时准确真实地了解灾区情况；消息虽短小，串起来便组成全局。

**现场短新闻见微知著**。比如《舍小家顾大局》，文中描写一位给防汛工作提供便利、毅然扒掉自己房子的平民百姓。虽是普通百姓，但是他心中明白，没有大局就没有局部，没有大家就没有小家。文章发表后,武汉市市长王守海称赞说:"这个题目太好了,对我们做工作帮了大忙。"五六百字的文章犹如火炬照亮读者心田,提升了觉悟,实现了社会价值。

**重头报道重拳出击**。7月29日,张虎生副总编辑带领记者部钱江、武卫政两位记者飞抵江西,现场指导江西记者站并合作采写了一篇重点通讯《众志成城抗洪图——江西150万军民与特大洪水搏斗见闻》(文章于31日在头版头条见报),这是在显著位置上突出处理的第一篇抗洪抢险稿件。文章分3个小标题《洪水涌来勇者胜》、《科学治洪奠胜机》、《抗洪抗到水低头》,报道了江西人民在党中央的关心下,在省委、省政府领导下,军民团结,干群一心,战胜一个个危险的大场面,表现了在党中央和全国人民支持下一定能够战胜洪水的精神面貌。

万里长江大堤在百年罕见的滔滔洪流中巍然屹立,抗洪抢险的主力军是谁?是党领导下的数百万军民,是遍布长江干堤的临时党支部,是身先士卒的党员干部,是英勇的子弟兵。罗盘采写的《大局高于一切——武汉军民抵御长江超高水位纪实》,生动地讴歌了抗洪抢险的主旋律,被配编者按在《人民日报》一版头条刊登。

正是记者们心中想大局,采访中琢磨大局,写作中提炼大局,一篇篇渗透大局思想的报道频频亮相,赢得了广大读者的赞誉。

## 忘我的敬业精神

关键时候见精神。作为党中央机关报驻地方的记者,洪水当前,必须无条件投入战斗。

7月,罗盘因疲劳过度和高温中暑,引发突发性神经性耳聋,右耳完全失去听力,时常眩晕,被迫住院。当时两岁的儿子也因肺炎与他住在同一个病房,父子俩一起打点滴。洪峰来临,罗盘不顾留下后遗症的危险,立即投入采访工作。孩子交给丈母娘照管,电脑专业毕业的侄女帮助他打字,妻子帮助他校对,他常常凌晨3时才回家,每天累得筋疲力尽。

7月24日,南昌市突降大雨,余清楚家被淹,大水没膝,车子泡在水里抛锚,他只好冒雨蹚水去参加会议和采访,无暇顾及家里。8月12日,他与程曦乘冲锋舟冒着生命危险到九江决口处采访,风大浪急,冲锋舟几次险些倾覆。傅丁根则单枪匹马到洪水严重的波阳县采访。

湖南记者站素有艰苦作战的传统。7月23日湖南发生洪灾,24日吴兴华和周立耘已赶到常德和岳阳,及时发回报道。连日来,长沙持续高温,两人白天到前线采访,晚上8时赶回长沙参加防汛指挥部会议,然后写稿,晚上11时才吃上晚饭,每天只能休息几个小时。每天晚上,记者部编辑组都会接到他们发回的稿件。

7月27日,在湖北防汛的紧要关头,龚达发组织记者站开会,贯彻编委会指示,杜若原受命深入到最险要的地方嘉鱼县簰洲湾采访,他头顶烈日,汗流浃背,当天往返,并向总部传发稿件。第二天上午,他又赶赴黄梅县,半夜至长江干堤外的滨江围,登上子堤,抓第一手材料。8月16日,湖北荆州市告急,他又奔赴泄洪区。在这期间,杜若原共传发稿件20多篇。

辛劳化做累累硕果。据统计,7月23日到8月15日,记者部的长江前线记者向总部共传回稿件100多篇,在版面上占据重要地位。

1998年9月

# 一个重大的课题

——人民日报专栏《奋进中的国有
大中型企业》回顾

丛林中

（一）

组织深层次的典型报道，宣传深化改革，扩大开放，一直是人民日报编委会近两年下大力气抓的工作。从1990年11月中旬起，设立了《社会主义建设在农村》专栏，系列报道十余年来我国农村实行改革开放后发生的巨大变化。到1991年3月18日，历时四个月的这一专栏报道结束，共发表本报驻各省市区记者见闻31篇。这一连续的典型报道反应很好，从整体上看，不仅全方位地描绘出我国农村十年中变化之快之大之深，而且用大量事实生动地证明了我国广大农村实行家庭联产承包责任制所取得的成功，勾勒出我们党从中国的实际出发，领导八亿农民在建设有中国特色的社会主义的实践中走出的一条路子。

那么工业呢？国有大中型企业呢？是不是也要走出我们自己的一条路子呢？回答是肯定的。这是因为，占全国企业2.5%的1万多家企业，其产值占全国工业总产值的45.6%，上缴利税占60%以上，当时的情况是，国有大中型企业亏损面占1/3。因此，必须把搞好大中型企业的工作放在突出的位置上；

它涉及到我国经济全局和社会主义制度的巩固,是一个重大的课题。

总编辑办公会议从内容到形式多次研究了这个重大课题的报道方针,决定开辟《奋进中的国有大中型企业》(以下简称"奋进")专栏,明确提出这个专栏的指导思想:坚持改革,寻求出路,正面报道,抓住典型。

3月6日,就四川如何增强国有大中型企业的活力问题,发表了本报记者采写的题为《乘长风破万里浪》的长篇述评,拉开了这次报道的序幕。《奋进》专栏于5月14日开篇,《编者的话》中突出强调了搞好国有大中型企业的重大意义。文中说:"增强它们的活力,充分发挥其骨干作用,直接关系到我国经济的发展和社会主义制度的巩固,经济体制改革能否取得预期的进展,也在相当程度上取决于国有大中型企业改革的成败。"

当《奋进》专栏发表第13篇典型报道时,中央在京召开了工作会议,专题研究了如何进一步搞好国有大中型企业的问题。大家在深入学习会议有关文件的过程中,体会到《奋进》专栏与这次中央工作会议精神是完全一致的,应该下工夫把专栏办好。

上世纪80年代,人民日报驻省市记者站陆续恢复重建。图为1988年夏,记者部主任丛林中(右)陪同总编辑谭文瑞(中)出席海南记者站建站挂牌,左为驻海南记者罗自苏。

## （二）

国有大中型企业出路何在？从已经见报的几十家搞活的企业看，关键是转换经营机制，提高经济效益，办法是五花八门的，各有各的高招。但是贯穿着一条鲜明的红线，这就是坚持改革，遵循商品经济发展的规律，把企业推向市场，从改革中找出路。可以说，凡是搞活的企业，无一不是在深化改革上下功夫的。

改革的首义是解放思想，转变观念，没有这一条迈不开改革的步子。专栏的首篇介绍的上海嘉丰厂的经验，题目就是《首先思想要活》。天下事，事在人为。他们有敢为天下先的魄力，敢于打破旧体制的弊端，不断更新观念，别人没想到的他们先想到了，别人想做怕做的，他们做了。这样，路就走出来了。

凡是搞得好的企业，都在动脑筋想办法，寻找自己的出路：洛阳棉纺厂以质量取胜，质量就是生命；太原橡胶厂全方位工资改革，调动广大职工的积极性；济南一机床鲜明地提出，用户的要求都是合理的；山东活塞厂敢与洋货争高低；扬子电气公司发扬夺魁精神，争创一流；上海二纺厂靠的是严字当头，强化管理，等等。真是八仙过海，各显神通。

值得特别提出的是，许多企业在三个方面做出很大努力。一是在市场上做大文章。青岛双星集团公司自己找饭吃，从市场竞争中崛起，绝路逢生；长虹彩电畅销不衰靠的是厂家的一个信条"得民心者得市场"；江西饲料厂成为同行业的佼佼者，是因为他们发现和认识一个宝贵的奥秘，农村市场蕴藏的潜力是无法估量的。二是重视科技进步。山西焦化厂从自己的发展中深深体会到，依靠科技进步如虎添翼。株洲硬质合金厂多年来瞄准世界先进技术，终于跻身于国家一级企业的行列。许多有远见的企业家更是深知科技进步的重要，于是有一把手抓科技的天津氨基酸公司，有靠科技不断更新换代而跟上世界先进水平的"中国乐凯",有以具有一支高素质的销售队伍而自豪的晨光机器厂。三是办企业要全心全意依靠工人阶级。一个企业,无论提高产品质量,推动技术进步,加强企业管理,一切生产经营的活力,最终都要靠广大职工来完成。上钢五厂的成功之处就在于,他们眼睛向内,手心向下,真心实意地依靠职工群众出主意、想办法、献智慧,参与企业的管理和决策。杭州牙膏厂的领导把职工群众的积极性看作是"开掘企业活力的重要源泉"。对此,武汉无线电元件厂说得更为直截了当:"千困难,万困难,依靠群众就不难。"

搞活国有大中型企业的路有千万条,概括起来很难,从已经介绍的40多家企业的经验来看,这三条是十分可贵的。把众多的经验集中起来,可以得出这样一个结论:只要我们从实际出发,坚持深化改革,探索自己的路,我们完全有信心,有能力搞好国有大中型企业,一切悲观的,无所作为的论点都是没有根据的。这就是《奋进》专栏的宗旨。

(三)

办好一个专栏,一要总的主题是大家所共同关注的,也就是人们所说的热点或难点,如何搞活国有大中型企业就是这样的问题之一。二要稿件有看头,有启发,读了以后能开点脑筋。既然宗旨是总结经验,探索路子,我们一开始就决定,专栏文章一律为正面典型报道,把已经搞好搞活的企业经验的主要之点、精华、绝招介绍出来,相互启发,集思广益。当然,办好企业还有外部环境问题,有外部种种条件的制约,也是需要通过更大范围的深化改革来解决的。《奋进》专栏却侧重在"练内功"、"找新路",调动企业自身的优势和潜力,这对办好一个企业更具有普遍的意义。正如专栏开篇的上海嘉丰厂所说:"并不理想的外部环境对谁也不偏爱,为什么嘉丰活?"我们试图在更大的范围内来回答这个问题。

典型报道历来有求全的观念，总以为样样都好才是典型，最出类拔萃的才是典型。这样要求的结果，或者是典型难寻，或者记者有拔高的现象，或者面面俱到，必写成大块文章才算数。典型报道也应该转变观念。这次《奋进》专栏一开始，就对记者明确提出：第一，典型要多样化，不搞一个模式，因为企业的困难不一样，攻克的难点也各不相同，搞好的路数和办法是多种多样的。第二，要有不同层次的典型。企业的规模，所处的地域，外部条件，都有很大的差异，因此不搞高大全，不求十全十美，只要对搞活企业有启发，哪怕就是一个绝招、一条经验，也是宝贵的。第三，在采写上，也要与之相适应，"攻其一点，不及其余"，只写它最突出、最精彩、最有启发的那一点。这样的典型报道，文章精致，内容突出，思想鲜明。若面面俱到则势必篇幅冗长，面孔芜杂，反而把最精彩的东西淹没掉了，实是典型报道中的一大弊端。

配评论，加按语，画龙点睛，点出典型意义所在，不仅可以引起读者的注意，取得更好的宣传效果，而且可以从理论、政策、思想的高度，对典型加以重要的补充。《奋进》专栏发表40余篇典型，有近一半的稿件配发评论或加了按语，把中央的精神和企业的实践有机地结合起来，统一起来。虚实结合，使专栏的系列报道增强了分量，增加了光彩，也更具有说服力。

《奋进》专栏前后延续了近一年时间，这种冠以专栏的连续报道有很多长处。一是有气势。一张报纸拿出这么多的篇幅，用这么长的时间来报道或研究一个问题，本身就说明这个问题的重要、重大。在宣传上，不是蜻蜓点水点到为止，而是非要探讨出个究竟来。二是表明编辑部在宣传上有一种战略部署，思想明确，旗帜鲜明，所推出的典型看似一个个具体的经验，合起来则体现出一个总的思想。三是给读者留下较深的印象，有意于寻求他山之石的企业，还可以从中达到"取经"的目的。

1993年6月

# 指导，贵在具体

——说说《应该怎样写作——对78篇新闻稿的评析》这本书

马鹤青

记者马鹤青(左)访问秦始皇兵马俑考古专家。

今年春节过后，河南省一家电视台的一位年轻记者到北京采访，顺便来看望我。谈起他近年来的学习情况和写作方面的进展，他说："从去年到今年，我下功夫读了您给我的那本《应该怎样写作——对78篇新闻稿的评析》。这本书对我采写和编辑新闻稿都很有帮助，内容很具体，很实在。"

听这位年轻记者一说，我想到：指导，贵在具体。《应该怎样写作——对78篇新闻稿的评析》，的确是可以对年轻的记者、编辑起到具体指导作用的一本好书。

1998年春天，新华出版社老编辑、我的同乡万福元同志来访，说"新华出版社准备出一本书，我把书稿带来请你看看。"我想自己离休在家，空闲时间多，帮助同行看看新写的书稿，尽力出点主意，是应该的。

书稿的作者是新华社记者张选国，我并不认识。我打开书，一口气连读几篇，竟引起很大的兴趣。书中的78篇新闻稿，没有惊心动魄的重大新闻，都是新华社记者和新华社通讯员采写的普通短新闻。长的有1000多字，短的只有几百字。难得的是，书稿的作者张选国把他在新华社当编辑的10年间编改过、经手过的记者原稿和编改后的见报稿，进行了对比研究。可以说，许多篇原稿虽有新闻价值，但在写作上还是毛坯，很不精致，很不简练。经过编辑修改后，毛坯一下子变成了吸引读者的精品。从毛坯到精品，主题更突出，文字更流畅，篇幅更简短。张选国从78篇稿件编前编后的对比中，选出年轻记者和通讯员在写初稿时常见的问题，细细评述、分析，从而写出78篇评析文章。在我看来，这78篇评析文章，不仅对年轻的记者和编辑是一部具体的指导教材，甚至对多年从事新闻工作的同志也很有用，因为这些评析文章把大家多年的经验清晰化、条理化了。

为了说明问题，这里挑一篇文章来看看。这一篇题目是《短稿也要细推敲》。记者的原稿不长，约400字，编辑修改后稿件更短，只有230字。现将原稿照抄如下：

### 北京市政府开始整顿歌舞厅管理秩序

最近，北京市政府开始着手整顿歌舞厅的管理秩序。

据有关人士透露：北京市现有47家歌舞厅。这些歌舞厅的出现，丰富了首都人民的业余文化生活。但由于管理不善，有些歌舞厅出现了流氓滋扰、酗酒闹事等现象。

近日，北京市文化局、公安局、工商行政管理局联合制定了《北京市歌舞厅管理暂行办法》，对歌舞厅负责人的文化程度、政治素质、业务素质、艺术修养以及歌舞厅营业时间都作了具体规定，新开办的歌舞厅必须经过文化局、公安局和工商行政管理局批准后，方准营业。对违反规定的，视情节轻重给予处罚。据悉，暂行办法将于4月20日正式实施。

今天上午，北京市政府召开近郊8个区、市有关负责同志会议，贯彻《北京市歌舞厅管理暂行办法》。在会上，北京市委副书记王光同志强调：为保障歌舞厅健康发展，维护群众文化生活秩序，对歌舞厅要纳入依法管理的轨道。

北京市委宣传部长李志坚和副市长何鲁丽参加了今天的会议。

对于以上这篇400字的稿件，书稿的作者张选国写的评析短文指出以下四条毛病：

毛病之一，时间交待繁琐。不过几百字的稿子，竟有4处讲到时间。导语里讲了"最近"，第三段又讲"近日"，第四段又讲"今天上午"，最后一段又讲"今天"。编辑修改后讲时间的地方只留下两处。

毛病之二，文字表达欠妥。原稿第二段开头说：据有关人士透露……透露即透个信息。可是所叙述的内容并不是某个人私下向记者透露的，而是在会上介绍的。编辑修改后的见报稿用"据介绍"就准确了。后边还说"北京市政府召开城近郊8个区、市负责同志会议"，这里的"8个区、市"令人费解。编辑改为"召开城近郊区有关负责人会议"，文字顺当，好懂。

毛病之三，把尚未发生的事写进新闻。这种毛病有两处，编辑全都删去了。

毛病之四，仍有会议消息的痕迹。在这个会上，市委宣传部特别嘱咐记者，不要把今天开会的内容写成会议消息，就报道北京开始整顿歌舞厅管理秩序即可。可是记者又写成某书记在会上强调，某部长、某副市长参加了会议等等。这些也被编辑删掉了。

经过编辑修改后的见报稿只有230字：

**新华社北京4月6日电** 北京市政府开始着手整顿歌舞厅的管理秩序，以使歌舞厅健康发展。

据介绍，北京市现有47家歌舞厅，丰富了首都人民的业余文化生活。但由于管理不善，有些歌舞厅出现流氓滋扰、酗酒闹事等现象。

最近，北京市文化局、公安局、工商行政管理局联合制定了北京歌舞厅的管理办法，对歌舞厅负责人的文化程度、政治素质、业务素质、艺术修养以及营业时间都作了具体规定。

北京市政府今天召开城近郊有关负责人会议，提出维护群众文化生活秩序，对歌舞厅要纳入依法管理的轨道。

上边引用的这条消息，写的事情不算大，时间已过了好几年，读者很可能早已淡忘了。但是本书作者在评析文章中指出的原稿四条毛病，却是记者、编辑们任何时候都必须注意克服的。因为新闻发生的时间，新闻中的主要事实以及新闻的写法，缺少哪一部分，说不清哪一部分，都会使新闻价值降低，甚至不能成为一条新闻。

在《应该怎样写作——对78篇新闻稿的评析》中，作者对所评稿件的挑选十分认真，分别涉及到新闻导语、新闻主体、新闻背景、新闻角度、新闻结构、新闻材料、新闻要素、新闻语言以及新闻标题等方面。如前所举例证，在这本书中，作者对每篇稿件，都是先拿出新闻原稿，然后具体评析原稿存在的缺点，最后再把经过新华社编辑修改后的见报稿拿出来，使读者对照起来，一目了然，明明白白。我看过大学新闻系的一部分教材，我也指导过新闻研究生，大体知道这些大学生和研究生的学习内容。在我看来，他们大多偏重于学习新闻理论，这当然是需要的，必要的。而张选国编写的这本书，却是偏重于在工作实践方面具体指导学生。大学新闻系本科毕业也好，新闻硕士研究生毕业也好，刚走上新闻工作岗位从事具体工作时，往往只知新闻理论，缺少实践经验，仍然困难不少。我还真见过刚刚拿了新闻系学士学位甚至硕士学位的年轻人，写不好一条新闻的事。因此认真吸取别人的实践经验，对年轻的新闻工作者是十分重要的。这本书中展现出的实践经验，可以说是在实践方而对学校教材的实际补充。这就是这本书的可贵之处。

一篇新闻佳作如宝石那样闪光，似清泉那样醇美。读者喜欢读新闻佳作，更希望自己能够写出或编出新闻佳作。然而，要写出或编出新闻佳作是要具备功底的。这便要求读者在业务实践中不断总结自己的经验、教训，同时注意汲取别人的营养。《应该怎样写作——对78篇新闻稿的评析》至今还在书店出售，受到不少年轻的新闻工作者的喜爱。我想，这也是人们对这本书的最好评价。

2001年6月

# 《中西部的希望》：深度报道的新探索

周　庆　卢小飞

1996年5月27日至6月5日，《人民日报》在头版连续10天推出10篇文章，构成一组深度报道，总标题冠以《中西部的希望》。10篇文章共分5组，分别是《观念转变篇》、《资源转换篇》、《产业转移篇》、《区域经济篇》、《可持续发展篇》。这5组10篇文章，虽不能说穷尽了中西部的所有重大问题，但基本反映了中西部发展的主要之点。这显然是一组全景式的深度报道。

报道即将结束时，传来首都理论界的反映：这是一组观点和材料结合得好，有气势、有分析、有说服力的好报道。这对参与报道的记者来说，真是莫大的鼓励。

现在，报道已全部刊载完毕。它的优点和不足，都坦露给读者。作为这组报道的组织参与者，我们应《新闻战线》编辑部的约请，谈点感受，以就教于新闻界的同行。

### 寻找热点问题的新闻性——试说历史性话题

读者："这10篇文章抓住了中央关心、中西部关切、东部关注的历史性问题，进行了多角度、全景式的反映。"

中西部的发展问题，一直是新中国经济全局中的一个重要问题；新中国建立初的17年，国家基本上实行的是均衡发展的经济战略，对中西部大量投入、大量布点。改革开放以来，经济中心东移，东南沿海以其百多年来新兴工商业发展为基础，以沿海交通便利、信息灵通、劳动力素质高等优势，吸引了海内外的投资，再加上特区出现，中央给以政策倾斜，带动东南沿海发展，速度超过了中西部。在这种情况下，如何加快中西部的发展，一直是全社会关心的问题，也是新闻界关心的问题。1995年9月，江泽民总书记在党的十四届五中全会上提出："解决地区发展差距，坚持区域经济协调发展，是今后改革和发展的一项战略任务。从'九五'开始，要更加重视支持中西部地区的发展，逐步加大解决地区差距继续扩大趋势的力度，积极朝着缩小差距的方向努力。"这一决策，在全党全社会引起强烈反响，也使中西部问题成为1996年"两会"讨论的热点问题之一。

那么，我们这组报道要反映的主要内容应是什么呢？换句话说，这组报道的着眼点应放在什么地方呢？为了明确这个问题，根据人民日报编委会领导同志的意见，在组织采访之前，参与报道的记者进行了集中学习，学习中央文件，听取有关部门领导同志和专家的讲话，阅读有关资料和研究论文，并进行讨论。

磨刀不误砍柴工。这一段的学习，使大家明白：缩小东西部差距，这是一个历史性的任务，它需要几代人的艰苦努力。但让我们兴奋的是，这一努力已经成为东西南北中，特别是中西部各族人民的共同行动。尽管目前还有许多困难和问题，但其起步、其前景、其势头是十分令人鼓舞的。这就使我们明确了报道思想，要写中西部发展的希望，而不是渲染其贫困、落后和困难；报道的基调，是分析中西部的潜力和优势，指出它的出路所在，给中西部地区干部群众以鼓舞、信心和力量；也给东部以启示。这就是"热点"问题的新闻性之所在，也是这组报道的历史意义所在。

## 站在宏观角度看问题——作全景式描述

读者:"中西部19省区方方面面都涉及到了,而且说'东'道'西',谈天说地,引用的谈话与事实,既有省委书记、省长,也有一般干部群众;既有富裕地区,也有贫困地区;既有成功经验,也有失败教训;视野开阔,读之令人回肠荡气"。"过去,中西部、东西部省区之间,虽也有交流,但没有像人民日报的报道这样,理成5部分10篇文章,来分析整个中西部乃至全国区域经济的发展。这组文章实际是一次东、中、西部发展思路的大清理,发展经验的大交流。"

这组报道由记者部承担。参与报道的记者大多长年驻站,习惯采写一省一地的报道。而《中西部的希望》中的每篇报道,从范围来讲,都要涉及好几个省区的情况,不仅重点评说中西部,也要以东部为参照,更要以中央的决策为依据;从话题来讲,专业性很强,不仅要把握相关的经济概念,更要了解这一领域的前沿课题。根据这一要求,我们除了在采访前组织记者学习、研讨,帮助记者努力把握大局,站在宏观的高度分析问题之外,在采访方法上,也改变了过去常用的几个人扎到某一省区、专写某一省区情况的做法,而是采取记者跨省采访,要求"下去一把抓,回来再分家",以保证写出的报道信息含量大,有空间跨度和纵深感。如写"民工潮"带来"创业潮",有一段描写:

鄂尔多斯歌手走天涯,四川木匠走天涯,安徽保姆走天涯,河南泥瓦工走天涯,新疆羊肉串走天涯,贵州棒棒工走天涯,甘肃麦客走天涯……

读至此,总使人产生一种空间跨度感、历史沧桑感,兼有诗的韵味,歌的浩叹,没有对"民工潮"全局的了解,就不可能用这7行字产生出如此强的概括力。

在《打开视野看世界——省区决策层的市场机遇观》一文

中，记者引用江西省长、甘肃省委书记、陕西省委书记的观点，来提醒中西部面对新的机遇，要防止"口号式经济"出现，通过新疆喀什、湖北宜昌、四川成都的实践，告诫中西部发展要力避齐头并进。如果不是借助省委书记的水平把握全局，从宏观角度看问题，记者是很难有如此眼光的。

## 选准市场机制为切入口——凸现发展亮点

读者："文章富有理论色彩，提出了许多令中西部干部群众振聋发聩的问题，比如要用市场经济的观点去看待机遇、产业转移、科技及人才等问题。"

看到读者的这一反映，报道的指挥者、组织者、参与者发出了会心的微笑。在报道的选题、分篇、写作、审改过程中，大家始终坚持将市场经济的观点贯穿其中，目的就在于突出中央提出的"两个转变"，特别是由计划经济向市场经济的转变，从宏观上讲，这一点在中西部有很强的针对性。因此，在开篇的话中就明确指出，改变中西部相对落后的状况，必须借助于社会主义市场经济机制，用社会主义市场经济的办法，如果说这组报道与其他有关中西部的报道有什么区别的话，这是最重要的一个方面。

《利箭还须靠强弓——依靠科技优势逐鹿市场》一篇，先后修改4次。第一稿描述了中西部的科技优势，给人信心。第二稿突出了中西部发展高科技与世界市场直接接轨，靠近了主题。第三稿又增加了中西部国有大中型企业、军工企业向市场转轨的艰难历程——从修路、造锅、做酒瓶到利用科技优势打出自己的威风，有了厚度。最后一稿取前三稿的长处而集中写依靠科技逐鹿市场。记者在文中感慨："市场经济如此无情，连科学技术也难以逃脱它的制约。"

与这一篇相类似，各篇在写作、修改过程中，凸现用市场经济的办法发展中西部，花的力气最多。而大量典型事例的选择,也取其发挥市场的机制作用这一侧面。

内蒙古的鄂尔多斯羊绒衫、青海的白鹿唇牦牛绒衫、新疆的天山牌羊毛衫,都从"丑小鸭"变成"白天鹅",资源优势变为经济优势。他们没有按照"梯度理论"走东部的道路,而是直接嫁接世界最新科技成果,产品一步到位,与国际市场接轨,发挥了中西部地区的"后发优势"。记者们对这三个"美丽的传说"很感兴趣,分析来分析去终于明白,过去资源堆积如山而企业亏损,如今打出名牌走遍天下,是市场机制使其绝处逢生。《不欠资源欠"东风"——从资源优势向经济优势的跨越》这一篇因此豁然贯通。

陕西读者说,中西部的干部群众都在比较艰苦的地方工作和生活,更需要雪中送炭,给以理解和支持,多讲鼓劲的事——社会主义市场经济在中西部的亮点,就最鼓劲。

山西的读者说,这组报道给一直失望情绪很浓的中西部提了个醒:自身有很大潜力和优势,应该与市场经济接轨,把希望变成现实——这正是这组报道的目的。

甘肃的读者说,展望未来的文章看得不少,但这组文章中的未来,是能看得见、摸得着、现在进行时的东西——这就是社会主义市场经济光辉的未来。

### 采撷新鲜事例作分析——揭示观念碰撞

读者:"围绕西部问题搞研究,多是从理论到理论,从数字到数字,缺少鲜活的事例。这组报道列举的大量事例,令人耳目一新,同时文章中提出的矛盾和问题粗略统计有20多个,也给搞理论研究的同志提出了新的课题。"

采访出发前,编委会领导同志在与记者座谈时提出,许多事情人们还在那里议论,实践可能已经走在前面。你们下去,成套的东西可能不会多,但要把出现萌芽的新事物写出来,写成思辨性的通讯,使文章有实用性。

按照编委会的这个要求，参加采访的16名记者收集掌握了大量事实和素材，然后坐下来集中讨论了两个白天、两个晚上，对材料进行了汇总、梳理、交流、分类，分别归在各个篇目之下，然后分题写作。在此期间，每个记者又都成了被采访的对象，都不断地"答记者问"，把对别人有用的观点、事例提供出来。

最新的实践最有思辨性。在选材时，组织者要求大家选用最新鲜的事例，而对这些事例的分析，往往闪现思辨的火花，形成比较新颖的观点。

采访前，对于东部某些产业西移，大家只有零碎的印象，采访交流之后，产业转移逐渐在记者头脑中形成了较完整的概念，又呈现出清晰的线条和类型。于是，一篇写东部投资者迈向资本经营新天地的报道《东浪西涌拍岸急》就此诞生，文中归纳的西电东送引出资源共享、东锭西移追求比较效益、康佳北上实行低成本扩张、娃哈哈进三峡开发扶贫、贵州"福建村"产生葡萄串效应，基本上概括了目前产业转移已出现的所有类型，作者由此得出结论：东部资本远征军来中西部淘金，实现了以资本为龙头的生产要素大跨度的流动与重组。追求比较效益是一个原因，更深层次的原因，是市场在配置资源方面开始起主导作用。这无疑对东西部都有巨大的启发意义。

东浪西涌看潮生。四川省委书记谢世杰谈东西合作，称为"他发财，我发展"，只有平等互利，才能长期交往，不搞一锤子买卖。记者把这类看法归纳为东西合作的理论基础——兄弟间的经济契约论，从而与传统意义上的合作、支持、支援作出理论分野，对传统观念来讲，是一个进步，对只想求利不想付出的地方保护主义、单纯淘金思想，又是一种提醒和规范。

在10篇文章中，这种由新鲜事例显示出来的观念碰撞，比比皆是。一位在采访前给记者们讲过课的经济学博士说："当时真担心你们写成外行看不懂、内行不想看的东西，看过几篇之后，可读性和思想性都很强。"

## 把握总体作取舍——避免简单化片面性

读者:"这组报道在写法上有新意,各篇都入口小,开口大,叙事、抒情、议论各不偏废,应用得法,既避免了长篇大论,又生动感人,好看好懂。"

负责执笔的10名记者都有一定的写作水平,但分工以后仍要注意写作不能信马由缰。为了使这组文章总体布局得当、气势连贯,大家注意正确把握"总体事实与个别事实"、"点与面"、"共性与个性"之间的关系。

这里的总体事实,是指中西部19省区现状与发展趋势,个别事实是指各个省区的具体情况。比如,内蒙古、贵州等省区在近年的经济工作中,对于发展的途径有一些新的认识,包括对梯度推进理论提出的质疑,尽管还不成熟,但已在实践中显示了生命力,预示了事物发展前进的方向。也有一些省区的个别同志,在与记者交谈时,流露出等、靠、要的思想,有些地方甚至出现不应有的落后面,但它们属于前进中正在逐步克服的缺点,不能代表事物的整体。再比如,贵州安顺地区敏锐地把握住东部沿海小企业向资源富集地转移的趋势,采用优惠政策吸引来一批批的投资者,萌生出一种新的投入观念,代表了发展的潮流与方向。这种新事物在中西部地区比比皆是,程度虽不一样,但其总体正如"地火在运行"。

点与面的关系,是指用典型的新闻事实连点成面,这个"面"也包含了信息的覆盖应该尽量广泛。为了防止深度报道容易出现的说教现象,我们强调用事实说话,并力图使典型事实描述得清新、好看。典型的事实之间可以运用"跳笔",但点与面之间则应有内在的联系;以典型事实为切入口,层层展开评述,是这组文章的一大特色。例如,观念转变——以康佳在咸阳遇到的急风暴雨为由头,剖析了东西部何以会有如此尖锐的观念碰撞,并引出更多的话题,可持续发展——从农民卢凤英的三间土坯房，引申出中西部几千万贫困人口顽强的跋涉。

点服务于面。诸多的典型事例，既是为了说明观点，也是为了增强文章的可读性。但这"点"并非点睛之笔，点睛之笔是随后带出来的议论。

我们把就实论虚的思辨式通讯定为这组报道的总体风格，这是共性；但同时，我们也希望百花齐放，注意保持执笔人个性化的写作风格，这可以从不同的导语，不同的结尾和不同风格的叙述与描写中看出来。

正是由于较好地处理了上述三个方面的关系，使这组文章把握住了政策宣传的分寸，形成了整体写作风格。

这组报道总体上是比较圆满的。但回过头看，由于我们对经济理论的学习研究不够，加之在各地采访又十分仓促，致使有的文章经济味儿不浓。有的问题虽然也讲到了，但还缺乏深入的分析，这反映了我们把握全局的功力还有差距。对此，读者也有提醒，希望我们在今后的报道中予以弥补。

1996 年 7 月

# 搏击，不仅仅在洪峰浪尖

## ——人民日报赴江苏灾区采访组写实

吴坤胜　飒青

7月28日，《人民日报》在二版用大半个版的篇幅，刊登长篇通讯《百年一遇的搏击》。通讯署名：杨振武、何伟、龚永泉。

这篇来自江苏抗洪救灾第一线的"重头报道"，以其宏伟的气势、感人的材料、生动的文笔，受到广泛好评。8月1日，江苏省抗洪救灾总指挥部受省长陈焕友的委托，给人民日报社编委会来信，信中说：人民日报的这篇通讯，对正在抗洪救灾、恢复生产、重建家园的江苏人民是很大的鼓舞。杨振武、何伟、龚永泉同志在采访中深入灾区、不辞劳苦、连续作战、精益求精的精神，受到了省委、省政府领导同志的高度赞扬。

也是在8月1日，人民日报社社长高狄在三位记者的采访汇报材料上批示："很好，信本身就是一篇感人的通讯。"总编辑邵华泽也批示："精神可佳。"于是，这篇汇报材料很快以《搏击，不仅仅在洪峰浪尖》为题，刊登在《新闻战线》上。

10月24日，中国记协召开抗洪救灾事迹座谈会，杨振武被指定在会上第一个发言。此刻，这位年轻的记者部副主任，

---

吴坤胜(1958—2006年)，高级记者，中共党员，海南海口人。1975年参加工作，1982年大学毕业分配到人民日报社，先后在总编室、办公厅研究室、记者部工作，1998年3月任人民日报驻北京记者站采编部主任，2001年12月任人民日报驻内蒙古记者站站长，2005年1月任人民日报新闻研究中心副主任。

心潮起伏,他用简洁的语言谈了赴灾区采访的感受:"这场洪灾,不仅对灾区人民是一场严峻的考验,对我们也不例外。要论英雄,应该是奋战在抗洪第一线的干部群众、解放军指战员。而我们,只不过做了党报记者应该做的一些事情。"

人生能有几次搏?江苏人民的抗洪救灾斗争,被记者称为"百年一遇的搏击"。而三位人民日报记者历尽艰辛的灾区采访,又何尝不是如此呢!

快些,快些,再快些——
### 灾区人惊叹,人民日报记者真厉害

7月中旬,随着江淮大地的洪波肆虐,人民日报编委会作出决定:迅速抽调力量组织采访组,赴安徽江苏灾区采访。

灾情就是命令。一切都容不得多加思索,回答只能是"行"或是"不行"。半天时间,采访组的成员全部确定下来。

赴江苏灾区采访组在一天内组成,组长是记者部副主任杨振武,成员为海外版记者何伟、驻江苏首席记者龚永泉。

此时,杨振武刚刚值完夜班,十分疲惫,并且已同家人说好,等上小学的女儿一放暑假,就与爱人一同休假。何伟也是刚从夜班下来,准备赴海滨采访。龚永泉一直奔忙在抗洪救灾第一线,已是人困马乏。任务紧急,三个人接到通知,连眉头都没有皱一下,就毫不犹豫地作出了回答:"没问题。"

7月13日,星期六。在采访组出发前的动员会上,邵华泽总编辑叮嘱大家:要作好吃苦的准备,克服困难,力争写出打得响的作品来。总编辑的话不多,但每个人都感到了自己肩上担子的分量。

非常时期,一切都打破了常规。以往人民日报记者的采访,地方同志出于对党中央机关报的尊重,往往给予住行采访等方面的照顾和配合。"这次,我们所要奔赴的,是抗洪救灾第一线,是与洪魔顽强拼搏的战场。在这种情况下,我们要为灾区人民鼓劲、加油，决不能为他们添任何麻烦。"赴江苏采访组的同志统一思想认识，决定采取"战时采访法"，靠自己的眼睛看，靠自己的双腿走，不要求派人陪同，不要求地方照顾。

救灾报道，时效性极强。采访组行前认真研究了采访路线，决定第一站到重灾区苏州。7月15日中午，杨振武、何伟登上了飞往上海的飞机。下午，在上海记者站的协助下，他们直接从机场赶到车站，又登上了开往苏州的火车。傍晚，龚永泉也从南京赶到苏州。三人会合，来不及洗去一路灰尘，来不及松弛一下绷紧的神经，来不及客套寒暄一番。当晚，便采访了市抗洪救灾指挥部的同志。苏州市委副秘书长吴德富惊讶地说：没想到你们来得这样快，工作抓得这样紧！

夜半，当吴德富带着疲惫的神色离开记者下榻的东吴宾馆后，三位记者又来到了万家灯火的苏州街头。用杨振武的话说，就是"要感受一下灾后市民的生活"。他们向夜市摆摊的店主打听生意情况，同街头乘凉的老汉谈水灾情景，直到问够了，听够了，才返回宾馆。

在神圣的使命感的驱使下，三位记者快节奏满负荷运转的灾区采访，就这样开始了。

白天深入现场采访，夜晚登门找有关领导座谈。一切都是现抓现赶，直截了当。三位记者实在不忍心更多地打扰各级干部，他们已经与洪魔搏斗半月之久，够累的了。但一些情况又非得找他们谈不可，于是，只好见缝插针了。会前会后，饭前饭后，一刻钟，半小时，一小时，就这样，他们采访了省、市、县、区，乃至街道的各级领导。以致于引起一些被采访的市县委书记的惊呼：人民日报的记者真厉害！

在苏州金阊区，汽车两次从虎丘公园门前开过。杨振武与何伟都是第一次到苏州。作为东道主，龚永泉看看两位，笑着说："是不是观赏一下园林风光？"杨振武瞅瞅何伟："你说哩？"何伟没有迟疑："还是以后再说吧！""我赞成。"杨振武一锤定音。汽车奔驰而过，车内飞出三人爽朗的笑声。

他们的采访时间安排常常是紧了又紧，一处谈完，又到一处。一个星期，他们马不停蹄，从苏南一直跑到苏北。7月18日午饭后，在无锡通往常州的路上，为了充分利用下午时间，他们一再催促司机，"快些，快些，再快些！"

在重灾区苏北盱眙县，全县有一半以上仍泡在水中。当他们挽着裤腿，一身泥泞出现在抗洪救灾指挥部时，县里的同志十分惊讶：哪里冒出了人民日报记者，为何事先不打个招呼呢？

事后，江苏省一些领导得知他们采访的紧张劲儿，特别是杨振武、何伟都是第一次到苏南，而无暇"到此一游"时，再三表示歉意，并邀请他们灾后重访江苏。

深入，深入，再深入——
## 为灾区人民献出一片真情

灾区就是灾区，尽管江南比较富庶，映入眼帘的仍是一片灾情。而记者采访的艰辛，更是一般人难以想象的。

酷暑7月，水过天晴，江南的气温高达38摄氏度。

在苏州城，三位记者头顶烈日，脚踩污泥，来到留园街道办事处。这里是全市淹得最厉害的地方，有的进水达一米七。水退了，墙上的水痕依然可见。他们走进街道党委副书记徐惠芳的家里，立即被眼前的情景惊呆了：双人床高高地架在四张方凳上，电冰箱上了八仙桌，厕所用布头堵了起来，室内水淹痕迹清晰可见，散发着一股臭气。也就是在这里，他们了解到办事处主任陈立志的感人事迹。

在武进柴油机厂，他们听说有位电工班长，在洪水围困中固守岗位20多天，当即决定去看看这位"孤胆英雄"。厂领导面露难色，劝他们免了，因为配电室在远离办公区的角落里，厂内四处是水，难进去。谁知，三位竟是异口同声："还是去看看吧！"他们走进漂满油污的臭水中，你搀着我，我扶着你，一步一挪，蹚行半个多小时，才攀着一块只有一尺多宽的木板进入配电室。出了满身汗水,结果只采访到一句话:"在这种情况下,哪位共产党员也会这样做的。"

这位电工班长的话,引起三位党员记者思想上的共鸣。灾区人民英勇顽强的抗灾斗争精神,大量可歌可泣的事迹,猛烈地撞击着他们的心扉,使他们每天都处于不平静之中。油然而生的强烈责任感,缩小了他们同灾区的距离。

正是怀着这样一种强烈的责任感,他们把采访的触角从上边一直伸向了最基层,深入,深入,再深入。从苏南到苏北,他们的足迹遍及省市县机关、街道、工厂、农村,乃至大堤上的窝棚。他们曾乘抗洪指挥船从吴江县进过太湖,也曾坐着农村老汉划的小木船,在苏北昔日的村庄上面寻找,在淅淅沥沥的雨水中体验、记录……

一件小事、只言片语的获得,常常需要付出平时采访几倍的代价。杨振武感冒了,嗓子整天都是嘶哑的;龚永泉上火了,嘴边隆起两个大包;何伟一把毛巾搭在肩上,衣服每天都是湿漉漉的。一身泥水,满脸汗水,冲跑了记者平日的潇洒。也许,正是因为这样,沟通了他们与灾区人民的感情。

在淮河流入洪泽湖的泄水口,一座大桥,两侧排开灾民搭起的小棚。桥下,洪水波涛;桥上,雨水如注。他们三人路过这里,跳下汽车,冒雨逐户采访,转达报社对灾民的问候。

这些灾民,为了保全国家的财产,破圩淹了自己的家园,如今只好栖息在简陋的窝棚里。

"你们吃的怎么样?"杨振武关切地问。

"没法子,现在只好吃这些烂麦子。"一位老汉从缸里舀出一瓢生芽的小麦来,声音有些颤抖。

"啊!都发霉了。"三位记者大为吃惊。

"再没吃的,我就去讨饭了。"一位老大娘边说边抹眼泪。

此情此景,使记者们的心灵受到极大震撼,他们的眼睛湿润了。杨振武劝慰大家:"要相信党,相信政府,困难只是暂时的。我们一定把这里的情况反映上去。"龚永泉快笔如飞,记录了雨中的一切。何伟也按动快门，拍摄下了这难忘的镜头。

"要想尽一切办法，不能让灾民饿肚子。"在盱眙县城，三位记者向县领导提出建议，并一起探讨了解决问题的办法。

临别时，他们以"人民日报采访组"的名义，向这里捐献了随身携带的50元钱。杯水车薪，表达的是一片深情。县委书记陈伟含着眼泪说："人民日报的同志能够来到盱眙灾区，就是对我们的极大安慰和鼓舞，你们还捐款，我们实在过意不去。"

加油，加油，再加油——
## 一定要写出人民日报的水平来

7月22日傍晚，采访组回到南京。

一周的紧张采访，三位记者已感到疲惫之极，但谁也不敢懈怠一分。因为邵华泽总编辑的叮嘱一直响在他们的耳边："要力争写出打得响的作品来。"

压力也是动力。"侃路子"整整用了一天。面对采访得来的大量感人材料，三位记者放开思路，各抒己见，互相撞击，最后把中心落在了展示灾区人民的英雄业绩和精神风貌上。目标是：一定要写出人民日报的水平来！夜半，当大家打着哈欠分手时，杨振武还叮嘱："睡觉也要想到稿子。"龚永泉反唇相讥："真比周扒皮还厉害！"何伟虽没吭声，却也暗暗叫苦。

平时写稿，各有各的习惯和风格，而现在大家赞成只向一个风格靠拢，那就是杨振武提出的"要鼓劲，要写出气势来。"稿子的整体结构确定后，三人分头写作，并且约定：两天后交稿，再组装。

南京素有"火炉"之称，酷暑天挑灯夜战的滋味可想而知，如果说紧张的采访还是体力拼搏的话，那么，艰苦的写作就是全身心的拼搏，比起采访来更苦、更累。

龚永泉想法为每人安排了一个房间，这样可以关起门来写稿。两个通宵的苦战:热了,冲个凉水澡;困了,就再冲一遍;饿了,填几块饼干充饥;蚊子围攻,就拍打一阵子;即使进餐的时候,也是三句话不离本行。丹青难写是精神。三位记者被英雄的业绩感动着,激励着,下笔饱蘸激情。加油,加油,再加油!然后是你改我写的,我改你写的,或锦上添花,或删繁就简,节节段段,点点滴滴,融进了三个人的心血。近一万多字的初稿,就是这样拼搏出来的。

拟标题,他们颇费了一番苦心。你说一个,他否了;他琢磨一个,你又否了。三人搜索枯肠,直在屋里打转转。"百年未遇的搏击",杨振武话音未落,龚永泉、何伟当即叫好。"若改为百年一遇是不是更好?"龚永泉的进一步推敲赢得一致通过。刚才还一脸凝重,立刻喜形于色。苦中有乐,充满了采写的全过程。

为了不给编辑添麻烦,他们又用一天的时间,对通篇文字进行认真推敲,狠了狠心,删去2000多字与主题游离的生动材料,使文章结构更严谨,文字更简洁。同时,还为稿子加了简短有力的结尾。

真是一个快速度!从采访组离北京到稿件发表,不到两个星期。

"通讯很有文采,把江苏人民的抗洪斗争精神写出来了。"江苏省委、省政府领导同志对稿子给予很高评价。

"很有气势,不愧是人民日报水平。"新闻界同行们反映。

"赴江苏灾区采访组任务完成得很好。"人民日报社领导称赞他们打了一个漂亮仗。

《百年一遇的搏击》被人民日报评为好新闻一等奖,后又获得全国抗洪救灾好新闻二等奖。

1991年

# 不忘党报记者的职责和使命

## ——报道南丹"7·17"特大矿难的经过和感受

郑盛丰  罗昌爱  庞革平  古亦忠

在中国当代重大安全生产事故查处纪录中,广西南丹2001年"7·17"特大矿难无疑是令人无法忘怀的沉重记忆。而对于人民日报乃至整个新

记者郑盛丰(左)采访南丹"7·17"矿难知情人。

闻界来说,这个事故的报道确实值得总结和深思,因为这是一起"官、矿、黑、恶"相互勾结,有组织、有预谋地进行隐瞒的特大矿难。这起被瞒矿难,由于人民日报的揭露而大白于天下并被党中央、国务院严肃查处。据国务院安全生产委员会负责人介绍,新中国成立以来,首先由新闻记者揭露出来的重大安全事故,在南丹矿难之前,尚无先例。

国务院调查组历经五个多月的艰苦深入调查后,南丹

"7·17"特大透水事故调查基本完成,相关责任人已经和正被依法追究,南丹县原县委书记、县长等5名参与密谋隐瞒的官员已被逮捕,原河池地委书记、行署专员和一名副专员已被撤职正由纪检监察机关审查,负有分管责任的广西壮族自治区一名副主席被行政记过处分,另有120多名涉案人员分别被逮捕被审查。对这些涉案人员的审查和审判,还需要时间,与整个矿难事故有关的更深层次的查处仍在深入进行中。

  国内外的舆论表明,南丹矿难的揭露和报道引起了海内外广泛的关注,有十多家世界大通讯社及大报要求对人民日报记者进行采访。国内媒体在评选中国2001年重大事件时,普遍注意到人民日报揭露南丹矿难的价值和影响。一家媒体在评选"中国在进步:2001年影响民生的十大新闻"中,南丹矿难的揭露位列第二,紧随中国加入世贸之后;另一家媒体在评选"2001年十大传播突破奖"时,南丹事件的揭露和报道入选第六。

  一直密切关注着南丹矿难调查进程的朱镕基总理,多次对人民日报记者顶住巨大压力和风险揭露这一矿难真相给予充分肯定和高度赞扬,指出如"没有记者来揭露这件事,就冤沉水底了"。人民日报编委会作出决定,对报道南丹矿难事故的四名记者给予通令嘉奖,表彰记者在关键时刻发挥了党和人民的"耳目喉舌"作用。

## 勇揭铁幕,中央领导批示"必须查个水落石出"

  无论从哪个角度看,对南丹特大事故的调查揭露,都是对当代党报记者基本素质的挑战和检验。换言之,如没有党报记者强烈的责任感和使命感,我们就不可能去反映和揭露南丹这个集结着"官、矿、黑、恶"等多种力量的"惊天大案"。

  这个事故的涉瞒,瞒出了迄今的"全国之最":按规定这种特大安全事故须在24小时内报告中央,而南丹矿难却被隐

2006年5月,记者郑盛丰(右)在广西恭城县大岭村采访。

瞒了半个多月,如没有记者的揭露,将继续被瞒下去,这在我国重大安全事故上报纪录史上尚未有过;事故的涉腐与涉瞒互有联系,都牵涉到相当一批党政官员;事故的涉黑,指矿老板拥有一批手持枪械为其"护驾卖命"的黑恶势力;事故的背后,则是矿山管理长期存在着令人触目惊心的混乱状况。

最初激起我们义愤填膺进而坚决揭露这个特大矿难的,是两个相互关联的信息。一是听说这个导致重大死难的特大透水事故竟然被责任人死死捂住隐瞒不报;二是听说广西一些地方记者最早根据传闻前去南丹调查时竟被蛮横阻挠、追踪和威胁。我们由此强烈感觉到了这一事件的不同寻常!强烈感觉到了"对方"的"强大"和疯狂!同时意识到我们已没有权利坐视不管!

这是2001年7月底,正是全党认真学习江泽民总书记在中国共产党成立80周年纪念大会上的重要讲话、深入贯彻"三个代表"重要思想的时候。当时,包括参与隐瞒南丹矿难的一些官员在内,都在会议上、电视上及报纸上大谈特谈"三个代表",而偏偏严重背离"三个代表"重要思想甚至无视人民生命财产的南丹矿难,却被人为地深埋在地层深处,封锁于本应更民主、更透明、更快捷的信息网络时代!

我们开始调用所能调用的全部"关系"展开多方查证。7月30日,我们向总社发回了关于南丹事故的第一篇内参《关于广西南丹矿井事故的紧急报告》。31日,我们给人民网传回了关于南丹矿难的第一篇新闻《广西南丹矿区事故扑朔迷离》。事后证实这是中央重点新闻网站发布的第一篇自采新闻,这篇报道点破了南丹事故被隐瞒不报的要害,报道立即被众多网站广为引用。然而,就在31日同一天,广西壮族自治区两个主管安全生产的单位上报中央的一份报告中仍称所谓南丹事故"纯属是谣传"。甚至到8月1日,自治区党委书记曹伯纯到南丹矿区调查并就此召开专题调查会时,到会的南丹县、河池地区主要党政领导及自治区长驻南丹的矿区整顿工作组,在汇报时均一口咬定"没有发生透水事故"。

8月2日,这是我们揭露南丹事故发生重大突破的一天。此时,整个事故依然被紧紧捂着,当时的各种信息使我们深感问题的复杂和严重。以记者站站长郑盛丰为首的人民日报驻桂记者,包括记者站采编部主任罗昌爱、人民日报华南分社派驻广西记者庞革平、古亦忠及记者站新闻中心、网络中心的相关人员,一起分析研究,广采信息。终于,我们通过一种特别渠道,掌握了南丹矿难的一部分死难者名单,同时获悉了事故发生后一个逃生者讲述的令人震惊的矿难内幕。有了这份死难者名单和幸免遇难者提供的第一手情况,一直被责任人死死捂住层层瞒报的南丹矿难便可撕开一个缺口。根据这些,加上我们从其他渠道获知的情况,当天下午,我们迅速形成"再次紧急报告",并在报告开头打上三个"特急!特急!特急!"上报总社编委会。编委会对这一信息十分重视,当即以"信息专报"的形式上送中央。当天下午,朱镕基总理对此作出严肃批示,要求必须查个水落石出。

至此,对南丹特大矿难,人民日报成为第一个进行报道、第一个上送内参、第一个得到中央领导批示的媒体。朱镕基总理作出批示的第二天，由国家经贸委主任李荣融率领的中央调查组飞赴广西，直插南丹。一周后，由国家安全生产监督管理局局长张宝明率领、中央8个部委参加的国务院调查组40多人到达广西，展开了艰苦深入的调查取证。

## "雷区"采访，我们无所畏惧

揭开盖子之后，我们所要做的第二步工作，是立即深入"雷区"采访并发稿。考虑到这一事件极为复杂并充满风险，我们首批4人深入远离南宁500公里外的南丹矿区调查时，通过相关程序约请3名便衣警察随行暗中保护，晚上三名警察分别与我们的同志同住。以这种"武装保驾护航"的方式进行调查采访，我们作为人民日报派驻地方记者，近20年来这是仅有的一次，在人民日报和平时期的国内采访史上，也查无纪录。

事实证明，这种小心并非多余。因为与矿难有关的"官、矿、黑、恶"对记者出于本能的防范，他们很快就已获知是人民日报记者捅破其罪恶铁幕。我们第一次深入矿区调查时，经常有素不相识的人到旅店打听有无人民日报记者住宿（为保密，我们不以记者的身份登记住宿）。在我们第二次深入南丹调查时，甚至就在我们住宿的一家私人旅店中，就在我们的眼前，发生了血淋淋的凶杀案。当然，我们没有被吓住。我们的调查采访继续进行。人民日报在广西只有4名记者（总社的郑盛丰和罗昌爱，华南分社的庞革平和古亦忠），但到南丹采访，人员最多的一次我们出动了三辆汽车，整整10个人——广西记者站新闻中心尚不能冠以"本报记者"的几位年轻人，也成了我们一线调查的勇敢成员。

我们先后三次到南丹，累计投入20多人次，耗费100多个工作日。可以说，这当中的每一次调查采访，都是正义与邪恶的较量，对我们都是党性、良知、责任和意志的检验。对矿难不同程度负有责任的人，都对我们的采访多方刁难。甚至中央工作组到达南丹时，我们的文字记者竟被地方官员拒于门外，我们摄影人员的胶卷被强行曝光——这在人民日报和平时期的采访中成了"零的突破"！

艰险和困难，并不能让我们止步。我们由此掌握了大量翔实的独家材料，进而最早又连续不断地在人民日报及华南新闻刊出20多篇消息和通讯，特别是在人民网上对南丹矿难先后刊发了100多篇报道和10篇述评，从而为党中央、国务院查处此案提供了舆论支持，对矿难责任分子迅速形成了巨大的舆论震慑力，同时也为人民日报和人民网赢得了良好声誉。在相当一段时间中，人们争看人民网，欲知南丹事，先看人民网。

当我们将广西有关官员恶意阻止我们与中央调查组接触并粗暴曝光我们胶卷的情况在人民网上发布后，人民网上特别是在"强国论坛"中引起千千万万网友的无比愤慨，人们的质疑、批评甚至声讨，犹如潮涌。到事情经历一个阶段后，9月10日，我们4位人民日报驻桂记者，又应人民网之邀，在"强国论坛"上就南丹矿难远程回答了网民提出的100多个问题，使南丹矿难在网上再造高潮。此外，我们还创造性地在人民网上设立了"人民日报驻广西记者站南丹矿难报料新闻热线电话"，便捷地从中获得大量与此相关的信息，同时获得了很有价值的举报材料，我们及时将这些举报材料转送国务院调查组，为中央迅速查清矿难真相提供了有力帮助。为调查采访特大事故在网上公开设立"报料电话"，据称我们是第一家。

### 来自各方的关心和支持令我们感动

对南丹矿难一往无前的调查和大量的揭露和报道，使我们承受了前所未有的风险和压力，同时也获得了前所未有的关爱和支持。

与此相关的风险和压力，贯穿在我们调查采访的全过程，甚至保持至今并将延续在我们今后的工作和生活中。当时来自矿老板及黑恶势力的威胁、来自某些党政官员的压力及由此派生的风险自不待言，就是中央和国务院调查组接连到达广西并基本查清事故后，依然有人放言要"搞定"人民日报驻广西记者站，甚至在自治区一些重要场合，也不时出现对我们极不"客气"的声音。至于今后，因为南丹矿难被捕被查进而将受到纪律和法律制裁的120多人，他们及其利益相关人，对揭露这一矿难的人民日报记者将长期"难以忘怀"。

与风险和压力成正比，来自报社的关爱、支持和社会的声援，也使我们深受感动，历久难忘。

人民日报社领导从一开始就对南丹矿难的揭露和报道给予最强有力的支持。白克明同志在由人民日报社社长调任海南省委书记前夕，签发了我们关于南丹矿难的"信息专报"；一直关心着和追踪着此事的新任社长许中田，作了多次批示，并在我们深入南丹采访风险最大的时候，一再叮嘱我们要注意安全；王晨同志调任人民日报总编辑时恰值我们调查南丹矿难最紧张之际，他对此极为关注，认为这是人民日报近年影响大、效果好的一次成功的舆论监督，对我们给予了充分肯定；当时的值班副总编辑于宁，听取了我们的电话汇报后，一方面批示让总编室与国务院办公厅联系，及时取得中央领导对此的批示件以掌握精神，一方面亲自与广西自治区党委书记通电话，及时沟通，达成共识，有利报道；分管记者工作的梁衡副总编辑，在关键时刻对此作出详尽批示，对我们在第一线的采访多有提醒、支持和布置；记者部主任杨振武、副主任钱江以及编辑组同志，都从不同侧面给了我们鼓励和支持；群工部副主任吕明军也在我们最需要支持的时候，受社领导指派来到我们身边；还有总社办公厅和华南分社领导，经常通过电话了解情况，提示我们……所有这一切，汇成了我们做好揭露南丹矿难报道工作的巨大动力。

可以肯定地说，如果没有报社的理解、关爱和支持，我们的内参不可能送达中央，我们的报道不可能刊发出来，我们的所有努力都将白费，甚至在我们受到巨大压力和遭到公然辱骂时，我们将获得另一种结果和结局。

来自社会和基层的声援与支持，让我们感受到社会的进步和民众的力量，感受到各行各业对媒体的关注和勇于说真话的媒体在人民群众中的影响。在人民网"强国论坛"上，不可胜数的网友在对南丹矿难涉瞒涉腐涉黑表示强烈愤慨的同时，也对人民网，对人民日报，对勇于揭露这起矿难的人民日报记者，表示了大量的发自内心的赞美，认为从中看到了中国当代新闻记者的责任、勇气和良知。国外也有不少素不相识的网友发来帖子和邮件表示关心和声援。还有一些读者给报社领导写信，说从人民日报和人民网上看到了南丹事件的报道后，更激发了对党报的信心和爱心，表示此后将长期自费订阅《人民日报》。

在新闻界，从北京到南宁，都有很多新闻界同仁对我们的报道和我们的行为表示由衷的赞许。

在广西，曹伯纯书记多次表示新闻记者对揭露南丹矿难"功不可没"；当地很多读者包括不少党政领导都对我们表示赞赏和支持。

面对报社的有力支持和社会的强烈反响及深切关爱，我们感受到了背后的巨大力量，更加清楚我们应当做什么和怎么做。就是在阻力、压力、风险最大的时候，我们也强烈感受到浩然正气在支撑着自己，这就是中央的正气、报社的正气、社会的正气和我们自身的正气。浩然正气加上党报记者的责任感，使我们浑身是胆，一往无前。

## 我们只是做了党报记者应该做的事情

目前，南丹特大矿难的深层调查和法律审理仍在进行中。我们将继续予以追踪报道。

当我们受到人民日报社表彰，当社会富于责任和正义的人们纷纷对我们报以喝彩和鼓励的时候，我们在对此深以为谢的同时，也清醒地告诫自己：作为人民日报记者，我们只是做了应该做的事情；我们对南丹矿难的揭露和报道，只是党报记者的责任和使命使然；面对如此特大事故，我们相信，有责任感的新闻记者，都别无选择，都应当和必须这样做。

我们还由此获得两点感悟：一是南丹矿难的揭露和报道说明，舆论监督大有必要和大有可为。这种监督，从根本上说，是人民监督的表现形式之一，也是人民大众的基本权利，而不是记者的特权；因此，任何人都不能予以压制和剥夺。二是新闻记者要开展好舆论监督，必须公正无私，坦荡做人，把党性原则和国家与人民的根本利益装进心间，这样才能识别真与伪，破除瞒和骗，铁肩担道义，辣手著文章。

2002 年 3 月

# 在思考中写作
## ——采写深度报道的一些体会

罗 盘

2006年7月31日,时任山西记者站站长罗盘(右)带领全站人员来到太行山革命老区平顺县西沟村,请老劳模申纪兰上党课。

深度报道往往是思考的结晶,因为每一篇深度报道都必须有一个引人注目的主题,有对现象的解剖、对问题的透析。可以说,深度报道形成于思,因为思考的深度决定着报道的深度。新闻现象的本质、新闻现象所隐藏的问题,正是通过作者用不同的思考方式,将其剥离和凸现出来,成为新闻的主题。在大学读书时,人民日报老一辈记者的优秀作品,以其思想的深度，给我留下了深刻的印象。如今，当我成为一名驻站记者后，深切感受到，只有不断思考，在思考中寻找，才有可能写出深度报道。正是在对现象的思考、剖析中，我写出了一些被称为深度报道的通讯。从报社编辑改当驻站记者的5年中，也正是因为采写这一类的报道较多，我在人民日报驻站记者的写稿得分中，年年进入排行榜的前10名，一些深度报道被评为人民日报的精品，有的还获得了中国新闻奖。

记者工作，给我一种感受，似乎总是在等待。许多时候在等待，等待着新的机会，等待着可以拨动心弦的东西，然后迅速出击。在这种东西出现时，我们的思考方式，就派上了用场。

深度报道在采写之初，记者面临的往往是一堆零散的现象，或者是一些局部的事情。这些事情，可能发生在不同的时间、不同的地区，没有人会把它们联系起来，也没有人去追究什么。但正是这些零散的现象，隐含着深度报道的绝好机会。1997年，我在湖北采访时，了解到武汉市和江汉平原的一些县、市，均发生过填湖造田的事情。江汉平原的洪湖，水面在过去的20多年中大为减少。我隐隐感到，这些发生在不同县、市的孤立事件，隐含了一种危机，那就是自然生态的破坏，可能会导致长江洪水难以蓄养甚至泛滥，由此带来更大的自然灾害。经过深入的采访整理，1998年，我写成通讯《"千湖之省"的忧思》，《人民日报》1998年3月24日发表。我在报道中提出，湖北号称"千湖之省"，如今"千湖"已徒有虚名，湖泊减少将会带来大自然的报复。此稿获得了人民日报社好稿奖。就在当年夏天，长江发生特大洪水，湖北因为湖泊减少，无法蓄洪，致使江汉平原一些填湖最厉害的县、市受到重大损失。抗洪期间，一些专家拿出刊有我这篇稿件的《人民日报》说：人民日报早就预见到了问题的严重性！

近几年中，我每年都要采写若干篇深度报道，在《人民日报》刊发后引起较大反响,有的受到了中央领导的重视,有的成为当地领导决策会上研究的专题。回顾这些,我认为,采写深度报道,主要有以下几种思考方式:

一是比较法。在经济学研究方法中,有一种叫比较经济学,即将甲地和乙地的经济进行比较,总结出优劣短长。做新闻工作,也经常需要比较。记者面对发现的新闻事件,面对现实生活中的现象,往往会在比较中发现问题,在比较中找到答案。1998年以来,武汉免费开放一些新建的公园、广场,不再收取门票。这只是当地政府部门进行的一项具体工作,算不上是什么轰动的新闻。但这引起了我的注意和思考,我开始跟踪了解这方面的情况,并不断了解其他省会城市的做法。到今年1月,武汉95%以上的公园免费开放。而其他省会城市的免费公园,还少得可怜。通过这种比较,我觉得武汉在突出市民的主人翁地位上,做得较好,他们确实做到了还园于民。同时,我又向国外的朋友打电话采访,了解到美国及西方经济发达国家的公园,几乎都是免费开放的。通过对比,我得出的结论是:武汉的这一做法,是大势所趋,人心所向。我迅速写成了通讯《武汉,公园免费开放之后》,受到编辑部的重视,很快配评论发表。国内的一些知名网站也转发了这一稿件,引起网民热烈讨论。正是通过新闻事件与周边地区同类事件的比较、与海外同类事件的比较,我才发现了这一新闻事件的真正价值。

二是推导法。深度报道是一种透析新闻现象的报道,对新闻现象发生的原因、将会产生的结果,必须进行推导,进行分析。2000年,武汉市汉正街的营销额开始下降。汉正街是全国著名的小商品市场,早在80年代就已闻名全国,利税一直排在全国小商品市场的前10名;然而,2000年后,这里的商户减少,销售额下降,利税情况不容乐观。如果仅仅报道这一现象,也许根本就上不了《人民日报》。但我在采访中发现,这一现象的发生,有其深层的原因,值得去分析、去总结。带着寻找真正原因的想法，我去采访个体户，去查看这个市场的环境。在一个多月的采访中，我从各种现象中找到了汉正街市场滑坡的原因，主要是管理方式陈旧，环境较差。为此，我写出了《汉正街在阵痛》，发表在《人民日报》2000年12月26日《各地传真》版上。通讯见报后，武汉市政府有关部门召开专门会议，为汉正街的滑坡把脉寻诊。采写此类深度报道，我采用的主要办法，就是由现象推导原因，从现象往纵深挖掘。推导法可以帮助我们加深对现象的认识，加快对现象后面原因的把握。

**三是关联法**。许多新闻事件，发生在不同的时间和地点，而一旦把它们关联起来，你就会豁然开朗，仿佛看到了新的天地。关联法，就是让看似孤立的新闻事件互相碰撞，撞出火花。这火花，就是我们采写深度报道的核心。许多人都到过三峡，也知道三峡主要位于湖北，旅游景点很多，但单独地看每一个景点，都会觉得不过瘾。同时，围绕三峡旅游资源的开发，各地互相竞争，破坏了整体运作，影响了品牌效应。我将各地举办三峡游不成功的情况，联系起来进行分析，得出了一个结论：各地各自为政，恶性竞争，降低了"三峡"这个旅游品牌的功效。为此，我写成了《"黄金线路"的遗憾》，在2001年4月6日《人民日报》上发表，引起湖北旅游部门的震动。2001年以来，他们多次专门研究，并决定统一规划，整体开发。报道为他们推动工作起到了促进作用。

**四是综合法**。深度报道，看起来就像综合报道，文中会提到许多数据、许多情节、许多人和许多事。对同类的新闻事件进行综合分析，会得出反映事物本质的结论。武汉的东湖新技术开发区，汇聚了大量的高新技术产业。然而，这些高新技术企业的年销售量，超过亿元的不过10家，绝大多数高新技术企业的年销售量在2000万元以内。它们为什么长不大？我在采访中发现，政府扶持力度很大，政策环境也很好，市场潜力更是诱人。那么，它们长不大的原因，不是外部的环境，而是企业和企业主自身。我综合了上百个高新技术企业长不大的原因，写出了《寻找通途——湖北科技成果产业化过程中的思考》，发表在2000年3月7日《人民日报》上。武汉市副市长张代重看完此文后，立即到东湖高新技术开发区，要求企业管理人员看《人民日报》发表的这篇通讯。综合众多事件得出的整体结论，远远强于对个别事件的结论，其震撼力更大。2000年，我发现汉正街老一代个体户，在富裕之后有不少人垮掉了。经过深入的采访和综合分析，我发现原因在于没有人及时地教育他们，垮就垮在缺少一种奋进的精神。于是，我写出了《由谁教育富裕起来的人们——武汉汉正街第一代富翁追踪》，《人民日报》2000年8月1日发表后，一时间引起轰动，此稿获第十一届中国新闻奖二等奖。

  过去，我是人民日报编辑部的一名编辑。1997年到湖北当驻站记者，角色变了，思路也要及时调整。我认真学习人民日报老一辈记者的作品，学习他们的采访方法。从学习中，我也慢慢摸索着写深度报道。总结起来，我的一条体会是：当记者，要学会在思考中写作。

2002年4月

业务研讨"叫得响"之我见

## 营造"好站风",推动"叫得响"

罗 盘

记者部倡导写"叫得响"的稿件,前几位站长发表了高见,让我耳目一新。长期以来,我个人的愚见:记者写稿是个体劳动,更是集体协作。基于此,我觉得,记者要写出"叫得响"的稿件,记者站必须有一种生产"叫得响"稿件的氛围和站风。

记者站氛围和站风的形成,关键在于站长。记者站远离本部大本营,站长,在人民日报这个大家庭里是兵头将尾,打仗时是尖刀班长,和平时期就是生产队长,或村民小组长。但无论是尖刀班长、生产队长,还是村民小组长,他总是带着一个团队。更重要的是,他和记者站全体成员直接面对新闻生产的第一线,记者站的新闻产能要发挥到最佳值、最大值,站长须得有一种成人之美的胸襟和气度,须得有一种全力营造氛围的自觉和自律。

人民日报副总编米博华(左)在山西记者站考察工作时与记者站站长罗盘亲切交谈。

## （一）站长是记者的"眼"，要善于发现记者的长处

一个记者适合写什么，擅长写什么，站长要心中有数，要想方设法把他们的长处发挥出来。我在湖北记者站期间，老站长龚达发的敬业精神和为人处事让我受益匪浅。他经常与身边的记者交流，细到具体稿件怎么写，怎么修改，某一句话怎么说，他都很认真，很耐心。他还提示记者某一时期应关注什么样的新闻，且亲自参与选题策划。

1997年长江三峡截流举世瞩目。工地上，因为总书记和其他国家领导人到场，全球千名记者云集，国内主要媒体更是重兵压境，一场没有硝烟的新闻大战拉开战幕。老站长龚达发带领我们深入一线，吃住在工地。他根据每个记者的长项进行采访分工，并就如何采写，如何选取角度，都做了精心安排。在截流前期、中期和后期的连续报道中，从动态新闻到现场特写，再到深度通讯，记者站发稿数十篇，每个记者平均发稿6.7篇，打了一场漂亮仗。

1998年长江抗洪又是一场新闻攻坚战。湖北记者站全站同志坚守一线。老站长要求我采写一些重大典型报道，安排我采写武汉抗洪的全景式通讯《大局高于一切》。稿件当天采写成稿；下午，老站长亲自修改，当天发回报社；第二天就在《人民日报》头版头条位置配评论刊发，产生了良好的反响，夺得了当年全国抗洪好新闻奖。

老站长的学识、经历、人品、胸怀，这一切构成了他的慧眼。然后，他用一双慧眼指挥记者、帮助记者，由此形成了我们的好站风。在这种环境里，我和其他同事才得以有更大的空间和精力写出"叫得响"的稿件。驻湖北站五年，是我从事新闻工作以来写稿最多的五年，是我在报社获好稿奖最多的五年，是我获全国各类新闻奖最多的五年。这，得益于一个好"头头"。

## （二）站长是记者的"心"，要真切帮助年轻记者成长

常言道："台上一分钟，台下十年功。"每个记者站站长都是从一名普通记者走过来的。也曾经年轻过、苦恼过、困惑过。多年的新闻实践让我们积累了一些经验。我们平时应该多与年轻记者谈心交流，把我们的经验拿出来与他们分享，互相增长见识，增强对新闻的判断能力，让他们少走弯路，尽快成长。

2006年初，我已到山西记者站工作了三年。一天，记者站接到采访临汾市翼城县隆化镇两坂村党支部书记李鸿海的指令。李鸿海在任二十多年，一心一意带领群众脱贫致富。2000年，他被确诊为癌症晚期。然而就在癌症切除手术后第六天他就偷偷跑回村里，出现在修桥的工地上；儿子出车祸去世仅仅三天，他又强忍悲痛带领村民外出考察酸枣接大枣技术。为了在有限的生命里多给村民办些实事、好事，他把自己的遗像挂在床头，每天督促自己加紧工作。

一件件，一桩桩，李鸿海的事迹生动感人，是难得的新闻好题材。为让记者在实践中锻炼提高，我派记者站的记者前往采访，走之前跟他们讲了我以往采写重大典型报道的心得体会，交代了采访李鸿海时应该注意抓什么，写稿时应该突出什么。初稿形成后，我两次修改把关。很快，《壮丽的生命之歌》、《大伙心中的李鸿海》两篇重头报道连续在《人民日报》上推了出来，引起社会广泛关注，中宣部也给予肯定和表扬。

在这里，特别要谈谈我到河南记者站的感受。这是因为，河南记者站是人民日报国内记者站的一面旗帜，老站长李杰对年轻人的提携与帮助，早有耳闻。到河南站工作一段时间后，体会更加真切。李杰站长不仅指导记者业务工作有方，还为年轻人的成长把关掌舵，一旦发现有写稿中的问题，都会及时批评指正。这种真挚的关怀让记者们感到很安心、很顺心，为记

者的成长创造了一个良好的氛围。

## （三）站长是记者的"胆"，要鼓励记者敢抓敢抢重大新闻

对于记者来说，最好的机遇就是关注重大新闻事件的发生。某种意义上说，重大事件发生之时就是记者的战场。但是，重大事件发生之时，如何处理和把握重大新闻？需要准确判断，迅速出击，写出高出一筹的稿件。这时候就需要站长站出来，鼓励记者敢抓敢抢重大新闻，为记者强抓重大新闻撑腰壮胆。可以说，越是重要时刻，站长就越要有担待。站长是记者的"胆"。

去年6月，山西"黑砖窑"事件引起国内外高度关注。由于事发突然，山西省委、省政府一时难以应对，社会舆论也千腔百调，有的主流媒体干脆"禁语"，称"不作为就是有作为"。面对骤然而降的舆论危机，我要求山西站的同志主动出击，快速反应，充分发挥党中央机关报应对突发事件的舆论引导能力。我指派年轻记者鲍丹赶赴临汾采访，嘱咐她打消顾虑，以高度的责任感完成好采访报道工作。我和采编部主任安洋随时为鲍丹出谋划策，提醒注意事项。事后了解，在首批到达的中央媒体中，本报的报道最快，内容最全，受到全国同行的好评。这期间，山西站累计发稿13篇。其中，《95人失职渎职被责问》受到党和国家领导人的肯定。时任山西省长于幼军专门致电记者站表示感谢，并公开坦言：人民日报帮助山西回应了许多舆论质疑，也澄清了许多不利传闻。

今年年初，一条"洛阳烈士墓被夷为平地，烈士陵让位商业墓地"的消息在网上广泛传播，网民反应激烈。在网络舆论非常激烈且呈现一边倒之时，我们的记者能否抓住第二落点？不但会有压力，而且要担风险。人民日报介入这样的热点，看上去似乎有些"吃力不讨好"。记者站记者曲昌荣当即前往洛阳采访。此时国家有关部门和军队高层已过问此事，当地政府

压力也非常大。洛阳方面负责人多次给我打电话,我说:"现在回避不是办法,我们一定要实事求是,有什么说什么,'关注'只会推动事情解决。"随着调查的深入,资料证明网络炒作与事实不符。此时,记者也有疑虑:稿子发出后会不会有成千上万不理智的网民辱骂我?且他的从事记者工作的妻子也不支持他去开这"第一炮"。我鼓励并提醒记者:"忠于事实,平衡报道;冷静观察,用脑采访。"

在报社主要领导、总编室领导和记者部领导支持下,曲昌荣采写的题为《是修缮改造,不是商业开发》的稿子于1月4日见报。当天,正值河南省委召开常委会议。会下,河南省委多位主要领导见到我就说,《人民日报》的报道解答了我们所关注而又不理解的问题,你们的调查非常客观,提出的反思更是高屋建瓴,这种实事求是的态度是应该提倡的。在今年的省委宣传工作会议上,省委书记徐光春再次对人民日报关于洛阳的报道提出了表扬。

## (四)站长是记者的"势",要助记者出色地完成稿件

全力支持记者写好稿、写大稿,应该成为记者站的工作总思路。作为站长,不仅自己带头写好稿子,更重要的是要帮助年轻记者写好稿子,给年轻记者以舞台,甘为他们的成长铺路架桥,创造一个"全力支持记者采写好稿"的创业氛围和工作环境。遇有叫得响的选题优先给他们,采访成稿后要帮其认真推敲、修改;稿件完成后还要与编辑沟通交流,助推发好稿件。从这方面讲,站长就是记者的"势"。

这些年,河南记者站新人辈出,王明浩、曲昌荣都因为发稿多、好稿多而在报社记者队伍中崭露头角,这与老站长李杰精心营造的"势"是分不开的。平时,他总是把自己比作分工派活的"生产队长"和支援前线的"后勤部长",要求年轻记者只管集中精力写好稿,其他一切由他来担当。同时,他还为

年轻记者出题目、改稿子,联系编辑部发稿子,并制定有奖励政策,鼓励记者多写稿、写好稿,为年轻记者的成长创造了良好的氛围。

我在山西站任站长时,也尝试着向一些老站长们学习,有意识为记者造"势"。鲍丹被派往临汾采访"黑砖窑"事件时,山西省政府正召开会议,部署开展整治非法用工和打击"黑砖窑"行动和督察工作,当时鲍丹在一线采访无法赶回参加会议,我主动前往参与采访写稿,尔后以鲍丹的名义发回报社,配合其完成了这一战役性报道。

到河南站工作后,我常常提醒自己要将李杰老站长的好做法发扬光大。曲昌荣报道洛阳烈士陵园事件,采访结束和发稿之前,洛阳方面一直努力着要求"能不发就不发",我顶住了压力。当编辑部问我对此稿有无把握时,我只回答了一句:"稿子没问题,我相信我们的记者!"

实践使我进一步认识到,新闻工作终归是一个年轻人的职业。从这个意义上讲,新闻界的老前辈,人民日报的老前辈们都是在年轻的时候佳作迭出,写出了不少"叫得响"的作品,真正到中老年之后写出"叫得响"的作品明显减少。所以,如果有更多的年轻记者能写出叫得响的新闻作品,我乐观其成。

眼下是信息爆炸时代,媒体多、信息多,写稿子的人也很多。记者可以写稿子,通讯员可以写稿子,网民也可以写稿子。人民日报每年就有成千上万的稿件,全国新闻媒体的稿件更是难以计算。这么大的信息量像海浪一样什么都会淹没掉,即便是我们陶醉的好稿子,很快就只剩下自我陶醉的份了。

洛阳纸贵不复返,一夜成名难再现。面对日益白热化的新闻竞争,我们只能说,努力吧,努力吧,努力就会有收获。

2008 年 4 月

# 见证历史的荣幸和责任

## ——三峡工程导流明渠截流报道体会

龚达发　杜若原

1997年11月7日夜,三峡工程大江截流前夕,记者龚达发(右二)在三峡工棚采访工人。

2002年11月6日,是一个特别的日子。

随着三峡工程第二次截流的成功,这一天在中国水利建设史上写下了浓墨重彩的一笔。作为记者,能亲临截流现场,见证历史时刻,为这一世界瞩目的宏伟工程鼓与呼,的确让人倍感自豪。

在人民日报编委会的领导和记者部、总编室的大力支持下，我们较好地完成了这一战役报道，受到社会的好评。回想起在三峡工地采访的8个日日夜夜，至今记忆犹新，难以忘怀。

### 积极组织　打好主动仗

由于地缘关系，人民日报驻湖北记者站有着特殊的"三峡情结"。饱尝无数次长江水患之苦，我们时刻憧憬着三峡工程将给沿江人民带来的巨大效益。从三峡工程的论证、1994年正式动工到1997年的大江截流……我们的目光始终聚焦在鄂西的那方热土——宜昌三斗坪。

当三峡工程再次截流的消息传来时，我们按捺不住，多次给记者部、编委会领导打电话，主动请缨。10月29日，在得知新华社、中央电视台等媒体派出强大的报道阵容后，记者站立即向记者部和报社编委会作出《关于三峡工程二次截流宣传报道工作的请示》的书面报告。次日，报社领导即批准此次报道活动，并确定湖北记者站站长龚达发为报道组负责人。

由驻地记者站全面负责组织实施这样大型的报道活动，在人民日报历史上是不多见的。

1997年大江截流报道，虽然以湖北记者站为主力，但报社还是成立了以袁志发副总编辑为组长的报道组，副组长分别由记者部负责人和记者站站长担任。而这次三峡工程导流明渠截流报道，记者站曾希望编委会的领导任报道组长，便于协调报社各部门的关系。但由于十六大召开在即、许中田社长突然去世等诸多因素，报社将重担交给了记者站。这是信任也是压力。当时湖北站正在抓发行，加上还要参加许社长的治丧活动，记者站人员感到分身乏术。为搞好三峡报道，记者站发扬特别能吃苦、特别讲奉献的精神，对工作重新安排，报道组成员克服重重困难，积极主动地投入到工作中。10月30日中午，记者站记者杜若原和人民网记者从武汉驱车近400公里进驻三峡工地。一场大型报道战役正式打响了。

## 精心策划　体现党中央机关报特色

与1994年正式开工、1997年截流不同，此次报道正值党的十六大召开前夕，报社的宣传中心是迎接十六大、宣传"三个代表"重要思想。尽管导流明渠截流是向十六大献礼的重大事件，但报纸能提供的版面十分有限。

举国上下关注着三峡截流。如何利用有限的版面，在纷纭的新闻事件中，把工程建设中最有意义、读者最想知道、编辑部又能看中的新闻捕捉到呢？

站在三峡，把握宏观。从整个报道大的主题，到细枝末节；从长篇通讯到短消息，报道组都一一精心策划。围绕截流报道，我们形成这样的共识：截流虽然不是三峡二期工程的全部结束，但它是三峡工程二期建设过程中一个新的里程碑。截流后三峡工程将进入大坝初期蓄水、首批机组发电、永久船闸通航阶段。因此，我们要做的第一件事，就是对三峡工程二期5年建设成就有一个较全面的回顾和展示。三峡工程是我国经济建设发展的缩影，5年时间，三峡建设者创造了一系列世界纪录，这里凝聚着包括科技工作者在内的全体建设者的心血和智慧。由于报道量的限制，我们选取了混凝土浇筑和工程质量这两个世人关注的问题，作为报道重点。混凝土施工是二期建设中的主要任务，刷新了一个又一个世界之最；工程质量则是上至党中央、国务院，下至普通老百姓都关心的问题。在搞好重点报道的同时，围绕主题，报道才有声有色，层次分明。

人民日报是党中央机关报，重大事件要代表党中央发言，这是中央机关报工作人员应有的责任意识。我们在策划这次活动时一直把评论作为灵魂，摆在重要地位考虑。不仅在向编委会的报告中，把评论列入其中，而且当编委会领导明确告知评论部不能派人参加后，我们没有退缩，而是知难而进，勇挑重担。由于时间紧，我们把写评论初稿的任务交给了三峡公司新闻中心，评论经修改后见报。这篇评论站在全局的角度对工程建设进行了实事求是的评价，廓清了社会上一些似是而非的议论，而且对工程今后的形势任务进行了恰当的评述，不仅起到正确的舆论导向作用，而且极大地鼓舞了建设者的斗志。在这一点上，比较充分地体现了党中央机关报的特色，较好地实现了党报"高出一筹"的要求。事后翻阅当天的各家报纸，除当地报纸外，大都只是以侧记、特写等形式记录了截流活动，而没有发表评论。

事实证明，没有策划就没有深度报道，没有策划就不可能"高出一筹"。经过报道组的"沙里淘金"，在短短8天采访中，人民日报刊发消息、通讯、评论、专访、特写、图片11篇（幅），做到了重要新闻有特色，一般新闻无遗漏。

### 协同作战　发扬主人翁精神

凡是参与过1994年三峡工程正式开工、1997年大江截流报道的记者都知道，做三峡工程的战役报道是一件很辛苦的事，没有吃苦、拼搏和奉献精神，是做不好报道的。

1994年，三峡工程刚刚起步，生活设施极为简陋，条件十分艰苦。记者吃住都成问题，几个人挤在一间房里，趴在床铺上写稿。如今，基础设施与以前相比虽有很大改善，但参加此次报道的千余名中外记者，三峡总公司只能负责安排其中200名记者在截流前两天的食宿。三峡工地附近的宾馆、酒店顿时供不应求，我们几人的住宿还是想了很多办法才解决。

和其他中央媒体相比，我们报道组规模小。新华社不仅在三峡设有支社，还派出近60人的报道阵容；中央电视台派出150人并租了一艘五星级豪华游轮进行现场直播；中央电台由副台长带队；光明日报、经济日报、工人日报等主要媒体在三峡都设有记者站。而我们的人员组成则是湖北记者站的两名记者，加上报社支援的经济部的彭俊、摄影组的徐烨及国内政治部的傅旭，只有5名记者。在竞争激烈、人手少的情况下，报道组以团结协作、顽强拼搏的精神完成了报社交给的任务。

三峡工地新闻多，但都要靠记者自己去寻找。8天时间里，三峡开发总公司只开过两次新闻发布会，绝大部分时间里还是我们去发现，去采访。为了"抢"新闻，杜若原不顾患有严重的口腔溃疡，一到三峡就及时发回消息《三峡工程导流明渠11月6日截流合龙》；为了"抢"新闻，龚达发在11月3日上午9时半从郑州赶到宜昌，一下火车就和杜若原直奔三峡总公司，独家采访陆佑楣总经理，并发回专访《三峡工程质量可以放心》，这是此次截流中陆佑楣最早、也是惟一一次接受采访；为了"抢"新闻，彭俊几次探访截流现场，采访武警水电部队官兵和葛洲坝工程局，发回特写《三峡工程二次截流胜券在握》；为了拍到截流合龙时的全景照片，摄影记者徐烨在工程指挥船上冒着寒风"潜伏"一夜，在第二天清晨警卫未进场前"抢占"有利地形。大家只有一个念头：搞好报道，为人民日报争光，向十六大献礼！

在三峡工地，我们报道组也许不一定最辛苦，却是最团结的。年长的同志以身作则、冲锋在前。对工地情况熟悉的同志，除承担重要采访任务外，还负责后勤保障，帮其他同志联系采访活动等。来自编辑部的同志，人地生疏，但争挑重担，一点也不客套。在几天的时间里，大家亲密无间，情同手足。每天晚上，大家都要集中起来开一次会，交流采访心得，研究报道选题；每次重大采访前都有明确分工，忙而不乱；每篇稿件完工后都要相互切磋，取长补短。这样避免了走弯路，提高了工作效率。譬如长篇通讯《开发长江的里程碑》就是集体劳动的产物。因为杜若原到的时间较早，素材的搜集与初稿就由他完成，此后龚达发与彭俊仔细推敲，几易其稿，确保报道质量。

## 双管齐下　报纸与网络相得益彰

此次报道，我们报道组充分利用了报社资源，双管齐下，将传统的平面媒体与新兴的"第四媒体"结合，使二者和谐统一，相得益彰。这无疑是一次有益的尝试和努力。

在制订报道计划的时候，我们就把人民网考虑进去了，在人力使用上，专门从"人民日报华中网"（现更名为"人民网·湖北视窗"）抽调一名记者，两股力量合在一起使用，对有限的人力资源进行有效的"整合"，缓解了人力不足的矛盾。

尽管人民日报每天的版面和篇幅有限，但它的重要组成部分——人民网的空间含量却是巨大的。就时效性而言，从发稿到传播给受众的过程，人民网具有报纸无法比拟的优势，同时也为我们拓宽了施展拳脚的舞台。在确保报纸正常用稿的前提下，大量信息也在第一时间通过网络源源不断地传播给受众。截流期间，我们向人民网发稿50余条，其中不乏独家新闻及图片，向世界全方位展现了三峡工程建设成就。

先进齐全的采访设备是成功报道的有力保障。随身携带的5部笔记本电脑、6台照相机，令我们在报纸、互联网间"全面开花"、游刃有余。11月6日清早，按照分工，报道组除两人留守驻地随时准备发稿外，其余记者分赴截流现场各采访点，前方记者通过手机，及时将最新信息传到后方。上午9时50分，随着最后一车石料倾入江中，举世瞩目的三峡工程导流明渠截流实现合龙。在整个合龙的40分钟内，前后方记者通力合作，完成共计近4000字的特写，消息及数幅现场图片，以最快速度传给了人民网。此次成功的尝试，让我们深深领悟了互联网的巨大威力，切实感受到互联网已经成为新时期舆论宣传的一个极其重要的新阵地。我们必须去占领。

能见证三峡工程二次截流这样伟大的历史时刻，并将它记录下来，为党的十六大献礼，在我们的新闻生涯中，是一种甘之如饴的幸运，也是一段刻骨铭心的记忆。

2003年3月

# 如何挖掘贫困地区的新闻资源

王方杰

2008年5月26日,记者王方杰(左)在抗震救灾一线采访。

在过去的一年里,作为一个经济欠发达地区的驻站记者,我在人民日报发稿177篇,在人民网、市场报、人民日报海外版发稿500多篇(与人民日报发稿有重复),相当于完成了自己8年的额定任务。尽管很多稿子追求的是数量,整体质量上还有较大的提高余地,但不少领导、同仁却给了我热情的鼓励:"在新闻资源并不丰厚的甘肃地区,一年能写出这么多的稿子,实属不易。"从内心来讲,虽然此前我在其他报社做过13年的记者,也曾多次获得过新闻奖项,甚至还侥幸获得过两次中国新闻奖,但作为一名刚调入人民日报的"新兵",能顺利地实现角色的转换和过渡,我确实感到欣慰。如何挖掘贫困地区的新闻资源,我觉得有这么几点体会——

## 努力训练"新闻眼"

我同意这样一种说法:世界上并不缺少美,而只是缺少发现,在新闻资源上,并不存在绝对的发达地区和落后地区,新闻的多少,并不和经济发达程度完全成正比。只要你有一双"新闻眼",即使是在贫穷落后的地区,也可以发现不少新闻。

在培养训练一个人民日报记者的"新闻眼"上,我要特别感谢人民日报社领导和记者部领导给我提供了宝贵的学习机会和舞台。在2002年,我有幸参加了"两会"报道、《"三个代表"在基层》大型采访报道活动。其间,报社老总亲自指挥部署,有关领导精心策划,从记者部到编辑部各编辑环节全力支持,使我有充分的机会学习和理解:作为党中央机关报的记者,最应该培养的是政治意识、大局意识和责任意识,是高出一筹的思想功力,是对客观局势和实际生活的深刻把握能力,作为地方驻站记者,其思想功力和见解越高,就越能抓住一个地方的特色,越能发现新闻,提高稿子的见报率。很多名记者、老记者的成功实践说明了这一点。这方面的不足,也正是年轻记者和老记者之间的差距,也是我的努力方向所在。

刚调入人民日报几个月,就到甘肃驻站。论思想功力,和报社的老记者相差万里。论对当地实际情况的了解,我当时面临着人地两生的双重挑战。为了培养自己的"新闻眼",我只能以勤补拙。在编辑部值班的几个月内,我把近几年人民日报的索引本翻阅一遍,把人民网、新华网上对甘肃的报道和介绍查阅一遍,同时做了大量的储存和摘录。到了甘肃之后,每天查阅当地报纸、地方志以及相关的省情介绍,了解当地的历史沿革、人文景观、风土人情,一年来翻阅查看了数百万字资料,力图最大限度、最快地进入角色。

甘肃是一个偏远的欠发达地区,全省86个县、市、区有一半是贫困县。2000年,全国小康实现程度为96.86%,而甘肃省小康实现程度仅为72.83%，如果按现有的发展速度，甘肃省到2010年才能整体实现小康，比全国晚了整整十年。在小康建设的16项指标中，甘肃省有7项差距还比较大。因为干旱少雨，这里生态环境恶劣，部分地区的沙漠化现象仍在加剧；社会经济发展环境、思想解放程度还亟待改善和提高。

与发达地区相比，甘肃是落后的，但在改革开放尤其是在国家实施西部大开发战略之后，这里的基础设施建设、生态环境建设、重点项目建设好戏连台，亮点频闪。

在西部开发的大背景下，我力求以全国的发展为参照系数，以甘肃的变化为载体，以当地特色为突破口，来选择甘肃的新闻由头和素材。这样做的结果，使我发现：即使是在甘肃这样的地方，也到处是新闻资源。甘肃省的新成就、新气象和新变化，甘肃干部群众在应对一系列困惑和挑战中做出的艰苦努力和取得的丰硕成果，是取之不尽用之不竭的新闻资源。

## 努力凸显地方特色

地方因特色而吸引人，新闻因特色而获得生命。江南有小桥流水人家，荔枝、龙眼、无花果，西部有阳关三叠、关西大汉，葡萄、百合、哈密瓜。扬长避短，找准地方特色，不仅是一个地方发展经济的要诀，也是一个新闻记者立足的基点。

2002年，浙江省出口创汇160多亿美元，在全国排第一。同年，甘肃省出口创汇终于结束了连续多年徘徊不前的局面，实现了历史性增长，数量是多少呢？5.4亿美元。如果写甘肃在外汇出口上如何与沿海一较短长的新闻，就显得非常可笑。

但换一个角度，也许就是另外一种情形了。我注意到，甘肃有个连城铝业集团，2000年出口创汇还是零，2001年一下就达到7000万美元，到了2002年，达到1.25亿美元，占了甘肃全省的1/4。这就是新闻了。别说是在地处偏远的西北，即便是在沿海地区，要在短短的两年时间，实现这样的跨越也是令人吃惊的。我认为，如果进行深入的采访挖掘，这里就应该有新闻了。

当然，这还不是甘肃的特色。甘肃最根本的特色是严酷的自然条件、落后的基础设施、欠发达的经济发展水平以及干部群众为改变这种状况所做的各种努力和成果。这些方面的任何突破和改变，都是新闻。比如，甘肃地域狭长，东西省界相距1650多公里。过去，交通不便，行路很难，从兰州到邻近的天水、武威，要走七八个小时。这几年，随着道路状况的改变，时间逐渐缩短，到2002年底，减少到了两三个小时。交通方面的突破，就是甘肃新闻资源上的地方特色。

比如，甘肃干旱少雨，到处是荒山秃岭，童山濯濯。在兰州南山——皋兰山上，种活一棵2米高的针叶林木，造价在5000到8000元。而国家在西部大开发中的一个重点就是退耕还林还草，植树造林种草。退耕还林、植树种草上的重大举措或项目，也是甘肃新闻的地方特色。

再比如，由于特殊的地理环境和燃料结构，兰州大气污染严重，曾是全国污染最严重的城市之一。人民群众对治理大气污染有着极大的期盼和呼声。这方面如果有任何大的进展，就构成了极具特色的西部背景的报道，我至少写了10篇，并且都被编辑部选用了。

不仅如此，甘肃还有着其它非常明显的地方特色。这里戈壁大漠苍茫雄浑，千古名胜嘉峪关、莫高窟天下独步，月牙泉、鸣沙山风景迷人，遐迩闻名；十多个少数民族风情如画；庆阳地区曾是陕甘宁革命老区；甘肃的石化、钢铁、有色金属工业在全国举足轻重；甘肃还是全国六大牧区之一，甘肃草原、山丹草原，山青水秀，牛羊成群。如果把这些地方特色抓住了，也就不愁没新闻了。

## 努力在深入上下功夫

新闻的功夫在深入上，新闻出彩也出在深入上。只有深入实际，深入生活，深入群众，才能更深地了解政策法规在贯彻

记者王方杰(左一)在河北农村采访。

落实过程中出现的新经验、遇到的新问题,才能摸准时代脉搏,了解人民群众的呼声和要求,写出深度报道和反响强烈的新闻作品。

深入,首先要体现在深入实际上。甘肃有14个地、州、市,在一年之内,我的足迹踏遍了11个地、州、市,行程数万公里,不仅采访了机关、企事业单位,也采访了部队、学校、农村等基层单位,平均每天写稿1条多,得到了多方面的高度认可。甘肃省委宣传部认为:"人民日报甘肃记者站2002年对甘肃的报道,无论在数量上还是在质量上,都是历史上最好的一年。"

深入,体现在不断的学习和研究上,从而让自己对新闻事件具有更好的把握能力。经主管老总出题、记者部领导指点,经各编辑环节的精心编辑,我采写的《脱贫攻坚再现党员先进性》一稿获得了2002年度人民日报驻地记者特别新闻奖。这篇稿子讲的是甘肃省定西县太平村党员带头致富并带领群众致富、永葆党员先进性的故事。当初,我感到为难的是:党员带头致富，是否和党一贯主张的"吃苦在前，享受在后"的原则相冲突？在接受指导的过程中，在深入采访的过程中，我逐渐认识到：党员带头致富，但富不为己，而是带领更多的群众致富。中华民族正在中国共产党的领导下全面建设小康社会，太平村党员的做法，是农村，尤其是经济不发达地区的农村党组织在新的历史条件下与时俱进、永葆活力的积极而有效的尝试，它对农村经济发展和党建工作，有着很强的指导意义和现实意义。当初，编辑部就敏感地意识到了此事的新闻价值所在，而我却感到不好把握，正是对问题研究不够、深入不够的表现。

深入，体现在对新闻事件的多方位思索、观照和报道的客观公正上。所谓深入，就是更全面、更客观、更公正。在采写深度报道、批评报道时，只有采访当事双方和多方，听取更广泛的意见，才能使报道做到深入和有针对性。

深入，还体现在对专家、权威人士的"思想库"的借用上。记者不是专家，但可以借用专家的脑袋。站在巨人的肩上，庶几可获得高人一筹的视野和眼界。几乎我写的所有深度报道，都取巧于借用专家的脑袋。在驻站之初，我就通过网络，通过有关部门，建立了自己多个层次、多个方面的"思想库"。关于退耕还林、关于沙漠化治理、关于交通建设、关于西部大开发战略、关于区域经济发展、关于扶贫方略……我都分门别类，尽可能地多了解一些专家的意见和背景资料。在采访具体新闻事件时，我也尽可能听取专家的意见和看法。比如，《黄河边只能卖黄河啤酒》的报道，《兰州出租车挑战政府定价》的报道，我因为写进了甘肃省社会科学院院长周述实和甘肃省消费者协会秘书长赵国文的意见，就使整个报道跳出了就事论事、零敲碎打的格局，增加了厚重感、普遍性和指导性。

2003年3月

灿烂的星河——人民日报记者部新闻实践与思考

# 近点，再近点

## ——兼谈通讯《热血铸雄关》采写体会

王慧敏

在新疆维吾尔自治区成立五十周年之际，记者王慧敏（左）来到天山深处采访建设兵团老战士。

2003年11月4日人民日报一版头条发表的我写的通讯《热血铸雄关——新疆克孜勒苏柯尔克孜自治州军民戍边纪实》，获得了人民日报社好新闻一等奖，王晨社长、张研农总编辑给予了鼓励，在社会上也得到了一定的好评，《新闻战线》的编辑嘱我谈谈采写《热血铸雄关》的体会。说实在的，这篇稿子就题材而论，不算新。至于写作，一直到现在，我都觉得有遗憾：尽管文章不短——7000多字，但仍没能将克州军民守边的感人事迹传神地表达出来。很多东西，眼里有，心里有，但落实到纸上，总觉得还不到位。

如果说这篇稿子还有可取之处的话，可能就是离生活近了点儿——克州军民在严酷的条件下守边的事迹感染了作者，作者的笔端才有了些许色彩。

## 采访与写作

采访前，克州州委、军分区曾准备了大量的文字材料，座谈会也开了好几个，但大家说来说去无非是部队帮群众做了哪些好事，或是群众帮部队做了哪些工作等，琐碎得很。

如果仅仅把这些东西诉诸文字，任你有生花妙笔，我想恐怕也很难打动读者。我向军分区领导请求：能不能沿边境线实地走一走？军分区领导不同意，理由是"边防连队住宿很困难，有的地方压根儿就没有路"。我向领导保证："绝对不给部队添麻烦。没有住的地方，就和战士们挤一挤；没有路，战士们怎么走，我也怎么走！"禁不住我软磨硬泡，领导终于放行了。

克州位于祖国西陲帕米尔高原，山地占全州面积的95%，平均海拔3000多米，是新疆自然条件最恶劣的一个州。电影《冰山上的来客》，背景就是这个地方。

出发前，尽管有了充分的心理准备，但身临其境后才发现，自己还是低估了环境的严酷程度。先不说这里的三四千米的海拔和刺骨的寒冷，光那份荒寂，就压抑得让人难受。在边境线上奔波了半个多月，只看到过3个游牧的老乡。四周除了山还是山，而山体寸草不生，永远是那种毫无生气的单调的灰黄色。这里的绝大部分官兵，从入伍到退伍，没有离开过大山一步。一个浙江籍战士告诉我："在这里，就是看到一只野兔、一只老鼠都会让你高兴得跳起来。"

在某部边防六连，战士们吃饭时，大多得站着或蹲着——因为凳子不够。一个宿舍8个人却只有6张铺板，战士们只好把床并在一起打通铺。住在战士宿舍里，睡在战士们单独为我腾出来的床上，我心里愧疚得很。我在文章中写了个"与鼠共眠"的细节，不少内地的朋友打电话表示慰问。其实，当夜的情景比我文章中描绘的还要可怕。

那夜临睡前，辽宁籍战士小谭从箱里拿出一只甜瓜，执意要让我尝尝。说这只瓜是过"八一"节的时候，连里发的，自己一直舍不得吃。瓜打开后就放在我床头的一块板上。那夜老鼠肆虐，就是这只瓜惹的祸。先是一只老鼠钻进了被窝，因为跑不出去，在被子里左冲右突，在我的腿上、胸口抓了几道血印子。我打开手电一照：地上有20多只老鼠在乱窜。最可怖的是那块放瓜的板，七八只老鼠蹲在那里围着瓜贪食。老鼠离我近在咫尺，有一只老鼠后腿就跷在枕头上。我一挥手，老鼠们蹭地跳到了地下，但随即又争先恐后地爬了上来。如是者再三。后来，老鼠看我拿它们没招儿，干脆不往下跳了。我一挥手，顶多挪一挪后腿。到最后，连挪都不愿意挪了。那夜，从4点钟到天亮，我拥着被子任凭老鼠在我枕旁咯吱咯吱嚼个不停。

在一分一秒数时间的过程中，我的灵魂受到了一次全面的拷问。我们太幸福了！前几天，人民日报经济部一位退休老同志给我写了封信，说："在都市呆久了，很多人的思想都麻木了，老是怨这怨那。看了这篇文章，我很受震动，在饭桌上我把文章念给了全家人听。"

有了这样的体验，笔下能不出"彩"？确实，采访是写作的基础。没有深入细致的采访，要想写出生动的文章，那是奢谈。

不过，光有深入的采访，恐怕还远远不够。人民日报记者部主任杨振武夸我是"快手"。这话,让我汗颜。

其实,我写稿子非常吃力。以前在报社编辑部办公时,晚上遇到写稿子思路不畅,总爱绕着门口那棵大松树转圈圈。有时候会一连转上一两个小时。

说到底,还是自己的功底不够,写作技能有待提高。拿《热血铸雄关》来说,整整写了一个半月,前后改了6稿。现在看来,也顶多只能说是成品,远远谈不上精品。就这文章的题目还是别人"赞助"的。为了起个像样的题目,我请教过人民日报甘肃站的李战吉站长、人民日报经济部的张毅编辑、农民日报总编室的瞿长福主任等十余人,最后还是经济日报农村部的高以诺主任为我圈下了现在这个题目。

大学上新闻写作课时,谈到采访与写作的关系,老师说"七分跑,三分写"。因为有多次写稿碰壁的体验,对老师的这个观点,我一直不敢苟同。采与写,如果硬要按比例划分的话,我认为应该是五五分。因为采访到的一切,毕竟是要通过文字表达出来的。无论新闻事件多么让你感动(或是你的见解多么高深),如果不能通过文字淋漓尽致地表达出来,恐怕一切都是枉然。

刚到人民日报社不久,一次在食堂吃饭,正好和时任总编辑的范敬宜同桌。范总说:"现在新闻圈里有一种不好的现象:轻视文字。如果谁要鄙薄一个记者,会在数说了一顿不是之后来这么一句'这人,文字还行'。其实,这是把本末闹拧了。文字是新闻从业的基础。没有过硬的文字基础,绝对当不成好记者。"记得当时范总用指头在桌上写了4个字:敬惜文字。

说到"敬惜文字",范总给我们树立了榜样。他告诉我,他的任何一篇稿子都经过了反复修改,就是写一篇小消息,他也不轻易放过。《留给后代碧水蓝天》这篇消息不足500个字,他说他从晚上10点钟开始动笔,一直写到了次日凌晨5点多钟,先后换了7个导语。

## 微观与宏观

写下这个插题我想到了两个人：一位是人民日报经济部农村组的老组长黄彩忠，另一位是人民日报农村部的老主任李克林。

上世纪90年代初，社会上对农民外出打工还存有偏见，认为盲流搞乱了城市，搞乱了交通。一个较为普遍的看法是："农民农民，种地为本。"1994年前后，局部地区粮食生产出现了滑坡现象，当时为赶时髦，我写了篇稿子《走，回家种地去》。

稿子临上版前，上夜班的黄彩忠同志打电话找我，他说："单就这篇稿子来说，符合当前的政策，写得也不错。不过，你的观点我不赞同。我是农村出来的，祖祖辈辈都是种田的。我认为，如果把农民束缚在土地上，那么，中国农民就永远富不起来。这篇稿子你是不是拿回去再考虑考虑？"

当时，由于自己对农村问题知之甚少，老黄的这番话，并没有真正打动我。我低着头没吱声。老黄叹了口气："也许过几年，你会后悔发了这篇稿子。"

此后，随着对农村了解的加深，尤其是在农村挂了两年职后，我才真正意识到老黄当时的教诲是多么的中肯，而自己当时又是多么的浅薄。这件事，让我以后在写稿子时，多了一份清醒！

确实，用一个极端例子来说明一个观点，或图解一项政策，并不难。但这种微观的真实，放在宏观背景下去考量，往往未必真实。所以，作为一个有道德良知的记者，在取舍新闻时，绝不能一叶障目不见泰山，既要把握微观真实，又绝不能忽视宏观真实。

那么，怎样才能做到微观真实与宏观真实的统一呢？写到这里，我想说说李克林同志。李老是人民日报原农村部的老主任，延安时期就开始从事新闻工作。我到人民日报工作时，李老已经退休了。1995年我写了篇反映农民种棉碰到众多"沟坎"的文章——《听俺唠唠种棉经》。文章刊出不久，一位操着浓重河南口音的老太太给我打了个电话，说这篇稿子离农民比较近，好读。但她同时指出，文章还可以写得更全面一点。她说：农业增产，一靠政策，二靠科技。你文章中提到的农民种棉不增收这个情况，除了文中提到的"政策障碍"，恐怕还有"科技制约"这个因素。她说：文章只有全面、客观，才能使读者信服。她告诉我，她收集了不少农民依靠科技致富的文章，可以推荐给我。第二天，我便收到了一个大大的牛皮纸信封，里面共有37篇文章，还有一封短笺，署名"李克林"。

此后，我经常得到李老的指点。1999年，我在人民日报上开专栏《下乡手记》。其中有些文章因为比较尖锐，受到被批评单位的非难。这时，李老又给我写了封长信，勉励之意殷殷。记得信中有这么一段话："文革中，迫不得已写了些偏离实际的新闻。直到现在，我都后悔不行。你一定要吸取这个教训。如果有来生，我还要当记者，我的原则是，宁可不做官，宁可挨批评，决不再说假话。"

2000年春节，我和人民日报经济部负责农村报道的何加正、江夏到李老家拜年。当时李老已不能下地走动了，她倚在轮椅上忧虑地对我们说："听家里的保姆讲，现在农民的负担重得很，有些基层干部作威作福很不像话。这样下去，老百姓怎么会拥护我们呢？这些问题，你们跑农村的应该好好反映一下呀。如果连咱们都不正视这些问题，还有谁替老百姓说话？"

现在我们再来回答刚才的那个设问：怎样才能做到微观真实与宏观真实的统一呢？前提就是：像李老那样，用实事求是的态度去做人做文！像李老那样，用拳拳之心去爱民！

话题再回到《热血铸雄关》的采写。克州是有名的"拥军模范州"。起初，我的着墨点是，这些年来地方如何拥军、如何为部队解决后顾之忧。边界走了一圈之后，尤其是有了"与鼠共眠"的经历后,我得出这样的结论:边防战士、守边官员在那样的环境中为国守边关,作为我们的地方政府,作为生活在和平环境中的任何一个人,为他们做再多的工作,也是应该的!于是,我的报道的主调转向了那些守在边界上的最可爱的人。

记得离开边防六连的时候,天刚蒙蒙亮——为了不打搅战士们,我们特意起了个大早。谁知还是走漏了消息。战士们列队站在营房门口为我们送行。晨曦照着战士们那一张张被高原的风霜打磨成的黑红色的脸膛,他们身后的山坡上用鹅卵石镶着几个硕大的字:"祖国在我心中"。我的眼泪夺眶而出!该怎样做记者,我明白了许多许多……

2004 年 1 月

# 泪飞最是感人处

## ——《追记公安局长的楷模任长霞》采访札记

### 戴 鹏

记者戴鹏在采访。

长篇通讯《百姓心中的丰碑——追记公安局长的楷模任长霞》于今年6月3日在人民日报第五版发表后，引起极大反响。胡锦涛、温家宝、李长春、罗干和刘云山、周永康、顾秀莲等领导同志先后批示和讲话，号召向任长霞同志学习。来自社会层面的反映也相当热烈，仅人民网的相关跟帖就有1万多条，来信来电也很多。如果说，与徐运平同志共同采写的这篇通讯取得了一些成功的话，作为执笔者，自己也确实有不少的感受要与同仁交流。

### 调动潜能采写英模

就新闻采写而言，有时候，越是好的条件给人造成的压力越大,越是顺利的境遇蕴藏的困难越多。

从优势角度讲,成就《百姓心中的丰碑》这篇文章的诸多要件都很具备:

**一、这是多年难遇的绝好题材。** 任长霞这个人物具有鲜明的时代特征:她是公安局长的楷模,是执法为民的榜样,是"三个代表"重要思想的忠实实践者,是新时期共产党人的优秀代表,其事迹生动、细节感人。从审美学的角度看,人物形象鲜明,刚柔相济,内外统一,层次清晰,体现了鲜明独特的个性和普遍意义上共性的完美统一,容易感染人。

**二、很适合发挥自己的"偏好"。** 说心里话,在22年的记者生涯中,在众多新闻体裁的"长枪短炮"中,我比较偏爱通讯类,尤其喜欢人物通讯。在河南日报当记者时,就曾在这方面有所历练,采写过爱兵模范张新久等分量较重的典型。我过去就喜欢钻研电影艺术的表现手法,再加上受贺敬之等抒情诗大家作品的熏陶,比较看重抒情诗创造意境的独到优势。以上诸项,使我有一种在谋篇布局、梳理情节、刻画人物、运用细节、抒情张意等方面做出尝试的愿望。因此,遇到"任长霞"这个极为难得的题材时,就觉得很对"口味",很容易被感染。

**三、遇到了非常难得的机会。** 对任长霞的报道,中宣部、人民日报社编委会领导,精心组织,统一调度;人民日报总编室、记者部、国内政治部等业务部门的相关领导,高度重视,不惜版面,为文章的隆重推出,为记者把采访中获得的激情充分地传导给读者,搭建了宽阔的平台。

写好这个人物,当然也有压力。

时代造就了任长霞,时代需要任长霞。在某种意义上,任长霞用短暂的一生在百姓心中竖起了一座丰碑,同时,也为我们成就一篇催人泪下、催人奋进的长篇通讯贡献了生命的素材。我们若是写不好,不说愧对时代、愧对历史,就连任长霞本人都对不起。那样欠下的不仅是历史账、政治账,也欠下了做记者的职责账和做人的良心账。此为压力之一。

任长霞追悼会之后的第二天，即4月18日，我们人民日报河南记者站站长李杰、记者王明浩就在人民日报一版头条发表了长篇通讯《人民的好卫士任长霞》，引起了中央的重视和社会的广泛注意。按照中宣部的要求，在这次集中报道中仍要采写一篇同样体裁的长篇通讯，而且要"具有创意、挖出深意、写出新意"。这就提出了一个难题：已见报的报道，把"该写"的主要内容基本都点到了，要想体现出"创、深、新"的要求，就必须跳出前文的"圈儿"，另辟蹊径，否则很难脱颖而出取得成功。此为压力之二。

为了宣传好任长霞，中宣部、公安部、全国妇联牵头组织了20多家新闻单位的40多名记者奔赴登封，面对"命题作文"展开同台竞技，稍有懈怠或投入不够，就难以体现出人民日报的水平，更难高出一筹。此为压力之三。

尽管如此，压力最终还是转化成了动力。在7天的采访中，我和徐运平按照中宣部领导的要求，"以英模精神采访英模，在宣传英模中学习英模"，精心设计采访方案，冒雨到机关、学校、警营、寺院、田间地头、里巷农舍，甚至到殡仪馆里祭英雄，看守所里提犯人……期间，小徐急得上火，头上起包。我焦虑劳累，痛风发作，走路困难。就这样，我们先后采访了上百人次，掌握了大量的鲜活素材，为随后的写作打下了基础。

## 靠真情打动读者

我一直有这样一个印象：在新闻实践中，不动真情，难以写出不朽的人物；没有激情，绝难写出具有生命力的佳作。《县委书记的榜样——焦裕禄》发表30多年，激励了一代又一代党员干部。今天看来，无论从文章的字里行间，还是从穆青老前辈自己的回忆片断，都明白地印证了一点：没有当年穆青他们采写时的真情涌动，激情磅礴，就没有通讯的感人至深、催人泪下。

回顾《百姓心中的丰碑》的采写过程，体会也非常深刻。任长霞热情对工作，真情对群众，破积案、打团伙、救人质，抚孤儿、解危难，替百姓撑腰，为弱者申冤，把无数好事善举办到了群众的心上。而群众对她则是更为纯真的感情回报，"把泪洒给她，把心掏给她，用口为她铸碑"。由于无法与主人公进行面对面的采访，我们只能通过群众的叙述来了解任长霞。可以说，每一个受访者都是流着泪向我们讲述长霞的故事，我们也都是流着泪听他们讲述。于是，热情激发真情，真情点燃激情，眼前很快凸现出一根沉甸甸、泪闪闪的感情线：长霞真情对群众——群众真情对长霞——记者真情对长霞、对读者；也显现出一个清晰的"互动"格局：长霞感动群众——群众感动记者——记者感动读者。

写作的关键是怎样感动读者。在这次实践中，我深深地体会到，要把记者的激情传导给读者，进而感动读者，至少有两条必须做好：

**其一，必须讲究结构和叙述的技巧**。因为不讲技巧的作品难有读者，更难成为佳作。在谋篇结构上，我们力求通过"三泪成珠，一线相串"的构思，巧妙地搭建起一个便于叙事抒情的结构平台：我们把最有助于塑造人物形象、最易于撞击读者心灵的"百姓泪"、"英雄泪"、"亲友泪"分成三个"板块"，把零乱无序的素材分成三类，分别归入各个"板块"，形成看似独立却又互相关联的三个小标题，然后用群众对长霞的"真实情感"这根"感情线"进行串联"组装"。形成的这个平台，挥洒由己，收放自如，所有搭载的素材"存放"合理，"发射"有序，把读者引入一个完整的、真实的、特定的情感世界，用一个接一个感人的事实撼动读者的心灵，以取得最佳的效果。

运用电影的镜头语言和叙述手段铺排，要紧之处反复强化，突出效果。由于我们是在雨、泪交织的氛围中采访，在

记者戴鹏在地质挖掘现场采访。

泪、雨融汇的情势下写稿,写的又是催人泪下的故事,为了让读者与我们产生共同感受,特意提炼出既有画面、又有诗意的句子在每一小段的开头和文章结尾时重复使用:"嵩岳无言,颖水低徊。雨像泪一样飘洒,泪如雨一般倾诉。面对每一位受访者的泪眼,记者视线模糊,无法拍照,无法笔记"。这样写,意在通过重复的强化,收到由记者的"视线模糊"引发和催化读者"视线模糊"的效果,使人读着回肠荡气,形成持续、递进的感情冲击力。同时,淡出淡入、时空切换、远景近景、特写旁白等一系列电影艺术表现手法的运用,使读者很容易随着我们的笔触一步步走进任长霞崇高的内心世界。

**其二,必须讲究组织高潮的技巧**。有时候,恰到好处的"台前独白"会收到推动情感高潮的强烈效果。所以,记者该站出来说话时一定要站出来说,直抒胸臆,决不避讳!因为记者对素材、对事情的了解和理解毕竟要比读者多,要比读者深,感受到的也要比写出来的多和深。

比如,写到英雄也流泪时,记者在重要的小标题位置直接点题:"她的泪流淌着女人的天性,天性的慈悲,慈悲的纯真,闪耀着彩霞般的丽晖,映照出一位公安局长执法为民、关爱百姓的深切情怀"。

再比如,为了承转有力和强化长霞这个人物的另一面,写到杀人疑犯为感念长霞的人道关怀而流泪时,记者直抒胸臆:"女性的慈悲是博大的。因为博大才显得伟大"。接着叙述长霞收养弱小孤儿小春雨的段落，烘托出长霞慈悲、博大、伟大的人格境界，使其具有更大的震撼力。

还比如在写到英雄的"欠缺"时，借着长霞儿子卯卯给妈妈用百分比打分的"势"，记者走到前台："又一个80分！面对同样的问题，长霞的丈夫给了她同样的分数！记者的泪水夺眶而出……是的，只有完美的神，没有完美的人！作为一个普通的人，一个普通的女人，如果说任长霞也有她的不足和缺陷，那无疑是一种英雄的残缺，残缺的美丽，美丽的崇高！"意在冲决读者泪水的堤坝，在泪水中升华英雄的精神，用泪水荡涤读者的灵魂。

## 用细节再现典型

震撼人心、能够流传的作品必须借助于真实的细节。因为细节决定作品成败，细节决定深度、高度。没有真实、典型的细节描写，就没有优秀、经典的文学艺术作品，当然也不可能有优秀的通讯和报告文学。

细节是描绘人物、事件和环境的最小组成单位，如同血肉的细胞。具体在《百姓心中的丰碑》里，是强音符，是"催泪弹"，可以生发出强大的艺术感染力和心灵震撼力。

细节可以是一个自然而然的动作。任长霞在农村上访妇女陈秀英头上那深情"一摸"的细节可谓非常难得。由于自己被伤害一案迟迟未破，陈秀英踏上了上访之路。2001年5月的一个局长接待日，"她看了材料后，轻轻地摸了一遍我头上那块去掉颅骨仅剩头皮包着的软坑，她惊讶地说了声'咦！咋打成这样！'她的泪水一下流了下来，双手扶住我的肩问：'人呢？'我说'跑了。'任局长说：'你放心，跑到天涯海角我们也要把他抓回来！'当时在场的100多个告状乡亲中许多人都哭出了声。""她也不嫌弃俺农村妇女蓬头垢面身上脏，在我头上摸了一遍又一遍。你知道，就这一摸，把俺的心都摸暖啦!"在这里,任长霞"摸暖"的何止是陈秀英一个人的心?她"摸暖"的是党和群众的血肉联系,是百姓对政府的依恋情结,是我们正在努力找回、极力维护的那种朴实无华、弥足珍贵的干群关系!

细节可以是一个物件。与上述例子相比,"一包药"的细节具有同样效果,只是着力点不同。"在回放4月17日任长霞葬礼的录像资料中,一幅写有'痛悼亲人任长霞',落款为'上访老户'的巨幅挽幛格外引人注意,一头挂着的那包药来回晃动,尤为显眼。'来路短,去路长啊!长霞闺女为我们落下了一身毛病,带上点儿药也好御个风寒,免灾祛病。'老上访户张生林老汉未语泪流,泣不成声"。其实,"这包药"是任长霞得知张生林连小病都没钱看时,自己给老汉拿的常用药。结果张老汉药没吃完,任长霞已经牺牲,他反过来为她"送药",为她送行。"一包药"的作用岂在"送人"、"医人"?读者自可体味深思。

还有那个根本无法"捎走"的手机。任长霞的妹妹任丽娟说:"去殡仪馆为姐姐送行那天,妈妈把我拉到一边,让我给姐姐'捎'去个手机,说我姐离不开手机,为那工作上的事,一天到晚不停地打电话,不能临走连个手机都没有!""姐姐,带好你的手机,可别丢了!"这个小小的细节,蕴含了太多的亲情,太多的意味。

细节可以是一段小的情节。当杀人疑犯王小伟3岁的儿子哭喊着"爸爸"追赶囚车时,任长霞命令停车,打开手铐,让他们父子再见上一面。犯罪嫌疑人看到还不懂事的儿子时,露出了人性的一面,抱着儿子嚎啕大哭。这时,任长霞蹲了下来,用双手轻抚着孩子的脸,从衣兜里摸出100元钱,递给一位邻居说:"给孩子买点吃的,以后孩子有啥困难就去公安局找我,我叫任长霞。"说完扭头就走了。当一位记者"过一会再见到任局长时,发现她在悄悄抹泪。'任姐,你哭了?'她对我说:'唉,孩子真可怜!女人泪窝浅啊!'"一句"女人泪窝浅！"揭示出了任长霞天性中母爱的慈悲善良和一位公安局长的人道主义境界，令人肃然起敬。

　　细节可以是一幅画面、一个小的场景。小春雨的父母相继去世后，幼小的她成了孤儿，是忙得连自己的儿子都无法照料的任长霞收养了她，给了她精神的支撑和生活的保障。当记者一提及"任长霞"三个字，"刘春雨还没开口就失声痛哭，泪滴像断了线的珠子洒落在她手中的作文簿上——《我心中一盏不灭的灯》。窗外，风摇月季，雨打花蕾。"我们通过这些小细节带出了让小春雨难忘、叫读者唏嘘的"穿袜子"的细节。2002年她生日那天，"任妈妈到我家来看我，给我带来一双运动鞋和一件粉红色棉袄。她蹲在地上给我穿鞋，见到我的袜子破了一个窟窿，就说，'这咋穿哪，给你点儿钱去买双新的'。我的眼泪刷一下掉了下来，要不是当时旁边站着别人，我真想搂住她亲她一口，叫一声'妈妈'。"此时，读者并没有见到任长霞，而她的形象却已跃然纸上。

　　细节还可以是一颗小小的泪珠，一个细微的眼神。"老上访户张生林老汉未语泪流，泣不成声"、"陈秀英将任长霞的遗像双手捧在怀里，泪流满面"、"第一次听到任局长遇难的消息，王小伟抱头痛哭"、"任长霞的妹妹任丽娟翻看着姐姐的照片，眼里闪着酸楚的泪光"、"任丽娟镜片里的两窝泪水在盈盈晃动"、"政委刘丛德把头埋入双手，声音哽咽"、"满头白发的韩素珍说起任局长老泪纵横"、杨玉章"这位剽悍的铁血汉子硬是半分钟没说话，生生把将要流出的泪水憋了回去"……这些"百姓的眼泪"，其实都"很金贵，也很慷慨"，然而，它们只为长霞而流。

　　我们深入挖掘出的这些细节，为文章增色不少，为重现任长霞这个典型形象起到了以一当十的作用。

2004年8月

# 暴风雨中的坚守

江宝章　蔡小伟

10月2日，今年第19号台风"龙王"以每秒35米速度正面袭击福建，登陆时风力12级，并在福建上空盘旋10个小时，暴雨倾盆。福建沿海地区，特别是省会福州市受灾严重。福州城区大部被淹，陆、海、空交通全部中断，市区大面积停电、停水，市民生活受到严重影响。

在重大自然灾害面前，人民日报驻福建记者站的记者放弃休假，坚守岗位，主动出击，协调配合，连续采写并刊发多篇消息、通讯和内参，及时全面地报道了台风对福建省造成的严重破坏，反映了福建各级党政部门、人民群众奋起抗灾、重建家园的真实情况，体现了人民日报记者在任何情况下都不缺位，关键时刻起到关键作用的职业精神，受到了福建省委、省政府和福州市委、市政府领导及广大读者的称赞。

福建本是多台风的省份，今年夏季以来，先后有5次台风在福建登陆或从福建周边擦过。10月2日上午，福建沿海风雨逐渐增强。下午，狂风裹挟暴雨倾盆而下。在责任感的驱使下，记者采访了福建省和福州市防汛抗旱指挥部，了解台风动态以及各级党委、政府的应对措施。台风登陆时我们发回了第一篇报道。

10月2日晚上8、9点钟，福州上空电闪雷鸣，暴雨瓢泼。晚上10时，记者居住的福州六一北路新闻大厦一带突然停电，周边一片漆黑，风声雨声交作。第二天早晨记者被眼前的情景惊呆了：一夜之间，福州已成为水乡泽国，放眼四周，一片汪洋。大街小巷，水深及胸，随处可见因浸水而熄火的汽车，所有的交通已经中断，不断有房屋被淹、道路被冲毁以及断水断电断煤气的消息传来；手机耗尽了电能，移动信号中断，电脑因断电而无法使用。记者的住处成为一座孤岛，外面的人无法进来，里面的人无法出去。在48个小时里，记者尝试着用自行车、三轮车甚至木桶作为交通工具外出采访都失败了，后来，只能依靠收音机和座机电话获取外部信息。通过电话了解，在这次台风袭击中，福州3小时最大降雨量达276毫米，概率和强度均为超百年一遇，并造成武警部队80多人遇难、10多名市民死亡（现在统计42人死亡），城区路面最深积水1.9米，且高水位持续时间长达20小时，113条供电线路中断，36个小区停电。严重的事态使记者站感到有必要作进一步报道。

3日上午，站长蔡小伟建议从福建省、福州市党政军民是怎样抗击台风"龙王"的角度发一篇报道。这是一次特殊的协作报道：由于被困"孤岛"和停电，电脑无法打开，江宝章用电话采访省、市防汛抗旱指挥部，以及福州市城建、电力、环

2006年8月7日，记者赵鹏(左一)深入遭受台风福建灾区采访。

卫、园林、卫生等部门后，通过电话把采访内容转告给能使用电脑的蔡小伟。蔡小伟又结合从政府部门有关网站收集、掌握的材料，动手赶写报道，终于在夜班截稿前完成了《福建军民战"龙王"》的通讯。

4日，蔡小伟建议，再写一篇福建努力恢复灾后生产生活秩序的报道。此时，洪水开始退去，但许多街道仍有没过小腿的积水。江宝章蹚水深入现场采访，于是有了5日那篇《福州努力让群众过好国庆节》的报道。6日，记者站发回反映19号台风"龙王"的综述性内参。10月9日，江宝章采写的《台风"龙王"来袭 288万游客无恙》见报。11日，报道一名在洪水中为抢救乡亲而牺牲的村支书的人物通讯《洪水中永生》见报。此后，赵鹏等写的《福州："生死时速"救经书》也在报上刊登。

这一系列报道在福建产生了良好的反响。《福建军民战"龙王"》见报的当天，省委书记卢展工对这篇报道给予高度评价，称在长假期间，是人民日报给予福建很大的支持，对外界客观了解福建灾情和抗灾救灾情况，起到了以正视听的作用。省长黄小晶，省委副书记王三运、梁绮萍，常务副省长刘德章也称赞说，人民日报一直对福建支持很大，记者站的同志工作积极主动，很有责任心。省委常委、福州市委书记袁荣祥打了三个电话给记者站表示感谢。福州市委常委、宣传部长张作兴还写了一首打油诗用短信息发给福建站，以示谢意。12日，他又受福州市委、市政府委托，专程赴京到报社，送上了福州市委、市政府给人民日报的感谢信。10月13日，福建省委办公厅、省政府办公厅又向人民日报发了感谢信，信中说："这宝贵的支持，体现了中央主要新闻单位强烈的政治意识、大局意识、责任意识，体现了与福建干部群众风雨同舟共克艰难，患难时刻见真情！"

可以说，今年的"十一"长假，是福建站记者过得最紧张、最繁忙，也最艰苦的一个假日。7天中，记者没有休假，甚至比平常还要累。回顾这7天的报道及其产生的作用和影响，我们有几点体会：

一、作为记者，特别是党报记者，必须要有强烈的责任感。记者的天职就是及时准确地报道发生在身边的事件。在任何时候任何地方发生重大事件，记者绝不能缺位，尤其是党中央机关报记者，在发生重大自然灾害的关键时刻，更应该坚守岗位，自觉地与党和政府，与人民群众同呼吸、共命运。这话看似老生常谈，但要做好并不容易。10月2日，正是"十一"黄金周的第二天，绝大多数人都在利用这段时间好好休息或外出旅游，心理状态相对放松。况且对福建来说，本来就是一个台风多发的省份，人们大多见怪不怪，但是人民日报驻福建记者站的记者依然保持了高度警觉。从10月1日晚开始，站里的记者就放弃休假，主动与福建省防汛抗旱指挥部保持联系，密切关注台风的动向及其对各方面的影响。2日21时35分，台风"龙王"刚刚在晋江登陆，人民日报驻福建记者站在第一时间发回了一篇比较详尽的报道。稿件发回不久，记者站住处突然停电，电脑无法启用，记者不禁庆幸新闻抢发得及时。

二、作为党报记者，必须要有强烈的大局意识。面临突发性的自然灾害，党报报道的着眼点，不能仅是灾情，而应该成为鼓励人们抗击自然灾害、重建家园的动力。这次"龙王"给福州市造成的破坏，可以说是近几十年来最严重的一次。大面积的内涝，大面积的停电停水停煤气，市区那么多的房屋、汽车被淹，那么多的交通线路中断，人们的生命财产遭受重大损失。这些都是新闻，都可以报道，但关键在于报道的角度和出发点。单纯报道洪涝灾害造成的破坏，可能对社会产生某种消极影响；不回避灾害，同时反映各级党委、政府和广大人民群众奋起抗灾的精神和作为，对人民有利，对社会有利，对重建家园有利。在这次对台风"龙王"的报道中，福建记者站正是在这种思想指导下及时采写了《福建军民战"龙王"》、《福州努力让群众过好国庆节》等反映福建省、福州市干部群众奋勇抗灾的稿件。正是这些稿件在关键时刻见报，鼓舞了士气，维护了大局，把握了正确的导向，因此受到福建省、福州市党委、政府和广大干部群众的高度赞扬。在抗灾最紧张的日子里，福建省内许多新闻单位转载这些报道，福州电视台甚至打破常规，一天内滚动播出8次。

**三、越是困难时刻越显出团结协作的重要性**。突发事件，往往有出人意料的情况、困难发生，此时如果单靠某一个人有可能完不成预定的任务，单靠记者站而没有总社的支持也完不成任务。10月2日深夜至10月3日，大水围困福州城，记者住处电力中断，交通阻绝，只能依靠收音机和固定电话与外界联系。出不去怎么办？电话采访，电脑不能用怎么办？用手写、笔记。时间紧、任务急怎么办？多人协作配合。甲地不能写稿、传稿怎么办？传到乙地完成。记者站的记者不管人在何处，为了共同的使命，心往一处想，劲往一处使。报道主题商定后，不分前方后方，合理调配资源，举全站之力共同完成。在这次抗灾报道中，好几篇报道就是以这样的方式推出的。这里特别要说的是人民日报驻福建记者站这次对台风"龙王"的密集报道，凝聚着报社领导和记者部、总编室以及编辑部同仁的心血，没有他们的理解和支持，不可能有这样的报道。台风登陆前，记者站就向记者部值班主任、总编室主任直至报社值班领导作了报告，值班领导立即表示同意开"绿灯"——当天他们推迟下班，改变原来的版面安排，调整稿件，保证了福建站的这批抗灾稿件及时刊发。

**四、记者站应该有报道突发性事件的应急机制**。人民日报记者站作为党中央机关报派驻一个地方的报道机构，处在新闻报道的第一线，责任所在理应第一个对当地发生的重大事件作出反应。这就需要建立一种机制和制度，并有一套预案。"龙王"台风登陆时恰好是"十一"长假，如果没有一种制度保障，记者们无法迅速把心理调整到临战状态，也无法在最短的时间内完成采访和写作。福建记者站比较早地建立了突发事件报道制度和节假日值班制度、信息畅通制度，要求在突发事件面前，记者站人员自动取消任何休假，自动进入岗位，深入采访一线，及时报告情况。江宝章的住处是一个受灾点，也是报道最好的现场，灾情就是报道的发令枪，记者站立即启动了突发事件报道预案，由他在第一时间投入报道，发回稿子，同时，其他人员做好深入报道的准备。制度还规定在自然灾害和其他突发事件面前，记者站后勤保障要全力跟上，司机、干事要迅速到岗，保证记者采访的物质需要。正是由于人民日报驻福建记者站具备报道突发性事件的应急机制，才保证了这次对台风"龙王"登陆福建及军民抗灾情况能及时报道。

2005 年 12 月

# 围绕西湖发掘深度新闻

江 南

到浙江记者站驻站近七年，采写关于杭州西湖的消息、通讯、特写、照片，刊发在本报和人民网不下40篇，新闻视野围绕西湖这一新闻"富矿"展开。

可能有读者、编辑认为围绕西湖的新闻比较"轻"，很难写出分量、写出厚度，甚至觉得西湖新闻无非是"游山玩水"、"风花雪月"。我自己开始也有类似的想法和顾虑。但几年来的新闻实践证明，围绕西湖的新闻非但不"轻"，往往还能写出深度、写出新意。

"天下西湖三十六，就中最美是杭州。"在中国乃至世界，杭州西湖风景名胜区的知名度颇高，曾游过西湖或想要游西湖的人，都在关注着它。在新闻价值内涵几大要素中，关于西湖的新闻先天地具备了显著性、接近性等条件。

"未能抛得杭州去，一半勾留是此湖。"记得担任驻浙江记者之初，站长鲍洪俊对我说过，抓住西湖的新闻、写好西湖的新闻，驻浙江记者就成功了一半。现在想来，这个判断非常有道理。

## 透过西湖新闻发掘民生新闻

自2002年杭州西湖综合保护工程开始启动，我就注意到一个关键词："还湖于民"。西湖，是广大市民和游客的休闲环境，也是生活环境。保护西湖、整治环境，贯通环湖景区和绿地，终极目的就是要使更多的人充分共享西湖综合保护工程的建设成果，实现公共资源最大化、最优化。西湖综合保护工程事关民生、牵动民心，当然也是值得书写的"民生新闻"。

如何使"还湖于民"的内涵更加清晰，更有说服力和感染力，在采写《二十年营建环湖大公园》、《再现"一湖映双塔，三堤凌碧波"盛景杭州"还西湖于民"目标实现》等报道时，特别注意采用了对比的方法。

历史上，西湖周边多被私家园林占据，过去二三十年间，贯通西湖环湖景区、搬迁有关单位和居民的努力也频频受阻。通过对老市民的采访了解，写下六七十年代西湖被高墙和房屋遮蔽，游客慕名来到"湖滨"，却与西湖一墙相隔的荒诞情形。通过对专家学者、有关领导和园文工作者的访谈，写出80年代以来环湖地带动迁工程旷日持久、步履维艰的矛盾所在，写下近年来环湖景观带、绿化带逐渐延伸扩展、"环湖大公园"逐渐成形的进程。

这样采写，不仅让报道因具有历史感而更为厚实，通过今昔对比、对照，还使得杭州市实施西湖综合保护工程的必要性、艰巨性得以彰显。

追踪几年来西湖综合保护的每一进展和突破，终于可以说：没有围墙、不收门票的开放西湖，将每一寸绿地和每一处景观都向广大市民和游客敞开。了解保护西湖历史的人会感叹，这一成果得来殊为不易。目前，全长15公里的西湖沿岸，全部贯通为开放式景区，西湖沿湖各公园都实行全天候免费开放。西湖风景区免费开放的自然、人文景点共53处，占西湖公园总数的70%。来自群众的切身感受，能够真正点明西湖综合保护的意义所在。

保护西湖、还湖于民的这一成果，深得民心，广受好评。广大市民游客正是最大的受益者。杭州市的抽样调查也印证了这一点：90.6%的市民和游客对新建成开放的西湖景区总体评价"好"和"较好"。

## 凭借经济眼光解读西湖新闻

杭州市近年在西湖综合保护工程中投入的建设资金超过50亿元，建成开放的新景区，全部不收门票；重修整治后的老景点，也取消了门票，每年减少3000万元以上的门票收入。不少人对此颇为不解，甚至听到有外地游客说："杭州人真傻，这么漂亮的景点都不要门票，白白放走多少钱啊！"

此外，据我了解，除了门票收入减少，西湖免费开放后还增加了许多"看不见"的管理成本。免费开放后游客增多，新增管理人员、设施维护、绿化养护等每年需增加3000多万元投入。

当时国内众多景区的门票涨价声此起彼伏，杭州推出"免费西湖"，是值得玩味的现象，也是值得深入探究的新闻题材。

这道"算数题"应该怎么解？其实从经济视角分析，并不难理解。用经济眼光解读西湖新闻的《"世遗"景点涨价声四起，西湖仍不收门票是否亏了？》等报道，非常吸引读者目光，当时网络和报纸等媒体转载率很高。

旅游业的发展会拉动相关产业，给相关产业带来收益，旅游业能发挥"杠杆作用"，这是一条公认的经济规律。按照世界旅游组织的测算：旅游业每直接收入1元，会给国民经济相关行业带来4.3元的增值效益。

西湖不收门票了，原来准备去别处的游客，现在可能首先考虑到杭州西湖旅游；原本打算只停留一两天的，现在可能会延长在杭州的时间。门票是不收了，但游客出行、住宿、餐饮、休闲、购物，哪一样都还是要花钱。

通过采访旅游专家、相关部门负责人，这条观点越来越明晰："用一张门票钱换来整个第三产业的发展，是非常高明的策略。"用它来观照"免费西湖"的现象，就很容易理解了。

对于景区增加的管理成本支出，杭州市没有拨款补贴，而是通过转让西湖景区及周边商业网点的经营权，以租金收入和日常税收来负担这部分新增的成本。这也反映了当地政府"经营城市"、"经营西湖"理念上的更新。

此外，西湖免费开放也使景区的环境容量得到更合理的配置，使周边区域土地资源迅速升值。而因西湖免费开放逐步塑造杭州"开放大气"的城市形象，带来城市知名度、美誉度提升，进而吸引更多投资者、创业者聚集杭州，促进区域社会经济协调快速发展，这些更是难以计算的收益了。

随着"免费西湖"名声越来越响亮，这两年杭州旅游人数激增，经历了多次"黄金周"的考验，人流、车流拥堵，保洁压力增加，都是景区要面对的问题。如何化解这些难题，杭州采取的多种措施中，经济杠杆仍在起重要作用。比如杭州周边景区景点优惠让利，"黄金周"高峰过后，西湖所有收费景点、游船都对本地市民半价"回馈"。通过这些办法来调控，吸引市民节假日"上山下乡"休闲游，把节日的西湖"让"给外地游客。

2007年11月

## 第五辑

# 闪光的群体

## 崇高荣誉（集体）

说明：之前因没有这方面的文字记载，所以先进集体和先进个人，只能是部分。

| | |
|---|---|
| 记者部 | 2003年获"全国新闻界抗击非典新闻宣传先进集体"称号 |
| 记者部党委 | 2003年获"中直机关防治非典型肺炎工作先进党组织"称号 |
| 北京记者站党支部 | 2003年获"全国防治非典型肺炎工作先进基层党组织"称号 |
| 记者部 | 获2007年"全国新闻工作先进集体"称号 |
| 记者部 | 2008年获"全国抗震救灾宣传报道先进集体"称号 |
| 四川记者站 | 2008年获全国抗震救灾新闻战线"全国五一劳动奖状" |
| 四川记者站 | 2008年10月8日中共中央国务院中央军委授予"抗震救灾英雄集体"称号 |

## 崇高荣誉（个人）

| | |
|---|---|
| 金　凤 | 所著《邓颖超传》获"国家图书奖" |
| 杨振武 | 2004年获"第六届全国百佳新闻工作者" |
| 季　音 | 1955年被评为人民日报先进工作者，出席全国首届劳模大会，并任命为中直机关代表团团长 |
| 王艾生 | 1984年被评为"全国优秀新闻工作者" |
| 萧　荻 | 1988年被评为"全国优秀新闻工作者" |
| 吴兴华 | 1995年获全国"五一"劳动奖章 |
| 章世鸿 | 2005年获"全国老干部先进个人"称号 |
| 王慧敏 | 2005年获"全国先进工作者"、"全国民族团结进步模范个人"称号 |
| 张　忠 | 2005年被评为"全国优秀新闻工作者" |
| 龚达发 | 2007年获"第八届范长江新闻奖"<br>2008年中央组织部授予"抗震救灾优秀共产党员"称号<br>2008年10月8日中共中央国务院中央军委授予"全国抗震救灾模范"称号 |
| 李战吉 | 2008年获"全国抗震救灾宣传报道先进个人"称号 |
| 郑德刚 | 2008年获"全国抗震救灾宣传报道先进个人"称号 |

| | |
|---|---|
| 刘裕国 | 2008年获"全国抗震救灾宣传报道先进个人"称号 |
| 王 科 | 2008年获"全国抗震救灾宣传报道先进个人"称号 |
| 鲍 丹 | 2008年获"全国抗震救灾宣传报道先进个人"称号 |
| 曲昌荣 | 2008年获"全国抗震救灾宣传报道先进个人"称号 |
| 梁小琴 | 2008年获"全国三八红旗手"称号 |
| 侯露露 | 2008年获"全国三八红旗手"称号 |
| 王建新 | 2008年9月29日被中共中央、国务院授予"北京奥运会、残奥会先进个人"称号 |
| 孔祥武 | 2009年获"全国新闻出版行业抗震救灾先进个人"称号 |
| 卢小飞 | 当选中国共产党第十五大代表（1997年） |
| 吕岩松 | 当选中国共产党第十六大代表（2002年） |
| 王慧敏 | 当选中国共产党第十七大代表（2007年） |

## 记者作品获奖名单

说明：自上世纪80年代初，记者获奖作品始有文字记载。之前，有些记者曾写出许多有影响的力作，因种种原因，没留下文字记载；但这些记者所写的具有时代特征的作品，在读者心目中留有不可磨灭的记忆，同样记录史册。

**全国好新闻（1981年）**
萧　荻　　黄河水奔流千里到达天津（好消息）
丛林中
欧庆林　　一个共产党员的信仰（好通讯）
马鹤青　　一个共产党员的"财富"（好通讯）
罗茂城　　提倡写"短"（好来信）

**全国好新闻（1983年）**
林　里　　效率（好通讯）
刘　衡　　妈妈教我放鸭子（好通讯）
张振国　　工人上书为知识分子说公道话（好消息）

**全国好新闻（1984年）**
二等奖：　活水带来生机
作　者：　肖关根　蒋涵箴

**全国好新闻（1985年）**
特等奖：　有胆略的决定——武汉三镇大门是怎样敞开的
作　者：　王　楚

**全国好新闻（1986年）**
一等奖：　人民代表张银莲敢说真话
作　者：　王艾生
一等奖：　大户心态篇
作　者：　孟晓云

**全国好新闻（1988年）**
一等奖：　一人沉浮　千夫评说
　　　　　——步鑫生被免职后的种种议论
作　者：　高海浩

**首届"中国新闻奖"（1991年）**
一等奖： 不私亲属的铁木尔主席
作 者： 曾 坤

**第三届"中国新闻奖"（1993年）**
二等奖： 二连浩特"手语市场"
作 者： 傲 腾

**第三届"中国新闻奖"（1993年）**
二等奖： 南京香港城关门了
作 者： 顾兆农

**第六届中国新闻奖（1996年）**
二等奖： 武钢转变经营战略
作 者： 龚达发

**第七届中国新闻奖（1997年）**
特别奖： 岗位作奉献 真情为他人
作 者： 赵兴林

**第八届中国好新闻（1998年）**
三等奖： 首都女记协纪念杨刚逝世40周年
作 者： 卢小飞

**第九届中国新闻奖（1999年）**
三等奖： 辩证看海南
作 者： 鲍洪俊

**第十一届中国新闻奖（2001年）**
二等奖： 由谁教育富裕起来的人们
作 者： 罗 盘
二等奖： 知难而上求发展
作 者： 记者部 经济部 华南分社
三等奖： 瞎指挥搅黄了退耕还林

作　者：　胡跃平

**第十二届中国新闻奖（2002年）**
二等奖：　广西南丹矿区发生重大灌水事故
作　者：　郑盛丰　罗昌爱　庞革平

**第十三届中国新闻奖（2003年）**
二等奖：　决策为何连连失误
作　者：　蔡小伟

**第十四届中国好新闻（2004年）**
二等奖：　航天员杨立伟安全着陆
　　　　　我国首次载人航天飞行圆满成功
作　者：　吴坤胜　蒋建科
三等奖：　讨薪记
作　者：　王慧敏

**第十五届中国新闻奖（2005年）**
一等奖：　百姓心中的丰碑
　　　　　——追记公安局长的楷模任长霞
作　者：　戴　鹏　徐运平

**第十七届中国新闻奖（2007年）**
二等奖：　擦鞋者说　（通讯）
作　者：　龚永泉

**第十八届中国新闻奖（2008年）**
三等奖：　河北"硬措施"推进节能减排（消息）
作　者：　王方杰

**先进性教育活动中央主要新闻单位优秀新闻作品**
作　品：路桥人生
作　者：杜若原　刘维涛

作　品：《郭秀明》（电视剧）
　　　　获24届全国电视剧"飞天奖"
　　　　第9届全国农业电影电视"神农奖"
　　　　中组部第7届党员教育红星一等奖
作　者：孟西安

作　品：用生命播洒阳光（通讯）
　　　　获全国"共和国的脊梁"报告文学特别奖
作　者：孟西安

**第四届"党风廉政建设好新闻奖"（2006年）**
一等奖：邯郸干群恳谈例会制消解基层"梗阻"（消息）
作　者：王方杰　董宏君


优秀奖：珠海：境外赌博境内治（通讯）
作　者：赵京安


**2003年全国新闻界抗击非典优秀新闻作品和先进个人**
优秀新闻作品：
山东全力支援北京抗击非典（消息）
作　者：宋光茂　何　勇


决战在没有硝烟的战场（通讯）
　　　——北京全面抗击非典型肺炎纪实
作　者：阎晓明　王建新　赖仁琼


抗击非典：让我们共同面对（通讯）
作　者：阎晓明　王建新　赖仁琼


不必返乡避非典（通讯）
　　　——一位偷偷返乡民工的心声

作　者：戴　鹏

津门高奏同心曲（通讯）
作　者：陈　杰　傲　腾

优秀记者：阎晓明　罗　盘　吴坤胜　胡　斌

王建新　获"中直机关防治非典型肺炎
　　　　工作优秀共产党员"称号

## 享受国务院特殊津贴的专家

| | | | |
|---|---|---|---|
| 田　流 | 高　粮 | 商　恺 | 林　里 |
| 刘时平 | 纪希晨 | 程光锐 | 陈勇进 |
| 刘　衡 | 林　钢 | 章世鸿 | 王金凤 |
| 陈柏生 | 丛林中 | 王艾生 | 萧关根 |
| 萧　荻 | 张振国 | 杨振武 | 颜世贵 |
| 吴兴华 | 李　杰 | | |

# 第六辑

## 深切的怀念

# 李庄带我采写新闻

柏 生

1948年夏,我从清华大学毕业,便迈着匆匆的脚步,穿过国民党的封锁线,奔赴冀中解放区。次年春天,北平刚刚解放,我就经党组织分配到人民日报社做记者工作。

在党的领导下,我们一批年轻的记者满怀激情,投入到紧张火热的采访中,迎接新中国的成立。在报社编辑部,解放区老干部和新同志大家一起过着供给制的俭朴生活。李庄同志那时虽然刚刚30出头,却已经有10年以上的革命新闻工作经历,既是我的领导又是我的师长。我的许多稿件都是在李庄同志的指导和修改、帮助下完成的,有好几次采访是他亲自带着我去。

1949年5月底,李庄同志和我一起去采访李立三同志,这一年是"五卅"惨案发生24周年。李立三的家在东城区西总布胡同,为了抓紧时间完成采写任务,李庄就骑了一辆自行车带着我从煤渣胡同报社办公地出发,十几分钟后就赶到立三同志家里。

我记得见面后立三同志高兴地告诉我们说,今天南京路上正在举行纪念"五卅"运动的大游行,庆祝上海的解放,庆祝人民的当家做主人。"五卅"是上海工人、学生、市民遭受英国、日本帝国主义血腥屠杀与残酷压迫的日子,过去中国工人阶级和劳动人民总是悄悄地纪念"五卅",今年情况完全不同了,上海已在"五卅"前夕解放,帝国主义者被赶跑了,人民群众可以隆重地纪念"五卅"。当年提出的取消租界的要求，现在已经实现，而且百年来骑在中国人民头上的帝国主义及其走狗的统治结束了，从此开辟了中国人民解放、民主自由的新历史。

立三同志当年参与领导了上海30万工人的大罢工，他向我们回顾了这段历史。他说，这场"五卅"运动是中国共产党第一次组织领导和指挥的人民反帝斗争。当时上海工人过着在帝国主义压迫下受奴役的悲惨生活，处处受剥削，没有地位。"五卅"运动的导火索是上海日本棉纱厂资本家枪杀工人顾正红，还打伤多人，这件事立即激起广大工人和市民群众的愤怒反抗。中国共产党决定发动工人、学生和市民在5月30日那天举行大规模抗议示威活动。游行中，英国巡捕在南京路突然开枪，打死打伤多人，制造了震惊全国的"五卅"惨案。帝国主义的血腥屠杀不仅没有吓倒中国人民，反而激起了更大的反抗，在中国共产党的领导下，全国各地先后有1700多万人参加了这场反帝运动，并迎来了第一次大革命的高潮。

立三同志在谈话的最后强调指出：今年工人阶级纪念"五卅"时，帝国主义在中国的统治是随着国民党反动政府的覆灭而覆灭了。但是应该注意中国是个工业落后的国家，如果工业不能大大发展，还是不能完全摆脱帝国主义经济上的束缚。因此，摆在中国人民特别是工人面前的最主要任务，就是恢复和发展生产，发展工业，把中国从农业国变为工业国，以保障中华民族的彻底解放。中国工人阶级现在已经从受奴役地位变为领导阶级，它应该把这个艰巨伟大的任务担负起来，善于团结全国人民，为了实现这个伟大的任务而奋斗。我相信中国工人阶级经过了几十年艰苦斗争的锻炼，已经有了高度的觉悟、丰富的经验，尤其是由于有毛主席的正确领导，一定能胜利地完成建设新中国的任务。

结束采访，我和李庄匆匆赶回报社，顾不得吃饭，他就找我商量这篇新闻专访如何写，重点写什么。当晚，我把近

2000字的稿件写好，第二天就见了报。当时我还有点不明白作为领导的李庄为何亲自出马带着我这个新兵去采访。后来才了解到，这是李庄同志用行动带头响应总编辑范长江同志关于人民日报要多登多写鲜活的新闻的号召，同时也是对我们这些年轻记者的一次"传、帮、带"。

1949年6月19日，全国人民期盼已久的新政治协商会议筹备会议在北京开幕了，会场设在中南海勤政殿。我又一次随报社老记者李庄前去会场采访。开幕那天晚上7时40分，伟大领袖毛主席走进会场时，场内立刻响起一片热烈的掌声。毛主席身着深灰色中山服，含笑向大家挥手答礼后，坐到主席台上，周恩来同志坐在主席右边，左边是朱总司令。周恩来同志主持大会，当他响亮地宣布新的政治协商会议筹备会议开幕时，会场立刻响起暴风雨般的掌声。毛主席代表中国共产党讲话，他那洪亮的声音至今好似仍然响在我的耳边。

会场上热烈的场面令我激动不已，如何下笔写报道呢？李庄同志告诉我要抓细节，注意观察，不要泛泛地写。回报社后，我将思绪稍加整理，很快写出一篇《全体起立，向人民的领袖致敬——新政协筹备会休会前20分钟》的速写。这篇新闻报道从标题到文字现场感都非常强，没有李庄同志的指点，我不会写出这样受到好评的报道。以下就是这篇数百字的新闻特写：

这是（六月）十九日下午六时二十分在主席周恩来同志宣布大会要休会的时候，从代表席站起了民主教授代表邓初民先生。他抢着说："我这里有个临时动议：新政协筹备会的召开，是一件划时代的大事情，所以能召开这个大会，首先应归功于中国共产党领袖毛主席和中国人民解放军朱德总司令。因此，我们提议，应向毛主席和朱总司令通电致敬，请主席把这列入议程中去表决。"随着他的话音，响起一片热烈的掌声，表示一致拥护这个动议。

周恩来同志含笑回问道:"这是否可留在将来正式会议时再谈?"

邓初民先生又站起来坚持自己的提议:筹备会也是会议,还请主席提交表决(会议上洋溢着一阵笑声)!

这时毛主席忽然从自己座位上站起来了,他稳重地说:"代表们!我提议,我们在筹备会期中,正逢着'七七'纪念,请各党派共同发表纪念文件,庆祝抗日战争胜利!解放战争胜利!"这时全体代表立即以雷动般的掌声来欢迎毛主席的这个提议。

周恩来同志接着说:"这样连邓初民先生的意见也都包括在内了,大家既然都表示同意,我们是否就交常委会决定以筹委会名义发出电文?"

邓初民、许德珩教授又先后站起来发言:"大会已经进行了五天,但我们对国内国外还没有什么表示,我们的提议向毛主席和朱总司令致敬,不仅在会场上是表现了我们大家的精诚团结,同时在国际上也表现了我们的大团结。"七十余岁的沈钧儒先生也兴奋地站起来说:"各位代表都知道,由于中国共产党领袖毛主席和朱总司令的领导,我们才能在这里开会,所以我提议在散会前,我们全体代表起立向毛主席、朱总司令致敬。"全体代表认为这个提议是立即可以做到的,立即以热烈的掌声表示赞成。农民代表杨耕田站起来激动地补充道:"今天毛主席、朱总司令都在这里。如果没有毛主席、朱总司令的领导,我们不会有今天,我们应该向领袖致敬!"

这时沈钧儒老先生就领头从座位上站起来了,喊着:"全体起立,向毛主席、朱总司令致敬!"

代表们整齐地站起来了,随即响起了更热烈的掌声,并且愈来愈响愈紧,竟达三分钟之久。坐在一〇一代表席上的毛主席和一〇二代表席上的朱总司令忙即谦虚地转回身来向全体代表连连答礼致谢。

1949年7月，第一届全国文代会在北京召开，报社派我参加会议采访。行前，李庄对我说："这个大会很重要，社会各界十分关注，你要认真准备。"李庄叮嘱我既要注意听台上重要人物的讲话，还要仔细观察台下代表们的欢乐表情。这次大会的采访，我虽然在前方是独立作战，但在我的背后有李庄同志强有力的指挥和支持，我情绪饱满地一气采写了10多篇报道，得到读者和同行的好评。下面是一篇当时采写的现场新闻特写：

### 毛主席来了！
——全国文代大会速写

下午七点二十分，当周恩来同志正向代表们作报告将近结束时，突然主席台上毛主席出现了，立时雷动的掌声响彻了整个会场，辉煌的水银灯，顿时照亮了全场，照耀着伟大的人民领袖，照耀着会场的每个代表，所有的摄影记者都把镜头对准，代表们都站了起来，热烈地高声地欢呼：毛主席万岁！毛主席万岁！……

在会场热烈的鼓掌中，周恩来暂时地停止了报告，毛主席走向台前向代表们连连点头答礼，并且在掌声中向全体代表们作了简短有力的讲话，欢迎到会的人民的文学家，人民的艺术家，或者是人民的文学艺术工作的组织者。热烈的掌声和欢呼响彻了全场。

毛主席亲切地和主席台上的人握了手，直到周恩来同志继续讲下去的时候，代表们才渐渐安静地坐了下来，几百双眼睛还都亲切地凝望着这个伟大的人民领袖。不久周恩来的讲话才又吸引了每一个人。毛主席也安静地坐到主席台上，注意地听着，有时他也望着台下的代表们，不时露出亲切的微笑。

当周恩来同志在结束讲话时说道："代表们，我们应该感谢毛主席给我们指出的文艺方向……"的时候，全场又一次热烈地鼓起掌来。

　　这时，郭沫若在掌声中对着麦克风兴奋地说："诸位代表，今天我们开这个会，承周副主席给我们作了六个钟头的报告，又承毛主席亲自来参加，来指导我们，这给我们很大的鼓励……"他的话还没有说完，台下的代表们立即对着毛主席又是一阵热烈地鼓掌，在掌声中郭沫若继续讲下去，他表示完全接受周副主席给大会代表们的整个指示和以最大的热忱做毛主席的学生！跟着郭沫若的话，全场又高声地欢呼并鼓掌起来，这时郭沫若热情地喊着："全体代表们，让我们最后高呼几个口号：

　　一切文艺工作者团结起来！学习毛泽东的思想！创造人民的文艺！中国人民解放万岁！中国共产党万岁！

　　毛主席万岁！万岁！"

2006 年

# 田流静静地走了

陈勇进

"田流走了"。3月17日上午,李翼(原人民日报老记者)在电话里告诉我。他怕我听不清,又重复了一遍"田流走了"。

对于田流逝世,我很难过,想和李翼一块到他家看看,有什么后事帮助办办。李翼说:"不要去了,他什么都不要。"我说:"什么都不要,这太简单了。人死事大,总该开个追悼会,向遗体告别一下吧!"李翼说:"田流不要什么遗体告别、开追悼会之类,连骨灰也不留。"这使我想起十几年前,田流在人民日报记者部负责工作时,我们曾议论过后事。当时田流说:"我什么都不要,少麻烦。"如今,他果然这样做了。

田流在新闻事业上,做出了重要的贡献,是个有影响的新闻记者。可临走时,他是什么都不要。在什么都不要里,包含着他对事业、对人民的无限忠诚。这种思想境界该有多么高尚啊!

1948年底,我从冀鲁豫解放区来到人民日报社平山驻地。到报社后的第一件事,就被田流《临清棉花波动透视》的通讯吸引了。他尖锐地批评了临清的一些国营商业和合作社,为了小集体的利益,争相抬高棉花价格,引起市场的波动。这篇通讯一经发表,引起各方面的极大重视,受到党中央的表扬,新华社以《临清事件》为题发表社论。这以后,田流在财政、金融领域的采访更为深入,写出了《生产建设的东北财政》、《访问东北银行》等文,对当时东北财贸、金融领域的稳定起了重要作用。

田流在1937年抗日烽火中参加革命。他在基层当过区长、区委书记，经常深入群众，调查研究成了习惯。他当记者后，继续保持了这种深入实际、艰苦调研的好作风。他能在复杂的事物中，敏锐地看出要解决的问题。

"真实，对记者来说是第一位的。"这是田流常说的话，他也是这样做的。往往为一件事调查研究，上下反复多少次，从不厌烦。他在东北林区采访时，写了《加速林区经济发展的探讨》和《流通渠道应该四通八达》。这两篇通讯的内容，突破了国家有关林业政策，引起当时林业部门和商业部门的反对，向中宣部告田流的状。田流冷静地对待这些批评，说他的材料，都是经过反复核实过的，没有错。后来事物的发展，证明田流写的文章是对的。作为一个新闻记者，田流不仅仅是写新闻报道，而着重指导实际工作，这是他的高明处。

田流有篇特写叫《忠心耿耿》，写的是山西植棉能手吴吉昌。田流把吴吉昌写得真是忠心耿耿啊！其实，用忠心耿耿来形容田流也是十分恰当的。这使我想起在文化大革命时，报社的造反派贴大字报，说田流是邓拓的黑干将，说他是邓拓的心腹，真可谓罪行累累。这时，田流仍然很平静，他说自己是共产党员，也要写大字报，把事情说清。他的大字报，爱憎分明，公开表露对邓拓的敬重。他写道：第一，我和邓拓一起工作20年，很尊重他，敬佩他；第二，邓拓是个有学问的人，对报纸的贡献很大，作风正派，平易近人；第三，说我是邓拓的四大金刚，是邓拓委派的？还是谁选出来的？田流的大字报，在报社引起轩然大波。一夜之间，满楼、满院的墙上，贴满了批判田流的大字报，说他美化邓拓，并立即对他进行批斗，监督劳动。此刻，我为躲避安徽的武斗来到北京，去看望田流。我问他日子过得怎么样？他说劳动、挨斗。稍后又说，叫劳动、挨批斗，都算不得什么，但假话不能说。他说这些话时，仍然是那样平静。田流长期担任领导工作，找他调查材料的人很多。他如实地把被调查同志的优点和成绩都写上。前几天，两位老记者得知田流去世，沉痛地说，当年要不是田流保护，就被打成右派了。

　　田流走了，不少同志带着悲痛，赞许他什么都不要的品格。有位同志说，田流这样走，为国家节省多少开支，为同志们节约了多少时间和精力啊！田流的用意是要我们把时间、精力和钱用到实处，用在振兴中华上。我见到田流的儿子小田，问他妈妈的骨灰呢？他说："我妈妈也是什么都不要。"田流的夫人徐兑（曾是人民日报的老编辑），是中直机关的模范人物，她走在田流前面。田流的子女们按照父母的遗愿办了。这样的家风，真是光彩照人啊！

2000年9月

# 甘为人梯的老记者

## ——记商恺同志二三事

马鹤青

8月1日上午，首都新闻界老年的，中年的，年轻的三代数十人到北京军区总医院，在一个简朴的小灵堂里，为商恺同志送行。商恺同志任人民日报记者几十年，后任人民日报记者部主任，离休前后又任中国社会科学院新闻研究所所长并兼任硕士新闻研究生导师。他一生为党的新闻事业奔走，采写新闻，培养学生，忙到生命的最后一息。

从医院乘车回报社，同我坐在一起的黄际昌同志对我说："商恺同志，忠厚热诚，甘为人梯！"这话深深触动了我，使我想起多年来商恺同志"甘为人梯"的许多细节。

我认识商恺是21年前——粉碎"四人帮"后刚几个月的1977年5月。当时，人民日报社内部正在进行清理整顿，编辑部人手不够。为此，人民日报把我同黄际昌从另一家报社借调过来，分配在记者部。工作几个月之后，记者部主任商恺找我谈话，说："你同黄际昌干报纸工作都将近30年了。现在已决定把你们两人正式调到人民日报来。有件事想问一下，你们两人为什么都没有入党？"我长叹一声说："说来话长。实际上我15年前就已入党。那时候，政治运动不断，人际关系紧张。我这个人同一些领导人关系很一般，又对政治运动不大积极，没有'立功'表现。接着来了'文化大革命'，再接着去'五七干校'劳动。那几年，党的组织生活都停止了，谁还去想预备党员转正的事？又过不久，忽然有个说法，说60年代初入党的知识分子，是'刘少奇的党员'，于是一声令下，把我们一批预备党员取消资格。至于黄际昌同志，他工作一直很好，就因为他有个亲属在海外居住，那时叫'海外关系'，他申请入党就更没有希望了。"

商恺仔细听我诉说，还在本子上记下什么。他这人感情不外露，只轻声说："事情该怎么办就怎么办！"

又过了几个月，我原先工作的报社负责人打电话通知我，说是报社新党委认为当年在"五七干校"把你们的预备党员资格取消，是错误的，现在决定改正，并通过决议让你们按期转为正式党员。组织关系马上给你转到人民日报社。这样，我这人竟当了十几年预备党员，才成为一名正式党员。事后我才听说，商恺曾为我这事奔走过。可是他对我什么也没说。

我的事情办完，商恺又找黄际昌谈话，提起他过去要求入党的事，说如果他现在还是要求入党，就再写份申请书。时间不长，记者部的党支部大会一致通过接受黄际昌入党。新入党的黄际昌很快被派到人民日报驻香港记者站工作。照我看，这是他几十年来最愉快最振奋的日子。

我同黄际昌也想对商恺说句感谢的话。可是不等我们开口，老商就摆摆手说："事情该怎么办就怎么办！"这使我深深感到，商恺同志是在给我们当"人梯"啊！

什么叫"人梯"？就是在同志遇到困难时，拉上一把，以自身为梯，让人踩着自己的肩膀往前走，往上走。商恺同志甘为人梯，不只是对我；后来，我多次看到他在培养新闻硕士研究生、在安排一些年轻人的工作等方面，总是默默奔走。他感情不外露，当人梯却尽心尽力。

1978年，中国社会科学院研究生院招收硕士新闻研究生，商恺十分热心，同各方面联系协商，工作十分仔细。几十名研究生考进来后的第二学期，商恺受人民日报委托分管研究生班的工作，他和同事们早早把教室、住宿、授课、导师等工作安排妥当。他不仅给研究生们讲课，还同许多研究生谈心。第一批研究生多数年龄偏大，许多人是在"史无前例"的年代被耽误了。老商鼓励大家发愤读书，向老记者、老编辑学习，把失掉的时间补回来。我多次听他点着名字，一个一个说起研究生们的特点和优点，总说这些人只要好好干下去，都是大有前途的。说起这些，老商总是眉飞色舞，满怀希望。现任人民日报副总编辑于宁、经济日报总编辑艾丰、光明日报总编辑王晨、市场报总编辑王庚南等等，这些新闻界的骨干都曾是商恺指导过的硕士研究生。那天，向商恺遗体告别时，人民日报评论部副主任李德民满面热泪。他们对自己的导师、对帮他们前进的"人梯"是满怀深情的。

　　近年来，商恺身患多种疾病，又要照顾卧床不起的病妻李群，总是深居简出。即便如此，他还是能帮人时就帮人。今年5月，新闻出版署要从全国千余家地方报纸中，评选出100家内部管理最好的报社，予以表彰。商恺听说我被邀请参加评选工作，就打电话问我评选情况。打电话时，他已病重，说话慢，力不足。他问我："河南省推荐哪几家报社参加评选？"一听说河南省推荐的5家报社中有平顶山日报时，他说："我在新闻研究所时，曾到平顶山日报社了解过情况。这家报社管理很认真，不许搞有偿新闻，不违犯国家规定，从编采业务到人事管理和财务制度都井井有条。你参加评选工作，看看平顶山日报能不能给评上？这可是我个人意见，你们还是按规定条件办。"果然，平顶山日报被评为全国百家地方报纸中内部管理先进单位之一。开表彰大会那天，我在新闻出版署偶遇平顶山日报社长贾汉，说起商恺对他们报社评价很好，曾建议表彰他们。这一说，贾汉很感意外，他说："唉呀，商所长到我们报社调查研究是几年前的事，他还记着我们，还在鼓励我们！请转达我们对商老的感谢！"这份真诚的感谢，我还没有来得及转达，他就走了！我深感遗憾。但我也深知：商恺帮别人说了话、办了事，从来就不计较人家是否感谢他！

余生也晚，在商恺领导下工作只有10年。我没法全面评价他的一生。在短文最后，我想引用他所著《致青年记者60封信》一书中的一段细节。这60封信是商恺一封一封写给年轻记者的。在最后一封信中他写道："你我之间，自从采用通信形式，讨论如何做一名优秀记者以来，将3个年头了。3年来已经给你写了59封信，对于做一个优秀记者的方方面面，除了一些具体的技巧问题，差不多都谈到了。"在不到3年内，连写59封信，差不多是20天一封信。年过七旬的老新闻战士，带着一身病痛，还如此勤奋地指导年轻记者的工作，这是什么精神？这就是"甘为人梯"精神。当人梯已十分不易，更贵在一个"甘"字。"甘"，就是甘心情愿、自觉自愿，为别人做了好事又不求报答，或称自觉奉献。旧社会流传下来的"文人相轻"、"同行是冤家"之类的陈腐说法，在商恺身上一点也找不到。他一心想看到年轻的记者、编辑健康成长，最好超过老一代人。几十年来，商恺就是这样默默无闻地当着人梯，甘为人梯。这种广阔的胸怀，这种忠于党的事业的奉献精神，是知其为人者永远难忘的。

78岁的老新闻战士商恺同志，于1998年7月30日走完了他的人生之路，默默离去。他那"甘为人梯"的精神，愿后来者真心学习，并发扬光大！

1998年10月

## 忆老主任李千峰同志

张何平

人民日报有着光荣的传统，这传统在很多老同志身上不同程度地体现着，通过他们的言传身教，强烈地感染着后来人。这里，我以自己经历的几件事和感受为例。

我于1974年到人民日报记者部，部主任李千峰和陈柏生、郭龙春、程光锐等老记者在采访和编辑等方面对我帮助很大，至今难忘。这里，先说说跟千峰同志学习采访的一段经历。

1975年4月，千峰同志带我到河南洛阳地委采访报道。为这篇报道，千峰同志事先草拟采访提纲；采访中，千峰同志特别善于启发被采访对象开口说话，讲与采访有关的内容，而当有的被采访者"信马由缰"的时候，他很善于并巧妙地引导他们把话题收回来。由于做得很自然，一点不伤被采访者的自尊心。这使我受益匪浅。更使我敬佩的是，千峰同志这么一位名记者、行政9级的大干部，平易近人，没有一点架子。采访时，每来一拨人，他总给每个人先沏上一杯热茶，茶是龙井茶，是他自带的；换一拨人，又给每人沏上一杯。被采访者不论是干部还是工人，在他面前都不感到拘束。尽管时间安排得很紧，白天黑夜都找人谈，千峰同志始终精神饱满，毫无倦怠，而有时连我这样一个不到30岁的小伙子都有点熬不住了。

千峰同志为锻炼我，采访前给我准备的提纲非常详细，既有主题，又有各段小标题，甚至每段写什么内容，引用什么材料，用谁的话等，都写得很清楚、很具体。只要把这些东西串起来，再充实些内容，就是一篇稿子。我按照千峰同志的提纲起草稿子，用一天的工夫才把稿子写出来。他夜里不顾疲劳伏案修改我的草稿，把不通顺不准确的地方，一一改了过来，哪怕一个字、一个标点都不放过。看着这位年近花甲，并作过胃癌切除手术的老同志，我恨自己水平太低，让千峰同志这么劳累。到黎明三四点钟，千峰同志把稿子改好，嘱我白天誊清。这份改稿至今我一直珍藏着，而他敬业精神深深印在我的脑海里。

此次在洛阳，我们住在市委招待所，接待方考虑到千峰是老同志，安排吃每日一元五角钱的小灶，即四菜一汤、两荤两素，我也跟着沾光。可刚吃了一天，千峰同志说饭菜质量超过了我们所付的钱数，有招待的因素，提出要到大饭厅和其他客人一样吃大灶。市委的同志虽再三劝阻，千峰同志态度坚决。这大灶可比小灶差多了，一菜一汤，菜里几乎没有肉；主食是标准粉的馒头和粗米饭，买饭还得排长队。我都觉得饭菜太粗糙，没有胃口，可千峰同志却吃得很香。

采访时，千峰同志能走路就不坐车，需乘车也尽量乘公共汽车，很少要当地派车。一次，乘坐地委派来的伏尔加小轿车，我按照在大庆油田工作时坐吉普车的习惯，请千峰同志坐前面司机师傅的旁边，我一个人坐在后面。此举，让送我们上车的主人和司机向我投来诧异的目光。后来，与同事聊天时说起这件事，同事们大笑不止，说："坐小卧车和坐吉普车不一样，在油田跑与在城里也不一样。坐吉普车跑油田，路不好，又是长途跋涉，后排颠簸，是秘书或年轻人乘坐的；在城市坐小车，后排宽敞舒服，是领导或老同志坐的，你正弄了个相反。"对此，千峰同志当时和事后什么都没说，可我却一直对自己这个愚笨的举动深深自责。

千峰同志结束在洛阳的采访，为改写我的稿子，一夜未眠。清晨起来就乘坐火车到南阳地区，既没有让人陪同，也未让洛阳市委给南阳打电话。后来听说，南阳地委给洛阳地委来电话查实，一个9级大干部、人民日报记者部主任，怎么没人陪同，也没打招呼就来了，问是不是真的！

作为新闻界的老同志，千峰同志的熟人很多，几乎每到一地，都去看望他的老朋友。在洛阳，他就带着我去看望在延安解放日报的一位战友；对那些处于逆境的老战友，更是同情和关心。记得1975年在天津采访时，他特地到天津自行车厂的一间简陋的宿舍看望邵红叶同志。去之前，千峰同志对我说，邵红叶是个老新闻工作者，曾任天津日报社领导。邵红叶下放到天津自行车厂，见到千峰同志来看他，很激动。

千峰同志虽然在"文革"时期未被打倒，仍在断断续续工作；但作为延安时期的老革命，他对"四人帮"的倒行逆施很有看法，并做了力所能及的抵制。他的关系多，消息灵通，从他那里经常听到一些有关"四人帮"的"小道消息"。记得电影《创业》被"四人帮"批判后，千峰同志很不满，因为他已经知道了毛主席对《创业》"此片无大错，不要求全责备……"的批示。记得当时千峰同志从口袋里掏出一个小本本，戴着高度近视眼镜向我们传达毛主席的这个批示。当时，大庆油田领导宋振明正在北京开会，住在和平宾馆，我马上把这个好消息告诉了他，在场的还有余秋里同志的秘书。宋振明同志对这个信息十分关注，一再问消息可不可靠。时隔不久，正式传达了毛主席对《创业》的批示。

1974年，人民日报恢复记者部时，千峰同志出任主任。此前他任国内部主任，分管的摊多，经济、政治、科教等都在国内部。从各个部门抽调来的许多中青年记者，他们中许多人家在外地。千峰同志对大家经常问寒问暖，并尽可能地安排这些同志带着任务出差，顺便回家看望。同时，他利用多种渠道，尽其所能帮助解决两地分居的问题。千峰同志为人谦虚，待人诚恳。和他在一起，对我们这小字辈来说，与其说是下属与领导的关系，不如说是晚辈与慈祥的长辈的关系更为贴切。无论是工作问题还是生活上的困难，许多时候，未等我们开口，千峰同志总是主动询问，并尽量帮助解决。

1975年冬，我和李和信同志跟着陈柏生大姐在北京大兴红星公社蹲点采访。一个星期六的下午，寒风凛冽，我们回到报社，柏生大姐回到东四十条的家里。傍晚时分，我们听到从旧楼（王府井旧址）三楼的一个办公室里传来阵阵哭泣声。我与和信闻声走过去，只见柏生大姐在哭，千峰同志和他的夫人、报社政治部副主任姚文同志在劝慰她。原来，就在当天下午，柏生大姐的小儿子刘小华在京郊农村劳动时不幸遇难。当时小华在五中读高三，天资聪明，学习刻苦，是个品学兼优的好班长。那时，柏生的长子刘小明还在东北插队。在那些艰苦的日子里，小华与妈妈相依为命。如今，小华走了，失去爱子，对柏生大姐是多么沉重的打击，她能挺得住吗？

千峰和姚文同志眼含泪花，在不停地劝慰柏生同志的同时，代表组织问她有什么要求。柏生大姐忍住哭声提了三条：一是请千峰同志帮助修改我们刚刚交给他的一篇通讯，争取尽早见报；二是请转告正在部里学习的一位通讯员，她已为他联系好去长辛店北京二七机车车辆厂采访的事，请他与有关同志联系；三是她不能因此影响工作，星期一照常来上班。千峰和姚文同志噙着泪水点头应允着，劝她节哀保重，办完丧事后再上班。柏生大姐在送走小华的第二天就来报社上班了。在柏生大姐痛失爱子的那些日子里，千峰同志作为部主任和老同事，对柏生给予了力所能及的安慰和关心。

尤其令我难忘的是，千峰同志对曾经教过他的老师始终怀有敬意，对他们的困难更是千方百计予以帮助。上世纪90年代初，千峰同志告诉我，说他在青岛上中学时期的老师是中国第一把小提琴制造者，退休前在北京市某研究所工作。现在他住在东单附近的一条胡同简陋的平房里，80多岁的老人每天要走很远的路上公共厕所，在冬天更是困难。由于老人有些名气，经常有海外侨胞来看望，为顾全影响，老人尽量能推则推。在万般无奈之时，老人只好找他的学生千峰帮忙。为了解老人的居住情况，已是古稀之年的千峰同志冒着酷暑，带着我到老人的家中。孰料这位老人的居住条件比我想象的更差，竟然住在自己搭建的的一间小棚子里，而小棚子的中央是一棵树；老人的小床紧挨着树干，床边是一个又脏又旧的书桌兼饭桌。老人见到我们，紧着让座，其实这里根本就没什么地方可坐。千峰同志和我大汗淋漓地听老人述说，树干上蚂蚁穿梭不停地爬上爬下，苍蝇也嗡嗡地飞来飞去。千峰同志全然不顾，淌着汗耐心地倾听老师的诉苦。回来后，我根据千峰同志的要求写了一篇内部情况，吁请有关部门尽快帮助解决这位老师的住房问题。这件事情虽已过去多年，但千峰同志关心他人的殷殷之情使我永生难忘。

千峰同志是位资深记者，多年任记者部主任。我们年轻人对这位敬重的老领导的新闻业绩却知之甚少，很希望他谈谈自己的辉煌过去；可千峰同志也很少讲自己。尽管如此，通过多种渠道，我们还是得知他是延安《解放日报》的记者，后来到新华社，和华山、李普等同是名记者，其他知之甚少。直到2005年2月20日千峰同志逝世后，从印发他的生平介绍和一些老同志的回忆文章中，使我们更多地了解了我们记者部的这位老领导。

安子贞同志在一篇回忆文章中，披露了千峰同志当年报道开国大典的一段往事：1949年春，李千峰随解放大军进入北平城，在新华社当记者，负责采访高层政治新闻。那是中华人民共和国成立的前夕，中国人民政治协商会议第一届会议胜利闭幕，参加会议的代表齐集天安门广场，举行人民英雄纪念碑奠基典礼。在空旷的广场上，毛泽东主席面对1000多名代表，用浓重的湖南语调宣读人民英雄纪念碑碑文：

三年以来，在人民解放战争和人民革命中牺牲的人民英雄们永垂不朽！

三十年来，在人民解放战争和人民革命中牺牲的人民英雄们永垂不朽！

由此上溯到一千八百四十年，从那时起，为了反对内外敌人，争取民族独立和人民自由幸福，在历次斗争中牺牲的人民英雄们永垂不朽！"

在毛泽东主席读罢碑文，挥锹填土的时候，李千峰来到主席身边，小声地说："主席，我是新华社记者，想借用您刚才宣读的文稿，誊写下来，写报道。"毛主席直起腰，从口袋里掏出文稿，叮嘱说："就这一份，可不能丢失呀，用过以后要还给我！"李千峰说："请主席放心，不会遗失的，抄过后即还给主席。"李千峰拿回文稿，誊抄罢，奠基仪式已经举行完毕，向哪里去找毛主席呢？千峰想交给党中央办事部门转呈，又一想不妥，还是应该亲手送还为好。后来，打听到晚上怀仁堂有联欢晚会，毛主席肯定会参加，于是，李千峰带着文稿到怀仁堂，走近毛主席身边说："主席，我把文稿还您。"毛主席从座椅上站了起来，与李千峰握手，风趣地说："你这个记者，还是很守信用的哩！"

安子贞同志在回忆文章中写道："李千峰同志讲这样的故事，那可不是为了夸耀自己，他用这样的故事说明，那个时候，中央领导同志很平易近人，当记者很惬意，是几十年以后的感慨之言。"

1979年春，千峰同志调离人民日报，在国家农委研究室任副主任、中央书记处农村政策研究室研究员和农民日报第一任社长。工作期间，他认真贯彻中央发展农业的思想，制定报道方案，身体力行地带领广大编辑记者深入基层与广大干部群众促膝谈心、研究工作，及时推出了大量生动鲜活的新闻报道，对完善家庭联产承包责任制作出了积极贡献。作为农民日报第一任社长，他夜以继日，呕心沥血，结合实际撰写过许多重要社论，采写过许多重大新闻，树立了优良传统和作风，为报社留下了宝贵的精神财富。

2006年6月

# 相识张潮

安子贞

张潮同志曾任人民日报编委委员、总编室主任、文艺部主任。文革后未安排领导职务，当机动记者，扎到舟山渔场采访。年过花甲，还勇敢地乘渔船到远海观察渔民捕鱼情况。他想写一部反映渔民生活的小说。愿望未能实现，带着遗憾而逝。

我来到人民日报社的时候，张潮同志虽然是报社的中层领导，但不像其他人的名望大，所以认识他比较晚，至于相识，则是在他退下来之后。上个世纪80年代初，报社从王府井搬到金台西路，我在农村部负点责任，一天，张潮同志忽然打电话给我，说是想约我一谈。其时，我已来人民日报社20多年，可是从来没有跟张潮同志打过交道，我只是和他爱人马超卿同志在一个部工作过，见面点头之交而已。这次找我，不知要谈何事？

一天，张潮同志来了，他说已经退下来了，有了点自由，想出去走走，写点东西，希望农村部给予支持云云。我说："这没什么问题，您是报社的老领导，给我们写稿是对我们工作的支持，我们能提供方便的尽力协助。"我问他想到哪里去？他的回答却使我大吃一惊。他说："想到舟山群岛的一个渔业队体验生活，积累材料写一部作品，顺便写些报道，如有可能，还想跟渔船到海上看看。"当时他已年过花甲，竟然做出这么个大胆的决定，令人意外，我说："这能行吗？"我是渤海边上长大的，乘渔船出海那可不简单，张潮同志文弱书生的样子，一旦上船，岂不把骨头架子都颠簸散了！我劝他慎重考虑这项决定。他说："我是浙江人，早就有这么个向往，以前忙于办报，没时间考虑，现在'自由'了，身体尚好，没什么大问题，关键是能说服船队领导，批准我随渔船捕鱼的要求。"我只好祝他如愿以偿，一路平安。

过了两三个月以后，张潮同志送来稿件，全文有三千多字，字迹工整秀丽。于是，在人民日报上刊出了多年少见的有关远海捕捞的报道，题目是：《"打出去！"开发外海渔场——记舟山第二海洋渔业公司》，发表的日期为1981年12月3日。这是一篇颇具时代特色的通讯报道。报道说："在舟山渔区，常常可以听到一句带有鼓动性的话：'打出去！'这是流传多年的渔民的一句行话，意思是离开本岛，到别的海域去捕鱼。在他们眼里，那就是外海。"报道介绍了舟山第二渔业公司突破思想束缚，开展远海捕鱼的过程和收获，提出这一举措带来了崭新的工作内容：一是提高了鱼货的鲜活度；二是开拓了外贸，促进了内贸；三是保护了近海渔业资源；四是培养了一批远海作业的骨干。

80年代初期，改革开放伊始，人们的注重点多在实行农业生产责任制方面，渔业吗，议论较多的是可否承包鱼塘，海洋渔业尚未进入大家的视线。张潮同志在这个时候敏锐地抓住我国最大的舟山渔场，引进先进设备和技术，开展远海捕捞这一新鲜事物，写出有深度报道，可以说是开了海洋渔业改革开放之先河。令人惋惜的是，当时未被重要人士看中，如果被看中的话，讲句褒奖的话，或批上几个字，就会像有些报道那样，引起一阵哄动，成为传诵一时的名篇。

张潮同志性格内向，一副见了凡人不解语样子。他是从延安来的，文革前，任人民日报社编委委员、文艺部主任；文革后，不知为什么，竟然没有给他安排任何职务。文革十年，兵荒马乱，三天河东，三天河西，想紧跟的跟不上，不想跟的也是稀里糊涂，谁都难免说几句错话，做点错事，只要无伤大雅，何必算那个细账！难道自己就那样一贯正确？据我这个局外人观察，有的当权者肚量太小了。但张潮同志采取既来之，则安之的态度，不担任职务，也许是施展个人才能的一种机遇。他好像是在延安鲁迅艺术学院学习过，到了老年想圆写作梦，到海浪中去磨练一下子，但是最终未能如愿以偿，自从发表那篇报道以后，过了些日子，听说张潮病了，不久，又听说他去世了。他在舟山积累了多少材料，写作到何种程度，不得而知。我想，张潮同志是带着遗憾走的。

就在张潮同志到农村部寻求支持的那段时间，一位与我同辈的、以前在总编室做夜班编辑的同志告诉我，张潮任总编室主任时处理的有关我写的一篇稿件的事，使我深受感动。那是在1962年秋天，我在群工部的时候，按例，每年有一个月下乡采访的时间，我到河北省以出产京南大蜜桃闻名的深县，在一个大队住了十多天，回来写了篇报道，有六七千字，送给值班主编。那时，我到人民日报社不到三年，是个叨陪末座的编辑，写这么长的稿子，要求刊登，是否能够过关，心中没底。过了几天，我找那位值班主编去问，她爱搭不理地告诉我："还没时间看呢！"这使我有点心灰意冷，也不敢多问，只好等候处理吧！可是，没过几天，我那篇作品竟然在人民日报第2版显著地位刊登出来了，保留了原稿的面貌，还由青年画家徐启雄同志配了几幅插画，占了大半个版，即是刊载在人民日报1962年9月26日题名《段家佐村"风水"志》的那篇报道，后来被选入人民日报文艺部编辑的报告文学选《春天的报告》一书，这是我从事新闻工作以来所写的比较满意的报道之一。我写的报道是受到张潮同志的青睐才得以发表，而那个时候，我与张潮同志是不大相识的，而又是在20年后我才知道了这件事，使我进一步加深了对张潮同志的敬仰和怀念。

2001年3月

# 晚年高集

张宝林

高集在文革中被关进了"牛棚"。远在安徽的高宁和我也受到了牵连。1971年底,我们结束了在安徽部队农场的锻炼,被再分配到淮北一个地区级的小报,这在文革中算是不错的结局了。但我们还没有来得及坐暖板凳,一个礼拜后就被"请"了出来。冠冕堂皇的理由是基层更需要大学生,实际是通过外调,得知我的"准岳父母"一个还没有"解放",一个有"右派"问题。

第二年9月,我到北京拜见两位老人。那时,高汾还在农村下放劳动,专门回来匆匆见了一面,就又回去了。高集则刚刚走出"牛棚",回到编辑部。他说,当时国际部就剩下他和漫画家方成这两个"棚友",他一走,就只有方成"孤独一枝"了。据说,他的"解放"和周总理的过问有关。有一次开会,总理见到人民日报军宣队的一位姓崔的负责人,问起高集现在到哪儿去了。这位负责人说,还在审查,他的问题很复杂,是"特嫌",和美国人也有关系。总理说,什么"特嫌"?他的情况我了解,那些美国人都是进步人士。但还有个"二流堂"的问题,这属于江青管的文艺界的事,总理说了不算。所以,又过了大约一年,才把他从干校调回。

那是我第一次到未来的老丈人家。他们住在北蜂窝的宿舍,只有两间半小平房,家里几乎没有烟火气。印象中他很忙,早出晚归。家里的孩子们都不会做饭,每天都是在附近的小饭馆买几个菜瞎对付。有一天傍晚,他回来说不吃饭了,也不能一起过国庆节了，要连夜去上海，拿了几件换洗衣服就走了。后来才知道，他和吴冷西、潘非、谭文瑞等同志一起，在起草几篇文章。一篇是关于中日关系的，一篇是关于美苏关系的。那年国庆前夕，日本首相田中角荣来华访问，和毛主席、周总理商谈恢复邦交事宜。这是举世瞩目的一件大事，中央高度重视，人民日报的文章必须马上写好，总理亲自领导起草工作。文章改了几次，总理还不满意，而他又要陪田中角荣首相去上海。于是，就叫他们几个一同南下，到上海继续修改。那是他恢复工作后接受的第一个任务。

后来，报社的领导同志要他去评论部"大批判组"。他去了一段时间，但对搞大批判没什么兴趣，他当时已经想搞研究工作，但原来积累的很多资料，在文革中全被造反派抄走散失，想写东西也写不成。于是想换个环境，到外交部或社科院去研究国际问题，为此还和谭文瑞商量过。但最终哪儿也没去，还是留在了报社。我想，这可能是他"报人情结"太重的缘故。我最近整理他的遗物，发现有一篇没有发表过的文章，开头就说：

"我从20岁到大公报开始，一直当新闻记者，没有从事过其他行当。许多当年的同事，有的做了高官，有的当了教授，我却是不离不弃，从一而终。究其所以，这种终身的职业选择，竟由偶然而引发。上小学时，我写过一篇小文，不料被大公报'小公园'采用。这个事件，影响了我的一生。"

确实如此，他喜欢新闻工作，也做了一辈子新闻工作。年轻的时候当记者，中年以后，主要在编辑部门做领导工作，直接采访的机会并不多。但粉碎"四人帮"以后，又回了记者部，当了好几年记者。

那个时期的人民日报记者部，可谓群英荟萃，一大批经验丰富的老记者，有的已经调到新华社当了分社社长，有的当了地方官，有的刚刚从另册得到"改正"，都不约而同地回到这个集体中，如田流、商恺、刘宾雁、刘时平、顾雷、傅真、陈勇进、纪希晨、吕建中、林里、刘衡、林钢、王金凤等，个个宝刀不老；一拨新闻所的研究生，也有不少人毕业后，分配到记者部，成为这个团队的新鲜血液；加上原来的一些年富力强的中年记者，形成了一支老、中、青相结合的优秀记者队伍。当时的大环境，也为记者们大显身手提供了广阔舞台——噩梦初醒，乍暖还寒，改革的大潮汹涌澎湃，但极左思潮并不肯退出历史舞台，每前进一步，都十分艰辛。这支强有力的记者队伍在编委会的正确领导下，奔走于大江南北，长城内外，边陲塞外，大漠丛林，挖掘出很多正反两方面的典型，采写了不少传诵一时的名篇。

　　那真是一段难忘的岁月！整个国家都在反思"文革"的惨痛教训；真理标准讨论开展得如火如荼；以农村联产承包责任制为突破点的经济体制改革，冲破重重阻力艰难推进；一个个冤假错案平反了，一批批被打入另册的老干部和知识精英重新走上工作岗位；改革派不屈不挠地同"两个凡是"思想作坚决斗争；改革大业呼啸着向既定目标推进……人民日报的记者们，无论是鬓发斑白的老将，还是意气风发的新兵，都在中国历史这极其重要的一页上留下了自己的印记。

　　高集就是在这种情况下来到记者部的。那时，他已经60上下，但身体状况还不错。有一次检查身体，医生说他是60岁的年纪，40岁的脏器。他很得意，说："我起码还可以干15年。"那几年，我正在读研究生，后来也分配到人民日报工作，因为没有住房，借住在岳父家，和他朝夕相处。我发现他和年轻同志一样，工作热情很高，有一段时间经常出差，走南闯北，到基层的工厂、农村、部队采访，写新闻，写通讯，写内参，常常工作到深夜。他还担任着社科院新闻研究所的兼职教授和硕士生导师，带了好几位报刊史专业的研究生，辅导他们写论文，精力十分充沛。

　　1980年底至1981年初，高集受编委会委派，列席旁听了最高人民法院特别法庭对林彪、江青反革命集团的10名主犯的公开审判。不是所有的记者都有机会见证这样的历史时刻。高集虽然是"身经百战"的老记者，也时时处于亢奋状态中。这次审判历时两个月零五天，他亲眼目睹了那群曾经不可一世的丑类们，在法庭上或狡辩，或沉默，或耍赖，或装孬的狼狈相；他亲耳聆听了公诉人和许许多多证人义正词严的控诉和举证；他亲身经历了那庄严而激动人心的一刻：宣判江青、张春桥死刑，缓期两年执行，剥夺政治权利终身；判处姚文元有期徒刑20年，剥夺政治权利5年；判处王洪文无期徒刑，剥夺政治权利终身；判处陈伯达有期徒刑18年，剥夺政治权利5年……公开审判之后，高集为人民日报、香港大公报等报刊赶写了若干通讯。

"北京。正义路1号——"

他以这样冷静、严肃的史笔，详实地记录了这次审判，这次在中国现代史上意义至为重大、影响至为深远的"共和国审判"。

此后，他被借调到中纪委帮助工作，时间长达两年。其间，参与了一些大案要案的调查，负责起草调查报告，并在报刊进行了报道。其中费时最多、困难最大的是杨义邦案件。

杨义邦，是当时的化工部副部长兼北京燕山石油化学总公司党委书记。从1978年12月起，他在招商引资过程中，被一个香港商人牵着鼻子走，连续上当受骗，使国家蒙受了经济上和政治上的损失。这个案子原本并不复杂：无非是一个骗子，成立了一个皮包公司，到大陆招摇撞骗，凭着三寸不烂之舌，描绘了一个十分美妙却无法企及的空中楼阁。奇怪的是，这位副部级干部轻易就上当了，而且一误再误，笑话百出。1979下半年，国务院原进出口领导小组（后来的国家进出口管理委员会）和中纪委提出了两份调查报告，对杨义邦所犯错误进行了严肃批评。但由于北京市的有关领导同志一直为杨义邦辩护，也由于当时牵涉到高级干部的案子还不太多，中央在处理上非常慎重，所以这个并不复杂的案子一波三折，久拖不决。

中央决定重新审查这个案件。高集就是在这种情况下，加入中纪委组织的"核实杨义邦问题材料工作小组"。他到了小组以后，仔细分析研究了全部案情，带着几个年轻同志，对案件的所有环节进行了梳理，并用了一年多的时间进行复查，其间，多次向中央领导同志做专题汇报。胡耀邦、薄一波等对这个案件都作了非常重要的指示。

在中央领导同志的亲自督促和核查小组同志的艰苦努力下，这个拖了将近三年的案子终于了结了。高集在"核实材料"的基础上，为人民日报撰写了长篇通讯，对案件发生的缘由、经过和教训，作了详尽的叙述和分析。文章结尾处有这样一段话：

"杨义邦……所犯的错误是严重的，整个事情的过程几乎是荒诞的，令人难以置信的。他们都是负责干部，掌握着国家经济的一定权利，却轻易地被一个不知名的香港私商所骗，使国家蒙受损失，在国际上成为笑柄。为什么呢？仅仅用这些同志缺乏知识，盲目轻率，不听劝告，独断专行，这样一些缺点和不良作风作解释是不够的。应该看到，在1978年和1979年初，在国家经济建设工作中，的确出现过盲目扩大基本建设，过分地寄希望于引进外资以加快建设步伐的主观唯心主义的指导方法。流风之所向，几乎形成了一种新的'大跃进'之势。"在高集看来，当时确有一种倾向，那就是在经济建设上缺乏科学头脑，不顾客观条件，盲目追求"大干快上"，思想上陷入唯心主义而不自觉，这正是杨义邦不肯认错，他们的辩护者振振有辞的背景。应该说，这样的分析透过表面现象，看到了问题的本质，是很有见地的。

今天回过头来看这个案子，我们不禁感慨万千！杨义邦犯了错误，受到了党纪处罚。但他并没有严重的贪渎腐败行为。他的问题，比起后来的成克杰、胡长清、王宝森们，真正是小巫见大巫。20多年来，我们的改革开放取得了伟大的成就，但干部队伍的腐败，也发展到了令人齿冷的地步！这实在值得全党上下特别是领导部门深刻反思。

1980年代，为了更好地发挥地方记者的作用，人民日报健全了地方记者站建设。高集一度奉调去上海，重建上海记者站。从上海回来以后，有一个时期，记者部内成立了机动记者组，由他负责。他为做好机动记者组的工作也花费了不少精力。我在他的一本笔记中看到这样一段话，估计是机动记者组成立时他的讲话提纲：

一、宣布成立。暂时和大家一起工作，将来要退出。

二、讨论任务：抓新闻，抓问题，打战役。当前抓各行业的改革。当然地方记者也要抓改革报道，可是地方记者比较分散，有地域的局限性。机动记者则可以集中兵力作战，弥补地方记者的不足。

三、要求：1.信息快。2.行动快。3.见效快。如何达到上述要求，大家可以讨论。说明：我们现有的成员有些同志是有专业的，或工业，或农业，或科教。在分派任务时当然要考虑，但不是绝对的。不能照顾的，希望大家服从任务。总的说，希望是全面手，专业的同志要把面放宽，逐步做到一专多能。特别要求认真学习中央当前的政策，多到机要室去看文件。

四、春节前拿出一批成果：1.机构改革——四川、重庆；市管县——辽宁、江苏；2.商业改革——北京；3.农村——工商联合体——河南。

高集对别人提出的要求，他自己首先做到。他的采访本中，有大量中央领导同志在不同时期、不同场合关于改革问题的讲话。有的详尽，字迹清晰，像是从文件上抄录的；有的简略，字迹也比较潦草，还有增补删改的痕迹，显然听传达或他本人参加会议的临场笔记。其中不少地方划着横线，标出重点，有的还写有批注，是他对讲话精神的理解和注释。他本人还身体力行，到当时中央确定的城市经济体制综合改革试点——重庆市进行了重点采访。试点期间，中央几位主要领导同志发表过重要讲话，一些部委领导同志还亲临重庆加强指导。他的采访笔记中，有大量这方面的材料。其中有中央领导的讲话摘要；有省委、省政府领导同志和有关部门负责人关于重庆、政治、经济、社会情况的介绍；有中央各部委领导同志对于重庆改革试点的意见和建议。从笔记看，他本人也到许多企事业单位采访过，每次采访都做了详细笔记。足迹遍及重庆钢厂、钟表厂、水轮机厂、齿轮厂、嘉陵摩托车厂、硅酸盐研究所、第三军医大、北碚图书馆，采访对象多达数十人。

重庆是他60多年新闻生涯的起点，也是他和中共南方局许多共产党人和进步人士建立终身友谊的地方。1940年6月，他年方20，就毅然离开西北联合大学，来到这个国民政府的陪都，通过姑父张季鸾的介绍，进了大公报，加入了进步记者的队伍。1946年4月，当他离开重庆前往南京就任大公报驻京办事处副主任时，已经是一个以报道国共和谈而著称的名记者了。山城的大街小巷，他曾经是那么熟悉。现在，境迁时过，旧地重游，在缅怀过往峥嵘岁月的同时，他看到的是一个涌动着生机和活力、蓄势待发的崭新的中西部特大城市。可以想见，他的心情是激动而兴奋的。回京以后不久，他和其他几位同志写的关于重庆试点的报道，就陆续刊登在人民日报上。

1985年，中央决定创办人民日报海外版。编委会抽调谭文瑞、余焕春、徐麟等同志成立筹备组。高集从此离开记者部，全身心投入海外版的筹备工作。海外版正式出版以后，他作为负责人之一，留在了海外版，直到离休。

2006年7月

# 一次永难忘记的采访

## ——怀念高集同志

王艾生

1979年7月,我在中国青年报社工作,同米博华同志去福建、浙江、江西等地采访,在与杭州团市委座谈时,发现了令我们震惊的大案:原南京军区副司令员熊应堂的两个儿子为首的流氓集团,他们依仗权势在杭州强奸、轮奸、奸污、猥亵女青年106人,其中熊应堂的两个儿子熊紫平、熊北平就蹂躏女青年达60多人。当即由米博华同志执笔写出《骇人听闻的"两熊流氓集团案"》的内参送达报社,1979年8月9日中国青年报《青运情况》增刊第28期全文刊登这份内参。这一情况,立即引起中纪委领导同志的重视,张策同志批示,由人民日报、公安部、中国青年报派人彻底调查此案,并予以揭露。

9月初,由人民日报高集牵头,人民日报记者柯夫、中国青年报记者李键基、王艾生、公安部干部周山赶到杭州。我们5人住在杭州市华北饭店的两间房子内,每天分组到街道、工厂、学校、商店……找受害的女青年调查核实情况。年近60岁的高集同我们一起调查,不见一点疲倦,每次调查除郊区较远的地点外,多数是步行。每次调查前高集都按受害者的具体情况,指出重点,返回要详细报告,汇总。一次我同高集在市公安局的办公室调查一位受害的女青年,因涉及隐私,由一名女民警同女青年谈话,用布幔将我两人同被调查人隔开,我同高集在布幔这边。当女民警询问女青年受害情况时,这位女青年趴在桌子上失声痛哭,整整一个上午只听到哭声,女青年一句话都没说。这种调查,加深了我们对作恶多端"二熊"的认识。为了彻底弄清每一个事件的真相,在高集的带领下我们在杭州市人民检察院整整看了10天的案卷,14本约一米多高的案卷,我们每个人都有重点地翻了一遍并作记录。经过20多天的工作,对整个案件每个人都有了较为明晰的认知,由高集主持,全体调查人员坐下来分析、整理、研究出写作大纲,由我执笔写第一稿。脱稿之后,由高集逐字逐句逐段审阅、修改,曾有大段大段的删除及大段大段的增添、重写。三次修改后,高集还不放心,他又在深夜反复推敲直至凌晨三四点钟。高集除了写"两熊"文章外,他还在写回忆杨刚的文章,几乎每天都工作到深夜。

经过近一个月调查核实,我们写成了一篇揭露"两熊"罪行的5000余字的文章,原打算在人民日报发表。清样出来之后,我多次去王府井人民日报社拜访高集,希望能早日见报。高集恳切地对我说:"报社领导认为,这种事太丑恶了,人民日报发可能有困难。"

1979年11月10日,中国青年报以《"花花太岁"逃不脱人民法网》为题,用一整版的篇幅刊登揭露"两熊"罪行的文章,11月11日晨中央人民广播电台全文播发此文,在读者中引起很大反响。11月14日,杭州市中级人民法院召开公判大会,主犯熊紫平被判死刑,立即执行;主犯熊北平被判死刑,缓期二年执行。11月16日,香港文汇报全文转载中国青年报文章,并拟题为《熊氏兄弟累累罪行》。

这次与高集一同采访,我永生难忘,我学到了不少东西;最大的收获是,采访的每一件事实,每一个细节,甚至每一句话都要寻根问底,反复核对,做到百分之百的真实。如果有一个似是而非含糊不清的情节,或者是被采访者的一面之词,无法证实的,宁可舍弃,绝不在文章中用它。我深深地被一位资深老记者的严谨作风所打动,深深地被高集的敬业精神所打动。在我担任人民日报驻山西记者的20余年中，高集的这种工作作风一直在激励着我。

这几年，高集身体欠佳，去年春节我打电话给他拜年，电话中他的声音有些嘶哑，他说："我身体不好，主要是胃病，久治不愈。"我劝他："希望您多多保重！"没有想到，他竟辞世而去，噩耗传来，深为悲痛。而对着他送给我的他同夫人高汾合著的《天涯集》，久久呆在那里，一句话也说不出。高集，学问渊博，知识丰富，目光犀利，文笔潇洒。1975年8月，他写的反映伊拉克人民欢庆解放的《巴格达七月纪事》，现在读来还是那样动人，那样扣人心弦。他的另一篇《坐过班房的记者》，真实地记录了"下关事件"中他同著名记者浦熙修的遭遇，成为中国当代新闻史中不可缺少的一笔。高集，待人和蔼，平易近人，即使陌生人，年轻人，他也愿与之交往、交谈、交流。这些都显示他宽大的胸襟，显示着他对人生、对世事、对事业的透彻的认知。

安息吧，高集同志，我们永远记着您。

2004年10月

# 悼 高 粮

萧 荻

10月28日,在人民日报二版经常登载讣告的地方,赫然九个黑体字:"著名摄影家高粮逝世",令我心头一震,哀痛之情油然而生。今年8月4日在北京人民日报社老同志欢聚时,多年脑栓塞后遗症不利于行的高粮,在他爱人搀扶着到场和大家相聚,脸色、精神都不错,我趋前祝酒问候,紧紧握手,没想到那就是和这位胖乎乎的84岁老人见的最后一面了。

高粮同志的一生富有传奇性。他不仅是一位知名度很高的资深记者,而且在记者队伍里是少有的"双枪将"。说确实一些,是一位"三枪将",同时能拿枪杆子、笔杆子、相匣子。他原籍河北省易县,早在1936年投身革命,1937年参加八路军,在解放石家庄战役中,他曾临战受命担任主攻团政委,在血与火中立下战功。同时,他又是一位穿行在枪林弹雨中的战地摄影记者,在抗日战争、解放战争、抗美援朝战争中,他冒着生命危险拍了大量硝烟弥漫的战斗场面,中国摄影家学会为此授予他"有特殊贡献优秀奖杯"。1939年9月,高粮作为连指导员正在击毙日将阿部规秀的黄土岭战斗中进攻涞源县小秃山时,上级派来一位摄影家沙飞随队参加战斗,其间教给他如何摄影。他见那"小匣子"如此神妙,1944年军区选拔摄影记者时,他即报名并担任了晋察冀军区画报社摄影记者,常年在枪林弹雨中抓镜头。解放初他曾在军调处当摄影记者,1955年调人民日报社当摄影组长。我调入人民日报后几次应邀到他家聊大天儿,他有时也和我说说"当年勇"。在栾城战斗中,他和战士一样冲在第一线。当时盘踞在城里的地主还乡团是些亡命之徒，战斗打得很激烈。高粮就利用道旁的土坑、门楼、大树一边前进、一边取景和按动快门儿，把接火、冲锋、登城、我军英雄行为、俘敌与缴获、一直到拿下最后一个据点，都一一拍下来。那时他用的是蔡斯伊康120照相机。为了节约，和战士打仗一样"弹无虚发"，整个战斗只用了一个胶卷16张。前些年在北京举行了一个"历史的脚印"高粮摄影展，各方人士看到他在狼牙山下拍的白求恩俯着身子抢救伤员、1949年2月3日他拍下的解放北平时我军威武雄壮的入城式、1949年10月1日天刚破晓他拍下的刚刚升起的五星红旗——等历史性感人场面，无不心潮澎湃、百感交集。高粮在火热的第一线既拍照片，也写纪实。1941年曾上过华北大学文学系的他，满怀激情以"我拍摄第一面五星红旗"为题，记录下庄严隆重的开国大典；以"最亲切的会见"为题，记录下毛主席出席第三次团代会；以"跟随聂老总进北平"为题，记录下1949年华北野战军聂荣臻司令员和黄敬、刘仁等从平山出发到北平的一路风尘——。高粮有军人目光四射的直觉，又有历练出来的艺术细胞和新闻敏感，他的照片和文字准确、洗炼而富有激情，使人过目难忘。

没想到，就是这么一位身经百战、忠实积极的好同志，在1957年那个翻云覆雨的夏天，竟也给"扩大"了进去。说来事出蹊跷：1957年4月17日，出了一个"左叶事件"，今日老记者们可能记忆犹新。那天，苏联最高苏维埃主席团主席伏罗希洛夫，由我国人大常委会委员长刘少奇等陪同参观农业展览会，农业部部长助理左叶在维持秩序时，和一拥而上的摄影记者发生了一些争吵，说了些粗话。事后一些报纸发表了几篇小品文、漫画和讽刺诗批评了他。左叶气哭了，不承认骂过记者"滚出去！"5月13日有关上级召开了一个对证核实会，也有人在会上作了些检查。本来事情也就完了。不料，几天之后风云突变，"左叶事件"被上纲成"右派分子向党的新闻事业发动进攻"。什么"新闻界组织不纯"呀、"记者要当无冕之王是别有用心"呀，声势赫赫，帽子吓人。中国青年报文艺部主任吴一铿就因为编发了"部长助理与摄影师"小品文，被打成右派分子，含冤而死。我们的高粮同志因为在对证会上坦率说实情，证明左叶确实是骂过记者，在那个风口浪尖上遂被纳入右派深渊，之后发配内蒙劳改20多年。此后，众所周知的是，报喜不报忧、瞪眼说瞎话者顺风顺水，有正义感实话实说者被打棍扣帽，搞得怪事丛生。直至拨乱反正给他"改正"后，回到人民日报社记者部，他又是精神焕发、马不停蹄地在大江南北奔跑、照相、写作，佳作迭出。

高粮同志是一个热情洋溢的直性子。他不仅一手拿笔、一手拿相机，证明"双枪将"是一个记者充分发挥潜力来追踪大千世界的绝妙途径，他更以自己在风浪中的诚信做人，证明一个记者不但要有才能，更要有良心。高粮同志！您留下的那些像片、文章可能随着时日迁延逐渐模糊，但您仗义执言的铮铮铁骨，人们会永远难忘！

2007年3月

# 学习高粮老师的敬业精神

颜世贵

中秋节前，我还看见老高和他的夫人李祖慧在报社家属区的人行道上散步，遇到我了停下向我示意。他语言表达有困难，但精神还不错，能明白我对他的问候。

想不到，他这就乘鹤西去了。

高粮是我们记者部的一位老前辈。我第一次见到他，是在他结束了20年不白之冤回到记者部。

这时，记者部已陆续调回了田流、纪希晨、华山、陈勇进、黄钢、刘时平、林里、顾雷、商恺、刘宾雁、白原、刘衡等一批有名的老记者。这也是我们记者部的鼎盛时期。我为我能同这些有名的老记者在一起工作而感到十分的自豪！

高粮就是其中的一位。当时，我对他的过去并不了解，只知他是一位摘了"右派帽子"的老记者。平反后，他曾有到某省军区任职的机会，但他放弃了，却毅然要求回到记者的行列重操旧业。有人问他为什么不去当官？他问答说："我多年当记者惯了，舍不得离开。再说，剩下的时间也并不多了，我想利用这不多的时间，为老百姓多干点事！"

老高不顾年近花甲，深入一线采访，为人民群众的利益奔走呼号。揭露不正之风的《河套农民怕"六虎"》的通讯，就是他复出后深入乡村采写的稿件：成为引起轰动的一篇。

记得这篇稿件登了出来，就像捅了马蜂窝。农民来了许多信说好，说为他们讲了不敢讲的话。可是水、电、粮、油方面的"老虎"们立即反扑，发动近百人按手印上书中央，说记者

## 第六辑 深切的怀念

到农民家里吃了"百鸡宴","老右派翻天",是"胡编乱造"。甚至有的主管部门组成调查组公开提出要与记者辩论。

"老高,咱要失实的话,就承认错误道歉吧。""道歉?只有他们道歉!我只服从真理,决不屈服任何权势!"

这事不料让万里副总理知道了。万里副总理指出:这篇稿件"揭发得准确",看起来不但下边有"老虎",而且上边还有"老虎"衙门。于是,这才使有关部门改变了态度,变调查组为抓"老虎"组,下去抓"老虎"!事情就这样结束了,但留给人们的印象很长一段时间不能遗忘。

我同老高的接触中,感觉他为人耿直,听他发言,态度鲜明,富有正义感,说到激动处脸红脖子粗的,对问题的看法,也颇有见地。与我们年轻记者相处,和蔼可亲,没有一点老资格的派头。

这使我想起了与他交往的一些往事。

1979年12月,河北吴桥马戏杂技团在长安街体育场演出,节目相当的精彩。尤其是一位年仅12岁的小演员表演的"柔术叼花",令北京观众惊叹不已。

老高对我说:"小颜,咱俩去采访吧,你写文字我配图。"

这是一次难得的学习机会,我欣然允诺,想看看老记者是如何采访的,就跟着老高来到了演出现场。老高拿着相机跑前跑后,选择不同的角度,拍了一张又一张,拍了一个节目又一个节目。第二天就见于《市场报》了。这份刊有老高抓拍的彩色照片与我配文的剪报,我一直珍藏着。而老高一丝不苟的工作情景,也一直留在我的记忆中!

忽然有一天老高又来找我。原来他把他已经写好的一本回忆录的初稿拿给我,想让我帮他看看,当书稿的责任编辑。

这是我没有想到的。也就是在这时,我对老高这一生的"战斗、工作、生活的部分经历"才有了足够的了解。他16岁参加八路军,屡立战功,多次负伤,后来当上团政委。在战斗空隙,他学着写新闻,不久又学会照相。他在抗日战争、解放战争、抗美援朝中拍摄的大量照片，成为宝贵的历史纪录。新中国成立时升起的第一面五星红旗的照片，也出自他的镜头，成为历史博物馆的藏品。

对此，老高并没有居功自傲。他在《回忆录》的后记里谦虚地写道："我这个人，文化浅，底子薄，知识面又不宽，一生忙碌，无大作为。写出来的零零碎碎，像一只小小的萤火虫，发不出多大光亮，请同志、战友、亲朋与后人们去评说吧！"

就在这年的11月初，荟萃了老高40余年摄影采访中具有历史文献价值的摄影作品选集《历史的脚印》出版了，出版社召开座谈会。老高要我参加。那天高朋满座，到会的有：杨成武、魏巍、秦川、李庄、安岗、石少华等各界人士。我写了一条消息登在人民日报上。

现在，老高走了。我怀着敬仰的心情前去吊唁，并在签名簿上写下了我对他的敬意："在过去的岁月里，您一手拿相机，一手握笔，留下了令人难忘的《历史的脚印》，值得我们后辈深深的珍惜！高粮先生千古！"

2006年11月

# 风口浪尖笔如椽

## ——怀念刘时平

萧 荻

今天的新闻就是明天的历史。一个勤奋而忠实的记者就是一个历史事件的记录者和见证人。一生围绕重大历史事件舍生忘死、追踪真相的老记者，堪称现代式大大小小的司马迁。

在我眼前，出现了人民日报的资深记者、早年在解放前腥风血雨中报道李公朴、闻一多惨案和美军强暴沈崇事件，又在抗美援朝枪林弹雨中采访金日成和战场风云……，笔走龙蛇半个多世纪的老共产党员刘时平同志，在人民日报他给了我许多言传和身教的帮助，我深深怀念这位春蚕到死丝方尽的新闻战线老战士，他那富于传奇色彩的经历，他那嫉恶如仇的斗志，他那力举千钧的华章……

### 奋勇报道李公朴、闻一多

刘时平，原名刘光兴，又名刘秀南。1915年生于内蒙古临河城一个商户家庭。1936年从归绥中学毕业后先后到北京大学和西南联大学习，并接受地下党的影响，参加了党的外围组织"中华民族解放先锋队"，1937年转为中共党员。早年他在八路军一二〇师的民运部工作，回临河组织抗日救亡工作并任《临河日报》第一任编辑。他在斗争风云里显示的人品和才华深受组织信任，1939年便受命到昆明《朝报》、北平《益世报》等新闻单位工作，在抗日战争后期和解放战争时期，冒着枪林弹雨和白色恐怖，他以记者身份奔走于国统区和解放区，写出许多震撼人心的重大报道，在历史上留下永难泯灭的印记。

1946年7月11日晚，李公朴在昆明被国民党特务用无声手枪暗杀了。噩耗是从云南大学附属医院实习生那里传出的。当时刘时平任昆明《朝报》记者，为了将真相曝光于天下，戳穿国民党残暴杀人、造谣中伤而又一手遮天、封锁新闻的丑恶行径，他摸清情况后主动向地下党请缨，冲破封锁，只身飞往上海披露这一新闻。组织上立即同意并凑足路费，刘时平于事件发生后两天到达上海找到关系，将上述消息用"本报加急专电"率先在《文汇报》刊出，立即震动了全国和海外。一时间，引起公众对这位民主志士、青年导师牺牲的无比沉痛和愤怒。那张带黑框的报纸用大字标题："李公朴先生惨遭暗杀——伤势过重于今晨五时二十分逝世"和"反动派将在昆明施行恐怖政策"，这些出自刘时平血泪之笔的警句，把人民反内战反独裁的声浪掀起一个高潮。国民党反动派做贼心虚，垂死挣扎，随即又在昆明开枪杀害了闻一多教授。刘时平几乎是一字一泪地饱含悲愤又写出《痛悼闻一多》，追悼亡者鞭挞法西斯暴君刽子手，激发反蒋怒潮一浪高过一浪，在现代新闻史上留下了浓重的一笔。

### 彻底曝光美国兵兽行——"沈崇事件"

1946年12月24日圣诞前夜，美国两名兽兵竟敢在北平东单练兵场强奸年方19岁的中国女大学生沈崇，此事立即激起知情市民的切齿痛恨和满腔怒火。但时隔三日，这位被害人的姓名和遇害真情谁也说不清。这件传闻立即引起在《益世报》工作的地下党员刘时平的高度关注。出于强烈的民族义愤和记者的使命感，他毫不犹豫地又迈开披荆斩棘的脚步。

开始传说被害人沈小姐,是辅仁学生。他到辅仁后扑了个空。再从旁打听说是北大女同学,但到北大后三青团头子校训导长陈雪屏推说未必是北大学生。刘时平穷追不舍,听到北大先修班有位女同学沈崇,已经几天未来上课了,很有可能就是被害人。他便从学生中问到沈崇住址在东城八面槽甘雨胡同,便到有关派出所核对后奔去,有位老妪开门说没有。线索又中断。这时,正好绿衣邮差送来一封请住户杨先生转沈崇的一封信,他便又换了一个口气叩门找户主,结果那位杨太太带着尚未擦干的眼泪,把这位诚恳勤奋的记者带到客厅,悲戚而沉重地告诉他:"沈崇小姐的确住在这儿休养,不愿和任何人交谈。她的父亲在南京养病。圣诞前夕晚8时30分左右她去平安看电影,在东单被两个美国兵强暴,遭此侮辱正痛不欲生……"

刘时平带着火辣辣的同情和愤慨,为了翔实报道又回到北大,想尽办法到注册组找到沈崇的卡片:"沈崇,19岁,福建闽侯人,先修班文法组新生,永久通讯处上海古拔路25号"。注册组刘主任还告诫他说:陈训导长有令,不准发表。刘时平又赶赴绒线胡同警察医院了解了沈崇被强暴后由总局派人陪同来检查身体的情况。此时此刻,他尤其难忘北大沙滩五光十色的壁报栏上两种截然对立的声音,一种是来自广大同学的愤怒之火:"美军强奸了沈崇,就是强奸了中国的灵魂!""美国兵滚出去!"北大学生还成立了抗议美军暴行筹备会发表告全国同胞书,强烈要求严惩暴徒,要求美军当局公开道歉。27日晚学生们还集会抗暴高呼口号。但,令人气愤的是,在广大同学的正义呼喊中,国民党反动派竟利用人们不明真相的弱点,张贴大标语说什么"八路军有意唆使一个女孩子调戏美军以致招辱。"真是颠倒黑白认贼作父无耻之极。刘时平怒不可遏,立即将事实确凿的报道发往报社。当时北平《益世报》的老板不敢发出,他便径直发往上海《联合晚报》,因为他同时兼任这家报社的驻京特派记者。《联合晚报》总编陈翰伯用大字标题元旦刊出，立即在全国轰动和爆炸，抗暴运动扩及大江南北。刘时平率先、勇敢而扎实的报道，如匕首如投枪，在黑云压城城欲摧的风口浪尖上，用"最新发生的事实的报道"，发挥出一个新闻战士最大的能量！

## 耳听八方 为保卫西柏坡立大功

一个成熟的记者足迹应是及时奔赴热点，关注遍及三教九流，广泛开辟信息来源，作党和人民的千里眼和顺风耳，直击世态万象。刘时平解放前就从呼伦贝尔草原到云南西双版纳，跑过许多闹市商埠，也去过许多穷乡僻壤。

1947年4月他到天津作过短期停留。1998年他来津在裕城饭店和我一席长谈中说道，当年的天津无论是电车、公共汽车还是三轮都比较神气，不像当时北平那些破碎不堪的老牛车。在天津市商店转一圈，发现每当市场价格有变动，反应非常灵敏，商家立马更换标签，这是当时天津人灵活的生意经。中原公司霓虹灯虽比不了上海，但比北平亮，金融市场、摊上的美货旧货、奢侈品都比北平红火，浮华。每当晚12时街头仍荡漾着爵士乐与砰嚓之声。在塘沽参观新港时，他更遭遇到半殖民地特有的耻辱，居然有两个武装的美国兵托枪进逼，说什么这里是警戒线，不准照相。当他们几位记者严正抗议时，一个美国兵把子弹推上膛胡喊乱叫。平津记者团在归途中发出郑重声明："中国记者在中国领土内有行动之自由，不容外人之干涉！"

看看今日朝气蓬勃的天津，忆及往事，刘时平不胜感慨。这些对于今日天津的青少年当是一种闻所未闻的深刻教育。

视野开阔、交结广泛的刘时平不仅是个笔锋锐利的记者，还是一个敢想敢干的行者。1948年10月15日，东北我军在辽沈战役中攻克锦州，封闭了敌军入关逃路。此时，蒋介石还带领一批军政要员亲临北平督战。中共华北局城工部长刘仁奉华北军区司令员聂荣臻的指示，令北平地下党组织迅速查明蒋介石的动向。这一任务通过《平明日报》采访部主任李炳泉也交给了刘时平。

时任《益世报》采访部主任的刘时平同国民党上层人物也交往不少，其中深交者有既是同乡又是中学同学的鄂友三和杜长城。前者是国民党整编骑兵十二旅旅长，后者是所谓华北"剿总"的爆破队长。1948年12月23日，刘时平得知复兴门外召开军事会议，便主动邀请鄂、杜饮酒欢聚，在推杯换盏之时刘时平几句话激得鄂友三满腹牢骚并大叫道："委座有令，要傅作义明天就去端共产党的老窝。这回为兄要大显身手了！"刘时平听了大吃一惊，随即摸清蒋、傅虽佯称此次行动仅为援救太原，抢购物资，实际是调集两个军兵力、400辆汽车带百吨炸药去突袭西柏坡的中共中央机关。翌晨，刘时平为防有诈，便乘鄂昏睡未醒之际，又亲自跑到西直门火车站，利用《益世报》记者身份通过军警盘查，探明杜长城爆破队确实在装车待命。他又巧妙地摸清发车方向、时间，尔后迅即向地下党报告。很快，一条由周恩来副主席起草的战斗指令发向四面八方。冀中、北岳两区党政军民奋起迎击，毛主席亲自撰写《蒋傅匪军妄图突袭石家庄》电讯由新华社播发，及时揭露了敌人阴谋。在我军民迎头痛击下，国民党军的所谓"快速部队"猝不及防，遗下大批尸体和辎重狼狈溃败！

在和平解放北平时，刘时平和傅冬（傅作义之女，地下党员）密切联系，做了许多工作。国民党特务曾将他逮捕入狱并准备暗杀，但因大形势变化而化险为夷。

### 在战火纷飞中访金日成

刘时平的记者生涯丰富多彩，起伏跌宕。在他经历的重大事件中，只要有可能他总是到最火热的前沿，找最紧要的人物，抓最敏感的新闻。这正是世界上一流记者所具有的素质和风范：1951年1月他又出现在战火纷飞举世瞩目的抗美援朝战场上。

他解放初即调入人民日报在范长江领导下工作。1950年底朝鲜战场一度风云突变，平壤被疯狂反扑的美军占领，西方散布谣言说："朝鲜完了，金日成完了"。当时由五家报社组成记者组由刘时平任组长，奋勇赴朝采访。平壤已于1950年12月6日光复，他们于1951年1月底到达后但见平壤已被炸成一片废墟，到处残垣断壁，硝烟弥漫，天空敌机乱飞，不时向地面喷射死亡和恐怖。那时，全世界都在关心着金日成的命运，他的生死存亡对朝鲜民族关系重大，对于整个国际舆论也是一个亟待揭开的谜。

他们到达平壤当夜就在平安北道矿洞中受到彭德怀司令员亲切的接见。第一次见到这位景仰已久的统帅，记者们激动不已。彭总听到他们要采访金日成的要求，很快作了妥当安排。在一个不知名的山沟里他们终于看到神采奕奕的金日成将军。身着草绿色军装，脚下一双高统皮靴的金日成和他们脱鞋上炕，盘腿交谈，无拘无束，亲如一家。那话语也如久别重逢的老朋友："中朝两国，唇齿相依。就连风俗习惯上也有不少共同之处。比如朝鲜服装就受唐、宋、明历朝影响。睡的热炕，也和中国北方农村一样。不过朝鲜是全炕，中国是半炕……"金日成在那金戈铁马、炮声隆隆中从容镇定的叙谈和他对战场局势清晰的分析，使他们获知了许多重大情况。临别时，金日成说："胜利以后，欢迎你们再来，我们一起上金刚山看日出。"正是这次战火连天下的采访，刘时平随即以出现场报道《金日成将军会见记》以及《英雄城市——平壤》、《美军空俘的自白》、《英雄母亲的光辉》等战地速写，很多都是在第一时间问世的尖端新闻，在大长我方志气和澄清敌人造谣方面，用鲜活的事实作了最可信服的回答。

刘时平采访过不少风云人物。1957年伏罗希洛夫访华，在途经北京、上海、杭州、武汉、广州、东北时分别由毛主席、刘少奇、周恩来、朱德、贺龙、宋庆龄、罗瑞卿等陪同，刘时平从头到尾随行采访发稿。那时还没有电视摄像设备，是他亲见亲闻并记录下这些人的音容笑貌。他还采访过西蒙诺夫、乌兰诺娃、爱伦堡、法捷耶夫，美国名广播评论员可温和法国名导演罗奇在访华途中都进入刘时平的笔踪……

## 宝刀不老风范长存

刘时平在笔墨生涯中追踪历史风雷，数度出生入死，在许多险要关头不仅用笔而且用生命为党为人民立下了汗马功劳。但他为人平易质朴，几十年来很少提及那些过五关斩六将的往事。有关报道李、闻惨案和沈崇事件最先发稿的事迹，是北京市政协组织别人写文史资料时挖掘和披露出来的；而送出重大情报保卫西柏坡党中央安全这一历史行动，是原华北野战军第三纵队司令员郑维山将军所著《从华北到西北——忆解放战争》回忆录中涉及的。刘时平不慕虚荣，不求利禄，从来不追求乌纱。他的口号只一句：我就是记者。他认为，为人民当个好记者就足够光荣了。但，就是这样一位早年在恽逸群同志领导下工作，曾长期受范长江、邓拓等同志熏陶，作过大量重要报道的好同志，后来在极"左"浪潮中回答追问时说"我还救过党中央、毛主席，我怎么会……"，这句话竟被一些好事者断章取义无限上纲。"毛主席是我们的大救星，你怎么敢说救过毛主席？"三下五除二竟把这位忠心耿耿的老党员打成反党反社会主义的右派。此后22年，再也不能在报纸上读到他那力透纸背的报道了。直到三中全会后他重回人民日报记者部，依然意气风发，奔走一线妙手著文章：《怀念邓拓》、《呼伦贝尔草原在起飞》、《满洲里日新月异》、《珠海之路》……宝刀不老，依然是那种苍劲有力又娓娓道来的别具一格。

1987年夏我有幸和刘时平同志在杭州参加一个会议后又去绍兴、舟山、千岛湖等地小游，同行的还有当时驻内蒙古记者傲腾、驻浙江记者高海浩,这两人均生性快活又好学不倦,一路上我们三人请刘时平老师畅叙生平轶事,时而惊呼时而大笑时而慨叹,成为永远难忘而妙趣横生的友谊曲和新闻课。人生,难得这样敞开心扉情意交融的长叙啊!

被我们视为兄长和老师的刘时平,也常常在不经意间谈到他一些新闻工作的老到之见。他认为,懒人是做不了记者的。新闻记者必须是眼观六路耳听八方。记者光有新闻鼻还不够,还要有飞毛腿,到处跑,满天飞。在这个意义上,新闻是用脚写出来的。新闻贵在"新",就必须抢,就要争分夺秒,跟踪追击,直到水落石出,不能半途而"退"。他感慨,现在有些新闻记者都快成旧闻记者了,动不动就是"最近","不久以前"。发表要看时机,但记者要立足于抢。一个记者在思想感情上应该爱什么恨什么,歌颂什么暴露什么,更是一个带根本性的问题。为了主持正义坚持真理,一个忠于事业的记者应具有天不怕、地不怕的精神……

直到今天,他那率直粗犷、豪放敦厚的内蒙古口音和铿锵有力、亲如家人的谈吐仍萦回在我的耳边。在十多年的共事中他给了我永难忘却的许多关切和指导。只可惜,天不假年,1999年9月4日,这位一向身板硬朗挺拔,一生光明磊落,享年84岁"生也坦然,死也安然"的老记者,终因肺癌而溘然长逝了。他长期担任人民日报工会主席并带新闻研究生,人们都亲切地呼他刘主席。人民日报深情地为他专发了一个讣告,许多人为这位老同志的辞世而潸然泪下。每当人们谈及到他时还都说:干记者,就得像刘时平那样无私无畏、有胆有识!

2006年8月

# 永远的骄傲

## ——忆刘时平同志

傲 腾

上个世纪，在我们记者队伍里，有一位智者、尊者、乐者——无论什么时候，见到什么样的人他总是笑呵呵，把一腔热情，一脸和蔼端在你面前；人们一接触他，会被他的可亲可爱所感动。他就是被我们大家公认的好人——刘时平。

### 助人为乐者

助人为乐作为一种美德，常被挂在人们嘴边。但以助人为乐作为一生追求，以漫长的一生体现助人为乐，只救助人，不求被人助，这样的一生重于泰山。刘时平就是这样的一生。

我与大老刘——时平兄真可谓是"忘年交"。80年代初，一个水草丰美的夏季，当时主政内蒙古的周惠同志邀请全国各地及北京的名作家、名记者来内蒙古采风。搞接待工作的是我的一位朋友，给我打来电话说："这一次接待的人中，有人民日报资深记者刘时平……"我喜出望外，我是刘时平同志的仰慕者，以现在的话可以说是他的"粉丝"。在此之前我"认识"刘老，还是从他的新闻作品中，或者是故乡人们茶余饭后的议论中，并没有真正谋面。在我心目中他是新闻界的佼佼者、幸运者。说佼佼者，他有胆有识，写过不少脍炙人口的优秀新闻作品；说他是幸运者，那个时代的大事、要事，尤其是有新闻价值的新鲜事儿，他亲自经历过不少并写下见证历史的名篇。比如，《李公朴惨遭暗杀》、《沈崇小姐》、《五·一八事件目击记》乃至解放后采访首届全国学代会写出《民主人士大聚会》，又随抗美援朝大军入朝战地采访，写下了《初到新义州》、《金日成将军会见记》；回国后参与采访中苏友好活动，写下《别了，斯大林》、《伏老在沈阳》；接着是百废待兴的新中国全面建设，他写了《周总理畅谈人民内部矛盾》，等等。以后在反右中被错划，随着改革开放他又枯木逢春，重新回到新闻队伍中写下首钢深化改革的企业管理，《珠海之路》等名篇。而像《李公朴事件》、《沈崇小姐》、《金日成将军会见记》都是载入史册的重大事件，他都遇上了，而且都写出了很好的新闻作品。作为一个新闻记者不是很幸运的吗？

　　对于这样一位可尊敬的老前辈，请朋友打听清楚他下榻的饭店及房间号后，我战战兢兢地给他房间打电话，电话的那头是一个洪钟般老者的声音。我自报家门，他似乎也知道我，半开玩笑地说："小官僚，我到呼市了，不来见面，还打电话……"我一下子轻松了许多，放下电话骑自行车赴约，我们真是一见如故。他简单地问我老家、毕业学校、从事新闻工作时间等，以后自我介绍道：我是个"出土"老鬼，解放前在北大念书，那时进步学生上街游行，经常遭到警察强压水龙头袭击，我个头高，体格好，总是站在前头挡水枪保护同学，当时地下党组织说我表现好，先让我参加民先组织，又派我到内蒙古抗日，1937年在抗战前线入党。以后又到西南联大求学，毕业后在北平以记者身份作掩护搞地下工作。解放后仍然是个记者，1957年以后，20几年当右派，现在又回来当记者，说简单也简单，说复杂也复杂……

　　我心目中的刘时平是个"老革命"，可他从不"吹"自己，反而把轰轰烈烈的事尽量说得平淡，但看不起"自吹"者。他对人很热情，常喜欢和他们开玩笑，别人也常拿他开玩笑。一次,报社司机拉他到首钢采访,他上车后不久就打瞌睡,汽车经过八宝山门口时,司机师傅通知他"到了,到了";他下车拿包匆匆忙忙只顾往前赶,到门口一看是八宝山革命公墓;他不但不生气,反而回过头来与师傅开玩笑,让司机做个同行的"垫背者"。还有一次,他到外地采访把身上戴的神功元气袋解下放在枕头底下,宾馆服务员给他收了;当他用时问服务员:"我的袋子呢?"女服务员不好意思地答道:"你'老头子'用那种袋子干什么,我给扔了。"老刘急忙辩解道:"那里面装的是中草药,不是女人用的……"后来这笑话也在大家中间传开了。

老刘是个老革命。北京市和国家机关他的老同学、老同事特别多。比如,当时的卫生部部长崔月犁是他北京地下党同事,最高法院院长、省市领导中都有很多老相识。我每次去他家,总是高朋满座,其中有来找他帮忙去医院就医的,也有求学的,反映问题的。有时他老人家跑不过来,把自己几个孩子搭上。所以,他是报社院内人脉关系最好的一个老人。

## 关键时刻显智勇

新中国成立之前刘时平同志是以记者身份作掩护的我党情报工作者。他搜集情报以北平为重点,以及北平周围的天津、石家庄、保定等地。应该说他在这个领域里是干得比较出色的一个。北平解放前夕,驻扎北平及华北地区的是国民党傅作义将军的部队,所属部队有一批绥远籍的文武官员,老刘与他们认老乡,还成立了一个同乡会,老刘任秘书长,掌控实权。所谓实权就是傅作义部下骑兵旅旅长鄂友三既是绥远籍人,又驻守绥远,在绥远北部大青山里种了很多罂粟,制成"洋烟"出售,挣了很多钱,把其中一部分作为同乡会费由老刘掌管。老刘有了这经济权后,凡老乡聚会消费的事儿都得通知他参加。

解放战争中,蒋介石丢了东北,欲作最后挣扎,部署空军对当时的中共中央所在地西柏坡进行空中轰炸和地面围剿。蒋介石命令傅作义部完成，傅作义又把地面围剿任务下达给心腹鄂友三骑兵旅长，于是鄂友三就把我们党中央领导的照片发给参战战士，让他们看着照片抓人。出发之前骑兵旅将士们便提前庆贺这手到擒来的"胜利"，喝酒，逛妓院。刘时平同志通过关系得知全部内情后，他佯称自己拉肚子要上厕所，从厕所跳墙逃出来，跑到崔月犁（当时北平学委委员，家中有电台）家把情报发出去的。党中央得到这一情报后很快进行疏散转移，并调遣我部队形成"口袋"式包围圈，避免了毁灭性灾难，反而取得胜利。老刘的这一赫赫功劳自己从未对别人炫耀过，就是在1957年被打成右派的个人危难时期，曾跟报社当时与他个人关系较好的领导讲过自己的这一情况，与他商量可否向组织说说，将功赎罪？报社这位领导与他分析来分析去，认为讲了也不见得能挽救他，弄不好反倒加罪。就这样，他被错划右派后到贵州一个穷县当中学教员。

事隔多年，刘时平这一功绩，还是前几年时任华北野战军第三纵队司令员郑维山所著《从华北到西北——忆解放战争》一书回忆道：华北军区及中央机关得到情报后迅速疏散，由周恩来副主席起草战斗命令，让冀中、北岳军队形成包围圈，毛主席还亲自为新华社写了《蒋傅匪军妄图突击石家庄》等三则电讯，对敌军阴谋予以政治上的揭露。由于我方有了提前的准备，国民党空军只是对西柏坡"空城"轰炸一气，等国民党的"快速部队"——骑兵旅包围过来时，被我们提前准备好的包围圈歼灭掉。国民党傅作义部不甘心失败，投入大量特务人员严密查找秘密隐藏的共产党情报人员，终于查到了刘时平身上，把他抓住放到监狱里关起来，派一位绥远籍的老乡去执行枪杀老刘的任务。刘时平听来者说一口绥远话，就与他攀谈乡情、讲大局；一个是行将死亡之人，一个是将要背井离乡、前途迷茫之人，两人聊着聊着，那个老乡哭了，把执行他的那颗子弹送给刘时平作纪念，让他赶紧逃命。

## 第六辑 深切的怀念

## 人生没有可比性

具体哪年哪月我记不清了，只记得是个初夏的晚上，老刘的几个同学、同事——其中有好几个是从台湾来大陆探亲的。他们中有的是台湾那边的高官，有的是富有商人，都带着夫人；从北京来的有时任最高人民法院院长郑天翔，统战部副部长李贵，原华北局副书记苏谦益，以及几位驻外大使，唯有老刘是个记者。他们在北京一家高级饭店聚餐、叙旧。这些老人个个精神矍铄、神采飞扬，无论在共产党这边还是国民党那边的高官，有房有车，生活美满，个人的健康状况都很好，唯独老刘的状况似乎不及他们。那时他已丧偶，而且肺上已查出一个阴影，医院方开始说很严重，后来说不那么严重，老刘根本不把它当回事儿。他坦然地讲："好了多活几年，现已活到80多了，目前中国人平均寿命70多，还多赚了几年，满足矣！比在座的你们先走一步，给大伙当个侦察兵，先遣队。"说着豪爽地笑了起来。而在座的那些老同志老同事，老刘在他们中间论学识是北大毕业生，当记者搞情报成绩斐然。此时此刻，难免有些人流露出为老刘鸣不平的情绪，老刘却坦然一笑说，不是共产党对我不公，因为我不愿为官，只愿以一个记者身份生活在百姓中间，心里充实、满足。

席散后，大家各自乘车回家了，我和老刘漫步在华灯璀璨的长安街上。我感到此时的老刘有病，与他的同学、同事们相比难免会产生失落感，想用话安慰安慰他。未等我开口他却先开导起我来，说人生是没有可比性，人比人，气死人，这是比财产、比官位的结果。我一辈子当记者，就是作比较，不是横着比就是纵着比，在比较中知道进退、升降，在比较中知道好坏，在比较中产生新闻，但从来没有与别人比过自己的一生得失。过去有人说我刘时平是为主义而活，是主义的富有者，我现在认为这倒是恰如其分的。我生活的那一个年代主义很多，道路很多，要你自己选择。我一生认定共产主义并为之奋斗，在奋斗中既有顺境，亦有逆境，这些都是对你的考验，要历经磨难。疾风知劲草，就是这个道理。如果要比，就比我们的选择对不对？一生的努力值不值？如果一生努力，换得一些'砖瓦水泥'值吗？一生努力，换得一些黄金白银值吗？如果要比，那就比是非，比对他人、对社会、对人类文明的贡献，比百姓中的口碑。老刘的话掷地有声，至今言犹在耳。

一年多后，老刘住进医院。医院主张做手术，他不做，他儿子要我去做做工作。我到医院，见他躺在病床上，还跟我开玩笑说："医院诊断为肺癌，已侵入肝，癌不传染"。他让我坐在他床边，近一点好说话……到这般地步，老刘仍然是如此乐观。我问治疗方案，他说："一是慢性保守治疗，延缓病情发展，争取多活几年；二是做手术，成功率如何难说，还要花一大笔钱，我一生积蓄也不够手术费的三分之一。就算手术成功，也不过是多活几年，不值得……"我很快接话说："人，最珍贵的是生命，生命的价值是不能用金钱算的；再说，您老是老革命，费用可以报销。"他打断我的话说："不！个人也出部分。"他儿子在旁插话道："您只要同意做手术，钱不用您考虑，我们做子女的有办法。"老刘还是摇摇头说："对国家，对朋友，对子女欠一笔情，将会死不瞑目的，我不干，一切顺其自然；走到生命的尽头，就坦然闭目了，何乐而不为！"没多久，他走了，我和报社许许多多人到八宝山送行，他闭目安详地盖着党旗躺在苍松翠柏中。

将要结束本文时由然想到我们怀念大老刘是为什么？他非富、非官，他的新闻作品文集名为《我就是记者》；就是这么一位普普通通的记者，被我们怀念着，在我心中是"永不逝去"的记者。因为他曾是我们队伍中不显山不露水一员，他或他们那代人的遗风至今影响着我们，是我们永远的骄傲。

2008年11月

# 他的星光不会熄灭

——对老记者华山同志的零星回忆

马鹤青

北京落着秋雨。临去机场的时候,我从书架上取出一本《远航集》放进手提包里。我想路上再翻翻这本书。翻翻这本书,是想回忆书的作者华山同志。

昨天——9月22日,华山同志在广州去世。我去广州,是去帮助料理他的后事,那心情正像这落着秋雨的日子。可是等到在飞机里坐下,打开《远航集》;好像又看见了作者——一个乐观健谈,风风火火的新闻记者。这使我忘掉了他的死,想起了他的生。

他在中国新闻界,当然是长辈,我原本不认识。我最初读他的作品,还是36年前在上海学新闻的时候。先是读他写抗日战争的几篇特写,读得十分有味。接着读他写解放战争的通讯,读得使人坐不住。再往后,我很注意他在朝鲜前线写的报道。一直到前几年,我从他手里拿到他在对越反击战前线写的报告文学原稿。我抢先读完一遍,才送车间排字。

36年,从我学当记者起,就不断地读华山的作品。细想起来,给我印象最深的,还是他写东北三省解放战争那十几篇。那十几篇,像历史教科书,像电影纪录片,把中国人民为解放而战的豪迈气概,有声有色地写出来了。东北野战军退守北满的艰苦,三下松花江的战斗,接下来围攻四平,进军沈阳,解放军军威雄壮,记者华山的文风也雄壮。他写我军高级将领，写师团营连干部，写翻身后报名参军的新战士，写摘下蒋军帽徽要求当"八路"的俘虏，一个个都写活了。1948年4月，他写我军攻打沈阳的通讯《踏破辽河千里雪》，那文气之大，情节之细，使人似乎看到记者华山没日没夜地在战场上奔走。他熟悉战争全局，熟悉我军，也熟悉蒋军。他用诗一样的语言，准确地报道了这场战役的结局。等到他写《英雄的十月》，那股豪情更是富有感染力。你听："现在完全翻过来啦！四保临江的一个英雄连长对我说，铁路是咱们的，大炮是咱们的，汽车是咱们的，咱们打到哪里，哈尔滨的火车也跟到那里了！""战士们在行进中遥望南方，忍不住敞开胸膛唱道：走一山，又一山，眼看就到山海关！""小通讯员伏到路旁的河岸喝口凉水，也意味深长地凑到指导员的耳边悄悄说，这河水，有股关里味哩！"当时，我们华东新闻学院的学员，在讨论华山的新闻通讯时说：华山的作品真能鼓舞人心，他这些文章登在报上，真有整师整团的战斗力！

那时候，我总想，在紧张艰苦的战争条件下，一个记者怎么能很快采访到这么多材料？直到许多年后，华山的一位老战友在闲谈时对我说："打沈阳的时候，我和老华在一起，都是20几岁，都是团级干部。吉普车吗？那时团级干部还坐不上，可我们都分到一匹军马，我是骑着大马进关的。老华不骑马，总爱跟战士们一道行军，在连队里串来串去。他上上下下熟人多，消息多，材料多，什么都知道！"

我的疑问解决了。军事记者要跟战士们在一起，所有的记者都应该到生活的第一线。后来，我第一次见到华山的时候，亲眼看到他在第一线串来串去的情况。那是1958年冬天，黄河三门峡大坝正紧张施工，我到工地采访。有一天，黄河两岸大雪纷飞，我搭工程局的汽车去工地。走到半路，陪我的同志指着前边说："今天你赶巧了，前边不是华山同志吗，他现在是我们这里的党委书记。其实他是来收集材料写文章的。他在这里人熟，材料多，什么都知道！"这话，跟那位骑马进关的人说的一样！我赶快下车，在雪地里认识了华山。他，中等身材，穿一件工程局的棉大衣，不像书记，也不像记者。他说："别坐汽车啦，一道走，咱们交换新闻材料吧！"后来，我每次去见他，总说要汇报情况，请他指导。他说："汇什么报，指什么导，你是记者，我也是记者，不是你的上级！"可是每次一谈，总是他告诉我许多我采访不到的东西。他真是人熟，材料多，什么都知道！

到了过春节的时候，我已决定不回北京，就在史家滩工地住下，同工人们一道过年。没想到大年三十的傍晚，有辆吉普车开到我的房门口，司机说："华书记叫我接你回三门峡市，进城玩玩，休息几天，过年嘛！"可是过年那几天，华山并没有休息，说是去拜年，其实他又在劳动模范、工程干部和苏联专家中串来串去，不知又采访了多少东西。冬夜，我看他房间的灯总是亮着。等到文章发表出来，我才知道，他当时正在写《神河断流》，写中国人民在社会主义年代第一次征服黄河的史诗。

1960年，他的《远航集》出版，我立即买来一本。我是拿这本书当教科书读的。可是作者到什么地方去了，不知道。又过了20年，包括大浩劫那十年，许多人不知道华山的下落。1980年，我到河南林县采访，有一次下乡，县委的同志指着路边一个小山村对我说："你看，那座房子就是华山同志住的。他在我们乡下住了好几年，要写我们林县的事，林县的事他全知道。"下车走近一看，简朴的农舍里，有他写作用的一张桌子，床上的铺盖很单薄，地上放着他自己烧饭的锅碗。原来这些年他仍在第一线采访，只是近来身体不好，才回广州治病去了。

没过几个月，华山同志忽然来到北京，到人民日报记者部报到，看来情绪很好，身体也不错。我问起他的病，他笑笑说："人过六十岁，都经不起医生检查，哪个没点病？有点病怕啥！"说得轻巧，其实他的肝硬化已二十年了。他在北京没住几天，领了新的记者证，就带病上前线。在对越反击战中，他写出《战士嘱托的报告》，文章发表后，解放军总政治部通知报社，说是要奖励华山同志。可是没见他去领奖，只是提出要去太行山，说："时间不多，得抓紧，太行山是我多年战斗和生活的地方，这次要去长住，好好写点东西。"

可惜这个愿望未能实现，他的肝硬化已转为肝癌，不能上山了。去年春天，我们几个记者路过广州去看他，他已病得不轻，可是精神很好，给我们大谈广东的经济改革，谈得眉飞色舞，谈到一些不正之风，他又情绪激动。看来，他在病中仍十分关注党的事业，还是消息灵通，知道的事很多。可是，他的病情在恶化，去年秋天被送进了医院。他在医院里也没有完全休息，还在整理采访笔记，还在写作。医生给他提意见，护士拿走了他的钢笔和稿纸，可是人家刚转身，他从枕头下边又摸出了纸和笔。医生说："老华是一直工作到死的！"

9月26日，他的遗体将要火化，我们去向他最后告别。这位从事无产阶级新闻事业四十年的老记者，穿一身朴素的旧衣服，静静地躺在几盆鲜花中间。按照他的遗嘱：没有举行悼念仪式，骨灰要撒到太行山——他长期战斗过，晚年又想去长住的地方。国庆节后，他的两个女儿和两个儿子捧着他的骨灰盒到山西去了。

办完他的后事，我又打开《远航集》，他在"题记"中写道："战斗中总有点什么从人们身上迸发出来，在你眼前一闪，有时像长夜的星光，有时像远方的篝火……"他这是描述为新中国而战，为社会主义奋斗的人们；我想，他这话也无意中描述了他自己。老记者华山，没有官衔，也没有职称，可是在我们党的新闻事业中，他是一颗闪光的星。他的星光是不会熄灭的。

1985年11月

# 深切悼念傅冬同志

——谈谈傅冬同志的特殊身份和特殊贡献

金 凤

著名爱国将领、原全国政协副主席傅作义将军的长女、人民日报资深记者傅冬同志因病于2007年7月2日在北京逝世,今天是她逝世一周年。作为她的老同事、老朋友,我对她深表哀悼之情。上世纪50年代,傅冬同志和我同为人民日报记者,曾经一起采访,她的音容笑貌,宛然如在眼前。现在,我谈谈我知道的傅冬同志在解放战争时期,她以傅作义将军长女的特殊身份为解放事业所作的特殊贡献。

1951年,傅冬同志由组织上分配到人民日报当记者。我清楚记得,那时她梳着两条长辫子,上身穿一件白衬衫,下穿一条灰布长裤,脚上是白绵袜和黑布鞋,衣着朴素,一笑起来,脸上现出两个浅浅的酒窝,十分动人。听说她从小学习优秀,思想倾向进步。她考入著名的南开中学和西南联大,积极参加学生运动。1947年她在天津参加地下党。我在上海交大、北平清华大学也积极参加学生运动,也在1947年参加地下党。两人有相似的经历,一见面便有许多共同语言。她比我大四岁,是我的学姐。

1951年夏天,抗美援朝运动在全国蓬勃展开。人民日报副总编辑安岗同志派傅冬同志和我,一起到北京东城区调查研究一个城区如何深入开展抗美援朝运动的经验。

当时的工作和生活条件十分艰苦。我们住在区政府招待所一间简陋的小平房，大约10平方米左右面积，放着两张单人木板床，两张三屉桌，两把木椅，一个脸盆架，挤得人转不过身来。傅冬同志和我冒着酷暑，深入工厂、学校、商店、大杂院，采访工人、学生、教师、工商业者、店员、居民等等，成天奔走于烈日下。回到招待所，小平房热得像蒸笼，没有洗澡设备，用脸盆盛水擦擦身子。没有电风扇，手摇蒲扇挥汗写作。苍蝇、蚊子很多，我俩身上被咬得起了许多红疙瘩，招待所才给我们发了蚊香，挂了蚊帐，我们觉得很不错了。吃饭在食堂，主要是粗粮和素菜，我们不以为苦。我问傅冬："比你家伙食，苦得多吧。"傅冬笑笑："我娘（傅作义原配夫人，生了傅冬姐弟）是家庭妇女，会做山西面食，粗粮细做，我从小就吃粗粮吃惯了。你是南方人，吃不惯小米饭、窝窝头吧。"我苦着脸回答："实不相瞒，我是江苏人，我家是江南鱼米之乡，普通老百姓，也吃大米饭，再不济，喝大米粥。这小米饭和窝窝头，从到解放区到现在，硬着头皮吃下去。"看起来，对吃粗粮傅冬比我适应多了。

  我俩在东城区调查一个多月，两人同住一室，朝夕相处，很谈得来。我们都做过地下工作。但我是在学校地下党领导下，在同学中开展工作。而傅冬，则是以她的特殊身份，担负地下党布置给她的许多重要工作。我早听说傅冬以傅作义将军长女的身份，在解放战争时期做出许多特殊贡献。同是地下党员，同在国民党区域开展地下工作，我深知要冒许多风险。我对她充满好奇，也出于记者的职业本能，我请傅冬同志谈谈当时的情况。

  傅冬推辞道："没啥可谈的，奉命工作吧。"我说："不会这么简单。你不妨说几件有代表性的事。现在解放了，不用保密了吧。"

  傅冬同志推托不过，只好谈起来。一天辛劳工作以后，晚上，凉风习习，我们坐在小院里，手摇芭蕉扇，她侃侃而谈，我凝神细听，十分适意。

傅冬同志谈到，1946年国共和谈破裂，蒋介石大举进攻解放区，当时敌我力量悬殊。党中央急需了解国民党军队的情况和蒋介石的作战部署。傅作义是当时"华北剿匪总司令"，常去南京开会，了解许多情况。当时傅冬在天津大公报编副刊。她是傅作义将军的长女，也是傅将军最喜爱的女儿。因为她不像当时国民党一些达官贵人的子女那么娇生惯养，挥霍成性。他的女儿可是有名的西南联大英语系毕业的高才生，又在有名的大公报工作。他哪里会想到，他的这位"大小姐"是中共地下工作者，和晋察冀解放区城工部部长刘仁同志直接联系。刘仁同志布置傅冬同志尽量从傅作义将军处取得国民党的军事、政治情报。

任务十分艰巨，必须想办法完成。傅冬知道，在她父亲寝室里，有一个陈旧的皮箱，傅将军最重要的机密材料，都锁在这箱子里，箱子钥匙装在她父亲上衣口袋里，从不离身。怎样才能取到这把重要钥匙呢？

傅冬左思右想，终于想出办法来了。她有一个五岁的小弟弟，是父亲最疼爱的小儿子。她和小弟弟的关系一向很好。傅冬买了几块当时还很稀罕的巧克力，送给小弟弟，让小弟弟从父亲上衣口袋中取出钥匙交给她，事成后她会再送小弟弟几块他最爱吃的巧克力。傅作义将军生活简朴，家中小孩子平日很少吃到巧克力。吃了巧克力的小弟弟一口答应完成大姐姐派给他的"任务"，并且答应当作一个要紧的"秘密"保密。

傍晚傅作义将军回家了，他心爱的小儿子一下子扑到父亲怀里，缠着父亲讲故事。在傅将军讲故事的当口，小弟弟神不知鬼不觉地从父亲上衣口袋里取出钥匙装进自己的小口袋，然后离开父亲将钥匙交给他一向很尊敬的大姐姐。大姐姐果然又给小弟弟几块巧克力，并且再一次叮嘱这是他俩之间的一个"秘密"，千万别让父亲知道。

晚饭后傅作义将军出外开会。傅冬乘机溜进父亲卧室，用钥匙打开箱子，拿出准备好的照相机，将箱中所装国民党最重要的军事、政治机密资料拍下来。完事后她将钥匙交给小弟弟，让他乘父亲回家后放回父亲上衣口袋。小弟弟一一照办。

傅将军一无所觉，而傅冬已火速把这批重要情报通过交通送刘仁同志，刘仁同志马上密电报告党中央。这是解放战争初期最重要的军事情报，对党中央及时粉碎国民党的猖狂进攻具有很重要的作用。后来刘仁同志通过交通带给傅冬同志一句话："老家的人谢谢你。"这是对傅冬同志的最高奖赏。

接着，傅冬同志讲了傅作义企图偷袭党中央机关的事。

这事非同小可。当时党中央机关驻扎在河北省平山县西柏坡村，主力部队都在外线作战，党中央驻地只有些警卫部队不足一个团的兵力。傅作义准备派两个师偷袭西柏坡。

傅冬知道这一情况后，火速报告刘仁同志。刘仁同志急电党中央。党中央急调主力部队回防西柏坡，同时通过新华社发表文章，揭露这一阴谋。傅作义将军奇袭不成，只好下达撤退命令。党中央转危为安。

听到这里，我忍不住说："好险啊，幸亏你及时报告中央，否则，后果不堪设想。"傅冬同志谦虚地说："不能全归功于我。同时有别的渠道将这事报告中央。中央采取紧急措施，这才转危为安。我不过尽了自己的职责。"

夜已深了，第二天一早还要工作，我们归寝了。

工作之余的晚上，傅冬同志又对我讲了她亲身经历的一件大事。

1948年，蒋介石军队节节败退，崩溃在所难免。大洋彼岸的美国当局又策划想策动中国一些地方势力直接和美国联系，各自拥兵独立，企图将中国"分而治之"。千方百计不让中国大陆落入共产党手里。美方人士首先找到华北的傅作义将军，说有要事面谈。他们知道傅将军的翻译官是蒋介石派来的军统分子，此事岂能让他知道，因而要求傅将军找一个可靠的翻译。傅作义将军找了他的爱女傅冬充当他的翻译，傅冬是西南联大外文系英语专业毕业，精通英语，充当他的翻译完全没有问题。

美方人士开门见山谈到中国国势危颓,国民党蒋介石完全不可靠;美方建议傅作义将军在华北地区拥兵独立,不再受制于蒋介石,可以直接与美方联系,美国可以直接向傅将军提供大量的现代武器和经济援助。美国人还说,他们也准备向桂系的李宗仁、白崇禧、云南的龙云、四川的刘湘、西北的马鸿逵、马步芳提出相同建议,让各地区分别拥兵独立,"共同挽救中国不落入共党之手"如此等等。傅作义将军听了不禁大吃一惊,他冷静地听着傅冬的翻译,一言不发。美国人催他回答,他淡淡地说,这事十分重大,他必须仔细考虑,才能表示态度。

美国人怏怏不乐地走了。傅将军对傅冬说:"这不是要分裂中国,让中国再回到各地割据局面,他们可以分而治之吗?"傅冬点点头说:"父亲看得清楚,这是美国的重大阴谋,父亲千万不能落入美国人的圈套。"傅作义沉思一会说:"这事也不能报告蒋介石,以免他更加猜忌,横生枝节。"他又嘱咐女儿注意保密,千万不能将这事泄露出去。

傅冬同志此时已经入党,自然不能听从父亲的嘱咐。她赶紧报告刘仁同志,刘仁同志立即报告党中央。

不到两天,延安的新华广播电台播发重要文章,揭露"美帝国主义企图策动中国地方势力拥兵自主,妄图将中国分而治之"的阴谋。蒋介石听了广播,又惊又怒。美国他奈何不得,赶紧向各地恩威并施地"灭火"。他急电傅作义将军,询问是否有过和美国人密谈?他确实拿不到任何证据,只好力劝傅作义将军将他统率的几十万军队赶快从海路南撤。蒋介石承诺傅将军南下后将担任"江南地区剿匪总司令,将统率长江以南的国军合力抗击共军。"

傅作义将军看了电报,冷冷一笑,对傅冬说,只要他的部队一过长江,便将被蒋介石的中央军一口吞掉。失去他亲手创建、训练和供应的部队,他双手空空,下场便将和他的老长官冯玉祥将军一样。因此，傅将军尽管口头上答应蒋介石南下，行动上却迟迟未动。解放军乘机抢占了他的部队即将南下的出海口塘沽港，他想南下也不成了。

听了傅冬同志这番经历，我禁不住称赞说："傅冬，你这次翻译当得太重要了，让党中央及时揭穿了美国的阴谋，你真做了一件旁人绝对做不了的事。"傅冬可爱地笑笑："我也没想到在西南联大学的英文，这次会派上这样大的用场。"

我俩合写的调查报告一人一段很快写成，个人写的专访也写成初稿。一个多月的辛苦劳动有了初步成果，忙里偷闲，我又请傅冬讲讲她为和平解放北平所做的事。

傅冬说，1948年11月，辽沈战役打响，一路势如破竹。刘仁同志派干部秘密进入天津见到傅冬，传达党中央的指示，要求她做好她父亲傅作义将军的工作。不久，刘仁同志又派人到天津，指示傅冬回北平和她父亲住在一起，随时做父亲的工作，同时及时向北平地下党组织提供情报。傅冬高兴地回到北平，住在家中，积极做她父亲的工作。根据党的指示，她明确告诉父亲，她自己是共产党派来的，劝父亲不要再跟着国民党走了。傅作义将军大吃一惊，他最担心的事发生了，他最宠爱的女儿果然跟着共产党走了。他冷静下来，沉着地问："是聂荣臻派你来的？还是毛泽东派你来的？"傅冬及时向党组织请示，得到答复后告诉傅作义将军，她是"毛主席派来的"。傅作义将军不由得对傅冬刮目相看了。

平津战役期间，傅冬和她父亲谈过多次，动之以情，晓之以理。她把解放区出版的报刊、书籍和小册子放到傅将军的办公桌上。她发现，毛主席写的"新民主主义论"和"论联合政府"傅作义将军翻阅了。她问父亲观感如何？傅将军说了一句意味深长的话："胜利的人讲的话总是有道理的。"傅冬反驳父亲："话讲的有道理才能取得胜利！"傅将军默然。他不愿和女儿多辩，因为，火烧眉毛的事是解放军已兵临城下，他是战还是降？战则必输，玉石俱焚。降则有损他一世英名。他认为自己身经百战,多次身陷绝境,从来没有投降。他不能"屈膝事人"。傅冬知道他父亲心思,耐心开导他:"你不是向共产党投降,是向人民投降。你也不是'屈膝事人',是和平起义,和平解放故乡北平。北平有那么多名胜古迹,你舍得炮火破坏吗?那可要落下千秋万世的骂名!"傅将军听了,低头不语。女儿的这些话,深深触动他心灵。他傅作义个人的声名是小事,破坏了故宫、天坛,他怎么向人民交代?!他的心思终于活动了。不少老朋友也来劝他:"是和平起义,和平解放北平!你不仅无罪,而且有功于人民!"傅作义将军终于作出和平起义的决定。

傅冬这些天将傅作义将军每天的神态、言谈、情绪变化都及时向地下党组织报告,北平地下党通过电台每天向平津前线司令部报告,为司令部及时作出正确的判断和决策提供了重要依据。聂荣臻同志对北平地下党特别是傅冬同志及时提供情报的作用作了高度的评价:"几十年来,我打过很多仗,能够及时了解对方最高指挥的动态,还是不多的。这对我们做出正确判断,下定正确决心,进行正确部署,具有十分重要的作用。"

听到傅冬同志详细讲述她在争取傅作义将军和平起义,北平因此和平解放这场重大的斗争中所发挥的独特作用,我听了十分感动。

夜凉如水,夜深了,我俩回到小平房,房里十分凉爽。我却久久不能入睡,心想,有机会一定要将傅冬同志这些年的特殊贡献写出来。可惜,总是一拖再拖。

我们在东城区的调查任务完成,回到报社,又各自忙于各自的工作。

1952年,全国开展"三反、五反"运动。这些年,傅冬同志一有空依然和我经常聊天。她告诉我这样一件事。她说,她最近一个星期天回去看父亲,发现傅将军心神不定,有心事的样子。她关心地问父亲,有什么心事吗?傅将军叹了口气,告诉傅冬,一解放,他把家产都捐献了,只有两艘常跑天津到上海的货轮，没有交出去。因为起义后，一些旧时部属生活困难，常来找他。他便靠这两艘货轮的收入，接济部下。这几天想来想去，总觉得这样做不妥。傅冬劝父亲："您的部下应当适应新生活，不能靠您接济。这两艘货轮应当交给国家。"傅作义听了下了决心，告诉女儿他马上给主管经济的李富春副总理写报告，将两艘货轮交给国家。可见傅冬同志对傅作义将军一直保持足够的影响力。

1958年，人民日报记者站和新华社各地分社合并，傅冬同志调到新华社北京分社当采编主任。"文革"中傅冬同志受到"冲击"，她写信给周总理，总理下令给以保护，她才得以平安。

"文革"结束，傅冬同志又回到人民日报记者部，我们又同室工作，同在人民日报从事两人都心爱的记者工作。她告诉我，准备收集材料，为她父亲写传。我说："没有比你更适合的作者了。"我希望她尽快写出来。

1984年傅冬同志调新华社香港分社担任编辑部副主任。90年代她回到北京，身体不好。我到崇文门她住的楼房去看她。当时正是秋天，我穿一件羊毛衫，她却穿了件小棉袄，说是怕冷。她见到我很高兴，忙着问报社一些老同志的情况。我告诉她，田流、徐兑、林韦等同志都因病去世了，她听了很伤感。我问她，傅将军的传写出了吗？她摇摇头："有难度，写不下去。"我说："写个草稿也好，留给后人作宝贵资料。"她说："这就不必了吧。"不料，这是我和她的最后一面。

一位富有才华，忠心耿耿，为人民解放事业作出重大贡献的傅冬同志，晚年因病久治不愈，离开我们。我们将永远怀念她。

2008年7月

# 她——直立行走的水

## ——悼念刘衡同志

傲 腾

刘衡大姐把自己喻为："直立行走的水"，我知道水是无色、无味、无型、无声的液体，所以说"水往低处流"，可以理解；要说水直立行走，较长时间我不理解。最近我到江西井冈山、庐山一游，在那起伏的山峦间，我看到了许许多多各式各样的直立行走的水，我站在那"飞流直下三千尺，疑是银河落九天"的瀑布面前，久久观望，静静啼听，细细品读。我明白了，瀑布就是直立行走的水，原来刘衡大姐是把自己比喻为瀑布的。

## 瀑布是有响声的

走进庐山石门涧景区发出"嗡嗡"巨声的一处瀑布，水从百米高的悬崖下一脚跳下来，在下面落脚处的坚硬花岗岩石上"踩出"几十尺深的大坑，瀑布落到大坑里，从石坑飞溅的水花拍在大坑石壁上发出拍手般"哗哗"声响，真可谓落地有声。这声音从几里之外听得见，它有时犹如虎啸狮吼，有时石坑的大水柱下落的巨声与浪花拍石壁的小声似白居易《琵琶行》中描绘的那样"大弦嘈嘈如急雨，小弦切切如私语，嘈嘈切切错杂弹，大珠小珠落玉盘"极其自然和谐地融汇，演奏出美妙动听的交响曲。我不能近距离亲近那发声的大坑，因为那飞溅的水花老远就沐浴了我，滋润了我。我像一个如临大考的学生一样，擦着脸上的汗水与溅水，静静站了许久许久，忽然间这来自天上的银链在我眼前化作刘衡大姐慈祥的面孔，那啸吼的瀑布声变作刘衡大姐掷地有声朗诵自己诗篇的声音："水不流会臭，话不说心烦。我心里千转弯、万转弯，有千言万语要说出来。千言万语冲心窝，涌到嘴边变成歌。我感到——被党组织审查时的痛苦，常常胜过在敌人的法庭。敌人对自己越凶，我心里越感到光荣。党组织对自己越狠，我心里感到越疼。在敌人的法庭，同志们常常慷慨就义、英勇牺牲。被党组织审查，有的人会去投河、跳楼、吊颈。因为我们是同志，不是真的敌人。不但不是敌人，而且对党的感情很深。正因为对党的感情很深，党组织的不信任，不免要使许多人痛不欲生。"这是多么撕心裂肺的绝唱，听者谁不动情、掉泪?!

我小时候，生活在黄河边，听老人讲，十年河东，十年河西，这母亲大河在大地上流动时不断向两侧选择行河河道的。瀑布却不，一条路，一根筋，一砸到底，酝酿自己的所有力量，扫除路途的一切障碍，一泻千里，这就是瀑布的性格。

刘衡大姐出生于湖北一个具有革命传统的殷实家庭，从小念书直到大学二年投奔革命。《水浒传》中逼上梁山的一百零八将上山原因各有不同，在那血与火的年代，走向革命的人们其原因也各有所不同。刘衡参加革命既不是随大流也不是饥寒交迫、生计无着的所为，而是真正的信仰选择所为。在那个年代她经过自己的学习，比较，认知，选择了当时在中国大地漂荡的"共产主义这个幽灵"，并为此矢志不渝，为此她愿牺牲自己的身躯和灵魂。

作家柳青曾讲过这样一句至理名言：人生道路是漫长的，但关键的也只那么几步。刘衡的关键几步是迈向延安的。俗话说："雁过留声，人过留名"，人呵人呵，人虽有动物属性，但决不能像动物一样为吃、为喝、为睡而度一生。人，作为高级动物，要成就事业，主持正义，明辨是非，多么难呀！但一个真正的人,一个组织里的人,一个党员为既定的目标,在顺境中党组织安排她在哪里工作,她就在那里发自己的光与热;在逆境中仍然坚持做人的原则,坚持终极目标,决不动摇。她在战争年代当过教员,是一个学生爱戴的好教员;在地方做宣传鼓动工作,她被誉为"为我们说话的人";到了报社(当时的延安解放日报)她是名篇不断的好记者。她就像从高处一泻下来直立行走的水——瀑布,一路歌声,那嘹亮的歌声伴随她一生,直至今日,萦绕在我们耳边,这就是她像瀑布一样留给我们永不湮灭的强音。

地质工作者生活的艰辛是不言而喻的,刘衡在《241队散记》中却写出了他们生活的另一面的自豪与幸福;还有大学新闻专业学生可以成段背诵《妈妈教我放鸭子》。大家都知道,刘衡大姐无论在开会发言或者与你谈话都是标准的湖北口音,低沉的声音与娓娓道来。"有理不在声高",她说的话,她写的文章,有实事求是真理的内涵,句句掷地有声,难道这不就是瀑布的声音吗?

## 瀑布是有力量的

直立行走的水——瀑布是有力量的。它的力量就是以柔克刚,正如鲁迅先生所讲,是韧性的战斗。从山顶上飞流下泻的瀑布把一路的障碍——碎石、杂草、泥土清洗得干干净净,即使遇到坚硬巨大的石头它都一天一天地冲刷,一时一刻地磨锯着,日久天长终于把大山锯开深深的沟壑或峡谷,真可谓只要功夫深,铁杵磨成针,这虽是一种慢功夫,但力量是锐不可挡的。

刘衡大姐也像瀑布一样有着韧劲,坚不可摧的慢功夫。她1957年被错打成右派,1978年予以纠正。在21年间她秉持共产主义信念,坚持真理,以泰山压顶不弯腰的气概,不说违心话,致使自己温馨家庭破碎,在"文革"中被造反派多次批斗。她遭受各式各样的磨难，在全国众多右派中有的人在高压下"批判"自己的罪孽，有的人出卖他人将功赎罪；可她始终不承认自己是右派，以其瘦弱的脊梁全都顶过去，终于迎来了光明。

她曾说，作为一名党员，我入党是做过宣誓的："拥护党的纲领，遵守党的章程，履行党员义务，执行党的决定，严守党的纪律，保守党的秘密，对党忠诚，积极工作，为共产主义奋斗终身，随时准备为党和人民牺牲一切，永不叛党。"她认为，对党忠诚应有两种做法，一种是誓做党的"螺丝钉"被拧到哪里就在那里发光与热，忠心耿耿，勤勤恳恳，为党工作，为党的事业添砖加瓦；对党忠诚还有另一种，对于党在工作中犯这样那样缺点和毛病时看在眼里，记在心上，从爱护党的角度向党组织毫无保留地提出改进意见和建议。刘衡大姐对党的忠诚属于这一类。她在人民日报内蒙古站当记者时，她的一位蒙古族同事被打成右派，原因是反映内蒙古一些地方党组织在牧区的"土改"工作不按当地的实际与畜牧业生产的特点生搬硬套内地经验和作法，给畜牧业生产造成损失问题。

刘衡同志对此鸣不平，认为不能这样对待一个新闻工作者，尤其一个少数民族新闻工作者，同时她本人也对人民日报当时的反右工作提了一些不同意见，就这样被戴上了右派帽子。但她始终认为，自己这样做是对的，党组织把她打成右派是错误的，所以始终不承认自己是反党反社会主义的右派。此后二十余年，有人越是整她、批她、斗她，她越要向党汇报自己的思想，希望党组织理解她，给予甄别。她说，我曾在高中时看过《一千零一夜》，书中说，相传古时候，在古阿拉伯的海岛上，有一个萨桑王国，国王名叫山努亚，听信女巫谗言，认为天下所有的妇女都是不可信赖的。于是，国王山努亚回到萨桑王国后，杀死王后和宫女、奴仆。从此，山努亚深深地厌恶妇女，存心报复，他开始每天娶一个女子来过一夜，次日便杀掉再娶，完全变成了一个暴君。这样年复一年，持续了三个年头，整整杀掉了一千多个女子。宰相的大女儿桑鲁卓，对父亲说她要嫁给国王，试图拯救千千万万的女子。进宫后桑鲁卓每天晚上都给国王讲一个故事。由于她的故事无穷无尽，一个比一个精彩，国王为了听故事暂不杀她，一直讲到第一千零一夜，终于感动了国王。山努亚说："凭安拉的名义起誓，我决心不杀你了，你的故事让我感动。我将把这些故事记录下来，永远保存。"于是，便有了《一千零一夜》这本书。

　　刘衡认为，一个暴君都可以被感化，弃暴从善，何况我们党是伟大、正确、光荣的党，我们党有错误，她的成员赤胆忠心进谏，早晚有一天会被认识，改正错误，她自己也将获得清白。出于这样的想法，她不断向党组织写思想汇报，阐述自己的观点，就像那直立行走的"瀑布"，不断去感化，滴水穿石，这就是她的信心，她的力量。

**瀑布是清澈的**

　　那是1987年7月的一天，内蒙古自治区庆祝成立60年大庆之际，刘衡大姐从北京给我打电话说，内蒙古自治区邀请她参加大庆，她要在庆祝活动前20天到呼和浩特，要在内蒙古做些采访，希望我能陪她。没过几天，她的原夫君林沫同志（曾为新华社内蒙古分社副社长，也是一位30年代参加革命的老同志，80年代初已调北京总社工作）突然来到记者站，说内蒙古自治区请他来参加大庆，他提前来也是想到下面采访，要我陪同。林沫同志曾是我的领导，我进新华社是他要进来的，可以说是我的新闻工作的引路人，我不能拒绝他。于是我就对他说，过两天我们报社刘衡同志也来内蒙古，也要求我与她一同下乡采访。我半开玩笑地说："干脆我找一个大一点的车咱们三个一起下乡，我坐在中间，你们俩勿念旧怨，勿吵嘴，咱们一路采访，可否？"老林听后笑着说："你现在是人民日报的人，你就陪她吧，方便时请你告诉她我也在内蒙古，十分希望见到她。"

过几天，刘衡大姐果然来了，我替她安排了食宿，我在陪她吃早点的时候说："林沫同志也在呼和浩特，十分想见到你。"刘衡听了很畅快的说："好啊，你安排吧。"就这样，我当天晚上在他们俩下榻的饭店又要了一间房，并为他们见面谈话准备了茶水、糕点，分别通知他们来这里会面。不过，当时我还真有点担心，尽管他俩已是60多岁的人了，谈的肯定是昔日的不愉快事儿，一旦两人不高兴吵起来怎么办？或者哪一个情绪激动而出现意外怎么办？我把两个人叫到房间会面后，不敢远离，就在饭店大厅里喝茶，请楼层服务员不时进去以倒茶名义看看他们谈话情况。不一会儿，服务员报告说两位老人谈得很融洽，有说有笑；又过了一会服务员来给我报告，说两位老人泪流满面，问我怎么办？此时此刻，我只好进房间看看，尽管他俩确实都很伤心，但谈得很和睦，见状我便放心退出，好让他们继续谈。时间过了近两个小时，服务员过来告诉我说他们要走了，待我走进他俩的房间，只见两位老人笑逐颜开，互祝长命百岁。

我先把刘衡大姐送到房间，问她："谈得还愉快？"她笑着说："愉快，愉快，我不怨任何人，更不怨党组织，顺境考验人，逆境更考验人；并说个人的悲剧都是在特定的历史条件下造成的，即使母亲冤枉了孩儿，孩儿那能"揪住"母亲不放的道理。其实老林也是受害者，他虽然没戴右派帽子，实际上帮助我抚养了三个孩子，没有他，我的境况更难。所以，我这次主要向他表示感激之情的。"离开刘衡同志，我又到了林沫的房间，老林面带笑容的说："刘衡是个伟大的女性，我自愧不如，她作为一个妻子与人共同生活，或许有些地方会让你不满足，但作为一个朋友，真是一个值得可交的益友。"他还嘱咐我，在新闻业务、做人各方面要向刘衡同志学习。

这些年来，我经常去看望这两位老人，他们虽然离异，但从来没有透露过对对方的不满，更没有对他们造成这一悲剧的什么人有抱恨。刘衡大姐无论在记者岗位上还是退下来这些年，也常常谈起自己一生中这一悲剧，但主要从更深层次上去分析、探究造成这一历史失误的根原所在。

"心底无私天地宽，心底无怨人间暖，心底无恨明镜般"。

泥沙泛起的河流是污浊的，但瀑布流水有力量，荡涤了河床的污泥浊物，是清澈如明镜的，这样的净水飞流直下，不断地去冲刷那身底和身后的岩石。然而，水是明净的，瀑布是洁净的，岩石是一尘不染的。人也一样，只有不断对自己进行洗礼，冲刷内心中不健康污物，才能保持水一样明净清澈心灵。

刘衡大姐的心灵，就像瀑布水一样清澈明净。

2009年4月

# 怀念山东老贾

王艾生

"我是山东老贾,你好吗?"每次接到原驻山东站记者贾建舟的电话,他总是自报家门,说这么一句亲切的话。老贾,是个直肠子,有啥说啥,不藏,不匿,不会拐弯,更不会八面玲珑,看人眼色行事,他虽不是山东人,却有着"山东汉子"的气概。他是1983年调到人民日报山东记者站当记者的,从此,我们有了交往。老贾,又是个热心肠,凡是你托他的事,他都千方百计去办,1993年记者部在山东开会,我托他想拜见从山西调到山东来的王建功副省长,第二天,他就开车拉着我去见了王建功。1984年人民日报记者部为各省著名乡镇企业印了一本画册,别的人都拿走了,只有山西的没拿,我求老贾帮我寄山西,他二话没说,把一包一包沉甸甸的画册搬到小庄邮局,寄走了。每次记者回京开会,他都要带些土特产给大家。有一年,他在招待所对我说:"我给你带来乐陵小枣。"我说:"山西有的是枣,不用了。"老贾说:"这是我们山东的枣,你一定要尝尝。"老贾又是那么朴直,那么诚恳。记者们聚会,每次他都是喝很多酒,而且总是说:"为友谊,干!"这情况可能埋下了他得重病的种子。想到这些往事,老贾的音容笑貌浮现在我的眼前。

老贾当了山东记者站站长后,热心地经营这个站,曾为山东站建房多次跑北京,多次与济南市政府申请拨给地皮,后来又因为资金一时不能到位而着急,又多次因质量问题与施工队争吵,扯皮。在建房的那些日子里,老贾打来电话,声音都嘶哑了。我说："怎么，又生气了？"他说："不用提了，骑虎难下，咬紧牙关也要盖成房子。"当时他的处境，我能体会，因为山西记者站盖房也令我"脱了一层皮"。历经千辛万苦，终于为记者站建了一幢小楼。谈起这件事，老贾嘿嘿笑笑说："为了人民日报，为了将来，咱受点苦，受点累，没啥！"他总是那样乐观。

老贾从新华社调到人民日报，写新闻的功底很厚实，但他并不满足，虚心地向同行们学习，力争适应人民日报读者的需要，突破"新华体"，写出感人的新闻，他力求增强新闻作品的感染力和可读性，写出自己的特色。他发表在人民日报上的不少短通讯，或角度新，或构思巧，或寓意深，或语言生动，受读者欢迎，他写了一篇老人采药队的通讯，被选入中学语文课本。他立足山东，面向全国，如他写的《山东下决心调整产业政策》、《山东放权分步实施重点工程方案》、《山东努力用好用活资金》等。这些报道系统地围绕着国家在财力紧缺的情况下，如何实施既要调整又要发展，"量力而行，尽力而为，协力而干"的指导思想，用事实回答人们的一些疑问，把该压的项目压下来，把该保的项目保下去，把经济建设搞得更好，体现了党报的指导性。老贾善于抓住山东现实生活中和工作中的问题，从正面选取典型进行报道。当人们只注意农业而忽视海洋资源开发时，他写了《山东海洋资源形成黄金带》见报后，山东省水产局写信给人民日报说："这篇报道主题抓得准，指明了水产发展的趋向；当某些农村忽视计划生育时，他写了《山东有效控制人口增长》；当全国一些地方出现拐卖妇女时，他写了《山东打击拐卖妇女犯罪活动》；当农村出现"卖难"和"买难"情况时，他写了《山东着力解决困扰农民的问题》。老贾执著地追求着当一名优秀的中央党报的名记者，每年的见报稿都在60篇以上，是驻地方记者中见报最多的记者之一。山东省委宣传部在给人民日报的信中说："贾建舟同志满腔热情、积极主动宣传党的十三届四中、五中、六中全会精神，写下了不少好的报道，对山东的经济建设和精神文明建设起了积极的促进作用。"

老贾看上去膀大腰圆，但他的身体不甚健康，他患有多年的心肌缺血。有一次我们同登泰山，快到南天门了，他突然坐在台阶上，脸色惨白，大汗淋淋，浑身颤抖，说："我低血糖，我的提包里有糖块、帮我拿。"吃了几块糖后才爬上泰山顶。老贾性格倔强，没有把自己的病放在心上，下乡采访，几次昏倒在县招待所。在他的身上，早已埋下突发重病的根源，造成最后猝死。

老贾去世太突然、太早、太让人不能接受，当噩耗传来，我几乎不敢相信，但这毕竟是事实。面对他寄来印有"人民日报高级记者"的名片，面对他那憨笑的照片，面对他给我的一封封书信悲痛不已，双眼发呆，欲哭无泪。老贾去世后，中宣部部长刘云山、新华社社长田聪明，以及山东省委主要领导同志等都送了花圈。人民日报老干局赵沈平副局长，记者部王学孝、傲腾、龚永泉等同志去济南参加了他的葬礼。

"一夜思量十年事，几人强健几人无"（唐·元稹）。斗转星移，人海苍茫，一晃，老贾离开我们已五年多了。当我们这些驻地方记者在北京聚会时，当我们又享受到离退休干部局热情款待时，当我们又在聆听报社领导谈起人民日报发展前景时，当我们同报社领导坐在一块合影时，我不由得又想起老贾。老贾，我的战友，我的同志，我的朋友，如你地下有知，我们这些曾经在报社招待所高谈阔论的驻地记者，我们这些从天南地北汇集到一起的驻地记者，我们这些现已两鬓霜白的驻地记者，我们这些同甘苦共欢乐的驻地记者，永远记着您，山东老贾。

2006年9月

# 留住你粲然的笑容

李 忱

2006年5月27日，八宝山，霏霏细雨中，我含泪送走了吴坤胜。但他的音容笑貌总是浮现在眼前。作为非常熟悉和要好的同事突然离去，悲伤之余，我总想写点什么，却思绪万千，无从下笔。

那天与参加送别的同志聚在一起追思坤胜，有人说了一句："坤胜的照片（送别仪式上挂的遗像）太'煽情'，只要你仔细看，眼泪一下子就忍不住了……"

这一句突然拨动了我大脑神经，坤胜留给我们更多的不就是他那粲然笑容吗！

他天生长着一副"笑眼"。与人交往，谦逊随和。一见面，总是"丹唇未启笑先闻"。熟悉后，经常开一些适当的玩笑。和他在一起，嘻嘻哈哈，你会感觉无拘无束，很随意。即使他不高兴、郁闷甚至气愤，都不会脸红脖粗、青筋暴露、怒目圆瞪，只是给你一个"苦恼人的笑"。但他绝对是一个做人做事都有原则的人。

坤胜的笑容是乐观的表现，反映出一种积极向上的人生态度。坤胜对自己的病情非常清楚，无论是在医院、在家里、或在报社院内，见到他，他还是那么热情、乐观，从不忌讳谈他的病。除了在短信中感叹："我命真苦"，见面时他总是笑容可掬，只要有力气，他就"天南海北"、谈笑风生。还真有那么点"笑傲江湖"的侠气和超然尘世的仙骨。

"滴酒不沾"的坤胜，在朋友聚会的酒桌上，从来不是默默的"看客",或独自"蔫吃",而是拿着茶杯到处"兴风作浪"的人,尽管你劝他酒点滴不进,可场面的热闹并不使你扫兴。

"牌技"不高,但喜好玩,坤胜在娱乐中带给朋友们的快乐,成为许多人难忘的回忆。我赶上过一次,刚调来时住招待所,一个周末,他邀请我和几个在京的驻站记者到他家玩牌,我不善此道,但经不住他的热情,就随几个人一起去了。当时他家住南区,夫人在美国进修,安顿好女儿休息后,他就支起了牌局,在别人洗牌间隙,他忙前忙后、切瓜倒水,乐此不疲。玩牌他并不计较输赢,但有好牌或赢牌时还是喜形于色。下半夜,我们困得有点顶不住了,留下屋内一片狼籍,都回招待所了,他还有点没尽兴,热情邀请下次再来。

坤胜的笑容是真诚的流露,是发自内心的一种和蔼友善。我刚调到吉林记者站时,老记者张玉来同志曾给我介绍部里情况,他说:"编辑组副组长吴坤胜这个人很有水平,人也好说话、容易处,没事可以和他聊聊。"记得我为本报写的第一篇稿是长(春)(四)平高速公路通车的小稿,由于并不认识,他打电话问情况,态度十分和蔼、平易。后来在几次通话中,当我表露出刚到新单位工作的担忧并请他多多帮助时,他从不打官腔应酬,都是设身处地给予实在、积极、善意的鼓励。虽未见过面,但我能感受到,他在微笑与你通话。后来见面熟悉后,知道他就是这样的人,经常见他在编辑组面带笑容手拿电话与驻站记者讨论稿子。

他对同志的关心不含任何杂念,想得也很周到。1997年8月,北京闷热,我爱人和孩子刚来北京,正好贺广华的爱人也来北京,都住在招待所,她们都对北京的气候和环境不太适应。坤胜知道后,张罗着带我们出去"避暑",我以为就是善意地客套一下,没往心里去。一个周五,也不知他从哪弄来一辆面包车,说带我们到河北隆化县和坝上转转。坤胜和他女儿吴未、我们全家、广华和他爱人等一起去了河北隆化县参观董存瑞纪念馆,又到邻近的内蒙克什克腾旗的塞罕坝,领略草原风光。

坤胜的笑容源自于内心的坚强,透露出外柔内刚的不屈性格。初识坤胜,他给人的印象是一介瘦弱书生,举止言谈温文尔雅。可在社会现实生活中他是一个永不言败的强者。罹患绝症,他勇敢、从容地面对,身体卧床,精神不倒。在医院,他积极配合医生治疗,咬牙承受病魔肆虐、多次手术、化疗和排异所带来的难忍痛苦,尽量不给已受感情煎熬的亲人再增负担。记得刚住院不久,我们去看他,他刚从睡梦中醒来,突然看到我们,有些激动,泪水充盈眼眶,但硬是没掉出来。他离去之前,我多次与同志们一起或单独到家里看他,人越来越瘦、头发越来越少、说话越来越虚弱,但脸上仍是充满希望的笑容。没有发自内心的刚强,是很难做到这一点的。

他的"要强"还体现在工作上。1998年,他夫人张力平在国外进修,经常见他带着女儿上夜班。为不影响工作,他要求到北京记者站当记者,以便有弹性工作时间照顾女儿。3月他到北京站,很快就进入角色,年底他的发稿在全记者部排名第16名;1999年和2000年就分别上升到第3名、第2名。他个人和报道的新闻作品分别获得过北京市和报社的表彰和奖励。2001年底,他去内蒙古记者站任站长,主持记者站的全面工作。在抗击"非典"、"神舟"五号飞船回收等报道中,他都在一线采访,采写的稿件荣获中国新闻奖二等奖;他还连续两年被评为"内蒙古先进宣传思想工作者"。去年我去内蒙主持新老站长交接以及今年去内蒙采访,见到自治区领导和宣传部门的同志,他们都给坤胜高度评价,并为他的去世深感惋惜。

对待工作和生活中的困难,他从不抱怨,都自己扛。且不说两地分居,无法照顾妻女,这是驻站记者共有的困难。在少数民族地区工作的经历和这次采访的体验,我能感受到在采访和工作中他要多付出几倍的辛劳。特别是坤胜在南方长大,加之痛风、不能吃牛羊肉,这在内蒙生活,就有些"遭罪"了。

对这些，你不问，他很少提及。每次见到他，他都是又黑又瘦，但精神饱满，衣着整洁"讲究"，头发梳得一丝不乱。即使住院穿病号服，他都尽可能让你看到一个自尊、干净的形象。

小说《狼图腾》出版后，坤胜送我一本，并在书中夹一便笺："愿你增加一些狼性"。近日读完小说，觉得这不是一句戏谑。小说主人公们崇拜的狼性是狼在生存竞争中体现出的拼搏、勇敢、顽强、智慧、牺牲、不屈、自尊、无所畏惧……等精神。我想坤胜推崇狼性既是他对人性弱点认知的新的感悟，也是内在坚强性格引起的强烈共鸣。

人生不易，遇到挫折，想想坤胜是不是在微笑鼓励着我们。

2006 年 6 月 21 日

# 弱躯之中有傲骨

阎晓明

我认识吴坤胜同志是在上个世纪80年代初，那时他在情况组（内参部前身）当编辑，我在图书馆负责图书采购。我们同住在7号楼，只有点头之交。瘦弱的身材、戴一副白边眼镜、脸上总是挂着幽默的笑容，常骑一辆旧自行车、速度很快、为人谦和——这就是他留给我的最早印象。

真正和坤胜熟悉并成为朋友是他调记者部以后。那时我在山西记者站当记者，他在编辑组当编辑，40多位记者的稿子都要经过他手。这个时候我开始感受坤胜性格中的另一面：精细、严谨、平和中蕴藏着原则有时甚至是执拗。他在工作状态中很少和人说话，那时稿件还是纸质，他编辑的稿子常常留下细致的修改痕迹，字迹隽永工整，连改稿时划出的线都清晰整洁。看到这样的修改稿常常让写稿的人感到汗颜。吴坤胜修改稿件不讲什么情面，不论是大记者，还是小年轻，从不含糊。有一次他要求一位老同志修改稿件，对方不太乐意，发生了争执，坤胜不胜言辞再加上很重的海南口音，根本不是对手，但他用情绪和简短重复的语言表达出的意思非常清晰坚定，后来两人成了十分要好的朋友。他打电话要求改稿时，通常第一句话就是"你那篇稿子导语不能那么写……"然后把他的意见或者改好的段落念给你听，并且比较坚持自己的观点。这是他看似柔弱性格中"傲"的一面或者说强的一面。

有件事给我留下了永远难忘的印象。1994年的一次会议上我遇到了巨大的压力，很有点形单影只的境遇，在小组的会上，吴坤胜站起来为我做了辩护，这在当时是需要一定勇气的。这件事在之后的十几年中我们彼此从未提起过，但从一个侧面了解坤胜的品格。

2000年我调北京记者站工作，那时坤胜已经在北京站工作两年多了，我心里多少有些忐忑不安，但很快就彻底释然了。第二天他就和站里的同志一起陪着我去买办公桌、床和生活用品，随后把他联系的单位一一介绍给我，使我在北京多少有了点熟识感。2001年6月，北京申奥在即，记者站决定写一篇重头报道，任务由坤胜、赖仁琼和我完成，由我执笔。因为时间过分紧张，我们通宵达旦地工作，招待所的居所床上地下都是各种各样的材料，吴坤胜和赖仁琼在各自的家里把他们了解和采访到的有关材料整理好后源源不断地送过来，细心的吴坤胜还不时送些水果、食品，经过两天一夜我们写好了两篇7000字的通讯，其中一篇刊登在7月13日申奥成功当天的人民日报上。之后我们有过许多合作，都非常默契、愉快。

2001年底，坤胜调任内蒙记者站站长，我们更多的是电话联系。他回到北京，常来招待所找我，听到轻柔的敲门声，十有八九就是坤胜来了。有时也在一起打扑克牌，有他参加的牌局总是充满了欢乐。

2005年初，他如愿回到总社工作，但谁能想到他患上了癌症。在治疗的过程中，我在院里偶尔也能看到他，见面依旧调侃不断。2006年3月，他还拽着我参加了一次活动，在饭桌上依旧谈笑风生，保持着劝酒不喝酒的风格，很难把他和一个患了癌症、而且做了肝脏移植、正在化疗的病人联系在一起。据说直到去世他都始终保持着难以想象的坚强，表现出与他身躯极不相符的力量。

身体不强不一定精神不强，言语不傲，不一定内心不傲，我常常这样想……

2007年4月13日

# 痛悼老潘

赵 鹏

正月初七，一早乘飞机回到挂职之地广西东兴市。晚饭时，接到家人手机短信告知：老潘走了，就在今天下午。窗外，黑夜漆漆，月淡星稀，而我的心此时已是一片痛彻。

13年前，我走进人民日报社，来到福建记者站。从那时起，我认识了潘帝都站长。初到记者站时，我还只是一个刚刚大学毕业、头脑中一片懵懂的青年。当时记者站的条件很简陋，福建日报旧的办公大楼中一间12平米房间，白天是站里办公室，晚上是我的宿舍。接到我后，潘站长担心我生活不适，早早就从记者站有限的经费中，帮我购买了一些生活用品，还特地交待记者同事，陪我先熟悉一下福州的环境。即便如此，他总是还很不安心，又怕我一个人不习惯，经常晚上到办公室来和我谈天说地。

从未学过新闻、又从未在人民日报总部工作过一天的我，面对迎面而来的驻站记者工作，充满了忧虑与渴望。足足3个月时间，我未写出一篇稿子。对陌生工作的恐惧和对自己能力的怀疑，让我充满了焦虑。就这个时候，潘站长便不厌其烦地手把手教我如何从一篇简单的消息写作开始，耐心教我、辅导我、指点我。1994年底，终于登出了由我采写的第一篇报道，虽然只是一篇关于人民日报在福建发行情况的稿件，但潘站长比我还开心，是他第一个拿着报纸来告诉我，并且特地叮嘱我告诉一下父母,"你的工作开始得到人民日报的认可了。从此他们可以通过报纸,就知道你在福建这边工作的情况了。"说这话时,他就像一名严格的师长,看到弟子成长而欣慰;又像一位前辈,分享晚辈成功所带来的欣慰。

都说"师傅领进门,修行在个人",对于我这样一名没有任何历练的新兵,潘站长在辅导传授我业务技能的同时,还始终不忘教我如何为人,特别关注我在品行方面的磨砺。那时我才20岁出头,只身迈向社会。今天回头望去,仍时时一身冷汗。肩负着党报记者高尚而沉甸甸的职责,面对陌生复杂社会中的种种诱惑与矛盾,一个远离家庭、远离总部的年轻人,是多么需要一位充满睿智、经验、慈爱的长者,来帮助指点迷津。对我来说,潘站长就是这样一位长者。常常向我讲起他年轻时在贵州工作的经历和遭遇,谈他的经验和感想,其中有这样两句话:一是"这么年轻就成了一名人民日报记者,这是多少人渴望而难以实现的光荣";二是"怎么才能当个好记者?那就得学会一不怕硬着头皮、二不怕磨破脚皮、三不怕费尽嘴皮"。13年后的今天,我依然牢记着这两句话,是它伴随着我走过了曾经的一次次彷徨、一次次退缩、一次次考验。

记者站的工作业绩渐渐得到福建省领导和报社的认可,记者站的工作生活条件也渐渐改善,潘站长也到了退休的年龄。"要相信自己,你们年轻人肯定会比我们这一代更出色。"每当再次来到办公室,他总是这样鼓励我们。看到我们采写的关于福建的报道,他也会时时打来电话,"我看到了,写得不错。题目很好,内容也概括提炼得好,比我当年写得好,年轻人就是有水平。""这一段我看你们的稿件发得特别多,不错不错,别累坏了。"而今,人民日报仍在不断刊出有关福建的报道,可潘站长却再也看不到了,我也再也听不到他时时传来的鼓励。一种空荡荡的感觉,遍布我全身。没有您心爱的人民日报,您在那边看些什么呢?没有了您在我们身边,我们向谁聊一聊发稿后的那种满足和快乐？

　　今年春节，福建一片暖阳。那天，望着躺在病榻上、已被病魔熬得消瘦的您，没想到从此竟是生离死别、阴阳相隔。可就从这一天起，福州多日绵绵阴雨。我不知道有没有什么天人感应，如果真有，那就是我的泪水为您一路送行。

　　潘站长，您一路走好。

2007年3月

# 退休了，却累倒在家乡的土地上

颜世贵

怎么也想不到，一向身壮如牛的黄牛突然病倒了，而且是那样的严重，这让他的家人、朋友与同事没法相信！

"我是黄牛，昨晚刚回来，一会儿就去住院了。"去年10月的一天清晨，突然接到黄牛的电话，我顾不上洗漱，就去了他的住处。"近几个月来，我感觉特别累，腹部有些胀，不想吃东西，就去检查。家里人看不懂化验单，拿给我看，原来是肝癌！"他显得很是平静，也似乎有了些思想准备。

黄牛的本名叫黄发兴，同事们看他能吃苦耐劳，身体又结实得像头牛，于是"黄牛"就这样叫开了。1939年，他出生在福建莆田的一个海边农村。1961年秋，他赤着脚挑着行李走进了上海复旦大学的校门。1966年，他从这所著名学府的新闻系毕业。1967年，与我一起被选进了人民日报社，同在总编室工作。几年后，我们一起到了记者部。后来他去了群工部，而后又回到了总编室。

黄牛的工作是出色的。几十年来，风风雨雨，是是非非。当然，他也曾遇到过一些坎坷，但他都坚强地走过来了。

1987年，他的爱人带着三个小孩从老家农村来到了北京，这时才解决了20年的两地分居生活。虽说他的爱人几乎是半文盲农民，但他对爱人始终忠贞不渝，家庭美满幸福！

黄牛除了人民日报资深记者的身份，还有一个身份就是中国楹联学会会员，显示了他在工作之外的一片天地，以及他对中国传统文化的情有独钟。

长期以来,黄牛给各行各业、亲朋好友撰写了数千幅楹联。"今日雏鹰栖暖树　他年大雁击高天"(为中学"育秀园"题);"落叶归根称乐事　养神闭目作大仙"(为某老干部题);"苦甘共命情中过　风雨同舟笑里行"(为一对农村恩爱夫妇题);"手创千秋业　名垂百姓家"(为毛泽东诞辰一百周年题);"亦人亦神灵到八方皆庇佑　救苦救难泽被千载竞鞠躬"(为妈祖林默娘题)……

正如他的同乡同门曾元沧先生所评价的:"他的楹联作品内容涵盖极其广泛,从寻常人家的嫁娶迁寿到英杰伟人的浩然之气,从细碎微小的乡戏曲音到浩瀚宇宙的沧桑止道,富有哲理,不无谐趣,对仗整饬,平仄贴切。淋漓酣畅的笔墨中渗透了他对人情世道的真切体悟,令人击节赞叹。"

他的传略,被收进了《中国楹联艺术家大辞典》,在一些报刊上经常能看到他的楹联作品,而且不止一次获奖,在中国的楹联界已有了名气。

1986年《团结报》征联,他以"妙手筹长策,异日齐呼一统大"应对"金风送好音,何时共赏团圆月",获得了二等奖,荣列著名歌词作家阎肃老先生之后。

1993年农历正月,回家探亲的黄牛,按照家乡的习俗,与本村同年出生的五个男人同居元宵福首。

他不由想起自己四岁丧父,六岁失母,不到十四岁与之相依为命的七旬祖母去世后,就靠兄嫂抚养,读完小学、中学、大学,最后成了一名人民日报记者。深感兄嫂恩深似海,终身难忘!想到这里,他撰写了一副楹联贴在大门上:"谢天谢地谢兄谢嫂谢天下　求福求安求顺求和求康宁"。一气五个"谢"字,倾诉了他对兄嫂的莫大感恩之情!

2000年,黄牛从人民日报的编辑岗位上退了下来。就在这一年,凝聚了他多年心血的《联文诗杂集》一书得以付梓。退休后他没有留住北京,而是回到了他的福建莆田老家,一走几年不见。那里是沿海城市,人家都以为他做生意去了。

直到这次生病回来，我去探望他，才知他原来是累倒在家乡的土地上。这么多年，他没有给自己挣一分钱，四处找人求情，却与村干部一起为村里陆续筹集了修起7公里水泥主路和三条辅路的资金。

这是个了不起的艰巨工程。动工时，黄牛与村支部书记黄超伦、村长黄明玉一样，东奔西走，没早没晚，日夜操劳。修辅路时，他还担任过总指挥。他的爱人阿琼抱怨他时常不回家，说他身体不舒服了也不去医院检查。而他总是说，没问题。一心让村里人出行方便，下雨天不再受泥泞之苦。

与此同时，黄牛还热心于村里的教育事业，与村干部们四处化缘，先后筹集到百万资金，建起新校舍。紧接着，黄牛又带头捐款，募集到了十多万元，为海滨小学设立了第二届奖教奖学基金会。在大家的要求下，由黄牛出任基金会会长，黄春先、黄国强、黄机忠、黄国森、黄德朵、黄尚武、黄玉清、黄国立出任基金会副会长，并创办了会刊《希望之春》。通过这份会刊，把村里的好人好事登在上面，传递到每一户人家。黄牛既当总编、编辑、记者，又去负责联系出版事宜。印刷行业的一位私营老板林力军，有感于黄牛的忘我精神，分文不取，免费为他们的会刊提供纸张与印刷，他也要向黄牛学习啊！

眼下，这几件事都已做成了，而黄牛却一病不起，就是让他牵挂不已的村里的路，在他回来住院的时候，也已大功告成。这对他来说，是最大的一种安慰。

黄牛对我说，他很想回老家看看，特别是八十多岁的大嫂还不知他得了这病，老来电话，怎么还不回去啊？

可他现在，连下楼梯都感觉困难了。我安慰说："等你好些再回去吧。"我看着他那胀气的腹部，日渐消瘦的面容……只能在内心里为他祈祷了，等待奇迹的出现！

2008年7月

# 记者本色

## ——怀念张玉来

陈伟光

前些日子，本报退休高级记者张玉来同志去世了。

由于远在南方，又没有及时得到噩讯，没能去向他作最后的告别，有些不安。除了私交的情分，主要是他作为一个记者的特质给我留下深刻印象。

张玉来是年近50才调到人民日报社做记者的。人们常说，记者是年轻人的职业。但年过半百的张玉来所表现出来的职业热情比年轻人还要高，还要持久。有好几年，他的发稿量在记者部名列前茅。作为一个没有领导职务、年高而资不深的记者，他的成绩完全是苦干出来的。

他不单纯追求高产量，更追求高质量。他的人物访谈，尤其是对专家学者的访谈，涉及科技、法律、社会学等领域，其专业水准不仅让同行钦佩，也得到学者们的认可，使他赢得"与专家对话"的资格，不少文章还被《新华文摘》等杂志转载。作为一个学中文出身的记者，他有这样的成绩是苦学出来的。

张玉来是个特别较真的人。他将稿子传到记者部编辑组后，往往会打来电话，问编辑对稿子的看法，做了哪些修改。如果修改处不让他心服，他就会固执地坚持自己的意见，为此也闹过不愉快。有一回，他写了篇关于一位乡村女教师的通讯，长达万余字，我编辑删改后不到七千字，他一听就急了：

这篇稿子从采访到写作用了三个多月，数易其稿，能差到被删节三千多字吗？我把修改稿回传他，并表示如觉不妥可改回去，甚至可恢复原貌。很快，他打来电话说，感觉没删多少啊。我说，这就对了，说明你最在意的东西还在，删去的只是次要的材料或者多余的话。他表示同意按修改稿发。通过这件事，我发现老张虽然自信但不自负。他的自信，源于他业务上非常认真，稿子都是苦磨出来的。

　　长期苦干、苦学、苦磨，身体是吃不消的，精神也会疲惫。张玉来靠一支接一支的烟来维持兴奋，这就造成恶性循环，提前耗尽了元气。他常抽两元多一包的"人参"牌香烟，都是自己掏钱买的。他曾经对我讲过，做记者十来年，采写新闻大多是自己求别人，很少应人要求而为。因此，也没有什么人想报答他，或者送他点烟什么的。他对自己从报社获得的工资收入很满足。

　　他不太关心自己的身体，直到得知患了不治之症，仍是一副笑对生死的神态。但他却十分关心记者部，关注着同事们。临退休前，他花了很多时间和精力写了一篇表扬记者部编辑组的文章。退休后，他还要求记者部将内部刊物《记者工作》寄给他，并写了赞赏曹红涛的文章。没人要他这么做，他也没有必要这么做。他把人民日报、人民日报记者部、记者部的同事们当成自己的精神寄托。

　　张玉来就是这么一个人，这么一个没有多少世故的新闻人。

2008年9月

# 怀念玉来

龚永泉

获悉张玉来还是未能幸免厄运，不禁扼腕仰叹："他才六十有三啊！"

我翻检出了部里编的《感悟与探索》，书内收了老张的两篇"心语'和一篇"大家谈"，还有陈伟光的"张玉来现象"及时任部主任杨振武的"愿'张玉来现象'成为普遍现象"。"自问是否取得了与专家对话的资格，让对话最大可能地转化为社会财富"，成了张玉来贡献的警句。重读老张的三篇笔谈，想起了从哪里看来的话："读万卷书不如行万里路，行万里路不如阅人无数，阅人无数不如高人指路，高人指路还得自己去悟"。可以说，老张这五要素都占全了，他笔下又焉能不出彩？

现在，"现象"成了往事，呜呼！

记者部开年会，张玉来抱病与会，我到房间看望，他出奇的理性和洒脱，仿佛是一个科室主任谈他的病人，剖丝析缕，侃侃而谈，我深受感染，暗暗祈祷奇迹能发生……

大约在老张去世的一个多月前，我打过一个电话给他，不是殷殷问候，而是直言商榷，我觉得这样的问候才更有意义。那是看到了老张写的有关曹红涛的评介，我脑中闪现出一副联语：一片冰心在玉壶，铁马冰河入梦来。自己都病成了那样，还在关注年轻同志的成长，这是一种怎样的情怀？我揣摩他的心境：既为自己身陷沉疴而抱恨不已，更为年轻同志的崭露头角而欣慰些许。他关注的决不仅仅是小曹一个人，至少是记者部的一家人，他眷念啊！他评介中的意见我都赞成，但未提及红涛曾做过6年夜班编辑，"蓄之愈久，其发必速"也，玉来表示赞同。当我问及病情，回答是"还行"，我只能是遥祝珍重，如此而已。

玉来辞世是在四川地震20多天后，这期间，我们经历了太多太多，我们的情感更脆弱了，我们的意志更坚强了，我们经受了考验，我们经受住了考验。在另一个世界里，老张又按捺不住要援笔疾书了吧？老张，一路写好……

2008年9月

# 纪念黄际昌

颜世贵

我的老邻居、老同事、老记者黄际昌先生去海南度假,在结束假期的前一天下午,突发心肌梗死,倒在了回住处的路上。我在他的遗像前默哀之后,写下这点文字,以表达我对这位人民日报驻港首席记者的缅怀与追思!

黄际昌先生1931年生,系湖南郴州人氏。新中国一建立,他就成了青年团的干部。先在中南地区团委工作,后调团中央。不久,又走上了新闻记者岗位。

1977年,黄际昌从中国青年报社调进了人民日报记者部。我与他同在一个部门的同一个办公室。未见老黄之前,我就读过他与房树民采写的发表在1959年5月号《人民文学》上的报告文学《向秀丽》,这是一篇激动人心的英雄谱。现在,作者之一的老黄就在面前,自然就成了我讨教的老师了。

1983年夏天,党中央决定重点开发建设大西北。随后胡耀邦总书记视察西北各省,又要求大力"种草种树,发展牧业,改造山河,治穷致富"。一时间,大西北成了万众瞩目的地方。

就在这个时候,人民日报编辑部派出文字记者黄际昌、郭伟成和我,以及摄影记者卢传友、王东组成报道组,前往大西北报道这一伟大的战略宏图。

我们一行漫游大西北五省、区,忽而城镇,忽而乡村,忽而山区,忽而草原……风风雨雨,历时几个月,走一路写一路，其辛苦可想而知。

虽说老黄的年纪比我们大，但他思想敏锐与扎实的工作作风，我至今记忆犹新。

1978年，老黄到南京采访。他知道我一直两地分居，一年中只有14天的探亲假，家中难免有这样那样的困难，特地抽空乘长途车走了几十里的乡下土路，到一个小镇上的中学里看望我的爱人和小孩，给她们带去了温暖，这使我感动得眼含热泪！

后来，老黄被调去办市场报，接着又去海外版工作。1987年，他被派往人民日报驻香港办事处任主任兼首席记者。自此，除了在海外版的版面上不断见到他的新闻报道，就再未见面。直到1992年他离港返京，过上退休生活，调整住房，我们又到了一起，成了门挨门的邻居。

2007年，举国上下以各种方式迎接香港回归10周年。6月24日上午，回归前曾在香港工作过的同志，相聚北京，举杯畅怀，深情回忆这段令人难忘的亲身经历。

际昌先生自然在应邀之列，并得到了一份印制精美的由周南先生签名的纪念卡。

他参加聚会回来，当天便把他过去有关香港的所写文稿和老图片拿出来，重新仔细翻看了一遍，再对照周南先生的即兴讲话，信笔写下感言：

莫负香江水，

驰笔趁年华；

珠还尽薄力，

笑看紫荆花。

老黄告诉我：这四句话的前两句，是回顾他20年前首次进港时的心态；后两句，则是表达了他对香港回归10年来重访香港的舒畅情怀！

他说，刚到香港时就面临着复杂的局面：当时人心动荡。一些人有"恐共"、"拒共"心理，要移民外国；相当一部分人不明真相，怕"九七"回归，日子难过，进退两难；大多数居民留下来，也是抱着边走边瞧的态度。

老黄面临如此局势，感觉到了肩上担子的沉重！于是，他利用一切机会深入到香港的各个阶层，广交朋友，了解情况，然后做出判断，选定题目，写内参，写正面报道。

他在香港的5年中，收集了2000多人的小传，与驻港同事编发了6000多篇有关港、澳、台的新闻稿件，先后报道了李嘉诚、包玉刚、霍英东、曾宪梓等一大批香港社会名流。还挤出时间，撰写了10部关于香港的书稿。

这当中，有在香港出版的被称之为"中国人的志气歌"的《双飞记》；被孙越崎老人认为"这是一部香港回归的历史转折的珍贵记录"的《徐四民心路历程》；多侧面地展现港人生活的《东方之珠》等报告文学，为实现香港的胜利回归，做出了充分的舆论工作！

现在，黄际昌先生带着对香港回归这片土地的眷念走了。

2009年1月

# 永远难复的心痛

## ——怀念王科慰问胡果

陈 杰

我们如孤雁，独栖在各地。记者部同事的一点动静、一丝近况，彼此动心牵挂。

2月4日晚，近22时，走进清凉的夜，手机铃响，山西朋友大吼，"今天下午在阳泉"，犹如晴天霹雳，真不敢相信，大脑一片空白。惊魂镇定，求证这一"噩耗"的真实。"真的"，回复的短信，我的泪水刷地下来。

为王科，好像也为自己。我们同处一个年龄段，正觉得人生过半，分秒必争。王科却走了。

桌上的日历提醒，这是春天到来复苏的日子，王科却走了，不能与我们一起分享这一个乃至今后无数个春天的温暖。多么冷酷。

听说领导和同事、胡果一行深夜启程要去阳泉接王科，心骤然紧张，发去问候的短信，特别惦念此刻的胡果。写给她的短信，担心时机未宜，至今留在手机里，发在此处：

不敢相信这是真的；假如这是真的，请接受我真诚的慰问。保重！！

"王科却走了"，萦绕在脑海，这几天，好似我的身与魂分离。

最早认识王科，他是总编室一位充满锐气的编辑。从业在人民日报社，对夜班编辑总有一份敬畏，后来相熟，增加了理解，包括认识胡果以及更多夜班编辑，增添的是一份尊重。一次，在夜班平台，下去采访的王科，打电话向当时的总编室主任曹照琴汇报进程，认真详实，我正在一边旁听，心中顿生敬佩。

第一次直接听到王科的电话，是他到山东记者站工作不久，我在市内的办公室。他说搭车从济南回报社，正在高速公路上，我说你进城坐一坐，他说不了，搭别人的车，不方便。

我直到今天仍没弄清，他当时为什么给我打电话。拨动我心弦的，那是同事之间亲情一般的关切。所以，那一刻，永远清晰。

印象特深的是，2002年"5·7"大连空难，工作在大连记者站的他是国内最早报道这一突发事件的记者，天津人民广播电台的新闻总监找我，希望让我联系王科；他们与王科连线采访。我打电话给王科，他的声音中嘶哑疲惫，但他爽快答应了。后来，天津电台的记者们对王科的职业精神，赞叹有加。王科主动地奔赴汶川地震前线，置生死于不顾，自有他身上专业的记者禀赋和强烈的事业追求。

以后，时时关注报纸上的王科，字里行间，渗透正义，秉持操守，快速反应，才华横溢。

同在报社农场培训，王科与胡果同桌，让我们大家艳羡不已，好像看到校园里的"金童玉女"，长久留在记忆中。

王科，还能听到你电话里清亮的声音吗？

多么冷酷！

我们亲如兄弟，所以容不得你这么早地走，诀别我们，留给我永远难复的心痛！

2009年2月

## 痛失良师益友

刘鑫焱

王科站长走了，走得很急，来不及和亲朋好友告别。这些天来一直想写点悼念他的东西，每每提笔，心乱如麻，悲痛之情不能自己，遂不能成文。近来，心绪终于平静些，终于可以写些文字，追忆与他共事时的点点滴滴。

与王科站长的"结缘"有些偶然。2006年下半年，部里考虑我"久居"青海，打算派我到别的记者站锻炼一下，征求了各站意见，只有陕西站、贵州站有意"接纳"。部领导征求我意见，我说："陕西、贵州两站'兵强马壮'，去了也起不了什么作用。"部领导说："还是出去锻炼一下好。"我说："那就去陕西吧。"话虽如此，但我心里已打了"退堂鼓"，准备拖一段时间，就不去了。

11月中旬的一天，突然接到王科站长的电话，说陕西站都准备好了，什么时候过去。我说："陕西站人才济济，不缺人手，就不去了吧。"王科站长反问语气："你怎么知道这不缺人手，马上过来吧。"接到"命令"，我马上收拾停当，奔赴陕西，至西安已是11月底的事了，这也让我有机会与王科站长共事半年有余。

到陕西站时，我的吃住、洗漱用具已一一齐备。办公室主任祁鸿斌说，这些都是王科站长亲自安排，并多次关照此事。晚上全站吃饭时，是我第一次近距离接触王科站长，给我的第一印象：既热情又严肃。

初到新地方，人生地不熟。王科站长并没急于派任务给我，而是让我熟悉陕西：介绍这里的人文、地理；大小宴会必带上我，多接触陕西的各界人士，为以后做好报道工作打好基础。

而真正与王科站长在报道上合作，是到陕西半个月的事。当时，王科站长把西安市城管的报道任务交给我。城管稿子难写，正面稿子更难写，接到任务，我有些心虚。他鼓励："放心去写，有我呢。"几天的细致采访，写了3000多字的初稿交给他。他看后，先给予充分肯定、鼓励。其后才以探讨的口气，对初稿思路、行文存在的不妥提出修改意见。最终，稿子《西安城管：管出和谐》在一版报眼位置大篇幅刊出，得到报社领导、当地的认可。每每遇到陕西当地领导，他都不忘替我"吹嘘"一番。

此后，王科站长经常把一些报道任务交给我。他选题目出思路，我执行。合作多了，顺手了，他也不再避讳，对每篇稿子存在的"缺陷"直言相告，常提出具体的修改意见。半年多，在他的指导下，在陕西写了两篇头版头条。

共事半年多，多次与王科站长交流采编业务，他常常以自己多年从事编采工作的心得，指导我如何做好报道；半年多的共事，更让我从王科站长身上学到很多做人、处事的原则。

王科站长对我有老师一样的指导，更有兄长对弟弟般的关照。

初到陕西时，王科站长为了让我能在陕西更快、更好地开展工作，经常带我参加各种工作"晚宴"。我因不会开车，他经常亲自驾车带我前往。一些朋友开玩笑："小刘，你得抓紧学车了；王站长开车，你像个'领导'坐在旁边不合适。"王科站长不以为怪，笑笑说："这是我兄弟。"

2007年7月，我离开陕西站回青海。全站同志送我离开陕西，王科站长要单独送一程。我说："送过了，就不用了吧。"他说："那是记者站送你，是公；这是大哥送你，是私。"让我感动不已。

去年，当年与王科站长合作的稿子被西安评奖，陕西站领了奖金后，寄到了青海。我给已到山西工作的王科站长打电话，要把奖金寄过去，他说："别寄了，挺麻烦的，就当大哥请你吃顿饭。"我说："年底回京再请您吃饭吧。"

今年1月回京时，我约王科站长吃饭。他说："来不及了，正在赶往太原的路上，春节后再说。"因父亲过寿，我赶回东北老家过春节，回京已是2月3日。原打算收拾停当，请他一起坐一坐；次日，不幸就降临到他头上。噩耗传来，几天食不甘味，夜不能寐，怎么也不能相信前几天还好好的人，瞬间远去。

呜呼，一起吃顿饭，竟成永远不能实现的奢望。每想至此，懊悔不已，如果早打个电话，或一起坐坐，也许能避免悲剧的发生，然而现实生活根本就没有"如果"。

事后，我到王站长家拜祭他。胡果老师的一句话，"王科，鑫焱来看你了"，让我几乎不能自持：与王科站长经历的往事种种，恍如昨日之事，如今却又阴阳两隔，一时悲痛之情难以自持。

王科站长并不健谈、非巧言令色者。每每工作、生活遇难解之事，求教于他，无论在陕西、山西，不管工作多忙，他从不敷衍、推塞，为我出点子、想办法。

王科站长：工作，于我有知遇之情；私人，于我有兄弟之义。悲哉，痛失良师；恸哉，痛失兄长。然逝者已去，不可挽回，唯有生者珍重，祝愿王科站长一路走好！

2009年2月

# 记者部主任任职

安　岗　1948年6月15日人民日报创刊
　　　　任副总编辑兼采访部主任
李　庄　1949年2月1日　李庄率队接管
　　　　中央社北平分社任新华社北平分社社长兼人民
　　　　日报采访科科长
李千峰　1949年2月-9月　任人民日报北平版《北
　　　　平解放报》采通部主任

## 1950年8月改为地方记者组

组　长：林　韦　1949年任职
　　　　金　沙　1949年任职
　　　　李　庄　1951年9月任职
　　　　田　流　1953年8月任职

## 1955年4月编辑部改革，设地方记者部

陈　浚　1955年4月-1958年5月　主任（兼）
李　庄　1957年7月-1957年11月　主任（兼）
　　　　1958年5月-1964年10月，人民日报驻各

省、市、自治区记者站与新华社驻地分社合并，由新华社负责地方记者业务，地方记者部随之撤消。1964年10月，重设记者部

| | | |
|---|---|---|
| 李千峰 | 1964年10月-1966年6月 | 主任 |
| 李千峰 | 1974年12月-1977年夏 | |
| | 任记者部党支部书记、领导小组组长 | |
| 刘备耕 | 1977年5月-1978年9月 | 负责人 |
| 商　恺 | 1977年9月-1980年6月 | 负责人 |
| 田　流 | 1978年4月-1982年7月 | 主任 |
| 林　钢 | 1982年7月-1987年1月 | 主任 |
| 丛林中 | 1987年1月-1995年4月 | 主任 |
| 曾　坤 | 1995年7月-2001年8月 | 主任 |
| 杨振武 | 2001年8月-2005年5月 | 主任 |
| 龚达发 | 2005年3月至今 | 主任 |

2008年6月整理

# 写在后边

龚达发

搜集整理《记者部史料集》（后定名为《灿烂的星河——人民日报记者部新闻实践与思考》）的初衷，是为纪念人民日报创刊60周年。伴随着人民日报的脚步，记者部走过了60年风雨历程。搜集整理几代记者在重要历史时段、重大事件中采写的重大题材报道，探讨其中的规律，展示各具风格的种种力作的背后故事，再现人民日报记者部的前天和昨天，不失为一项有价值的文化建设。从这个意义上说，编辑出版本书也是对中国新闻史研究的贡献。

正因为如此，本书的搜集整理与出版，得到人民日报社社长张研农、总编辑吴恒权、副总编辑米博华大力支持和鼓励。在记者部请示报告上，张研农社长批示："述评历史，发扬传统，开辟未来"；吴恒权总编辑批示："这是件好事，赞成"；米博华副总编辑批示："这件事虽未列入60年社庆系列丛书，但作为国内记者工作，不失为一项有价值的建设；要从政治上严格把关，注意虑事周到，方方面面平衡。"这些重要意见，是我们编辑此书的重要依据和指导思想。

盛世修史。早在杨振武同志主持记者部工作时，就提出了编修部史的计划，并委托赵兴林同志担纲。赵兴林同志是一位资深记者，长期在记者部工作。退休以后，把全部的精力和热情倾注到这项事业中。

为完成这项浩大工程，赵兴林同志做了大量默默无闻的工作。具体说来，一是搜集：他拿着一份老记者名单，在图书馆按图索骥，从浩如烟海的资料中沙里淘金；他从记者部同仁的藏书中搜寻老同志的赠书，查找有史料价值的文章。二是求助《新闻战线》：《新闻战线》的同志积极支持这项工作，提供了自上世纪80年代以来记者发表的业务研讨文章。三是采访健在的记者部和其他部的一些老同志。生前曾在记者部工作的田流、商恺、刘时平、萧航等老同志的亲属，送来他们保存的珍贵资料。

特别值得一提的是，上世纪八九十年代曾在记者部工作，后调到外单位任职的同志，如经济日报原总编辑艾丰、中央统战部常务副部长朱维群、海峡两岸关系协会副会长张铭清、《中国妇女报》总编辑卢小飞、《中国民航报》原总编辑张述圣、朱习华、新华社人事局长刘伟，以及近两年调离人民日报的高海浩、蔡小伟、何伟、鲍洪俊等，都怀着对人民日报记者部的深厚感情，积极支持这项工作并提供稿件。

记者是社会活动家。职业的特点决定了记者可以参加各种场合的采访，参加各种各样的会议，阅读各种各样的文件，接触社会各阶层的人物，见证历史，记录历史。打开本书，人们可以看到尽管每位记者的经历不同，资历深浅不同，作品的年代不同，写作风格迥异，但他们都有一个共同特点，那就是忠诚地瞭望时代和记录现实。他们中的优秀者，大都具备思想深邃、立言得体、笔触清新、文采斐然之功力，具备深厚的理论修养和知识储备。李庄、安岗、田流等老一辈新闻工作者十分注重道德品质和思想作风修养，他们的作品、人品均令人敬佩，堪称楷模。田流同志倡导"党报记者应当首先是个好党员"；商恺同志践行"做人第一，学问第二"；纪希晨同志要求"我们的记者是战士，是创造生活的战士"……这些重要思想，已经影响了几代记者部人，对这些宝贵的精神财富，我们要代代相传。

搜集整理"史料"的过程，也是在更深层次上认识和理解记者部过去的发展历程。收入本书的，李庄《新闻工作忆往——从范长江同志对我的言传身教说起》，安岗《学习的榜样——记周恩来、刘少奇、陈毅同志的一些新闻活动》，田流

《少奇同志这样教我做记者》，商恺《胡乔木颐园话新闻》，林里《经济特区风云录》等等，从文章内容到写作技巧均显大家风范：时录时议，纵横捭阖，议论风生，是本书的精华所在。上世纪五六十年代的记者大都接受过系统教育，他们一方面具有职业记者的素质，下笔千言，倚马可待；同时又具备较深的学术研究的功底，能写出实用性、学术性俱佳的力作，他们是"承上启下"的一代。进入21世纪，记者部补充了大批青年才俊，许多人具有硕士、博士学位，党报记者这崇高职业，为他们迅速成长创造了得天独厚的条件。近年来，他们承担许多重大事件、重大战役报道，特别是2003年抗击"非典"、2008年抗击冰雪灾害、抗击四川汶川特大地震报道，让他们百炼成钢。他们以老一辈记者为榜样，冒着生命危险在灾区采访，写出了大量无愧于时代的优秀作品，为本书增添了新的一页。

为使所搜集整理的史料能真实、准确地反映历史，兴林同志将自己撰写的《肩负时代的使命——人民日报记者部60年回顾》一文及六个专辑文章的框架大纲，分送纪希晨、王金凤、丛林中、马鹤青、章世鸿等17位老同志审阅。本着对历史负责的精神，这些老同志不顾年事已高，认真审读资料，亲自动手修改，提出了许多好的意见和建议。

金凤同志对《肩负时代的使命——人民日报记者部60年回顾》一文进行了三次修改，还四次约赵兴林同志到她家面谈。

纪希晨同志阅审《肩负时代的使命——人民日报记者部60年回顾》一文及6个专辑框架大纲后，给记者部回函称："记者部发展史纲要，我认为很好。"

远在上海的章世鸿同志来函称，"记者部为新闻事业作出贡献，我和老萧（关根）大力支持。"

丛林中、马鹤青同志对本书部分内容，更是逐字逐句认真修改。

林钢同志去年国庆节后将进医院治疗，他利用国庆假日对送去的资料进行了认真审读。

上世纪50年代曾在记者部工作的季音、姚力文同志，也对呈送他们的整套资料，进行认真阅改并提出宝贵建议。

赵兴林同志介绍，此次出版的《灿烂的星河——人民日报记者部新闻实践与思考》一书，入选文章200余篇、涉及140多位记者，书中还收录了180余幅珍贵历史照片。限于篇幅，还有许多资料不得不忍痛割爱。

赵兴林同志告诉我，在本书搜集整理过程中，令人十分兴奋的是发现了不少"珍宝"，老一代记者创造的多个第一：

——李庄于1949年9月21日参加采访中国人民政治协商会议第一届全体会议，见证了选举中央人民政府组成人员和决定国旗、国徽、国歌、首都的全过程。他所写报道成为第二天人民日报的头号新闻；1950年6月25日，美国发动侵朝战争，李庄作为领队，率中、法、英三国记者，在美军登陆仁川前就进入朝鲜采访，是中国记者抗美援朝战地采访第一人。

——高粮同志参加开国大典，拍摄了第一面五星红旗。

——柏生同志参加开国大典，第一个乘飞机空中采访。

——刘时平同志第一个报道李公朴遭国民党特务暗杀；第一个报道北平女大学生沈崇遭美军士兵强暴；抗美援朝赴朝鲜采访期间，是第一个见到金日成同志的中国记者。

……

由于时代的变迁，许多老记者很早就离开了新闻岗位，还有许多人已经离开了人世，为让读者了解这段历史，本书收录这些同志的作品时附有作者简介。

不无遗憾的是，由于时间和精力所限，所搜集到的资料仍不可能十分完整，特别是已经作古的著名记者李千峰、高集、顾雷、黄钢、张潮等，虽经多方努力，仍未找到有关他们的资料，终成憾事。至于一批年轻有为的记者，因工作时间短等原因，收录他们的作品甚少。期望这些遗憾在今后编辑"续集"时得以弥补。

本书的出版，得到人民日报出版社、发行出版部等部门领导的帮助和支持，深表谢意。本书尚存在不足之处，敬请读者批评指正。

　　江山代有才人出，各领风骚数百年。我们期望更多的名记者脱颖而出，期望记者部明天更辉煌！

**作者系人民日报记者部主任**

2009 年 5 月

# 鸣　谢

宁波记者站

天津记者站

河南记者站

四川记者站

湖南记者站

人民日报出版社

以上单位同仁对本书的出版给予大力支持，深表谢意！

2009 年 5 月

图书在版编目(CIP)数据

灿烂的星河 / 赵兴林主编. —北京：人民日报出版社, 2010.9
ISBN 978-7-5115-0152-3
Ⅰ.①灿… Ⅱ.①赵… Ⅲ.①新闻工作-中国-文集
Ⅳ.①G219.2-53
中国版本图书馆CIP数据核字(2010)第170855号

| | |
|---|---|
| 书　　名: | 灿烂的星河 |
| 主　　编: | 赵兴林 |
| 出 版 人: | 董 伟 |
| 责任编辑: | 田玉香　曹 腾 |
| 封面设计: | 刘文东 |
| 出版发行: | 人民日报出版社 |
| 社　　址: | 北京金台西路2号 |
| 邮政编码: | 100733 |
| 发行热线: | (010)65369527　65369512　65369509　65369510 |
| 邮购热线: | (010)65369530 |
| 编辑热线: | (010)65369524 |
| 网　　址: | www.peopledailypress.com |
| 经　　销: | 新华书店 |
| 印　　刷: | 人民日报社印刷厂 |
| 开　　本: | 710×1000mm　1/16 |
| 字　　数: | 1300千字 |
| 印　　张: | 95 |
| 印　　次: | 2010年10月 第1版　2010年10月 第1次印刷 |
| 书　　号: | ISBN 978-7-5115-0152-3 |
| 定　　价: | 186.00元(全三册) |